UTB **8443**

Eine Arbeitsgemeinschaft der Verlage

Böhlau Verlag · Köln · Weimar · Wien
Verlag Barbara Budrich · Opladen · Farmington Hills
facultas.wuv · Wien
Wilhelm Fink · München
A. Francke Verlag · Tübingen und Basel
Haupt Verlag · Bern · Stuttgart · Wien
Julius Klinkhardt Verlagsbuchhandlung · Bad Heilbrunn
Lucius & Lucius Verlagsgesellschaft · Stuttgart
Mohr Siebeck · Tübingen
Orell Füssli Verlag · Zürich
Ernst Reinhardt Verlag · München · Basel
Ferdinand Schöningh · Paderborn · München · Wien · Zürich
Eugen Ulmer Verlag · Stuttgart
UVK Verlagsgesellschaft · Konstanz
Vandenhoeck & Ruprecht · Göttingen
vdf Hochschulverlag AG an der ETH Zürich

HANDBUCH SCHULENTWICKLUNG

Theorie – Forschungsbefunde –
Entwicklungsprozesse – Methodenrepertoire

herausgegeben von
Thorsten Bohl
Werner Helsper
Heinz Günter Holtappels
Carla Schelle

VERLAG
JULIUS KLINKHARDT
BAD HEILBRUNN • 2010

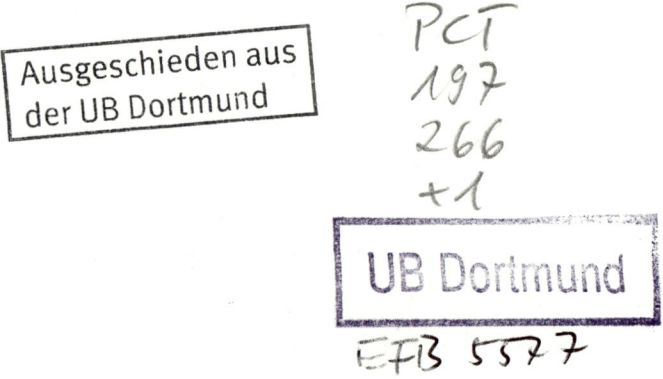

Die Deutsche Bibliothek – CIP-Einheitsaufnahme
Die Deutsche Nationalbibliothek verzeichnet diese Publikation in der Deutschen National-
bibliografie; detaillierte bibliografische Daten sind im Internet über
http://dnb.d-nb.de abrufbar.
ISBN 978-3-7815-1755-4 (Klinkhardt)
ISBN 978-3-8252-8443-5 (UTB)

2010.10.Lk. © by Julius Klinkhardt.
Das Werk ist einschließlich aller seiner Teile urheberrechtlich geschützt.
Jede Verwertung außerhalb der engen Grenzen des Urheberrechtsgesetzes ist
ohne Zustimmung des Verlages unzulässig und strafbar. Das gilt insbesondere für
Vervielfältigungen, Übersetzungen, Mikroverfilmungen und die Einspeicherung
und Verarbeitung in elektronischen Systemen.

Einbandgestaltung: Atelier Reichert, Stuttgart.
Druck und Bindung: Friedrich Pustet, Regensburg.

Printed in Germany 2010.
Gedruckt auf chlorfrei gebleichtem alterungsbeständigem Papier.

UTB-Bestellnummer: 978-3-8252-8443-5

Inhaltsverzeichnis

Einführung 11

1 Grundlagen und Kontexte der Schulentwicklung

1 Schule in erweiterter Verantwortung aus erziehungswissenschaftlicher Sicht 19
   Hermann Pfeiffer
2 Schulentwicklungsforschung 26
   Heinz Günter Holtappels
3 Schulentwicklung als Trias von Organisations-, Unterrichts- und Personalentwicklung .. 29
   Hans-Günter Rolff
4 Schulentwicklung und Differenz: Gender 37
   Marianne Horstkemper
5 Schulentwicklung und Differenz: Migration 42
   Sabine Hornberg
6 Schulentwicklung und Differenz: Integration 45
   Ulf Preuss-Lausitz
7 Schulsystem und Schulentwicklung 49
   Ernst Rösner
8 Landesspezifische Steuerungskonzepte 56
   Wolfgang Böttcher und Matthias Rürup
9 Einzelschule und Schülerleistungen 62
   Wilfried Bos, Martin Bonsen und Nils Berkemeyer
10 Kompetenzmessung und Schulentwicklung 66
   Nils van Holt, Nils Berkemeyer und Wilfried Bos

2 Theorien und Konzepte der Schulentwicklung

11 Einführung: Theorien der Schulentwicklung 73
   Heinz Günter Holtappels und Hans-Günter Rolff
12 Systemtheorie und Schule: Systemisch-konstruktivistische Schulentwicklung 79
   Rolf Arnold
13 Kooperative Schulentwicklung 83
   Sibylle Rahm
14 Schulentwicklung aus subjektwissenschaftlicher Sicht 86
   Thomas Rihm
15 Hermeneutische Schulentwicklung 90
   Thorsten Bohl
16 Pädagogische Schulentwicklung 93
   Johannes Bastian
17 Mikropolitik der Schulentwicklung 96
   Herbert Altrichter
18 Schule als Lernende Organisation 99
   Heinz Günter Holtappels

19 Der kulturtheoretische Ansatz: Entwicklung der Schulkultur 106
   Werner Helsper
20 Institution und Schulkultur 113
   Josef Keuffer und Matthias Trautmann
21 Schulentwicklung aus evolutionstheoretischer Perspektive 119
   Annette Scheunpflug
22 Psychoanalytische Theorie und Schulentwicklung 122
   Wolfgang Schönig
23 Governance und Schulentwicklung 126
   Thomas Brüsemeister, Herbert Altrichter und Martin Heinrich

3 Forschungsrichtungen und Forschungsdesigns der Schulentwicklung

24 Einführung: Methoden der Schulentwicklungsforschung 133
   Fritz-Ulrich Kolbe †
25 Fallstudien und Hermeneutisch-rekonstruktive Schulforschung 138
   Till-Sebastian Idel
26 Fallstudien zu Schulbiographien 141
   Sabine Reh
27 Leistungsmessung und Rückmeldung 144
   Friedrich-Wilhelm Schrader
28 Schulentwicklungsprozesse in Längsschnittstudien 147
   Nils Berkemeyer, Wilfried Bos und Carola Gröhlich
29 Experimentelle Studien und Quasi-Experimentelle Studien 150
   Stefanie van Ophuysen
30 Kombination qualitativer und quantitativer Methoden 154
   in der Schulentwicklungsforschung
   Michaela Gläser-Zikuda

4 Change Management an Schulen

31 Einführung: Change Management 159
   Heinz Günter Holtappels und Tobias Feldhoff
32 Konzepte der Selbstevaluation 166
   Sabine Müller
33 Konzepte der Fremdevaluation 170
   Herbert Altrichter
34 Datengestützte Unterrichtsentwicklung 175
   Andreas Voss und Inge Blatt
35 Externe Evaluation durch Schulinspektion 179
   Sabine Müller
36 Schulische Steuergruppen 183
   Nils Berkemeyer und Tobias Feldhoff

5 Schule leiten

37 Einführung: Schule leiten 189
   Martin Bonsen
38 Funktion und Aufgaben der Schulaufsicht 196
   Herbert Schnell
39 Die Bedeutung der Schulleitung für die Schulentwicklung 199
   Martin Bonsen
40 Leitungs- und Führungstheorien 203
   Jochen Wissinger
41 Schulleitung unter geschlechtsperspektivischem Blick 210
   Katja Kansteiner-Schänzlin
42 Schulleitung international 213
   Stephan Gerhard Huber

6 Schulentwicklung, Personalentwicklung und Professionalisierung

43 Einführung: Personalentwicklung, Personalmanagement und Professionalisierung 225
   Claus G. Buhren
44 Professionalisierungsprozesse während der Berufsbiographie 231
   Uwe Hericks und Bernhard Stelmaszyk
45 Schulentwicklung und Lehrerkompetenzen 237
   Ewald Terhart
46 Lehrerbeurteilung 241
   Heike Schaumburg
47 Arbeitsplatz Schule: Die Arbeitszeiten der Lehrerinnen und Lehrer 244
   Cosima Dorsemagen, Andreas Krause und Patrick Lacroix
48 Belastung und Burnout 251
   Ulf Kieschke und Uwe Schaarschmidt
49 Schulentwicklung und Zeitmanagement 254
   Katrin Höhmann
50 Kooperation von Lehrkräften 258
   Kathrin Fussangel und Cornelia Gräsel

7 Entwicklungsprozesse gestalten

51 Einführung: Entwicklungsprozesse an der Einzelschule gestalten 263
   Hartmut Wenzel
52 Schulprogramm als Entwicklungsinstrument 266
   Heinz Günter Holtappels
53 Partizipation von Schülerinnen und Schülern in Schulentwicklungsprozessen ... 273
   Sabine Müller
54 Partizipation von Eltern im Schulentwicklungsprozess 277
   Gudrun Meister

55 Konfliktbewältigung in Schulentwicklungsprozessen 281
   Angelika Paseka
56 Teamentwicklung 284
   Elmar Philipp
57 Antinomien in Schulentwicklungsprozessen 288
   Jörg Schlömerkemper
58 Widerstand in Schulentwicklungsprozessen 292
   Sabine Reh
59 Schulinterne Lehrerfortbildung 295
   Hartmut Wenzel
60 Externe Beratung 298
   Eva Arnold und Maike Reese
61 Netzwerke 302
   Nils Berkemeyer, Uwe Lehmpfuhl und Hermann Pfeiffer
62 Ganztagsschule entwickeln 307
   Gudrun Meister

8 Unterricht entwickeln, Lernumgebungen und Lernprozesse gestalten

63 Einführung: Unterrichtsentwicklung – Die Perspektive der Unterrichtswissenschaften ..313
   Karl-Heinz Arnold und Carola Lindner-Müller
64 Unterrichtsentwicklung als Konzept 315
   Carla Schelle
65 Allgemeindidaktische, fachdidaktische und fächerübergreifende Perspektive 319
   Heike Schaumburg
66 Empirische Perspektive: Unterrichtsqualität 322
   Andreas Helmke
67 Sozialisatorische Perspektive: Koedukation 326
   Hannelore Faulstich-Wieland
68 Umgang mit Heterogenität, Differenzierung, Individualisierung 329
   Ingrid Kunze und Claudia Solzbacher
69 Jahrgangsgemischtes Lernen 333
   Diemut Kucharz
70 Eigenverantwortliches Lernen 336
   Kerstin Rabenstein
71 Offener Unterricht 339
   Tina Hascher
72 Digitale Medien im Unterricht 342
   Bardo Herzig
73 Lehren und Lernen für die Zukunft:
   Systematische Unterrichtsentwicklung als Ausgangspunkt zur Schulentwicklung 346
   Christoph Höfer und Marlise Hübner
74 Demokratisches Lernen 349
   Katja Kansteiner-Schänzlin

75	Kooperatives Lernen 353
	Anne A. Huber
76	Classroom Management/Frontalunterricht weiterentwickeln 360
	Herbert Gudjons
77	Lernumgebung und Aufgabenkultur im Unterricht 363
	Thorsten Bohl und Marc Kleinknecht
78	Inklusion 366
	Andreas Hinz
79	Lernvoraussetzungen diagnostizieren und Fördermaßnahmen realisieren 369
	Michaela Gläser-Zikuda
80	Neue Formen der Leistungsbewertung 376
	Thorsten Bohl und Tanja Bach-Blattner
81	Feedbackarbeit und Unterrichtsentwicklung 379
	Johannes Bastian
82	Rückmeldeverfahren von Lernstandserhebungen 382
	Harm Kuper

9 Entwicklungsprozesse an ausgewählten Schulen

83	Einführung: Die Bedeutung der Einzelschule 389
	Werner Helsper
84	Entwicklungsprozesse an der Helene-Lange-Schule Wiesbaden 396
	Ingrid Ahlring
85	Entwicklungsprozesse an der Laborschule Bielefeld 404
	Susanne Thurn
86	„Schola est semper reformanda" – Entwicklungsprozesse an der Landesschule Pforta (Internatsgymnasium in Trägerschaft des Landes Sachsen-Anhalt) 410
	Bernd Westermeyer
87	Entwicklungsprozesse am Ricarda-Huch-Gymnasium Gelsenkirchen 417
	Rita Zimmermann-Sutcliffe
88	Entwicklungsprozesse an der Sekundarschule G. E. Lessing Salzwedel 425
	Holger Lahne
89	Entwicklungsprozesse an der Wilhelm-Hauff-Realschule Pfullingen 433
	Barbara Seichter, Jürgen Albrecht und Hans Batsching
90	Entwicklungsprozesse an der Albert-Schweitzer-Hauptschule Bochum 440
	Bernhard Giese, Ilka Kohlmann und Michael Kubscha
91	Entwicklungsprozesse an der CJD Christophorusschule-Hauptschule Versmold 446
	Uta Hallwirth und Annette Scheunpflug
92	Entwicklungsprozesse an der Grundschule Kleine Kielstraße Dortmund 453
	Jan von der Gathen
93	Entwicklungsprozesse an der Glocksee-Schule Hannover 461
	Dieter Hermann

10 Methodenrepertoire der Schulentwicklungsarbeit

94 Einführung: Methoden der Schulentwicklung 471
Uwe Hameyer
95 Methoden und Techniken der Organisationsanalyse 481
Rolf Dubs
96 Methoden und Techniken der Teamentwicklung 488
Elmar Philipp
97 Methoden und Techniken der schulinternen Datenerhebung 499
Eva Arnold
98 Methoden und Techniken der Beratung 506
Stefanie Schnebel
99 Methoden und Techniken der Moderation von Arbeitsgruppen 516
Christian Warneke und Alexander Redlich
100 Methoden zur Entwicklung eines Schulprogramms 527
Heinz Günter Holtappels
101 Methoden und Techniken der Evaluation 535
Karl-Oswald Bauer
102 Methoden und Techniken der Konfliktbearbeitung im Kollegium 542
Helmolt Rademacher
103 Methoden und Techniken in Gruppensitzungen 550
Christoph Huber

Sachwortregister 561
Autorenverzeichnis 565

Einführung

„Die Schulentwicklungsdiskussion ist aus den Kinderschuhen heraus, hat die Wachstumskrise der Pubertät bald durchstanden mit emotionalen Auf und Ab (…), sie wird erwachsen und professionell." – so lautet eine Passage der Einführung in das bislang einzige Handbuch zur Schulentwicklung im deutschsprachigen Raum (Altrichter u.a. 1998). Die damals treffliche Analyse muss inzwischen fortgeschrieben werden. Seit Ende der 1980er Jahre hat sich Schulentwicklung als ein beständiges Thema von Forschung und Praxis gleichermaßen erhalten, etabliert und ausgeweitet. Der Kern ist noch immer erkennbar: es geht um die Weiterentwicklung der Qualität von Schule allgemein, insbesondere jedoch um die Weiterentwicklung der Einzelschule. Der wesentliche Fokus auf die Einzelschule und deren Entwicklung grenzt diesen Band von allgemeiner angelegten Handbüchern zur Schule (z.B. Blömeke u.a. 2009), zur Qualität von Schule (van Buer/Wagner 2007) oder Schulforschung (Helsper/Böhme 2008) ab. Die Thematik der Schulentwicklung hat in den vergangenen zehn Jahren eine Ausweitung und immer deutlichere Ausdifferenzierung erfahren. Die Ausweitung lässt sich etwa an der Verschränkung mit der empirischen Bildungsforschung und am weiter zunehmenden Einbezug internationaler Forschungen erkennen. Nahezu alle Teilbereiche der Schulentwicklung haben eine Ausdifferenzierung erfahren: Es wurden Steuerungskonzepte um den Governance-Ansatz ergänzt, das Verhältnis von Schulentwicklung und Lehrerprofessionalität wurde vielfach durchleuchtet, Beratungskonzepte und -methoden wurden erprobt und verfeinert, neue Begriffe wie ‚datenbasierte Schulentwicklung' entstanden, an Schulen selbst entwickelten sich unterschiedliche Wege der Prozessgestaltung und bereits bekannte Theorieansätze wie diejenigen von Rolff oder Dalin (vgl. Rolff 1993, Dalin 1999), der von Fullan (1999), von Altrichter (vgl. Altrichter/Posch 1996) oder auch von Konzepten der Schulkultur wurden weiterentwickelt – womit nur einige Aspekte der Ausdifferenzierung genannt seien.
Dabei gingen von neuen Theorieschüben – etwa mikropolitischen und anerkennungstheoretischen, neoinstitutionalistischen, akteurs- und systemtheoretischen oder dem Governance-Konzept, um nur auf einige hinzuweisen (vgl. etwa Fend 2008) – auch wichtige Impulse für eine theoretisch geschärfte Reflexion von Schulentwicklungsprozessen und -konzepten aus. Auch der inzwischen fast zehn Jahr dauernde Aufwind der empirischen (Bildungs-) Forschung hat zu vielen neuen Erkenntnissen beigetragen. Forschungsmethodologien und -methoden wurden ebenfalls ausdifferenziert. Erkenntnisse werden dabei sowohl aus experimenteller und international vergleichender quantitativer Forschung als auch aus hermeneutisch-rekonstruktiven oder ethnographischen Fallanalysen generiert. Dass die Situation dadurch unübersichtlicher geworden ist, ist nicht überraschend. Allerdings fehlt es bislang an einer zeitgemäßen Systematisierung. Dieses Defizit kann nicht nur aus Sicht der Wissenschaft konstatiert werden – für die Protagonistinnen und Protagonisten an Schulen ist es noch schwieriger die Vielfalt der Erkenntnisse zu erkennen und für den eigenen Prozess zu nutzen. Gerade dies erscheint aber notwendig, wenn eine Zusammenführung von Schuleffektivitätsforschung und Schulentwicklungsforschung (Bonsen u.a. 2008) gelingen soll. Und nicht zuletzt hat sich im letzten Jahrzehnt eine einschneidende strukturelle Veränderung für die Entwicklung der Einzelschule ergeben: War in den 1990er Jahren die Entwicklung der einzelnen Schule – z. B. in Form von Schulprogramm- und Steuergruppenarbeit, Schulqualitätsentwicklung, (Selbst-)Evaluation, Unterrichts- und innovativer

Personalentwicklung – ein Kennzeichen für reformorientierte, innovative Schulkollegien und Schulleitungen, so treten die Insignien der reformorientierten Schulentwicklung nun zunehmend als von außen gesetzte staatliche Anforderungen den einzelnen Schulen gegenüber: Schulen müssen sich entwickeln. Auch dadurch werden die Prozesse der Schulentwicklung in neue Ambivalenzen eingerückt, komplexer und vielschichtiger.

Vor dem Hintergrund dieser Ausdifferenzierungen, der konzeptionellen und theoretischen Weiterentwicklungen und neuer bildungspolitischer Konstellationen erscheint uns ein neues Handbuch der Schulentwicklung – das hiermit vorliegt – längst überfällig zu sein.

Bei der Zusammenstellung eines umfassenden Handbuchs mit mehr als ca. 650 Seiten ist genügend Raum zur systematischen Entfaltung des Themas gegeben. Gleichwohl stellt sich regelmäßig die Frage der Abgrenzung. Problemlos hätten weitere Kapitel und Einzelbeiträge aufgenommen werden können. So könnte das Thema Schulentwicklung ohne ‚Grundlegung und Kontexte' (Kapitel eins) sicher nicht angemessen fundiert und entfaltet werden – aber gerade dieses Kapitel hätte noch wesentlich breiter angelegt werden können, ergänzt etwa um die Einbettung von Schulentwicklung in weitere gesellschaftliche Kontexte oder in einen umfassenden internationalen Vergleich. In ähnlicher Weise könnten sämtliche Kapitel ausgeweitet werden. Die Entscheidung für oder gegen einen Beitrag speist sich aus inhaltlichen und theoretisch-systematischen Erwägungen. Bei der Erarbeitung eines umfassenden Handbuchs bleibt es jedoch nicht aus, dass auch pragmatische Entscheidungen gefällt werden müssen. In diesem Sinne beansprucht die Herausgebergruppe nicht, die Thematik allumfassend abgedeckt zu haben. Der dargelegte Umfang, die Systematik und die einzelnen Beiträge stellen aber den Versuch dar eine bisher nicht erreichte Breite und Fundierung vorzulegen.

Alle Kapitel beginnen mit einem einführenden Text. Dieser führt in die Thematik des Kapitels ein und integriert dabei in jeweils unterschiedlicher Weise und Intensität die folgenden Teilkapitel. Die Einführungskapitel erfüllen nicht die Funktion einer systematischen Bündelung und Beschreibung der folgenden Teilkapitel, vielmehr wird die Thematik im Überblick beschrieben und inhaltliche Schwerpunkte werden benannt. Aufgrund der Breite und Heterogenität der einzelnen grundlegenden Beiträge im ersten Kapitel haben wir hier auf eine Einführung verzichtet, statt dessen führen die ersten drei Beiträge, wie unten ausgeführt, mit einem systematisierenden Bezug zur Erziehungswissenschaft, einer theoretisch-konzeptionellen und einer forschungsbezogenen Ausrichtung in das Kapitel ein.

Der Umfang der einzelnen Beiträge bewegt sich in zwei Kategorien: umfassendere Themen werden in ca. 10 Seiten dargestellt, kürzere Beiträge in ca. 5 Seiten. Die Beiträge sind intern, sofern es mit Blick auf die inhaltliche Systematik des Beitrags möglich und sinnvoll erscheint, vergleichbar strukturiert. Zunächst erfolgen eine Begriffsklärung sowie eine Einordnung in die Fachdiskussion. Anschließend wird die Thematik in ihrer historischen Genese skizziert. Die inhaltliche Ausarbeitung des Themas stellt in der Regel den umfangreichsten Teil des Beitrags dar. In der Regel schließen die Beiträge dann mit Anwendungsbezügen sowie offenen Forschungsfragen bzw. weiterführenden Perspektiven.

Das Handbuch Schulentwicklung ist in insgesamt zehn Kapitel gegliedert. Die zehn Kapitel verdeutlichen ein breites Spektrum zwischen theoretischen Grundlagen (Kap. 1 und 2) sowie Methoden der Schulentwicklungsarbeit (Kap. 10). *Kapitel eins* ist breit angelegt und enthält Grundlagen und Kontexte der Schulentwicklung. In diesem Kapitel erfolgen zunächst die Einbettung in eine erziehungswissenschaftliche Perspektive, eine erste Ausdifferenzierung der Schulentwicklungsforschung sowie, mit der Trias aus Organisations-, Unterrichts- und Personalentwicklung, eine theoretisch-konzeptionelle Basis für Schulentwicklungsanalyse, -beratung und -forschung. Diese ersten drei Beiträge verdeutlichen zu Beginn des Handbuchs die theoretische, empirische und anwendungsbezogene Ausrichtung des Schulentwicklungsbegriffs. Die Relevanz des Themas zeigt sich in der Verbindung mit Gender, Migration oder Integration als gesellschaftlich bedeutsame Analysekategorien und spezifische Zugänge für Schulentwicklungsarbeit. Seit den 1980er und 1990er Jahren wird die Entwicklungsfähigkeit der Einzelschule auch bildungspolitisch selbstverständlich vorausgesetzt, dies verdeutlichen die zwei folgenden Beiträge. So gehen länderspezifische Steuerungskonzepte davon aus, dass Vorgaben wie Bildungsstandards auf Einzelschulebene aktiv adaptiert und umgesetzt werden, ebenso wird bei einer Veränderung des Schulsystems in verschiedenen Bundesländern, tendenziell in Richtung verstärkter Integration, von der pädagogischen Profilierungs- und Gestaltungsfähigkeit der Einzelschule ausgegangen. *Kapitel zwei* stellt verschiedene Theorieansätze der Schulentwicklung vor. Die Ansätze leisten aus ihrer jeweiligen Perspektive heraus Analysemöglichkeiten für Schulentwicklungsprozesse und verdeutlichen gleichzeitig, wenn auch in unterschiedlicher Intensität, in welcher Weise Schulentwicklungsprozesse beraten werden können. Gerade die Heterogenität der Ansätze dürfte die Faszination dieses Kapitels ausmachen – vergleicht man etwa eine subjekttheoretische Perspektive mit einem (subjektfernen) evolutionären Ansatz. Die Erforschung von Schulentwicklungsprozessen konnte in den vergangenen ca. 30 Jahren erfreulicherweise intensiviert werden. Dabei sind höchst unterschiedliche Methodologien, Designs und Methoden genutzt worden. Eine Auswahl dieser Vielfalt und gleichzeitig eine Kontrastierung unterschiedlicher Forschungsrichtungen werden in *Kapitel drei* dargestellt. Das Spektrum bewegt sich zwischen experimentellen Designs, Fallstudien, Längsschnittstudien und verschiedenen Formen der Triangulation. Kapitel vier, Kapitel fünf und Kapitel sechs tauchen nun in die Komplexität der Veränderung von Schulentwicklungsprozessen ein. In *Kapitel vier* werden zunächst Changemanagement, sowie Konzepte und Umgang mit Evaluation thematisiert. Der Umgang mit Evaluationsdaten kristallisiert sich dabei als ein bisher vernachlässigter Faktor für die Koppelung von zentralisierten Leistungsvergleichen oder Evaluationsverfahren und schulinternen Entwicklungsprozessen heraus. Schulische Steuergruppen sind für derartige Veränderungsprozesse, insbesondere wenn sie den alltäglichen Unterricht erreichen sollen, nahezu unentbehrliche Organisationseinheiten. Schulleiterinnen und Schuleiter waren bis in die 1990er Jahre primär zuständig für die reibungslose Verwaltung der Schule. Angesichts der Autonomie der Einzelschule und hohen Qualitätsansprüchen sehen sie sich inzwischen einer Fülle neuer Aufgaben und Herausforderungen gegenüber. Verstärkte Autonomie bedeutet für Schulleitungen gleichzeitig mehr Verantwortung und erfordert mehr Kompetenzen für professionelle und erfolgreiche Arbeit an ‚ihrer' Schule. *Kapitel fünf* widmet sich daher dem Thema ‚Schule leiten' und beinhaltet u.a. eine internationale Perspektive. In ähnlicher Weise hat sich auch der Anspruch an die pädagogische Professionalität von Lehrkräften erhöht. Wie sehen berufsbiographische Professionalisierungsprozesse aus? Wie sehen die Arbeitsbedingungen vor Ort und Belastung aus? Welche Kompetenzen sind für Schulentwicklungsprozesse notwendig? Diese Fragen werden in *Kapitel sechs* bearbeitet. *Kapitel sieben* zeigt Möglichkeiten und Probleme bei der Gestaltung von Entwicklungsprozessen auf: Programmarbeit, Partizipation, Beratung, Teambildung, Fortbildung und Netzwerke einerseits, Antinomien, Konfliktbewältigung und Widerstand anderseits. Widerspruch, zähes Diskutieren um Werte, Normen und pädagogische Leitbilder sind in Schulentwicklungsprozessen alltäglich. Sie werden jedoch besonders offensiv thematisiert, wenn es um die Veränderung des alltäglichen Unterrichts geht. Schließlich ist die Entwicklung der Einzelschule kein Selbstzweck, sondern zielt auf eine verbesserte Praxis von der insbesondere Schülerinnen und Schüler profitieren. Wie Unterricht entwickelt werden und wie Lernumgebungen und Lernprozesse erfolgreich gestaltet werden können sollte in einem Handbuch Schulentwicklung systematisch entfaltet werden. Die Beiträge in *Kapitel acht* widmen sich daher der Unterrichtsentwicklung. Sie können gleichwohl nur einen Ausschnitt dieses Themenbereiches darstellen. Das Kapitel ist in drei Bereiche unterteilt: Vorklärungen, Konzepte der Unterrichtsentwicklung und Diagnose- bzw. Bewertungs- und Rückmeldeverfahren. *Kapitel neun* stellt für ein Handbuch eine möglicherweise überraschende und ungewöhnliche Perspektive dar. Hier werden die Entwicklungsprozesse an zehn Einzelschule aus der Innensicht bzw. aus der Sicht von Protagonisten (Schulleitung und/oder Berater) beschrieben und analysiert. Die unvermeidlich subjektive Perspektive ist beabsichtigt. Wir haben dabei bewusst innovative und größtenteils bekannte Einzelschulen gewählt, teilweise besteht dadurch Anschlussfähigkeit an externe Berichte oder Evaluationsergebnisse, die in den jeweiligen Literaturverzeichnissen genannt sind. Dieses Kapitel offenbart nachdrücklich die unterschiedlichen Wege und gleichwohl das permanent erkennbare Ringen um einen gemeinsame Ausrichtung der Entwicklungsprozesse. Die Protagonisten der Entwicklungsprozesse, Lehrkräfte, Schulleitungen, und Steuergruppen sind immer wieder auf konkrete Methoden und Instrumente angewiesen, mit denen sie Maßnahmen evaluieren, Sitzungen gestalten, Konflikte regeln, gezielt beraten, Programme voranbringen oder Teams stärken können. Das abschließende *Kapitel zehn* beinhaltet daher ein breites Spektrum unterschiedlicher Methoden, die von erfahrenen Beratern erprobt wurden und sich als hilfreich erwiesen haben. In Kombination mit eher theoriebezogenen Beiträgen (z.B. im Kapitel 7 ‚Entwicklungsprozesse gestalten') gelingt es daher, einzelne Themenbereiche (z.B. Teamentwicklung) theoriebezogen und anwendungsbezogen abzuhandeln.

Mit diesem Kapitel zehn zum Methodenrepertoire sowie dem Kapitel neun über die Entwicklungsprozesse an ausgewählten innovativen Schulen sind zwei Kapitel enthalten, die aus dem Rahmen der sonst gängigen wissenschaftlichen Abhandlung der einzelnen Beiträge fallen. Das Handbuch Schulentwicklung wird somit um einen konkreten Anwendungsbezug sowie eine subjektive Innenperspektive auf Entwicklungsprozesse erweitert.

Die Herausgeber konnten durchweg Expertinnen und Experten für die einzelnen Beiträge gewinnen und vertrauen auf eine gesunde Mischung aus jüngeren sowie bereits seit vielen Jahren renommierten Kolleginnen und Kollegen. Wir hoffen für die besonderen Bedürfnisse unterschiedlicher Personengruppen einen attraktiven Band vorlegen und einen breiten Kreis interessierter Leserinnen und Leser ansprechen zu können. Das Handbuch Schulentwicklung richtet sich an in Theorie und Empirie wissenschaftlich arbeitende Kolleginnen und Kollegen, an Multiplikatorinnen und Multiplikatoren in der Schulentwicklungsberatung und in der Fortbildung, an Akteure in der Lehrerbildung, an Studierende bildungswissenschaftlicher Studiengänge und an Lehramtsstudierende, an Protagonistinnen und Protagonisten in Schulentwicklungsprozessen, an Schulleiterinnen und Schulleiter sowie an Akteure in der Schulverwaltung und Bildungspolitik. Die Beiträge sind geeignet einen systematischen Zugriff zu zahlreichen Einzelaspekten des Themas Schulentwicklung zu erhalten und sind daher für weitergehende Forschungszwecke ebenso nutzbar wie, etwa über das Stichwortverzeichnis, zur Orientierung oder zur Einarbeitung in die Thematik.

Die Herausgeber danken dem Verleger Andreas Klinkhardt für die konstruktive und zielführende Kooperation.

Tübingen, Halle-Wittenberg, Dortmund, Mainz im Juli 2010

Thorsten Bohl
Werner Helsper
Heinz Günter Holtappels
Carla Schelle

Literatur

Altrichter, H./Posch, P. (Hrsg.) (1996): Mikropolitik der Schulentwicklung. Innsbruck: Studienverlag. – Altrichter, H./Schley, W./Schratz, M. (1998) (Hrsg.): Handbuch zur Schulentwicklung. Innsbruck und Wien: Studien Verlag. – Bonsen, M./Bos, W./Rolff, H.-G. (2008): Zur Fusion von Schuleffektivitäts- und Schulentwicklungsforschung. In: Bos, W./Holtappels, H.G./Pfeiffer, H./Rolff, H.-G./Schulz-Zander, R. (Hrsg.): Jahrbuch der Schulentwicklung. Daten, Beispiele und Perspektiven. Band 15. Weinheim und München: Juventa, S. 11-39. – Blömeke, S./Bohl, T./Haag, L./Lang-Wojtasik, G./Sacher, W. (2009) (Hrsg.): Handbuch Schule. Bad Heilbrunn: UTB/Klinkhardt. – Dalin, P. (1999): Theorie und Praxis der Schulentwicklung. Neuwied: Luchterhand. – Fend, H. (2008): Schule gestalten. Wie man Schule macht. Wiesbaden: VS-Verlag. – Fullan, M. (1999): Die Schule als lernendes Unternehmen. Konzepte für eine neue Kultur in der Pädagogik. Stuttgart: Klett-Cotta. – Helsper W./Böhme, J. (Hrsg.) (2008): Handbuch der Schulforschung. 2. durchgesehene und erweiterte Auflage. Wiesbaden: VS-Verlag. – Rolff, H. G. (1993): Wandel durch Selbstorganisation. Theoretische Grundlagen und praktische Hinweise für eine bessere Schule. Weinheim/München: Juventa. – Van Buer, J./Wagner, C. (Hrsg.) (2007): Qualität von Schule. Ein kritisches Handbuch. Frankfurt a. M. u.a.: Peter Lang.

1 Grundlagen und Kontexte der Schulentwicklung

1| Schule in erweiterter Verantwortung aus erziehungswissenschaftlicher Sicht
Hermann Pfeiffer

Begriffe: erweiterte Verantwortung, Selbstständigkeit, Autonomie von Schule

Dass Schulen eine größere Selbstständigkeit, damit ein größeres Maß an Verantwortung und mehr Kompetenzen erhalten, wird häufig als übergreifender Trend der Schulentwicklung bezeichnet. Entwicklungen in dieser Richtung werden verstärkt durch eine Hinwendung zur Steuerung des Schulwesens durch Überprüfung der Ergebnisse und der Abwendung von der Steuerung durch detaillierte Vorgaben, die im Gefolge der Diskussion um die Ergebnisse von large-scale-Untersuchungen wie TIMSS und PISA Platz griff.

Wichtig für die erreichbaren Wirkungen und Ergebnisse scheint allerdings zu sein, mit welchen Grundannahmen und unter welchen Eingangsbedingungen den Schulen größere Eigenverantwortung und Selbstständigkeit zugestanden oder zugemutet wird: Das Spektrum reicht von Überlegungen, die einmal mit „Mehr Demokratie wagen" bezeichnet wurden bis zu solchen, die die Mechanismen der Marktwirtschaft als optimale Regulierungsinstanz auch für das Bildungswesen betrachten.

Je nach Betrachtungsweise und fachlichem Hintergrund werden dabei die Begriffe erweiterte Verantwortung, Selbstständigkeit von Schule und Schulautonomie für denselben inhaltlichen Zusammenhang benutzt.

Ein wichtiges pädagogisches und bildungspolitisches Thema: Selbstständigkeit und erweiterte Verantwortung der Schule

Erweiterte Verantwortung bzw. Selbstständigkeit von Schule war in zeitlichen Abständen immer wieder Thema der erziehungswissenschaftlichen und bildungspolitischen Debatte. Nicht zu Unrecht wird in den vielen z.T. überblicksartigen Beiträgen darauf hingewiesen, dass es sich dabei um ein zentrales Thema der Bildungspolitik und der mit ihr angezielten neuen Steuerungsformen der Schule in neuerer Zeit handelt.

Bezeichnend für die Situation in Deutschland bis in die 1990er Jahren war, dass ein Aufsatz Helmut Beckers aus dem Jahre 1954 zum Thema „Verwaltete Schule" und dem im Zusammenhang damit formulierten „Bedürfnis nach verstärkter Autonomie der Einzelschule", mit dem Ziel, die Schule zu einer demokratischen machen zu können, nach wie vor als aktuell betrachtet werden konnte (vgl. Füssel 1997).

Durchaus bezogen darauf und in Anknüpfung daran hat der Deutsche Bildungsrat 1970 und 1973 zum Thema Selbstständigkeit von Schule und damit im Zusammenhang zur Neuorientierung der Bildungsverwaltung Überlegungen angestellt und Empfehlungen abgegeben („Verstärkte Selbständigkeit der Schule und Partizipation der Lehrer, Schüler und Eltern"), die allerdings zum damaligen Zeitpunkt wenig Wirksamkeit entfalteten (Deutscher Bildungsrat 1970 und 1973).

Wieder aufgegriffen wurde die Forderung dann in verschiedenen Bundesländern, am systematischsten wohl in der Denkschrift der Kommission beim Ministerpräsidenten des Landes Nordrhein-Westfalen unter dem Titel „Zukunft der Bildung – Schule der Zukunft". Dort findet

sich im Abschnitt zur Selbstgestaltung und Verantwortung die Empfehlung für ein „Konzept der Teilautonomen Schule", das eine Teilautonomie im System gestufter Verantwortung zugrunde legt (Bildungskommission NRW 1995, S. 64-68).
Inzwischen ist durch die Diskussion um Effektivität von Schule und die davon beeinflussten Untersuchungen der Aspekt der Schülerleistungen wiederholt mit der Selbstständigkeit mit wachsender Betonung einer größeren Verantwortung in Zusammenhang gebracht worden. Im internationalen Vergleich haben die PISA-Studien neben vielen wichtigen anderen Studien Hinweise darauf gefunden, dass nationale Schulsysteme mit in bestimmten Teilbereichen erweiterten Handlungsspielräumen für Schulen und deren Leitungs- und Lehrpersonen wirksamer und effizienter sind.
Wie sich an der großen Zahl von Veröffentlichungen zum Thema zeigt, hat damit die Diskussion über eine Erweiterung der Verantwortung von Schule vor allem im Zeitraum der vergangenen 15 bis 20 Jahre einen breiten Raum eingenommen. Dabei wurden und werden die verschiedenen Facetten des Themas beleuchtet und diskutiert. Dies reicht von historischen über juristische und auf Schulmanagement und Schulsteuerung bezogene Aufsätze bis zu aktuellen Bestandsaufnahmen, z.B. im Bildungsbericht für Deutschland der KMK (Avenarius et al. 2003).
Durchgängig kommen in den unterschiedlichen Beiträgen die folgenden Überlegungen zum Tragen:
Schule (als System und als Einzelschule) befindet sich immer in einem Spannungsfeld zwischen staatlichen und gesellschaftlichen Vorgaben und Freiräumen mit Gestaltungsmöglichkeiten. Dies gilt auf den verschiedensten Ebenen und in unterschiedlichen Bereichen, von überstaatlichen Zusammenschlüssen (z.B. EU), dem Gesamtstaat, staatlichen Untereinheiten (Länder, Bundesstaaten, Provinzen u.ä.), Regierungsbezirken, Schulträgern und Regionen, der Einzelschule, den schulischen Institutionen und Gruppen bis hin zu den Einzelakteuren.
Dabei ist der Grad und die Gestaltung der (Teil-)Autonomie und Verantwortung durch bildungspolitische und gesellschaftliche Einflüsse unterschiedlichster Art geprägt (historisch, juristisch, administrativ, traditionsbezogen, machtpolitisch usw.). Je nach Standpunkt und Perspektive gehen die einflussnehmenden Personen und Institutionen von verschiedenen Annahmen und Überzeugungen aus. Idealtypisch lassen sich die folgenden formulieren:
(1) In einer demokratischen Gesellschaft dürfen auch das Bildungswesen und die Schule kein mitentscheidungsfreier Raum sein. Demnach müssen die Schulen und ihre Akteure mit entsprechenden Kompetenzen und Partizipationsmöglichkeiten und Entscheidungsbefugnissen ausgestattet werden, sodass sie ihre Angelegenheiten in eigener Verantwortung regeln können.
(2) Deregulierung und Verlagerung von Entscheidungen auf die Ebene der Einzelinstitution fördern das Gesamtwohl am effektivsten und effizientesten.
(3) Schule heute ist so unterschiedlichen Bedingungen, die sich zudem im Zeitalter der Globalisierung in kurzen Zeiträumen rapide ändern, ausgesetzt, dass Verantwortung und Gestaltungsmöglichkeiten auf die Ebene der Schule und ihrer Akteure verlagert werden muss.
(4) Veränderung, Entwicklung und Anpassung an neue Gegebenheiten von systematisch relativ autonomen und lose gekoppelten Systemen wie Schulen funktioniert nicht per Verordnung und Steuerung von oben.
(5) Die Erfahrungen der bildungspolitischen und bildungsgestalterischen Perioden der zentralistischen Detailsteuerung zeigen, dass diese Vorgaben und Eingriffe nicht die gewünschten Ergebnisse erzeugen. Deshalb ist es notwendig, von der Steuerung durch zentrale Vorgaben abzugehen und demgegenüber die Erzielung gewünschter Ergebnisse durch die Formulierung und Kontrolle entsprechender Erwartungen und Kriterien zu gewährleisten („output-Steuerung") (vgl. z.B. Saalfrank 2005).

Wenn man die jeweils unterschiedlichen Gestaltungsformen und Regelungen in verschiedenen Ländern betrachtet, so findet man spezifische Mischformen und Modifikationen der idealtypisch formulierten Ausgangspunkte. Wie im Bereich der Wirtschaft, die einem Teil der obigen Standpunkte als Modellvorstellung zugrunde liegt, werden nahezu überall Regelungsmechanismen für notwendig gehalten und entsprechend eingezogen. Übergreifende Gesichtspunkte wie z.B. der Ausgleich zwischen Zugangsmöglichkeiten und -voraussetzungen oder die Vergleichbarkeit von Lern- und Unterrichtsbedingungen werden – zumeist auf der Basis demokratietheoretischer Überlegungen – als moderierende Faktoren eingeführt.

Als Bereiche, in denen Schulen mehr Gestaltungsmöglichkeiten und Verantwortung erhalten, werden entweder inhaltlich bestimmte wie Budgetautonomie (Selbstverwaltung der Finanzen), Personalautonomie (Einstellungen und Entlassungen werden von der Schule vorgenommen) und pädagogische Autonomie (Lehrplangestaltung geschieht durch die Schule) genannt (z.B. Rittelmeyer 1997).

Ergebnisse und Hinweise aus der Schuleffektivitäts- und Schulentwicklungsforschung

In der Schuleffektivitäts- und Schulentwicklungsforschung werden Hypothesen und Vermutungen darüber formuliert, wie sich Autonomie von Schulen auswirken kann und welchen Beitrag eine erweiterte Selbstständigkeit zur Verbesserung der Qualität von Schule und Unterricht leisten kann. Hierzu werden von den jeweiligen Autoren auch Ergebnisse aus vorhandenen empirischen Studien herangezogen, allerdings ist – worauf immer wieder hingewiesen wird – die empirische Basis nicht sehr breit.

Ein möglicher Zugang ist der, von der Komplexität der schulischen Organisation auszugehen und daraus auf die Emergenz von Selbstorganisation auf lokaler Ebene zu schließen. Als Beispiel dafür wird etwa das „local management of schools (LMS)" in England angeführt. Zentral dabei scheinen die Informationswege zu sein, z.B. wer mit wem worüber regelmäßig spricht und ob die Schule von außen zuverlässige und brauchbare Informationen erhält („monitoring with feedback"; vgl. Fitz-Gibbon in Gray et al. 1996).

Die Selbstorganisation der Schulen (self-management) wird im Zusammenhang mit Schulentwicklung (school improvement) etwa von Bush genannt (Bush 1996). Gefunden wird, dass die Möglichkeit, Ressourcen von einem Bereich auf den anderen zu verschieben oder umzuverteilen ein entscheidendes Element von Schulentwicklung und damit verbundener Selbstverwaltung darstellt (ebda., S. 138) und dass der organisationale Charakter der Schule eine bedeutende Variable für den Lernfortschritt der Schüler/innen darstellt. Daran wird die Hypothese angeknüpft, dass Schulentwicklung im Hinblick auf Verbesserung der Qualität durch eine Verstärkung von Schulautonomie gefördert werden kann (ebda., S. 140).

Ein weiterer im gegebenen Zusammenhang wichtiger Strang der Forschung beschäftigt sich mit dem Zusammenhang von zielgerichteten Veränderungen von Schule, der damit einhergehenden Verlagerung von Verantwortung („site-based management") und Verantwortlichkeit und dem organisationalen Lernen: „Organizational learning enhances the school's ability for self-organization, enabling organization members to work together ‚to restructure, reculture, and otherwise reorient themselves to new challenges'" (Marks et al., 2000, S. 240). Dabei wird konstatiert, dass ein gestiegenes Maß an organisationalem Lernen erfordert, dass Schulen autonomer und verantwortlicher für ihre Arbeit gemacht werden müssen (ebda., S. 245). Die eigenen empirischen Untersuchungen der Autorinnen kommen zu den folgenden zentralen Ergebnissen:

- Die Fähigkeit zum organisationalen Lernen unterstützt gute Ergebnisse bei den zentralen Aktivitäten der Schule – Lehren und Lernen;
- Das Vorhandensein einzelner Dimensionen dieser Fähigkeit ist nicht zielführend;
- Alle sechs identifizierten Dimensionen organisationalen Lernens – „structure, empowerment, shared commitment and collaborative activity, knowledge and skills, leadership, and feedback and accountability" sowie die subtilen Wechselwirkungen zwischen ihnen sind gleich wichtig für positive Ergebnisse (ebda., S. 260f).

Schulen sollten als Konsequenz daraus als Organisationen mit hoher Zuverlässigkeit („high-reliability organizations") und als ergebnisgesteuerte Organisationen („output-driven organizations") aufgefasst und strukturiert werden. Zu diesem Konzept gehören Freiräume und Autonomie für Lehrkräfte und Schüler/innen aber gleichzeitig auch das Setzen von Standards, die Kontrolle und Anreizsysteme als strikte Koppelungsmechanismen. Zusammenfassend stellen sich strukturierte Planung, Evaluation und Kontrolle (monitoring) sowie der Einsatz von leistungsorientierten Anreizen einschließlich der Setzung von Standards als die interessantesten hypothetischen Schlüsselfaktoren von effektiver Schule heraus. Dies gilt auch unter Bedingungen relativer Autonomie und erweiterter Verantwortung der Akteure.

Erweiterte Verantwortung von Schule in internationalen Vergleichsstudien

In den vorliegenden Ergebnisbänden zu PISA werden auch die Selbstständigkeit der Schulen und die Einbeziehung der Lehrkräfte in die Entscheidungsverantwortung thematisiert. Basis für die mitgeteilten Ergebnisse sind die Aussagen der Schulleiterinnen und Schulleiter. Insgesamt wird aus den Darstellungen deutlich, dass größere Selbstständigkeit als wünschenswert und förderlich betrachtet wird.

Gefragt wurden die Schulleitungen nach dem Mitspracherecht des Kollegiums und der Schulleitung in Fragen der schulischen Politik und Verwaltung auf den folgenden Gebieten:
- Einstellung, Entlassung, Festlegung der Gehälter und Eingruppierung von Lehrkräften,
- Festlegung und Entscheidung über die Verwendung des Schulbudgets,
- Aufnahme, Festlegung von disziplinären Regeln und Kriterien für die Beurteilung bezogen auf Schülerinnen und Schüler,
- Wahl der verwendeten Lehrbücher, Bestimmung des Lehrstoffs, Entscheidung über das Fächer- und Kursangebot.

Aus den Angaben der Schulleitungen über die Bereiche, für die die Schulen Verantwortung tragen, wurde in der neuesten PISA-Studie im Gegensatz zu früheren kein PISA-Index der Schulautonomie abgeleitet. Stattdessen wurden Mehrebenen-Modelle zum Zusammenhang zwischen Schulautonomie und Schülerleistungen sowie Schulautonomie und dem Effekt des sozioökonomischen Hintergrunds berechnet (vgl. OECD 2001, S. 268; OECD 2007, S. 286).

Das etwas schwer herauszukristallisierende Resultat lautet, dass es sich hier um Effekte des jeweiligen Systems und nicht um Effekte der Gestaltungsautonomie der Einzelschule handelt. Daneben wurde ein Zusammenhang zwischen einem höheren Maß an Schulautonomie und einer ungleicheren Verteilung der Bildungschancen nicht gefunden (OECD 2007, S. 295).

Mit aller Vorsicht wird damit aus den internationalen PISA-Ergebnissen auf einen Zusammenhang zwischen dem Grad der Schulautonomie in Teilbereichen und den erreichten Lernergebnissen im Kontext des jeweiligen Schulsystems geschlossen.

Die immer mitgedachte oder auch explizit formulierte Hypothese, dass durch erweiterte Selbstständigkeit im Endeffekt auch die Leistungen der Schülerinnen und Schüler verbessert werden, wird in einem neueren Überblicksartikel von Maslowski et al. (2007) unter Heranziehung und Reanalyse der Daten von PISA 2000 überprüft. Konkret wird die Beziehung zwischen der durch Tests gemessenen Lesekompetenz der Schülerinnen und Schüler und vier Dimensionen von Schulautonomie und schulinterner Dezentralisierung untersucht. Dabei wird mit Recht auf die grundlegende Problematik verwiesen, dass kausale Beziehungen sehr schwer nachweisbar sind, da unterschiedliche Maßnahmen Einfluss auf die Schülerleistungen haben: „This is especially true as the path of causation between educational policies and school changes is nearly always uncertain, multiple factors and actors influence any particular change in school practices, and often a lengthy chain of intermediate factors can be thought of, allowing many disturbances" (ebda. 2007, S. 304). Ihr Durchgang durch die zur Verfügung stehenden Untersuchungen ergibt dann auch die ernüchternde Diagnose, dass erhebliche Zweifel an der Haltbarkeit der formulierten Zusammenhangshypothese angebracht erscheinen. Zwar finden die Autoren einen Zusammenhang zwischen größerer Autonomie der Schulen im Personalmanagement und den Leseleistungen der Schülerinnen und Schüler, dieser Zusammenhang verschwindet jedoch, wenn der sozio-ökonomische Status der Schülerschaft kontrolliert wird. Alle anderen erfassten Dimensionen von Autonomie zeigen keinen Zusammenhang mit den Leseleistungen (ebda., S. 318).

Auf Basis ihrer Ergebnisse empfehlen sie mehr moderierende Variablen wie das Schulklima oder die professionelle Entwicklung mit in die Analysen aufzunehmen, da sich hier Zusammenhänge zur Schulautonomie im Bereich des Personalmanagement finden lassen.

Über dieses Gesamtergebnis hinaus haben die sehr detaillierten Analysen aber eine Reihe von wichtigen Hinweisen ergeben:
- Faktoren des Schulklimas scheinen wichtiger zu sein als personelle und materielle Ressourcen (ebda.).
- Autonomie in den Bereichen Personalmanagement und Curriculum steht im Zusammenhang mit der Selbst-Evaluation der Schulen (ebda.).
- Vermittelnde Faktoren wie die professionelle Entwicklung, Moral und Engagement der Lehrerinnen und Lehrer scheinen bedeutsam zu sein und sollten stärkere Berücksichtigung finden (ebda., S. 324).
- Größere Selbstständigkeit in der Festlegung von Verhaltens- und Zulassungsregeln für die Schülerinnen und Schüler (student policies) führt zu höherer Selektivität der Schulen (ebda.).
- Angesichts der sehr unterschiedlichen Mechanismen in den verschiedenen Ländern wäre es verfrüht, bildungspolitische Entscheidungen auf der Basis der vorhandenen Forschungen zur Schulautonomie zu treffen und zu legitimieren (ebda.).

Erfahrungsberichte und empirische Ergebnisse aus Modellprojekten

Insgesamt ergibt der Durchgang durch die Literatur zur Schulautonomie, dass die empirische Basis für Aussagen über die Wirkungen größerer Selbstständigkeit der Schulen und ihrer Akteure eher schmal ist. Die meisten der verfügbaren Aussagen und Einschätzungen beruhen auf Erfahrungsberichten und Fallstudien und sind zudem unvermeidlich von den jeweiligen lokalen, regionalen und nationalen Bedingungen geprägt. Auf empirischen Untersuchungen beruhende Aussagen sind nur wenige vorhanden.

Die Debatte über die Wirksamkeit und die Wirkungen von erweiterter Schulautonomie ist allerdings sehr lebendig. Denn inzwischen konnten die Beteiligten in den Ländern, die Anfang der 1990er Jahre durchgreifende Veränderungen der Steuerung von Schule eingeführt hatten, Erfahrungen sammeln und berichten darüber. Auch scheinen die kritischen Stimmen, besonders was die häufig mit größerer Autonomie der Schulen verbundene Marktorientierung betrifft, deutlicher zum Ausdruck zu kommen. Aber auch in dieser Debatte gibt es keine durchgängig eindeutigen Aussagen darüber, ob größere Selbstständigkeit nun zu mehr Vor- oder Nachteilen der Schulentwicklung führt. Denn je nach Standpunkt werden unterschiedliche Maßstäbe für die Bewertung angelegt. Während die Befürworter von Deregulierung und Marktorientierung die Erfolge von darauf orientierten Schulen mit entsprechender Klientel und Unterstützung hervorheben, betonen die Kritiker die Auseinanderentwicklung des Schulwesens und die problematische Lage der Schulen, die unter erschwerten Bedingungen in den Wettbewerb mit anderen treten müssen. Aber auch der Gesichtspunkt der mit größerem Handlungs- und Entscheidungsspielraum verbundenen Demokratisierung und Partizipation wird von einigen Kritikern der strikten Marktorientierung als Chance und zu nutzendes Handlungsfeld hervorgehoben.

Ein weiterer Zugang zur Einschätzung von Wirksamkeit und Wirkungen von erweiterter schulischer Selbstständigkeit und Verantwortung besteht in der Wiedergabe von Ergebnissen entsprechender Modellprojekte und -vorhaben.

Vorliegende Berichte enthalten kurz gefasst die folgenden Befunde zu Entscheidungs- und Handlungsspielräumen, Auswirkungen auf die Schulen und die Schulverwaltung, Bewertung der neuen Steuerungsverfahren durch die schulischen Akteure und Qualitätsverbesserungen von Schulen und Unterricht (DIPF 2006 und 2007; Projektgruppe Modus 21 2007):

- Die Annahme, dass die Schulen eine erweiterte Eigenverantwortung für vielfältige pädagogische Maßnahmen nutzen, wird von den Befunden gestützt. Auch Schulen ohne weitgehende Vorerfahrungen nutzen ihre Entwicklungspotenziale und erproben Neues.
- Die zwischen Schule, Schulverwaltung und Schulträger abgeschlossenen Schulvereinbarungen haben den Schulen wichtige Orientierungshilfen gegeben und zur Klärung ihrer Rechte und Pflichten beigetragen.
- Fast alle Befragten hielten die tatsächlichen Gestaltungsoptionen für unzureichend.
- Das Ziel der Verbesserung des schulischen Lernens durch die Entwicklung und regelmäßige Nutzung neuer Formen des Lehrens und Lernens innerhalb und außerhalb des Unterrichts erweist sich als zentraler, sinnstiftender pädagogischer Kern.
- Die Modellvorhaben haben die innerschulische Steuerungsfähigkeit befördert. Vor allem die Rolle und Akzeptanz der Schulleiter und der Steuerungsgruppen wurden gestärkt.
- Die Bereitschaft der Schulen zur Evaluation hat sich erhöht.
- Insgesamt ist das Urteil der Schulen über die Erfahrungen aus den Modellvorhaben, die Wirksamkeit der neuen Steuerungsinstrumente und deren Übertragbarkeit auf andere Schulen trotz der mit der gestärkten Eigenverantwortung einhergehenden zusätzlichen Rechenschafts- und Evaluationspflichten überwiegend positiv.

Damit lässt sich zusammenfassend für diese deutschen Begleitforschungsprojekte feststellen, dass wesentliche und förderliche Einstellungsveränderungen in Bezug auf die mit der erweiterten Selbstständigkeit verbundenen Ziele eingetreten sind, dass aber empirisch abgesicherte Aussagen über die Ergebnisqualität erweiterter Selbstständigkeit nur sehr eingeschränkt getroffen werden können.

Bei der wissenschaftlichen Begleitforschung zum Modellvorhaben „Selbstständige Schule NRW" konnten insofern verlässlichere Aussagen gewonnen werden, als hier die eingetretenen Wirkungen mit einem Längsschnittdesign und dem Einsatz von Leistungstests überprüft wurden. Es war das Ziel der wissenschaftlichen Begleitung, den Weg, den Nordrhein-Westfalen mit seinem

‚Modellvorhaben Selbstständige Schule' eingeschlagen hat, durch Forschung abzusichern, sowie – soweit möglich – durch empirische Forschung abgesicherte Hinweise für die Fortsetzung dieses Weges zu geben. Die Fülle der berichteten Befunde lässt sich verdichtet (und notwendigerweise verkürzt) folgendermaßen zusammenfassen:

1. Die selbstständigen Schulen sind im internen Management hoch entwickelt und gut aufgestellt, mit einer hohen Qualität des Schulleitungshandelns und einer überwiegend professionellen Arbeit der Steuergruppen.
2. Die Innovationsbereitschaft der Kollegien ist größer geworden und hat Einfluss auf zentrale schulische Qualitätsmerkmale.
3. Deutliche Zuwächse im Zeitverlauf zeigen sich vor allem bei der Lehrerkooperation und im Evaluationshandeln.
4. Zuwächse bei der Lehrerkooperation erweisen sich nicht zuletzt deshalb als bedeutsam, weil feste Teambildungen mit professioneller Kooperation in den beobachteten selbstständigen Schulen die Qualität des Unterrichts und eine differenzierte Lernkultur fördern.
5. Dies gilt auch für das Evaluationshandeln, da der Entwicklungsstand der schulischen Evaluationskultur einen positiven Einfluss auf die Leseleistung der Schülerinnen und Schüler ausübt.
6. Organisationslernen, das sich in den selbstständigen Schulen gut entwickeln konnte, hat einen positiven Einfluss auf das Klassenmanagement und die Individualisierung von Unterricht.
7. Es lassen sich in den selbstständigen Schulen Zusammenhänge zwischen Schulleitungshandeln, Evaluationskultur, Unterrichtsqualität und dem Lernzuwachs bei Leseleistungen feststellen.
8. Nach sozioökonomischem Hintergrund zeigt sich bei den Testleistungen der Sekundarschulen im Längsschnitt beim Leseverständnis eine leichte Reduktion der sozialen Ungleichheit.
9. Der eigenverantwortliche Umgang mit Personalmanagement und insbesondere mit der Sachmittelbewirtschaftung wurde von den handelnden Personen professionell umgesetzt (vgl. Holtappels et al. 2008, S. 331f).

Folgerungen

Zur Einschätzung der berichteten Forschungsergebnisse ist zu bedenken, dass Wirkungen, gewünschte und erwartete ebenso wie unerwünschte und unerwartete, sich in Schulentwicklungsprozessen vielfach erst im Verlauf längerer Entwicklungsprozesse herausstellen. Gleichwohl können diese Ergebnisse wichtige Hinweise für die weitere Entwicklung von Schulen in erweiterter Verantwortung bieten.

Wie gezeigt finden sich viele stützende Hinweise darauf, dass die in den Blick genommenen Teilbereiche und Aspekte von schulischer (Teil-)Autonomie die zentralen darstellen, nämlich neben vielen Einzelbefunden die Aussage, dass eine erweiterte Selbstständigkeit dazu beitragen kann, Schulentwicklung zu befördern und die Qualität von Schule zu verbessern.

Ein Zusammenhang zwischen Autonomie der Schulen und Schuleffektivität allerdings wird bisher meist nur postuliert, empirische Nachweise liegen weiterhin nur ansatzweise und in Teilbereichen vor.

Literatur
Avenarius, H./Kimmig, T./Rürup, M. (2003): Die rechtlichen Regelungen der Länder in der Bundesrepublik Deutschland zur erweiterten Selbstständigkeit der Schule. Berlin: BWV. – Bertelsmann Stiftung und Ministerium für Schule, Wissenschaft und Forschung des Landes Nordrhein-Westfalen (Hrsg.) (2001): Bildung gestalten – Selbstständige Schule NRW. Düsseldorf. – Bildungskommission Nordrhein-Westfalen (1995): Zukunft der Schule. Schule der Zukunft. Neuwied: Luchterhand. – Bush, T. (1996): School Autonomy and School Improvement. In: Gray, J./Reynolds, D./Fitz-Gibbon, C./Jesson, D. (Eds.): Merging Traditions. The Future of Research on School Effectiveness and School Improvement. London: Cassell. – Deutscher Bildungsrat (1973): Empfehlungen der Bildungskommission. Zur Reform von Organisation und Verwaltung im Bildungswesen. Teil 1: Verstärkte Selbstständigkeit der Schule und Partizipation der Lehrer, Schüler und Eltern. Bonn. – Deutsches Institut für Internationale Pädagogische Forschung (DIPF) (Hrsg.) (2006): Durch größere Eigenverantwortlichkeit zu besseren Schulen. Ergebnisbericht der wissenschaftlichen Begleitung des „Modellvorhabens eigenverantwortliche Schule (MeS)" im Land Berlin. – Deutsches Institut für Internationale Pädagogische Forschung (DIPF) (Hrsg.) (2007): Die Entwicklung zu selbstständigen Schulen im Land Brandenburg. Ergebnisbericht der wissenschaftlichen Begleitung des „Modellvorhabens Stärkung der Selbstständigkeit von Schulen (MoSeS)" im Land Brandenburg. – Füssel, H.-P. (1997): Von den Schwierigkeiten mit dem Umgang mit der „Schulautonomie" – ein Versuch, sich einem komplizierten Gegenstand zu nähern. In: Döbert, H./Geißler, G. (Hrsg.): Schulautonomie in Europa. Baden-Baden: Nomos Verlag, S. 11-25. – Gray, J./Reynolds, D./Fitz-Gibbon, C./Jesson, D. (Eds.) (1996): Merging Traditions. The Future of Research on School Effectiveness and School Improvement. London: Cassell. – Holtappels, H. G./Klemm, K./Rolff, H.-G. (Hrsg.) (2008): Schulentwicklung durch Gestaltungsautonomie. Ergebnisse der Begleitforschung zum Modellvorhaben "Selbstständige Schule" in Nordrhein-Westfalen. Münster: Waxmann. – Marks, H. M./Louis, K. S./Printy, S. (2000): The Capacity for Organizational Learning – Implications for Pedagogical Quality and Student Achievement. In: Leithwood, K. A. (Ed.): Understanding Schools as Intelligent Systems. Stamford: Jai Press, pp. 239-265. – Maslowski, R./Scheerens, J./Luyten, H. (2007): The Effect of School Autonomy and School Internal Decentralization on Students' Reading Literacy. In: School Effectiveness and School Improvement. 18 (3), pp. 303-334. – OECD (2001): Lernen für das Leben. Erste Ergebnisse der internationalen Schulleistungsstudie PISA 2000. Paris: Organization for Economic Cooperation and Development. Centre for Educational Research and Innovation. – OECD (2007): PISA 2006 – Schulleistungen im internationalen Vergleich. Naturwissenschaftliche Kompetenzen für die Welt von morgen. Paris: Organization for Economic Cooperation and Development. Centre for Educational Research and Innovation. – Projektgruppe MODUS 21 (Hrsg.) (2007): Abschlussbericht Modus 21. Wissenschaftliche Begleitung zum Modellprojekt MODUS 21. Erlangen. – Rittelmeyer, C. (1997): Schulautonomie. Problemstellungen eines bildungspolitischen Zukunftsprojektes. In: Bildung und Erziehung. 50 (2), S. 125-135. – Saalfrank, W.-T. (2005): Schule zwischen staatlicher Aufsicht und Autonomie. Konzeptionen und bildungspolitische Diskussion in Deutschland und Österreich im Vergleich. Würzburg: Ergon Verlag.

2| Schulentwicklungsforschung
Heinz Günter Holtappels

Schulentwicklungsforschung umfasst ein Spezialgebiet, das zwischen Bildungs-, Schul- und Innovationsforschung anzusiedeln ist und mit diesen Forschungsgebieten korrespondiert, aber eine eigene Forschungsrichtung ausmacht. Schulentwicklungsforschung untersucht mit besonderem Fokus auf Wandel und Reform die Voraussetzungen und Bedingungen, Formen und Prozesse sowie Ergebnisse und Wirkungen im Schulbereich, und zwar auf mehreren Ebenen: Systemebene, Ebene der einzelnen Schule sowie innerhalb der Schule auf der Ebene der Lerngruppen und des Lehrerhandelns.

Schulentwicklungsforschung und benachbarte Forschungsgebiete

Schulentwicklungsforschung in einem engeren Verständnis wäre zum einen abzugrenzen von Schulqualitäts- und Schulwirkungsforschung, welche speziell die Qualität von Schulen anhand von Standards und Indikatoren bzw. Wirkungen in Schulen untersuchen; wobei jedoch Schulentwicklungsforschung diesbezügliche Erkenntnisse in Theoriemodelle und Forschungsdesigns aufnehmen oder sogar Qualitäts- und Wirkungsfragen selbst mit untersuchen muss. Zum anderen ist Schulentwicklungsforschung keineswegs mit Bildungs-, Schul- und Unterrichtsforschung gleich zu setzen, weil dort spezifische Gegenstände (z.B. Bildungsverläufe, Bildungssysteme, Organisations- und Unterrichtsformen) erforscht werden, ohne dass Aspekte von Wandel und Entwicklung einbezogen sein müssen. Dennoch zeigen sich vielfältige Verbindungslinien und Schnittmengen.

Schulentwicklung braucht Schulwirksamkeitsforschung, weil Bedingungsfaktoren zu analysieren und wirksame Faktoren zu identifizieren sind, um Qualitätsverbesserungen, Prozesse, Voraussetzungen und Bedingungen untersuchen zu können. Bildungs- und Unterrichtsforschung braucht Schulentwicklungsforschung, um Wissen über Wandel sowie über wirksame Ansätze von Veränderungsstrategien zu erlangen.

Implementations- und Innovationsforschung haben Schulentwicklungstheorie und -forschung beeinflusst (vgl. Beitrag 11 in diesem Band), jedoch folgen Innovationen in pädagogischen Institutionen besonderen Bedingungen und Gesetzmäßigkeiten, so dass Befunde aus nicht-schulischen Sektoren nur mit Einschränkungen übertragbar sind.

Gegenstandsbereiche und Phasen der Schulentwicklungsforschung

Im Wesentlichen sind im deutschsprachigen Raum folgende Felder und Gegenstandsbereiche innerhalb der Schulentwicklungsforschung zu unterscheiden (Holtappels 2005):
1. Schulentwicklungsforschung zur Entwicklung der Qualität von Schulgestaltung in der inneren Schul- und Lernorganisation und in den unterrichtlichen und erzieherischen Gestaltungsansätzen.
2. Prozessbezogene Schulentwicklungsforschung zu Prozessverläufen und deren Bedingungen und Wirkungen im Rahmen von Reformprogrammen oder in Innovationsverläufen einzelner Schulen.
3. Systembezogene Schulentwicklungsforschung zur Entwicklung des Bildungssystems und der Schulstruktur, der Bildungsadministration und der Systemsteuerung.

Wenn man von historisch angelegten Dokumentationen über reformpädagogische Schulmodelle sowie von einzelnen Sekundäranalysen der Schulstatistik absieht, war Schulentwicklungsforschung bis weit in das letzte Jahrhundert, nämlich bis Anfang der 70er Jahre, kein etabliertes Forschungsfeld. Analysiert man die Forschungsaktivitäten im Zeitverlauf, so lassen sich weniger echte Phasen von Schulentwicklungsforschung identifizieren und unterscheiden als eher „Konjunkturen", die inhaltlich nur schwerpunktmäßig typisierbar sind und sich in Zeiträumen überlappen:

I: Forschung über Schulentwicklung als Systemreform (70er Jahre) und über die analytische Beobachtung struktureller Entwicklungen (seit Ende der 80er Jahre)

II: Forschung über innere Schulentwicklung in pädagogischer Innovationen (Ende 70er bis Mitte 90er Jahre)

III: Forschung über Schulentwicklung im Zusammenhang mit Schulqualitätsstudien und Schulentwicklungsstrategien (Mitte der 90er Jahre bis Mitte der 2000er Jahre)

IV: Schulleistungsforschung und Integration von Schulentwicklungs- und Schuleffektivitätsforschung (seit Ende der 90er Jahre)

Forschungsschwerpunkte und richtungsweisende Studien

Im Gefolge des Strukturplans für das Bildungswesen und der Gutachten des Deutschen Bildungsrates entstanden in den 70er Jahren die groß angelegten Gesamtschulversuche und Systemvergleichsstudien. Dazu gehörten neben dem Systemvergleich bei Fachleistungen und sozialen Wirkungen (vgl. v.a. Fend 1982) auch spezielle Analysen zu Schulstandorten, zur Chancengleichheit und Offenheit von Bildungswegen, zu Einstellungen von Eltern und zur Reformbereitschaft von Lehrkräften.

Besondere Bedeutung hatten die Schulsystemvergleiche der 70er Jahre aus der Konstanzer Forschungsgruppe, weil sie neben grundlegenden Schulform- auch Einzelschulunterschiede und Wirkungen innerschulischer Lernumwelten bzw. des „Schulklimas" zeigten (vgl. dazu Fend 1977). Sie inspirierten die Schulentwicklungsforschung, vermochten sie jedoch nicht zu prägen. Andere Studien widmeten sich einzelnen Systemreformaspekten wie Orientierungsstufe, Durchlässigkeit oder Übergangen. Hervorzuheben ist die Studie von Tillmann et al. (1979), weil sie Struktur- und Organisationsreform unter differenten Umfeldbedingungen und schulinternen Entwicklungen erforschte.

Erheblich später etablierte sich ein daran anknüpfender Zweig der Schulentwicklungsforschung: Sekundäranalysen zur Schulstatistik durch spezielle Studien (z.B. Bellenberg 1999) sowie die Dauerbeobachtung der strukturellen Entwicklung, vor allem im Jahrbuch der Schulentwicklung (hrsg. von Rolff et al.) und durch systematische Bildungsberichterstattung zu Eckdaten und Bildungsindikatoren (z.B. Böttcher et al. 2001 sowie Cortina et al. 2003) bis hin zur Etablierung eines deutschen Bildungsberichtes (zuletzt: Autorengruppe Bildungsberichterstattung 2008).

Die erziehungswissenschaftliche Schulforschung setzte ihren Fokus in den 80er Jahren zunächst stärker auf innere Schulentwicklung (z.B. offener Unterricht, innere Differenzierung, Lehrerkooperation). In den 90er Jahren wurde die Schulentwicklung durch prozessbezogene Innovationsstudien und Begleitforschungen belebt, z.B. über Curriculumrevision, Veränderung der Zeitorganisation oder innovative Ansätze im Unterricht (vgl. Hameyer 1992; Haenisch 1993; Holtappels 2002) sowie über Formen und Effekte der Schulprogrammarbeit (vgl. Forschungsberichte in Holtappels 2004). Eine ausgeprägte Forschungslinie über Schulentwicklungsprozesse bildete sich jedoch kaum heraus, prozessbezogene Primärstudien blieben hierzulande rar.

Einen erheblichen Schub erhielt die Hinwendung der Schulforschung zu Qualitäts- und Systemfragen ab Ende der 90er Jahre mit den internationalen Schulleistungsvergleichsstudien (TIMSS, PISA, IGLU), die wertvolle empirische Bestandsaufnahmen und Analysen zu Systembedingungen und zur Ergebnisqualität des Bildungssystems liefern (z.B. Deutsches PISA-Konsortium 2001; Bos et al. 2003). Da sie aber den Fokus auf fachspezifische Schülerkompetenzen richten, sind sie nicht in der Lage, Schulentwicklung zu erklären bzw. in Gang zu setzen, weil hierzu die Messung von Veränderungen in der Gestaltungs- und Prozessqualität der Schule im Längsschnitt und Prozessstudien erforderlich wäre.

Für die Schulentwicklungsforschung stellt sich die Frage, wie aus Ergebnissen von Leistungsstudien und Datenrückmeldungen Schulentwicklung in Gang kommen und Schulqualität verbessert werden kann (vgl. Beiträge 1, 27, 34 und 82 in diesem Band). Neuere Forschungen (z.B. Bos et al. 2007; Holtappels et al. 2008) untersuchen daher Schul- und Unterrichtsqualität unter Einschluss von Schülerleistungen im Längsschnitt und verbinden dies mit der Analyse von Prozessdaten zur Schulentwicklung.

Literatur

Autorengruppe Bildungsberichterstattung (Hrsg.) (2008): Bildung in Deutschland 2008. Ein indikatorengestützter Bericht mit einer Analyse zu Übergängen im Anschluss an den Sekundarbereich I. Bielefeld: Bertelsmann. – Bellenberg, G. (1999): Individuelle Schullaufbahnen. Eine empirische Untersuchung über Bildungsverläufe von der Einschulung bis zum Abschluss, Weinheim, München: Juventa. – Böttcher, W./Klemm, K./Rauschenbach, T. (Hrsg.) (2001): Bildung und Soziales in Zahlen. Statistisches Handbuch zu Daten und Trends im Bildungsbereich. Weinheim, München: Juventa. – Bos, W./Lankes, E.-M./Prenzel, M./Schwippert, K./Walther, G./Valtin, R. (Hrsg.) (2003): Erste Ergebnisse aus IGLU. Schülerleistungen am Ende der vierten Jahrgangsstufe im internationalen Vergleich. Münster: Waxmann. – Bos, W./Bonsen, M./Gröhlich, C./Guill, K./May, P./Rau, A./Stubbe T. C./Vieluf, U./Wocken, H. (2007): KESS 7. Kompetenzen und Einstellungen von Schülerinnen und Schülern – Jahrgangsstufe 7. Hamburg: bcsNetcom. – Cortina, K.S./Baumert, J./Leschinsky, A./Mayer, U./Trommer, L. (Hrsg.) (2003): Das Bildungswesen in der Bundesrepublik Deutschland. Strukturen und Entwicklungen im Überblick. Reinbek: Rowohlt. – Deutsches PISA-Konsortium: PISA 2000 (2001): Basiskompetenzen von Schülerinnen und Schülern im internationalen Vergleich. Opladen: Leske+Budrich. – Fend, H. (1977): Schulklima. Soziale Einflussprozesse in der Schule. Weinheim, Basel: Beltz. – Fend, H. (1982): Gesamtschule im Vergleich – Bilanz der Ergebnisse des Gesamtschulversuchs. Weinheim, Basel: Beltz. – Haenisch, H. (1993): Wie sich Schulen entwickeln. Eine empirische Untersuchung zu Schlüsselfaktoren und Prinzipien der Entwicklung von Grundschulen. Soest: Kettler. – Hameyer, U. (1992): Die innere Qualität innovativer Grundschulen – Ergebnisse aus Fallstudien der Selbsterneuerungsfähigkeit. In: Hameyer, U./Lauterbach, R./Wiechmann, J. (Hrsg.): Innovationsprozesse in der Grundschule. Fallstudien, Analysen und Vorschläge zum Sachunterricht. Bad Heilbrunn: Klinkhardt, S. 77-103. – Holtappels, H. G. (2002): Die Halbtagsgrundschule – Lernkultur und Innovation in Hamburger Grundschulen. Weinheim, München: Juventa. – Holtappels, H. G. (Hrsg.) (2004): Schulprogramme – Instrumente der Schulentwicklung. Konzeptionen, Forschungsergebnisse, Praxisempfehlungen. Weinheim, München: Juventa. – Holtappels, H. G (2005): Bildungsqualität und Schulentwicklung. In: Holtappels, H. G./Höhmann, K. (Hrsg.): Schulentwicklung und Schulwirksamkeit. Systemsteuerung, Bildungschancen und Entwicklung der Schule. Weinheim, München: Juventa, S. 27-47. – Holtappels, H. G./Klemm, K./Rolff, H.-G. (Hrsg.) (2008): Schulentwicklung durch Gestaltungsautonomie. Ergebnisse der Begleitforschung zum Modellvorhaben Selbstständige Schule in Nordrhein-Westfalen. Münster: Waxmann. – Tillmann, K.-J./Bussigel, M./Philipp, E./Rösner, E. (1979): Kooperative Gesamtschule – Modell und Realität. Eine Analyse schulischer Innovationsprozesse. Weinheim: Beltz.

3| Schulentwicklung als Trias von Organisations-, Unterrichts- und Personalentwicklung
Hans-Günter Rolff

Schulreform erhielt mit dem Blick auf die Einzelschule einen neuen Fokus. Diesen Perspektivenwechsel vollzogen Bildungspolitiker wie Bildungsforscher und Lehrerfortbildner fast gleichzeitig. Spätestens seit 1990 gilt die Einzelschule als „Motor der Entwicklung" (Dalin & Rolff 1990), für dessen Wirkungsweise in erster Linie die Lehrpersonen und die Leitung selbst verantwortlich sind, und andere Instanzen eher unterstützende und ressourcensichernde Funktionen ausüben.

Entwicklung der Schulentwicklung

Das neue Paradigma, welches den Fokus auf die Entwicklung von Einzelschulen legt, geht davon aus, dass die Entwicklung von Einzelschulen primär ist gegenüber der Systementwicklung. Diese Prioritätensetzung ist doppelt konzipiert, einmal als zeitliche Priorität in dem Sinne, dass

Schulentwicklung in den Einzelschulen beginnen soll, und zum anderen als Sachpriorität, die in der Entwicklung von Einzelschulen die eigentliche Basis sieht und nicht eine vom Gesamtsystem generierte und insofern abgeleitete Aktivität. Folgerichtig besteht der Kern der Schulentwicklung in der Entwicklung von Einzelschulen. Schulentwicklung bewegt sich dabei im Zyklus einer Trias bzw. eines Drei-Wege-Modells. Dieses Modell ist Schritt für Schritt, also historisch entstanden, wobei Schulentwicklung sich in den letzten zwei Jahrzehnten selbst entwickelt hat. Sie begann mit Organisationsentwicklung.

Organisationsentwicklung als Ausgangspunkt
Kein Ansatz hat die Wendung zur Entwicklung von Einzelschule so früh und so grundlegend beeinflusst wie der der Organisationsentwicklung (OE) und kein Ansatz hat so große innere Affinität dazu wie dieser. OE wurde in den USA bereits Anfang der siebziger Jahre von Schulentwicklern (Schmuck & Runkel 1972) aufgegriffen und in deutschen Bundesländern Ende der siebziger Jahre der Schulleitungsfortbildung zugrunde gelegt (vgl. Rolff 1977).
Ein „Durchbruch" geschah allerdings erst zu Ende der neunziger Jahre, als die Schulpolitik fast aller Länder die Entwicklung von Einzelschulen als selbständige, eigenverantwortliche oder teilautonome Schulen propagierte und nach einem orientierenden und handlungsanleitenden Konzept gesucht wurde.
Organisationsentwicklung bedeutet, eine Organisation von innen heraus weiterzuentwickeln und zwar im Wesentlichen durch deren Mitglieder selbst, wobei der Leitung eine zentrale Bedeutung zukommt und nicht selten Prozessberater von außen hinzugezogen werden (vgl. dazu French & Bell 1990). OE wird als Lernprozess von Menschen und Organisationen verstanden. Die Bezugstheorien von OE waren zu Beginn die Sozialpsychologie und die humanistische Psychologie. Heute dominiert die evolutionäre Systemtheorie, die sich sowohl auf die systemische Familientherapie als auch auf die soziologische Systemtheorie stützt (vgl. Baumgartner et al. 1988). Dieser Zugang darf jedoch nicht auf eine schlichte Organisationsanalyse der Schule reduziert werden, wie das gelegentlich der Fall ist. Gewiss ist die Schule eine soziale Organisation, aber sie ist eine von ganz besonderer, pädagogischer Zielsetzung. Sie unterliegt zum einen nicht unmittelbar den Gesetzen der Warenproduktion, auch wenn die Bildungskosten durch die dominierenden Verwertungsinteressen begrenzt sind. Zum anderen ist die Zielsetzung der Institution Schule eine spezifische, die sich von der aller anderen sozialen Organisationen unterscheidet, nämlich eine pädagogische.
Das Konzept der Schulentwicklung als pädagogische Organisationsentwicklung, das in Deutschland in den siebziger Jahren noch als Spezialthema behandelt wurde, ist zwischenzeitlich außerordentlich ausdifferenziert und praktisch vielfach erprobt worden. Charakteristisch für OE-Konzepte ist, dass sie sich auf das Ganze der Schule beziehen und nicht nur auf Teilaspekte. Gleichzeitig wird aber betont, dass nur eine schrittweise Entwicklung möglich ist, die an Subeinheiten der Schule anknüpfen kann, aber auch am Kooperationsklima, an der Schulleitung, am Schulprogramm, an einer Abteilung oder an einer Fachkonferenz. Es wird in aller Regel nach der Devise verfahren: „keine Maßnahme ohne vorherige Diagnose" und es wird eine institutionelle Struktur zur Binnensteuerung des Wandels aufgebaut vor allem in Form einer Steuer- bzw. Entwicklungsgruppe, externer Beratung und Evaluation als datengestützter Reflexion.
OE ist dezidiert prozessorientiert. Die Prozesse werden ebenso wichtig genommen wie das Ergebnis. Die Prozessorientierung der OE bezieht sich nicht nur auf den Anfang, den – vermutlich – wichtigsten Prozess der Implementation, sondern auf jede Phase der OE.
Die Literatur über OE unterscheidet üblicherweise drei aufeinander folgende Phasen des Organisationswandels in Schulen, nämlich

- Initiation,
- Implementation und
- Inkorporation (bzw. Institutionalisierung; vgl. Fullan 1993)

Es ist wichtig zu verstehen, dass Aktivitäten der OE in keiner Weise linear ablaufen. Sie treten zu unterschiedlichen Zeiten im Schulentwicklungsprozess auf. Man kann sie als zyklische oder spiralförmige Prozesse verstehen.

Planung und Ausführung gehören bei OE zusammen. Durch gemeinsame Planung kann sich ein Kollegium selbst mobilisieren oder motivieren. Nur wer etwas selber macht, kann von einer Woge des Engagements getragen werden. Und nur kooperative Planung kann diejenigen einbeziehen, denen die Ausführung obliegt. Gemeinsame Prozessplanung ist die Basis einer sich-selbst-entwickelnden Schule. Bei der Prozessplanung geht es letztlich um Organisations-Lernen, um die Etablierung teamförmiger Arbeitsgruppen, um die Institutionalisierung von Selbststeuerung, womöglich auch um die Schaffung eines Coaching-Systems oder die Durchführung regelmäßiger Schulevaluation.

Aus der Implementationsforschung wissen wir allerdings: Nichts wird so realisiert, wie es einmal geplant war.

Aber nur wenn wir Beliebigkeit akzeptieren, brauchen wir überhaupt keine Planung. Deshalb muss sich SE um Implementationstreue bemühen, d.h. um eine möglichst große Annäherung der Umsetzung an die Planung.

Zur Verbesserung der Implementationstreue gibt es einige methodische Ansätze. Der erste ist: Ziele zu klären und zu vereinbaren. Der zweite bezieht sich auf eine strikte Prozessorientierung. Und der dritte sorgt für Institutionalisierung bzw. Inkorporation. Daraus ergibt sich die Formel: Strategie vor Prozess vor Struktur.

Das Konzept der OE wurde inzwischen zum Konzept des Change-Managements (vgl. Beiträge 31 bis 36 in diesem Band) weiter entwickelt. Change-Management betont stärker als OE die Rolle von Führung und legt deutlich mehr Wert auf Evaluation und Qualitätsmanagement. Üblicherweise werden beim Change Management ebenfalls drei Phasen unterschieden, die sich von den Phasen des OE- Prozesses deutlich unterscheiden:

- Strategie, d. h. die Klärung und Vereinbarung mittelfristiger Ziele und die Wahl des Zugangs zur Zielerreichung (Konzepte, Methoden, usw.)
- Struktur, d. h. die dauerhafte, nachhaltige Basis für die Umsetzung, z.B. durch feste Teams, neue Organisationsformen des Innenaufbaus der Organisation, usw.
- Kultur, d. h. die Normen, Werte, Interaktionsformen, usw., die die Organisation (in diesem Fall die Schule) mit Leben erfüllen.

Unterrichtsentwicklung

Vertreter der Lehrerfortbildung warfen der OE mit einem gewissen Recht vor, sie vernachlässige die Unterrichtsentwicklung. Lehrerfortbildung bezieht sich traditionell auf fachliche Fragen des Unterrichts und auf unterrichtsübergreifende schulpädagogische Themen wie Leistungsbeurteilungen oder Gewaltprävention. Im Zuge der eingangs behandelten paradigmatischen Wendung orientiert sich die Lehrerfortbildung zunehmend an Schulentwicklung: Landesinstitute wie das thüringische oder rheinland-pfälzische nehmen Schulentwicklung als zentralen Fokus ihrer Arbeit, andere Institute richten diesbezügliche Abteilungen oder zumindest Schwerpunkte ein. Lehrerfortbildner an den Hochschulen nehmen sich ebenfalls zunehmend der Schulentwicklung an.

Unterricht steht traditionell im Zentrum von Schule und konsequenterweise bezieht sich Lehrerfortbildung im Kern auf Unterricht. Schulentwicklung bezieht sich auf die ganze Schule und

nicht nur und manchmal auch nicht primär auf Unterricht. Das mag ein Grund dafür sein, dass Unterrichtsentwicklung (UE) der Organisationsentwicklung gelegentlich wie in einem Wettbewerb gegenübergestellt wird. Hier ist z.B. der „frühe" Klippert zu nennen, der ausführte:
„OE ist grundsätzlich langfristig angelegt und hat einen relativ komplexen Zuschnitt. Innoviert und verbessert werden soll die Organisation als Ganze ... Entsprechend vielschichtig und langwierig sind die betreffenden Klärungs-, Abstimmungs- und Innovationsprozesse. Da werden Probleme gesucht und natürlich auch in großer Vielzahl gefunden. Da werden Befragungen durchgeführt und umfangreiche Daten gesammelt, Daten ausgewertet und Datenfeedbacks organisiert, Entscheidungen angebahnt und Prioritäten gesetzt, Kontroversen geführt und Konflikte ausgetragen, Ziele geklärt und Ziele vereinbart, Aktionen geplant und Arbeitsgruppen gebildet, Steuergruppen installiert und konkrete Vorhaben implementiert, Strukturen diskutiert und Projekte evaluiert etc. Kurzum, die Konferenz- und Arbeitsbelastung während dieser OE-Prozesse erreicht rasch ein Ausmaß, von dem viele gutwillige Lehrkräfte abgeschreckt werden, weil sie sich durch die vielschichtige Sisyphusarbeit überfordert fühlen" (Klippert 1997, S. 13).

Aus diesen Gründen folgte Klippert:
1. „Die Reduzierung des Innovationsfeldes auf einen überschaubaren Kernbereich der Lehrertätigkeit, den Unterricht;
2. die Straffung der meist langwierigen Such-, Reflexions- und Entscheidungsprozesse im Vorfeld der eigentlichen Innovationsarbeit sowie
3. die Offerierung gezielter Qualifizierungsangebote für die betreffenden Lehrkräfte /Kollegien, damit diese – unterstützt durch erfahrene Innovatoren – möglichst rasch das nötige Knowhow erwerben, um die intendierte Innovationsarbeit zügig und erfolgreich zu realisieren" (Klippert 1997, S. 13).

Den Fokus auf Unterricht zu legen war fällig. Darauf energisch hinzuweisen ist ein großes Verdienst von Klippert. Die Konzentration auf methodische wie didaktische Ansätze könnte man auch als Reduktion deuten, insofern die fachdidaktische und vor allem die bildungstheoretische Dimension dabei ebenso ausgespart wird wie die Beziehungsebene und eine allzu starke Fixierung auf Methoden reflexionshemmend wirkt, also bildungstheoretische und allgemeindidaktische Erwägungen ausblendet. Dessen ungeachtet handelt es sich bei dieser Form der Unterrichtsentwicklung (UE) um ein Konzept der Schulentwicklung, sofern der Rahmen eines Faches überschritten und eine Struktur der Arbeit an Teilen oder der ganzen Schule aufgebaut wird. Klippert baut z.B. Schulteams zur Praktizierung und Weiterentwicklung des Methodentrainings auf und schult daneben die Schulleitung. Er versucht auch, die Schulaufsicht und Eltern einzubeziehen (Klippert 2000).
Es gibt jedoch nach wie vor zahlreiche Lehrerfortbildner, die sich um ein derartiges „Innovationsmanagement" nicht bemühen, sondern ihre bisherige Tätigkeit bloß mit einem neuen Etikett versehen. Hiergegen ist einzuwenden, dass Schulentwicklung immer Lehrerfortbildung umfasst, aber nicht jede Lehrerfortbildung gleich Schulentwicklung ist. Ebenso ist Schulentwicklung nicht vorstellbar ohne Personalentwicklung, aber Personalentwicklung ist nicht identisch mit Schulentwicklung.

Personalentwicklung
Organisationen sind Interaktionszusammenhänge konkreter Menschen und Schulen sind im besonderen Maße personengetragene Einrichtungen. Der pädagogische Prozess ist im Kern ein zwischenmenschlicher, er beruht mehr als andere Interaktionszusammenhänge auf persönlicher

Begegnung. Insofern ist es keine Phrase, wenn Schulpsychologen und pädagogische Psychologen immer wieder betonen, dass im Mittelpunkt der Schule lebendige Menschen stehen, in erster Linie die Schülerinnen und Schüler sowie die Lehrpersonen. Deshalb ist es plausibel, Personalentwicklung (PE) als dritten Hauptweg zur Schulentwicklung anzusehen.

Personalentwicklung meint ein Gesamtkonzept, das Personalfortbildung, Personalführung und Personalförderung umfasst.

Schulische Personalentwicklung impliziert wegen der überragenden Bedeutung von Personen im pädagogischen Prozess auch Persönlichkeitsentwicklung.

Beratung und Unterstützung bei der Persönlichkeitsentwicklung ist traditionell eine Domäne der Schulpsychologen. Deshalb ist es verständlich, wenn Schulpsychologen auf diesen Weg zur Schulentwicklung besonderen Wert legen und darauf hinwirken, dass PE nicht zu kurz kommt (vgl. Mietz 1994).

Hier handelt es sich um wichtige Hinweise. Schulentwicklung als OE wäre missverstanden, wenn sie mit „Methoden und Projekten" gleichgesetzt würde (Schlee 1997). Denn OE ist nicht Technik oder Methodik. Diese werden wohl angewendet, wobei aber die dabei sichtbar werdende Einstellung zum Menschen den Ausschlag gibt. Organisationsentwickler wären keine, wenn sie die Menschen in den Organisationen, mit denen sie arbeiten, nicht akzeptieren, respektieren, ja sogar „mögen" würden. „Kritischer Freund" ist eine Metapher, die in diesem Zusammenhang gern benutzt wird.

Aber die Personenorientierung hat Grenzen. In einem Kollegium mit 30 bis über 100 Mitgliedern kann man schwerlich den von Schulpsychologen geforderten Zugang zu einer Weise der Subjektivität suchen, wie sie familiengeschichtlich und biographisch in Auseinandersetzung mit den zeitgeschichtlichen Anforderungen entstanden ist. In Einzelfällen mag das erwünscht, notwendig und auch realisierbar sein – in Form von Coaching und/oder Supervision, wobei die Verbindung von Supervision und OE ohnehin zum Konzept der Schulentwicklung gehört (vgl. Dalin & Rolff 1990, S. 224ff). Eine Zusammenarbeit mit Schulpsychologen ist gerade in diesem Bereich nötig, möglich und auch erwünscht.

Fraglos müssen Schulentwicklungsprojekte die Beteiligten als Subjekte verstehen und ihnen wirkliche Lernchancen geben; diese sollten sich auch nicht nur auf die fachliche, sondern genauso auf die personale Kompetenz beziehen. Aber es gibt auch Situationen, in denen personales Lernen am besten über die Sachebene, z.B. ein Projekt der Schulentwicklung, erreicht wird, weil andernfalls Ängste und Scham zu Lernblockaden führen würden (vgl. Buhren & Rolff 2008).

Schulentwicklung im Systemzusammenhang

H. Klippert und auch H. Meyer betonen zu Recht, dass Unterricht zur Kernaktivität von Lehrpersonen gehört. Sie proklamieren darüber hinaus, dass SE deshalb immer bei UE ansetzen müsse (Meyer 1997, S. 159). Dagegen ist zum einen einzuwenden, dass es etliche Schulen gibt, die erfolgreiche Schulentwicklungsprozesse auf ganz andere Weise in Gang setzen, wie z.B. anlässlich der Entwicklung eines Schulprogramms, der Einführung von Budgetautonomie oder der Erweiterung der Schulleitung zum Leitungsteam, also von Maßnahmen, die man der OE zurechnen kann. Einem zeitlich strategischen Primat der UE ist zum anderen entgegenzuhalten, dass es dem neuen Paradigma widerspräche, nach dem die Einzelschule der Motor der Entwicklung ist. Nach dem neuen Paradigma muss die Einzelschule und nicht die Lehrerfortbildner entscheiden können, ob sie bei der Organisationsentwicklung ansetzt oder bei der Unterrichtsentwicklung oder bei der Personalentwicklung.

Das Proklamieren von Vorzugswegen und Prioritäten steht auch im Gegensatz zu einem Denken in Systemzusammenhängen. Der Systemzusammenhang von SE ist in Abb. 1 skizziert.

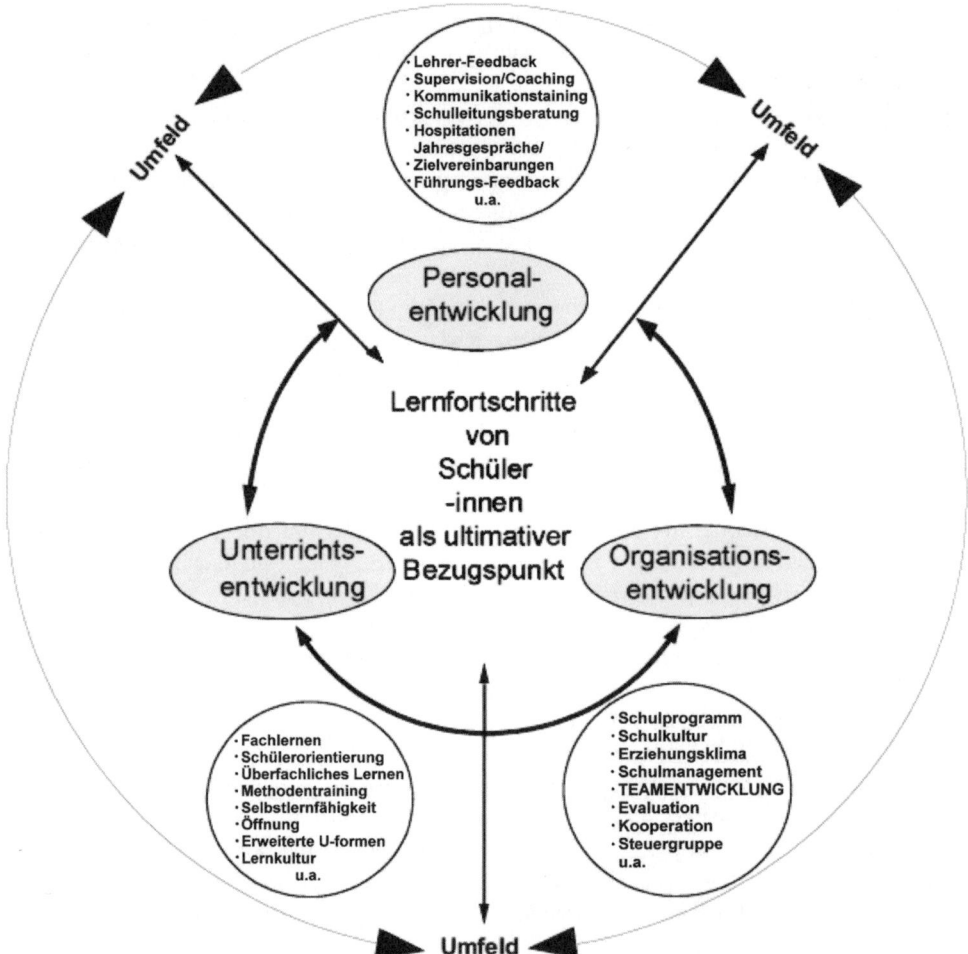

Abb. 1: Trias der Schulentwicklung

Denkt man in Systemzusammenhängen oder handelt man konsequent, was nicht nur in diesem Fall auf dasselbe hinausläuft, dann führt jeder Weg der SE notwendig zu den anderen. Eine Schule kann z.B. mit UE beginnen, wobei es sich normalerweise nicht um einen Neubeginn, sondern um eine Fortsetzung bzw. Akzentuierung längst vorhandener oder doch angebahnter Entwicklungen handelt. Ob es dabei um überfachliches Lernen oder um erweiterte Unterrichtsformen oder um Methodentraining geht, jeder dieser Ansätze überschreitet die konventionelle Orientierung an einem Fach oder einem Lehrer und führt mit Konsequenz zu organisatorischen Veränderungen, die institutionell abgestützt werden müssen – also zu OE. Wer den Unterricht verändern will, muss mehr als den Unterricht verändern. Das kann auf mehr Kooperation hinauslaufen oder auf mehr Teamarbeit. Unterrichtsveränderung mag auch Kern des Schulprogramms werden. Auswirkungen auf das Lehrerhandeln sind unvermeidlich, weshalb vermutlich immer ein Bedarf an PE entsteht – sei es in Form von Lehrerberatung, Kommunikationstraining oder Hospitation.

Analog und gleichwertig ist die Entscheidung einer Schule, mit systematischer und konsequenter OE zu starten, z.B. Teamentwicklung zu betreiben oder ein Schulprogramm zu erstellen. Wenn es sich um Teamarbeit in der Schulleitung handelt, ist PE vonnöten. Wenn sich die Teamarbeit auf Fach- oder Jahrgangsgruppen bezieht, folgt daraus UE. Ein Schulprogramm wiederum würde seinen Zweck verfehlen, wenn es nicht auch UE bewirkte.

Schließlich könnte eine Schule auch bei der PE ansetzen, z.B. Supervisionsgruppen einrichten oder Erfahrungen sammeln mit Schülerfeedback zum Unterricht der Lehrperson. Letzteres wäre nur dann wirkungsvoll, wenn die Ergebnisse ausgewertet und Hinweise für einen veränderten Unterricht gewonnen würden und/oder die beteiligten Lehrkräfte die Ergebnisse des Feedbacks in den Supervisionsgruppen reflektieren. Supervision im Sinne von Schulentwicklung müsste arbeitsbezogen sein, was wiederum auf Unterricht und sonstige Schularbeit (im Bereich von Schulkultur, Schulmanagement oder Erziehungsklima) im Sinne von OE verweist.

Man könnte diesen Systemzusammenhang auch bündiger formulieren: Keine UE ohne OE und PE, keine OE ohne PE, keine PE ohne OE und UE. Das Neue und Besondere in diesem Systemzusammenhang stellt allerdings OE dar: Ohne OE würde UE ebenso wenig wie PE auf das Ganze der Schule zielen und bliebe es bei modernisierter Lehrerfortbildung oder renovierter Schulpsychologie.

Nicht übersehen werden darf in diesem Zusammenhang, dass nicht UE im Zentrum steht und auch nicht OE oder PE. Im Zentrum von Schulentwicklung (wie im Zentrum von Schule überhaupt) stehen die Lernfortschritte der Schülerinnen und Schüler. Gelingende Schulentwicklung hat zum ultimativen Ziel, die Lerngelegenheiten der Schülerinnen und Schüler zu verbessern. Daran gemessen sind Organisations-, Personal- und selbst Unterrichtsentwicklung nur Mittel. Auch UE ist kein Wert an sich, auch wenn Unterricht im Zentrum der Lehrertätigkeit steht. Vielmehr schafft Unterricht die Voraussetzungen für Schülerlernen, vermittelt er eine Systematik, organisiert er Zusammenhänge, regt er an und gehen von ihm auch Erziehungseffekte aus. Aber letztlich dient Unterricht dem Lernen.

Dabei ist Schulentwicklung gut beraten, wenn sie von einem umfassenden Lernbegriff ausgeht. Lernen ist mehr als kognitives Lernen und auch mehr als fachliches Lernen. Zum Lernen, in diesem Fall durch Unterricht organisiertes und anregendes Lernen, gehört auch soziales, emotionales, überfachliches, ästhetisches Lernen, was Pestalozzi mit zu seiner klassischen Formel mit „Kopf, Herz und Hand" komprimiert hat.

Der bisher behandelte Systemzusammenhang ist allerdings ein innerschulischer, er muss durch einen außerschulischen ergänzt werden. Zum Umfeld (bzw. zur Umwelt) der Schule gehören Eltern, „Abnehmer" (Betriebe, Universitäten), die Presse, der Stadtteil, der Schulträger und die Schulaufsicht. Das System Schule ist dabei geschlossen (im operativen Bereich des Unterrichts und der Erziehung) und offen zugleich, wie besonders deutlich an der Schulaufsicht wird, die sich in den operativen Bereich einmischt und in diesem Sinne auch als Bestandteil der Schule angesehen werden kann.

Versuch, Schulentwicklung auf den Begriff zu bringen

Wenn zum Schluss versucht wird, ein Fazit zu ziehen, so ergibt sich, dass Entwicklung von Einzelschulen bisher aus einem Gemisch von Ideen, Plausibilitäten und Praxisbeispielen besteht. Die Annahmen, Behauptungen und Zusammenhänge sind kaum erforscht. Es wird viel vermutet und wenig gewusst. Schulentwicklung muss sich deshalb stärker auf Schulentwicklungs-Forschung besinnen.

Auf der Ebene der Theorie zeigt sich, dass Entwicklung von Einzelschulen (vgl. Beiträge 94 bis 103 in diesem Band) keine Domäne eines einzigen konzeptionellen Ansatzes, sondern eine Synthese von Organisations-, Unterrichts- und Personalentwicklung ist. Schulentwicklung ist ein Lernprozess. Es geht dabei letztlich um die Einführung einer neuen Praxis durch Erfinden, Erproben oder Erneuern. Was immer der Fall sein mag, die Lernprozesse müssen vom Arbeitsplatz ausgehen und die Akteure dabei neue Einsichten gewinnen, ein anderes Verhalten zeigen, neue Wahrnehmungen machen, alte Routinen aufgeben oder neue schaffen.

Für die Steuerung des Gesamtsystems muss schulübergreifendes Steuerungswissen erzeugt und verarbeitet werden. Die Koppelung zwischen Einzelschulen und Gesamtsystem ist zu klären. Denn Schulentwicklung muss gleichzeitig von den Handelnden und von der Struktur des Gesamtsystems her denken und konzipiert werden.

Schulen entwickeln sich ständig, weil sich die Umweltbedingungen ändern. SE ist also alltäglich. Hinsichtlich des Begriffsverständnisses sind – abgesehen von der alltäglichen Schulentwicklung – drei Ebenen zu unterscheiden:

(1) Schulentwicklung ist die bewusste und systematische Weiterentwicklung von Einzelschulen. Man könnte diese häufig vorkommende Form von Schulentwicklung intentionale Schulentwicklung nennen oder Schulentwicklung 1. Ordnung.

(2) Schulentwicklung zielt darauf ab, Lernende Schulen (vgl. Beitrag 18 in diesem Band) zu schaffen, die sich selbst organisieren, reflektieren und steuern. Dies wird von den jüngsten Schulgesetzen intendiert und von etlichen Schulen angestrebt, teilweise auch praktiziert. Dies könnte man als Schulentwicklung 2. Ordnung oder institutionelle Schulentwicklung bezeichnen.

(3) Die Entwicklung von Einzelschulen setzt eine Steuerung des Gesamtzusammenhangs (vgl. Beitrag 8 in diesem Band) voraus, welche Rahmenbedingungen festlegt, die einzelnen Schulen bei ihrer Entwicklung nachdrücklich ermuntert und unterstützt, die Selbstkoordinierung anregt, ein Evaluations-System aufbaut (sowie möglicherweise im Nachhinein) und auf Distanz korrigiert. Dies könnte man als Schulentwicklung 3. Ordnung oder als komplexe Schulentwicklung begreifen.

Das Spezifische am Ansatz der Schulentwicklung als Entwicklung von Einzelschulen besteht nicht darin, den Gesamtzusammenhang zu unterschätzen, sondern darin, den Gesamtzusammenhang wie dessen Konstruktion und Weiterentwicklung aus der Sicht der Einzelschulen zu betreiben.

Lehrpersonen mögen sich eher auf der ersten Ebene und Leitungen auf der zweiten engagieren und Politiker sowie Behörden auf der dritten Ebene. Schulentwicklungsforschung muss alle drei gleich wichtig nehmen.

Literatur

Altrichter, H./Schley, W./Schratz, M. (Hrsg.) (1998): Handbuch zur Schulentwicklung. Innsbruck: Studienverlag. – Buhren, C./Rolff, H.-G. (2008): Personalmanagement in Schulen. Weinheim, Basel: Beltz. – Bastian, J./Rolff, H.-G. (2002): Vorab- oder Abschlussevaluation des Projektes „Schule & Co.". Gütersloh: Bertelsmann. – Baumgartner, I./Häfele, W./Schwarz, M./Sohm, K. (1988): OE-Prozesse – Die Prinzipien systemischer Organisationsentwicklung. Bern: Haupt. – Dalin, P./Rolff, H.-G. (1990): Institutionelles Schulentwicklungs-Programm. Soest: Soester Verlag Kontor. – French, W. L./Bell, C. H. (1990): Organisationsentwicklung. 3. Aufl. Bern, Stuttgart: dtv. – Fullan, M. (1993): Change Forces. London: Falmer. – Klippert, H. (1997): Schule entwickeln – Unterricht gestalten. In: Pädagogik. 49 (2), S. 12-17. – Klippert, H. (2000): Pädagogische Schulentwicklung. Weinheim, Basel: Beltz. – Meyer, H. (1997): Schulpädagogik. Band II. Berlin: Scriptor. – Mietz, J. (1994): Das vernachlässigte Subjekt. In: Pädagogische Führung. 5 (2), S. 56-59. – Rolff, H.-G. (1977): Schulreform als geplanter organisatorischer Wandel. In: Die Deutsche Schule. 69 (6), S. 357-373. – Rolff, H.-G. (2007): Studien zu einer Theorie der Schulentwicklung. Weinheim, Basel: Beltz. – Schlee, J. (1997): Organisationsentwicklung an Schulen. In: Praxis Schule. 5-10. 8 (5), S. 34-37. – Schmuck, R. A./Runkel, Ph. J. (1972): Handbook of Organization Development in Schools. Palo Alto: Mayfield.

4| Schulentwicklung und Differenz: Gender
Marianne Horstkemper

Genderforschung im schulischen Bereich

Die Frage nach Geschlechterdifferenzen in der Schule ist in doppelter Weise für Schulentwicklung von Bedeutung: Sie schärft zum einen den Blick für ein Arbeitsfeld, in dem ganz klar Entwicklungs*notwendigkeiten* bestehen, zum anderen lenkt sie die Aufmerksamkeit auf Entwicklungs*potenziale*, die für Qualitätssicherung und -entwicklung von Schule zu erschließen sind. Ergebnisse der Genderforschung, die seit den 1980er Jahren zusammengetragen wurden, können dies belegen.
Der Begriff „gender" wurde aus der englischen Sprache übernommen, weil diese – anders als die deutsche – unterscheidet zwischen dem biologischen Geschlecht („sex") und der sozialen Kategorie („gender"). Hervorgehoben wird damit die Tatsache, dass es sich bei den kulturellen Erwartungen, die an das Geschlecht geknüpft sind, immer um Konstruktionen handelt, die ihrerseits Wandlungsprozessen unterliegen. In den neueren theoretischen Ansätzen („doing Gender") wird außerdem betont, dass an diesen Konstruktionsprozessen die Subjekte aktiv und kontinuierlich beteiligt sind (vgl. Faulstich-Wieland 2004). In Interaktions- und Kommunikationssituationen wird jeweils „ausgehandelt", was als erwartbares und angemessenes Verhalten von Mädchen und Jungen, Frauen und Männern gilt. Dies geschieht zum einen nicht unabhängig von institutionellen Kontexten, zum andern laufen solche Prozesse weitgehend unterhalb der Bewusstseinsebene ab. Je weniger sensibel die Beteiligten für diese Prozesse des „gendering" sind, desto höher ist die Gefahr, dabei stereotypisierende Formen der Geschlechtsrollenzuweisung vorzunehmen und damit Differenzen zwischen den Geschlechtern immer wieder neu zu (re-)produzieren und festzuschreiben.

Differenzbeobachtungen bei Lernenden und Lehrenden

Es lag zunächst eine klare Konzentration auf die in Schule lernenden Kinder und Jugendlichen vor, so dass hierzu auch eine Fülle von empirischen Daten zusammengetragen wurde. Die in Schule Handelnden kamen dabei zwar auch bereits in den Blick, dennoch gibt es deutlich weniger empirisch fundierte Aussagen zu den Lehrkräften.

Mädchen und Jungen
Bezogen auf die *Lernenden* stand im Zentrum der Genderforschung zunächst die Frage nach dem Abbau von Ungleichheit der Bildungschancen, wobei weibliche Benachteiligung den Ausgangspunkt darstellte. Gefragt wurde aber auch danach, in welcher Weise Schule zur Fortschreibung hierarchischer Geschlechterdifferenz im Bereich von Einstellungen, Interessensentwicklung, Selbstbildern und Rollenerwartungen beitrug.

1. Der unterschiedliche Schulerfolg von Mädchen und Jungen[1]

Wenn man das Niveau des erreichten Schulabschlusses als Indikator von Schulerfolg nimmt, dann waren Mädchen zu Beginn der Bildungsexpansion der 1960er Jahre insofern noch klar benachteiligt, als sie in den Gymnasien deutlich unterrepräsentiert waren (in den unteren Jahrgängen 5-10 mit 41%, in den Oberstufenjahrgängen nur noch mit 37%). Dieses Bild hat sich inzwischen völlig gewandelt: Mädchen haben nicht nur gleichgezogen, seit den 1990er Jahren haben sie die Jungen mit zunehmender Tendenz überholt (Horstkemper 1995, S. 189f). Betrachtet man Indikatoren wie Zurückstellung vom Schulbesuch, Klassenwiederholungen, Überweisung zur Sonderschule für Kinder mit Lernbehinderungen oder Verlassen der Schule ohne Abschluss, dann sind in allen Fällen männliche Kinder stärker betroffen, ihre Schulbiografien waren und sind offensichtlich stärker gefährdet (vgl. Budde 2008, S. 11ff). Während in der Grundschulzeit noch kaum geschlechtsspezifische Leistungsunterschiede zu verzeichnen sind, prägen diese sich ab der Sekundarstufe I deutlich aus, wobei dies jedoch fachabhängig ist: In sprachlichen Fächern sind häufig die Mädchen überlegen, in mathematisch-naturwissenschaftlichen Fächern kehrt sich dies zwar gelegentlich zugunsten der Jungen um, wie sich auch in den internationalen Leistungsvergleichsstudien TIMSS und PISA zeigen lässt (vgl. den Überblick bei Stürzer 2003). Deutlich wird dort aber auch, dass minimale Basisfertigkeiten im Lesen und Textverstehen, die ja auch deutliche Konsequenzen für Leistungen in nahezu allen Fächern nach sich ziehen, sehr viel häufiger bei Jungen auftreten. Diese Situation ist in den Jahren 2000-2006 stabil geblieben (Drechsel & Artelt 2007, S. 245). Insbesondere sind unter den als „Risikogruppe" bezeichneten Lernenden, die jeweils nicht die Kompetenzstufe I in den untersuchten Bereichen (Lesen, Mathematik, Naturwissenschaften, Problemlösen) erreichen bis auf den Bereich Mathematik jeweils deutlich mehr Jungen zu finden (vgl. PISA 2000, S. 117; PISA 2003, S. 217).

2. Unterschiedliche Sozialisationswirkungen von Schule

Angeregt insbesondere durch die Frauen- und Geschlechterforschung, die sich in den 1980er Jahren zunehmend etablierte, wurde eine Fülle empirischer Ergebnisse zutage gefördert: zur unterschiedlichen Interessenentwicklung und Fächerpräferenzen (Roisch 2003), zur Tradierung von „Geschlechterrevieren des Wissens" durch Curricula, Schulbücher und Lehr-/Lernmaterialien (Hunze 2003), zu subtilen Mechanismen der Hochschätzung männlicher Leistungen und Beiträgen zur gesellschaftlichen Entwicklung und Kultur, während gleichzeitig weibliche Anteile deutlich weniger zur Kenntnis genommen bzw. gewürdigt werden (vgl. Faulstich-Wieland 1991). Es verwundert danach nicht, dass Mädchen in der Regel größere Probleme haben als Jungen, ein tragfähiges Selbstvertrauen zu entwickeln (vgl. Horstkemper 1987; Fend 1997, S. 247) und deutlich geringere Ansprüche auf die Durchsetzung eigener Vorstellungen und Lebenspläne formulieren (Lemmermöhle & Nägele 1999). Gleichzeitig werden Jungen allerdings häufig weniger soziale, dagegen stärker konkurrenzorientierte Verhaltensweisen bescheinigt (Krappmann & Oswald 1995), sie sind auch wesentlich stärker sowohl als Opfer wie auch als Täter in Gewalt verstrickt (Popp 1999).

Zur Erklärung dieser Differenzen wird häufig vor allem auf Interaktions- und Kommunikationsformen verwiesen, die geschlechtstypisch unterschiedliche Anforderungen an Mädchen und Jungen richten und auch Verhaltensweisen abhängig vom Geschlecht unterschiedlich honorieren oder tolerieren. Während bei Mädchen eher schulangepasstes, fleissiges, freundliches und soziales Verhalten vorausgesetzt wird, geht man bei Jungen häufig davon aus, dass die Anforde-

---

[1] Wenn im Folgenden die Gruppe „der" Mädchen mit denen „der" Jungen verglichen wird, ist dabei zu bedenken, dass es sich immer um Durchschnittswerte handelt. Selbstverständlich finden sich innerhalb der Geschlechtergruppen jeweils individuell enorme Unterschiede.

rungen ihrer Geschlechtsrolle eher mit der Schüllerrolle in Konflikt geraten werden. Sie werden entsprechend häufiger ermahnt, getadelt oder auf andere Weise sanktioniert, gelten aber gleichzeitig häufig auch als die interessanten, fähigen, kreativen (Mit-)Schüler, die im Schulalltag unverzichtbar sind. Dies gilt nicht nur für die Sicht der Lehrkräfte, sondern auch für die peer-group (Schefer-Vietor 1990; Horstkemper 1994). Bis in die Gegenwart hinein sind solche an Geschlechtsrollenstereotypen orientierten Zuschreibungen und die damit verbundenen Verhaltensweisen wirksam (Trautwein 2003, S. 102; Faulstich-Wieland et al. 2004; Budde et al. 2008).

Lehrerinnen und Lehrer
Wenn im Folgenden der Blick auf die *Lehrenden* gerichtet wird, liegen deutlich weniger Studien vor, die systematisch die Geschlechterperspektive berücksichtigen. Thematisiert wurde in den vergangenen Jahren vor allem die Frage der *Feminisierung des Lehrberufs*. Hier überwiegen Positionen, die darin vor allem Probleme sehen: Sie behindere zum einen den Ausbau des Lehrberufs zu einer vollen akademischen Profession (vgl. den Überblick in Schwänke 1988). Zum anderen sei die zunehmende Verweiblichung auch aus sozialisationstheoretischer Perspektive insbesondere für männliche Schüler nicht wünschenswert, weil diesen dadurch gleichgeschlechtliche Identifikationsfiguren im Erziehungs- und Bildungsbereich weitgehend fehlen. Die schlechtere Leistungsbilanz der Jungen wird hiermit gelegentlich in Verbindung gebracht (vgl. Budde 2008).
Gegen eine solch defizitorientierte Sichtweise wird kritisch eingewendet, dass so umstandslos in diesem Berufsfeld von weiblicher *Dominanz* nicht die Rede sein könne. Im Gegenteil sei eine geschlechtstypische Binnensegregierung des Arbeitsfeldes festzustellen, bei der Frauen jeweils auf die weniger attraktiven, damit auch weniger prestigeträchtigen und schlechter bezahlten Bereiche gelenkt würden, insbesondere auch von Leitungstätigkeiten weitgehend ausgeschlossen blieben (Hänsel 1997). Eine solche Prägung der Institution Schule signalisiere aber deutlich, dass diese Institution keineswegs geschlechterdemokratisch verfasst sei und somit auch keine Vorbildfunktion für ein gleichberechtigtes Miteinander abgeben könne. Gleichzeitig werde eine Chance übersehen: Gerade in der stärkeren Beteiligung von Frauen an der Gestaltung von Schule stecke ein gehöriges Maß an Chancen für Demokratisierung und Humanisierung (vgl. Fischer et al. 1996).

1. Geschlechtersegregation bei den Lehrkräften
Dieser Aspekt ist nicht nur für Deutschland typisch, sondern auch international gut belegt: Lehrerinnen konzentrieren sich jeweils besonders stark im Primar- und Elementarbereich, auf den höheren Stufen des Bildungswesens und mit höherem Alter der Schüler nimmt der Frauenanteil an den Lehrkräften jeweils ab. In leitenden Positionen in den Schulen und erst recht in der Schulverwaltung sind Frauen klar unterrepräsentiert. Sie verbinden deutlich stärker als Männer Familienpflichten mit ihrer Berufstätigkeit, nehmen dafür öfter diskontinuierliche Berufsverläufe durch Beurlaubung und/oder Teilzeitarbeit in Kauf (Horstkemper 2000, Budde 2008, S. 48f). In neueren Untersuchungen lässt sich jedoch aufzeigen, dass insbesondere Unterschiede in der Karriereorientierung und in der Form pädagogischen Leitungshandelns zwischen Männern und Frauen in schulischen Leitungspositionen sich durchaus annähern (Hoff 2005, S. 23f).

2. Geschlechtstypische Interpretationen des Lehrberufs
Deutlich weniger gut untersucht ist die Frage, ob es eine spezifisch weibliche Form der Berufsausübung gibt, die eine Basis darstellt für die Aussagen über die Qualitätsverbesserung von Schule durch den Rückgriff auf weibliche Orientierungen als Innovationspotenzial. Sichtet man

die eher spärlichen Befunde (Horstkemper 2000), so lässt sich zusammenfassend bilanzieren: Es lassen sich keineswegs durchgängige, gar dramatische Unterschiede zwischen den Geschlechtern im Sinne polarer Gegensätze (z.B. Sach- versus Beziehungsorientierung, Vermittlungskompetenz versus Erziehungsinteresse etc.) aufzeigen. Konstatieren lassen sich aber graduelle Unterschiede, die insgesamt auf eine Erweiterung des Berufsverständnisses hindeuten, wenn die von Frauen stärker betonten Aspekte integriert werden können. Sie zentrieren sich vor allem um eine stärkere Ausrichtung an den emotionalen Bedürfnissen und den Entwicklungsvoraussetzungen der Kinder und Jugendlichen sowie um die Ebene kommunikativer und kooperativer Verständigung im Kollegium. Beide Dimensionen betreffen relevante Zielsetzungen von Unterrichts- und Schulentwicklung.

Geschlechterbewusste Pädagogik in einer geschlechtergerechten Schule

Biermann und Koch-Priewe (2004) geben einen systematischen Überblick über Aktivitäten, die sich die Einbeziehung der Gender-Perspektive in die LehrerInnenbildung und Schulentwicklung zur Aufgabe gemacht haben, weisen aber auch auf die – insbesondere in Theoriebildung und Forschung zur Schulentwicklung – zu konstatierenden Lücken hin.

Genderkompetenz und Professionalisierung
Die Berücksichtigung der Genderfrage stellt im pädagogischen Sektor ein Qualitätsmerkmal dar, denn nach der 1994 erfolgten Grundgesetzänderung in Deutschland ist der Staat verpflichtet, aktiv geschlechterbezogene Chancengleichheit herzustellen. Schulen sind demnach aufgefordert, zum Abbau von Geschlechterhierarchien beizutragen, geschlechterstereotype Zuschreibungen zu vermeiden und dazu beizutragen, dass Vielfalt und Differenz gelebt werden kann, ohne durch die Geschlechtszugehörigkeit eingeengt zu werden. Das setzt voraus, dass individuelle Interessen, Präferenzen, Stärken und Entwicklungsnotwendigkeiten von Mädchen *und* Jungen gleichermaßen in den Blick kommen. Dazu müssen Lehrkräfte entsprechende Kompetenzen erwerben. „Genderkompetenz" wird dabei als eine *Schlüsselqualifikation* für alle Lebensbereiche betrachtet. Für Lehrkräfte, die solche Kompetenz nicht nur besitzen, sondern diese auch den Lernenden vermitteln sollen, umfasst sie das *Wissen*, in alltäglichen Verhaltensweisen und Einstellungen von Frauen und Männern, Mädchen und Jungen sozio-kulturelle Festlegungen zu erkennen und *die Fähigkeit*, so damit umzugehen, dass beiden Geschlechtern neue und vielfältige Entwicklungsmöglichkeiten eröffnet werden. Dazu gehört einschlägiges Fachwissen aus den Bereichen, die oben angesprochen wurden (z.B. Wissen über offene und subtile Diskriminierungen in curricularer Hinsicht, auf der Ebene der Interaktionen und auf der Ebene von Schulorganisation und Schulleben). Zugleich müssen sie in der Lage sein, dieses Wissen reflektiert umzusetzen in didaktisch-methodische Überlegungen sowie in die Gestaltung von Interaktions- und Kommunikationssituationen. Der Erwerb dieser Kompetenz erfordert eine hohe Bereitschaft, sich selbst-reflexiv mit eigenen Orientierungen und Verhaltensweisen auseinanderzusetzen und sensibel mit sich daraus ergebenden Irritationen umzugehen (Paseka 2008).

Gender Mainstreaming als Schulentwicklungsstrategie
Gender Mainstreaming als Leitprinzip, das die Handlungszusammenhänge von Institutionen bzw. Organisationen durchgreifend verändert, zielt in allen gesellschaftlichen Bereichen auf durchgängige Verwirklichung von Geschlechterdemokratie (Schaufler 2004). Frauen und Männer, Mädchen und Jungen können dabei gleichermaßen durch gleichzeitige, wenn auch unterschiedliche Maßnahmen profitieren. Bislang weist die Schulentwicklungsliteratur in ihren

theoretischen Konzepten und methodischen Verfahren nur selten eine solche Genderperspektive aus. Dies gilt für alle drei konstituierenden Bereiche der Unterrichts-, Personal- und Organisationsentwicklung. Auch in die praktische Schulprogrammarbeit hat sie bislang eher selten Eingang gefunden. Gewöhnlich sind in solchen Fällen Erfahrungen mit einschlägigen Modellversuchen vorausgegangen, die den daraus resultierenden Gewinn konkret erfahrbar gemacht haben (Koch-Priewe 2002). Erste Erkenntnisse dazu, dass die Nachhaltigkeit solcher Innovationserprobungen durch die Einbindung in Schulentwicklungsprozesse wirksam gestützt werden kann, lassen sich empirisch durchaus belegen (Kraul & Horstkemper 1999, Biermann 2007). Gerade hier wäre aber weitere Forschungs- und Entwicklungsarbeit notwendig.

Perspektiven künftiger Forschungs- und Entwicklungsarbeit

Die Auswahl der hier notwendigerweise ausschnitthaft präsentierten Erkenntnisse hat sich vor allem am Bezug der Gender-Perspektive zu Schulentwicklungsfragen orientiert. Bezogen auf die *Lernenden* steht dabei die Frage der Gestaltung einer für beide Geschlechter förderlichen Lern- und Schulkultur im Vordergrund, bezogen auf die *Lehrenden* muss die Schule als Arbeitsplatz dazu ebenso in den Blick genommen werden. Die Perspektive weiterer Forschung liegt vor allem in der Verbindung der verschiedenen Ebenen: Die Entwicklung der Subjekte, ihrer Handlungsspielräume, Einflussmöglichkeiten und Aspirationen erfordert ebenso Aufmerksamkeit wie Aspekte der Gestaltung der einzelnen Schule und des Bildungssystems. Zu fragen ist dabei nach förderlichen Bedingungen für die Entfaltung individueller Potenziale – unabhängig von Beschränkungen durch Geschlecht, soziale oder kulturelle Herkunft. Auf der institutionellen Ebene wird es vor allem um die Identifizierung von Gelingensbedingungen gehen müssen, die eine strukturelle Verankerung der Gender-Perspektive in den Prozessen von Schulentwicklung vorantreibt und dies auch methodisch absichert. Die Bedeutung dieser sich wechselseitig durchdringenden und verstärkenden Faktoren theoretisch-konzeptionell zu reflektieren und empirisch auszuleuchten, bleibt weiterhin ein anspruchsvolles Programm.

Literatur

Biermann, C. (2007): Wie kommt Neues in die Schule? Weinheim, München: Juventa. – Biermann, C./Koch-Priewe, B. (2004): Gender in der LehrerInnenbildung und Schulentwicklung. In: Glaser, E./Klika, D./Prengel, A. (Hrsg.): Handbuch Gender und Erziehungswissenschaft. Bad Heilbrunn: Klinkhardt, S. 523-539. – Budde, J. (2008): Bildungs(miss)erfolge von Jungen und Berufswahlverhalten bei Jungen/männlichen Jugendlichen. Bonn, Berlin: Bundesministerium für Bildung und Forschung. – Budde, J./Scholand, B./Faulstich-Wieland, H. (2008): Geschlechtergerechtigkeit in der Schule. Weinheim, München: Juventa. – Drechsel, B./Artelt, C. (2007): Lesekompetenz. In: PISA-Konsortium Deutschland (Hrsg.): PISA ,06. Die Ergebnisse der dritten internationalen Vergleichsstudie. Münster, New York, München, Berlin: Waxmann, S.225-247. – Faulstich-Wieland, H. (1991): Koedukation – enttäuschte Hoffnungen? Darmstadt: Wiss. Buchges. – Faulstich-Wieland, H. (2004): Doing Gender: Konstruktivistische Beiträge. In: Glaser, E./Klika, D./Prengel, A. (Hrsg.): Handbuch Gender und Erziehungswissenschaft. Bad Heilbrunn: Klinkhardt, S. 175-191. – Faulstich-Wieland, H./Weber, M./Willems, K. (2004): Doing Gender im heutigen Schulalltag. Weinheim, München: Juventa. – Fend, H. (1997): Der Umgang mit Schule in der Adoleszenz. Aufbau und Verlust von Lernmotivation, Selbstachtung und Empathie. Entwicklungspsychologie der Adoleszenz in der Moderne, Band IV. Bern, Göttingen, Toronto, Seattle: Huber. – Fischer, D./Jacobi, J./Koch-Priewe, B. (Hrsg.) (1996): Schulentwicklung geht von Frauen aus. Weinheim: Deutscher Studienverlag. – Hänsel, D. (1997): Zukunft für die Reform der geschlechtersegregierten Lehrerbildung. In: Braun, K./Krüger, H. (Hrsg.): Pädagogische Zukunfts-Entwürfe. Opladen: Leske + Budrich, S. 129-151. – Hoff, W. (2005): Schulleitung als Bewährung. Opladen: Leske + Budrich. – Horstkemper, M. (1987): Schule, Geschlecht und Selbstvertrauen. Weinheim, München: Juventa. – Horstkemper, M. (1994): Zwei Hälften ergeben noch nicht ein Ganzes. Geschlechtsrollenselbst- und -fremdbilder bei Mädchen und Jungen im Grundschulalter. In: Glumpler, E. (Hrsg.): Koedukation. Entwicklungen und Perspektiven. Bad Heilbrunn: Klinkhardt, S. 130-146. – Horstkemper, M.

(1995): Mädchen und Frauen im Bildungswesen. In: Böttcher, W./Klemm, K. (Hrsg.): Bildung in Zahlen. Weinheim, München: Juventa, S.188-216. – Horstkemper, M. (2000): Lehrerinnen und Lehrer: Über die Bedeutung der Geschlechterdifferenz. In: Frommelt, B. (Hrsg.): Schule am Ausgang des 20. Jahrhunderts. Weinheim, München: Juventa, S. 267-286. – Hunze, A. (2003): Geschlechtertypisierung in Schulbüchern. In: Stürzer, M./Roisch, H./Hunze, A./Cornelißen, W. (Hrsg.): Geschlechterverhältnisse in der Schule. Opladen: Leske + Budrich, S. 53-82. – Koch-Priewe, B. (Hrsg.) (2002): Schulprogramme zur Mädchen- und Jungenförderung. Die geschlechterbewusste Schule. Weinheim und Basel: Beltz. – Krappmann,L./Oswald, H. (1995): Alltag der Schulkinder. Weinheim, München: Juventa. – Kraul, M./Horstkemper, M. (1999): Reflexive Koedukation in der Schule. Mainz: Hase und Koehler. – Lemmermöhle, D./Nägele, B. (1999): Lebensplanung unter Vorbehalt. Mössingen-Talheim: Talheimer Verlag. – Paseka, A. (2008): Gender Mainstreaming und Lehrer/innenbildung. Innsbruck, Wien, Bozen: Studien Verlag. – PISA-Konsortium Deutschland (Hrsg.) (2001): PISA 2000. Opladen: Leske + Budrich. – PISA-Konsortium Deutschland (Hrsg.) (2004): PISA 2003. Münster, New York, München, Berlin: Waxmann. – Popp, U. (1999): Geschlechtersozialisation und Gewalt an Schulen. In: Holtappels, H. G. (Hrsg.): Forschung über Gewalt an Schulen. Weinheim, München: Juventa: S. 207-223. – Roisch, H. (2003): Geschlechtsspezifische Interessengebiete und Interessenpräferenzen. In: Stürzer, M./Roisch, H./Hunze, A./Cornelißen, W. (Hrsg.): Geschlechterverhältnisse in der Schule. Opladen: Leske + Budrich, S. 123-150. – Schaufler, B. (2004): Gender Mainstreaming – Perspektiven für die erziehungswissenschaftliche Geschlechterforschung. In: Glaser, E./Klika, D./Prengel, A. (Hrsg.): Handbuch Gender und Erziehungswissenschaft. Bad Heilbrunn: Klinkhardt, S. 574-586. – Schefer-Vietor, G. (1990): Suchbewegungen nicht-geschlechtstypisierenden Lernens in der Schule. In: Horstkemper, M./Wagner-Winterhager, L. (Hrsg.): Mädchen und Jungen – Männer und Frauen in der Schule. Die Deutsche Schule (DDS). 1. Beiheft, S. 139-159. – Schwänke, U. (1988): Der Beruf des Lehrers. Weinheim, München: Juventa. – Stürzer, M. (2003): Geschlechtsspezifische Schulleistungen. In: Stürzer, M./Roisch, H./Hunze, A./Cornelißen, W. (Hrsg.): Geschlechterverhältnisse in der Schule. Opladen: Leske + Budrich, S. 83-122. – Trautwein, U. (2003): Schule und Selbstwert. Münster, New York, München, Berlin: Waxmann.

5| Schulentwicklung und Differenz: Migration
Sabine Hornberg

Begriffsklärungen: Migration und Differenz

Der Begriff Migration leite sich ab von dem lateinischen Verb „migrare", das heißt „wandern". In der Migrationssoziologie und Interkulturellen Pädagogik wird der Begriff i.d.R. zur Bezeichnung der Wanderung von Menschen über nationalstaatliche Grenzen hinaus benutzt (Diehm & Radtke 1999). Der Begriff „Differenz" bezeichnet allgemein eine „Abweichung" oder einen „Unterschied" auf der Basis eines Vergleichmaßstabes. In der Interkulturellen Pädagogik wird der Begriff häufig mit Rekurs auf den aus dem angelsächsischen Bereich kommenden Diversity-Ansatz verwendet (Mecheril 2004). Im deutschsprachigen Raum hat Prengel (2006) erste Konturen einer „Pädagogik der Vielfalt" skizziert und in diesem Zusammenhang die Übernahme eines egalitären Differenzbegriffs gefordert (Hornberg 2010).

Historische Aspekte

Deutschland ist aktuell wie auch historisch betrachtet sowohl Emigrations- wie auch Immigrationsland (Bade 1992). Infolge von Migration leben in Deutschland Menschen mit unterschiedlichen ethnisch-kulturellen Hintergründen. Die Interkulturelle Pädagogik versteht sich als erziehungswissenschaftliche Teildisziplin, die sich mit der Bildungs- und Schulsituation in der multi-ethnischen, multikulturellen Gesellschaft beschäftigt (Auernheimer 2006, Krüger-Potratz 2005). Sie hat ihre Wurzeln in der sog. Ausländerpädagogik, die als Reaktion auf die Zuwanderung der sog. Gastarbeiterinnen und Gastarbeiter in der Bundesrepublik Deutschland in den Jahren zwischen 1955 und 1978 (Anwerbestopp) aufkam. In den folgenden Jahrzehnten ist die BRD insbesondere durch den Zuzug von Menschen aus Ost-, Mittel- und Südosteuropa gekennzeichnet, die bei ihrer Anerkennung als Aussiedler deutschen Staatsbürgern rechtlich gleichgestellt sind. Die Deutsche Demokratische Republik warb bis zu ihrem Bestehen 1989 Arbeitskräfte insbesondere in Vietnam, Polen und Mosambik an. Beide deutsche Staaten nahmen seit den 1950er Jahren Flüchtlinge und Asylbewerber aus weltweiten Krisengebieten auf. Weitere Immigranten kommen aus Staaten der Europäischen Union; sie sind deutschen Staatsbürgern in rechtlicher Hinsicht in vielfacher Hinsicht gleichgestellt. 2006 beträgt der Anteil der Bevölkerung mit Migrationshintergrund in Deutschland 18,4 % an der Gesamtbevölkerung. Unter ihnen haben 8,9% eine ausländische Staatsangehörigkeit, 9,5% die deutsche. 59,5% der Zuwanderer kamen aus den 25 Mitgliedstaaten der Europäischen Union; zu den 11 wichtigsten weiteren Herkunftsstaaten gehören die Türkei (14,2%) und die Russische Föderation (8,4%). Ein Drittel der unter Fünfjährigen haben einen Migrationshintergrund (Statistisches Bundesamt Deutschland 2007).

Interkulturelle Pädagogik und Bildungsbeteiligung multikultureller Schülerschaften

Interkulturelle Pädagogik

Die in den 1960er Jahren aufgekommene Ausländerpädagogik verfolgte eine „doppelte Zielsetzung": Angestrebt wurde eine Integration der Zugewanderten auf Zeit bei gleichzeitiger Bewahrung ihrer Herkunftskulturen im Hinblick auf die Rückkehr der Migranten in ihre Herkunftsländer. Als deutlich wurde, dass viele der Zugewanderten und ihre Nachkommen dauerhaft in der BRD leben würden, verwarf die in den 1970er Jahren aufkommende Interkulturelle Pädagogik diese Perspektive und vollzog einen Paradigmenwechsel: Seither steht nicht länger die Schülerschaft mit Migrationshintergrund im Zentrum pädagogischer Bemühungen, sondern die Interkulturelle Pädagogik richtet sich an alle am Schulalltag in einer multikulturellen Gesellschaft Beteiligten. Kritisiert wurde im Rahmen der Interkulturellen Pädagogik insbesondere der von der Ausländerpädagogik zugrunde gelegte statische Kulturbegriff, der seither von einem dynamischen Kulturbegriff abgelöst wurde, wonach Kulturen als dynamisch und wandelbar verstanden werden. Damit einher geht das Streben nach Anerkennung von Differenz im Kontext ethnisch-kultureller und sprachlicher Heterogenität und dem Abbau von institutioneller und individueller Diskriminierung (Auernheimer 2006, S. 21). Zu den zentralen, von der Interkulturellen Pädagogik verfolgten Leitmotiven zählen: „ – das Eintreten für die Gleichheit aller ungeachtet der Herkunft – die Haltung des Respekts für die Andersheit – die Befähigung zum interkulturellen Verstehen – die Befähigung zum interkulturellen Dialog." (ebda.). Maßgeblich voran getrieben hat die Theorie- und Konzeptentwicklung der Interkulturellen Pädagogik das in den 1990er Jahren von der Deutschen Forschungsgemeinschaft eingerichtete Schwerpunktprogramm FABER (Folgen von Arbeitsmigration für Bildung und Erziehung), unter dessen Dach auch empirische Studien zur Bildungsbeteiligung von Heranwachsenden mit Migrationshintergrund durchgeführt wurden (Gogolin & Nauck 2000).

Empirische Befunde zur Bildungsbeteiligung multikultureller Schülerschaften

Für Deutschland repräsentative Befunde zur Bildungsbeteiligung der Schülerschaft mit Migrationshintergrund haben internationale Schulleistungsstudien wie IGLU und PISA erbracht. So hat IGLU gezeigt, dass in der BRD die Lesekompetenz der Schülerschaft mit Migrationshintergrund im Mittel am Ende der vierten Jahrgangsstufe auf der IGLU-Lesekompetenzskala um 48 Punkte hinter der der Schülerschaft ohne Migrationshintergrund zurück liegt; dies entspricht in etwa dem Leistungszuwachs (49 Punkte) von der dritten zur vierten Klasse (Bos et al. 2007 und 2008). Diese Benachteiligung erklären nur zum Teil die soziale Herkunft und das kulturellen Kapital der Schüler und ihrer Familien, denn auch unter Kontrolle dieser Aspekte bleibt ein unaufgeklärter Leistungsrückstand von 27 Punkten. Vergleichbare Befunde erbrachte auch PISA, mit der die Kompetenzen von fünfzehnjährigen Schülerinnen und Schülern in den Domänen Lesen, Mathematik und Naturwissenschaften erhoben werden (PISA Konsortium Deutschland 2007). PISA hat gezeigt, dass Fünfzehnjährige mit Migrationshintergrund in allen drei Domänen durchschnittlich geringere Kompetenzen dokumentieren als Gleichaltrige ohne Migrationshintergrund. Infolge dieser Befunde und weiterer steht die Benachteiligung der Schülerschaft mit Migrationshintergrund heute wieder stärker im Fokus.

Schulentwicklung und ethnisch-kulturelle Differenz

Förderung von Kindern und Jugendlichen mit Migrationshintergrund (FÖRMIG)

Ein vergleichsweise großes Projekt zur Schulentwicklung unter Berücksichtigung ethnisch-kultureller Differenz in Deutschland ist der 2004 für die Laufzeit von fünf Jahren von der Bund-Länder-Kommission für Bildungsplanung und Forschungsförderung eingerichtete Modellversuch „Förderung von Kindern und Jugendlichen mit Migrationshintergrund" (FÖRMIG), an dem zehn Bundesländer beteiligt sind (vgl. www.blk-foermig.uni-hamburg.de). Mithilfe regionaler Netzwerke verschiedener Institutionen im Bildungsbereich und von Multiplikatoren soll der Transfer guter Praxis gefördert werden. Die einzelnen Projekte werden wissenschaftlich begleitet und evaluiert; sie erarbeiten innovative Ansätze sprachlicher Bildung zu drei Schwerpunkten: 1. Sprachstandsfeststellung, 2. Durchgängige Sprachförderung und 3. Berufliche Bildung und Übergang in den Beruf.

Qualität in multikulturellen Schulen (QUIMS)

An dem 1996 im Schweizer Kanton Zürich eingerichteten Schulentwicklungsprojekt „Qualität in multikulturellen Schulen" (QUIMS) beteiligen sich 2009 insgesamt 90 Schulen, die mithilfe eines „Mischindex" ausgewählt werden (vgl. www.quims.ch). Analog zu dem 2006 im Kanton Zürich in Kraft getretene Volksschulgesetz, das die besondere Förderung von Schulen mit einem hohen Anteil von Kindern und Jugendlichen mit nicht-deutscher Erstsprache und aus benachteiligten Schichten vorsieht, setzt dieser Mischindex diese Komponenten bei mindestens 40% der Schülerschaft einer Schule voraus. QUIMS fokussiert Fördermaßnahmen in den Handlungsfeldern „Sprache", „Schulerfolg" und „Integration", die vom Kanton Zürich fachlich wie finanziell unterstützt werden.

Forschungsperspektiven

Die Teilnahme Deutschlands an internationalen Schulleistungsstudien hat für hiesige Schulen repräsentative Datensätze erbracht, die mit Blick auf das schulische Geschehen unter den Bedingungen ethnisch-kultureller Heterogenität für weitere Auswertungen genutzt werden sollten.

Darüber hinaus mangelt es jedoch an empirischen Studien zu dem täglichen Unterrichts- und Schulgeschehen und zu Beispielen guter Praxis.

Literatur

Auernheimer, G. (2006): Einführung in die Interkulturelle Pädagogik. 5. Aufl. Darmstadt: Wissenschaftliche Buchgesellschaft. – Bade, K. J. (Hrsg.) (1992): Deutsche im Ausland – Fremde in Deutschland. Migration in Geschichte und Gegenwart. München: C.H. Beck. – Bos, W./Hornberg, S./Arnold, K.-H./Faust, G./Fried, L./Lankes, E.-M./Schwippert, K./Valtin, R. (Hrsg.) (2007): IGLU 2006. Lesekompetenzen von Grundschulkindern in Deutschland im internationalen Vergleich. Münster: Waxmann. – Bos, W./Hornberg, S./Arnold, K.-H./Faust, G./Fried, L./Lankes, E.-M./Schwippert, K./Valtin, R. (Hrsg.) (2008): IGLU-E 2006. Die Länder der Bundesrepublik Deutschland im nationalen und internationalen Vergleich. Münster: Waxmann. – Diehm, I./Radtke, F.-O. (1999): Erziehung und Migration. Stuttgart: Kohlhammer. – Förderung von Kindern und Jugendlichen mit Migrationshintergrund (FÖRMIG) [verfügbar unter: www.blk-foermig.uni-hamburg.de, 06.03.2009]. – Gogolin, I./Nauck, B. (Hrsg.) (2000): Migration, gesellschaftliche Differenzierung und Bildung. Opladen: Leske + Budrich. – Hornberg, S. (2010): Schule im Prozess der Internationalisierung von Bildung. Münster: Waxmann. – Krüger-Potratz, M. (2005): Einführung in die Interkulturelle Bildung. Münster: Waxmann. – Mecheril, P. (2004): Migrationspädagogik. Weinheim, Basel: Beltz. – PISA Konsortium Deutschland (Hrsg.) (2007): PISA '06. Die Ergebnisse der dritten internationalen Vergleichsstudie. Münster: Waxmann. – Prengel, A. (2006): Pädagogik der Vielfalt. Verschiedenheit und Gleichberechtigung in Interkultureller, Feministischer und Integrativer Pädagogik. 3. Aufl. Wiesbaden: Leske + Budrich. – Qualität in multikulturellen Schulen (QUIMS) [verfügbar unter: www.quims.ch, Datum der Recherche: 06.03.2009]. – Statistisches Bundesamt Deutschland (2007): Bevölkerung mit Migrationshintergrund – Ergebnisse des Mikrozensus 2006. Fachserie 1, Reihe 2.2 - 2006.

6| Schulentwicklung und Differenz: Integration
Ulf Preuss-Lausitz

Historische und begriffliche Entwicklungen

Blinde, taube und körperlich behinderte schulpflichtige Kinder und Jugendliche wurden in Deutschland seit der zweiten Hälfte des 18. Jahrhunderts in Sonderschulen unterrichtet, um ihre „bürgerliche Brauchbarkeit" zu fördern (vgl. Möckel 1988). Mit der realen Durchsetzung der allgemeinen Schulpflicht entstanden seit Ende des 19. Jahrhunderts außerdem Hilfsschulen, in der Hoffnung, leistungsschwachen Schülern aus sozial schwachen Familien in kleineren Klassen bessere Chancen zu eröffnen als in den übervollen Volksschulklassen (vgl. Ellger-Rüttgardt 2008). Geistig behinderte Kinder galten nicht als bildungsfähig und wurden daher in Anstalten untergebracht. Im Nationalsozialismus wurde etwa die Hälfte aller Hilfsschüler zwangssterilisiert, da sie (durch höchst fragwürdige Diagnosen) als „erblich behindert" galten, und geistig Behinderte in Anstalten ermordet („Euthanasie") (vgl. Rudnick 1990).

Nur vor diesem historischen Hintergrund und unter der generellen, heute empirisch widerlegten pädagogischen Überzeugung, leistungs- und behinderungshomogene Lerngruppen seien effektiv, kann der Ausbau eines bis zu zehn Sonderschularten umfassenden Systems nach 1945 verstanden werden. Die Folge waren sowohl ein baulich, verwaltungstechnisch, schultheoretisch und personell separiertes Sondersystem mit eigener Lehrerausbildung und zugleich mit einem sich von Schülern mit Beeinträchtigungen und Lernschwierigkeiten entlastenden allgemeinen

Schulwesen. Diese Entwicklung fand auch in der DDR statt (vgl. Liebers 1997); allerdings wurden dort Kinder mit geistiger Behinderung nicht, wie in der Bundesrepublik seit den 1960er Jahren, in eigenen Schulen unterrichtet, sondern (weiterhin) in Anstalten gefördert; diese Einrichtungen unterstanden dem Sozial- und Gesundheitsministerium.

Die Integration behinderter Schüler in der alten Bundesrepublik entstand, angeregt durch Entwicklungen in Italien, Skandinavien und den USA, durch Einzelinitiativen seit den 1970er Jahren und war zwei Jahrzehnte heftig umstritten (vgl. Schnell 2003). Erst nach der deutschen Vereinigung wurde auf der Ebene der Kultusministerkonferenz ein Konsens über die Akzeptanz der Integration, bei Aufrechterhaltung des ausdifferenzierten Sonderschulsystems, vereinbart. Auch die allgemeine Schulpädagogik nahm erst in den 1990er Jahren von der integrativen Entwicklung Kenntnis (vgl. Preuss-Lausitz 2001), vor allem, seit erkannt wurde, dass die in integrativen Klassen gewonnenen didaktisch-methodischen Erfahrungen im Umgang mit Unterschiedlichkeit hohe Bedeutung auch für die „normale" Heterogenität heutiger Schulklassen hat.

Begrifflich wird seit 1994 sowohl fachwissenschaftlich als auch administrativ nicht mehr von „behinderten Schülern" gesprochen, sondern von „Schülern mit sonderpädagogischem Förderbedarf" (in den Schwerpunkten Hören, Sehen, Sprache, Lernen, emotionale und soziale Entwicklung, geistige Entwicklung, körperliche Entwicklung, Kranke, vgl. Drave et al. 2000). Diese sehr allgemeinen Bestimmungen könnten eine Ursache dafür sein, dass der Anteil von Schülern mit sonderpädagogischem Förderbedarf seither stark gestiegen ist und 2006 bei rd. 5,8% aller Schulpflichtigen lag – mit starken Schwankungen zwischen den Bundesländern. Der Begriff „Sonderschule" wird zunehmend durch „Förderschule" oder „Förderzentrum" ersetzt. Der Anteil der integrierten Schüler ist in den Bundesländern höchst unterschiedlich und liegt zwischen über 50% (Bremen) und unter 5% (Sachsen, Thüringen); der Bundesdurchschnitt liegt bei 13% (vgl. KMK 2008). Während in der Grundschule Integration verbreitet ist, ist die Fortführung in der Sekundarstufe, insbesondere im gegliederten System, erheblich geringer ausgeprägt. Das erschwert die schulische Förderung von Schülern aus sozial randständigen Familien, die die Hauptgruppe aller Sonderschüler ausmachen (vgl. Wocken 2000). International ist dagegen Integration bis Ende der Schulpflichtzeit der Regelfall (vgl. Hans & Ginnold 2000). Zahlreiche europäische Staaten haben sich auf gemeinsame englischsprachige Begriffe geeinigt: Übergreifend wird von „students with special educational needs", kurz SEN, gesprochen (vgl. European Agency 2005). Die Feststellung dieses besonderen, in der Regel sonderpädagogischen Förderbedarfs wird von Sonderpädagogen organisiert, fallbezogen unter Einbeziehung medizinischer und schulpsychologischer Expertise. Soweit über den Unterricht hinausgehende Förderung erforderlich ist, ist die Einbeziehung der Familien- und Jugendhilfe im Rahmen eines ganzheitlichen Hilfeplans sinnvoll (vgl. Reiser et al. 2007).

Ebenfalls in Anlehnung an die internationale Sprachregelung wird in jüngerer Zeit weniger von „gemeinsamem Unterricht" (GU) bzw. von „Integration", sondern verstärkt von „Inklusion" gesprochen (Schnell & Sander 2004), um rein additive Konzepte (z.B. Sonderklassen in Regelschulen) auszuschließen.

Schulrechtliche und bildungspolitische Entwicklungen der Integration

Der gemeinsame Unterricht von Schülern mit und ohne sonderpädagogische Förderung wurde seit den 1970er Jahren in Schulversuchen erprobt. In diesen Klassen waren folglich nur Kinder, deren Eltern dem GU zugestimmt haben. Seit 1986 das Saarland die Integration als (rechtlichen) Regelfall in das Schulgesetz aufnahm und sich schrittweise alle Bundesländer dem anschlossen, allerdings teilweise mit Einschränkungen in Bezug auf finanzielle, bauliche, organisatorische, pädagogische oder behinderungsspezifische Voraussetzungen, ist die Zustimmung aller Erziehungsberechtigten nicht mehr erforderlich. Die UN-Übereinkunft über die Rechte von Menschen mit Behinderungen, die die Bundesregierung 2007 paraphierte und die 2009 von Bundestag und Bundesrat in Kraft gesetzt wird, enthält einen uneingeschränkten Rechtsanspruch auf „full inclusion" innerhalb des allgemeinen Schulsystems (Bundesministerium 2008). Das bedeutet zugleich für jedes Bundesland, aber auch für jede allgemeine Schule aller Schularten, sich pädagogisch und schulorganisatorisch darauf einzustellen, dass Schüler mit sonderpädagogischem Förderbedarf (und Sonderpädagogen) normaler Teil der allgemeinen schulischen Heterogenität werden. Einzelne Bundesländer gehen daher behinderungs- und stufenbezogen vom doppelten System ab zugunsten vollständiger Integration in Regelschulen.

Integration als Teil der Unterrichts- und Schulentwicklung

Die Notwendigkeit, mit individuellen Förderansätzen im Unterricht der Regelschule eine Pädagogik der Vielfalt (Prengel 1993) zu praktizieren, ist in der Schulpädagogik heute grundsätzlich unbestritten. Die durch Integration gemachten Erfahrungen können bei der Umsetzung helfen. Meijer (2003) fasst die in 17 europäischen Staaten gemachten best-practice-Erfahrungen im integrativen Unterricht so zusammen: Optimaler integrativer Unterricht stellt differenzierte Leistungsansprüche, hat vielfältige Sozialformen, verwendet zahlreiche Medien, praktiziert individualisierende und zugleich kooperative Übungsformen und führt Bewertungsformen ein, die den einzelnen Lernprozess genauer dokumentieren. Die individuellen Förderpläne bzw. Entwicklungspläne werden mit dem allgemeinen Curriculum verbunden, die Teamarbeit erstreckt sich auf die ganze Klasse und es bestehen klare Verhaltensnormen und Erwartungen. In Bezug auf die internationale Forschung über „guten", d.h. lernwirksamen und zugleich sozial befriedigenden Unterricht (vgl. Meyer 2004; Helmke 2007) können diese Elemente als Teil guten Unterrichts angesehen werden. Podlesch (2003) hat auf der Grundlage langjähriger wissenschaftlicher Begleitung integrierter lern-, geistig, körper- und sinnesbehinderter Kinder die Komponenten Lernen durch Kommunikation (insbesondere der Schüler untereinander, peer tutoring), Lernen mit allen Sinnen, Lernen durch Handeln und Lernen durch (mehr) Selbst- und Mitbestimmung im Form von Wahlmöglichkeiten ergänzt. Die Integrationsforschung bestätigt, dass in Integrationsklassen diese Prinzipien häufiger angewandt werden als in nichtintegrativen Klassen. Zugleich zeigt sich, dass integratives Lernen für Schüler mit SEN lernwirksamer ist als bei vergleichbaren Schülern in Sonderschulen, und nichtbehinderte Schüler nicht weniger lernen, dafür jedoch soziale Kompetenzen und Einstellungen erwerben. Klassenklima und Sozialentwicklung wird im GU als ebenfalls günstiger als in nichtintegrativen Klassen eingeschätzt (zur Forschung vgl. Preuss-Lausitz 2002).

Meijer betont zusätzlich die Wichtigkeit außerunterrichtlicher Stützkonzepte für erfolgreiche integrative Arbeit. Das können Schulstationen, Schülerclubs oder Beratungseinrichtungen der Jugendhilfe in der Schule sein. Neuerdings wird, in Anlehnung an ähnliche Einrichtungen in Kanada, Finnland und Schweden, die feste Installierung von Unterstützungs-Centers in jeder (integrativ arbeitenden) Schule vorgeschlagen, die eine sonderpädagogische Basisausstattung erhalten, welche nicht von der Feststellung individuellen sonderpädagogischen Förderbedarfs abhängt. Diese Einrichtungen sollen der Schulleitung zugeordnet werden, um so die allgemeine Schulentwicklung mit sonderpädagogischen und weiteren Förderbereichen (z.B. Sprachförderung, Talentförderung, schulische Nachhilfe) zu verzahnen (vgl. Klemm & Preuss-Lausitz 2008).

Offene Fragen der weiteren Entwicklung und offene Forschungsfragen

Die *weitere Entwicklung* der sonderpädagogischen Förderung in allgemeinen Schulen hängt ab von der Rechtsentwicklung (insbesondere dem Elternrecht auf gemeinsame Erziehung), von der Kompetenzentwicklung der Lehrkräfte im Umgang mit Individualisierung und Förderung (vgl. Arnold et al. 2008), der öffentlichen (Nicht-)Akzeptanz von Sonderbeschulung und nicht zuletzt von demografischen Entwicklungen und den durch das Doppelsystem Förderschule und Integration bedingten hohen Kosten. Bei sinkenden Geburten- und steigender Integrationszahlen werden entweder extrem kleine (und damit teure) Sonderschulen aufrechterhalten, oder sie haben immer größere Einzugsbereiche, mit allen negativen Folgen für die täglich aufzubringenden Fahrtzeiten, die zu Lasten der Familien und der Qualität des schulischen Lernens (und der kommunalen Haushalte) gehen. Langfristig ist daher, analog zur internationalen Entwicklung, die Abkehr vom doppelten System (Förderschulen und Integration) sinnvoll.

Nach wie vor bestehen *offene Forschungsfragen*, von denen hier nur einige genannt seien: Wie kann die Kompetenz von sonderpädagogischen Lehrkräften optimaler in die Alltagstheorien und Alltagspraxis von Fachlehrern, insbesondere der Sekundarschulen und der Berufsschulen, integriert werden? Wie lässt sich sonderpädagogische Förderung im Unterricht besser mit außerunterrichtlichem Schulleben, insbesondere im Rahmen von Ganztagsschulen, und mit außerschulischen Hilfesystemen verbinden? In welcher Weise kann auf die Zuschreibung von individuellem Förderbedarf (durch Feststellungsdiagnostik) verzichtet werden, um Etikettierungsprozesse zu minimieren, ohne Ressourcen und tatsächliche Förderung zu gefährden? In welcher Weise kann die allgemeine Orientierung an Kompetenzen und Standards auf Schüler mit SEN bezogen werden? In welcher Weise kann der GU für die innerschulische Neuorientierung auf individuelle Förderung optimiert und besser dokumentiert werden? Nicht zuletzt: Wie können sonderpädagogische Theorieansätze Teil schulpädagogischer Weiterentwicklung und Teil einer gemeinsamen Theorie des Lernens unter Bedingungen von Heterogenität werden?

Literatur

Arnold, K.-H./Graumann, O./Rakhkochkine, A. (Hrsg.) (2008): Handbuch Förderung. Grundlagen, Bereiche und Methoden der individuellen Förderung von Schülern. Weinheim, Basel: Beltz. – Bundesministerium für Arbeit und Soziales (2008): Übereinkommen über die Rechte von Menschen mit Behinderungen. [verfügbar unter: www.bmas.de, 01.01.2010; Übersetzung der "Convention on the Rights of Children with Disabilities", UN 29. 9. 2006]. – Drave, W./Rumpler, F./Wachtel, P. (Hrsg.) (2000): Empfehlungen zur sonderpädagogischen Förderung. Allgemeine Grundlagen und Förderschwerpunkte (KMK). Würzburg: Ed. Bentheim. – Ellger-Rüttgardt, S. (2008): Geschichte der Sonderpädagogik. München: Reinhardt. – European Agency (2005): Special Needs Education Thematic Key Words. Glossary of Terms. [verfügbar unter: www.european-agency.org, 01.01.2010]. – Hans, M./Ginnold, A. (Hrsg.) (2000): Integration von Menschen mit Behinderung – Entwicklungen in Europa. Neuwied, Kriftel, Berlin: Luchterhand. – Helmke, A. (2007): Unterrichtsqualität – erfassen, bewerten, verbessern. 5. Aufl. Seelze: Friedrich. – Klemm, K./Preuss-Lausitz, U. (2008): Gutachten zum Stand und zu den Perspektiven der sonderpädagogischen Förderung in den Schulen der Stadtgemeinde Bremen. Essen, Berlin. [verfügbar unter: www.bildung.bremen.de, 01.01.2010]. – KMK (Kultusministerkonferenz) (2008): Sonderpädagogische Förderung in Schulen 1999 bis 2006. Statistische Veröffentlichungen der KMK, Nr. 185. Bonn, Berlin. – Liebers, K. (1997): Sonderpädagogik und Sonderschulwesen der DDR als Ausgangssituation für gemeinsame Erziehung nach der Wende in Brandenburg. In: Heyer, P./Preuss-Lausitz, U./Schöler, J. (Hrsg.): „Behinderte sind doch Kinder wie wir!" Gemeinsame Erziehung in einem neuen Bundesland. Berlin: Wissenschaft & Technik Verlag, S. 53-78. – Meijer, C. W. (2003): Integrative Schulbildung und Unterrichtspraxis. Brüssel: European Agency in Special Needs Education. – Meyer, H. (2004): Was ist guter Unterricht? Berlin: Cornelsen Scriptor. – Möckel, A. (1988): Geschichte der Heilpädagogik. Stuttgart: Klett-Cotta. – Podlesch, W. (2003): Integrationspädagogische Lernprinzipien (zum Förderschwerpunkt geistige Entwicklung). In: Eberwein, H./Knauer, S. (Hrsg.): Behinderungen und Lernprobleme überwinden. Stuttgart: Kohlhammer, S. 39-53. – Prengel, A. (1993) Pädagogik der Vielfalt. Opladen: Leske + Budrich. – Preuss-Lausitz, U. (2001): Gemeinsamer Unterricht Behinderter und Nichtbehinderter.

Ein Weg für Sonderpädagogik und allgemeine Schulpädagogik zu einer gemeinsamen integrativen Pädagogik? In: Zeitschrift für Erziehungswissenschaft. 4 (2), S. 209-224. – Preuss-Lausitz, U. (2002): Integrationsforschung. Ansätze, Ergebnisse und Perspektiven. In: Eberwein, H./Knauer, S. (Hrsg.): Integrationspädagogik, 6. überarb. Aufl. Weinheim, Basel: Beltz, S. 458-470. – Reiser, H./Wilmann, M./Urban, M. (2007): Sonderpädagogische Unterstützungssysteme bei Verhaltensproblemen in der Schule. Bad Heilbrunn: Klinkhardt. – Rudnick, M. (Hrsg.) (1990): Aussondern – Sterilisieren – Liquidieren. Die Verfolgung Behinderter im Nationalsozialismus. Berlin: Ed. Marhold im Wissenschaftsverlag Volker Spieß. – Schnell, I./Sander, A. (Hrsg.) (2004): Inklusive Pädagogik. Bad Heilbrunn: Klinkhardt. – Schnell, I. (2003): Geschichte schulischer Integration. Gemeinsames Lernen von SchülerInnen mit und ohne Behinderung in der BRD seit 1970. Weinheim, München: Juventa. – Wilhelm, M./Eggertsdóttir, R./Marinósson, G. L. (2006): Inklusive Schulentwicklung. Planungs- und Arbeitshilfen zur neuen Schulkultur. Weinheim, Basel: Beltz. – Wocken, H. (2000): Leistung, Intelligenz und Soziallage von Schülern mit Lernbehinderungen. In: Zeitschrift für Heilpädagogik. (51) 13, S. 492-503.

7| Schulsystem und Schulentwicklung
Ernst Rösner

Vielfalt oder Vielerlei? Schule in Deutschland

Einen Superlativ hat das Bildungswesen in der Bundesrepublik Deutschland zweifelsfrei verdient: In der Variation seiner strukturellen Angebotsformen dürfte es weltweit einzigartig sein. Lassen wir die Bildungsgänge des beruflichen Schulwesens einmal außer acht, so darf allein das allgemeinbildende Schulwesen für sich in Anspruch nehmen, dass es in den sechzehn Bundesländern keine Angebotsstruktur gibt, die mit der eines anderen Bundeslandes identisch ist. Für Laien ist diese Vielgestaltigkeit undurchschaubar, und selbst Experten – von Lehrkräften bis zu Hochschullehrerinnen und -lehrern – dürfte es auf Anhieb kaum möglich sein, die Besonderheiten der Schullandschaften in den Ländern zu beschreiben.

Angebotsformen
So kann die Grundschule vier oder sechs Schuljahres umfassen, die Hauptschule als eigenständiger Bildungsgang vorhanden oder abgeschafft sein, Verbindungen zwischen Haupt- und Realschulen Ausnahmen oder Regelformen darstellen, Gymnasien auch in der Variante einer Sekundar-I-Schule angeboten werden („Progymnasium"), Gesamtschulen einen festen Platz neben dem gegliederten Schulsystem einnehmen – oder gar nicht angeboten werden. Manche Länder bieten reine Oberstufenzentren an, die meisten setzen jedoch auf die Parallelität von Allgemeinbildung in der Oberstufe des Langformgymnasiums und beruflicher Bildung in den entsprechenden Schulen.
Vollends unübersichtlich wird die Lage, wenn es um die inhaltliche Ausgestaltung der Schulen geht, um Zugangsvoraussetzungen für den Übergang in das weiterführende Schulwesen, um Lehrpläne und Stundentafeln, um Lehrerausbildung und Lehrereinsatz.
Unterschiedliche Begrifflichkeiten leisten ein Übriges zur schulischen deutschen Intransparenz: Halbwegs gleichartige Schulen wie die verbundenen Haupt- und Realschulen sind in Deutschland unter mindestens sieben Bezeichnungen geläufig: Mittelschule, Sekundarschule, Regelschule, Regionale Schule, Regionalschule, erweiterte Realschule oder salopp „Realschule plus". Eine zusätzliche Erschwernis resultiert aus dem Umstand, dass die Bezeichnung der Bildungs-

gänge keinem Gebrauchmusterschutz unterliegt. So ist in Sachsen-Anhalt eine Sekundarschule die Fusion aus Haupt- und Realschule, in Berlin soll neben dem Gymnasium ebenfalls eine Sekundarschule entstehen, die aber auch gymnasiale Standards anbietet und auch zum Abitur führen kann. In Brandenburg wurden die zuvor bestehenden Realschulen und Gesamtschulen zu Oberschulen der Sekundarstufe I zusammengeschlossen, in Bremen entstehen Oberschulen mit explizit ausgewiesenem Abiturangebot. Baden-Württemberg versucht, mit sechsjährigen „Werkrealschulen" eine Angebotsvariante zwischen der im freien Akzeptanzverfall befindlichen Hauptschule und der Realschule zu implementieren; konzeptionell weist diese Schule unübersehbare Ähnlichkeiten mit der ebenfalls sechs Jahren umfassenden Hauptschule des Landes Nordrhein-Westfalen auf.

Gestaltungsmonopol der Länder
Wie kam es zu dieser Unübersichtlichkeit? Die Ursachen liegen zuerst in der grundgesetzlich festgelegten Eigenständigkeit der Länder in Bildungsfragen, begrifflich geläufig unter der Bezeichnung „Kulturhoheit". Dergleichen aber findet sich im Grundgesetz nicht: In Artikel 20 wird die Bundesrepublik als Bundesstaat definiert und in Artikel 30 festlegt: „Die Ausübung der staatlichen Befugnisse und die Erfüllung der staatlichen Aufgaben ist Sache der Länder, soweit dieses Grundgesetz keine andere Regelung trifft oder zulässt." Kulturhoheit ist mithin ein impliziter Rechtstitel, der aus der so genannten Kompetenzregelung (Art. 70 bis 72) des Grundgesetzes lediglich abgeleitet wird. Danach sind für Gegenstände, die nicht ausdrücklich als Kompetenztitel dem Bund zugewiesen sind, die Bundesländer zuständig. Ob diese Abstinenz mit der Verpflichtung des Bundes zur Herstellung gleicher Lebensverhältnisse in allen Bundesländern und mit der allgemein anerkannten Bedeutung des Bildungswesens als Standortfaktor konkurrierender Nationen im globalisierten Wettbewerb zu vereinbaren ist, wird spätestens seit Vorlage der PISA-Bundesländerdaten immer wieder diskutiert.
Für das Management der Kulturhoheit ist die Kultusministerkonferenz (KMK) zuständig. Sie darf aber lediglich beraten und kann keine Entscheidungen treffen – dies wäre nach der Logik des Bildungsföderalismus unzulässig. Damit binden auch die (nur einstimmig möglichen) Beschlüsse der KMK kein Bundesland. Die Aufgabe der KMK beschränkt sich letztlich auf die Akzeptanz der Verschiedenartigkeit und die Normierung des Faktischen.

Das Reform-Paradox
Soweit die Rechtsgrundlage, die den Ländern maximale Freiräume in der Entwicklung ihres Bildungswesens zuerkennt. In der Praxis war dies so lange unproblematisch, wie zwischen den Ländern Einvernehmen in der prinzipiellen Gliederungsstruktur des Schulwesens herrschte, also weder die Frühauslese noch die nachfolgende Dreigliederung als schulische Entsprechungen erkannter Begabungsformen in Zweifel gezogen wurden. Schwieriger wurden die Bedingungen, als in der Resonanz auf Empfehlungen zur weiteren Entwicklung des westdeutschen Schulwesens offene Differenzen zwischen Gutachten und Bildungspolitik auftaten.
a) Schon Ende der fünfziger Jahre empfahl der Deutsche Ausschuss für das Erziehungs- und Bildungswesen (Deutscher Ausschuss 1959/1969), die Volksschul-Oberstufe abzutrennen, ihre Schulzeit auf mindestens fünf Jahre zu verlängern und für zeitgemäße Unterrichtsinhalte wie Arbeitslehre und Englisch zu sorgen; dies immerhin setzten die Ländern einvernehmlich um, wenn auch erst 1968. Einer weitere Strukturempfehlung des Deutschen Ausschusses, nämlich die Jahrgangsstufen 5 und 6 schulformübergreifend als Förderstufe einzurichten, folgte eher zaghaft mit Hessen nur noch ein einziges Bundesland.

b) Weitaus folgenreicher aber waren in der zweiten Hälfte der sechziger Jahre die Empfehlungen des Deutschen Bildungsrates, vor allem die breit rezipierten Vorschläge zu strukturellen Reformen (Strukturplan für das Bildungswesen, 1970). Historisch gesehen fielen diese Empfehlungen in eine Phase des gesellschaftlichen Aufbruchs und der Modernisierung der Bundesrepublik Deutschland. Das pädagogische Korrelat war eine „empirische Wende" der Erziehungswissenschaft, in deren Verlauf die überkommenen Strukturen verbreitet in Zweifel gezogen wurden. Der pluralistisch zusammengesetzte Bildungsrat verzichtete auf die Empfehlung einer radikalen Umgestaltung des westdeutschen Schulsystems, gleichwohl lässt ein Kernsatz des Strukturplans eine deutliche Präferenz für eine gemeinsame Sekundarstufe I erkennen: „In dem Bildungswesen, wie es im Strukturplan empfohlen wird, ist nebeneinander Platz für die Gesamtschule wie für verschiedene Formen des Schulverbundes (Schulzentren, kooperative Systeme). Kein Platz ist mehr für das unverbundene Nebeneinander von Schulen, die sich – volkstümlich für die einen, wissenschaftlich für die anderen – von verschiedenen Bildungsideen her legitimieren. Der Strukturplan vermeidet es, für die Zukunft bestimmte Organisationsformen der Schule zu dogmatisieren." (Deutscher Bildungsrat 1970, S. 20) Was folgte, war eine Entwicklung, die sich zehn Jahre zuvor schon in Hessen abgezeichnet hatte: Die Länder folgten den Empfehlungen uneinheitlich: Je nach bildungspolitischer Grundüberzeugung machten sie den Weg frei für Strukturalternativen, am prominentesten durch Gesamtschulen und Orientierungsstufen, oder beließen mit punktuellen Ausnahmen alles beim Alten. An eine durchgängige Reform des kompletten Schulsystems, die auch die Eigenständigkeit des Gymnasiums zur Disposition gestellt hätte, wagte sich allerdings kein Bundesland heran. Im Rückblick ist also festzustellen: Wenn mit den gutachterlichen Empfehlungen die Absicht verbunden war, in allen Bundesländern maßvoll modernisierte Strukturen zu implementieren und damit auch länderübergreifend vergleichbare Angebotsformen zu schaffen, so kehrte die Wirklichkeit diese Intention in ihr Gegenteil um: Mehr Vielerlei, weniger Gemeinsamkeit. Was die entsprechenden Expertenvorschläge betrifft, so wirkten sie paradox: Indem einige Bundesländer Anregungen zur Vereinheitlichung aufgriffen, andere hingegen nicht, wurde am Ende die Kluft vergrößert, die eigentlich überwunden werden sollte.

c) Zwei Jahrzehnte nach den Bildungsratsratsempfehlungen kollabierte die DDR. Noch ehe der förmliche Beitritt zum „Geltungsbereich des Grundgesetzes" vollzogen war, etablierte die auslaufende DDR eigene Länder, denen – analog zu den westdeutschen Bundesländern – das Recht auf die Ausgestaltung des Bildungswesens eingeräumt wurde. An die Stelle des zentralistisch verwalteten gestuften Schulsystems, vor allem repräsentiert durch die zehnjährige Polytechnische Oberschule (POS) und die nachfolgende zweijährige Erweiterte Oberschule (EOS), setzten die Länder ein gegliedertes Schulwesen in Anlehnung an das der westdeutschen Länder, wenn auch nicht immer unter dem Beifall der westdeutschen Partnerländer und Lehrerorganisationen. Durchweg wurden Gymnasien eingeführt, daneben entstanden mehrheitlich fusionierte Haupt- und Realschulen. Berlin-Ost adaptierte die Organisationsformen von Berlin-West, Mecklenburg-Vorpommern setzte anfänglich auf traditionelle Dreigliedrigkeit, Brandenburg übernahm die sechsjährige Grundschule Berlins und führte weiter in Realschulen, Gymnasien und Gesamtschulen. Damit wurde die Chance vergeben, die Einmaligkeit der deutsch-deutschen Vereinigung zur durchgängigen Reform des gesamten deutschen Schulwesens zu nutzen und bundesweit vergleichbare Strukturen zu schaffen. An die Stelle von elf unterschiedlichen Schulsystemen traten sechzehn.

Von Bildungspolitikern aller Bundesländer und aller Regierungsparteien wurde und wird die Eigenständigkeit der Länder in Bildungsfragen auch damit begründet, dies entspreche am besten den kulturellen Besonderheiten der Regionen. Mehr noch: Das Nebeneinander unterschiedlicher Systeme und Regelwerke biete eine optimale Voraussetzung für einen föderalen Wettbewerb, der dem gesamten Bildungswesen zugute komme. Angesichts dieser Erwartungen wirkten die ab 2001 periodisch veröffentlichten Ergebnisse der prominentesten deutschen Leistungsvergleichsstudie PISA ernüchternd: Ungeachtet deutlicher Differenzen zwischen den Ländern blieb festzuhalten, dass die Kompetenzen deutscher Schülerinnen und Schüler im internationalen Vergleich unbefriedigend ausfielen. Gleichzeitig fand sich in Deutschland eine besonders ausgeprägte Kopplung von sozialer Herkunft und Schulerfolgschancen.

Die PISA-Konsortien enthielten sich jeder Empfehlung zur möglichen Schulstrukturveränderung in Deutschland, vermieden sogar weitgehend Verweise auf mögliche Ursachen der erkannten Mängel im Schulsystem. Am deutlichsten war noch der Befund, dass in der typisch deutschen Praxis der Frühauslese eine wesentliche Ursache der Bildungsungleichheit liege. Im Übrigen überließen die PISA-Autorinnen und -Autoren Politik und Verbänden die Diskussion über Konsequenzen im Aufbau des Schulsystems. Ob sich die inzwischen weithin durchgesetzte Erkenntnis, dass sich das deutsche Schulwesen auch strukturell ändern müsse, maßgeblich auf die unbefriedigenden PISA-Ergebnisse zurückführen lässt, ist daher zumindest zweifelhaft. Mehr spricht für ein komplexes Ursachenbündel, in dem auch die Ergebnisse der Large-Scale-Studien eine Rolle spielen.

Ursachen und Ausprägungen neuer Beweglichkeit

Ein besonderes Verdienst der PISA-Studie besteht in der Entmystifizierung des deutschen Schulwesens als Stätte gründlicher Qualifizierung und bestmöglicher Förderung. Doch das Ende einer Illusion bedeutet nicht zwangsläufig den Beginn einer Reform. Auch eher banal erscheinende Faktoren können tiefgreifende Veränderungen bewirken, zumal dann, wenn eine Studie wie PISA Zweifel erlaubt, ob Veränderungen mit unschätzbaren Wertverlusten erkauft werden müssen.

Demografie und Schulwahlverhalten als Reformauslöser

Als 2001 der erste PISA-Bericht veröffentlicht wurde, erreichten in den meisten Ländern die Zahlen der Grundschulübergänger nach einem rund fünfzehn Jahren dauernden Anstieg ihre Spitzenwerte. Beispiel Nordrhein-Westfalen: Im bevölkerungsreichsten Bundesland verzeichneten die Grundschulen von 1986 bis 2001 einen Anstieg der Übergängerzahlen von 150 Tsd. auf 203 Tsd. Damit war gewährleistet, dass alle weiterführenden Schulen mehr als ausreichend mit Schülerinnen und Schülern versorgt werden konnten, auch wenn die Zeichen eines sich beständig verändernden Schulwahlverhaltens unübersehbar waren: Im selben Zeitraum war die Übergangsquote zur Hauptschule von 31,3 Prozent auf 19,5 Prozent gesunken, die zum Gymnasium hatte sich mit 33,9 auf 34,1 Prozent kaum verändert (MSW 2009, S. 191). In der Schulwirklichkeit hieß das: In den Hauptschulen ein teilweiser Ausgleich der Einbußen durch Akzeptanzverlust durch stärkere Jahrgangsbreiten, in den Gymnasien Überfüllung und restriktive Aufnahmepraxis.

Inzwischen sinken die Übergängerzahlen aus den Grundschulen beträchtlich, werden nach amtlichen Prognosen den Ausgangswert des Jahres 1986 ab Schuljahr 2018/19 deutlich und dauerhaft unterschreiten (MSW 2008, S. 6).

Schülerzahlveränderungen auf Jahrgangsebene wirken sich, wie Rösner und Stubbe (2008) nachweisen konnten, auf die Übergängerzahlen in die Bildungsgänge der Sekundarstufe I asymmetrisch aus: In Zeiten steigender Schülerzahlen werden elterliche Bildungsaspirationen gebremst, sinken aber die Schülerzahlen langfristig und spürbar, begünstigt dies die Übergangsquoten vornehmlich in Gymnasien. Hauptschulen sind damit gleich zweifach betroffen, denn sinkende Übergangsquoten in Verbindung mit allgemein rückläufigen Schülerzahlen führen zunehmend zu drastischen Schülerzahleinbußen. Die von der KMK hierzu bereitgestellten Vergleichsstatistiken der Länder beziehen sich zwar nur auf die 8. Jahrgangsstufe, doch selbst in dem kurz bemessenen Zeitraum zwischen 2004 und 2007 offenbaren sich bereits deutliche Veränderungen, die, wie die Übergangsquoten einzelner Bundesländer heute schon belegen, als Vorzeichen eines künftigen raschen Wandels zu deuten sind. Eine Auswahl von Länderdaten zeigt dies (Tab. 1).

Tabelle 1: Übergangsquoten in ausgewählten Bundesländern

Land	HS	RS	GY	IGS***	SMB**	Sonstige*	8. Jg. gesamt
BW	-19,0	-1,3	-5,3	1,3	-	-23,9	-9,5
BY	-19,7	6,6	3,6	-7,7	-	-12,1	-5,3
BE	-28,6	-36,7	-23,9	-23,9	-	-33,8	-27,7
HH	-30,0	-20,5	1,1	3,8	-14,8	-9,9	-6,7
NI	-30,7	-1,7	14,5	11,7	-	-12,5	-5,9
NW	-20,4	-7,4	2,8	-1,1	-	-6,0	-6,6
SN	-	-	-50,9	-	-56,5	-36,7	-53,3
Bund	-23,3	-10,0	-7,5	-18,2	-37,2	-18,2	-15,7

*   Freie Waldorfschulen und Förderschulen
**   SMB = Schulen mit mehreren Bildungsgängen, i. d. R. verbundene Haupt- und Realschulen
***   Reduktion durch Umwandlung der zahlreichen Gesamtschulen Brandenburg in Oberschulen

Die vorstehende Tabelle zeigt die beschriebene Asymmetrie der Verluste augenfällig. Unübersehbar ist durchgängig der rapide Verlust der Hauptschulen (soweit noch vorhanden) und – mit Ausnahme Berlins und Sachsens, wo die demografischen Verluste besonders stark ausfielen – die relative Konstanz der Gymnasien. Für Realschulen gilt: Nur dort, wo sie ihre Verluste an Gymnasien noch durch Zugänge aus einem vergleichsweise starken Hauptschulanteil in Grenzen halten können, können sie ihre Position wahren, etwa in Bayern, Baden-Württemberg und Niedersachsen. Mit sinkenden Hauptschulanteilen aber wird das immer schwieriger. Folglich geraten neben Hauptschulen auch Realschulen in Bestandsgefahr.

Reformintentionen der Schulträger
Die Perspektive unsicher werdender Bildungsangebote, in dünn besiedelten Regionen womöglich der Verlust der einzigen weiterführenden Schule, hat bei einer wachsenden Zahl von Schulträgern zum Umdenken in der Frage einer angemessenen Schulversorgung geführt. Schulwahl nach Angebot – das hat sich längst als Illusion erweisen, wenn die vorhandene Schule nicht auch eine klar ausgewiesene Abituroption enthält. Für immer mehr Schulträger ist der lokale Bedarf das Kriterium der Schulentwicklungsplanung. Dabei verlieren früher gepflegte Überzeugungen ihre Bedeutung.
Wenn also heute nach den Auslösern struktureller Schulreformen gefragt wird, sind in erster Linie die Schulträger zu nennen, nur in Ausnahmefällen gingen Veränderungen von den Schulen aus. Das lässt sich besonders augenfällig in Schleswig-Holstein zeigen (vgl. Jungmann 2008), aber auch am Beispiel zahlreicher kommunaler Initiativen in Nordrhein-Westfalen, in Baden-Württemberg und in Bayern. Tatsächlich aber verändert sich das Schulwesen substanziell nur dort, wo kommunaler Bedarfslagen ihre Entsprechung in der Landespolitik findet. Bislang gilt

das vor allem für Schleswig-Holstein. Hier folgt die Bildungspolitik dem Grundsatz der Ermöglichung: Wenn Schulträger eine Gemeinschaftsschule beantragen, wird diese unter zwei zentralen Voraussetzungen genehmigt: Der Schulträger muss langfristig mindestens 300 Schülerinnen und Schüler nachweisen, die Schule selbst hat ein überzeugendes pädagogisches Konzept vorzulegen. Mit dieser Politik hat das Land Schleswig-Holstein binnen drei Jahren mehr als 90 Gemeinschaftsschulen eingerichtet.

Reformen der Länder
Aktuell ist die Bildungslandschaft mehrerer Länder im Umbruch: In Schleswig-Holstein, wo die Landespolitik neue Angebotsformen offensiv fördert, aber auch in den drei Stadtstaaten, wo Schulpolitik und Schulträgerschaft in einer Hand liegen. Die vier Fälle belegen, wie sich traditionelle Bildungslandschaften schnell und kaum reversibel ändern können:

Schleswig-Holstein
Eine tiefgreifende Veränderung des Bildungswesens in Schleswig-Holstein begann 2004 mit der Vorlage eines Gutachtens, in dem die Einführung von Gemeinschaftsschulen als Handlungsoption dargelegt wurde (Rösner 2008). Mit der Bildung einer Großen Koalition wurden die zuvor heftig umstrittenen Gemeinschaftsschulen zu Regelschulen neben Gymnasien und den von der CDU durchgesetzten Fusion aller Haupt- und Realschulen zu Regionalschulen. Die anschließende Nachfrage nach Gemeinschaftsschulen dürfte selbst Optimisten überrascht haben, denn ihre Zahl wuchs von sieben im ersten Jahr (2006/07) über 56 im zweiten Jahr auf 94 im dritten Jahr. Was diese Zahl für das Land bedeutet, wird erkennbar im Verhältnis zur Zahl der insgesamt 99 Gymnasien im gesamten Land. Bemerkenswert und Indiz für die zunehmende Versachlichung der Schulstrukturdebatte auf der Ebene der Schulträger ist der Umstand, dass Gemeinschaftsschulen nur auf Antrag der Schulträger zustande kommen können; diese aber sind in Schleswig-Holstein weit überwiegend CDU-regiert. Auf spürbar geringeres Interesse stoßen demgegenüber Regionalschulen. Ihr Mangel ist in den Augen der kommunal Verantwortlichen das Fehlen der immer begehrteren gymnasialen Standards. Zwar wurde die Große Koalition zum Zeitpunkt der Manuskriptabfassung (Juli 2009) beendet, doch es ist kaum vorstellbar, dass sich damit auch das Ende der bei den Schulträgern äußerst populären Gemeinschaftsschulen ankündigt.

Bremen
Eine konsequent zweigliedrige Schulstruktur ist das Ziel des 2009 mit breiter Mehrheit verabschiedeten neuen Schulgesetzes in Bremen. Es verbindet zwei Ziele: Etablierung einer als gleichwertig ausgewiesenen weiterführenden Schule neben dem Gymnasium. Gleichwertig bedeutet, dass in diesem Bildungsgang von Beginn an auch gymnasiale Standards angeboten und das Abitur nach 13 Jahren erreichbar ist. Das zweite Ziel ist politisch-pragmatischer Art: Die beschlussfassenden Fraktionen der Bürgerschaft (einschließlich der oppositionellen CDU) haben vereinbart, dass für die Umstrukturierung des bremischen Schulwesens ein längerer Zeitraum zu veranschlagen ist. Unabhängig von künftig wechselnden Mehrheiten in der Bürgerschaft bleibt somit der eingeschlagene Reformweg bestehen.

Berlin
Das in Berlin favorisierte neue Schulkonzept, das im Herbst 2009 vom Abgeordnetenhaus verabschiedet werden soll, weist starke Parallelen zum Konzept Bremens auf. Hier soll die Sekundarschule als neue vollständige Schule neben dem Gymnasium aus den bisherigen Bildungsgängen von Hauptschule, Realschule und Gesamtschule hervorgehen und erkennbar auch Unterricht

auf Gymnasialniveau anbieten. Eine (gymnasiale) Oberstufe ist Bestandteil der Schule oder der Schule in Kooperation zugeordnet. Die Klassenstärken der Sekundarschulen sollen im Durchschnitt bei 25 und damit deutlich unter dem des Gymnasiums liegen. Anders als in Bremen wird es neben den verbleibenden Regelschulformen auch das Modellvorhaben Gemeinschaftsschule geben. Dabei handelt es sich um durchgängig integratives Angebot, das stufenübergreifend angelegt ist: Entweder als sechsjährige Grundschule mit anschließender Sekundarstufe I oder als Schule der beiden Sekundarstufen. Für dieses Modellvorhaben können sich auch in Zukunft interessierte Schulen bewerben.

Hamburg
Hamburg setzt wie Bremen und Berlin auf eine zweigliedrige Struktur mit Schulen, die auch das Abitur anbieten. Neben dem Gymnasium wird dies künftig die Stadtteilschule sein. Eine Besonderheit Hamburgs ist die gleichzeitige obligatorische Verlängerung der Grundschulzeit von vier auf sechs Jahre. Es dürfte vor allem dieser Eingriff in die Schulzeit des Gymnasiums sein, der im Unterschied zu Bremen und Berlin heftigen Widerstand der Gymnasialklientel ausgelöst hat.

Auch das gehört zur neuen Schulwirklichkeit: Alle neuen Organisationsformen sind Ganztagsschulen, wenn auch nicht in gebundener Form. Erstaunlich ist dennoch, dass nach Jahrzehnten einer stark emotionalisierten politischen Diskussion die Betriebsform der Ganztagschule – zumindest in ihrer offenen Form – weitgehend unstrittig ist. Schulwirklichkeit bedeutet aber zum Leidwesen der Verfechter konsequenter Inklusion auch, dass Förderschulen im Regelfall bestehen bleiben. Das dürfte auch der Überlegung geschuldet sein, die neuen Angebotsformen nicht von Beginn an mit zu hohen Anforderungen an die Unterrichtspraxis zu konfrontieren. Schleswig-Holstein hat allerdings beschlossen, den Anteil der Kinder mit besonderem Förderbedarf im Regelschulwesen schrittweise zu erhöhen und somit eigenständige Förderschulen nach und nach überflüssig zu machen. Einen anderen Weg geht Bremen: Hier wird Eltern der Rechtsanspruch eingeräumt, Kinder mit besonderem Förderbedarf im Regelschulwesen unterrichten zu lassen.

Perspektiven

Der Prozess der Vereinfachung des Schulsystems in den Ländern mit dem Aufkommen zweigliedriger Angebote schreitet offenbar unaufhaltsam voran. Dabei gilt der Fortbestand eines eigenständigen Gymnasiums ungeachtet verschiedener verbandspolitischer Forderungen bildungspolitisch als weitgehend unumstritten. Jenseits dieser scheinbar unantastbaren Institution aber ist die Entwicklung differenziert. Im Kern geht es um die Frage, ob die neue Schule neben dem Gymnasium gymnasiale Standards mit ausgewiesener Abituroption enthält – oder nicht. Wird die bisherige Praxis des Schulwahlverhaltens gedanklich in die Zukunft verlängert, sind Schulen ohne gymnasiale Unterrichtsinhalte eher als instabil zu betrachten. Doch auch Mutmaßungen über die längerfristige Akzeptanz eines vollständigen Angebotes neben dem Gymnasium sind derzeit noch spekulativ.
Der Umwandlungsprozess selbst geht nur selten von den Schulen selbst aus – sieht man von der bundesweit bekannt gewordenen Initiative der rund 500 Hauptschulleiterinnen und -leiter aus Baden-Württemberg einmal ab. Im Regelfall werden strukturelle Veränderungen von den Schulträgern initiiert.
Danach aber wird die Reform Sache der Schulen, denn vielfach wird hier die vielbeschworene erweiterte Selbstständigkeit der Schulen beim Wort genommen: Schulen entwickeln eigene pädagogische Konzepte. Ihnen ist klar, dass sie damit auch Risiken eingehen, denn deren Qualität

wird sind unvermeidlich in landesweit standardisierten Vergleichsarbeiten erweisen. So gesehen bedeuten die anlaufenden Strukturreformen für die politisch Verantwortlichen nur ein begrenztes Risiko: Erfolgreiche pädagogische Praxis setzt sich durch, die schulischen Organisationsformen selbst werden nachrangig. Gut möglich, dass das die deutsche Debatte über Sinn und Unsinn eines traditionell gegliederten Schulsystems weiter versachlicht.

Literatur
Deutscher Ausschuss für das Erziehungs- und Bildungswesen (1969): Rahmenplan zur Umgestaltung und Vereinheitlichung des allgemein bildenden Schulwesens. Gutachten vom 14. Februar 1959 („Rahmenplan 1959"). Stuttgart: Klett. – Jungmann, C. (2008): Die Gemeinschaftsschule. Konzept und Erfolg eines neuen Schulmodells. Münster: Waxmann. – KMK: Kultusministerkonferenz (Hrsg.) (2005/2009). Schüler, Klassen, Lehrer und Absolventen der Schulen. S. 55. Ausgaben Nr. 174 und 186. – MSW: Ministerium für Schule und Weiterbildung des Landes Nordrhein-Westfalen (Hrsg.) (2008): Schülerprognose und Schulabgängerprognose 2029/30. Stat. Übersicht Nr. 367. – MSW: Ministerium für Schule und Weiterbildung des Landes Nordrhein-Westfalen (Hrsg.) (2009): Das Schulwesen in Nordrhein-Westfalen aus quantitativer Sicht. Stat. Übersicht Nr. 369. – Rösner, E. (2008): Die Einführung der Gemeinschaftsschule in Schleswig-Holstein. Veränderungen der Schulstruktur als Konsequenz demografischer und gesellschaftlicher Entwicklungen. Münster: Waxmann. – Rösner, E./Stubbe, T. C. (2008): Übergangsentscheidungen und Schulerfolg im Zeichen demografischer Veränderungen. In: Bos, W./Holtappels, H. G./Pfeiffer, H./Rolff, H.-G./Schulz-Zander, R. (Hrsg.): Jahrbuch der Schulentwicklung. Band 15. Weinheim, München: Juventa, S. 297-316.

8| Landesspezifische Steuerungskonzepte
Wolfgang Böttcher und Matthias Rürup

Das folgende Kapitel thematisiert die Bedeutung politisch-administrativer Rahmensetzungen und Einflussnahmen in der Schulentwicklung vor dem Hintergrund des deutschen Bildungsföderalismus. Obschon mit dem Begriff der Steuerung durchaus ein – wenn auch nur grob – identifizierbarer analytisch-theoretischer Kontext markiert ist, erfolgte die wissenschaftliche Untersuchung „landesspezifischer Steuerungskonzepte in der Schulentwicklung" bisher überwiegend deskriptiv und exemplarisch. Auch weil sich die einschlägigen Untersuchungen auf mehrere Disziplinen verteilen (Politikwissenschaft, Erziehungswissenschaft) und die Bildungspolitikforschung in keiner der beiden Disziplinen über eine gefestigte Infrastruktur verfügt (vgl. Hepp & Weinacht 1996; Reuter & Sieh 2009, S. 195), kann von einer gewachsenen und konsistenten Forschungstradition nicht gesprochen werden.

Während der letzten zwei Dekaden ist allerdings eine Intensivierung der wissenschaftlichen und politischen Auseinandersetzung mit konzeptuellen Vorstellungen der Systemsteuerung im Schulwesen zu konstatieren. „Steuerung von Schule" ist zu einem Reformprogramm geworden, das Leitbegriffe wie „Schulautonomie" oder „Dezentralisierung" und „Outputsteuerung" kreiert hat, die wie selbstverständlich im politischen wie im pädagogischen Milieu kolportiert werden. Unterhalb dieser generellen politischen Strategie lässt sich jedoch ein ausgeprägter Variantenreichtum entdecken.

Definitorische Klärungen: Steuerung und Länderwettbewerb

Der Begriff „Steuerung" markiert Möglichkeiten und Grenzen der vorausschauenden Planbarkeit und Beeinflussbarkeit von Entwicklungen im Schulwesen eines Landes als Gesamtheit von Schulen, Schulverwaltung und Institutionen der professionellen Schulberatung, Schulentwicklung und Evaluation. Steuerung kann in diesem Kontext als methodisches Handeln verstanden werden, das ein vom Steuernden beabsichtigtes Handeln oder Verhalten bei bestimmten Personen oder sozialen Systemen auslösen will (vgl. Mayntz 2006). Hier wird die analytische Erwartung angesprochen, dass den staatlichen Aktivitäten eine in sich kohärente und mittelfristig konsistente Vorstellung zur Funktion und Bedeutung politisch-administrativer Rahmensetzungen und Einflussnahmen zu Grunde liegt. Steuerung ist aber auf die Rezeptionsleistungen und Mitwirkungsbereitschaft der Adressaten angewiesen (Fend 2008). Dies in der Regel umso mehr, je kompetenter die adressierten Handelnden sind oder je abhängiger ein soziales System (wie zum Beispiel eine Organisation) von den hier agierenden Personen ist. Gerade im Schulwesen, in dem akademisch ausgebildetes Personal – und nicht etwa standardisierte Technologien – organisationale Prozesse und Ergebnisse dominiert, würde eine naiv-omnipotente Vorstellung der intentionsidentischen Gestaltbarkeit von Personen und Systemen durch Steuerungsakteure scheitern.

Die Bundesländer vergleichende Perspektive stellt dennoch den Staat (und hier die 16 Bundesländer) als Akteurseinheit von Politik und Verwaltung (Legislative und Exekutive) in den Mittelpunkt, der seine Strategien, Ziele und Maßnahmen an „operative" Akteure bewusst kommuniziert und hierbei mehr oder weniger erfolgreich sein kann. Neben der Kohärenzerwartung an das poltisch-administrative Handeln wird insbesondere auf Dynamik und Differenz zwischen den Ländern hinsichtlich der Ziele, Steuerungskonzepte und Implementierungen abgestellt.

„Landesspezifische Steuerungskonzepte der Schulentwicklung" als Forschungsgegenstand zu formulieren, begründet sich auf wenigstens zwei Sachverhalten. Im deutschen Bundesstaat tragen die Länder die Verantwortung für die Erfüllung des grundgesetzlichen Auftrages, dass der Staat die Aufsicht über das gesamte Schulwesen zu führen habe (Art. 7 Abs. 1). Die Grundgesetznovelle 2006 hat diese schulpolitische Kompetenzverteilung noch einmal nachdrücklich bestätigt. Mit der Neubestimmung der Gemeinschaftsaufgaben wurde das bildungspolitische Mitwirken des Bundes auf Maßnahmen des bundesweiten und international vergleichenden Bildungsmonitorings eingegrenzt (s. Art. 91b, zur Diskussion Wollenschläger 2007; Böttcher & Rürup 2007; Münch 2008; Rürup 2008a). In der bundesrepublikanischen Geschichte finden sich zwar immer wieder Tendenzen der Angleichung politischer Regelungen und länderübergreifende Verflechtungen politischer Entscheidungsprozesse, die Beschreibungen des deutschen Föderalismus als unitarisch oder kooperativ nahe legten. Dies betrifft auch den Schulbereich. Zugleich sind aber auch Phasen der Diversifikation zu beobachten (vgl. Böttcher 1990). Differenzierende länderspezifische Steuerungskonzepte könnten in der Schulentwicklung zukünftig eine noch größere Bedeutung gewinnen, zumal die Länder sich bewusst in eine wettbewerbliche Situation begeben.

Zum anderen ergibt sich die Bedeutung von landesspezifischen Steuerungskonzepten von Schule aus der Art der Umsetzung des grundgesetzlichen Auftrages der Schulaufsicht durch die Länder. Anders als z.B. im Bereich der Wirtschaft beschränkt sich das staatliche Handeln nicht auf allgemeine Interessenabgleichungen, Standardsetzungen und einzelne Aufsichtshandlungen. Im Schulwesen ist es ganz überwiegend der Staat selbst, der Schulen einrichtet und unterhält, Lehrer ausbildet, anstellt und entlohnt, Bildungsgänge, Stundentafeln und Lehrpläne festsetzt und Schule und Unterricht über eine aus mehreren Ebenen bestehende, regional ausdifferenzierte Behördenstruktur organisiert, begleitet und unterstützt. Dass schulpolitische Steuerungskonzepte unter diesen Bedingungen einen bedeutsamen Einfluss auf nahezu alle Dimensionen der Schulgestaltung und damit zusammenhängend auf die Leistungsfähigkeit des Schulwesens besitzen, ist hoch plausibel.

Wenigstens eine aktuelle bildungspolitische Grundsatzentscheidung forciert zudem die systematische Analyse länderspezifischer Steuerung: Die internationalen Vergleichsstudien von Schülerleistungen sind in einer ehemals testabstinenten Republik erweitert und zur Formulierung innerdeutscher Rankinglisten genutzt worden. Wenn auch niemand Prognosen von Ergebnissen wagt, was auf ein Theoriedefizit der Erklärung von Leistungen schließen lässt, so sind doch extensive Versuche von Ex-Post-Erklärungen hinreichender Beleg dafür, dass die unterschiedlichen Leistungsergebnisse auf unterschiedliche – und unterschiedlich geeignete – Schulpolitiken der Länder zurückgeführt werden.

Einheitlichkeit: Outputsteuerung

Interessanterweise basiert diese wettbewerbliche Situation auf einer in ihren Grundzügen geteilten Steuerungspolitik. Zum Ende des schulpolitischen PISA-Jahrzehnts lässt sich ein grundlegender und bewusster länderübergreifender Wechsel in der politischen Konzeption der Steuerung von Schule erkennen, der als Übergang zur Outputsteuerung gekennzeichnet werden kann. Er ist durch die Idee der Dezentralisierung beschrieben, die gleichzeitig mit Rechenschaftsverpflichtungen verknüpft ist. Besonders zwei Arbeitsschwerpunkte der KMK belegen diesen Strategiewechsel. Zum einen ist dies die Einführung nationaler Bildungsstandards (KMK 2005), zum anderen die Etablierung eines umfassenden und systematischen Bildungsmonitorings durch z.B. Lernstandserhebungen, Vergleichsarbeiten und Bildungsberichterstattung (KMK/IQB 2006).

Differenzen: die länderspezifischen Schulpolitiken

Wie genau Outputmessungen erfolgen und inwieweit sie mit Dezentralisierungen und Verantwortungsübertragungen auf die einzelnen Schulen einhergehen, wird nicht auf KMK-Ebene definiert. Hierfür sind die Länder im Rahmen ihrer Gestaltungshoheit im Schulwesen eigenständig verantwortlich. Dies eröffnet Möglichkeiten für länderspezifische Interpretationen oder Abweichungen. Am Beispiel von drei Handlungsfeldern wollen wir solche Entwicklungen skizzieren.

Dezentralisierung: Gewährung von „Schulautonomie"

Unter den Begriffen einzelschulischer Selbstverwaltung, Selbstverantwortung, Eigenverantwortung oder Selbstständigkeit findet sich ein Bekenntnis zur „Schulautonomie" inzwischen in den Schulgesetzen nahezu aller Länder. Die staatliche Gesamtverantwortung für die Organisation, Unterhaltung und Beaufsichtigung des Schulwesens bleibt als Rahmen der schulischen Eigenständigkeit erhalten, soll sich aber in ihren Instrumenten und Handlungsformen von einem detailliert, dirigistisch-bürokratischen Administrieren von Schule zu einen Beratungs- und Unterstützungssystem wandeln, das die einzelne Schule und ihre Schulentwicklung auf Abstand begleitet.

Mittels einer die Länder vergleichenden Aufarbeitung des deutschen Schulrechts für den Zeitraum von 1990 bis 2004 gibt Rürup (2007) einen Überblick über das Dezentralisierungsengagement der Länder. Zumindest mit Stand 2004 lassen sich drei Gruppen unterscheiden: die besonders Engagierten (Berlin, Brandenburg und Niedersachsen), ein breites Mittelfeld akti-

ver Länder und eine Ländergruppe mit eher reduziertem Engagement (Baden-Württemberg, Bayern, Saarland, Sachsen und Thüringen). Nur eine schulautonomiebezogene Dezentralisierungsmaßnahme fand sich bis 2004 in allen Bundesländern, nämlich die Ermöglichung eines zusätzlichen Mittelerwerbs durch einzelne Schulen mittels Sponsoring. (vgl. Rürup 2007, S. 217, Tabelle 5.7). In elf Ländern fanden sich erweiterte Entscheidungsspielräume bei der einzelschulischen Konkretisierung der Stundentafeln, bei der Schulbuchzulassung (und nicht nur Schulbuchauswahl) oder der Festlegung der Lerngruppengrößen angesichts eines innerschulisch zu organisierenden Lehrerwochenstundenpools. Schulrechtliche Aufforderungen an die Schulträger, den Schulen Budgets zur eigenständigen Bewirtschaftung zuzuweisen, findet sich 2004 schon in elf der sechzehn Bundesländer, in dreizehn Ländern werden die Einzelschulen über schulscharfe Stellenausschreibungen an der Lehrerauswahl beteiligt. Aus diesen Sachstandsbeschreibungen allerdings auf länderspezifische Profile zu schließen, bleibt schwierig und ist insbesondere durch die weitere schulpolitische Reformdynamik seit 2004 eingeschränkt. Der Prozess der Autonomiegewährung war mit dem Erhebungszeitraum 2004 nicht beendet, dürfte aber vor allem zu Aufholungsprozessen der bisher weniger aktiven Länder geführt haben.
Im internationalen Kontext erschienen die einzelschulischen Entscheidungsspielräume der deutschen Schulen nämlich auch 2007 noch vergleichsweise gering, wie z.B. die EURYDICE-Studie »School Autonomy in Europe« zeigt (EURYDICE 2007). Auch die in den PISA-Studien erhobenen Schulleiteraussagen zu einzelschulischen Entscheidungsspielräumen zeigen für Deutschland im Vergleich der OECD-Länder mehrheitlich unterdurchschnittliche Werte (vgl. OECD 2004, S. 475f; OECD 2007, S. 175f).

Bildungsstandards
Im Gegensatz zu klassischen Lehrplänen, die auf eine Steuerung über Unterrichtsinhalte zielen, benennen die am 4. Dezember 2003 von der Kultusministerkonferenz beschlossenen nationalen Bildungsstandards, zu deren Einführung sich die Länder gemeinsam entschlossen haben, Kompetenzen, über die Schüler zu einem bestimmten Zeitpunkt verfügen sollten. Die Unterfütterung der Bildungsstandards durch Kompetenzmodelle und Aufgabenpools zu ihrer Konkretisierung ist kein ausdrücklicher Teil der KMK-Beschlüsse, sondern als Forschungsaufgabe dem 2004 eingerichteten Institut der Länder zur Qualitätssicherung im Bildungswesen aufgetragen. Die nationalen Bildungsstandards sollen die bisherigen, nur im jeweiligen Bundesland gültigen Lehrpläne nicht ablösen, sondern Zielebenen definieren, die z.B. mit Ende eines Schulabschlusses *in der Regel* zu erreichen sind. Den Ländern obliegt es nach wie vor, diese curricularen Output-Vorgaben zeitlich zu strukturieren und sie mit konkreten Lernzielen und Lerninhalten auszugestalten (vgl. KMK 2005, S.17-18).
Die Bundesländer begegnen dieser Aufgabe mit durchaus divergierenden, doch klar zu identifizierenden Konzepten (vgl. Böttcher & Dicke 2008). Ersten Untersuchungen zufolge lassen sich bei den bisherigen Implementations- und Übersetzungsverfahren innovative und additive Verfahren unterscheiden: In Bayern führte die Veröffentlichung der nationalen Bildungsstandards zu einer Anpassung der bisherigen Lehrpläne an die nationalen Bildungsstandards, in Nordrhein-Westfalen, Niedersachsen, Bremen, Berlin, Sachsen und Baden-Württemberg sogar zu einer vollständigen Lehrplanüberarbeitung. Die übrigen Bundesländer (Sachsen-Anhalt, Hessen, Brandenburg, Schleswig-Holstein, Hamburg, Mecklenburg-Vorpommern, Thüringen, Rheinland-Pfalz und Saarland) hingegen haben für eine mehrjährige Übergangszeit ein additives Verfahren gewählt, das sich durch die parallele Nutzung von bisherigen Lehrplänen und neuen nationalen Bildungsstandards auszeichnet: Die Länder erklärten die Bildungsstandards zwar für verbindlich, nahmen bislang aber keine Anpassungen ihrer Lehrpläne vor.

Darüber hinaus hat die Kultusministerkonferenz die Länder, insbesondere jedoch die Landesinstitute und Schulämter aufgefordert, „eine koordinierte Planung in Gang [zu] setzen, die darauf abzielt, die zentrale Rolle, die Bildungsstandards im System der curricularen Steuerung spielen, deutlich zu machen" (KMK 2005, S. 19). Auch hier belegt ein schneller Blick in die den Lehrkräften zugänglichen unterrichtlichen Vorgaben Aktivitätsdifferenzen zwischen den einzelnen Bundesländern. So werden Standards unterschiedlich breit und in unterschiedlicher Präzisierung erläutert. Dabei wird häufig darauf verzichtet, genauer zu beschreiben, wie das Erreichen eines Standards beobachtet oder gemessen werden kann. Andere Umsetzungen tendieren hingegen dazu, den Lehrkräften differenzierte Hinweise auf die Gestaltung und Sequenzierung der Unterrichtsprozesse zu geben. Schließlich variiert auch die Tiefe und Breite des erwarteten Wissens und Könnens.

Ob sich dadurch das Unterrichten in den Bundesländern systematisch unterscheidet, muss empirisch geklärt werden. Zeigen sich in der Akzeptanz der Lehrkräfte oder gar in der Art und im Erfolg ihres Unterrichts bedeutsame Differenzen, dürfte dies im deutschen Bildungsföderalismus zu neuen Reformen Anlass geben. Den Ländern mit weniger erfolgreichen Umsetzungen dürften die erfolgreichen ein Beispiel für „good practice" liefern, das sie kaum ignorieren können.

Einführung von Schulinspektionen
Auch wenn Schulinspektionen im KMK-Beschluss vom 20. Juni 2006 zu einer „Gesamtstrategie des Bildungsmonitoring" keine Rolle spielen, wurden sie inzwischen in allen 16 Ländern eingerichtet – allerdings unter verschiedenen Namen (vgl. Döbert et al. 2008; Schleswig-Holstein allerdings hat seine externe Evaluation [EVIT] zum Januar 2010 wieder ausgesetzt). Immer dienen sie einer evaluativen Zusammenschau von Kontext-, Ausstattungs-, Prozess- und Ergebnismerkmalen der einzelnen Bildungsinstitutionen und sollen vor allem Impulse für einzelschulische Entwicklungsprozesse geben. Nach Planung der Kultusministerien werden bis zum Jahr 2013 alle öffentlichen Schulen in Deutschland eine erste Inspektion durchlaufen haben. Turnusmäßig alle drei bis sechs Jahre sollen dann weitere nachfolgen. In den Ländern werden zur Durchführung der Inspektionen erhebliche Mittel bereitgestellt, eigene Organisationsstrukturen geschaffen und neues Personal in einem bedeutenden Umfang rekrutiert und qualifiziert. Alle Länder haben Orientierungsrahmen für Schulqualität (auch als Referenzrahmen oder Qualitätstableaus) eingeführt, die die durch die Schulinspektion geprüften Kriterien für guten Unterricht und gute Schule fixieren. Zudem wird eine länderübergreifende Tendenz sichtbar, dass eine Schulinspektion in verbindliche Zielvereinbarungen zwischen Schule und Schulaufsicht münden soll, in der konkrete Schwerpunkte der weiteren einzelschulischen Schulentwicklung festgehalten werden.

Jenseits dieser konzeptuellen Rahmung findet sich jedoch eine erhebliche strukturelle Vielfalt in den organisatorisch-prozessualen Details der Inspektionspraxis. Dies reicht von der Benennung der Schulinspektionen (Externe Evaluationen, Fremdevaluationen, Qualitätsanaylse, Schulvisitation) über deren organisatorische Anbindung in bisherige Behördenstrukturen, ihre rechtliche Verankerung und die Größe der Inspektionsteams bis zur Dauer der Schulbegehungen oder zum Umfang und Dauer der Unterrichtsbeobachtungen. Die Bedeutung dieser Abweichungen für die Akzeptanz und Wirkungen von Schulinspektionen kann sicherlich ohne empirische Forschung nicht ausreichend beantwortet werden.

An ausgewählten Merkmalen der Schulinspektionsverfahren orientiert, schlägt Rürup (2008b) vor, die Länderkonzepte dahingehend zu differenzieren, inwieweit sie sich dem Ideal einer „scientifizistisch-objektivistischen" Evaluation annähern, die über kommunizierte „Wahrheiten" mittels möglichst objektiven und validen Daten Anstöße zur Schulentwicklung geben möchte.

Rürup identifiziert Berlin, Brandenburg, Niedersachsen und Nordrhein-Westfalen als Vertreter dieser Richtung. Der alternative Typus weist demgegenüber vermehrt Elemente eines kollegialen Prinzips auf, geht stärker fallbasiert abwägend vor und ist durch Peer Reviews ergänzt. Dieser Typus, einer – cum grano salis – stärker angemessenheits-orientierten Evaluation findet sich eher in Baden-Württemberg, Bayern, Bremen und Thüringen.

Vorläufig haben diese Einschätzungen aber lediglich den Status eines heuristischen Impulses für eine weiterführende Forschung, die die einzelnen konzeptuellen Unterschiede bis hinein in die konkrete Inspektionspraxis verfolgt und ländervergleichend untersuchen müsste.

Fazit, offene Fragen und Ausblick

Unsere Skizze zeichnet ein nur grobes Bild der Komplexität und der Voraussetzungen für Steuerung im Schulwesen. Obwohl der Blick auf länderspezifische Steuerungskonzepte gerichtet werden sollte, fiel auf, dass Steuerung, soweit sie sich eine umfassende und grundsätzliche Reform des Schulwesens zur Aufgabe macht, eine ausgesprochen nationale oder zumindest länderübergreifende Dimension aufweist. Die „nationale" Schulreform bezieht sich – nicht immer bewusst – auf Vorbilder aus betriebswirtschaftlichen Managementmodellen.

Vor dem normativen Hintergrund des deutschen Bildungsföderalismus, der in seinen Abweichungsmöglichkeiten durch die Grundgesetznovelle 2006 eigentlich gestärkt wurde, ist dies ein irritierender Befund, der vertiefende Hinterfragungen herausfordert. Hat womöglich der öffentliche Handlungs- und Legitimationsdruck des PISA-Schocks die Länder zu Politikangleichungen auch in eigentlich autonomen Handlungsfeldern gezwungen (vgl. Tillmann et al. 2008)? Der Konsens der Länder hinsichtlich prinzipieller Orientierungen – Dezentralisierung, Fokus auf „Outputs" – und des Einsatzes bestimmter Instrumente – z.B. Bildungsstandards, Schulinspektionen – erlaubt im Föderalismus allerdings erhebliche Variationsmöglichkeiten. Die exemplarischen Länderskizzen geben Anlass zur Hypothese, dass unterhalb der bundespolitisch einheitlichen Strategien Spielräume existieren, die Länder auch nutzen. Es ergibt sich daraus aber die Frage, inwieweit das politische Handeln sich systematisch und – sei es theoretisch, sei es empirisch begründet – bewusst an einer Entscheidung für Steuerungsmodelle, -formen, -medien oder -regeln ausrichtet. Eine Prüfung steht aus. Sie ist aus verschiedenen Gründen dringend. Es steht in der Schulreform zu viel auf dem Spiel, als dass sie lediglich intuitiv und willkürlich umgesetzt werden dürfte. Auch die von den Ländern selbst initiierte Wettbewerbssituation sollte Anlass geben, unterschiedliche Politikansätze und Umsetzungen systematisch zu evaluieren.

Als Problem aber dürfte sich erweisen, dass die einschlägigen Reformmaßnahmen lediglich an die Schulen und ihr Personal adressiert werden. Während die Schulen eine Vielzahl von Rechenschaftsbelegen beibringen müssen, scheint der Wille der Politik, die eigenen Aktivitäten – vergleichend – zu evaluieren, nicht sonderlich ausgeprägt zu sein. Die Länder formulieren hohe Anforderungen an alle Schulen und prüfen nicht, ob sie selbst ihre mit Outputorientierung und Dezentralisierung verbundenen Aufgaben und Verantwortlichkeiten rational strukturiert haben und ob die Strategien und Maßnahmen wirksam und akzeptiert sind (vgl. Böttcher 2007). Erst eine Politikevaluation kann zeigen, wer im Hinblick auf welche Ziele effektiver und effizienter agiert. Effizienz und Effektivität sind die zentralen Kriterien, an denen sich eine Politik messen lassen muss, die das ökonomische Modell der Outputsteuerung als neues Paradigma einführt.

Literatur

Böttcher, W. (1990): Zur Planbarkeit des Bildungswesens. In: Klemm, K./Böttcher, W./Block, R./Geiersbach, F.-W./Jost, W./Weegen, M. (Hrsg.): Bildungsgesamtplan '90. Weinheim, München: Juventa, S. 21-35. – Böttcher, W.

(2007): Zur Funktion staatlicher „Inputs" in der dezentralisierten und outputorientierten Steuerung. In: Altrichter, H./Brüsemeister, T./Wissinger, J. (Hrsg.): Educational Governance. Wiesbaden. VS-Verlag, S. 185-200. – Böttcher, W./Rürup, M. (2007): Föderale Struktur des Bildungswesens und Schulentwicklung. In: Van Buer, J./Wagner, C. (Hrsg.): Qualität von Schule. Frankfurt am Main: Lang, S. 153-166. – Böttcher, W./Dicke, J. N. (2008): Implementation von Bildungsstandards. Empirische Ergebnisse einer Umfrage bei Deutschlehrern. In: Böttcher, W./Bos, W./Döbert, H./Holtappels, H.-G. (Hrsg.): Bildungsmonitoring und Bildungscontrolling in nationaler und internationaler Perspektive. Münster: Waxman, S. 143-156. – Döbert, H./Rürup, M./Dedering, K. (2008): Externe Evaluation von Schulen in Deutschland – die Konzepte der Bundesländer, ihre Gemeinsamkeiten und Unterschiede. In: Döbert, H./Dedering, K. (Hrsg.): Externe Evaluation von Schulen. Historische, rechtliche und vergleichende Aspekte. Münster: Waxmann, S. 60-148. – EURYDICE (2007): School Autonomy in Europe: Policies and Measures. Comparative Study. Brüssel: Eurydice. [verfügbar unter: http://eacea.ec.europa.eu/ressources/eurydice/pdf/0_integral/090EN.pdf, 25.02.2009]. – Fend, H. (2008): Schule gestalten. Systemsteuerung, Schulentwicklung und Unterrichtsqualität. Wiesbaden: VS-Verlag. – Hepp, G./Weinacht, P.-L. (1996): Schulpolitik als Gegenstand der Sozialwissenschaften oder: Hat die Politikwissenschaft ein Thema verloren? – In: Zeitschrift für Politikwissenschaft. 4, S. 404-433. – [KMK] Sekretariat der Ständigen Konferenz der Kultusminister der Länder in der Bundesrepublik Deutschland (Hrsg.) (2005): Bildungsstandards der Kultusministerkonferenz. Erläuterungen zur Konzeption und Entwicklung. München, Neuwied: Luchterhand. – [KMK /IQB] (2006): Gesamtstrategie der Kultusministerkonferenz zum Bildungsmonitoring. Neuwied: Luchterhand. [verfügbar unter: http://www.kmk.org/bildung-schule/qualitaetssicherung-in-schulen/veroeffentlichungen-und-beschluesse.html#c6444, 17.02.2009]. – Mayntz, R. (2006): Governance Theory als fortentwickelte Steuerungstheorie? In Schuppert, G. F. (Hrsg.): Governance-Forschung. Vergewisserung über Stand und Entwicklungslinien. 2. Aufl. Baden-Baden: Nomos, S. 11-20. – Münch, U. (2008): Materielles Abweichungsrecht der Länder und föderative Asymmetrien in der bundesdeutschen Bildungspolitik. In: Europäisches Zentrum für Föderalismus-Forschung (Hrsg.): Jahrbuch des Föderalismus 2007. Baden-Baden: Nomos, S. 224-237. – OECD (2004): Lernen für die Welt von morgen. Erste Ergebnisse von PISA 2003. Paris: OECD. – OECD (2007): PISA 2006. Volume 2: Data/Données. Paris: OECD. – Reuter, L. R./Sieh, I. (2009): Politik- und rechtswissenschaftliche Bildungsforschung. In Tippelt, R./Schmidt, B. (Hrsg.): Handbuch Bildungsforschung. Wiesbaden: VS-Verlag, S. 185-198. – Rürup, M. (2007): Innovationswege im deutschen Bildungssystem. Die Verbreitung der Idee „Schulautonomie" im Ländervergleich. Wiesbaden: VS-Verlag. – Rürup, M. (2008a): Schulpolitik im deutschen Bundesstaat – zwei Jahre nach der Grundgesetznovelle 2006. In: Europäisches Zentrum für Föderalismus-Forschung (Hrsg.): Jahrbuch des Föderalismus 2008. Baden-Baden: Nomos, S. 172-187. – Rürup, M. (2008b): Typen der Schulinspektion in den deutschen Bundesländern. In: Die Deutsche Schule. 100 (4), S. 467-477. – Tillmann, K.-J./Dedering, K./Kneuper, D./Kuhlmann, C./Nessel, I. (2008): Pisa als bildungspolitisches Ereignis. Fallstudien in vier Bundesländern. Wiesbaden: VS-Verlag. – Wollenschläger, F. (2007): Die Föderalismusreform. Genese, Grundlinien und Auswirkungen auf die Bereiche Bildung und Wissenschaft. In: Recht der Jugend und des Bildungswesens. 55 (1), S. 8-19.

9| Einzelschule und Schülerleistungen
Wilfried Bos, Martin Bonsen und Nils Berkemeyer

Begriffsklärung

Dass die Schule für die Erbringung von Schülerleistungen bedeutsam ist, dürfte wohl unumstritten sein. Einer Vielzahl von Kindern und Jugendlichen bliebe ohne die Schule der Zugang zu Bildung und damit die Chance auf gesellschaftliche Teilhabe verwährt. Dieser Beitrag fragt darum auch nicht, ob die Schule als Institution moderner Gesellschaften, sondern die Einzelschule als Organisation einen empirisch nachweisbaren Einfluss auf den Lernzuwachs von Schülerinnen und Schülern hat.

Die Einzelschule als Organisation
Mit der Einsicht, dass die Organisation der Schule nicht nur als Bürokratie, die das Lernen eher behindert als befördert, sondern als gestaltbare Einheit betrachtet werden kann, entsteht im deutschsprachigen Raum Anfang der 1980er Jahre die Disziplin der Schulentwicklung(-sforschung). Vor allem die Arbeiten von Fend (1986) und Rolff (1993) haben die Einzelschule als Motor der Schulentwicklung und als Gestaltungseinheit hervorgehoben. Im Jahre 2000 attestierten führende Vertreter der empirischen Bildungsforschung, dass „die Einzelschule Fokus und Handlungseinheit für die Qualitätsentwicklung im Bildungswesen [ist]" (vgl. Klieme et al. 2000). Auch aktuell wird diese Annahme von Bildungsforschung und Bildungsadministration geteilt (vgl. Klieme & Steinert 2008). Inhaltlich verbirgt sich hinter dieser Annahme, dass Schulen „besondere soziale Organisationen" (Rolff 1993) sind, die zur Ausschöpfung ihres Handlungspotentials die eigene Organisation sowie das in ihr tätige Personal entwickeln muss, um guten Unterricht zu realisieren und weiterentwickeln zu können. Gelingt es Schulen ihre Organisationsförmigkeit zu erkennen sowie die Entwicklungsaufgaben anzunehmen und wird ihnen darüber hinaus auch der notwendige Freiraum (Schulautonomie, vgl. Rürup 2007) gewährt, können Schulen zu lernenden Organisationen werden (vgl. Rolff 1993). Um Schulen bei diesem Weg indirekt zu unterstützen wird, diesen seit Anfang der 1990er Jahre sukzessiv mehr Freiraum gewährt (vgl. Beitrag 1 in diesem Band).

Schülerleistungen
Wenn wir nachfolgend von Schülerleistungen sprechen, meinen wir im Wesentlichen Kompetenzen von Schülerinnen und Schülern, die im Rahmen von Programmen empirischer Bildungsforschung, Bildungsadministration oder Projekten empirischer Schulentwicklungsforschung testbasiert erhoben werden. Sie unterscheiden sich demnach von Schülerleistungen, die Lehrkräfte in Form von Noten beurteilen insbesondere darin, dass sie lediglich die zu einem spezifischen Zeitpunkt erfasste Kompetenz messen, während Zeugnisnoten, z.T. aber auch Klausurnoten unter Berücksichtigung von Persönlichkeitsmerkmalen, Unterrichtsbeteiligung und -verhalten sowie weiteren Aspekten gegeben werden (vgl. hierzu auch die Beiträge in Weinert 2001).

Frühe Forschungsarbeiten

Innerhalb der pädagogisch-psychologischen Schulforschung lässt sich eine Diskussion über die Wirksamkeit von Schule und Unterricht in Bezug auf die Leistungsentwicklung von Schülerinnen und Schülern nachzeichnen, die bereits in der Mitte der 1960er Jahre und am Anfang der 1970er Jahre durch Studien von Coleman et al. (1966) und Jencks et al. (1972) angeregt wurde. Im Kern der Diskussion geht es darum, mit statistischen Methoden „Quellen" für das Zustandekommen unterschiedlicher Schulleistungen zu identifizieren; eine Frage mit besonderer Bedeutung für alle Akteure, die sich mit Steuerungs- und Gestaltungsfragen auf der Einzelschulebene befassen. Die wohl bekannteste Studie, die erste wichtige Hinweise für die Wirksamkeit der Einzelschule liefern konnte, war die Rutter Studie (vgl. Rutter, Maughan, Mortimore & Ouston 1979).

Neuere Entwicklungen in der Forschung

In der Forschungsliteratur finden sich z. T. unterschiedliche Aussagen zum Effekt von Einzelschulen auf das Lernen von Schülerinnen und Schülern. Scheerens, Glas und Thomas beziffern als Ergebnis einer Metaanalyse aus dem Jahr 2003 den durch die Einzelschule aufklärbaren Anteil der gesamten Leistungsvarianz nationaler Schülerpopulationen mit etwa 10 Prozent. Diese Schätzung bezieht sich auf Industrienationen und liegt mit bis zu 40 Prozent Varianzaufklärung für Entwicklungsländer deutlich höher. Allerdings variieren die Ergebnisse je nach Untersuchung beträchtlich, was zumindest teilweise eine Folge unterschiedlicher Untersuchungsanlagen, d. h. so genannter Designeffekte sein dürfte.

Insbesondere mit neueren Verfahren, wie beispielsweise dem „Value Added-Modell" können relativ zuverlässige Schuleffekte analysiert werden (vgl. Gray & Wilcox 1995, S. 89ff). Erst anhand von mittels solcher Modelle ermittelten Lernzuwachswerten lässt sich die eigentliche „Effektivität" von Schulen oder Lerngruppen beurteilen und unterschiedliche Effekte von Schule und Unterricht getrennt ausweisen. In Deutschland wurde im Rahmen der Längsschnittuntersuchung „Bildungsverläufe und psychosoziale Entwicklung im Jugend- und jungen Erwachsenenalter (BIJU)" des Berliner Max-Planck-Instituts für Bildungsforschung die Leistungsentwicklung der Schülerinnen und Schüler zur Abschätzung des Schuleffekts genutzt. Die Anlage dieser Studie ermöglicht die Analyse der Entwicklung der Mathematikleistung von der Jahrgangsstufe 7 bis zur Jahrgangsstufe 10. Baumert et al. (2003) beziffern die Varianzaufklärung der Einzelschule nach Analyse der BIJU-Datenbasis mit circa 16 Prozent, womit diese an Erklärungskraft für das Zustandekommen von Leistungsunterschieden sowohl die Klassenebene (5 Prozent) als auch die Schulformzugehörigkeit (10 Prozent) übertrifft. Die Autoren resümieren: „Der Schluss, den man aus den Ergebnissen ziehen muss, ist offenkundig. Sowohl Schulformen als auch Einzelschulen innerhalb derselben Schulform stellen institutionell vorgeformte differenzielle Entwicklungsmilieus dar. Schüler und Schülerinnen mit gleicher Begabung, gleicher Fachleistung und gleicher Sozialschichtzugehörigkeit erhalten je nach Schulformzugehörigkeit und je nach besuchter Einzelschule unterschiedliche Entwicklungschancen." (ebda., S. 288). Diese Befunde verdeutlichen die Bedeutung der Einzelschule für die Entwicklung von Schülerleistungen.

Merkmale guter Schulen

Betrachtet man die Überblicksarbeiten zum Thema Schuleffektivität (z.B. Creemers 1994; Sammons et al. 1995), finden sich bestimmte Merkmale immer wieder. Wir schließen den Beitrag mit einer Übersicht über diese Merkmale, die als bedeutsam für das Lernen und somit auch für die Leistung der Schüler angenommen werden müssen (vgl. nachstehend Scheerens et al. 2003):

- *Leistungsorientierung*: Eine hohe, aber trotzdem angemessene Erwartung, sowohl an Lehrkräfte als auch an Schülerinnen und Schüler gerichtet, soll die pädagogische Arbeit der Schule positiv stimulieren.
- *Professionelle Kooperation im Kollegium*: Im Kollegium herrscht Konsens bezogen auf die Ziele der pädagogischen Arbeit; gemeinsam planen und entwickeln die Lehrkräfte den Unterricht.
- *Pädagogische Führung*: Die Schulleitung spielt eine zentrale Rolle in der Qualitätsentwicklung der Schule. Dieses Führungsverständnis umfasst einerseits eine unterrichtsbezogene Führung, andererseits eine eher auf die Schulebene und die Rahmenbedingungen von Unterricht abzielende Gestaltung.
- *Qualität des Curriculums*: Der Abgleich zwischen intendiertem und implementiertem Curriculum dient der Reflexion der eigenen pädagogischen Arbeit auf Schulebene und sollte als notwendiger Bestandteil von Qualitätsentwicklung im schulischen Bereich betrachtet werden.

- *Geordnete Lernatmosphäre*: Eine Atmosphäre der Sicherheit und ein geordnetes Umfeld bilden eine Lernumwelt, in der sich Schülerinnen und Schüler ohne Angst und weitgehend ungestört auf den Unterricht und ihren persönlichen Lernerfolg konzentrieren können. Hierzu gehörte neben geordneten Arbeitsbedingungen auch ein positives Sozialklima zwischen den Schülern, zwischen Schülern und Lehrern sowie innerhalb des Kollegiums.
- *Evaluation*: Auf unterschiedlichen Ebenen kommen verschiedenartige Evaluationsmethoden zum Einsatz. Hierzu gehören das systematische Monitoring der Schülerleistung, Unterrichtsfeedback sowie die Selbst- und Fremdevaluation auf organisationaler Ebene.

Ausblick

Künftig wird es vermehrt darum gehen müssen, mit Hilfe von theoretisch stark fundierten Mehrebenenmodellen die jeweiligen Effekte, die die Einzelschule auf Unterricht und darüber vermittelt auf Schülerleistungen hat, zu identifizieren. Die Anforderungen an Forschungsdesigns, die solche Mehrebenenmodelle erlauben, sind allerdings umfänglich. Des Weiteren gilt es, die bekannten Qualitätskriterien von Einzelschulen weiter auszudifferenzieren. Einen ersten vielversprechenden Ansatz haben hierzu Creemers und Kyriakides (2008) vorgelegt.

Literatur

Baumert, J./Trautwein, U./Artelt, C. (2003): Schulumwelten – Institutionelle Bedingungen des Lehrens und Lernens. In: Deutsches PISA-Konsortium (Hrsg.): Pisa 2000 – Ein differenzierter Blick auf die Länder der Bundesrepublik Deutschland. Opladen: Leske + Budrich. – Coleman, J. S./Campbell, E. Q./Hobson, C. J./McPartland, J./Mood, A. M./Weinfeld, F. D./York, R. L. (1966): Equality of Educational Opportunity. Washington: National Center for Educational Statistics. – Creemers, B. P. M. (1994): The Effective Classroom. London: Cassell. – Creemers, B. P. M./Kyriakides, L. (2008). Using Multidimensional Approaches to Measure the Impact of Classroom-Level Factors upon Student Achievement: A Study Testing the Validity of the Dynamic Model. In: School Effectiveness and School Improvement. 19 (2), pp. 183-205. – Fend, H. (1986): „Gute Schulen – Schlechte Schulen". Die einzelne Schule als pädagogische Handlungseinheit. Die Deutsche Schule. 78 (3), S. 275-293. – Gray, J./Wilcox, B. (1995): „Good school, bad school" Evaluating Performance and Encouraging Improvement. Buckingham: Open University Press. – Jencks, C./Smith, M./Acland, H./Bane, M. J./Cohen, D./Gintis, H./Heyns, B./Michelson, S. (1972): Inequalitiy: A Reassessment of the Effect of Family and Schooling in America. New York: Basic Books. – Klieme, E./Steinert, B. (2008). Schulentwicklung im Längsschnitt. In M. Prenzel & J. Baumert (Hrsg.). Vertiefende Analysen zu PISA 2006. Zeitschrift für Erziehungswissenschaft. Sonderheft 10 (S. 221-238). Wiesbaden: VS Verlag. – Klieme, E./Baumert, J./Schwippert, K. (2000). Schulbezogene Evaluation und Schulleistungsvergleiche – Eine Studie im Anschluss an TIMSS. In: Rolff, H.-G./Bos, W./Klemm, K./Pfeiffer, H./Schulz-Zander, R. (Hrsg.), Jahrbuch der Schulentwicklung Band 11, S. 387-419. Weinheim, München: Juventa. – Rolff, H.-G. (1993). Wandel durch Selbstorganisation. Weinheim: Juventa. – Rürup, M. (2007). Innovationswege im deutschen Bildungssystem. Die Verbreitung der Idee „Schulautonomie" im Ländervergleich. Wiesbaden: VS Verlag. – Rutter, M./Maughan, B./Mortimore, P./Ouston, J. (1979): Fifteen Thousand Hours. Secondary Schools and Their Effects on Children. London: Open Books. – Sammons, P./Hillman, J./Mortimore, P. (1995): Key Characteristics of Effective Schools: A Review of School Effectiveness Research. London: OFSTED. – Scheerens, J./Glas, C./Thomas, S. M. (2003): Educational Evaluation, Assessment, and Monitoring – a Systematic Approach. Lisse: Swets & Zeitlinger. – Weinert, F. E. (Hrsg.) (2001): Leistungsmessung in Schulen. Weinheim, Basel: Beltz.

10| Kompetenzmessung und Schulentwicklung
Nils van Holt, Nils Berkemeyer und Wilfried Bos

Begriffserklärungen

In den 1980er und 1990er Jahren kamen Programme zur Schulentwicklung und auch deren Evaluation ohne das Wissen über Kompetenzen von Schülern aus. Insbesondere mit der Hinwendung zu einer evaluationsbasierten Steuerung im Schulsystem wird die Frage nach Möglichkeiten und Grenzen der Integration von Kompetenzmessung und Schulentwicklung bedeutsam. Im internationalen Diskurs wird diese Diskussion als Frage der Integration von School Effectiveness Research und School Improvement Research behandelt (vgl. Bonsen et al. 2008; Creemers & Kyriakides 2008).

Schulentwicklung:
Schulentwicklung ist ein schillernder Begriff. Nachfolgend werden, unter Bezug auf die Arbeiten von Rolff, Prozesse interner Schulentwicklung und Prozesse systemweiter Schulentwicklung unterschieden und erläutert (vgl. Beitrag 11 in diesem Band). Bereits Anfang der 1980er Jahre zeigten Forschungsarbeiten im Bereich der Schulentwicklung, dass die Einzelschule „Motor der Schulentwicklung" (Dalin & Rolff 1990) und „pädagogische Handlungseinheit" (Fend 1986) ist. Empirisch wurde dies durch den Nachweis bedeutsamer Unterschiede der Schulqualität zwischen Schulen der gleichen Schulform belegt. Um die Potenziale der Handlungseinheit Schule auszuschöpfen und zu entwickeln, konzipierte Rolff ein systemisches Modell interner Schulentwicklung (vgl. Rolff 2007), das den Zusammenhang von Organisations-, Personal- und Unterrichtsentwicklung (vgl. Beiträge 3, 12 und 18 in diesem Band) herausstellt. Dieser Ansatz interner Schulentwicklung berücksichtigt überwiegend Input- und Prozessmerkmale; Schülerleistungen als Outputvariable wurden dabei zunächst weitgehend ausgeklammert.
Dieses Defizit wird in der allgemeinen Diskussion vermehrt gesehen und erkannt, ebenso wie die Problematik, dass die Einzelschule zu stark isoliert betrachtet wird. Diesen beiden zentralen Desideraten im Bereich der Schulentwicklung folgend wird deutlich, dass erstens Schülerleistungen verstärkt als Outputvariable zu berücksichtigen sind, und zweitens Schule im Kontext eines Mehrebenensystems gesehen und beforscht werden muss. Die Berücksichtigung des Kontexts für die interne Schulentwicklung benennt Rolff als „komplexe Schulentwicklung" (ebda.).

Kompetenzmessung
Bei der Erfassung schulischer Leistungen hat sich in den letzten Jahren eine Wende weg vom allgemeinen Leistungsbegriff hin zum Begriff der Kompetenz vollzogen. „Dabei versteht man unter Kompetenzen die bei Individuen verfügbaren oder durch sie erlernbaren kognitiven Fähigkeiten und Fertigkeiten, um bestimmte Probleme zu lösen, sowie die damit verbundenen motivationalen, volitionalen und sozialen Bereitschaften und Fähigkeiten um die Problemlösungen in variablen Situationen erfolgreich und verantwortungsvoll nutzen zu können" (Weinert 2001, S.27f; vgl. hierzu auch Rychen & Salganik 2001). Die Hinwendung zum Kompetenzbegriff führt nicht nur für die Spezifikation von Messmodellen zu einer Weiterentwicklung, sondern ebenfalls zu einer differenzierteren Betrachtung des Lernverständnisses von Schülern (vgl. auch Bildungsstandards, BMBF 2007).

Die Modellierung von Kompetenzmodellen anhand psychometrischer Leistungsmessung wird aktuell unter Zuhilfenahme der Item Response Theorie (IRT), im deutschsprachigen Raum auch probabilistische Testtheorie genannt, vorgenommen. Die probabilistische Testtheorie kann als komplementäres Modell zur klassischen Testtheorie angesehen werden und wurde von Rasch in den 1960er Jahren entwickelt (vgl. Rost 2004).

Im Rasch-Modell wird nicht von einer direkt beobachtbaren Kompetenz ausgegangen, sondern es wird ein latentes Fähigkeitskonstrukt zugrunde gelegt, das durch die Testaufgaben repräsentiert wird und für welches anhand des Antwortverhaltens der Probanden Kompetenzwerte geschätzt werden. Das Rasch-Modell zeichnet sich dadurch aus, dass es die Möglichkeit bietet, Aufgabenschwierigkeiten und Personenfähigkeiten, sowohl für Aufgaben im multiple-choice-Format als auch für Fragen mit offenem Antwortformat (partial-credit-items), simultan zu schätzen und auf einer gemeinsamen Skala abzubilden. Dieses Verfahren ermöglicht nicht nur die Berichterstattung von Schülerleistungen auf inhaltlich begründeten und empirisch abgesicherten Kompetenzstufen, sondern bietet darüber hinaus die Möglichkeit, für die Aufgaben eines Tests genau die Wahrscheinlichkeit zu errechnen, mit der ein Schüler eine bestimmte Aufgabe löst (vgl. Hartig 2008).

Ursprung und aktuelle Entwicklung

Das Messen von Schülerleistungen hat insbesondere in den USA, aber auch in Deutschland eine lange Tradition. Dennoch hat sich die Hinwendung vom sehr allgemeinen Leistungsbegriff hin zum Kompetenzbegriff in Deutschland erst Ende der 1990er Jahre im Zuge großer Large-Scale-Assessments wie TIMSS, PISA und IGLU vollzogen und wurde durch die rasante Entwicklung im Bereich der Computertechnologie begünstigt, die die Möglichkeit des pragmatischen Einsatzes computerintensiver Verfahren ermöglicht. Wurde zunächst das eindimensionale Raschmodell zur Auswertung der Daten genutzt, werden derzeit komplexe multidimensionale Modelle verwendet. Diese bieten den Vorteil, verschiedene Subdimensionen von Kompetenzen simultan zu bestimmen und so Kompetenzen von Schülern differenziert abzubilden, so dass eine empirisch basierte Weiterentwicklung von Kompetenzmodellen ermöglicht wird. Eine wesentliche Konsequenz dieser Gesamtentwicklung ist die kompetenzorientierte Fundierung der Kernlehrpläne in Deutschland, welche zugleich an die Bildungsstandards gekoppelt sind und so auch Bedeutung für Schulentwicklungsprozesse gewinnen.

Kompetenzmessung in der Schulentwicklung

Kompetenzmessung in der Schulentwicklung kann mindestens fünf Funktionen erfüllen bzw. Ziele verfolgen, die in der Praxis der Schulentwicklung in einem Spannungsverhältnis stehen können. Es folgt eine kurze Skizzierung der fünf Funktionen, auf das Spannungsverhältnis kann hier nicht näher eingegangen werden (vgl. hierzu aber Berkemeyer & Bos 2009).

Monitoring
Insbesondere in Deutschland gab es lange Zeit keine objektiv vergleichende Beschreibung der Leistungsfähigkeit des Schulsystems. Durch die Möglichkeit der Kompetenzmessung ist nun ein Instrument verfügbar, das einen spezifischen Systemoutput messen kann (vgl. Beitrag in diesem Band). Die regelmäßige Beobachtung dieser Outputgröße kann allgemein als Monitoring oder auch Controlling bezeichnet werden. Reizvoll an systemweiten Monitoringverfahren, die auf Kompetenzmessung basieren, ist der objektive Vergleich des jeweils erzielten Outputs auf der Ebene von Staaten, Bundesländern oder auch Schulformen.

Steuerungswissen
Um ein weiteres Ziel von Large-Scale-Assessments, die Bereitstellung von Steuerungswissen, zu ermöglichen, ist die Einbindung von Kontextvariablen in die Kompetenzmessung erforderlich. Unter Einbezug solcher Hintergrundinformationen können unterschiedliche Systeme bei entsprechend vorsichtiger Interpretation miteinander verglichen werden und Handlungsoptionen und somit Steuerungswissen generiert werden. Solche Vergleiche werden explizit in Studien der Arbeitsgruppe Internationale Vergleichsstudie (2007) zwischen Kanada und Deutschland vorgestellt.

Unterrichtsentwicklung
Kompetenzmessung als Instrument zur Unterrichtsentwicklung (vgl. Beiträge 63 und 64 in diesem Band) wird dann als solches bezeichnet, wenn die erfassten Kompetenzen den Akteuren (Lehrer, Schüler, Eltern) rückgemeldet werden. Dieses Verfahren eröffnet die Option, Aufgaben zu analysieren und Fehleranalyse zu betreiben. Insbesondere die Fachkonferenzen in den Schulen sind angehalten, diese Informationen für sich zu nutzen, um die Weiterentwicklung von Fördermaßnahmen und des Unterrichts voranzutreiben.

Diagnostik
Kompetenzmessung mit dem Ziel der Kompetenzdiagnostik ist in Deutschland keine gängige Praxis. Bos und Voss (2008) haben gezeigt, dass Lernstandserhebungen, wie sie in Nordrhein-Westfalen durchgeführt werden, nicht für Individualdiagnostik geeignet sind, wohl aber für Klassenvergleiche innerhalb der Einzelschule. Aktuell (2008-2010) wird im Rahmen des Projekts „Schulen im Team" (Berkemeyer et al. 2008) vom Institut für Schulentwicklungsforschung (IFS) und dem niederländischen Testinstitut CITO erstmals ein Schüler-Monitoring-System für Deutschland erprobt. Es sieht vor, Individualrückmeldungen zur Kompetenzentwicklung von Schülern für unterschiedliche Subdomänen der Fächer Mathematik und Lesen zu geben.

Evaluation
Insbesondere für die Schulentwicklungsforschung wird die Kompetenzmessung aktuell einerseits zu einem Instrument der Evaluation von Schulentwicklungsprogrammen (vgl. Berkemeyer et al. 2008; Holtappels et al. 2008), wobei Kompetenzzuwächse als Maßstab für den Erfolg spezifischer Programme herangezogen werden. Andererseits werden Verfahren der Kompetenzmessung verwendet, um mit Schulen gemeinsam an der Entwicklung von Unterricht zu arbeiten (vgl. Voss et al. 2008; vgl. Beiträge 27, 34, 52, 81 und 82 in diesem Band).

Ausblick

Alle an Kompetenzmessung beteiligten Akteure befinden sich derzeit noch in einem Lernprozess, so dass noch nicht angegeben werden kann, wie und unter welchen Bedingungen Kompetenzmessung Schulentwicklung nachhaltig befördert. Es wird perspektivisch darum gehen, das Verfahren der Kompetenzmessung zu optimieren und dabei gleichzeitig die Nutzungsmöglichkeiten präziser zu beschreiben. Dabei muss vor zu hohen Erwartungen an das Instrument der Kompetenzmessung für die Schulentwicklung gewarnt werden. Verfahren der Kompetenzmessung sind kaum in der Lage, alle aufgeführten Funktionen zu erfüllen. Zudem gilt, dass im Mehrebenensystem Schule auf unterschiedlichen Ebenen auch unterschiedliche Ziele verfolgt werden, so dass die Frage aufgeworfen werden muss, ob es möglich sein wird, *ein* Design zu entwickeln, das zugleich Monitoring- und Entwicklungsfunktion haben kann, also der Kontrolle sowie der Entwicklung von Schule gleichermaßen dient.

Literatur

Arbeitsgruppe Internationale Vergleichsstudie (Hrsg.) (2007): Schulleistungen und Steuerung des Schulsystems im Bundesstaat. Kanada und Deutschland im Vergleich. Münster: Waxmann. – Berkemeyer, N./Bos, W./Manitius, V./Müthing, K. (Hrsg.) (2008): Unterrichtsentwicklung in Netzwerken. Konzeptionen, Befunde, Perspektiven. Münster: Waxmann. – Berkemeyer, N./Bos, W. (2009): Professionalisierung im Spannungsfeld von interner und externer Evaluation. In: Zlatkin-Troitschanskaia, O./Beck, K./Sembill, D./Nickolaus, R./Mulder, R. (Hrsg.): Lehrprofessionalität – Bedingungen, Genese, Wirkungen und ihre Messung. Weinheim, Basel: Beltz, S. 529-542. – Bos, W./Voss, A. (2008): Empirische Schulentwicklung auf Grundlage von Lernstandserhebung – Ein Plädoyer für einen reflektierten Umgang mit Ergebnissen aus Leistungstests. In: Die Deutsche Schule. 100 (4), S. 449-458. – Bonsen, M./Bos, W./Rolff, H.-G. (2008). Zur Integration von Schuleffektivitäts- und Schulentwicklungsforschung. In: Bos, W./Holtappels, H-G./Pfeiffer, H./Rolff, H-G./Schulz-Zander, R. (Hrsg.): Jahrbuch der Schulentwicklung Band 15. Weinheim, München: Juventa, S. 11-39. – Bundesministerium für Bildung und Forschung (BMBF) (Hrsg.) (2007): Zur Entwicklung nationaler Bildungsstandards – Eine Expertise. Berlin. – Creemers, B. P. M./Kyriakides, L. (2008): Using Multidimensional Approaches to Measure the Impact of Classroom-Level Factors upon Student Achievement: A Study Testing the Validity of the Dynamic Model. In: School Effectiveness and School Improvement. 19 (2), pp. 183-205. – Dalin, P./Rolff, H.-G. (1990): Institutionelles Schulentwicklungs-Programm. Soest: Soester Verlagskontor. – Fend, H. (1986): „Gute Schulen – schlechte Schulen". Die einzelne Schule als pädagogische Handlungseinheit. In: Die Deutsche Schule. 78 (3), S. 275-293. – Hartig, J. (2008): Psychometric Models for the Assessment of Competencies. In: Hartig, J./Klieme, E./Leutner, D. (Eds): Assessment of Competencies in Educational Contexts. Seattle: Hogrefe und Huber, pp. 69-90. – Holtappels, H. G./Klemm, K. Rolff, H.-G. (Hrsg.) (2008): Schulentwicklung durch Gestaltungsautonomie. Ergebnisse der Begleitforschung zum Modellvorhaben ‚Selbstständige Schule' in Nordrhein-Westfalen. Münster: Waxmann. – Klieme, E./Steinert, B. (2008): Schulentwicklung im Längsschnitt. Ein Forschungsprogramm und erste explorative Analysen. Vertiefende Analysen zu PISA 2006. In: Zeitschrift für Erziehungswissenschaft. Sonderheft 10, S. 221-238. – Rolff, H.-G. (2007): Studien zu einer Theorie der Schulentwicklung. Weinheim, Basel: Beltz. – Rost, J. (2004): Lehrbuch Testtheorie – Testkonstruktion. 2., vollst. überarb. und erw. Aufl. Bern: Hans Huber. – Rychen, D. S./Salganik, L. H. (Hrsg.) (2001): Defining and Selecting Key Competencies. Seattle: Hogrefe & Huber. – Voss, A./Gebauer, M./Müller, A./Masanek, N. (2008): Unterrichtsentwicklung als integrierte Schulentwicklung. In: Bos, W./Holtappels, H. G./Pfeiffer, H./Rolff, H.-G./Schulz-Zander, R. (Hrsg.): Jahrbuch der Schulentwicklung Band 15. Weinheim, München: Juventa, S. 93-122. – Weinert, F. E. (2001). Vergleichende Leistungsmessung in Schulen – eine umstrittene Selbstverständlichkeit. In Weinert, F. E. (Hrsg.): Leistungsmessungen in Schulen. Weinheim, Basel: Beltz, S.17-31.

2 Theorien und Konzepte der Schulentwicklung

11| Einführung: Theorien der Schulentwicklung
Heinz Günter Holtappels und Hans-Günter Rolff

Der Schulentwicklung, insbesondere der Schulentwicklungsforschung, wird häufig vorgeworfen, sie habe keine Theorie. Dieser Vorwurf scheint einerseits berechtigt, weil in neuerer Zeit fast alles, was Schulen und Schulbehörden treiben, Schulentwicklung genannt wird. Das zeugt entweder von einem enormen Erfolg der Schulentwicklungsidee oder bloß von einem inflationären Gebrauch des Begriffs – oder von beidem. In jedem Fall ist es Zeichen einer nicht präsenten oder nicht bewussten Theorie der Schulentwicklung. Komplexe Sachverhalte aber können nur im Rahmen einer komplexen Theorie auf den Begriff gebracht werden. Andererseits gibt es in der Zunft der Erziehungswissenschaftler spätestens seit 1980 ernsthafte Bemühungen, Begriff und Theorie der Schulentwicklung zu klären.

Theorieansätze und Begriffserklärung

Der Begriff Schulentwicklung gehört im deutschsprachigen Raum nicht zum tradierten Inventar der Erziehungswissenschaft. In den 1970er Jahren bestand zunächst ein recht enges Begriffsverständnis, weil unter Schulentwicklung überwiegend Schulentwicklungsplanung, also die Planung der äußeren Schulangelegenheiten wie Standort, Raumkapazität und Gebäude, sowie Systemreformansätze, vor allem zum Abbau von Selektivität, verstanden wurden.
Diese Auffassung von Schulentwicklung erfuhr Ende der siebziger Jahre eine erhebliche Erweiterung: 1980 hieß es im ersten „Jahrbuch der Schulentwicklung": „Schulentwicklungsforschung analysiert und beschreibt die jüngere Entwicklung des bundesdeutschen Schulwesens, um auf diese Weise
* zu empirisch abgesicherten Erklärungen über diesen Entwicklungsabschnitt zu gelangen, die auch realistischere Prognosen künftiger Entwicklungen erlauben,
* einen Beitrag zur Ausfüllung einer Theorie der Schule zu leisten, die auf Erklärung des Implikationsverhältnisses von Schule und Gesellschaft ausgerichtet ist.

Wir begreifen das Schulsystem in seiner Genese und Gestalt zugleich als gesellschaftlich-historisch strukturiert wie auch als handelnd-veränderbar" (Rolff & Tillmann 1980, S. 242f). Der Gegenstand von Schulentwicklung war damals allerdings eindeutig das Schulsystem, nicht die Einzelschule. Dabei war intendiert, Schule und Schulsystem als Ganzes zu begreifen und umfassend zu untersuchen. Drei Bezugstheorien – die Curriculumtheorie, die Sozialisationstheorie und die Institutionsanalyse – standen im Zentrum, „wobei letztere die organisatorischen und administrativen Aspekte der Schule thematisierten und erstere die Wissens- und Wertbasis sowie die Interaktionszusammenhänge" (Rolff & Tillmann 1980, S. 243ff).

Gleichgewichtsparadigma und dialektisches Paradigma
Das Schulsystem – und noch nicht die Einzelschule – war auch Fokus der „Vorarbeiten zu einer Theorie der Schulentwicklung" bei Bauer und Rolff (1978). Immerhin wurde hier eine Kombination von Gleichgewichts- und dialektischem Ansatz angestrebt, ein anspruchsvoller Begriff der Entwicklung als Evolution herausgearbeitet und auf die Bedeutung der Systemtheorie für die Konzeptualisierung von Schulentwicklung hingewiesen. Das Gleichgewichtsparadigma orientiert sich an Luhmanns frühem Verständnis der Systemtheorie. Soziale Systeme bilden nach

Luhmann (1971) durch Differenzierung verschiedene „evolutionäre Mechanismen" heraus, nämlich Variation, Selektion und Stabilisierung.

Habermas (1973) fasst evolutionstheoretischen Aussagen hingegen dialektisch: Soziale Evolution stützt sich aus seiner Sicht auf eine aus Widersprüchen herrührende Konfliktdynamik einerseits und auf individuelle Lernkompetenzen andererseits. Diese individuellen Kompetenzen können gesellschaftlich genutzt werden, um „Systemprobleme, die evolutionäre Herausforderungen darstellen", zu lösen. Evolution vollzieht sich in zwei Dimensionen zugleich, in der Dimension der „objektivierenden Erkenntnis", also als Vermehrung und Erweiterung von Wissen, und in der Dimension der „moralisch-praktischen Einsicht", also als Entwicklung sozialer Normensysteme.

Entwicklungsbegriff
Bauer und Rolff (1978) unterscheiden den Begriff von Entwicklung – als qualitativen, in Stufen verlaufenden, gerichteten und in der Abfolge festgelegten Prozess – von der Evolutionstheorie, aber auch von einfachen Phasenmodellen, die aus der Organisationsentwicklung stammen und in der Essenz aus drei Schritten bestehen: Initiation, Implementation und Inkorporation bzw. Institutionalisierung (Giaquinta 1973, S. 197f). Sie stellen aber nicht theoretisch voraussetzungsvolle Stufenmodelle gegen eher deskriptive Phasenmodelle, sondern schlagen vor, je nach Gegenstand und Forschungslage das eine oder das andere zu verwenden. Sie betonen, dass beide Modelle a) von nicht-linearen Verläufen ausgehen, b) den Prozess nicht deterministisch bzw. nicht mechanisch verstehen und c) keine Teleologie zugrunde legen, also kein vorgegebenes Ziel, auf das die Entwicklung ausgerichtet ist, postulieren, sondern Zielbestimmungen selbst als Aufgabe handelnder Menschen begreifen.

Implementation
Bauer und Rolff (1978) identifizieren als wichtigste Phase des Innovationsprozesses die Implementationsphase und verstehen sie als Stadium des Konflikts, insbesondere über Macht. Es ist die Phase, in der das neue Programm das stärkste Ungleichgewicht in der Organisation hervorruft, weil das Programm in dieser Phase Wirklichkeit wird und die Organisationsmitglieder tatsächlich mit ihm leben müssen.

Das wohl am weitesten entwickelte Analyseinstrumentarium für Implementationsprozesse im Bildungssystem ist bereits 1977 von Fullan und Pomfret erarbeitet worden. Nach Fullan und Pomfret (1977) ist Implementation mehr als die Ausdehnung des Planungs- und Annahmeprozesses in der Zeit. Implementation ist ein bis zu einem gewissen Grad *autonom* verlaufender Prozess, dessen Ergebnis zu einem gegebenen Zeitpunkt von der buchstabengetreuen Erfüllung neuer Regeln, Gesetze, Programme usw. bis zur völligen Verkehrung der ursprünglich angestrebten Ziele in ihr Gegenteil reichen kann. Die Erforschung von Problemen der Implementation im Bildungssystem wird in zwei deutlich voneinander unterscheidbaren Richtungen betrieben:

a) Es wird gefragt, in welchem Grad die beobachtbare Anwendung einer Neuerung der beabsichtigten oder geplanten Anwendung entspricht. Leitbegriff für diesen Untersuchungsansatz ist der Begriff der *Implementationstreue*.
b) Es wird gefragt, wie sich Neuerungen im Implementationsprozess selbst verändern oder entwickeln. Der Prozess wird als *wechselseitige Anpassung* (mutual adaption) zwischen Neuerungen und ihrem Anwendungsbereich verstanden. Fullan und Pomfret bezeichnen diese Forschungsrichtung als Prozessperspektive.

Schulentwicklung als Entwicklung von Einzelschulen

Erst etliche Jahre später bildete sich das heute dominierende Verständnis von Schulentwicklung heraus, das mit dem weltweiten Paradigmenwechsel von der Perspektive zentralistischer Schulplanung zur Entdeckung der „Einzelschule als pädagogische Handlungseinheit" (Fend 1986) eine vehemente Schubkraft entfachte. Die Einzelschule geriet nicht aus pädagogischen Gründen ins Zentrum, sondern aufgrund einer weltweiten „Krise der Außensteuerung": Überall wurde nach neuen Steuerungsmodellen für Schulen und Schulsysteme gesucht; denn Schulen sind nahezu unregierbar geworden. Zentrale Behörden können die je individuellen Schulen in ihrer Entwicklung nicht direkt lenken, schon weil es ihnen angesichts der Vielfalt und Differenziertheit der Schullandschaft an Steuerungswissen fehlt und innere Entwicklung, also pädagogisches Handeln, ohnehin nicht „regierbar" ist. Die Systemtheorie hat zudem auf den Punkt gebracht, was die meisten Schulpraktiker ahnten oder wussten: Wenn von außen interveniert wird, also z.B. von zentralen Behörden, dann entscheiden die Einzelsysteme, also die Schulen, zum Großteil selbst, ob und wie sie diese Intervention verarbeiten. Schulentwicklung erhielt also mit dem Blick auf die Einzelschule einen neuen Fokus. Diesen Perspektivenwechsel vollzogen Bildungspolitiker wie Bildungsforscher, Lehrerfortbildner wie Erziehungswissenschaftler. Spätestens seit 1990 wird die Einzelschule als „Motor der Schulentwicklung" (Dalin & Rolff 1990) gesehen, für dessen Wirkungsweise in erster Linie die Lehrpersonen und die Leitung selbst verantwortlich sind, während andere Instanzen eher unterstützende und ressourcensichernde Funktionen ausüben.

Bezeichnend für diesen Paradigmenwechsel war die Einführung von Steuergruppen als Kernelement eines grundlegend neuen Leitungs- und Organisationsverständnisses von Schule (Dalin & Rolff 1990, S. 54ff). Inzwischen gibt es Bundesländer, in denen bereits mehr als jede zweite Schule über eine Steuergruppe – als eine Form von „Middle Management" – verfügt. Es handelt sich dabei um eine der größten Innovationen der jüngeren Schulgeschichte (vgl. Beiträge 31 und 36 in diesem Band). Das neue Paradigma, welches den Fokus auf die Entwicklung von Einzelschulen legt, geht davon aus, dass die Entwicklung von Einzelschulen prioritär ist gegenüber der Systemkoordination, ohne dass diese unwichtiger geworden wäre.

Schulen entwickeln sich allerdings ständig, schon deswegen, weil sich die Umweltbedingungen ändern. Derartige, sozusagen naturwüchsige oder gewachsene, d.h. nicht-gesteuerte Entwicklungen in der Schule sind zu unterscheiden von *systematischer* Schulentwicklung: Charakteristisch für systematische Schulentwicklung sind drei Aspekte:
- Fokussierung auf die *Qualität der Einzelschule*
- Verständnis der Schule aus *organisationstheoretischer Perspektive*
- Neuausrichtung der *Steuerungskompetenz*

Dabei haben sich drei Verfahren bzw. Formen systematischer Schulentwicklung herausgebildet, die auch real in Einzelschulen Anwendung finden: Organisationsentwicklung, Personalentwicklung und Unterrichtsentwicklung (vgl. Beitrag 3 in diesem Band).

Organisationsentwicklung als Ausgangspunkt

Der Paradigmenwechsel in der Schulentwicklung hin zur Entwicklung von Einzelschulen wurde im Verlauf der 1980er Jahre entscheidend durch das Konzept der Organisationsentwicklung beeinflusst (vgl. Dalin 1986). Die Entwicklung der Organisation von innen soll Veränderungen durch einen sequentiellen und gleichförmigen Prozess bewirken, der stets mehrere essentielle Phasen beinhaltet (vgl. dazu French & Bell 1990): Analyse und Diagnose, zielbezogene Planung von Veränderungen, Umsetzung der Maßnahmenplanung und Evaluation. Diese Grundprinzipien wurden leitend für die meisten Praxisansätze für die Entwicklungsarbeit in Schulen, insbesondere für die Schulprogrammarbeit (vgl. Beitrag 52 in diesem Band).

Organisationsentwicklung (OE) ist ein offenes, planmäßiges und zielorientiertes Verfahren zur Veränderung des Sozialverhaltens von Organisationsmitgliedern und zugleich der Organisationsstrukturen zum Zweck verbesserter Aufgabenerfüllung auf der Grundlage angewandter Sozialwissenschaften. Ziel eines solchen Prozesses ist die Selbstentwicklung der Mitglieder und die Selbsterneuerung der Organisation für eine verbesserte Aufgabenerfüllung. OE schafft gezielt Lernanlässe und -situationen für Personen, Gruppen und das gesamte System (vgl. Rolff 1993, S. 153).

Für die Schule liefert OE ein systematisches Verfahren zur gezielten Entwicklung förderlicher Konzepte, Gestaltungsformen und Organisationslösungen. Im Mittelpunkt der Zielsetzungen steht die Entfaltung einer förderlichen Schulkultur und eines entwicklungsorientierten schuleigenen Programms der einzelnen Schule. Die Organisation der Schule ist jedoch nicht technokratisch zu entwickeln und zu gestalten, denn die im Kern zu gestaltenden pädagogischen Prozesse beruhen auf sozialen Interaktionen und Bildungsproduktion in komplexen Lernsituationen und -verläufen, so dass das Organisationsgeschehen einer Eigendynamik folgt.

Jedoch stellt sich die Frage, was das spezifisch Pädagogische der Organisation Schule ist, welches sie von anderen Organisationen unterscheidet, von Organisationen wie Betrieben, Kirchen, Wohlfahrtseinrichtungen oder dem Militär. Schultheoretiker schwanken zwischen Charakterisierungen der Schule als bürokratischer, professioneller oder Experten-Organisation. Das Besondere an der Organisation der Schule (vgl. Rolff 1993) ist zum einen der pädagogische Bezug, das Fallverstehen und der dynamische und zugleich komplexe Lehr-Lern-Prozess mit hoher Bedeutung sowohl der Inhalte und Methoden als auch der sozialen Interaktion und des sozialen Klimas im Klassenzimmer. Gleichzeitig zeigen sich Organisationsdefizite: in der Diffusion der Ziele, der eher gefügeartigen als teamförmigen Kooperation, einem Mangel an Management und innerer Steuerung sowie an konzeptioneller und systematischer Entwicklungsarbeit.

Dabei ist es für Schulentwicklung keineswegs belanglos, welches Organisationsverständnis zugrunde gelegt wird, denn es beeinflusst sowohl die Datenauswahl bei der Bestandsaufnahme und Diagnose als auch bei der Festlegung von Ausgangspunkten wie Perspektiven der Schulentwicklung. Und das Organisationsverständnis der einzelnen Schule entscheidet wesentlich darüber, ob Managementkonzepte, die aus der Wirtschaft und der Verwaltung stammen, von einer Schule direkt übernommen, adaptiert oder abgelehnt werden.

Aus der Perspektive des humanistischen Ansatzes in modernen Organisationstheorien (vgl. Argyris & Schön 1978; Senge 1996) können Schulen als „lernende Organisationen" (vgl. Beiträge 12, 16 und 18 in diesem Band) begriffen werden. Das Theoriemodell der lernenden Organisation hat wesentlich dazu beigetragen, eine theoriebasierte Konzeption zur internen Schulentwicklung und Selbststeuerung von Organisationen zu entfalten (vgl. Holtappels 2003, S. 111ff). Schulen lernen als Organisation, wenn sie in professioneller Weise im Kollegium und in der Schulgemeinschaft ihre pädagogische Arbeit im Hinblick auf Strukturen, Prozesse und Wirkungen ständig überprüfen und hohe Gestaltungs- und Problemlösefähigkeit entwickeln, um auf neue oder veränderte Gegebenheiten angemessen reagieren zu können.

Für diese Selbstentwicklungs- und Selbsterneuerungsfähigkeit müssen sie Kapazitäten für organisationales Lernen aufbauen, sowohl in den Organisationsstrukturen (z.B. Zeitorganisation, Personaleinsatz, Angebotsformen) als auch in der Organisations- und Lernkultur (Lernformen, Förderung, Lehrerkooperation, Entscheidungsprozesse etc.), um aus Erfolgen und Fehlern zu lernen und notwendige Korrekturen vorzunehmen sowie Konzepte und Gestaltungsformen zu entwickeln. Diese Kapazität von Organisationslernen umfasst in besonderem Maße aber auch

Ziel- und Wertorientierungen, die Entwicklung von Wissen und Kompetenzen, Kooperation und Teamlernen, Führung und Management, Partizipation, Beziehungen zur schulischen Umwelt, Qualitätssicherung und Zielüberprüfung (vgl. auch Senge 1996; Marks & Louis 1999; Leithwood 2000).

Die Entwicklung von Kapazität organisationalen Lernens gewinnt im Zuge der neuen Balance zwischen Systemsteuerung und Entwicklung der Einzelschule an Bedeutung: Wenn die zentrale Detailsteuerung zurückgenommen wird, müssen Schulen Selbststeuerungsfähigkeit erlangen, ihre Entwicklungskonzepte selber erarbeiten und als Organisation lernfähig werden, um Entwicklungskapazität für Problemlösestrategien aufzubauen. Dazu bedarf es vor allem zielorientierter und systematischer Entwicklungsarbeit, eines Change Managements und interner Steuerung sowie der Beherrschung von Entwicklungsstrategien und -verfahren (vgl. Holtappels 2007).

Neues Steuerungsmodell für das Gesamtsystem

Auch wenn Einzelschulen zum Aufbau von Selbststeuerungspotenzialen verpflichtet werden, ist damit die Gesamtsteuerung (vgl. Beiträge 8 und 23 in diesem Band) keineswegs automatisch obsolet. Im Gegenteil: In dem Maße, wie Einzelschulen mehr Gestaltungsautonomie erhalten und nutzen, werden die Steuerungsprobleme des Gesamtsystems des Schulwesens prekärer. Auseinanderentwicklung der Schulen und Schulformen ist ebenso zu befürchten wie eine Beliebigkeit der Inhalte jenseits des schmaler werdenden Korridors eines für alle verbindlichen Kerncurriculums. In dem Maße, wie Schulen ihr Personal ganz oder teilweise selbst rekrutieren können, wächst die Möglichkeit ungleicher Kollegiumsentwicklung, die attraktive Schulen einerseits und weniger attraktive Schulen andererseits weit über das heute vorhandene Ausmaß hinausgehend entstehen lassen könnte. Die Gefahr der Auseinanderentwicklung wird durch Budgetautonomie und schuleigene Mitteleinwerbungen noch vergrößert. Sie droht das Schulwesen einer Stadt oder eines Landes zu sprengen und dessen gesellschaftliche Sozialisationsfunktion in Frage zu stellen.

Um diesen Gefährdungen entgegenzuwirken, aber auch um den Führungsanspruch staatlicher Instanzen und anderer Schulträger nicht aufzugeben, wird mit neuen Steuerungsmodellen experimentiert. Das betrifft erstens die Rolle des Gesetzgebers, der aufgefordert wird, klare, aber weitmaschige Rahmenvorgaben zu beschließen, für alle Schulen verbindliche Standards zu setzen und eine Gleichverteilung der Ressourcen zu sichern. Zweitens verändern die neuen Steuerungsmodelle die Rolle der aufsichtsführenden Behörden, die nun vor allem die Vergleichbarkeit und die Qualität der schulischen Arbeit sichern, die Schule als Ganzes beraten und unterstützen sowie Schulentwicklung initiieren sollen. Die neuen Steuerungsmodelle bringen drittens neue Steuerungsmittel bzw. -instrumente ins Spiel. Dabei stehen Verfahren der Evaluation im Vordergrund, aber auch Ansätze zur regionalen Vernetzung und zur „Abgleichung" der Entwicklung von Einzelschulen. Wenn das Gesamtsystem bisher nach einem Regulierungsmodell gesteuert wurde, so ist jetzt Steuerung nach dem Kontextmodell angezeigt, die Steuerung auf Abstand und nicht Eingriffssteuerung ist, nicht Systemplanung, sondern Systemkoordination.

Zwei Linien der Steuerung
In der Theorie wie in der gerade entstehenden Praxis neuer Steuerung des Schulsystems sind zwei Linien zu erkennen, die sich deutlich unterscheiden und hier und dort miteinander konkurrieren: Das Systemmonitoring mit Datenrückmeldung und der Evaluationskreislauf.
Das eine Steuerungsmodell, das *Systemmonitoring*, nimmt die Ergebnisse von Lernstandserhebungen oder Leistungsstudien als Bezugsrahmen für Systemsteuerung und meldet den Schulen

schulbezogene Daten zurück, in der Hoffnung, dass sie ihre Selbststeuerung daran orientieren. Die Schulrückmeldungen enthalten als Orientierungsdaten auch landesweite Durchschnittswerte wie einzelschulische Erwartungswerte sowie weitere Differenzierungen. Das Steuerungsproblem besteht darin, die einzelschulische Verarbeitung der rückgemeldeten Daten an Landesvorgaben („Standards") zu binden. Ein wichtiges Forschungsdesiderat besteht darin, die Modi der innerschulischen Verarbeitung rückgemeldeter Daten überhaupt erst einmal systematisch zu beschreiben und dann ebenfalls Wirkungsanalysen in Bezug auf Qualitätsentwicklung durchzuführen.

Das andere Steuerungsmodell, der *Evaluationskreislauf*, wie er früh von Liket (1993) und Rolff (1993) beschrieben wurde, besteht aus einem Ineinandergreifen von interner und externer Evaluation, die sich beide (wie in Schottland, den Niederlanden oder inzwischen auch in Deutschland) an ein und demselben landesweit geltenden Qualitätsrahmen und Indikatorensatz orientieren. Das zentrale Steuerungsproblem liegt in der Verzahnung beider Teilkreisläufe, die der Selbststeuerung der Schulen und der Systemsteuerung dienen. Gelingt diese Verzahnung, entsteht ein wirksames Qualifikationsmanagement. Das zweite Steuerungsmodell ist im Zusammenhang mit Schulentwicklung entstanden. Es lässt sich daraus ein umfassendes Modell des pädagogischen Qualitäts-Management für Schulen entwickeln (vgl. Rolff 2007).

Perspektiven

Schulentwicklung bedeutet systematische Entwicklung von Einzelschulen und weist gleichzeitig darüber hinaus. Man könnte sagen, die Thematisierung von Schulentwicklung hat in den letzten 20 Jahren eine Pendelbewegung vollzogen: Von der Gesamtsystemebene zur Einzelschule – und zurück. Das Zurückpendeln zur Gesamtsystemebene drückt sich u.a. in neuen Schulgesetzen und in der Einführung von Bildungsstandards, zentralen Tests und Lernstandserhebungen und der Einführung externer Evaluation bzw. von Schulinspektion aus. Hier stellen sich theoretische und empirische Fragen, vor allem zur Balance zwischen Entwicklung von Einzelschulen und Systemsteuerung.

Schulentwicklungsforschung (vgl. Beitrag 2 in diesem Band) untersucht die Schulentwicklung und unterstützt diese auch. Über Grundlagenforschung, spezifische empirische Studien sowie Bildungsberichterstattung werden kontinuierlich aktuelle Entwicklungen im Schul- und Bildungsbereich dokumentiert. Schulentwicklungsforschung ist auch mit Forschungs- und Entwicklungsprojekten im Rahmen kommunaler Schulentwicklungsplanung betraut. Sie leistet zudem wissenschaftliche Beratung und „Innovationshilfe" bei der Konzipierung und Realisierung von Schulentwicklungsprogrammen in einzelnen Schulen (schulinterne Lehrerfortbildung, Organisationsentwicklung) oder für innovative Rahmenkonzepte (Konzeptentwicklung, wissenschaftliche Begleitung, Evaluation).

Insgesamt hat Schulentwicklungsforschung einen breiten Fokus: Schulentwicklung im engeren Sinne bezieht sich auf die Einzelschule und im weiteren Sinne auf das Gesamtsystem des Schulwesens, welches wiederum mit der gesellschaftlichen Umwelt korrespondiert. Vor allem zwei Richtungen scheinen dabei vielversprechend zu sein: Eine organisationssoziologische Richtung, die das Problem der Beziehungen zwischen den verschiedenen für den Wandel sozialer Organisationen relevanten Ebenen und die damit verbundenen methodischen Schwierigkeiten angeht; und eine entwicklungstheoretisch fundierte Richtung, die das Problem der Phasen, Zyklen und Stufen von Wandel und deren pädagogischen Bezug behandelt. Ein umfassendes, theoretisch und empirisch fundiertes Prozess-Entwicklungs-Modell liegt bislang nicht vor. Sowohl in Forschungsdesigns als auch in der Theorie muss sich daher Schulentwicklungsforschung selbst weiter entwickeln.

Literatur

Argyris, C./Schön, D. A. (1978): Organizational Learning. A Theory of Action Perspective. Reading/Mass.: Addison-Wesley. – Bauer, K.-O./Rolff, H.-G. (1978): Vorarbeiten zu einer Theorie der Schulentwicklung. In: Bauer, K.-O./Rolff, H.-G. (Hrsg.): Innovation und Schulentwicklung. Weinheim, Basel: Beltz, S. 219-263. – Berkemeyer, N./Bonsen, M./Harazd, B. (Hrsg.) (2009): Perspektiven der Schulentwicklungsforschung. Weinheim, Basel: Beltz. – Dalin, P. (1986): Organisationsentwicklung als Beitrag zur Schulentwicklung. Paderborn, München, Wien, Zürich: Schöningh. – Dalin, P./Rolff, H.-G. (unter Mitarbeit von Buchen, H.) (1990): Institutionelles Schulentwicklungsprogramm. Eine neue Perspektive für Schulleiter, Kollegium und Schulaufsicht. Soest: Soester Verlag Kontor. – Fend, H. (1986): „Gute Schulen – schlechte Schulen". Die einzelne Schule als pädagogische Handlungseinheit. In: Die Deutsche Schule. 78 (3), S. 275-293. – French, W. L./Bell, C. H. (1990): Organisationsentwicklung. 3. Aufl. Bern, Stuttgart: Haupt. – Fullan, M./Pomfret, A. (1977): Research on Curriculum and Instruction Implementation. In: Review of Educational Research. 47 (2), pp. 335-397. – Giaquinta, J. B. (1973): The Process of Organizational Change in Schools. In: Kerlinger, F. N. (Eds.): Review of Research in Education. 1, Itasca III, pp.178-208. – Habermas, J. (1973): Legitimationsprobleme im Spätkapitalismus. Frankfurt: Suhrkamp. – Holtappels, H. G.(2003): Schulqualität durch Schulentwicklung und Evaluation. Konzepte, Forschungsbefunde, Instrumente. München: Luchterhand. – Holtappels, H. G. (2007): Schulentwicklungsprozesse und Change Management – Innovationstheoretische Reflexionen und Forschungsbefunde über Steuergruppen. In: Berkemeyer, N./Holtappels, H. G. (Hrsg.): Schulische Steuergruppen und Change Management. Weinheim, München: Juventa, S. 11-39. – Leithwood, K. (2000): Organizational Learning and School Improvement. Greenwich/ CT. – Liket, T. (1993): Freiheit und Verantwortung. Gütersloh: Bertelsmann. – Luhmann, N. (1971): Politische Planung. Opladen: Westdeutscher Verlag. – Marks, H. M./Louis, K. S. (1999): Teacher Empowerment and the Capacity for Organizational Learning. Education Administration Quarterly. 35, pp. 707-750. – Rolff, H.-G. (1993): Wandel durch Selbstorganisation. Theoretische Grundlagen und praktische Hinweise für eine bessere Schule. Weinheim, München: Juventa. – Rolff, H.-G. (2007): Studien zu einer Theorie der Schulentwicklung. Weinheim, Basel: Beltz. – Rolff, H.-G./Tillmann, K.-J. (1980): Schulentwicklungsforschung. Theoretischer Rahmen und Forschungsperspektive. In: Rolff, H.-G./Klemm, K./Tillmann, K.-J. (Hrsg.): Jahrbuch der Schulentwicklung. Bd. 1. Weinheim: Juventa, S.237-264. – Senge, P. (1996): Die Fünfte Diszplin. Kunst und Praxis der lernenden Organisation. Stuttgart: Klett-Cotta.

12| Systemtheorie und Schule: Systemisch-konstruktivistische Schulentwicklung
Rolf Arnold

Der Versuch, Schule als soziales System zu beschreiben, ist nicht neu. Es handelt sich bei Schulen um soziale Einheiten, welche durch Strukturen und Elemente sowie spezifische Akteure und Prozesse geprägt sind, deren Zusammenwirken zu typischen Ausdrucksformen bzw. verfestigten Routinen führt, welche eine erstaunliche Zählebigkeit aufweisen. Dies ist die Macht der Tradition, d.h. die ordnende Wirkung der überlieferten Bilder, an denen alle Beteiligten, aber auch die Gesellschaft festhalten, obgleich zahlreiche dieser Bilder schon längst ihre Kraft eingebüßt haben. Diese Ernüchterung des Bisherigen wird durch den Blick auf die Wirkungen durch Schulvergleichsuntersuchungen oder Evaluierungen grundlegend – Schule gerät in Bewegung und muss sich als System neu formieren. Konzepte wie „autonome", „teilautonome" oder „eigenverantwortliche Schule" sind Ausdruck dieser Bewegung, die noch zu keinem neuen System Schule geführt hat.

Die Kraft der inneren Bilder

Die Systemik bzw. die systemisch-konstruktivistische Betrachtung von Schule nimmt Bezug auf das Denken, Fühlen und Handeln der Akteure, die mit ihren Bildern, Deutungen und Routinen Schule täglich konstruieren und Schulentwicklung unterstützen oder behindern. Diese stecken in den Begriffen, mit deren Hilfe wir versuchen, auch die Bilder und Entwürfe von der Zukunft zu zeichnen, und in diesen Entwürfen steckt eine ganze Reihe von Mythen und Vorannahmen, die wir dabei mit in die Zukunft hinein nehmen. Zukunft „darf daher in vielem so bleiben, wie auch die Vergangenheit gewesen ist. Demgegenüber kann einer kritischen Betrachtung nicht verborgen bleiben, dass jedes Phänomen, (…) das gewöhnlich als ‚in der Ordnung der Dinge' begründet und somit als *natürlich, universell, zeitlos, vorgegeben, selbstverständlich* oder gar als *notwendig* betrachtet wird, sich einer näheren Betrachtung als regional begrenzt und geschichtlich veränderlich (enthüllt)" (Collin 2008, S. 9) – so die Lesart eines mehr oder weniger radikalen Konstruktivismus.

Die innere Seite der Schulentwicklung

Schulentwicklung ist deshalb auch nur insoweit offen, als es uns gelingt, unsere Entwürfe von den Einengungen der Vergangenheit und den Gewissheitsunterstellungen unseres eigenen Denkens zu befreien. Dies ist schwierig, geht es dabei doch um das Wahrnehmen und Überwinden so mancher lieb gewonnener *„Mythen der Pädagogik"*. Die drei hartnäckigsten Überlieferungen sind in diesem Zusammenhang:
- *Die Vorstellung, dass die beste aller Vorkehrungen, die sich für das Lernen von Subjekten treffen ließe, darin besteht, dass professionelle Lehrende zur Verfügung stehen.* Nun kann man nicht leugnen, dass hilfreiche Begleitungen, Erklärungen und Rückmeldungen den Lernprozess eines Menschen zu fördern vermögen, doch handelt es sich bei diesen Einwirkungsversuchen um äußerst sensible Interventionen, die wirkungsunsicher sind und zudem auch mit ungewollten Nebenwirkungen einhergehen, die letztlich die Lernfähigkeit und Selbststeuerung des Einzelnen ersticken können. Er bewegt sich dann zwar weiterhin nach seinen Maßgaben im Lernraum, doch ist dieser recht eindimensional nach Wenn-dann-Annahmen strukturiert, die das Dann eben nur zu gewährleisten vermögen, wenn die vielen Wenns des Subjektes dieses zulassen.
- *Die Annahme, das Gegenüber müsse grundsätzlich motiviert werden (homo scholasticus) und verfüge selbst letztlich über keinen wirklichen Lernantrieb, ist ein zweites Mythos.* Diese Vorstellung verlagert alle Prozessdynamik auf den Lehrenden, dem man damit eine unmögliche Aufgabe zumutet. Machen die Lernenden mit, interpretiert man dies als Erfolg der Motivierungs-Arbeit der Lehrenden, halten sich die Lernenden zurück, wird dies zumeist ihrer mangelnden Motiviertheit zugeschrieben. Der lernpsychologisch allein mögliche Zugang ist jedoch der über die Entdeckung der Lernmotive: Man kann Menschen nicht motivieren, man kann nur ihre Motive entdecken. Aus diesem Grunde gewinnen fragende, systemisch-konstruktivistische Verfahren der Bildungsarbeit ebenso an Bedeutung, wie überhaupt die Frage nach der Ermöglichung von Lernprozessen mehr und mehr in das Zentrum der Schul- und Lernkulturentwicklung rückt.
- *Der Glaube, die Qualität von Lehr-Lern-Prozessen ließe sich gewissermaßen durch externe Standards und damit verbundenen Kontrollen überprüfen und sichern.* Diese verbreitete Sicht der Dinge übersieht, dass an der Qualität von Lehr-Lern-Prozessen nicht allein der dienstleistende Pädagoge, sondern auch der Konsument koevolutiv beteiligt ist. Dabei kommt der Vor-

struktur sowie der (möglichen) Eigenbewegung des lernenden Subjektes eine grundlegende Bedeutung zu. Letztlich stellt der äußere Rahmen nur ein Ermöglichungsfeld für die subjektive Aneignung dar, welche der Lernende nach eigenen Maßgaben und (lern-)methodischen Kompetenzen realisiert. Wie soll ein solches kooperatives Geschehen eindimensional beurteilt werden?

Schule muss mit solchen Mythen brechen und sich in ihren Strukturen und Prozessen neu schaffen. Dies ist ein schwieriges Unterfangen, liegen doch die Blockaden, die Neues behindern, in den Deutungs- und Interpretationsmustern derer, die für Veränderungen zuständig sind. Schulentwicklung ist deshalb ohne die Persönlichkeitsentwicklung der Lehrerinnen und Lehrer sowie der Schulleitungen nicht denkbar. Diese müssen bei ihrem Versuch, sich selbst professionell neu zu erfinden, ermutigt und begleitet werden.

Die Stufen der Schulentwicklung

„Schulentwicklung" hat sich im europäischen Rahmen seit dem Ende der 1960er Jahre als ein eigenständiges Feld der wissenschaftlichen Forschung und der professionellen Gestaltung herausgebildet. Seine Wurzeln liegen in der Implementationsforschung und in der Einzelschulorientierung (Rolff 2007, S. 11). Erstere lieferte die Einsichten in die Nicht-Linearität von Reformvorhaben einerseits und die Unmöglichkeit einer kontrollierenden und interventionistischen Schulaufsicht andererseits. Zwar benötigt Bildung eine öffentliche Verantwortung, weshalb der Staat Standards definieren und Ressourcen bereitstellen soll, doch was vor Ort möglich ist, ist nicht von zentralen Vorgaben und der Rigidität der Kontrolle, sondern von der Selbstorganisation und einer sozialen Systemik abhängig. Diese können von den Führungskräften zwar aktiviert und gebündelt, aber kaum außer Kraft gesetzt werden. Aus diesem Grund gerieten verstärkt die Strategien eines partizipativen Managements in den Blick. Schulische Führungskräfte mussten lernen, dass

- es von ihrem Geschick und Know-How abhängt, ob Innovationen in ihrer Schule „greifen" können oder im Widerstand des Systems erstickt werden,
- man durch Zielvereinbarungen und Feedback-Formen Kollegien motivieren und Entwicklungen in Gang setzen kann,
- Schule klare Vorstellungen von der Qualität ihrer Angebote braucht, um diese überprüfen und optimieren zu können,
- solche Optimierungsvorhaben ein Projektmanagement benötigen, das von klaren Zuständigkeitsverteilungen, Terminvereinbarungen sowie Evaluationsmechanismen „lebt",
- Leitung im Sinne einer „Prozessbegleitung" eine höherstufige Steuerung umfasst, die sich nicht mehr um Details, sondern um Zielerreichungen und die Transformation des Ganzen kümmert, und
- Schulleitung nicht nur Administration bedeutet, sondern auch die Personalentwicklung als Führungsaufgabe umfasst.

In diesem Sinne ist Schulentwicklung heute in vielfacher Hinsicht ein *Change Management im Kontext einer öffentlichen Einrichtung*, die keine Produkte herstellt, sondern Lern-, Bildungs- sowie Erziehungsprozesse professionell gestaltet. Sie ist für eine Dienstleistung in öffentlicher Verantwortung zuständig, wobei es sich um eine Dienstleistung der besonderen Art handelt. Unterricht und Erziehung können nämlich keine Erfolge garantieren, sie können nur das Erforderliche gewährleisten: Lernen muss das Subjekt selbst. Aus diesem Grunde bemisst sich die

Qualität der Schulentwicklung auch nicht in erster Linie nach den tatsächlichen Erfolgen der Schülerinnen und Schüler, sondern zunächst einmal nach den ihnen gebotenen Möglichkeiten und den Zugängen inhaltlicher und didaktischer Art.

Schulentwicklung ist ein strategischer Prozess des Umgangs mit Wissen. Wer Prozesse der Schulentwicklung gestalten oder begleiten will, muss um die Beharrungskräfte, die sich aus der „Macht der inneren Bilder" (Hüther 2006) ergeben, wissen, und er muss über Strategien verfügen, andere Lesarten so ins Spiel zu bringen, dass sie für die Akteure nicht bedrohend, sondern anschlussfähig daherkommen. Der Schlüssel zum Gelingen dieses schwierigen Balanceaktes ist die Fähigkeit der Verantwortlichen, Wertschätzung auszudrücken und Prozesse der Teamentwicklung im Sinne einer synergetischen Bewegung zu initiieren. Dies erfordert eine Besonnenheit und professionelle Kraft, deren Basis tief in der Persönlichkeit derjenigen verankert liegt, die Agenten oder Agentinnen dieses Wandels der Gegebenheiten sein sollen. Sie müssen zum inneren Machtverzicht (vgl. Arnold 2008) in der Lage sein, um im Außen selbsttragende Prozesse wahrhaft in Gang kommen zu lassen.

Schulentwicklung ist zugleich Teamentwicklung. Diese rückt die Kollegialität in den Fokus einer modernen Personalentwicklung und Personalförderung. Die Organisation Schule gerät dabei als ein sozialer Raum der Interaktion und Kommunikation in den Blick, der durch Konzepte und Strategien gezielt kooperativer und effektiver gestaltet werden kann. Im Vordergrund steht das Bemühen der Verantwortlichen, aus Individuen (Stichwort: Einzelkämpfer) und den mehr oder weniger regelmäßig tagenden Lehrergruppen (z.B. Fachkonferenzen, Steuerungsgruppen) Teams werden zu lassen. In diesem Sinne lebt die systemische Schulentwicklung von einer Teamentwicklung, durch welche Einzelkämpfer und Gruppen sich zu professionellen Lerngemeinschaften (PLG) entwickeln können. Lehrkräfte benötigen für die PLG-Arbeit methodische sowie soziale und kommunikative Kompetenzen (z.B. zum Sitzungsmanagement sowie zum Ansprechen und zur Bearbeitung von Konflikten), während die Schulleitungen sich in erster Linie als Ermöglicher und nicht als Kontrolleure im Prozess der Schulentwicklung zu verhalten lernen müssen. Modernes Schulmanagement einerseits sowie PLG-Arbeit andererseits sind die beiden Zahnräder, die ineinandergreifen müssen, damit Schulentwicklung nachhaltig gelingt (vgl. Arnold & Griese 2004).

Aus diesen Überlegungen ergibt sich, dass systemische Schulentwicklung ein mehrstufiger Prozess ist, zu dessen erfolgreicher Gestaltung Erziehungs- und Didaktikwissen einerseits, aber auch Kooperations- und Steuerungswissen andererseits miteinander verschränkt werden müssen. Diese Verschränkung setzt eine mehrfache Erweiterung des bislang auf den Unterricht eingeengten Blickes der Verantwortlichen voraus. Der Unterricht und seine Qualität müssen zwar nach wie vor im Zentrum aller Schulentwicklungsansätze stehen, doch erfordert gerade diese Fokussierung einen umfassenderen Blick auf die subjektiven und einzelschulischen Gegebenheiten, aus welchen sich der Unterrichtserfolg konstituiert.

Literatur

Arnold, R. (2008): Führen mit Gefühl. Eine Anleitung zum Selbstcoaching. Mit einem Methoden-ABC. Wiesbaden: Gabler. – Arnold, R./ Griese, C. (Hrsg.) (2004): Schulleitung und Schulentwicklung. Baltmannsweiler: Schneider Verlag Hohengehren. – Buhren, C./ Rolff, H.-G. (2002): Personalentwicklung in Schulen. Konzepte, Praxisbausteine, Methoden. Weinheim, Basel: Beltz. – Collin, F. (2008): Konstruktivismus für Einsteiger. Stuttgart: UTB. – Hüther, G. (2006): Die Macht der inneren Bilder. Wie Visionen das Gehirn, den Menschen und die Welt verändern. 3. Aufl. Göttingen: Vandenhoeck & Ruprecht. – Rolff, H.-G. (2007): Studien zu einer Theorie der Schulentwicklung. Weinheim, Basel: Beltz.

13| Kooperative Schulentwicklung
Sibylle Rahm

Unter Schulentwicklung versteht man den selbstorganisierten Prozess einer Einzelschule hin zur qualitätsorientierten Profilbildung innerhalb staatlicher Vorgaben (Rahm & Schröck 2005, S. 149; Rahm 2005). Schulentwicklung steht in der Tradition kontinuierlicher Schulreform und ist seit Beginn der 90er Jahre des 20. Jahrhunderts Standard theoretischer und praktischer Ansätze zur Verbesserung der Bildungsqualität in öffentlichen Schulen. Die Entwicklung der Einzelschule setzt auf Zusammenarbeit der Professionellen, der Lernenden und der Eltern. Um den hohen Ansprüchen an eine gute Schule gerecht zu werden, bedarf es eines Zusammenwirkens aller am Bildungsprozess Beteiligten, um eine Optimierung des Bildungsangebotes zu erreichen. *Kooperative Schulentwicklung ist somit ein Lernprozess, in dem organisationseigene Ressourcen über das Zusammenwirken aller schulischen Statusgruppen mit dem Ziel einer Qualitätsverbesserung des Bildungsangebotes mobilisiert werden.* Der Zusammenschluss von Organisationsmitgliedern und die Vernetzung mit anderen Organisationen sind Vorgänge, die Systemveränderungen mit sich bringen. Die Mitwirkung der Beteiligten an der Entwicklung von Schule und Unterricht impliziert Lernprozesse, die in der Schulentwicklungsforschung theoretisch und empirisch untersucht werden.

Differente Theorienhorizonte

Dass das kooperative Miteinander von Pädagogen in der Reformgeschichte der Schule eine Rolle gespielt hat, gehört zu den schultheoretischen Grundtatbeständen. Historisch zu verorten sind Ansätze partizipativer Schulreform, in der Schulgemeinschaften zur Gestaltung gemeinschaftlichen Lernens beitragen. Reformschulen eröffnen Räume für die autonome Entwicklung des Lernenden in der Gemeinschaft. Durch das Zusammenwirken der beteiligten Lehrer, Schüler und Eltern werden Voraussetzungen für das Gelingen von Bildungsprozessen geschaffen. Die Erziehungsgemeinschaft liefert den Rahmen für Selbstwerdungsprozesse.
Der reformpädagogische Entwurf gedeihlichen Miteinanders ist als kritische Antwort auf bürokratietheoretisch untermauerte Schulgeschichte zu verstehen. In bürokratischen Organisationen, die sich durch eine feste hierarchische Struktur, formalisierte Kommunikation, funktionale Spezialisierung sowie fixe Regeln und Abläufe auszeichnen, steht die Unterordnung unter Verwaltungsregeln an erster Stelle (Weber 2006). *Lehrer als Verwaltungsbeamte sind eingebunden in hierarchische Strukturen und gehorchen ihren Amtspflichten.* Sie unterliegen einer strengen Amtsdisziplin und Kontrolle. Unter bürokratietheoretischer Perspektive ist die Schule eine statische Einrichtung, in der das Leistungsprinzip Gültigkeit besitzt.
Neuere organisationstheoretische Ansätze eröffnen demgegenüber differente Sichten auf pädagogische Bildungsprozesse. *Im Systemansatz werden Organisationen als kreative Einrichtungen, die sich ständig neu erzeugen, betrachtet.* Sie sind komplexe, fließende Gebilde, und sie sind ständigem Wandel unterworfen (Weick 1995). Im Systemansatz wird der dynamische Charakter von Organisationen akzentuiert. Dies ist der Ausgangspunkt für die Entwicklung von Instrumentarien zur systemischen Organisationsentwicklung. Ausgangspunkt ist die Annahme der Lernfähigkeit einer Organisation. Voraussetzung für systemisches Management sind die Entwicklung komplexen Denkens und das Miteinander der Organisationsmitglieder im Prozess der Neuerschaffung der Organisation (Senge 1996).

Die Veränderung von Systemelementen und von Beziehungen der Systemmitglieder untereinander ist von Interesse. Systeme stellen fortwährend neue Konstellationen her, und sie interagieren beständig.

Perspektiven ressourcenorientierter Kooperationspraxis

Im Systemansatz gelten Schulreformen als Niederschlag der Eigenaktivitäten einzelner Einrichtungen. Anordnungspraxis wird ersetzt durch Leitorientierungen einer Kooperationspraxis. In der Programmatik der Lernenden Schule (Schratz & Steiner-Löffler 1999), in der die Potentiale der Professionellen und der Lernenden genutzt werden, entstehen Synergieeffekte durch Ressourcennutzung. Der Schulentwicklungsprozess mit den Phasen der Initiierung, der Diagnose, der Zielklärung, der Projektplanung und der Evaluation wird idealtypisch von der ganzen Schulgemeinschaft getragen. Gemeinschaftlich gestaltet werden Schulprogramm, Unterrichtsentwicklungsmaßnahmen und Evaluation von Schule und Unterricht.

Die Teamentwicklung auf Klassen- und Jahrgangsebene und auf der Ebene von Fach- und Projektteams spielt in der kooperativen Schulentwicklung eine wesentliche Rolle. Professionstheoretische Überlegungen führen zu der Erkenntnis, dass ein gemeinsamer schulischer Lernprozess die Notwendigkeit der Überwindung der Klassenzimmerperspektive impliziert. Die Lehrkraft als Einzelkämpfer entspricht nicht mehr den Standards pädagogischer Professionalität. Nicht nur in der Teamentwicklung, sondern auch in der Evaluationskultur spielen die kommunikative Kompetenz und die Beziehungsbereitschaft der Lehrerinnen und Lehrer eine wesentliche Rolle. In sozialen Lerntheorien wird Lernen als kollektives Phänomen, das die Gemeinschaft, die Identitäten ihrer Mitglieder, die Praxis und das Bedeutungslernen betrifft, betrachtet. Gemeinschaftliches Lernen ist ein Alltagsphänomen, das unsere soziale Realität bestimmt (Wenger 1998). *Die Konstruktion neuer schulischer Realitäten ist demnach ressourcenorientierte Ko-Konstruktionspraxis, die das Zusammenwirken aller Beteiligten einer Praxisgemeinschaft erfordert.* Reformvorhaben wie zum Beispiel Ganztagsschulprojekte eröffnen Kooperations- und Vernetzungsmöglichkeiten mit dem Gemeinwesen. Dies nimmt die beteiligten Konstrukteure schulischer Realitäten in die Verantwortung.

Autonome selbstverwaltete Schule – ein historisches Konstrukt

Solche Verantwortungsübernahme ist bereits in historischen Schulreformentwürfen propagiert worden. Die reformpädagogische Schulkritik richtet sich gegen Bildungseinrichtungen, die Kinder und Jugendliche dressieren im Sinne gesellschaftlicher Erwartungen. Die verwaltete Unterrichtsanstalt sei zugeschnitten auf Leistungsansprüche und biete keinen Raum für die Entfaltung kreativer Potentiale der Lernenden. Damit sei auch kein Raum für gemeinschaftliches Miteinander.

Zusammenarbeit wird möglich in *reformpädagogischen Schulinitiativen*, die auf die Mitarbeit aller Beteiligten angewiesen sind. Die Versuchsschulen der 20er Jahre des 20. Jahrhunderts sind getragen von dem gemeinschaftlichen Willen der Lehrer, der Eltern und der Schüler, eine Pädagogik vom Kinde aus zu ermöglichen. Organisation und Regelung des Schullebens sollen, so das Postulat der Versuchsschularbeit, aus den Erfordernissen des Zusammenlebens und der Zusammenarbeit erwachsen.

Entwicklungsauftrag Schule

Orientierung durch Bildungsdiskurse
In der deutschen Schulentwicklungsdebatte wird ein engagierter Diskurs um den Bildungsauftrag der Schule geführt. Übergreifende Ziele, die sich etwa in der *Schule als ‚Haus des Lernens'* niederschlagen, werden in aufklärerischer Tradition in der Befähigung zur Selbstbestimmung, Akzeptanz der Selbstbestimmungsansprüche anderer, der Mitverantwortung und der Befähigung zu gesellschaftlichem Miteinander gesehen (Bildungskommission NRW 1995, S. 31). Gerade vor dem Hintergrund der Multikulturalität der Gesellschaft wird die Befähigung zu interkulturellem Dialog in der Gemeinschaft zu einem zentralen Anliegen.

Orientierung an Merkmalen guter Schulen
International wird die Qualität von Schulen theoretisch und empirisch erfasst und in Qualitätsstandards beschrieben. Erforscht werden *Merkmale wirksamer Schulen* ebenso wie *Wirkungen kooperativer Schulentwicklungsarbeit*. Entscheidende Kriterien sind die klare Konzeption von pädagogischen Leitideen, effiziente Führung, hohe Erwartungen, eine gestaltete Schulumwelt, bestmögliche Zeitnutzung, Beobachtung von Lernfortschritten sowie förderliche Beziehungen zwischen Schule, Familie und Umwelt (Fend 2000). Empirisch fundierte Dimensionen schulischer Güte weisen auf die Notwendigkeit einer hohen Qualität von Lehr-Lernkulturen, von Erziehungsräumen und von Organisationskulturen hin. Relevant ist auch die Ausprägung der Partizipationsstrukturen in Bildungsinstitutionen.

Schulleitungen sind aufgefordert, kooperative Schulentwicklung zu fördern, indem sie eine Vision vertreten und Wandel moderieren. Eine Vernetzung mit anderen Schulen kann diesen Prozess unterstützen. Als Change Agents schaffen Schulleiterinnen und Schulleiter den Boden für die Entwicklung gemeinschaftlicher Vorhaben, die in geführten Bildungsinstitutionen der Verbesserung von Schule und Unterricht zugute kommen (Rahm & Schröck 2008).

Konturen neuerer Berufsbilder

Mit den Aufgaben der Schulentwicklung verändern sich die beruflichen Standards der Lehrkräfte. Bewältigt werden müssen vorrangig gemeinschaftliche Aufgaben. Die Zusammenarbeit mit Kollegen, Eltern und Schüler ist Voraussetzung für schulische Qualitätsentwicklung. Darüber hinaus müssen Planungskompetenzen, die Bereitschaft zum Lernen und eine innovative Orientierung eingebracht werden.

In der Kooperation müssen Spannungen zwischen dem Anspruch auf Autonomie im pädagogischen Handeln und der Notwendigkeit von Qualitätskontrolle und Absprachen mit Kolleginnen und Kollegen ausgehalten werden. Auch das Postulat der professionellen Gemeinschaft, in der jede und jeder die gleichen Rechte und Ansprüche geltend machen kann, steht im Widerstreit mit der Übernahme von Führungsverantwortlichkeiten. Pädagogisches Handeln ereignet sich in antinomischen Verhältnissen, wie etwa dem Widerspruch zwischen Nähe und Distanz oder dem zwischen Freiheit und Zwang.

Die Schulentwicklungsprogrammatik neigt zur harmonisierenden Überspielung dieser Widersprüchlichkeiten. *Kooperative Schulentwicklung bedeutet jedoch auch die permanente Bearbeitung von Spannungen und Konflikten* und ist nicht das gefällige pädagogische Arrangement, das sie programmatisch zu sein vorgibt. Fallstudien belegen die Konflikthaftigkeit von Entwicklungserfahrungen, Widerstände gegen innovative Zumutungen und die Brisanz von Führungsfragen in Schulentwicklungsprozessen (Altrichter et al. 2006).

Ressourcenentwicklung

Die theoretische und empirische Untersuchung der kooperativen Schulentwicklung bewegt sich im Rahmen der oben entfalteten Forschungsperspektiven. Besonderes Augenmerk ist zu richten auf die Wirkungen veränderter Lehrerbildung und die theoretische und empirische Erfassung von Konsequenzen, die sich aus strukturellen Verschiebungen ergeben. Auch in der internationalen Schulqualitätsdebatte wird neben der Schulwirksamkeitsforschung nach Möglichkeiten und Bedingungen gemeinschaftlicher Qualitätsentwicklung geforscht. Dazu gehört die Erörterung von Fragen kooperativer Schulleitung, ohne die gemeinschaftliche Qualitätsentwicklung, verstanden als Ressourcenentwicklung in Spannungsfeldern, nicht denkbar ist.

Literatur

Altrichter, H./Messner, E./Posch, P. (2006): Schulen evaluieren sich selbst. Seelze: Kallmeyer. – Bildungskommission NRW (1995): Zukunft der Bildung – Schule der Zukunft. Neuwied: Luchterhand. – Fend, H. (2000): Qualität und Qualitätssicherung im Bildungswesen. In: Zeitschrift für Pädagogik. 41. Beiheft, S. 55-72. – Rahm, S. (2005): Einführung in die Theorie der Schulentwicklung. Weinheim, Basel: Beltz. – Rahm, S./Schröck, N. (2005): Schulentwicklung – von verwalteten Schulen zu lernenden Organisationen. In: Apel, H. J./Sacher, W. (Hrsg.): Studienbuch Schulpädagogik. Bad Heilbrunn: Klinkhardt, S. 148-167. – Rahm, S./Schröck, N. (2008): Wer steuert die Schule? Zur Rekonstruktion dilemmatischer Ausgangslagen für Schulleitungshandeln in lernenden Schulen. Bad Heilbrunn: Klinkhardt. – Schratz, M./Steiner-Löffler, U. (1999): Die Lernende Schule. Weinheim, Basel: Beltz. – Senge, P. M. (1996): Die Fünfte Diszplin. Stuttgart: Klett-Cotta. – Weber, M. (1922/2006): Wirtschaft und Gesellschaft. Grundriss der verstehenden Soziologie. Paderborn: Voltmedia. – Weick, K. E. (1995): Der Prozeß des Organisierens. Frankfurt/M: Suhrkamp. – Wenger, E. (1998): Communities of Practice. Learning, Meaning, and Identity. Cambridge: Cambridge University Press.

14| Schulentwicklung aus subjektwissenschaftlicher Sicht
Thomas Rihm

In neueren Schulentwicklungskonzepten wird Schülern durchaus ein Assistentenstatus in der Interpretation der Vorgaben bzw. der Angebote zugebilligt (vgl. Fend 2008). Der Gedanke, den Standpunkt der Lernenden als *Ausgangspunkt* von Schulentwicklung zu nehmen, scheint jedoch immer noch quer zu den institutionellen Grundlinien zu liegen. Dennoch gibt es Hinweise, die die Einnahme einer solchen Perspektive als pädagogisch geboten und institutionell notwendig nahelegen (vgl. Zinnecker 2005). Die folgende subjekttheoretische Skizze soll wesentliche Eckpunkte für ein solches Vorhaben benennen.

Lernen: Interessen und Handlungsprobleme

Subjekt seines Handelns zu sein, bedeutet zunächst, den Gegebenheiten der Welt ausgesetzt zu sein, aber auch, sich zu den Gegebenheiten der Welt ins Verhältnis setzen zu können. Im Rahmen dieser Verhältnisbestimmung können Menschen auf der Grundlage von unspezifischen Befindlichkeiten bis hin zu konkreten Absichten *begründet* Stellung nehmen. Sie tun dies aktiv, wenn die Auseinandersetzung aus ihrer Sicht Sinn, bezogen auf ihre Lebensinteressen, macht. Ein solcher situativer Sinn kann oftmals noch nicht in Begriffe gefasst werden. Um verständlich werden zu können, bedarf er eines Spektrums verallgemeinerter gesellschaftlicher Bedeutungen. Diese *können* die Akteure zu *Prämissen* ihres Handelns machen und darüber ihre aktuelle und künftige Lebensführung bestimmen. Eine Anerkennung der Welt als sinnstiftendes Netz bietet den Individuen folglich die Möglichkeit, über die aktive Herstellung von Sinn-Bedeutungs-Korrespondenzen reflexiv Lebensperspektiven zu generieren. Die individuelle *Entwicklung* wird *als* über Initiativen angezeigte *Entwicklung von Weltbeziehungen* deutlich und die individuelle Existenz als eine gesellschaftlich vermittelte ersichtlich (Holzkamp 1997, S. 94; Wulff & Rihm 2006, S. 96ff).

Schulisches Lernen ist so gesehen ein Spezialfall aktiv hergestellter Weltbeziehungen und begründet sich in ihnen. *Lerngründe* ergeben sich hierbei beim Auftreten konkreter oder künftig als bedeutsam antizipierter Handlungsprobleme. Die diskrepante Situation alleine erzwingt jedoch nicht von sich aus das Lernen: Soll Lernen in Gang kommen, bedarf es der *aktiven Übernahme der Lernproblematik* durch die Lernenden selbst. Die Entscheidung für oder gegen eine Übernahme ist hierbei eine emotional-motivational fundierte, weil sie von den Lebensinteressen her begründet ist. Im Falle einer Übernahme gilt es *Lernschleifen* einzulegen, die zunächst durch Phasen der Dezentrierung, des Abstandgewinnens gekennzeichnet sind. Dabei entstehen „wissensuchende Fragen", die perspektivischen, Richtung gebenden Charakter haben. Sowohl als Folge wie auch als Ausgangspunkt ihrer Lernhandlungen versuchen sich die Lernenden mit Hilfe der Fragen schrittweise die „Tiefenstruktur" des jeweiligen Lerngegenstandes zu erschließen. Dieser *Suchprozess* nimmt immer wieder ungeahnte Wendungen bis das Handlungsproblem auf den Begriff gebracht ist bzw. neue Handlungsmöglichkeiten deutlich werden (Holzkamp 1995, S. 180ff und S. 222; Rihm 2006, S. 314).

Lerngruppen: Verständigung und Kooperation

Indem Lernen als „begründeter und sozial vermittelter Suchprozess" konturiert ist, kann auch der Standpunkt der Lernsubjekte als ein Standpunkt „in progress" begriffen werden, der sich über den fortschreitenden Lernprozess selbst auch weiterentwickelt. Im Rahmen dieser Dynamik entsteht alternierend Orientierungsbedarf, der auf Verständigung abzielt. Das Aufzeigen von *Gegenhorizonten* durch andere (Mitlernende wie Lehrende), um die eigene begrenzte Sichtweise im Verstehen des Fremden zu reflektieren und gegebenenfalls zu weiten, wird unabdingbar – und dies nicht nur auf die *Sachstruktur*, sondern auch auf die *Situiertheit* des Lernvorhabens bezogen. Dies schließt die Thematisierung von Gründen für mögliche Lernwiderstände mit ein. Diese *Selbstverständigung* ist dann Folge wie Grundlage einer „Schärfung des situativen Blicks", die Lernverhältnisse auf den Begriff bringen will, um die „bewusste" Formierung eines je eigenen Lernhabitus befördern zu können.

In Entsprechung zu seiner sozialen Gegründetheit trägt der Verständigungsprozess selbst kooperative Züge, wobei die Lernenden über ihre „wissensuchenden Fragen" den Anfangspunkt setzen, den Prozess gewissermaßen initiieren. Um den Frage- bzw. Initiativfluss aufrechtzuerhalten, bedarf es komplementär zu den Fragen der Lernenden einer dialogischen Offenheit der Mitlernenden und der Lehrenden. Diese nehmen vor dem Hintergrund wiederum *ihrer* Weltsichten, Schwerpunktsetzungen, Lebensinteressen etc. Stellung, geben *Resonanz* – unter Anerkennung eines „Entscheidungsvorbehalts" seitens der Initiatoren. Über das fortgesetzte Wechselspiel von Initiativen und Resonanzen kommt es zu einer Kontinuität in der Erfahrung von Anerkennung, die weiteres Erkennen möglich macht, und die darüber die Lernprozesse in Gang setzt bzw. in

Gang hält. Das kooperative Geschehen ist dabei nicht nur auf Bestätigung aus, sondern auch auf kritische Verständigung, die den eigenen Standpunkt einer Bewährung unterzieht: Es geht darum, ihn zu irritieren, zu ergänzen, zu hinterfragen, zu verwerfen etc. (Rihm 2010b).

Schulorganisation: Vielfalt und Teilhabe

Die in den Lerngruppenprozess eingehenden, sich in diesem entwickelnden bzw. aus diesem resultierenden Lerninteressen, Lernzugänge, Lernwege und Lernabschlüsse *pluralisieren* unweigerlich das Lerngeschehen. Unterschiedliche Lernperspektiven führen zu je unterschiedlichen Schwerpunktsetzungen. Diese individuellen Akzentuierungen erklären die faktische Vielfalt der Lernverhältnisse. *Vielfalt ist Regelfall* mit allen Risiken – mit allen Gefahren, wenn Lehrende der Suggestion erliegen, die vorliegende Mehrdimensionalität ließe sich etwa über didaktische Kunstgriffe auf *eine* zu erwartete Dimension reduzieren; mit allen *Chancen*, die sich den Beteiligten dann eröffnen, wenn die vielfältigen Lernverhältnisse als mannigfache Möglichkeiten des Knüpfens von Weltbeziehungen gesehen werden können. Dies gilt vor allem deshalb, weil ein breites Spektrum an Weltbegegnungsmöglichkeiten vom Subjektstandpunkt aus gesehen strukturell die *Passung* von Lernhandlung und Lerninteresse erhöht, was wiederum Voraussetzung dafür ist, dass Lernende dem Schulbesuch im Allgemeinen und dem Lerngruppenprozess im Besonderen die notwendige *Akzeptanz* zuerkennen (Rihm & Häcker 2007, S. 202ff).

Vielfalt zuzulassen, fördert aber stillgelegte Zurechnungsprobleme zutage. Lernen als Folge von Lehren zu denken, erscheint dann als eine unterkomplexe Formel, die die „systematischen Unsicherheiten" (Combe & Kolbe 2008, S. 858) eher verschleiert als transparent macht und die darüber defensiven wie expansiven Lernwiderstandsszenarien tendenziell den Boden bereitet. „Lernen" und „Lehren" sind daher so aufeinander zu beziehen, dass sie die Optionalität und die Situiertheit von Lern-Lehr-Prozessen ernst nehmen – sei es durch die Setzung von Zeit-Räumen, in denen Lernende, weitgehend *selbstgesteuert* an der Aneignung der geforderten Wissensinventare teilnehmen können (i. S. einer „Aus-Bildung"), sei es darüber hinaus durch das Angebot von Zeit-Räumen, im Rahmen derer sich Lernende zunehmend *selbstbestimmt* bildend zu den verhandelten Wissensbeständen ins Verhältnis setzen können (i. S. einer „Standpunkt- bzw. Perspektiven-Bildung"). Gerade dieses verständigungsbezogene Lern-Lehr-Format bietet sich demnach als sinnstiftendes „kritisches Korrektiv" (Boenicke 2006) im Rahmen der Vermittlung von Wissen und Lebensinteressen an. Den Standpunkt der Lernenden so organisatorisch zu sichern, bedeutet dann, Diskursivität strukturell zu verankern (vgl. Reh 2004, S. 368).

Institution: Entkoppelungen und Flexibilisierungen

Diese organisatorische Absicherung ruft jedoch, gerade im Rahmen des aktuell forcierten Zeitregimes schulischer Bildung, den institutionellen Zielkonflikt (Qualifikation versus Selektion) auf den Plan. Denn insbesondere verständigungsorientierte Teilhaberäume auszuweisen, hieße, sie als „zensurfreie", „verfügungsoffene", damit auch von den Lernenden „zu verantwortende" und „veränderbare" Zeit-Räume zu konzipieren. So konturiert läge dieses Format aber quer zu den zweckrationalen Erwartungen an Schule. Um den Konflikt aufzugreifen, liegt aus subjekttheoretischer Sicht eine *Entkoppelung* der beiden Bildungstypen derart nahe, dass sie voneinander abgehoben und mit unverwechselbaren Profilen ausgestattet werden. Entkoppeln meint dann aber nicht abkoppeln: Während sich Teil*nahme*räume entsprechend den Systemerwartungen stärker wissensbasiert formieren lassen und eher auf Aus-Bildung abzielen, heben Teil*habe*räume stärker auf die unberechenbaren sinnstiftenden Prozesse der Standpunkt- bzw. Perspektiven-Bildung ab. Teilnahme- wie Teilhaberäume könnten dann wechselseitig füreinander als Referenzrahmen fungieren, wobei Teilhaberäume tendenziell Teilnahmeräume einbeziehen, diese aber auch übersteigen können (Rihm 2010a).

Diese institutionell abgestützte Ausdifferenzierung zieht die Anerkennung von *Eigenzeiten* der Lernenden nach sich. Die Ungewissheit von Sinnstiftungsprozessen provoziert geradezu eine andere institutionelle Antwort auf den Umgang mit Lernzeit. Lässt sich Aus-Bildung noch in einem zeitlich festgelegten Rahmen formieren, liegen Prozesse der Standpunkt- bzw. Perspektiven-Bildung quer zu dieser Absicht. Dies schließt keineswegs die Akzeptanz eines externen Zeitbudgets aus. Vielmehr geht es darum, in einer Zeit der Individualisierung von Lebensverläufen anzuerkennen, dass (Lern-)Entwicklungszeiten keineswegs lineare, von außen festzulegende, verwertbare Größen sind. *Öffnungsklauseln* gilt es zu schaffen und strukturell so zu verankern, dass es den Lernenden möglich ist, „passgenauer" auch im schulischen Kontext ihre Lernzeit bestimmen zu können: etwa durch die Entkoppelung von Schulzeitphasen, durch die Verlängerung oder Verkürzung der Schulbesuchsdauer, durch eine organisatorische Praxis, die vorsieht, dass Lernende sich im Rahmen eines flexiblen Zeitbandes zu Prüfungen anmelden, durch die Möglichkeit von Auszeiten und Wiedereinstiegen etc. (Rihm 2006, S. 420ff).

Schule vom Subjektstandpunkt aus zu entwickeln, bedeutet zusammengefasst, öffentliche Schule als einen „Ort kooperativer Selbstverständigung" zu konzipieren, an dem es Lernenden möglich ist, gesellschaftlich bedeutende Wissensinventare mit den je eigenen Lebensinteressen zu vermitteln, um daraus nachhaltig individuelle und solidarische Handlungsperspektiven für die Berufswelt und Lebensführung ableiten zu können.

Literatur
Boenicke, R. (2006): Bildung als kritisches Korrektiv der Gesellschaft. In: Kempter, K./ Meusburger, P. (Hrsg.): Bildung und Wissensgesellschaft. Heidelberg: Springer, S. 225-246. – Combe, A./ Kolbe, F.-U. (2008). Lehrerprofessionalität. In: Helsper, W./ Böhme, I. (Hrsg.): Handbuch der Schulforschung, 2. Aufl. Wiesbaden: VS-Verlag, S. 857-876. – Fend, H. (2008): Schule gestalten. Systemsteuerung, Schulentwicklung und Unterrichtsqualität. Wiesbaden: VS-Verlag. – Holzkamp, K. (1997). Kolonialisierung der Kindheit. In: Holzkamp. K. (Hrsg.): Schriften I, Hamburg: Argument, S. 72-95. – Holzkamp, K. (1995): Lernen. Studienausgabe. Frankfurt: Campus. – Reh, S. (2004): Abschied von der Profession, von Professionalität oder vom Professionellen? Zeitschrift für Pädagogik. 50 (3), S. 358-372. – Rihm, Th. (Hrsg.) (2006): Schulentwicklung. 2., akt. und erw. Aufl. Wiesbaden: VS-Verlag. – Rihm, Th. (Hrsg.) (2010a): Teilhaben an Schule. 2., erw. Aufl. Wiesbaden: VS-Verlag. – Rihm, Th. (2010b): Initiative und Resonanz – Didaktische Implikationen für Lern-Lehr-Prozesse in heterogenen Lerngruppen. In: Jantzen, W. (Hrsg.): Enzyklopädisches Handbuch Behinderungen, Bildung, Partizipation. Bd. 4: Didaktik und Methodik. Stuttgart: Kohlhammer. – Rihm, Th./Häcker, Th. (2007): Nachhaltig Lernen angesichts normierender Standards und faktischer Vielfalt. Pädagogische Rundschau. 61 (2), S. 199-210. – Wulff, E./Rihm, Th. (2006): Sinnkonstitution in Bedeutungen. In: Rihm, Th. (Hrsg.): Schulentwicklung. 2., akt. und erw. Aufl. Wiesbaden: VS-Verlag, S. 95-108. – Zinnecker, J./Siegener Forschungsgruppe (2005): Lernen, Bildung, Partizipation. Die Perspektive der Kinder und Jugendlichen. Expertise zum 8. Kinder- und Jugendbericht der Landesregierung NRW. Düsseldorf: MSJK.

15| Hermeneutische Schulentwicklung
Thorsten Bohl

Begriffsklärungen: Hermeneutische Schulentwicklung

Ausgangspunkt der Hermeneutischen Schulentwicklung ist der Begriff der Hermeneutik in geisteswissenschaftlicher Tradition. Mit dem Begriff Hermeneutik (griech. – *hermeneuein:* ausdrücken, interpretieren, übersetzen) wird zumeist die Lehre in der Kunst der Textauslegung bezeichnet.

Hermeneutische Schulentwicklung lässt sich sowohl als Ansatz einer Theorie der Schulentwicklung als auch als Verfahren der Begleitforschung für Schulentwicklungsprozesse verstehen. Dahinter steht der Versuch, Hermeneutik auf soziale Kontexte bzw. die Institution Schule mit ihren Akteuren zu übertragen und ihre Arbeit, ihre Handlungen und Tätigkeiten besser zu verstehen. Der ursprünglich aus der Interpretation von Texten entstandene Ansatz wird ausgeweitet und weiterentwickelt.

Der Ansatz weist eine Nähe zu anderen Theorien der Schulentwicklung auf, beispielsweise bestehen Schnittmengen zu einer Mikropolitik der Schulentwicklung (vgl. Beitrag 17 in diesem Band) oder zu einem ethnographisch-analytischen Schulkulturbegriff (Helsper et al. 1998; vgl. Beiträge 19 und 20 in diesem Band), zu Ansätzen also, in denen insbesondere die Tiefenstruktur der alltäglichen Arbeit in Entwicklungsprozessen beleuchtet wird.

Historische Aspekte

Der Begriff Hermeneutik stammt aus der griechischen Antike. Die Weiterentwicklung zu einer philosophischen Hermeneutik ist mit dem Namen Schleiermacher eng verbunden, der zwei Formen des Verstehens unterschied: grammatisches Verstehen als sprachliche Interpretation und psychologisches Verstehen als Identifikation mit dem Anderen. Dilthey begründete die Geisteswissenschaftliche Pädagogik und entwickelte die Hermeneutik als zentralen methodologischen Kern der Geisteswissenschaften. Mittels der Kunst der Hermeneutik wird versucht, menschliche Lebensäußerungen und -umstände tiefer, sinnentnehmender und umfassender zu verstehen als es über ein positivistisches Wissenschaftsverständnis möglich wäre: „Die Natur erklären wir, das Seelenleben verstehen wird" (Dilthey 1961, S. 144). Das hermeneutische Verfahren dient dem Sinn-Verstehen: „Wir nennen den Vorgang, in welchem wir aus Zeichen, die von außen sinnlich gegeben sind, ein Inneres erkennen, Verstehen" (Dilthey 1961, S. 318). Dilthey (1961, S. 207ff) unterscheidet zudem zwischen elementarem Verstehen, das sich auf selbstverständliches menschliches Verhalten bezieht (z.B. Ampelsignale wahrnehmen), und aufwändigem sowie anspruchsvollem höherem Verstehen (z.B. Verstehen anderer Kulturen oder komplexer Handlungsmotive). In den 1970er Jahren wird die klassische Hermeneutik in eine qualitative Forschungsmethodologie überführt, bleibt jedoch in einigen methodologischen Ansätzen begrifflich erhalten, insbesondere in der objektiven Hermeneutik (z.B. Oevermann et al. 1979).

Konturierung der hermeneutischen Schulentwicklung

Der Ansatz der hermeneutischen Schulentwicklung wurde in dem Tübinger Forschungsprojekt „Regionale Schulentwicklung durch Kooperation und Vernetzung" (vgl. Schubert 2002a) realisiert. Im Rahmen dieses Ansatzes wird das Grundanliegen der Hermeneutik, Aussagen und Umstände zu verstehen, auf die spezielle Schulsituation übertragen. Daher folgt die hermeneutische Schulentwicklung einerseits der hermeneutischen Tradition und hermeneutischen Begrifflichkeiten, etwa in der Wechselwirkung von Einzelnem und Ganzem, andererseits werden Begriffe und Verfahren neu entwickelt oder konturiert, etwa der Begriff des „hermeneutischen Dialogs".

Merkmale
In der Schule wird Schulleben durch das Handeln aller Beteiligten konstituiert. Jeder Mensch handelt in dieser Gemeinschaft und agiert daher einen politischen Raum innerhalb der Schule. Schule wird als soziale Gemeinschaft verstanden. Schulen entwickeln sich unterschiedlich, weil sie unterschiedlich ausgestaltet werden. Im Verständnis der hermeneutischen Schulentwicklung ist das Ziel pädagogischer Aktivitäten nicht das Herstellen oder Vermitteln eines Produktes (z.B. Wissen, Kompetenzen), vielmehr geht es darum, dass das Handeln in den Beteiligten selbst eine Wirkung entfaltet. Dabei ist das Handeln durch den institutionellen Rahmen konstituiert. Das Handeln von Lehrkräften vollzieht sich in der schulinternen oder schulexternen Öffentlichkeit, mit Kolleginnen und Kollegen, mit Schülerinnen und Schülern oder mit Eltern. Erst durch dieses öffentliche Handeln werden Gemeinsamkeiten und Differenzen deutlich. Für Prozesse der Schulentwicklung ist die Herstellung der Gesamtöffentlichkeit im Kollegium und/oder mit allen am Schulleben Beteiligten entscheidend. Gesamtöffentlichkeit wird über den hermeneutischen Dialog hergestellt. Während mit dem Begriff „Kommunikation" eine instrumentell-technische, hierarchisch organisierte (z.B. Vorgaben umsetzende) und auf Effizienz ausgerichtete Verständigung gemeint ist, setzt der hermeneutische Dialog Anerkennung und Wertschätzung sowie Freiwilligkeit im sozial-institutionellen Handeln voraus. Dabei geht es nicht um eine gleichförmige Einheitsmeinung, sondern um die Akzeptanz der Unterschiedlichkeit *und* um partielle Gemeinsamkeiten. Im Rahmen des hermeneutischen Dialogs werden also Strukturen bereitgestellt, in denen unterschiedliche Ansätze entfaltet und auf das Ganze bezogen werden können. Der gesamte Prozess der Verständigung im Sinne des hermeneutischen Dialogs ist dann gelungen, wenn auf Unterrichts- und Schulebene eine gelungene Praxis vollzogen ist. Dialog ist Sprechen und Handeln, eine menschliche Verständigungsstruktur mit sozial-ethischer Dimension. Hermeneutische Schulentwicklung ist damit eine Verständigungsstruktur für Schulentwicklungsprozesse. Mit normativen Leitbildern versehen: Schule wird als Polis verstanden. Das Gegenbild zur Schule als Polis ist die Schule als Verwaltung, in der Vorgaben funktional-instrumentell ausgeführt werden. Polis bezeichnet eine Stadt und das Umland (z.B. Akropolis) und steht in der politischen Theorie Aristoteles modellhaft für einen Staat, in dem eine Gemeinschaft freier und gleicher Bürger unter Recht und Ordnung zusammenlebt. Wie bei der Interpretation von Texten mittels des Hermeneutischen Zirkels versucht wird, einen Text in vielfältiger Hinsicht, möglichst tiefgehend, in seinen Teilen und im Ganzen zu verstehen, wird mittels des hermeneutischen Dialogs versucht, eine Verständigungsstruktur bereitzustellen, die es ermöglicht, die einzelnen Beteiligten und ihr Handeln in der Institution Schule zu verstehen – um damit den Entwicklungsprozess einer Schule als Ganzes zu verstehen.

Hermeneutische Schulentwicklung als Begleitforschung: Merkmale des Forschungsverlaufs
Weil der Mensch sich durch Sprechen und Handeln mitteilt, dadurch seinen sozialen und institutionellen Kontext prägt, muss der Wissenschaftler selbst sich in *diesen* Kontext der Menschen begeben, die er wahrnehmen, beobachten, beschreiben möchte. Der hermeneutische Dialog ist eine Verständigungsstruktur innerhalb der Schule und gilt gleichzeitig für die Verständigung zwischen der Schule und der Wissenschaft. Es ist insofern ein aufwändiger Ansatz der Begleitforschung, weil die Anwesenheit eines Wissenschaftlers für mindestens einen Tag in der Woche im Unterrichts- und Schulalltag notwendig ist. Zu Beginn der Begleitforschung stehen die Bedürfnisse der Schule, die dann mit den Möglichkeiten des Begleitforschers zusammengeführt werden. Daraus entsteht eine Rahmenvereinbarung, die festlegt, welchen besonderen Fokus der Begleitforscher auf die Schule richtet (z.B. Untersuchung der Stärken und Schwächen des Konzepts Freiarbeit oder Untersuchung der Zufriedenheit mit dem vereinbarten Leitbild). Die Aufgabe dieses Begleitforschers liegt darin, über gängige qualitative und quantitative Verfahren der Datenerhebung, etwa über Unterrichtsbeobachtungen, Einzelinterviews oder teilnehmende Beobachtungen bei Gremiensitzungen (z.B. der Gesamtlehrerkonferenz oder Schulkonferenz) ein – im Sinne des hermeneutischen Zirkels – zunehmend klares, letztlich jedoch niemals abgeschlossenes oder vollständiges Bild von der Schule als Ganzes zu bekommen. Um dem Anspruch des Dialogs gerecht zu werden, verschriftlicht der Begleiter seine Sichtweise regelmäßig und verfasst beispielsweise Zwischenberichte, welche schulintern öffentlich zur Diskussion gestellt werden und zu einer Weiterentwicklung führen. Der Begleiter agiert zwar in kritischer Sympathie, ist aber neutral gegenüber allen Personen und Gruppen. Er hilft letztlich dabei, dass Stärken und Schwächen des Praxisfeldes durch die Beteiligten selbst erschlossen werden.

Forschungsperspektiven

Der Ansatz der Hermeneutischen Schulentwicklung lässt sich in vielfältiger Hinsicht weiterentwickeln. In forschungsmethodischer Hinsicht beinhaltet beispielsweise die Zusammenführung von Sichtweisen Einzelner zu einem Ganzen immer das Problem der begründeten Auswahl der Personen, mit denen z.B. ein Einzelinterview durchgeführt wird. Als Stärke des Ansatzes lässt sich insbesondere hervorheben, dass er aufgrund der dialogischen Vorgehensweise und der Analyse des schulischen Alltags eine stabile gemeinsame Sichtweise auf den Entwicklungsprozess legen kann. Insofern ergänzt er andere Ansätze, insbesondere Ansätze der Fremdevaluation, die vorrangig mit quantitativen Verfahren arbeiten.

Literatur
Bohl, T. (2002a): Schulentwicklungsprozesse an der Hauptschule Innenstadt Tübingen. In: Grunder, H.-U.: Schulentwicklung durch Kooperation und Vernetzung. Schule verändern. Unter Mitarbeit von Gerd Schubert. Bad Heilbrunn: Klinkhardt, S. 89-108. – Bohl, T. (2002): Schulentwicklungsprozesse an der Wilhelm-Hauff-Realschule Pfullingen. In: Grunder, H.-U.: Schulentwicklung durch Kooperation und Vernetzung. Schule verändern. Unter Mitarbeit von Gerd Schubert. Bad Heilbrunn: Klinkhardt, S. 135-150. – Dilthey, W. (1961): Gesammelte Schriften. Band V: Die geistige Welt. Göttingen: Vandenhoeck & Ruprecht. – Grunder, H.-U. (2002): Schulentwicklung durch Kooperation und Vernetzung. Schule verändern. Unter Mitarbeit von Gerd Schubert. Bad Heilbrunn: Klinkhardt. – Helsper, W./Böhme, J./Kramer, R-T./Lingkost, A. (1998): Entwürfe zu einer Theorie der Schulkultur und des Schulmythos – strukturtheoretische, mikropolitische und rekonstruktive Perspektiven. In: Keuffer, J./Krüger, H.-H./Reinhardt, S./Weise, E./Wenzel, H. (Hrsg.): Schulkultur als Gestaltungsaufgabe. Partizipation – Management – Lebensweltgestaltung. Weinheim: Beltz, S. 29-75. – Oevermann, U./Allert, T./Konau, E./Krambeck, J. (1979): Die Methodologie einer ‚objektiven' Hermeneutik und ihre allgemeine forschungslogische Bedeutung in den Sozialwissenschaften. In: Soeffner, H.-G. (Hrsg.): Interpretative Verfahren in den Sozial- und Textwissenschaften. Stuttgart: Metzler, S. 143-168. – Schubert, G. (2002a): Forschungsansatz und Organisation.

In: Grunder, H.-U.: Schulentwicklung durch Kooperation und Vernetzung. Schule verändern. Unter Mitarbeit von Gerd Schubert. Bad Heilbrunn: Klinkhardt, S. 33-60. – Schubert, G. (2002b): Kapitel III: Hermeneutik in Schulentwicklungsprozessen. Ergebnisse und Auslegung. In: Grunder, H.-U.: Schulentwicklung durch Kooperation und Vernetzung. Schule verändern. Unter Mitarbeit von Gerd Schubert. Bad Heilbrunn: Klinkhardt, S. 225-250.

16| Pädagogische Schulentwicklung
Johannes Bastian

Konzeptionelle und theoretisch empirische Rahmung

Konzeptionelle Ausdifferenzierung und Entwicklung

Die konzeptionelle Ausdifferenzierung Pädagogischer Schulentwicklung beginnt Mitte der 1990er Jahre. Hintergrund sind Erfahrungen in den 1980er Jahren mit selbst initiierten pädagogischen Entwicklungsprozessen im Rahmen der „Inneren Schulreform" sowie „Schulinterner Lehrerfortbildung" (SCHILF), einem neuen Fortbildungskonzept, das sich erstmals explizit am Fortbildungsbedarf von Einzelschulen orientierte. Bestärkt werden die Arbeiten an einer inneren Reform von Einzelschulen durch den Forschungsdiskurs zur Schulqualität und die Bestimmung der „einzelnen Schule als pädagogische Handlungseinheit" durch Fend (1986).

Kontext der Konzeptionierung in der ersten Hälfte der 90er Jahre sind zum einen die Suche von Schulen und Administration nach Unterstützungssystemen zur Entwicklung von Einzelschulen. Ein weiterer Entstehungskontext – insbesondere im Sinne einer Kontrastierung – ist das in den 1990er Jahren an der Organisationsentwicklung (OE) orientierte Angebot eines Institutionellen Schulentwicklungsprozesses (ISP) von Dalin, Rolff und Buchen (1990, 2. Aufl. 1995), das für die in der Tradition der Inneren Schulreform sozialisierten Lehrkräfte kaum anschlussfähig schien.

Den Grundstein Pädagogischer Schulentwicklung (PSE) legt der Lehrerfortbildner Heinz Klippert mit seinen Büchern zum Methodentraining (1994), zum Kommunikationstraining (1995) und zur Teamentwicklung (1998). Auf dieser Basis wird seit 1992 in mehreren Bundesländern eine auf die Entwicklung des Unterrichts konzentrierte Innovationsstrategie für Einzelschulen erprobt, in deren Zentrum das eigenverantwortliche Arbeiten und Lernen der Schüler steht. Kennzeichnend für das Innovationsmanagement der PSE ist (in Abgrenzung zur OE) die Konzentration des Innovationsfeldes auf den Kernbereich Unterricht, die Straffung der langwierigen Prozesse im Vorfeld der eigentlichen Innovationsarbeit und das Angebot gezielter Qualifizierungen für die Lehrkräfte als Hilfe zur Selbsthilfe (Klippert 1997, S. 13). Zusammenfassend dargestellt und um eine Befragung von Akteuren der PSE ergänzt wird das Konzept der Pädagogischen Schulentwicklung von Klippert (2000).

Erste konzeptionelle und theoretische Ausdifferenzierungen der Pädagogischen Schulentwicklung basierend auf Begleitforschungen zu Entwicklungsprojekten in der Tradition der Inneren Schulreform finden sich bei Bastian (1997) sowie Bastian und Combe (1998). Dort wird Pädagogische Schulentwicklung bestimmt als *Selbstbildungsprozess der Institutionsmitglieder, in dem der Zusammenhang von gutem Unterricht, einer an Mündigkeit orientierten Subjektentwicklung und den dafür angemessenen institutionellen Bedingungen bearbeitet wird. Ausgangspunkt ist das*

Interesse an einer Erneuerung des Unterrichts und den daraus folgenden institutionellen und individuellen Veränderungen (Bastian 1997, S. 8*).* Dabei wird erstmals eine konzeptionelle Differenzierung von PSE und OE vorgenommen. Diese wird vor allem an der Frage festgemacht, was als Zentrum von Schulentwicklung zu bestimmen sei: systematisch unterstützte Prozesse der Unterrichtsentwicklung, an der sich Fortbildung und Veränderungen der Institution orientieren sollten (Bastian 1997), oder der Prozess der Organisationsentwicklung als Königsweg der Schulentwicklung, was vor allem von Rolff et al. (1998) vertreten wird.

Das umfassendste Konzept einer Pädagogischen bzw. unterrichtszentrierten Schulentwicklung (zum Begriff vgl. Bastian 2007) wurde schließlich im Rahmen der Modellprojekte „Schule & Co." (1997-2002 mit 52 Schulen) und „Selbstständige Schule" (2002-2008 mit 278 Schulen) entwickelt; zwei Projekte, die in gemeinsamer Verantwortung des Ministeriums für Schule und Weiterbildung des Landes Nordrhein-Westfalen und der Bertelsmann Stiftung durchgeführt wurden (zur Evaluation von „Schule & Co." vgl. Bastian & Rolff 2001, 2002; zur projektinternen Bilanz von „Selbstständige Schule" vgl. Lohre et al. 2008).

Empirischer und theoretischer Rahmen
Parallel zur Entwicklung von Unterstützungssystemen werden seit Anfang der 1990er Jahre unterrichtszentrierte Entwicklungsprojekte wissenschaftlich begleitet und evaluiert. Schulentwicklungsforschung dieses Typs ist in der Regel als begleitende Prozessforschung, aber auch als abschließende Evaluation angelegt. Ihr Interesse ist mehrdimensional: Sie zielt auf die Verbesserung der pädagogischen Praxis durch datengestützte Rückmeldungen, auf Politikberatung durch die Evaluation von Pilotprojekten und auf die Generierung verallgemeinerbarer Gelingensbedingungen. Neuerdings wird Schulentwicklungsforschung auch mit Verfahren der Schuleffektivitätsforschung kombiniert. So können beispielsweise die im Kontext neuer didaktischer und institutioneller Arrangements erworbenen Fachleistungen mit den Fachleistungen von Schülern verglichen werden, die an solchen Programmen nicht teilgenommen haben (vgl. dazu z.B. Bastian et al. 2007). Theoriebezüge sind in Publikationen zur Pädagogischen Schulentwicklung unterschiedlich stark ausgewiesen. Der an der Praxis orientierte Diskurs ist vor allem an Strategien und Methoden unterrichtszentrierter Innovationsprozesse orientiert. Der forschungs- und praxisorientierte Diskurs zur PSE bzw. zu einer Unterrichtszentrierten Schulentwicklung weist Bezüge aus zur Unterrichtsforschung, zur Professionsforschung, zur Lernforschung, zur Schuleffektivitätsforschung sowie zur Organisationsforschung (vgl. Bastian 2007, Lohre et al. 2008).

Zentrale Erkenntnisse und Forschungsdefizite

Auf der Basis der Evaluation des Modellprojekts „Schule & Co." lassen sich die folgenden Fragen empirisch fundiert beantworten (vgl. ausführlich Bastian & Rolff 2002, Kap. 4):
1. *Was wissen wir über Entwicklungsinteressen von Lehrkräften?*
   Entwicklungsinteressen sind primär an der Verbesserung der pädagogischen Arbeit orientiert. Gleichwohl hat es sich als notwendig herausgestellt, Fortbildungseinheiten zur Entwicklung der Lernkultur durch verpflichtende Angebote zum Entwicklungsmanagement zu ergänzen.
2. *Was wissen wir über Gelingensbedingungen?*
   Die Ergebnisse der o.g. Evaluation wurden in drei Gelingensbedingungen zusammengefasst, die seitdem als zentrale Gelingensbedingungen für unterrichtszentrierte Schulentwicklungsprozesse gelten.
   • Das Projekt hat gezeigt, dass es hilfreich ist, wenn Unterricht und eigenverantwortliches

Lernen von Schülerinnen und Schülern der ultimative Bezugspunkt von Schulentwicklung sind.
- Das Projekt hat gezeigt, dass der Aufbau eines Schulentwicklungsmanagements und einer innerschulischen Kooperationsstruktur unabdingbare Voraussetzungen für eine systematische Unterrichtsentwicklung sind.
- Das Projekt hat gezeigt, dass Kompetenzen zur Unterrichtsentwicklung und zu einem qualifizierten Entwicklungsmanagement systematisch und schulbezogen ausgebildet werden müssen.

3. *Was wissen wir über die Veränderungen der Lehrerarbeit?*
Die Veränderung der pädagogischen Arbeit in unterrichtszentrierten Schulentwicklungsprozessen lässt sich als Professionalisierungsprozess beschreiben, der die folgenden Aspekte der Arbeit unterscheidbar macht: den Schülern beim Lernen helfen, den Unterricht und die Schule entwickeln sowie die Wirkungen der Arbeit evaluieren. Jeder dieser Professionalisierungsbereiche muss durch systematische Fortbildung entwickelt werden.

4. *Was wissen wir über die Entwicklung von Lernkultur und Fachkultur sowie über die Erreichbarkeit von Entwicklungsstufen?*
Pädagogische Schulentwicklung beginnt mit der Entwicklung von Lernkultur auf der horizontalen Ebene von Klassen- und Jahrgangsteams und zielt auf eine Verzahnung dieser Ebene mit der vertikalen Ebene der Fachentwicklung in Fachteams. Dieses zweidimensionale Entwicklungsmodell wurde in „Schule & Co." zum ersten Mal untersucht. Das Ergebnis nach 5 Jahren stellt sie wie folgt dar: 40% der Schulen berichten von Entwicklungsarbeit auf der Ebene von Klassen- und Jahrgangsteams, von Lernkulturentwicklung auf der horizontalen Ebene. Weitere 40% berichten von ersten Ansätzen einer zweidimensionalen Entwicklungsstruktur bis hin zu einem voll entwickelten System schulinterner Fachcurricula in Verbindung mit fachbezogener Lernkulturentwicklung. 20% haben zwar Teams gebildet, berichten aber nicht von systematischer Unterrichtsentwicklung. Die Verzahnung von Lernkulturentwicklung und Fachentwicklung ist also bei einem bedeutenden Teil von Schulen in einem überschaubaren Zeitraum erreichbar.

5. *Was wissen wir über den Zusammenhang von unterrichtszentrierter Schulentwicklung und Leistungsentwicklung?*
Bei der Evaluation von „Schule & Co." waren die Möglichkeiten einer Verknüpfung von Schulentwicklungsforschung und Schuleffektivitätsforschung noch nicht ausgereift. Ergebnisse der wissenschaftlichen Begleitung des Projekts „Selbstständige Schule" in diesem Bereich stehen noch aus.

Literatur

Bastian, J. (1997): Pädagogische Schulentwicklung. Von der Unterrichtsreform zur Entwicklung der Einzelschule. In: Pädagogik. 49 (2), S. 6-11. – Bastian, J. (Hrsg.) (1998): Pädagogische Schulentwicklung. Schulprogramm und Evaluation. Hamburg: Bergmann + Helbig. – Bastian, J./Combe, A. (1998): Pädagogische Schulentwicklung. Gemeinsam an der Entwicklung der Lernkultur arbeiten. In: Pädagogik. 50 (11), S. 6-9. – Bastian, J./Combe, A./Hellmer, J./Wazinski, E. (2007): Zwei Tage Betrieb. Drei Tage Schule. Kompetenzentwicklung in der Lernortkooperation an Allgemeinbildenden Schulen. Bad Heilbrunn: Klinkhardt. – Bastian, J./Rolff, H.–G. (2001): Vorabevaluation des Projektes „Schule & Co". Gütersloh: Bertelsmann. – Bastian, J./Rolff H.-G. (2002): Abschlussevaluation des Projekts „Schule & Co.". Gütersloh: Bertelsmann. – Dalin, P./Rolff, H.-G./Buchen, H. (1995): Institutioneller Schulentwicklungsprozess, 2. Aufl. Bönen: Verlag für Schule und Weiterbildung. – Fend, H. (1986): Gute Schulen – Schlechte Schulen. Die einzelne Schule als pädagogische Handlungseinheit. Deutsche Schule. 78 (3), S. 275-293. – Klippert, H. (1997): Schule entwickeln – Unterricht neu gestalten. In: Pädagogik. 49 (2), S. 6-11. – Klippert, H. (2007): Methodentraining, 17. Aufl. Weinheim, Basel: Beltz. – Klippert, H. (2007): Kommunikations-Training, 11. Aufl. Weinheim, Basel: Beltz. – Klippert, H. (2009): Teamentwicklung, 8.Aufl.

Weinheim, Basel: Beltz. – Klippert, H. (2008): Pädagogische Schulentwicklung, 3.Aufl. Weinheim, Basel: Beltz. – Lohre, W./Becker, M./Madelung, P./Schnoor, D./Weisker, K. (2008): Selbstständige Schulen in regionalen Bildungslandschaften. Troisdorf: Bildungsverlag EINS. – Rolff, H.-G./Buhren, C. G./Lindau-Bank, D./ Müller, S. (1998): Manual Schulentwicklung. Weinheim, Basel: Beltz.

17| Mikropolitik der Schulentwicklung
Herbert Altrichter

Begriffsklärung

Unter *Mikropolitik* wird eine spezifische Perspektive der Organisationstheorie verstanden (vgl. Hoyle 1999, S. 214). Der „großen Politik", der „Makropolitik" in den formellen und informellen Arenen der gesellschaftlichen Willensbildung und -durchsetzung, wird die „kleine Politik", das interessengeleitete und strukturschaffende Handeln in jenen Einzelorganisationen, die nicht ursprünglich politische, sondern z.B. wirtschaftliche, erzieherische, pflegerische Zielsetzungen haben, an die Seite gestellt. Die mikropolitische Perspektive fokussiert auf jene Aktivitäten, mit denen Organisationsmitglieder versuchen, Macht und andere Ressourcen in Organisationen zu erlangen, zu entwickeln und zu nutzen, um in Situationen der Ungewissheit gewünschte Ergebnisse zu erzielen (vgl. Pfeffer 1981, S. 7). Sie sieht solche Aktivitäten als entscheidend für die Konstituierung und die Arbeitsweise von Organisationen an.

Der Begriff „Mikropolitik" wurde von Iannaconne (1975) eingeführt und zunächst v.a. für Profitorganisationen ausgearbeitet (vgl. Bacharach & Lawler 1980; Neuberger 1995). 1982 verwendete Hoyle das Konzept für erziehungswissenschaftliche Fragen, doch wurden weitere theoretische und empirische Arbeiten erst Ende der 1980er Jahre veröffentlicht (vgl. Ball 1987; Blase 1991). Im deutschen Sprachraum wurde das Konzept für die Analyse von Schulentwicklungsprozessen verwendet (vgl. Altrichter & Posch 1996).

Die mikropolitische Perspektive in der Organisationstheorie

Hauptaussagen

Traditionelle Organisationstheorien konvergieren darin, dass sie Organisationen als zielorientiert und rational geplant beschreiben sowie durch stabile Strukturen, einen hohen Grad an Integration und eine gemeinsame Zielorientierung charakterisieren. Konflikte zwischen Organisationsmitgliedern werden als kostspielige und irrationale „Pathologien" angesehen. Konflikte gehören jedoch ebenso wie „Aushandlungen" zwischen verschiedenen Interessen zum organisationalen Leben.

Charakteristisch für die mikropolitische Perspektive ist der Blick
- auf die *Zieldiversität* des organisationalen Handelns (statt auf *einen* Zielkomplex, der organisationales Handeln klar orientiert),
- auf *Interaktionen und Beziehungen* zwischen Organisationsmitgliedern (statt auf Strukturen),
- auf *Grenzziehungen und Einflussbereiche*, die notorisch diffus und unklar erscheinen (statt auf klar gezogene Über- und Unterordnung),
- auf *kontinuierlichen und unsystematischen Wandel* (statt auf Veränderung durch klar begrenzte

„Entwicklungsprojekte").
Der Fokus der mikropolitischen Ansätze liegt nicht auf der Selbstdarstellung der Organisation in den Leitbildern und Organigrammen, sondern auf der „Organisation-in-der-Aktion". Organisationsmitglieder verfolgen in ihrer täglichen Arbeit auch eigene Interessen, die nicht unbedingt mit den proklamierten Organisationszielen übereinstimmen. Um ihren Handlungsspielraum in der Organisation zu schützen oder zu erweitern, streben sie nach Kontrolle über *organisationsrelevante Ressourcen* (vgl. Ball 1987, S. 16; Kelchtermans & Vandenberghe 1996, S. 7), wie z.B. Zeit, Budget, Unterrichtsmaterial, Stundenpläne, Kontrolle über Vorschriften, Positionen, Werte und pädagogische Präferenzen.

Kritik am Ansatz
Frühe mikropolitische Studien wurden wegen einiger Einseitigkeiten kritisiert (vgl. Altrichter & Posch 1996, S. 121f; Blase 2005, S. 265), unter anderem wurden folgende Kritikpunkte benannt:
- Die „dunklen Seiten" organisationalen Lebens würden überbetont und *jeglicher Konsens als eine Form der Dominierung* interpretiert (vgl. Ball 1987, S. 278).
- Die potenzielle Instabilität organisationaler Prozesse würde überbetont, *die relative Stabilität und Dauerhaftigkeit von Organisationen* jedoch unterschätzt.
- Interne Aushandlungen würden fokussiert, *externe Beziehungen der Organisation* dagegen unterschätzt.

Strukturationstheoretische Weiterentwicklung
Die genannten Probleme lassen sich mit Überlegungen von Giddens (1992) und Crozier & Friedberg (1993) in den Griff bekommen (vgl. Altrichter & Posch 1996, S. 96ff). In beiden Ansätzen werden *Handlung und Struktur als komplementäre*, als *ineinander verschränkte Begriffe* konzipiert. Das Problem der Organisation besteht darin, die zur Erreichung ihrer Ziele notwendige Zusammenarbeit relativ autonomer Akteure trotz ihrer widersprüchlichen Interessen zu ermöglichen und sicherzustellen. Hier wirken die für die spezifische Organisation typischen *Spiele* „als indirekter Integrationsmechanismus divergierender und/oder widersprüchlicher Verhaltensweisen von relativ autonomen Akteuren" (Crozier & Friedberg 1993, S. 4). Um zu handeln und eigene Interessen zu verfolgen, müssen die Organisationsmitglieder auf die vorhandenen „Strukturen" der Organisation zurückgreifen und zumindest teilweise strukturelle Handlungsressourcen benutzen, d.h. „sich an Spielregeln halten". Indem sie Struktur benutzen – diese dabei „reproduzieren" und potenziell gestalten oder transformieren –, produzieren sie neue „Struktur-Optionen", die für weitere organisationale Interaktionen zur Verfügung stehen.

Erforschung schulischer Mikropolitik

Forschungsstrategien und -methoden
Der Kern der Aufmerksamkeit einer strukturationstheoretischen Organisationsforschung liegt auf den *Organisationsspielen* sowie auf ihren *Kontexten* und *Folgen*. Giddens beansprucht, „dass die Theorie der Strukturation zwischen der Teilnehmer- und der Beobachterperspektive vermittelt und zugleich eine kritische Distanz zu beiden Perspektiven ermöglicht" (Osterloh & Grand 1997, S. 357). Dazu braucht es *zwei Analyserichtungen:*
- In einer *strategischen Analyse* soll durch einen verstehenden Zugang zu den Wissensinhalten der Akteure eine „Rekonstruktion der gesellschaftlichen Wirklichkeit aus der Perspektive der handelnden Subjekte in hermeneutisch-interpretativer Einstellung" (ebda.) geleistet werden.

- Eine *institutionelle* oder *strukturelle Analyse* will „die nicht-intendierten Nebenwirkungen aufdecken, die dem handelnden Subjekt verborgen sind. Sie wird vom Wissenschaftler oder von der Wissenschaftlerin in erklärender Absicht aus der Beobachterperspektive an den Untersuchungsgegenstand heran getragen." (ebda.)

Häufig werden institutionelle Analysen eher mit quantitativen, strategische Analysen mit qualitativen Methoden assoziiert. Obwohl es einige Versuche gegeben hat, organisationale Mikropolitik mit quantitativen Methoden zu erforschen (vgl. Blickle 1995), herrschen qualitative Studien vor, häufig Fallstudien, die verschiedene Datentypen integrieren (z.B. aus Interviews, Beobachtungen, Transkriptionen von Treffen, Analysen von Dokumenten). Durch Methodentriangulation, die Sammlung multipler Perspektiven, längerfristiges Engagement im Feld, kritische Diskurse in Forschungsteams sowie Validierung durch Betroffene und externe Forschende versuchen mikropolitische Studien ihre Glaubwürdigkeit zu erhöhen (vgl. Altrichter 2001).

Forschungsthemen
- *Schulentwicklung:* Wenn Form und Arbeitsweise einer Organisation verändert werden sollen, z.B. durch pädagogische, curriculare oder organisatorische Innovationen, durch die Rekrutierung neuer Leitungs- oder Lehrpersonen, durch die Einführung von Qualitätssicherungssystemen usw., dann bedeutet das, dass konkurrierende Zieloptionen für die Tätigkeit in der Organisation sichtbar werden und bestehende Aufgaben, Rechte, Grenzziehungen und Handlungsspielräume potentiell zur Disposition und Neufassung gestellt werden. Es liegt daher nahe, Prozesse der Schulentwicklung unter mikropolitischer Perspektive zu analysieren (vgl. Altrichter & Posch 1996; Esslinger-Hinz 2002; Biermann 2007).
- *Schulleitung:* Mikropolitische Strategien sind eine Komponente des Managementprozesses. Die Inhaber leitender Positionen müssen mikropolitische Fähigkeiten für ihre Karriere erwerben (vgl. Ball 1994, S. 3824). Konfliktpotentiale in der Leitungsrolle lauern an der Schnittstelle zwischen Schulverwaltung, Lehrinteressen und weiteren Anspruchsgruppen (vgl. Ball & Bowe 1991; Corbett 1991; Altrichter & Posch 1999; Hoyle 1999, S. 220).
- *Interaktionen im Unterricht und in der Schulgemeinschaft:* Pauly (1992) hat Bildungsprozesse als ein Resultat von Arbeitsübereinkünften zwischen den verschiedenen Beteiligten verstanden. Selbst die Interaktion im Unterricht lässt sich als „politisch ausgehandelt" und auf „informellen Arbeitsvereinbarungen" basierend deuten (vgl. Doyle & Ponder 1976).
- *Professionelle Entwicklung von Lehrkräften:* Das politisch durchtränkte Organisationsklima von Schulen ist der Kontext, in dem Lehrkräfte professionelle Identität aufbauen. Ein pervasives Gefühl der „Verletzbarkeit" angesichts dauernder Beobachtung führt viele Lehrpersonen dazu, eine „diplomatische politische Perspektive" und ein Repertoire an Schutzstrategien zu entwickeln, wie z.B. risikolose Beurteilung, Vermeidung riskanter Themen und extracurricularer Aktivitäten usw. (vgl. Blase 1991, S. 193ff). Kelchtermans und Vandenberghe (1996, S. 12) sehen den Erwerb von „micropolitical sensitivity" als wichtiges Element einer Berufseinführung und als Voraussetzung für die Zufriedenheit mit einer Lehrerkarriere an (vgl. Ball 1994, S. 3824; Blase 2005, S. 273).
- *Innovationsprozesse im Schulsystem und neue Steuerungsinstrumente:* Charakteristisch für die aktuelle Reformperiode ist, dass durch zentral initiierte „neue Steuerungsinstrumente" (wie Bildungsstandards, Lernstandserhebungen oder Schulinspektionen) schulische Entwicklungsprozesse orientiert und forciert werden sollen. Die Aktivitäten „zwischen" Reformidee und lokaler Implementation können „mikropolitisch" gedeutet werden und haben mikropolitische Innovationsstudien nach sich gezogen (vgl. Ball & Bowe 1991; Altrichter & Posch 1996; Altrichter & Posch 1999; Altrichter 2000; Altrichter et al. 2005; Seel et al. 2006). (vgl. Beitrag 23 in diesem Band)

Literatur

Altrichter, H. (2000): Konfliktzonen beim Aufbau schulischer Qualitätssicherung und Qualitätsentwicklung. In: Zeitschrift für Pädagogik. 41. Beiheft, S. 93-110. – Altrichter, H. (2001): Micropolitics of Schools. In: Smelser, N. J./Baltes, P. B. (Eds.): International Encyclopedia of Social and Behavioral Sciences. Oxford: Pergamon, pp. 13594-13598. – Altrichter, H./Posch, P. (Hrsg.) (1996): Mikropolitik der Schulentwicklung. Innsbruck: StudienVerlag. – Altrichter, H./Posch, P. (1999): Wege zur Schulqualität. Innsbruck: StudienVerlag. – Altrichter, H./Prexl-Krausz, U./Soukup-Altrichter, K. (2005): Schulprofilierung und neue Informations- und Kommunikationstechnologien. Bad Heilbrunn: Klinkhardt. – Bacharach, S. B./Lawler, E. (1980): Power and Politics in Organizations. San Francisco: Jossey Bass. – Ball, S. J. (1987): The Micro-Politics of the School. Towards a Theory of School Organization. London: Routledge. – Ball, S. J. (1994): Micropolitics of Schools. In: Husen, T./Postlethwaite, T. N. (Eds.): The International Encyclopedia of Education. 2th ed. Oxford: Pergamon, pp. 3821-3826. – Ball, S. J./Bowe, R. (1991): Micropolitics of Radical Change. In: Blase, J. (Eds.): The Politics of Life in Schools. Newbury Park: Sage, pp. 19-45. – Biermann, C. (2007): Wie kommt Neues in die Schule. Weinheim: Juventa. – Blase, J. (Eds.) (1991): The Politics of Life in Schools. Newbury Park: Sage. – Blase, J. (2005): The Micropolitics of Educational Change. In: Hargreaves, A. (Eds.): Extending Educational Change. Dordrecht: Springer, pp. 264-277. – Blickle, G. (1995): Wie beeinflussen Personen erfolgreich Vorgesetzte, KollegInnen und Untergebene? In: Diagnostica. 41, S. 245-260. – Corbett, H. D. (1991): Community Influence on School Micropolitics. In: Blase, J. (Eds.): The Politics of Life in Schools. Newbury Park: Sage, pp. 73-95. – Crozier, M./Friedberg, E. (1993): Die Zwänge kollektiven Handelns. Frankfurt/Main: Hain. – Doyle, W./Ponder, G. A. (1976): The Practicality Ethic in Teacher Decision Making. Denton, Texas: Ms. North Texas State University. – Esslinger-Hinz, I. (2002): Berufsverständnis und Schulentwicklung. Ein Passungsverhältnis. Bad Heilbrunn: Klinkhardt. – Giddens, A. (1992): Die Konstitution der Gesellschaft. Frankfurt/Main: Campus. – Hoyle, E. (1982): Micropolitics of Educational Organizations. In: Educational Management and Administration. 10, pp. 87-98. – Hoyle, E. (1999): The Two Faces of Micropolitics. In: School Leadership and Management. 19 (2), pp. 213-222. – Iannaconne, L. (1991): Micropolitics of education – what and why. In: Education and Urban Society. 23, pp. 465-471. – Kelchtermans, G./Vandenberghe, R. (1996): Becoming political. A dimension in teachers' professional development. Paper presented at the AERA-conference. New York (ERIC-document: ED 395-921). – Neuberger, O. (1995): Mikropolitik. Stuttgart: Enke. – Osterloh, M./Grand, S. (1997): Die Theorie der Strukturation als Metatheorie der Organisation? In: Ortmann, G./Sydow, J./Türk, K. (Hrsg.): Theorien der Organisation. Opladen: Westdeutscher Verlag, S. 355-359. – Pauly, E. (1992): The Classroom Crucible: What really works, what doesn't and why. New York: Basic Books. – Pfeffer, J. (1981): Power in Organizations. Boston: Pitman. – Seel, A./Altrichter, H./Mayr, J. (2006): Innovation durch ein neues Lehrerdienstrecht? In: Heinrich, M./ Greiner, U. (Hrsg.): Schauen, was 'rauskommt. Wien: Lit-Verlag, S. 95-111.

18| Schule als Lernende Organisation
Heinz Günter Holtappels

Theoretischer Ansatz

Als theoretischer Rahmen für Wandel und Entwicklung im Schulbereich lassen sich organisations- und systemtheoretische Ansätze in humanistischer, symbolischer und politischer Perspektive heranziehen (vgl. auch die Beiträge 12, 19 und 20 in diesem Band). Eine moderne und zugleich ambitionierte theoretische Hintergrundfolie bildet die Betrachtung der Schule als lernende Organisation, wenngleich die empirische Bestätigung bislang noch unzureichend scheint. Für Fragestellungen zur Innovation bietet dieses Modell jedoch analytisch äußerst fruchtbare Systematisierungen.

In der Organisationstheorie und -entwicklung hat sich der Gedanke durchgesetzt, dass nicht nur die Individuen in sozialen Systemen, sondern auch Organisationen lern- und entwicklungsfähig sein können. Organisationslernen ist als Konzept von Argyris und Schön (1978) eingeführt worden und geht davon aus, dass Organisationen die zentralen gesellschaftlichen Lernorte bilden. Das Konzept des Organisationslernens nimmt an, dass Individuen fast immer im Rahmen einer Organisation lernen, die Lernen oft erst möglich macht, aber auch behindern und beeinflussen kann.

Als Lernende Schulen werden solche Schulen verstanden, die sich bewusst entwickeln, Ziele und Normen klären, schuleigene Schwerpunkte im Curriculum herausarbeiten, gemeinsame Analysen und Diagnosen der Schulsituation durchführen, Projekte entwickeln, Teamarbeit aufbauen und Wirkungen der eigenen Arbeit überprüfen. Lernende Schulen kennzeichnet insbesondere, dass sie Strukturen für eigenes Lernen, Reflexion und Selbstentwicklung schaffen, z.B. Prioritäten für Entwicklungsvorhaben abstimmen, Steuergruppen und Qualitätszirkel einrichten, Fortbildungsbedarfe klären oder Lerngelegenheiten für Einzelne ermöglichen.

Im Gegensatz zu individuellem Lernen im Sozialisationsprozess bezieht sich Organisationslernen auf das Ganze der Organisation im Rahmen von Lernsystemen, umfasst also komplexe Bündel von Annahmen, Normen und Handlungsstrategien. Sie machen das Lernpotenzial von kollektiven Interaktionen aus. Lernsysteme haben eine kognitive Komponente im Sinne von "kognitiven Landkarten"; dies sind die von allen Mitgliedern geteilten Beschreibungen des Aufbaus und des Ablaufs der Organisation. Organisationslernen ist selbstbezogen und reflexiv, da sich die Mitglieder diese kognitiven Landkarten einerseits aneignen, andererseits selbst konstruieren (vgl. Argyris & Schön 1978, S. 16f). Das Bild der Organisation ist Ergebnis eines individuellen und kollektiven Konstruktionsprozesses.

Merkmale und Elemente von Organisationslernen
Eine Definition von Organisationslernen geht auf Duncan und Weiss (1979, S. 84) zurück: „Organizational learning is defined here as the process within the organization by which knowledge about action-outcome, relationships and the effect of the environment on these relationships is developed". Dies bedeutet, dass Organisationslernen sich auf die Weiterentwicklung des Wissens über die in der Organisation verfolgten Ziele und der internen und externen Bedingungen bezieht (vgl. Geißler 1995). Das Organisationswissen kann als Produkt des Organisationslernens verstanden werden, wobei es auch Voraussetzung für weitere organisationale Lernprozesse sein dürfte (z.B. über Strukturen, Bedingungen, erfolgreiche Verfahren).

Die Entwicklung von Organisationsstrategien und -strukturen, für die Organisationswissen erforderlich ist, gehört zur zentralen Aufgabe von Organisationslernen. Das gemeinsame Wissen erlaubt den Umgang mit komplexen Situationen und eröffnet Erkenntnisse für Problemlösungen. Organisationslernen bedeutet demnach, dass Organisationswissen verändert, durch Handeln und Erfahrung angereichert und erweitert wird, um auf einer höheren Stufe Ausgangsbasis für weitere Entwicklung sein zu können. Dies kann in gemeinsamer Schulentwicklungsarbeit entstehen. Organisationslernen ist abhängig von der Weitergabe relevanten Wissens, von dessen Anschlussfähigkeit und vom intentionalen Konsens der Organisationsmitglieder über die Relevanz und den Nutzen dieses Wissens (vgl. Duncan & Weiss 1979). Eine weitere Bedingung ist die kollektive Entwicklung von Erkenntnissen über die Wirklichkeit (vgl. March & Olsen 1976).

Für Organisationslernen haben Organisationsstrukturen Bedeutung, weil sie Lernen ermöglichen oder beschneiden können (vgl. March & Olsen 1976). Organisationsstrukturen können so gestaltet sein, dass sie eher die Ordnung stabilisieren, Verhalten starr regulieren, Alltagstheorien und Mythen über Erfolge oder schwachen Informationsfluss und geringe Kooperation bestehen. Eine Organisation kann aber auch förderlich organisiert sein, so dass Verhalten koordiniert ist und Wissen sowie Austausch über Bedingungs- und Wirkungszusammenhänge vorliegen. Hedberg (1981) hebt stärker ab auf Informationsverarbeitungsprozesse in der Organisation und auf ein Organisationsgedächtnis, als „ein von weiten Kreisen der Organisation gemeinsam geteiltes Wissen" (Geißler 1995, S. 12). Die Entwicklung, Pflege und Erhaltung eines solchen Organisationsgedächtnisses – als gemeinsame Konstruktion des Bildes von der eigenen Schulwirklichkeit – könnte ein wichtiges Schlüsselmerkmal sein, damit Erfahrungen, Kompetenzen, Methoden und Vereinbarungen nicht verloren gehen. Organisationswissen und Erfahrungssicherung wären damit kennzeichnend für Organisationslernen.

Organisationslernen und Innovationsprozesse
Das Paradigma der „lernenden Organisation" wurde von Senge (1990) und Argyris (1996) theoretisch und praktisch weiter ausgearbeitet. Das Lernen in Organisationen geschieht in einem dynamischen Prozess im Umgang mit Komplexität, Intransparenz, Eigendynamik und Antinomien. Fünf Phasen sind unterscheidbar: Planungsphase (zielorientiert), Aktionsphase (turbulent und dynamisch), Reflexion (als Bewusstmachen, Vergewisserung), die Erkenntnisse gewinnen lässt, die schließlich zum Transfer führen, so dass weitere Planungen auf einer höheren Ebene ansetzen können (vgl. Schley 1998, S. 22). Im Hinblick auf Bedingungen und Voraussetzungen einer lernenden Organisation beschreibt Senge (1990) fünf Kerndisziplinen, die für den Aufbau einer lernenden Organisation erforderlich sind:
Personal Mastery: Organisationsmitglieder sollen bei ihrer Selbstentwicklung alle Kräfte darauf konzentrieren, die erforderlichen Kompetenzen und Fachwissensbestände zu erwerben, auch die Klärung, was dem Einzelnen wichtig ist, und die Fähigkeit zur deutlichen Wahrnehmung der Realität. Lernen dient dabei der Erweiterung der Fähigkeit, angestrebte Ergebnisse zu bewirken.
Mentale Modelle: Das Bewusstwerden tief verwurzelter Annahmen, kognitiver Landkarten und Konstruktionen sowie Alltagstheorien und „Normalitätsfahrpläne" gehören dazu ebenso wie die Entwicklung mentaler Haltungen für bewusstes Lernen und Umlernen. Es geht darum, hinderliche pragmatische Alltagskonzepte zu überwinden und für organisationsbezogenes Lernen förderliche mentale Modelle aufzubauen.
Gemeinsame Visionen: Hierbei geht es darum, auf der Basis individueller Vorstellungen über die Gestaltung der eigenen Organisation auch gemeinsame Visionen zu entwickeln. Durch den Austausch gemeinsamer Werte und Ziele und mit der Fähigkeit, gemeinsame Zukunftsbilder zu entwickeln, werden Antriebe und Kräfte freigesetzt und Engagement und Partizipation gefördert.
Team-Lernen: Diese Disziplin setzt neben Zusammenarbeit und gemeinsamem Lernen auf zielorientierten Dialog und gemeinsame Analyse durch die Auseinandersetzung mit Anforderungen und differenten Perspektiven.
Systemisches Denken: Diese integrative Disziplin betrifft die Fähigkeit, in Systemzusammenhängen ganzheitlich zu denken und das Organisationshandeln in Abhängigkeit von inneren und kontextuellen Merkmalen zu analysieren, zu verstehen und weiterzuentwickeln. Es ist ein konzeptuelles Rahmenwerk mit einem Set von Informationen und Mustern, die in wechselseitigen Beziehungen stehen. Systemdenken beinhaltet auch die Analyse der wechselseitigen Beeinflussung der anderen Disziplinen untereinander.

Lernende Organisation: Übertragbarkeit auf Schulen

All diese „Disziplinen" und Entwicklungsaufgaben können vor allem in solchen Schulentwicklungsverfahren entfaltet werden, die Lerngelegenheiten für gemeinsames Lernen der Organisationsmitglieder eröffnen. Dies ist in neuen Schulentwicklungsstrategien vor allem in Verfahren der Organisationsentwicklung (vgl. Dalin et al. 1995) und der Schulprogrammarbeit, in gemeinsamen Zielklärungen, Bestandsaufnahmen und Organisationsdiagnosen, in der Konzeption von Plänen und Projekten und durch Evaluation gegeben.

Architektur von Organisationslernen in Schulen
Die "Architektur" der lernenden Organisation kann nach Senge (1990) als Dreieck mit den Komponenten *Leitgedanken, Innovationen der Infrastruktur* sowie *Methoden und Werkzeuge* dargestellt werden. Bei dem Versuch, auf der Basis theoretischer Reflexionen und empirischer Erkenntnisse diese drei Ebenen der Architektur einer lernenden Organisation auf moderne Schulentwicklungsansätze für erfolgreiche Innovation in Schulen zu übertragen, gelangt man zu einer architektonischen Skizze, die diese Dimensionen mit konkreten inhaltlichen Komponenten füllt und erweitert (vgl. Abb. 2; Holtappels 2007):
1. Vision und Motivation: Die Leitgedanken sind Ausdruck von Visionen, werden von einem schuleigenen Leitbild geprägt, bilden die konsenshaften Ziele und Grundorientierungen im Kollegium. Bedürfnisse der Schulmitglieder sind zu berücksichtigen und Überzeugung für Innovation wird erforderlich, neben grundlegender Innovationsbereitschaft und Akzeptanz für das Schulkonzept und die innovativen Vorhaben. Leitbildentwicklung und orientierende Ziele in den Schulen werden als Voraussetzungen für Wandel benötigt. Von außen können Standards und Leitlinien der Systemebene förderliche Rahmung und Orientierung geben.
2. Infrastruktur der Innovation: Arbeitsorganisation und Prozesssteuerung bilden die erforderliche Infrastruktur. Die Arbeitsorganisation erfordert effektives und innovationsorientiertes Schulleitungshandeln und Innovationssteuerung, etwa durch schulinterne Steuergruppen, die Innovationshandeln initiieren, koordinieren, steuern und unterstützen. Förderlich sind schulweite Aktivierung und Partizipation der Schulmitglieder sowie die Bildung institutionalisierter Teambildungen im Kollegium einerseits und externe Beratung und Unterstützung sowie Impulse durch Netzwerke andererseits. Die Infrastruktur der Arbeitsorganisation soll dafür garantieren, dass Vision und Motivation gestärkt und Innovationsstrategien angewendet werden, womit Prozesssteuerung ins Spiel kommt.
3. Innovationsstrategien und -verfahren: Methoden und Werkzeuge der lernenden Schule beinhalten Selbstreflexion und Selbstorganisation, aber betreffen zentral Strategien und Verfahrensweisen. Systematische Verfahren der Schulentwicklung sind für effiziente Innovation erforderlich. Organisationsentwicklung erweist sich dazu als am ehesten geeignet, da es für Organisationslernen unverzichtbare Elemente beinhaltet, wie Bestandsaufnahme, Zielbestimmung, Analyse und Diagnose, Aktionsplanung, Evaluation. Schulkonzeptentwicklung sowie Schulprogrammarbeit als systematische Entwicklungsplanung mit Entwicklungszielen, Arbeitsprogramm, Fortbildungsplan und Evaluation (vgl. Holtappels 2004) binden zentrale Verfahren. Ebenso spielen gezielte Verfahren von Unterrichts- und Personalentwicklung eine bedeutende Rolle. Die Zielüberprüfung geschieht systematisch durch interne Evaluation. Erkenntnisse aufgrund zurückgemeldeter Daten aus Forschung oder externer Evaluation können hilfreich sein oder gar datengestützte Schulentwicklung initiieren.

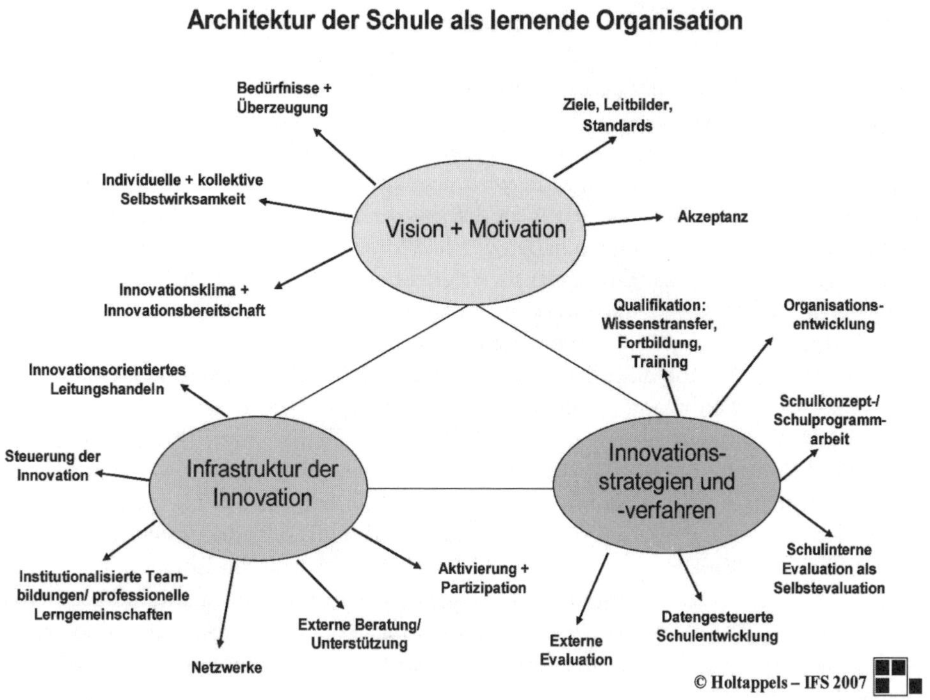

Architektur der Schule als lernende Organisation

Abb. 2: Architektur der Schule als Lernende Organisation

Kapazität von Organisationslernen: Typen und Niveaus bei lernenden Schulen
Für das Organisationslernen unterscheiden Argyris und Schön (1978) drei Niveaus:
1) „Einfachschleifen-Lernen" liegt vor, wenn Fehlentwicklungen ohne Modifikation von Zielen, Normen und Handlungsstrategien zu erkennen und zu modifizieren sind (Vergleich: Thermostat);
2) „Doppelschleifen-Lernen" schließt auch die Analyse von Zielen, Normen und Strategien selbst sowie deren Veränderung ein; es wird also ein neues Problemlösungssystem gesucht (Vergleich: Änderung/Abschaffung des Thermostats);
3) „Deutero-Lernen" bedeutet Meta-Lernen oder das Lernen des Lernens, um Problemlösungskapazitäten aufzubauen; Ziel ist es, zu lernen, wie Ein- und Zweischleifen-Lernen angemessen praktiziert werden, wie Kontexte von Lernprozessen zu klären und wie Lernbarrieren abzubauen sind.
In Anlehnung an diese Differenzierung unterscheiden Dalin et al. (1995) drei Stadien der Entwicklung von Schulen: 1. Die *„fragmentierte Schule"*, in der die Mitglieder nebeneinander arbeiten, es gefügeartige, aber keine teamartige Kooperation gibt und keine gemeinsam geklärten Ziele und keine bewusst entfaltete Organisationskultur vorliegen. 2. Die *„Projekt-Schule"*, in der einige Projekte und eventuell auch Projektteams existieren, welche über Lernen im Team die Organisation anreichern, aber die einzelnen Ansätze nicht aufeinander bezogen und in einem Gesamtkonzept integriert sind, so dass Synergie-Effekte und Meta-Lern-Prozesse verschenkt werden. 3. Die *„Problemlöseschule"*, die über Meta-Lernen Schulentwicklungsprozesse selbst zum Lerngegenstand macht; Organisationslernen wird in Veränderungen von grundlegenden

Abläufen und Strukturen, in der Weiterentwicklung kognitiver Landkarten der Schulmitglieder, der Veränderung von Einstellungen und Verhalten sichtbar.

Teamlernen und professionelle Lerngemeinschaften
Senge (1990, S. 171ff) weist darauf hin, dass Organisationen durch Individuen lernen, wobei individuelles Lernen zwar noch kein Organisationslernen garantiere, jedoch ohne dieses kein Organisationslernen zustande komme. Es wird demnach darauf ankommen, inwieweit Möglichkeiten und Zonen des individuellen Weiterlernens der Lehrkräfte in inhaltlich-methodischer und zeitlich-räumlicher Hinsicht geschaffen werden können. Kooperation in institutionalisierter Teamarbeit erweist sich dabei offenbar für Schulentwicklung als förderlich.
In Schulen, die auf diese Art und Weise ihre Lernprozesse und die Weiterentwicklung ihrer pädagogischen Arbeit gezielt und systematisch organisieren, kann man – wie es in der internationalen Forschungsliteratur diskutiert wird – von „Professionellen Lerngemeinschaften" (vgl. Seashore et al. 1995; Leithwood 2000; Senge et al. 2000) sprechen. Diesbezüglich verdeutlicht Rosenholtz (1991), dass die Komplexität und die Forderungen des Unterrichtens ständiges Weiterlernen für Lehrkräfte notwendig machen, zugleich nicht allein bewältigt werden können, sondern den Austausch im Kollegium über Unterricht erfordern. Im Hinblick auf die Kennzeichen einer lernenden Organisation sehen Hall und Hord (2001) für die professionelle Lerngemeinschaft folgende Indikatoren bzw. Zielbereiche: a) Reduzierung von Isolation, b) Erhöhung der Kapazität des gesamten Kollegiums, c) Schaffung einer unterstützenden und produktiven Umgebung und d) Bemühen um Qualitätsverbesserung. Voraussetzungen dafür sind grundlegende Innovationsbereitschaft, institutionalisierte Arbeits- und Kommunikationsformen und bereitgestellte Zeiten und Räume.
Ihr Wirkungspotenzial befindet sich nach Leithwood (2000) in Abhängigkeit von fünf Merkmalen: Gemeinsam geteilte Werte und Normen, reflexiver Dialog und kontinuierliche Analyse, Deprivatisierung des Unterrichtshandelns durch Kommunikation im Team, intensive Kooperation zur Steigerung der Unterrichtseffektivität und Fokus auf Schülerlernen, reflektierender Dialog. Das Gelernte wird mit Kolleginnen und Kollegen kommuniziert und in die pädagogische Praxis umgesetzt. Es handelt sich demnach um besonders elaborierte Formen der Teamarbeit in Kollegien. Qualitätszirkel und Fachgruppen in vertikal-fachlicher Dimension oder Klassen- und Jahrgangsteams in horizontaler Ebene können solch lernende Subsysteme oder Lernzonen bieten.

Forschungsbefunde

Bisher gibt es wenig empirische Forschung zum organisationalen Lernen in der Schule. Marks und Louis (1999) entwickelten im Rahmen einer Studie einen Index, auf dem die in einer Schule entwickelte Kapazität von Organisationslernen ablesbar ist. Dieser Index beinhaltet sieben Dimensionen: Organisationsstruktur, gemeinsame Ziel- und Wertvorstellungen, Wissen und Fähigkeiten, Führung und Management, Zielüberprüfung und Qualitätssicherung, Austausch mit der schulischen Umwelt, Partizipation. Der Index wurde adaptiert und erfolgreich empirisch abgebildet in der Begleitforschung zum Modellvorhaben Selbstständige Schule in Nordrhein-Westfalen (vgl. Holtappels et al. 2008), mit folgenden Effekten: Je stärker die in Schulen entwickelte Kapazität von Organisationslernen, desto höher ist die Arbeitszufriedenheit, desto besser ist das Arbeitsklima und desto besser sind auch die Unterrichtsqualität und das Schülerlernen (vgl. Feldhoff 2008).

Empirisch zeigt Rosenholtz (1991) für professionelle Lerngemeinschaften entscheidende Variablen, die offenbar hinreichende Gelegenheiten zum professionellen Lernen eröffnen: Grundlegende Orientierungen auf Schulebene, gemeinsame Ziele, Lehrevaluation, Partizipation in der Entscheidungsfindung und Lehrerkooperation. Diese Befunde über die Teamarbeit von Lehrpersonen korrespondieren mit Merkmalen und Phasen von Organisationsentwicklung und Schulprogrammarbeit: zielbezogenes Handeln, Entwicklungsvorhaben, Umsetzung durch Teamarbeit sowie Evaluation zwecks Zielerfolgsüberprüfung.

In Ergebnissen einer Studie mit Schulen in Deutschland und der Schweiz (vgl. Bonsen & Rolff 2006) zeigt sich eine solche Kultur professioneller Lerngemeinschaften nur teilweise. Am stärksten werden der gemeinsame Fokus auf Schülerlernen und gemeinsame pädagogische Ziele sichtbar, weniger ein reflexiver Dialog durch Unterrichtsanalyse. Wahrnehmung von positivem Feedback wird überwiegend durch individuelle Faktoren beeinflusst. Bezüglich der Wahrnehmung professioneller Lerngelegenheiten auf Schulebene sind offenbar Schulformeffekte sowie die Verständigung innerhalb der Schule auf gemeinsame Ziele und Normen entscheidend.

Eine Schule kann dann als lernende und selbstreflexive Organisation betrachtet werden, wenn sie in ihrer Organisationsstruktur und -kultur ein System mit pädagogischer Selbstentwicklungs- und Selbsterneuerungsfähigkeit, zielorientierter Analyse, Planung und Gestaltung und damit hoher Problemlösefähigkeit erlangt hat, um auf neue oder veränderte Situationen innerhalb der Schule oder ihres sozialen Umfelds angemessen reagieren zu können.. Innovationsbereitschaft, Organisations- und Gestaltungsbewusstsein des Lehrerkollegiums und die Entwicklung gemeinsamen Organisationswissens und selbstreflexiver Lernsysteme in teamartiger Kooperation stellen Voraussetzungen dar.

Literatur

Argyris, C. (1996): On Organizational Learning. Blackwell. – Argyris, C./Schön, D. A. (1978): Organizational learning: A theory of action perspective. Reading/Mass. – Bonsen, M./Rolff, H.-G. (2006): Professional Learning Communities of Teachers. In: Zeitschrift für Pädagogik. 52 (2), S. 167-184. – Dalin, P./Rolff, H.-G./Buchen, H. (1995): Institutioneller Schulentwicklungsprozess. Ein Handbuch. Soest: Landesinstitut für Schule. – Duncan, R./Weiss, A. (1979): Organizational learning: implications for organizational design. In: Research in Organizational Behaviour, 1, pp. 75-123. – Feldhoff, T. (2008): Selbstständigkeit als Kapazität organisationalen Lernens und Qualität des Unterrichts. In: Holtappels, H. G./Klemm K./Rolff, H.-G. (Hrsg.): Schulentwicklung durch Gestaltungsautonomie. Ergebnisse der Begleitforschung zum Modellvorhaben Selbständige Schule in Nordrhein-Westfalen. Münster: Waxmann, S. 62-76. – Geißler, H. (1995): Grundlagen des Organisationslernens. Weinheim: Beltz. – Hall, G. E./Hord, S. M. (2001): Implementing Changes. Patterns, Principles and Potholes. Boston/Toronto: Allyn and Bacon. – Hedberg, B. (1981): How organizations learn and unlearn. In: Nystrom, P. C./Starbuck, W. H. (Eds.): Handbook of organizational design. Oxford: Oxford Univ. Press. – Holtappels, H. G. (2004): Schulprogramm – ein Instrument zur systematischen Entwicklung der Schule. In: Holtappels, H. G (Hrsg.): Schulprogramme – Instrumente der Schulentwicklung. Weinheim, München: Juventa, S. 11-28. – Holtappels, H. G. (2007): Schulentwicklungsprozesse und Change Management – Innovationstheoretische Reflexionen und Forschungsbefunde über Steuergruppen. In: Berkemeyer, N./Holtappels H. G. (Hrsg.): Schulische Steuergruppen und Change Management. Weinheim, München: Juventa, S. 11-39. – Holtappels, H. G./Klemm, K./Rolff, H.-G. (Hrsg.) (2008): Schulentwicklung durch Gestaltungsautonomie. Ergebnisse der Begleitforschung zum Modellvorhaben Selbständige Schule in Nordrhein-Westfalen. Münster: Waxmann. – Leithwood, K. (2000): Organizational learning and school improvement. Greenwich/CT: JAI. – March, J. G./Olsen, J. P. (1976): Ambiguity and choice in organizations. Bergen/Oslo/Tromsö: Universitetsforlaget. – Marks, H. M./Louis, K. S. (1999): Teacher Empowerment and the Capacity for Organizational Learning. Education Administration Quarterly. 35, pp. 707-750. – Rosenholtz, S. J. (1991): Teacher's Workplace: The Social Organization of Schools. New York: Longman. – Schley, W. (1998): Change Management: Schule als lernende Organisation. In: Altrichter, H./Schley, W./Schratz, M. (Hrsg.): Handbuch zur Schulentwicklung. Innsbruck: Studien Verlag, S. 13-53. – Seashore Louis, K./Kruse, S. (1995): Professionalism and community: Perspectives on reforming urban schools. Thousand Oaks/CA. – Senge, P. (1990): The Fifth Discipline. New York: Doubleday Currency (dt. Übersetz. 1996). – Senge, P./Kambron-McCabe, N./Lucas, T./Smith, B./Dutton, J. (2000): Schools that learn. New York: Broadway Business.

19| Der kulturtheoretische Ansatz: Entwicklung der Schulkultur
Werner Helsper

Begriffliche Klärungen

Ein einheitliches Verständnis des Begriffs Schulkultur liegt nicht vor. Die jeweilige Verwendung dieses Begriffs weist vielmehr unterschiedliche Facetten auf. Mit dem lateinischen Begriff *cultus* wird eine höhere Lebensform und eine aktive Pflege bzw. der Zustand der Gepflegtheit bezeichnet und das Substantiv *cultura* bedeutet Bearbeitung, Anbau, Veredelung oder Ausbildung. Dabei ist es nicht nur auf die *agricultura* bezogen, sondern auch auf die Veredelung des Menschen und des menschlichen Lebens selbst. In dieser Tradition gewinnt der Kulturbegriff die Bedeutung der Distinktion: Das Edle wird vom Unedlen, Kultur von Unkultur geschieden. Schulkultur markiert in diesem Verständnis Qualitätsunterschiede in der Kultiviertheit von Schulen. Im Zuge anthropologischer Studien gewinnt ein anderer Kulturbegriff an Bedeutung (vgl. Reckwitz 2004): Jede Lebensform wird als Kultur begriffen, die es in ihrer Eigenheit zu erschließen gilt. Diese Pluralität kultureller Formen gilt es in ihrem symbolischen Ausdruck zu verstehen. In diesem Verständnis wäre Schulkultur als die Spezifik der kulturellen Formen zu begreifen, durch die die Schule generell, aber auch unterschiedliche Schulen im Verhältnis zueinander und im Unterschied zu anderen sozialen Bereichen, gekennzeichnet sind.

Historische Linien schulkultureller Formationen

Helmut Fend (1998) unterscheidet drei historische schulkulturelle Formationen: Im Kontext einer kirchlich-religiös dominierten schulischen Bildung war Schulkultur vor allem religiöser Ritus. Im Zuge der Säkularisierung und der schulischen Systembildung im 19. und 20. Jahrhundert nahm Schulkultur die Form der Unterwerfung unter die staatliche Autorität und der Disziplinierung an. Seit den kulturellen Umbrüchen der 1960er Jahre findet sich eine weitere Rationalisierung der Schulkultur im Sinne fachlich-sachhaltigen Unterrichtens und eine stärker partnerschaftliche Beziehung zwischen Lehrern und Schülern. Dieser an Max Webers Konzept der Rationalisierung angelehnte Entwurf konzipiert die Entwicklung der Schulkultur als aufsteigende Linie. Weiterreichend wird im Horizont der Universalisierung des Schulischen auf eine globale Schulkultur geschlossen, mit einem curricularen und organisatorischen Muster als Bestandteil der Kultur moderner Gesellschaften (vgl. Meyer & Ramirez 2005).

Im Anschluss an Foucault entwickelt Pongratz (2004) eine Abfolge schulkultureller Machtformate: Am Anfang steht die „Repressionsmacht" als körperliche Unterwerfung und Fremdkontrolle mit dem Symbol der „Rute". Im Zuge der Aufklärung entsteht eine „Integrationsmacht", die auf Gewissensbildung und normative Integration zielt. Im 20. Jahrhunderts vollzieht sich ein Übergang zur Disziplinarmacht: Hier geht es um die Erzeugung eigenverantwortlicher Lerner und Lebensgestalter, die zur Selbstgestaltung aufgefordert sind (vgl. Rabenstein 2007).

Ziehe (1984) begreift die Schulkultur im Horizont kultureller Modernisierungsprozesse: Die kulturellen Gratiskräfte, von denen die Schule zehren konnte, erodieren: Die Selbstverständlichkeit eines hochkulturellen Bildungskanons wird relativiert, ebenso die Autorität der Älteren und

des tradierten Generationsverhältnisses oder auch die Gratiskraft von Disziplin und Selbstdisziplin. Dies wird zur These verdichtet, dass die modernisierte Schulkultur durch einen Aura-Verlust gekennzeichnet sei: Das ehemals Selbstverständliche müsse in informalisierten Lehrer-Schüler-Beziehungen nun durch schulische Beziehungs- und Sinnstiftungsarbeit hergestellt werden.
Einige dieser Positionen legen Annahmen einer linear-progressiven Abfolge schulkultureller Formen nahe. Demgegenüber wird im Anschluss an Positionen, die von Anerkennungskämpfen um kulturelle Dominanz ausgehen sowie Modernisierungsambivalenzen ins Zentrum rücken, hervorgehoben, dass es eine Pluralität schulkultureller Formen gibt, die auch gegen übergreifende Modernisierungstrends gerichtet sein können (vgl. Helsper et al. 2001). So kann gegen die Informalisierung zwischen den Generationen gerade Disziplin und Autorität in Schulen betont werden.

Theorien und Forschungen zur Schulkultur

Theorien der Schulkultur

Reckwitz (2004, S. 4ff) unterscheidet vier Kulturbegriffe, zunächst einen normativen, der Lebensformen in eine hierarchische Ordnung von Besserem und Schlechterem unterteilt und selbst zu einem Bestandteil der hierarchischen Klassifizierung von Lebensformen wird. Der „totalitätsorientierte" Kulturbegriff rekonstruiert Kulturen in einer „holistischen" Perspektive und als homogene Formen. Der „differenzierungstheoretische Kulturbegriff" (ebda. S. 6f) grenzt Kultur demgegenüber auf spezifische soziale Sektoren ein. So postuliert Parsons ein kulturelles System mit der Funktion, die gesellschaftlichen Symbolisierungen zu tradieren und die Sozietät zu reproduzieren. Im „bedeutungsorientierten Kulturbegriff" (Reckwitz 2004, S. 7f) wird die Konstitution des Sozialen durch die symbolische Organisation der Welt postuliert: „Die ‚Welt' existiert als Humanwelt nur als bedeutungsvolle, symbolische, alles ‚Sinnliche nur als Sinnhaftes'." (Reckwitz 2004, S. 7).
Diesen Kulturtheorien lassen sich verschiedene Konzepte der Schulkultur zuordnen. So finden sich Varianten eines normativen Schulkulturkonzeptes: Ansätze, die Schulkultur als Kompensation zum Unterricht im Sinne eines reichhaltigen Schullebens begreifen, sind dem normativen Paradigma zuzuordnen. Schulen haben Kultur, wenn sie viele hochkulturelle Aktivitäten entfalten. In der Diskussion um eine „gute Schule" und die Schulqualität (vgl. Fend 1998) wird der Begriff der Schulkultur als eine empirisch bestimmbare Dimension der Schule verstanden. Zu einer guten Schule gehört eine positiv ausgeprägte Schul- und Lernkultur. Melzer etwa entwirft Dimensionen der Schulkultur: Diese setzt sich aus dem Schul- und Klassenklima, dem professionellen Lehrerhandeln sowie der Lehrer-Schüler-Beziehungsqualität, der Schülerpartizipation und der Schulökologie zusammen. Das Zusammenspiel dieser Dimensionen wird als Schulkultur bezeichnet (vgl. Stenke & Melzer 1998) und deren Bedeutung für die psychosoziale Lage der Schüler betont.
In strukturfunktionalistischen Schulkonzepten (vgl. etwa Fend 2006) wird die Schule mit der „Qualifizierungs-" oder Legitimationsfunktion unter der Perspektive der Reproduktion kultureller Systeme betrachtet, indem sie Wissensbestände weitergibt und in den Wertebestand moderner Gesellschaften einführt. Dieser sektorielle Kulturbegriff besitzt eine implizite normative Dimension, weil die Schule als Instanz des kulturellen Systems ihre Aufgabe dann erfüllt, wenn sie Integration und die Einführung in kulturelle Wissens- und Wertbezüge moderner Gesellschaften erreicht.
Davon sind Ansätze zu unterscheiden, die die Schule als pädagogische Einrichtung der Kulturaneignung verstehen. Dunker (1994) entwickelt dieses Konzept dahingehend fort, dass die

Schule „als kultureller Ort begriffen werden" muss (ebda., S. 60): „In die Kultur kann man nicht einführen, wenn man außerhalb von ihr steht (...) Die Schule bedarf selbst kultureller Formen, um jenen dialektischen Prozeß von Individuierung und Enkulturation in Gang zu setzen und voranzutreiben" (ebd. S. 60f). Damit ist die Schule „ein gestalteter, gestaltbarer und gestaltender Ort der Kultur" (ebda., S. 238).

Inzwischen sind verschiedene Ansätze zu einem „culturel turn" in der Schultheorie entstanden. Einen Forschungsstrang bilden Studien zu „Kulturen des Performativen" (vgl. Wulf et al. 2007). Dieser Ansatz rückt die alltägliche Gestaltung der Schule als Inszenierung und Darstellung in schulischen Ritualen und körperlichen Praktiken ins Zentrum: So werden etwa die Phasen des Übergangs, z.B. von der Pause in den Unterricht, die dort stattfindenden Rituale des Anfangs und die Trennung von Zeit- und Raumbezügen sowie die Herstellung von Gemeinschaft untersucht. In anderen Zugängen steht die Theorie sozialer Praktiken und symbolischer Macht von Pierre Bourdieu im Hintergrund. Dabei wird insbesondere die Bedeutung des Faches untersucht und damit die Theorie der Schulkultur um die Bedeutung der schulischen Fachkulturen und die habituellen Konstruktionen in unterschiedlichen Fächern erweitert (vgl. Willems 2007). Die symbolische Ordnung der Schule wird als eine über fächerspezifische kulturelle Felder wirkende Macht rekonstruiert, in der z.B. Deutsch als weibliches, weiches und Physik als hartes, rationales, männliches Fach erscheint: So lässt sich „von doing gender while doing discipline" sprechen (Willems 2007, S. 276). Neuerdings wird die „Lernkultur" ins Zentrum gerückt. Lernen wird als körperbezogenes Handeln verstanden, als Spiel und Aufführung, in der die Arrangements des Lernens erzeugt werden: „Rituale, Ritualisierungen, und rituelle Arrangements konstituieren die Handlungsspielräume von Lernkulturen und stellen sie durch Wiederholung auf Dauer" (Wulf et al. 2007, S. 11).

In einem eigenen Ansatz werden Schulen als pädagogische symbolische Ordnungen rekonstruiert, die von den schulischen Akteuren in Auseinandersetzung mit höhersymbolischen sozialen und organisatorischen Ordnungen erzeugt und transformiert werden (vgl. Helsper 2008a, Helsper et al. 2001). In symbolischen Anerkennungskämpfen zwischen Schulleitung, Lehrergruppen, im Zusammenspiel mit Eltern, Schülern und weiteren schulischen Akteuren wird eine mehr oder weniger dominante pädagogische Sinnordnung in jeder Schule hervorgebracht. Diese schulkulturellen Sinnstrukturen enthalten zum einen den Entwurf eines sekundären Schülerhabitus, der zu den Herkunftsmilieus der Schüler in Passungs- oder Abweisungsverhältnissen steht (vgl. Helsper 2008a). Und sie enthalten Entfaltungsmöglichkeiten für berufsbiographische Wege von Lehrkräften und damit auch Passungskonstellationen für verschiedene Varianten pädagogischer Professionalität (Helsper 2008b; Helsper et al. 2001).

Forschungen zur Schulkultur
Die Schulkulturforschung lässt sich in zwei großen Linien bündeln, erstens in Forschungslinien, die in der Tradition der Schulklima- und Schulqualitätsforschung stehen, und zweitens in Studien, die sich der Rekonstruktion der kulturellen Formen der Schule zuwenden.

Für die erste Richtung steht etwa Holtappels Konzept, der die Schulkultur fasst als „die Gesamtheit der in schulischen Bildungs- und Erziehungsprogrammen vermittelten Inhalte, die sie vermittelnden Lehr- und Erziehungsformen und bereitgestellten Lern- und Erfahrungsmöglichkeiten. Schulkultur bezieht sich damit auf Bildungsinhalte und -anforderungen, erzieherische Werte und Normen ebenso wie auf die Ausprägungen der Interaktionsformen und Beziehungsstrukturen." (Holtappels 1995, S. 11f). So unterscheidet Holtappels zwischen Lernkultur, Erziehungskultur und Organisationskultur: Die Erziehungskultur wird unter der Perspektive normativer Erwartungsstrukturen hinsichtlich des Leistungs- und Sozialverhaltens sowie der Interaktionsstrukturen gefasst. Hier bestehen Bezüge zur empirischen Schul- und Klassenklimaforschung (vgl. Gruehn 2000). Organisationskultur bezieht sich auf die pädagogischen Werte und Ziele, die Zeit- und Raumorganisation und die Entscheidungsmuster der Schule. Lernkultur umfasst zentrale Bereiche der Unterrichtsqualität, also etwa curriculare und didaktisch-methodische Bezüge der Unterrichtsgestaltung. Die Bedeutung dieser Aspekte für die Qualität von Schule und die Schulentwicklung ist unbestritten. Die positive Gestaltung etwa der Erziehungskultur bzw. des Schulklimas ist bedeutsam für geringere Leistungs- und Prüfungsangst, die Stärkung von Selbstbewusstsein und Selbstkonzepten, von Lerninteresse und Schulbezug der Schülerinnen und Schüler oder deren geringere Gewaltorientierung (vgl. etwa Gruehn 2000). Allerdings schlagen schulklimatische Veränderungen nicht direkt auf die Lernkultur oder die Lernergebnisse durch. Die Entwicklung der Unterrichtsskripts, die Arbeit an einer kognitiv anregenden neuen Lernkultur ist ein eigener Entwicklungsstrang.

Für die zweite Richtung, die Rekonstruktion kultureller schulischer Formen geht es nicht um die Messung von Kompetenzeffekten im Zusammenhang mit der Schulkultur, sondern darum, wie unterschiedliche Lernkulturen ausgestaltet sind. Besondere Aufmerksamkeit gewinnen dabei reformpädagogisch orientierte Schulkulturen: So stoßen Wulf et al. (2007) in ihren Rekonstruktionen zur Lernkultur in einer reformpädagogisch orientierten Schule auf flexible „poeitische" Unterrichtsordnungen: Sie finden kommunikative Rituale in offenen Lernformen, eine Relativierung der Machtpraktiken der Lehrer, die Eröffnung individueller Spielräume mit Zügen einer eigenverantwortlichen Selbstregulierung der Schüler. Am stärksten ausgeprägt ist dies im Deutsch- und Kunstunterricht, relativierter im Mathematikunterricht, was die Bedeutung von Fachkulturen im Rahmen der Schul- und Lernkultur zeigt (vgl. auch Willems 2007) und die These bestätigt, dass Schul- und Lernkulturen keine homogenen Ordnungen darstellen. Den in dieser individualisierten Ordnung enthaltenen Subjektivierungsanforderungen haben die Schüler allerdings auch zu entsprechen: „die Schüler müssen bereit und in der Lage sein, die durch die offenen methodischen und didaktischen Delegationen der Lehrerinnen ermöglichten Spielräume auch zu nutzen, bzw. sie laufen Gefahr, sich gerade in diesen zu blamieren" (Wulf et al. 2007, S. 53). Damit werden die in den reformpädagogischen Idealentwürfen häufig abgeblendeten Zumutungen gegenüber den Schülern kenntlich und im Anschluss an Foucault neue Formen der Selbstführung in diesen Schul- und Lernkulturen sichtbar: Die Schüler müssen sich als eigenständige, reflexive, mitgestaltende und sich offen und persönlich „einbringende" Subjekte inszenieren (vgl. Rabenstein 2007). Damit drängt sich die Frage auf, in welcher Weise diese selbstständigkeitsfördernde und -fordernde Lernkultur auf biographische, habituell geronnene Ensembles von Selbstpraktiken und Selbstregierungsformen bei einzelnen Schülern stößt: Wenn auch diese offene Ordnung der Schule und des Unterrichts eine dominante ist, was ist darin nicht repräsentierbar, was ist blamabel und wer erleidet Beschämungen? Der Blick richtet sich somit auf die Passung zwischen dem geforderten idealen Schülerhabitus und den primären Habitusformen der Schüler, auf die Spannung von Schulkultur und Schülerbiographie (vgl. Helsper 2008a).

Entwicklung und Gestaltung von Schulkultur

Welche Bedeutung besitzen nun schulkulturelle Perspektiven für die Schulentwicklung und wie ist die Entwicklung der Schulkultur zu konzipieren? Diese Frage soll in den folgenden drei Schritten beantwortet werden.

Die Schulkultur als Grundlage der Schulentwicklung

In seiner grundlegenden Arbeit zur Schulentwicklung betont Dalin (1999) die „kulturelle Perspektive", die die Vorstellung einer technologischen Machbarkeit in der Schulentwicklung in Frage stellte. Die jeweilige Schulkultur und ihre Einbettung in lokale Kulturen im Zusammenspiel mit Wert- und Machtkonflikten der schulischen Akteure werden als grundlegende Voraussetzung für Schulentwicklung begriffen. Die Kultur der jeweiligen Schule bestimmt die Möglichkeiten und Richtungen für Schulentwicklungsprozesse entscheidend mit. Dies korrespondiert mit neoinstitutionalistischen Organisationstheorien, die darauf verweisen, dass es „deep structures", routinisierte Deutungsmuster in Schulen gibt, die dazu führen, dass Versuche der Außensteuerung innerschulisch reinterpretiert und spezifisch bearbeitet werden.

Die auf dem „cultural turn" basierenden Schulkulturtheorien begreifen damit die sinnstrukturierte schulische Ordnung als Grundlage jeder schulischen Transformation und Entwicklung, sowohl für Prozesse der Außen- als auch der Innensteuerung. Organisatorische und bildungspolitische Vorgaben müssen immer mit den gegebenen schulkulturellen Mustern in Verbindung gesetzt werden. Gelingt dies nicht, kommt es entweder zu einem strategischen Umgang, einer „Als-ob-Haltung" gegenüber den Außenanforderungen, deren weitgehender Reformulierung oder offener Abweisung. Zudem treffen diese Anforderungen immer auf Dominanz- und Anerkennungsstrukturen: Sie bestätigen, stärken oder schwächen dominierende schulische Akteursgruppen bzw. ermöglichen dominierten Akteuren neue Einflussräume. Wenn die Erzeugung der Schulkultur als sinnstrukturierendes Handeln der schulischen Akteure in symbolischen Auseinandersetzungen und Anerkennungskämpfen entlang von Fach-, Generations-, bildungspolitischen oder auch milieuspezifischen Linien verstanden wird (vgl. Helsper et al. 2001), eine Position die mit mikropolitischen Theorien der Schulentwicklung korrespondiert (vgl. Altrichter & Salzgeber 1995), dann bildet die daraus hervorgegangene jeweilige schulkulturelle Ordnung eine Voraussetzung auch für Schulentwicklungsprozesse, die von der Schule selbst ausgehen. Denn auch innerschulische Initiativen gehen von Akteurskoalitionen aus, die entweder auf Bewahrung, moderate Veränderung oder generelle Transformationen zielen und damit die Anerkennungs- und Dominanzverhältnisse betreffen. Gezielte Veränderungen müssen die bestehende Sinnordnung der Schule beachten, die Veränderungen dazu vermitteln und sie erfolgen immer auf der Grundlage bestehender Anerkennungs- und Dominanzverhältnisse.

Dimensionen und Ebenen der Schulkultur und ihrer Entwicklung

Hinsichtlich der Dimensionen der Schulkultur (vgl. Holtappels 1995; Stenke & Melzer 1998; Helsper et al. 2001) ist es entscheidend, ob eher für die Lernkultur, die Erziehungskultur oder die Organisationskultur eine Veränderung angestrebt wird bzw. ob sich die Entwicklung auf pädagogische Orientierungen, fachliche Schwerpunktsetzungen, Leistungsverständnisse oder die Partizipations- und Anerkennungsbeziehungen orientieren soll. Gezielte Veränderungen der Schulkultur setzen also an verschiedenen Dimensionen an, haben aber auch Konsequenzen für die anderen Dimensionen: Wenn neue Unterrichtsskripts entwickelt werden, die die Selbstverantwortlichkeit der Schüler stärker fördern, dann ist zu fragen, inwiefern dies nicht auch Konsequenzen für die grundlegenden pädagogischen Orientierungen, die Partizipationsstrukturen und für die Leistungsevaluation hat. Der „cultural turn" impliziert damit einen Perspektivenwechsel, weil Veränderungen nicht „verinselt", als Einzelphänomene begriffen werden können, sondern Verschiebungen in der Sinnordnung der Schule insgesamt bedeuten. Dabei ist die Entwicklung der Dimension der Partizipations- und Anerkennungsverhältnisse als die grundlegendste zu kennzeichnen, weil damit die Formen der Entscheidungsfindung sowie die symbolischen Dominanzkämpfe der schulischen Akteure, die alle Dimensionen der Schulkultur betreffen, in den Fokus der Veränderung rücken.

Daneben sind Ebenen der Schulkultur zu differenzieren. Schein (1992, S. 17ff) unterscheidet drei Ebenen: Erstens die offensichtlich gegebene Ebene der Artefakte, zweitens die „expoused values", die bewusst gesetzten Ziele und Orientierungen der jeweiligen Schule, und drittens die Ebene der „basic underlying assumptions", die Grundannahmen und Glaubensgewissheiten, die latent das schulische Handeln leiten, allerdings direkt kaum zugänglich sind und deren bewusste Bearbeitung auf Widerstände stößt. Helsper et al. (2001) unterscheiden die Ebene des Realen, Symbolischen und Imaginären: Die Arbeit am Imaginären gilt den idealen Entwürfen. Die Arbeit am Symbolischen betrifft die Unterrichts- und schulischen Praktiken und pädagogischen Formen des Schulgeschehens. Und die Arbeit am Realen gilt den spezifischen Strukturproblemen, den Bewährungskrisen der Schule. Je grundlegender Schulkulturentwicklung ansetzt, etwa an der unbewussten, latenten Ebene, den Illusionen und Mythen der Schulkultur oder auch den grundlegenden Strukturproblemen, um so voraussetzungsreicher und potenziell konflikthafter wird der schulkulturelle Entwicklungsprozess. Denn er bezieht die zentralen Kernzonen der kulturellen Ordnung in die Auseinandersetzung ein.

Grenzen der Entwicklung von Schulkultur
Die Grenzen der Entwicklung der Schulkultur betreffen die folgenden Aspekte:
1. Wenn Schulkulturen als Teil historischer kultureller Formationen zu begreifen sind, dann bilden diese den Rahmen, in dem sich die Schulkulturentwicklung bewegen kann. So können Schulen unter Bedingungen weit modernisierter Gesellschaften Elemente des religiösen Ritus in ihre Ordnung einbauen – z.B. in konfessionellen Schulen –, aber eine Schulkultur als „religiöser Ritus" ist unter diesen Bedingungen nicht zu gestalten.
2. Wenn die schulkulturellen Sinnstrukturen die Grundlage von Schulen bilden, dann ist jede schulkulturelle Entwicklung auf die bereits institutionalisierte schulkulturelle Ordnung als ihr Fundament verwiesen: So kann auch in grundlegenden historischen Umbrüchen die traditionsreiche Geschichte einer um Selbstdisziplin, Leistungsaskese und hochkulturelle Bildung zentrierten Schulkultur nicht negiert werden, sondern wird in neuen semantischen Konstruktionen weiter geführt (vgl. Helsper et al. 2001).
3. Wenn die schulkulturelle Ordnung auf latenten Sinnstrukturen aufruht, die der reflexiven Auseinandersetzung Widerstände entgegensetzen, dann ist auch damit eine Grenze markiert: So käme es z.B. einer tiefreichenden Erschütterung gleich, wenn offen artikuliert würde, dass der Anspruch, eine integrative und individuell fördernde Gesamtschule zu sein, ein illusionäres Image bildet, das einzelnen „pädagogischen Heroen" aufgelastet wird, die für das naheliegende Scheitern dann als Sündenböcke verantwortlich gemacht werden (vgl. Helsper 2008b).
4. Da die jeweilige Schulkultur als Verhältnis von dominanten und dominierten Akteursgruppen zu verstehen ist, die ihre Sinnentwürfe zur Geltung bringen können oder darin unterliegen, ist jede schulkulturelle Transformation in diese Anerkennungsverhältnisse verwickelt: Wenn etwa ein neuer Schulleiter in bester Absicht Projektunterricht durchzusetzen versucht, dann stärkt er eine bislang dominierte Gruppe von „Reformern", was auf Seiten der bislang dominanten Lehrergruppen zu Blockaden und Verweigerung führt (vgl. Altrichter & Salzgeber 1995).

Die dem „cultural turn" verpflichteten Ansätze (vgl. Helsper 2008a, 2009) relativieren also die Vorstellung einer umfassenden „Machbarkeit" von Schulen.

Offene Fragen und Forschungsperspektiven

Wenn Dalin feststellt, dass „wir in unserem Verständnis der ‚Kulturvariable' in der Schulentwicklung erst am Anfang stehen" (Dalin 1999, S. 253), dann ist dem auch heute noch zuzustimmen. Zwar liegen inzwischen weitere Arbeiten zur Schulkultur und deren Entwicklung vor, aber für die folgenden Punkte ist weiterhin ein deutlicher Forschungs- und Klärungsbedarf festzustellen:
- Es bedarf weiterer Analysen zur Schulkultur über Schulformen und Einzelschulen hinweg – auch im internationalen Vergleich –, um die Vielfalt schulkultureller Formen auszudifferenzieren.
- Insbesondere sind Studien erforderlich, die Transformationsprozesse der Schulkultur in einer Längsschnittperspektive untersuchen und die Voraussetzungen, Krisen, Potenziale, Verläufe, die Folgen und Ergebnisse schulkultureller Transformationen weiter erhellen.
- Schließlich bedarf es – auf diesen Grundlagen – der weiteren Entwicklung von konkreten Vorgehensweisen, Schrittfolgen und Instrumentarien für Schulentwicklungsprozesse.

Literatur

Altrichter, H./Salzgeber, S. (1995): Mikropolitik der Schule. In: Rolff, H.-G. (Hrsg.): Zukunftsfelder von Schulforschung. Weinheim: Deutscher Studienverlag, S. 7-41. – Dalin, P. (1999): Theorie und Praxis der Schulentwicklung. Neuwied: Luchterhand. – Dunker, L. (1994): Lernen als Kulturaneignung. Schultheoretische Grundlagen des Elementarunterrichts. Weinheim/Basel: Beltz. – Fend, H. (1998): Qualität im Bildungswesen. Weinheim, München: Juventa. – Fend, H. (2006): Neue Theorie der Schule. Wiesbaden: VS Verlag. – Gruehn, S. (2000): Unterricht und schulisches Lernen. Münster: Waxmann. – Helsper, W. (2008a): Schulkulturen – Die Schule als symbolische Sinnordnung. In: Zeitschrift für Pädagogik. 54 (1), S. 63-81. – Helsper, W. (2008b): Schulkulturen als symbolische Sinnordnungen und ihre Bedeutung für die pädagogische Professionalität. In: Helsper, W./Busse, S./Hummrich, M./Kramer, R. T. (Hrsg.): Pädagogische Professionalität in Organisationen. Neue Verhältnisbestimmungen am Beispiel der Schule. Wiesbaden: VS Verlag, S. 115-148. – Helsper, W. (2009): Schulkultur und Milieu – Schulkulturen als symbolische Ordnungen pädagogischen Sinns. In: Melzer, W./Tippelt, R. (Hrsg.): Kulturen der Bildung. Beiträge zum 21. Kongress der Deutschen Gesellschaft für Erziehungswissenschaft. Opladen: Barbara Budrich, S. 155-177. – Helsper, W./Böhme, J./Kramer, R. T./Lingkost, A. (2001): Schulkultur und Schulmythos. Rekonstruktionen zur Schulkultur I. Opladen: Leske und Budrich. – Holtappels, H. G. (Hrsg.) (1995): Entwicklung von Schulkultur. Neuwied: Luchterhand. – Meyer, J. W./Ramirez, F. O. (2005): Die globale Institutionalisierung der Bildung. In: Meyer, J. W. (Hrsg.): Weltkultur. Wie die westlichen Prinzipien die Welt durchdringen. Frankfurt a. M.: Suhrkamp, S. 212-235. – Pongratz, L. A. (2004): Freiwillige Selbstkontrolle. Schule zwischen Disziplinar- und Kontrollgesellschaft. In: Ricken, N./Rieger-Ladich, M. (Hrsg.): Michel Foucault: Pädagogische Lektüren. Wiesbaden: VS Verlag, S. 243-261. – Rabenstein, K. (2007): Das Leitbild des selbständigen Schülers: Machtpraktiken und Subjektivierungsweisen in der pädagogischen Reformsemantik. In: Rabenstein, K./Reh, S. (Hrsg.): Kooperatives und selbständiges Arbeiten von Schülern. Wiesbaden: VS Verlag, S. 39-61. – Reckwitz, A. (2004): Die Kontingenzperspektive der ‚Kultur': Kulturbegriffe, Kulturtheorien und das kulturwissenschaftliche Forschungsprogramm. In: Jaeger, F./Rüsen, J. (Hrsg.): Handbuch der Kulturwissenschaften. Band III: Themen und Tendenzen. Stuttgart, Weimar: Metzler, S. 1-20. – Schein, E. (1992): Organizational Culture and Leadership. San Francisco: Jossey-Bass. – Stenke, /Melzer, W. (1998): Schulkultur aus der Sicht der quantitativ orientierten Schulentwicklungsforschung. In: Keuffer, J./Krüger, H. H./ Reinhardt, S./Weise, E./Wenzel, H. (Hrsg.): Schulkultur als Gestaltungsaufgabe. Weinheim: Deutscher Studienverlag, S. 141-162. – Willems, K. (2007): Schulische Fachkulturen und Geschlecht. Physik und Deutsch – natürliche Gegenpole? Bielefeld: Transcript. – Wulf, C./Althaus, B./Blaschke, S./Ferrin,N./Göhlich, M./Jörissen, B./Mattig, R./Nentwig-Gesemann, I./Schinkel, S./Tervooren, A./Wagner-Willi, M./Zirfas, J. (2007): Lernkulturen im Umbruch. Wiesbaden: VS Verlag. – Ziehe, T. (1984): „Ich bin heute wohl wieder unmotiviert". Zum heutigen Selbstbild von Schülern und Lehrern. In: Bohnsack, F. (Hrsg.): Sinnlosigkeit und Sinnperspektive. Die Bedeutung gewandelter Lebens- und Sinnstrukturen für die Schulkrise. Frankfurt a. M.: Diesterweg, S. 116-134.

20 | Institution und Schulkultur
Josef Keuffer und Matthias Trautmann

Die Ausdrücke „Institution" und „Schulkultur" bezeichnen beide zunächst ganz allgemein Systeme von Regeln mit einem Geltungsanspruch, mithilfe derer Handeln organisiert wird. Während aus der Perspektive der „Institution" vor allem die Spielregeln im Sinne externer gesellschaftlicher Leitideen und Handlungsbedingungen in das Zentrum der Betrachtung rücken, verweist „Schulkultur" auf die Binnenordnung von Schule(n), welche von den Akteuren in Auseinandersetzung mit äußeren Strukturvorgaben hervorgebracht wird. Für Schulentwicklung sind beide Aspekte von zentraler Bedeutung, da sie einerseits zahlreiche Veränderungsmöglichkeiten markieren, andererseits aber auch einen limitierenden Rahmen möglicher Reformen abstecken.

Schule als Institution
Schule ist in modernen Gesellschaften eine Institution ersten Ranges; als „öffentliche Einrichtung für Massenlernprozesse" (Herrlitz 1994, S. 28) werden darin Bildungs- und Erziehungsprozesse organisiert. Sie hat sich in ihrer heutigen Verfasstheit in einem langen historischen Prozess entwickelt, wie alle Institutionen ein „Eigenleben" entwickelt, und muss verschiedenen, teils widersprüchlichen Anforderungen gerecht werden, wobei sie eingebunden ist in Gesetze, institutionelle Routinen, kulturelle Überzeugungen sowie mit anderen Teilbereichen des Bildungssystems und der Gesellschaft in Verbindung steht.
Obwohl die Rede von der Institution Schule weit verbreitet ist, wurde die Institutionenperspektive in der Erziehungswissenschaft bzw. Schulpädagogik bisher – mit Ausnahme von Merkens (2006) und Fend (1980; 2006) – kaum systematisch aufgearbeitet. Als Grund dafür führt Merkens neben der Unschärfe des Institutionenbegriffs die Komplexität des Gegenstandes an, da „die verschiedenen Aspekte der Institution von der Organisation der pädagogischen Lehr-Lern-Verhältnisse über die für das Unterrichten vorgegebenen Ziele, die Einbettung in das Schulsystem bis zur Auswahl einer Theorie der Institution bzw. Organisation geklärt werden müssten" (Merkens 2006, S. 22f). Von der Vielzahl an Diskursen sollen hier drei exemplarisch aufgeführt werden:

a) Im *historisch-analytischen Diskurs* wird die geschichtliche Herausbildung der Institution Schule thematisiert. In ihrer heutigen Normalform ist sie im Wesentlichen erst im Laufe des 19. Jahrhunderts in Europa und den USA entstanden und hat sich im 20. Jahrhundert weltweit gegen andere Lösungen (z.B. das Hauslehrermodell) durchgesetzt. Herausgearbeitet wurden als abstrakte, universelle Prinzipien des Schulehaltens – die nicht notwendig die Realität wiedergeben, (vgl. Herrlitz 1994; Leschinsky & Cortina 2003):
- *Raum-zeitliche Verselbstständigung des Lernens:* Lernen durch Mitmachen und Nachahmung in naturwüchsigen Alltagssituationen wird ersetzt durch planmäßige, systematisch-kumulative Vermittlung von Wissen und Fähigkeiten in unterschiedlichen Rationalitätsmodi (Unterricht, Curricula).
- *Symbolische Vermittlung des Lernens:* Gelernt wird nicht mit und an den Dingen selbst, sondern zunehmend über deren symbolische Repräsentationen (Texte, Bilder, Modelle).
- *Zeitbindung des Lernens:* Zeitfenster für Lernen werden zur Verfügung gestellt, und zwar relativ unabhängig von den Lernbedürfnissen und -motiven der Schüler, in Schuljahren, Schulwochen, Schultagen und Unterrichtsstunden sowie meist außerhalb unmittelbarer Anwendungsmöglichkeiten (Lernen für die Zukunft).

- *Professionelle Anleitung des Lernens:* Speziell ausgebildete Lehrpersonen übernehmen die Ausbildung und Erziehung der Heranwachsenden; Lehrer- und Schülerrollen werden ausgebildet, in denen Kinder und Jugendliche nicht wie in Familien mit ihrer ganzen Person wahrgenommen werden, sondern als Lernende (Rollenförmigkeit).
- *Schul- oder Unterrichtspflicht:* Tendenziell muss jeder am schulischen Lernen teilnehmen, Kindheit und Jugend sind zu einem großen Teil Schulkindheit und Schuljugend.

Reformpädagogisch inspirierte Programme kritisieren diese „grammar of schooling" (Tyack & Cuban 1995) in unterschiedlicher Radikalität, verbinden dies jedoch zumeist mit der Schaffung einer neuen, jetzt: pädagogisch sinnvollen institutionellen Ordnung, in der die negativen Folgeprobleme dieser Tiefengrammatik vermieden oder doch wenigstens gemildert werden sollen. In derartigen Konzepten geht es zumeist um die Anpassung an Entwicklungsbedürfnisse und Interessen der beschulten Kinder und Jugendlichen und wird die Institution oft als hinderlich für pädagogische Aufgaben dargestellt. Schließlich gibt es auch eine Tradition der radikalen Institutionenkritik, welche Schule grundsätzlich in Frage stellt. Erwähnt seien z.B. der in den 1970er Jahren prominente Ansatz des „De-schooling" von Ivan Illich, aber auch Modelle und Praktiken des Home Schooling, die Erziehung und Unterricht in der Familie realisieren.
Die Forschung hat sich mit Fragen der Institutionalisierung und dem institutionellen Wandel, aber auch mit zahlreichen Reform- und Interventionsversuchen beschäftigt und dabei die Frage gestellt, warum manche Reformen gelingen und andere scheitern (vgl. Tyack & Cuban 1995; Oelkers 2006).

b) Im *soziologisch-schultheoretischen Diskurs* wird die Institution Schule als ambivalenter Möglichkeits- und Handlungsraum dargestellt: Sie schafft einerseits einen stabilen Rahmen und damit Erwartungssicherheit für die Akteure – vor allem für Eltern, Lehrer und Schüler. Dadurch ermöglicht oder erleichtert sie das Handeln unter der grundsätzlichen Bedingung von Kontingenz (vgl. Kuper 2008, S. 438). Zugleich wirken Institutionen aber auch restriktiv, indem sie Kontrolle ausüben und Handeln durch die Vorgabe oder das Nahelegen von bestimmten Bahnen des Denkens und Handelns formen; sie schränken insofern Freiheit(en) ein. Wie stark Institutionen das Handeln und Denken der Akteure beeinflussen, ist umstritten:
- In einer *funktionalistischen* Theorieperspektive erscheint Handeln im Extremfall als bloßer Effekt institutioneller Arrangements; die Systemlogik prägt oder determiniert die Wahrnehmungs-, Denk- und Handlungsmuster der Beteiligten.
- In einer *interaktionistischen* Theorieperspektive werden Institutionen als Ergebnis individueller oder kollektiver Vereinbarungen („negotiated order") und Entscheidungen verstanden; die aktiven Leistungen der Akteure, ihre Präferenzen und ihre Strategien geraten stärker ins Blickfeld.

Eine neuere, vermittelnde Perspektive – der sog. „akteurszentrierte Institutionalismus" – besagt, dass Akteurshandeln in Institutionen nicht im Sinne eines strikten Kausalzusammenhanges „determiniert" wird, aber „geleitet von den kognitiven Schemata der Wahrnehmung von Institutionen und von der Balancierung einer Vielzahl von Optionen" erfolgt (Fend 2006, S. 163). Institutionen stellen demnach Raum und Gelegenheiten für die Akteure zur Verfügung, so dass sie auf der Basis von expliziten wie impliziten Regeln miteinander interagieren können bzw. müssen. Wie dies im Einzelnen geschieht, wird zu einer empirisch zu ermittelnden Frage.
Merkens (2006) hat einen umfassenden theoretischen Entwurf vorgelegt, der das Spezifische pädagogischer Institutionen herauszuarbeiten versucht: Zu deren Kernmerkmalen rechnet er:

die Organisation pädagogischer Verhältnisse, Beurteilen und Bewerten, Verwalten sowie Beraten und Helfen. Im Zentrum seiner Überlegungen stehen allerdings die pädagogischen Aufgaben innerhalb von Institutionen allgemein, nicht die gesellschaftlichen „Zubringerdienste" der Schule, wie sie insbesondere von Fend immer wieder herausgearbeitet wurden als – nicht immer einheitlich benannte und modellierte – Reproduktionsfunktionen des Schulsystems (vgl. Fend 1980: Qualifikation, Selektion, Integration; Fend 2006: Enkulturation, Qualifikation, Allokation, Integration).

c) In einer *empirisch-sozialwissenschaftlichen Perspektive* werden die „Spielregeln" der Institution Schule zum Gegenstand der empirischen Sozialforschung. Dafür hat sich die Unterscheidung zwischen der Mikroebene des Lehrerhandelns, der Mesoebene der Einzelschule sowie einer Makroebene des Schul- bzw. Bildungssystems als tragfähig erwiesen. Auf allen drei Ebenen wirkt ein *äußerer* institutioneller Rahmen, der durch Aufgaben, Regeln und Vorgaben aus der schulischen Umwelt konstituiert wird:
- *Aufgaben* beziehen sich auf gesellschaftliche Zielerwartungen und sind für Schule in der Regel unscharf und z.T. auch widersprüchlich formuliert. Darunter fallen sowohl für andere Teilbereiche der Gesellschaft zu leistende *Funktionen* als auch *pädagogische Aufgaben* i.e.S. (Bildungs- und Erziehungsauftrag der Schule).
- *Regeln* (i.e.S.) betreffen meist formale (rechtsförmige) Handlungsvorschriften, wie sie sich für Schule konkretisieren in Schulgesetzen sowie einer großen Menge an Rechts- und Verwaltungsvorschriften (Stundentafeln, Lehrplänen, Schullaufbahnregularien, Klassenfrequenzen, Lehrerdeputatszahlen, Schulverfassung, Rechtsstellung der Akteure).
- *Vorgaben* setzen einen materialen Rahmen bezüglich organisatorischer Aspekte, wie z.B. allgemeiner Finanzierungsfragen, Fragen der Steuerung und Qualitätssicherung, Schulhausarchitektur oder auch der Einbindung der Schule in das weitere Bildungssystem.

Dieser Rahmen ist „das Ergebnis sozialer Vereinbarungen oder auch von Machtkonstellationen" (Fend 2006, S. 153) – wobei hier immer eine historische Dimension mitzudenken ist.
Die national, regional oder lokal unterschiedlichen Ausformungen des Schulehaltens, ihre Wirkungen und Nebenwirkungen werden von einer kaum zu überblickenden Vielzahl an Forschungsarbeiten untersucht (vgl. Helsper & Böhme 2004 sowie Kapitel 8 in diesem Handbuch). Als interessanter neuer Ansatz zur Erforschung von komplexen institutionellen Zusammenhängen haben sich in jüngster Zeit Theorien zur „educational governance" positioniert, die neue Steuerungsmaßnahmen in einem Mehrebenensystem zu analysieren beanspruchen.

Schule als Schulkultur
Ewald Terhart (1994, S. 686) beobachtete 1994 die „unübersehbare Karriere des ‚Kultur'-Begriffs im Zusammenhang mit Schule, Unterricht und Lehrerberuf". Dieser kulturalistische Boom ist nicht auf die Erziehungswissenschaften beschränkt und lässt sich zunächst als semantischer Wechsel von den in den 1960er und 1970er Jahre dominanten Großbegriffen „Gesellschaft" und „Struktur" hin zu einer neuen Metapher verstehen.
Der Ausdruck Schulkultur kann einmal normativ verwendet werden im Sinne der „guten Schule"; er dient dann als „pädagogische Perfektionsformel, mittels derer die Schulpädagogik (…) selbst in eine Art pädagogisches Verhältnis zu ihrem Gegenstandsbereich tritt" (Terhart 1994, S. 696). Vergleichbar den Schülerinnen und Schülern sollen jetzt Lehrende und Schulen lernen und sich entwickeln bzw. durch innere Reformen am „Haus des Lernens" bauen. Über Unterscheidungen wie Lern-, Erziehungs- und Organisationskultur werden Gestaltungsarenen

identifiziert, um die „pädagogische Entfaltung von Schulqualität" voranzutreiben (Holtappels 1995, S. 6). Die in den 1990er Jahren zu diesem Zweck propagierten Instrumente wie Schulautonomie, Schulprogramme und -profile, innere Evaluation, Lehrerkooperation usw. zielten dabei auf die Entwicklung der neuen, besseren, pädagogischen Schule. Auch hier kann auf die Vielzahl an Forschungs- und Entwicklungsarbeiten nur verwiesen werden (vgl. als Überblick Wenzel 2004).

Eine andere, weniger auf Veränderung als auf Analyse gerichtete Verwendung des Ausdrucks wird von Helsper et al. (2001, S. 11) vorgeschlagen. Hier wird Schulkultur als „symbolische Ordnung der Einzelschule konzipiert, die durch symbolische Kämpfe und Aushandlungen der einzelschulischen Akteure in Auseinandersetzung mit den Strukturen des Bildungssystems im Rahmen sozialer Kämpfe um die Definition und Durchsetzung kultureller Ordnungen generiert wird". Unterschieden werden drei vertikale Ebenen:

- Die Ebene des *Realen*: „die jede Einzelschule vorstrukturierenden und rahmenden gesellschaftlichen Strukturierungen sowie die damit einhergehenden Antinomien" (ebda., S. 24).
- Die Ebene des *Symbolischen*: Diese umfasst „die Interaktions- und Kommunikationsprozesse der Handlungen und Handlungsverkettungen verschiedener schulischer Akteure in der einzelnen Schule" (ebda., S. 25).
- Die Ebene des *Imaginären*: „das Selbstverhältnis der Institution bzw. der kollektiven und individuellen Akteure zu sich selbst", sprich die Selbstbilder und an zentraler Stelle der „Schulmythos" (ebda., S. 25).

Im Kern einer Schulkultur stehen spezifische Anerkennungsstrukturen, die sich zusätzlich auf vier horizontalen Dimensionen ausformen: Partizipation, Leistung, pädagogische Orientierungen und Inhalte. Vor dem Hintergrund dieses Modells verfolgt die Autorengruppe ein ambitioniertes Forschungsprogramm, welches davon ausgeht, dass „Schulen nur in einer komplexen, über mehrere Ebenen erfolgenden und diese systematisch in einem Abgleich der ermittelten Sinnstrukturen und Strukturprobleme miteinander verknüpfenden rekonstruktiven Sinnstrukturanalyse angemessen zu verstehen sind" (Helsper et al. 2001, S. 551). Über ethnographische Beobachtungen, qualitative Interviews und die objektiv-hermeneutische Analyse von Schüler- und Lehrer-Reden auf Abiturfeiern kommen so differente Ausprägungen des Schulehaltens in Einzelschulen bzw. kommt die Pluralität regionaler und lokaler „Schulkulturen" in den Blick. Verschiedene Arbeiten in der Tradition der Schülerbiographieforschung untersuchen weitergehend die Passung zwischen derartigen Schulkulturen und individuellem Schülerhabitus.

Für die vier Dimensionen der Schulkultur werden thesenhaft Entwicklungsrichtungen formuliert: Für die schulischen Anerkennungs- und Partizipationsverhältnisse wird die Ablösung des besonderen Gewaltverhältnisses durch eine ambivalente Partizipationsaufforderung behauptet. Für die Leistungsdimension wird deren zunehmende Vorrangstellung und die Universalisierung individualisierter Leistungserbringung diagnostiziert. Für die pädagogischen Orientierungen wird die Entwicklung von einer Unterordnungs- und Gehorsamsforderung hin zur antinomischen Anforderung an informalisierte schulische Aushandlungsprozesse festgestellt und für die Fachinhalte die These einer Entwicklung des Kanons zum flexibilisierten Angebot und seinen Ambivalenzen aufgestellt (vgl. Helsper 2000).

Forschungs- und Entwicklungsperspektiven für Schulentwicklung

Während in den 1980er und 1990er Jahren ausgehend von der „pädagogischen Handlungseinheit" der Einzelschule Schulentwicklungsprogramme ihre Anstrengungen vor allem auf die Weiterentwicklung der inneren Kultur der einzelnen Schule richteten, sind mit neueren Untersuchungen der Bildungsforschung inzwischen auch Unterschiede auf Makro- und Mikroebene stärker in den Blickpunkt gerückt. Vor diesem Hintergrund können komparatistisch wichtige Besonderheiten des (west-)deutschen Modells von Schule identifiziert werden, insbesondere ihre staatlich-föderale Struktur, die hierarchische Gliederung der Sekundarstufe sowie die Trennung zwischen allgemeiner und beruflicher Bildung. Fend (2004) nennt in seinem Vergleich nationaler Bildungskulturen zusätzlich folgende Spezifika des deutschen Systems auf der Makroebene, bei denen sich in einigen, aber nicht allen Bereichen mittlerweile eine nachholende Modernisierung andeutet:

- Beamtenstatus der Lehrerschaft,
- terminaler Systemcharakter, bei dem die abgebende Schule die Berechtigungen für die aufnehmenden Institutionen erteilt (*exit exams*),
- hochgradige Selektivität des Bildungssystems mit der Gefahr einer Entsorgungsmentalität,
- Input-Steuerung über Lehrpläne, Verwaltungsvorschriften usw. und enge Kopplung zwischen Lehre und Vergabe von Berechtigungen in der Person des Lehrers,
- inputgesteuerte Ressourcenvergabe und Qualitätskontrolle auf übergeordneter Ebene
- geringe Beteiligung der Öffentlichkeit an der Qualitätskontrolle,
- Komprimierung der Unterrichtszeiten auf den Vormittag.

Darüber hinaus verweist Fend auch auf weitere Faktoren bei der Erklärung von Leistungsunterschieden zwischen Schulsystemen: die besondere historische Situation eines jeden Landes, eine unterschiedliche kulturelle Wertschätzung des Lehrens und Lernens sowie verschiedene ökonomische und sozialstrukturelle Kontextbedingungen. Diese „weichen Faktoren" – wie z.B. Ansehen von Lehrpersonen, soziale Mobilität, Familienbilder, regionale Arbeitsmärkte – stehen in engen Wechselwirkungen mit dem schulinstitutionellen Rahmen und verweisen ebenso wie die makrostrukturelle Ebene auf eine in Zukunft stärker in den Blick zu nehmende Dimension von Schulentwicklung.

Die Diskussion um Schulkultur und die Institution Schule hält aus unserer Sicht darüber hinaus vor allem folgende drei Hinweise für Schulentwicklung bereit:

- Schulen sind nicht beliebig reformierbar. Leschinsky und Cortina (2003, S. 28) konstatieren, "dass zentrale Elemente des Bildungswesens einer Eigenlogik von Institutionalisierungsprozessen folgen und damit nur begrenzt wissenschaftlich-technischen sowie politischen Eingriffen offen stehen". Man kann Schulen, mit den Worten eines Hamburger Bildungspolitikers, nicht steuern, sondern nur segeln.
- Schulentwicklung, die ausschließlich von den pädagogischen Aufgaben der Schule her denkt und die deren gesellschaftliche Einbindung nicht angemessen berücksichtigt, wird der Komplexität des Handlungsfeldes nicht gerecht. Schon Fend (1980, S. 27) hatte konstatiert, dass „Schulsysteme mehr geworden [sind] als bloße Instanzen der systematischen Veranstaltung von Lernprozessen. Mit Schulsystemen wird heute versucht, Regionalpolitik (...), Arbeitsmarktpolitik, Verbandspolitik, Wachstumspolitik, Sozialpolitik usf. zu betreiben."
- Schulen wenden Reformprogramme nicht einfach an oder implementieren sie, sondern sie verwenden sie – entsprechend den Handlungslogiken und den Alltagstheorien ihrer Akteure, welche wiederum in enger Wechselwirkung mit den institutionellen Vorgaben sowie den

Normen und Erwartungen der Öffentlichkeit bzw. der schulischen Umwelt stehen. Dies verweist auf die zentrale Bedeutung von Leitideen – z.B. die Idee der Homogenisierung, der evaluationsbasierten Steuerung oder der Integration bzw. Inklusion – für die Verfasstheit und Veränderbarkeit der Institution Schule.

Es gibt zwar einen gesellschaftlichen Grundkonsens darüber, was Schule leisten soll: Er ist im Kern bezogen auf die Vermittlung kultureller Wissensbestände und den Aufbau kognitiver und sozialer Kompetenzen. Diese allgemeine Bestimmung darf allerdings nicht darüber hinwegtäuschen, dass mit Diskussionen über die Gestalt und künftige Ausgestaltung der Schule in der Regel eine politische Agenda verbunden ist: Fundamentale politische Werte und Gerechtigkeitsfragen bilden den Hintergrund von Regeln und Praktiken im Schulbereich, der sich als Kompromiss von – historischen wie aktuell geführten – politischen Überzeugungen und Kontroversen verschiedener Interessengruppen darstellt. Die Herausforderung für Schulentwickler besteht darin, in dieser komplexen Lage *überdauernde* institutionelle Formen zu kreieren, nicht bloß kurzlebige Trends und Moden.

Literatur

Fend, H. (1980): Theorie der Schule. München: Urban und Schwarzenberg. – Fend, H. (2004): Was stimmt mit den deutschen Bildungssystemen nicht? Wege zur Erklärung von Leistungsunterschieden zwischen Bildungssystemen. In: Schümer, G./Tillmann, K. J./Weiß, M. (Hrsg.): Die Institution Schule und die Lebenswelt der Schüler. Wiesbaden: VS-Verlag, S. 15-38. – Fend, H. (2006): Neue Theorie der Schule. Einführung in das Verstehen von Bildungssystemen. Wiesbaden: VS-Verlag. – Helsper, W. (2000): Wandel der Schulkultur. In: Zeitschrift für Erziehungswissenschaft. 3 (1), S. 35-60. – Helsper, W./Böhme, J./Kramer, R.-T./Lingkost, A. (Hrsg.) (2001): Schulkultur und Schulmythos. Gymnasien zwischen elitärer Bildung und höherer Volksschule im Transformationsprozess. Rekonstruktionen zur Schulkultur I. Opladen: Leske+Budrich. – Helsper, W./Böhme, J. (Hrsg.) (2004): Handbuch für Schulforschung. Wiesbaden: VS-Verlag. – Herrlitz, H.-G. (1994): Lob der Institution Schule. In: Gropengießer, I./Otto, G./Tillmann, K. J. (Hrsg.): Schule. Zwischen Routine und Reform. Friedrich Jahresheft XII. Seelze: Friedrich Verlag, S. 28-30. – Holtappels, H. G. (1995): Schulkultur und Innovation – Ansätze, Trends und Perspektiven der Schulentwicklung. In: Holtappels, H. G. (Hrsg.): Entwicklung von Schulkultur. Ansätze und Wege schulischer Erneuerung. Neuwied: Luchterhand, S. 6-36. – Kuper, H. (2008): Institution und Organisation. In: Mertens, G./Frost, U./Böhm, W./Ladenthin, V. (Hrsg.): Handbuch der Erziehungswissenschaften, Band 1: Grundlagen. Allgemeine Erziehungswissenschaft. Paderborn: Schöningh, S. 437-452. – Leschinsky, A./Cortina, K. S. (2003): Zur sozialen Einbettung bildungspolitischer Trends in der Bundesrepublik. In: Cortina, K. S./Baumert, J./Leschinsky,A./Mayer, K. U./Trommer, L. (Hrsg.): Das Bildungswesen in der Bundesrepublik Deutschland. Strukturen und Entwicklungen im Überblick. Reinbek: Rowohlt, S. 20-51. – Merkens, H. (2006): Pädagogische Institutionen. Pädagogisches Handeln im Spannungsfeld von Individualisierung und Organisation. Wiesbaden: VS-Verlag. – Oelkers, J. (2006): Gesamtschule in Deutschland. Eine historische Analyse und ein Ausweg aus dem Dilemma. Weinheim, Basel: Beltz. – Terhart, E. (1994): SchulKultur. Hintergründe, Formen und Implikationen eines schulpädagogischen Trends. In: Zeitschrift für Pädagogik. 40 (5), S. 685-699. – Tyack, D./Cuban, L. (1995): Tinkering Toward Utopia. A Century of Public School Reform. Cambridge, Mass.: Harvard University Press. – Wenzel, H. (2004): Studien zur Organisations- und Schulkulturentwicklung. In: Helsper, W./Böhme, J. (Hrsg.): Handbuch für Schulforschung. Wiesbaden: VS-Verlag, S. 391-425.

21| Schulentwicklung aus evolutionstheoretischer Perspektive
Annette Scheunpflug

Michael Fullan spricht von einer Theorie der Schulentwicklung als eine „neue Sprache, die wir entwickeln sollen, um die Kräfte des Wandels zu bändigen" (Fullan 1999, S. 47). Eine der möglichen – zugegebenermaßen bisher noch wenig explorierten – Sprachen ist diejenige der Evolutionstheorie. Die Evolutionstheorie, Mitte des 19. Jahrhunderts durch A. Wallace und C. Darwin für die Biologie zum ersten Mal formuliert, ist eine Theorie der Beschreibung komplexer Entwicklungsprozesse. Für Wallace und Darwin war die Entwicklung der Arten der empirische Bezugspunkt. Heute erweist sich die Theorie der Evolution für sehr unterschiedliche Gegenstandsbereiche als fruchtbar. Es lohnt sich aus der Perspektive eines evolutionstheoretischen Entwicklungsverständnisses einen Blick auf das Thema „Schulentwicklung" zu werfen.

Die theoretischen Grundannahmen

Die Grundannahme der Evolutionstheorie ist allgemein bekannt: Es wird davon ausgegangen, dass sich Systeme nicht über die lineare Verwirklichung der Ziele eines Schöpfers entwickeln (das wäre eine klassische Schöpfungstheorie, die von den Intentionen eines oder mehrerer Urheber ausgehend Entwicklungsverläufe erklärt), sondern über ein komplexes Zusammenspiel von Variationen eines Systems und Selektionen in der Umwelt. Variationen und Selektionen werden selbstreferentiell und autopoietisch erzeugt. Was als System interpretiert wird, hängt jeweils vom beobachteten Problem ab (Gene sind die in den Lebenswissenschaften üblichen Bezugsgrößen). Systeme sind nicht als ontologische Einheiten zu verstehen, sondern als ein Theoriekonstrukt. Jedes System operiert nach den ihm eigenen Gesetzmäßigkeiten und nimmt nur unter dieser Perspektive die es jeweils umgebende Umwelt wahr (vgl. für die Biowissenschaften Darwin 1860; für soziale Zusammenhänge Luhmann 1975). Systeme operieren in diesem Entwicklungsprozess auf der Grundlage einer inhärenten Kommunikationseinheit (Eiweißverbindungen, Sprache etc.). Ausgehend von einer grundsätzlichen Knappheit von Ressourcen wird davon ausgegangen, dass – bedingt durch die selbstreferentiellen Selektionen der Umwelt – nicht alle Variationen Resonanz erfahren.

Diese Grundannahmen lassen sich als Theorieblick auch auf die Interpretation von Schulentwicklungsprozessen anwenden. Schulentwicklungsprozesse werden dann nicht aus der Perspektive der Intentionen ihrer Akteure interpretiert, sondern als Entwicklungsabläufe, in denen Kommunikation variiert und durch die Umwelt rezipiert (oder auch nicht rezipiert) wird. Damit wird die Analyse auf die jeweiligen selbstreferentiellen Bezüge schulischer Kommunikation gerichtet und die Frage nach der Funktionalität von Entwicklungsprozessen gestellt.

Entwicklungsverständnis

Eine evolutionstheoretisch fundierte Theorie der Schulentwicklung lenkt den Blick auf den Veränderungsprozess, die „Ent-wicklung":

- *Ein teleonomes Entwicklungsverständnis:* Mit Hilfe der Evolutionstheorie werden Entwicklungsvorgänge als teleonome Prozesse interpretiert. „Ein teleonomischer Vorgang oder ein teleonomisches Verhalten ist ein Vorgang oder Verhalten, das sein Zielgerichtetsein dem Wirken eines Programms verdankt." (Mayr 1991, S. 61). Während teleologische Kausalerklärungen direkte Verbindungen zwischen Ursache und Wirkung aufgrund eines Zieles annehmen, ist die teleonomische Erklärung von Kausalität indirekt über die umgebende Struktur interpretiert. Kausalität wird über ein Ereignis, das Anschlussmöglichkeit innerhalb eines Systems findet und von daher weiterverarbeitet werden kann, beschrieben. Von Ursachen kann dann nur noch indirekt auf Wirkungen und vice-versa geschlossen werden. Die Theorie lenkt den Blick also darauf, dass Richtungen von Entwicklung häufig durch die Struktur des Systems entstehen.
- *Komplexität:* Entwicklungen bzw. Schulentwicklungsprozesse werden in dem Sinne als komplex verstanden, dass Ursachen und Wirkungen nicht immer linear aufeinander bezogen werden können (vgl. Fullan 1999, S. 46f). Solche Prozesse sind denen eines ökologischen Gleichgewichtes ähnlich. Eine evolutionstheoretisch fundierte Schulentwicklungstheorie interpretiert damit Schulentwicklungsmodelle als eine Als-Ob-Fiktion, die einen einfachen, linearen Entwicklungsprozess unterstellen.
- *Eine richtungsoffene Entwicklung:* Es wird von einem Entwicklungsbegriff ausgegangen, in dem das – im Schulentwicklungsdiskurs häufig dominante – Moment der „Verbesserung" einer Schule keine Rolle spielt. Entwicklung wird als richtungsoffen interpretiert und konzeptuell nicht mit „Fortschritt" oder „Höherentwicklung" verknüpft. Diese Theorie verweist darauf, dass sich eine Schule permanent entwickelt, auch wenn sie nicht in einen intendierten Schulentwicklungsprozess eingebunden ist. Eine evolutionstheoretische Perspektive auf Schulentwicklung regt dazu an, die dem Schulentwicklungsprozess implizite Normativität zu kontrollieren und der alltäglichen Entwicklung von Schule Beachtung zu schenken.

Die Agenten von Entwicklung

Auch eine funktionale Entwicklungstheorie vermag die *Agenten von Entwicklung* und deren *Intentionen* zu beobachten. Eine solche Theorie lenkt den Blick auf die Tatsache, dass die Intentionen der handelnden Personen und die Richtung eines Entwicklungsprozesses nicht übereinstimmen müssen und empirisch häufig auch nicht übereinstimmen. Gut gemeinte Entwicklungsimpulse können eine andersartige Entwicklung hervorrufen: Das Ziel, einen Schulentwicklungsprozess über eine Verordnung zur Schulprogrammgestaltung zu initiieren, kann in andere Ziele übersetzt werden (wie z.B. mit möglichst wenig Aufwand einer Verordnung Genüge zu leisten oder eine Entlastungsstunde zu ergattern). Manchmal führen Intentionen, die nicht primär der Entwicklung einer Organisation dienen (wie z.B. persönlicher Ehrgeiz), aber durchaus zu fruchtbarer Organisationsentwicklung. Ein evolutionstheoretisch fundierter Blick auf Schulentwicklungsprozesse regt dazu an, die jeweils unterschiedlichen Zielvorstellungen der beteiligten Systeme in den Blick zu bekommen und ihr gegenseitiges Konkurrenz- und Kooperationsverhalten zu beobachten.

Von der Planbarkeit des Unplanbaren: der Blick auf Strategien

Eine evolutionstheoretisch fundierte Theorie der Schulentwicklung lenkt den Blick auch auf die Komplexität von Entwicklung (siehe oben). Kann eine solche Theorie aber auch Reflexionshilfen für den Umgang mit Schulentwicklungsprozessen in prospektiver Hinsicht bieten?

- *Die Planung von Anfangssituationen:* Geplant werden können nach dieser Perspektive jeweils nur die Impulssituationen. Es wird intentional ein Impuls gesetzt, der von den beteiligten Systemen selbstreferentiell rezipiert oder nicht rezipiert wird. Ein solches Verständnis von Entwicklung mag entlasten ohne in die Verantwortungslosigkeit zu führen.
- *Die Bedeutung der Bedingungen von Kooperation:* Kooperierendes Verhalten spielt in der Schulentwicklung eine große Rolle, letztlich kann Schulentwicklung auch als eine gemeinsame Kooperation in eine bestimmte Richtung interpretiert werden. Dazu liefert die Evolutionstheorie einige Hinweise, verweist sie doch auf die Bedingungen der Entstehung von Kooperation (vgl. Axelrod 1997; Zahavi & Zahavi 1998).
- *Das Nutzen des Kairos:* Eine evolutionstheoretische Perspektive lenkt den Blick auf die Bedeutung des Zufalls bzw. das Erkennen von für die Schulentwicklungsziele fruchtbaren Zufällen.
- *Absorption von Komplexität über Komplexität:* Eine Strategie, die zur Nutzung von Zufällen hilfreich ist, ist jene, komplex vorzugehen. Komplexität kann Komplexität absorbieren – und eine breite Palette an Interpretationsmöglichkeiten, fundiertes Orientierungswissen wie auch eine breite Handlungserfahrung mit alternativen Handlungsmöglichkeiten erleichtern die Gleichzeitigkeit von Planung und spontaner Reaktion.

Grenzen dieser Theorie

Wie jede (Super)theorie, so sind auch einem evolutionstheoretisch fundierten Blick auf Schulentwicklungsprozesse Begrenzungen inhärent. Sie ist eine Beobachtungstheorie. Diese Begrenzung der Theorie hat Folgen (vgl. Bätz 2004):
- Eine evolutionstheoretisch fundierte Theorie der Schulentwicklung verfügt über kein begriffliches Instrumentarium der Begründung und Setzung von Normen. Gleichzeitig entsteht die Gefahr, diese Theorie selbst normativ zu wenden (und damit in die Falle eines sozialdarwinistischen Verständnisses zu laufen).
- Eine solche Theorie vermag keine Handlungsanleitung für die Durchführung von Schulentwicklungsprozessen zu geben. Sie vermag damit Handlungen nur insofern anzuleiten, als dass sie Bedingungen für Handlungen ausleuchtet.
- Eine solche Theorie ist eine „kalte" Theorie, die funktionale Zusammenhänge erläutert, aber keine Vision entwirft.

Ausblick

Ein evolutionstheoretisch fundierter Blick auf Schulentwicklung vermag als Beobachtungstheorie blinde Flecken einer handlungstheoretischen Theoriebildung auszuleuchten. Als Theorie ist diese Perspektive durch ihre Erklärungskraft von Interesse. Zudem fasziniert sie durch ihre inhärente Eleganz, da sie sich auf verschiedene Bereiche schulischer Theoriebildung, so etwa im Hinblick auf eine Entwicklungstheorie der Institution (vgl. Scheunpflug 2009) oder des Unterrichts (vgl. Scheunpflug 2001), anwenden lässt. Eine konsistente evolutionstheoretische „Organisationspädagogik" (Rosenbusch 2005) der Schule ist allerdings noch in weiter Ferne.

Literatur
Axelrod, R. (1997): Die Evolution der Kooperation. 4. Aufl. München: Oldenbourg. – Bätz, R. (2004): Schulentwicklung – Zur handlungstheoretischen und evolutionstheoretischen Explikation eines akuten Begriffs. Im Rahmen der Streitvorlesung „Vor-Überlegungen zu einer Theorie der Schulentwicklung". [vgl. http://www.uni-bamberg.de/schulpaed/personen/pd_dr_roland_baetz/; Datum der Recherche: 10.3.2009] – Darwin, C. (1860):

On the Origin of Species by Means of Natural Selection, or the Preservation of Favoured Races in the Struggle for Life. London: Murray. – Fullan, M. (1999): Die Schule als lernendes Unternehmen. Konzepte für eine neue Kultur in der Pädagogik. Stuttgart: Klett-Cotta. – Luhmann, N. (1975): Systemtheorie, Evolutionstheorie und Kommunikationstheorie. In: Luhmann, N. (Hrsg.): Soziologische Aufklärung. Band 2. Opladen: Westdeutscher Verlag, S.193- 203. – Mayr, E. (1991): Eine neue Philosophie der Biologie. München: Piper. – Rosenbusch, H. (2005): Organisationspädagogik der Schule. Grundlagen pädagogischen Führungshandelns. München, Neuwied: Luchterhand. – Scheunpflug, A. (2001): Evolutionäre Didaktik. Unterricht aus system- und evolutionstheoretischer Perspektive. Weinheim, Basel: Beltz. – Scheunpflug, A. (2009): Schule aus evolutionärer Perspektive. In: Blömeke, S./Bohl, T./Haag, L./Lang-Wojtasik, G./Sacher, W. (Hrsg.): Handbuch Schule. Bad Heilbrunn: Klinkhardt, S. 28-32. – Zahavi, A./Zahavi, A. (1998): Signale der Verständigung. Das Handicap-Prinzip. Frankfurt/Main, Leipzig: Insel Verlag.

22| Psychoanalytische Theorie und Schulentwicklung
Wolfgang Schönig

Begriffsklärungen: Von der Psychoanalyse zur Psychoanalytischen Theorie

Im vorigen Jahrhundert dürfte es kaum ein anderes Anwendungsbezogenes Theoriesystem gegeben haben, das die Auffassung vom Menschen und von den pädagogischen Einflüssen auf die Heranwachsenden so schwerwiegend verändert hat, wie die Psychoanalyse Sigmund Freuds (1856 bis 1939). Als Tiefenpsychologie ermöglicht sie eine völlig neue Sicht auf die unbewussten Vorgänge des Seelenlebens, auf die Triebhaftigkeit des Kindes, die Beziehungsdynamik zwischen Eltern und Kind und die Entstehung der Neurose. Allerdings wird sie auch heute noch verkürzend als Therapieform und als Krankheitslehre wahrgenommen. Hans-Martin Lohmann kommt stattdessen zu der Kennzeichnung, „...die Psychoanalyse sei in erster Linie nicht eine Krankheitslehre (und ein therapeutisches Verfahren zur Heilung von Krankheiten), sondern die umfassende *Theorie vergangener und gegenwärtiger Kultur* sowie die Lehre von den individuell und kollektiv internalisierten Opfern, die die Kultur als Preis ihres Erhalts den Individuen abverlangt" (Lohmann 1987, S. 20; Hervh. W. Sch.). Wenn man diesen Gehalt der Psychoanalyse anerkennt, dann verschieben sich die Gewichte deutlich zu einer *Kultur- und Interaktionstheorie*. Zu diesem Kontext gehört auch das Arbeiten und Leben in den spezifischen Organisationskulturen der Schulen. Deshalb empfiehlt es sich, den missverständlichen Begriff der Psychoanalyse zurückzulassen und durch den Begriff der Psychoanalytischen Theorie (im Folgenden abgekürzt PT) zu ersetzen.

Historische Aspekte zum Zusammenhang von Psychoanalytischer Theorie, Pädagogik, Schule und Schulentwicklung

Bereits zu Freuds Lebzeiten hat es erste Ansätze gegeben, die pädagogische Praxis mit der PT zu bereichern und eine *Psychoanalytische Pädagogik* zu begründen (vgl. Rehm 1971). Diese Versuche zeigen, dass die Aufmerksamkeit auf die Analyse und Gestaltung *dyadischer Beziehungen* im pädagogischen und quasi-therapeutischen Setting konzentriert blieb. Dies änderte sich erst Mitte der 1960er Jahre, als die PT sich mit einer durchgreifenden Gesellschafts- und Ideologiekritik verband und die „repressiven Autoritätsstrukturen" der Gesellschaft geißelte. In diesem Milieu konnte eine psychoanalytische Institutionskritik gedeihen, die zum ersten Mal seit Siegfried Bernfelds „Sisyphos oder die Grenzen der Erziehung" (1925) auch die Schule als institutionalisierte Veranstaltung von Staat und Gesellschaft einbezog. Die Arbeiten von Peter Fürstenau (z.B. 1967) dürfen als erste psychoanalytisch-schultheoretische Analysen gelten, weil sie die Auswirkungen einer repressiven Gesellschaft auf die Arbeitsstrukturen und -prozesse verdeutlichen: Der Schule wird ein *triebfeindlicher* und *zwanghafter Charakter* vorgeworfen. Sie schaffe „uniforme Bedingungen der Trieb- und Interessenbefriedigung" (Fürstenau 1967, S. 273) und sei „ein Stück archaischer Menschenbehandlung" (ebda., S. 281). Es scheint konsequent, wenn Mario Muck diese Überlegungen fortsetzt mit einer psychoanalytischen Schultheorie (Muck 1980). Muck kommt zu dem Schluss, „dass von dieser Einrichtung ‚Schule' eine neurotisierende Wirkung ausgehen muss" (ebda., S. 150). Auffallend an diesen Publikationen ist, dass sie keinen *konstruktiven* Zugang zur Schule, d. h. zur Gestaltung und Entwicklung der Schule finden. Die Überlegungen bleiben im Analytischen stecken und konzipieren in schlichter Analogie zur Freudschen Krankheitslehre die Schule als ein makroskopisches neurotisches Subjekt. „Schulentwicklung" im Sinne der Gestaltung der Einzelschule als „pädagogischer Handlungseinheit" (Fend 1986) ist bis heute eine Leerstelle im Diskurs der Psychoanalytischen Pädagogik geblieben. Von wenigen Ausnahmen abgesehen sind neuere Publikationen nach wie vor geprägt von Überlegungen zum „szenischen Verstehen", zur *Übertragungsdynamik* im unterrichtlichen Setting (Hirblinger 2003) oder neuerdings auch zur „psychoanalytisch orientierten Selbstreflexion" im Rahmen von Schulpraktika (Würker 2007). Außerhalb dieses Diskussionskontextes gibt es nur vereinzelte Arbeiten, die psychoanalytisches Denken für die *Institutionsanalyse* (Gaertner 1993) oder die *Organisationsberatung* an Schulen (Schönig 2000) fruchtbar zu machen versuchen.

Der Diskurs über Schulentwicklung verläuft unabhängig von den skizzierten Bemühungen in einem separaten Raum. Die populären Schulentwicklungskonzeptionen (s. dieses Kapitel) arbeiten zumeist mit einem *Rationalitätsüberschuss*, indem durch exakte Planung und methodische Steuerung ein *reibungsloser Veränderungsprozess* in der Schule bewirkt werden soll. So soll z.B. durch die Einrichtung von *Steuergruppen* eine effektive und „intermediäre" Basis für die Identifikation und Umsetzung von Veränderungszielen geschaffen werden (Berkemeyer et al. 2007; Rolff 2007). Die Dimension des Subjektiven und des Biografischen wird auf diese Weise übersprungen. Schulentwicklung wird zu einer Angelegenheit der *Verfahrenstechnik*; die Zweifel, Ängste und emotionalen Ambivalenzen werden zum Hindernis, das man geschickt umgehen muss (Schönig 2000). Nur vereinzelt wird der subjektiven Seite Rechnung getragen, z.B. wenn an *Emotionstheorien* angeknüpft wird (Arnold 2004). Wo sich „Schulentwicklung" gar im Systemischen bzw. im Systemtheoretischen generiert, ist eine *Subjekttheorie* von vornherein durch die wissenschaftstheoretische Position ausgeschlossen: Die Erkenntniswege zur Organisation Schule sind durch das mangelnde Selbstreflexionsvermögen des Individuums abgeschnitten (Fried 2002). Es lässt sich festhalten, dass Psychoanalytische Theorie, Schulentwicklungsdiskurs und Schultheorie auf voneinander getrennten Ebenen liegen.

Das Potenzial der Psychoanalytischen Theorie für die Schulentwicklung

Es ist ein großes Verdienst der PT, den Charakter der Verbundenheit des Individuums mit seiner Organisation erhellt zu haben. Die Organisationskultur der Schule, in die der Einzelne hineingestellt ist, hat einen ambivalenten Charakter. Einerseits bieten routinemäßige Abläufe,

Strukturen und Regeln einen festen Rahmen, der ein gutes Maß an Verlässlichkeit, Schutz und Sicherheit garantiert. Auf diese Weise wird die Komplexität reduziert und die soziale *Integration* erleichtert. Andererseits erzeugt dieser Rahmen eine starke *Abhängigkeit*. Er grenzt Flexibilität und Spontaneität ein und birgt die Gefahr der Erstarrung. Schulentwicklung bedeutet für den Einzelnen ein „Grenzmanagement", eine Balance zwischen Integration und „positiver Desintegration", die ihm einerseits die Zugehörigkeit zur Kultur der Schule erlaubt, die ihm andererseits einen Raum für Kreativität, Veränderung und Lebendigkeit offenhält. Dieser Grenzgang wird besonders dann mit hohen emotionalen Beträgen erkauft, wenn die Halt gebenden Verankerungen der Organisationskultur gelöst werden, wenn der Einzelne seine Routinen verändern soll. Im Unterschied zur naturwissenschaftlichen Sicht des Menschen postuliert die Psychoanalyse das *gleichzeitige Vorhandensein unterschiedlicher psychischer Valenzen*, wie z.B. Sympathie und Antipathie. Das Individuum „oszilliert" zwischen diesen Spannungspolen, es schwankt zwischen diffusen Gefühlslagen, die auch durch Schulentwicklung erzeugt werden können.

Angstabwehr und Schulentwicklung
Die Psychoanalytische Theorie hat die intrapsychischen Mechanismen beschrieben, mit denen Menschen auf Ängste reagieren, so genannte Abwehrmechanismen (Projektion, Rationalisierung, Leugnung usw.). Für die Schulentwicklung ist von besonderer Brisanz, dass sich diese Abwehr mit der Abwehr anderer Personen verbinden kann. Durch diese „*interpersonale Abwehr*" entstehen unbewusste *Abwehrbündnisse*, mit denen Anforderungen anderer „ausmanövriert" werden sollen, um sich selbst psychisch zu entlasten. Solche Abwehrkonstellationen können sich ausweiten und verfestigen. Diese „*institutionalisierte Abwehr*" bildet dann unsichtbare Strukturen, die ganze Kollegien durchziehen (vgl. Schönig 2000, S. 54ff). Werden diese Mechanismen nicht als Signale der *Überforderung* erkannt, steuert Schulentwicklung ins Chaos oder in die Erstarrung.

Arbeit mit Gruppen
Wenn es in der Schulentwicklung darum gehen muss, „die latenten Austauschprozesse zwischen Individuum, Gruppen und Institution" (Gaertner 1993, S. 249) zu verstehen, dann ist die Gruppe eine wichtige Arbeitsebene. Winfried Bion (1961; 1991) hat eine Typologie von drei Gruppen mit je eigener emotionaler Dynamik und Abwehr vorgestellt. Seine Grundhypothese ist, dass in jeder Gruppe zwei Funktionsmodi zugleich wirksam sind: die „*Arbeitsgruppe*" und die „*Grundannahmengruppe*". Die Arbeitsgruppe ist gekennzeichnet durch ihre rationale Orientierung an Aufgaben, während die Grundannahmengruppe die regressive, d. h. die durch herabgesetztes Urteilsvermögen und *unbewusste Erfüllung von Wünschen der Gruppenmitglieder* geprägte Seite repräsentiert. Letztere kann sich im Arbeitsprozess durchsetzen, wenn die Beziehungsdynamik dominant wird. Ohne die Klärung dieser Dynamik ist Schulentwicklung schwer möglich.

Beratung der Schulentwicklung
Schulentwicklung ist auf Beratung angewiesen. Franz Wellendorf (1979) hat mit seinem Ansatz der *Sozioanalyse* einen richtungweisenden Vorschlag gemacht, wie die Beratungsbeziehung gestaltet werden sollte. Er rechnet damit, dass die unerledigten Konflikte der Institution durch die Beratung reaktiviert („Wiederholungszwang") und an der Person des Beraters neu inszeniert werden (Übertragung). Ähnlich dem Psychoanalytiker versucht der Berater, die in ihm entstehenden Gefühle zu deuten, seine Wahrnehmungen an die Beteiligten widerzuspiegeln und sie damit dem Dialog zugänglich zu machen. Im Kern geht es also um eine *selbstreflexive Haltung*, die für die Analyse institutioneller Konflikte unerlässlich scheint.

Forschungsperspektiven

Die Ausführungen legen es nahe, einige Forschungsaufgaben aufzuzählen, die auf eine bessere Nutzung der PT in der Schulentwicklung zielen:
1. Die Schulforschung zählt eine „kompetente Schulleitung" zu den Qualitätskriterien einer „guten Schule". Wie die Schulleitung günstige Übertragungsverhältnisse und zu einer „emotionsbewussten Führung" (Arnold 2004) finden kann, ist psychoanalytisch unaufgeklärt.
2. Die Arbeit von Steuerungsgruppen ist ein äußerst sensibler Bereich der Schulentwicklung, über die wir kaum etwas wissen. Es ist wichtig zu erforschen, welche Beziehungsdynamik in der Gruppe die Veränderungsprozesse fördert oder behindert.
3. Mit der Etablierung einer Ergebnissteuerung im Schulwesen ist in den meisten Bundesländern eine externe Evaluation eingerichtet worden. Es ist nichts darüber bekannt, wie sich die Mitglieder der Evaluationsteams aufeinander einstellen bzw. welche Schwierigkeiten sie damit haben.
4. Evaluation, gleich ob intern oder extern, bedeutet immer einen Eingriff in die sensible Soziodynamik eines Lehrerkollegiums (Schönig 2007). Wie Lehrerkollegien mit unterschiedlichen Kulturen darauf reagieren, ist eine Analyse wert.

Literatur

Arnold, R. (2004): Führen und Geführtwerden im Schulalltag – emotionstheoretische Betrachtungen. In: Arnold, R./Griese, Ch. (Hrsg.): Schulleitung und Schulentwicklung. Baltmannsweiler: Schneider, S. 5-12. – Bernfeld, S. (1925/1967): Sisyphos oder die Grenzen der Erziehung. Frankfurt/Main: Fischer. – Berkemeyer, N./Brüsemeister, T./Feldhoff, T. (2007): Steuergruppen als intermediäre Akteure in Schulen. In: Berkemeyer, N./Holtappels, H. G. (Hrsg.): Schulische Steuergruppen und Change Mangement. Weinheim, München: Juventa, S. 61-84. – Bion, W. R. (1991): Erfahrungen in Gruppen und andere Schriften. Frankfurt/Main: Fischer (zuerst 1961). – Fend, H. (1986): Was ist eine gute Schule? In: Westermanns Pädagogische Beiträge. 38 (7/8), S. 8-12. – Fried, L. (2002): Pädagogisches Professionswissen und Schulentwicklung. Weinheim, München: Juventa. – Fürstenau, P. (1967): Neuere Entwicklungen der Bürokratieforschung und das Schulwesen. In: Neue Sammlung. 7 (6), S. 511-525. – Gaertner, A. (1993): Supervision und Institutionsanalyse. In: Muck, M./Trescher, H.-G. (Hrsg.): Grundlagen der Psychoanalytischen Pädagogik. Mainz: Matthias-Grünewald-Verlag, S. 237-258. – Hirblinger, H. (2003): Unterricht als Setting, Rahmen und Prozess. In: Fröhlich, V./Göppel, R. (Hrsg.): Was macht die Schule mit den Kindern? Was machen die Kinder mit der Schule? Gießen: Matthias-Grünewald-Verlag, S. 33-45. – Lohmann, H.-M. (1987): Freud zur Einführung. 2. Aufl. Hamburg: Junius Verlag. – Muck, M. (1980): Psychoanalyse und Schule. Stuttgart: Klett. – Rehm, W. (1971): Die psychoanalytische Erziehungslehre. 2. Aufl. München: Fischer. – Rolff, H.-G. (2007): Steuergruppen als Basis von Schulentwicklung. In: Berkemeyer, N./Holtapels, H. G. (Hrsg.): Schulische Steuergruppen und Change Management. Weinheim, München: Juventa, S. 41-60. – Schönig, W. (2000): Schulentwicklung beraten. Weinheim, München: Juventa. – Schönig, W. (Hrsg.) (2007): Spuren der Schulevaluation. Bad Heilbrunn: Klinkhardt. – Wellendorf, F. (1979): Sozioanalyse und Beratung pädagogischer Institutionen. In: Geißler, K. A. (Hrsg.): Gruppendynamik für Lehrer. Reinbek: Rowohlt, S. 67-83. – Würker, A. (2007): Lehrerbildung und szenisches Verstehen. Baltmannsweiler: Schneider.

23| Governance und Schulentwicklung
Thomas Brüsemeister, Herbert Altrichter und Martin Heinrich

Thema

Die Educational-Governance-Perspektive (EGP) wird von verschiedenen wissenschaftlichen Disziplinen (Erziehungswissenschaft, Bildungssoziologie, Politikwissenschaft) gespeist. Sie untersucht, wie soziale Ordnung und Leistungen im Bildungssystem zustande kommen. Im Gegensatz zum Steuerungsansatz, der seine Aufmerksamkeit auf unilaterale Maßnahmen hervorgehobener Steuerungsakteure (z.B. des Staates) konzentriert, lenkt die EGP die Aufmerksamkeit der empirischen Bildungsforschung darauf, dass Leistungen der Bildungssysteme durch die Koordination von vielen Akteuren entstehen, die durch Interdependenzen voneinander abhängig sind und Akteurkonstellationen ausbilden: Handlungskoordination im Mehrebenensystem steht im Fokus der Analyse. Für die Schulentwicklungsforschung werden Perspektiven zur Verfügung gestellt, mit denen ausgehend vom Leistungskern des Unterrichts Koordinationsgeschehnisse „nach oben hin" verfolgt werden können, ebenso wie Steuerungsmaßnahmen „von oben nach unten" wirksam werden. Berücksichtigt sind zudem „seitwärtige" Beeinflussungen durch die Zivilgesellschaft. Die Vorzüge der EGP liegen damit in einem kontextualisierten Verständnis von Schulentwicklung (SE) als einem Mehrebenenspiel.

Historische Entwicklung, Phasen der Theorieentwicklung

In den Wirtschaftswissenschaften, in der Politikwissenschaft und der Soziologie existieren teilweise seit den 1930er Jahren Governanceanalysen und spezialisierte Begriffe dafür. Neben dem Soziologischen Neo-Institutionalismus und an Foucault orientierten Analysen, die die „kulturalistische" Verbreitung neoliberaler Diskurse und die Aktivierung von Selbst-Ökonomisierung verfolgen, beschäftigen sich Forschende in der sozialwissenschaftlichen Tradition von Mayntz, Schimank u.a. mit Konstellationsprozessen zwischen verschiedenen Akteuren aus Staat, Wirtschaft und Zivilgesellschaft.
Die Adaption dieser Perspektive für den Bildungsbereich ist dagegen jung (Arnott & Raab 2000; Altrichter et al. 2007; Altrichter & Maag Merki 2010). Es wird dabei unterstellt, dass Akteure ihre Einflussbereiche durch Herausbildung monopolartiger Zuständigkeiten zu festigen oder auszubauen suchen. Da die dafür nötigen Ressourcen begrenzt sind, sind Akteurkonstellationen grundsätzlich konflikthaft (Lepsius 1997).

Ausarbeitung

Zentrale Aspekte, Facetten, Unterbegriffe, Anwendungsbereiche
Die Leistung des Governanceansatzes besteht darin, Akteurkonstellationen auf verschiedenen Ebenen zu betrachten. Auf der *Makroebene* wird SE z.B. aus Sicht des Umbaus des Sozialstaates mit der grundsätzlichen Frage nach der Leistungstiefe staatlicher Angebote versehen: Wie weit zieht sich der Staat aus einer Detailsteuerung der einzelnen Schulen zurück? Wie weit werden

die Schulen genötigt bzw. in die Lage versetzt, Angebote (z.B. Sport, Nachmittagsbetreuung) selber zu organisieren bzw. über Personal, Ressourcen usw. selbst zu entscheiden? Wird die Institutionenlandschaft im Zuge von Innovationen umgebaut (z.B. durch die Errichtung intermediärer Evaluationsinstanzen wie der Schulinspektion)?

Auf der *Mesoebene* der einzelnen Schule versucht die EGP Konstellationen zwischen verschiedenen Akteuren (z.B. rechtliche Beziehungen zwischen Schulleitung und Kollegium, netzwerkförmige Beziehungen zu externen Schulpartnern, professionsförmige Beziehungen usw.) in ihren Bedeutungen für die Schul- und Organisationsentwicklung zu erklären. Berücksichtigt werden dabei mikropolitische Konflikt-Dimensionen (Altrichter & Posch 1996).

Auf der *Mikroebene* – in Berücksichtigung der Makro- und Meso-Ebene – werden u.a. folgende Dimensionen analysiert (vgl. zum Folgenden Altrichter & Heinrich 2007):

(a) Leitende Werte, erwartete und unerwartete Ergebnisse: Akteure unterlegen ihren Handlungen in der Regel Absichten, die sich auf Prozesse oder Ergebnisse beziehen. Jedoch erfolgt eine Strukturbildung viel öfter durch Nebenfolgen absichtsvollen Handelns. Die *institutionelle bzw. strukturelle Analyse* zielt demnach systematisch auch auf nicht-intendierte Nebenwirkungen von Entwicklungsprozessen.

(b) Akteure: Was sind „Akteure" in der Perspektive der Governance-Forschung? Handeln können letztlich nur individuelle Akteure. Jedoch auch Gruppen, Organisationen, soziale Bewegungen etc. können in bestimmten historischen Situationen Akteurqualität besitzen, d.h. handlungsfähig sein. Die Frage ist dann, welche Akteurqualität z.B. Steuergruppen in SE-Prozessen haben.

(c) Akteurkonstellationen: Es wird davon ausgegangen, dass die Art und Weise, *wie* ein Akteur im Zuge von Entwicklungsprozessen handelt und einflussreich wird, sich verändert, und zwar auf Grund von Interdependenzen mit anderen. Akteure versuchen sich wechselseitig durch Normen oder Ressourcen (s.u.) zu beeinflussen. Dies geschieht schon durch reines Beobachten, aber auch durch Formen der Beeinflussung und Verhandlung. Für die Analyse stehen zahlreiche Modelle bereit (Hierarchie/Staat, Markt, Gemeinschaft, Netzwerke, Principal-Agent; vgl. Benz et al. 2007). Welche Koordinationsarten in Rein- oder Mischform vorliegen, ist empirisch zu untersuchen.

(d) Strukturen/Verfügungsrechte: Akteuren werden je spezifische *Verfügungsrechte zum Treffen von Entscheidungen* unterstellt (Braun 2001, S. 247). Damit wird grundsätzlich der Blick gleichsam „dezentriert", von den „Steuernden" oder „Regierenden" in den *top levels* der untersuchten Systeme weg, in Richtung der Mitwirkung von sehr unterschiedlichen Akteuren an der Handlungskoordination. (1) Verfügungsrechte sind *Regeln oder Normen,* die höher institutionalisiert sein können, wie Gesetze, Verordnungen, Verträge, Handlungsanweisungen. (2) Ebenfalls gibt es informelle Rechte, „ungeschriebene Gesetze", Umgangsregeln, Gepflogenheiten usw., die für Mikropolitik genutzt werden. Vor allem auf dieser Ebene scheinen sich *unterschiedliche Beteiligungs- und Einflusschancen* eines Akteurs zu entscheiden (vgl. Altrichter & Posch 1996). (3) Schließlich bestehen Verfügungsrechte aus *materiellen und immateriellen Ressourcen,* wie Geld, Zeit, Kompetenz, Sinn usw. Sie versetzen Akteure erst in die Lage, Handlungen zu gestalten und auf eine Akteurkonstellation Einfluss zu nehmen.

(e) Mehrebenensystem: In der Governance-Perspektive untersuchte soziale Systeme werden als *Mehrebenensysteme* verstanden (Kussau & Brüsemeister 2007, S. 63-95).
(1) „Mehrebenensysteme" im Sinne der EGP entstehen, wenn sich Probleme und Lösungen nicht an Grenzen formaler Zuständigkeiten halten (was formalistische Ebenenmodelle nicht berücksichtigen). Entscheidende Fragen der Governance-Analyse liegen darin, wie „Grenzen" zwischen Akteuren konstituiert werden und wie versucht wird, sie zu „überbrücken". Sind die

verschiedenen Handlungsvermögen der Akteure kombiniert, oder halten die Akteure sie unter Verschluss (Langer 2008), so dass eine Akteurkonstellation mehr oder weniger festgefahren ist? (2) Für ein Verständnis der gesamtsystemischen Koordination ist gerade die Verknüpfung von Governance-Formen auf der Meso-Ebene mit der Fein-Struktur der Handlungskoordination und Leistungserbringung auf der Mikro-Ebene entscheidend: Können Schulleitungen und Lehrkräfte verfügbare Informationen für eine produktive Steuerung von Schule und Unterricht verwenden? Bieten „Bildungsstandards" genug Orientierung für die Unterrichtsarbeit der Lehrenden und für die Lernhandlungen der Schülerinnen und Schüler (Altrichter 2008)? Governance-Analysen diskutieren hierbei nicht nur Koordinationsleistungen im Mehrebenensystem, *bevor* Unterricht stattfindet; Unterricht ist selbst eine Koordinationsleistung im Mehrebenensystem, die im Verein mit Handlungskoordinationen auf anderen Systemebenen dazu beiträgt, dass bestimmte Systemleistungen erbracht werden.

Kontroversen
Die EGP ist noch jung; eine intensivierte Diskussion ihrer Theoriegrundlagen und Analysekonzepte ist zu wünschen. Ein Anfangsmissverständnis ist, Koordination müsse immer in Form von expliziter Verhandlung auftreten. Dagegen interessiert Koordination als Analyseperspektive; die empirischen Formen von Koordination sollen erforscht werden. Faktisch finden sich viele einseitige Koordinationsformen, z.B. Beeinflussung durch Monopolisierung einer Zuständigkeit.

Offene Forschungsfragen und Entwicklungsperspektiven

Die bisherigen deutschsprachigen Analysen stellen insbesondere auf Probleme der neuen evaluationsbasierten Steuerung des Staates im Hochschulwesen (vgl. Gläser et al. 2008) und im Schulwesen (Altrichter & Heinrich 2006) ab. Wie sich die Zivilgesellschaft auf SE auswirkt, ist unter Governance-Perspektive noch kaum untersucht. Wir wissen zu wenig darüber, welche Arten der Handlungskoordination welche Arten von Qualität für die SE erzeugen. Auch international-vergleichende Forschungsperspektiven (vgl. Martens et al. 2007) sowie Analysen nationaler Governance-Formen (Altrichter et al. 2005) gibt es erst wenige. Wo sie jedoch einsetzen, erscheinen sie vielversprechend.

Literatur
Altrichter, H. (2008): Veränderungen der Systemsteuerung im Schulwesen durch die Implementation einer Politik der Bildungsstandards. In: Brüsemeister, T./Eubel, K.-D. (Hrsg.): Evaluation, Wissen und Nichtwissen. Wiesbaden: VS Verlag, S. 75-115. – Altrichter, H./Brüsemeister, T./Heinrich, M. (2005): Merkmale und Fragen einer Governance-Reform am Beispiel des österreichischen Schulwesens. In: Österreichische Zeitschrift für Soziologie. 30 (4), S. 6-28. – Altrichter, H./Brüsemeister, T./Wissinger, J. (Hrsg.) (2007): Educational Governance – Handlungskoordination und Steuerung im Bildungssystem. Wiesbaden: VS Verlag. – Altrichter, H./Heinrich, M. (2007): Kategorien der Governance-Analyse und Transformationen der Systemsteuerung in Österreich. In: Altrichter, H./Brüsemeister, T./Wissinger, J. (Hrsg.): Educational Governance. Wiesbaden: VS Verlag, S. 55-103. – Altrichter, H./Heinrich, M. (2006): Evaluation als Steuerungsinstrument im Rahmen eines „neuen Steuerungsmodells" im Schulwesen. In: Böttcher, W./Holtappels, H. G./Brohm, M. (Hrsg.): Evaluation im Bildungswesen. Weinheim: Juventa, S. 51-64. – Altrichter, H./Maag Merki, K. (Hrsg.) (2010): Handbuch Neue Steuerung im Schulsystem. Wiesbaden: VS Verlag. – Altrichter, H./Posch, P. (1996): Mikropolitik der Schulentwicklung. Innsbruck: StudienVerlag. – Arnott, M./Raab, Ch. (Eds.) (2000): The Governance of Schooling. London: Routledge. – Benz, A./Lütz, S./Schimank, U./Simonis, G. (Hrsg.) (2007): Handbuch Governance. Wiesbaden: VS Verlag. – Braun, D. (2001): Regulierungsmodelle und Machtstrukturen an Universitäten. In: Stölting, E./Schimank, U. (Hrsg.): Die Krise der Universitäten. Leviathan Sonderheft 20. Wiesbaden: VS Verlag, S. 243-262. – Gläser, J./Lange, S./Laudel, G./Schimank, U. (2008): Evaluationsbasierte Forschungsfinanzierung und ihre Folgen. In: Neidhardt, F./Mayntz, R./Weingart, P./Wengenroth, U. (Hrsg.): Wissen für Entscheidungsprozesse. Bielefeld: transcript, S.

145-170. – Heinrich, M. (2007): Governance in der Schulentwicklung. Wiesbaden: VS Verlag. – Kussau, J./Brüsemeister, T. (2007): Governance, Schule & Politik. Wiesbaden: VS Verlag. – Langer, R. (2008): Nicht Wissen hilft. Evaluation in der Konkurrenz von Symbolisierungen. In: Brüsemeister, T./Eubel, K.-D. (Hrsg.): Evaluation, Wissen und Nichtwissen. Wiesbaden: VS Verlag, S. 233-274. – Lepsius, R. (1997): Institutionalisierung und Deinstitutionalisierung von Rationalitätskriterien. In: Göhler, G. (Hrsg.): Institutionenwandel. Leviathan Sonderheft. Opladen: Leske und Budrich, S. 57-69. – Martens, K./Rusconi, A./Leuze, K. (Hrsg.) (2007): New Arenas of Education Governance. Basingstoke, New York: Palgrave-MacMillan.

3 Forschungsrichtungen und Forschungsdesigns der Schulentwicklung

24| Einführung: Methoden der Schulentwicklungsforschung
Fritz-Ulrich Kolbe †

Einführung

Verschiedene Forschungsrichtungen haben sich in der Schulentwicklung („SE") als dominanter Form von Schulreform seit Ende der 1980er Jahre in dem Umfang und der Weise entwickelt, in der das Verständnis von Entwicklung auch eine Verwendung von dafür hervorgebrachtem wissenschaftlichem Wissen einschloss. Im Schulentwicklungsdiskurs gab es auch normative Positionen ohne diesen Anspruch, obwohl Entwicklung als Gestaltung neuer Praxis sich nur unter Verwendung theoretischen Wissens vorstellen lässt. Mit dem Wandel des Entwicklungsverständnisses wandelten sich die damit verbundenen Forschungsmethoden. Unterschiedliche Vorstellungen von Forschung und dem hervorgebrachten Wissen implizieren verschiedene Weisen der Wissensverwendung und damit auch eine spezifische Entwicklungspraxis, die dem Entwicklungsverständnis entsprechen muss. Je nachdem, wie der Beitrag von Forschung als Beitrag zur Entstehung des Neuen verstanden wurde, bildeten sich Methoden der die Entwicklung begleitenden Forschung. Je nachdem, ob Forschung eher mit bereits vorausgesetzten (Gegenstands)Kategorien Praxisvollzüge und Wirkungen dokumentierte und korrelationsbezogen analysierte, oder ob durch rekonstruktive Forschung auch Kategorien und ihre empirische Ausformung und Bedeutung erst fallspezifisch entwickelt wurden, entstanden unterschiedliche Forschungsweisen. Gerade am jeweils implizierten Verständnis des Praktiker-Handelns und seiner Bedeutung für Entwicklung ist erkennbar, dass unterschiedliche Vorannahmen verschiedene Methodenkonzepte entstehen ließen, je nachdem, ob Praxis als von Forschung angeleitet oder Praktiker als eigenständige Wissensverwender gedacht wurden.

Deshalb ergaben sich mit dem Wandel des Verständnisses von SE und dem Wandel des dafür als konstitutiv Fokussierten methodische Hauptpositionen, die nun dieses Kapitel einleitend knapp benennt. Deshalb geht es erstens um unterschiedliche Vorstellungen von SE im Sinne einzelschulischer Entwicklung und Eigenverantwortung, die sich grob von den in einer zweiten Phase entwickelten Vorstellungen von SE verstanden als größerer Eigenständigkeit für Wege und Ziele, aber gekoppelt mit extern adressierter Rechenschaftslegung abgrenzen lassen. Drittens entstand ein Verständnis evaluationsbasierter „Autonomie", das nur mehr Eigenständigkeit in Methodenfragen verbunden mit fremdgesteuerter Evaluation durch Standards und Monitoring meint.

Im Rückblick stellen sich die Bemühungen um die Gestaltung von Schule durch Unterrichtsqualität, Schulentwicklung und Systemsteuerung (Fend 2008) als ein Ausdifferenzierungsprozess dar, der schon auf der Ebene politischer Systemsteuerung über bekannte gesetzliche Regelungen hinaus Qualitätssicherung durch neue Ordnungsmodelle und Bildungsmonitoring durch Bildungsforschung und Bildungsinformation hervorbrachte. Auf Organisationsebene von Schulgestaltung und Schulentwicklung entstanden mit Bezug auf verschiedene Akteure, Aufgaben und Verantwortungsbereiche, unterschiedliche Zuschreibungen von Handlungsaufgaben und Handlungsbedingungen, etwa von Organisationsentwicklung, pädagogischer Entwicklung oder Schulkultur. Auf Mikroebene des Professionellen-Handelns finden sich Konzepte zwischen

Professionalisierung einerseits und Qualitätssicherung durch Standards und Fremdevaluation andererseits. Die neue Organisationstheorie hat herausgearbeitet (Kuper 2008), dass diese Ausdifferenzierung Schulen erst dazu zwingt, „entscheidungsmächtige" Organisationen zu werden (ebda. S.155). Das Konzept der Professionalität wird dadurch um eine Kompetenz für die Gestaltung der Organisation Schule erweitert, nämlich über Vorentscheidungen für das Operative des Unterrichtens zu kommunizieren und Entscheidungsbewusstsein zu entwickeln. Partizipative Entscheidungsmechanismen zentralisieren dann Entscheidungen, die der Verantwortung für gemeinsame Aktivitäten und der Verlässlichkeit gegenüber Kollegen dienen, indem Erfahrungsmuster und Kriterien für Leistung und Differenzierung interpretiert und so Entscheidungsprämissen kommuniziert werden. Dem Monitoring etwa durch Vergleichstests käme so verstanden nur die Funktion zu, den dezentralen Entscheidungsträgern rahmend eine gemeinsame Basis für Entscheidungen zu geben, die durch die Professionellen und in je eigener Handlungslogik erwogen werden. Deren Reflexionsleistungen beziehen sich dann als professionalisierende Wissensverwendung etwa auf die Interpretation von Schülerleistungen vor dem Hintergrund didaktisch-diagnostischer Entscheidungen.

Forschungsmethoden der ersten Zugänge zu einzelschulspezifischer Entwicklung

Nach Versuchen der Schulstrukturreform und Curriculumreform und der damit verbundenen Krise der Außensteuerung prägen den Schulreformdiskurs der späten 1980er Jahre Ansätze lokaler Reform durch die Praktiker und die Rezeption internationaler Schulqualitätsforschung. Lokale Ansätze der Aktions- beziehungsweise Handlungsforschung beanspruchen, Forschung und Entwicklung der Praxis als Elemente eines einzigen Prozesses zu organisieren (Altrichter 2000). Praktiker entwickeln, erproben und evaluieren in einem Zusammenhang – die differente Handlungslogik der analytischen Arbeit und des Handlungsvollzugs von Praxis bleibt aber unberücksichtigt, das professionalisierende Potential von Theorie unscharf. Die Arbeit an Faktoren „guter Schulen" beruhte in ihrer Logik auf vielfältigen Vergleichsuntersuchungen, die Schülerleistungen und weitere innere schulische Bedingungen, etwa Leistungsorientierung, Lehrerengagement und -kooperation, Führung und Schulklima miteinander verknüpfen. Den Ergebnissen der Schulvergleichsforschung (Fend 1987) wurde dabei zugeschrieben, auf kausale Zusammenhänge eines durch die Praktiker in die Praxis zu transferierenden Wissens zu verweisen – was heute unstrittig als unterkomplexes Verständnis gilt (s.u.). Der Forschungsfokus wurde so nachhaltig auf die Einzelschule und nachweisliche einzelschulische Differenzen gerichtet, seit Mitte der 1980er Jahre vor allem auf innerschulische Organisationsstruktur und Schulkultur. Der organisationstheoretische Impuls zielte dabei auf weniger bürokratische Strukturen, und wurde schließlich normativ in ein Programm gewendet, die einzelne Handlungseinheit Schule durch Entwicklung ihrer Organisationsstrukturen zum „Motor der Schulentwicklung" zu machen (Dalin & Rolff 1990). Postuliert wurde mehr „Autonomie" der Einzelschule als Erhöhung ihrer Gestaltungsräume durch Deregulierung. Für die Schuladministrationen führte diese Konzeptualisierung dazu, die Einzelschulentwicklung als Steuerungsproblem aufzufassen. Beides brachte Forschungszugänge zur Organisationsentwicklung und zu neuen Steuerungsmodellen hervor (Rolff 1998), welche zur Erforschung der Einzelschulen und deren Entwicklung nach Qualitätsindikatoren in Abhängigkeit von Gestaltungsräumen und neuer Organisationsweise als neues Forschungsdesign gefordert wurden (vgl. Beitrag 28 in diesem Band). Auch diese zielen auf eine Erarbeitung von kausal zu verstehendem, auch an die Praktiker zu vermittelndem Steuerungswissen.

Gleichzeitig führte der Impuls zur Analyse von Schulklima und Schulkultur in Teilen der Forschung auch zu einer Verbindung mit der strukturtheoretischen Professionalisierungstheorie des Lehrerhandelns (Combe & Helsper 1996), indem Kultur als in professioneller Praxis emergierende symbolische Ordnung verstanden wurde. Die Forschung zu SE wurde damit für rekonstruktive Verfahren geöffnet: Für fallrekonstruktive Untersuchungen der schulkulturellen Sinnstrukturen der Praxis (Helsper et al. 2001), ihre Genese und ihrer Wirkungen in schulischen Sozialisationsprozessen (vgl. Beitrag 25 in diesem Band). Gleichzeitig entstand eine hermeneutisch-rekonstruktive Schulforschung, die gleichermaßen auf strukturbezogenes Wissen über Praxis und ihre Wirkungen etwa in Schüler- oder Lehrerbiographien zielte (Reh & Schelle 1999), und in dem Sinne auch als Beitrag zur Schulentwicklung zu verstehen ist, nämlich über die Steigerung von Professionalität. Diese Methoden schreiben ihren Ergebnissen den Charakter eines fallreflexiven Wissens über in der Praxis wirksame Strukturen zu, welches als Voraussetzung und Beitrag zur Steigerung professioneller Reflexivität zu verstehen ist. Als relevant für SE wird hier ein Verständnis der Verwendung forschungsgenerierten Wissens durch die Praxis eingeführt, indem die Professionellen selbst und in der Logik der Praxis relationierend dieses Wissen verwenden. Dadurch wird auch in die SE-Forschung ein Verständnis des Praktiker-Handelns eingebracht, das die Komplexität, Situationsabhängigkeit und Nicht-Technisierbarkeit und Nicht-Standardisierbarkeit pädagogischen Handelns berücksichtigt.

Den SE-Diskurs nach den lokalen (eigenständigen) Entwicklungsprojekten der 1980er prägte insgesamt die Erforschung der Einzelschule, und organisationstheoretische Zugriffe postulieren eine Autonomieentwicklung für sie, verstanden als Selbstgestaltung in Eigenverantwortung und eigener Rechenschaftslegung.

Schulentwicklungsforschung zu administrativ regulierter Autonomie im Kontext von Fremdevaluation

Demgegenüber wandelt sich anschließend das verwendete Konstrukt von SE durch Schulautonomie hin zur Vollstreckung von „Gestaltungsautonomie ... als Autonomie der Wege und Ziele im Kontext freiwilliger Selbst- und Fremdevaluation" (Heinrich 2007, S. 63). Nun definieren Administration und Bildungspolitik ein durch Steuerungsüberlegungen, Qualitätserwägungen und organisationsentwicklerische Intentionen geleitetes Autonomieverständnis der Delegation von begrenzter Verantwortlichkeit gekoppelt mit extern adressierter Rechenschaftslegung. Erstens wurden dafür seit Anfang der 1990er Jahre Forschungsverfahren zur Organisationsentwicklung und ihrer wissenschaftlichen Begleitung eingesetzt, teilweise mit Evaluationen von Vorhaben mit Versuchscharakter (vgl. Beiträge 28 und 29 in diesem Band). Prozesse, in welchen ein Kollegium nach eigener Situationsanalyse und in eigener Verantwortung Entwicklungsziele und Handlungspläne erstellt und ihre Umsetzung evaluiert, sind als Kooperationsprozess und hinsichtlich der entstandenen pädagogischen Qualität Gegenstand von Evaluationsforschung (Altrichter 1998). Je stärker sich jedoch die Bemühungen einer pädagogischen Schulentwicklung zuwandten, und der Organisationsentwicklung abgesprochen wurde, die Unterrichtsebene überhaupt zu erreichen, wurde die organisationsbezogene Evaluationsforschung hin zur Schulqualitätsforschung modifiziert (Bastian & Rolff 2002), um Wirkungen veränderter Lernangebote zu erfassen. Das Evaluationsdesign bezieht sich in diesem Zugriff auf die Entwicklungsmaßnahmen für bestimmte pädagogische Qualitäten. Zentral für den Wandel im Diskurs zu Entwicklung und Forschung sind jedoch Analysen zur Arbeit am Schulprogramm (vgl. Beitrag 28 in diesem Band). Die Erstellung und Arbeit an Schulprogrammen dient neben der Weiterentwicklung unterrichtsbezogener Ansätze zugleich der Umsetzung neuer Vorhaben nach Vorgaben der Administration. Darauf bezogene Forschung erfasst nicht nur organisationsbezogene relevante Gelingensbedingungen für Schulprogrammarbeit und den Umgang mit der auferlegten Selbstverpflichtung, sondern auch die Qualitätsentwicklung der Praxis codiert nach Indikatoren (Rolff et al. 2002; Burkard & Kanders 2002). Die Evaluation der Qualitätsverbesserung im Entwicklungsprozess wird nun auch längsschnittlich angelegt.

Für Forschungsdesigns entscheidend ist dabei der relationale Begriff der Qualität, der teilweise auf wenige Leistungseffekte zugespitzt wurde, obwohl der Erfolg pädagogischen Handelns nicht etwa in hohen Lernleistungen verwertbarer Qualifikation aufgeht. Außerdem blenden viele Designs zur korrelativen Erfassung von Qualität in Abhängigkeit von anderen strukturellen Variablen die nicht schlicht kausal zu verstehenden Wirkungsverhältnisse pädagogischer Praxis eher aus und legen sozial-technokratische Steuerungsvorstellungen nahe. Demgegenüber wäre eine prozessorientierte Sichtweise auf die schul- und interaktionsspezifische selbstständige Wissensverwendung der Akteure erforderlich, um Wirkungszusammenhänge weiter aufzudecken.

Schulentwicklungsforschung zu Entwicklung durch fremdgesteuerte Evaluation

Mit der Fortschreibung internationaler Leistungsvergleichsstudien und dem gesellschaftlichen Entwicklungskontext von Modernisierung durch Ökonomisierung verändert sich der SE-Diskurs entscheidend weiter (vgl. Beitrag 27 in diesem Band). Anschlussfähig an die tradierte Vorstellung von Entwicklung durch mehr verordnete „Schulautonomie" ist nun ein Verständnis evaluationsbasierter Autonomie im Sinne der „Autonomie der Wege im Kontext fremdgesteuerter Fremdevaluation durch Bildungsstandards und Monitoring" (Heinrich 2007, S. 68). Kennzeichnend dafür sind die Definitionsmacht der Bildungspolitik über Kernbereiche der Schülerleistungen durch Standards, zugeschriebene methodische Gestaltungsspielräume, aber eine reduzierte Autonomie der Zielbestimmung von Lernprozessen, die sich über erhöhte Legitimationszwänge beziehungsweise die Pflicht zur Rechenschaftslegung durch Leistungstests, Evaluationen und Systemmonitoring ergibt, indem die Gestaltungsräume geringer werden. Seit den Leistungsvergleichsstudien der späten 1990er Jahre rückt ein Verständnis von so genannter evidenzbasierter Steuerung im Bildungssystem in den Vordergrund. Forschungsmethodisch wird hier eine Verbindung von Leistungsvergleichs- und Schulqualitätsuntersuchungen vorgenommen. Diese lassen sich auch als externer Beitrag zu einer komplex angelegten Evaluation von Schul- und Unterrichtsentwicklung verstehen (Bos & Postlethwaite 2000). Mittlerweile ist eine Vielzahl solcher Studien entstanden (Schwippert & Goy 2008). Forschungsmethodisch sind eigene Qualitätskonstrukte als Grundlage der Tests von spezifischer Güte erforderlich, im Besonderen umstrittene Konstrukte von Kompetenz als Grundlage der Festlegung von can-do-Standards. Mit der so genannten Rückmeldung geraten die Testergebnisse zu Qualitätszuschreibungen an Schule und den Unterricht Einzelner. Als Teil der Schulentwicklungsarbeit werden diese Rückmeldungen bislang noch nicht zureichend professionalisierungstheoretisch informiert konzipiert: Ihnen kann nicht einfach der Charakter von Steuerungswissen zugeschrieben werden, dessen Übernahme zur Selbststeuerung man Lehrerinnen und Lehrern aufträgt. Vielmehr kommt den Ergebnissen eher der Status von Informationen zu, die „dezentralen Entscheidungsträgern einen Rahmen für ihre Entscheidungen geben" (Kuper 2008, S.161), also der Stärkung autonomer Entscheidungen auf strategischer Ebene dienen, auf der im Kollegium behandelt wird, was angesichts vorhandener Erfahrungsmuster und Typisierungen überhaupt als kollektiv entscheidbar betrachtet werden kann und wie entschieden werden soll. Mit der Ausdifferenzierung von Professionalität auch in der Partizipation an Entscheidungen über Rahmungen der eigenen Unterrichtstätigkeit stützt diese Wissensverwendung auch Entwicklung – aber sie ist von der Verwendung politischen Steuerungswissens zu unterscheiden.

In einer governance-theoretischen Kritik des Verständnisses von Schulentwicklung (Heinrich 2007) käme es schließlich darauf an, künftig die Interdependenzen zwischen den Ebenen der „Steuerung" bei der Verbindung von Forschungszugängen zu berücksichtigen, was eigene fallbezogene Untersuchungen von Entwicklung auf allen Ebenen zugleich erforderlich macht (ebda).

Literatur

Altrichter, H. (1998): Reflexion und Evaluation in Schulentwicklungsprozessen. In: Altrichter, H./Schley, W./Schratz, M.: Handbuch der Schulentwicklung. Innsbruck, Wien: StudienVerlag, S. 263-335. – Altrichter, H. (2000): Handlung und Reflexion bei Donald Schön. In: Neuweg, G. H (Hrsg.): Wissen – Können – Reflexion. Innsbruck, Wien, München: StudienVerlag, S. 201-221. – Bastian, J./Rolff, H.-G. (2002): Abschlussevaluation des Projektes „Schule & Co". Gütersloh: Bertelsmann Stiftung. – Bos, W./Postlethwaite, T.N. (2000): Möglichkeiten, Grenzen und Perspektiven internationaler Schulleistungsforschung. In: Rolff, H. -G./Bos, W./Klemm, K./Pfeiffer, H./Schulz-Zander, R. (Hrsg.): Jahrbuch der Schulentwicklung Band 11. Weinheim, München: Juventa, S. 365-386. – Burkard, C./Kanders, M. (2002): Schulprogrammarbeit aus der Sicht der Beteiligten. Ergebnisse der Schulprogramm-Evaluation in NRW. In: Rolff, H.-G./Holtappels, H. G./Klemm, K./Pfeiffer, H./Schulz-Zander, R. (Hrsg.) 2002: Jahrbuch der Schulentwicklung. Band 12. Weinheim, München: Juventa, S. 233-260. – Combe, A./Helsper, W. (1996): Pädagogische Professionalität. Untersuchungen zum Typus pädagogischen Handelns. 5.Auflage. Frankfurt/Main: Suhrkamp. – Dalin, P./Rolff, H. G. (1990): Institutionelles Schulentwicklungsprogramm. Soest: Landesinstitut. – Fend, H. (1987): „Gute Schulen – schlechte Schulen" – Die einzelne Schule als pädagogische Handlungseinheit. In: Steffens, U./Bargel, T. (Hrsg.): Erkundungen zur Wirksamkeit und Qualität von Schule. Heft 1. Wiesbaden: HIBS 1987, S. 55-79. – Fend, H. (2008): Schule gestalten. Systemsteuerung, Schulentwicklung und Unterrichtsqualität. Wiesbaden: VS Verlag für Sozialwissenschaften. – Heinrich, M. (2007): Governance in der Schulentwicklung. Von der Autonomie zur evaluationsbasierten Steuerung. Wiesbaden: VS Verlag für Sozialwissenschaften. – Helsper, W./Böhme, J./Kramer, R.-T./Lingkost, A. (2001): Schulkultur und Schulmythos. Rekonstruktionen zur Schulkultur. Opladen: Leske + Budrich. – Kuper, H. (2008): Entscheiden und Kommunizieren. Eine Skizze zum Wandel schulischer Leitungs- und Partizipationsstrukturen und den Konsequenzen für die Lehrerprofessionalität. In: Helsper, W./Busse, S./Hummrich, M./Kramer, R.-T. (Hrsg.): Pädagogische Professionalität in Organisationen. Wiesbaden: VS Verlag für Sozialwissenschaften, S. 149-162. – Reh, S./Schelle, C. (1999): Biographieforschung in der Schulpädagogik. Aspekte biographisch orientierter Lehrerforschung. In: Krüger, H.-H./Marotzki, W. (Hrsg.): Handbuch erziehungswissenschaftlicher Biographieforschung. Opladen: Leske + Budrich, S. 373-390. – Rolff, H.-G. (1998): Entwicklung von Einzelschulen: Viel Praxis, wenig Theorie und kaum Forschung – ein Versuch, Schulentwicklung zu systematisieren. In: Rolff, H.-G./Bauer, K.-O./Klemm, K./Pfeiffer, H. (Hrsg.): Jahrbuch der Schulentwicklung. Band 10. Weinheim, München: Juventa, S. 295-326. – Rolff, H.-G./Holtappels, H. G./Klemm, K./Pfeiffer, H./Schulz-Zander, R. (Hrsg.) (2002): Jahrbuch der Schulentwicklung Band 10. Weinheim, München: Juventa. – Schwippert, K./Goy, M. (2008): Leistungsvergleichs- und Schulqualitätsforschung. In: Helsper, W./Böhme, J.: Handbuch der Schulforschung. 2. durchgesehene und erweiterte Auflage. Wiesbaden: VS Verlag für Sozialwissenschaften, S. 387-421.

25| Fallstudien und Hermeneutisch-rekonstruktive Schulforschung
Till-Sebastian Idel

Merkmale und Charakteristik von Fallstudien

Qualitative und quantitative Ansätze der Forschung zu Schulentwicklungsprozessen sind keineswegs sich ausschließende Alternativen, sondern stehen in einem wechselseitigen Ergänzungsverhältnis (Horstkemper & Tillmann 2008). Die zentrale Grundannahme des Zugangs qualitativer *fallorientierter Einzelschulforschung* (Idel 1999; Rabenstein & Reh 2009) lautet, dass Schulentwicklungsprozesse einer kasuistischen Logik folgen, die in quantitativen Studien systematisch nicht in den Blick geraten kann: Schulische Akteure gestalten Schulentwicklung in lokalen einzelschulischen Prozessen in Auseinandersetzung mit jeweils spezifischen Ausgangsbedingungen und Möglichkeitsräumen im Rahmen selbst (re)formulierter Entwicklungsaufgaben. Allgemeine Erkenntnisse über Schulentwicklungsprozesse sind diesem Verständnis zufolge insofern im Ausgang von Fällen möglich, als sich in ihnen das Allgemeine in seiner fallspezifischen Besonderung zeigt (Fatke 1997). Die Bezeichnung dieser Forschungsarbeiten als *Fallstudien* bringt den Anspruch auf eine in der Regel längerfristige prozessbegleitende Datensammlung, auf eine methodische Kontrolle der Datenerhebung und -auswertung ebenso wie auf eine theoretische Generalisierung der empirischen Analyse zum Ausdruck. Je nach Zielsetzung werden Fallstudien im Rahmen der Schulbegleitforschung angefertigt und sind damit Ausgangspunkt einer beratenden Einflussnahme auf die erforschten Schulentwicklungsprozesse. Es stellt sich in solchen Schulbegleitstudien insbesondere der Anspruch auf eine Reflexion der eigenen Forschungsposition und des Verhältnisses von Theorie, Empirie und Praxis, weil Risiken einer aus Forschungssicht unproduktiven Identifikation mit der Praxis bestehen und die Forschung sich im Spannungsfeld zwischen wissenschaftlichen Erkenntnis- und praktischen Verwertungsinteressen bewegt (Arnold et al. 2000). Von dieser Begleitforschung sind Fallstudien mit gegenstandstheoretischen und methodologischen Erkenntnisinteressen zu unterscheiden, die „unpraktisch" innerdisziplinär an die erziehungswissenschaftliche bzw. schulpädagogische Grundlagenforschung anschließen (Tillmann et al. 1979; Helsper et al. 2001; Gruschka et al. 2003). *Falldarstellungen* zu Schulen mit einem besonderen pädagogischen Profil, die von schulischen Akteuren selbst und/oder den Schulen nahe stehenden Forscherinnen und Forschern etwa aus Interesse an Außendarstellung bzw. an Selbstvergewisserung verfasst sind und nicht direkt an Forschungsstandards gemessen werden können (Becker et al. 1997), sind nicht dem Feld fallorientierter Einzelschulforschung zuzurechnen.

Historische Perspektive und methodische Zugänge

Das Interesse der ersten methodisch kontrollierten Fallstudien in den 1970er Jahren richtet sich auf Entwicklungsprozesse in Gesamtschulen (Diederich & Wulf 1979; Tillmann et al. 1979). Diederich und Wulf (1979) konzentrieren sich in ihrer Feldstudie bereits auf die schulentwicklungstheoretisch zentrale Frage, wie die begleitete Gesamtschule die durch institutionelle Rahmenvorgaben verursachten Strukturprobleme bewusst hält und bearbeitet, wie ausgeprägt ihre Problemlösekapazität ist und wie sie Freiräume für eigene Gestaltungsmöglichkeiten nutzt. Fallstudien aus den späten 1980er und 1990er Jahren führen diese Fragen nach der teilautonomen Gestaltung der Einzelschule dann mit Bezug auf den theoretischen Rahmen der Schulqualitätsforschung, welche die „Schule als pädagogische Handlungseinheit" (Fend) ins Zentrum rückt, weiter aus (Steffens & Bargel 1987; Altrichter et al. 1994; Buhren & Rolff 1996). Seit den späten 1990er Jahren werden vermehrt hermeneutisch-rekonstruktive Studien vorgelegt, die eine besondere methodologische Variante fallorientierter Einzelschulforschung darstellen. Ihre entscheidenden Impulse erhalten diese Studien durch das in der Schulqualitätsforschung geschärfte Interesse an der Empirie und Entwicklung der Einzelschule und vor allem auch durch den Entwicklungsfortschritt rekonstruktiver Methoden der qualitativen Sozialforschung (Bohnsack 2008). Diese Studien orientieren sich in der Regel an den Verfahren der objektiven Hermeneutik und der dokumentarischen Methode und trennen scharf zwischen Fallbeschreibung und Fallrekonstruktion. Im Unterschied zur Fallbeschreibung, die sich eng an die subjektiven Sichtweisen der schulischen Akteure anlehnt, beansprucht eine Fallrekonstruktion den latenten sozialen Sinn, der soziale Wirklichkeit und damit auch die subjektiven Sichtweisen erzeugt, in seiner Entstehung nachzubilden. Dazu müssen die Daten (alltagskulturelle und durch Forschung hervorgebrachte Protokolle) in ihrer Genese, d.h. sequentiell unter Vermeidung voreiliger Theoriesubsumtion rekonstruiert werden. Erst dies ist die Voraussetzung, um der Fallspezifik und ihrem dialektischen Verhältnis von Allgemeinem und Besonderem auf die Spur zu kommen und über Fallvergleiche neue Erkenntnisse auf höherem Generalisierungsniveau zutage zu fördern. Die hermeneutisch-rekonstruktive Schulkulturforschung von Helsper et al. (2001) legt ihren Fokus auf die Entwicklung einer empirisch fundierten Schultheorie, welche die Zusammenhänge zwischen gesellschaftlichen Modernisierungsprozessen, Strukturproblemen des Bildungssystems und deren symbolischer Bearbeitung im Rahmen der kulturellen Ordnung der Einzelschule angemessen zu konzeptualisieren sucht. Über diese grundlagentheoretischen Begründungsversuche hinausgehend haben in den letzten Jahren Projekte etwa der Hamburger Schulbegleitforschung (Arnold et al. 2000) sowie der bundesländervergleichenden Ganztagsschulforschung (Kolbe 2004; Kolbe et al. 2009) versucht, mit dem Einsatz hermeneutisch-rekonstruktiver Verfahren Gelingens- und Misslingensbedingungen von Schulentwicklungsprozessen zu beschreiben, durch die Kontrastierung lokaler Entwicklungsverläufe typische Prozessmuster zu verallgemeinern und dieses Wissen über Verfahren der Rückmeldung der Schulpraxis zur Verfügung zu stellen. Diese Projekte gehen davon aus, dass produktive Schulentwicklungsprozesse vom Unterricht ihren Ausgang nehmen und unmittelbar mit einer Veränderung pädagogischer Professionalität zusammenhängen (Bastian et al. 2002).

Fallorientiert forschen und Schulentwicklung

Fallorientierte Zugänge zur Einzelschule besitzen ein besonderes Potenzial der Unterstützung von Schulentwicklung. Wenn Innovationsprozesse in Einzelschulen einer „heuristischen Grundstruktur" folgen (Bastian et al. 2002), d.h. einem reflektierten, immer wieder korrekturbedürftigen Prozess des Findens von Lösungen für kollegial und diskursiv konstruierte Entwicklungsaufgaben, dann kann mit der empirischen Rekonstruktion von lokalen Wissensformen und Innovationspraktiken durch Schulbegleitforschung die Reflexivität der schulischen Akteure im Entwicklungsprozess gefördert werden. Im Unterschied zu früheren Ansätzen der Handlungsforschung, welche die konstitutive Differenz zwischen Wissenschaft und Praxis gerade aushebeln wollten, muss eine zeitgemäße Schulbegleitforschung allerdings umsichtig mit den unterschiedlichen Logiken, Interessen und Handlungsformen von Forschung und Praxisentwicklung verfahren und stets die Pendelbewegung zwischen beratender Teilnahme im und reflexiver Distanz zum Entwicklungsprozess ausbalancieren. Für die fallorientierte Einzel- und Schulentwicklungsforschung entstehen gerade vor dem Hintergrund neuer Steuerungsansätze im Bildungssystem im Kräftefeld von externer Systemevaluation und verordneter Autonomisierung der Einzelschule neue Fragestellungen, etwa solche nach dem Umgang mit Bildungsstandards und der Konstruktion eigener Schulcurricula und programmatischer Profile, der Implementierung neuer Systemstrukturen (z.B. Integration der Bildungsgänge in der Sekundarstufe I, Ganztagsschulen) und neuer Organisationsformen der Lehrerarbeit (z.B. Präsenzzeitmodelle, Teamentwicklung, interprofessionelle Kooperation in erweiterten schulischen Angeboten) in Schul- und Unterrichtsentwicklungsprozessen.

Literatur
Altrichter, H./Radnitzky, E./Specht, W. (1994): Innenansichten guter Schulen. Portraits von Schulen in Entwicklung. Wien: Bundesministerium für Unterricht und Kunst. – Arnold, E./Bastian, J./Combe, A./Schelle, C./Reh, S. (2000): Schulentwicklung und Wandel der pädagogischen Arbeit. Arbeitssituation, Belastung und Professionalisierung von Lehrerinnen und Lehrern in Schulentwicklungsprozessen. Hamburg: Bergmann+Helbig. – Bastian, J./Combe, A./Reh, S. (2002): Professionalisierung und Schulentwicklung. In: Zeitschrift für Erziehungswissenschaft. 5 (3), S. 417-435. – Becker, G./Kunze, A./Riegel, E. (1997): Die Helene-Lange-Schule Wiesbaden: Das andere Lernen. Entwurf und Wirklichkeit. Hamburg: Bergmann+Helbig. – Bohnsack, R. (2008): Rekonstruktive Sozialforschung. Einführung in qualitative Methoden. 7. durchges. und akt. Aufl. Opladen, Farmington Hills: Barbara Budrich. – Buhren, C. G./Rolff, H.-G. (Hrsg.) (1996): Fallstudien zur Schulentwicklung. Zum Verhältnis von innerer Schulentwicklung und externer Beratung. Weinheim, München: Juventa. – Diederich, J./Wulf, Ch. (1979): Gesamtschulalltag. Die Fallstudie Kierspe. Paderborn, München, Wien, Zürich: Schöningh. – Fatke, R. (1997): Fallstudien in der Erziehungswissenschaft. In: Friebertshäuser, B./Prengel, A. (Hrsg.): Handbuch Qualitative Forschungsmethoden in der Erziehungswissenschaft. Weinheim: Juventa, S. 56-68. – Gruschka, A./Heinrich, M./Köck, N./Martin, E./Pollmanns, M./Tiedtke, M. (2003): Innere Schulreform durch Kriseninduktion. Fallrekonstruktionen und Strukturanalysen zu den Wirkungen administriell verordneter Schulprogrammarbeit. Frankfurter Beiträge zur Erziehungswissenschaft. Fachbereich Erziehungswissenschaften der Johann Wolfgang Goethe-Universität Frankfurt. – Helsper, W./Böhme, J./Kramer, R.-T./Lingkost, A. (2001): Schulkultur und Schulmythos. Gymnasien zwischen elitärer Bildung und höherer Volksschule im Transformationsprozess. Rekonstruktionen zur Schulkultur I. Opladen: Leske+Budrich. – Horstkemper, M./Tillmann, K.-J. (2008): Schulformvergleiche und Studien zu Einzelschulen. In: Helsper, W./Böhme, J. (Hrsg.): Handbuch Schulforschung. 2., durchg. und erw. Aufl. Wiesbaden: VS Verlag, S. 285-320. – Idel, T.-S. (1999): Die empirische Dignität der Einzelschule. Schulporträts als Gegenstand qualitativer Schulforschung. In: Combe, A./Helsper, W./Stelmaszyk, B. (Hrsg.): Forum Qualitative Schulforschung 1. Schulentwicklung – Partizipation – Biographie. Weinheim: Deutscher Studienverlag, S. 29-60. – Kolbe, F.-U. (2004): Schulentwicklungsforschung als Prozessforschung. Ein Beitrag zur rekonstruktiven empirischen Bildungsforschung am Beispiel der Einführung ganztägiger Schulangebote. In: Sozialer Sinn. 5 (3), S. 477-505. – Kolbe, F.-U./Reh, S./Fritzsche, B./Idel, T.-S./Rabenstein, K. (Hrsg.) (2009): Ganztagsschule als symbolische Konstruktion. Fallanalysen zu Legitimationsdiskursen in schultheoretischer Perspektive. Wiesbaden: VS Verlag. – Rabenstein, K./Reh, S. (2009): Einzelschulforschung als rekonstruktiv-qualitative Sozialforschung. In: Plöger, W./Hellenkamps, S./Wittenbruch, W. (Hrsg.): Handbuch Schule. Paderborn: Schöningh (im Erscheinen). – Steffens, U./Bargel, T. (Hrsg.) (1987): Fallstudien zur Qualität von Schule. Beiträge aus dem Arbeitskreis „Qualität von Schule" Heft 2. Wiesbaden, Konstanz: Hessisches Institut für Bildungsplanung und Schulentwicklung (HIBS). – Tillmann, K.-J./Bussigel. M./Philipp, E./Rösner, E. (1979): Kooperative Gesamtschule – Modell und Realität. Eine Analyse schulischer Innovationsprozesse. Weinheim, Basel: Beltz.

26| Fallstudien zu Schulbiographien
Sabine Reh

In den 90er Jahren hat sich eine Veränderung in der theoretischen Betrachtung und der empirischen Erforschung von Schulen hin zur Einzelschule vollzogen (Horstkemper & Tillmann 2004; Rabenstein & Reh 2009a). Schulentwicklungsforschung geht heute zumeist davon aus, dass die zu betrachtende Einheit von Veränderungsprozessen, von Schulentwicklungs- und darin auch Unterrichtsentwicklungsprozessen, die einzelne Schule ist. Dabei wird (1) sowohl diese Einheit theoretisch verschieden konzeptioniert wie auch (2) ihr Zusammenhang mit dem sie umgebenden Kontext unterschiedlich modelliert und (3) gleichzeitig die Bedeutung, die dann der Geschichte einer solchen Einheit zukommt, unterschiedlich eingeschätzt (Reh & Schelle 2004).

Theoretische Entwicklungslinien: Schule als Einheit

Im Hinblick auf die Konzeptionierung der Schule als Einheit sind erstens diejenigen Versuche zu nennen, die die einzelne Schule als eine Organisation verstehen – etwa Warnkens an Luhmann (Luhmann 2000) anschließende Konzeption von Schule als einem autopoietischen System (Warnken 2001) oder Göhlichs Versuch einer Verbindung von an Luhmann orientierter, systemtheoretischer und handlungstheoretischer Betrachtungsweise der pädagogischen Praxis von Schulen (Göhlich 2001). Hier werden Organisationen vor allem als Einheiten verstanden, die durch einen Prozess des Organisierens, des ständigen (Re-)Produzierens von auch symbolischen und diskursiven Strukturen gekennzeichnet sind. Zweitens können wir eine akteursbestimmte bzw. eher handlungstheoretisch fundierte Perspektive auf die Mikropolitik der einzelnen Schule ausmachen (Altrichter & Salzgeber 1995), die die Schule als Feld von Kämpfen verschiedener Gruppen um hegemoniale Positionen versteht und schließlich drittens Theorien, die die einzelne Schule als Kultur verstehen, in gewisser Weise z.B. zunächst mit wenig ausformuliertem Kulturbegriff (Fend 1998), im amerikanischen Sprachraum etwa McLaren (McLaren 1986) und in Deutschland etwa Helsper (Helsper et al. 2001). Mythen, Metaphern, Rituale und Zeremonien, die das Organisieren und die pädagogische Arbeit strukturieren, spielen in diesem Ansatz eine zentrale Rolle.

Forschungsprogramm: Organisieren als Traditionsbildung

Das Verhältnis zwischen Schule und Kontext, etwa gesellschaftlichen Rahmenbedingungen und bildungspolitischen Vorgaben, wird je nach theoretischem Ansatz unterschiedlich gesehen. So wird es in einem strukturtheoretischen Ansatz als eines unterschiedlicher Ebenen, von Mikro-, Meso- und Makroebene zueinander oder aber im systemtheoretischen Ansatz als eines zwischen einem System und seiner Umwelt konzipiert. Im einen Falle stellt die Makroebene gewissermaßen den Rahmen, Möglichkeiten und die Grenzen bereit, innerhalb dessen die Schule bzw. die Akteure an den Schulen Entwicklungsprozesse gestalten (können), im anderen Falle stellt das System, die einzelne Schule, eine geschlossene, sich selbst reproduzierende Einheit dar, die von außen, von der Umwelt nur „irritiert", auf eine spezifische Art beeinflusst, aber nicht gesteuert wird. Die einzelne Schule ist eine Einheit, deren Grenzen deutlich ausgemacht werden können und die sich selbst ständig in Entscheidungen reproduziert, die die von außen kommenden Bedingungen und Rahmensetzungen (z.B. Schülerschaft, Curriculum, Anforderungen wie Schulprogrammerstellung usw.) in bestimmter, für sie typischer Weise liest, bearbeitet und im Prozessieren gestaltet, wie es etwa eine Hamburger Forschergruppe in Fallstudien für die unterschiedliche Rezeption der bildungspolitischen begründeten Auflage, ein Schulprogramm zu verfassen, an den einzelnen Schulen zeigen konnte (Arnold et al. 2000).

Wenn Schulen nun nicht eigentlich aus statischen Strukturen bestehen, sondern ihre Strukturen in Praktiken des Entscheidens und des „sensemaking" prozessieren (Weick 1995), also in der Kommunikation und Kooperation der Professionellen, der Pädagoginnen und Pädagogen, untereinander und mit den Schülern und Schülerinnen, immer neu, aber auf dem Vorhergehenden auf ruhend, es wiederholend und möglicherweise transformierend, prozessieren und dabei eine Art von Ordnung entsteht, die als „Kultur" beobachtet werden kann, wird in diesem Sinne auch von einem Traditionen produzierenden „doing organization" gesprochen werden können. Eine Schule bildet Traditionen aus, Traditionen in ihrem Selbstverständnis, in den Praktiken ihres Organisierens und des Unterrichtens, die weitere Veränderungen hervorrufen und die weitere Entwicklungsarbeit auf allen Ebenen beeinflussen. Das kann sich etwa zeigen, wenn – je nach vorhandener Lernkultur einer Schule – ein Unterrichtssetting wie der Wochenplanunterricht ganz unterschiedlich rezipiert wird, in der einen Schule etwa aufgrund der vorhandenen Vorstellungen und pädagogischen Praktiken die Entscheidungsmöglichkeiten für die Schüler und Schülerinnen über ihre Arbeitsmöglichkeiten kleiner gehalten werden als in einer anderen (Rabenstein & Reh 2009b).

Schul-Fallstudien

Über einzelne Schulen ist seit dem Entstehungsprozess des modernen Schulwesens immer wieder berichtet worden. Von besonderer Bedeutung werden solche Schulberichte, schulische „Fallstudien", nicht nur als Außendarstellung, so ja auch die zahllosen „Festschriften" zu verschiedenen Jubiläen von Schulen, sondern auch als Selbstverständigung in schulischen Entwicklungsprozessen. Die Berichte der schulischen Akteure gewinnen ihre Dignität als „authentische" Berichte. Heraus gestellt wird oft, wie schwierig es für Außenstehende sei – auch wenn sie längere Zeit an den Schulen verweilen, deren pädagogische Arbeit sozusagen „teilnehmend beobachten" –, den „Geist" einer Schule zu erfassen und diesem gerecht zu werden. Berichte über jüngere Schulen, Neugründungen, schaffen selbst erst Traditionen, stehen am Beginn einer eigenen Geschichtsschreibung und teilweise auch der Mythenbildung über die Geschichte einer Schule (vgl. die frühe Sammlung von Berichten über deutsche Reformschulen, die von Hilker 1924 herausgegeben wurde). Die sich hieraus entwickelnde Tradition der Darstellung von Reformschulen, sozusagen „in eigener Sache" (Thurn & Tillmann 1997), zielt zumeist aber nicht primär auf eine Darstellung der langen Geschichte einzelner Reformversuche bzw. der sich gewissermaßen schulbiographisch herausbildenden eigenen Regularitäten von Entwicklungsprozessen, sondern ordnet die (Geschichte der jeweils eigenen) Schule in die – zumeist auf eine bestimmte Weise verstandene – große Linie der Reform-Geschichte des deutschen Schulwesens ein (Kellen & Risse 1999, S. 229).

Werden einzelne Schulen von Wissenschaftlern, also von nicht zur Schule gehörenden Personen, mit Blick auf ein besonderes Entwicklungsvorhaben oder Fragen aus der Schulreformdiskussion auf der Grundlage von eigens für diesen Zweck erhobenen Daten untersucht und beschrieben, können wir von Fallstudien als einer Entwicklungsforschung sprechen. Sie verfolgen oft das Ziel, etwas über die einzelne Schule in Erfahrung zu bringen, aber darüber hinaus teilweise auch Erkenntnisse über Schulentwicklungsprozesse zu produzieren. Standards qualitativ-rekonstruktiver Sozialforschung – wie die Offenlegung der Datengrundlage, die Darstellung und Reflexion ihrer Erhebung und Auswertung – werden dabei nicht immer gleichermaßen beachtet. Ein eher ethnographisches Vorgehen – im Sinne der „dichten Beschreibung" – schließt zudem nicht immer ausdrücklich eine Prozessperspektive ein. Ein frühes Beispiel dafür ist die Fallstudie Kierspe (Diederich & Wulf 1979), die im Zusammenhang mit dem Programm zur wissenschaftlichen Begleitung der nordrhein-westfälischen Gesamtschulen entstand und ein inzwischen klassisches Beispiel dafür darstellt. Explizit historisch angelegte Einzelfallstudien über Schulen, wie etwa die von Mietzner (Mietzner 1998) „Enteignung der Subjekte – Lehrer und Schule in der DDR. Eine Schule in Mecklenburg von 1945 bis zum Mauerbau" rekonstruieren vor allem auf der Grundlage von berufsbiographischen, narrativen Interviews die Geschichte einer Schule mit Blick auf ihre Einbindung in die schul- und gesellschaftspolitische Entwicklung, um damit insbesondere die Rolle der Lehrerinnen und Lehrer und Aspekte ihrer Professionsgeschichte in den Blick zu nehmen. Indem die Prozesse an der Schule kleinschrittig und detailliert nachgezeichnet werden, die zu einer schrittweisen Veränderung der Schule bzw. des Unterrichts und Lebens in der Schule führten, wird nicht nur gewissermaßen eine Biographie der einzelnen Schule geschrieben, es können zudem vorsichtig Schlussfolgerungen über das Verhältnis von Staat und Schule, bei Mietzner etwa von Lehrern und offizieller Erziehungspolitik in der DDR gezogen werden.

Diese Fallrekonstruktionen verdeutlichen, warum die einzelne Schule mit ihrer je spezifischen Kultur und den hier prozessierenden komplexen Wechselwirkungen keineswegs ein Objekt einfacher bildungspolitischer Steuerungswünsche werden kann (Leschinsky 2004).

Literatur
Altrichter, H./Salzgeber, S. (1995): Mikropolitik der Schule. In: Rolff, H.-G. (Hrsg.): Zukunftsfelder von Schulforschung. Weinheim: Deutscher Studien-Verlag, S. 9-40. – Arnold, E./Bastian, J./Reh, S. (2000): Spannungsfelder der Schulprogrammarbeit. Erfahrungen bei der Einführung eines neuen Instruments der Schulentwicklung. In: Die Deutsche Schule. 92 (4), S. 414-429. – Diederich, J./Wulf, C. unter Mitarbeit von Diederich, U. (1979): Gesamtschulalltag. Die Fallstudie Kierspe. Lehr-, Lern- und Sozialverhalten an nordrhein-westfälischen Gesamtschulen. Paderborn: Schöningh. – Fend, H. (1988): Schulqualität. Die Wiederentdeckung der Schule als pädagogische Gestaltungsebene. In: Neue Sammlung. 28 (4), S. 537-547. – Göhlich, M. (2001): System, Handeln, Lernen unterstützen. Eine Theorie der Praxis pädagogischer Institutionen. Weinheim: Beltz. – Hilker, F. (Hrsg.) (1924): Deutsche Schulversuche. Berlin: C. A. Schwetschke & Sohn. – Helsper, W./Böhme, J./Kramer, R.-T./Lingkost, A. (2001): Schulkultur und Schulmythos. Rekonstruktionen zur Schulkultur I. Opladen: Leske+Budrich. – Horstkemper, M./Tillmann, K.-J. (2004): Schulformvergleiche und Studien zu Einzelschulen. In: Helsper, W./Böhme, J. (Hrsg.): Handbuch der Schulforschung. Wiesbaden: VS Verlag, S. 287-323. – Kellen, M./Risse, E. (1999): Elsa-Brandström-Gymnasium: gestern – heute – morgen. In: Risse, E./Allhoff, J./Müller, J. (Hrsg.): Gymnasium heute – ... und es bewegt sich doch! Lesebuch über Schulreform und Reformpraxis. Beispiel: Elsa-Brandström-Gymnasium. Eine Festschrift. Neuwied/Kriftel: Luchterhand, S. 229-237. – Leschinsky, A. (2004): Die Ausdifferenzierung und Weiterentwicklung der Schulforschung seit den 1970er Jahren. In: Helsper, W./Böhme, J. (Hrsg.): Handbuch Schulforschung. Wiesbaden: VS Verlag, S. 71-90. – Luhmann, N. (2000): Organisation und Entscheidung, Opladen: Leske+Budrich. – McLaren, P. (1986): Schooling as a Ritual Performance. Boston, London: Routledge & Kegan Paul. – Mietzner, U. (1998): Enteignung der Subjekte – Lehrer und Schule in der DDR. Eine Schule in Mecklenburg von 1945 bis zum Mauerbau. Opladen: Leske+Budrich. – Rabenstein, K./Reh, S. (2009a): Einzelschulforschung als rekonstruktiv-qualitative Sozialforschung. In: Mertens, G./Frost, U./Böhm, W./Ladenthin, V. (Hrsg.): Handbuch der Erziehungswissenschaft. Band II/1 Schule. Bearbeitet von Hellekamps, S./Plöger, W./ Wittenbruch, W., Paderborn u.a.: Schöningh, S. 729-737. – Rabenstein, K./Reh, S. (2009b): Einführung von Formen selbstständigen Arbeitens an Ganztagsgrundschulen. Ein Fallvergleich. Vortragsmanuskript. Landau. – Reh, S./Schelle, C. (2004): Fallorientierte Schulentwicklungsforschung – Was Schulen dabei über sich erfahren können. In: Ackermann, H./Rahm, S. (Hrsg.): Kooperative Schulentwicklung. Wiesbaden: VS Verlag, S. 249-267. – Thurn, S./Tillmann, K.-J. (Hrsg.) (1997): Das Beispiel Laborschule Bielefeld. Unsere Schule ist ein Haus des Lernens. Reinbek bei Hamburg: Rowohlt. – Warnken, G. (2001): Theorien zur Schulentwicklung – eine Landschaftsskizze. Oldenburg: Druckzentrum der Universität Oldenburg. – Weick, K. E. (1995): Sensemaking in Organizations. London: Sage.

27| Leistungsmessung und Rückmeldung
Friedrich-Wilhelm Schrader

Begriffsklärungen: Leistungsrückmeldung und Rückmeldung

Leistungsmessung (assessment of achievement) betrifft die Erfassung des Leistungsstandes von Personen oder Personengruppen mit Hilfe von wissenschaftlich fundierten Messinstrumenten. Im Bildungssystem ist der gemessene Leistungsstand ein wichtiger Indikator für den Erfolg von Bildungsbemühungen bei einzelnen Personen wie auch bei Aggregaten (Klassen, Schulen, Bildungssystemen). Leistungsmessungen werden deshalb sowohl im Rahmen der Pädagogischen Diagnostik als auch in der pädagogischen Forschung und zur Evaluation von Maßnahmen und Programmen eingesetzt (Ingenkamp & Lissmann 2008). Unter *Rückmeldung* (feedback) wird hier die Bereitstellung der im Rahmen von Leistungsmessungen gewonnenen Informationen für die pädagogisch Handelnden verstanden (Hattie & Timperley 2007). Dies können die Lernenden selbst oder die auf unterschiedlichen Ebenen für die Organisation von Lehr-Lern-Prozessen zuständigen Personen (Lehrkräfte, Schulleiter, für das Bildungssystem Verantwortliche) sein. Rückmeldungen sind ein wesentliches Bindeglied zwischen den Ergebnissen von Leistungsstudien und ihrer weiteren Nutzung.

Leistungsmessung und Rückmeldung im Rahmen der Bildungsforschung

International vergleichende, landesweite oder regionale Schulleistungsuntersuchungen und Vergleichsarbeiten dienen der Qualitätssicherung und -entwicklung im Bildungssystem und werden als wesentliche Elemente einer Gesamtkonzeption des Bildungsmonitoring angesehen (Sekretariat Kultusministerkonferenz 2006). Sie zielen letztlich auf eine verbesserte Gestaltung von Lehr-Lern-Prozessen ab. Die Rückmeldung der Ergebnisse an die Bildungsverantwortlichen erfolgt meist in Form von Berichten, Beratungen und Empfehlungen. Ziel kann es darüber hinaus sein, Schulen eine Standortbestimmung ihrer Leistungsfähigkeit zu ermöglichen und Prozesse der Schul- und Unterrichtsentwicklung anzuregen. In diesen Fällen ist die Rückmeldung der von den eigenen Schülerinnen und Schülern erzielten Ergebnisse an die beteiligten Schulen und Lehrkräfte integraler Bestandteil des Untersuchungsansatzes. Unabhängig von der Zielsetzung geben die meisten Leistungsstudien heute den Beteiligten eine Rückmeldung (Kohler & Schrader 2004).

Leistungsmessung und Rückmeldung: Grundlegende Aspekte

Erhebungsumfang: Für Zwecke der Schul- und Unterrichtsentwicklung werden oft Schulen und Klassen einer Region in bestimmten Jahrgängen und Schulfächern flächendeckend untersucht, während im Rahmen des Bildungsmonitoring repräsentative Stichproben (auf Klassen-, Schul- oder Einzelschülerebene) ausreichen. Moderne Testmodelle (IRT-Skalierung) erlauben es, verschiedenen Personen unterschiedliche Testaufgaben vorzugeben (test-equating; multiple matrix sampling).
Schul- und klassenbezogene Rückmeldung: Während bei Untersuchungen zum System-Monitoring Bildungsverantwortliche von Experten intensiv und umfassend beraten werden, erhalten

die an der Untersuchung beteiligten Schulen (Schulleiter, Lehrkräfte) die Rückmeldung in Form schul- und klassenspezifisch aufbereiteter schriftlicher Materialien. Ein Problem ist, dass sich Klassen- und Schulunterschiede oft nicht statistisch absichern lassen (Arnold 2002). Das Ziel von Rückmeldungen wird daher oft primär darin gesehen, Denkanstöße zu geben, innerschulische Diskussionsprozesse anzuregen und Veränderungen anzustoßen (Rolff 2001).

Bezugsnorm: Bei Rückmeldungen auf Klassen- oder Schulebene sind *kriteriale* (was können Schüler bzw. was können sie nicht?) oder *normbezogene* (wo stehen die Schüler im Vergleich zur gesamten Population?) Vergleiche möglich. Umfassende normbezogene Vergleichsinformationen, die der einzelnen Schule oder Lehrkraft eine Standortbestimmung ermöglichen, sind auf andere Weise kaum verfügbar. Ausschließlich normbezogene Informationen werden von den Adressaten oft als unbefriedigend eingeschätzt, weil sie kaum Ansatzpunkte für Veränderungen bieten. Kompetenzstufen oder -niveaus verbinden normbezogene mit kriterialen Informationen, indem sie anhand prototypischer Aufgaben beschreiben, was Schülerinnen und Schüler in bestimmten Bereichen des Kompetenzkontinuums leisten können (Watermann & Stanat 2004).

Berücksichtigung des Kontextes: Um *faire* Vergleiche zu ermöglichen, muss der Kontext (von der einzelnen Schule oder Lehrkraft in der Regel nicht beeinflussbare Rahmenbedingungen wie z.B. der soziale Hintergrund der Schüler) berücksichtigt werden. Dafür gibt es verschiedene Möglichkeiten, insbesondere: (1) Vergleich mit Schulen oder Klassen, die einen ähnlichen Kontext aufweisen; (2) Vergleich der erzielten Ergebnisse mit Erwartungswerten, d.h. den bei einem bestimmten Kontext im Durchschnitt zu erwartenden Werten; (3) statistische Bereinigung, d.h. rechnerische Korrektur der Leistungsergebnisse.

Berücksichtigung von Bedingungsfaktoren: Um die Nutzung der Leistungsergebnisse für die Schul- und Unterrichtsentwicklung zu unterstützen, ist über den Kontext hinaus die Kenntnis weiterer Bedingungsfaktoren der Leistung (z.B. Motivation, elterliche Unterstützung, aber auch Unterricht) hilfreich. Dabei ist zu berücksichtigen, dass auch zu Schülermerkmalen Rückmeldungen aus Design- oder Datenschutzgründen in der Regel nur auf Aggregatebene (z.B. durch Klassenmittelwerte) erfolgen können.

Organisation und Gestaltung der Rückmeldung: Es ist noch wenig bekannt, wie Rückmeldungen rezeptionsfreundlich zu gestalten sind und welche Effekte dies hat. Problematisch ist der häufig erhebliche Zeitverzug zwischen Datenerhebung, Auswertung und Rückmeldung. Internetbasierte Erhebungen wie im Projekt VERA (Hosenfeld et al. 2006) können hier eine Lösung bieten.

Rezeption von Rückmeldungen

Allgemein: Der Frage, ob und in welchem Maße Rückmeldungen auch zu den angestrebten Effekten führen, widmen sich Rezeptionsstudien. Sie bilden zusammen mit den Leistungsuntersuchungen und den Rückmeldungen einen Forschungszyklus (Schrader & Helmke 2003; Terhart 2002).

Rezeptionsprozess: Allgemeine Modelle (Kluger & DeNisi 1996; Hattie & Timperley 2007) beschreiben die Wirkung von Rückmeldungen aus Leistungsmessungen nur grob. Ein psychologisch fundiertes Rahmenmodell für die Rezeption und Umsetzung von Rückmeldungen aus Schulstudien wurde von Helmke (2009) entwickelt. Danach müssen Informationen aufgenommen, verstanden und als relevant und nützlich angesehen (Rezeption), reflektiert und analysiert (Reflexion), in Entscheidungen, Pläne und Handlungen umgesetzt (Aktion) und diese dann hinsichtlich ihrer Wirkung kontrolliert werden (Evaluation). Die einzelnen Schritte dieser Prozesskette können durch individuelle, schulische und externe Bedingungsfaktoren beeinflusst werden.

Rezeptionsstudien: Ergebnisse zeigen, dass Rückmeldungen als nützlich und verständlich beurteilt werden und für Veränderungen genutzt werden (Schrader & Helmke 2003; Schrader & Helmke 2004). Einschränkungen sind das Fehlen von repräsentativen Lehrer- und Schulleiterstichproben und die Beschränkung auf Befragungsdaten (selbsteingeschätztes statt tatsächliches Verständnis; selbst berichtete und beabsichtigte statt tatsächliche Veränderungen). Schwierigkeiten sind u.a., dass Lehrkräfte mit Denkweisen und Konzepten der Sozialwissenschaften und Statistik oft zu wenig vertraut sind und sich eingeschliffene Routinen nur schwer verändern lassen (Helmke & Schrader 2008).

Offene Probleme und Forschungsperspektiven

Die Nutzung von Rückmeldungen ist ein komplexer und schwieriger Prozess, bei dem der Einzelne in der Regel Unterstützung benötigt (Kooperation, schulinterne und schulübergreifende Zusammenarbeit, professionelle Begleitung durch Moderatoren und Berater, Supervision). Für eine umfassende Wirkungskontrolle sind Forschungsansätze nötig, die über Befragungen hinausgehend auch das tatsächliche Verhalten und die tatsächlich stattgefundenen Veränderungen untersuchen. Diese dürfen sich nicht auf Änderungen in Schulorganisation und Lehrerverhalten beschränken, sondern müssen auch Änderungen auf Schülerseite einbeziehen.

Literatur

Arnold, K.-H. (2002): Schulentwicklung durch Rückmeldung der Lernwirksamkeit an die Einzelschule: Möglichkeiten und Grenzen der Schuleffizienzforschung. In: Zeitschrift für Pädagogik. 48 (5), S. 741-764. – Hattie, J./Timperley, H. (2007): The Power of Feedback. In: Review of Educational Research. 77 (1), S. 81-112. – Helmke, A. (2009): Unterrichtsqualität und Lehrerprofessionalität – Diagnose, Evaluation und Verbesserung des Unterrichts. Seelze-Velber: Klett-Kallmeyer. – Helmke, A./Schrader, F.-W. (2008): Merkmale der Unterrichtsqualität: Potenzial, Reichweite und Grenzen. In: Seminar – Lehrerbildung und Schule. 14 (3), S. 17-47. – Hosenfeld, I./Schrader, F.-W./Helmke, T. (2006): Von der Rezeption zur Ergebnisrückmeldung. Leistungsevaluation im Spannungsfeld von System-Monitoring und Schulentwicklung. In: Hosenfeld. I./Schrader, F.-W. (Hrsg.): Schulische Leistung. Grundlagen, Bedingungen, Perspektiven. Münster: Waxmann, S. 289-313. – Ingenkamp, K./Lissmann, U. (2008): Lehrbuch der Pädagogischen Diagnostik. 6., neu ausgestattete Aufl. Weinheim: Beltz. – Kluger, A. N./DeNisi, A. (1996): The Effects of Feedback Interventions on Performance. A Historical Review, a Meta-Analysis, and a Preliminary Feedback Intervention Theory. In: Psychological Bulletin. 119 (2), S. 254-284. – Kohler, B./Schrader, F.-W. (Hrsg.) (2004): Ergebnisrückmeldung und Rezeption. Von der externen Evaluation zur Entwicklung von Schule und Unterricht. Empirische Pädagogik. 18 (1),Themenheft. Landau: Verlag Empirische Pädagogik. – Rolff, H.-G. (2001): Was bringt die vergleichende Leistungsmessung für die pädagogische Arbeit in Schulen? In: Weinert, F. E. (Hrsg.): Leistungsmessungen in Schulen. Weinheim: Beltz, S. 337-352. – Schrader, F.-W./Helmke, A. (2003): Evaluation – und was danach? Ergebnisse der Schulleiterbefragung im Rahmen der Rezeptionsstudie WALZER. In: Schweizerische Zeitschrift für Bildungswissenschaften. 25 (1), S. 79-110. – Schrader, F.-W./Helmke, A. (2004): Von der Evaluation zur Innovation? Die Rezeptionsstudie WALZER: Ergebnisse der Lehrerbefragung. In: Empirische Pädagogik. 18 (1), S. 140-161. – Sekretariat Kultusministerkonferenz (= Sekretariat der Ständigen Konferenz der Kultusministerkonferenz der Länder in der Bundesrepublik Deutschland in Zusammenarbeit mit dem Institut zur Qualitätsentwicklung im Bildungswesen) (2006): Gesamtstrategie der Kultusministerkonferenz zum Bildungsmonitoring. München: Wolters Kluwer Deutschland. – Terhart, E. (2002): Wie können die Ergebnisse von vergleichenden Leistungsstudien systematisch zur Qualitätsverbesserung in Schulen genutzt werden? In: Zeitschrift für Pädagogik. 48 (1), S. 91-110. – Watermann, R./Stanat, P. (2004): Sozialnorm- und kriteriumsorientierte Rückmeldeverfahren. Empirische Pädagogik. 18 (1), S. 40-61.

28| Schulentwicklungsprozesse in Längsschnittstudien
Nils Berkemeyer, Wilfried Bos und Carola Gröhlich

Begriffsklärungen

Schulentwicklungsprozesse und ihre Erforschung zielen auf Veränderungen in Schulen ab und unterliegen damit notwendigerweise einer zeitlichen Dimension. Besteht also das Interesse, Schulentwicklungsprozesse zu beobachten, zu analysieren und zu verstehen, ist die Forschung angehalten, längsschnittlich angelegte Untersuchungsdesigns einzusetzen. Allerdings stellt gerade die Erfassung und die Analyse von Entwicklungsverläufen bisher eine der größten methodischen Herausforderungen der Schulentwicklungsforschung dar. Dieses Problemfeld soll im Folgenden näher beleuchtet werden.

Schulentwicklungsprozesse
Schulentwicklungsprozesse werden in der Bildungsforschung traditionell unter zwei Perspektiven betrachtet: In der Tradition der *Schuleffektivitätsforschung*, die sich der Frage widmet, was eine ‚gute Schule' ausmacht, gelten sie gewissermaßen als black box für den im Fokus liegenden schulischen Output. Im Rahmen der *Schulentwicklungsforschung* hingegen werden sie als unmittelbarer Forschungsgegenstand in den Blick genommen; sie versuchen zu ergründen, wie man zu einer guten Schule gelangt. So plausibel eine Verbindung beider Traditionen sein mag, so lange wurden Forschung und Intervention jeweils mehr oder wenig unabhängig voneinander durchgeführt. Fullan (2008) stellt fest, dass in den Jahren 1970 bis ca. 1988 auf die Entwicklung der Einzelschule bezogene Interventionen häufig so genannten ‚change agents' vorbehalten waren, die sich kaum mit der wissenschaftlich-empirischen Basis ihres Interventionshandelns befassten. Andererseits kümmerte sich die empirische Forschung kaum um die Umsetzung ihrer Forschungsergebnisse. Die von Fullan problematisierte ‚Arbeitsteilung' zwischen Forschern und Intervenierenden ist auch im deutschsprachigen Raum festzustellen (Bonsen et al. 2008). International besteht angesichts dieser Zustandsbeschreibung spätestens seit Mitte der 1990er Jahre das Bestreben, beide Forschungsstränge miteinander zu verbinden. Für die Forschungspraxis erwachsen daraus nicht unerhebliche Anforderungen. Eine der größten Herausforderungen dürfte dabei die Entwicklung angemessener Längsschnittdesigns darstellen.

Methodische Betrachtungen
Grundsätzlich lassen sich drei Arten von Forschungsdesigns unterscheiden: (a) Querschnittdesigns, (b) Trend- bzw. Zeitwandeldesigns und (c) Panel- bzw. Längsschnittdesigns. Lediglich (b) und (c) sehen wiederholte Messungen über mehrere Zeitpunkte vor. Im Gegensatz zu Trenddesigns, die die Untersuchung von Veränderungen in verschiedenen Kohorten vorsehen, kann im Längsschnittdesign dieselbe Personengruppe über einen Zeitraum hinweg analysiert werden. Sobald nicht nur eine Bestandsaufnahme des Untersuchungsgegenstandes erfolgen soll, sondern sich die Forschungsfragen auf Entwicklungsprozesse beziehen, werden Längsschnittdaten benö-

tigt, denn nur diese sind zur Prüfung zeitbezogener Hypothesen geeignet (Diekmann 2007). Zudem lassen sich Kausalhypothesen ausschließlich mithilfe von Längsschnittdesigns prüfen. Probleme bzw. unerwünschte Effekte, die mit Längsschnittuntersuchungen verbunden sind, erläutert Merkens (2003): Eine der größten Einschränkungen entsteht in Längsschnittstudien durch die *Stichprobenmortalität*, d.h. ein systematisches überdurchschnittliches Ausscheiden von bestimmten Personengruppen aus der Ausgangsstichprobe und damit eine Verzerrung der Stichprobe. Mit solchen Stichprobenausfällen geht ein weiteres Problem einher: Die *Aggregation* von Daten kann bei hohen Ausfallraten nur noch bedingt oder gar nicht mehr möglich sein, sodass die Repräsentativität eingeschränkt wird. Diese Einschränkung kann jedoch mittels einer sehr großen Ausgangsstichprobe begrenzt werden. Weiterhin sind *Gewöhnungseffekte* für die Durchführung von wiederholten Untersuchungen hinderlich. Durch das mehrmalige Untersuchen von Personen sind Antworten auf wiederholte Fragen möglicherweise nicht unabhängig voneinander (z.B. durch den Aufbau von Erwartungen oder ein Erinnern an die eigene Antwort zum vorherigen Zeitpunkt). Angestrebt sind aber auch bei Längsschnittstudien unabhängige Messungen. Da Veränderungen über die Zeit auch mit Veränderungen von personenbezogenen Merkmalen, wie z.B. Einstellungen, einhergehen können, kann eine *Konfundierung* von diesen Alters- und Veränderungseffekten die Folge sein. Eine Kontrolle solcher Konfundierungseffekte erfordert ein aufwändiges Design und ist in einfachen Längsschnittstichproben nicht abschätzbar.

Eine aktuelle Übersicht über breit angelegte Längsschnittstudien im Bildungsbereich ausgewählter Länder sowie ein Ausblick für die bundesdeutsche Debatte findet sich in Kristen et al. (2005) sowie Blossfeld et al. (2009). Beispiele für große längsschnittlich angelegte Schulleistungsstudien sind in Deutschland die Studien LAU, BIJU, DESI, TOSCA und KESS.

Längsschnittstudien in der Schulentwicklung – Beispiele in der BRD

Nicht zuletzt aufgrund der hohen Anforderungen an die Forschungsdesigns zur Untersuchung von Schulentwicklungsprozessen und den damit verbundenen Kosten finden sich aktuell nur wenige längsschnittlich angelegte Studien, die den Anspruch der Untersuchung von Schulentwicklungsprozessen formulieren. Für den internationalen Kontext konstatieren Klieme und Steinert 2008 die Untersuchung von Prozessaspekten der Schulentwicklung in Längsschnittdesigns nach wie vor als Desiderat.

Ein Beispiel für eine Schuleffektivitätsforschung und Schulentwicklungsforschung integrierende Längsschnittuntersuchung von Schulentwicklungsprozessen ist die Begleitforschung zum Modellvorhaben ‚Selbstständige Schule' in Nordrhein-Westfalen (Holtappels et al. 2008). Ziel der Begleitforschung ist ein Erkenntnisgewinn über Gelingensbedingungen von Veränderungsprozessen im Rahmen erweiterter Schulautonomie. Dafür wurden über drei Erhebungszeitpunkte in den Jahrgangsstufen 5, 7 und 9 innerhalb von sechs Jahren verschiedene Dimensionen der Gestaltungs- sowie der Ergebnisqualität von Schul- und Unterrichtsentwicklung im Längsschnittdesign untersucht. Mittels umfangreicher Fragebogenerhebungen und Leistungsmessungen wurden in fünf Arbeitsfeldern (Personal-, Sachmittelbewirtschaftung, Unterrichtsorganisation und Unterrichtsgestaltung, innere Organisation und Mitwirkung in der Schule, Qualitätssicherung und Rechenschaftslegung) die Prozessgestaltung durch die Schulen sowie deren Erträge systematisch dokumentiert. Dadurch können Veränderungen von Schule und Unterricht sowie Unterstützungs- und Steuerungsstrukturen von Schulen analysiert werden.

Ein weiteres Beispiel stellt die Begleitforschung zum Projekt ‚Schulen im Team – Unterricht gemeinsam entwickeln' dar (Berkemeyer et al. 2008). Mit dem Projekt wird durch die lokale

Vernetzung von Schulen die Strategie verfolgt, vorhandene Potentiale in Schulen vor Ort zu bündeln und sie für eine gemeinsame Unterrichtsentwicklung im Netzwerk zu nutzen (Beitrag 61 in diesem Band. Einen Schwerpunkt der wissenschaftlichen Begleitforschung bilden Leitfadeninterviews mit je zwei Netzwerkkoordinatoren pro Schule, die gemeinsam mit ihren Netzwerkpartnern als change agents fungieren. Die Interviews werden während der Projektlaufzeit (Februar 2007 bis Juli 2010) insgesamt bis zu achtmal durchgeführt, sodass für diese Daten ein echter Längsschnitt vorliegen wird. Mit diesem Ansatz wird einem Bedarf in der Netzwerkforschung entsprochen, verstärkt qualitative Untersuchungsmethoden zur Erforschung von Netzwerkprozessen zu nutzen und hierbei insbesondere Längsschnittstudien zu forcieren, die es erlauben, Entwicklungsdynamiken nachzuzeichnen. Das Projekt verfolgt die Absicht, die konkrete Praxis, die Interaktionen und Handlungsvollzüge der Akteure im jeweiligen Kontext darzustellen und so die Vernetzungs- und Netzwerkarbeit im Projekt auch im Verlauf analytisch zu rekonstruieren. Triangulativ ergänzt wird dieser qualitative Längsschnitt durch Surveydaten zu zwei Messzeitpunkten sowie Leistungsdaten von Schülerinnen und Schülern, die jeweils zu Beginn und am Ende eines Schuljahres erhoben werden.

Auch die ‚Studie zur Entwicklung von Ganztagsschulen' (StEG; Holtappels et al. 2007) untersucht anlässlich der steigenden Anzahl von Ganztagsschulen in allen Bundesländern schulische Entwicklungsprozesse, die mit der Einführung von Ganztagsangeboten verbunden sind. Dies betrifft u.a. die Konzeption und Implementation von Bildungsangeboten, die Analyse von Kooperationsformen und organisatorischen Netzwerken, die Akzeptanzbedingungen, die Partizipationsmöglichkeiten und die Konsequenzen für die Beteiligten und das schulische Umfeld. Beispiele für längsschnittlich angelegte Forschungsperspektiven im Bereich der Unterrichtsentwicklung stellen in Deutschland vor allem die beiden Projekte SINUS bzw. SINUS-Transfer (Ostermeier 2004) und CHiK (Demuth et al. 2008) dar.

Ausblick

Die prozessorientierte Schulentwicklungsforschung steht noch ganz am Anfang. Noch sind komplexe Forschungsdesigns, die Entwicklungsprozesse beschreiben, analysieren und erklären können, selten. Einer der ambitioniertesten theoretischen Ansätze findet sich derzeit bei Creemers und Kyriakides (2008). Das dort beschriebene dynamische Modell der Schuleffektivität kann wesentlich zur Zusammenführung von Schuleffektivitäts- und Schulentwicklungsforschung beitragen, da es dynamische, nichtlineare Beziehungen zwischen Effektivitätsfaktoren annimmt, die zudem in verschiedenen Effektivitätsdimensionen berücksichtigt werden müssen. Dieses komplexe Modell impliziert notwendig auch den Einbezug von Veränderungsprozessen und erfordert in der forschungspraktischen Umsetzung die Integration quantitativer wie qualitativer Forschungsmethoden in längsschnittlichen Designs. Zentral für solche Forschungen ist, dass sie einerseits über eine theoretische Basis verfügen und andererseits methodisch anspruchsvoll angelegt sind. Genau mit dieser Kombination ist die zukünftige Zielsetzung der Schulentwicklungsforschung zur Untersuchung von Schulentwicklungsprozessen bestimmt.

Literatur

Berkemeyer, N./Bos, W./Manitius, V./Müthing, K. (Hrsg.) (2008): Unterrichtsentwicklung in Netzwerken. Konzeptionen, Befunde, Perspektiven. Münster: Waxmann. – Blossfeld, H.-P./Schneider, T./Doll, J. (2009): Methodische Vorteile von Panelstudien. Das Erhebungsdesign der neuen Nationalen Bildungspanelstudie (NEPS). In: Journal for Educational Research Online. 1 (1), S. 10-32. – Bonsen, M./Bos, W./Rolff, H.-G. (2008): Zur Fusion von Schuleffektivitäts- und Schulentwicklungsforschung. In: Bos, W./Holtappels, H. G./Pfeiffer, H./Rolff, H.-G./Schulz-Zander, R. (Hrsg.): Jahrbuch der Schulentwicklung. Band 15. Daten, Beispiele und Perspektiven. Weinheim: Juventa, S. 11-39. – Creemers, B. P. M./Kyriakides, L. (2008): The Dynamics of Educational Effectiveness. A Contribution to Policy, Practice and Theory in Contemporary Schools. London: Routledge. – Demuth, R./ Gräsel, C./Parchmann, I./Ralle, B. (2008): Chemie im Kontext. Von der Innovation zur nachhaltigen Verbreitung eines Unterrichtskonzepts. Münster: Waxmann. – Diekmann, A. (2007): Empirische Sozialforschung. Grundlagen, Methoden, Anwendungen. 17. Aufl. Reinbek: Rowohlt. – Fullan, M. (2008): From School Effectiveness to System Improvement. In: journal für schulentwicklung. 12 (2), S. 48-54. – Holtappels, H. G./Klemm, K./Rolff, H.-G. (Hrsg.) (2008): Schulentwicklung durch Gestaltungsautonomie. Ergebnisse der Begleitforschung zum Modellvorhaben Selbstständige Schule in Nordrhein-Westfalen. Münster: Waxmann. – Holtappels, H. G./Klieme, E./Rauschenbach, T./Stecher, L. (Hrsg.) (2007). Ganztagsschule in Deutschland. Ergebnisse der Ausgangserhebung der „Studie zur Entwicklung von Ganztagsschulen" (StEG). Weinheim: Juventa. – Klieme, E./Steinert, B. (2008): Schulentwicklung im Längsschnitt. Ein Forschungsprogramm und erste explorative Analysen. In: Zeitschrift für Erziehungswissenschaft. Sonderheft 10, S. 221-238. – Kristen, C./Römmer, A./Müller, W./Kalter, F. (2005): Längsschnittstudien für die Bildungsberichterstattung – Beispiele aus Europa und Nordamerika. Berlin: Bundesministerium für Bildung und Forschung (BMBF). – Merkens, H. (2003): Längsschnittuntersuchungen. In: Hajduk, E./Merkens, H. (Hrsg.): Längsschnittuntersuchungen in den Sozialwissenschaften. Zielona Góra: Zaklad Poligraficny, S. 11-24. – Ostermeier, C. (2004): Kooperative Qualitätsentwicklung in Schulnetzwerken. Münster u.a.: Waxmann.

29| Experimentelle Studien und Quasi-Experimentelle Studien
Stefanie van Ophuysen

Begriffsklärungen: Experiment und Quasi-Experiment

Eine zentrale Fragestellung in der Schulentwicklungs- und Schuleffektivitätsforschung betrifft die Wirksamkeit von Interventionen und Innovationen. Der Königsweg zur Überprüfung solcher kausaler Zusammenhänge besteht in der Durchführung von Experimenten. Unter einem Experiment versteht man eine empirische Untersuchung, bei der gezielt bestimmte Bedingungen („treatments") hergestellt und in ihren Auswirkungen auf ausgewählte Zielvariablen beobachtet werden. Im einfachsten Fall wird eine Experimentalgruppe, die ein treatment erhält, mit einer Kontrollgruppe verglichen, die kein treatment erhält. Ein anderes experimentelles Design stellt das Mehrgruppen-Experiment dar, bei dem den Gruppen unterschiedliche Experimentalbedingungen zugeteilt werden. Durch eine randomisierte Zuteilung der Untersuchungseinheiten – seien es einzelne Personen oder Organisationseinheiten – zu den experimentell manipulierten Bedingungen wird erreicht, dass sich die verschiedenen Gruppen – bei hinreichender Stichprobengröße – tatsächlich nur hinsichtlich des treatments systematisch unterscheiden. Somit ist die interne Validität eines Experimentes hoch, da gegebenenfalls vorliegende Unterschiede in der Zielgröße genau auf die experimentelle Bedingungsvariation zurückzuführen sind.

Eine randomisierte Zuteilung zu den experimentellen treatments ist aus pragmatischen Gründen, insbesondere auf Grund bereits bestehender „natürlicher" Gruppierungen, nicht immer realisierbar. Wird an Stelle einer randomisierten Zuteilung der Untersuchungseinheiten zu den experimentellen Bedingungen deren natürliche Gruppenzugehörigkeit genutzt, spricht man von einem Quasi-Experiment (Bortz & Döring 2006). Wenn beispielsweise die Wirksamkeit eines neuen Trainingsprogramms zur Rechtschreibung mit einem Standardprogramm verglichen werden soll, erscheint es schwierig, die Schülerinnen und Schüler aus unterschiedlichen Klassen individuell dem neuen oder dem alten Verfahren zuzuweisen. Stattdessen wird in der Regel auf die bestehende Klasseneinteilung zurückgegriffen und die Schulklassen werden den treatments zugeteilt. Damit können jedoch Unterschiede zwischen den Klassen die Kausalerklärung unterlaufen und die interne Validität der Untersuchungsergebnisse wird reduziert.

Die Nutzung (quasi)experimenteller Designs im Kontext der Schulentwicklungsforschung

Im Kontext der Schulentwicklungsforschung lassen sich zwei Zielsetzungen unterscheiden, unter denen die Durchführung (quasi)experimenteller Studien sinnvoll erscheint. Einerseits geht es um die Bewertung der Wirksamkeit von Interventionen bzw. Maßnahmen, andererseits um die Überprüfung von Hypothesen zur Theorieentwicklung.

Experimente zur Wirksamkeitsüberprüfung

Die Frage der Kausalität und Wirksamkeit ist für die Bewertung von Maßnahmen der Schulentwicklung von herausragender Bedeutung. Der korrelative Nachweis, dass mit der Einführung einer Innovation eine Veränderung eingetreten ist, reicht hier nicht aus. Wenn nach der Einführung verbindlicher Anwesenheitszeiten der Lehrkräfte in der Schule die Arbeitszufriedenheit sinkt, ist dies noch kein Beweis für eine demotivierende Wirkung dieser Maßnahme. Möglicherweise gehen andere Veränderungen gleichzeitig mit dieser Einführung einher (z.B. eine die Arbeitsbelastung erhöhende politische Reform) und sind für die Veränderung in der Arbeitszufriedenheit entscheidend. Um diese Alternative auszuschließen, ist zu überprüfen, wie sich die Arbeitszufriedenheit entwickelt hätte, wenn die Maßnahme nicht eingeführt worden wäre. Ein Experiment bietet die effektivste Möglichkeit, einen solchen Kausalitätsnachweis durch den Vergleich der Experimentalgruppe mit einer „kontrafaktischen" Kontrollgruppe zu führen (Rubin 1974).

Da Schulentwicklungsmaßnahmen in der Regel auf Schulebene und nicht auf Individualebene ansetzen, erscheint es plausibel, dass die Schule als Untersuchungseinheit gewählt wird. Daraus folgt zunächst, dass es nur in Ausnahmefällen möglich ist, den Wirksamkeitsnachweis *innerhalb* einer Schule zu führen, da mit Übertragungseffekten zu rechnen ist. Auch die Personen aus der Kontrollgruppe partizipieren indirekt an der Intervention. Der Kontrast zwischen Experimental- und Kontrollbedingung wird aufgeweicht und die Ergebnisse zu Lasten des treatments verzerrt (Cook & Campbell 1979).

Ein Experiment bedarf daher einer Zufallsstichprobe von Schulen, die dann den verschiedenen Untersuchungsbedingungen randomisiert zugewiesen werden. Die methodisch bedeutsame Randomisierung kann jedoch praktisch problematisch werden. Zunächst wirkt schon die Tatsache, *zufällig* der Kontroll- oder Experimentalbedingung zugeteilt zu werden, auf manche Schulen (Schulleiter) befremdlich und ist ein Grund, die Teilnahme abzulehnen. Die Gefahr besteht, dass sich teilnehmende und verweigernde Schulen systematisch unterscheiden. Dann ist zwar weiterhin ein kausaler Wirksamkeitsnachweis möglich (hohe interne Validität), die Generalisierbarkeit der Ergebnisse ist jedoch eingeschränkt (geringe externe Validität). Lässt man hingegen die Selbstselektion der Schulen zu, das heißt, die Schulen können selbst entscheiden, welcher Versuchsbedingung sie zugewiesen werden, so ergeben sich nicht nur Probleme der externen sondern auch der internen Validität. Jenseits der experimentellen Bedingungsvariation können sich systematische Unterschiede zwischen den Versuchsgruppen ergeben, die ursächlich für mögliche Gruppenunterschiede in der Zielvariablen sein könnten.

Ein weiteres Problem betrifft die erforderliche Stichprobengröße. Experimente auf Individualebene kommen in Abhängigkeit von der Spezifität der Fragestellung und der erwarteten Effektstärke schon mit Gruppengrößen von 15 bis 20 Personen aus. Da jedoch davon ausgegangen werden muss, dass die exakt gleiche Implementierung und Umsetzung von Maßnahmen an den verschiedenen Schulen kaum gewährleistet werden kann, ist im Vergleich zum Laborexperiment mit geringeren Effekten zu rechnen (Cook 2005). Ebenfalls sind die Hypothesen in experimentellen Wirksamkeitsstudien in der Regel wenig spezifisch, sodass insgesamt mehr Stichprobeneinheiten erforderlich sind als in laborexperimentellen Untersuchungen.

Wenn auch methodische Überlegungen existieren, wie die Anzahl an Schulen möglichst gering gehalten werden kann (Raudenbush 1997), bedeuten experimentelle Schulstudien immer einen großen organisatorischen und finanziellen Aufwand. Immerhin sind in einem einfachen Kontrollgruppen-Experiment mit 15 Schulen à 50 Schülern pro Versuchsbedingung zur Absicherung von Haupteffekten bereits 1500 Schüler zu testen. Andererseits erlauben es nur solche Studien die Wirksamkeit einer Maßnahme mit definierter Fehlerwahrscheinlichkeit zu überprüfen und sind für den Erkenntnisgewinn eigentlich unabdingbar. Bei der Entscheidung, ob ein Experiment auch ökonomisch sinnvoll ist, sind die Kosten, die eine flächendeckende Umsetzung einer möglicherweise wirkungslosen Maßnahme verursachen würde, mit dem Aufwand der experimentellen Untersuchung zu vergleichen.

Experimente zur Theorieentwicklung
Die oben ausgeführten Experimente werden in der Regel im Sinne einer summativen Evaluation zur Bewertung der Wirksamkeit einer Maßnahme eingesetzt. Sie sind „black-box"-Experimente, bei denen die Durchführung einer Maßnahme als experimentelle Bedingung in ihrer Auswirkung auf eine eher distale Zielgröße untersucht wird. Die vermittelnden Mechanismen sind von untergeordnetem Interesse. Im Gegensatz dazu dienen Experimente zur Theorieentwicklung gerade der systematischen Überprüfung von Hypothesen, die sich auf die postulierten vermittelnden und erklärenden Prozesse beziehen. Sie sind durch die Spezifikation von Randbedingungen und Zielgruppen präzisiert, fokussieren eher Prozesse auf individueller Ebene und sind durch die inhaltliche Nähe von Intervention und Zielvariable charakterisiert. Damit sind in der Regel recht kleine Stichprobenumfänge ausreichend und die Experimente sind sowohl in der Durchführung als auch in der Auswertung einfacher als die oben dargestellten „Schul"-Experimente. Jedoch wird es in der Regel erforderlich sein, Experimentalreihen durchzuführen. Erkenntnisse werden auf Kompatibilität mit den bestehenden Vorannahmen überprüft, in das Theoriegebäude eingeordnet oder gegebenenfalls wird die Theorie modifiziert. Dies erlaubt die Ableitung neuer Hypothesen, die wiederum experimentell getestet werden können.

Der Kritik, Experimente seien zu statisch und linear, um die Komplexität der Schulentwicklung als Prozess in einer sich wandelnden Umwelt sinnvoll abbilden oder überprüfen zu können (Morrison 2001), kann durch die Konzeption von Längsschnitt-Experimenten, in denen Veränderungen über mehrere Messzeitpunkte gezielt erfasst werden, begegnet werden. Dem Vorwurf, dass Experimente mit Individuen im Schulkontext die systemische Perspektive außer Acht lassen und daher in ihrer externen Validität stark eingeschränkt sind, ist zuzustimmen. Zusätzliche, eher qualitativ ausgerichtete Studien, die in Ergänzung zu den experimentellen Resultaten stehen und zu deren verbesserten Interpretierbarkeit beitragen, sind in diesem Fall erforderlich. Auf Experimente ganz zu verzichten hieße jedoch, die detaillierte Überprüfung von Erklärungsmodellen und damit eine zentrale Möglichkeit zur Theorieentwicklung auszusparen.

Offene Fragen und Ausblick

Obwohl die Frage der Wirksamkeit und Kausalität für die Bewertung von Maßnahmen der Schulentwicklung ebenso wie die Theorieentwicklung von herausragender Bedeutung sein sollte, stellt die Durchführung von Experimenten und Quasiexperimenten bislang sowohl national als auch international eher eine Ausnahme dar (Cook 2002). Hierfür ist vermutlich der Einfluss der pädagogischen Forschungstradition mit ihrem Fokus auf qualitative Einzelfallanalysen einerseits und auf groß angelegte Korrelationsstudien andererseits maßgeblich. Da inzwischen jedoch eine Vielzahl an elaborierten (quasi)experimentellen Designs und Auswertungsverfahren zur Verfügung steht, die auch in komplexen hierarchischen Systemen eine adäquate Untersuchung ermöglichen, sollten diese Methoden auch zum Theorie- und Erkenntnisgewinn im Kontext der Schulentwicklungsforschung verstärkt genutzt werden. Unter dem Stichwort „evidence-based education" wird auch im anglo-amerikanischen Raum zunehmend für den Einsatz von experimentellen Kausalanalysen plädiert (Oakley 2002; Slavin 2008). Gerade in Zeiten knapper Ressourcen ist es umso wichtiger, dass Maßnahmen ihre Wirksamkeit unter Beweis stellen bevor sie in größerem Stil umgesetzt werden. Die Nutzung von Experimenten und Quasiexperimenten im Kontext der Schulentwicklungsforschung stellt somit für die Zukunft eine wichtige Herausforderung für die Forschenden dar.

Literatur

Bortz, J./Döring, N. (2006): Forschungsmethoden und Evaluation für Human- und Sozialwissenschaftler. 4. überarb. Aufl. Heidelberg, Berlin: Springer. – Cook, T. D. (2002): Randomized Experiments in Educational Policy Research. A Critical Examination of the Reasons the Educational Evaluation Community Has Offered for not Doing Them. In: Educational Evaluation and Policy Analysis. 24 (3), pp. 175-199. – Cook, T. D. (2005): Emergent Principles for the Design, Implementation, and Analysis of Cluster-based Experiments in Social Science. In: The Annals of the American Academy of Political and Social Science. 599 (1), pp.176-198. – Cook, T. D./Campbell, D. T. (1979): Quasi-Experimentation: Design and Analysis Issues for Field Settings. Boston: Rand McNally. – Morrison, K. (2001): Randomised Controlled Trials for Evidence-Based Education. Some Problems in Judging „What Works". In: Evaluation and Research in Education. 15 (2), pp. 69-83. – Oakley, A. (2002): Social Science and Evidence-Based Everything. The Case of Education. In: Educational Review. 54 (3), pp. 277-286. – Raudenbush, S. W. (1997): Statistical Analysis and Optimal Design for Cluster Randomized Design. In: Psychological Methods. 2 (2), pp. 173-185. – Rubin, D. B. (1974): Estimating Causal Effects of Treatments in Randomized and Non-Randomized Studies. In: Journal of Educational Psychology. 66 (5), pp. 688-701. – Slavin, R. E. (2008): Evidence-Based Reform in Education: What Will It Take? In: European Educational Research Journal. 7 (1), pp. 124-128.

30| Kombination qualitativer und quantitativer Methoden in der Schulentwicklungsforschung
Michaela Gläser-Zikuda

Forschungsmethodische Entwicklungslinien

Fragen der empirischen Überprüfung standen in der Schulpädagogik und Schulentwicklung bislang im Hintergrund (Terhart 2002). Neuere Entwicklungslinien in der Erziehungswissenschaft lassen in Bezug auf forschungsmethodische Fragestellungen drei Trends erkennen, die eine Stärkung der empirischen Sichtweise auch für die Schulentwicklung nahelegen:
1. *Etablierung qualitativer Forschungsmethoden*: Eine Fülle an bewährten, aber auch neuen Forschungsmethoden zur Erhebung und Analyse von Daten sowie spezielle Forschungsprogramme kommen in der Lehr-Lernforschung (Combe et al. 1999; Helsper & Böhme 2004) zur Anwendung.
2. *Stärkere Wahrnehmung quantitativer Forschungsmethoden:* Die nationale und internationale Lehr-Lernforschung sowie die Schulentwicklungsforschung haben seit den 1970er Jahren an Bedeutung gewonnen, wie z.B. die steigende Zahl an Forschungsstudien zeigt, die am Dortmunder Institut für Schulentwicklungsforschung durchgeführt werden. Mit der Frage nach Qualitätskriterien im Bildungsbereich ist auch die Implementierung neuer Konzepte sowie deren Evaluation bedeutsamer geworden (Burkard & Pfeiffer 1995). Im Gegensatz zu korrelativ angelegten Untersuchungen zeichnen sich gerade Interventionsstudien durch systematische Veränderungsversuche aus, die für die Schulentwicklung von größtem Interesse sein dürften (Rost 2005).
3. *Kombination qualitativer und quantitativer Verfahren*: Nach Jahrzehnten einer polarisierenden Debatte um die Gegenüberstellung oder gar Inkompatibilität qualitativer und quantitativer Methoden (Guba & Lincoln 1994), ist eine Zunahme an Studien zu beobachten, die sich durch eine Kombination qualitativer und quantitativer Verfahren auszeichnen (Gläser-Zikuda & Järvelä 2008; Hofmann et al. 2008).
Ziel dieses Beitrags ist es, einen kurzen Überblick zum Stand der wissenschaftlichen Diskussion zur Kombination qualitativer und quantitativer Forschungsmethoden zu geben und Konsequenzen für die Schulentwicklungsforschung aufzuzeigen.

Kombination qualitativer und quantitativer Forschungsmethoden

Mayring (2001) argumentiert auf der Grundlage eines gemeinsamen Forschungsmodells, dass es sich bei qualitativen und quantitativen Methoden um einzelne Forschungsschritte handelt, die miteinander verbunden werden können. Gerade eine Kombination erweitert den Erkenntnishorizont und Schwächen der jeweiligen Einzelmethode können kompensiert werden. Ein multimethodisches bzw. triangulatorisches Vorgehen ist einem einseitig methodisch ausgerichteten Ansatz vorzuziehen (Flick 2004).
Im angloamerikanischen Raum wird dieses Thema unter dem Schlagwort „Mixed-Methodology" bzw. „Mixed-Model-Designs" diskutiert (Tashakkori & Teddlie 1998). Mixed-Model-Designs lassen sich durch drei Dimensionen bzw. Phasen charakterisieren:

(1) Art der Untersuchung (explorativ oder konfirmatorisch; qualitativ und quantitativ),
(2) Art der Datenerfassung und -sammlung (qualitativ und quantitativ), und
(3) Art der Analyse (qualitativ und quantitativ).
Ein Beispiel für ein ausgeprägtes Mixed-Model-Design wäre eine Studie, die durchgängig parallel qualitative und quantitative Methoden in allen Phasen des Forschungsprozesses einsetzt und zumindest in einem Bereich die beiden Zugänge kombiniert. Zur Illustration dienen im Folgenden zwei Beispiele:

Das Evaluationsprojekt „Schulprogrammentwicklung"

Ein erstes Beispiel für eine Verknüpfung qualitativer und quantitativer Zugänge im Sinne eines Mixed-Model-Designs ist das Evaluationsprojekt „Schulprogrammentwicklung" (Altrichter et al. 2003). Ziel war es, inhaltliche und prozessuale Aspekte der Schulprogrammentwicklung an zehn berufsbildenden Schulen mit Hilfe von Befragungen von Schülern, Eltern und Lehrern zu evaluieren. Das Pre-Post-Design beinhaltete qualitative wie quantitative Zugänge. Eine Verzahnung der beiden Forschungszugänge wurde dadurch erzielt, dass die Entscheidung, welche Schulen einer vertieften qualitativen Analyse unterzogen wurden, auf der Grundlage der quantitativen Ersterhebung gefällt wurde. Es wurde hier zwischen einer „guten", „mittleren" und einer „schlechten" Schule differenziert. Weiterhin konnten Ergebnisse der qualitativen Analysen der Interviews mit den Lehrkräften quantitativ nachvollzogen werden, indem die in den Interviews geschilderten Situationen im Umgang mit der Schulprogramm-Idee und die dabei auftretenden Schwierigkeiten sich auch in den quantitativen Befragungsdaten abbilden ließen.

Die Interventionsstudie „Emotional-kognitives Lernen"

Das zweite Beispiel für ein Mixed-Model-Design bezieht sich auf eine Interventionsstudie, im Rahmen derer fachdidaktische Unterrichtskonzepte in ihrer Wirksamkeit zur Förderung kognitiver und emotionaler Lernfaktoren in insgesamt 37 Schulklassen der 8. Jahrgangsstufe an Hauptschulen, Realschulen und Gymnasien überprüft wurden (Gläser-Zikuda et al. 2005). In einem quasi-experimentellen Design wurde herkömmlicher Fachunterricht mit einem innovativen, schülerorientierten Unterricht verglichen. Sowohl qualitative als auch quantitative Verfahren kamen parallel und in Kombination zum Einsatz. Mit den quantitativen Daten wurden in einer multivariaten Varianzanalyse die Effekte der Intervention ermittelt. Die qualitativen Daten aus Leitfaden-Interviews, Tagebüchern und videobasierten Unterrichtsbeobachtungen gaben die Akzeptanz der Interventionsmaßnahme durch die beteiligten Lehrpersonen sowie die Schüler wider. Sie erlaubten auch einen detaillierten Einblick in das Ausmaß der Implementierung der Maßnahme sowie in die Qualität des Unterrichts in den Kontrollgruppen. Dabei wurden beispielsweise durch qualitative Inhaltsanalyse (Mayring & Gläser-Zikuda 2008) gewonnene Kategorien aus den transkribierten Interviews mit Hilfe der Skalierenden Strukturierung quantifiziert und direkt mit den Fragebogendaten korreliert.

Konsequenzen für die Schulentwicklungsforschung

Zusammenfassend konstatiert Rolff (1998), dass sich die Schulentwicklung zwar durch viel Praxis, allerdings durch wenig Theorie und kaum Forschung auszeichnet. Daher bedarf es einerseits einer theoretischen und systematischen Präzisierung von Schulentwicklungsansätzen, andererseits sollte sich Schulentwicklung forschungsmethodischen Fragestellungen weiter öffnen, um ihre Zielsetzungen, Konzepte und Maßnahmen empirisch zu fundieren. Die Bedingungen und Ergebnisse von Schulentwicklungsprozessen sind zu dokumentieren, zu evaluieren und im Hinblick auf ihre Wirksamkeit zu überprüfen. Dies gelingt kaum durch eine einseitige Bevorzugung von qualitativen oder quantitativen Forschungszugängen. Schulentwicklungsforschung sollte sich um ein systematisches Vorgehen bemühen, indem vergleichbare Instrumente eingesetzt werden, und zwar nicht nur quantitative, sondern auch qualitative Instrumente. Für die Etablierung der Schulentwicklungsforschung sind Gütekriterien zu berücksichtigen, die nicht nur für quantitative, sondern auch spezifisch für qualitative Forschungsansätze gefordert werden (Flick 2004). Mixed-Model-Ansätze versprechen, kontextspezifische Schulentwicklungsmaßnahmen und deren Wirksamkeit insgesamt adäquater belegen und auf ihre Tragfähigkeit hin angemessener beurteilen zu können.

Literatur
Altrichter, H./Eder, F./Soukup-Altrichter, K. (2003): Endbericht der begleitenden Evaluation zum Projekt „Schulprogrammentwicklung an berufsbildenden Schulen". Linz: Universität Linz. – Burkard, Ch./Pfeiffer, H. (1995): Evaluation von Einzelschulen. Entwicklungslinien und aktuelle Trends. In: Zeitschrift für Sozialisationsforschung und Erziehungssoziologie. 15 (4), S. 294-312. – Combe, A./Helsper, W./Stelmaszyk, B. (Hrsg.) (1999): Forum qualitative Schulforschung Band I. Weinheim: Deutscher Studien Verlag. – Flick, U. (2004): Triangulation. Eine Einführung. Wiesbaden: Verlag für Sozialwissenschaften. – Gläser-Zikuda, M./Järvelä, S. (Hrsg.) (2008): Qualitative and Quantitative Approaches to Enrich Understanding of Emotional and Motivational Aspects of Learning. Special Issue. In: International Journal of Educational Research. (2) 47, S. 136-147. – Gläser-Zikuda, M./Fuß, S./Laukenmann, M./Metz, K./Randler, Ch. (2005): Promoting Students' Emotions and Achievement. Instructional Design and Evaluation of the ECOLE-Approach. In: Learning and Instruction. Issue 5: Feelings and Emotions in the Learning Process 15, S. 481-495. – Guba, E. G./ Lincoln, Y. S. (1994): Competing Paradigms in Qualitative Research. In: Denzin, N. K./Lincoln, Y. S. (Hrsg.): Handbook of Qualitative Research. Thousand Oaks, CA: Sage, S.105-117. – Helsper, W./Böhme, J. (Hrsg.) (2004): Handbuch der Schulforschung. Wiesbaden: VS Verlag für Sozialwissenschaften. – Hofmann, F./Schreiner, C./Thonhauser, J. (Hrsg.) (2008): Qualitative und quantitative Aspekte. Zu ihrer Komplementarität in der erziehungswissenschaftlichen Forschung. Münster: Waxmann. – Mayring, Ph./Gläser-Zikuda, M. (Hrsg.) (2008): Die Praxis der Qualitativen Inhaltsanalyse. 2. überarb. Aufl. Weinheim, Basel: Beltz. – Mayring, Ph. (2001): Kombination und Integration qualitativer und quantitativer Analyse. In: Forum Qualitative Sozialforschung 2 (1). [verfügbar unter: http://www.qualitative-research.net/index.php/fqs/article/view/967/2110, 11.01.2010]. – Rolff, H.-G. (1998): Entwicklung von Einzelschulen: Viel Praxis, wenig Theorie und kaum Forschung. Ein Versuch, Schulentwicklung zu systematisieren. In: Rolff, H.-G./Bauer, K.-O./Klemm, K./Pfeiffer, H. (Hrsg.): Jahrbuch der Schulentwicklung. Daten, Beispiele und Perspektiven. Bd. 10. Weinheim, München: Juventa, S. 295-326. – Rost, D. (2005): Interpretation und Bewertung pädagogisch-psychologischer Studien. Eine Einführung. Weinheim, Basel: Beltz/UTB. – Tashakkori, A./Teddlie, C. (1998): Mixed Methodology: Combining Qualitative and Quantitative Approaches. Thousand Oaks, London, New Dehli: Sage. – Terhart, E. (2002): Fremde Schwestern. Zum Verhältnis von Allgemeiner Didaktik und empirischer Lehr-Lern-Forschung. In: Zeitschrift für Pädagogische Psychologie. 16 (2), S. 77-86.

4 Change Management an Schulen

31| Einführung: Change Management
Heinz Günter Holtappels und Tobias Feldhoff

Der vorliegende Beitrag betrachtet Change Management aus schulentwicklungstheoretischer Perspektive. Dabei geht es zunächst um die Frage warum Schulen die Fähigkeit zum Wandel und zur Anpassungen an internen und externen Anforderungen benötigen. Anschließend werden die Steuerungserfordernisse, die sich hieraus ergeben, exploriert. Ferner folgt die Beschreibung von Change Management als ein Konzept zur zielgerichteten Steuerung von Veränderungsprozessen im Rahmen von Schulentwicklung, bevor aus einer theoretischen Perspektive auf die Rolle der Schulleitung und der Steuergruppe beim Change Management näher eingegangen wird. Nach der Darstellung erster Befunde zum Change Management in Schulen durch Steuergruppen, folgt zum Abschluss ein kurzes Fazit und es werden Forschungsdesiderate aufgezeigt.

Steuerung als Erfordernis in Entwicklungsprozessen

Der Erkenntnisstand der Innovationsforschung zeigt (vgl. auch Rolff 1993): Schulen übernehmen nicht einfach vorbereitete Lösungen und Konzepte, eher versuchen sie, neue Konzepte und Ansätze für die eigene Schulsituation behutsam zu adaptieren und den schulspezifischen Verhältnissen anzupassen. Erfolgreiche Qualitätsentwicklung in einzelnen Schulen setzt dabei lokales Wissen und spezielle Strategien darüber voraus, wie unter Berücksichtigung spezifischer Bedingungen eine Verbesserung von Qualität erzielt werden kann. Dieses Wissen muss jedoch aufbereitet, gepflegt und weitergegeben werden. Schulentwicklung in der Einzelschule braucht Koordination, Management und Steuerung.
Mit den systematischen Verfahren für die Selbstentwicklung (Organisationsentwicklung, Schulprogrammarbeit etc.) stiegen die Anforderungen an die Einzelschulen (vgl. Berkemeyer et al. 2007). Von den Schulen wird im Sinne einer höheren Gestaltungsautonomie erwartet, dass sie verstärkt die Verantwortung für ihre eigene Entwicklung und zunehmend auch für ihre Qualität übernehmen.
Damit Schulen sich zielgerichtet verändern, bedarf es der Steuerung dieser Veränderungsprozesse im Rahmen einer systematischen Schulentwicklung. Im Rahmen dieser Prozesse müssen Schulen, die Veränderungsanforderungen, als solche erkennen, die eigene Organisation und Situation angemessen analysieren und geeignete Veränderungs- und Innovationsprozesse initiieren und steuern. Dies setzt zielbezogenes Handeln, Selbststeuerung und Veränderungsfähigkeit voraus. Die Aufgaben der Einzelschule liegen somit im Management der Selbstorganisation und des Wandels.
Da die traditionelle Organisationsstruktur der Einzelschule, tendenziell mit einer schwachen Führungskompetenz der Schulleitung ausgestatteten ist und ein mittleres Management in Schulen zumeist fehlt, stellt sich die Frage, ob diese Strukturen ausreichen, um die geforderten Managementaufgaben zu übernehmen (vgl. ebda.). Schulische Steuergruppen haben sich im deutschsprachigen Diskurs als eine Möglichkeit etabliert, die Schulleitung bei der systematischen Schulentwicklung zu unterstützen.
Dies hat aber auch zur Folge, dass diese Managementstrukturen (wie Schulleitung, Steuergruppen, Team- und Kollegiumsentwicklung) ggf. von den Schulen noch selbst entwickeln bzw. implementiert werden müssen.

Change Management stellt ein Konzept zum Wandel von und in Organisationen dar, dass Schulen aufzeigen kann, wie sie Veränderungsprozesse im Rahmen von systematischer Schulentwicklung initiieren, steuern und implementieren können.

Change Management als Voraussetzung für Entwicklung

Was ist „Change Management"? Change Management bezieht sich auf das Management von Veränderungsprozessen und kann als bewusster Steuerungsprozess verstanden werden, der die Veränderungen in einer Organisation auf formaler Ebene, vor allem durch Änderung der Aufbauorganisation und auf der Prozessebene für Organisation und Personal initiiert und steuert. Change Management ist nicht für rein technisch-organisatorische Anpassungsleistungen erforderlich, sondern dann, wenn es um Veränderungen grundlegender Einstellungs- und Verhaltensmuster geht. Change Management soll helfen, Kompetenzen zu erwerben sowie Strategien und Strukturen zum Umgang mit Veränderungen zu entwickeln. Change Management verlangt zielgerichtete, planvolle und umfassende Organisations-, Koordinierungs- und Steuerungsaktivitäten, die bei Veränderungen auf die inhaltliche Sache, Strukturen, Energien und Kontexte zielen. Change Management ist dabei als fortwährender Prozess zu sehen. Zum einen weil Wandel in der Regel schrittweise erfolgt und vom Entwicklungstempo der Organisationskultur und der Interaktion des an der Veränderung beteiligten Personals mitbestimmt wird. Zum anderen weil Change Management Veränderungen als Regel- und nicht als Sonderfall versteht.

Change Management kann in diesem Sinne auch als eine Weiterentwicklung der Organisationsentwicklung verstanden werden, die neben den klassischen Elementen der Organisationsentwicklung vor allem auf eine langfristigen Orientierung von kontinuierlichen Veränderungsprozessen setzt und um Elemente des strategischen Managements ergänzt wurde (vgl. Schubert 2003). Im Vordergrund steht die Frage, wie Veränderungsprozesse in Organisationen optimal gestaltet und gesteuert werden können (vgl. zur Schule Schley 1998).

Dies korrespondiert mit innovationstheoretischen Erkenntnissen über Prozessphasen sowie der Architektur lernender Organisationen in Schulen (vgl. Holtappels 2007). Doppler und Lauterburg (1996) ergänzen diese Elemente um Prinzipen des Change Managements: Zielorientierung, Diagnose als Grundlage, Ganzheitlichkeit im Denken und Handeln, Partizipation der Betroffenen, Unterstützung und Absicherung durch die Leitung, Hilfe zur Selbsthilfe, prozessorientierte Steuerung, Auswahl von Schlüsselpersonen. Auch hier werden die Parallelen zur Organisationsentwicklung deutlich. Bei einer Übertragung des Konzepts, der zentralen Elemente und Prinzipien des Change Managements auf den Kontext der Schulentwicklung, ergeben sich nach Holtappels (2007) vor allem drei Dimensionen von Management im Rahmen von Veränderungsprozessen in Schulen:

(1) Change Management als Wissensmanagement:
In Schulen werden alltäglich individuelle Erfahrungen gemacht. Durch diese Erfahrungen wird professionsbezogenes, lokales und situatives Wissen produziert bzw. vorhandenes angereichert oder überlagert, dass im Lehreralltag einstellungs- und verhaltensrelevant wird. Doch zur effektiven Nutzung dieses organisationsrelevanten Erfahrungswissens durch die professioneller Mitglieder sind zwei Schritte nötig. Zum einen ist die Repräsentation dieses Wissens vornehmlich und zunächst nur auf subjektiver Ebene vorhanden, erst durch Austausch und Kooperation wird individuelles „Wissen" zu geteiltem Organisationswissen. Zum anderen führt individuelles Alltagswissen rasch zu pragmatischen Alltagstheorien und mentalen Modellen mit überdauernden und resistenten Erklärungs- und Handlungsmustern, wenn das Alltagswissen nicht vor

dem Hintergrund von wissenschaftlichem Wissen und kontinuierlicher und situativer Analyse hinterfragt und reflektiert wird. Change Management muss Wissensmanagement betreiben, um vorhandenes Erfahrungswissen zu ordnen, aufzubereiten und mit den Mitgliedern zu reflektieren, zu dokumentieren und für geplanten organisatorischen Wandel verfügbar und nutzbar zu machen. Dabei bilden intensive Kooperation, die Entwicklung einer Feedback-Kultur und die Praxis von Evaluation wichtige Elemente, um einseitigen und engen mentalen Modellen entgegenzuwirken. Neben solchem Organisationswissen und pädagogischem Handlungswissen werden im Schulentwicklungsprozess weitere spezielle Wissenstypen generiert und benötigt: Steuerungs- und Prozesswissen.

(2) Change Management als steuerndes Prozessmanagement:
In Veränderungsprozessen und Schulentwicklungsverläufen wird in vielfacher Hinsicht Prozesssteuerung erforderlich, insbesondere bei systematischen Schulentwicklungsprogrammen, also in Formen von Organisationsentwicklung, Konzeptentwicklung und Schulprogrammarbeit sowie Unterrichtsentwicklung (vgl. Beiträge 52, 32 und 59 in diesem Band). In solchen Prozessen wird in den verschiedenen Phasen Steuerungshandeln benötigt; z.B. in der Zielklärung, bei Bestandsaufnahmen, bei Entwicklungsplanungen und deren Umsetzung (Projektmanagement), bei internen Evaluationen und der Nutzung externer Daten. Dieses Steuerungshandeln besteht, vor allem aus Tätigkeiten des Organisierens von Abläufen, der Moderation von Prozessen und der Organisationsdiagnose und Qualitätsevaluation.
Neben diesen Steuerungsaufgaben wird in all diesen Prozessabschnitten häufig auch Führung und Leitung für zielführendes Handeln und Zieltreue benötigt. In komplexen Entwicklungsprozessen wird zudem Meta-Steuerung im Sinne einer Reflexion über Prozessverläufe, Etappenziele, Strategien und Verfahren wichtig. Doch betont gerade das Change Management in der Tradition der Organisationsentwicklung, die Bedeutung der Aktivierung und Partization des Kollegiums bei solchen Prozessen: Es ist davon auszugehen, dass eine Veränderung am ehesten dann schulweit eingeführt werden und Erfolg haben kann, wenn möglichst das gesamte Kollegium schrittweise aktiviert und beteiligt wird, von der Planung bis zur Umsetzung. Dazu hat sich die Bildung temporärer Arbeitsgruppen und Projektteams, die Projektentwicklung betreiben und Konzepte, Lösungsansätze und Maßnahmen entwickeln, bewährt. In der Studie zur Schulqualität über Schulprogrammarbeit in Niedersachsen erwies sich die schulweite Partizipation als relevanter Prozessfaktor (Holtappels 2004, S. 188ff). Auch im Modellvorhaben Selbstständige Schule NRW zeigt sich ein Zusammenhang zwischen der Partizipation der Lehrkräfte und der wahrgenommen Verbesserung der angestoßenen Entwicklungsprozesse sowie deren Verankerung und Nachhaltigkeit.

(3) Change Management als koordinierende Vernetzung:
Die Fallstudien-Analyse von Noblit und Pink (1987) verdeutlicht, dass die Schule keineswegs eine wohlstrukturierte Institution mit planvollen Veränderungsansätzen darstellt, sondern eher ein Gefüge von Subsystemen (loosely coupled systems), die nur lose und instabil miteinander verbunden sind. Schulen mit „fragmentierten" Ansätzen oder einzelnen „Projekten" (vgl. Rolff 1991, S. 881f) scheinen in der Praxis eher noch den Regelfall auszumachen. Lose gekoppelte Systeme finden wir in formell gebildeten Teams, die unkoordiniert sind, vor allem aber in informell agierenden Gruppen, Zirkeln oder Fraktionen von Lehrerkollegien vor. Die teilweise durchaus elaborierten pädagogischen Ansätze müssen koordiniert, zusammengeführt und in Austausch gebracht werden, damit Synergieeffekte genutzt und kompatible Gesamtkonzeptionen möglich werden. Koordinierende Steuerung und Vernetzung sozialer Teilsysteme müssen

aber auf der Basis lokalen Wissens über die jeweilige Organisationskultur geschehen, also möglichst durch die Organisationsmitglieder selbst betrieben werden.

Schulinternes Change Management durch Steuergruppen

Im Folgenden soll nun theoretisch und empirisch beschrieben werden, welche Rolle die Schulleitung und schulische Steuergruppen (vgl. Beiträge 37 und 39 bzw. 36 in diesem Band) beim Change Management in Schulen spielen.

Führung und Innovationsorientierung im Schulleitungshandeln
Management für Veränderungen in der Einzelschule ist zunächst Schulleitungsaufgabe. Effektives Schulleitungshandeln im Hinblick auf Führung, Moderation und Management, ist offenbar unverzichtbar für die Entwicklung der schulischen Organisationskultur (vgl. Fullan 1991, S. 145; Hallinger & Heck 1996), denn – so Fullan (1991, S. 152) – „[...]organizations change more effectively, when their heads play active roles in helping to lead improvement". Louis und Miles (1990) untersuchten das Schulleitungshandeln in Erneuerungsprozessen von Schulen: Die Bereitschaft, Verantwortung bei Innovationen zu übernehmen, wird als zentrale Variable hervorgehoben. Im Zuge evolutionärer Planung sind Visionen zu entwickeln, Druck und Initiativen zu entfachen, Aufgaben zu delegieren, Ressourcen zu übertragen und Problemlösungen zu entwickeln.

Forschungsergebnisse aus dem Kontext des Organisationalen Lernens zeigen zudem, dass bei Veränderungsprozessen Führung eher verteilt erfolgen soll und die Lehrkräfte bei Entscheidungen beteiligt und bei ihren Vorhaben unterstützt werden müssen (Leithwood et al. 1994, Murphy & Louis 1994). Die Schulleitung agiert als Stimulator des Kollegiums und kümmert sich um die Belange von Reformen und Entwicklungen. Dennoch benötigen Schulen eine ebenso strikte und in Teilen auch direktive Führung, wenn es um die Artikulation und Verfolgung von in der Organisation anerkannten Visionen und Ziele geht. Darüber hinaus ist mit der Zunahme an Schulentwicklungsaktivitäten die Managementfähigkeit der Schulleitung gefragt.

Rolle, Funktionen und Aufgaben der Steuergruppe in Schulentwicklungsprozessen
An Erfolgsfaktoren zeigt Hall (1989), dass Schulleiter erfolgreiche Veränderungen bewirken, wenn sie mit anderen Unterstützungskräften kooperieren und gegebenenfalls in einem „change facilitating team" vorantreiben. Ein solches Team entspricht durchaus dem Zuschnitt einer Steuergruppe. Steuergruppen bieten ideale Vorraussetzungen, um als Change Agent die Schulleitung bei schulische Veränderungs- und Innovationsprozesse zu unterstützen. Eine Steuergruppe ist ein entwicklungsorientiertes Gremium, das aus Vertretern des Kollegiums und der Schulleitung besteht (vgl. Dalin & Rolff 1990; sowie Beitrag 36 in diesem Band). Die Schulleitung agiert dabei innerhalb der Steuergruppe als gleichberechtigtes Mitglied. Die Steuergruppe selbst verfügt über keine formalen Befugnisse, ihr Mandat erhält sie von der Lehrerkonferenz oder sie wird von der Schulleitung eingesetzt. Ihre Aufgabe besteht in der Steuerung und Koordinierung der Veränderungsprozesse im Rahmen einer systematischen Schulentwicklung.

Eine der zentralen Aufgabe von Steuergruppen besteht in der Unterstützung und Koordination der Projektgruppen. Die besondere Konstruktion der Steuergruppe ermöglicht eine große Nähe zum und Verankerung im Kollegium und stellt eine wichtige Voraussetzung für die Einbindung und Partizipation des Kollegiums bei anstehende Entwicklungs- und Veränderungsprozessen dar. Dies kann sich die Steuergruppe bei der Unterstützung und Vernetzung der Projektgruppen zu nutze machen. Dabei versucht sie regelmäßig in das Kollegium hinein zu wirken und versucht die einzelnen Personen und Gruppen eng an den Prozess zu binden und zu beteiligen. Während des gesamten Entwicklungsprozesses steht sie den einzelnen Gruppen mit ihrem Know-how zur Seite und unterstützt diese bei Fragen oder Problemen. Zudem sorgt sie dafür, dass der vereinbarte Konsens und die beschlossenen Entwicklungsziele nicht an Verbindlichkeit einbüßen, wofür sie Prozessmanagement benötigt.

Im Rahmen des Prozessmanagements steuert sie immer wieder über Aushandlung die Projektgruppen auf die Gesamtentwicklung der Schule hin, damit die einzelnen Gruppen durch ihren spezifischen Auftrag nicht das Gesamtziel aus dem Auge verlieren. Mit Hilfe ihres Steuerungswissens plant und organisiert sie die Entwicklungsarbeit in enger Abstimmung mit der Schulleitung. Durch die Mitgliedschaft der Schulleitung in der Steuergruppe können Abstimmungsprobleme minimiert und durch die enge Verbindung an das Kollegium können Widerstände und Bedenken frühzeitig antizipiert, diskutiert und entsprechende Lösungen ausgearbeitet werden (vgl. Berkemeyer et al. 2007). Um Initiativen, Entwicklungspläne und Programmschwerpunkten in reale Maßnahmen und Veränderungen zu überführen sowie deren Erfolg dann zu evaluieren nutzt die Steuergruppen in den einzelnen Phasen unterschiedliche Steuerungsformen und Instrumente des Projektmanagement.

Durch ihre Vernetzung mit den Arbeits- und Projektgruppen kann sie als „Boundary Spanner" Wissensmanagement betreiben, indem sie die schulweite Kommunikation und Transparenz fördert (vgl. Jones, M. L. 2001; Jones, O. 2006). Sie sorgt für einen optimalen Informationsfluss zwischen den Projektgruppen, der Schulleitung und dem Kollegium. Somit kann sie Anschlussfähigkeit zu den bisherigen Wissensbeständen der unterschiedlichen Akteure herstellen stellen und einen Beitrag dazu leisten, dass aus individuellem oder Projektgruppenwissen organisationales Wissen wird. Durch ihren Gesamtüberblick kann sie den Projektgruppen Impulse zu Reflektion geben.

Die Steuergruppenmitglieder arbeiten im Idealfall als Team intensiv zusammen, wobei sie selbst auch Lernende sind. Wie das komplexe Aufgabenfeld verdeutlicht, ist nicht davon auszugehenden, dass sie die nötigen Kenntnisse und Kompetenzen beim Eintritt in die Steuergruppe mitbringen. Daher benötigen sie Qualifizierungsmaßnahmen. Durch die Qualifizierungsmaßnahmen und im Zuge der Aufgabenerfüllung erwerben sie eine hohe Professionalität in Organisations- und Steuerungsaufgaben.

Steuergruppenmitglieder befinden sich vielfach in einer prekären Situation, weil sie aus einer Paritäts-Rolle als Kollegin bzw. Kollege in eine tendenziell hierarchisch angeordnete Steuerungsrolle wechseln, zugleich aber die bisherige soziale Identität innerhalb derselben Schulkultur nicht verlieren (hierzu: Horster 1998, S. 71f).

Forschungserkenntnisse über Change Management in Schulen durch Steuergruppen
Bisher gibt es wenige Forschungserkenntnisse über Change Management in Schulen. Doch aus Schulentwicklungsstudien ergeben sich Hinweise und Aufschlüsse auf die Rolle von Steuergruppen als Change Agent (vgl. Berkemeyer & Holtappels 2007; Feldhoff et al. 2008).

Aus der Begleitforschung des Modellvorhabens „Selbstständige Schule in Nordrhein-Westfalen" werden bereits detaillierter Befunde über die Arbeitsorganisation und Arbeitsweise von schulischen Steuergruppen berichtet (vgl. Holtappels et al. 2006; Feldhoff et al. 2008). Nach Selbsteinschätzung der Steuergruppen wird sichtbar, dass Steuergruppenmitglieder überaus häufig auch Aufträge an Kollegiumsgruppen erteilen und das Instrument der Zielvereinbarung nutzen. Weit verbreitet sind neben der Fortbildungsorganisation und -koordination und dem Informationsaustausch auch Serviceleistungen, also Unterstützungen für das Kollegium bei der Planung von Projekten und der Entwicklung von Problemlösungen oder Beratung in Evaluationsfragen. Die

Koordination von Projekt- und Arbeitsgruppen sehen die Steuergruppen ebenfalls als eine ihrer wesentlichen Aufgaben an. Somit sind die Steuergruppen nach ihrer eigenen Wahrnehmung im Modellvorhaben in allen der drei genannten Bereiche des Change Management tätig.

Über diese deskriptiven Befunde hinaus konnte im Modellvorhaben gezeigt werden, welchen Einfluss Schulleitungs- und Steuergruppenhandeln auf das Unterrichtsgeschehen in Mathematik haben kann (vgl. Feldhoff & Rolff 2008, Abb. 3).

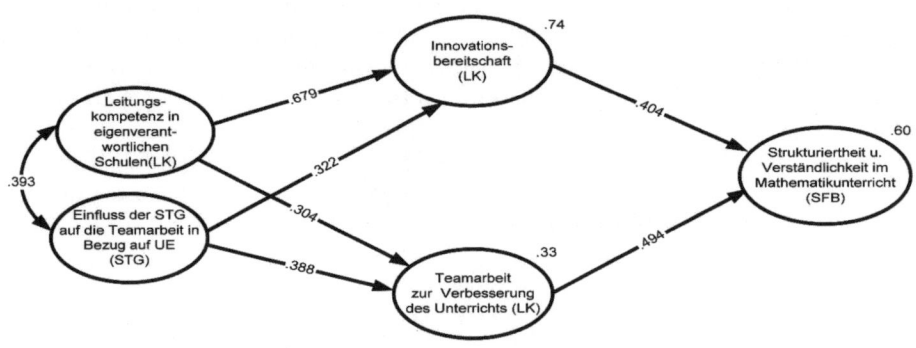

(CFI= 0,939, TLI= 0,930, RSMEA = 0,085, Chi²/DF = 1,50)[1]

Abb. 3: Einfluss von Schulleitungs- und Steuergruppenhandeln auf Unterrichtsgeschehen in Mathematik (Feldhoff & Rolff 2008, S. 296)

Das Strukturgleichungsmodell zeigt, dass sich die Schulleitung, gemessen anhand ihrer Leitungskompetenz in eigenverantwortlichen Schulen und die Steuergruppe, gemessen anhand ihres Einflusses auf die Teamarbeit in Bezug auf Unterrichtsentwicklung wechselseitig beeinflussen. Ferner haben beide einen Einfluss auf die Innovationsbereitschaft des Kollegiums und die Teamarbeit zur Verbesserung des Unterrichts. Innovationsbereitschaft und Teamarbeit wirken auf die Unterrichtsgestaltung in Bezug auf die Strukturiertheit und Verständlichkeit im Mathematikunterricht. Da die Unterrichtsentwicklung einer der zentralen Maßnahmen im Modellvorhaben war und die Steuergruppen mit der Implementierung beauftragt wurden, kann ihr Einfluss auf die Teamarbeit sowie auch das Leitungshandeln der Schulleitung als eine Form der Prozesssteuerung im Rahmen des Change Managements interpretiert werden. Ihr Einfluss auf die Innovationsbereitschaft kann die Offenheit gegenüber Neuem und in diesem Sinne auch gegenüber Veränderungen fördern. Somit zeigt dieses empirische Modell exemplarisch das Schulleitungs- und Steuergruppenhandeln im Rahmen von Change Management einen Einfluss auf die Schulorganisation und hierüber vermittelt auch den Unterricht haben können.

---

1 Bei der Leitungskompetenz in eigenverantwortlichen Schulen, die Innovationsbereitschaft des Kollegiums und die Teamarbeit zur Verbesserung des Unterrichts handelt es sich um Einschätzungen des Kollegiums, bei dem Einflusses der Steuergruppe auf die Teamarbeit in Bezug auf Unterrichtsentwicklung um Selbsteinschätzungen der Steuergruppe und bei der Unterrichtsgestaltung in Bezug auf die Strukturiertheit und Verständlichkeit im Mathematikunterricht um Einschätzungen der Schülerinnen und Schüler.

Fazit und Forschungsdesiderate

Der Beitrag hat versucht aufzuzeigen, dass Schulen sich an Anforderungen, die im Zuge einer größeren Gestaltungsautonomie an sie gestellt werden anpassen müssen. Anpassung bedeutet eine Veränderung im Rahmen einer systematischen Schulentwicklung. Change Management bietet als Konzept der gezielten Steuerung von Veränderungen eine Möglichkeit, dies zu erreichen. Zu den drei wesentlichen Elementen des Change Management in Schulen gehören, das Informations- und Prozessmanagement sowie die Koordination dieser Prozesse. Die Schulleitung und die schulische Steuergruppen sind aufgrund ihrer spezifischen Konstruktion geeignet als Change Agent die Aufgaben zu übernehmen. Dies bestätigen auch erste empirische Befunde.

Doch gilt es, aufgrund der wenigen Forschungsbefunden das Change Management in Schulen weiter theoretisch zu fundieren und vor allem empirisch zu untersuchen. Neben einer Validierung der bisherigen Befunde in weiteren Studien, gilt es zu untersuchen auf welche Weise Steuergruppen die Formen des Change Management konkret nutzen und welchen spezifischen Einfluss diese auf Veränderungsprozesse in Schulen haben. Und es gilt zu klären, welche Rolle die Schulleitung bei diesem Prozess genau übernimmt.

Literatur

Berkemeyer, N./Brüsemeister, T./Feldhoff, T. (2007): Steuergruppen als intermediäre Akteure. Ein Modell zur Verortung schulischer Steuergruppen zwischen Organisation und Profession. In: Berkemeyer, N./Holtappels, H. G. (Hrsg.): Schulische Steuergruppen und Change Management. Theoretische Ansätze und empirische Befunde zur schulinternen Schulentwicklung. Weinheim, München: Juventa, S. 61-84. – Berkemeyer, N./Holtappels, H. G. (Hrsg.) (2007): Schulische Steuergruppen und Change Management. Theoretische Ansätze und empirische Befunde zur schulinternen Schulentwicklung. Weinheim, München: Juventa. – Berkemeyer, N./Holtappels, H. G. (2007): Arbeitsweise und Wirkung schulischer Steuergruppen –Empirische Studie. In: Berkemeye, N./Holtappels, H. G. (Hrsg.): Schulische Steuergruppen und Change Management. Theoretische Ansätze und empirische Befunde zur schulinternen Schulentwicklung. Weinheim, München: Juventa, S. 99-137. – Dalin. P./Rolff, H.-G. (unter Mitarbeit v. H. Buchen) (1990): Institutionelles Schulentwicklungsprogramm. Eine neue Perspektive für Schulleiter, Kollegium und Schulaufsicht. Soest: Soester Verlagskontor. – Doppler, K./Lauterburg, Ch. (1996): Change Management. Den Unternehmenswandel gestalten. Frankfurt am Main: Campus. – Feldhoff, T./Kanders, M./Rolff, H.-G. (2008): Schulleitung und innere Schulorganisation. In: Holtappels, H. G./Klemm, K./Rolff, H.-G./Pfeiffer, H. (Hrsg.): Schulentwicklung durch Gestaltungsautonomie. Münster: Waxmann, S. 146-173. – Feldhoff, T./Rolff, H.-G. (2008): Einfluss von Schulleitungs- und Steuergruppenhandeln. In: Holtappels, H. G./Klemm, K./Rolff, H.-G./Pfeiffer, H. (Hrsg.): Schulentwicklung durch Gestaltungsautonomie. Münster: Waxmann, S. 293-303. – Fullan, M. (1991): The New Meaning of Educational Change. London: Cassell. – Hall, G. E. (1989): The Principal as Leader of the Change Facilitating Team. In: Journal of Research and Development in Education. 22 (1), S. 49-59. – Hallinger, P./Heck, R. H. (1996): The Principal's Role in School Effectiveness: An Assessment of Methodological Progress, 1980-1995. In: Leithwood, K. (Ed.): International Handbook of Educational Leadership and Administration. Part 2. Dordrecht, Boston, London: Kluver, pp. 723-783. – Holtappels, H. G. (2004): Schulprogrammwirkungen und Organisationskultur – Ergebnisse aus niedersächsischen Schulen über Bedingungen und Wirkungen. In: Holtappels, H. G. (Hrsg.): Schulprogramme – Instrumente der Schulentwicklung. Konzeptionen, Forschungsergebnisse, Praxisempfehlungen. Weinheim, München: Juventa., S. 175-194. – Holtappels, H. G. (2007): Schulentwicklungsprozesse und Change Management. Innovationstheoretische Reflexionen und Forschungsbefunde über Steuergruppen. In: Berkemeyer, N./Holtappels, H. G. (Hrsg.): Schulische Steuergruppen und Change Management. Theoretische Ansätze und empirische Befunde zur schulinternen Schulentwicklung. Weinheim, München: Juventa, S. 5-34. – Holtappels/Klemm, K./Rolff, H.-G./Pfeiffer, H. (Hrsg.) (2008): Schulentwicklung durch Gestaltungsautonomie. Münster: Waxmann. – Holtappels, H. G./Rolff, H.-G./Klemm, K./Pfeiffer, H./Berkemeyer, N./Feldhoff, T./Kanders, M./ Meetz, F./Voss, A./Röhrich, T. (2006): Entwicklung ist messbar. Zwischenbericht der wissenschaftlichen Begleitforschung zum Projekt „Selbstständige Schule". Troisdorf.: Bildungsverlag Eins. – Horster, L. (1998): Wie Schulen sich entwickeln können. 4. Aufl. Bönen: Kettler. – Jones, M. L. (2001): Sustainable Organizational Capacity Building: Is Organizational Learning a Key? In: International Journal of Human Management. 12 (1), pp. 91-98. – Jones, O. (2006): Developing Absorptive Capacity in Mature Organizations – The Change Agent's Role. In: Management Learning. 37 (3), pp. 355-376. –

Leithwood, K./Jantzi, D./Silins, H./Dart, B. (1993): Using the Appraisal of School Leaders as an Instrument for School Restructuring. In: Peabody Journal of Education. 68, pp. 85-109. – Leithwood, K.,/Jantzi A. D./Fernandez, A. (1994): Transformational Leadership and Teachers Commitment to Change. In: Murphy, J./ Louis, K. S. (Eds.): Reshaping the Principalship: Insights from Transformational Reform Efforts. Thousand Oaks: Corwin Press, pp. 77-98. – Louis, K. S./Miles, M. B. (1990): Improving the Urban High School. What Works and Why. New York: Teachers College Press. – Murphy, J./Louis, K. S. (1994): Reshaping the Principalship: Insights from Transformational Reform Efforts. Thousand Oaks: Corwin Press. – Noblit, G. W./Pink, W. T. (Hrsg.) (1987): Schooling in Social Context: Qualitative Studies. Norwood, N.J: Ablex Publ. – Rolff, H.-G. (1991): Schulentwicklung als Entwicklung von Einzelschulen? Theorien und Indikatoren von Entwicklungsprozessen. In: Zeitschrift für Pädagogik. 37 (6), S. 865-886. – Rolff, H.-G. (1993): Wandel durch Selbstorganisation. Theoretische Grundlagen und praktische Hinweise für eine bessere Schule. Weinheim, München: Juventa. – Schley, W. (1998): Change Management: Schule als lernende Organisation. In: Altrichter, H./Schley, W./Schratz, M. (Hrsg.) (1998): Handbuch zur Schulentwicklung. Innsbruck: Studien Verlag, S. 13-53. – Schubert, H.-J. (Hrsg.). (2003): Prinzipien und Methoden des Change Managements. Management von Gesundheits- und Sozialeinrichtungen- Handlungsfelder, Methoden, Lösungen. Wiesbaden: VS Verlag.

32| Konzepte der Selbstevaluation
Sabine Müller

Begriffsbestimmung im Kontext von Schulentwicklung

Konzepte und Maßnahmen der Evaluation spielen eine zentrale Rolle im Rahmen der Steuerung von Qualitätsentwicklung und Qualitätssicherung im Bildungswesen. Im Zuge einer erweiterten Autonomie und Eigenverantwortlichkeit der Einzelschule wächst der Bedarf an verlässlichen Rückmeldungen zur Schulqualität. Selbstevaluation stellt dabei ein zentrales Element in systematischen und datenbasierten Schulentwicklungsprozessen dar und gehört zu einem professionellen Qualitätsmanagement von Schulen. In verschiedenen Bundesländern ist die Durchführung von Selbstevaluation für Schulen verpflichtend im Schulgesetz festgeschrieben und häufig gekoppelt mit Maßnahmen der externen Evaluation.

Der Begriff der Evaluation wird in der einschlägigen Literatur sehr weit gefasst und teilweise inflationär benutzt (Bauer 2007). Ferner wird der Begriff der Selbstevaluation häufig synonym verwendet mit interner Evaluation. Bezogen auf Schulentwicklungsprozesse existieren Arbeitsdefinitionen, die zentrale Bestandteile und Elemente der Selbstevaluation beinhalten. Buhren definiert Selbstevaluation als

- einen systematischen Prozess
- basierend auf vorher festgelegten Zielsetzungen
- als Überprüfung und Bewertung einer durchgeführten Praxis
- mit dem Ziel der Verbesserung und Weiterentwicklung dieser Praxis (insbesondere der Unterrichtspraxis)
- mit gemeinsam definierten Bewertungsmaßstäben
- auf der Grundlage von Daten
- mit maßgeschneiderten Evaluationsinstrumenten
- mit Beteiligung und Rückspiegelung für die Betroffenen (Buhren 2007, S. 14)

Selbstevaluation ist damit keine Einzelmaßnahme, sondern eingebunden in kontinuierliche Entwicklungsprozesse. Sie ist mehr als eine bloße Bestandsaufnahme. Sie dient der innerschulischen wie externen Rechenschaftslegung; sie soll Motor und Wegweiser für Entwicklungen sein und eine Standortbestimmung ermöglichen.
In Abgrenzung zur externen – bzw. Fremdevaluation liegt hier die Verantwortung bei den Betroffenen, die eigene Ziele formulieren, in der Regel selbst die Daten erheben und auswerten.

Im Rahmen von Schulentwicklungsprozessen können Selbstevaluationen sich auf unterschiedliche Ebenen des Schullebens beziehen:
a) Unterricht / einzelne Klassen
b) Fachschaft
c) (zeitlich begrenzte) Projekte und Maßnahmen
d) Schulprogramm / Schulprofil

Auf der Ebene der einzelnen Klasse werden häufig Feedbackverfahren zum Unterricht eingesetzt, indem sich die Lehrperson systematische Rückmeldungen von ihren Schülerinnen und Schülern einholt. Der (jahrgangsbezogene) Einsatz von Tests kann genutzt werden, um eine vergleichende Evaluation verschiedener Klassen bezogen auf verschiedene Fächer durchzuführen. Die Evaluation von schulischen Projekten und Maßnahmen kann prozessbegleitend (formativ) und/oder als Erfolgskontrolle nach Projektabschluss (summativ) erfolgen. Die kontinuierliche Evaluation von Schulprogrammarbeit stellt einen umfassenden Ansatz dar, der die schulische Arbeit als Ganzes in den Blick nimmt und in einen kontinuierlichen Prozess des schulischen Qualitätsmanagements eingebunden ist.
Schulen können inzwischen auf einen großen Pool von Praxisleitfäden und Instrumenten zurückgreifen (vgl. u.a. Buhren et al. 1998; Altrichter et al. 2000; Messner & Posch 2004; Mittelstädt 2006; Buhren 2007).
Im Zuge der „empirischen Wende" im Bildungsbereich stehen den Schulen neben den Praxisleitfäden nun auch zahlreiche verlässliche Daten zur Verfügung, die für interne Entwicklungsprozesse genutzt werden können. So erhalten die Schulen Rückmeldungen über Ergebnisse aus zentralen landesweiten Tests und Lernstandserhebungen sowie Ergebnisse zentraler Abschlussprüfungen.
Für die Planung von Entwicklungsmaßnahmen auf unterschiedlichen Ebenen des Schullebens empfiehlt es sich, möglichst früh bereits die Überprüfbarkeit anhand von Erfolgsindikatoren mitzudenken und festzulegen. Ohne vorher definierte Ziele und Qualitätsmaßstäbe ist keine systematische Evaluation möglich, wohl aber eine Bestandsaufnahme.
Die Palette der einsetzbaren Methoden zur Selbstevaluation ist breit und reicht von Befragungen (schriftlich durch Fragebögen oder mündlich durch Leitfadeninterviews) über Hospitationen/ Unterrichtsbeobachtungen bis hin zu Dokumentenanalysen und Nutzung vorhandener Daten (Testergebnisse, Statistiken etc.).

Ausgewählte Instrumente und Konzepte der Selbstevaluation

Inzwischen wurden verschiedene Instrumente und Verfahren entwickelt, die die Selbstevaluation einer Schule in einen größeren Zusammenhang stellen. Nachfolgend sollen beispielhaft ein schulumfassendes Instrument zur Bestandsaufnahme und ein Konzept zur Selbstevaluation kurz skizziert werden.

Das Instrument SEIS zur innerschulischen Bestandsaufnahme
SEIS steht als Abkürzung für „Selbstevaluation in Schulen" und wurde von der Bertelsmannstiftung auf der Basis internationaler Qualitätsvergleiche im Kontext es Projekts INIS (Internationales Netzwerk innovativer Schulsysteme) entwickelt (vgl. Stern et al. 2004). Es handelt sich um ein umfangreiches Fragebogen-Instrumentarium, das einen Perspektivenvergleich von Schulleitung, Lehrkräften, Schülerinnen und Schülern sowie Eltern und nicht unterrichtendem Personal ermöglicht. Die Fragen beziehen sich auf fünf übergeordnete Qualitätsbereiche von Schule:
a) Bildungs- und Erziehungsauftrag
b) Lernen und Lehren
c) Führung und Management
d) Schulklima und Schulkultur
e) Zufriedenheit

Das Instrument hat sich in verschiedenen Bundesländern etabliert bietet den Vorteil einer professionellen Unterstützung durch eine externe Dateneingabe und einen Ergebnisbericht, der von geschulten SEIS-Kommentatorinnen und -Kommentatoren verfasst wird. So erhält die Schule erste Anhaltspunkte zur Datenanalyse, gleichzeitig aber auch eine große Datenmenge, die es zu sortieren und zu verarbeiten gilt.
Das Instrument eignet sich für umfassende schulische Bestandsaufnahmen und ist darauf ausgelegt, Qualitätsvergleiche mit anderen Schulen vergleichbaren Zuschnitts zu ziehen und daraus gemeinsame Entwicklungsprozesse abzuleiten. Um in den Zyklus einer schulinternen Evaluation einzutreten, müssen aus den Ergebnissen Ziele und Maßnahmen abgeleitet werden, die dann durch weitere – zielgerichtete – Evaluationen überprüft werden.
Vergleichbar ist das IFS-Schulbarometer (Institut für Schulentwicklungsforschung 1999), das ebenfalls Itempools für schriftliche Befragungen von Lehrkräften, Schülerschaft und Eltern anbietet.

Das Schweizer Modell Q2E
Das Kürzel Q2E steht für „Qualität durch Evaluation und Entwicklung". Q2E (vgl. Landwehr & Steiner 2003) orientiert sich an dem Konzept des Total Quality Management (TQM), allerdings mit dem Anspruch, die Charakteristika von Schule und Unterricht möglichst gut und umfassend in den Blick zu nehmen. Es beinhaltet verschiedene Entwicklungsphasen bzw. Komponenten auf dem Weg zu einem umfassenden Qualitätsmangement:
a) Entwicklung eines Qualitätsleitbilds
b) Individualfeedback und persönliche Qualitätsentwicklung
c) Selbstevaluation und Qualitätsentwicklung der Schule
d) Steuerung des Qualitätsprozesses durch die Schulleitung
e) Externe Schulevaluation
f) Q2E-Zertifizierung

Nach einer schulweiten Erarbeitung gemeinsamer Qualitätsvorstellungen und -standards, die in einem Leitbild dokumentiert werden, erfolgen interne Entwicklungsprozesse und Evaluationen zunächst auf Individualebene durch Feedback und anschließend schulweit. Das Modell ist gekoppelt mit externen Evaluationen. Das entwickelte Q2E-Modell einer Schule wird nach 13 Kriterien extern beurteilt mit anschließender Zertifizierung. Es handelt sich um einen systematischen Entwicklungsprozess zum Aufbau und zur dauerhaften Implementation eines schulinternen Qualitätsmanagements, dessen Kernbestandteil in systematischen Evaluationen besteht.

Für den Schulbereich wurden weitere Zertifizierungsmodelle wie beispielsweise EFQM (European Foundation for Quality Management) adaptiert, das sich vor allem in Berufsschulen etabliert hat.

Gütekriterien und Standards von Selbstevaluation

Das Spektrum der Anforderungen an schulische Selbstevaluation bzw. interne Evaluation ist breit und ebenso variieren die Qualitätsansprüche. Es stellt sich die Frage nach den Gütekriterien, die einer schulischen Selbstevaluation zugrunde zu legen sind (vgl. Abs, Maag Merki & Klieme 2006).
Die Standards der Deutschen Gesellschaft für Evaluation (DeGeval) „Nützlichkeit", „Durchführbarkeit", „Fairness" und „Genauigkeit" lassen sich übertragen. Die DeGeval weist darauf hin, dass Abstriche in den Anforderungen zulässig und vertretbar sind (vgl. Müller-Kohlenberg 2006). Die Anforderungen stehen für die Einzelschule in einem „Spagat zwischen Mindeststandards und Machbarem" (Peek 2007).
Dies gilt insbesondere in Zeiten der empirischen Wende, in der auch die Anforderungen an die Wissenschaftlichkeit von Evaluation an Bedeutung gewinnen. Die Anforderungen wachsen mit einer externen Spiegelung der Verfahren und Ergebnisse der internen Evaluation durch Ansprüche bei Zertifizierungen oder externen Evaluationen wie der Schulinspektion, die das Management der internen Qualitätssicherung von Schulen in ihren Referenzrahmen verankert hat und entsprechende Bewertungen vornimmt (vgl. Plowright 2008).
Ergebnisse der Forschung zeigen einen Unterstützungsbedarf bei der Entwicklung von Instrumenten und auch bei der Interpretation von Ergebnissen und der Ableitung von Maßnahmen der Schulentwicklung (vgl. u.a. Müller 2002). Ferner ist der Umgang mit Daten aus Lernstandserhebungen nicht selbstverständlich und auch dort werden häufig Bedarfe nach Interpretationshilfen postuliert.
Wichtig ist also die weitere Entwicklung von erprobten und professionellen Tools (für Fach- und Prozessevaluation), aber auch Unterstützung der Schulen beim Einsatz der Verfahren und bei der Entwicklung von umfassenden und auf Dauer angelegten Qualitätsmanagementverfahren. Ferner sind empirische Studien über die Wirksamkeit interner Evaluation und ihre Triangulation mit anderen Verfahren der Qualitätssicherung notwendig.

Literatur
Abs, H. J./Maag Merki, K./Klieme, E. (2006): Grundlegende Gütekriterien für Evaluation. In: Böttcher, W./Holtappels, H.-G./Brohm, M. (Hrsg.): Evaluation im Bildungswesen. Weinheim, München: Lang, S. 97-108. – Altrichter, H./Messner, E./Posch, P. (2004): Schulen evaluieren sich selbst. Ein Leitfaden. Seelze: Kallmeyer. – Bauer, K.-O. (Hrsg.) (2007): Evaluation an Schulen. Weinheim, München: Juventa. – Böttcher, W./Holtappels, H.-G./ Brohm, M. (Hrsg.) (2006): Evaluation im Bildungswesen. Weinheim und München: Juventa. – Buhren, C. G. (2007): Selbstevaluation in Schule und Unterricht. Köln: LinkLuchterhand. – Buhren, C. G./Killus, D./ Müller, S. (1998): Wege und Methoden der Selbstevaluation. Ein praktischer Leitfaden für Schulen. Dortmund: IFS-Verlag. – Burkard, Ch./Eikenbusch, G. (2000): Praxishandbuch Evaluation in der Schule. Berlin: Cornelsen. – Institut für Schulentwicklungsforschung (IFS) (1999): IFS-Schulbarometer. Ein mehrperspektivisches Instrument zur Erfassung von Schulwirklichkeit. 5. völlig neu überarb. Aufl. Dortmund: IFS-Verlag. – Landwehr, N./Steiner, P. (2003): Q2E – Qualität durch Evaluation und Entwicklung. h.e.p. – Mittelstädt, H. (2006): Evaluation von Unterricht und Schule. Mülheim an der Ruhr: Verlag an der Ruhr. – Müller, S. (2002): Schulinterne Evaluation – Gelingensbedingungen und Wirkungen. Dortmund: IFS-Verlag. – Müller-Kohlenberg, H. (2006): Zwei neuralgische Punkte der Selbstevaluation: Unparteilichkeit und Professionalität. In: Böttcher, W./Holtappels, H.-G./ Brohm, M. (Hrsg.): Evaluation im Bildungswesen. Weinheim, München: Lang, S. 87-96. – Peek, R.: (2007): Interne Evaluation und einzelschulische Entwicklung – Spagat zwischen Mindeststandards und Machbarem. In: Van Buer, J./Wagner, C. (Hrsg.): Qualität von Schule. Ein kritisches Handbuch. Frankfurt a.M., Berlin, Bern,

Bruxelles, New York, Oxford, Wien: Lang, S. 141-149. – Plowright, D. (2008): Using Self-Evaluation for Inspection: How Well Prepared Are Primary School Headteachers? In: School Leadership and Management. 28 (2), pp. 101-126. – Riffert, F./Paschon, A.: (2005): Selbstevaluation von Schulentwicklungsprojekten. Der Modulansatz MSS. Ein Praxisbuch für Schulpartner. Wien: Lit. – Stern, C./Mahlmann, J./Vaccaro, E. (Hrsg.) (2004): Spieglein, Spieglein. Schulentwicklung durch internationale Qualitätsvergleiche – erste Erfahrungen. Gütersloh: Verlag Bertelsmannstiftung.

33| Konzepte der Fremdevaluation
Herbert Altrichter

Begriffsklärung

Unter *Evaluation* versteht man allgemein „Bewertung, Bestimmung des Wertes", in pädagogischen Zusammenhängen auch Beurteilung von Leistungen, Lehrplänen, Unterrichtsprogrammen und schulischen Angeboten (vgl. Duden 2005, S. 296). Im Kern besteht Evaluationstätigkeit darin,
- Informationen über einen pädagogischen Prozess, seine Bedingungen und/oder seine Wirkungen auf systematische Weise zu sammeln,
- sie mit Werten und Zielen (Kriterien) zu vergleichen und daraus
- Konsequenzen für Entscheidungen und weitere Entwicklungen abzuleiten und zu begründen.

Unter *Selbstevaluation* (oder *interner Evaluation*) versteht man solche Evaluationsvorhaben, in denen Personen, Gruppen oder Institutionen ihre eigene Tätigkeit untersuchen (vgl. Beitrag 32 in diesem Band). Bei einer *Fremdevaluation* (oder *externen Evaluation*) wird eine pädagogische Praxis durch externe Personen evaluiert. In der Praxis ist diese Unterscheidung nicht immer einfach, weil in Evaluationsprozessen unterschiedliche Mischungen von intern und extern entschiedenen Evaluationselementen vorkommen können (vgl. Tab. 2). Darüber hinaus kann es – wenn ein „sozialer Akteur", wie eine Schule oder eine Fachgruppe, evaluiert wird – durchaus vorkommen, dass manche Mitglieder dieser Gruppe sehr viel Einfluss auf die Evaluationsentscheidungen haben, andere diese aber als Oktroy empfinden.

Tabelle 2: Selbst- oder Fremdevaluation?

Welche Akteure treffen Entscheidungen über ...	Elemente von Selbstevaluation	Elemente von Fremdevaluation
Anfang Woher kommt der Impuls oder Auftrag?	z.B.: Ein Kollegium entscheidet sich auf einer Pädagogischen Konferenz zu einer Bestandsaufnahme der pädagogischen Arbeit.	z.B.: Es besteht ein behördlicher Auftrag zur Evaluation.
Ziele Wer definiert Evaluationsbereiche und Kriterien?	z.B.: Evaluationsfelder und Entwicklungsziele werden vom Kollegium selbst gewählt.	z.B.: Ein externer Auftrag gibt einzelne Evaluationsfelder als verpflichtend vor.
Durchführung Wer ist für Auswahl/Entwicklung von Instrumenten und Sammlung von Informationen zuständig?	z.B.: Die Evaluationsmethoden werden schulintern festgelegt und angewendet.	z.B.: Die Konferenz beauftragt eine universitäre Forschergruppe mit den Untersuchungen
Interpretation der Ergebnisse und Konsequenzen Von wem werden Daten interpretiert und Handlungskonsequenzen entwickelt?	z.B.: Die Steuergruppe der Schule wertet Daten aus und schreibt einen Rohbericht, der in einer Konferenz diskutiert und ergänzt wird.	z.B.: Die Schulaufsicht liest den Bericht der Schule und kommentiert ihn (u.U. mit Anweisungen für erforderliche Entwicklungsinitiativen).

Historische Aspekte

Die Idee, pädagogische Prozesse zu evaluieren, wurde in der nordamerikanischen Sozialwissenschaft im Laufe der ersten Hälfte des 20. Jahrhunderts nach und nach entfaltet (vgl. Guba & Lincoln 1998). In der deutschsprachigen Erziehungswissenschaft gewann das Konzept im Rahmen der Rezeption angloamerikanischer Ansätze der Bildungsplanung und Curriculumforschung Bedeutung. Für Schulentwicklung wurde Evaluation – beispielsweise im „Institutionellen Schulentwicklungs-Prozess" von Dalin et al. (1996, S. 246) – als integraler Bestandteil von systematischen schulischen Transformationsprozessen und als „absolut zwingend für organisationales Lernen" angesehen. Freilich ging es den Schulentwicklungsprojekten vor allem um Selbstevaluation und die Entfaltung der internen Reflexions- und Entwicklungskompetenzen der Mitglieder der Schulgemeinschaft (vgl. Altrichter, Messner & Posch 2006), doch wurden auch Konzepte formuliert, in denen Fremdevaluation als „Spiegel, Korrektiv und Stimulanz" (Dalin et al. 1996, S. 283) fungieren und potentiellen Schwächen von Selbstevaluation entgegenarbeiten sollte.

Die Teilnahme an den internationalen Schülerleistungsvergleichen TIMSS (Third International Mathematics and Science Study; vgl. Baumert 1998) und PISA (Programme for International Student Assessment) brachte eine Zäsur in die Bildungspolitik der deutschsprachigen Länder. Das Vertrauen von Politik und Öffentlichkeit in ihre Bildungssysteme wurde durch diese Ergebnisse erschüttert; eine Phase der Suche nach „neuen Steuerungsinstrumenten", mit denen schneller und zielgerichteter als zuvor eine Entwicklung in Richtung Schulqualität und -effizienz stimuliert und kontrolliert werden sollte, war damit eingeläutet (vgl. Altrichter & Heinrich 2007).

Die Umorientierung der Bildungspolitik lässt sich mit zwei Schlagworten beschreiben: *„Evidenzbasierung"* meint, dass Entwicklungsentscheidungen auf der Basis von wissenschaftlich geprüften und argumentierbaren Informationen fallen und in ihrer Umsetzung empirisch evaluiert werden müssen. Die Forderung nach *„Outputorientierung"* postuliert, dass Entwicklungsentscheidungen nach Prüfung der Leistungen von Bildungseinrichtungen fallen müssen und nicht durch Normierung ihres „Inputs" durch Gesetze, Verordnungen, politisch-administrative Aufträge und Ressourcenvergabe. Beide Strategien erfordern die systematische Erhebung von Informationen über Arbeits- und Wirkungsweise des Systems, wodurch der Stellenwert von systemweiter Fremdevaluation massiv stieg.

Aktuelle Formen der Fremdevaluation

Large Scale Assessments

Das aktuelle Verständnis von Möglichkeiten der Fremdevaluation im Bildungssystem wurde in den deutschsprachigen Ländern grundlegend durch die internationalen Leistungsvergleichsstudien beeinflusst. Deren berühmteste ist PISA (Programme for International Student Assessment) und wird von der Organisation für wirtschaftliche Zusammenarbeit und Entwicklung (OECD 2001) verantwortet. PISA ist ein „fortlaufendes, längsschnittlich angelegtes Programm", durch das alle drei Jahre Leistungen 15-jähriger Schülerinnen und Schüler v.a. in den Domänen Lese-Kompetenz, Mathematik und Naturwissenschaften mit Papier-und-Bleistift-Tests erhoben werden. Gleichzeitig werden durch Schüler- und Schulleiterfragebogen verschiedene Kontextinformationen festgehalten (vgl. Haider & Reiter 2004, S. 11-28).

Internationale Leistungsvergleichsstudien, wie PISA, sollen den „Ertrag von Bildungssystemen" fassbar machen und „Ländern die Möglichkeit [geben], sich selbst im Licht der Leistungsfähigkeit anderer Länder zu betrachten". Sie richten „sich zuallererst an das Bildungsmanagement (Politik und Schulbehörden)" und wollen diesem eine „Basis für ihre Steuerungs- bzw. Entwicklungsentscheidungen" zur Verfügung stellen, geben dabei aber „keine unmittelbaren kausalen Antworten auf politische ‚Ursachen'-Fragen" (ebda., S. 10-15). Mit ihren spezifischen Designmerkmalen (vgl. Klieme et al. 2000) erlauben sie nationale – im Falle von PISA-E (vgl. Dt. PISA-Konsortium 2002): auch regionale – Vergleiche, nicht aber Aussagen, die für Einzelschulen direkt nutzbar wären (vgl. Beitrag 10 in diesem Band) wenn nicht besondere Vorkehrungen getroffen werden (vgl. Watermann et al. 2005).

Bildungsstandard-bezogene Lernstandserhebungen

Eine weitere Form von Fremdevaluation, die auch schul-, klassen- und individuumsbezogene Rückmeldungen erlauben soll, überträgt die Erfahrungen flächendeckender Schulleistungsuntersuchungen in die nationalen Bildungssysteme: Leistungsanforderungen an die Lernenden, Lehrpersonen und Schulen werden in einigen wenigen Leistungsfächern in Form von *Bildungsstandards* formuliert (vgl. Klieme et al. 2003; KMK 2005). Beispiele aus Leistungstests und zusätzlich als Handreichungen produzierte „Aufgabenbeispiele" (Schulministerium NRW 2004) sollen Lehrpersonen, Schülerinnen und Schülern Anforderungsniveau und mögliche didaktische Wege signalisieren. Regelmäßige und flächendeckende *Tests,* oft als *Lernstandserhebungen* bezeichnet, prüfen, ob an den Schulen tatsächlich die durch die Standards geforderten Leistungsstände erreicht wurden. Deren Ergebnisse werden – an verschiedenen Stellen – ins System zurückgefüttert und sollen dort Entwicklungen auslösen, die zu mehr Qualität und Leistungsfähigkeit führen.

Erste empirische Erfahrungen der Implementation von Bildungsstandards deuten darauf hin, dass sich schulisches Handeln von Schulleitungen, Lehrkräften und Schüler/innen nicht ohne weitere (fordernde und stützende) Begleitmaßnahmen an diesen neuen Zielbeschreibungen orientiert (vgl. Altrichter 2008). Darüber hinaus scheint es Lehrkräften und Schulleitungen – auch wenn sie Evaluationsdaten im Prinzip offen gegenüberstehen – schwerer als ursprünglich angenommen zu fallen, die Informationen über Leistungsstände ihrer Schülerinnen und Schüler zu verarbeiten und in konstruktive Entwicklungsinterventionen umzusetzen (vgl. Peek 2004; Schrader & Helmke 2004; Gathen 2006; Groß Ophoff et al. 2006; Maier 2007).

Qualitätsrahmen und Schulinspektionen
Die Vorgabe und Überprüfung von Bildungsstandards wurde in den deutschen Bundesländern durch die Entwicklung von „Schulinspektionen" (vgl. Beiträge 35 und 8 in diesem Band) ergänzt. Vorbild dafür war das niederländische Modell der Schulinspektion, Vorreiter das Bundesland Niedersachsen (vgl. Niedersächsisches Kultusministerium 2006). Dieses Steuerungsinstrument fußt meist auf folgenden Elementen: Es wird ein landesweiter *Qualitätsrahmen* formuliert, der Ziele und Bewertungskriterien schulischer Arbeit signalisiert (z.B. IQ 2007). Schulen werden aufgefordert, sich anhand dieser Kriterien in einer *Selbstevaluation* zu beschreiben. Der Selbstevaluationsbericht dient gemeinsam mit statistischen Kennzahlen und Informationen aus Lernstandserhebungen für die inhaltliche Vorbereitung eines *Inspektionsteams,* das sich aus einigen Schulexpertinnen und -experten (in manchen Bundesländern auch Laien, z.B. aus der Wirtschaft) zusammensetzt. Dieses Team besucht in einem *mehrtägigen Inspektionsbesuch* die jeweilige Schule; dabei werden Gespräche mit unterschiedlichen Betroffenen geführt und eine größere Zahl von Unterrichtsstunden beobachtet. Auf der Basis dieser Informationen formuliert das Inspektionsteam einen *Bericht,* der Stärken und Schwächen der Schule benennt und meist Empfehlungen für die Weiterentwicklung gibt. Es wird erwartet, dass die Schule diese Informationen für die Ausrichtung von *Entwicklungsprojekten* nutzt, die auch durch *Leistungsvereinbarungen* mit der Schulaufsicht abgestützt werden können (vgl. Bos et al. 2006).

Peer Reviews
Unter „Peer Review" wird ein Verfahren zur Evaluation der Qualität von Leistungen (z.B. einer Schule) verstanden, bei dem die Beurteilung durch „gleichgestellte" (= „peers"), aber von der zu evaluierenden Einheit unabhängige, meist „externe" Fachleute erfolgt. Aufgrund ihrer Expertise sollen sie auch dort, wo keine quantitativ gemessenen „performance indicators" vorhanden sind, ein qualitatives Urteil über erbrachte Leistungen abgeben können (vgl. Gutknecht-Gmeiner 2008). Solche Verfahren, die v.a. im Wissenschaftsbetrieb gängig sind (z.B. Begutachtung von wissenschaftlichen Arbeiten, Fachbereichsevaluationen), sind auch für das Schulwesen vorgeschlagen worden. In ihrem Ablauf können sie sehr ähnlich den oben beschriebenen Schulinspektionen organisiert sein; sie geben jedoch im Zuge der Rechenschaftslegung den Kriterien der „Profession" höheres Gewicht als potentiellen Alternativen, wie Kriterien des „Staats" oder der „Konsument/innen".

Fremdevaluation und Schulentwicklung

„Evaluation ist ziel- und zweckorientiert." (Wottawa & Thierau 1990, S. 9) Es sind verschiedene potentielle Zwecke unterschieden worden (vgl. Abb. 4), charakteristisch ist jedoch *ein Spannungsverhältnis zwischen Funktionen der Kontrolle und der Entwicklung*: Evaluationen können dazu dienen, die Leistung von Einzelpersonen oder Arbeitseinheiten zu *kontrollieren*. Solche Evaluationen erfolgen meist durch übergeordnete Einheiten, wobei auf erwartungswidrige Leistungen verschiedene Interventionen bzw. Sanktionen folgen. Informationen aus Evaluationen können aber auch zur Steuerung von *Entwicklungsprozessen* von Individuen („Professionalisierung") oder Organisationen und für inhaltliche Entscheidungen über die Gestaltung von Praxis dienen. Diese Funktion ist im Allgemeinen sozial akzeptabler und findet sich immer wieder in der Legitimation von Evaluationen. Die genannten Funktionen sind nicht von vornherein sauber trennbar; eine nachträgliche „Umnutzung" ursprünglich aus anderen Gründen gesammelter Informationen ist nicht auszuschließen. Die Befürchtungen, Evaluationsergebnisse könnten für Kontrolle, Sanktionen und Eingriffe in die eigene Arbeit genutzt werden, werden auch als Gründe für die Skepsis, die Lehrpersonen und Schulen gegenüber Evaluationen oft zeigen, genannt (vgl. Altrichter 2000; Rolff 2007, S. 157ff).

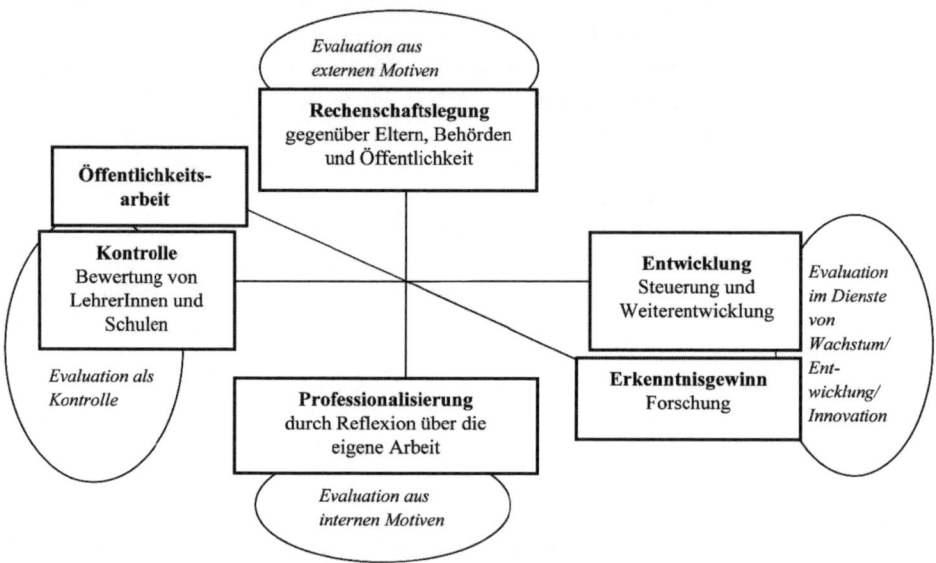

Abb. 4: Evaluationszwecke (aus: Altrichter et al. 2006, S. 23)

Ein weiteres Charakteristikum von Evaluationen ist, dass ihre „Wirksamkeit" für Entwicklung oft stark von ihrer *Prozessgestaltung* abhängt: Je nachdem, ob jene Personen, die die Evaluationsinformationen nutzen sollen, die Kategorien der Evaluation verstehen, sie als relevant empfinden, über persönliche und materielle Ressourcen für die Entwicklung von Handlungsalternativen verfügen sowie förderliche institutionelle Kontexte und Anreize vorfinden, haben Evaluationen unterschiedliche Chancen, Impulse für produktive Entwicklungen zu liefern.

Literatur
Altrichter, H. (2000): Konfliktzonen beim Aufbau schulischer Qualitätssicherung und Qualitätsentwicklung. In: Zeitschrift für Pädagogik. 41. Beiheft, S. 93-110. – Altrichter, H. (2008): Veränderungen der Systemsteuerung im Schulwesen durch die Implementation einer Politik der Bildungsstandards. In: Brüsemeister, T./Eubel, K.-D. (Hrsg.): Evaluation, Wissen und Nichtwissen. Wiesbaden: VS Verlag, S. 75-115. – Altrichter, H./Heinrich, M. (2007): Kategorien der Governance-Analyse und Transformationen der Systemsteuerung in Österreich. In: Altrichter, H./Brüsemeister, T./Wissinger, J. (Hrsg.): Educational Governance. Wiesbaden: VS Verlag, S. 55-103. – Altrichter, H./Messner, E./Posch, P. (2006): Schulen evaluieren sich selbst. Seelze: Klett-Kallmeyer. – Baumert, J. (1998): TIMSS – Mathematisch-naturwissenschaftlicher Unterricht im internationalen Vergleich. Opladen: Leske + Budrich. – Böttcher, W./Holtappels, H. G./Brohm, M. (Hrsg.) (2006): Evaluation im Bildungswesen. Weinheim, München: Juventa. – Bos, W./Holtappels, H. G./Rösner, E. (2006): Schulinspektion in den deutschen Bundesländern – eine Baustellenbeschreibung. In: Bos, W./Holtappels, H. G./Pfeiffer, H./Rolff, H.-G./Schulz-Zander, R. (Hrsg.): Jahrbuch der Schulentwicklung. Band 14. Weinheim, München: Juventa, S. 81-123. – Dalin, P./Rolff, H.-G./Buchen, H. (1996): Institutioneller Schulentwicklungs-Prozeß. Bönen: Verlag für Schule und Weiterbil-

dung. – Deutsches PISA-Konsortium (Hrsg.) (2002): PISA 2000 – Die Länder der Bundesrepublik im Vergleich. Opladen: Leske + Budrich. – Duden (2005): Fremdwörterbuch. 8. Aufl. Mannheim: Dudenverlag. – Gathen, J. v. d. (2006): Grenzen der innerschulischen Rezeption von Rückmeldungen aus Large-Scale-Assessments. In: Journal für Schulentwicklung. 10 (4), S. 13-19. – Groß Ophoff, J./Koch, U./Helmke, A./Hosenfeld, I. (2006): Vergleichsarbeiten für die Grundschule – und was diese daraus machen (können). In: Journal für Schulentwicklung. 10 (4), S. 7-12. – Guba, E. G./Lincoln, Y. S. (1998): Fourth Generation Evaluation. Newbury Park: Sage. – Gutknecht-Gmeiner, M. (2008): Externe Evaluierung durch Peer Review. Wiesbaden: VS Verlag. – Haider, G./Reiter, C. (Hrsg.) (2004): PISA 2003. Internationaler Vergleich von Schülerleistungen. Graz: Leykam. – [IQ] Institut für Qualitätsentwicklung (2007): Hessischer Referenzrahmen Schulqualität. Entwurf. (Stand: August 2007). Wiesbaden. – Klieme, E./Baumert, J./Schwippert, K. (2000): Schulbezogene Evaluation und Schulleistungsvergleiche. In: Rolff, H.-G./Bos, W./Klemm, K./Pfeiffer. H./Schulz-Zander, R. (Hrsg.): Jahrbuch der Schulentwicklung. Band 11. Weinheim, München: Juventa, S. 387-419. – Klieme, E./Avenarius, H./Blum, W./Döbrich, P./Gruber, H./Prenzel, M./Reiss, K./Riquarts, K./Rost, J./Tenorth, H. E./Vollmer, H. J. (2003): Zur Entwicklung nationaler Bildungsstandards. Berlin. [verfügbar unter: http://dipf.de/index_1024.htm, 21.6.2004]. – [KMK] Sekretariat der Ständigen Konferenz der Kultusminister der Länder in der Bundesrepublik Deutschland (Hrsg.) (2005): Bildungsstandards der Kultusministerkonferenz. Erläuterungen zur Konzeption und Entwicklung. Luchterhand: München. [verfügbar unter: http://www.kmk.org/schul/ Bildungsstandards /Argumentationspapier308KMK.pdf, 18.12.2007]. – Maier, U. (2007): Lehrereinschätzungen zu zentralen Tests und Leistungsrückmeldungen. Kurzvorstellung erster Ergebnisse auf der 7. Tagung „Empiriegestützte Schulentwicklung" in Mainz, 6.-7. Dez. 2007. – Niedersächsisches Kultusministerium (2006): Schulinspektion in Niedersachsen. RdErl. d. MK v. 07.04.2006 – 25-80260/2 – VORIS 22410 (Beschl. d. LReg. v. 19.4.2005 – MK 11-01-540/8 (SVBl. S. 271). – OECD (2001): Lernen für das Leben. Erste Ergebnisse der internationalen Schulleistungsstudie PISA 2000. Paris: OECD. – Peek, R. (2004): Qualitätsuntersuchung an Schulen zum Unterricht in Mathematik (QuaSUM). In: Empirische Pädagogik. 18 (1), S. 82-114. – Rolff, H.-G. (2007): Studien zu einer Theorie der Schulentwicklung. Weinheim, Basel: Beltz. – Schrader, F.-W./Helmke, A. (2004): Von der Evaluation zur Innovation? Die Rezeptionsstudie WALZER: Ergebnisse der Lehrerbefragung. In: Empirische Pädagogik. 18 (1), S. 140-161. – Schulministerium NRW (2004): Kommentierte Aufgabenbeispiele zu den Lernstandserhebungen Mathematik. Ergänzte Version 9. Juli. 2004. [verfügbar unter: http://www.standardsicherung. schulministerium.nrw.de/lernstand8/upload/download/mathematikaufg_l9_v13.pdf, 18.12.2007.]. – Watermann, R./Thurn, S./Tillmann, K.-J./Stanat, P. (Hrsg.) (2005): Die Laborschule im Spiegel ihrer PISA-Ergebnisse. Weinheim, München: Juventa. – Wottawa, H./Thierau, H. (1990): Lehrbuch Evaluation. Bern: Huber.

34| Datengestützte Unterrichtsentwicklung
Andreas Voss und Inge Blatt

Empirische Wende –
eine Folge der internationalen Schulvergleichsuntersuchungen

Durch die Beteiligung Deutschlands an den internationalen Schulleistungsuntersuchungen der vergangenen 1 1/2 Jahrzehnte (TIMSS, PISA, IGLU) hat in der Bildungspolitik und Erziehungswissenschaft ein Umdenken hin zu einer wissensbasierten und am schulischen Output orientierten Steuerungsphilosophie stattgefunden. Hierbei handelt es sich um eine nachhaltig angelegte Strategie: Die Kultusministerkonferenz (KMK) hat sich 1997 darauf verständigt, dass sich deutsche Schulen regelmäßig an ausgewählten wissenschaftlich fundierten internationalen Leistungsvergleichen beteiligen, um zuverlässige Rückmeldungen über Stärken und Schwächen der Schüler in zentralen Kompetenzbereichen zu erhalten.

Des Weiteren wird den Schulen durch die Gewährung von Gestaltungsspielräumen – Stichwort Selbstständige Schule – die Verantwortung für das Gelingen von Bildungsprozessen übertragen. Das Bildungssystem wird dabei zunehmend durch verbindliche abschlussbezogene Bildungsstandards, bildungsgangbezogene Kerncurricula und Evaluationen gesteuert. Von Seiten der Ministerien ist es angedacht, die aus diesen Untersuchungen gewonnen Informationen zukünftig als zentrales Element einer systematischen Standardsicherung und datengestützten Unterrichtsentwicklung zu nutzen. Im Folgenden sollen Möglichkeiten und Grenzen einer datengestützten Unterrichtsentwicklung aus Vergleichs- und Lernstandserhebungen aufgezeigt werden.

Institutionalisierung datengestützter Evaluation in Schulen

Von der Anlage der Studien her sind drei Verfahren zu unterscheiden:
Eine erste Kategorie bilden internationale Studien wie PISA, TIMSS oder PIRLS/IGLU. Sie geben verlässliche Informationen für den Vergleich von nationalen Bildungssystemen. In der Regel melden sie Testergebnisse auf Schul- und Klassenebene für ausgewählte Domänen zurück. Zur Verortung ihrer Ergebnisse können Schulen die Ergebnisrückmeldungen auf der internationalen Metrik nutzen, wobei die Berichtlegung nach Kompetenzniveaus für Schulen besonders zweckmäßig ist. Bedingt durch die methodische Anlage dieser Studien (Testdesign) sind diese Rückmeldungen jedoch nur mit großen Einschränkungen für den Unterrichtsentwicklungsprozess zu gebrauchen, da sie auf Klassen- und Schülerebene fehlerbehaftet sind. Das Potential liegt eher in der Schulentwicklung, beispielsweise für die Schulprogrammarbeit (vgl. Beitrag 52 in diesem Band).
Im Rahmen von nationalen Ergänzungsstudien, einer zweiten Kategorie, erfolgt derzeit eine zusätzliche Testung repräsentativer Stichproben aus den 16 Bundesländern. Mit den Daten dieser Studien lassen sich die Leistungen bundeslandvergleichend in nationalen Bildungsstandards verorten. Diese Untersuchungen werden vom Institut für Qualitätsentwicklung im Bildungswesen (IQB) an der Humboldt-Universität Berlin durchgeführt. Für die Grundschule erfolgen sie durch PIRLS/IGLU-Ergänzungsstudien (2011, 2016); für die Sekundarstufe durch Ergänzungsstudien an PISA (2009, 2015). Die Ergebnisse dieser Studien bilden einen verlässlichen bundesweiten Vergleichsrahmen für die in den jeweiligen Bundesländern erzielten Testergebnisse. Durch die in den Bundesländern verbindlich eingeführten Bildungsstandards ist zudem die curriculare Nähe der Testaufgaben zu den tatsächlichen Unterrichtsinhalten sichergestellt.
Eine dritte Kategorie bilden Verfahren – wie Lernstandserhebungen, Vergleichsarbeiten (KESS, LEA) und landesweit eingesetzte Leistungstests – zur Qualitätssicherung innerhalb der jeweiligen Bundesländer Im Gegensatz zu den oben genannten Verfahren handelt es sich hierbei nicht um Stichproben-, sondern um Totalerhebungen. Sie geben den Schulen und Fachlehrkräften eine Rückmeldung zur Wirksamkeit der schulischen Arbeit, indem die erzielten Kompetenzstände ihrer Klassen bzw. Lerngruppen mit denen von ähnlich zusammengesetzten Schülergruppen verglichen werden. Diese Ergebnisse lassen sich auch als Lernausgangslagenbestimmung für die weitere Kompetenzentwicklung im Hinblick auf das Erreichen der abschlussbezogenen Bildungsstandards nutzen. Durch die Bereitstellung von didaktischen Materialien zielen diese Verfahren insbesondere auf die Unterrichtsentwicklung.
Sie sind jedoch auch für die Evaluation von schulischen Konzepten in der Einzelschule nutzbar. Wird beispielsweise in Rahmen des Schulprogramms ein gesonderter Wert auf die Entwicklung von schriftsprachlichen oder mathematischen Kompetenzen gelegt und über spezielle Unterrichtskonzepte vermittelt, so lassen sich diese Verfahren nutzen, um fachbezogene Lernstände der Schülerinnen und Schüler zu ermitteln und Lernentwicklungen (über Messwiederholungen) zu quantifizieren (vgl. Beiträge 10, 27, 82 sowie 32 und 52 in diesem Band). Weisen diese Tests differentielle Teilkompetenzen eines Lerngegenstandes aus, so sind die Testergebnisse auch für eine individuelle Förderung geeignet.

Datenrückmeldung als Steuerungsinstrument

Bei der Rückmeldung von Ergebnissen aus diesen Verfahren gilt es einige Dinge zu beachten. Generell muss berücksichtigt werden, dass die Daten dieser Studien Schülerleistungen nur mit einer begrenzten Genauigkeit widerspiegeln können, da die Schüler jeweils nur eine bestimmte Anzahl von Aufgaben bearbeiten. Abbildung 5 verdeutlicht diesen methodisch-statistischen Zusammenhang. Im oberen Teil der Abbildung sind die Testleistung und Konfidenzintervalle Schwedens und Deutschlands aus der ersten IGLU-Studie dargestellt. Die dargestellten Konfidenzintervalle überlappen sich nicht, womit der Leistungsvorsprung schwedischer gegenüber deutscher Grundschüler statistisch abgesichert ist. Die Verortung von Schülerleistungen auf dieser Metrik ist im unteren Teil der Abbildung dargestellt. Die Schüler haben jeweils zwei Texte mit cirka 25 Aufgaben bearbeitet. Die punktgenaue Verortung der Testleistung dieser Schüler auf der IGLU-Metrik zeigt das erhebliche Maß an Unsicherheit, das mit Aussagen auf der Ebene einzelner Kinder einhergeht.

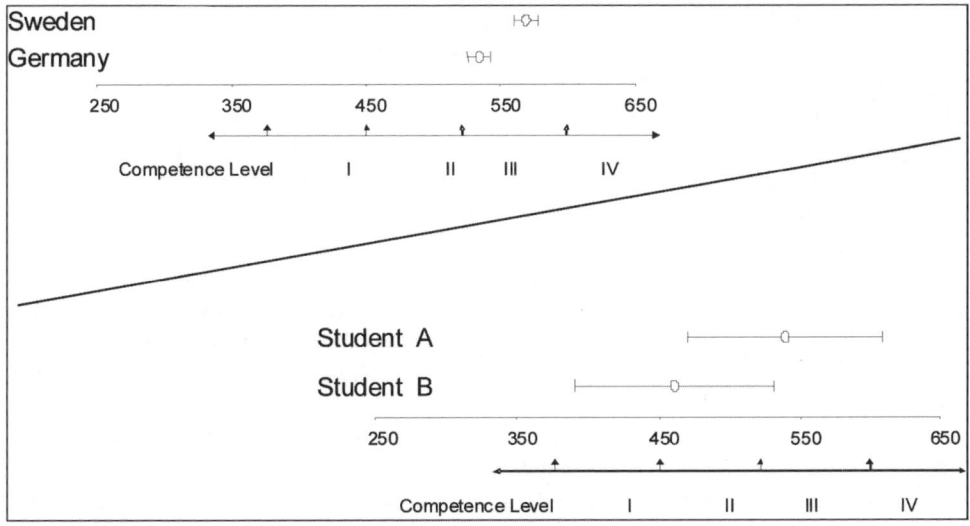

Abb. 5: Zentrale statistische Kennwerte für die Verortung von Schüler- und Länderleistungen

Testleistungsunterschiede in der Größenordnung von 100 Punkten – diese Differenz entspricht einer durchschnittlichen Lernentwicklung von circa drei Schuljahren – lassen sich nicht ansatzweise statistisch gegeneinander abgrenzen. Es liegt eine erhebliche Überlappung der beiden Konfidenzintervalle vor.
Bei der Interpretation von Testdaten solcher Verfahren ist zu berücksichtigen, dass die statistische Genauigkeit von Kennwerten mit den Aggregierungsebenen ansteigt. Auf Individualebene ist das Ausmaß an Unsicherheit sehr hoch. Der Informationsgehalt nimmt über Klassen- und Schul- bis hin zur Ebene von Bildungssystemen zu. Dieser Zusammenhang aus Aggregierungsgrad und Genauigkeit von Kennwerten ist eine statistische Eigenschaft des Testmodells und sollte bei der Nutzung dieser Verfahren für die Schul- und Unterrichtsnutzung genügende Beachtung finden.

Perspektiven für die Unterrichtsentwicklung

Der Einsatz der genannten Verfahren im Rahmen einer datengestützten Unterrichtsentwicklung bietet Potentiale und Risiken. Vor allem die Nutzung von Ergebnissen aus den Lernstandserhebungen bieten als additives Element zur Lehrerexpertise Chancen für den Schul- und Unterrichtsentwicklungsprozess.

Die Testleistungen der Schülerinnen und Schüler werden entweder von den Lehrer/innen auf der Grundlage validierter Kodieranweisungen oder zentral von Landesinstituten eingegeben und von den Qualitätsagenturen ausgewertet und zeitnah zurückgemeldet. Im Rahmen der Ergebnisrückmeldung wird den Schulen die Möglichkeit gegeben, sich in Bezug auf adäquate Vergleichsgruppen zu verorten. Die Lernstandserhebungen können damit einen wichtigen Beitrag zur weiteren Schul- und Unterrichtsentwicklung im Hinblick auf die abschlussbezogenen Standards und das kompetenzorientierte Unterrichten leisten. Die verantwortungsvolle Auseinandersetzung mit den an Kompetenzmodellen ausgerichteten Ergebnissen der zentralen Lernstandserhebungen im Kollegium oder im Jahrgangsteam kann als Grundlage für die schulinterne Weiterentwicklung dienen und leistet einen wichtigen Beitrag zu einer nachhaltigen Steigerung der Unterrichtqualität. Die in den Lernstandserhebungen eingesetzten Aufgaben sind kompetenzorientiert und auf die nationalen Bildungsstandards bezogen. Sie werden in länderübergreifender Zusammenarbeit von Lehrkräften und Fachdidaktikern entwickelt und in Pilotierungen nach statistischen Gütekriterien analysiert und geprüft. Sie sind also objektiv, valide und reliabel. Im Zuge der Lernstandserhebungen werden kompetenzorientierte Aufgabenformate in den Schulen etabliert, die ein breites Leistungsspektrum abdecken. Dies bietet eine Chance für die Entwicklung einer kompetenzorientierten Aufgabenkultur im Unterricht. Die von den Bildungsministerien bereitgestellten Materialien zur Weiterarbeit sollen die Lehrkraft in ihrem unterrichtlichen Handeln unterstützen und die Lehrerexpertise erweitern. Sie enthalten Aufgabenbeispiele zu verschiedenen inhaltlichen Bereichen und didaktische Kommentierungen. Aufgaben sowie Materialien orientieren sich an den Bildungsstandards und berücksichtigen neuere fachdidaktische Erkenntnisse.

Die Lernstandserhebungen als Schnittstelle zwischen empirischer Bildungsforschung und schulischer und unterrichtlicher Praxis können die Grundlage für eine evidenzbasierte Unterrichtsentwicklung bilden (vgl. Beiträge 81 und 82 in diesem Band). Sie können aber auch Risiken in sich bergen. Dies ist der Fall, wenn die Ergebnisse zur Benotung oder für Übergangsentscheidung herangezogen werden. Zum einen handelt es sich um zeitlich begrenzte, einmalige Tests, mit denen nur ein Teil des Leistungsspektrums des Schülers erfasst werden kann. Zum anderen handelt es sich um zentral gestellte, an Kompetenzen orientierte Aufgaben, die in einem Zusammenhang mit den im Unterricht vermittelten Lerngegenständen stehen. Auf Individualebene bieten Ergebnisse aus Lernstandserhebungen ergänzende Informationen zu der langfristig angelegten Beurteilung der Lehrer. Zudem sollten diese Daten auch nicht für Schulrankings oder ähnliche medienwirksame Schulvergleiche genutzt werden, da die zum Schulvergleich genutzten statistischen Kennwerte – wie oben gezeigt – fehlerbehaftet sind.

Vielmehr sollte das Potential datengestützter Verfahren für eine nachhaltige Entwicklung schulinterner Evaluationskultur und somit für die Entwicklung der Bildungssysteme genutzt werden.

Literatur

Baumert, J./Bos, W./Lehmann, R. (Hrsg.) (2000a): TIMSS/III. Dritte internationale Mathematik- und Naturwissenschaftsstudie. Mathematische und naturwissenschaftliche Bildung am Ende der Schullaufbahn: Mathemathische und physikalische Kompetenzen am Ende der gymnasialen Oberstufe. Band 2. Opladen: Leske + Budrich. – Baumert, J., Bos/W./Lehmann, R. (Hrsg.) (2000b): TIMSS/III. Dritte internationale Mathematik- und Naturwissenschaftsstudie. Mathematische und naturwissenschaftliche Bildung am Ende der Schullaufbahn: Mathematische und naturwissenschaftliche Grundbildung am Ende der Pflichtschulzeit. Band 1. Opladen: Leske + Budrich. – Bos, W./Hornberg, S./Arnold, K.-H./Faust, G./Fried, L./Lankes E.-M./Schwippert, K./Valtin, R. (2007): IGLU 2006. Lesekompetenzen von Grundschulkindern in Deutschland im internationalen Vergleich. Münster: Waxmann. – Bos, W./Voss, A. (2008): Empirische Schulentwicklung auf Grundlage von Lernstandserhebung – Ein Plädoyer für einen reflektierten Umgang mit Ergebnissen aus Leistungstests. In: Die Deutsche Schule. 100 (4), S. 449-458. – Deutsches PISA-Konsortium (Hrsg.) (2000): Schülerleistungen im internationalen Vergleich. Eine neue Rahmenkonzeption für die Erfassung von Wissen und Fähigkeiten. Berlin: Max-Planck-Institut für Bildungsforschung. – Voss, A./Blatt, I. (2009): Unterrichtsentwicklungsforschung. Ein integrativer Ansatz zur Verbesserung der Unterrichtsqualität. In: Bauer, K.-O./Logemann, N. (Hrsg.): Kompetenzmodelle und Unterrichtsentwicklung. Bad Heilbrunn: Klinkhardt, S. 11-77.

35| Externe Evaluation durch Schulinspektion
Sabine Müller

Einführung

Im Rahmen administrativer Konzepte zur Qualitätsentwicklung und Qualitätssicherung im Bildungsbereich wird den Verfahren der externen Evaluation als Instrument einer outputorientierten Steuerung (vgl. Beiträge 8 und 33 in dieem Band) derzeit in den Ministerien der deutschen Bundesländer eine zunehmende Bedeutung beigemessen. Maßnahmen wie zentrale Leistungsüberprüfungen und Zentralabitur gehören ebenso dazu wie das umfassende Verfahren der Schulinspektion, das inzwischen in allen Bundesländern – jeweils unter verschiedenen Bezeichnungen – Einzug gehalten hat.

Dabei geht es zunehmend um eine „Qualitätssicherung von Systemen statt personenbezogener Kontrolle" (vgl. Burkard 2008, S. 81). Dem trägt die Schulinspektion Rechnung, die in diesem Beitrag besonders in den Blick genommen wird.

Im Gesamtsteuerungskontext bildet die externe Evaluation das Pendant zu Verfahren interner Steuerung, eigenverantwortlichen Schulen und schulinternem Qualitätsmanagement. Maßnahmen wie erweiterte Selbstständigkeit von Schulen, Bildungsstandards und Kerncurricula, zentrale Lernstandserhebungen, schulübergreifende Leistungstests, Schulprogrammarbeit und interne Evaluation.

Schulinspektion als umfassendes Modell der externen Evaluation

Mit der Einführung der Schulinspektion[2] folgen die deutschen Bundesländer einem Trend, der international bereits viel früher eingesetzt hat: In zahlreichen Ländern innerhalb und außerhalb Europas ist die Inspektion von Schulen schon lange ein wichtiger Bestandteil der Qualitätssicherung im Schulwesen (vgl. Böttcher & Kotthoff 2007).

---

2 Im Folgenden wird die Bezeichnung Schulinspektion synonym für alle anderen vorfindbaren Begrifflichkeiten genutzt. Dies ist Gründen der besseren Lesbarkeit geschuldet.

In einem sehr allgemeinen Sinne kann unter Schulinspektion ein „Verfahren der ‚Inaugenscheinnahme' einzelner Schulen wie auch ... [die] Institution, die das Verfahren verantwortet" (Maritzen 2006) verstanden werden. Das mit Schulinspektion gemeinte Verfahren[3] wird dabei in den einzelnen Bundesländern unterschiedlich benannt, wie Tabelle 1 veranschaulicht: Maritzen (2006) schreibt dem Verfahren eine *Spiegel- oder Feedbackfunktion* aus externer Sicht und eine *Unterstützungsfunktion* insbesondere für Schulleitungen und Lehrkräfte zu. Ferner führt er die *Impulsfunktion für die Schul- und Unterrichtsentwicklung* sowie die *Erkenntnisfunktion* in Bezug auf die Wirkungen schulischer Arbeit an (vgl. ebda.). Zu ergänzen wäre hier eine *Implementationsfunktion* in Bezug auf anerkannte Vorstellungen von Schulqualität. Gemeint ist damit, dass über die Schulinspektion mit ihrem zugrunde liegenden Orientierungs- bzw. Referenzrahmen ein bestimmtes, im Konsens festgelegtes Verständnis von Schulqualität in die breite Schulöffentlichkeit transportiert und dann – indem es als sinnvoll und hilfreich für die Einschätzung des erreichten Entwicklungstandes und die Verbesserung der Qualitätsarbeit in der Schule erachtet wird – von den am Schulleben beteiligten Personen als Bezugssystem übernommen wird. Darüber hinaus nennt Maritzen die *Qualitätssicherungsfunktion*, die der Schulinspektion im Rahmen staatlicher Gewährleistungsverantwortung zukomme (vgl. ebda.).
Über die Grenzen der einzelnen Bundesländer hinweg finden sich bestimmte Elemente, die das Verfahren der Schulinspektion auszeichnen und eine wiederkehrende Grundstruktur darstellen (vgl. Bos et al. 2006; Müller 2006).
Die meisten Bundesländer nutzen einen Orientierungs- bzw. Referenzrahmen mit einheitlichen Qualitätskriterien sowie einheitliche Instrumente (Unterrichtsbeobachtungsbogen, Interviewleitfäden). Die Inspektionen werden darüber hinaus zumeist im Team von zwei bis vier Personen durchgeführt. Als Charakteristika des Inspektionsverlaufs lassen sich ferner die Ankündigung der Inspektion in transparenten Verfahren, die Aufbereitung und Zusammenschau interner/externer Daten für den zu inspizierenden Schulstandort im Vorfeld der Inspektion, eine vorgängige Datenanalyse in der Inspektionseinrichtung und im Inspektionsteam sowie die Kontaktaufnahme, Information, Festlegung der Inspektionsschwerpunkte und Verfahrensabsprachen festhalten. Es gibt außerdem einen Schulbesuch mit Gesprächen (Schulleitung, Personal, Vertreter der schulischen Mitwirkungsgremien), Unterrichtsbeobachtungen und Schulbegehung sowie Rückkopplungsverfahren (erste Bilanz, Berichtsentwurf, Stellungnahme der Schule, Endbericht und eine Berichterstattung in festgelegten Formaten an die Schule, an die Schulaufsicht und ggf. an die Öffentlichkeit (vgl. Maritzen 2006).
Die Schulinspektoren sind während ihres Einsatzes an die Einhaltung dieser Verlaufselemente gebunden. Darüber hinaus sind sie in ihrem Inspektionshandeln bestimmten Verhaltensgrundsätzen verpflichtet, etwa der Neutralität und der Objektivität in der Bewertung. Zum Umgang der Schulinspektoren mit den zur Verfügung gestellten Instrumenten liegen nur wenige Erkenntnisse vor. Auch Aussagen dazu, in welchem Maße der Ablauf des Schulbesuchs im Sinne einer Verfahrenstreue dem konzeptionell verankerten Vorgehen entspricht, stehen derzeit noch aus.

Orientierungs-, Referenz- und Handlungsrahmen von Schulqualität
Die meisten Bundesländer arbeiten bei der Schulinspektion mit einem Orientierungs-, Referenz- bzw. Handlungsrahmen von Schulqualität (vgl. Bos et al. 2006). Dieser dient zur Qualitätsausrichtung der externen Analyse bzw. des standardisierten Qualitätsprofils und enthält einheitliche Qualitätskriterien. Darüber hinaus verfügt die überwiegende Mehrheit der Länder über einheitliche Instrumente zur Datenerhebung (z.B. Unterrichtsbeobachtungsbögen).

---
3 Im Folgenden wird die Bezeichnung Schulinspektion synonym für alle anderen vorfindbaren Begrifflichkeiten genutzt. Dies ist Gründen der besseren Lesbarkeit geschuldet.

Instrumente zur Datenerfassung
Die Aussagen, die im Rahmen der Schulinspektion über den erreichten Qualitätsstand der begutachteten Schulen gemacht werden, stützen sich auf Daten, die anhand unterschiedlicher Instrumente erhoben werden. In der Mehrheit der Bundesländer werden dazu Dokumentenanalysen, schriftliche Befragungen (Fragebögen), mündliche Befragungen (Interviews) sowie Beobachtungen (überwiegend mit standardisierten Kategoriensystemen) durchgeführt (vgl. ebda.).

Inspektionsberichte
Die Ergebnisse der externen Evaluation werden den Schulen, der Schulaufsicht und ggf. der Öffentlichkeit in festgelegten Formaten zurückgemeldet. In allen Bundesländern werden hierzu Inspektionsberichte erstellt, in denen die identifizierten Stärken und Schwächen der Schulen herausgestellt werden (vgl. Maritzen 2006). Wissenschaftlich untersucht werden kann, wie der Inspektionsbericht aufgebaut ist und welche Informationen er enthält. Von Interesse ist zudem, inwiefern die Adressaten Informationen aus ihm ableiten können, die sich in relevantes Wissen für die innerschulische Entwicklungsarbeit sowie die Beratungsarbeit der Schulaufsicht übersetzen lassen.

Erste Ergebnisse
Internationale Studien und Meta-Analysen zeichnen kein einheitliches Bild bezüglich der Effekte und Wirkungen von Schulinspektion.
Chapman (2002) kommt in einer Interviewstudie zur englischen Schulinspektion (Office for Standards in Education, Children's Services and Skills – OFSTED) zu dem Ergebnis, dass die Schulinspektion in der zum Zeitpunkt der Untersuchung vorliegenden Form kein effektives Mittel zur Verbesserung des Unterrichts ist. Hierfür sei insbesondere ein angespanntes und zum Teil wenig vertrauensvolles Verhältnis zwischen Inspektoren und Lehrkräften verantwortlich. Zudem sei der Besuch der Inspektoren überwiegend negativ konnotiert und mit Stress und hoher Arbeitsbelastung für die Lehrkräfte verbunden.
Ouston und Davies (1998) konnten in einer Studie feststellen, dass es eine Art Vorbereitungseffekt im Vorfeld des Inspektionsbesuchs gibt. Im Anschluss fielen die untersuchten Schulen jedoch wieder in den früheren Alltagsablauf zurück – ein Effekt, wie man ihn auch bei Schülerinnen und Schülern bei Klassenarbeiten finden kann. Solche Vorbereitungseffekte gehen zudem mit hohen Belastungen von Schulleitung und Kollegium im Vorfeld von Inspektionsbesuchen einher (vgl. Gray & Gardner 1999).

De Wolf und Janssens (2007) identifizierten bei einer vergleichenden Auswertung internationaler empirischer Studien zur Schulinspektion insgesamt vier Dimensionen von Wirkungen:
(1) Satisfaction of teachers and principals
(2) Behaviour of teachers and principals
(3) Improvement of school policy
(4) Improvement of student results

Ehren und Visscher (2006) haben auf der Grundlage einer Meta-Analyse internationaler Befunde ein theoretisches Rahmenmodell zu den Auswirkungen von Schulinspektion entwickelt. Die beabsichtigten und die nicht beabsichtigten Reaktionen der Schulen auf die Ergebnisse der Schulinspektion führen – nach dem hier präsentierten Modell – an den Schulen zu bestimmten Wirkungen, wobei zwischen beabsichtigten Wirkungen und nicht beabsichtigten Nebeneffekten differenziert wird (vgl. ebda.). Als beabsichtigte Wirkungen werden dabei die erwünschten Veränderungen betrachtet, die als Folge von Schulinspektionen in den Schulen auftreten. Das höchste Ziel stellt – dem hier präsentierten Modell nach – in diesem Zusammenhang die Verbesserung fachlicher Schülerleistungen dar, zu dessen Erreichen allerdings einige Voraussetzungen erfüllt werden müssen (vgl. ebda.).

Die Einführung von Formen der Schulinspektion in der Bundesrepublik Deutschland ist vergleichsweise jung. Entsprechend liegen kaum belastbare empirische Ergebnisse zu Wirkungsweisen von Schulinspektionen vor (vgl. Bos et al. 2006).

Erste nationale Befunde zur Brandenburger Schulvisitation (vgl. Gärtner et al. 2009) im Rahmen einer schriftlichen Befragung von Schulleitungen visitierter Schulen (n=182) berichten von ersten Effekten hinsichtlich einer Maßnahmeplanung. Im Schnitt benannten die befragten Schulleitungen 3,8 Maßnahmen, die auf der Grundlage des Visitationsberichts eingeleitet wurden.

Nicht einmal die Hälfte aller befragten Schulleitungen glauben, dass die Schulvisitation einen Einfluss auf den Unterricht hat, zudem sei auch das Aktivierungspotenzial der Schulvisitation samt Bericht eher gering. Im Wesentlichen fühlt sich die Schulleitung durch den Bericht aufgefordert, Maßnahmen einzuleiten (vgl. ebda.).

Forschungsdesiderata

Die Schulinspektion in Deutschland ist noch viel zu jung, um Prognosen ihrer Wirkung auf das professionelle Handeln von Lehrkräften abzugeben. Zunächst bleibt festzuhalten, dass durch die Inspektionen bislang noch nicht dagewesene Datensätze und Informationsschätze erzeugt werden, deren Potenzial bislang jedoch vielleicht noch nicht hinreichend ausgenutzt worden ist.

Derzeit ist noch unklar, inwiefern die Kriterien der Qualitätstableaus und Referenzrahmen dem aktuellen Stand der wissenschaftlichen Erkenntnisse im Bereich der Schulforschung entsprechen. Zudem muss geklärt werden, in welchem Maße eine Passung von Dimensionen, Indikatoren und Instrumenten besteht – inwiefern also verlässliche Aussagen in Bezug auf den Orientierungs-, Referenz- bzw. Handlungsrahmen von Schulqualität getroffen werden können.

Ein Informationsdefizit besteht hinsichtlich der Frage, wie die Qualität der einbezogenen Instrumente (zugrunde liegende Standards, Eignung und Güte) eingeschätzt werden kann. Ferner ist zu fragen, wie sich das Zusammenspiel und die Passung der einzelnen Instrumente gestaltet. Hinsichtlich der Wirksamkeit fehlen noch Langzeitstudien und auch qualitative Daten zur Nutzung von Inspektionsdaten durch die Schulen.

Literatur

Böttcher, W./Kotthoff, H.-G. (Hrsg.) (2007): Schulinspektion. Evaluation, Rechenschaftslegung und Qualitätsentwicklung. Münster: Waxmann. – Bos, W./Holtappels, H.-G./Rösner, E. (2006): Schulinspektion in den deutschen Bundesländern – eine Baustellenbeschreibung. In: Bos, W./Holtappels, H. G./Pfeiffer, H./Rolff, H.-G./Schulz-Zander, R. (Hrsg.): Jahrbuch der Schulentwicklung. Band 14. Weinheim, München: Juventa, S. 81-123. – Burkard, C. (2008): Ergebnisorientierte Systemsteuerung. Konsequenzen für die externe Evaluation. In: Brägger, G./Bucher, B./Landwehr, N. (Hrsg.): Schlüsselfragen zur externen Schulevaluation. Bern: hep, S. 79-109. – Chapman, C. (2002): OFSTED and School Improvement. Teachers' Perception of the Inspection Process in Schools Facing Challenging Circumstances. In: School Leadership and Management. 22, pp. 257-272. – De Wolf, I./Janssens, F. J. G. (2007): Effects and Side Effects of Inspections and Accountability in Education: An Overview of Empirical Studies. In: Oxford Review of Education. 33 (3), pp. 379-396. – Ehren, M. C./Visscher, A. J. (2006). Towards a Theory on the Impact of School Inspections. In: British Journal of Educational Studies. 54 (1), pp. 51-72. – Gärtner, H./Hüsemann, D./Pant, H. A. (2009): Wirkungen von Schulinspektion aus Sicht betroffener Schulleitungen. Die Brandenburger Schulleiterbefragung. In: Empirische Pädagogik. 23 (1), S. 1-18. – Gray, C./

Gardner, J. (1999): The Impact of School Inspections. In: Oxford Review of Education. 25 (4), pp. 455-468. – Maritzen, N. (2006): Schulinspektion in Deutschland. In: Buchen, H./Horster, L./Rolff, H.-G. (Hrsg.): Schulinspektion und Schulleitung. Stuttgart: Raabe, S. 7-26. – Müller, S. (2006): Qualitätsanalyse durch Schulinspektion. In: Freistedt, M. (Hrsg.): Qualitätsmanagement und Evaluation in der Schule. Merching: Forum Verlag Herkert. – Ouston, J./Davies, J. (1998): OFSTED and Afterwards? Schools' Responses to Inspection. In: Earley, P. (Ed.): School Improvement after Inspection? School and LEA Responses. London: Paul Chapman Publishing Ltd.

36| Schulische Steuergruppen
Nils Berkemeyer und Tobias Feldhoff

Zum Begriff der schulischen Steuergruppe

Die Einrichtung schulischer Steuergruppen zielt seit den ersten Anfängen Ende der 80er Jahre des letzten Jahrhunderts auf die Initiierung schulischer Organisationsentwicklung, mithin auf eine nachhaltige Veränderung der Organisationsstruktur der Schule. Damit übernehmen schulische Steuergruppen zum Teil Managementfunktionen, die bislang im Wesentlichen im Zuständigkeits- und Verantwortungsbereich der Schulleitung lagen und noch liegen (vgl. Kap. 3/28 sowie 4/38). Doch mit steigenden Anforderungen an die Organisation Schule (Leitbild- und Schulprogrammentwicklung, interne und externe Evaluation, Schulautonomie) werden Steuergruppen als „neue Organisationseinheit" immer bedeutsamer (vgl. Berkemeyer et al. 2007). Sie gehören mittlerweile zum Standardrepertoire der meisten Schulentwicklungsprojekte in Deutschland. Das Spektrum ihrer Aufgaben erstreckt sich beispielsweise von der konkreten Schulprogrammarbeit bis hin zur Gesamtkoordinierung von Prozessen der Qualitätsentwicklung. Berührt sind ebenfalls Veränderungen des beruflichen Profils von Lehrkräften, sofern sie in Steuergruppen mit Aufgaben des Projektmanagements, der Qualitätsentwicklung und -sicherung betraut sind.

Zur Geschichte schulischer Steuergruppen

Erstmals wurden STG im Rahmen des Institutionellen Schulentwicklungsprogramms (ISP) von Dalin und Rolff (1990) beschrieben, die somit als „Väter" schulischer Steuergruppen gelten. Bei der Rekonstruktion der Entstehungsgeschichte schulischer Steuergruppen wird erkennbar, dass die Einrichtung schulischer Steuergruppen ein Reflex auf eine durch einen externen Berater vorgefundene und artikulierte Problemlage in der Beratungssituation mit Schulen ist. Schulen – so Rolff und Dalin (1990) – verfügen nicht über adäquate Gremien, die zusammen mit externen Beratern an Prozessen der Schulentwicklung (vgl. Beiträge 51 und 60 in diesem Band) arbeiten können. Es ist also ein durch externe Schulberatung festgestelltes Organisationsdefizit, das die Entstehung von Steuergruppen begünstigt hat. Mit der Entstehung von Steuergruppen ist zudem deutlich geworden, dass die Schulleitung allein nicht ausreicht, um systematische Schulentwicklungsprozesse zu gestalten, da am Organisationsentwicklungsprozess das gesamte Kollegium beteiligt werden soll. Wenngleich mit einem gesamten Kollegium keine intensive Beratung möglich ist, kann eine repräsentativ zusammengesetzte Steuergruppe garantieren, dass alle Interessen des Kollegiums berücksichtigt werden.

In der Folge wurden schulische Steuergruppen vor allem im Zuge der Schulprogrammentwicklung eingerichtet (vgl. Beitrag 52 in diesem Band). Dort sollten und sollen sie den Entstehungsprozess moderieren, Teilarbeitsgruppen koordinieren und für die Weiterentwicklung des Schulprogramms Verantwortung übernehmen. Neben der Schulprogrammarbeit wurden und werden schulische Steuergruppen häufig in Entwicklungsprojekten etabliert, in denen es um eine erweiterte Selbstständigkeit von Schule geht. Hier sollen sie vor allem Prozesse der Organisationsentwicklung, Personalentwicklung und Unterrichtsentwicklung aufeinander abstimmen, beispielsweise durch die Erstellung und Realisierung von Fortbildungsplänen.

Arbeitsweise von Steuergruppen

Schulische Steuergruppen bestehen zumeist aus drei bis sieben Mitgliedern, weiter ist die Schulleitung in der Regel ein gesetztes Mitglied. Die anderen Lehrkräfte (teilweise auch Eltern- und Schülervertreter) werden von der Lehrer- oder Schulkonferenz gewählt und erhalten von dieser auch ihr Mandat. Ihre Aufgabe besteht in der Initiierung, Koordinierung, Steuerung und Evaluierung von schulischen Entwicklungsprozessen. Im Vordergrund ihrer Bemühungen steht primär die Gesamtentwicklung der Schule. Ihr Handeln orientiert sich dabei an Maximen der Organisationsentwicklung bzw. des Change Management. D.h. sie agiert nicht hierarchisch, sondern über Aushandlungsprozesse, Koordinierung, Beratung und Information.

Zur Theorie und Empirie schulischer Steuergruppen

Steuergruppen erfahren mittlerweile eine große Verbreitung in der Schulpraxis. Die IGLU-Studie 2006 kommt zu dem Ergebnis, dass 41% der Grundschulen in Deutschland Steuergruppen besitzen. Doch trotz dieser relativ großen Verbreitung sind Forschungsbefunde zu schulischen Steuergruppen immer noch rar.

Theorie
Neben der Verortung von Steuergruppen im ISP hat Holtappels (2007) die Arbeit von Steuergruppen theoretisch im Bereich Change Management angesiedelt. Mit Blick auf Erkenntnisse der Innovationsforschung, des Organisationalen Lernens und der Schulentwicklungsforschung beschreibt Holtappels drei Bereiche des Change Managements in der Schule, in denen die Arbeit schulischer Steuergruppe zu verorten ist (Holtappels 2007; sowie Beitrag 31 in diesem Band): Wissensmanagement, steuerndes Prozessmanagement und koordinierende Vernetzung. Steuergruppen übernehmen hier die Aufgabe der Steuerung der schulischen Entwicklungsprozesse, der innerschulischen Koordination und Vernetzung von Projekten, des Wissensmanagements, der Information und Dokumentation sowie der innerschulischen Beratung und Unterstützung.
Auf Basis der Erkenntnisse, dass durch Organisation manifestierte Hierarchie in Schule oft negativ besetzt und bei vielen Lehrkräften Widerstände auslöst (vgl. Beitrag 58 in diesem Band), haben Berkemeyer et al. (2007) Steuergruppen als einen „intermediären" Akteur beschrieben. Dieser intermediäre Charakter bietet ihrer Meinung nach große Vorteile, da Steuergruppen demnach zwischen den beiden Dimensionen Organisation und Profession stehen und so die Fähigkeit besitzen, die „Aufgaben und Perspektiven der Organisation und der Profession in der Schule wechselseitig füreinander ‚aufzuschließen'" (Herv. i. O. Berkemeyer et al., 2007, S. 62). Ein zentrales Merkmal hierfür liegt in dem Nichteingebundensein in die formale schulische Hierarchie. Steuergruppen übernehmen problem- und projektbezogene Aufgaben, d.h. sie können bei ihrer Aufgabenbearbeitung einen engen Bezug zur Arbeit der Lehrkräfte haben, z.B.

im Rahmen der Unterrichtsentwicklung. Doch durch ihre problemorientierte Bearbeitung mit einem engen inhaltliche Fokus werden sie, bei Wahrung ihrer Möglichkeit als intermediäres Gremium zu fungieren, „nicht vorschnell mit Organisation identifiziert" (ebda.) und somit mit einer Abwehrhaltung im Sinne des antihierarchischen Effekts konfrontiert.

Empirie
Die erste groß angelegte quantitative Studie wurde 2004 von Berkemeyer und Holtappels in dem Projekt „Qualitätsentwicklung in Netzwerken" in Niedersachsen durchgeführt. Die Autoren untersuchten hier insbesondere die Arbeitsweisen und Wirkungen schulischer Steuergruppen bei der Qualitätsentwicklung in der Schule und ihr Handeln und Wirken als kollektiver Akteur (vgl. Berkemeyer & Holtappels 2006; Berkemeyer & Holtappels 2007).
Insgesamt ziehen Berkemeyer und Holtappels ein recht positives Fazit. Besonders die Selbstorganisation und Teamqualität hat dazu beigetragen mit Steuergruppen im Projekt „funktionsfähige Akteure zu etablieren" (ebda., S. 136). Den Fortbildungen schreiben sie hierbei eine recht große Bedeutung zu. Als zentralen Befund sehen sie die Rolle der Steuergruppe bei der Entwicklung und Umsetzung des Schulprogramms. Kritisch bemerken sie dagegen die relativ geringe Akzeptanz der Steuergruppe im Kollegium sowie die Gefahr der Dominanz der Schulleitung in der Steuergruppe. Insgesamt haben sich Steuergruppen ihrer Meinung nach im Projekt „als bedeutsame Form des Change Management erwiesen" (ebda.). Im Rahmen des Modellvorhabens Selbstständige Schule NRW konnte die Forschung zu schulischen Steuergruppen weitergeführt werden. Auch in diesem Projekt waren Steuergruppen von Beginn an zentrales Element der Projektarchitektur und repräsentierten den Entwicklungsbereich schulinternes Management. Ihre Funktion lag in der Stärkung der schulischen Infrastruktur und der professionellen Steuerung und Koordinierung der schulischen Projekte im Modellvorhaben, vor allem im Bereich der Unterrichtsentwicklung. Feldhoff und Rolff (2008) ziehen eine positive Bilanz der Arbeit schulischer Steuergruppen im Modellvorhaben. Die Steuergruppen haben einen wichtigen Beitrag bei der schulischen Entwicklung geleistet. Für deren Wirksamkeit ist eine entsprechende Akzeptanz und Rollenklarheit in der Schule von Bedeutung. Ferner konnte in den Analysen gezeigt werden, dass mit der Qualifizierung der Steuergruppen auch eine Professionalisierung in Methoden der Schulentwicklung stattgefunden hat. Diese wiederum führt zu einer vermehrten Rollenklarheit der Steuergruppe in der Schule, die ihrerseits deren Wirksamkeit beeinflusst. So konnte ein vermittelnder Einfluss der Qualifizierungen auf die Wirksamkeit nachgewiesen werden (Feldhoff 2008). Weiter konnte nachgewiesen werden, dass Steuergruppen in ihrem Handeln Organisationsmerkmale, wie z.B. die Innovationsbereitschaft und die Kooperation der Lehrkräfte in Bezug auf Unterricht positiv beeinflussen. Darüber hinaus haben sie vermittelt über diese Organisationsvariablen einen Einfluss auf Aspekte der Unterrichtsqualität wie beispielsweise die Strukturiertheit und Verständlichkeit des Unterrichts.

Forschungsdesiderate und Ausblick

Im Zuge einer vermehrten Verlagerung von Verantwortung und Kompetenzen auf die Einzelschule ist eine Stärkung der Schulorganisation und des internen Management vonnöten. Steuergruppen haben sich als ein nützliches Element des schulinternen Managements erwiesen. Doch gilt es aufgrund der wenigen Forschungsbefunde Steuergruppen weiter theoretisch und vor allem auch empirisch zu untersuchen. Neben einer Validierung der bisherigen Befunde in weiteren Studien sind unserer Ansicht nach vor allem folgende Fragen zentral:

- Wie verbreitet sind Steuergruppen im deutschsprachigen Raum? (Repräsentative Erhebung auch im Sekundarbereich)
- Welcher Instrumente von Change Management bedienen sich Steuergruppen und welchen Einfluss haben diese auf schulische Entwicklungsprozesse?
- Welche Unterschiede zeigen sich in der Arbeit von Steuergruppen und konkurrierenden Formen des mittleren Managements, wie z.B. erweiterte Schulleitungen, Abteilungsleitung an Berufsschulen?
- Sind Steuergruppen nur ein vorübergehendes Phänomen im Zuge einer Ausdifferenzierung der Schule als Organisation, die möglicherweise mit der Etablierung eines fest verankerten mittleren Managements einen vorläufigen Abschluss findet?

Literatur

Berkemeyer, N./Feldhoff, T./Brüsemeister, T (2007): Steuergruppen als intermediäre Akteure in Schulen. Ein Modell zur Verortung schulischer Steuergruppen zwischen Organisation und Profession. In: Berkemeyer, N./Holtappels, H. G. (Hrsg.): Schulische Steuergruppen und Change Management. Theoretische Ansätze und empirische Befunde zur schulinternen Schulentwicklung. Weinheim, München: Juventa, S. 61-84. – Berkemeyer, N./Holtappels, H. G. (2006): Steuergruppen als organisationsinterner Akteur zur Qualitätssicherung und Qualitätsentwicklung? In: Eder, F./Gastager, A./Hofmann, F. (Hrsg.): Qualität durch Standards. Beiträge zum Schwerpunktthema der 67. Tagung der AEPF. Münster: Waxmann, S. 173-186. – Berkemeyer, N./Holtappels, H. G. (2007): Arbeitsweise und Wirkung schulischer Steuergruppen – Empirische Studie. In: Berkemeyer, N./Holtappels, H. G. (Hrsg.): Schulische Steuergruppen und Change Management. Theoretische Ansätze und empirische Befunde zur schulinternen Schulentwicklung. Weinheim, München: Juventa, S. 99-137. – Dalin, P./Rolff, H.-G. (1990): Institutionelles Schulentwicklungs-Programm. Soest: Soester Verlagskontor. – Feldhoff, T. (2008): Wirksamkeit der Qualifizierung der schulischen Steuergruppen. In: Holtappels, H. G./Klemm, K./Rolff, H.-G./Pfeiffer, H. (Hrsg.): Schulentwicklung durch Gestaltungsautonomie. Münster: Waxmann, S. 309-313. – Feldhoff, T./Rolff, H.-G. (2008): Einfluss von Schulleitungs- und Steuergruppenhandeln. In: Holtappels, H. G./Klemm, K./Rolff, H.-G./Pfeiffer, H. (Hrsg.): Schulentwicklung durch Gestaltungsautonomie. Münster: Waxmann, S. 293-303. – Holtappels, H. G. (2007): Schulentwicklungsprozesse und Change Management. Innovationstheoretische Reflexionen und Forschungsbefunde über Steuergruppen. In: Berkemeyer, N./Holtappels, H. G. (Hrsg.): Schulische Steuergruppen und Change Management. Theoretische Ansätze und empirische Befunde zur schulinternen Schulentwicklung. Weinheim, München: Juventa, S. 5-34.

5 Schule leiten

37| Einführung: Schule leiten
Martin Bonsen

Einführung: Schule leiten

Im letzten Jahrzehnt ist das Interesse an Schulleitung im deutschsprachigen Raum gewachsen. Bildungsforscher und -politiker sind sich einig, dass die Schulleitung eine Schlüsselfunktion in der Schule einnimmt. Jahrzehntelang wurde die Leitung einer Schule vornehmlich als Verwaltungsaufgabe betrachtet: Der Schulleiter stand dem Kollegium vor, bildete die Schnittstelle zur Schulaufsicht und hatte als solche eine zentrale Funktion im Modell der bürokratischen Steuerung. Schulgesetze regelten den Funktions- und Aufgabenradius der Schulleitung genau (Hintz et al. 2001): Nach wie vor obliegt ihr in der Regel die Verantwortung für die Erziehungs- und Bildungsarbeit an der Schule, für die sachgerechte Umsetzung von Rechts- und Verwaltungsvorschriften und Konferenzbeschlüssen sowie die innere und äußere Ordnung des Schulalltags. Sie ist verantwortlich gegenüber der Schulaufsicht, dem Schulträger, dem Kollegium und gegenüber Eltern und Schülern. Obwohl die Schulleitung bislang nicht Dienstvorgesetzter des der Schule zugewiesene Personals war, hatte sie schon immer eine vorgeordnete Position mit beschränktem Weisungsrecht inne. Das traditionelle Rollen- und Aufgabenverständnis der Schulleitung wird von Schratz (1998) auf den Punkt gebracht. Demnach ist eine gut funktionierende Schule „bislang diejenige, die als bürokratische Organisationseinheit nach der Vorgabe übergeordneter Kenn- und Grenzwerte klaglos" (ebda., S. 95f) arbeitet und als Schulleitung bewährt sich, „wer ein guter ‚Befehlsempfänger' und ‚-weitergeber' mit dem Ziel einer reibungslosen Verwaltung von Schule" (ebda.) ist. Im traditionellen Bürokratiemodell werden die Rahmenbedingungen der zentral gesteuerten Schule hierarchisch strukturiert und über den Verordnungsweg „von oben nach unten" reguliert. Mit der Intensivierung der Diskussion über „(teil-)autonome Schulen" und „schulische Selbstständigkeit" ist in den letzten Jahren allerdings eine starke Veränderung der Schulleitungsrolle zu beobachten, die mit einem erheblichen Bedeutungszuwachs einhergeht. Zentrale Kompetenzen, die bislang bei hierarchisch übergeordneten Instanzen lagen, werden auf die Ebene der Einzelschule verlagert.

Veränderte Anforderungen an Schulleitung im neuen Steuerungsmodell

Die im internationalen Vergleich in den deutschen Bundesländern erst spät einsetzende Realisierung einer verstärkten Selbstständigkeit der Schule (Bellenberg et al. 2001; Klafki 2002; Klemm 2005) führt nun dazu, dass Schulen nicht nur das fakultative Angebot erweiterter Selbstständigkeit erhalten, sondern zur aktiven Gestaltung und Entwicklung geradezu verpflichtet werden. Sie sollen als pädagogische Handlungseinheit Entscheidungen, die bisher von oberen und mittleren Ebenen der Schulverwaltung verantwortet wurden, dezentral treffen. Wichtige Merkmale der somit entstehenden selbstständigen oder teilautonomen Schule (vgl. Beitrag 1 in diesem Band) sind schulische Entscheidungskompetenzen in den Bereichen Personalrekrutierung, Budgetierung, die Öffnung zeitlicher und inhaltlicher Vorgaben für die pädagogische Arbeit sowie die Betonung von Qualitäts- und Schulprogrammen (vgl. Klemm 2005,; sowie Beiträge 39, 43 und 52 in diesem Band). Diese Aufzählung verdeutlicht, dass auf Ebene der Einzelschule neue und vielfältige (Management-)Aufgaben erfüllt werden müssen. Ein Großteil dieser Aufgaben liegt direkt in der Verantwortung der Schulleitung und muss auch im Falle von Delegation letztverantwortlich von ihr beaufsichtigt werden. Betrachtet man die Situation von Schulleitungen im internationalen Vergleich, so zeigt sich, dass Schulleitungen im Prozess der Implementierung neuer Steuerungsvorstellungen auch in anderen Staaten vermehrte Entscheidungskompetenzen, aber auch mehr Verantwortung für den zielgerichteten und effektiven Einsatz von Ressourcen (Cheng 1996) erhalten.

Welche konkreten Aufgaben in neuen Steuerungsmodellen erweiterter Selbstständigkeit von Schulen an die Schulleitung übertragen werden, lässt sich beispielhaft anhand des mittlerweile abgeschlossenen Nordrhein-Westfälischen Modellvorhabens „Selbstständige Schule NRW" feststellen. Im „Kompetenzprofil für Schulleiterinnen und Schulleiter (MSKJ NRW, o.J.) umfasst die Erweiterung des Aufgabenprofils die folgenden Felder:

- Schulleiterinnen und Schulleiter tragen die besondere Verantwortung für die Entwicklung und Sicherung der Qualität schulischer und unterrichtlicher Arbeit.
- Schulleiterinnen und Schulleiter entscheiden eigenverantwortlich (jedoch im Rahmen der Beschlussfassungen der Schulkonferenz!) über Fragen der Unterrichtsorganisation und Unterrichtsgestaltung.
- Schulleiterinnen und Schulleiter stellen Personal ein.
- Schulleiterinnen und Schulleiter sind Dienstvorgesetzte der Lehrerinnen und Lehrer, haben in diesbezüglichen Entscheidungen jedoch die Mitwirkungsrechte der Lehrerräte zu berücksichtigen.
- Schulleiterinnen und Schulleiter entscheiden über die Bewirtschaftung ihres Schuletats im Rahmen von erweiterten Budgets.
- Schulleiterinnen und Schulleiter sorgen dafür, dass der Grundsatz der Gleichberechtigung an der von ihnen geleiteten Schule umgesetzt wird.

Die Aufzählung verdeutlicht das quantitative, vor allem aber qualitative Ausmaß der Reform, im Zuge derer das traditionelle Kompetenzprofil von Schulleitung erweitert wird. Interessant ist in diesem Zusammenhang, wie sich die hieraus resultierende relative „Machtfülle" der Schulleitungen, insbesondere bei personalrechtlichen Entscheidungen durch eine Neuakzentuierung von Mitbestimmungsrechten (beispielsweise durch die Einrichtung oder Neuverfassung eines Lehrerrats) regulieren lässt (z.B. MSKJ NRW 2003).

Der veränderte Anspruch an eine zeitgemäße, professionelle Schulleitung resultiert zum einen aus Veränderungen des Steuerungssystems, zum anderen aus der Hoffnung, dass mit der Schulleitung ein ganz zentraler Faktor von Schuleffektivität und Schulqualität gestärkt wird (vgl. Beiträge 31 und 39 in diesem Band). Ob und wie weit diese Annahme tatsächlich zutrifft und die Ausübung des Schulleitungsamtes tatsächlich „qualitätswirksam" ist, wurde vielfach erfahrungswissenschaftlich untersucht.

Die Bedeutung der Schulleitung im Spiegel empirischer Forschung

In der Forschungsliteratur zur Schulleitung lassen sich zwei Linien ausmachen: qualitativ und quantitativ angelegte Empirie. Beide Stränge leisten einen je spezifischen Beitrag zur Diskussion. Die Evidenz aus Fallstudien belegt konsistent die Schlüsselfunktion der Schulleitung für Schulentwicklung und Schuleffektivität. Fallstudien aus unterschiedlichen Ländern und Kontexten gelangen immer wieder zu dem Schluss, dass Schulleitungen an erfolgreichen Schulen eine zentrale und wichtige Rolle spielen (Pont et al. 2008, S. 33). Entsprechende Studien gehen in der Regel so vor, dass sie zunächst effektive Schulen (gemessen an Outputkriterien der Schülerleistung) identifizieren, um sodann die spezifischen Merkmale der Schulleitung in diesen Schulen genau zu analysieren. Problematisch ist der Anspruch der Generalisierung von Ergebnissen aus Einzelfallstudien. Diese lassen sich immer nur auf die besondere Situation des tatsächlich untersuchten Einzelfalls beziehen und nicht verallgemeinern.

Die quantitative Forschung zur Schulleitung lässt eine erstaunliche Bandbreite erkennen und weist – zumindest im anglo-amerikanischen Sprachraum – mittlerweile eine längere Tradition auf. Im quantitativen Bereich gibt es thematisch vielfältige Arbeiten, beispielsweise zu Zusammenhängen zwischen der Schulleitung und Leitbildern und Zielen der Schule (Bamburg & Andrews 1990; Duke 1982), zwischen der Schulleitung und dem Schul- und Klassenklima (Brookover & Lezotte 1979; Griffith 2000), zwischen der Schulleitung und Einstellungen von Lehrkräften (Oakes 1989), zwischen der Schulleitung und dem Handeln von Lehrerinnen und Lehrern im Unterricht (Brookover & Lezotte 1979), zwischen der Schulleitung und der Unterrichtsorganisation in einer Schule (Bossert et al. 1982; Oakes 1989) sowie Untersuchungen zum Zusammenhang zwischen der Schulleitung und schulinternen Lerngelegenheiten von Schülerinnen und Schülern (Duke & Canady 1991; Dwyer 1986; Murphy & Hallinger 1989).

Neben Studien zum Zusammenhang von Schulleitung und schulischen Prozessvariablen hat sich die quantitativ ausgerichtete Schulleitungsforschung intensiv mit Studien zum Einfluss der Schulleitung auf die Schuleffektivität, d.h. die Kompetenzentwicklung von Schülerinnen und Schülern befasst. Die Forschung gelangt hierbei zu unterschiedlichen Ergebnissen. Zu einer insgesamt pessimistischen Schätzung gelangen Witziers, Bosker und Kruger (2003) in ihrer Meta-Analyse unterschiedlicher Studien. Sie finden mit einer über alle Untersuchungen hinweg berechneten Korrelation von $r=.02$ insgesamt keinen bedeutsamen Zusammenhang zwischen der Schulleitung und Schülerleistungen. Zu einem anderen Ergebnis gelangen Leithwood, Louis, Anderson und Wahlstrom (2004) in ihrer Auswertung verschiedener Studien. Ihre Analysen zeigen einen mittleren Effekt der Schulleitung auf die Kompetenzentwicklung von Schülerinnen und Schülern, der sich als Korrelation ausgedrückt in einer Höhe von $r=.17$ bis $r=.22$ befindet. Marzano, Waters und McNulty (2005) gelangen zu einem ähnlichen Bild. Die von ihnen gefundene Korrelation von $r=.25$ interpretieren sie als bedeutsamen Effekt der Schulleitung auf die Lernleistungen der Schülerinnen und Schüler. Obwohl in der empirischen Schulforschung somit unterschiedliche Ergebnisse zur Bedeutung der Schulleitung für die Entwicklung von Schülerkompetenzen vorliegen, weist der Stand der empirischen Forschung *insgesamt* darauf hin, dass die Art und Weise, wie die Schulleitung ihr Amt ausfüllt, neben anderen Schulmerkmalen als bedeutsame Einflussgröße der Schuleffektivität anerkannt werden muss. Somit betonen die aktuellen Reformvorhaben zur inneren Schulentwicklung offenbar zu Recht die Bedeutung der Schulleitung.

Der Arbeitsalltag von Schulleitung: Aufgabenfülle und divergierende Ansprüche

Das weiter oben angeführte erweiterte Aufgabenprofil der Schulleitung führt zu einem Berufsbild, das nicht mehr als „Lehrkraft mit zusätzlichen Verwaltungsaufgaben", sondern als spezialisierte Tätigkeit mit einem anspruchsvollen, eigenständigen Profil verstanden werden muss. Dubs (2009, S. 117) gibt einen Überblick zur Aufgabenvielfalt, mit der Schulleitungen heute konfrontiert werden. Für ihn zählen hierzu vor allem die folgenden Anforderungen:
1. Für die Zielrichtung der Schule sorgen
   (Visionen reflektieren und kommunizieren, Sinn entwickeln, hohe Ansprüche formulieren, Initiativen auffangen, beurteilen und unterstützen)

2. Pädagogische Leitung
   (Unterrichten, Innovieren, Fortbildung anregen, Hilfestellung bei Problemen leisten)
3. Personalwesen
   (Personalrekrutierung, Personalentwicklung, Personalführung, Feedbackkultur aufbauen)
4. Schulmanagement
   (Strukturen und Abläufe entwickeln, das Budget verwalten, Ressourcenallokation, gute Arbeitsbedingungen schaffen, Qualitätsmanagement)
5. Kommunikation
   (Öffentlichkeitsarbeit, „Lobbying", externes und internes Kommunikationskonzept entwickeln, symbolische Führung)
6. Persönliche Anforderungen
   (Fähigkeit, Probleme zur Diskussion zu stellen, eine positive Streitkultur aufbauen, Mitwirkungsmöglichkeiten schaffen; Fähigkeit, ein Klima der Identifikation und des Vertrauens zu schaffen, Fähigkeit, Prioritäten zu setzen)

Gleicht man die Arbeitsrealität vieler Schulleiterinnen und Schulleiter mit diesen Ansprüchen ab, so offenbart sich ein widersprüchliches Bild. In vielen Schulen nimmt die Schulleitung noch immer vornehmlich administrative oder koordinierende Tätigkeiten wahr. Bezogen auf den Unterricht verstehen sich viele Schulleiterinnen und Schulleiter eher als Unterrichts*verwalter,* denn als Unterrichts*entwickler.* Sie haben kaum Zeit für Unterrichtsbesuche und nutzen auch indirekt auf die Verbesserung von Unterricht abzielende Maßnahmen kaum (vgl. Bonsen et al. 2002). Bei der kritischen Feststellung dieser Tatsache ist zu berücksichtigen, dass die Rahmenbedingungen vielen Schulleiterinnen und Schulleitern nur wenig Zeit für strategische Entwicklungsarbeit lassen (Abb. 6).

Die Abbildung zeigt, wie die Arbeitszeit von Schulleiterinnen und Schulleitern in verschiedenen Ländern aufgeteilt ist. Es fällt auf, dass die deutschen Schulleitungen (im Primarschulbereich) eine Spitzenposition in Bezug auf die eigene Unterrichtsverpflichtung einnehmen. Im Zuge der Neuausstattung mit Entscheidungsbefugnissen und der Professionalisierung von Schulleitung wäre somit eine Neubewertung der Arbeitszeit von Schulleiterinnen und Schulleitern erforderlich. Eine im internationalen Vergleich sehr hohe Unterrichtsverpflichtung könnte viele Grundschulleitungen daran hindern, im Alltag die an sie gerichteten hohen Erwartungen im Bereich der Schul- und Unterrichtsentwicklung zu erfüllen. Aber auch die Arbeitszeit jenseits der eigenen Unterrichtsverpflichtung kann aufgrund vielfältiger administrativer Aufgaben nicht automatisch zur Führung und Entwicklung der Schule genutzt werden. Administrative Tätigkeiten bilden einen weiteren Schwerpunkt in der Arbeitszeit der deutschen Schulleitungen, wie die Abbildung ebenfalls zeigt. Da die moderne Schule neben der Unterrichtszeit und der Verwaltungszeit auch Zeit für Leitung bzw. strategisches Management erfordert, müssen Schulleiterinnen und Schulleiter grundsätzlich so viele Aufgaben wie möglich delegieren und sich von Routineaufgaben entlasten.

Einführung: Schule leiten | 193

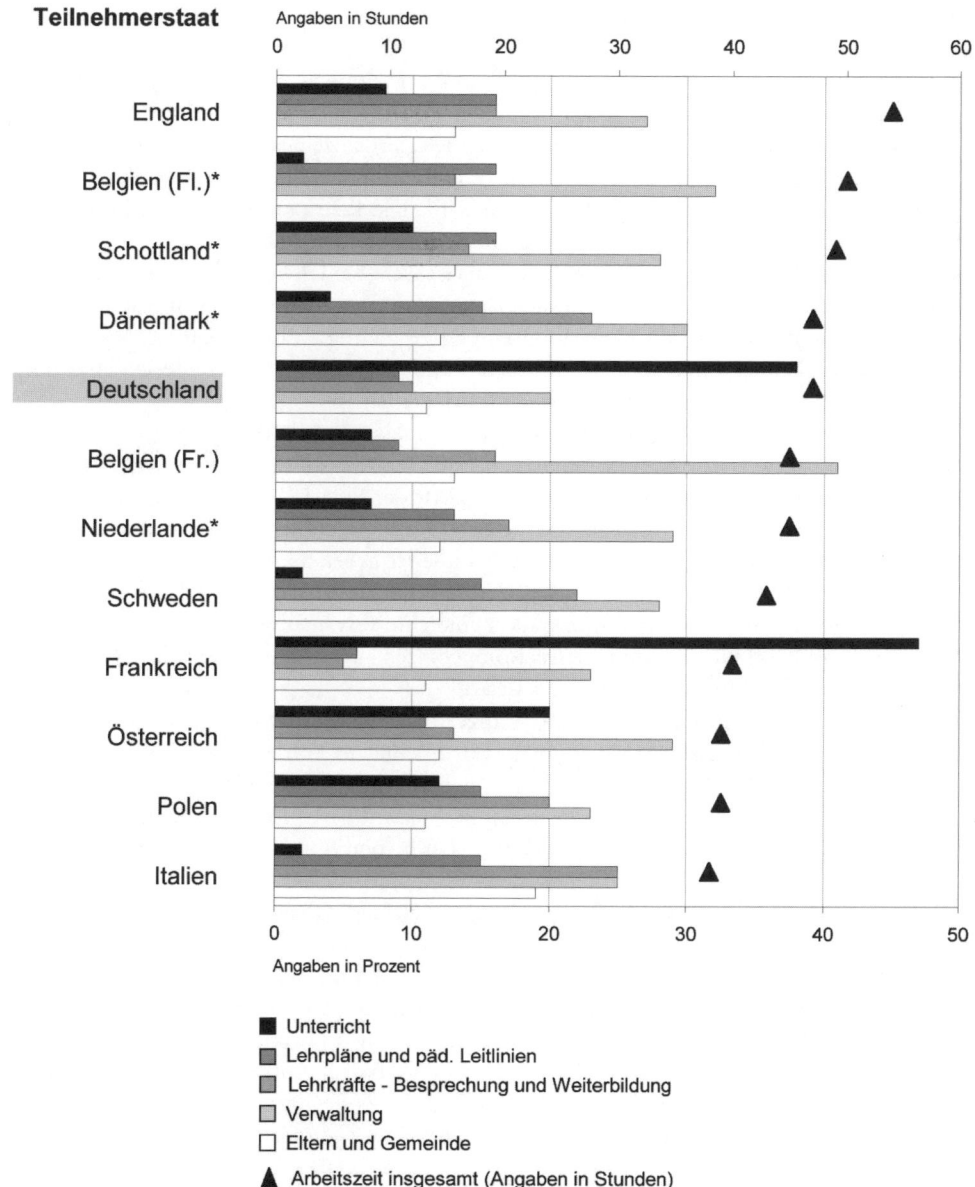

Abb. 6: Zeitliche Gewichtung unterschiedlicher Tätigkeiten von Schulleiterinnen und Schulleitern an Grundschulen im internationalen Vergleich (Quelle: Bos et al. 2007)

Schule leiten bedeutet Delegation und verteilte Führung

Die bisherigen Ausführungen verdeutlichen die Veränderung der Anspruchshaltung: Schulleitungen sind heute nicht mehr Lehrkräfte mit Zusatzaufgaben, sondern Vorgesetzte mit zentralen Verantwortungen und Zuständigkeiten. Sie sollen ein differenziertes und komplexes Aufgabenspektrum erfüllen, das kaum mehr als Einzelperson zu realisieren ist. Die Leitung einer

Schule erfordert daher die Aufteilung von Führung auf unterschiedliche Funktionsträger und Kernteams (Rolff 2007).

Diese Aufteilung wird im deutschsprachigen Raum vornehmlich unter dem Aspekt der Delegation von Aufgaben behandelt, wobei zwischen Führungs- und Handlungsverantwortung unterschieden wird (Dubs 2009). Die Schulleitung delegiert einzelne (Führungs-)Aufgaben und bleibt für die richtige Führung der Delegation verantwortlich, während die Handlungsverantwortung auf den Delegationsnehmer übertragen wird. Die Lehrkraft, an welche eine Aufgabe delegiert wird, ist für die richtige Ausführung der Arbeit verantwortlich und muss die Schulleitung regelmäßig über den Fortlauf der Arbeit, insbesondere bei Unvorhergesehenem, informieren. Die Schulleitung ist bei dieser Form der Delegation nicht mehr direkt für die Handlung verantwortlich, sondern muss die Delegationsempfänger richtig ausbilden, auswählen und einsetzen. Sie muss die delegierte Arbeit koordinieren und ihren Fortgang angemessen kontrollieren – eine Führungsverantwortung, welche nicht delegierbar ist.

Eine erste empirische Untersuchung der Delegationspraxis von Schulleiterinnen und Schulleitern an Schulen in erweiterter Selbstständigkeit haben Harazd et al. (2008) vorgelegt. Sie zeigen, dass Schulleitungen mit der erhöhten Selbstständigkeit der Einzelschule zahlreiche und vielfältige zusätzliche Aufgaben übernehmen und sie darauf mit zunehmender Delegation reagieren. Die von ihnen befragten Schulleiterinnen und Schulleiter geben an, dass es ihnen schwer falle, „loszulassen" und den Fähigkeiten der Delegationsnehmer zu vertrauen. Die Ergebnisse zeigen, dass die Delegation von Führungsaufgaben zum einen ein vertrauensvolles Verhältnis zwischen Schulleitung und Lehrkräften, zum anderen Kompetenzen zur Erfüllung der delegierten Aufgaben auf Seiten der Delegationsnehmer voraussetzt.

International zeichnet sich die Tendenz ab, weniger nach Wegen der Delegation als pragmatische Lösung zur Entlastung der Schulleitung in Person oder zur Förderung der Mitbestimmung zu suchen, sondern Führung in der Schule in einer breiteren Perspektive zu betrachten. Hier werden unter verschiedenen Schlagwörtern ähnlich akzentuierte Konzepte diskutiert: *shared governance* (Blase & Blase 1999), *teacher leadership* (Leithwood & Jantzi 2000) oder *devolved leadership* (Portin 1998). Dass die Begriffe zuweilen sogar von denselben Autoren synonym genutzt werden, zeigt sich bei Harris und Chapman (2002), welche die Begriffe *demokratische Führung* und *distributed leadership* (vgl. Beitrag 42 in diesem Band) für austauschbar halten. Aus ihrer Sicht geht es in beiden Konzepten darum, dass die Schulleitung Aufgaben und Verantwortung abgibt und mehr Gelegenheiten schafft, um Lehrkräfte an Entscheidungen teilhaben zu lassen. Grundlegend für diese Sichtweisen ist die Annahme, dass die Führung weniger als Rolle, denn als Funktion zu verstehen ist. Führung ist nicht an eine Position oder ein Funktionsstelle gekoppelt, sondern kann von eigentlich jedem Mitglied des Kollegiums auf jeder Ebene wahrgenommen werden, allein dadurch, dass es Einfluss auf andere Mitglieder ausübt (Leithwood & Riehl 2003).

Beispielhafte Fallstudien (z.B. Spillane et al. 2001) deuten darauf hin, dass sich *distributed leadership* im Zusammenhang mit aktuellen Konzepten zur datenbasierten Schulentwicklung als höchst effektiv erweisen könnten. So argumentiert beispielsweise Gronn (2002), dass verteilte Führung im Sinne der *distributed leadership* besonders in Kontexten, in denen Entscheidungen aus (Evaluations-)Daten abgeleitet werden sollen, eine zentrale Rolle spielt. *„Schools now operate in complex, data-rich task environments as never before"* (ebda., S. 18) – verteilte Führung ist für ihn ein effektiver Weg, um mit einer komplexen, daten- und informationsreichen Umwelt umzugehen.

Die empirische Evidenz für eine Überlegenheit des distributed leadership-Ansatzes erscheint derzeit noch defizitär (Bennett et al. 2003), allerdings deuten neuere Studien darauf hin, dass

Führung dann besonders effektiv auf die Schule insgesamt und auf die Schüler im Besonderen wirkt, wenn sie möglichst breit innerhalb der Schule verteilt ausgeführt wird (Pont et al. 2008, S. 83).

In ihrer qualitativen Studie zur Schulentwicklung unter besonderen Herausforderungen (*challenging circumstances*) gelangen Harris und Chapman (2002) zu dem Schluss, dass eine erfolgreiche Schulleitung besonders mitarbeiter- und gemeinschaftsorientiert agiert. Hierbei sind nach ihren Beobachtungen fünf Strategien zentral:

1. Die Schulleitung lebt demokratische Führung vor, stärkt und motiviert die Lehrkräfte sich für die gemeinsame Vision der Schule einzusetzen,
2. sie delegiert Verantwortung und Entscheidungsmacht an Mitglieder der erweiterten Schulleitung oder eines „mittleren Managements" (z.B. eine Steuergruppe) und beteiligt und stärkt die Lehrkräfte darin, ebenfalls Führungsfunktionen zu übernehmen,
3. sie betreibt systematische Personalentwicklung und sieht hierin eine sinnvolle Investition in die Entwicklungskapazität der gesamten Schule,
4. sie entwickelt und pflegt die sozialen Beziehungen im Kollegium und
5. sie versucht durch gemeinsamen Dialog und offene Diskussion das Kollegium zu einer schulweiten Lerngemeinschaft zu entwickeln.

Wie man an dieser Aufzählung erkennen kann, betrachten Harris und Chapman *distributed leadership* als *eine* Dimension eines umfassenden schulischen Führungsmodells, das neben einer demokratisch verteilten Führung auch die Kommunikation eindeutiger Werte, klarer Erwartungen und transparenter Standards umfasst. Der herausgehobene Anspruch an die Schulleitung in Person wird somit durch die Herausforderung verteilter Führung nicht geringer, vielmehr wächst sie.

Bringt man die hier nur knapp beleuchteten neuen Anforderungen an Schulleitung in Zusammenschau mit dem derzeitigen Stand der Schulleitungsforschung, so bietet sich ein komplexes und nahezu unüberschaubares Feld. Weder lässt sich eine umfassende Theorie der Schulleitung ausmachen, noch liegen Forschungsergebnisse vor, die über die Ausleuchtung von Fragmenten der sozialen Realität von Schulleitungen hinauszugehen vermögen. Diese Situation ist plausibel: Schulleitung „wirkt" nicht mechanisch und nach linearen, quasi naturwissenschaftlichen Gesetzmäßigkeiten, sondern entfaltet ihre Wirkung eben in der Besonderheit und historischen Einmaligkeit einer spezifischen Situation der Einzelschule.

Literatur

Bamburg, J./Andrews, R. (1990): School Goals, Principals and Achievement. In: School Effectiveness and School Improvement. (2), pp. 175-191. – Bellenberg, G./Böttcher, W./Klemm, K. (2001): Stärkung der Einzelschule. Neuwied: Luchterhand. – Bennett, N./Wise, C./Woods, P./Harvey, J. (2003). Distributed Leadership: Summary Report. Nottingham: National College for School Leadership. – Blase, J./Blase, J. (1999): Implementation of Shared Governance for Instructional Improvement. Principals' Perspectives. In: Journal of Educational Administration. 37 (5), pp. 476-500. – Bonsen, M./Gathen, J./Pfeiffer, H. (2002): Wie wirkt Schulleitung? Schulleitungshandeln als Faktor für Schulqualität. In: Rolff, H.-G./Holtappels, H. G./Klemm, K./Pfeiffer, H./Schulz-Zander, R. (Hrsg.): Jahrbuch der Schulentwicklung, Band 12. Weinheim, München: Juventa, S. 287-322. – Bos, W./Hornberg, S./Arnold, K.-H./Faust, G./Fried, L./Lankes, E.-M./Schwippert, K./Valtin, R. (Hrsg.) (2007): *IGLU 2006*. Lesekompetenzen von Grundschulkindern in Deutschland im internationalen Vergleich. Münster: Waxmann. – Bossert, S./Dwyer, D./Rowan, B./Lee, G. (1982): The Instructional Management Role of the Principal. In: Educational Administration Quarterly. 18 (3), pp. 34-64. – Brookover, W. B./Lezotte, L. W. (1979): Changes in School Characteristics Coincident with Changes in Student Achievement. Occasional Paper No. 17. East Lansing: Institute for Research on Teaching, Michigan State University. – Cheng, Y. C. (1996): A School-Based Management Mechanism for School Effectiveness and Development. In: School Effectiveness and School Improvement. 7 (1), pp. 35-61. – Dubs, R. (2009): Führung. In: Buchen, H./Rolff, H.-G. (Hrsg.): Professionswissen Schulleitung. 2. Aufl. Weinheim, Basel: Beltz, S. 102-176. – Duke, D./Canady, L. (1991). School Policy. New York: McGraw Hill.

– Duke, D. (1982): What Can Principals Do? Leadership Functions and Instructional Effectiveness. In: NASSP bulletin. 66 (456), pp. 1-12. – Dwyer, D. (1986): Understanding the Principal's Contribution to Instruction. In: Peabody Journal of Education. 63, pp. 3-18. – Griffith, J. J. (2000): School Climate as Group Evaluation and Group Consensus: Student and Parent Perceptions of the Elementary School Environment. In: The Elementary School Journal. 101 (1), pp. 35-61. – Gronn, P. (2002). Distributed Leadership. In: Leithwood, K./Hallinger, P./Seashore-Louis, K./Furman-Brown, G./Gronn, P./Mulford, W./Riley, K. (Hrsg.): International Handbook of Educational Leadership and Administration). Dordrecht: Kluwer. – Harazd, B./Gieske, M./Rolff, H.-G. (2008): Herausforderungen an Schulleitung. Verteilung von Verantwortung und Aufgaben. In: Rolff, H.-G./Holtappels, H. G./Klemm, K./Pfeiffer, H./Schulz-Zander, R. (Hrsg.): Jahrbuch der Schulentwicklung, Band 15. Weinheim, München: Juventa, S. 231-263. – Harris, A./Chapman, C. (2002): Democratic Leadership for School Improvement in Challenging Contexts. Paper presented at the International Congress on School Effectiveness and Improvement. Copenhagen. – Hintz, D./Pöppel, K. G./Rekus, J. (2001): Neues schulpädagogisches Wörterbuch. 3., überarb. Aufl. Weinheim, München: Juventa. – Klafki, W. (2002): Schultheorie, Schulforschung und Schulentwicklung im politisch-gesellschaftlichen Kontext. Weinheim, Basel: Beltz. – Klemm, K. (2005): Dezentralisierung und Privatisierung im Bildungswesen. In: Holtappels, H. G./Höhmann, K. (Hrsg.): Schulentwicklung und Schulwirksamkeit. Weinheim, München: Juventa, S. 111-119. – Leithwood, K./Jantzi, D. (2000): Principal and Teacher Leadership Effects: A Replication. In: School Leadership & Management. 20 (4), pp. 415-434. – Leithwood, K./Louis, K. S./Anderson, S./Wahlstrom, K. (2004): How Leadership Influences Student Learning. Review of Research. Minneapolis, MN: Center for Applied Research, University of Minnesota. – Leithwood, K./Riehl, C. (2003): What We Know About Successful Leadership. Philadelphia, Pennsylvania: Laboratory for Student Success, Temple University. – Marzano, R. J./Waters, T./McNulty, B. A. (2005): School Leadership that Works. Alexandria, VA: ASCD. – Murphy, J./Hallinger, P. (1989): Equity as Access to Learning. Curricular and Instructional Treatment Differences. In: Journal of Curriculum Studies. 21 (2), pp. 129-149. – MSKJ NRW (2003): Neue Aufgaben der Lehrerräte an den Modellschulen Selbstständige Schule. Herausgegeben vom Ministerium für Schule, Jugend und Kinder des Landes Nordrhein-Westfalen. [verfügbar unter: http://www.selbststaendige-schule.nrw.de/dasProjekt/rechtlicheGrundlagen/ordner_template/hinweise_Lehrerrat_neu03-03.pdf, 28.08.2008]. – MSKJ NRW (o.J.): Kompetenzprofil für Schulleiterinnen und Schulleiter im Rahmen des Modellprojekts "Selbstständige Schule". Herausgegeben vom Ministerium für Schule, Jugend und Kinder des Landes Nordrhein-Westfalen. [verfügbar unter: http://www.selbststaendige-schule.nrw.de/Fortbildung/SchulleiterInnen/ordner_template/MSJK_Kompetenzprofil_Endfassung_PL.pdf, 28.08.2008]. – Oakes, J. (1989): Detracking Schools: Early Lessons from the Field. In: Phi Delta Kappan. 73, pp. 448-454. – Pont, B./Nusche, D./Moorman, H. (2008): Improving School Leadership. Volume 1. Policy and Practice. Paris: OECD. – Portin, B. S. (1998): Compounding Roles: A Study of Washington's Principals. In: International Journal of Educational Research. 29 (4), pp. 381-391. – Rolff, H.-G. (2007): Studien zu einer Theorie der Schulentwicklung. Weinheim, Basel: Beltz. – Schratz, M. (1998). Neue Rollen und Aufgaben für Schulleitung und Schulaufsicht. In: Dobart, A. (Hrsg.): Schulleitung und Schulaufsicht S. 93-116). Innsbruck, Wien: StudienVerlag. – Spillane, J. P./Halverson, R./Diamond, J. B. (2001): Investigating School Leadership Practice: A Distributed Perspective. In: Educational Researcher. 30 (3), pp. 23-28. – Witziers, B./Bosker, R. J./Kruger, M. L. (2003): Educational Leadership and Student Achievement. The Elusive Search for an Association. In: Educational Administration Quarterly. 39 (3), pp. 398-425.

38| Funktion und Aufgaben der Schulaufsicht
Herbert Schnell

Begriffsklärungen: Staatliche Verantwortung und Schulaufsicht

Art. 7 Abs. 1 GG enthält den Grundsatz, dass das gesamte Schulwesen unter der Aufsicht des Staates steht. Er umfasst in der Definition des Bundesverwaltungsgerichts die „Gesamtheit der staatlichen Befugnisse zur Organisation, Planung, Leitung und Beaufsichtigung des Schulwesens" und in präzisierter und erweiterter Form des Bundesverfassungsgerichts „...mit dem Ziel, ein Schulsystem zu gewährleisten, das allen jungen Bürgern gemäß ihren Fähigkeiten die dem heutigen gesellschaftlichen Leben entsprechenden Bildungsmöglichkeiten eröffnet". In allen Länderverfassungen spiegelt sich dieser Grundsatz wider und wird zum Teil weiter ausgeführt, so zum Beispiel in Art. 56 Abs. 1 der Hessischen Verfassung „Die Schulaufsicht wird hauptamtlich durch Fachkräfte ausgeübt." Und analog in § 8 Abs. 3 der Verfassung des Landes Nordrhein-Westfalen „Das gesamte Schulwesen steht unter der Aufsicht des Landes. Die Schulaufsicht wird durch hauptamtlich tätige, fachlich vorgebildete Beamte ausgeübt." Die staatliche Schulaufsicht gewährleistet, dass das Schulwesen nicht durch Zentrifugalkräfte zersplittert wird, seine Einheit im Gebiet des jeweiligen Landes gesichert bleibt. Von daher sind auch der „Autonomisierung" der Schule und der Partizipation der Schüler, Eltern und Lehrer Grenzen gezogen.

Unterschieden wird zwischen der Schulaufsicht im engeren Sinn, die die von den Schulaufsichtsbehörden auszuübende Überwachung der inneren und äußeren Schulangelegenheiten zur Aufgabe hat und der von Parlament und Exekutive wahrzunehmenden Schulhoheit, zu der Organisation, Planung und Leitung des Schulwesens gehören. Die Rechtsprechung des Bundesverfassungsgerichtes hat den Begriff der Schulhoheit mit der so genannten „Wesentlichkeitstheorie" recht genau definiert: „Das Rechtsstaats- und das Demokratieprinzip des Grundgesetzes verpflichtet daher den Gesetzgeber, die wesentlichen Entscheidungen im Schulwesen selbst zu treffen und nicht der Schulverwaltung zu überlassen (Parlamentsvorbehalt)". Zu der staatlichen Schulhoheit gehört daher auch die inhaltliche Ausrichtung der Schulen durch die Normierung von Bildungszielen, Lernzielen und -inhalten, Bildungsstandards, die Leistungs- und Bewertungsstandards, die Zulassung von Schulbüchern, die Festlegung der Stundentafeln usw.

Historische Aspekte

Diese grundsätzlichen und auf der Rechtsprechung der obersten Gerichte basierenden Ausführungen wurden vorausgeschickt, weil bei allen Überlegungen zur Stärkung der Eigenverantwortung der Einzelschule klar sein muss, dass ihre inneren und äußeren Angelegenheiten nicht Selbstzweck sind sondern in der Gesamtverantwortung des Staates liegen. Wie dieser den Auftrag der „Aufsicht" gestaltet, kann durchaus in unterschiedlichen Verwaltungsstrukturen erfolgen. Ein historischer Rückblick verdeutlicht zwei Trends:
- wächst der Legitimationsdruck für den Staat, werden Aufgaben und Organisation von Schulaufsicht – in der Regel sogar gesetzlich – neu definiert
- wachsen die Sparzwänge, entscheidet sich der Staat zwischen Freiheit und Verantwortung am ehesten für einen „Teilrückzug" und streicht die Stellen in der Schulaufsicht unter gleichzeitiger Umorganisation.

Noch stärker unterliegen die Landesinstitute, die in der Regel keine Schulaufsichtsfunktion haben, einem Veränderungsdruck: sie werden eher noch aufgelöst, zusammengelegt oder sogar neu gegründet. Beispiele aus den letzten Jahren gibt es in allen Bundesländern.

Strukturmodelle der Schulaufsicht in den Bundesländern

Eine vergleichende Darstellung der Organisation der Schulaufsichtsbehörden in den Bundesländern lässt folgende Modelle erkennen (unter Vorbehalt länderspezifischer Besonderheiten wie z.B. der Zuordnung zu Schulträgern, der Stadtstaaten und der Erfassung zum Zeitpunkt Ende des Jahres 2008):

- ein dreistufiges Modell: Ministerium Oberschulämter/Regierungsbezirke Kreisschulämter/ Staatliche Schulämter. Dieses Modell findet sich in 4 Ländern: Baden-Württemberg, Bayern (Ministerialbeauftragte für Gymnasien), Nordrhein-Westfalen und Rheinland-Pfalz.
- ein zweistufiges Modell: Ministerium Landesschulamt/Oberschulämter oder Staatliche/Regionale Schulämter. Dieses Modell findet sich in 9 Ländern: Brandenburg, Hessen, Mecklenburg-Vorpommern (derzeit Einrichtung eines Landeschulamtes), Niedersachsen, Sachsen (Landesschulamt geplant), Sachsen-Anhalt, Schleswig-Holstein und Thüringen.
- 3 Länder haben ausschließlich eine „oberste" Schulaufsichtsbehörde (Ministerium): Bremen, Hamburg und Saarland.
- Berlin hat ein Sondermodell mit der direkten Anbindung von 12 Außenstellen an die oberste Schulaufsichtsbehörde (Senator).

Konsequenzen der Umsteuerung des Bildungssystems

Mit der bundesweiten Priorisierung der „eigenverantwortlichen" Schule und der Umsteuerung des Schulsystems von der Input- zur Output-Steuerung (vgl. Beiträge 1 und 8 in diesem Band) hält seit Beginn dieses Jahrzehnts das Qualitätsmanagement Einzug in die Bildungsverwaltung. Äußeres Anzeichen dafür ist die Einführung des Begriffes „Qualitätsentwicklung/Qualitätssicherung" statt Schulentwicklung. In den Bundesländern zeichnet sich der Trend ab, die staatliche Schulaufsicht in ihrer jeweiligen Organisationsform als „Qualitätsagentur" zu bezeichnen, ihre Beratungs- und Unterstützungsleistungen für die Einzelschule herauszuheben. Mit der Vorgabe von Bildungsstandards, den internationalen, nationalen d.h. bundesweiten und den landesweiten Vergleichs- und Abschlussarbeiten erfolgt mehr und mehr eine Delegation der Verantwortung für die Ergebnisse auf die Schule, die wiederum von den Unterstützungssystemen entsprechende Ressourcen und Beratung erwarten.

Dies bedeutet aber nicht, dass der Staat auf die Schulaufsicht im engeren Sinne verzichtet. Sie umfasst die Fach-, Dienst- und Rechtsaufsicht. Die Fachaufsicht – in den Länderverfassungen in der Regel ausgeübt durch „fachlich vorgebildete Beamte" – erstreckt sich in erster Linie auf die Unterrichts- und Erziehungsarbeit der Schulen. Dazu gehört ebenfalls die Aufsicht über die Einhaltung von Rechts- und Verwaltungsvorschriften, in der Regel in den jeweiligen Schulgesetzen und Verordnungen vorgegebene pädagogische und fachliche Grundsätze. Damit verbleibt nach wie vor ein Spannungsfeld zwischen Schulaufsicht und Schule. Dies wird auch zukünftig nicht aufgehoben werden, da die Rahmenbedingungen in einigen zentralen Fragen der Schule unverändert bleiben.

Für die regionalen/unteren bzw. oberen Schulaufsichtsbehörden verändern sich die Arbeitsstrukturen infolge dieser Entwicklung. Es zeichnen sich folgende vier Schwerpunkte künftiger Arbeitsbereiche ab:

Ein zentraler Aufgabenbereich wird das Budget einschließlich der Stellen und das Controlling sein. Dazu kommen umfangreiche empirische Daten. Es ist abzusehen, dass zum Beispiel die Einstellungen, aber auch die Besetzung von Funktionsstellen innerhalb von Schulen bis auf den Schulleiter und seinen Stellvertreter in nicht allzu ferner Zeit den Schulen selbst überlassen wird. Der zweite Aufgabenbereich ist eine Reduzierung der bisherigen Funktionen der Dienst- und Fachaufsicht, die bisher von den unteren und oberen Schulaufsichtsbehörden verantwortet wird.

Ein zentraler dritter Bereich ist die Beratung und Unterstützung der Schulen, einschließlich der Qualifizierung und Fortbildung für alle Lehrkräfte in der Region. Dies bedeutet, eine intensive Auseinandersetzung mit den jeweiligen Schulentwicklungsprogrammen der Schulen, den Ergebnissen der Schulleistungen, entsprechende Fachberatungen, den offiziellen Schulberichten und den Ergebnissen der internen Evaluation der Schulen und der Abschluss von Zielvereinbarungen. Letztlich erwachsen daraus auch die Angebote für erforderliche Qualifizierungsmaßnahmen.

Ein vierter Aufgabenbereich liegt in dem Kommunikations-, Kooperations- und Koordinationssegment. Dazu gehören eine ganze Reihe von besonderen schulischen Maßnahmen wie die Integration Behinderter und von Migrantenkindern, ganztägige Angebote, Schulsozialarbeit, Kooperation mit Schulträgern, Kindergärten und Jugendämtern, Kammern und Verbänden.

Forschungsperspektiven

Generell ist die Bildungsverwaltung erst in den letzten Jahren wieder in den Fokus der Forschung geraten. Die Wechselwirkungen von politischen Entscheidungen, staatlichen Handelns und die Qualitätsentwicklung der einzelnen Schule im Rahmen der Output-Steuerung in einem nationalen und internationalen Kontext sind perspektivisch wichtige Forschungsfelder.

Literatur

Avenarius, H./Heckel, H. (2000): Schulrechtskunde. 7. Aufl. Neuwied: Luchterhand. – Döbert, H./Dedering, K. (Hrsg.) (2008): Externe Evaluation von Schulen. Münster, New York, München, Berlin: Waxmann. – Schnell. H. (2006): Schulaufsicht und die Steuerung der Schulentwicklung. Norderstedt: Books on Demand.

39| Die Bedeutung der Schulleitung für die Schulentwicklung
Martin Bonsen

Schulentwicklung als systematischer und gesteuerter Prozess

Schulentwicklung lässt sich nicht als Evolution der Einzelschule verstehen, sondern erfolgt intentional und systematisch. Grundlegend für erfolgreiche Schulentwicklung ist, dass verschiedene Prozesse koordiniert und dirigiert werden, damit sich ein kohärentes und effektives System aus innerschulischen Entwicklungsbemühungen ergibt (vgl. Beiträge 11, 51 und 83 in diesem Band). Komplementär zur aktuellen Etablierung neuer Steuerungselemente auf der Makroebene (z.B. Bildungsstandards, Vergleichsarbeiten, Inspektionen) müssen auf Ebene der Einzelschule Zielführung, Integration und Sinnstiftung erfolgen. Diese Funktionen werden in der Literatur zur Schulentwicklung unter den Begriffen *Führung* oder *Leadership* behandelt (Dubs 2009; Bonsen 2003).

Eine zentrale Aufgabe der Schulleitung ist für Dubs die langfristige Orientierung der Gestaltung und Entwicklung der Einzelschule (ebda.). Im Kontext von innerer Schulentwicklung ließe sich Führung somit als Gruppenfunktion verstehen, die Schulentwicklungsprozesse auf ex ante definierte grobe Ziele orientiert.

Zentrale Handlungsdimensionen der Schulleitung in der Schulentwicklung

Im deutschsprachigen Kontext wurde die Bedeutung von Zielführung und Innovation durch die Schulleitung im Rahmen einer explorativen Studie zum Schulleitungshandeln an guten und weniger guten Schulen (Bonsen et al. 2002) empirisch evident. In dieser Untersuchung wurden Lehrer-Einschätzungen zur Schulleitung an guten und verbesserungsbedürftigen Schulen verglichen. Im Ergebnis unterschieden sich die Schulleitungen in den beiden Gruppen vor allem in vier Handlungsdimensionen (ebda.):
- zielbezogene Führung
- Innovationsförderung
- Partizipation in der Entscheidungsfindung
- Organisationskompetenz

Während die zielbezogene Führung, die Innovationsförderung und die Organisationskompetenz positiv mit der Qualität der Einzelschule assoziiert sind, ist der Zusammenhang zur Dimension „Partizipation in der Entscheidungsfindung" differenziert zu betrachten. Zwar deutet in der Untersuchung ein generell hohes Niveau der Mitbestimmungsförderung an allen teilnehmenden Schulen darauf hin, dass es wichtig ist, Lehrerinnen und Lehrer an Entscheidungen zu beteiligen. Allerdings erweist sich ein allzu hohes Niveau der Mitbestimmung offenbar als kontraproduktiv und lässt den Zusammenhang umkippen: Schulen, an denen die Schulleitung Mitbestimmung zur obersten Handlungsmaxime erhob, fanden sich eher in der Gruppe der verbesserungsbedürftigen Schulen, als in der Gruppe der guten Schulen.
Diese Ergebnisse stehen im Einklang mit internationalen Forschungsergebnissen. Auch hier zeigt sich, dass erfolgreiche Schulleitungen der Umsetzung von Innovationen und gemeinsam getragenen Zielen einen hohen Stellenwert zumessen. Die Entwicklung von Zielen für die pädagogische Arbeit wird allerdings immer auch im Zusammenhang mit Zielüberprüfung und Rechenschaftslegung betrachtet. Eine internationale Synopse (Pont et al. 2008) zeigt, dass in den meisten Staaten drei zentrale Aufgabenfelder im Bereich der Schulentwicklung zu erkennen sind, die jeweils in erheblichem Maße in die Verantwortung der Schulleitungen gestellt werden: Führung und Zielentwicklung, datenbasierte Schulentwicklung sowie Professionalisierung durch Kooperation.

Strategische Führung und Zielentwicklung
Diese bereits angesprochene Funktion der Schulleitung ist in vielen Staaten verbunden mit der Anforderung, dass Schulen Schulentwicklungspläne verfassen sollen, in denen sie die spezifischen (pädagogischen) Notwendigkeiten der Schulsituation „vor Ort" mit zentralen Vorgaben, in der Regel einem nationalen Curriculum, in Einklang bringen. In Deutschland zählen hierzu die Schul- bzw. Qualitätsprogramme, zu deren Erstellung Schulen in einigen Bundesländern verpflichtet werden.

Förderung der Nutzung von Daten: datenbasierte Schulentwicklung
In vielen Staaten werden Leistungsvergleiche und zentrale Abschlussprüfungen zur Beobachtung der Entwicklung des schulischen „Outputs" im Gesamtsystem genutzt. Man hofft, mit der Bereitstellung von empirischen Daten zu unterschiedlichen Effektivitäts- und Qualitätsmerkmalen evaluationsbasierte Steuerung zu ermöglichen, die darauf abzielt, auf der Grundlage von mehr Wissen qualitativ gehaltvoller steuern zu können (Brüsemeister & Eubel 2008). Im Zusammenhang mit den unter 2.1 angesprochenen Schulentwicklungsplänen sollen Schulen die

auf der Makroebene formulierten Rahmenvorgaben den auf ihrer Handlungsebene (d.h. auf der Ebene der Einzelschule) differenziert wirksamen Bedingungen anpassen, müssen dann aber die Wirksamkeit ihrer Strategien anhand von extern administrierten (Output-)Daten überprüfen. Empirische Hinweise darauf, dass die Erhebung von Daten zum pädagogischen Output tatsächlich positive Effekte auf Ebene der Einzelschule haben können, finden sich bei Hanushek und Raymond (2004) allgemein, sowie bei West et al. (2005) für Schulen, die unter besonders herausfordernden Bedingungen arbeiten. Dabei deutet sich an, dass die Erhebung und Rückmeldung von Daten nur unter der Bedingung einer professionellen Zusammenarbeit zwischen Schulleitung und Lehrkräften dazu führt, dass die Einzelschule ihre pädagogischen Bemühungen tatsächlich enger an den spezifischen Bedürfnissen ihrer Schülerinnen und Schüler ausrichtet (Pont et al. 2008, S. 51f). In der Tat zeigen auch deutsche Erfahrungen, dass Nachhaltigkeit von Daten-Rückmeldeverfahren sich eher intermediär zwischen Meso- und Makroebene in Fachgruppen oder Fachkonferenzen entwickelt, als auf Ebene der einzelnen Lehrkraft (Peek 2006).

Hieraus wird die Führungsaufgabe deutlich, die Auseinandersetzung mit Daten(-Rückmeldungen) im Kollegium zu stimulieren und eine professionelle Nutzung derselben zu ermöglichen. Zentral hierbei ist, wie weit es der Schulleitung gelingt, isolierte Arbeitsweisen von Lehrkräften durch zunehmende Kooperationsanlässe und -gelegenheiten zurück zu drängen.

Entwicklung von Lehrkräften durch kooperative Arbeitsweisen
In der Literatur zur Schulentwicklung wird die Lehrerkooperation als Grundlage für professionelles Lernen von Lehrerinnen und Lehrern in der Schule betrachtet. Rosenholtz (1991) zeigt in ihren Arbeiten, dass Schulen mit gemeinsam lernenden Lehrkräften ihre Schülerinnen und Schüler zu höheren Fachleistungen führen, als Schulen in denen isolierte Arbeitsweisen zum Alltag gehören (ebda., S. 99ff). Erfolgreiche Schulentwicklung erfordert u.a. eine Kultur der Unterstützung und der gegenseitigen Hilfe im Kollegium (ebda., S. 55ff, sowie Beiträge 50 und 56 in diesem Band). Auch andere Autoren betonen die Bedeutung kooperativer Arbeitsweisen im Kollegium für die Schul- und Unterrichtsentwicklung (Bryk et al. 1999; Darling-Hammond 1997). Nicht zuletzt auch im Zusammenhang mit der unter 2.2 eingeforderten Nutzung von Daten und Monitoring-Ergebnissen für die Schulentwicklung ist die Lehrerkooperation eine wichtige Voraussetzung. Nicht ohne Grund entwickeln beispielsweise Leithwood et al. (2006) in ihrem Buch „Making Schools Smarter" ein Monitoring-System für Schulbezirke und Einzelschulen, das explizit den Theorie- und Forschungsstand zum Konzept der *Professionellen Lerngemeinschaft* (vgl. in Deutschland Bonsen & Rolff 2006) aufnimmt und darauf aufbaut.

Unterrichtsentwicklung als Herausforderung für die Schulleitung

Insgesamt zeigt die empirische Forschung, dass erfolgreiche Schulleitungen neben einer Betonung der Förderung der Lehrerkooperation und der berufsbegleitenden Professionalisierung der Lehrkräfte in ihrem Führungshandeln eine für alle Lehrkräfte erkennbare Aufmerksamkeit für den Unterricht an der von ihnen geleiteten Schule aufweisen (Scheerens et al. 2003), welche ihre Aufmerksamkeit für die bereits angesprochenen Fragen der Schulentwicklung fokussiert. Pädagogisch wirksame Schulleitungen
- widmen administrativen Tätigkeiten auf keinen Fall mehr Zeit als direkt auf die Verbesserung des Fachunterrichts der Lehrkräfte bezogenen Tätigkeiten;
- beraten Lehrkräfte in Unterrichtsfragen und werden als Qualitätsaufsicht für den Unterricht anerkannt;

- fördern unterrichtsbezogene Lehrerkooperation, indem sie unterrichtsbezogene Team-Arbeit im Kollegium ermöglichen und unterstützen;
- stimulieren und unterstützen die Professionalisierung der Lehrkräfte (ebda.).

Für Leithwood (1992, S. 9) besteht eine wichtige Aufgabe der Schulleitung im „Monitoring" des Unterrichts in der Schule, das auf methodische und didaktische Aspekte ausgerichtet ist (vgl. Beiträge 63 und 64 in diesem Band). Das Ziel der unterrichtsbezogenen Führung wird in der englischsprachigen Literatur zuweilen mit dem Begriff der „first-order changes" (ebda.) umschrieben. Hiermit sind Veränderungsbemühungen gemeint, die sich direkt auf das schulische „Kerngeschäft" des Unterrichtens beziehen, zum Beispiel direkte Unterrichtsbeobachtungen, die Sicherstellung einer maximalen Zeitnutzung im Unterricht, die Koordination von schulinternen Curricula sowie Leistungsmessung und Evaluation (Murphy 1990). Solche direkten Maßnahmen zur Unterrichtsverbesserung werden durch übergeordnete und die Unterrichtsentwicklung auf anderer Ebene flankierende Maßnahmen unterstützt. Hierzu gehören indirekt auf das Unterrichtshandeln der einzelnen Lehrpersonen einwirkende Aktivitäten, die sich als „second-order changes" verstehen lassen. Hierzu zählen die Bemühungen der Schulleitung um den Aufbau eines lernfreundlichen und akademischen Klimas (z.B. durch die Formulierung hoher Ansprüche, durch persönliche Präsenz, durch die Schaffung von Anreizen für Lehrkräfte und Schüler sowie durch eine systematische Professionalisierung der Lehrerinnen und Lehrer) und die Schaffung eines sicheren und geordneten Lernumfelds, die Beteiligung von Schülerinnen und Schülern am Schulleben, die Nutzung externer Ressourcen zur Unterstützung des Schullebens und eine aktive Elternarbeit (ebda.).

Die Unterscheidung von first- und second-order changes macht deutlich, dass Bemühungen der Schulleitung, Unterrichtsqualität zu entwickeln, einerseits personenbezogene und individuelle Maßnahmen (Führung der einzelnen Lehrkraft) umfassen sollten, aber *auch*, vielleicht sogar *zunächst*, organisationsweite und strukturelle Maßnahmen getroffen werden müssen, um Unterrichtsentwicklung auf eine breite, möglichst schulweite Basis zu stellen und überhaupt erst in systematischer Form zu ermöglichen (Führung der Schule). Betrachtet man das vielfältige Anforderungsprofil von Schulleitung, dass sich aus der Forderung nach Einzelschulentwicklung ableitet, so umfasst dies im Kern die von Rolff (1998) beschriebene „Trias der Schulentwicklung"(vgl. Beitrag 3 in diesem Band): Es lässt sich im Kern aus den Handlungsfeldern *Personalentwicklung*, *Organisationsentwicklung* und *Unterrichtsentwicklung* ableiten.

Literatur

Bonsen, M. (2003): Schule, Führung, Organisation. Münster: Waxmann. – Bonsen, M./Rolff, H.-G. (2006): Professionelle Lerngemeinschaften von Lehrerinnen und Lehrern. In: Zeitschrift für Pädagogik. 52 (2), S. 167-184. – Bonsen, M./Gathen, J./Pfeiffer, H. (2002): Wie wirkt Schulleitung? Schulleitungshandeln als Faktor für Schulqualität. In: Rolff, H.-G./Holtappels, H. G./Klemm, K./Pfeiffer, H./Schulz-Zander, R. (Hrsg.): Jahrbuch der Schulentwicklung, Band 12. Weinheim, München: Juventa, S. 287-322. – Brüsemeister, T./Eubel, K.-D. (2008): Evaluationsbasierte Steuerung, Wissen und Nichtwissen – Einführung in die Thematik. In: Brüsemeister, T./Eubel, K.-D. (Hrsg.): Evaluation, Wissen und Nichtwissen. Wiesbaden: VS Verlag, S. 7-15. – Bryk, A./Camburn, E./Seashore Louis, K. (1999): Promoting School Improvement through Professional Communities: An Analysis of Chicago Elementary Schools. In: Educational Administration Quarterly. 35, pp. 707-750. – Darling-Hammond, L. (1997): Restructuring Schools for Student Success. In: Halsey, A. H./Lauder, H./Brown, P./Stuart Wells, A. (Hrsg.): Education. Culture, Economy and Society. Oxford: Oxford University Press, pp. 332-353. – Dubs, R. (2009): Führung. In: Buchen, H./Rolff, H.-G. (Hrsg.): Professionswissen Schulleitung. 2. Aufl. Weinheim, Basel: Beltz, S. 102-176. – Hanushek, E./Raymond, M. E. (2004): Does School Accountability Lead to Improved Student Performance? National Bureau of Economic Research (NBER) Working Paper 10591. – Leithwood, K./Aitken, R./Jantzi, D. (2006): Making Schools Smarter: Leading with Evidence. 3rd Ed. Thousand Oaks: Corwin Press. – Leithwood, K. (1992). The move toward transformational leadership. Educational Leadership, 49(5), 8-12.

– Murphy, J. (1990). Principal Instructional Leadership. In Thurston, P./Lotto, L. (Hrsg.), Perspectives on the school. Advances in educational administration Bd. 1, Part B, S. 163-200). Greenwich, CN: JAI Press Inc. – Peek, R. (2006): Dateninduzierte Schulentwicklung. In: Buchen, H./Rolff, H.-G. (Hrsg.): Professionswissen Schulleitung. Weinheim, Basel: Beltz, S. 1343-1366. – Pont, B./Nusche, D./Moorman, H. (2008): Improving School Leadership. Volume 1: Policy and Practice. Paris: OECD. – Rolff, H.-G. (1998): Entwicklung von Einzelschule. Viel Praxis, wenig Theorie und kaum Forschung – ein Versuch, Schulentwicklung zu systematisieren. In: Rolff, H.-G./Bauer, K.-O./Klemm, K./Pfeiffer, H. (Hrsg.): Jahrbuch der Schulentwicklung. Band 10. Weinheim, München: Juventa, S. 295-326. – Rolff, H.-G. (2006): Schulentwicklung, Schulprogramm und Steuergruppe. In: Buchen, H./Rolff, H.-G. (Hrsg.): Professionswissen Schulleitung. Weinheim, Basel: Beltz, S. 296-364. – Rosenholtz, S. J. (1991): Teacher's Workplace: The Social Organization of Schools. New York: Teachers College Press. – Scheerens, J./Glas, C./Thomas, S. M. (2003): Educational Evaluation, Assessment and Monitoring – a Systematic Approach. Lisse: Swets & Zeitlinger. – West, M./Ainscow, M./Stanford, J. (2005): Sustaining Improvement in Schools in Challenging Circumstances: A Study of Successful Practise. In: School Leadership and Management. 25 (1), pp. 77-93.

40| Leitungs- und Führungstheorien
Jochen Wissinger

Einleitung

Fragen der Führung sind in der Pädagogik seit Beginn des 20. Jahrhunderts im Wesentlichen für das Verhältnis Lehrer/Pädagoge – Schüler/zu Erziehender bzw. Lerngruppe/Klasse erörtert worden (z.B. Litt 1967; Petersen 1937/1984). Die Bearbeitung war weder individuell-psychologisch noch soziologisch oder sozialpsychologisch organisiert, sondern inhaltlich-normativ und ideologisch. Heute verdient der Sachverhalt Aufmerksamkeit, dass ‚Führung' als Kategorie in der erziehungswissenschaftlichen Forschung eher nicht genutzt wird, wenn es darum geht, Beziehungsstrukturen im institutionellen Kontext der Schule, z.B. das Lehrer-Schüler-Verhältnis oder auch das Verhältnis unter Lehrpersonen, zu beschreiben und zu analysieren. Verwendung findet der Begriff in jüngerer Zeit im Kontext der Schulleitungsforschung (Wissinger 2010) sowie der Schuleffektivitäts- und Schulentwicklungsforschung, die eine starke angloamerikanische Tradition hat (Wissinger 1996, 2000, 2007; Bonsen 2003; Bonsen et al. 2008; Huber 2008) und auf theoretische Bezugssysteme sowie Erkenntnisse zurückgreift, die aus der psychologischen Führungsforschung und den durch sie stark beeinflussten Wirtschafts- und Sozialwissenschaften kommen (z.B. Kieser et al. 1995 oder Neuberger 2002). Eine intensive Auseinandersetzung mit psychologischer, in den Wirtschafts- und Sozialwissenschaften fest etablierter Führungsforschung muss aber erst noch zeigen, ob und inwieweit diese geeignet ist die Untersuchung und Theoriebildung zu Fragen des Managements und der Führung der Institution Schule auf den verschiedenen Ebenen der Steuerung des Bildungssystems anzuleiten und zu einer Schulentwicklungstheorie und -forschung (vgl. z.B. Holtappels & Rolff 2004) beizutragen. Mit dieser Einschränkung wird im Folgenden auf Forschungsliteratur zurückgegriffen, die Führung in Organisationen beschreibt und analysiert.

Definition von Führung

Im Folgenden wird nur noch von Führung (vgl. Beiträge 37 und 31 in diesem Band) gesprochen. Mit „Leitung" ist die institutionell vorgegebene formelle Rolle gemeint, die Führung im Sinne direkter und indirekter Einflussnahme aufgrund verliehener Machtbefugnisse legitimiert. Im Fall der Schule ist an die Schulleitung und ihre Mitglieder zu denken.
Befragt man die einschlägige Literatur mit dem Ziel, die zunächst grundlegende Frage zu beantworten, was unter Führung zu verstehen ist, stellt man fest, dass das Angebot an Definitionen eine große Bandbreite aufweist (Neuberger 2002, S. 11ff). Eine gültige, die unterschiedlichen Sichtweisen auf das Phänomen Führung bündelnde Definition zu formulieren, fällt angesichts dieser Lage schwer. Deshalb findet man Definitionen, die z.B. psychoanalytisch, systemtheoretisch oder, wie am häufigsten, handlungstheoretisch fundiert sind (ebda. S. 30). Um es mit Rainer Dubs (2006, S. 116) zu sagen: „Führung ist, begrifflich gesehen, ein ‚Konstrukt', das je nach normativen Hintergrundannahmen oder Erkenntniszielen unterschiedlich definiert wird."

Führungstheorien

Ähnlich vielfältig und unübersichtlich bleibt das Ergebnis einer Sichtung der Literatur zu Führungstheorien. Die Beiträge sind konzeptionell breit gestreut, ein Großteil allerdings genügt wissenschaftlichen Kriterien nicht. Eine begründete Übersicht über Führungstheorien zu geben, fällt angesichts dessen nicht leicht, weshalb im Folgenden eine Auswahl von Führungstheorien exemplarisch skizziert wird, die in höherem Maße wissenschaftlichen Anforderungen gerecht wird und verspricht, Führung als Zusammenhang zwischen Führer, Geführten, organisatorischen Anforderungen und Führungserfolg zu verstehen (vgl. Staehle 1999, S. 347). Die Fokussierung der Führungsperson steht augenfällig dafür, dass häufig die Eigenschaften der Führenden die Beschreibungen, Analysen und Beurteilungen des Phänomens Führung kennzeichnen und zumeist Persönlichkeitsmerkmale, Verhalten und Macht betont werden. Führung stellt jedoch ein komplexeres Phänomen dar, als es durch diese Akzentuierung erscheinen mag.

Eigenschaftstheorie
Die Eigenschaftstheorie orientiert die Beschreibung und Analyse des Phänomens Führung auf bestimmte Persönlichkeitsmerkmale eines Führers und betont die physische, intellektuelle, psychische und soziale Überlegenheit gegenüber den Geführten. Sie hat eine gewisse Neigung zur Verherrlichung individueller Anstrengung und Verehrung erfolgreicher Manager, zum Elitedenken sowie zum Chauvinismus – denn Führungspersonen oder erfolgreiche Manager sind in dieser Perspektive naturgemäß männlich (hierzu kritisch: Neuberger 2002). Gängig ist „die Vorstellung eines *„großen Mannes*, der die Zügel einer Unternehmung souverän in den Händen hält" (Staehle 1999, S.331; vgl. kritisch zur Schulleitung: Wissinger 1996; von Lutzau 2008). Die Eigenschaftstheorie gilt „als historisch ältester Erklärungsansatz der Führung". Grundlagen dieses Ansatzes werden in „individualistischen Persönlichkeitstheorien, Unternehmerideologien und dem Sozialdarwinismus" gesehen (ebda. S. 332). Damit wird eine unsoziologische Sicht auf ein soziales Phänomen eingenommen. Die Führungsperson wird als souveräner Akteur, dessen Handlungen nur durch seine Fähigkeiten, Motive und Ziele bestimmt sind (Neuberger 2002, S. 313).

Verhaltenstheorie und Führungsstilforschung

Die verhaltenstheoretische Richtung in der Führungsforschung fokussiert Führungsverhalten im Sinne eines empirisch beobachtbaren Beeinflussungsversuchs eines Führers und geht davon aus, dass Führungsverhalten situationsabhängig variiert (Staehle 1999, S. 334). Als relativ eigenständiger Bereich dieser Richtung ist die Führungsstilforschung zu nennen, die von ihrer Intention her „nützliche Gestaltungsempfehlungen" für die Handlungspraxis von Führungspersonen generieren will (vgl. Neuberger 2002, S. 491). Sie verbindet mit Führungsstil ein auf einer Einstellung oder Grundhaltung basierendes, in wechselnden Situationen konstantes Verhaltensmuster.

Nach Wolfgang Staehle (1999, S. 335ff) findet man in der Führungsstilforschung zum einen idealtypische Ansätze, die Typologien des Führungsverhaltens ideographisch entwickelt haben und darin den Grad der persönlichen Bindung zwischen Führer und Geführten oder die Grundhaltung des Führers oder die Entscheidungsspielräume im Verhältnis von Vorgesetzten und Gruppe thematisieren. Zu denken ist an Typologien, die z.B. zwischen patriarchalischem, charismatischem, autokratischem und bürokratischem Führungsstil unterscheiden oder zwischen despotischem, paternalistischem, pädagogischem, partnerschaftlichem Führungsstil und Selbstverwaltung oder, auf einem Kontinuum, zwischen autoritärem und kooperativem Führungsstil mit den Ausprägungen autoritär, patriarchalisch, beratend, konsultativ, partizipativ und delegativ. Zum anderen gibt es realtypische Ansätze. Diese basieren auf empirischen Untersuchungen, beschreiben und analysieren alternative Führungsmuster unter dem Gesichtspunkt ihrer Wirkungen und ihrer Effizienz, wie z.B. Beziehungsorientierung versus Aufgabenorientierung oder autoritäre versus demokratische Führung (ebda. S. 338ff). In den Anfängen handelte es sich dabei um Ansätze, die von einem eindimensionalen Kontinuum ausgingen, so dass sich z.B. Beziehungsorientierung und Aufgabenorientierung oder Mitarbeiterorientierung und Leistungsorientierung gegenseitig ausschlossen. In der Folgezeit haben Forschergruppen mit der Annahme gearbeitet, dass mit Beziehungsorientierung und Aufgabenorientierung zwei unabhängige Dimensionen vorliegen könnten (ebda. 343f), ohne aber auch hier einen linearen Zusammenhang zwischen Führungserfolg und Beziehungsorientierung und/oder Aufgabenorientierung nachweisen zu können (ebda. 344). Kritiker der Führungsstilforschung monieren einhellig „die einseitige und verengende Betrachtungsweise von Führung" (Neuberger 2002, S. 475), insbesondere aber die Leichtfertigkeit, mit der Empfehlungen zur Steigerung des Erfolgs ausgesprochen werden.

Situationstheorien

Im Gegensatz zur vergleichsweise engen Perspektive der Führungsstilforschung gehen situative Theorien der Führungseffizienz davon aus, „[...] daß die Wirkung des Führungsstils ganz wesentlich von der jeweiligen Situation abhängt" (Schreyögg 1995, S. 994). Unter ‚Situationstheorien' wird eine Reihe von Ansätzen subsumiert, die die Situationsabhängigkeit der Führungswirkung unterschiedlich konzeptualisieren. Sie bauen auf einem einfachen Kausalmodell auf, dass die Situation „als exogene Größe zwischen Führungsstil und Führungserfolg" (ebda., S. 995) konzeptualisiert und als Moderator-Ansatz firmiert (auch Neuberger 2002, S. 52ff).

Für das Verständnis des Moderator-Ansatzes (im Sinne eines Grundmodells) ist die Kontingenztheorie von Fred E. Fiedler bedeutsam, die Mitte der 1960er Jahre entstanden ist und bis heute als bestvalidierte Führungstheorie gilt (hierzu kritisch Staehle 1999, S. 352). Im Mittelpunkt der Untersuchung steht unter dem Gesichtspunkt des besten zu erreichenden Arbeitsergebnisses (Führungserfolg) die Frage, „in welchem Maße die jeweilige Situation die Einflussnahme des Führers begünstigt oder erschwert" (Schreyögg 1995, S. 995). Das Modell geht davon aus, „daß die Leistung einer Gruppe oder eines Führers von zwei interagierenden Faktoren abhängt. Diese sind zum einen das Ausmaß in dem a) die *Führungssituation* Kontrollchancen über den Arbeitsprozess und das Arbeitsergebnis enthält *(„situative Kontrolle"* resp. *„situative Günstigkeit")* und b) dass der Führer entweder primär motiviert ist, daß die Aufgabe erfüllt wird (Führer, aufgabenorientiert) oder primär daran interessiert ist, enge Beziehungen mit seiner Arbeitsgruppe zu haben (Führer, beziehungsorientiert)" (Fiedler & Mai-Dalton 1995, S. 940f; Hvh. i. Original). Um effektiv zu führen, müssen m.a.W. Führungsstil und Situation zusammenpassen.

Zu den Moderatorenansätzen gehört auch das Multiple Verknüpfungsmodell von Gary A. Yukl. Es geht davon aus, dass zwischen Führungsverhalten und Führungserfolg (Mitarbeiterleistung) neben intervenierenden Situationsvariablen weitere drei Gruppen von moderierenden Variablen treten. Die Situationsvariablen setzen sich aus individuellen, die Gruppe und die Organisation repräsentierender Aspekte zusammen. Es handelt sich um die Variablen: Leistungsbereitschaft, Aufgabenklarheit und Qualifikation, Arbeitsorganisation, Gruppenkohäsion, Ressourcenausstattung und funktionsübergreifende Koordination. Die moderierenden Variablen sind in drei Klassen gegliedert sowie danach, ob sie Einfluss auf das Verhalten der Führungsperson haben, ob sie direkten Einfluss auf die intervenierenden Variablen nehmen oder ob sie die relative Bedeutung einzelner intervenierender Variablen beeinflussen. Hier geht es z.B. um „die Möglichkeiten und Grenzen" der Führungsperson, „die intervenierenden Variablen positiv zu gestalten" oder um „überformende Faktoren wie Organisationsstruktur, Lohnsystem, Betriebsklima und ihren direkten Einfluss auf die intervenierenden Variablen" oder um die Bedeutung z.B. der Kooperation dort, „wo Mitarbeiter an eigenständigen Aufgaben arbeiten" (Schreyögg 1995, S. 996f). Dieses Modell, das empirisch nicht gesichert ist und eher heuristische denn praktische Bedeutung hat, legt kurzfristige und längerfristige Maßnahmen nahe, die Situationsvariablen zu beeinflussen.

Als ein weiteres Beispiel für einen Situationsansatz ist der Situationsanalytische Ansatz von Vroom und Yetton (hierzu Jago 1995) zu nennen. Er basiert auf der Erkenntnis, dass es nicht den *einen* Führungsstil gibt, der für die erfolgreiche Gestaltung von Führungssituationen geeignet ist. Daraus ergibt sich die Anforderung an Führungskräfte, Situationen vor jeder Entscheidung zu analysieren und die Möglichkeiten ihrer Gestaltung zu diagnostizieren. Vroom und Yetton gehen davon aus, dass der Führungserfolg durch die Qualität der Entscheidung, ihre Akzeptanz und Umsetzung durch die Mitarbeiter, durch den Zeitaufwand für die Entscheidungsfindung sowie durch die Möglichkeiten der Mitarbeiter, sich an der Entscheidungsfindung zu beteiligen, beeinflusst ist (Staehle 1999, S. 855). Das Modell von Vroom und Yetton ist normativ angelegt und „aufgrund seines analytischen Charakters nur sehr begrenzt empirisch überprüfbar" (ebda.).

Erwartungstheorien
Der kognitiv-instrumentelle Ansatz, der auch als die Weg-Ziel-Theorie in der Literatur diskutiert wird (hierzu Evans 1995), ist nicht mehr am einfachen Kausalmodell des Moderator-Ansatzes orientiert, das den Führungsstil als unabhängige Variable und den Führungserfolg als abhängige Variable definiert (Schreyögg 1995, S. 995). Führungsverhalten ist vielmehr einer von vielen Faktoren, der die Situation bestimmt. Vor allem aber verdient dieser Ansatz Aufmerksamkeit, weil er beim Verhalten der Geführten ansetzt und damit einen Bedingungsfaktor der Effizienz des Führungsverhaltens resp. unterschiedlicher Führungsstile aufgreift, der in den meisten Führungstheorien vernachlässigt wird (Staehle 1999, S. 357). Die Weg-Ziel-Theorie der Führung geht davon aus, dass das Führungsverhalten die Mitarbeitermotivation beeinflusst. Sie untersucht 1., in welchem Ausmaß das Verhalten einer Führungsperson für die Untergebe-

nen akzeptierbar ist und zu ihrer unmittelbaren wie zukünftigen Zufriedenheit beiträgt; sie untersucht 2., in welchem Maße Vorgesetzte als Führungspersonen die Motivation der Mitarbeiter (im Sinne eines Leistungsfaktors) fördern. Die Weg-Ziel-Theorie nimmt damit Bezug auf die Erwartungstheorie, die mit der Annahme arbeitet, dass Menschen Ziele verfolgen, die unterschiedliche Valenzen haben, und dass zum Erreichen der Ziele Anstrengungen notwendig sind, die unterschiedliche Erfolgsaussichten haben (Evans 1995, S. 1076). Auf das Führungsverhalten von Vorgesetzten angewandt heißt das, dass Mitarbeiter in Abhängigkeit von der Zielerreichung zu belohnen und ihnen, wenn nötig, Mittel und Wege zu zeigen sind, sich zu verbessern.

Interaktionstheorien
Situationsansätze, wie oben skizziert, sind dadurch gekennzeichnet, dass sie statisch denken, Situations- und Führungsvariablen als Gegebenheiten annehmen und deren Zusammenwirken im Hinblick auf Erfolg oder Misserfolg untersuchen. Interaktionsansätze gehen über sie hinaus. Sie betrachten Situation und Führung als Variablen, die sich gegenseitig beeinflussen (Schreyögg 1995, S. 994). Vor diesem Hintergrund ist ein Ansatz interessant, der als „Situative Reifegrad-Theorie" bekannt ist und eine Prozessperspektive in die Frage nach dem Zusammenwirken von Situation und Führung bringt. Dieser Ansatz geht auf die Arbeiten von Paul Hersey und Kenneth Blanchard zurück (Neuberger 2002, S. 518ff), die auf der Basis der bereits erwähnten Führungsdimensionen ‚Aufgabenorientierung' und ‚Mitarbeiterorientierung' vier Führungsstile ableiten, die für die Beurteilung der Effizienz der Führungssituation relevant werden. So hängt nach Hersey und Blanchard die Wahl des „richtigen" Führungsstils von der Reife des Mitarbeiters ab. Dabei wird zwischen der „Funktionsreife" und der „psychologischen Reife" unterschieden. ‚Funktionsreife' steht für die Fähigkeiten, das Wissen und die Erfahrung, über die ein Mitarbeiter zur Erfüllung seiner Aufgabe verfügt. ‚Psychologische Reife' verweist auf Selbstvertrauen und Selbstachtung als Bedingung, Leistungs- und Verantwortungsbereitschaft aufbringen zu können. Die Effizienz der Führungssituation bemisst sich je nach Passung zwischen Führungsverhalten und Reifeniveau des Untergebenen.
Das Modell arbeitet nicht mit ‚Reife' als einer Naturkonstante, sondern geht davon aus, dass sich das arbeitsrelevante Reifeniveau im Arbeitskontext und unter dem Einfluss der Führung entwickelt (Schreyögg 1995, S. 994). In der Konsequenz müssen Führungspersonen nicht nur alle Führungsstile beherrschen, sondern ihnen kommt auch eine große Verantwortung zu. Das Modell ist von verschiedener Seite heftig kritisiert worden, insbesondere stellt sich die Frage, wie es sich theoretisch begründen lässt (ebda., S. 1000f). Bedeutsam ist vor diesem Hintergrund, dass das Potenzial der interaktionistischen Perspektive nicht ausgeschöpft wird. So fällt an diesem wie auch an anderen, den interaktionistischen Ansätzen zuzurechnenden Führungsmodellen auf, dass der Einfluss der Mitarbeiter auf die Führungsperson und ihr Handeln unberücksichtigt bleibt (vgl. Staehle 1999, S. 357).

Austauschtheorien
Während Eigenschafts- und Führungsstilansätze mit einem Führungsverständnis arbeiten, das Führung auf die Perspektive der Führungsperson begrenzt, thematisieren soziale Austauschtheorien sowohl die Perspektive der Führenden als auch der Geführten. In diesem Rahmen wird es möglich, neben Persönlichkeitsvariablen wie Ausstrahlung oder Wissen und Können auf Bedingungsfaktoren zu rekurrieren, die mit formalen Strukturen (Amtsautorität) gegeben sind und mit informellen sozialen Prozessen (Macht und Einfluss) einhergehen. Austauschtheorien überwinden i.a.W. Modellvorstellungen, die Führung als einseitig gerichtete Einflussnahme von Führungspersonen auf Geführte konzeptualisieren. Allerdings gehen Austauschtheorien hin-

ter die Ansprüche einer umfassenden Interaktionstheorie zurück, denn Führung ist hier Ausdruck ökonomisch motivierter Prozesse des Gebens und Nehmens. Führungsverhalten wird auf wechselseitige Beeinflussungsprozesse zurückgeführt und auf zwei Ebenen analysiert: der Gruppenebene einerseits und der Zwei-Personenebene andererseits. Während auf der ersten Ebene Transaktionsmodelle zur Anwendung kommen, arbeitet die Analyse auf der zweiten Ebene mit dyadischen Modellen. Transaktionale Führung gewinnt in jüngerer Zeit hohe Aktualität dadurch, dass sie sich von transformativer Führung abgrenzt. Das Modell transaktionaler Führung baut auf der Vorstellung auf, „daß Führungsbeziehungen auf der Grundlage von Leistung und Gegenleistung (Transaktionen) beruhen" (Staehle 1999, S. 363). In dem Maße, in dem eine Führungsperson Kompetenz und Einsatz bei der Erfüllung der Aufgaben der Gruppe einbringt und sich zudem konform mit den Gruppennormen zeigt, erfährt sie im Gegenzug Gehorsam, Unterstützung und Anerkennung. Während transaktionale Führung mit Management identifiziert wird, steht transformative Führung für ein Führungsverhalten, das auf politische Veränderungen in der Gesellschaft aber auch auf Veränderungen in Unternehmen und anderen Organisationen abstellt (vgl. ebda., S. 363f).

Führungstheorien und Schulentwicklung

Die Skizze der allgemeinen Führungsforschung wollte zeigen, worin Spezifika, Stärken und Schwächen der vorfindlichen theoretischen Zugänge zu Fragen der Führung bestehen. Erste Versuche, sie für die Schultheorie und Schulentwicklungsforschung zu erschließen, liegen vor (z.B. Dubs 1994, 2006; Wissinger 1996, 2000; Bonsen 2003, 2006; Kansteiner-Schänzlin 2002; Harazd et al. 2008). Hier ist insbesondere die empirische Studie zum Organisations- und Führungsverständnis von Schulleiterinnen und Schulleitern von Martin Bonsen (2003) zu nennen, die ein Beispiel dafür gibt, wie schulische Führungsforschung im Anschluss an die allgemeine Führungsforschung angelegt sein kann. Über diesen Einzelfall hinaus muss die Forschung weiter systematisiert und entwickelt werden, denn Führungstheorien gewinnen für die Steuerung des Bildungssystems und der einzelnen Schule mehr und mehr an Bedeutung. Dieser Trend ist durch den sog. Schulentwicklungsdiskurs angestoßen, der seit über 30 Jahren die Bemühungen um Schulreform und Schulentwicklung in Deutschland begleitet und durch Phasen unterschiedlicher Akzentuierung gekennzeichnet ist (Wenzel 2008). Die aktuelle Akzentuierung ist sehr stark durch den School Effectiveness-Research sowie durch eine international geführte Steuerungsdebatte bestimmt, die unter dem Gesichtspunkt einer Stärkung der Eigenverantwortung der Schule das Verhältnis zwischen Staat und Schule neu justieren und darüber optimale Bedingungen für eine Verbesserung von Schule und Unterricht schaffen will.

Die Schulentwicklungsforschung hat von Beginn an die Rolle und die Verantwortung der Schulleitung für die Sicherung und Entwicklung der Qualität einer schulischen Handlungseinheit und für den Unterricht betont (vgl. Beiträge 37 und 39 in diesem Band). Allerdings zeigt sich bei Fragen der Führung in der Schule und der Bestimmung von Rolle und Verantwortung der Schulleitung, dass das Denken noch immer sehr stark durch die Beiträge der allgemeinen Verhaltenstheorie und der Führungsstilforschung geprägt ist. Zumeist praxis- und reformorientierte schulpädagogische Schriften, die die Bedeutung des Schulleiters bzw. der Schulleiterin für die Schulentwicklung vor Ort betonen, fassen den Sachverhalt mit der griffigen Formel vom „guten Schulleiter". Die Problematik dieser personalisierenden Perspektive ist oben angesprochen worden. Durch die Fokussierung auf die Führungsperson werden die institutionellen Bedingungen des Handelns von Führungspersonen in der Schule, die Führungssituation sowie die Beziehungen zu den Geführten in ihrer Bedeutung für den Führungserfolg notwendigerweise vernachlässigt. Problematisch ist auch, dass Fragen der Leitung und Führung in der Schule bislang auf das Funktions- und Tätigkeitsfeld von Schulleiterinnen und Schulleiter beschränkt bleiben. Erst in jüngerer Zeit schafft da empirische Forschung Abhilfe (z.B. Harazd et al. 2008), wenn sie berücksichtigt, dass es mit dem stellvertretenden Schulleiter, mit Abteilungs- oder Stufenleitern weitere Leitungs- und Führungsfunktionen oder mit Steuergruppen eine horizontale Führungsebene gibt.

Literatur
Bonsen, M. (2003): Schule, Führung, Organisation. Eine empirische Studie zum Organisations- und Führungsverständnis von Schulleiterinnen und Schulleitern. Münster, New York, München, Berlin: Waxmann. – Bonsen, M. (2006): Wirksame Schulleitung. In: Buchen, H./ Rolff, H.-G. (Hrsg.): Professionswissen Schulleitung. Weinheim, Basel: Beltz, S. 193-228. – Bonsen, M./Bos, W./Rolff, H.-G. (2008): Zur Fusion von Schuleffektivitäts- und Schulentwicklungsforschung. In: Bos, W./Holtappels, H.G./Pfeiffer, H./Rolff, H.-G./Schulz-Zander, R. (Hrsg.): Jahrbuch der Schulentwicklung, Band 15. Weinheim, München: Juventa, S. 11-39. – Dubs, R. (1994): Die Führung einer Schule. Leadership und Management. Stuttgart: Franz Steiner. – Dubs, R. (2006): Führung. In: Buchen, H./Rolff, H.-G. (Hrsg.): Professionswissen Schulleitung. Weinheim, Basel: Beltz, S. 102-176. – Evans, M. (1995): Führungstheorien – Weg-Ziel-Theorie. In: Kieser, A./Reber, G./Wunderer, R. (Hrsg.): Handwörterbuch der Führung. 2., neugestaltete und ergänzte Auflage. Stuttgart: Schäffer-Poeschel, S. 1075-1092. – Fiedler, F. E./Mai-Dalton, R. (1995): Führungstheorien – Kontingenztheorie. In: Kieser, A./Reber, G./Wunderer, R. (Hrsg.): Handwörterbuch der Führung. 2., neugestaltete und ergänzte Auflage. Stuttgart: Schäffer-Poeschel, S. 940-953. – Harazd, B./Gieske, M./Rolff, H.-G. (2008): Herausforderungen an Schulleitung: Verteilung von Verantwortung und Aufgaben. In: Bos, W./Holtappels, H.G./Pfeiffer, H./Rolff, H.-G./Schulz-Zander, R. (Hrsg.): Jahrbuch der Schulentwicklung, Band 15. Weinheim, München: Juventa, S. 225-256. – Holtappels, H. G./Rolff, H.-G. (2004): Zum Stand von Schulentwicklungstheorie und -forschung. In: Popp, U./Reh, S. (Hrsg.): Schule forschend entwickeln. Schul- und Unterrichtsentwicklung zwischen Systemzwang und Reformansprüchen. Weinheim, München: Juventa, S. 51-74. – Huber, S. G. (2008): Steuerungshandeln schulischer Führungskräfte aus Sicht der Schulleitungsforschung. In: Langer, R. (Hrsg.): ‚Warum tun die das?' Governanceanalysen zum Steuerungshandeln in der Schulentwicklung. Wiesbaden: VS Verlag, S. 95-126. – Jago, A. G. (1995): Führungstheorien – Vroom/Yetton-Modell. In: Kieser, A./Reber, G./Wunderer, R. (Hrsg.): Handwörterbuch der Führung. 2., neugestaltete und ergänzte Auflage. Stuttgart: Schäffer-Poeschel, S. 1058-1075. – Kansteiner-Schänzlin, K. (2002): Personalführung in der Schule. Übereinstimmungen und Unterschiede zwischen Frauen und Männern in der Schulleitung. Bad Heilbrunn: Klinkhardt. – Kieser, A./Reber, G./Wunderer, R. (Hrsg.) (1995): Handwörterbuch der Führung. 2., neu gestaltete und ergänzte Auflage. Stuttgart: Schäffer-Poeschel. – Litt, T. (1967): Führen oder Wachsen lassen: Eine Erörterung des Pädagogischen Grundproblems. 13. Auflage. Stuttgart: Klett. – Lutzau, M. von (2008): Schulleiterinnen. Zusammenhänge von Biographie, Aufstiegsbereitschaft und Leitungshandeln. Opladen, Farmington Hills: Verlag Barbara Budrich. – Neuberger, O. (2002): Führen und führen lassen. Ansätze, Ergebnisse und Kritik der Führungsforschung. 6., völlig neu bearbeitete und erweiterte Auflage. Stuttgart: Lucius und Lucius. – Petersen, P. (1937): Führungslehre des Unterrichts. Langensalza (Reprint Weinheim: Beltz 1984). – Schryögg, G. (1995): Führungstheorien – Situationstheorie. In: Kieser, A./Reber, G./Wunderer, R. (Hrsg.): Handwörterbuch der Führung. 2., neugestaltete und ergänzte Auflage. Stuttgart: Schäffer-Poeschel, S. 994-1005. – Staehle, W. H. (1999): Management. Eine verhaltenswissenschaftliche Perspektive. 8., von Peter Conrad und Jörg Sydow überarbeitete Auflage. München: Vahlen. – Wenzel, H. (2008): Studien zur Organisations- und Schulkulturentwicklung. In: Helsper, W./Böhme, J. (Hrsg.): Handbuch der Schulforschung. 2., durchgesehene und erweiterte Auflage. Wiesbaden: VS Verlag, S. 423-447. – Wissinger, J. (1996): Perspektiven schulischen Führungshandelns. Eine Untersuchung über das Selbstverständnis von SchulleiterInnen. Weinheim, München: Juventa. – Wissinger, J. (2000): Rolle und Aufgaben der Schulleitung bei der Qualitätssicherung und -entwicklung von Schulen. In: Zeitschrift für Pädagogik, 46. Jg., Nr. 6, S. 851-865. – Wissinger, J. (2007): Does School Governance matter? Herleitungen und Thesen aus dem Bereich „School Effectiveness and School Improvement". In: Altrichter, H./Brüsemeister, T./Wissinger, J. (Hrsg.): Educational Governance. Handlungskoordination und Steuerung im Bildungssystem. Wiesbaden: VS Verlag, S. 105-129. – Wissinger, J. (2010): Schulleitung und Schulleitungshandeln. Erscheint in: Terhart, E./Bennewitz, H./Rothland, M. (Hrsg.): Handbuch der Forschung zum Lehrerberuf. Münster: Waxmann.

41| Schulleitung unter geschlechtsperspektivischem Blick
Katja Kansteiner-Schänzlin

Einleitung

Die Gender-Perspektive[1] ist trotz des recht prominenten Diskurses zur Koedukation keine selbstverständliche in der Schulleitungsforschung. Ein scheinbar neutraler Zugang erweckt den Eindruck, als spiele die Frage der Geschlechtszugehörigkeit im Bereich schulischer Führungskräfte keine Rolle. Durchaus spannen dieselben Tätigkeitsfelder und Verantwortlichkeiten einen vergleichbaren Aktionsrahmen für Frauen und Männer in der Schulleitung auf, doch ist, folgt man der genderbezogenen Schulleitungsforschung, für Erwartungen und Interaktionen nicht unerheblich, ob die Führungskraft weiblich oder männlich ist.

Schulleitung aus Gender-Perspektive

Schulleitung unter geschlechtsperspektivischem Blick zu betrachten heißt derzeit, Erkenntnisse auf einem Steinbruch von Forschungsergebnissen aufzubauen. Die Zahl der Untersuchungen ist klein, ihre Stichproben umfassen z.T. nur ein Geschlecht und ihre Anlage ist derart different, dass keine konzise Darstellung möglich ist. Differenzbeschreibungen wie bspw. eine größere Teamorientierung der Frauen finden sich öfter in den Studien, die auf Selbstbeschreibungen beruhen. Sie lassen vermuten, dass Geschlechterbilder und die Erwünschtheit des Verhaltens auf die Selbstbetrachtung von Führungskräften einwirken. Aus Lehrerbefragungen wird die Diskrepanz zum Führungserleben der Mitarbeiterinnen und Mitarbeiter deutlich. Verschiedene Maßstäbe zwischen Schulleitungen und Lehrkräften offenbaren sich ebenso wie verschiedene Maßstäbe der Lehrkräfte gegenüber weiblichen und männlichen Chefs.
Zur Heterogenität der Befunde gesellt sich die Einsicht, dass die Strukturen und Aufgaben des Amtes und die gemeinsame Sozialisation als Lehrkräfte ‚unter' schulischen Führungskräften der Annäherung zwischen Frauen- und Männerführung zuarbeitet und nur begrenzt Raum zur Ausprägung von Differenzen bietet. Einige sollen im Folgenden beschrieben werden.

Verteilung der Positionen
In den alten Bundesländern stellten im Schuljahr 2006/2007 die Frauen ein Drittel (29%) der Führungskräfte an weiterführenden Schulen – Tendenz leicht steigend – und etwa die Hälfte an Grundschulen (54%, mitunter GHS). In den neuen Ländern führen an Grundschulen 85% Frauen, während sich die Verteilung an den weiterführenden Schulen angleicht (von Lutzau 2008).[2]

---

[1] (1) Grundannahme ist die soziale Konstruktion von Geschlecht und die Herstellung von Geschlecht über das sog. ‚doing gender'. Dies impliziert, dass sich Geschlechterverhältnisse wandeln können. (2) Zur besseren Klärung der Bedingungen von Führung wird das forschungsmethodische Dilemma in Kauf genommen, dass jene, die nach Geschlecht fragen, Differenzen sichtbar machen und die nicht unerhebliche Bandbreite innerhalb eines Geschlechts überdecken.

[2] In den Statistiken sind die stellvertretenden Schulleitungen nicht berücksichtigt.

Gestaltungserwartungen vor Amtsübernahme

Aus Interviews mit potentiellen Schulleiterinnen der sog. Orientierungskurse (Winterhager-Schmid 1997) erfahren wir, dass die Frauen Innovationen im Pädagogischen, im Atmosphärischem der Schule und in der Zusammenarbeit des Kollegiums anstreben und es besser als die ihnen bekannten Schulleiter machen wollen. Sie äußern einen höheren Anspruch an sich und das Kollegium und schätzen das Berufsziel Schulleitung als für sie sehr viel weniger selbstverständlich als für einen Teil der männlichen Lehrer ein, weil sie den Spielraum von Verlust und Gewinn stärker abwägen. Sie weisen ferner auf die besondere Rolle der berufsethischen Dimension von Macht und Einfluss hin. Die Differenz, die sie hierbei selbst zu ihren Kollegen wahrnehmen, wird durch eine aktuelle Interviewstudie, die allerdings nicht explizit nach Geschlecht fragt (Kranz 2007), relativiert.

Führungsvorstellungen und Umgang mit Macht im Amt

In einer Befragung von Schulleiterinnen beruflicher Schulen (Forberg 1997) ziehen die Frauen selbst den Schluss, dass sie sich in ihrer Leitungsrolle mehr als die Männer der gelingenden partnerschaftlichen Zusammenarbeit mit dem Kollegium verpflichtet fühlten. Sie bewerten sozialorientierte Kompetenzen am höchsten. Der Verlust der Sozialbeziehungen wird von ihnen als größtes Risiko eingeschätzt. Sie sehen sich jedoch weder als ‚fürsorgende Mutter' noch als allzuständig, wohl als Repräsentantin ihrer Schule und nehmen die strukturell bedingte geringe Entscheidungsmacht nicht als Machtschwäche wahr. Allerdings, ergänzt die Interview-Studie von Lutzaus (1996), dass Führungsfrauen in sehr unterschiedlichem Verhältnis zur Macht stehen, weniger dabei unkompliziert als vielmehr kritisch bis negativ. Der Zwangsaspekt im herkömmlichen Machtverständnis sei den befragten Schulleiterinnen unangenehm, sie wollten vielmehr durch Überzeugen wirken und gingen davon aus, dass sie bei Veränderungen in der Schule nur etwas erreichen könnten, wenn sie sich mit den Trägerinnen und Trägern der geplanten Veränderungen verbündeten. Von Lutzau bilanziert ein bewusstes, anders definiertes Verhältnis von Führungsfrauen zur Macht. Umgekehrt erleben Schulleiterinnen auch, dass von ihnen ein demokratisches, offenlegendes Leitungshandeln stärker erwartet wird als von ihren Kollegen (von Lutzau 2008).

Differenzen innerhalb eines Geschlechts zeigen sich im Führungsverständnis älterer und jüngerer Schulleiterinnen. Die älteren empfänden sich, so Forberg (1997), stärker in der Rolle der pädagogischen Beraterinnen, pflegten einen eher konsultativen Umgang mit den Lehrkräften und sähen sich in einer Vorbildfunktion. Die jüngeren verstünden sich mehr als Teamerin und Förderin kollegialer Kooperation und betonten einen kollegialen Umgang mit den Lehrkräften. Vor allem jüngere Schulleiterinnen müssten in männerdominierten Kollegien indes mit erheblichem Widerstand rechnen.

Karrierewege, Ausgestaltungsformen und Führungsverhalten

Mit expliziter Gender-Perspektive erhob Miller (2001) Aspekte zur Ausgestaltung der Arbeitssituation von Grundschulleitungen. Die Schulleiterinnen sind, so ein Ergebnis, zu rund 70% Klassenlehrerin, die Schulleiter dagegen zu nur 50%. In den unteren Klassen sind Schulleiterinnen stärker vertreten, während Schulleiter in den oberen Klassen als Klassenlehrer fungieren. Diese und weitere Befunde deutet Miller derart, dass mehr Frauen als Männer über die Klassenlehrerfunktion eine Grundlage zu symmetrischer Kommunikation und Kooperation mit dem Kollegium schafften und sich als Vorbild in der pädagogischen Arbeit anböten. Mehr Frauen als Männer zeigten ferner eine höhere Belastbarkeit. Schulleiterinnen erziehen und unterrichten zwar ebenso gerne wie Schulleiter und übernehmen auch die Stundenplan- und Unterrichtsorganisation gleich gerne. Sie unterschieden sich jedoch von ihren Kollegen dadurch, dass sie Haushalts- und Finanzfragen sowie die Kooperation mit dem Schulträger und die Material- und Medienverwaltung weniger gern ausführten. Nach Miller sind Schulleiterinnen und Schulleiter ähnlich innovationsbereit, allerdings zeigten Frauen eine größere Reformbereitschaft bei der Frage nach einer Besetzung auf Zeit und nach einer gleichberechtigten Aufgabenverteilung mit der stellvertretenden Schulleitung.

Lässt man Lehrkräfte das Führungsverhalten ihrer Chefs und Chefinnen beschreiben (Kansteiner-Schänzlin 2002), zeigt sich: Schulleiterinnen werden als leistungsstärker, jedoch nicht als kommunikativer erlebt. Ein Mehr an Leistungsbereitschaft und Engagement der Frauen in der Schulführung und ein Mehr an Förderung von Teams und Projektgruppen geht einher mit einem Mehr an Kontrolle und Weniger an Teilung der Entscheidungsmacht. Viele Schulleiterinnen scheinen große Sprünge für ‚ihre' Schule zu wagen und erwarten einen ähnlichen Eifer bei den Lehrkräften. Dabei sind sie zu großer Unterstützung und Anerkennung bereit, geben jedoch auch ihre kritische Meinung kund. Schulleiter werden als vertrauensvoller, jedoch nicht als machtförmiger beschrieben. Laut Lehrkräfte zeigen sie ein Mehr an Autorität und Weniger an Kontrolle. Sie scheinen weniger einzufordern, umgekehrt jedoch auch weniger zu unterstützen und zu investieren. Sie bewegen sich näher an den Lehrkräften, schauen dabei gleichsam weniger auf Innovatives. Für ihre Zusammenarbeit mit den Lehrkräften bauen sie nicht im selben Maß Strukturen auf wie die Schulleiterinnen.

Besonders beachtenswert ist, dass sich die gegengeschlechtliche Führungssituation erfolgreicher darstellt, wo sie der klassischen Rollenverteilung entspricht (Chef und mehr Mitarbeiterinnen), und Schulleiterinnen für ein als gleich oder besser beschriebenes Führungsverhalten von ihren Mitarbeiterinnen und Mitarbeitern durchweg schlechter beurteilt werden. Zusätzlich erleben Schulleiterinnen ein herablassenderes Verhalten ihnen gegenüber durch Mitglieder der Verwaltung (von Lutzau 2008).

Fazit

Während die ‚neutrale' Schulleitungsforschung Frauen und Männer in scheinbarer Übereinstimmung zeichnet, werden in der genderbezogenen auch Unterschiede sichtbar gemacht. Die geschlechtersensible Zugehensweise hält dreierlei im Blick:

(1) Die Anerkennung von Differenzen, weil offenkundig ist, dass geschlechterbezogene Sozialisationserfahrungen und die teilweise differente Ausgestaltung des vorausgehenden Lehrerberufs (Flaake 1989; Gehrmann 2003) auf die Gestaltung von Führung Einfluss hat (Wissinger 1996). Nicht zuletzt fließen über den Anteil des individuellen Handlungsrepertoires und einer persönlichen Berufs- und Selbstwahrnehmung im Rahmen der Berufsauffassung (vgl. Languth 2006) weibliche und männliche Erfahrungsanteile in das Schulleitungshandeln ein. Zusammen mit den Erkenntnissen, dass schulische Führungskräfte nicht geschlechtsneutral wahrgenommen werden, sondern Erwartungen ihres Gegenübers deutlich an ihr Geschlecht geknüpft sind, belegen sie die Relevanz eines geschlechtersensiblen Zugangs in Schulleitungsfragen.

(2) Die gleichzeitige Wahrnehmung von Übereinstimmungen, die sich u.a. dadurch ergeben, dass die Tätigkeitsfelder und Verantwortlichkeiten einen einheitlichen Rahmen für Führungskräfte stellen und auch die wachsende Selbstverständlichkeit von Frauen in Führungspositionen sowie die generelle Annäherung der Geschlechter in Fragen von Dominanz oder ‚soft skills' Geschlechtergrenzen verwischen.

(3) Die Beachtung von Differenz innerhalb eines Geschlechts, die letztlich auf die Notwendigkeit der Verknüpfung einer geschlechterbezogenen und einer individuellen Perspektive verweist,

will man der Einzelperson gerecht werden. Dies ist sowohl für den Professionalisierungsprozess der Schulleiter/innen als auch ihrer Mitarbeiter/innen, der Lehrkräfte relevant.

Literatur
Flaake, K. (1989): Berufliche Orientierungen von Lehrerinnen und Lehrern. Frankfurt a.M./New York: Campus. – Forberg, A. (1997): Rollen- und Führungsverständnis von Schulleiterinnen beruflicher Schulen. Weinheim: Deutscher Studien Verlag. – Gehrmann, A. (2003): Der professionelle Lehrer. Opladen: Leske + Budrich. – Kansteiner-Schänzlin, K. (2002): Personalführung in der Schule. Übereinstimmungen und Unterschiede im Führungsverhalten von Schulleiterinnen und Schulleitern. Bad Heilbrunn: Klinkhardt. – Kranz, T. (2007): Das Führungsverständnis angehender Schulleiterinnen und Schulleiter. Norderstedt: Books on Demand. – Languth, M. (2006): Schulleiterinnen und Schulleiter im Spannungsverhältnis zwischen programmatischen Zielvorgaben und alltäglicher Praxis. Universität Göttingen: Dissertation. – Lutzau von, M. (1996): Wie Schulleiterinnen ihre Rolle sehen und wie sie mit ihrer Macht umgehen. In: Kaiser, A. (Hrsg.): FrauenStärken – ändern Schule. 10. Bundeskongress Frauen und Schule. Bielefeld: Kleine Verlag. – Lutzau von, M. (2008): Schulleiterinnen. Zusammenhänge von Biographie, Aufstiegsbereitschaft und Leitungshandeln. Opladen: Verlag Barbara Budrich. – Miller, S. (2001): Schulleiterinnen und Schulleiter. Baltmannsweiler: Schneider Verlag Hohengehren. – Winterhager-Schmid, L. (1997): Berufsziel Schulleiterin. Weinheim, München: Juventa. – Wissinger, J. (1996): Perspektiven schulischen Führungshandelns. Eine Untersuchung über das Selbstverständnis von SchulleiterInnen. Weinheim, München: Juventa.

42| Schulleitung international
Stephan Gerhard Huber

In vielen Ländern der Welt haben sich durch ähnliche gesellschaftliche, kulturelle, politische, ökonomische Wandlungsprozesse und bildungspolitische Maßnahmen wie die Erweiterung der Eigenverantwortung von Schule im Zusammenhang mit Dezentralisierungstendenzen die Rolle und Funktion des Schulleiters gewandelt. Zu den tradierten und sowieso vielfältigen Aufgabenfeldern kommen völlig neue hinzu, und auch die Gestalt gewohnter Tätigkeiten verändert sich, so dass sich Schulleiter insgesamt einem veränderten Spektrum an Anforderungen und Herausforderungen gegenübersehen.

Komplexes Aufgabenspektrum für Schulleitung

Da die Leitungs- und Führungsaufgaben von Schulleitung so komplex sind und ineinander greifen, kann nicht von einer klar umrissenen spezifischen „Rolle" von Schulleitung gesprochen werden, sondern höchstens von einem bunten Patchwork vieler verschiedener Aspekte. Zu diesem komplexen Anforderungsspektrum gehören verschiedene Aufgaben bzw. Rollensegmente in der Arbeit mit und für Menschen sowie in der Verwaltung von Ressourcen bzw. allgemein administrative Tätigkeiten (vgl. Huber 1999):

Die Arbeit mit Menschen innerhalb der Schule
Mit den Menschen innerhalb der Schule zu arbeiten gehört zu den nahe liegenden Aufgabenbereichen von Schulleitung. Allerdings hat sich im Laufe der vielfältigen Wandlungsprozesse in vielen Ländern dieser Bereich intensiviert und hat neue Akzente bekommen. In diesem Zusammenhang fungiert der Schulleiter

- als Organisationsentwickler, als wesentlicher »Change Agent« im Entwicklungs- bzw. Verbesserungsprozess der einzelnen Schule,
- als Personalentwickler, der verantwortlich ist für die Fort- und Weiterbildung des Personals und beiträgt zum Zusammenwachsen des Kollegiums (und anderer an der Schule Beteiligten) zu kompetenten kooperativen Teams,
- als »People Person«, als Ansprechpartner für Lehrkräfte, aber auch für Schüler und Eltern,
- als Lehrer mit Unterrichtsverpflichtung,
- als Vorbild, auch außerhalb des Klassenzimmers.

Die Arbeit mit Menschen außerhalb der Schule
Veränderte Rahmenbedingungen führen dazu, dass bei den Kontakten außerhalb des engen schulischen Umfeldes für Schulleiter neue, mitunter sehr ungewohnte Aufgabenfelder hinzugekommen sind: intensive Kontakte zur Gemeinde, zur regionalen Wirtschaft und zu weiteren Personen des öffentlichen Lebens, aber auch veränderte Beziehungen zu den Eltern. Insgesamt hat sich – das zeigt sich in vielen Ländern weltweit – die Art der Beziehungen verändert, und die Anzahl der Gesprächspartner sowie der zeitliche Umfang haben erheblich zugenommen. Es müssen effektive Partnerschaften aufgebaut und langfristig gepflegt werden. Schulleiterin und Schulleiter arbeiten hier

- als »Homo Politicus«, die sich diplomatisch und gremien-politisch angemessen verhalten, bzw. »politischen Scharfsinn« und politisches Gespür besitzen,
- als Repräsentant ihrer Schule in der Öffentlichkeit,
- als Vermittler und Mediator, als Bindeglied zwischen internen und externen Interessen, als unmittelbarer Ansprechpartner, manchmal auch als Zielscheibe.

Die Arbeit bei der Verwaltung von Ressourcen
In Zeiten stärkerer Dezentralisierung müssen Schulleiterinnen und Schulleiter Aufgaben von der nächsthöheren Ebene übernehmen. So müssen sie immer mehr selbst auf Schulebene organisieren, und die Verwaltungsaufgaben wachsen. Sie sind tätig

- als Verwalter und Organisatoren, als »Manager« der Organisation,
- als Architekt und Gebäudemanager, zuständig für Gebäudeunterhalt sowie Renovierung und Ausbau,
- als Finanzmensch und Unternehmer, desto mehr, je stärker die dezentrale Ressourcenverwaltung greift.

Internationale Aufgaben- und Tätigkeitsbeschreibungen von Schulleitung
In der internationalen Schulleitungsforschung gibt es bereits eine Vielzahl von unterschiedlichen Klassifizierungsvarianten von Schulleitungsaufgaben, die Schulleitungshandeln in Aufgabenbereiche bündeln und diesen Verantwortlichkeiten sowie Tätigkeiten zuordnen (Klassifizierungen von Morgan et al. 1983; Jones 1987; Leithwood & Montgomery 1986; Glatter 1987; Stegö et al. 1987; Caldwell & Spinks 1992; Esp 1993; Jirasinghe & Lyons 1996).

Kompetenzamalgam für Schulleitung
Die skizzierten äußerst vielfältigen und umfangreichen Tätigkeitsbereiche bzw. Rollensegmente setzen umfangreiche Kompetenzen voraus. In Anbetracht dieser Aufgabenkomplexität von Schulleiterinnen und Schulleitern kann man von einem komplexen Kompetenzgefüge ausgehen, von einem komplexen und mannigfaltigen „Amalgam" von Schulleitungskompetenzen (Huber 2003). Solch ein umfassender und „ganzheitlicher" Kompetenzansatz berücksichtigt

demzufolge Fähigkeiten und Fertigkeiten, Wissen, Motivation, Eigenschaften, Haltungen und Einstellungen. Aspekte wie Selbstwirksamkeit und eine angemessene Selbstüberzeugtheit, ein Bewusstsein von den eigenen Kompetenzen spielen ebenfalls eine wesentliche Rolle (Huber 2002, 2003, 2005d).

Ansätze eines professionellen Umgangs mit der Komplexität

Dass Schulleitungshandeln von zunehmender Komplexität gekennzeichnet ist, wurde bereits in den vorausgehenden Abschnitten deutlich. Welche Ansätze für die Bewältigung dieser komplexen Aufgaben, mit denen Schulleitung tagtäglich konfrontiert ist, lassen sich international beobachten?

Internationale Standards für Schulleitung
International lässt sich die Formulierung von Standards für Schulleitung beobachten. Bei diesen Standards sind zwei Aspekte auffällig. Zum einen verfolgen sie die transparente Unterscheidung zwischen Knowledge (Wissen), Performances (Können) und Dispositions (Wollen). In Anbetracht der Aufgabenkomplexität von Schulleitung ist von einem Amalgam von erforderlichen Kompetenzen auszugehen. Ein umfassender Kompetenzansatz muss demzufolge Fähigkeiten und Fertigkeiten, Wissen, Motive, Eigenschaften und Einstellungen berücksichtigen. Dies leisten internationale Anforderungsprofile; bundesdeutsche dagegen nicht in dieser Deutlichkeit. Bei der Professionalisierung von Schulleitung (der Qualifizierung und der Auswahl) wie auch der Evaluation von Schulleitungspersonal werden diese Standards berücksichtigt.

Professionalisierung von Schulleiterinnen und Schulleitern: Qualifizierung und Auswahl
Internationale Trends der Qualifizierung zeigen, dass Fragen der Anbieter, der Referenten, der Inhalte, der Methoden, der Lernformen und Lernanlässe, der zeitlichen Strukturierung und des zeitlichen Umfangs in anderen Ländern anders beantwortet werden als in den deutschen Bundesländern (vgl. Huber 2003). Solche zu beobachtenden internationalen Tendenzen in der Qualifizierung von Schulleitern könnte man unter folgenden Stichworten subsumieren:
- Zentrale Qualitätssicherung und dezentrale Durchführung
- Neue Formen der Kooperation und Partnerschaften
- Verzahnung von Theorie und Praxis
- Qualifizierung vor Amtsantritt
- Umfangreiche Qualifizierungsprogramme
- Mehrphasigkeit und Modularisierung
- Entwicklung der Persönlichkeit statt Anpassung an eine Rolle
- Kommunikation und Kooperation als zentrale Elemente
- Von Management und Verwaltung zu Führung und Gestaltung
- Qualifizierung von Schulleitungsteams für Schulentwicklung
- Wissen entwickeln statt Wissen vermitteln
- Erfahrungs- und Anwendungsorientierung
- Vom Lernen im „Workshop" zum Lernen am „Workplace"
- Explizite Zielsetzungen
- Neue Führungskonzeptionen
- Orientierung an der Zieltätigkeit von Schule

Neben einer angemessenen Qualifizierung ist die Rekrutierung und Auswahl von pädagogischem Führungspersonal von entscheidender Bedeutung.

Aufgrund einer ersten internationalen Sondierungsrecherche zeigt sich, dass in einer Reihe anderer Länder bereits aufgabenorientierte und kompetenzbasierte Auswahlmodalitäten eingesetzt werden. Es scheint z.B. in den USA, als ob das in der Wirtschaft weit verbreitete Assessment Center Verfahren auch vermehrt Verwendung für die Auswahl von Schulleitungspositionen findet (vgl. National Association of Secondary School Principals, 2002, 2004; für England siehe National Educational Assessment Centre, NEAC, 1995 sowie Schneider 1997; für die Niederlande van der Molen, Korbee und Kiers 1995; für Österreich siehe Informationen des Landes Steiermark; Moser 2004). Dortige Assessment Center Verfahren werden bereits seit den frühen 1980er Jahren wissenschaftlich kontinuierlich überprüft (vgl. Validitätsstudien von Schmitt 1980; Schmitt et al. 1982; Schmitt & Cohen 1990a; Schmitt & Cohen 1990b; Williams & Pantili 1992; Schmitt 1994). Die Ergebnisse der amerikanischen Studien konnten die Vorhersagekraft der eingesetzten Assessment Center für die spätere Leistung von Schulleitern bestätigen.

Insgesamt besteht allerdings ein Defizit an internationalen systematischen Vergleichen und einer kritischen Rezeption der bisher vereinzelt vorliegenden Ergebnisse. An eine solche Zusammenschau würden sich dann empirische Studien anknüpfen lassen. Nach jetzigem Kenntnisstand kann also nicht von einer empirisch gesicherten Erkenntnislage ausgegangen werden. Auch ist gänzlich offen, welches Methodenspektrum für eine Auswahl pädagogischen Führungspersonals in anderen Ländern eingesetzt wird.

Neue Führungskonzeptionen und Führungsmodelle

Angesichts dieser Komplexitätszunahme von Schulleitungsaufgaben kann Schulleitung nicht als ein „multifunktionales Wunderwesen" verstanden werden. Welche Führungskonzeptionen werden international diskutiert und erforscht?

Kooperation und kooperative Führung

Kooperation war und ist Maxime pädagogischen Handelns. In der erziehungs- und bildungstheoretischen Tradition ist zwar nicht immer der Begriff „Kooperation" benutzt worden, aber oft von Partnerschaft, von Gemeinschaft, pädagogischem Bezug, von sozialintegrativem, demokratischem Erziehungsstil usw. gesprochen worden. Kooperation in Schulen muss unter einer pädagogischen Perspektive gesehen werden, denn anders als in der Wirtschaft ist sie sowohl Mittel als auch Ziel an sich. Aufgabe aller Lehrkräfte und besonders der Schulleitung ist es, Voraussetzungen und konkrete Möglichkeiten zu schaffen und durch Kooperation Entwicklungsprozesse in Gang zu setzen, die die Problemlösungsfähigkeit und Leistungsfähigkeit der Schülerinnen und Schüler sowie die der Schule insgesamt zu erhöhen versprechen. Kooperation ist aber nicht nur intendierte Arbeitsform für Lernende und Lehrkräfte, sondern betrifft ganz maßgeblich auch die Schulleitung: Die Schulleitung schafft Rahmenbedingung, unterstützt die Umsetzung an der Schule und ist zudem Vorbild für kooperatives Handeln.

Leithwood und Riehl (2003) favorisieren einen schrittweisen Übergang von einer individuellen zu einer kollektiven Führungsverantwortung in Schulen.

Organisationales Lernen ist dabei die entscheidende Einflussvariable zwischen Leitungshandeln, Arbeit der Lehrerinnen und Lehrer sowie Outcome (Leistungen) der Schülerinnen und Schüler. Durch organisationales Lernen entsteht eine vertrauensvolle und gemeinschaftliche Atmosphäre, in der Ziele gemeinsam entwickelt und getragen werden und die es erlaubt, Initiativen und ggf. auch Risiken innerhalb eines professionellen Schulentwicklungskonzeptes einzugehen.

Kooperative Führung verlangt von allen Beteiligten ein hohes Maß an Sozialkompetenz. Sie kann nur erfolgreich sein, wenn wechselseitiges Vertrauen, Unterstützung, Solidarität und Partnerschaft bei der Gestaltung der Beziehung zwischen Vorgesetzter bzw. Vorgesetztem und den Mitarbeiterinnen und Mitarbeitern Eingang finden.

Streuung von Führungsverantwortung ist an unseren Schulen recht häufig, vor allem an größeren Schulen: Andere Funktionsträger werden in Führungsverantwortung mit einbezogen, etwa der Stellvertretende Schulleiter, die Mitglieder der Schulleitung, eventuell Fachbereichsleiter etc. Die Gesamtverantwortung liegt allerdings immer bei der Schulleiterin bzw. dem Schulleiter selbst. Führungsaufgaben (und die Verantwortung für diese Teilbereiche) sind zwar breiter gestreut, aber die „Funktion Schulleiter" bleibt übergeordnet und in den Händen einer einzelnen Person. Anders ist Führung in geteilter Verantwortung: Hier hat nicht eine einzelne Person die Funktion bzw. Rolle der Schulleitung inne, sondern zwei oder mehr Personen, die alle gleichberechtigt sind. Geradezu basisdemokratisch ist die Vorstellung des Ersatzes einer Schulleiterfunktion durch die Institutionalisierung von Prozeduren, in denen das ganze Kollegium Entscheidungen trifft.

Im Ausland sind verschiedene Formen von strukturell geteilter Schulleitung als Idealtypen in der Diskussion und in unterschiedlichen Mischformen in der Realität zu beobachten. Ein vielverwendeter Terminus ist „distributed leadership".

Die Grundidee von „distributed leadership" (vgl. Beitrag 37 in diesem Band) ist eine breite Aufteilung von Führungsaufgaben/Leitungsaufgaben und Führungsverantwortung über die Organisation Schule (vgl. dazu die Literaturübersicht von Woods et al. 2004; oder Harris & Mujs 2006, sowie die theoretischen und empirischen Arbeiten von Jim Spillane, z.B. Spillane et al. 2001). Betont wird, dass nicht einfach neue Strukturen bei altem Denken der Handelnden gemeint sind, sondern eine fundiert „andere" Auffassung von Leitung/Führung, die eine andere Art zu denken voraussetzt. Das Konzept steht quer zu der Vorstellung von der Wahrnehmung von Führungsaufgaben durch den Träger einer formalen Rolle innerhalb einer Organisation, die personenbezogen ausgeübt wird, denn es geht von der Vorstellung aus, dass Leitung und Führung eher einer Funktion innerhalb einer Organisation entsprechen. Im Gegensatz zur gängigen Auffassung, dass „Leitung bzw. Führung" sich in den Handlungsweisen von Individuen in bestimmten Positionen manifestiert, geht das Konzept „distributed leadership" davon aus, dass es in jeder Organisation (hier: in jeder Schule) eine Vielfalt von zielsetzenden, richtungsweisenden, Einfluss ausübenden, Entscheidungen treffenden Aktivitäten gibt (ausgeübt durch unterschiedliche Individuen auf unterschiedlichen „Ebenen"). All diese Aktivitäten sind im Grunde „Leitung und Führung", ganz gleich, ob die Handelnden nun eine formale Führungsrolle innehaben oder nicht. „Distributed leadership" ist also eine Art konzertierte Aktion, das Gesamt der Expertise, der Entscheidungen, der Zielsetzungen und -umsetzungen in einer Schule. Als eine Art „Kleister" (englisch „glue"), der die innerschulische Kohärenz dieses vielfältigen Führungshandelns bewirkt, bezeichnet Harris (2002) die jeweilige Schulkultur und das (meist implizite) gemeinsame Wertesystem.

Die Forschung zu „distributed leadership" hat erst begonnen, und folglich gibt es noch wenig empirisch gewonnene Erkenntnisse, was es ganz konkret an Änderungen sowohl in der Definition und Selbstdefinition der (sicher weiter vorhandenen, aber anders auszugestaltenden) formalen Führungsrollen einerseits, im Selbstverständnis der Lehrkräfte andererseits und letztlich auch in den Strukturen der Schulen bedeutet. Ebenso sind auch Erkenntnisse über die Wirksamkeit dieser Konzepte noch in den Anfängen begriffen, aber die Ergebnisse können mit Spannung erwartet werden (Gronn 2000; Harris 2002; Spillane et al. 2001).

Verwandte Begriffe in der internationalen Literatur, die aber teilweise unterschiedlich verwendet werden, sind: delegated leadership, democratic leadership, dispersed leadership, consultative leadership, supported leadership, dual leadership, shared leadership.

In der Realität finden sich international vielfältige Mischformen. Grundlage ist die Überzeugung vom Wert und Sinn von Führungs-/Leitungsteams bzw. von Leitung im Team, die Erkenntnis, dass Leitung/Führung geteilt werden sollte, und zwar auf allen Ebenen.

Studien zur Wirksamkeit von „distributed leadership" bzw. kooperativer Führung (vgl. Wiendieck & Wiswede 1990; Lotmar & Tondeur 1991; Jetter 2000, Bonsen et al. 2002; Gronn 2002) nennen vor allem folgende Vorzüge, die teils auf Effizienz, teils auf Wertehaltung abzielen:
- fundiertere und abgewogenere Entscheidungen,
- mehr Akzeptanz der getroffenen Entscheidungen,
- Chance der Professionalisierung vieler,
- das Erleben stärkerer persönlicher Bereicherung durch die Mitarbeiter,
- Reduktion von Stress und Isolation,
- höhere Arbeitszufriedenheit,
- höhere Motivation,
- Verantwortungssteigerung,
- bessere Qualität der Arbeit,
- schnellere Ergebnisse,
- eine geringere Anzahl von abgebrochenen Projekten,
- effizientere Prozesse,
- mehr Erfolg.

Bedingungen dafür sind:
- offene Kommunikation,
- ausreichende Zeitfenster,
- Vereinbarungen über grundlegende pädagogische Vorstellungen und Strategien,
- kontinuierliche Reflexion,
- Bereitschaft zur Teilung von Verantwortung und auch dazu, den anderen im Team Rechenschaft zu geben,
- gegenseitiges Vertrauen und Achtung voreinander

Ein integratives Führungskonzept
Ein integratives Führungskonzept (Huber 2005a; Huber 2005b; Huber 2005c; Moos & Huber 2007) geht von einer klaren Zielorientierung aus. Gemäß der Führungskonzeption eines „organisationspädagogischen Managements" (Rosenbusch 2005) ist es pädagogischen Werten verpflichtet, die den Umgang mit den Schülerinnen und Schülern ebenso bestimmen sollen wie die Kooperation mit dem Kollegium. Es weist Verwaltungsaspekten die klare Funktion zu, Instrumente zum Erreichen genuin pädagogischer Zielvorstellungen zu sein, und zeigt somit eine deutliche pädagogische Zielorientierung. Diese Ziele sollen die Organisation Schule bestimmen und so verändern, dass sie zur bewusst gestalteten, erzieherisch bedeutsamen Wirklichkeit wird. Das Führungshandeln soll auch Modell dafür sein, wozu die Schule erziehen will, d. h. es soll einen anschaulichen und modellhaften sozialen Erfahrungsraum für alle Beteiligten gestalten, in dem pädagogische Zielvorstellungen zum Nutzen der Organisation und der bzw. des Einzelnen verwirklicht werden können.

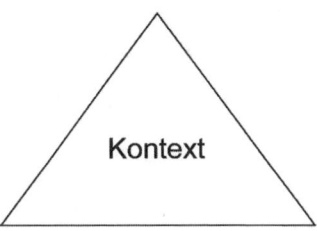

Abb. 7: Integratives Führungskonzept

Ein integratives Führungskonzept (Abb. 7) verbindet diese Zieljustierung an pädagogischen Prämissen, wie sie die Organisationspädagogik fordert, mit einer Integration verschiedener Rollen, wie sie die einzelne Schulleiterin oder der einzelne Schulleiter in ihrer Person leisten müssen, und einer Integration aller an Schule Beteiligten, wie sie kooperative Führung umsetzt. Das „Feintuning" des Schulleitungshandelns in einem solchen integrativen Führungskonzept bringt der Kontext mit sich: Führungshandeln ist kontextspezifisch.

Ausblick

Vor dem Hintergrund der aktuellen Veränderungen in Fragen der Steuerung im Bildungssystem ist die Bedeutung von Schulleitungshandeln für die Qualität und Entwicklung von Schulen einerseits und die Relevanz einer Professionalisierung von Schulleitungspersonal andererseits wissenschaftlich gut gestützt. Angesichts der Relevanz von Schulleitung und der sich wandelnden Anforderungen sind eine entsprechende Quantität und Qualität der Aus-, Fort- und Weiterbildung des Leitungspersonals von großer Bedeutung. Bemühungen in Richtung einer Anpassung der gängigen Qualifizierungspraxis sind in vielen Ländern zwar zunehmend anzutreffen, aber noch nicht immer zufriedenstellend umgesetzt.

Darüber hinaus ist relevant, überhaupt geeignete Personen für diese Führungsaufgaben zu gewinnen und auszuwählen. Über den Leistungsstand der gegenwärtigen Verfahren zur Auswahl von Schulleitungspersonal kann allerdings bisher so gut wie nichts gesagt werden. Es ist festzustellen, dass – außer unserer eigenen Sondierungsuntersuchung – keine auch nur deskriptiv vergleichende Untersuchung zu unterschiedlichen Auswahlverfahren für Schulleiterinnen und Schulleiter vorliegt und dass vor allem notwendige Validitätsstudien in den meisten Ländern fehlen.

Was ist in nächster Zukunft wissenschaftlich zu leisten und was ist von bildungspolitischer Relevanz?

Sinnvoll wäre die Durchführung von Tätigkeits-, Anforderungs- und Belastungsstudien bzw. Bedarfsanalysen, um festzustellen, wo die gegenwärtigen Bedürfnisse von schon länger amtierenden Schulleiterinnen und Schulleitern bzw. von sich bewerbenden und neu ernannten Schulleitenden liegen (auch aus „externer" Sicht durch Lehrkräfte, Schulaufsicht, Elternvertretung etc.).

Nötig wäre auch die Durchführung von weiteren international-vergleichenden Studien, um die Leistungskraft von Auswahlverfahren und Qualifizierungsprogrammen vor dem Hintergrund aktueller und künftiger Anforderungen an Schulleitung zu untersuchen.

Hilfreich wäre die Bildung von nationalen und internationalen Netzwerken für Schulleitungsfragen und Fragen der Auswahl und Qualifizierung sowie – und davon könnte eine richtige Schubkraft ausgehen – die Schaffung einer zentralen Einrichtung für die Bundesländer oder zumindest von Kompetenzzentren, die sowohl wissenschaftlich als auch praktisch die verschiedenen Erfahrungen und Forschungsergebnisse bündeln, wirkungsvolles Wissensmanagement betreiben und Impulse für Innovationen geben: Forschung, Wissensmanagement, Wissenstransfer mit Beratung und Service sowie Qualifizierung sollten die Aufgabenbereiche sein.

Literatur
Bonsen, M./Gathen, J.v.d/Pfeiffer, H. (2002): Die Wirksamkeit von Schulleitung. Weinheim u.a.: Juventa. – Caldwell, B. J./Spinks, J. M. (1992): Leading the Self-Managing School. London u.a.: Falmer Press. – Das Land Steiermark. Landesrat Jugend, Frauen, Familie, Bildung und Finanzen. Zukunft AG [online: http://www.verwaltung. steiermark.at/cms/ziel/9645/DE/, 19.01.2010]. – Esp, D. (1993): Competences for School Managers. London u.a.: Kogan Page. – Glatter, R. (1987): Tasks and Capabilities. In: Stegö, N. E./Gielen, K./Glatter, R./Hord, S.M. (Eds.): The Role of School Leaders in School Improvement. Leuven: ACCO, pp. 113–121. – Gronn, P. (2000): "Distributed properties: a new architecture for leadership". In: Educational Management and Administration. 28 (2), pp. 317-338. – Gronn, P. (2002): Distributed Leadership. In: Leithwood, K./Hallinger, P./Seashore-Lois, K./Furman-Brown, G./Gronn, P./Mulford, W./Riley, K. (Eds.): The Second International Yearbook in Educational Leadership. Kluwer: Dorddrecht. – Harris, A. (2002): Distributed Leadership in Schools: Leading or Misleading? Vortrag und Manuskript für die Konferenz der British Educational Leadership, Management & Administration Society. – Harris, A. and Muijs, D. (2006): The Impact of Distributed Leadership on School Improvement. Warwick: University of Warwick. – Huber, S. G. (1999): Schulleitung international. Studienbrief im Studium „Vorbereitung auf Leitungsaufgaben in Schulen". Hagen: Fernuniversität Hagen. – Huber, S. G. (2002): Trends in der Qualifizierung von Schulleiterinnen und Schulleitern – Ausgewählte Ergebnisse einer international-vergleichenden Studie. In: Wissinger, J./Huber, S. G. (Hrsg.): Schulleitung – Forschung und Qualifizierung. Opladen: Leske & Budrich, S. 215-233. – Huber, S. G. (2003): Qualifizierung von Schulleiterinnen und Schulleitern im internationalen Vergleich: Eine Untersuchung in 15 Ländern zur Professionalisierung von pädagogischen Führungskräften für Schulen. Kronach: Wolters Kluwer. – Huber, S. G. (2005a): Merkmale erfolgreicher Führung. In: Bartz, A./ Fabian, J./Huber, S. G./Kloft, C./Rosenbusch, H./Sassenscheidt, H. (Hrsg.)(2005): PraxisWissen Schulleitung (10.13). München: Wolters Kluwer. – Huber, S. G. (2005b): Führungskonzeptionen und Führungsmodelle im Überblick. In: Bartz, A./Fabian, J./Huber, S. G./Kloft, C./Rosenbusch, H./Sassenscheidt, H. (Hrsg.): PraxisWissen Schulleitung (10.11). München: Wolters Kluwer. – Huber, S. G. (2005c): Schulleitungshandeln als pädagogisch orientiertes Handeln verstehen. In: Bartz, A./Fabian, J./Huber, S.G./Kloft, C./Rosenbusch, H./Sassenscheidt, H. (Hrsg.) (2005): PraxisWissen Schulleitung (10.12). München: Wolters Kluwer. – Huber, S. G. (2005d): Anforderungen an Schulleitung: Überlegungen aufgrund der Veränderungen in den Bildungssystemen vieler Länder. In: Bartz, A./Fabian, J./Huber, S.G./Kloft, C./Rosenbusch, H./Sassenscheidt.H. (Hrsg.)(2005): PraxisWissen Schulleitung. München: Wolters Kluwer, S. 10-23. – Jetter, W. (2000). Performance Management. Stuttgart: Schaeffer-Poeschel. – Jirasinghe, D./Lyons, G. (1996): The competent head: A job analysis of heads' tasks and personality factors. London: The Falmer Press. – Jones, A. (1987): Leadership for tomorrow's schools. Oxford: Basil Blackwell. – Katz, R.L. (1974): The skills of an effective administrator. Harvard Business Review. 52, pp. 90-102. – Leithwood, K./Riehl, C. (2003): What Do We Already Know About Successful School Leadership. AERA Division A Task Force on Developing Research in Educational Leadership? – Leithwood, K. A./Montgomery, D. J. (1986): Improving principal effectiveness: The principal profile. Toronto: OISE Press. – Lotmar, P./Tondeur, E. (1991): Führen in sozialen Organisationen. Bern: Paul Haupt. – Morgan, C./Hall, V./Mackay, H. (1983): The selection of secondary school head-teachers. Open University Press: Milton Keynes. – Moos, L./Huber, S. G. (2007): School leadership, school effectiveness and school improvement: democratic and integrative leadership. In: Townsend, T. (Hrsg.), International Handbook of School Effectiveness and Improvement, pp. 579-596. Dordrecht: Springer. – Moser, C. (2004): Theoriegeleitete Analyse des Assessment-Center-Verfahrens zur Rekrutierung von Schulleitern in Oberösterreich. Universität Salzburg, Unveröffentlichte Diplomarbeit. – National Association of Secondary School Principals (NASSP) (2002): Selecting and Developing the 21st Century Principal – Frequently Asked Questions. [verfügbar unter: www.principals.org/portals/0/content/26776.pdf, 01.02.2010]. – National Association of Secondary School Principals (NASSP) (2004): Promoting Excellence in School Leadership. [verfügbar unter: www.principals.org/portals/0/content/53356.pdf, 01.02.2010]. – National Educational Assessment Centre (NEAC) (1995): The Competencies. Oxford Brooks University: NEAC. – Rosenbusch, H. S. (2005): Organisationspädagogik der Schule. Kronach: Wolters Kluwer. – Schmitt, N. (1980): Validation of the NASSP Assessment Center: An Overview

and Some Preliminary Findings. NASSP Bulletin, 64(438), 107-117. – Schmitt, N./Meritt, R./Fitzgerald, M. P./ Noe, R. A. (1982): The NASSP assessment center: A validity report. National Association of Secondary School Principals Bulletin. 66, pp. 134-142. – Schmitt, N./Cohen, S. A. (1990a): Criterion-Related Validity of the NASSP Assessment Center. Report submitted to the National Association of Secondary School Principals. In: Journal of Personnel Evaluation. (4) 2, pp. 203-212. – Schmitt, N./Cohen, S. A. (1990b): Criterion-related validity of the assessment center for selection of school administrators. Journal of Personnel Evaluation in Education, 3, pp. 203-212. – Schmitt, N. (1994): Equivalence of NASSP Standard Assessment Center and an Abbreviated Center. Report submitted to National Association of Secondary School Principals. eston, VA. – Schneider, Franz J. (1997): Assessment Centre. Zur Auswahl von Schulleitern und stellvertretenden Schulleitern in England. Schul-Management, 28(1), pp. 32-35. – Spillane, J.P./Halverson, R./Diamond, J.B. (2001): Investigating school leadership practice: A distributed perspective. In: Educational Researcher, 30(3), pp. 23-28. –Stegö, N. E./Gielen, K./Glatter, R./Hord, S.M. (Eds.) (1987): The role of school leaders in school improvement. Leuven: ACCO. – van der Molen, H. T./ Korbee, C./Kiers, H. A. L. (1995): Selectie en management-ontwikkeling van schoolleiders: het assessment-center onderwijsmanagement. In: Dochy, F. J. R. C./de Rijke, T. R. (Eds.), Assessment Centers. Nieuwe toepassingen in opleiding, onderwijs en HRM. Utrecht: Lemma, pp. 239-254. – Wiendieck, G./Wiswede, G. (Hrsg.) (1990): Führung im Wandel. Neue Perspektiven für und Führungspraxis, Stuttgart. – Williams, J./Pantili, L. (1992): A Meta-Analytic Model of Principal Assessment. Journal of School Leadership. 2(3), pp. 256-279. – Woods, P-A./ Bennett, N./Harvey, J.A./Wise, C. (2004): Variabilities and Dualities in Distributed Leadership: Findings from a Systematic Literature Review. Educational Managministration & Leadership. 32(4), pp. 439-457.

6 Schulentwicklung, Personalentwicklung und Professionalisierung

43 | Einführung: Personalentwicklung, Personalmanagement und Professionalisierung
Claus G. Buhren

Personalmanagement scheint sich als zentrale Führungsaufgabe dem öffentlichen Dienst und damit auch der Schule nur langsam anzunähern. Hierfür liegt, wenn man die staatlich verantwortete Schule betrachtet eine Ursache darin, dass wesentliche Elemente oder Teilfunktionen des Personalmanagements wie z.B. die Personalauswahl, -einstellung und -beförderung, die Personalbesoldung etc. traditionell – trotz erster Veränderungsansätze in den einzelnen Bundesländern – in den Händen von Schulaufsicht und Bildungsverwaltung liegen. Allein die Fortbildung und der konkrete Personaleinsatz im Unterricht fallen in den Zuständigkeitsbereich der einzelnen Schule, wenn man von den dienstlichen Beurteilungen durch die Schulleitung bei Verbeamtung und Beförderung als ergänzende Dienstleistung für die Schulaufsicht absieht.

Diese Beschränkung der Schule respektive der Schulleitungen auf einige wenige Aufgaben im Rahmen des Personalmanagements scheint derzeit in vielen Bundesländern aufgehoben zu werden und stattdessen einer weit reichenden Verantwortungsübertragung auf die einzelne Schule in Bereichen des Personalmanagements Platz zu machen. Denn in dem Maße, wie Schulen zunehmend mehr Gestaltungsautonomie erhalten und ihnen Eigenverantwortlichkeit zugestanden wird, zieht sich die staatliche Schulaufsicht ebenso wie die kommunale Schulverwaltung aus traditionellen Aufgabenfeldern zurück.

Personalmanagement – Versuch einer begrifflichen Annäherung

Eine einheitliche Definition des Begriffs „Personalmanagement" existiert nicht. Allein das Begriffspaar „Personal" und „Management" lässt schon eine Vielzahl von Konnotationen zu, je nachdem, ob der Faktor Personal oder Management besonders in den Vordergrund gestellt wird. Wenn „Management" das handlungsleitende Interesse darstellt, dann steht die Handhabbarkeit oder Machbarkeit im Vordergrund, was auch der etymologischen Wortbedeutung am nächsten kommt. Beim Personal*management* geht es um Verfahren, Methoden und Techniken. Dem Personalmanagement könnte in diesem Verständnis leicht der Vorwurf eines technokratischen Konzeptes gemacht werden, wenn man ein allzu sehr an Organisationsabläufen, Planungsvorgaben und Zielerreichung orientiertes Management unterstellt. Doch auch die Auffassungen von Management haben sich in den letzten Jahrzehnten verändert, so dass selbst bei einer Betonung des Managementaspektes im Personalmanagement keine eindeutige Definition vorliegt.

Wird hingegen das „Personal" im *Personal*management stärker betont, könnte man vorschnell davon ausgehen, dass möglicherweise das Interesse an den Personen ins Zentrum rückt. Personal ist jedoch zunächst eine Sammelbezeichnung, ein „Kollektivsingular" oder „Menschen ohne Ansehen der Person", wie Neuberger (1991, S. 8) es ausdrückt. Das Personal bezeichnet somit in erster Linie die Gesamtheit der Arbeitskräfte einer Organisation, wobei die individuelle Person oder die Persönlichkeit des Einzelnen mit seinen Fähigkeiten ebenso wie mit seinen Schwächen oder seinen Interessen in den Hintergrund tritt. „Personal" kann in dieser Verknüpfung mit „Management" auf seine Funktion reduziert werden. Betrachtet man die Definitionen aus dem Schulbereich, so scheint auch hier keine Einheitlichkeit vorzuliegen:

- Nach Dubs umfasst das schulische Personalmanagement „die Gesamtheit aller Strategien sowie alle Maßnahmen und die dazu nötigen Personalinstrumente, die das Verhalten der Schulleitung, der Lehrkräfte sowie des Schulpersonals prägen" (Dubs 2001, S. 2).
- Für Bartz hat Personalmanagement „dafür zu sorgen, dass in einer Organisation die Mitarbeiterinnen und Mitarbeiter in der erforderlichen Anzahl (Quantität), mit der erforderlichen Qualifikation (Qualität) zum richtigen Zeitpunkt und am richtigen Ort zur Verfügung stehen. Dazu gehören alle Maßnahmen, die dazu dienen, den erforderlichen Personalbestand zu planen, zu überwachen und zu steuern" (Bartz 2004, S. 2).
- Simon hingegen begreift Personalmanagement „als Personalentwicklung im systemischen Zusammenhang der Rahmenbedingungen, unter denen sie stattfinden soll: die Arbeitsbedingungen für Lehrerinnen und Lehrer sowie für Schülerinnen und Schüler am Arbeitsplatz Schule, die aktive Teilhabe und Mitbestimmung aller Beteiligten, die Organisationsstruktur, das Arbeitsklima, aber auch das Angebot an Qualifizierungsmöglichkeiten und die Abhängigkeit der Personalentwicklung vom Finanzierungsrahmen rücken gleichfalls ins Blickfeld" (Simon, 2001, S. 23).

Personalmanagement, so die Quintessenz dieser kurzen Annäherung an den Begriff, kann offensichtlich nur durch das ihm zugrunde liegende Konzept definiert werden.

Ansatzpunkte für Personalmanagement in und durch Schule

Es wäre sicherlich zu kurz gegriffen, wenn man mit dem Verweis auf die Ergebnisse der PISA-Studien 2000 bis 2006 (Deutsches PISA Konsortium 2003; PISA-Konsortium Deutschland 2007) die Ursachen für das wiederholt eher schlechte Abschneiden der deutschen Schüler/innen hauptsächlich in den unzureichenden Lehrmethoden und Vermittlungstechniken der Lehrkräfte suchen würde. Doch wenn die Kritik einer fehlenden Methodenkompetenz und veralteter Unterrichtspraxis auch nur in Ansätzen zutrifft, verweist sie auf einen bedenkenswerten Umstand: Eine systematische Personalentwicklung und Professionalisierung, die sowohl die individuelle Entwicklung der Lehrerinnen und Lehrer umfasst als auch die gemeinsame Entwicklung des Kollegiums einer Schule, ist in den meisten Schulen nicht existent. Fachliche wie auch persönliche Weiterentwicklung scheint eine individuelle Angelegenheit zu sein, die mehr oder weniger genutzt wird. Dies allein könnte schon Anlass genug sein, der Schule die Verantwortung, Überprüfung und Kontrolle der fachlichen und berufsspezifischen Weiterentwicklung ihres Personals – auf der Basis staatlicher Vorgaben – zu übertragen, als ein Teilaspekt des Personalmanagements.

Warum hat die Diskussion über Personalmanagement in der Schule erst jetzt begonnen, während im Wirtschafts- wie auch im Nonprofit-Bereich Konzepte des Personalmanagements seit Jahren etabliert sind und eine hohe Akzeptanz erfahren?

Dubs (2001, S. 15) nennt vier mögliche Gründe: Erstens die „Vermeidung von Bürokratisierung". Dahinter steckt die Befürchtung bei vielen Schulleitungen und Lehrkräften, dass Personalmanagement zu einer systematischen Bürokratisierung von Verwaltungsaufgaben führt, die ohnehin vor allem bei Schulleitungen auf eine gewisse Ablehnung stoße. Zweitens wird vor dem Hintergrund eines eher „improvisationsorientierten Umgangs mit Personalfragen" angenommen, dass sich Maßnahmen im Personalbereich am besten von Fall zu Fall lösen lassen, und geargwöhnt, ein „geordnetes Personalmanagement" könne zu Einschränkungen der beruflichen Freiheit führen. Drittens steht hier die Bevorzugung der Bearbeitung von personalorientierten Fragestellungen in Form von informellen Gesprächen einer eher systematischen Vorgehensweise gegenüber, die auch personalübergreifenden Prinzipien entspricht. Und viertens wird das Argument der rechtlichen Rahmenbedingungen angeführt, die beispielsweise Schulleitungen nur wenige Kompetenzen im Hinblick auf verwaltungs- und personalrechtliche Vorschriften einräumen.

Nun hat zumindest der letztgenannte Grund eine entscheidende Wende dadurch erfahren, dass mit dem Gesetz zur Reform des öffentlichen Dienstrechts bereits vor mehr als 10 Jahren den Schulleitungen eine erhebliche Kompetenzerweiterung hinsichtlich der Personalbeurteilung zugestanden wird. Leistungslohn für Beamte ist zumindest kurzfristig ein Thema der öffentlichen Diskussion geworden. So sieht die Dienstrechtsreform materielle Leistungsanreize für Beamte vor, die sowohl als individuelle Leistungsanreize als auch der Personalentwicklung dienen sollen. Auch wenn die einzelnen Bundesländer die Reform unterschiedlich schnell umsetzen, werden hier in naher Zukunft neue Aufgaben auf Schulleiterinnen und Schulleiter sowie Kollegien zukommen, die Personalentwicklung in direkten Zusammenhang zur Personalbeurteilung setzen. Für die Länder Baden-Württemberg und Bayern ist es bereits Praxis, dass die Schulleiterinnen und Schulleiter dienstliche Beurteilungen vornehmen, die über eine Vergabe von Leistungsstufen entscheiden. Darüber hinaus praktizieren seit einigen Jahren Schulen in mehreren Bundesländern das Prinzip der so genannten „schulscharfen Ausschreibung". Schulleitungen werden in die Lage versetzt, ihre Personalgewinnung selbst in die Hand zu nehmen. Damit können gezielt Lehrkräfte angeworben werden, die aufgrund ihrer persönlichen Kompetenzen in das Profil der Schule passen und nicht nur durch ihre Fächerkombination eine Bereicherung für die Schule darstellen.

Personalmanagement greift jedoch zu kurz, wenn es sich quasi als Reaktion auf die Veränderung rechtlicher Rahmenbedingungen auf Personalbeurteilung und Personaleinstellung beschränken würde. Personalmanagement muss vielmehr als eigenständiges Konzept für die Schule entwickelt werden, wenn es seine positiven Wirkungen entfalten soll. Hierzu lohnt ein Blick auf die zentralen Modelle des Personalmanagements und ihre jeweiligen Zielsetzungen.

Zentrale Modelle des Personalmanagements

Alle bisherigen Ansätze des Personalmanagements sind im Bereich der Wirtschaft entstanden. Dies mag schon allein dadurch nachvollziehbar sein, dass Personalmanagement ein Mindestmaß an autonomer Personalbewirtschaftung (z.B. Personalauswahl, Personaleinstellung, Personalbesoldung etc.) in der jeweiligen Organisation erfordert. In Einrichtungen des öffentlichen Dienstes ist diese Voraussetzung derzeit nur bedingt erfüllt, so dass auch in der Schule weitere Organisationsveränderungen etabliert werden müssen, um Konzepten des Personalmanagements eine förderliche Grundlage zu verschaffen.

Betrachtet man die unterschiedlichen Konzepte des Personalmanagements, die in den letzten Jahrzehnten entwickelt wurden, so lässt sich ein eindeutiger Trend feststellen, den Staehle (1991, S. 578) als den Übergang „vom control model zu einem commitment model des Personals" bezeichnet. Damit wird bereits angedeutet, dass ein Wandel im Verhältnis zwischen Personal und Management in Unternehmen entstanden ist. Während historisch gesehen zu Beginn des 20. Jahrhunderts die Personalorganisationsverhältnisse vom Taylorismus bestimmt waren, das Personal folglich im Wesentlichen als Produktionsfaktor begriffen wurde, gewann schon in den 40er-Jahren das „Mitarbeitermodell" zunehmend an Bedeutung. Der arbeitende Mensch wurde als Mitarbeiter „entdeckt" und damit auch seine persönlichen Bedürfnisse nach Anerkennung für seine Arbeit. Damit fanden im Personalmanagement auch zum ersten Mal die Ansprüche des Personals gegenüber der Organisation Berücksichtigung. Die ersten Ansätze der Organisationsentwicklung – häufig verbunden mit den Projekten des amerikanischen Sozialpsychologen Curt Lewin – sind in dieser Zeit zu verorten. Seit den 50er-Jahren hat sich vor allem in den USA das „Social-Responsibility"-Konzept als Führungslehre in Unternehmen allmählich durchgesetzt. Das Personal könnte in einem solchen Konzept als „Mitglied" in einem offenen System betrachtet werden. Das persönliche Potenzial des Personals zur Selbstorganisation, die Einrichtung autonomer Arbeitsgruppen und die Übernahme von Selbstverantwortung sind leitende Handlungsstrategien dieses Konzeptes.

Nun wäre es naiv davon auszugehen, dass zu Beginn des 21. Jahrhunderts alle Unternehmen einem „Mitgliedsmodell" der Personalführung und des Personalmanagements folgen. Umso wichtiger erscheint es, beim Transfer von Ansätzen des Personalmanagements auf die Institution Schule davon auszugehen, dass es sich hierbei um ein umfassendes und langfristig angelegtes Konzept handeln sollte. So garantiert die Durchführung von Mitarbeitergesprächen noch keine Personalentwicklung. Denn vielfach sind die Mitarbeitergespräche schlecht vorbereitet, selten geht eine Selbstbeurteilung der Lehrperson voraus, nur hin und wieder münden sie in eine Zielvereinbarung, die häufig von der Lehrperson als unverbindlich empfunden wird, in den wenigsten Fällen bezieht sich das Gespräch auf Unterricht und meistens existiert auch kein Konzept von Unterrichtsentwicklung, sodass viele Mitarbeitergespräche wirkungslos bleiben. Ebenso wenig lässt die Möglichkeit der in einzelnen Bundesländern bereits verbreiteten Personalauswahl und -einstellung unter Mitwirkung der Schulleitung auf ein Konzept der durchdachten und auf die zukünftigen Bedarfe der Schule zielenden Personalplanung schließen. Denn auch hier fehlt es an Erfahrungen und Kompetenzen in der Personalbedarfsanalyse und an Formen und Verfahren für Personaleinstellungsgespräche.

Integriertes Personalmanagement für die Schule

Die Vereinzelung von Maßnahmen ist nur zu vermeiden, wenn es ein umfassendes Konzept gibt, an dem sich der gesamte Prozess des Personalmanagements ausrichtet, was für den Schulbereich bislang fehlt. Im Folgenden wird der Versuch unternommen, ein solches Konzept in Anlehnung an Hilb (2001) zu skizzieren (ausführlich Buhren & Rolff 2009), der ein überzeugendes „Integriertes Personal-Management" für den Wirtschaftsbereich entwickelt hat. Hilb setzt zunächst einen Gesamtrahmen, den er Personalmanagement nennt. Personalmanagement umfasst drei von Wächter (1991) herausgearbeitete Schwerpunkte im Personalbereich. Es soll sich „strategisch ausrichten (statt nur reagierend verwaltend); es soll den Menschen als Ressource begreifen (statt nur als Kostenfaktor), und die Personalfunktion soll als primäre Managementaufgabe (statt als spezialisierte Stabsfunktion) verstanden werden" (Wächter 1991, S. 325). In den USA wird dieser Ansatz „Strategic Human Resource Management" genannt.

Hilb unterteilt vor diesem Hintergrund das Personalmanagement in vier Teilfunktionen, die systematisch aufeinander bezogen sind – Personalgewinnung, Personalbeurteilung, Personalhonorierung und Personalentwicklung –, und er richtet diese Teilfunktionen auf eine Vision aus, die das Gesamtsystem des Personalmanagements „steuert" (Hilb 2001, S. 14f.). Abbildung 8 veranschaulicht eine Adaptation dieses Konzeptes mit einigen Änderungen und Ergänzungen für das System Schule.

An der Spitze des Personalmanagement-Dreiecks steht eine Vision. Unter Vision wird ein klares Bild der Zukunft verstanden, die man erschaffen möchte. Für den Schulbereich ist der Begriff „Leitbild" vorzuziehen, weil er vertrauter ist und Schulen bereits Leitbilder entwickelt haben.

Mit Leitbild ist der Ausdruck des pädagogischen zukunftsbezogenen Selbstverständnisses des Kollegiums und möglichst auch der Schülerinnen und Schüler und Eltern gemeint (Philipp & Rolff 1998, S. 14f.). Personalmanagement ist dann integriert, wenn die personalpolitischen Ziele und Instrumente aus einem ganzheitlichen Schulleitbild hergeleitet werden.

Einführung: Personalentwicklung, Personalmanagement und Professionalisierung

Abb 8: Das Personalmanagementdreieck

Die Teilfunktion *Personalgewinnung* suggeriert Personalwerbemaßnahmen. Diese werden im Wirtschaftsbereich vor allem für Führungskräfte bis hin zum Headhunting durchgeführt. Im Schulbereich spricht man derzeit noch von Personalrekrutierung, die auch Personaleinstellung und Personalbedarfsplanung umfasst. Allerdings ist angesichts des zunehmenden Lehrermangels und der unterschiedlichen Anstellungspraxis in den einzelnen Bundesländern zu erwarten, dass Schulen künftig mehr um Lehrkräfte werben müssen.

Die Teilfunktion *Personalbeurteilung* ist auf den Schulbereich im Prinzip übertragbar, ebenso wie die Teilfunktion *Personalhonorierung*, obgleich dafür im Schulbereich besondere Bedingungen gelten und sie eher als *Personalbesoldung* bezeichnet werden sollte. Die Teilfunktion *Personalentwicklung* ist das Kernstück des Personalmanagements. Deshalb, aber auch wegen der besonderen Rolle der Schulleitung, ist eine Unterteilung in Personalführung und Personalförderung sinnvoll. Für die strategische Führung ist die Schulbehörde, für die operative jede einzelne Schule selbst verantwortlich. Aufgrund ihrer zentralen Rolle – auch für die Professionalisierung – möchte ich auf diese Teilfunktion genauer eingehen.

Personalmanagement als Personalentwicklung

Personalmanagement im Sinne von Personalentwicklung wird in der einschlägigen Literatur definiert „als Inbegriff aller Maßnahmen, die der individuellen beruflichen Entwicklung der Mitarbeiter dienen und ihnen unter Beachtung ihrer persönlichen Interessen die zur optimalen Wahrnehmung ihrer jetzigen und künftigen Aufgaben erforderlichen Qualifikationen vermitteln" (Mentzel 1997, S. 15). Personalentwicklung ist demnach zum einen auf die Mitarbeiter mit der Zielsetzung ausgerichtet, sie in ihrer individuellen Entwicklung zu fördern; zum anderen ist Personalentwicklung auf die Organisation insgesamt orientiert, deren Bedarf an qualifizierten Mitgliedern gedeckt werden muss. Es geht im Kern darum, die vorhandenen Fähigkeiten und

Neigungen der Mitarbeiterinnen und Mitarbeiter zu erkennen, zu entwickeln und „sie mit den jeweiligen Erfordernissen der Arbeitsplätze in Übereinstimmung zu bringen" (Mentzel 1997). Dies führt nicht automatisch zu einer Balance, sondern im Gegenteil häufig zu Konflikten: Die Mitarbeiterinnen und Mitarbeiter haben andere Bedürfnisse als die Organisation bzw. der Bedarf der Organisation passt nicht zu den Bedürfnissen der Mitarbeiterinnen und Mitarbeiter. Es ist eine der wichtigsten Aufgaben der Personalführung, hier zu vermitteln. Mentzel leitet aus seiner Definition aufeinander aufbauende Aufgaben der Personalentwicklung ab:

- „Die Personalentwicklung hat unter Berücksichtigung der individuellen Erwartungen zu prüfen, welche Mitarbeiter im Hinblick auf künftige Veränderungen der Arbeitsplätze zu fördern sind;
- sie hat die notwendigen Förderungs- und Bildungsangebote zu schaffen und mit den Betroffenen festzulegen, welche Maßnahmen für den Einzelnen infrage kommen;
- sie ist zuständig für die Planung, Durchführung und Kontrolle der beschlossenen Bildungsmaßnahmen" (Mentzel 1997, S. 15f.).

Mit Wunder (2000, S. 32f.) kann zwischen direkter und indirekter Personalentwicklung unterschieden werden. Direkte Personalentwicklung vollzieht sich in unmittelbarer Interaktion von Leitungspersonen und Mitarbeiterinnen und Mitarbeiter. Beispiele dafür sind das Mitarbeitergespräch, Beratungen, Coaching und fast alle Formen des Trainings. Indirekte Personalentwicklung ist nicht auf unmittelbare Einwirkung angelegt. Sie vertraut vielmehr auf die Förderwirkung von „Settings", die bewusst so angelegt werden, dass Lernsituationen entstehen, die in eine bestimmte Richtung wirken. Damit wird Selbstentwicklung intendiert.

Schließlich ist noch eine Unterscheidung bedeutsam, die aus der US-amerikanischen Literatur stammt (z.B. Joyce & Showers 1995). Personalentwicklung im umfassenden Sinne heißt in den USA *human resource development* (HRD). Die eher auf die einzelne Person bezogene HRD wird als *personnel development* bezeichnet, die Teile oder das Ganze des Kollegiums betreffende *staff development* genannt. Analog kann man von professioneller Entwicklung und Kollegiumsentwicklung sprechen.

Somit dient Personalentwicklung im Rahmen des Personalmanagements sowohl der individuellen Entwicklung und damit der Professionalisierung wie auch Entwicklung der Schule als Organisation, die sich weiter entwickelt, wenn sich auch ihre Mitglieder einzeln weiter entwickeln.

Perspektiven und Forschungsdesiderate

Einem professionellen Personalmanagement in Schulen fehlt bisher die Praxisfundierung, dies scheint eines der größten Probleme und zugleich die größte Herausforderung für die Zukunft zu sein. Dabei ist es unstrittig, dass dies eine Veränderung der Schulleiterrolle erfordert. Entsprechend zahlreich sind die Gesetzesinitiativen, in denen Schulleiter als Dienstvorgesetzte gestärkt werden sollen. Ein aktuelles Beispiel dafür ist das im Sommer 2006 verabschiedete Schulgesetz von Nordrhein-Westfalen. Darin heißt es in § 59, Absatz 5: „Zur Stärkung der Selbstverwaltung und Eigenverantwortung der Schulen werden den Schulleiterinnen und Schulleitern Aufgaben der oder des Dienstvorgesetzten übertragen." Welche Rechte den Schulleitungen genau übertragen werden sollen, lässt das Gesetz allerdings offen und ist den Ausführungsvorschriften überlassen. Vor diesem Hintergrund scheint ein Forschungsergebnis zum Modellvorhaben „Selbstständige Schule" interessant: Die Schulleiter der beteiligten 278 Schulen konnten selber entscheiden, ob sie Dienstvorgesetzter sein wollen oder nicht. 40 Prozent machten von dieser Möglichkeit Gebrauch. Betrachtet man die Einstellung der Lehrkräfte gegenüber den neuen Befugnissen der Schulleitung, so stehen diese der neuen Rolle eher positiv gegenüber. 76 Prozent der Lehrkräfte geben darüber hinaus an, dass sich durch die Dienstvorgesetzteneigenschaften das Verhältnis der Schulleitung zum Kollegium nicht verändert hat. Für fünf Prozent hat sich das Verhältnis gebessert und zwölf Prozent sehen eine Verschlechterung (Holtappels et al. 2006, S. 619f).

Dabei sind viele neue Schulleiterkompetenzen, die sich aus den Anforderungen an ein professionelles Personalmanagement ergeben im Schulalltag noch gar nicht angekommen. Es bleibt zu erforschen, inwieweit diese Aufgaben des Schulleiters zur Entwicklung eines eigenen Profils im Interesse der Schule wie auch pädagogisch sinnvoll genutzt werden. Denn nur dann entsteht für jede einzelne Schule der gewünschte pädagogische und qualitative Zugewinn.

Literatur

Bartz, A. (2004): Personalmanagement in Schule. Soest: Landesinstitut für Schule. – Buhren, C.G./Rolff, H.G. (2009): Personalmanagement in Schulen. Weinheim, München: Beltz. – Deutsches PISA Konsortium (Hrsg.) (2003): PISA 2000. Ein differenzierter Blick auf die Länder der Bundesrepublik Deutschland. Opladen: Leske + Budrich. – Dubs, R. (2001): Personalmanagement: Fernstudium Schulmanagement. Studienbrief des Zentrums für Fernstudien der Universität. Kaiserslautern: Zentrum für Fernstudien und universitäre Weiterbildung. – Hilb, M. (2001): Integriertes Personal-Management. Ziele – Strategien – Instrumente. 8. erw. Aufl. Neuwied: Luchterhand. – Holtappels, H.G. /Lohre, W.: (Hrsg.) (2006): Entwicklung ist messbar. Zwischenbericht der wissenschaftlichen Begleitforschung zum Projekt „Selbständige Schule". Troisdorf: Bildungsverlag EINS. – Joyce, B./Showers, B. (1995): Student Achievement through Staff Development. New York, London: Association for Supervision & Curriculum Deve. – Mentzel, W. (1997): Unternehmenssicherung durch Personalentwicklung. 7. Aufl. Freiburg: DTV-Beck. – MSW (Hrsg.) (2006): Schulgesetz NRW. Düsseldorf: Ministerium für Schule und Weiterbildung des Landes Nordrhein-Westfalen. – Neuberger, O. (1991): Personalentwicklung. Stuttgart: Enke. – Philipp, E./ Rolff, H.G. (1998): Schulprogramme und Leitbilder entwickeln. Weinheim, Basel: Beltz. – PISA-Konsortium Deutschland (Hrsg.) (2007): PISA 2006. Münster: Waxmann. – Simon, R. (2001): Personalentwicklung und Eigenverantwortung. In: Lernende Schule. Heft 16, S. 22-26. – Staehle, W.H. (1991): Management. München: Vahlen. – Wächter, H. (1991): Vom Personalwesen zum Strategic Human Ressource Management. In: Staehle, W.H./ Conrad, P. (Hrsg.): Managementforschung 2: Flache Hierarchien und organisatorisches Lernen. Berlin, New York: Gabler, S. 313-340 – Wunder, R. (2000): Führung und Zusammenarbeit. Eine unternehmerische Führungslehre. Neuwied: Luchterhand.

44| Professionalisierungsprozesse während der Berufsbiographie
Uwe Hericks und Bernhard Stelmaszyk

Schulpädagogische Biographieforschung

In den letzten Jahrzehnten des 20. Jahrhunderts etablierte sich im deutschsprachigen Raum eine erziehungswissenschaftliche und „bildungstheoretisch orientierte" (Marotzki 2006, S. 125) Biographieforschung als Teil der Allgemeinen Erziehungswissenschaft. Parallel zu dieser Entwicklung – aber ohne deutlich sichtbare gegenseitige Rezeption – diskutiert der Schulpädagoge Ewald Terhart ein *Konzept berufsbiographischer Grundlegung und Forschung für den Lehrerberuf*. Die Idee dazu stammte aus dem Kontext eines quantitativ-empirischen Projekts „Berufsbiographien von Lehrern und Lehrerinnen" (Terhart et al. 1994). Ca. 500 niedersächsische Lehrerinnen und Lehrer unterschiedlicher Schulformen und aus drei Altersgruppen wurden mittels eines umfangreichen Fragebogens mit offenen und geschlossenen Fragen untersucht. Als theoretische Rahmung lag eine Orientierung an einer so genannten *berufsbiographischen Perspektive* vor, in welcher der Lehrerberuf als systematisches Projekt lebenslangen Lernens verstanden wird. In Vorbereitung bzw. in Begleitung des erwähnten Projekts gab Terhart eine Sammlung von Forschungsarbeiten zur Berufskultur und Berufsbiographie von Lehrern in *life-span*-Orientierung aus dem englischsprachigen Bereich heraus (Terhart 1991), die er damit erstmals einer breiteren Fachöffentlichkeit zugänglich machte.

Hierzu gehört die Studie von Sikes, Measor und Woods (1985), die auf der Basis offener Interviews mit englischen Naturwissenschafts- bzw. Kunstlehrkräften unterschiedlichen Alters und Geschlechts ein *Phasenmodell* für das berufliche Leben einer Lehrkraft erstellten. Huberman (1989) arbeitete in einer am Berufsalter orientierten Studie *alternative Pfade* im beruflichen Entwicklungsverlauf von Lehrern heraus. Kelchtermans (1996) zeigte auf der Basis von Interviews mit flämischen Grundschullehrkräften, wie kritische Ereignisse, Phasen und Personen im Rahmen berufsbiographischer Selbstthematisierungen zu *Schlüsselerfahrungen* gerinnen können, die bestimmte Aspekte der Genese des beruflichen Selbstverständnisses und der subjektiven Unterrichtstheorie erhellen.

Der berufsbiographische Ansatz wurde von Terhart in den folgenden Jahren selbst empirisch nicht weiterverfolgt, programmatisch blieb er für seine Argumentationen über Lehrerberuf und Lehrerbildung jedoch maßgeblich. Berufsbiographische Forschung könne zeigen, dass „Lehrer im Laufe des gesamten Berufslebens Änderungen hinsichtlich der Haltung zum Beruf, hinsichtlich ihrer Schwerpunktsetzungen, hinsichtlich ihrer Selbstdeutungen etc. erfahren" (Terhart 2001, S. 60). Diese Programmatik ist in den folgenden Jahren wirkmächtig geworden: ein berufbiographischer Blick spielt in verschiedenen Studien zum Lehrerberuf eine zentrale Rolle. Angesichts der dabei zutage tretenden Vielfalt an Themen und Perspektiven stellt sich die Frage, wie die berufsbiographische Lehrerforschung theoretisch und empirisch systematisiert und welche Relevanz sie für die Aus- und Fortbildung von Lehrerinnen und Lehrern haben kann. Eine wichtige Antwort gibt wiederum Terhart, indem er Berufsbiographie und *pädagogische Professionalität* bzw. *Professionalisierung* verkoppelt: „Professionalität ist als berufsbiographisches Entwicklungsproblem zu sehen, d.h. sie entwickelt sich im Prozess des Lehrerwerdens" (Terhart 2001, S. 56).

Professionalität und Professionalisierung

Begriffsklärung

Greifen wir auf eine begriffliche Unterscheidung von Arno Combe (2006) zurück: *Professionen* bezeichnen demnach eine Reihe herausgehobener Berufe, die durch bestimmte *makrosoziologisch* beschreibbare Eigenschaften und Merkmale gekennzeichnet sind. Diese umfassen insbesondere die Wissenschaftlichkeit der Ausbildung, die Autonomie der Standesorganisationen in der Regelung des Berufszugangs, die Bedeutung von Einzelfallbezug und Supervision sowie eine besondere gesellschaftliche Wertbindung. Demgegenüber charakterisiert *Professionalität* einen bestimmten erreichten Zustand von Könnerschaft. Diese ist kein Alleinstellungsmerkmal von Professionen, sondern könnte beispielsweise auch einem ‚professionellen Tischler' zukommen. Mit dem Begriff der *Professionalisierung* wird schließlich eine *mikrosoziologische Sicht* auf Professionen eingenommen. Dies bedeutet, dass der gemeinsame Kern der hier gemeinten Berufe in einer spezifischen Typik der von ihnen zu lösenden Handlungsanforderungen verortet wird. Professionalisierung meint damit zum einen den historischen Prozess, in dem ein Beruf sich als Profession konstituiert, zum anderen den individuellen Entwicklungsprozess, in dem die Angehörigen dieses Berufs die zur Bewältigung seiner Handlungsanforderungen erforderlichen Kompetenzen und Strategien herausbilden; um diesen Aspekt von Professionalisierung wird es im Folgenden gehen.

Strukturtheoretische und kompetenzorientierte Ansätze innerhalb der Professionstheorie

Der *strukturtheoretischen Professionstheorie* zufolge hat klientenbezogenes professionelles Handeln allgemein in der lebenspraktischen *Autonomie* des Klienten seinen positiven Bezugspunkt. Die Frage, was in dieser Hinsicht den strukturellen Kern speziell des Lehrerhandelns ausmacht, woraus die Professionalisierungsbedürftigkeit des Lehrerberufs also konkret resultiert, wird von verschiedenen Vertretern dieses Ansatzes (maßgeblich wären hier etwa Ulrich Oevermann, Werner Helsper, Arno Combe und Fritz-Ulrich Kolbe zu nennen) unterschiedlich beantwortet. Als übergreifende Quintessenz kann festgehalten werden, dass das berufliche Handeln von Lehrerinnen und Lehrern, selbst wenn es sich auf Unterricht als seinen ‚Kernauftrag' konzentriert, für die Schülerinnen und Schüler in der Ganzheit ihrer Personen als potenziell krisenhaft und objektiv folgenreich anzusehen ist. Dies gilt, weil Lehrpersonen im Zuge ihrer Vermittlungstätigkeit, in der Durchführung von Unterricht und zur Sicherung seiner sozialen Gestalt, permanent in den Bereich der persönlichen Integrität der ihnen anvertrauten Schülerinnen und Schüler eingreifen, und dabei, zum Wohle ihrer Klienten, wissen sollten, was sie tun. Die Rolle des positiven Bezugspunktes könnte hierbei das neuhumanistische Bildungskonzept einnehmen, das den Aspekt der lebenspraktischen Autonomie des Subjekts in einer für pädagogisches Handeln „einheimischen" Begrifflichkeit bis heute bewahrt (vgl. Hericks 2008).

Auf der Basis eines heuristischen Modells professioneller Handlungskompetenz entfalten Baumert und Kunter (2006) das (Alternativ-)Programm einer *kompetenzorientierten Professionsforschung*. Diese systematisiert Resultate der internationalen Forschung zum professionellen Wissen und Können von Lehrern, zu dessen Struktur und mentalen Repräsentation als Aspekten von Professionalität und nimmt in Anspruch, zum „Grundproblem professionellen Lehrerhandelns [...], wie Unterricht möglich ist und auf Dauer gestellt werden kann" (ebda., S. 472) einen konzeptionellen Zugang zu finden. Unstrittig ist, dass individuelle Professionalisierung die Entwicklung professionellen Wissens und Könnens einschließt. Die Frage, über welche Kompetenzen Lehrerinnen und Lehrer verfügen (sollten) und wie diese strukturiert und mental repräsentiert sind, stellt nicht zuletzt im Kontext der Debatte um eine Reform der Lehrerbildung auf der Basis von *Ausbildungsstandards* ein wesentliches Forschungsdesiderat dar. Eine starre Gegenübersetzung von Struktur- und Kompetenzorientierung erscheint hingegen wenig produktiv (Helsper 2007).

Berufsbiographie und Professionalisierung

Berufsbiographische Forschung in strukturtheoretischer Perspektive

Die Lehrerbiographieforschung in *life-span*-Orientierung rekonstruiert Biographien von Menschen, die einen bestimmten Beruf, eben den des Lehrers, gemeinsam haben, und stellt typisierende Verallgemeinerungen her. Die Ausleuchtung des beruflichen Handlungsfeldes geschieht dabei eher indirekt und nur in Ansätzen auf konkrete Handlungsanforderungen bezogen; in seiner Gesamtheit wie auch in seinen Facetten verbleibt das Feld auf charakteristische Weise statisch und unspezifisch. Studien, wie die von Sikes et al. (1985) oder Huberman (1989) ließen sich im Prinzip für jede berufliche Tätigkeit durchführen, ohne dass am Setting etwas geändert werden müsste. Hingegen interessiert sich eine strukturtheoretisch ausgerichtete berufsbiographische Lehrerforschung für die typischen, originären Handlungsanforderungen des Lehrerberufs, die diesen von anderen anspruchsvollen Berufen absetzen und seine Akteure zu genau dem machen, was sie sind. Von Interesse ist etwa, wie solche Handlungsanforderungen von den Lehrkräften subjektiv erfahren und gedeutet werden und wie sie sich unter dem ‚Druck' dieser Anforderungen verändern.

Hierzu sei wiederum auf die anfangs skizzierte Linie der erziehungswissenschaftlichen Biographieforschung verwiesen, die eine alternative Perspektive auf schulbezogene Berufsbiographien ermöglicht. Als einschlägige Autoren wären u.a. Peter Alheit, Heinz-Hermann Krüger, Winfried Marotzki oder Theodor Schulze zu nennen.

Diese ‚neue' erziehungswissenschaftliche Biographieforschung – neu im Gegensatz zu eher geisteswissenschaftlich orientierten Traditionen des 19. und 20. Jahrhunderts von Wilhelm Dilthey über Georg Misch bis Werner Loch – etabliert insofern ein neues Forschungsfeld, als sie weniger ‚klassische' biographische oder autobiographische Texte untersucht, sondern vielmehr mit Forschungsmethoden aus dem Kontext der qualitativen Sozialforschung biographische Texte selbst erzeugt. Zu nennen wären in diesem Zusammenhang Befragungsinstrumente wie das narrative Interview und die daran anschließende Narrationsanalyse (Fritz Schütze), die Gruppendiskussion und Dokumentarische Methode (Ralf Bohnsack), sowie das Textrekonstruktionsverfahren der Objektiven Hermeneutik (Ulrich Oevermann). Alle drei Verfahren orientieren sich i.d.R. an Einzelfällen (Personen oder Realgruppen) und nehmen in einem zweiten Schritt Kontrastierungen vor.

Zentral sind zum einen ein subjektiver Anteil: Die biographischen Erzählungen werden in der Regel zwar durch Forscher initiiert und wissenschaftlich ausgewertet, die Befragten setzen jedoch ihre eigenen, aber nicht zufälligen Relevanzen. Zum anderen gibt es eine lebenslange Orientierung, die sich nicht zwingend passgenau dem Ablaufmuster etablierter Bildungs- und Erziehungsinstitutionen anpasst. Entsprechend kann eine berufsbiographische Perspektive auch zugunsten einer lebensgeschichtlichen überschritten werden. Im Feld der Lehrerforschung entstanden Studien, die sich unterschiedlich eng an der Berufsbiographie orientieren (vgl. Kunze & Stelmaszyk 2008). Als neue Untersuchungen wären die Arbeiten von Katharina Kunze (2008) zu professionellen Deutungsmustern und biographischen Ressourcen von Waldorf-Lehrern oder von Volkmann (2008) zum berufsrelevanten biographischen Wissen von Sportlehrern, das deutlich auch aus außerberuflichen Phasen generiert wird, zu nennen.

Berufsbiographische Forschung in der Perspektive der Bildungsgangforschung
In den weiteren Kontext der ‚neuen' erziehungswissenschaftlichen Biographieforschung gehört auch die *Bildungsgangforschung* (etwa Trautmann 2005), die in Bezug auf Struktur- oder Kompetenzorientierung als eine Art „mittlerer Weg" verstanden werden kann. Sie fragt zum einen, wie sich spezifische Handlungsanforderungen eines Feldes oder der Gesellschaft als Ganzer – konzeptionell gefasst als *Entwicklungsaufgaben* – in Biographien von Menschen niederschlagen. In dieser Hinsicht rekonstruiert die Bildungsgangforschung biographische Entwicklungsprozesse als Lern- und Bildungsprozesse. Sie fragt zum anderen, wie sich biographisch und gesellschaftlich vorgeformte Handlungsdispositionen – zusammengefasst als *Habitus* – in der Bewältigung konkreter Handlungsanforderungen auswirken.

Auf dieser Basis rekonstruiert Hericks (2006) die Professionalisierungsprozesse von Hamburger Lehrkräften in der Berufseingangsphase entlang eines Modells aus vier beruflichen Entwicklungsaufgaben. Diese beziehen sich auf die personenbezogenen Möglichkeiten und Grenzen der Lehrkraft, die Aufgabe der Sach- und Fachvermittlung, die pädagogische Fremdwahrnehmung der Schüler sowie die Wahrnehmung und Nutzung institutionellen Grenzen und Ressourcen.

Die Studie belegt einen starken Zusammenhang zwischen individueller Unterrichtsentwicklung und Professionalisierung; einen weiteren fördernden Faktor stellt die Mitwirkung an innerschulischen Entwicklungs- und Gestaltungsprozessen dar.

Berufsbiographische Forschung in kompetenzorientierter Perspektive
Inzwischen wurde das Entwicklungsaufgaben-Modell der Bildungsgangforschung in einer kompetenzorientierten, quantitativen Studie zur Beanspruchungswahrnehmung von Berufseinsteigern im Kanton Zürich eingesetzt und weiter entwickelt (Keller-Schneider 2008). Im Zentrum kompetenzorientierter berufsbiographischer Studien stehen nicht selten Aspekte der Belastung und des Bewältigungsverhaltens von Lehrkräften. So untersuchte Lipowsky (2003) über zwei Jahre Veränderungen im Bereich der Selbstwirksamkeit, Leistungsmotivation und Arbeitsbelastung sowie der beruflichen Wertorientierung und Zufriedenheit von Absolventen der Pädagogischen Hochschulen Baden-Württembergs in der Berufseingangsphase. In einer groß angelegten Belastungsstudie, an der rund 16.000 Lehrer aus dem gesamten Bundesgebiet teilnahmen, konnte Schaarschmidt (2005) im Rahmen eines Ressourcenansatzes entlang der Merkmalsklassen *Arbeitsengagement*, *Widerstandskraft* und *Emotionen* vier „Muster arbeitsbezogenen Verhaltens und Erlebens", davon zwei Risikomuster, herausarbeiten. Ein Risikomuster beschreibt den Typus einer überengagierten, wenig distanzierungsfähigen Lehrkraft, das andere den Typus einer Lehrkraft, die durch permanentes Überforderungserleben, Erschöpfung und Resignation geprägt ist. Wie ein Vergleich mit Angehörigen anderer Berufe belegt, sind die Risikomuster in auffallend hohem Maße schon unter Lehramtsstudierenden und Referendaren vertreten, ein Umstand, der die Frage aufwirft, ob nicht die hinsichtlich ihres Bewältigungsverhaltens „falschen" Personen ein Lehramtsstudium beginnen.

In einer über rund 10 Jahre sich erstreckenden Längsschnittstudie hat Mayr (2006) einen kompletten Jahrgang von Studierenden bzw. Absolventen aller 14 Pädagogischen Akademien Österreichs verfolgt. Dabei wurden Daten erhoben, die als aussagekräftig für die Entwicklung von Kompetenz und Befinden in Studium und Beruf erachtet wurden. Etwa: Studienwahlmotive, Aspekte der Auswahl und Nutzung des Studienangebots oder Lerngelegenheiten im Beruf. In einer Teilauswertung seiner Daten gelangt Mayr – in Übereinstimmung mit den Ergebnissen von Schaarschmidt (2005) – zu dem Schluss, dass sich die individuelle Persönlichkeits- und Interessenstruktur deutlich auf die im Studium angewandten Lernstrategien sowie das Erleben von Kompetenz und Erfolg in den begleitenden Praktika auswirkt. Auch im Beruf selbst korrelieren Personenmerkmale mit unterschiedlichen Kriterien, insbesondere mit Merkmalen des Befindens (Mayr 2006a, S. 154).

Ausblick

Die Arbeiten von Mayr konzentrieren sich auf kaum modifizierbare Persönlichkeitsmerkmale, die einer professionalisierenden Bearbeitung nur schwer zugänglich erscheinen. Die Möglichkeit, Kompetenzen von Lehrkräften im Sinne der Standardorientierung quasi beliebig zu „erzeugen", wird infolgedessen eher pessimistisch eingeschätzt. Das wirft die Frage auf, ob eventuell bestehende Bezüge zwischen Professionalisierung, Berufsbiographie und Schulentwicklung nicht systematisch überschätzt werden.

Zur Beantwortung dieser Frage kann auf eine interessante Überlegung von Sabine Reh zurückgegriffen werden, die zwischen „*Reflexivität als Bekenntnisstruktur*" und „*Reflexivität als organisatorischer Struktur*" unterscheidet (Reh 2004, S. 368). Demnach griffen berufsbiographische Thematisierungen im individualistischen Sinne eines „Bekenntnisses" zu kurz; erst eine systematische Erweiterung um „Kommunikationsorte" innerhalb der schulischen Organisation und, so kann man ergänzen, der gesamten Lehrerbildung machten eine angemessene reflexive Haltung dem eigenen beruflichen Handelns gegenüber möglich. Zielorientierung wäre dann nicht primär eine Erkundung der eigenen Person, sondern eine nur im Kontext der eigenen Biographie- und Lerngeschichte verstehbare Reflexion der Blickrichtung bzw. der Leerstellen beruflichen Handelns und Deutens. Diese Reflexivität stellt ein Kernelement pädagogischer Professionalität dar.

Dies steht im Einklang mit Ergebnissen der Schulbegleitforschung, die aufzeigen, dass die Beteiligung an Schulentwicklungsprozessen ein Potenzial für die Professionalisierung birgt, da Schulentwicklung „eine Disposition für die kooperative und eigenständig-konstruktive Lösung unvorhergesehener Problemlagen auf der Ebene der einzelnen Schule" als Handlungstyp generiert bzw. voraussetzt (Bastian et al. 2002, S. 418).

Dass es einen Zusammenhang zwischen der *Entwicklung von Schulqualität* und der *Entwicklung beruflicher Kompetenzen* von Lehrkräften gibt, darf mittlerweile als Konsens gelten (vgl. den Beitrag 45 in diesem Band), doch bliebe zu präzisieren, inwieweit eine berufsbiographische Perspektive für die Professionalisierung von Lehrerinnen und Lehrern förderlich sein kann. Fünf Aspekte scheinen uns maßgebend zu sein, die jeweils weiteren Forschungsbedarf nach sich ziehen:

1. Professionalität benötigt eine sowohl retrospektive als auch prospektive Orientierung an (Berufs-)biographien. *Retrospektiv*, um die ‚Erbschaft' der bisherigen Lern- und Berufsbiographien in den Blick zu bekommen; *prospektiv*, um die künftige Kompetenzentwicklung ausgehend von einem zu rekonstruierenden Ist-Stand fallorientiert bestimmen zu können.
2. Kompetenzentwicklung beinhaltet unweigerlich eine *(selbst-)reflexive Komponente*, d.h. eine reflexive Haltung der eigenen Berufstätigkeit gegenüber. Erst unter einer genetischen Perspektive werden die je spezifische Formen und Begründungen beruflichen Handelns verständlich.
3. *Schulentwicklung* als Bestandteil von Lehrerarbeit schließt eine *Lernerperspektive* der Lehrkräfte notwendig ein. Dem wird sowohl in der Bildungsgangforschung als auch in strukturtheoretischen Ansätzen Rechnung getragen.
4. Die Auseinandersetzung mit einer Vielfalt von lebens- und lerngeschichtlich begründeten Typologien in kollegialen Kontexten von Studierenden und Kollegien kann für *Heterogenität* als produktive Größe sensibilisieren.
5. Nicht zuletzt basieren Professionalisierung und Schulentwicklung (auch) auf kollegialen *Verfahren der Fallerschließung und Fallbearbeitung*. Diese streben an, eine Orientierung im hochkomplexen Schulsystem zu ermöglichen und selbstreflexiv zugänglich zu machen (Marotzki 2006), und thematisieren Praxis, indem allgemeine Muster schulischen Handelns (das Allgemeine) stellvertretend und handlungsentlastet im Konkreten (dem Einzelfall) reflektiert werden (Stelmaszyk 2009).

Die ersten beiden Phasen der Lehrerbildung können in die genannten Aspekte und Verfahren einführen und eine entsprechende Habitualisierung vorbereiten, die eigenständige Praxis im Beruf aber nicht vorwegnehmen.

Literatur

Bastian, J./Combe, A./Reh, S. (2002): Professionalisierung und Schulentwicklung. In: Zeitschrift für Erziehungswissenschaft. 5 (3), S. 417-435. – Baumert, J./Kunter, M. (2006): Stichwort: Professionelle Kompetenz von Lehrkräften. In: Zeitschrift für Erziehungswissenschaft. 9 (4), S. 469-520. – Combe, A. (2006): Schulentwicklung als Herausforderung für die Lehrerprofessionalität. Zur „Individualitätsvergessenheit" der deutschen Schule. In: Boenicke, R./Hund, A./Rihm, T./Strittmatter-Haubold, V. (Hrsg.): Innovativ Schule entwickeln. Kompetenzen,

Praxis und Visionen. 7. Heidelberger Dienstagsseminar. Heidelberg: Mattes, S. 37-47. –Helsper, W. (2007): Eine Antwort auf Jürgen Baumerts und Mareike Kunters Kritik am strukturtheoretischen Professionsansatz. In: Zeitschrift für Erziehungswissenschaft. 10 (4), S. 567-579. – Hericks, U. (2006): Professionalisierung als Entwicklungsaufgabe. Rekonstruktionen zur Berufseingangsphase von Lehrerinnen und Lehrern. Wiesbaden: VS Verlag. – Hericks, U. (2008): Bildungsgangforschung und die Professionalisierung des Lehrerberufs – Perspektiven für die Allgemeine Didaktik. In: Zeitschrift für Erziehungswissenschaft. 10, Sonderheft 9, S. 61-75. – Huberman, M. (1989): The Professional Life Cycle of Teachers. In: Teacher College Record. 91, pp. 31-57. – Kelchtermans, G. (1996): Berufsbiographie und professionelle Entwicklung. Eine narrativ-biographische Untersuchung bei Grundschullehrern. In: Bildung und Erziehung. 49 (3), S. 257-276. – Keller-Schneider, M. (2008): Herausforderungen im Berufseinstieg von Lehrpersonen. Beanspruchungswahrnehmung und Zusammenhänge mit Merkmalen der Persönlichkeit. Diss. Zürich. – Kunze, K. (2008): Professionalisierung als biographisches Projekt. Zum Verhältnis von professionellen Deutungsmustern und biographischen Ressourcen bei Klassenlehrerinnen und Klassenlehrern an Waldorfschulen. Diss. Mainz. – Kunze, K/Stelmaszyk, B. (2008): Biographien und Berufskarrieren von Lehrerinnen und Lehrern. In: Helsper, W./Böhme, J. (Hrsg.): Handbuch der Schulforschung. 2., durchgesehene und erweiterte Aufl. Wiesbaden: VS Verlag, S. 821-838 – Lipowsky, F. (2003): Wege von der Hochschule in den Beruf. Eine empirische Studie zum beruflichen Erfolg von Lehramtsabsolventen in der Berufseinstiegsphase. Bad Heilbrunn/Obb.: Klinkhardt. – Marotzki, W. (2006): Qualitative Bildungsforschung. Methodologie und Methodik erziehungswissenschaftlicher Biographieforschung. In: Pongratz, L./Wimmer, M./Nieke, W. (Hrsg.): Bildungsphilosophie und Bildungsforschung. Bielefeld: Janus, S. 125-137. – Mayr, J. (2006): Theorie + Übung + Praxis = Kompetenz? Empirisch begründete Rückfragen zu den „Standards in der Lehrerbildung". In: Zeitschrift für Pädagogik. 51. Beiheft, S. 149-163. – Reh, S. (2004): Abschied von der Profession, von Professionalität oder vom Professionellen? In: Zeitschrift für Pädagogik. 50 (3), S. 358-372. – Schaarschmidt, U. (Hrsg.) (2005): Halbtagsjobber? Psychische Gesundheit im Lehrerberuf. Analyse eines veränderungsbedürftigen Zustandes. 2. Aufl. Weinheim, Basel: Beltz. – Sikes, P. J./Measor, L./Woods, P. (1985): Teacher Careers. Crises and continuities. London: Taylor & Francis. – Stelmaszyk, B. (2009): Die Bedeutung einer berufsbiographischen Perspektive für Erziehungswissenschaftler/innen. Eine Grundlegung von Professionalisierung durch Fallkonstruktion und Fallarbeit. In: Helsper, W./Hillbrandt, C./Schwarz, T. (Hrsg.): Schule und Bildung im Wandel. Wiesbaden: VS Verlag, S. 423-433. – Terhart, E. (Hrsg.) (1991): Unterrichten als Beruf. Neuere amerikanische und englische Arbeiten zur Berufskultur und Berufsbiographie von Lehrern und Lehrerinnen. Köln, Wien: Böhlau. – Terhart, E. (2001): Lehrerberuf und Lehrerbildung. Forschungsbefunde, Problemanalysen, Reformkonzepte. Weinheim, Basel: Beltz. – Terhart, E./Czerwenka, K./Ehrich, K./Jordan, F./Schmidt, H. J. (1994): Berufsbiographien von Lehrern und Lehrerinnen. – Frankfurt am Main, Berlin, Bern, New York, Paris, Wien: Lang. – Trautmann, M. (Hrsg.) (2005): Entwicklungsaufgaben im Bildungsgang. Wiesbaden: VS Verlag. – Volkmann, V. (2008): Biographisches Wissen von Lehrerinnen und Lehrern. Der Einfluss lebensgeschichtlicher Erfahrungen auf berufliches Handeln und Deuten im Fach Sport. Wiesbaden: VS Verlag.

45| Schulentwicklung und Lehrerkompetenzen
Ewald Terhart

Einleitung

Die Entwicklung der Qualität von Schulen ist in hohem Maße an die Entwicklung der beruflichen Kompetenzen von Lehrkräften gebunden. Dies reflektiert eine durchgängige Erfahrung aus anderen Berufsbereichen: Die elementare Voraussetzung für die adäquate Erreichung des Betriebszwecks ist ‚das Personal', ist die Qualifizierung und ständige Weiterentwicklung der beruflichen Fähigkeiten der Mitarbeiter. Das gilt insbesondere für solche Institutionen, in denen Beziehungs- und Veränderungsarbeit an und mit Menschen verrichtet wird. Hierzu gehören auch Schulen. Und wenn Schulen sich weiter entwickeln wollen oder müssen, bedeutet dies immer auch eine Weiterentwicklung der vorhandenen beruflichen Kompetenzen der Lehrer. Ist die Lehrerschaft hierfür nicht zu gewinnen, wird jede Reform versanden. Insofern befindet sich die Lehrerschaft bei der Umsetzung von Reformen in einer strategischen Veto-Position (Kussau & Brüsemeister 2007, S. 176 f).

Der Begriff *Schulentwicklung* bezeichnet den Prozess der teils von außen, teils von einzelnen Schulen selbst initiierten gezielten und kontrollierten Verbesserung der Qualität von (einzelnen) Schulen. Im Rahmen eines solchen Prozesses werden Leitbilder entworfen, Defizitanalysen durchgeführt, Aufgabenbeschreibungen vorgenommen und Handlungsstrategien verabredet. Schließlich erfolgt eine Überprüfung des Prozesses anhand der Frage, ob und wie weit man gesteckte Ziele erreicht hat. Obwohl der Begriff in aller Regel mit der Entwicklung von *Einzel*schulen verknüpft wird, ist bei der Planung und Gestaltung von Schulentwicklungsprozessen immer auch der weitere (kommunale, regionale, nationale) Systemkontext mit zu berücksichtigen (vgl. Rolff 2007). Der Begriff *Lehrerkompetenzen* bezeichnet diejenigen beruflichen Fähigkeiten von Lehrkräften, die möglichst weit ausgeprägt sein sollten, damit die zentralen Aufgabenstellungen des Lehrerberufs – Unterrichten und Erziehen, Diagnostizieren, Beurteilen und Beraten, Kooperieren innerhalb und außerhalb der Schule, Weiterentwicklung der Schule und der eigenen beruflichen Fähigkeiten – erfüllt werden (vgl. KMK 2004; Baumert & Kunter 2006). In der Forderung nach einer Verschränkung von Organisationsentwicklung und Personalentwicklung wird der enge Konnex zwischen organisationaler und personaler Seite des Schulentwicklungsprozesses auf den Begriff gebracht (Terhart 2009).

Entwicklung von Lehrerkompetenzen

Die Basis für die Entwicklung der beruflichen Fähigkeiten von Lehrern wird im Kontext der Lehrerbildung gelegt – eine Basis, die jedoch bestenfalls zum gut qualifizierten Berufsanfänger führt. Die weitere Entwicklung der beruflichen Kompetenzen findet nachhaltig in den ersten Berufsjahren statt, wird jedoch hier nicht abgeschlossen: Berufliche Kompetenzentwicklung bezieht sich auf den gesamten Prozess von der Berufswahlentscheidung über die Berufsausbildung bis zur Berufsausübung selbst (Hericks 2007). Studien über die Wirksamkeit der Lehrerbildung machen deutlich, dass die formalisierte Erstausbildung allenfalls die kognitiven Voraussetzungen für das Unterrichten bereitzustellen vermag. Entscheidend ist der Übergang in die Berufstätigkeit sowie die berufliche Sozialisation (Aufbau handlungspraktischer Fähigkeiten, eines beruflichen Habitus etc.) in den ersten Berufsjahren. Kompetenzentwicklung ist nicht selten von einem Einstellungswandel begleitet: Insbesondere die in der Ausbildung erworbenen eher „liberalen" pädagogischen Haltungen scheinen im Laufe der ersten Berufsjahre zurückzugehen zugunsten „realistischerer", an den Schulalltag und die Möglichkeiten des Berufs angepasster Überzeugungen (Terhart 2001).

Betrachtet man die verschiedenen Studien und Konzepte zur Kompetenzentwicklung in Lehrerbildung und Lehrerberuf (Allemann-Ghionda & Terhart 2006), so konzentriert sich die Ausbildung im Referendariat wie auch die Fähigkeitsentwicklung in den ersten Berufsjahren zunächst auf die für den Lehrerberuf zentrale Fähigkeit des Unterrichtens. Für den Berufsanfänger ist die allmählich zur Routine werdende ‚Herstellung' von Unterrichtssituationen die größte Herausforderung. Ist diese grundlegende Kompetenz entwickelt, kommt es zur Herausbildung von anspruchsvolleren Kompetenzen, die es ermöglichen, eine höhere Qualität des Unterrichtens zu erreichen. Kennzeichen hierfür sind: Durchführung innerer Differenzierung im Unterricht, Erweiterung des Spektrums an Lehrmethoden, Förderung selbstständigen Lernens der Schüler,

Verbesserung der diagnostischen Kompetenz. Auf der Ebene des Kollegiums und der Einzelschule sind die Fähigkeiten zur kollegialen Kooperation, zur Durchführung konstruktiver Beratungsgespräche, zur Teilhabe an schulinternen Entwicklungsprogrammen sowie zur Selbstreflexion der beruflichen Fähigkeitsentwicklung angesiedelt.

Insbesondere mit Blick auf die Durchführung von Schulentwicklungsmaßnahmen fühlen sich viele Lehrkräfte überfordert und/oder nicht zuständig (Esslinger 2002; Söll 2002). Sofern ein positiv wahrgenommenes Schulklima herrscht, die Lehrkräfte sich von der Leitung gestützt fühlen, über eine gut ausgeprägte Selbstwirksamkeitserwartung verfügen und die Notwendigkeit von Veränderungen sehen, besteht eine vergleichsweise hohe Veränderungsbereitschaft (Schumacher 2008). Das bedeutet im Umkehrschluss: An Schulen, die diese Merkmale nicht aufweisen, an denen also besonders viel geschehen müsste, sind die personalen Voraussetzungen für Schulentwicklung eher schlecht.

Rolle der Lehrer in der Schulentwicklung und Schulreform

Innerhalb der Lehrerschaft sind unterschiedliche Haltungen zu allgemeinen Schulreformprozessen, aber auch zu Prozessen interner Schul- und Unterrichtsentwicklung anzutreffen: Analytisch kann man die drei Gruppen (i) der Ablehner und Unbeteiligten, (ii) der vorsichtigen Mitschwimmer und (iii) der immer wieder neu Engagierten und Überzeugten unterscheiden. Wie in allen Berufskulturen, so ist auch im Lehrerberuf mit der Schwerkraft der mentalen Verhältnisse zu rechnen (Bennewitz 2008): Der Großteil der Lehrkräfte sieht zwar einen deutliche Entwicklungsbedarf des Schulsystems und der Schulverhältnisse generell. Ebenso wird bei Befragungen zum Sinn einzelschulischer Entwicklungsmaßnahmen vom größten Teil der Lehrerschaft Wohlwollen und die grundsätzliche Bereitschaft zum Mitwirkung signalisiert. Sobald aber Befragungen und Analysen vor und nach Schulentwicklungsmaßnahmen auf den Kern der individuellen Lehrertätigkeit – *das Unterrichten im eigenen Klassenzimmer* – gerichtet sind, wenn es also darum geht, den eigenen Unterricht zu ändern, zeigt die große Mehrheit Reserven (Schießl et al. 1999, S. 12). Diese Abwehrhaltung gegenüber einer Veränderung der eigenen unterrichtlichen Routinen wird paradoxerweise begleitet von Vorwürfen an die Reformfraktion, dass Schulentwicklungsmaßnahmen für den konkreten Unterricht nichts brächten.

Die Reaktionen der Lehrerschaft auf Schulreform und Schulentwicklungsmaßnahmen (Bielski & Rosemann 1999; Schönig 2003; Hartung-Beck 2009) schwanken zwischen Ignoranz, Ablehnung und Angst, zwischen offensivem oder defensivem Pragmatismus, eklektizistischer Nutzung der neuen Angebote, zeitweiliger Unterstützung zu individuellen Karrierezwecken – und tatsächlichem Engagement aufgrund von innerer Überzeugung. Solche teils kollektiven, teils individuellen Reaktionsweisen auf Reformen bleiben über die Zeit nicht stabil, sondern können sich im Laufe der Berufsbiographie eines Lehrers ändern (Ricker 2007).

Die seit zwei Jahrzehnten in allen Industrienationen praktizierte Erhöhung der Selbstständigkeit („Autonomie") der Einzelschule bei gleichzeitiger zentral gelenkter Präzisierung von Erwartungshorizonten („Bildungsstandards") und intensivierter flächendeckender Kontrolle der Lernleistung von Schülern („Lernstandserhebungen") wird von einem großen Teil der Lehrerschaft als Politik der Erhöhung des Außendrucks sowie der Entfachung zwischen- und innerschulischer Konkurrenz wahrgenommen und eher abgelehnt (Heinrich 2007). Dies geschieht vor allem dann, wenn die offizielle Reformrhetorik der „erweiterten Selbstständigkeit" von einer Verschlechterung der realen Arbeitsbedingungen begleitet wird. Die offizielle Partizipationsrhetorik bei gleichzeitig intensivierter Standardisierung und Evaluierung, die etwa in Großbritannien seit den 1980er Jahren zu beobachten ist, wird von den dortigen Lehrern als Deprofessionalisierung kritisiert. Hargreaves (1997, 2005) spricht in diesem Zusammenhang von der Kolonisierung der etablierten Lehrerkultur durch betriebswirtschaftliches Kosten- und Effizienzdenken – eine Kritik, die von den Protagonisten moderner Schulreform umgekehrt als Versuch der Immunisierung der Lehrerschaft gegenüber pädagogisch und ökonomisch sinnvoller Rechenschaftslegung und Wirkungserfassung bewertet wird.

Forschungsperspektiven

Der Zusammenhang von Lehrerkompetenzen und Schulentwicklung ist insgesamt keineswegs hinreichend erforscht.
- Die bisherigen Erkenntnisse beruhen sehr stark auf Befragungen, bei denen die Haltung der Lehrer zu Innovationen und Entwicklungsprogrammen eingeholt werden. Aussagekräftiger wären demgegenüber Untersuchungen, die in Form von Beobachtungen den Umgang von Lehrern mit Entwicklungsprozessen *handlungsnäher* erfassen.
- Um die Spezifika der Situation des Lehrerberufs in schulischen Entwicklungsprozessen identifizieren zu können, sind *vergleichende Studien* notwendig, Studien also, in denen nach übergreifenden Fragestellungen z.B. Qualitätsentwicklungsprozesse in unterschiedlichen Institutionen bzw. bei verschiedenen pädagogischen Berufen untersucht werden.
- Eine völlig neue Gestalt nimmt der Zusammenhang von Lehrerkompetenzen und Schulentwicklung an, wenn man ihn in den Kontext des Lehrer-Forscher-Modells stellt, von *schul- und unterrichtsnaher Lehrerforschung* (Terhart & Tillmann 2007), die von Lehrern selbst durchgeführt wird. Darin wird die Entwicklung einer forschenden Haltung zum gemeinsamen Thema von Schulentwicklung und Lehrerkompetenz.

Literatur

Allemann-Ghionda, C./Terhart, E. (Hrsg.) (2006): Kompetenzen und Kompetenzentwicklung von Lehrern: Ausbildung und Beruf. 51. Beiheft der Zeitschrift für Pädagogik. Weinheim: Beltz. – Baumert, J./Kunter, M. (2006): Professionelle Kompetenz von Lehrkräften. In: Zeitschrift für Erziehungswissenschaft. 9 (4), S. 469-520. – Bennewitz, H. (2008): Lehrende in Schulreformprozessen. Eine Deutungsmusteranalyse. In: Breidenstein, G./Schütze, F. (Hrsg.): Paradoxien in der Reform der Schule. Ergebnisse qualitativer Forschung. Wiesbaden: VS Verlag für Sozialwissenschaften, S. 247-260. – Bielski, S./Rosemann, B. (1999): Veränderungsbereitschaft von Lehrerkollegien und Schulentwicklungsmaßnahmen. In: Bildung und Erziehung. 52 (1), S. 85-103. – Esslinger, I. (2002): Berufsverständnis und Schulentwicklung: ein Passungsverhältnis? Eine empirische Untersuchung zu schulentwicklungsrelevanten Berufsauffassungen von Lehrerinnen und Lehrern. Bad Heilbrunn: Klinkhardt. – Hartung-Beck, V. (2009): Schulische Organisationsentwicklung und Professionalisierung: Folgen von Lernstandserhebungen an Gesamtschulen. Wiesbaden: VS Verlag für Sozialwissenschaften. – Hargreaves, A. (1997): Cultures of teaching and educational change. In: Biddle, B.J./Good, T.L./Goodson, J. (Eds.): International Handbook of Teachers and Teaching, Vol. 2. Dordrecht: Kluwer, S. 1297-1319. – Hargreaves, A. (2005): Educational change takes Ages: Life, career and generational factors in teachers' emotional responses to educational change. In: Teaching & Teacher Education 21 (8), S. 967-983. – Heinrich, M. (2007): Governance in der Schulentwicklung. Von der Autonomie zur evaluationsbasierten Steuerung. Wiesbaden: Vs Verlag für Sozialwissenschaften. – Hericks, U. (2007): Entwicklung von Professionalität im Lehrerberuf. Wiesbaden: VS-Verlag 2007. – KMK (Kultusministerkonferenz) (2005): Standards für die Lehrerbildung: Bildungswissenschaften (verabschiedet 2004). In: Zeitschrift für Pädagogik. 51(2), S. 280-290. – Kussau, J./Brüsemeister, Th. (2007): Governance, Schule und Politik. Wiesbaden: Vs Verlag für Sozialwissenschaften. – Ricker, K. (2007): Schulentwicklung und LehrerInnenbiographien: Innovationen in Schulen verstehen und fördern. In: Hoffmann-Ocon, A./Koch, K./Ricker, K. (Hrsg.): „Und sie bewegt sich doch…". Schulentwicklung aus Forscherinnen- und Forschersicht. Göttingen: Universitätsdrucke, S. 103-117. – Rolff, H.-G. (2007): Studien zu einer Theorie der Schulentwicklung. Weinheim: Beltz. – Schießl, O./Huber, F./Hruza-Mayer, A. (1999): Schule gestalten. Wege pädagogischer Schulentwicklung in Bayern. Donauwörth: Auer. – Schönig, W. (2003): Lehrer und Lehrerinnen im Prozess der Schulentwicklung. In: Die deutsche Schule. 95 (4), S. 452-456. – Schumacher, L. (2008): Wodurch wird die Bereitschaft von Lehrkräften zur Mitarbeit an

Schulentwicklungsprojekten beeinflusst? In: Lankes, E.-M. (Hrsg.): Pädagogische Professionalität als Gegenstand empirischer Forschung. Münster: Waxmann, S. 279-290. – Söll, F. (2002): Was denken Lehrer über Schulentwicklung? Eine qualitative Studie zu subjektiven Theorien. Weinheim: Beltz. – Terhart, E. (2001): Lehrerberuf und Lehrerbildung. Forschungsbefunde, Problemanalysen, Reformkonzepte. Weinheim: Beltz. – Terhart, E. (2009): Personalauswahl, Personaleinsatz und Personalentwicklung an Schulen. In: Altrichter, H./Maag-Merki, K. (Hrsg.): Neue Steuerung im Schulsystem. Ein Handbuch. Wiesbaden: VS-Verlag für Sozialwissenschaften, S. 255-275. – Terhart, E./Tillmann, K.-J. (Hrsg.) (2007): Schulentwicklung und Lehrerforschung. Das Lehrer-Forscher-Modell der Laborschule auf dem Prüfstand. Bad Heilbrunn: Klinkhardt.

46| Lehrerbeurteilung
Heike Schaumburg

Lehrerbeurteilung und Schulentwicklung

Beurteilungen ihrer beruflichen Fähigkeiten begegnen Lehrerinnen und Lehrern in der Schulpraxis bislang vor allem in der (wenig geliebten) Form der Bewertung von Unterrichtsversuchen in der zweiten Ausbildungsphase sowie als „dienstliche Beurteilung", der sich Lehrkräfte, vor allem wenn sie sich um Beförderungen bewerben, unterziehen müssen. Ungeachtet der großen Bedeutung, die diese Beurteilungen für den Werdegang von Lehrpersonen haben, gilt das Thema „Lehrerbeurteilung" in der Schul- und Schulentwicklungsforschung als problematisch. Schon seit längerem wird bemängelt, dass Lehrerbeurteilungen zur Verbesserung der Schul- und Unterrichtsqualität kaum einen Beitrag leisteten. Die Praxis der punktuellen dienstlichen Beurteilung müsse durch eine Kultur der systematischen und professionellen formativen Evaluation der Lehrertätigkeit ersetzt werden (Bessoth 1994, Bucher 1998).

Zielsetzungen und Bedingungen der Lehrerbeurteilung

Je nachdem, ob es sich um eine summative oder eine formative Evaluation handelt, haben Lehrerbeurteilungen unterschiedliche Zielsetzungen. Unter summativer Evaluation wird die Leistungsfeststellung zu einem bestimmten Zeitpunkt zum Zwecke der Qualitätssicherung verstanden. Summative Lehrerbeurteilungen bilden z.B. die Voraussetzung für die Zulassung zum Beruf, für eine Beförderung („dienstliche Beurteilung") oder auch zur Ermittlung einer leistungsabhängigen Besoldung, deren Einführung im Moment in einigen deutschen Bundesländern diskutiert wird.
Lehrerbeurteilung als formative, d. h. prozessbegleitende Evaluation zielt dagegen auf eine kontinuierliche Qualitätsverbesserung des Unterrichts, bzw. Weiterentwicklung von Lehrerkompetenzen ab. Das Ziel ist hier Rückmeldung von Stärken und Schwächen an die Lehrperson, um sie hinsichtlich einer Qualitätsverbesserung ihres Unterrichts beraten zu können. Zur Steuerung von Schulentwicklungsprozessen ist diese Form der Lehrerbeurteilung wesentlich bedeutsamer als die summative Evaluation. Hierfür müssen allerdings verschiedene Voraussetzungen erfüllt sein. Bucher (1998) nennt folgende Bedingungen für die erfolg- und folgenreiche Durchführung von Lehrerbeurteilungen:

- die Beurteilung unterstützt die *Eigenständigkeit* und *Selbststeuerung* des Beurteilten
- Ziele und Kriterien der Beurteilung sind *transparent* und *nachvollziehbar*
- das Verfahren ist *überblickbar, einleuchtend* und *einfach*
- die Beurteilung wird *regelmäßig* durchgeführt
- sie wird von *geschulten Personen* durchgeführt und *gemeinsam mit den Beurteilten* vorbereitet
- die Beurteilung unterstützt eine *Kultur des Vertrauens* an der Schule
- aus den Ergebnissen der Beurteilung folgen *Konsequenzen*, z.B. die Anerkennung von Stärken und eine wirksame Unterstützung bei Problemen

Der Erfolg von Lehrerbeurteilungen als Maßnahme zur Schulentwicklung hängt also eng mit der an einer Schule herrschenden Kommunikations- und Vertrauenskultur zusammen. Da sich aus den Beurteilungen auch Konsequenzen ableiten müssen, dürfen sie keine isolierte Maßnahme sein, sondern müssen sinnfällig in den Schulentwicklungsprozess integriert sein.

Inhalte und Kriterien der Lehrerbeurteilung

Der klassischen dienstlichen Beurteilung wird häufig vorgeworfen, keine ganzheitliche Betrachtung der vielfältigen Aufgabenfelder, mit denen sich Lehrerinnen und Lehrer in ihrem Beruf konfrontiert sehen, zu leisten (Bucher 1998). Hinzu kommt, dass nach wie vor wenig Konsens darüber besteht, welche Kompetenzen eigentlich einen „guten" Lehrer ausmachen (Terhart 2007). Im Zuge der Diskussion um Standards für die Lehrerbildung wurde im Jahr 2004 von der KMK Bezug nehmend auf diese Kritik ein Katalog beschlossen, der die Anforderungen des Lehrerberufs in Kernaufgaben zusammenfasst. Dieser Katalog listet folgende zentrale Aufgabenfelder von Lehrerinnen und Lehrern auf, die jeweils anhand von Teilkompetenzen und Standards genauer definiert werden (KMK 2004, vgl. Tab. 3).

Tabelle 3: Standards für die Lehrerbildung (nach: KMK 2004)

Unterrichten	Erziehen	Beurteilen/Beraten	Innovieren
Fach- und sachgerechte Unterrichtsplanung und -durchführung	Kenntnis sozialer und kultureller Lebensbedingungen der Schüler	Diagnose von Lernvoraussetzungen und Lernprozessen	Bewusstsein der gesellschaftlichen Verantwortung des Lehrerberufs
Gestaltung von motivierenden Lernsituationen	Vermittlung von Werten, Normen, selbst bestimmtem Urteilens und Handelns	Gezielte Förderung und Beratung der Schülerinnen und Schüler	Professionsverständnis als ständige Lernaufgabe
Förderung selbst bestimmten Lernens	Lösung von Schwierigkeiten und Konflikten in Schule und Unterricht	Erfassung von Schülerleistungen aufgrund transparenter Beurteilungsmaßstäbe	Beteiligung an der Umsetzung schulischer Projekte

Der Katalog kann auch für die Lehrerbeurteilung an der Schule eine Grundlage bilden, wobei es sinnvoll ist, die Beurteilung auf Aufgabenfelder, bzw. Teilaspekte zu fokussieren, je nachdem, welche Ziele bei der Schulenwicklung im Vordergrund stehen.
Verschiedene Forschergruppen arbeiten insbesondere für die erste Kompetenzfacette „Unterrichten" daran, Bereiche der professionellen Kompetenz von Lehrkräften voneinander abzugrenzen

und der empirischen Messung zugänglich zu machen (Blömeke et al. 2008). Ein Konsens kann darin gesehen werden, professionelle Kompetenz von Lehrpersonen in Anlehnung an Bromme (1992) sowie Shulman (1985) in kognitive Fähigkeiten und Fertigkeiten („Professionswissen"), persönliche Überzeugungen und Werthaltungen sowie motivationale Orientierungen aufzuteilen. Diese Dimensionen lassen sich anschließend weiter ausdifferenzieren, z.B. inhaltlich bezogen auf ein Fach, die jeweilige Fachdidaktik und pädagogische Inhalte.

Für die Lehrerbeurteilung als Teil der Schulentwicklung ist diese Forschung insofern interessant, als dass sie empirisch begründete Modelle verschiedener Kompetenzfelder liefert und damit Hinweise gibt, auf welche Inhaltsbereiche sich eine Beurteilung stützen sollte.

Lehrerbeurteilung als Instrument der Schulentwicklung: Das Luzerner Modell

Beispielhaft soll abschließend in Grundzügen das in der Schweiz entwickelte *Luzerner Modell* (Bucher 1998) vorgestellt werden, um aufzuzeigen, wie Lehrerbeurteilung als Maßnahme der Schulentwicklung eingesetzt werden kann. Aus der Mitarbeiterbeurteilung in Unternehmen wurde das Konzept des so genannten *360°-Feedbacks* oder *Rundum-Feedbacks* auf die Lehrerbeurteilung übertragen (Bucher 1998). Dabei werden Fremd- und Selbstbeurteilung zu einem ganzheitlichen Bild kombiniert, um so die Qualität der Beurteilung zu erhöhen und dafür Sorge zu tragen, dass die Ergebnisse der Beurteilung auch in Maßnahmen bzw. Handlungen zur Qualitätsverbesserung münden.

Rückmeldungen verschiedener Gruppen (Schüler, Eltern, Betriebe) werden von der Schulleitung in ihre Beurteilung, bzw. von der Lehrperson in ihre Selbstbeurteilung einbezogen (Bucher 1998). Die Beurteilung wird im Luzerner Modell ergänzt durch kollegiales oder Peer-Feedback, das die Lehrer einander in aus 3-5 Lehrern bestehenden Qualitätsgruppen (Q-Gruppen) geben. Die Lehrer einer Q-Gruppe hospitieren gegenseitig im Unterricht und reflektieren diesen vor dem Hintergrund schulweit vereinbarter Qualitätskriterien.

Die letzte Facette des Rundum-Feedback bildet die Selbstbeurteilung der Lehrperson, die mit der Fremdbeurteilung in enger Beziehung steht. Sie erfüllt die Funktion der Rechenschaftslegung gegenüber der Schulleitung und dient der Unterrichtsentwicklung im Rahmen von Feedback-Gesprächen mit Kollegen. In beiden Fällen werden Ergebnisse der Selbst- mit denen der Fremdbeurteilung konfrontiert. Auf diese Weise wird eine höhere Validität der Beobachtungen erzielt. Weiterhin sollten diese Gespräche dazu beitragen, dass die Rückmeldung der Fremdbeobachter bei der beobachteten Lehrperson Akzeptanz findet und überhaupt qualitätsverbessernd wirken kann. Im Idealfall wird so aus der ungeliebten Pflicht zur dienstlichen Beurteilung ein willkommenes Feedback zur professionellen Weiterentwicklung.

Offene Fragen und Perspektiven

Derzeit erfährt das Thema Lehrerbeurteilung sowohl in theoretischer wie auch in praktischer Hinsicht interessante neue Impulse. Was die theoretische Konzeption der beruflichen Fertigkeiten von Lehrerpersonen und ihrer Grundlagen angeht, so sind vor allem auf dem oben angesprochenen Gebiet der Kompetenzforschung auch zukünftig Modelle zu erwarten, die eine differenziertere, empirisch fundierte Beschreibung der Wissensbestände, Fähigkeiten und Fertigkeiten von Lehrpersonen liefern. Die Erforschung von Lehrerkompetenzen steht allerdings noch am Anfang. Insbesondere die Felder der erzieherischen, diagnostischen und innovativen Kompetenzen von Lehrkräften sind bisher nur ansatzweise erforscht.

Mit Blick auf die Verankerung von Lehrerbeurteilungen in der Schulentwicklung könnte sich die aktuelle Stärkung der Schulautonomie wie auch die Verankerung von schulinterner und schulexterner Evaluation durch entsprechende Reformen der Schulgesetze zur Qualitätssicherung der Einzelschulen als fruchtbar erweisen (Meetz 2007). Zukünftige Aufgaben liegen hier in der Konsolidierung der Lehrerbeurteilung als Teil der Schulentwicklung, wobei ein ganzheitlicher Ansatz, wie etwa anhand des Luzerner Modells beschrieben, besonders erfolgversprechend zu sein scheint.

Literatur
Bessoth, R. (1994): Lehrerberatung – Lehrerbeurteilung. Neuwied: Luchterhand. – Blömeke, S./Kaiser, G./Lehmann, H. (Hrsg.) (2008): Professionelle Kompetenz angehender Lehrerinnen und Lehrer. Wissen, Überzeugungen und Lerngelegenheiten deutscher Mathematik-Studierender und -Referendare. Erste Ergebnisse zur Wirksamkeit der Lehrerausbildung. Münster: Waxmann. – Bromme, R. (1992): Der Lehrer als Experte. Zur Psychologie des professionellen Lehrerwissens. Bern, Göttingen, Toronto: Huber. – Bucher, B. (1998): Beurteilung der Lehrperson. Ein Modellvorschlag. Schulen mit Profil. Orientierungshilfe 6. Luzern: Erziehungs- und Kulturdepartement. – [KMK] Sekretariat der ständigen Konferenz der Kultusminister der Länder der Bundesrepublik Deutschland (Hrsg.) (2004): Standards für die Lehrerbildung. Bildungswissenschaften. [verfügbar unter: http://www.kmk.org/fileadmin/veroeffentlichungen_beschluesse/2004/2004_12_16-Standards-Lehrerbildung.pdf, 10.01.2010]. – Meetz, F. (2007): Personalentwicklung als Element der Schulentwicklung. Bad Heilbrunn: Julius Klinkhardt. – Shulman, L. S. (1985): Paradigms and Research Programs in the Study of Teaching: A Contemporary Perspective. In: Wittrock, M. C. (Hrsg.): Handbook of Research on Teaching. 3. Aufl. New York: Macmillan, S. 3-36. – Terhart, E. (2007): Erfassung und Beurteilung der beruflichen Kompetenz von Lehrkräften. In: Lüders, M./Wissinger, J. (Hrsg.): Forschung zur Lehrerbildung. Münster: Waxmann, S. 37-62.

47| Arbeitsplatz Schule: Die Arbeitszeiten der Lehrerinnen und Lehrer
Cosima Dorsemagen, Andreas Krause und Patrick Lacroix

Ausgangspunkt: Arbeitszeiten als zentrales Element der Arbeitsbedingungen an Schulen

Aspekte der Arbeitszeit (z.B. Umfang, Lage) gehören zu den zentralen Belastungsfaktoren am Arbeitsplatz. Zur Regelung der Arbeitszeit von Lehrerinnen und Lehrern werden seit Jahren Reformbestrebungen diskutiert, die sich lange im Rahmen des traditionellen Pflichtstundenmodells hielten und nur allmählich in Richtung eines „Abschied[s] vom Standardmodell" (Klemm 2006, S. 711) bewegen. Doch wodurch zeichnet sich eine ‚gute' neue Arbeitszeitregelung eigentlich aus? Sie muss sich an Kriterien messen lassen, die die Anforderungen am Arbeitsplatz Schule konkretisieren. Erfolgskritisch wird sein, sowohl Anforderungen der Arbeitstätigkeit (z.B. pädagogische Qualität) *als auch* Erfordernissen humaner Arbeit (z.B. Gesundheit, Autonomie) Rechnung zu tragen.

Zum Stand der Dinge: Steuerung und Umfang der Arbeitszeit an Schulen

Steuerungsinstrumente der Lehrerarbeitszeit

Nach einer Studie der Europäischen Informationsstelle Eurydice (2003) existieren in Europa drei zentrale Steuerungsinstrumente zur Regelung der Arbeitszeit von Lehrkräften: Neben der *Unterrichtsverpflichtung* sind das *Präsenzzeiten* an der Schule, die die Arbeitszeit (vollständig oder teilweise) über die Dauer der Anwesenheit am Arbeitsplatz definieren, sowie die *Gesamtarbeitszeit* in Form einer festgelegten Wochen- oder Jahresarbeitszeit. Während in den Niederlanden einzig die Jahresarbeitszeit festgelegt ist und in Großbritannien ein Präsenzsystem vorherrscht, kommen in den meisten Ländern Mischformen zur Anwendung. So sind in Schweden etwa drei Viertel einer festgelegten Jahresarbeitszeit als Präsenzzeit an der Schule abzuleisten. In Dänemark erfolgt im Rahmen einer Kombination aus individuellen Jahresarbeitszeitkonten, Unterrichtsverpflichtung und Präsenzzeiten eine umfangreiche buchhalterische Erfassung der eigenen Arbeitszeit (Klemm 2006). Deutschland gehört mit Belgien (Wallonie), Irland und Luxemburg zu den wenigen Ländern, in denen die Arbeitszeit noch nahezu ausschließlich über die Unterrichtsverpflichtung gesteuert wird.

Die Geschichte der Lehrerarbeitszeit in Deutschland ist schnell erzählt. Seit der Etablierung der allgemeinen Schulpflicht ist ihr Protagonist das sogenannte *Pflichtstunden- oder Deputatsmodell*. Zwar gilt auch für Lehrkräfte die wöchentliche Arbeitszeit für Beamte bzw. Angestellte im öffentlichen Dienst (je nach Land zwischen 39 und 41 Stunden). Gesteuert wird die Arbeitszeit der Lehrkräfte aber über die Anzahl der zu erteilenden Unterrichtsstunden. Je nach Schulform und Bundesland variierte die Höhe der Deputatsverpflichtung für vollzeitbeschäftigte Lehrkräfte in Deutschland im Schuljahr 2007/2008 zwischen 23 und 31 Unterrichtsstunden pro Woche. Meist ist die Unterrichtsverpflichtung in der Sekundarstufe II geringer als in den Grund-, Haupt-, Real- oder Sonderschulen. In Hamburg sind seit 2003 neben der Schulform auch die Klassenart und -stufe, die unterrichteten Fächer und ein Zeitanteil für Unterrichtsvor- und -nachbereitung bei der Bemessung der Unterrichtsverpflichtung zu berücksichtigen (*Faktorisierungsmodell*). In Bremen wird die Deputatsverpflichtung an Ganztagsschulen teilweise durch *Präsenzzeiten* ergänzt (Hesener 2006).

Weitere differenzierende Elemente bewegen sich weitgehend im Rahmen der Pflichtstundenlogik. So sehen viele Länder eine *Deputatsermäßigung für ältere Lehrkräfte* um bis zu drei Stunden vor. Zusätzlich oder alternativ werden in einigen Bundesländern *Arbeitszeitkonten* eingesetzt. Hier wird das Deputat während einiger Jahre erhöht, um die angesparte Zeit ab einer bestimmten Altersgrenze als Deputatsermäßigung einsetzen zu können. Ferner gewähren einige Bundesländer *Anrechnungsstunden* für die Wahrnehmung bestimmter Funktionen (z.B. Schulleitung) oder besonderer Aufgaben (z.B. Schulentwicklung). Durch die *Bandbreitenregelung* können einzelne Lehrkräfte um Deputatsstunden entlastet werden, sofern diese Minderung von Kollegen aufgefangen, also zusätzlich übernommen wird.

Zunehmend werden auch flexible Elemente eingesetzt, die in verschiedene Arbeitszeitmodelle integrierbar sind, wie *Altersteilzeit*, *Sabbatjahre* (Lehrkräfte sparen für ein arbeitsfreies Jahr, indem sie beispielsweise fünf Jahre bei 80% Bezahlung zu 100% arbeiten) und das sogenannte *Floating*, das Schulen ermöglicht, Unterrichtsverpflichtungen über einige Jahre hinweg je nach Bedarf der Schule nach oben und unten anzupassen, so dass erst im Mittel mehrerer Jahre das Regeldeputat erreicht wird (Klemm 2000, 2006).

Die zeitliche Arbeitsbelastung von Lehrkräften in Deutschland

Zur Arbeitszeit von Lehrkräften werden in Deutschland in unregelmäßigen Abständen Erhebungen durchgeführt. Diese untersuchen vor allem das quantitative Ausmaß, also den *Umfang* der Arbeitszeit sowie ihre *Verteilung* auf die verschiedenen Tätigkeitsbereiche (z.B. Mummert & Partner 1999). Studien zur *Lage* der Arbeitszeit ergeben, dass Lehrkräfte in beträchtlichem Ausmaß sowohl am Abend als auch am Wochenende arbeiten. Ihre Arbeitszeit ist über den Tag, die Woche und das Jahr tendenziell ungleichmäßig verteilt (Schönwälder 1998).

Da sie fast immer auf Befragungen der Betroffenen beruhen, wird die Aussagekraft quantitativer Arbeitszeitstudien immer wieder bezweifelt. Zugleich kommt die Forschung in vielen Punkten zu konvergenten Ergebnissen, wie auch zwei größere Erhebungen der letzten Jahre zeigen. Die Studie der Unternehmensberatung Mummert & Partner (1999) beruht auf Selbstaufschreibungen der Arbeitszeit durch die teilnehmenden Lehrkräfte (Tagebuchmethode) und stützt sich auf Daten von über 6000 vollzeitbeschäftigten Lehrkräften. Sie ergab eine mittlere Gesamtarbeitszeit von 1846 Stunden pro Jahr, die je nach Schulart variiert (z.B. Mittelwert Grundschulen=1750, Mittelwert Gymnasien=1900) und auch innerhalb der Kollegien eine erhebliche Spannbreite aufweist. Die Varianz innerhalb der Kollegien wird nach Mummert & Partner zwar durch die Unterrichtsfächer (Korrekturaufwand) und die Jahrgangsstufe (tendenziell größerer Aufwand in höheren Klassenstufen) beeinflusst, ist aber nicht allein durch diese beiden Faktoren erklärbar. In die Untersuchung von Schaarschmidt et al. (2007) flossen die Angaben von 4181 voll- und teilzeitbeschäftigten Lehrkräften ein. Schaarschmidt und Kollegen baten um eine Einschätzung des Umfangs und der Verteilung der Arbeitszeit auf die verschiedenen Tätigkeiten in einer durchschnittlichen Woche sowie an einem durchschnittlichen Arbeitstag. Sie befinden, „dass die durchschnittliche Wochenarbeitszeit bei einer Vollzeit-Stelle deutlich über 50 und bei Teilzeit über 40 Stunden hinausgeht" und sich damit „eine Jahresarbeitszeit ergibt, die weit über der für Beamte des öffentlichen Dienstes geltenden Zahl der Jahresarbeitsstunden (von 1804) liegt" (Schaarschmidt et al. 2008, S. 42). Die Autoren finden „in der Summe (...) kaum markante Differenzen in der zeitlichen Belastung zwischen den Schulformen" (Schaarschmidt et al. 2007, S. 22). Trotz einiger abweichender Befunde (die auch mit den eingesetzten Erhebungsmethoden in Zusammenhang stehen dürften) wird in beiden Studien übereinstimmend deutlich, dass die zeitliche Arbeitsbelastung im Lehrberuf insgesamt hoch ist und von einem „vollbezahlten Teilzeitjob" jedenfalls keine Rede sein kann, während zugleich aber auch erhebliche Unterschiede in der Lehrerschaft bestehen.

Der Fokus des Pflichtstundenmodells rein auf die Unterrichtszeit legt es nahe, diese auch als die zeitlich umfangreichste Aufgabe von Lehrkräften anzusehen. Die Studien von Mummert & Partner (1999) und Schaarschmidt et al. (2007) ermitteln hingegen beide einen Anteil der Unterrichtszeit an der Gesamtarbeitszeit von lediglich 30-40%. Etwa zwei Drittel der Arbeitszeit entfallen auf direkt unterrichtsbezogene Tätigkeiten wie Unterrichtsvor- und -nachbereitung sowie Korrekturen, ferner auf nicht unmittelbar unterrichtsbezogene Aufgaben wie Konferenzen, Aufsichten, Schüler- und Elterngespräche, Austausch mit Kollegen, administrative, organisatorische Tätigkeiten und Schulentwicklungsaufgaben.

Im Umbruch: Wege zu einer Neubewertung der Arbeitszeit an Schulen

Die Diskussion um die Arbeitszeit an Schulen unterscheidet sich von betriebspolitischen Auseinandersetzungen in einiger Hinsicht. Das prägende Stichwort in der Wirtschaft lautet *Flexibilisierung* (z.B. Lehndorff 2006), womit sowohl veränderte Erfordernisse der Arbeitstätigkeit (z.B. Projektarbeit) als auch veränderte Bedürfnisse der arbeitenden Menschen (z.B. Vereinbarkeit

von Arbeit und Familie) angesprochen sind. Damit einher gehen in den Betrieben oft grundlegende Veränderungen der Arbeitszeitsysteme: Von Jahresarbeitszeit über Langzeitkonten zu Vertrauensarbeitszeit wird eine große Bandbreite verschiedener Arbeitszeitregelungen praktiziert. In der bildungspolitischen Diskussion stand hingegen lange allein die Anpassung der Unterrichtsdeputate im Vordergrund, nicht aber eine grundsätzliche Abkehr vom Pflichtstundenmodell. Einerseits leuchtet das ein: Das Arbeitszeitsystem an Schulen bietet bereits ein hohes Maß an Flexibilität. Auch die Möglichkeit zur Teilzeitarbeit (also mit reduziertem Deputat) ist an Schulen gegeben und wird von vielen genutzt. Im Schuljahr 2007/2008 waren an den öffentlichen allgemein bildenden Schulen in Deutschland 42% der Lehrkräfte in Teilzeit beschäftigt, der Anteil der teilzeitbeschäftigten Frauen betrug sogar 52% (Statistisches Bundesamt 2008).
Allerdings ist die Kritik am Pflichtstundenmodell grundsätzlicher Natur. Ihm wird vorgeworfen, dem Wandel der Schulen hinterher zu hinken, indem es sich über die Maßen auf den Unterricht konzentriert und kaum anerkennt, dass „Schule mehr ist als Unterricht" (Klemm 2006, S. 712). Es erlaube zudem keine Differenzierung zwischen verschiedenen Belastungssituationen in den Kollegien, sondern trage dazu bei, dass die Arbeit an den Schulen oft ungleich und ungerecht verteilt ist. Es lasse den Schulen kaum Handlungsspielraum bei der Organisation der Arbeitszeit und bremse damit notwendige Reformen. Auch die gesellschaftliche Anerkennung der tatsächlichen Arbeitsbelastung von Lehrkräften werde durch das Pflichtstundenmodell, das nur die Unterrichtszeit sichtbar macht, erschwert (Eurydice 2003; Klemm 2006).
In der Praxis sind Reformtendenzen erkennbar: Das Hamburger Modell versucht stärker auch außerunterrichtliche Tätigkeiten in die Bestimmung der Arbeitszeit einzubeziehen. Bremen setzt teilweise Präsenzzeiten ein (s.o., Hesener 2006). Flexible Elemente der Arbeitszeitgestaltung (wie etwa Sabbatjahr, Altersteilzeit) nehmen zu und werden nicht zuletzt angesichts der Altersstruktur in den Kollegien (die Hälfte der Lehrkräfte in Deutschland ist mindestens 50 Jahre alt (Statistisches Bundesamt 2008)) wohl noch an Bedeutung gewinnen. Teilweise erhalten die Schulen größere Spielräume bei der Organisation der Arbeitszeit, etwa durch die Zuweisung von Zeitbudgets oder wenn Schulen alternative Gestaltungsformen in Modellversuchen erproben können (Klemm 2000; 2006, Landesinstitut für Schulentwicklung 2008). Ob hingegen die Lösung allein in einer Reduktion des Umfangs der Regeldeputate liegt, erscheint fraglich. Aus Studien liegen Hinweise vor, dass die (prozentuale) Überschreitung der vorgesehenen Arbeitszeit mit der Deputatsreduktion (Arbeit in Teilzeit) tendenziell ansteigt (Schönwälder 1998).

Kriterien zur Bewertung von Arbeitszeitregelungen
Wie aber gelangt man zu einem angemessenen Modell von Lehrerarbeitszeit? Orientiert an den Ergebnissen arbeitspsychologischer, pädagogischer und arbeitsmedizinischer Forschung sowie den praxisbezogenen Forderungen aus Politik, Lehrerschaft, Gewerkschaften und Verbänden hat Lacroix 14 auf den Arbeitsplatz Schule ausgerichtete Kriterien vorgelegt, anhand derer sich Arbeitszeitregelungen für Lehrkräfte bewerten lassen (Lacroix et al. 2005; Dorsemagen et al. 2007). Eine sinnvolle Arbeitszeitregelung muss sowohl auf die Anforderungen, die sich aus Zielen der Arbeit ergeben, als auch auf die Bedürfnisse der arbeitstätigen Menschen ausgerichtet sein. Sie hat sowohl *Anforderungen der Arbeitstätigkeit* als auch *Erfordernissen humaner Arbeit* zu genügen. Zu den Erfolgsanforderungen der Arbeit zählt an Schulen sicher an erster Stelle die Gewährleistung der *Qualität der pädagogischen Arbeit*. Arbeitszeitregelungen sind so zu gestalten, dass sowohl das Erreichen der fachlichen Unterrichtsziele als auch eine differenzierte Förderung der Schülerinnen und Schüler gewährleistet werden kann. Dazu gehört, dass die Arbeitszeitregelung *neue Unterrichtskonzepte und -methoden* wie etwa Projektarbeit oder fächerübergreifenden Unterricht ermöglicht und der *Kommunikation und Kooperation* zwischen den Lehrkräften einer

Schule zuträglich ist. Ferner sollte eine Arbeitszeitregelung zur Vermeidung von Unterrichtsausfall im Sinne einer hohen *Verlässlichkeit von Schule* beitragen. Der mit einer Arbeitszeitregelung verbundene *Verwaltungsaufwand* soll möglichst gering bleiben (Lacroix et al. 2005; Dorsemagen et al. 2007).

Als human bezeichnet Ulich (2005) solche Arbeitstätigkeiten, „die die psychophysische Gesundheit der Arbeitstätigen nicht schädigen, ihr psychosoziales Wohlbefinden nicht - oder allenfalls vorübergehend - beeinträchtigen, ihren Bedürfnissen und Qualifikationen entsprechen, individuelle und/oder kollektive Einflussnahme auf Arbeitsbedingungen und Arbeitssysteme ermöglichen und zur Entwicklung ihrer Persönlichkeit im Sinne der Entfaltung ihrer Potentiale und Förderung ihrer Kompetenzen beizutragen vermögen" (S. 149). Als Teil der Rahmenbedingungen können Arbeitszeitregelungen zur Verwirklichung dieser Anforderungen beitragen.

So haben Arbeitszeitregelungen die zentrale Aufgabe, die Arbeitsbelastung im Rahmen zu halten, indem sie zur *Begrenzung der Arbeitszeit* nach oben beitragen. Auch sollten sie eine *gleichmäßige Verteilung* (über den Tag, das Jahr) begünstigen und das Setzen von *Grenzen zwischen Arbeit und Privatleben* ermöglichen. Im Sinne der Förderung von Autonomie und Kontrolle der Arbeitstätigen sollten Arbeitszeitregelungen zugleich *persönliche Zeitsouveränität* zulassen. Dazu gehört auch die Vereinbarkeit von Arbeit und Familienleben. Auch das *Setzen individueller Aufgabenschwerpunkte* kann durch (weniger deputatsorientierte) Arbeitszeitregelungen gefördert werden. Dem psychosozialen Wohlbefinden sind Arbeitszeitregelungen zuträglich, wenn sie eine angemessen gleichmäßige Verteilung der Arbeitsbelastung im Kollegium fördern (*Arbeitszeitgerechtigkeit*). Arbeitszeitregelungen können zudem das *soziale Klima* beeinflussen (z.B. indem sie Kooperation ermöglichen). Arbeitszeitregelungen, die die tatsächliche Arbeitsbelastung *transparent* machen, können sowohl nach *innen,* das heißt innerhalb des Kollegiums, als auch nach *außen,* das heißt zur gesellschaftlichen Anerkennung der geleisteten Arbeit beitragen (Lacroix et al. 2005; Dorsemagen et al. 2007).

Anforderungen der Arbeitstätigkeit und Kriterien humaner Arbeit beeinflussen sich gegenseitig und weisen Schnittmengen auf: So wird eine eingeschränkte Qualität der pädagogischen Arbeit auf die Dauer nicht nur für den Arbeitserfolg der Schüler zum Problem, sondern auch für die Lehrkraft zur Belastung. Auch die Kriterien zu Kooperation und sozialem Klima im Kollegium sind nicht getrennt voneinander zu betrachten. Viele der genannten Kriterien sollten additiv angestrebt werden, wie etwa eine hohe Qualität der pädagogischen Arbeit und ein positives Sozialklima im Kollegium. Andere können in Widerspruch zueinander stehen; beispielsweise erschwert eine hohe persönliche Zeitsouveränität oft eine klare Trennung von Arbeit und Privatleben. Hier muss Ausgleich gesucht werden. Auf lange Sicht können Anforderungen der Arbeitstätigkeit nur erfolgreich realisiert werden, wenn *zugleich* Erfordernissen humaner Arbeit Rechnung getragen wird (weiterführend Krause et al. 2008).

Arbeitszeit aus Sicht von Lehrerinnen und Lehrern
In einer Befragung in Baden-Württemberg wurde ermittelt, welchen Kriterien eine Arbeitszeitregelung *aus Sicht der Lehrkräfte* am ehesten gerecht werden sollte (Lacroix et al. 2005, N=661). Diese ergab die folgende Rangreihe der als besonders zentral eingestuften Kriterien:
1. Qualität der pädagogischen Arbeit
2. Arbeitszeitgerechtigkeit
3. Soziales Klima
4. Begrenzung der Arbeitszeit
5. Ermöglichung von Kommunikation und Kooperation
6. Transparenz nach außen

In der gleichen Studie wurden die Befragten gebeten, die aktuell geltende Arbeitszeitregelung hinsichtlich der genannten Kriterien einzustufen. Gute Noten erhielt das Modell hinsichtlich der dadurch ermöglichten persönlichen Zeitsouveränität und des geringen Verwaltungsaufwandes. Die als besonders wichtig eingestuften Kriterien werden hingegen aus Sicht der Lehrkräfte (mit Ausnahme des sozialen Klimas) durch das Pflichtstundenmodell kaum unterstützt.

Auch alternative Arbeitszeitregelungen wurden den Lehrkräften zur Bewertung vorgelegt. Von *Kooperations- und Präsenzzeiten* sowie einer verstärkten *Schulautonomie* versprechen sich die Befragten positive Auswirkungen auf die Qualität der pädagogischen Arbeit sowie auf Kommunikation und Kooperation an der Schule. Auch Chancen für das soziale Klima sehen sie bei Kooperations- und Präsenzzeiten. Eine stärkere Begrenzung der Arbeitszeit vermuten sie beim Modell der *Fächerdifferenzierung* (Lacroix et al. 2005). Ähnlich fanden Schaarschmidt et al. (2007), dass die von ihnen befragten Lehrkräfte alternative Arbeitszeitregelungen in Hinblick auf die Kriterien pädagogische Qualität, Gesundheit der Lehrkräfte und Kooperation besser bewerteten als das Pflichtstundenmodell. Die Autoren nennen Präsenzzeiten, die Berücksichtigung der Fächer sowie eine Entlastung der Unterrichtswochen durch verkürzte Ferienzeiten als erfolgversprechende Reformansätze.

Zu den Befragungsergebnissen ist einschränkend zu sagen, dass sie zumeist nicht auf *Erfahrungen*, sondern auf *Vorstellungen* von Lehrkräften beruhen, die in der Studie von Lacroix et al. (2005) von sich selbst sagen, über alternative Arbeitszeitmodelle mäßig bis schlecht informiert zu sein.

Fazit: Perspektiven für Forschung und Praxis

Wenn Lehrkräfte die aktuelle Arbeitszeitregelung negativ und verschiedene alternative Modelle positiver bewerten, sich zugleich aber skeptisch zur Einführung dieser neuen Modelle äußern (Lacroix et al. 2005), verweist dies auf Widerstände gegenüber Reformbestrebungen. Offenbar traut man Veränderungen weniger eine Verbesserung der Arbeitssituation zu, als man eine Zunahme von Belastungen befürchtet.

Die bisherige quantitative Arbeitszeitforschung beschreibt die *tatsächliche* Arbeitsbelastung der Lehrkräfte als vergleichsweise hoch. Hingegen fehlt weiterhin wissenschaftliche Erkenntnis zu der Frage, welcher zeitliche Aufwand für die Gestaltung ‚guter Schule' *notwendig* ist (Schönwälder 1998). Angesichts des „nach oben offenen pädagogischen Arbeitsauftrag[s]" (S. 41) von Lehrkräften liegt hierin ein schwer auflösbares Spannungsfeld, das bislang weitgehend in der Verantwortung der einzelnen Lehrkraft verbleibt. Zugleich erscheint es bei einem hochqualifizierten und interaktionsbetonten Beruf wie dem des Lehrers weder möglich noch wünschenswert, die Arbeitszeit stark zu bürokratisieren.

Mithilfe aussagekräftiger Kriterien sind Arbeitszeitregelungen so zu bewerten und zu gestalten, dass sowohl eine hohe Schul- und Unterrichtsqualität als auch humane, gesundheitsgerechte Arbeitsbedingungen ermöglicht werden. Dabei gilt auch für die Frage der Arbeitszeiten, dass „monokausale Verknüpfungen zwischen Systemmerkmalen und Erträgen der Systeme (…) weder zulässig [sind] noch (…) die Erkenntnis [mehren]." (Klemm 2006, S. 77). Für einen erfolgreichen Reformprozess sind deshalb Forschung *und* praktische Erfahrungen mit alternativen Systemen nötig (wie sie etwa in Baden-Württemberg mit Hilfe von Modellversuchen angestrebt wurden, Landesinstitut für Schulentwicklung 2008). Dabei ist zentral,

- Arbeitszeit als wichtigen Bestandteil der Arbeitsbedingungen von Lehrkräften anzuerkennen, der die Qualität der Arbeit und die Belastungssituation erheblich beeinflusst,

- die Reform von Arbeitszeitregelungen als einschneidenden Veränderungsprozess zu begreifen, der mit Ängsten und Widerständen auf Seiten der Betroffenen einhergehen kann,
- diesen Veränderungsprozess aktiv und kriterienorientiert zu gestalten (Arbeitszeitmanagement, vgl. Marr 2001) und dabei
- die Lehrerinnen und Lehrer von Beginn an als Experten für ihre Arbeitssituation zu beteiligen.

Ein in diesem Sinne zielführender Weg könnte darin bestehen, nicht nach dem einen ‚richtigen' Modell zu suchen, sondern sinnvolle Varianten auszumachen und mithilfe der nötigen Rahmenbedingungen die Schulen dabei zu unterstützen, die für sie passende Variante umzusetzen („teilautonome Schule", vgl. Klemm 2000).

Literatur

Dorsemagen, C./Lacroix, P./Krause, A. (2007): Arbeitszeit an Schulen: Welches Modell passt in unsere Zeit? In: Rothland, M. (Hrsg.): Belastung und Beanspruchung im Lehrerberuf. Modelle, Befunde, Interventionen. Wiesbaden: VS Verlag für Sozialwissenschaften, S. 227-247. – Eurydice (Hrsg.) (2003): Schlüsselthemen im Bildungsbereich in Europa, Band 3. Der Lehrerberuf in Europa. Profil, Tendenzen und Anliegen. Bericht III, Beschäftigungsbedingungen und Gehälter. Allgemein bildender Sekundarbereich I. Brüssel. – Hesener, C. (2006): Lehrerarbeitszeit und Schulentwicklung. Formen und Wirkungen des neuen Arbeitszeitmodells in Bremer Ganztagsgrundschulen. In: Appel, S. (Hrsg.): Ganztagsschule gestalten. Schwalbach: Wochenschau-Verlag, S. 245-254. – Klemm, K. (2006): Neue Arbeitszeitmodelle. Zum langsamen Abschied vom Standardmodell. In: Buchen, H./Rolff, H.-G. (Hrsg.): Professionswissen Schulleitung. Weinheim: Beltz, S. 711-727. – Klemm, K. (2000): Zum Umgang mit der Arbeitszeit von Lehrerinnen und Lehrern – Neue Konzepte zum Zeitmanagement. In: von Weizsäcker, R.K. (Hrsg.): Schul- und Hochschulorganisation. Berlin: Duncker & Humblot, S. 41-53. – Krause, A./Schüpbach, H./Ulich, E./Wülser, M. (2008): Arbeitsort Schule: Organisations- und arbeitspsychologische Perspektiven. Wiesbaden: Gabler. – Lacroix, P./Dorsemagen, C./Krause, A./Bäuerle, F. (2005): Arbeitszeitregelungen an Schulen aus arbeits- und organisationspsychologischer Sicht: Eine repräsentative Befragung gewerkschaftlich organisierter Lehrerinnen und Lehrer in Baden-Württemberg. Freiburg: Forschungsberichte des Instituts für Psychologie. – Landesinstitut für Schulentwicklung (2008): Modellversuche zur Arbeitsorganisation und zu einer Neubewertung der Arbeit von Lehrerinnen und Lehrern. Abschlussbericht. Stuttgart. – Lehndorff, S. (2006): Sicherheit anbieten, Vielfalt ermöglichen. Über Krise und Reformen der Arbeitszeitregulierung. In: Lehndorff, S. (Hrsg.): Das Politische in der Arbeitspolitik. Ansatzpunkte für eine nachhaltige Arbeits- und Arbeitszeitgestaltung. Berlin: Edition Sigma, S. 157-194. – Marr, R. (Hrsg.) (2001): Arbeitszeitmanagement. Grundlagen und Perspektiven der Gestaltung flexibler Arbeitszeitsysteme. 3. neu bearb. Aufl. Berlin: Erich Schmidt Verlag. – Mummert & Partner (1999): Untersuchung zur Ermittlung, Bewertung und Bemessung der Arbeitszeit der Lehrerinnen und Lehrer im Land Nordrhein-Westfalen. Hamburg. – Schaarschmidt, U./Sieland, B./Fischer, A. W./Rahm, T./Tarnowski, T. (2007): Die Arbeitszeit der Lehrerinnen und Lehrer in Nordrhein-Westfalen. Ergebnisse und Vorschläge der Projektgruppe QuAGiS zur Entwicklung eines zukunftsfähigen Arbeitszeitmodells. Wampersdorf bei Wien, Lüneburg. – Schaarschmidt, U. et al. (2008): Vorschläge für eine sachgerechte und gesundheitsförderliche Lehrerarbeitszeit. Alternative zum bisherigen Pflichtstundenmodell. In: Schulverwaltung Spezial, 2008 (2), S. 41-43. – Schönwälder, H.-G. (1998): Probleme der Arbeitsbelastung im Lehrerberuf: Darstellung und Bewertung vorliegender empirischer Untersuchungen. In: Journal für Schulentwicklung, 2, S. 34-44. – Statistisches Bundesamt (Hrsg.) (2008): Bildung und Kultur. Allgemeinbildende Schulen. Wiesbaden. – Ulich, E. (2005): Arbeitspsychologie. 6. Aufl. Stuttgart: Schäffer-Poeschel.

48| Belastung und Burnout
Ulf Kieschke und Uwe Schaarschmidt

Unser Beitrag soll über zentrale Begriffe der Belastungsforschung orientieren und hat Besonderheiten der Beanspruchungssituation in Schulen zum Thema.

Kernbegriffe und Konzepte: Belastung, Stress und Burnout

Arbeit birgt zweierlei Herausforderungen: solche, denen man von vornherein gewachsen sein sollte, um einen Beruf zur eigenen und zur Zufriedenheit anderer auszuüben (faktische Eignungsanforderungen) und solche, an denen man wachsen, möglicherweise aber auch scheitern kann (potentielle Entwicklungsanforderungen). Übersteigt das Anforderungsniveau nun das Handlungs- und Leistungsvermögen einer Person, setzt das den Betroffenen „unter Stress". Damit ist umgangssprachlich ein meist als unangenehm empfundener Spannungszustand gemeint, der auf Dauer die gesundheitliche Gesamtverfassung zu beeinträchtigen vermag. Aus arbeitswissenschaftlicher Sicht subsumiert man unter „psychischer Belastung" (*stress*) die Gesamtheit aller von außen auf den Menschen einwirkenden Faktoren, zumal die objektiven Gegebenheiten von Arbeitsaufgabe und Ausführungsbedingungen. Auf die subjektive, personenspezifische Auseinandersetzung mit Auftragsinhalten und Besonderheiten der Arbeitssituation ist der Begriff „Beanspruchung" (*strain*) zugeschnitten. Er bezeichnet die unmittelbaren Effekte von Belastungsfaktoren in Abhängigkeit von den Bewältigungsmöglichkeiten der betroffenen Person (den sogenannten Handlungsressourcen). Im Fortgang der psychologischen Stressforschung haben sich die Akzente der Begriffsfestlegung jedoch zunehmend verschoben (Cooper 2005). Von der klar reizzentrierten Fassung des arbeitswissenschaftlichen Stresskonzepts (Stress als vollständig personenunabhängig beschreibbare „Input-Variable") hat man sich weitgehend gelöst. Stress wird jetzt eher als echtes Interaktionsphänomen verstanden, also als Sachverhalt, der prinzipiell auf einer Wechselwirkung von Personen- und Umgebungsmerkmalen beruht. Am deutlichsten kommt das in der transaktionalen Stresstheorie von Lazarus zum Tragen, die den konzeptuellen Rahmen für viele neuere Belastungsstudien bildet (Lazarus & Folkman 1984). Nach dem Modell gleicht eine Person aktuelle Herausforderungen mit persönlichen Deutungsschemata und Bewältigungschancen ab: Wird eine Situation als wichtig und als potentiell belastend eingestuft, weil sie durch übliche Verhaltensroutinen kaum zu beherrschen ist, werden zusätzliche Anstrengungen investiert und die Handlungsergebnisse neuerlich einer Bewertung unterzogen. Es gibt demzufolge nicht Stress „an sich", sondern lediglich als *relationales* Geschehen, in dem Personen- und Umweltbedingungen auf subtile Weise ineinander verschachtelt sein können. Öffnet sich die Schere zwischen Leistungsanforderungen und Leistungsmöglichkeiten zu stark, hat das häufig gesundheitliche Konsequenzen[1]. Eine dieser Konsequenzen wird in Belastungsuntersuchungen unter der Syndrombezeichnung „Burnout" beleuchtet. Der Terminus wurde 1974 vom amerikanischen Psychoanalytiker Freudenberg in die psychologische Fachsprache eingebürgert. Systematische Untersuchungen zum Phänomen sind seit 1976 u. a. von der Arbeitsgruppe um die kalifornische Sozialpsychologin Maslach betrieben

---

1 Es sei nachdrücklich betont, dass sowohl eine permanente *Über*beanspruchung (es wird mehr verlangt als man eigentlich zu leisten vermag) als auch eine andauernde *Unter*beanspruchung (man hat keine Gelegenheit, sein Leistungspotential wirklich auszuschöpfen) die Gesundheit gefährden kann (vgl. Richter & Hacker 1998).

worden; mittlerweile ist der Begriff eine feste Bezugsgröße in der sozialwissenschaftlichen Berufsforschung (Burisch 2006, 2005). Burnout gilt als negative Beanspruchungsfolge mit Krankheitswert. Die Symptomatik lässt sich nach Maslach und Jackson (1981) in drei Hauptkomponenten aufgliedern: emotionale Erschöpfung (Überforderungsgefühl, Ermüdung), Depersonalisation (zynische Abwehrhaltung Klienten und Kunden gegenüber, Abstumpfung, negative Einstellung zur Arbeit) und verringerte Leistungsfähigkeit. Man fand das Syndrom gehäuft im Feld psychosozialer Versorgung (Schule, Krankenpflege, Sozialarbeit), also in Berufen, in denen Kontakt und Umgang mit Menschen eine zentrale Rolle spielen. Die in der Literatur getroffenen Aussagen zur Entwicklung des Burnout laufen im Kern darauf hinaus, dass anfängliche Erwartungen permanent und massiv enttäuscht werden (Burisch 2006, 2005). Gerade Personen, die mit besonderem Eifer und Pflichtgefühl ihre Aufgaben erledigen, aber mehr und mehr den Eindruck gewinnen, dass sich all das kaum auszahlt, rutschen in eine Burnout-Risikolage. Siegrist (1991) hat jenes Missverhältnis von Geben und Nehmen, das eine entscheidende Quelle von Burnout-Tendenzen sein dürfte, mit dem Begriff der „Gratifikationskrise" belegt.

Zur Beanspruchungssituation im Schuldienst

Das weit verbreitete Vorurteil, Schuldienst sei ein bequemer Halbtagsjob bei voller Bezahlung, wird durch neuere Studien auf breiter Front entkräftet (Montgomery & Rupp 2005; Schaarschmidt 2005; Vandenberghe & Huberman 1999). Lehrerinnen und Lehrer verrichten eine überaus anstrengende Arbeit. Das spiegelt sich nicht zuletzt in Daten zur Belastungssituation. So sind in Statistiken zu Dienstunfähigkeit und vorgezogenem Ruhestand für die Lehrerschaft seit Jahren außerordentlich hohe Zahlen zu beklagen. Vor allem psychisch verursachte Beeinträchtigungen werden hier als Gründe angeführt (Weber 2003). Auch die Erfahrung, dass Lehrerinnen und Lehrer häufiger als Vertreter anderer Berufe Patienten psychosomatischer Praxen und Kliniken sind, passt in dieses unerfreuliche Bild (Hillert & Schmitz 2004). Die wohl umfangreichste Lehrerbelastungsstudie im deutschsprachigen Raum (die Potsdamer Lehrerstudie mit nahezu 20000 Teilnehmern) hat für ca. ein Drittel der Befragten ein akutes Burnout-Risiko ermittelt – der Anteil der Betroffenen fällt damit wesentlich höher aus als in anderen Tätigkeitsfeldern (Schaarschmidt 2005; Schaarschmidt und Kieschke 2007). Um die Tragweite solcher Fakten recht ermessen zu können, muss man sich vergegenwärtigen, dass die Lehrerschaft die größte akademische Beschäftigungsgruppe in unserem Lande stellt: Es geht entsprechend um die Lebensqualität Hunderttausender von Menschen. Klar dürfte zudem sein, dass eine hohe Unterrichts- und Bildungsqualität auf Dauer nur mit psychisch gesunden Lehrkräften bewerkstelligt werden kann. Und noch eines bleibt zu bedenken: Der Vorsatz, begabte und hoch motivierte junge Leute für den Beruf zu werben, hat schlechte Realisierungschancen, wenn schulpädagogischer Tätigkeit das Image eines „Horrorjobs" anhaftet.

Zur Belastungsspezifik des Lehrerberufs

Was macht nun die Spezifik der Lehrerbelastung aus? Zunächst einmal wäre festzuhalten, dass die Anforderungsstruktur des Berufes überaus komplex ist. Von der Rahmenplanung des Unterrichts nach curricularen Vorgaben über die didaktische Aufbereitung des Stoffes bis hin zur Benotung der Schülerleistungen, von administrativen Zuständigkeiten bis zur beratend-unterstützenden Begleitung Heranwachsender und ihrer Eltern erstrecken sich Verpflichtungen und Ansprüche der Tätigkeit (Rudow 1994; Rothland 2007). Insbesondere die sozial-kommunikativen und motivationalen Anforderungen verdienen Beachtung. So ist einerseits soziale Sensibilität gefragt, andererseits aber auch – gerade in Bezug auf die eigene Person – ein hohes Maß an Robustheit. Der Pädagoge soll zu seinen Schülern ein lernförderliches Vertrauensverhältnis aufbauen, doch zugleich ist es für ihn unumgänglich, professionellen Abstand zu wahren und gegebenenfalls Grenzen aufzuzeigen. Dabei wird das Engagement für die Schülerinnen und Schüler in der Regel kaum durch Anerkennung oder Zuwendung (seitens der Schüler oder deren Eltern) aufgewogen. Ja mehr noch: problematisches Schülerverhalten vereitelt nicht selten Bemühungen um guten Unterricht und verursacht emotionale Verletzungen, die bekanntlich besonders schmerzen können. Ansprüche an die Güte der eigenen Arbeit und Schulwirklichkeit decken sich eben nur im Idealfall vollständig. Bei allem Verantwortungsbewusstsein und bei aller Anstrengungsbereitschaft müssen sich Lehrkräfte immer wieder mit Misslichkeiten und provisorischen Lösungen abfinden – u. a. ganz einfach deshalb, weil die Arbeitszeit (zumal in vorbereitungs- und korrekturintensiven Fächern) eine kritische Grenze erreicht hat. Das verstärkt dann wiederum das Gefühl permanenten Nicht-fertig-Werdens. Genau auf diese Gemütslage zielt das berühmte Wort Sigmund Freuds, der Lehrerberuf gehöre zu den Professionen, „in denen man [sich] des ungenügenden Erfolgs von vornherein sicher sein kann." (Freud 1937/1999, Bd. XVI, S. 94). Wenn aber Ärger und Frustration den Arbeitsalltag zuweilen stärker bestimmen als Erfolgsmeldungen und Anerkennungsgefühl, wird es schwierig, sich und andere zu motivieren. Motivationale Probleme rühren ferner daher, dass Lehrerinnen und Lehrer in ihren Gestaltungsmöglichkeiten durch ein Korsett von Reglementierungen und Bevormundungen eingeengt werden. Verwiesen sei nur auf die Reform- und Kampagnenwut, die in den letzten Jahren unser Schulsystem massiv heimgesucht hat. Auf dieser Grundlage lassen sich schwerlich eigene berufsbezogene Ziele entwickeln und über längere Zeit hinweg verfolgen. Gerade aber die Möglichkeit für persönliche Zielsetzung ist eine wesentliche Bedingung psychischer Gesundheit im Berufsleben. In vielen Erhebungen, die zu Motiven der Lehrertätigkeit veröffentlicht worden sind, rangiert das Motiv „selbständig handeln wollen" an erster Stelle (Schaarschmidt 2005). Motivationslagen werden zusätzlich durch Imageprobleme des Berufs in der Öffentlichkeit eingetrübt: Fortwährend macht man Lehrerinnen und Lehrer in vereinfachender Ursachenzuschreibung für alle (und es sind nicht wenige) Unzulänglichkeiten der heutigen Schule verantwortlich. Solch unberechtigte Pauschalkritik dürfte die Ausprägung eines positiven beruflichen Selbstbildes kaum fördern. Weitgehend vermisst wird eine angemessene Wertschätzung dessen, was unter oft schwierigen Bedingungen zu leisten ist. Freilich sollte man sich bei all dem vor Einseitigkeiten in der Betrachtung hüten. Lehrerinnen und Lehrer sind keineswegs nur Opfer belastender Umstände. Zu berücksichtigen ist die interaktive Natur des Arbeitshandelns. Problematisches Schülerverhalten kann selbstverständlich mit Unzulänglichkeiten in der pädagogischen Kompetenz von Lehrerinnen und Lehrern zu tun haben! Fähigkeitsdefizite und motivationale Mängel bedingen häufig mit, dass in der schulischen Arbeit liegende Freiheitsgrade und Gestaltungsmöglichkeiten nicht oder suboptimal genutzt werden. Kurzum: Um Belastungsproblemen vorzubeugen, ist auch stärker auf die Beachtung von Eignungsvoraussetzungen zu dringen (Schaarschmidt & Kieschke 2007). Das betrifft nicht bloß die Beratung von Lehramtsanwärtern, sondern ebenso die Forderung an bereits im Beruf stehende Kollegen, sich um die Weiterentwicklung erzieherischer, didaktischer und fachlicher Kompetenzen zu bemühen. Maßnahmen und Bildungsangebote, die dies unterstützen sollen, bedürfen freilich selbst der Evaluation in empirischen Studien, um das Qualitäts- und Personalmanagement in Schulen nachhaltig befördern zu können.

Literatur
Burisch, M. (2006): Das Burnout-Syndrom. Theorie der inneren Erschöpfung. 3. Aufl. Heidelberg: Springer. – Cooper, C. L. (Ed.) (2005): Handbook of Stress, Medicine and Health. 2nd ed. New York: CRC Press. – Freud, S. (1999): Die endliche und die unendliche Analyse. In: S. Freud: Gesammelte Werke, Hrsg. von: Freud, A./Bibring, E./Hoffer, W./Kris, E./Isakowa, O. (Bd. XVI, S. 57-99). Frankfurt a. M.: Fischer. [orig.: 1937]. – Hillert, A./Schmitz, E. (Hrsg.) (2004): Psychosomatische Erkrankungen bei Lehrerinnen und Lehrern. Stuttgart: Schattauer. – Lazarus, R. S./Folkman, S. (1984): Stress, appraisal, and coping. New York: Springer. – Maslach, C./Jackson, S. E. (1981): The measurement of experienced burnout. In: Journal of Occupational Behavior, Vol 2 No1, pp. 99-113. – Montgomery, C./Rupp, A. A. (2005): A meta-analysis for exploring the diverse causes and effects of stress in teachers. In: Canadian Journal of Education (28), pp. 458-486. – Richter, P./Hacker, W. (1998): Belastung und Beanspruchung. Streß, Ermüdung und Burnout im Arbeitsleben. Heidelberg: Asanger. – Rothland, M. (Hrsg.) (2007): Belastung und Beanspruchung im Lehrerberuf. Modelle, Befunde, Interventionen. Wiesbaden: VS Verlag für Sozialwissenschaften. – Rudow, B. (1994): Die Arbeit des Lehrers. Zur Psychologie der Lehrertätigkeit, Lehrerbelastung und Lehrergesundheit. Bern: Huber. – Schaarschmidt, U. (Hrsg.) (2005). Halbtagsjobber? Psychische Gesundheit im Lehrerberuf – Analyse eines veränderungsbedürftigen Zustandes. 2.Aufl. Weinheim, Basel: Beltz. – Schaarschmidt, U./Kieschke, U. (Hrsg.) (2007): Gerüstet für den Schulalltag. Psychologische Unterstützungsangebote für Lehrerinnen und Lehrer. Weinheim, Basel: Beltz. – Siegrist, J. (1991): Contributions of sociology to the prediction of heart disease and their implications for public health. In: European Journal of Public Health 1 (1), pp. 10-21. – Vandenberghe, R./Huberman, A. M. (Eds.) (1999): Understanding and preventing teacher burnout. A sourcebook of international research and practice. Cambridge: University Press. – Weber, A. (2003): Frühpension statt Prävention? Zur Problematik der Frühinvalidität im Schuldienst. Arbeitsmedizin, Sozialmedizin, Umweltmedizin (38), S. 376-384.

49| Schulentwicklung und Zeitmanagement
Katrin Höhmann

Begriffsklärungen

Bereits der Stundenplan einer Schule und die darin sichtbar werdende Taktung des Tages, geben einen Eindruck wie eine Schule ihre Zeit nutzt. Die Stundenplananalyse lässt erste Rückschlüsse auf den Personaleinsatz, Arbeitsbelastungen und die pädagogische Konzeption zu. Wer die Möglichkeit hat, eine Schule als Außenstehender zu begleiten, dem eröffnet sich nach wenigen Tagen, wie Erwachsene, Kinder, Jugendliche sich im Zeitrahmen eines Schultages bewegen, wofür sie ihre Schul-Zeit verwenden, wann Zeit verstreicht ohne bewusst gestaltete Lernzeit oder mußevolle Erholungszeit zu sein. Die Wahrnehmung, Analyse und Veränderung von Zeitstrukturen im Fokus eines Schulentwicklungsprozesses eröffnet neue Perspektiven und Zugänge zu der schulischen Arbeit von Menschen und der Strukturierung der Schulorganisation. Zeitmanagement ist in diesem Zusammenhang zu verstehen als ein bewusster, zielorientierter Umgang mit Zeit um ein bestimmtes Arbeitspensum oder eine gesetzte Zielvorgabe umzusetzen (Drews 2008).
Das Verhältnis von Zeitmanagement und Schulentwicklung ist unter zwei Perspektiven zu fassen: 1. Der Umgang mit Zeit als Inhalt und Ziel von Schulentwicklung, 2. Zeit als strukturierender Faktor in Schulentwicklungsprozessen.

Der Umgang mit Zeit als Inhalt und Ziel von Schulentwicklung

„Wir haben keine Zeit uns zu verändern." Dieser Satz steht häufig für das Verharren in verfestigten Strukturen. Schaut man genau hin, ist es häufig weniger eine Frage von zu wenig Zeit, die besteht, sondern von zuviel Zeit, die schlecht oder nicht genutzt wird. Eine genaue Analyse schulischer Abläufe zeigt, wo jene Situationen versteckt sind, in denen Zeit unsinnig verschwendet und Langeweile produziert wird: Warteschlangen in der Mensa, nicht enden wollende Konferenzen ohne Beschlüsse, unsinniges Parallelarbeiten usw. Das Bewusstsein einer Schule über ihren Umgang mit Zeit ist ein wichtiger Indikator für den Stand der Schulentwicklung (Fend 1998). Wird von Zeit in Schulentwicklungszusammenhängen gesprochen, so geht es überwiegend um das Zeitmanagement von Schulleitung und Lehrerinnen und Lehrern, um Arbeitszeitberechnungen und Stundentafeln (vgl. zur Lehrerarbeitszeit und -belastung die Beiträge von Dorsemagen sowie Schaarschmidt & Kieschke). Zunehmend spielen aber auch didaktische Fragen eine Rolle. Veränderte Lehr- und Lernarrangements erfordern einen anderen Umgang mit Zeit. Durch Veränderungen kann subjektiv wie objektiv Zeit gewonnen werden. Es entsteht mehr Zeit für wichtige Inhalte. Das betrifft die Organisations- und Personal- wie auch die Unterrichtsentwicklung.

Organisationsentwicklung und die Strukturierung der Zeit

Zeitmanagement und Organisationsqualität stehen in einer direkten Wechselwirkung. Deutlich sichtbar wird diese bei Ganztagsschulen. Je nachdem ob es sich um eine offene, gebundene oder teilgebundene Ganztagsschule handelt, werden pädagogische Möglichkeiten und Bildungsräume durch die gewählte Zeitstruktur geschaffen. Bei der offenen Ganztagsschule entsteht ein kompliziertes Organisationsgefüge mit der Aufteilung des Tages in einen unterrichtsgeprägten Vormittag und angebotsorientierten Nachmittag. Es entstehen Schülergruppen, die unter Umständen zu vier unterschiedlichen Zeitpunkten die Schule verlassen: nach dem Unterricht, nach dem Mittagessen, nach der Hausaufgabenbetreuung und nach den Freizeitangeboten. Im Gegensatz dazu bietet die gebundene Ganztagsschule die Möglichkeit einen klar strukturierten Tag zu gestalten mit geringen organisatorischen Gestaltungsnotwendigkeiten (Burk 2006). Pauschal lässt sich sagen, je weniger Kraft Menschen in komplexe Organisationsstrukturen investieren müssen, desto mehr Zeit haben sie für die pädagogische Arbeit mit Schülerinnen und Schülern.

Jenseits der Ganztagsschulthematik gibt es generell viele schulische Organisationsfaktoren, die in einem Schulentwicklungsprozess betrachtet werden können, um einen sinnvolleren Umgang mit Zeit möglich zu machen. Hier weitere Beispiele: Die auf Klassen und Jahrgänge bezogenen, konzentrierte Form des Lehrereinsatzes und eine veränderte Unterrichtsverteilung reduziert die Zahl der Schülerinnen und Schüler pro Lehrer und ermöglicht eine intensivere pädagogische Nutzung der Zeit. Die veränderte Taktung des Tages, in dem beispielsweise von einer 45- auf einen 60 Minutentaktung gewechselt wird, hat einen beruhigten Tagesablauf zur Folge mit weniger Fächern am Tag, weniger Raum und Personenwechseln und mehr effektiver Lernzeit.

Personalentwicklung und der Umgang mit Zeit

Viele Studien haben gezeigt (Rothland 2007), dass Lehrerinnen und Lehrer den Mangel an Zeit als einen der zentralen Belastungsfaktoren empfinden. Mehrere Faktoren spielen hierbei eine Rolle, zum einen die Organisation der Schule, die Qualität der Kommunikation im Kollegium, die Sinnhaftigkeit der Teamarbeit und die Fähigkeit der Selbstorganisation. Unter einer

Personalentwicklungsperspektive sind Fortbildungen zum persönlichen Zeitmanagement wichtig, um zu einem produktiven Umgang mit Zeit zu befähigen und Belastungen zu reduzieren. Gerade die Vermischung von Arbeitszeit und Freizeit bei Lehrerinnen und Lehrern führen zu erhöhten Belastungsgefühlen. Personalentwicklung im Zusammenhang mit Schulentwicklung und Zeitmanagement bedeutet ebenso wie auf der Organisationsebene eine klare, strukturierte und an den vielfältigen Bedürfnissen der Menschen orientiere Zeitnutzung. Arbeitskultur und Zeitpolitik (Mückenberger 2006) hängen eng zusammen.

Unterrichtsentwicklung und der Einsatz von Zeit
Schulentwicklung im Kontext von Unterrichtsentwicklung muss sich der Frage widmen, wofür die zur Verfügung stehende Unterrichtzeit konkret verwendet wird. Wie hoch ist die effektive Lernzeit (Meyer 2004)? Der Redeanteil von Lehrerinnen und Lehrern liegt etwas bei 70% (Baumert et al. 1997). Wie viel Zeit steht dann noch für die aktive Mitarbeit von Schülerinnen und Schüler zur Verfügung? Zeitmanagement ein auch ein wichtiger Teil des Classroommanagements (Eichhorn 2009; Helmke 2008). Es geht ganz konkret um die Fragen der Organisation einer Schulstunde unter einer pädagogischen, didaktischen und einer Verwaltungsperspektive. Wie werden die Klassengeschäfte geregelt, wie Konflikte gemanagt? Wie strukturiert sind tagtägliche wiederkehrende Abläufe? Gehen von 45 Minuten Unterrichtszeit, 15 Minuten für das Kontrollieren der Hausaufgaben verloren, ohne dass auch nur ein Schüler, eine Schülerin etwas gelernt hat? Muss immer wieder am Stundenanfang die Tafel geputzt werden? Wie viel Zeit kostet es, Geld für eine Klassenfahrt einzusammeln? Es sind die kleinen Dinge des Alltags, die konzentriertes Arbeiten und die sinnvolle Nutzung von Unterrichtszeit für Bildungs- und Lernprozesse verhindern. Die effektive Lernzeit in Deutschland ist im weltweiten Vergleich erschreckend gering (Bos et al. 2003). Unterrichtsentwicklung unter der Perspektive sinnvollen Zeitmanagements hat zur Konsequenz mehr Bildungszeit für Schülerinnen und Schüler zu gewinnen und die Vergeudung von Unterrichtszeit zu minimieren.

Zeit als strukturierender Faktor in Schulentwicklungsprozessen

Gleich welches Ziel ein Schulentwicklungsprozess hat, das Zeitmanagement muss stimmen. Dies ist eine Gelingensbedingung für dessen Erfolg. Die folgenden sechs Aspekte sind dabei grundsätzlich zu berücksichtigen:
- *Problembenennung und Zielformulierung*: Es muss geklärt werden, wo genau der Veränderungsbedarf besteht. Was soll in welchem Zeitraum mit welchem Ziel erreicht werden?
- *Bestandaufnahme*: In dieser Phase wird zunächst eine allgemeinen Einschätzung vorgenommen und dann anhand zu definierender Kriterien und systematischer Vorgehensweisen die Situation präzise benannt.
- *Prioritätensetzung:* Auf der Basis der Zielformulierung und der Bestandsaufnahme findet eine Prioritätensetzung statt. Hier gelten die Prinzipien jeder sinnvollen Schulentwicklung: Keep it small and simple.
- *Planung*: In der Planungsphase erfolgt die Konzeptentwicklung und die Entscheidung was wie und bis wann geändert wird.
- *Umsetzung:* In dieser Phase werden die entwickelten Konzepte umgesetzt und erste Erfahrungen gesammelt. Verbindlichkeit ist auch in dieser Phase von zentraler Bedeutung.
- *Evaluation*: Die Evaluation und erneute Bestandsaufnahme macht dann Sinn, wenn die neuen Verfahren oder Vorgehensweise etabliert sind. Die Evaluation kann zugleich der Einstieg in die nächste Veränderungsphase sein.

Bewusst mit Zeit umzugehen, Bildungs- und Beziehungsräume zu eröffnen Zeitinvestitionen in Verwaltungsaufgaben zu minimieren, ist das Ziel. Die Schulentwicklungsaufgaben liegen für viele Schulen vor allem darin, zunächst durch ein sinnvolles Zeitmanagement, den Schultag zu beruhigen und langfristig durch eine kluge zeitliche Organisation Lehrerinnen und Lehrern wie Schülerinnen und Schülern die Möglichkeit zu geben, sich konzentriert auf Bildungsprozesse einlassen zu können.

Offene Fragen und Forschungsperspektiven

Zeit ist ein Faktor in einem komplexen Gefüge und betrifft wie gezeigt alle schulischen Bereiche. Erkenntnisse über die Bedeutung von Zeit und Zeitmanagement entstehen häufig aus Forschung, die einen anderen Fokus hat wie z.B. Forschung zu Unterrichtsqualität. Viele Fragen, die sich unmittelbar aus den Aspekten Zeit und Zeitmanagement ergeben, sind noch zu klären: Fragen objektiver und subjektiv empfundener zeitlicher Beschleunigung und Entschleunigung und ihre Auswirkung auf die Arbeitszufriedenheit von Lehrerinnen und Lehrern und die Lernsituation von Schülerinnen und Schülern ist nur ein Bereich. Die Auswirkung einer veränderten Taktung auf das Schulklima und die Unterrichtsqualität zu untersuchen ein anderer. Im Bereich Ganztagsschulen ist weitere Forschung dazu notwendig, wie sich die gebundene und die ungebundene Ganztagsschule auf die Lern- und Lebenssituation von Schülerinnen und Schülern auswirken. Und im Bereich der Schulentwicklungsforschung ist zu fragen, ob die Zeitmanagementgrundsätze moderner Unternehmen in dieser Form auch für Schule ihre Gültigkeit haben. Manche Autoren haben dran berechtigte Zweifel (Drews 2008).
Zeit verlieren heißt Zeit gewinnen, dieses Paradoxon Rousseaus gilt auch für das Zeitmanagement, gleichgültig ob es Verfahrenselement, Inhalt oder Ziel in einem Schulentwicklungsprozess ist.

Literatur

Baumert, J./Lehmann, R./Lehrke, M./Schmitz, B./Clausen, M./Hosenfeld, I./Köller, O./Neubrand, J. (1997): TIMSS - Mathematisch-Naturwissenschaftlicher Unterricht im internationalen Vergleich. Deskriptive Befunde. Opladen: Leske+Budrich. – Bos, W./Lankes, E.-M./Prenzel, M./Schwippert, K./Walther, G./Valtin, R. (Hrsg.) (2003): Erste Ergebnisse aus IGLU: Schülerleistungen am Ende der vierten Jahrgangsstufe im internationalen Vergleich. Münster: Waxmann Verlag. – Burk, K. (2006): Mehr Zeit in der Schule – der Rhythmus macht's. In: Höhmann, K./Holtappels, H.-G.: Ganztagsschule gestalten; Konzeption, Praxis, Impulse. Seelze-Velber: Erhard Friedrich Verlag, S. 92-104. – Dorsemagen, C./Lacroix, P./Krause, A. (2007): Arbeitszeit an Schulen: Welches Modell passt in unserer Zeit? Kriterien zur Gestaltung schulischer Arbeitsbedingungen. In: Rothland, M. (2007): Belastung und Beanspruchung im Lehrerberuf: Modelle, Befunde, Interventionen. Wiesbaden: VS Verlag für Sozialwissenschaften, S. 227-248. – Drews, U. (2008): Zeit in Schule und Unterricht: Souverän im Umgang mit Zeit. Weinheim, Basel: Beltz Verlag. – Eichhorn, C. (2009): Classroom-Management: Wie Lehrer, Eltern und Schüler guten Unterricht gestalten. Stuttgart: Klett-Cotta Verlag. – Fend, H. (1998): Qualität im Bildungswesen; Schulforschung zu Systembedingungen, Schulprofilen und Lehrerleistungen. Weinheim und München: Juventa Verlag. – Helmke, A. (2008): Unterrichtsqualität und Lehrerprofessionalität; Diagnose, Evaluation und Verbesserung des Unterrichts. Seelze-Velber: Kallmeyer Verlag. – Meyer, H. (2004): Was ist guter Unterricht? Berlin: Cornelsen Verlag Scriptor. – Mückenberger, U. (2006): Neue lokale Governance und Recht auf eigene Zeit. In: Deutsches Institut für Urbanistik (Hrsg.): Zukunft von Stadt und Region. Band IV: Chancen lokaler Demokratie. Beiträge zum Forschungsverbund „Stadt 2030". Wiesbaden: VS Verlag für Sozialwissenschaften, S. 199-230. – Rothland, M. (2007): Belastung und Beanspruchung im Lehrerberuf: Modelle, Befunde, Interventionen. Wiesbaden: VS Verlag für Sozialwissenschaften. – Schaarschmidt, U./Kieschke, U. (2005): Gerüstet für den Schulalltag: Psychologische Unterstützungsangebote für Lehrerinnen und Lehrer. Weinheim und Basel: Beltz Verlag.

50| Kooperation von Lehrkräften
Kathrin Fussangel und Cornelia Gräsel

Einleitung und Begriffsklärungen

Die Kooperation von Lehrkräften sowie die Frage nach ihrer Förderung im Schulalltag wurden in der bisherigen Schulforschung unter verschiedenen Perspektiven in den Blick genommen. Die Schulentwicklungsforschung etwa betont die Bedeutung der Kooperation für ein koordiniertes und ganzheitliches Bildungsangebot für Schülerinnen und Schüler. Aktuelle Ansätze der Kooperationsforschung fokussieren die Frage, wie die unterrichtsbezogene Kooperation die Professionalisierung der Lehrkräfte unterstützen kann. Insbesondere aus dem angloamerikanischen Raum gibt es Befunde, die die professionelle Weiterentwicklung von Lehrkräften eng an kooperative Arbeitszusammenhänge koppeln.

Allgemein von *der* Kooperation zu sprechen, ist jedoch problematisch, da sich verschiedene Formen der Zusammenarbeit voneinander abgrenzen lassen, die im schulischen Alltag unterschiedliche Funktionen erfüllen. In Anlehnung an bisherige Forschungen zur Kooperation – auch aus anderen Disziplinen – unterscheiden Gräsel, Fußangel und Pröbstel (2006) drei Formen der Zusammenarbeit: Austausch, Arbeitsteilung und Kokonstruktion. Während einfache Austauschprozesse dazu dienen, dass alle Lehrkräfte auf einem gleichen Informationsstand sind, können Lehrkräfte durch eine arbeitsteilige Bearbeitung komplexer Aufgaben ihren Alltag ökonomischer gestalten. Formen der Kokonstruktion hingegen eignen sich dazu, fachspezifische Themen gemeinsam zu erarbeiten oder didaktische Problemstellungen in enger Zusammenarbeit zu erörtern. Die verschiedenen Kooperationsformen erfüllen also nicht nur verschiedene Funktionen, sondern zeichnen sich zudem durch eine unterschiedliche Intensität aus.

Innerschulische Kooperation

Auch wenn in vielen aktuellen Projekten (vgl. Absatz 4) schul*übergreifende* Kooperationsstrukturen betrachtet werden, so sehen die meisten Lehrkräfte im Schulalltag ihre Kolleginnen und Kollegen an der eigenen Schule als ihren vorrangigen Bezugs- und Kooperationsrahmen an (Thomas et al. 1998).

Seit geraumer Zeit weisen viele Autoren darauf hin, dass das Ausmaß an tatsächlich stattfindender Kooperation an Schulen eher gering ausfällt (Ulich 1996; Gräsel et al. 2006). Ein generelles Problem ist dabei die Erhebung verschiedener Kooperationsformen, was eine Vergleichbarkeit von unterschiedlichen Studien erschwert. Einige Tendenzen lassen sich jedoch festhalten: In den Projekten MARKUS (Helmke & Jäger 2002) und DESI (Klieme et al. 2006) wurde beispielsweise nach der gemeinsamen Unterrichtsvorbereitung gefragt. Dabei zeigte sich, dass diese Form der Kooperation umso seltener stattfindet, je höher der formale Bildungsgang einer Schule ist. Insgesamt wurde deutlich, dass eine gemeinsame Unterrichtsvorbereitung kein fester Bestandteil der Lehrertätigkeit ist. Insgesamt zeigt sich (auch international), dass die Kooperation häufig gleichzusetzen ist mit Austauschprozessen, die sich relativ einfach im Schulalltag realisieren lassen.

Als Erklärung für diese Situation werden häufig die organisationalen Rahmenbedingungen der Schule herangezogen. Die zelluläre Struktur der Schule und die nur lose Bindung ihrer Organisationseinheiten (Weick 1982) sieht eine Zusammenarbeit von Lehrpersonen nicht zwangsläufig vor. Die Sozialisation von Lehrkräften in dieses System hinein hat zudem eine individualisierende Wirkung (Altrichter 1996). Die Arbeitsstruktur von Lehrkräften führt insgesamt dazu, dass das von Lortie (1972) beschriebene Autonomie-Paritäts-Muster nach wie vor seine Gültigkeit hat. Dieses Verhaltens- und Erwartungsmuster von Lehrkräften führt dazu, dass Lehrkräfte sich in ihrem Kooperationsverhalten der Struktur der Organisation anpassen und kaum Möglichkeiten einer Zusammenarbeit wahrnehmen. Little (1990) spricht in diesem Zusammenhang von zu hohen Transaktionskosten für die Lehrkräfte, so dass es selbst bei vorhandener Motivation selten zu einer intensiven Kooperation kommt.

Anregung zur Intensivierung der Kooperation

Es stellt sich also die Frage, wie Lehrkräfte in einer intensiveren Kooperation unterstützt werden können. Forschungsarbeiten aus der Arbeits- und Organisationspsychologie geben Hinweise auf verschiedene kooperationsfördernde Faktoren. So ist ein gemeinsames Ziel vonnöten, auf das alle Beteiligten hinarbeiten können. Diese kooperative Zielfindung ist für Lehrkräfte häufig ungewohnt. Eine Möglichkeit, Lehrkräfte darin zu unterstützen, ist die Notwendigkeit, den Unterricht aufgrund von bindenden Vorgaben zu verändern. So wurde von Gräsel et al. (2006) untersucht, wie die Implementation der Bildungsstandards in einer Fortbildung zur Formulierung gemeinsamer Ziele verwendet werden kann. Dabei zeigte sich, dass die Bildungsstandards in derjenigen Fortbildungsgruppe stärker umgesetzt wurden, die zu einer kooperativen Zielformulierung angeregt wurde.

Eine Förderung von Kooperation setzt voraus, dass eine gewisse Autonomie der beteiligten Personen gewahrt bleibt (Spieß 2004). Da Lehrkräfte in ihrem Alltag eine relativ hohe Autonomie haben, ist es besonders wichtig, dass sie auch in kooperativen Zusammenhängen weiterhin die Autonomie ihres Handelns wahren können. Wie also z.B. die Zusammenarbeit organisiert wird oder wie verschiedene Teilziele ausformuliert werden, sind Entscheidungen, die die Lehrkräfte eigenständig treffen sollten.

Darüber hinaus spielen auch zwischenmenschliche Aspekte, wie gegenseitiges Vertrauen und Sympathie, eine wichtige Rolle. Diese zu fördern kann an die klare Zielformulierung und Aufgabenverteilung gekoppelt werden: Wenn jede Person weiß, welche Teilaufgabe ihr zugeschrieben ist, dann kann dies allen beteiligten Personen Orientierung geben. In kooperativen Prozessen kann Vertrauen dadurch aufgebaut werden, dass alle einen Beitrag zur Erreichung des Ziels leisten (Pröbstel 2008).

Bei den Ansätzen zur Kooperationsanregung dürfen die infrastrukturellen Gegebenheiten nicht vergessen werden. So müssen Zeitfenster geschaffen werden und Räume vorhanden sein, die es den Lehrpersonen ermöglichen, sich im Schulalltag zu treffen.

Möglichkeiten der Umsetzung: das Beispiel schulübergreifender Lerngemeinschaften

Die dargestellten kooperationsfördernden Faktoren sind für schulinterne Prozesse genauso wichtig wie für schulübergreifende. Insbesondere in der Anfangsphase bedarf es häufig eines externen Anstoßes oder externer Unterstützung (z.B. in Form von Fortbildungen oder durch eine Moderatorin oder einen Moderator), bis die Kooperation so weit entwickelt ist, dass die Lehrkräfte ihre Zusammenarbeit eigenständig organisieren können. Im Zuge der Verbreitung von Unterrichtsinnovationen wurden in den vergangenen Jahren in verschiedenen Projekten häufig schulübergreifende Kooperationsstrukturen genutzt, die Lehrkräfte darin unterstützen, die Innovation in ihren Unterricht zu integrieren (Gräsel & Parchmann 2004). Schulübergreifende Lerngemeinschaften beispielsweise sind solche Kooperationsstrukturen, in denen Lehrkräfte zusammenarbeiten, um Unterrichtseinheiten gemäß den innovativen Konzepten zu entwickeln. In vielen Fällen erhielten die Lehrkräfte dabei in der Anfangsphase Unterstützung von Wissenschaftlern und Wissenschaftlerinnen. Die Lehrkräfte nehmen solche Lerngemeinschaften als günstige Kooperationsstrukturen wahr und sehen im Vergleich zu Lehrkräften, die nicht in solche Strukturen eingebunden sind, vielfältigere Kooperationsmöglichkeiten (Fussangel 2008). Insbesondere intensivere Kooperationsformen, wie arbeitsteilige oder kokonstruktive Formen, lassen sich in solchen Lerngemeinschaften einfacher realisieren. Schulübergreifende Lerngemeinschaften sind dabei nicht an die relativ unflexible Struktur des Schulalltags gebunden. Darüber hinaus gibt die zu implementierende Innovation ein relativ klares Ziel vor, so dass wichtige Bedingungen für eine intensive Kooperation häufig leichter zu realisieren sind als im ‚normalen' Schulalltag.

Forschungsdesiderate

Eine differenzierte Betrachtung verschiedener Kooperationsformen sowie deren spezifische Bedingungen ist ein wichtiges Forschungsfeld. Die Förderung von Lehrerkooperation sollte sich dabei an den spezifischen Funktionen einzelner Kooperationsformen orientieren und klare Ziele verfolgen.
Offene Forschungsfragen beziehen sich weiterhin auf die Interaktion schulübergreifender und schulinterner Kooperationsprozesse. Wie können z.B. positive Effekte schulübergreifender Lerngemeinschaften in die einzelne Schule getragen und dort auf andere Gruppen von Lehrkräften übertragen werden? Wie können bereits kooperierende Lehrkräfte motiviert und darin unterstützt werden, ihre Erfahrungen mit den Kolleginnen und Kollegen zu teilen? Dies ist bisher häufig nur unzureichend gelungen und muss in zukünftigen Forschungsvorhaben stärker fokussiert werden.

Literatur
Altrichter, H. (1996): Der Lehrerberuf: Qualifikationen, strukturelle Bedingungen und Professionalität. In: Specht, W./Thonhauser, J. (Hrsg.): Schulqualität. Entwicklungen, Befunde, Perspektiven. Innsbruck: Studien Verlag, S. 96-172. – Fussangel, K. (2008): Subjektive Theorien von Lehrkräften zur Kooperation. Eine Analyse der Zusammenarbeit von Lehrerinnen und Lehrern in Lerngemeinschaften. Wuppertal: [http://elpub.bib.uni-wuppertal.de/edocs/dokumente/fbg/paedagogik/diss2008/fussangel/index.html]. – Gräsel, C./Fußangel, K./Pröbstel, C. (2006): Lehrkräfte zur Kooperation anregen – eine Aufgabe für Sisyphos? In: Zeitschrift für Pädagogik. 52 (2), S. 205-219. – Gräsel, C./Parchmann, I. (2004): Implementationsforschung – oder: der steinige Weg, Unterricht zu verändern. In: Unterrichtswissenschaft. 32 (3), S. 238-256. – Gräsel, C./Pröbstel, C./Freiberg, J./Parchmann, I. (2006): Anregungen zur Kooperation von Lehrkräften im Rahmen von Fortbildungen. In: Prenzel, M./Allolio-Näcke, L. (Hrsg.): Untersuchungen zur Bildungsqualität von Schule. Münster: Waxmann, S. 310-329. – Helmke, A./Jäger, R. S. (Hrsg.)(2002): Das Projekt MARKUS: Mathematikgesamterhebung Rheinland-Pfalz: Kompetenzen, Unterrichtsmerkmale, Schulkontext. Landau: Verlag Empirische Pädagogik. – Klieme, E./Eichler, W./Helmke, A./Lehmann, R./Nold, G./Rolff, H.-G. (2006). Unterricht und Kompetenzerwerb in Deutsch und Englisch. Frankfurt: Deutsches Institut für internationale pädagogische Forschung (Dipf). – Little, J. W. (1990): The persistance of privacy: Autonomy and initiative in teachers' professional relations. In: Teachers College Record. 91 (4), pp. 509-536. – Lortie, D. C. (1972): Team Teaching, Versuch der Beschreibung einer zukünftigen Schule. In: Dechert, H.-W. (Hrsg.): Team Teaching in der Schule. München: R. Piper & Co., S. 37-76. – Pröbstel, C. (2008): Lehrerkooperation in Fachgruppen und die Umsetzung von Innovationen. Eine Analyse der Zusammenarbeit von Lehrkräften aus Perspektive der Bildungsforschung und der Arbeits- und Organisationspsychologie. Berlin: Logos. – Spieß, E. (2004): Kooperation und Konflikt. In: Schuler, H. (Hrsg.): Organisationspsychologie. 3. Aufl. Göttingen: Hogrefe, S. 193-247. –Thomas, G./Wineburg, S./Grossman, P./Myhre, O./Woolworth, S. (1998): In the company of collegues: An interim report on the development of a community of teacher learners. In: Teaching and Teacher Education. 14 (1), pp. 21-32. – Ulich, K. (1996): Beruf Lehrer/-in. Arbeitsbelastungen, Beziehungskonflikte, Zufriedenheit. Weinheim: Beltz. – Weick, K. E. (1982): Administering Education in Loosely Coupled Schools. In: Phi Delta Kappan. 63, pp. 673-676.

# 7 Entwicklungsprozesse gestalten

51| Einführung: Entwicklungsprozesse an der Einzelschule gestalten
Hartmut Wenzel

Einleitung

Entwicklungsprozesse an der einzelnen Schule qualitätsorientiert zu gestalten, ist in Zeiten verschärften internationalen Wettbewerbs Auftrag und Herausforderung zugleich und zwar für alle schulisch Verantwortlichen: Lehrer, Eltern Schüler, Schulleitung, Schulverwaltung, Schulaufsicht und Schulpolitik. Stärkere Autonomie der Einzelschule war lange eine Forderung von reformorientierten Eltern und Lehrerverbänden gegenüber der staatlichen Obrigkeit. Sie war und ist bis heute auch eine Reaktion bildungsinteressierter und privilegierter Kreise, die Zweifel an der Leistung staatlicher Schulen hegen, mehr Mitgestaltungsmöglichkeiten wünschen und Alternativen in Reform- und Freien Schulen für ihre Kinder suchen. Im Kontext der jüngeren Diskussion über Schulautonomie, Selbstorganisation und Dezentralisierung gewannen zudem Argumente für einen größeren Wettbewerb zwischen den Schulen als Beitrag zu didaktischer Innovation und Profilbildung auf einem „offenen Bildungsmarkt" an Gewicht. In der darauf basierenden Entwicklung (z.B. in Großbritannien) wurde schnell deutlich, dass ein vor allem Wettbewerbsprinzipien verpflichtetes Bildungswesen neue Probleme und Ungerechtigkeiten erzeugt, deren Bearbeitung des staatlichen Einflusses und Eintretens etwa für Chancengleichheit bedarf.

Die derzeitige Diskussion zur Entwicklung der Einzelschule hat mit den historisch bedeutsamen Reformforderungen nach schulischer Autonomie wenig gemeinsam. In der aktuellen Nach-PISA-Diskussion über Qualitätsentwicklung in Deutschland wird die Forderung nach einzelschulischer Entwicklung vor allem von Vertretern der Bildungsadministration und Bildungspolitik geäußert und zwar vorrangig mit dem Ziel, die Leistungsfähigkeit des Schulwesens insgesamt zu verbessern. Die geforderte einzelschulische Entwicklung und deren Evaluation wird folglich Teil neuartiger staatlicher Steuerung. Gesteuert wird dabei nicht mehr vorrangig durch Inputfaktoren wie Lehrpläne, Erlasse, Verordnungen etc., sondern durch die Festlegung von zu erreichenden Outputfaktoren wie Bildungsstandards und Kompetenzniveaus. Diese neue Steuerung sowie das dazu erforderliche staatliche institutionelle Instrumentarium sind bereits in erheblichem Umfang institutionalisiert. Seine nachhaltige Wirkung auf die Leistungsfähigkeit des Bildungswesens muss allerdings erst noch unter Beweis gestellt werden. So erfährt die einzelschulische Entwicklung in der Spanne zwischen Ermutigung und Verpflichtung eine neuartige Brisanz und Ambivalenz. Denn bei Veränderungen im Bildungswesen besteht immer die Gefahr ungewollter Nebenwirkungen.

Stationen der Einzelschulentwicklung

In die seit Ende der 1980er Jahre verstärkt erhobene Forderung, Entwicklungs- und Qualitätsverantwortung auf die Einzelschule zu übertragen, fließen unterschiedliche Entwicklungslinien und Interessen ein: Elemente der Bürokratiekritik, neuere Konzepte des Managements und der Personalentwicklung, sozialpsychologische Erkenntnisse über Effektivität und Wohlbefinden am

Arbeitsplatz, neuere Organisationstheorien, Erkenntnisse der Schulqualitätsforschung, Erfahrungen mit Konzepten der Organisationsentwicklung, Ansätze des „new public managements", Erfahrungen aus der Schulprogrammarbeit (Wenzel 2004; Höfer & Madelung 2006) und auch ökonomische Interessen nach Wettbewerbsfähigkeit. Die anglo-amerikanische Schulqualitätsforschung ebenso wie die deutsche Schulvergleichsforschung begründeten einen veränderten Blick auf die Einzelschule. Sie zeigten, dass Unterschiede in den schulischen Leistungen und im Wohlbefinden von Lehrern und Schülern abhängen von Merkmalen wie etwa der Leistungsorientierung der Schule, dem pädagogischen Engagement der Lehrer, den Führungsqualitäten von Leitungspersonen der Schule, vom Klima des Vertrauens, von der Lehrerkooperation, der Einbeziehung der Eltern etc. (Berg & Steffens 1991), also davon, wie die Lehrkräfte der Schulen – so Mortimore (1997) – mit ihrer „Mitgift" und ihren Ressourcen umgehen.

Daher sollte die Einzelschule durch gezielte Maßnahmen als „pädagogische Handlungseinheit" (Fend 1986) verwirklicht werden. Die Konsequenz daraus waren Strategien der Ermutigung der Einzelschule zu eigenverantworteter Entwicklung beruhend auf möglichst umfassendem Konsens aller Akteursgruppen (Lehrer, Eltern, Schüler). So wurden seit den 1980er Jahren in Anknüpfung an Konzepte der humanistischen Psychologie und der Organisationsentwicklung zunehmend förderliche Rahmenbedingungen für verbesserte kollegiale Kooperation sowie zur Schüler- und Elternpartizipation geschaffen und Modelle erprobt, möglichst die gesamte Schule (whole school approach) in Entwicklungsprozesse einzubeziehen, die zugleich als Schritte auf dem Weg zur Schule als lernender Organisation anzusehen sind.

Wurde zu Beginn der 1990er Jahre die Einzelschule noch zur Nutzung ihrer Gestaltungsspielräume hinsichtlich verstärkter Effizienz, Profilbildung und didaktischer Innovation ermutigt und dafür unterschiedliche Konzepte etwa der kollegialen Beratung, der schulischen Organisationsentwicklung, der pädagogischen Schulentwicklung und der Schulentwicklungsberatung erprobt (Wenzel 2004), so werden Schulen heute zunehmend gesetzlich zu einzelschulischer Entwicklung und Evaluation etwa im Rahmen verbindlicher Schulprogrammarbeit verpflichtet. Die ursprüngliche Ermöglichungsstrategie wird nach dem PISA-Schock zu einer Anforderungsstrategie (Altrichter 2006; Daschner 2006). Dieser Veränderungsprozess hat mittlerweile z.B. in der Vereinbarung von bundesweiten Bildungsstandards, in gesetzlichen Regelungen zur Schulprogrammarbeit und landesweiten Vergleichsarbeiten sowie in der Einrichtung spezifischer Qualitätsagenturen ihren Ausdruck gefunden.

Einzelschulentwicklung und das Innenleben der Schule

Mittlerweile wissen wir, dass die programmatische Forderung nach der Schule als einer „pädagogischen Handlungseinheit" ein Ideal anspricht. Der Weg dorthin, die bewusste Selbsterneuerung und Qualitätsentwicklung der Schule, verlangt von den Beteiligten Geduld, Kooperationsbereitschaft, Konfliktfähigkeit und Risikobereitschaft. Für innerschulische Entwicklungen gibt es noch keine verbindlichen Regelungen und nur selten längere Erfahrungen. Unter der Perspektive einzelschulischer Entwicklung gewinnt das Innenleben der Schulen an Bedeutung und mit ihm die soziale Architektur innerschulischer Partizipation, Kommunikation, Problembearbeitung und Entscheidungsfindung. Einzelschulische Entwicklungsbemühungen treffen immer auf ein komplexes soziales Geflecht von Normen, Werten, eingespielten Prozeduren, innerschulischen Machtbalancen, Konflikten etc. Sozialwissenschaftliche Analysen des Lehrerarbeitsplatzes weisen darauf hin, dass das Lehrerkollegium in der Regel eine Zwangsgemeinschaft ist, die zudem durch eine „zelluläre Struktur" (Lortie 1975) geprägt ist. Die kollegiale Kooperation ist zumeist weit entfernt von einer Teamarbeit, wie sie für die einzelschulische Entwicklung erforderlich ist.

Zur Beschreibung der komplexen Probleme einzelschulischer Entwicklung wurden unterschiedliche Theorien herangezogen und darauf aufbauend Konzepte entwickelt. Schulische Organisationsentwicklung zieht z.B. explizit eine sozialpsychologisch fundierte Theorie menschlicher Systeme und ihrer Veränderungen heran. Durch sie gelangt in den Blick, dass sich Gruppen und Organisationen aufgrund von Normen, Strukturen und Prozeduren konstituieren, die nicht einfach aus der psychischen Struktur ihrer einzelnen Mitglieder erwachsen. Viele potentielle Widerstände gegenüber Veränderungen können gemindert werden, wenn es gelingt, die überwiegende Mehrheit eines Kollegiums für diese Veränderungen zu gewinnen und ihre Bedürfnisse nach Zugehörigkeit, Selbstwirksamkeit und Anerkennung zu befriedigen (Brockmeyer & Edelstein 1997). Hierzu bedarf es des schulinternen Managements etwa durch eine Steuergruppe (Holtappels 2003) oder einer erst noch zu entwickelnden Organisationspädagogik (Rosenbusch 2005). Wird aber eine qualitätsorientierte Entwicklungsstrategie von außen verpflichtend eingeführt, und so die Konsensbildung und Partizipation unter den Betroffenen vernachlässigt, ist der Erfolg zweifelhaft. Dies belegen bereits frühere Forschungsergebnisse zu schulischer Organisationsentwicklung (Schmuck & Runkel 1986) ebenso wie aktuelle Untersuchungen zu Risiken und Nebenwirkungen neuer Steuerung im Schulsystem (Bellmann & Weiß 2009).

Einzelschulische Entwicklung und Lehrerprofessionalität

Soll die Einzelschule zu einer „pädagogischen Handlungseinheit" werden, dann muss die traditionelle unterrichtsbezogene Professionalität des Lehrers ergänzt werden durch eine verbesserte kollegiale Kommunikation und Kooperation sowie durch den Aufbau von Analyse-, Planungs-, Durchführungs- und Evaluationskompetenzen für Schulentwicklungsprozesse. Die neue Verantwortung für einzelschulische Entwicklung muss auf der Ebene des Rollenverständnisses der Lehrerinnen und Lehrer sowie der Schulleitungen und der Schulaufsicht und auch auf der Ebene der Lehrerbildung, der Schulleitungsqualifizierung und nicht zuletzt der Lehrerfortbildung Konsequenzen nach sich ziehen. Sie muss eindeutig als Teil der Lehrerarbeit gesehen und entsprechend honoriert werden. Das Leitbild der Lehrertätigkeit darf in Zukunft noch weniger als bisher der Lehrer als „Einzelkämpfer" sein, sondern das des kooperations- und teamfähigen Kollegen, der sich über seine Verantwortung für die bildungswirksame Gestaltung des Unterrichts hinaus bewusst als Mitgestalter seiner Schule und deren qualitätsorientierter Entwicklung begreift.

Durch die Etablierung vielfältiger Kontrollinstrumente im Zuge der neuen Steuerungsmodelle wird allerdings der Eigenverantwortlichkeit der einzelschulischen Akteure ein Misstrauen ausgesprochen. Die als Befreiung von staatlichem Zwang angestrebte größere Autonomie der Einzelschule verändert sich unter der Hand zu einer Verpflichtung zur eigenverantworteten, evaluationsgestützten Qualitätsentwicklung unter staatlicher Kontrolle. Die bürokratiekritisch motivierte Dezentralisierung droht in eine neue Bürokratie zu münden.

Forschungsperspektiven und offene Fragen

Gelingende Qualitätsentwicklung der Einzelschule und des Schulsystems ist eine wichtige Zukunftsaufgabe, die noch wenig erforscht ist. Erforderlich sind differenzierte Untersuchungen
– möglichst im Längsschnitt –
- zur innerschulischen Gestaltung nachhaltiger qualitätsorientierter Entscheidungs- und Entwicklungsprozesse und zu den Aufgaben und Qualifikationserfordernissen der unterschiedlichen Akteure (Schulleitung, Lehrerschaft ebenso wie Schüler- und Elternvertreter),

- zu den Wechselwirkungen zwischen internen und externen Evaluationen und zum qualitätsförderlichen Umgang mit Evaluationsergebnissen,
- zum Bedarf und zur Wirksamkeit außerschulischer Unterstützungssysteme,
- zur Bedeutung von Bildungsstandards und kompetenzorientierten Lehrplänen für gelingende Qualitätsentwicklung,
- zum Zusammenwirken von Schulentwicklungsberatung und Schulaufsicht.

Literatur

Altrichter, H. (2006): Schulentwicklung: Widersprüche unter neuen Bedingungen. In: Pädagogik. 58 (3), S. 6-10. – Bellmann, J./Weiß, M. (2009): Risiken und Nebenwirkungen neuer Steuerungen im Schulsystem. Theoretische Konzeptualisierung und Erklärungsmodelle. In: Zeitschrift für Pädagogik. 55 (2), S. 286-308. – Berg, Chr./Steffens, U. (Hrsg.) (1991): Schulqualität und Schulvielfalt. Das Saarbrücker Schulgütesymposion '88. (Beiträge aus dem Arbeitskreis „Qualität von Schule" 5/1991) Wiesbaden/Konstanz. – Brockmeyer, R./Edelstein, W. (Hrsg.) (1997): Selbstwirksame Schulen. Wege pädagogischer Innovation. Oberhausen: Laufen. – Daschner, P. (2006): Selbstständige Schulen. In: Pädagogik 58. (10), S. 6-11. – Fend, H. (1986): Gute Schulen – schlechte Schulen. Die einzelne Schule als pädagogische Handlungseinheit. In: Die Deutsche Schule. 82, S. 275-293. – Höfer, Chr./ Madelung, P. (2006): Lehren und Lernen für die Zukunft: Unterrichtsentwicklung in selbstständigen Schulen. Troisdorf: Bildungsverlag Eins. – Holtappels, H. G. (2003): Schulqualität durch Schulentwicklung und Evaluation. Konzepte, Forschungsbefunde, Instrumente. München, Unterschleißheim: Luchterhand. – Lortie, D. C. (1975). Schoolteacher. Chicago: University of Chicago Press. – Mortimore, P. (1997): Auf der Suche nach neuen Ressourcen. Die Forschung zur Wirksamkeit von Schule (School effectiveness). In: Böttcher, W./Weißhaupt, H./ Weiß, M. (Hrsg.): Wege zu einer neuen Bildungsökonomie. Weinheim/München, S. 61-71. – Rosenbusch, H. S. (2005): Organisationspädagogik der Schule. Grundlagen pädagogischen Führungshandelns. München, Neuwied: Luchterhand. – Schmuck, R./Runkel, P. (1986): Handbook on Organization Development in Schools. Palo Alto: Mayfield Publishing Company. – Wenzel, H. (2004): Studien zur Organisations- und Schulkulturentwicklung. In: Helsper, W./Böhme, J. (Hrsg.): Handbuch der Schulforschung. Wiesbaden: VS Verlag, S. 391-415.

52| Schulprogramm als Entwicklungsinstrument
Heinz Günter Holtappels

Im neuen Schulentwicklungsparadigma, welches im Zuge erhöhter Gestaltungsautonomie und Selbststeuerung die Schule zum primären Ort von Entwicklungs- und Veränderungsarbeit macht, ergibt sich eine neue Balance zwischen Systemsteuerungsebene und Einzelschulen. Damit verbunden ist nicht nur ein höheres Maß an Gestaltungsautonomie der Einzelschule, sondern auch die Verantwortungsübernahme für Qualitätsentwicklung. In diesem Zusammenhang erlangt das Schulprogramm als neues Instrument der Schulentwicklung eine offenbar bedeutsame Rolle. Der vorliegende Beitrag behandelt in grundlegender Weise die Intentionen und Ziele eines Schulprogramms und seine Konzeption als Instrument von Schulentwicklung in einzelnen Schulen.

Theoretische Konzeption des „Schulprogramms"

Die Funktionsbestimmung des Schulprogramms impliziert einen nicht unproblematischen Dualismus: Das Schulprogramm erhält eine Doppelfunktion als *Entwicklungsinstrument für die*

Schule und als *Steuerungsinstrument der Systemebene*. Ein Schulprogramm soll einerseits zur Verbesserung der pädagogischen Arbeit der Schule beitragen und ist in erster Linie ein internes Arbeitspapier zur systematischen Planung und Entwicklung pädagogischer Gestaltung für die Schule selbst. Zugleich werden aber interne Analysen, Verständigungen und Entwicklungsarbeiten nach außen transparent, bewertbar und kontrollierbar gemacht. Schulen werden über die Programmerstellung zur Entwicklungsarbeit, zur Transparenz über Entwicklungsstände und -verläufe und zur Rechenschaftslegung verpflichtet. Insbesondere bei Schulprogrammpflicht und Kopplung mit interner und externer Evaluation erlangen über das Öffentlichmachen externe Qualitätsbewertung und Rechenschaftslegung (z.B. über Genehmigungs- und Dialogverfahren durch die Schulaufsicht) womöglich Übergewicht. Die Steuerungsfunktion wird besonders darin sichtbar, dass Schulprogramme Anknüpfung für Qualitätssicherung, Rechenschaftslegung und Informationsgrundlagen für die Steuerungsebene bieten. Aus dem Spannungsverhältnis dieser Doppelfunktion erwachsen möglicherweise Zielkonflikte, die die Instrumentwirkung für innere Schulentwicklung stören können.

Das Schulprogramm wird von Dalin, Rolff und Buchen (1995) als Ausdruck des pädagogischen Selbstverständnisses von Kollegium, Schülerinnen und Schülern und Eltern gesehen. Soll das Schulprogramm als Entwicklungsinstrument wirksam fungieren, so impliziert dies aber, dass die Einzelschule – über die Vorstellung der schuleigenen pädagogischen Konzeption hinaus – vor allem die Programmatik der Schule und damit pädagogisch intendierte und perspektivische Entwicklungsziele für die Zukunft vorlegen müsste. Ein Schulprogramm muss dabei zumindest eine Zielorientierung, eine Bestandsaufnahme und eine Entwicklungsperspektive umfassen. Damit verbunden sind entsprechende Maßnahmeplanungen und ein inhaltlich und zeitlich ausgewiesenes Arbeitsprogramm, womit Auskunft darüber gegeben wird, welche Gestaltungsformen die Schule mit welchen Zielen und Ansätzen (in einem bestimmten Zeitrahmen) einführen, realisieren oder verbessern bzw. welche Probleme sie mindern oder abstellen will.

Schulkonzept und Schulprogramm unterscheiden sich also dadurch, dass ein Schulprogramm zwar auch die konzeptionelle Gestaltung der Schule darlegen kann, aber zudem im Kern Entwicklungsperspektiven zur Weiterentwicklung und Umsetzung von pädagogischen Ansätzen oder Vorhaben enthält. Dies setzt aber konzeptionelle Vorstellungen einer entwickelten Schule voraus. Schulprogramme mit Entwicklungswirkung brauchen daher ein pädagogisches Konzept, das schul- und bildungstheoretisch fundierte Reflexionen über Unterrichten, Erziehung und Schulorganisation enthält und dabei verschiedene Gestaltungsansätze integriert.

Ein Schulprogramm muss nicht unbedingt in schriftlicher Form existieren, erlangt aber in der Regel erst durch die Schriftform für alle Schulmitglieder die notwendige Konkretisierung, Transparenz und Verbindlichkeit und bringt die konsenshaften Ziele und Ansätze erkennbar zum Ausdruck, nach innen wie nach außen. Schulentwicklungsrelevante Wirkungen sind jedoch nicht allein über das erarbeitete schriftliche Produkt beabsichtigt und erzielbar, vielmehr hat der Diskussions-, Planungs- und Erarbeitungsprozess des Kollegiums selbst Bedeutung. Schulprogrammarbeit in Schulen ist stets langfristig anzulegen, Schulprogramme bleiben immerzu Zwischenresultate, sind also jeweils auf begrenzte Programmzeiträume bezogen und müssen revidierbar bleiben. Schulprogramme entstehen auch schrittweise, indem verschiedene Elemente des Programms nach und nach aufeinander aufbauen und sich ergänzen.

Eine längere Tradition in der Erstellung von Schulprogrammen haben andere Nationen im europäischen Ausland: In den Niederlanden wird seit Mitte der 70er Jahre von jeder Primar- und Sekundarschule ein *„Schulwerkplan"* erarbeitet. Der Schulwerk- oder Schularbeitsplan zeigt das pädagogische Leitbild der Schule, bietet Handlungsgrundlage und Leitlinien, konkretisiert Bildungsziele, ist Ausgangspunkt für alle Beschlüsse und Publikationen der Schule sowie zukünftiger interner Evaluationen und des Evaluationsbericht der Schulinspektion (Liket 1993). In Großbritannien orientiert sich *School Development Planning* an Richtlinien und Lehrplänen, beginnt mit Bestandsaufnahme und Analyse der pädagogischen Arbeit, führt zur Formulierung von Entwicklungszielen und Umsetzungsplanungen und bezieht Fortbildung und Evaluation mit ein (Hargreaves & Hopkins 1991).

Ziele und Aufgaben eines Schulprogramms

Ein Schulprogramm soll im Kern zur Verbesserung der pädagogischen Arbeit der Schule beitragen und ihre Schulkultur entwickeln helfen. Es ist in erster Linie ein Arbeitspapier für die Schule selbst. Produkt und Prozess erlangen dabei gleichermaßen Bedeutung. Die Schule wird so zum Ort von Entwicklungs- und Veränderungsarbeit.

Ein Schulprogramm bringt zugleich die grundlegende Bereitschaft zu Innovation, Evaluation und Qualitätssicherung zum Ausdruck; Schulentwicklung wird als dauerhafte Aufgabe über ein selbst auferlegtes und nach innen verbindliches Entwicklungsprogramm verstanden. Das Schulprogramm spiegelt die pädagogische Grundorientierung des Lehrerkollegiums wider, ist damit Ausdruck der gemeinsamen Verantwortung aller Lehrkräfte und Eltern für die pädagogische Arbeit und die ihnen anvertrauten Schülerinnen und Schüler. Dies bedeutet, dass zum einen auf der Ebene des Lehrerkollegiums und schließlich auf Schulebene ein Konsens hinsichtlich der pädagogischen Orientierungen und Gestaltungsformen zu entwickeln ist, zum anderen die konsenshaften Vereinbarungen im Schulprogramm für alle Schulmitglieder als verbindliche Leitlinien und Orientierungen anzusehen sind.

In diesem Verständnis und dieser Zielrichtung wird ein Schulprogramm zu einem Planungs- und Entwicklungsinstrument und zu einem Handlungs- und Arbeitsprogramm für die schwerpunktmäßige, aber gezielte Weiterentwicklung der Schule. Die Erarbeitung eines Programms setzt allerdings in der Schule einen Prozess der gemeinsamen Arbeit voraus, zunächst innerhalb des Lehrerkollegiums, aber auch zwischen Lehrpersonen, Eltern, Schülerinnen und Schüler. Hierzu sind Formen der Verständigung und der Selbstvergewisserung notwendig, denn was in Schulen trotz aller Ideen, Initiativen und erprobter Ansätze oft fehlt, sind gemeinsame Orientierungen, systematische Analysen, Überblick und Synthese einzelner Ansätze zu einem Gesamtkonzept, Verständigung und Vernetzung sowie zielorientierte Planung und Gestaltung. In jedem Fall lassen sich beim Schulprogramm Funktionen nach „innen" und nach „außen" unterscheiden. (Holtappels 2004a):

1. *Pädagogische Grundorientierungen:* Ein Schulprogramm soll die Schulmitglieder, vor allem das Lehrerkollegium dazu veranlassen, grundlegende Ziele zu klären und ein pädagogisches Leitbild seiner Schule – als Vision und Orientierung – zu entwerfen. Welche pädagogischen Grundorientierungen und Ziele liegen dem pädagogischen Handeln im Schulleben zugrunde? Welches Ethos verfolgt die Schule und ihre Lehrkräfte? Dabei werden zentrale Ziele in Schulgesetzen, Richtlinien und Lehrplänen nicht einfach wiedergegeben sondern konkretisiert.

2. *Darlegung der Schulkonzeption:* In einem Schulprogramm sollten systematisch Schwerpunkte und konzeptionelle Ansätze für die Gestaltung der ganzen Schule verdeutlicht und bezüglich der Ziele und lokalen Bedingungen begründet werden. Einzelne Gestaltungsansätze und Grundstrukturen werden in ein pädagogisches Gesamtkonzept integriert, welches die Grundorientierung in der pädagogischen Handlungspraxis und Organisation der Schule widerspiegelt.

3. *Arbeitsgrundlage für Konsens und Verbindlichkeit:* Die Erarbeitung und Verabschiedung eines Schulprogramms verlangt nach Konsensfindung im Lehrerkollegium sowie zwischen den ver-

schiedenen Gruppen von Schulmitgliedern über grundlegende Fragen der Schulgestaltung. Das Programm ist somit das Ergebnis eines gemeinsamen Diskussions- und Planungsprozesses und schafft über Konsens die Verbindlichkeit von Regeln, Absprachen und Initiativen. Das Schulprogramm – als Ausdruck gemeinsamer Verantwortung für das Konzept und die Entwicklung der Schule – gibt somit einen verbindlichen Rahmen und eine konzeptionelle Arbeitsplattform für pädagogisches Handeln und organisatorische Gestaltung her.

4. *Selbstvergewisserung über Entwicklungsstand und Entwicklungsbedarfe:* Ein Schulprogramm gibt Auskunft über den Entwicklungsstand der Schule, auch im Sinne von Selbstvergewisserung der geleisteten pädagogischen Arbeit. Es dient also auch der Bestandsaufnahme, mit der die pädagogische Gestaltung bewusst gemacht und kritisch einzuschätzen ist, Leistungen und Stärken, Probleme und Schwächen zu identifizieren sind. Daraus ergibt sich die Feststellung von Entwicklungsbedarf.
5. *Außendarstellung des Schulprofils für Orientierung und Kooperation:* Durch das Schulprogramm ist das pädagogische Profil der Schule nach außen, für Eltern und Öffentlichkeit darzustellen. Es gibt Orientierungs- und Entscheidungshilfen für Eltern, Schülerinnen und Schüler sowie für neue Lehrkräfte, verdeutlicht pädagogische Aufgaben gegenüber dem regionalen Umfeld und zeigt Kooperationsmöglichkeiten für lokale Kooperationspartner auf.
6. *Verbesserung der Schulqualität:* Ein Schulprogramm dient als Planungs- und Arbeitsgrundlage zur Steuerung der innerschulischen Entwicklungsarbeit stets dem Ziel der Verbesserung der Schulqualität, also der Weiterentwicklung pädagogischer Ansätze, und der Verbesserung der Unterrichts- und Erziehungsarbeit, nicht zuletzt auch der Lehr-Lern-Ergebnisse.
7. *Erhöhung von Effektivität und Effizienz:* Ein Schulprogramm kann dazu verhelfen, die eigenen pädagogischen Gestaltungsmöglichkeiten effektiver auszuschöpfen, Arbeitsbelastungen und organisatorische Mängel in Grenzen zu halten und die verfügbaren personellen, räumlichen und materiellen Ressourcen möglichst effizient zu verwenden und einzusetzen, zugleich auch Ressourcen, Unterstützungsstrukturen und Kooperationschancen in der Region zu nutzen.
8. *Qualitätssicherung über Rechenschaft und Evaluation:* Mit einem Schulprogramm gibt eine Schule Rechenschaft über ihre Arbeit und Entwicklung gegenüber Schulaufsicht, Schulträger und Schulmitgliedern ab. Zugleich liefert das Schulprogramm einen Bezugsrahmen und Anknüpfungspunkte für die interne und externe Evaluation der schulischen Arbeit.
9. *Informationsgrundlage für die Steuerung des Bildungssystems:* Ein Gesamtüberblick über Schulprogramme liefert Grundlagen für schulexterne Beratungs- und Unterstützungssysteme, gibt den Steuerungsebenen Informationen über Planungs-, Regelungs- und Innovationsbedarfe und Entwicklungsprobleme, ermöglicht überregionale und regionale Bestandsaufnahmen über Bildungsangebote, Leistungsfähigkeit und Entwicklungsprozesse des Schulwesens, um gezielter Steuerungs- und Unterstützungsaufgaben im Bildungssystem wahrzunehmen.

Die Steuerungsfunktion wird ganz besonders in den letzten beiden Zielen sichtbar: Die Schulen legen Rechenschaft über die Entwicklung und Weiterentwicklung der Schul- und Unterrichtsqualität ab; sie rechtfertigen zugleich das schuleigene Konzept dahingehend, dass sie zeigen, wie es ihnen geeignet erscheint, auf den besonderen lokalen Bildungs- und Erziehungsbedarf der Schüler- und Elternschaft zu reagieren und die eigenen pädagogischen Gestaltungsmöglichkeiten auszuschöpfen. Steuerung beginnt jedoch bereits mit den inhaltlichen und prozessualen Rahmenvorgaben der Systemebene und setzt sich nach Vorlage des Schulprogramms fort mit Dialoggesprächen zwischen Schulaufsicht und Schule (Bauer 2002), Formen externer Evaluation sowie gegebenenfalls gezielten Maßnahmen (z.B. Beratung, Zielvereinbarung, Ressourcenzuweisung, Personalentwicklung).

Überblick über den Forschungsstand

Da mit der Erstellung von Schulprogrammen und somit auch mit deren Auswertung in Deutschland in den 1990er Jahren Neuland betreten wird, gibt es bislang nur eine Handvoll empirischer Studien. Die Erkenntnisse über Erwartungen und Einstellungen gegenüber dem Schulprogramm, über die reale Schulprogrammarbeit und über tatsächliche Inhalte von Schulprogrammen sind mittlerweile durchaus reichlich. Weniger erforscht sind Wirkungen auf Innovationen und Qualitätsverbesserungen in der pädagogischen Schulgestaltung und erst recht auf die Ebene der lernspezifischen und sozialen Wirkungen bei Schülerinnen und Schülern.

Forschungserkenntnisse zu Schulprogramminhalten und zum Prozess der Programmarbeit

In der Studie von Schlömerkemper (1999) wird von Lehrkräften durch das Schulprogramm die Thematisierung von Zielen und Inhalten in den Schulen, die Intensivierung der Kommunikation der Beteiligten und optimale Außendarstellung der Schulen hervorgehoben. Weiter wünschen sie für die Schule besonders mehr Handlungsfreiheit, Selbstüberprüfung der eigenen Arbeit und eigene Auswahl des Personals. Weniger gewünscht und zugleich befürchtet wird, dass Schulen unterschiedliche Leistungsanforderungen stellen, Lehrkräfte mit zusätzlichen Aufgaben belastet werden, Schulleitungen mehr Einfluss als Vorgesetzte erhalten, die Steuergruppe von besonderem Status profitiert und Einzelne Profilsucht kultivieren. Die Erwartungen an die Schulprogrammwirkungen der Befragten auf der Systemebene fallen insgesamt optimistischer aus als die der Lehrkräfte, vor allem hinsichtlich der stärkeren Einbeziehung der Eltern, Schülerinnen und Schüler und der Mitgestaltungswünsche der Eltern, der Klimaverbesserung und höheren Identifikation der Lehrkräfte mit der Schule, höherer Schulfreude bei Schülerinnen und Schüler und der Angleichung von Schulprofilen; dagegen erwarten die Befragten der administrativen Ebene weniger einen Anstieg der Lehrerbelastungen und weniger Divergenzen zwischen Schulen bei Schulabschlüssen und Leistungsanforderungen.

Im Land Brandenburg wurden 86 Schulprogramme von Ganztagsschulen (v.a. Gesamtschulen) mit Hilfe eines textanalytischen Rasters quantitativ und qualitativ ausgewertet (Ministerium für Bildung, Jugend und Sport, Land Brandenburg 1998). Eine Bestandsaufnahme zur Schulsituation war in fast allen Schulprogrammen präsent, pädagogische Grundsätze eher nur knapp oder gar nicht. Etwas mehr als ein Drittel der Schulprogramme enthielten bestimmte curriculare Schwerpunktsetzungen, in allen Schulen gab es konkrete Aussagen zu zentralen Aspekten des Unterrichts. Darstellungen zur Schul- und Arbeitsorganisation waren nicht einmal in der Hälfte (44%) der Schulprogramme vertreten, erwartete Verknüpfungen mit einer Zeitplanung nur bei 30%. Als Schwachpunkte erwiesen sich die Vorstellungen zur Evaluation sowie die konzeptionelle Ausarbeitung und der Umsetzung der Schwerpunkte.

In der Studie von Holtappels und Müller (2002) wurden 423 Schulprogramme in Hamburg inhaltsanalytisch untersucht. Administrativen Vorgaben folgend beziehen sich die Entwicklungsschwerpunkte der Arbeitsprogramme zu 98% auf didaktisch-methodische Ansätze und Planungen im Schulleben, aber zu 59% auch auf curriculare Planungen und Profilbildungen und zu 78% auf organisatorische Veränderungen. 37% enthalten einen Fortbildungsplan, 44% eine an Qualitätskriterien orientierte Evaluationsplanung.

Zugleich wurde die Qualität als *handhabbares Entwicklungsinstrument* über ein Forscherrating mit folgenden Qualitätskriterien eingestuft: Konsistenz inhaltlicher Zusammenhänge, konzeptionelle Fundierung, Konkretisierungsgrad. Über alle Programme ließen sich drei Cluster identifizieren: Programmen mit hoher Qualität (13%), solche mit beträchtlichen Defiziten (19%) und 68% eher durchschnittliche. Wenn man diese Gruppen in Beziehung setzt zu zentralen

Prozessmerkmalen der Schulprogrammarbeit, zeigt sich, dass die Arbeitsorganisation und die Vorgehensweise in der Programmarbeit offenbar nicht unerheblich für die erzielte Qualität der Programmtexte sind (Holtappels & Müller 2002): Fundiertere und wie ein „Drehbuch" für Entwicklungsarbeit nutzbare Programme wurden eher von Schulen vorgelegt, die eine Steuergruppe und Programm-Arbeitsgemeinschaften im Kollegium gebildet hatten, die externe Beratung in Anspruch nahmen und die systematischere Entwicklungsarbeit leisteten, vor allem mit Zielklärungen und einem Leitbild, Evaluationsplanung und Fortbildungsplan. Prozess- und Produktqualität korrespondieren demnach stark miteinander.

Forschungserkenntnisse zu Wirkungen der Schulprogrammarbeit

Empirische Analysen zu Wirkungen liegen zu Veränderungen auf der Organisations- und Unterrichtsebene vor: In einer Längsschnittstudie zur Erprobung des Schulprogramms in Niedersachsen (Holtappels 2004b) berichten drei Viertel der Schulleitungen in Schulen mit Programm, dass erst oder speziell über die Schulprogrammarbeit relevante Weiterentwicklungen in ihrer Schule angestoßen wurden. 94% gar sagen, dass es für den Schulentwicklungsprozess ihrer Schule von Bedeutung war, ein Programm erarbeitet zu haben. Im Längsschnitt über zwei Messzeitpunkte zur Schulqualitätsentwicklung durch Schulprogrammarbeit wird über Schulleitungs- und Lehrerbefragungen bei niedersächsischen Sek-I-Pilotschulen nachgewiesen, dass die Schul- und Unterrichtsqualität nicht schon durch Vorlage eines Schulprogramms verbessert werden kann, aber spürbar gesteigert wird, wenn das Schulprogramm durch hohe Partizipation und Akzeptanz im Kollegium getragen wird und sichtbare frühe Entwicklungswirkungen von der Lehrerschaft berichtet werden (Holtappels 2004b). Auch in der Organisationskultur der Schule (Innovationsbereitschaft, effektives Schulleitungshandeln, Lehrerkooperation, Arbeitsklima) zeigen sich nach der Programmarbeit Qualitätsverbesserungen. In der Unterrichtsqualität sowie in Lernergebnissen und psychosozialen Wirkungen bei Schülerinnen und Schülern werden dagegen von der Programmarbeit nach 27 Monaten im Vergleich zu Kontrollschulen noch keine Effekte sichtbar. Bestimmte Organisationsmilieus, die mit Merkmalen wie Innovationsbereitschaft, effektive Schulleitung und intensive Lehrerkooperation die Schulentwicklung fördern, scheinen aber begünstigende Voraussetzungen für wirksame Programmarbeit zu sein. Mit höherer Qualität in der Organisationskultur werden auch Wirkungen der Programmarbeit in zentralen Feldern der Schulebene bis hin zur Unterrichtsentwicklung sichtbar, vor allem wenn die Programmarbeit eine als wirksam wahrgenommene Evaluation einschließt.

Weitere quantitative Gewichte in den Gelingensbedingungen zeigt die Lehrerbefragung in NRW (Kanders 2002): Als bedeutsam bis sehr bedeutsam für das Gelingen der Programmarbeit waren vor allem folgende Bedingungen: Kooperation/Teamarbeit, Innovationsbereitschaft, Akzeptanz personelle Kompetenzen für Entwicklungsarbeit, Unterstützung von außen und Vorhandensein von Leitbild und Arbeitsplan.

Die qualitative Fallstudienuntersuchung von Bauer (2002) über Dialoggespräche der Schulaufsicht mit Schulen in Anknüpfung an eingereichte Schulprogramme belegt, dass diese Form schulbezogener Beratungs- und Aufsichtstätigkeit eine erfolgreiche Nachsteuerung mit dem Ziel der Umsetzung des Programms und der Verstetigung der Entwicklungsarbeit ermöglicht. Von den Dialoggesprächen gehen Motivation, Impulse und Reflexion aus, von beiden Seiten werden sie als nützlich oder gar als effizient eingeschätzt.

Perspektiven

Wenn das Schulprogramm jedoch in Zukunft ein – im Hinblick auf die tatsächliche Entwicklung der Gestaltungsqualität von Schulen – wirksames Schulentwicklungsinstrument werden soll, dann bedarf es auch einer bildungs- und erziehungstheoretisch konzeptionellen Basis der Schulgestaltung. Für die Qualität der Schulprogramme setzt dies voraus, dass zumindest das Ergebnis einer intensiven Reflexion über Unterrichten und Erziehen im Arbeitsinstrument erkennbar wird. Ein Schulprogramm wird vermutlich erst dann zu einem wirksamen Instrument der Schulentwicklung für eine Schule, wenn in der Schulprogrammarbeit und im Textprodukt Zielkriterien und Zielorientierung, systematische Entwicklungsarbeit und konzeptionelle Fundierung erkennbar werden und über die Programmumsetzung die Gestaltung von Lernkultur und Unterricht ebenso erreicht wird wie interne schulorganisatorische Strukturen. Zugleich muss es vermutlich eingebunden sein in systematische und kontinuierliche Entwicklungsarbeit und daher auch mit dem Instrument der Evaluation verknüpft werden, damit nachhaltige Qualitätssicherung erzielt werden kann.

Literatur

Bauer, K.-O. (2002): Schulaufsicht im Dialog mit Schulen. Eine qualitativ-empirische Untersuchung mit 15 Fallstudien. In: Rolff, H.-G./Holtappels, H. G./Klemm, K./Pfeiffer, H./Schulz-Zander, R. (Hrsg.): Jahrbuch der Schulentwicklung, Band 12. Daten, Beispiele und Perspektiven. Weinheim, München: Juventa., S. 261-286. – Dalin, P./Rolff, H.-G./Buchen, H. (1995): Institutioneller Schulentwicklungsprozess. Ein Handbuch. Soest: Landesinstitut für Schule. – Hargreaves, D. H./Hopkins, D. (1991): The Empowered School. London: Cassel. – Holtappels, H. G. (2004a): Schulprogramme – Instrumente der Schulentwicklung. Konzeptionen, Forschungsergebnisse, Praxisempfehlungen. Weinheim, München: Juventa. – Holtappels, H. G. (2004b): Schulprogrammwirkungen und Organisationskultur – Ergebnisse aus niedersächsischen Schulen über Bedingungen und Wirkungen. In: Holtappels, H. G. (Hrsg.): Schulprogramme – Instrumente der Schulentwicklung. Weinheim und München: Juventa, S. 175-194. – Holtappels, H. G./Müller, S. (2002): Inhalte und Struktur von Schulprogrammen – Inhaltsanalyse der Schulprogrammtexte Hamburger Schulen. In: Rolff, H.-G./Holtappels, H. G./Klemm, K./Pfeiffer, H./Schulz-Zander, R. (Hrsg.): Jahrbuch der Schulentwicklung, Band 12. Daten, Beispiele und Perspektiven. Weinheim, München: Juventa., S. 209-231. – Kanders, M. (2002): Was nützt Schulprogrammarbeit den Schulen? Ergebnisse einer schriftlichen Befragung von Lehrerinnen und Lehrern. In: MSWF/LSW (Hrsg.), Schulprogrammarbeit in Nordrhein-Westfalen. Bönen: MSWF, S. 55-122. – Liket, T. M. E. (1993): Freiheit und Verantwortung. Das niederländische Modell des Bildungswesens. 2. Aufl. Gütersloh: Bertelsmann Stiftung. – Ministerium für Bildung, Jugend und Sport, Land Brandenburg (Hrsg.) (1998): Schulprogramme aus Ganztagsschulen im Land Brandenburg. Potsdam: Land Brandenburg. – Schlömerkemper, J. (1999): Schulprogramm: Wünsche und Wirkungen. In: Pädagogik. 51, Heft 11/1999, S. 28-30.

53| Partizipation von Schülerinnen und Schülern in Schulentwicklungsprozessen
Sabine Müller

Einführung

In den Reformbestrebungen im Bildungsbereich kommt der Einzelschule als Motor und Ausgangspunkt von innerschulischen Entwicklungsprozessen mit dem Ziel einer Qualitätsverbesserung eine zentrale Rolle zu (u.a. Rolff 2007). Ziel dieser Qualitätsentwicklung ist eine Verbesserung des schulischen Alltags und der Lern- und Entwicklungschancen, die den Schülerinnen und Schülern zugute kommen sollen.
In einschlägigen Konzepten von systematischer Schulentwicklung gilt eine größtmögliche Beteiligung der Betroffenen als ein Hauptkriterium (Dalin/Rolff 1990; Rolff et al. 1999). Dazu zählen auch die Schülerinnen und Schüler, die – wenn auch als temporäre Mitglieder – den quantitativ weitaus größten Anteil der Schulmitglieder repräsentieren. Indes variieren die Beteiligungschancen von Schülerinnen und Schülern an innerschulischen Entscheidungsprozessen stark.
Mit dem Begriff der Partizipation wird sowohl in der Bildungsforschung als in der Schulpraxis ein breites Spektrum an Handlungsmöglichkeiten definiert. In diesem Beitrag soll der Schwerpunkt auf einer Beteiligung von Schülerinnen und Schülern durch Feedbackprozesse (vor allem zum Unterricht) sowie auf Möglichkeiten der Mitgestaltung des Schullebens gelegt werden.
In der Literatur finden sich verschiedenste Beispiele für Schülerbeteiligung. Zum Teil sind es Fallstudien, zum Teil auch Konzepte zur Unterrichtsentwicklung mit Schülerinnen und Schülern (u.a. Buhren/Rolff 1996; Eikenbusch 1998; Müller 2000; Burkard et al. 2003) sowie verschiedene empirische Studien zu diesem Themenfeld.

Schülerfeedback zum Unterricht und Beteiligung von Schülerinnen und Schülern an Unterrichtsentwicklung

Die einschlägigen oben genannten Praxisleitfäden zur Schulentwicklung und Evaluation weisen zahlreiche Instrumente zum Schülerfeedback aus. Diese beziehen sich unter anderem auf eine Rückmeldung zum Unterricht, die einzelne Lehrkräfte zusammen mit ihrer Klasse durchführen können. Erfahrungen mit der Erprobung und dem Einsatz solcher Instrumente deuten darauf hin, dass Schülerinnen und Schüler gute Experten für Rückmeldungen zum Unterricht und auch zu ihrer Schule sind.
Bastian (2007) hat ein umfassendes Phasenmodell zum Schülerfeedback entwickelt (Bastian 2007, S. 164). In diesem Verfahren geht es um eine schrittweise Annäherung an einen kontinuierlichen Prozess des Schülerfeedbacks, dessen Professionalität in den verschiedenen Phasen der Umsetzung steigt und das dann in der letzten Phase in ein Instrument der Selbststeuerung von Lernprozessen mündet – was über ein Feedback weit hinaus geht. Die langfristige Perspektive eines systematischen Schülerfeedbacks sieht Bastian ebenfalls in drei Phasen der Einbeziehung von Schülerinnen und Schülern in Unterrichtsentwicklung: (a) das erfolgreiche Gespräch über Unterricht wird Routine; (b) das Gespräch über Unterricht bezieht das Nachdenken über die Inhalte ein; (c) das Gespräch über Unterricht geht über in Mitgestaltung und kooperative Planung. (Bastian 2007, S. 181)

Meyer et al. (2007) referieren unterschiedliche Ansätze und empirische Studien zur Schülerpartizipation im Unterricht. Die Ergebnisse weisen nach wie vor auf einen stark lehrerzentrierten Unterricht hin; die Schülerinnen und Schüler sind vornehmlich Rezipienten. In der empirischen Studie von Meyer et al. (2007) werden drei Niveaustufen der Schülerpartizipation im Englischunterricht nachgewiesen:
„Erstes Niveau: Der Lehrer versteht sich als Experte, der dafür verantwortlich ist, dass die Schüler das Wissen und Können, das das Fach präsentiert, lernen. Die Schüler haben die Aufgabe, sich dem Lehrerwissen anzupassen.
Zweites Niveau: Der Lehrer und die Schüler verstehen ihre Aufgabe kommunikativ. Im Unterricht muss es die Möglichkeit zur Mitplanung, Mitgestaltung und Mitverantwortung der Schüler geben, und die Schüler nutzen diese Möglichkeit.
Drittes Niveau: Lehrer und Schüler verstehen den Unterricht als *negotiation of meaning*, als Aushandlung von Bedeutungen, durch die die Lernenden die Chance erhalten, den Prozess der Teilhabe an dem, was die Erwachsenenwelt als kulturelles Erbe zu vermitteln hat, zugleich als Transformationsprozess in ihre eigene Welt hinein zu gestalten." (Meyer et al. 2007, S. 239) Dieser Ansatz zielt auf eine gemeinsame Verantwortung des Lernprozesses von Lehrkräften und Schülerschaft.
Keuffer (1996, S. 167) stellte in einer Studie anhand von Gesprächssequenzen fest, dass einige Lehrkräfte eine Partizipation von Schülerinnen und Schülern im Unterricht als für die Unterrichtspraxis kaum einlösbar einschätzen.
Helsper et al. weisen in einer Studie mit einer Triangulation von qualitativen und quantitativen Daten in Haupt- und Gesamtschulen auf Korrelationen zwischen Anerkennung und schulischer Partizipation auf der Ebene von Einzelschulen hin. „In den Hauptschulen steht die Stärkung der Schülerpersönlichkeit über die emotionale Zuwendung im Vordergrund. Erst auf dieser Grundlage werden Mitwirkungsmöglichkeiten in Unterricht und Schule für Schüler bedeutsam. (…) Im Gymnasium steht demgegenüber die Einforderung und Eröffnung der Beteiligung von Schülern im Horizont des an Kritikfähigkeit und sozialer Verantwortung orientierten Schülerideals im Vordergrund." (Helsper et al. 2006, S. 335). Neben den schulformbezogenen Unterschieden wurde eine große Streuung auf Ebene der Einzelschulen vorgefunden.

Beteiligung von Schülerinnen und Schülern an Schulentwicklungsprozessen

Während der Unterricht einzelner Lehrpersonen noch eine relativ überschaubare Einheit von Entwicklung darstellt, die Kollegiumsmitglieder individuell zu Verbesserung ihres eigenen Unterrichts nutzen können, so ist eine umfassende Partizipation von Schülerinnen und Schülern an Schulentwicklungsprozessen ein komplexeres Verfahren mit einem höheren Anspruch. Nachfolgend sollen anhand der Stationen von Schulentwicklungsprozessen einige Methoden und Beispiele für eine Schülerbeteiligung kurz skizziert werden. Die Phasen eines solchen Prozesses bestehen in einer gemeinsamen Bestandsaufnahme, einer Datenanalyse, einer Maßnahmeplanung, einer Umsetzung und einer Evaluation. Anhand dieser Phasen sollen nachfolgend Möglichkeiten der Schülerbeteiligung referiert werden.

Steuerung von Entwicklungsprozessen gemeinsam mit Schülerinnen und Schülern
Ein solches Vorgehen impliziert eine Beteiligung von Schülerinnen und Schülern bereits bei der Planung des Entwicklungsprozesses. Ein Beispiel dafür wäre die Beteiligung der Schülerschaft an Leitbildentwicklungen, in denn man die Schülerschaft zunächst ein eigenes Leitbild entwickeln lässt und dies mit einem Leitbild der Lehrerschaft abgleicht (vgl. Rolff et al. 1999 und

Müller 2000). Dabei erhalten Schülerinnen und Schüler die Möglichkeit, ihre Vorstellung von Schule gemeinsam zu entwickeln und diese in den Prozess einzubringen.
Eine weitere Möglichkeit ist die Einbeziehung von Mitgliedern der Schülerschaft (zum Beispiel gewählte Mitglieder aus der Schülervertretung) in eine Steuergruppe zu integrieren und sie als Vertreterinnen und Vertreter der Interessen der Schülerschaft von Anfang an in den Entwicklungsprozess einzubeziehen.

Bestandsaufnahme gemeinsam mit Schülerinnen und Schülern
Diese Möglichkeit gehört zu den gängigen Verfahren und zielt auf die Beteiligung von Schülerinnen und Schülern bei Erhebungen zur Bestandsaufnahme, in denen ihre Einschätzungen und Meinungen erfragt werden. Dazu finden sich zahlreiche Beispiele und Vorlagen in den bereits genannten Praxisleitfäden zur Schulentwicklung und Selbstevaluation.
Hier kann eine höhere Partizipation und Einbindung erreicht werden, indem Schülerinnen und Schüler bei der Entwicklung der Fragebögen beteiligt werden und so bereits ihre Interessen einbringen können. Bei der Konzeption solcher Fragebögen ist ein wichtiges Kriterium, dass Schülerinnen und Schüler bei der Bewertung der schulischen Situation auch sich selbst in ihrer Rolle und ihren Handlungen reflektieren und somit einen Teil der Verantwortung für die Gestaltung des schulischen Alltags übernehmen.
Die Entwicklung solcher Befragungsinstrumente kann beispielsweise in Kursen der Sozialwissenschaften erfolgen, aber auch in der Schülervertretung oder in speziell eingerichteten Projektgruppen. So lassen sich Verbindungen zum regulären Unterricht ziehen oder aber auch zu Schülerprojekten und zu den formalen Schülergremien.

Datenauswertung und Maßnahmeplanung gemeinsam mit Schülerinnen und Schülern
Entsprechend kann auch die (elektronische) Auswertung von Erhebungsdaten durch Schülerinnen und Schüler erfolgen. Dies kann in den Informatikunterricht integriert werden, aber auch hier sind Projektgruppen denkbar, die für diese Aufgabe gebildet werden.
Nachdem die Rückmeldung an alle Beteiligten (auch und insbesondere an die Schülerschaft) erfolgt ist, kommt die Phase der Prioritätensetzung und Maßnahmeplanung. Auch hier ist im Sinne einer Partizipation die Einbindung von Schülerinnen und Schülern von entscheidender Bedeutung. Schülerinnen und Schüler sollten bei der Auswahl der zu bearbeitenden Schwerpunkte beteiligt werden. Es ist darauf zu achten, dass sie bei der Umsetzung ebenfalls eine Rolle spielen.
Es hat sich in Fallstudien als erfolgreich erwiesen, Schülerinnen und Schüler für die Rückmeldung von Ergebnissen einzubinden (Müller 1996a und 1996b). Ältere Schülerinnen und Schüler können Rückmeldungskonferenzen in jüngeren Klassen durchführen. Dies stärkt auch das Teamgefühl der Schülerschaft und ihre Möglichkeiten, gemeinsam ihre Interessen einzubringen.

Gelingensbedingungen für eine erfolgreiche Schülerpartizipation an Schulentwicklungsprozessen und Forschungsdesiderata

Eine wirkliche und kontinuierliche Partizipation von Schülerinnen und Schülern an Schulentwicklungsprozessen ist ein langer Prozess, möglicherweise mit unterschiedlichen Widerständen versehen.
Nicht zuletzt sind eine Schulung und ein Training der Schülerinnen und Schüler von Bedeutung – eine Hinführung, damit sie ihre Rolle adäquat übernehmen und als mündige Partner den Schulentwicklungsprozess begleiten können.

Im Rahmen einer stärkeren Selbstständigkeit und Eigenverantwortung von Schule und einem verstärkten externen Blick auf die Professionalität der internen Qualitätsmanagementsysteme und Qualitätssicherung wird dies ein immer bedeutsamerer Bestandteil der schulischen Arbeit und deren Professionalität und systematischer Weiterentwicklung und Qualitätsüberprüfung. Die Wirksamkeit unterschiedlicher Formen von Schülerpartizipation auf Schulentwicklungsprozesse und Schülerleistungen sollte für künftige Forschungsvorhaben stärker in den Blick genommen werden. Ferner sollten unterschiedliche Formen der Schülerbeteiligung hinsichtlich ihrer Effekte für die Schul- und Unterrichtsentwicklung evaluiert werden.

Literatur

Bastian, J. (2007): Einführung in die Unterrichtsentwicklung. Weinheim, Basel: Beltz. – Buhren, C. G./Rolff, H.-G. (Hrsg.) (1996): Fallstudien zur Schulentwicklung. Zum Verhältnis von innerer Schulentwicklung und externer Beratung. Weinheim, München: Juventa. – Burkard, C./Eikenbusch, G./Ekholm, M. (2003): Starke Schüler – gute Schulen. Wege zu einer neuen Arbeitskultur im Unterricht. Berlin: Cornelsen. – Dalin, P./Rolff, H.-G. (1990): Institutionelles Schulentwicklungsprogramm. Eine neue Perspektive für Schulleiter, Kollegium und Schulaufsicht. Soest: Soester Vlg.-Kontor. – Eikenbusch, G. (1998): Praxishandbuch Schulentwicklung. Berlin: Cornelsen. – Helsper, W./Böhm-Kasper, O./Sandring, S. (2006): Die Ambivalenzen der Schülerpartizipation – Partizipationsmaße und Sinnmuster der Partizipation im Vergleich. In: Helsper, W./Krüger, H.-H./Fritzsche, S./Sandring, S./Wiezorek, C./Böhm-Kaspar, O./Pfaff, N.: Unpolitische Jugend? Eine Studie zum Verhältnis von Schule, Anerkennung und Politik. Wiesbaden. VS Verlag, S. 319-339. – Keuffer, J. (1996): Schülerpartizipation in Schule und Unterricht? Erfahrungen mit Schülermitbeteiligung seit der Wende. In: Hesper, W./Krüger, H.-H./Wenzel, H. (Hrsg.): Schule und Gesellschaft im Umbruch. Bd. 2, Weinheim: Deutscher Studien Verlag, S. 160-181. – Meyer, M.A./Kunze, I./Trautmann, M. (Hrsg.) (2007): Schülerpartizipation im Englischunterricht. Eine empirische Untersuchung in der gymnasialen Oberstufe. Opladen, Farmington Hills: Budrich. – Müller, S.(1996a): Schulentwicklung und Schülerpartizipation. Neuwied, Kriftel, Berlin: Luchterhand. – Müller, S. (1996b): Beteiligung von Schülerinnen und Schülern an innerschulischen Entwicklungsprozessen. In: Buhren, C. G./Rolff, H.-G. (Hrsg.) (1996): Fallstudien zur Schulentwicklung. Weinheim, München: Juventa, S. 177-206. – Müller, S. (2000): Evaluation von Unterricht. Auswerten zusammen mit Schülerinnen und Schülern. In: Böttcher, W./Philipp, E. (Hrsg.): Mit Schülern Unterricht und Schule entwickeln. Vermittlungsmethoden und Unterrichtsthemen für die Sekundarstufe I. Weinheim, Basel: Beltz, S. 52-71. – Rolff, H.-G./Buhren, C.G./Lindau-Bank, D./Müller, S. (1999): Manual Schulentwicklung. Handlungskonzept zur pädagogischen Schulentwicklungsberatung (SchuB). 2. neu ausgestattete Aufl. Weinheim, Basel: Beltz. – Rolff, H.-G. (2007): Studien zu einer Theorie der Schulentwicklung. Weinheim, Basel: Beltz.

54| Partizipation von Eltern im Schulentwicklungsprozess
Gudrun Meister

Begriffsklärungen

Der Begriff *Partizipation* beschreibt innerhalb des Schulentwicklungsdiskurses sowohl neuere Entwicklungen zur Verlagerung von Entscheidungskompetenzen an die Einzelschule als auch die Mitwirkungs- und Mitbestimmungsmöglichkeiten der schulischen Akteursgruppen auf der Ebene innerschulischer Handlungsabläufe und Entscheidungsprozesse (Krüger 2001, S. 28). Letztere betreffen entlang der klassischen Schulentwicklungsebenen die Gestaltung des Unterrichts, des Schullebens sowie der Schule als Organisation. Eine relevante schulische Akteursgruppe bilden die *Eltern*. Diese können als Mitglieder der Organisation mit entsprechenden Gestaltungsrechten und -pflichten, hinsichtlich der Ergebnisse schulischer Bildungsqualität als relevante Umwelt oder aber als Kunden der Schule mit jeweils individuellen Interessen am Fortkommen ihrer Kinder und darüber vermittelter Interessen nach Schulentwicklung angesehen werden. Um eine wirksame Partizipation von Eltern zu erreichen, genügt es jedoch nicht, Modelle schulischen Qualitätsmanagements einfach umzusetzen. Vielmehr bedarf es entlang eines Verständnisses von Partizipation als Prozess sozialer Teilhabe und interaktiver Einflussnahme weitergehender Reflexionen hinsichtlich der materialen und inhaltlichen Partizipationsmöglichkeiten, die auch bestimmt sind durch historische und bildungspolitische Rahmungen sowie dem Selbstverständnis der Akteure.

Historische Entwicklungen und aktuelle Begründungen

Ideengeschichtlich lässt sich die Forderung nach einer intensiven Zusammenarbeit zwischen Elternhaus und Schule zunächst in reformpädagogischen Schulkonzepten zurückverfolgen. Mit dem Ziel einer Demokratisierung von Staat und Gesellschaft wurde die Elternmitwirkung erstmals mit der Weimarer Reichsverfassung von 1919 verrechtlicht. Als ein Meilenstein zur Partizipation von Eltern gilt die in den frühen siebziger Jahren einsetzende Bildungsreform. Mit dem Förderstufenurteil von 1972 und den Empfehlungen des deutschen Bildungsrates zur Demokratisierung von Schulverwaltung und Schule im Jahr 1973 wurde das besondere Gewaltverhältnis der Schule zunehmend relativiert und die Partizipationsrechte der Eltern gestärkt. Im Anschluss daran wurde ein differenziertes System von Elternmitwirkungsrechten in den Schulgesetzen der einzelnen Bundesländer kodifiziert.
In der neueren Diskussion um eine erweiterte Partizipation von Eltern fließen unterschiedliche Argumentationslinien zusammen: die *demokratietheoretische* fordert eine administrativ-funktionale Eröffnung von Möglichkeiten zur Mitgestaltung der Eltern in den Einzelschulen, als Angleichung der Institution an die übergreifende demokratische Gesellschaftsform, aber auch als Stärkung der Schule als politischen Bildungsraum; die *pädagogische* verweist auf eine notwendige Erziehungs- bzw. Bildungspartnerschaft und eine Öffnung der Schule gegenüber außerschulischen Lernkontexten im Interesse optimaler Erziehung und Bildung der Kinder und Jugendlichen; die *managementtheoretische* betont im Zusammenhang mit der Diskussion um

Schulautonomie und Schulprogramm eine flache Hierarchie innerhalb der einzelnen Organisationsstruktur, um die Identifikation der Eltern mit der Schule durch einen Ausbau an gestaltender Verantwortung zu stärken; die *governancetheoretische* plädiert schließlich in der Logik eines modernisierten Steuerungsansatzes für eine Aufwertung des Rollenhandelns der Eltern, weil es in Beeinflussungskonstellationen eingebunden werden soll. Partizipation von Eltern verstanden als moderner Teilhabeprozess soll in diesem Kontext u.a. einen Mechanismus klientenorientierter Steuerungs- und Rechenschaftslegung darstellen, der sich gegenüber einer organisationsextern organisierten Qualitätspolitik über „Konkurrenzdruck und Quasimärkte" (Altrichter 2006, S. 66) absetzen soll.

Empirische Studien und Konzeptionen zur Partizipation von Eltern in der Schulentwicklung

Partizipation von Eltern aus der Perspektive der empirischen Schulforschung

Empirische Ergebnisse zur Elternpartizipation zeichnen ein eher ernüchterndes Bild: Eltern beklagen unzureichende Mitbestimmungsmöglichkeiten und Informationsdefizite (Wild 2003, Rollett 2007); ihre Beteiligungsmöglichkeiten beschränken sich vor allem auf die praktische Mitarbeit bei der Gestaltung des Schullebens (Melzer 1987; Witjes & Zimmermann 2000); Lehrer beurteilen eine elterliche Mitwirkung zwar überwiegend positiv, sind aber gleichzeitig gegen eine Ausweitung der Mitspracherechte der Eltern (Rolff et al. 1996); strukturelle Voraussetzungen der Eltern finden in vorherrschenden „schuldiktierten Umgangsweisen" (Richter 2008, S. 43) – etwa Zeiten, räumliche Mobilität, Sprachcodes und Hierarchiemuster – nicht hinreichend Berücksichtigung, so dass insbesondere für bildungsferne Milieus eine große Distanz zwischen Elternhaus und Schule besteht.
Diese Befunde machen darauf aufmerksam, dass institutionalisierte Zusammenhänge nicht ohne Probleme für Partizipation von Eltern geöffnet werden können und mit größeren Differenzierungen gearbeitet werden muss. Entsprechende Differenzierungsversuche finden sich in theoretischen Überlegungen zur Problematik der Partizipation in der Schule bei Baacke und Brücher (1982), zur Theorie der Schulkultur bei Helsper et al. (2001), zur Mitwirkung von Eltern bei Melzer (1987) sowie zu einer Theorie der Partizipation bei Böhme und Kramer (2001). Diese verweisen im Ergebnis darauf, dass die idealen Ansprüche an Partizipation im Rahmen ambitionierter Schulentwicklungsmodelle hinsichtlich ihrer verkennenden Dimension zu reflektieren sind – insbesondere die funktionale Einbettung von Schule in die Gesamtgesellschaft sowie die schulsystemischen Strukturierungen. Ähnlich argumentieren Ansätze der Schulentwicklung, die darauf verweisen, dass es innerhalb des Schulentwicklungsprozesses einer Kultur der Verständigung bedarf, die eine „durch Übereinkünfte und Mitwirkungsregeln strukturierte Bearbeitung institutioneller Grenzen" (Althoff 2008, S. 130) erfordere.

Partizipation von Eltern im Kontext von Schulmanagement und Schulentwicklung

Im Kontext der aktuellen Schulmanagement-Diskussion und organisationstheoretischen Überlegungen zur Schulentwicklung spielt die Partizipation von Eltern eine eher untergeordnete Rolle. Zwar wird „schulweite Partizipation" als „ganz wesentlicher Gelingensfaktor für Schulentwicklungsverläufe" betont (Rolff 2006, S. 332), allerdings liegt der Fokus eindeutig auf der Partizipation von Lehrkräften und der Rolle der Schulleitung (Bartz 2006; Bonsen 2006; Dalin et al. 1998). Dies mag unter anderem darin begründet liegen, dass innerhalb der aktuellen Konzepte zur schulischen Qualitätsentwicklung Eltern weniger als aktiv Beteiligte und Mitproduzenten schulischer Leistung in den Fokus kommen, denn als Kunden, die über Evaluationen kritische Rückmeldungen in den Schulentwicklungsprozess einspeisen und als „wichtiges Regulativ für die Lehrerinnen und Lehrer" (Dalin et al. 1998, S. 171) verstanden werden. Ähnlich dominiert auf der Makroebene schulischer Steuerung derzeit deutlich eine Strategie der „consumer satisfaction", innerhalb derer die Zufriedenheit der „Stakeholder" über quantitative Fragebögen erhoben und darüber neues Steuerungswissen generiert wird. Nichts desto trotz finden sich in der Literatur einige Beispiele für Elternbeteiligung. Zum Teil sind es Einsprengel innerhalb von Praxisleitfäden zu Konzepten und Instrumenten schulischer Organisationsentwicklung, zum Teil auch einzelne Fallstudien.

Praktische Beteiligung von Eltern im systematischen Schulentwicklungsprozess – Beispiel Schulprogrammarbeit

Auf der Grundlage einer Studie zur Schüler- und Elternpartizipation in der Schulprogrammentwicklung (Arnold et al. 2004) und einer Fallstudie zur demokratiebezogenen Schulentwicklung (Giesel et al. 2007) sollen im Folgenden Erkenntnisse zur praktischen Beteilung von Eltern zusammengefasst werden.
Beide Studien markieren Gelingensbedingungen der Elternpartizipation auf einer eher organisationskulturellen Ebene. Arnold et al. (2004) arbeiten die Anerkennung der Elternperspektive und Elternbeteiligung im gesamtschulischen Zusammenhang, möglichst zeitnahe Selbstwirksamkeitserfahrungen sowie die Einbettung der Schulentwicklungsarbeit der Eltern in ein Unterstützungssystem (Empowerment) als förderliche Faktoren heraus (ebda. S. 25 f.). Analog resümieren Giesel et al. (2007), dass hinsichtlich der Elternbeteiligung erfolgreiche Schulen „nicht einfach mehr Glück gehabt haben mit ihren Eltern, sondern sich durch eine höhere Reflexivität hinsichtlich der Bedingungen und Möglichkeiten der Elternbeteiligung sowie durch Offenheit gegenüber diesen Schulakteuren auszeichnen" (ebda. S. 97). In der praktischen Umsetzung erwies sich die Einbeziehung der Eltern bereits in die Anhörung und Beschlussfassung zur Schulprogrammarbeit als bedeutsam. Dies beinhaltete neben einer umfangreichen Information der Eltern die Erhebung der Elterninteressen in Form eines Schulbarometers, von mündlichen Befragungen oder Fragebögen (Bestandsanalyse). Auch die Durchführung von Zukunftswerkstätten mit den Eltern war äußerst hilfreich, um deren Kritik, aber auch deren Hoffnungen und Beteiligungswünsche herauszuarbeiten. Eine materiale Mitwirkungsmöglichkeit im Rahmen der Steuerung des Schulentwicklungsprozesses stellte die Öffnung der schulischen Steuergruppe für interessierte Eltern bzw. die Bildung einer eigenen „Elternsteuergruppe" dar.
Die Fallbeispiele belegen aber auch, dass ein Großteil der Eltern in der nachfolgenden Umsetzungsphase herausfiel. Als einfache Strategie zur Überwindung dieser Schwierigkeiten erwies sich die kontinuierliche Information der Eltern über den aktuellen Stand des Schulentwicklungsprozesses, in der ihnen immer wieder konkrete Möglichkeiten der Mitarbeit vorgestellt wurden. Innerhalb der Evaluation des Schulprogramms konnte die Einbindung von Eltern über den Einsatz von Elternfragebögen hinaus durch den Rückgriff auf einschlägige Fähigkeiten der Eltern (Evaluationsmethoden, Statistikprogramme) erhöht werden. Schließlich erwies sich die gemeinsame Reflektion und Diskussion der Mitwirkungsmöglichkeiten als zentral, um die Partizipation der Eltern entlang spezifischer Ausgangslagen, bisherigen Prozesserfahrungen und weiteren Entwicklungsperspektiven neu zu justieren.

Bilanz und offene Forschungsfragen

Insgesamt bleibt festzuhalten, dass die Partizipation von Eltern in Schulentwicklungsprozesse bisher kaum eine Rolle spielt. Auch innerhalb der praktischen Umsetzung vor Ort scheint den Eltern bislang keine nennenswerte Rolle zuzukommen. Bislang können Schule wie Wissenschaft kaum auf systematisch aufbereitete, sowie empirisch gesicherte Erkenntnisse zu Beteiligungsmöglichkeiten von Eltern in Schulentwicklungsprozessen zurückgreifen. In diesem Sinne sollten vor allem tragfähige Möglichkeiten aber auch Grenzen der Einbeziehung von Eltern verstärkt zum Gegenstand künftiger Forschung gemacht werden. Ein Transfer der unter Punkt 3.1 zusammengefassten Ergebnisse auf den gegenwärtigen Schulentwicklungsdiskurs scheint hierbei weiterführend.

Literatur
Althoff, M. (2008): Partizipation, Steuerung und Verständigung – Schulentwicklung als dialogischer Prozess. In: Rhiem, T. (Hrsg.): Teilhaben an Schule. Zu den Chancen wirksamer Einflussnahme auf Schulentwicklung. Wiesbaden: VS Verlag für Sozialwissenschaften, S. 121-132. – Altrichter, H. (2006): Modernisierung der Steuerung von Einzelschule und Schulsystem – Neue Konzepte für alte Fragen. In: Journal für Schulentwicklung 10 (1), S. 59-71. – Arnold, J./Kastner, H./Möckel, D./ Otto, M./ Weinberger, A./Wenzel, H. (2004): Schüler- und Elternpartizipation in Schulentwicklungsprozessen. Halle/Saale: Landesinstitut für Lehrerbildung, Lehrerweiterbildung und Unterrichtsforschung von Sachsen-Anhalt. – Baacke, D./Brücher, B. (1982): Mitbestimmen in der Schule. Weinheim, Basel: Beltz. – Bartz, A. (2006): Grundlagen organisatorischer Gestaltung. In: Buchen, H./ Rolff, H.-G. (Hrsg.): Professionswissen Schulleitung. Weinheim, Basel: Beltz, S. 365-417. – Bonsen, M. (2006): Wirksame Schulleitung. In: Buchen, H./Rolff, H.-G. (Hrsg.): Professionswissen Schulleitung. Weinheim, Basel: Beltz, S. 193-228. – Böhme, J./Kramer, R.-T. (Hrsg.) (2001): Partizipation in der Schule. Theoretische Perspektive und empirische Analyse. Opladen: Leske + Budrich. – Dalin, P./Rolff, H.-G./Buchen, H. (1998): Institutioneller Schulentwicklungsprozess. Ein Handbuch. Schriftenreihe Lehrerfortbildung in Nordrhein-Westfalen. Bönen/Westf.: Landesinstitut für Schule. – Giesel, K. D./Haan, G. de/Diemer, T. (2007): Demokratie in der Schule. Fallstudien zur demokratiebezogenen Schulentwicklung als Innovationsprozess. Frankfurt a. M.: Peter Lang. – Helsper, W./Böhme, J./Kramer, R.-T./Lingkost, A. (2001): Schulkultur und Schulmythos. Rekonstruktionen zur Schulkultur 1. Opladen: Leske + Budrich. – Krüger, H.-H. (2001): Wandel von Schulqualität und Partizipationsformen – Schulentwicklung in Sachsen-Anhalt. In: Böhme, J./Kramer, R.-T. (Hrsg.): Partizipation in der Schule. Opladen: Leske + Budrich, S. 27-36. – Melzer, W. (1987): Familie und Schule als Lebenswelt. Zur Innovation von Schule durch Elternpartizipation. München: Deutsches Jugendinstitut. – Richter, M. (2008): Familien und Bildung. In: Böllert, K. (Hrsg.): Von der Delegation zur Kooperation. Bildung in Familie, Schule, Kinder- und Jugendhilfe. Wiesbaden: VS Verlag für Sozialwissenschaften, S. 33-46. – Rolff, H.-G./Bauer, K.-O./Klemm, K./ Pfeiffer, H. (Hrsg.) (1996): Jahrbuch der Schulentwicklung. Daten, Beispiele und Perspektiven, Band 9. Weinheim: Juventa. – Rolff, H.-G. (2006): Schulentwicklung, Schulprogramm und Steuergruppe. In: Buchen, H./ Rolff, H.-G.: Professionswissen Schulleitung. Weinheim, Basel: Beltz, S. 296-364. – Rollett, W. (2007): Schulzufriedenheit und Zufriedenheit mit dem Ganztagsbetrieb und deren Bedingungen. In: Holtappels, H.-G./Klieme, E./Rauschenbach, T./Stecher, L. (Hrsg.): Ganztagsschule in Deutschland. Ergebnisse der Ausgangserhebung der „Studie zur Entwicklung von Ganztagsschulen" (StEG). Weinheim, München: Juventa, S. 283-312. – Witjes, W./ Zimmermann, P. (2000): Elternmitwirkung in der Schule – Eine Bestandsaufnahme in fünf Bundesländern. In: Rolff, H.-S./Bos, W./Klemm, K./Pfeiffer, H./Schulz-Zander, R. (Hrsg.): Jahrbuch der Schulentwicklung, Band 11. Weinheim: Juventa, S.221-256. – Wild, E. (2003): Einbeziehung des Elternhauses durch Lehrer. Art, Ausmaß und Bedingungen der Elternpartizipation aus Sicht von Gymnasiallehrern. In: Zeitschrift für Pädagogik. 48 (4), S. 455-459.

55| Konfliktbewältigung in Schulentwicklungsprozessen
Angelika Paseka

Begriffsklärungen

Konflikt

Das Wort *Konflikt* leitet sich aus dem lateinischen Substantiv „conflictus" („Zusammenstoß") ab. Das Verb „configere" wird mit zusammenprallen und zusammenschlagen übersetzt. Im Duden finden sich Streit, Zerwürfnis, Widerstreit der Motive und Zwiespalt als Synonyme (Duden 1974, S. 389).
Im sozialwissenschaftlichen Sinn steht *Konflikt* als „allgemeine Bezeichnung für Auseinandersetzungen, Spannungen, Gegnerschaften, Gegensätzlichkeiten, Streitereien und Kämpfe verschiedener Intensität und Gewaltsamkeit" (Hartfiel & Hillmann 1972, S. 395). Konflikte entstehen, wenn es Differenzen gibt, wenn entgegengesetzte und widersprüchliche Interessen, Ziele und Motive vorliegen, die aufeinander prallen, und wenn es um die Verteilung knapper Güter geht. Konflikte können in einem Individuum selbst auftreten sowie zwischen Individuen und zwischen größeren sozialen Einheiten (wie Gruppen, Organisationen und Staaten).
Die Abgrenzung der Begriffe Konflikt und Widerstand ist diffus. Rolff et al. (1998) definieren Widerstände als Vorstufe des Konflikts und deuten sie als Warn- und Alarmsignale. Nach Hartfiel & Hillmann (1972) manifestiert sich Widerstand in aktiven und passiven Maßnahmen von einzelnen oder Gruppen gegen vorhandene Ordnungen. Während es bei Konflikten mindestens zwei „aktive Gegner" gibt, geht der Widerstand von einer Person bzw. Gruppe aus.

Konfliktbewältigung

Konfliktbewältigung beschäftigt sich mit Strategien, die zu einer Beilegung und Beendigung von Konflikten führen sollen bzw. die erreichen wollen, dass trotz Differenzen ein reibungsfreies Zusammenleben möglich ist. Ob ein von allen Beteiligten akzeptierter Konsens erreicht werden kann, hängt allerdings von mehreren Bedingungen ab: den Beteiligten, ihrem Verhalten und ihrem Interesse an einer Beilegung ebenso wie der Intensität der Auseinandersetzung und den Ursachen.
Will man Konflikte bewältigen, so gilt es sie differenziert wahrzunehmen. Zunächst müssen der *Konfliktgegenstand* und die *Konfliktgegner* diagnostiziert werden. Das ist bei *offen* ausgetragenen Konflikten („heiße Konflikte") relativ leicht möglich, bei *versteckten* („kalten") Konflikten ist das weitaus schwieriger, weil sich diese subtil und verdeckt in Form von Intrigen, falschen Gerüchten, Abwertungen oder teilweisem Rückzug artikulieren. Und schließlich lassen sich je nach Stärke bzw. Gleichberechtigung der Konfliktparteien *symmetrische* und *asymmetrische Konflikte* unterscheiden.

Konflikte und Konfliktbewältigung in der traditionellen und modernen Organisationstheorie

Die Einschätzung der Bedeutsamkeit von Konflikten und wie mit ihnen umgegangen wird, hängt vom jeweiligen Verständnis von Organisationen ab.

1. Die *traditionelle* Organisationslehre geht von einem statischen Verständnis von Organisationen aus und begreift sie als „*Maschinen*", die „in a routinized, efficient, reliable, and predictable way" (Morgan 1986, p. 22) funktionieren. Max Weber's Bürokratiemodell gilt als Beispiel für ein solches Organisationsverständnis. Organisationen werden als zeitlich überdauernde, fest gefügte räumliche Gebilde und geschlossene, rationale Systeme betrachtet, die nach einem formalen Bauplan mit klarer Arbeitsteilung funktionieren. Es wird erwartet, dass die Organisationsmitglieder vorgegebene Ziele übernehmen und sich entsprechend verhalten. Konflikte sind in einem solchen Modell nicht vorgesehen, weil die Mitglieder als Befehlsempfänger Anordnungen im Sinne der externen Vorgaben umsetzen. Falls Konflikte dennoch auftreten, sind Planungsfehler unterlaufen, die von „oben" qua Amtshierarchie korrigiert werden müssen.
2. In der *modernen* Organisationstheorie versteht man hingegen Organisationen als *informationsverarbeitende Gehirne* („information-processing brains", Morgan 1986, p. 80). Jedes Mitglied fühlt sich für das Funktionieren des Gesamtsystems verantwortlich und handelt entsprechend. Die Organisationsmitglieder sind von sich aus aktiv und nicht mehr Befehlsempfänger. Sie antizipieren mögliche Veränderungen, arbeiten Vorschläge aus und probieren diese aus. Organisationen sind somit offene, nur partiell steuerbare Systeme. Das Eigenleben der Mitglieder wird nicht als Störung interpretiert, sondern als Ressource und Anregung. Konflikte werden als Teil des organisatorischen Alltags wahrgenommen und bedürfen einer Bearbeitung durch Konsensfindung. Voraussetzung dazu ist eine gemeinsame Sinnkonstruktion durch die Organisationsmitglieder und die Herstellung von „commitment" (Engagement, Verbindlichkeit), um die Bindungswirkung an die vereinbarten Ziele zu erhöhen. Lewin hat dies bereits in den 1940er Jahren erkannt, in seinen Experimenten Konflikten und Widerständen viel Raum gegeben und Konzepte zur Konfliktbearbeitung entwickelt (Schreyögg 2003, S. 503ff).

Konflikte und Konfliktbewältigung in der Schulentwicklung

Stellenwert von Konflikten in der Schulentwicklung

In den frühen Phasen der Schulentwicklung wurden Konflikte vielfach ignoriert. Rahm & Schley (2005, S. 9) resümieren kritisch, dass viel zu sehr auf Harmonisierung hingearbeitet wurde, während „Paradoxien der Schulentwicklung" geleugnet wurden, so „als gälte es, Widersprüchlichkeiten via Ignoranz zu bannen". Als fragwürdig erwies sich auch die Praxis der Implementierung von Schulentwicklungsprojekten. Schulen – als nachgeordnete Dienststellen – wurden von den vorgesetzten Behörden als Befehlsempfänger behandelt (Modell 1) und Schulentwicklung top down verordnet, verbunden mit der Erwartung, dass Entwicklungsvorgaben umgesetzt werden. Konflikte und deren Austragung haben in einem solchen technokratischen Verständnis keinen Platz. Was nicht sein darf, wird auch nicht gesehen (vgl. Paseka 2008).

Schulen sind jedoch keine maschinenartigen Gebilde, sondern – darauf verweist die mikropolitische Schultheorie (Altrichter & Posch 1996) – „politische Arenen", in denen die handelnden Akteure und Akteurinnen eine Vielzahl an Strategien und Taktiken einsetzen, um ihre je eigenen Interessen und ihren Status zu wahren. Schulen sind aus dieser Sicht ständig in Bewegung, Routine- und Innovationsspiele finden immer gleichzeitig und verschränkt statt (Modell 2). Will man diese Bewegungen steuern bzw. ändern, so müssen diese Spiele und die sich dabei konstituierenden Konflikte und Widerstände wahr- und ernstgenommen werden.

Konfliktbewältigung in Schulentwicklungsprozessen
Voraussetzung für die Konfliktbewältigung ist, dass Konflikte und Widerstände als Quelle von Information über die Organisation und das System Schule erkannt werden. Nach Luhmann (1991, S. 506) sind sie „Alarmsignale" und machen auf Ungereimtheiten und Brüche aufmerksam. Sie sind in die „kommunikative Selbstreferenz sozialer Systeme" eingeschlossen und signalisieren Handlungsbedarf für das System: im Sinne des Luhmann'schen Systemverständnisses, damit das System wieder reibungsfrei funktioniert ohne sich tatsächlich zu ändern, im Sinne einer auf intendierte Entwicklung und Veränderung ausgerichteten Schulentwicklungstheorie, damit sich Schulen bewegen.

Konflikte können in allen Phasen von Schulentwicklungsprozessen (u.a. Schley 1998) auftauchen und virulent werden. Es können zwar präventiv Maßnahmen gesetzt werden, z.B. durch Trainings in Moderations- und Kommunikationsmethoden, Konflikte lassen sich aber auch dann nicht verhindern, denn Neues bringt Unordnung in ein bestehendes System. Schwierig wird es, wenn sich Konflikte nicht gleich erkennen lassen, wenn sie bereits erkaltet und zu Routinen erstarrt sind. Sie zu tabuisieren und zu ignorieren erwies sich in vielen Projekten als fataler Fehler. Konflikte müssen bewusst angesehen, explizit und bearbeitbar gemacht werden. Dazu ist eine genaue Diagnose notwendig, die folgende Fragen beantwortet (Schratz & Steiner-Löffler 1998): Wer sind die *Konfliktpartner/innen*? Das können Individuen oder Gruppen sein, organisiert oder formlos, möglicherweise gibt es auch eine Hintermannschaft. Was ist der eigentliche *Konfliktkern*? Oft ist nur ein geringer Teil sichtbar und diskursiv zugänglich, während die eigentlichen Ursachen verborgen sind (siehe Eisbergmodell von Schley 1998). Es gilt die Symptome richtig zu deuten, Auslöser und Ursachen zu trennen. Möglicherweise befindet sich der Kern des Konflikts außerhalb des Schulstandortes und ist in den widersprüchlichen Erwartungen an Schule und Lehrpersonen angelegt. Wie weit ist der Konflikt *fortgeschritten*? Je nach Eskalationsstufe müssen andere Strategien angewendet werden. In der Beratungsliteratur sind dazu unterschiedliche Instrumentarien zu finden (u.a. Rolff et al. 1998; Schratz & Steiner-Löffler 1998; Altrichter et al. 2004).

Erst wenn die Diagnose abgeschlossen ist, kann der Konflikt konstruktiv bearbeitet werden. Dazu wird empfohlen, externe Berater an die Schulen zu holen, die von den Konfliktpartner/innen akzeptiert werden, denn je nach „Glaubensrichtung" werden verschiedene Beratungskonzeptionen und Interventionsprogramme angeboten und für gut befunden. Ziel ist es, den Konflikt zu beenden oder einen Zustand zu erreichen, in dem (wieder) spannungs- und reibungsfrei gearbeitet werden kann. Dazu müssen möglicherweise einseitige Einstellungs- und Wahrnehmungsmuster geändert und Differenzen anerkannt werden. Lösungen müssen für alle Konfliktpartner/innen akzeptabel sein.

Fazit
Die Einschätzung von Konflikten im Rahmen von Schulentwicklung hat einen Wandel erfahren: von Ignorieren zu bewusstem Wahrnehmen. Ebenso hat sich das Verständnis von Konfliktbewältigung geändert: von Tabuisieren und Harmoniebeschwörung hin zu einer bewussten Wahrnehmung und Bearbeitung.

Forschungsperspektiven

Das, was weiter im Verborgenen geblieben ist und wo Analysen fehlen, ist die Frage nach der *Wirkung* von Interventionsprogrammen. Die Beratungsliteratur ist voll von Ideen und Vorschlägen, mitunter werden sie anhand von praktische Beispielen erläutert. Stellt man Schulentwicklung in einen weiteren bildungspolitischen Rahmen, so zeigen sich grundsätzliche Veränderungen betreffend Steuerung und Professionalitätsverständnis von Lehrpersonen. Damit eröffnet sich ein Blick auf Antinomien und Widersprüche, die sich nicht in personalisierter Form und nur einen konkreten Schulstandort betreffend lösen lassen. Hier stößt Konfliktbewältigung, wie sie in der Beratungsliteratur vorgeschlagen wird, an Grenzen. Es ist daher kritisch zu untersuchen, welche Effekte, welchen Gewinn und welche Kosten sich aus einer am Schulstandort und durch Einzelpersonen ausgehandelten Konfliktbewältigung ergeben.

Literatur

Altrichter, H./Posch, P. (Hrsg.) (1996): Mikropolitik der Schulentwicklung. Innsbruck: StudienVerlag. – Altrichter, H./Messner, E./Posch, P. (2004): Schulen evaluieren sich selbst. Ein Leitfaden. Seelze: Kallmeyer. – Hartfiel G./Hillmann, K.-H. (1972): Wörterbuch der Soziologie. 3. Aufl. Stuttgart: Kröner. – Luhmann, N. (1991): Soziale Systeme. 4. Aufl. Frankfurt/Main: Suhrkamp. – Morgan, G. (1986): Images of Organization. Newsbury Park, California: Sage. – Paseka, Angelika (2008): Gender Mainstreaming in der Lehrer/innenbildung. Widerspruch, kreative Irritation, Lernchance? Innsbruck, Wien, Bozen: StudienVerlag. – Rahm, S./Schley, W. (2005): Von der Kraft der Paradoxien. In: Journal für Schulentwicklung. 9 (3), S. 9-21. – Rolff, H.-G./Buhren, C./Lindau-Bank, D./Müller, S. (1998): Manual Schulentwicklung. Handlungskonzept zur pädagogischen Schulentwicklungsberatung (SchuB). Weinheim, Basel: Beltz. – Schley, W. (1998): Change Management: Schule als lernende Organisation. In: Altrichter, H./Schley, W./Schratz, M. (Hrsg.): Handbuch zur Schulentwicklung. Innsbruck: StudienVerlag, S. 13-54. – Schratz, M./Steiner-Löffler, U. (1998): Die Lernende Schule. Arbeitsbuch pädagogischer Schulentwicklung. Weinheim, Basel: Beltz. – Schreyögg, G. (2003): Organisation. Grundlagen moderner Organisationsgestaltung. 4. Aufl. Wiesbaden: Gabler.

56| Teamentwicklung
Elmar Philipp

„Der Einzelne bewirkt nichts" – so lapidar fasst Fullan (2000, S. 13) seine Übersicht zu nordamerikanischen Schulqualitätsstudien zusammen. Dass Schulen häufig Individualkulturen sind, ist oft beschrieben worden. Demgegenüber ist die hier dargestellte Teamentwicklung nun zwar nicht die neue Wundermedizin, aber der aussichtsreiche Versuch „gemeinsam statt einsam" (Osswald 1995) eine bessere Schule zu machen.

Begriffliche Klärungen

„Mehrere Personen bearbeiten über eine gewisse Zeit, nach gewissen Regeln und Normen, eine aus mehreren Teilaufgaben bestehende Arbeitsaufgabe, um gemeinsame Ziele zu erreichen; sie arbeiten dabei unmittelbar zusammen und fühlen sich als Gruppe" (Antoni 1994, S. 25). Mit den Begriffen „Gruppe" und „Team" werden im allgemeinen unterschiedliche Konnotationen verbunden: „Während Gruppe eher im Sinne der organisatorischen Zugehörigkeit (...) verstanden wird, schwingt bei Team eine Vorstellung hoher Kohäsion und guter Kooperation mit" (Antoni 2000, S. 20). Im Unterschied zum landläufigen Sprachgebrauch und einer Minderheit von Gruppenforschern benutze ich die Begriffe „Team" und „Gruppe" synonym wie beispielsweise auch Simone Kauffeld, die resümiert: „Eine scharfe Trennung zwischen Gruppe und Team (...) erscheint nicht möglich" (2001, S. 15). Interessanter als diese Diskussion ist m.E. eine

Überlegung von Perrenoud: „Ich würde vielmehr auf einer präziseren Unterscheidung zwischen Kooperation und Teamarbeit insistieren. Man kann sehr wohl gelegentlich kooperieren, ohne Teil eines Teams zu sein" (Perrenoud 1997, S. 39). In diesem Sinne sind größere Schulen keine Teams, sondern – wenn alle Lehrkräfte zusammen kommen – Personalversammlungen oder Konferenzen. Der Begriff „Team" leitet sich dabei aus dem Altenglischen „Téam" ab und bedeutete ursprünglich Nachkommenschaft, Familie oder auch Gespann.

Teamentwicklung: Vier Begründungen

Obwohl für viele Lehrkräfte die Notwendigkeit von Teamentwicklung selbstverständlich anmutet, ist Teamarbeit für andere Lehrpersonen ein absolutes Tabuthema. Äußerst drastisch lässt Meyer (1997, S. 188) einen Hauptschullehrer zu Wort kommen: „Wenn hier Teams eingeführt werden, gibt's Krieg." Von daher sollen die Kooperationsnotwendigkeiten mit vier Argumenten kurz begründet werden.
Zunächst dürfte es auf der Hand liegen, dass der Mensch ein soziales Wesen ist, das auf Interaktion und Kommunikation mit seinesgleichen angelegt ist. Die neuere Hirnforschung prägte dafür den zutreffenden Begriff des „social brain": Demnach konnte in diesen neurobiologischen Studien gezeigt werden, dass nichts die „Motivationssysteme so sehr prägt, (...) wie der Wunsch, von anderen gesehen zu werden (...) und die Aussicht auf soziale Anerkennung" (Bauer 2006, S. 35). Ein zweites Argument für die Notwendigkeit von Teamarbeit hat mit der Phylogenese des Menschen zu tun: Von unseren frühesten Vorfahren an stellen sich immer wieder Aufgaben, die niemals allein, sondern nur gemeinsam bewältigt werden können (Comelli 2003, S. 170). Damit ergeben sich Kooperationsnotwendigkeiten unabhängig davon, ob man Gruppenarbeit ablehnt oder ein überzeugter Team-Anhänger ist.
Drittens ist die (auch schulische) Arbeitswelt in den letzten Jahren immer komplexer und anspruchsvoller geworden, so dass das Einzelkämpfertum dysfunktional erscheint. Der Verdichtung von Aufgaben im Schulfeld – wie beispielsweise Förderpläne, Parallel- und Vergleichsarbeiten, Zentralabitur – wird man nicht mit dem mentalen Modell „Einzelkämpfertum" gerecht. Vielmehr sind hier „professionelle Lerngemeinschaften" gefragt (Fullan 2000, S. 13), die als gelungene Verbindung von schulischer Team- und Qualitätsentwicklung anzusehen sind. So zeigen alle neueren Schulqualitätsstudien, dass der Grad der schulischen Teamentwicklung ein wichtiger Faktor der Qualitätsentwicklung ist. Hinzu kommt im Schulbereich ein vierter Begründungszusammenhang, der mit den angerissenen Veränderungen in der Arbeitswelt zusammenhängt: Wenn Schülerinnen und Schüler zur Teamfähigkeit erzogen werden sollen, kann dies nur gelingen, wenn die Lehrerschaft dies durch eigene Teamarbeit auch vorlebt (Meyer 1997, S. 186).
Diesen Begründungen zum Trotz wird die Sinnhaftigkeit von Teamarbeit z.T. in Frage gestellt. Als vermeintliche Alternative wird dann mitunter der geniale und durchsetzungsstarke Einzelkämpfer propagiert. Eine seriöse Diskussion würde allerdings in diesem Zusammenhang das Thema der Macht in Teams verdienen, wie sie etwa Perrenoud (1997, S. 26 f.) führt. Abschließend kann man mit Comelli (2003, S. 170) den teamkritischen Stimmen entgegnen: „Ohne Teamarbeit wäre die Nasa heute noch nicht auf dem Mond."

Die Theorie der Gruppenreflexivität: Aufgaben- und Beziehungsorientierung

Mit dem in Deutschland kaum rezipierten Ansatz der Gruppenreflexivität von West (1994) liegt m.E. eine Theorie der Teamentwicklung vor, die sowohl Ursachen unterschiedlicher Gruppeneffektivität beschreiben kann als auch maßgeblich Methoden der Teamentwicklung (s. dazu

Teil 10/108 dieses Bandes) konzipieren hilft (Kauffeld 2001, S. 130 ff. und Stumpf et al. 2003, S. 244 ff.). Den Kern der Theorie der Gruppenreflexivität bildet die Unterscheidung von zwei Dimensionen des Gruppengeschehens: Die aufgabenbezogene und soziale Reflexivität („Task", „Social Reflexivity"). Mithilfe der ersten Kategorie lassen sich die Zielorientierung, Zielklarheit, Aufgabenstruktur und formelle Rollen des Arbeitsteams beschreiben; währenddessen unter der sozialen Reflexivität, die den Grad der Beziehungsorientierung in einer Gruppe angibt, die Interaktionen, Gruppennormen, informellen Rollen und die persönlichen Beziehungen subsumiert werden. Das Reflexivitätsmodell geht davon aus, dass Gruppen durch systematische Reflexionsprozesse auf beiden Ebenen ihr Wissen und ihre Fähigkeiten ausbauen und somit effektiver werden (Stumpf et al. 2003, S. 146). Der Schlüssel zu dieser Effektivität besteht aus einem fortwährenden Zyklus aus Reflexion und Aktion.

In Anlehnung an Überlegungen von Kauffeld (2001, S. 136) könnte man das Gruppenreflexivitätsmodell in folgender Weise operationalisieren (Tab. 4; vgl. auch Beitrag 96 in diesem Band):

Tabelle 4: Das Modell der Gruppenreflexivität und seine Implikationen für die Teamarbeit

Dimensionen des Funktionierens von Teams:	Inhalte auf der Arbeitsebene:
Task Reflexivity	Zielorientierung
	Rollen-/Aufgabenklarheit
Social Reflexivity	Vertrauen / Offenheit /Zusammenhalt
	Verantwortungsübernahme

Daraus ergibt sich eine Entwicklungslogik von Gruppenarbeit: Wenn das Team zielorientiert arbeitet, dürften auch die Aufgaben angemessen bewältigt werden. Wechselseitiges Vertrauen und Respekt werden eher eintreten, wenn keine Zielkonflikte auftreten und die Aufgaben erfolgreich bewältigt werden. In der Summe dürfte dies zur verstärkten Verantwortungsübernahme der einzelnen Gruppenmitglieder führen. Mit diesem Phasenablauf bietet die Gruppenreflexivitätstheorie und ihre empirische Überprüfung an „echten" Arbeitsgruppen (Kauffeld 2001, S.136 ff) ein überzeugenderes Phasenmodell an als das auch im Schulfeld vielfach rezipierte Modell von Tuckmann (1965, zit. nach Simon 2003, S.37 f.), das vorwiegend auf Daten von Trainings- und Therapiegruppen basiert.

Hinlänglich bekannt dürfte der Gruppenvorteil sein, der sich in den folgenden drei Punkten zusammenfassen lässt: 1. Die Gruppe weiß mehr. 2. Die Gruppe gleicht aus. 3. Die Gruppe regt an. Dieser Synergieeffekt ist nun alles andere als ein automatischer Selbstläufer; vielmehr bedarf es der aktiven Teamentwicklung, damit die Vorzüge von Gruppensituationen auch praktisch manifest werden können.

Dass Teamentwicklung nicht die Wundermedizin für alle (Schul-)Probleme ist, wird dadurch deutlich, dass es auch den „Gruppennachteil" in mindestens zwei Varianten gibt: Erstens werden Gruppenentscheidungen risikofreudiger getroffen als individuelle Entscheidungen („risky shift"-Phänomen). Teams tendieren dazu, weniger Entscheidungsalternativen zu berücksichtigen und mögliche Risiken leichtfertiger zu bewerten (vgl. Stumpf et al. 2003, S. 151). Noch gravierender scheint der zweite Gruppennachteil zu sein: Der Harmoniezwang in einem Team kann viel subtiler wirksam sein, als wenn ich mich einer Leitungsperson unterordne – dem Gruppenzwang habe ich mich ja freiwillig unterworfen! Will man den Gruppenvorteil umsetzen und den Gruppennachteil vermeiden, gilt es folglich sich die Erkenntnisse der Teamforschung über erfolgreiche Gruppenarbeit zu vergegenwärtigen.

Teamentwicklung: Elf Erfolgskriterien

Aus der Gruppenforschung (Blöchliger 1989, Comelli 2003) und der Beratungserfahrungen mit Schulen lassen sich elf Erfolgskriterien herausarbeiten, an denen sich schulische Teams orientieren können:

1. Die Gruppe braucht einen unterstützenden Beziehungsrahmen: Dies bedeutet, dass im Team eine konstruktive Streitkultur existiert, deren Basis wertschätzende Beziehungen sind.
2. Das Team braucht ein Ziel: Eine erfolgreiche Gruppe hat ihre Ziele und Visionen geklärt, vielleicht auch ein stimmiges Leitbild erarbeitet.
3. Die Gruppe braucht eine klare Aufgaben- und Rollenverteilung: Aus empirischen Beobachtungen wissen wir, dass in erfolgreichen Teams neun Rollen besetzt sein müssen (Belbin-Modell, Kauffeld 2001, S. 82 f).
4. Das Team braucht Kommunikation und Feedback: Ein wichtiges Handwerkszeug effizienter Gruppen ist angemessenes Feedback. Eine persönliche Rückmeldung kann sich an den vier K's orientieren: Konkret, kurz, kurzfristig und konstruktiv.
5. Die Gruppe braucht (wechselnde) Leitung. In einem guten Team ist das Bewusstsein vorhanden, dass ergebnisorientiertes und zeiteffizientes Arbeiten (Sitzungs-)Leitung voraussetzt. Dies bezieht sich im Wesentlichen auf die Vorbereitung, Moderation und Auswertung von Gruppensitzungen.
6. Das Team braucht (relative) Autonomie- und Rahmensetzung. Ein erfolgreiches Team braucht sowohl Zeit und Raum, sich zu finden und zu organisieren, als auch klare Setzungen wie etwa Abgabetermine.
7. Die Gruppe braucht materielle und immaterielle Unterstützung: Dazu gehören z.B. Trainings in Moderationstechniken genauso wie Entlastungsstunden. Hinzu kommt die nicht zu vernachlässigende immaterielle Unterstützung in Form von positivem Feedback – insbesondere von der Schulleitung.
8. Das Team braucht Erfolgserlebnisse: Die Gruppe benötigt, um eine stabile Motivation aufrechtzuerhalten, kurzfristige Zwischenergebnisse. Dies drückt sich in den sechs „S" des Erfolgsmanagements aus: Es geht um schnelle Erfolge (in einem Schulhalbjahr); sie sollten zweitens relativ sicher sein und drittens sichtbar. Viertens und fünftens wissen wir von der Organisationsentwicklung, dass man bei Schwächen und Stärken ansetzen sollte. Schließlich sollten Siege gefeiert und Erfolge gewürdigt werden.
9. Die Gruppe braucht Handlungskonsequenzen: Die gemeinsame Formulierung von Aktionsplänen und Tätigkeitskatalogen schafft eine bessere Implementationstreue als allgemeine Absichtserklärungen. An die Stelle der „Drei-M-Methode" („man müsste mal ...") tritt das „WWW" des Aktionsplans: Wer? Mit wem? Bis wann?
10. Das Team benötigt eine Balance zwischen der Aufgaben- und Beziehungsorientierung: Im Sinne der Gruppenreflexivitätstheorie von West (1994) ist einem erfolgreichen Team bewusst, dass Gruppenprozesse die Austarierung zwischen der Aufgabenerledigung und dem sozialen Klima berücksichtigen sollten.
11. Die Gruppe braucht Team-Feedback: Wenn Teams den Synergieeffekt umsetzen wollen, brauchen sie bewusste und relativ regelmäßige (ein- bis zweimal jährlich) „präventive Wartung" in Form von selbst organisiertem und methodengestütztem Team-Feedback. Eine

sehr bewährte Methode, dieses Team-Feedback in Eigenregie durchzuführen, liegt mit dem Teamdiagnose-Bogen vor (vgl. Beitrag 96 in diesem Band), der sich an den beiden Dimensionen der Gruppenreflexivitätstheorie orientiert.

Offene Fragen und Perspektiven

Vorliegende Wirksamkeitsstudien über erfolgte Teamentwicklungsmaßnahmen zeigen vorwiegend positive Ergebnisse etwa bzgl. des Gruppenklimas und der Zufriedenheit mit dem Team. Es bleiben aber eine Reihe offener Forschungsfragen, die hier nur angerissen werden können: Welche Teamentwicklungsmaßnahmen steigern die Gruppenleistung stärker, Ansätze der Rollenklärung oder der Zielklärung? Offen ist auch die Frage des Zusammenspiels von Teamentwicklungsaktivitäten mit anderen Interventionsformen wie der Organisationsentwicklung. Schließlich wird gefordert (Stumpf & Thomas 2003, S. XXIV), die Beziehung zwischen Gruppenprozessen, Teamentwicklung und der Teamleistung genauer zu untersuchen, was in Längsschnittstudien möglich wäre.

Literatur

Antoni, C. H. (2000): Teamarbeit gestalten. Grundlagen, Analysen, Lösungen. Weinheim, Basel: Beltz. – Antoni, C. H. (Hrsg.) (1994): Gruppenarbeit in Unternehmen. Konzepte, Erfahrungen, Perspektiven. Weinheim, Basel: Beltz. – Bauer, J. (2006): Prinzip Menschlichkeit. Warum wir von Natur aus kooperieren. 2. Aufl. Hamburg: Hoffmann und Campe. – Blöchliger, B. (1989): Funktion und Bedeutung der Gruppe im Unternehmen. In: Kälin, K./Müri, P. (Hrsg.): Führen mit Kopf und Herz. Thun: Ott Verlag. – Comelli, G. (2003): Anlässe und Ziele von Teamentwicklungsprozessen. In: Stumpf, S./Thomas, A. (Hrsg.): Teamarbeit und Teamentwicklung. Göttingen, Bern, Toronto, Seattle: Hogrefe, S. 169-189. – Fullan, M. (2000): Schulentwicklung im Jahr 2000. In: Journal für Schulentwicklung 6 (4), S. 4-20. – Kauffeld, S. (2001): Teamdiagnose. Göttingen, Bern, Toronto, Seattle: Hogrefe. – Meyer, H. (1997): Schulpädagogik. Bd. 1. Berlin: Cornelsen Scriptor. – Osswald, E. (1995): Gemeinsam statt einsam. Arbeitsplatzbezogene Lehrer/innenfortbildung. 2. Aufl. Kiens: Brunner. – Perrenoud, H. (1997): Macht in Führung und Teamarbeit. In: Journal für Schulentwicklung 3 (4), S. 26-44. – Simon, P. (2003): Wie sich Gruppen entwickeln. Modellvorstellungen zur Gruppenentwicklung. In: Stumpf, S./ Thomas, A. (Hrsg.): Teamarbeit und Teamentwicklung. Göttingen, Bern, Toronto, Seattle: Hogrefe, S. 35-56. – Stumpf, S./ Klaus, C./Süßmuth, B. (2003): Gruppenreflexivität als Determinante der Effektivität und Weiterentwicklung von Arbeitsgruppen. In: Stumpf, S./Thomas, A. (Hrsg.): Teamarbeit und Teamentwicklung. Göttingen, Bern, Toronto, Seattle: Hogrefe, S. 143-165. – West, M. A. (1994): Effective Teamwork. Leicester: British Psychological Society Books.

57| Antinomien in Schulentwicklungsprozessen
Jörg Schlömerkemper

Einleitung

Ansätze antinomischen Denkens haben in den Geisteswissenschaften und in der Pädagogik Tradition, sie stehen aber nicht im Zentrum (Hoffmann 1929). Es wird zwar immer mal wieder gefordert, dass man sich den „Widersprüchen" stellen müsse, dass man „dialektisch" denken solle, dass man lernen muss, „Ambivalenzen" zu akzeptieren etc. Aber theoretisch gelten Widersprüche eher als logisch ‚unsauber', irgendwie vorläufig und nicht zu Ende gedacht. Emotional werden sie als belastend erlebt, sie irritieren und machen das Handeln unsicher. Wer die Dinge einmal „so" und dann wieder doch „ganz anders" sieht, ist als Partner im Diskurs und erst recht im Handeln nicht zuverlässig.

In jüngster Zeit ist allerdings deutlicher geworden, dass pädagogisches Handeln von „Unsicherheit" geprägt und in seinem Erfolg ungewiss ist (Helsper 2010). Es sei nur begrenzt durchschaubar, welche Faktoren in einer konkreten Situation wirksam sind. Man macht sozusagen „immer etwas verkehrt". Widerstände und Widersprüche sind unbequem. Und sicherlich ist Leidensfähigkeit nötig, wenn man sich solchen Irritationen aussetzt. Aber es kann emotional entlasten und in der Sache befriedigender sein, mögliche Gegensätze bewusst zu benennen und in letztlich produktiver Weise „aufzuheben". Häufig ist das Handeln am Ende gerade dann unbefriedigend, wenn es auf ein „klares" Ziel hin ausgerichtet war und alles ignoriert hat, was sich dem raschen Erfolg in den Weg stellen konnte.

Begriffliche Differenzierung

Im engen Sinne geht es bei „Antinomien" um die gleichzeitige Gültigkeit von Sätzen, die eigentlich nicht zugleich gültig sein können (Hinske & Kutschera 1971). Dies kann z.B. der Fall sein, wenn man ein bestimmtes Ziel verfolgt, aber in Kauf nehmen muss, dass etwas anderes nicht erreicht werden kann. So kann man nicht die individuelle Entwicklung von Kindern und Jugendlichen fördern und zugleich ihr Sozialverhalten trainieren wollen. Man kann nicht die aktuelle Lebenssituation in den Mittelpunkt stellen und zugleich ein Bewusstsein für die Zukunft fördern (Schleiermacher 1826). Solche Ziele sind freilich zunächst nur auf einer logischen, prinzipiellen Ebene widersprüchlich, ein bewusster Umgang mit solchen Gegensätzen kann beide Pole zu ihrem Recht kommen lassen.

Unter dem Begriff „Antinomien" ist ein breites Spektrum „widersprüchlicher" Beziehungen versammelt:
- Den schärfsten Widerstreit stellen *„Antagonismen"* dar: Unterschiedliche Positionen verschiedener „Täter" („Agonisten") treffen unversöhnlich aufeinander; eine Lösung ist nur durch Kampf oder formale richterliche oder demokratische Verfahren zu finden.
- Als *„Ambivalenz"* kann ein Schwanken zwischen verschiedenen Empfindungen und Wertschätzungen verstanden werden, wenn man etwas mal so und mal anders bewertet, sich zwischen diesen Varianten nicht entscheiden kann oder gar nicht entscheiden möchte. Man kann es eben so und anders sehen und beides als wertvoll („valent") einschätzen.
- Bei einer *„Paradoxie"* stehen zwei Perspektiven so konsequent gegeneinander, dass ein sinnvolles Handeln kaum möglich erscheint.
- Der Begriff *„Dialektik"* ist im anspruchsvollen Sinn ein logisch durchaus stringentes Fortschreiten, bei dem eine Position (eine „These") durch eine andere (die „Gegenthese") so lange herausgefordert wird, bis sich durch intensives Reden („lexis") eine Position (die „Synthese") entwickelt, in der dieser Gegensatz auf eine höheren Ebene „gehoben" wird (Danner 2006).
- *„Antinomien"* unterscheiden sich von den anderen Formen dadurch, dass die Positionen im Grunde gleichwertig sind, aber in konkreten Situation mit wechselndem Gewicht zur Geltung kommen. Der eine Pol kann dabei so „dominant" werden, dass der andere nur „latent" mitschwingen kann, ohne dass er bedeutungslos wird (Schlömerkemper 2006, 2007).

Diese prinzipielle Unterscheidung kann hilfreich sein, wenn man klären will, welche Struktur und Bedeutung unterschiedliche Sichtweisen und Positionen haben. Sie ist systematisch-analytisch zu verstehen; im konkreten Fall – etwa eines Konflikts – werden die verschiedenen Formen ineinanderspielen.

Antinomien im Prozess der Schulentwicklung

Widersprüche dieser Formen sind auf allen Ebenen und zwischen allen Ebenen von Schule und Unterricht zu finden:
- Die allgemeine Zielsetzung von Schule kann schwanken zwischen strikter Leistungs- und Selektionsorientierung oder einer Politik des Chancenausgleichs.
- Die Schulaufsicht spielt ihre Rolle(n) zwischen Kontrolle und Beratung.
- Die einzelnen Schulen sollen ihr eigenes Profil in erweiterter Eigenverantwortung entwickeln, aber sie sollen die generellen Erwartungen erfüllen und entsprechende Kontrollen, Evaluation und Inspektionen akzeptieren.
- Die Inspektion soll sich an übergreifenden Qualitätskriterien orientieren und zugleich die einzelnen Schulen in ihrer Eigenartigkeit anerkennen und sie in deren Entwicklung stärken.
- Innerhalb des Kollegiums kann eine gemeinsame Konzeption alle stärken, sie kann aber die individuelle, „methodische" Freiheit beschränken.
- Die Schulleitung soll „führen", sie soll dies aber dadurch tun, dass sie Konsens, Engagement und Verantwortlichkeit aller Betroffenen fördert (Litt 1927).
- Die einzelne Lehrperson kann den „Stoff", das eigene Fach als das Wichtigste vertreten oder sie kann zunächst die individuelle Persönlichkeit der Schülerinnen und Schüler fördern wollen.
- Die Beziehung zwischen Lehrenden und Lernenden kann eher auf hierarchischer Autorität oder eher auf personaler Egalität beruhen.
- Die Schülerinnen und Schüler können eher an möglichst guten und möglichst leicht zu erwerbenden Zertifikaten interessiert sein (und die Schule so instrumentalisieren) oder sie können die Schule als Lebens- und Erlebnisraum verstehen und nutzen (wollen).

In all diesen – nur beispielhaft genanten – Gegensätzlichkeiten können für die jeweiligen Pole durchaus gute Gründe und Motive geltend gemacht werden. Das Gewicht der Pole ändert sich: In verschiedenen Handlungssituationen haben die Beteiligten unterschiedliche Möglichkeiten, darauf Einfluss zu nehmen. Und die Beteiligten selbst können zwischen den Polen „oszillieren". Wer lange in einer offenen Struktur agieren musste, wird tendenziell wieder stärker zu Vorgaben neigen und sich z.B. an Ritualen orientieren wollen. Dabei kann sich auch die Form der Spannungen (s.o.) verändern: Aus einem antagonistischen Konflikt kann durch geschickte Moderation durchaus ein produktiver dialektischer Prozess werden.

Der produktive Umgang mit Antinomien

Natürlich ist man solchen Widersprüchen nicht hilflos ausgeliefert. Man kann sehr verschieden mit ihnen umgehen. An einem Beispiel sei dies angedeutet: In der Diskussion über Konzepte der Schulentwicklung ist es umstritten, ob bzw. in welchem Maße Lerngruppen „homogen" oder „heterogen" zusammengesetzt sein sollten (u.a. Reh 2005; von der Groeben 2008). Die Argumente stehen scharf gegeneinander und scheinen einander auszuschließen: Lernen könnten Schülerinnen und Schüler am besten dann, wenn das Lernangebot im Sinne einer „Passung" möglichst genau auf die jeweiligen Voraussetzungen eingehe. Über- oder Unterforderung müsse vermieden werden. Aber eine solche homogene „Monotonie" fordere gerade nicht heraus und heterogene Lerngruppen entsprächen der Vielfalt von Fähigkeiten und Neigungen viel besser. Und zudem sei das in anderen Staaten längst selbstverständlich und erfolgreich. Wenn man für die Antinomien dieser Debatten sensibel ist, wird man erkennen, dass sich die beiden Prinzipien im Grunde gar nicht bzw. nur in bestimmten Funktionen und Situationen ausschließen. Lernen ist nach dem Prinzip der Passung dann sinnvoll, wenn individueller Fortschritt erstrebt wird (denn Lernen kann letztlich immer nur der „einzelne Kopf"). Dies bleibt aber ineffektiv, wenn die erworbenen Kompetenzen nicht in einen sozialen Prozess eingebracht werden können. Umgekehrt fördern heterogene Gruppen soziale Orientierung und Verhaltensweisen, sie sind in ihrer Wirkung aber begrenzt, wenn sie den Fortschritt der Individuen behindern. Solche Reflexionen können zu einem entschiedenen „Sowohl als auch" führen: Individuelles Lernen und soziale Kooperation können eigene Zeiten bekommen und dann produktiv aufeinander bezogen werden (Schlömerkemper 2008).

Fazit

Antinomische Beziehungen ergeben sich in konkreten Situationen nicht quasi automatisch aus der „Struktur" oder den „Rollen" der Beteiligten. Die Grundstruktur der Schule und ihre gesellschaftlichen Funktionen sind zwar einerseits durch Vorgaben und andererseits durch deren prinzipielle „Offenheit" dazu prädestiniert, antinomische Prozesse auszulösen, aber es sind erst die beteiligten Personen, die unter diesen Bedingungen durch ihr Verhalten den möglichen Antinomien eine bestimmte Gestalt geben und sie mehr oder weniger bzw. so oder anders wirksam werden lassen. Dabei können ungewollte „Risiken und Nebenwirkungen" dadurch entstehen, dass gegenläufige Kräfte nicht transparent werden. Eine unreflektierte „Eigendynamik" kann dann zu Problemen führen, die nicht mehr rational bearbeitbar sind. Deshalb ist es wichtig, einen „antinomischen Blick" zu entwickeln, der für antinomische Strukturen und Prozesse sensibel ist (Schlömerkemper 2006, 2007). Antinomien sollten also keineswegs von vornherein negativ bewertet werden. Wer eine Sache so und auch anders sehen kann, versteht sie in der Regel besser. Und wer Antinomien in ihren vielfältigen Ausdrucks- und möglichen Verlaufsformen analysieren kann, trägt mehr zu einer produktiven Gestaltung von Handlungssituationen bei. Antinomien können das Handeln behindern, wenn sie nicht bearbeitet werden. Aber sie können die pädagogische Entwicklungsarbeit auf eine Ebene heben, auf der die Bedürfnisse der Beteiligten und die Funktionen der Schule als Institution produktiver und befriedigender erfüllt werden können.

Literatur

Danner, H. (2006): Methoden geisteswissenschaftlicher Pädagogik. Einführung in Hermeneutik, Phänomenologie und Dialektik. 5., überarb. und erw. Aufl. Stuttgart: UTB. – Helsper, W. (2010): Pädagogisches Handeln in den Antinomien der Moderne. In: Krüger, H.-H./Helsper, W. (Hrsg.): Einführung in Grundbegriffe und Grundfragen der Erziehungswissenschaft. 9. Aufl., Opladen, Farmington Hills: Budrich, S. 15-33. – Hinske, N./von Kutschera, F. (1971): Antinomie. In: Ritter, J. (Hrsg.): Historisches Wörterbuch der Philosophie. Bd 1. Basel, Stuttgart: Schwabe, S. 393-405. – Hoffmann, E. (1929): Das dialektische Denken in der Pädagogik. Langensalza. – Litt, Th. (1927): „Führen" oder „Wachsenlassen" – Eine Erörterung des pädagogischen Grundproblems. 12. Aufl. Stuttgart: Klett 1965. – Reh, S. (2005): Warum fällt es Lehrerinnen und Lehrern so schwer, mit Heterogenität umzugehen? Historische und empirische Deutungen. In: Die Deutsche Schule 97 (1), S. 76-86. – Schleiermacher, F. D. E. (1826/1966): Pädagogische Schriften. Frankfurt/M.: Ullstein. – Schlömerkemper, J. (2006): Die Kompetenz des antinomischen Blicks. In: Plöger, W. (Hrsg.): Was müssen Lehrerinnen und Lehrer können? Beiträge zur Kompetenzorientierung in der Lehrerbildung. Paderborn: Schöningh, S. 281-308. – Schlömerkemper, J. (2007): Der antinomische Blick in der Erziehungswissenschaft. „Realistische" Konzepte in pädagogischer Theorie und Praxis. In: Kraul, M./Schlömerkemper, J. (Hrsg.): Bildungsforschung und Bildungspolitik – Heinrich Roth revisited. Die Deutsche Schule. 9. Beiheft, S. 147-171. – Schlömerkemper, J. (2008): Leben – Lernen – Leisten. Perspektiven einer pädagogischen Schulkultur für den „ganzen Tag". In: Appel, S./Ludwig, H./Rother, U./Rutz, G. (Hrsg.): Jahrbuch Ganztagsschule 2009. Bad Schwalbach: Wochenschau-Verlag, S. 10-22. – von der Groeben, A. (2008): Praxisbuch: Verschiedenheit nutzen. Besser lernen in heterogenen Gruppen. Stuttgart: Cornelsen Verlag Scriptor.

58| Widerstand in Schulentwicklungsprozessen
Sabine Reh

In der Literatur über Organisationsentwicklungsprozesse wird zunehmend ein Phänomen diskutiert, das „Widerstand" genannt wird. Ausgangspunkt dafür ist die – nicht immer offen kommunizierte – Erfahrung in vielen Unternehmen, dass Veränderungsprojekte scheitern: „Nach aktuellen Studien von Wirtschaftswissenschaftlern erreichen schätzungsweise 50 bis 70% der Veränderungsvorhaben in deutschen Großunternehmen nicht ihr angestrebtes Ziel (Roth 2000, S. 14, Doppler et al. 2002). Widerstand der Belegschaften oder der Betroffenen – für Scheitern verantwortlich – wird auf einer „Hinterbühne" des Geschehens, im Bereich der Mikropolitik verortet und entweder als Ausdruck menschlicher Natur, genereller Ängste vor Wandel, als Ausdruck von Belastung – die meisten Veränderungsprozesse werden bei „laufendem Betrieb" ausgeführt – oder/und von Kritik an problematischen, weil nicht beteiligungsorientiert durchgeführten Veränderungsprozessen verstanden (Schreyögg 1998, S. 489-497). Entsprechend laufen Vorschläge, Veränderungsprozesse effektiv zu managen, darauf hinaus, einen mit Veränderungsprozessen verbundenen phasenhaften Verlauf typischer Emotionslagen im Auge zu haben bzw. zu berücksichtigen, eine Art „emotionales Monitoring" durchzuführen (Roth 2000). Vorgeschlagen wird zudem, sogenannte „top-down"-Verfahren zur Einführung von Veränderungsprozessen als Rahmensetzungen mit „bottom-up"-Strategien zu verbinden, also die Mitarbeiter, die möglichst nahe am Geschehen sind, die die Probleme und Möglichkeiten kennen, die wissen, wo sich etwas verbessern ließe, auch die Art und Weise, Vorgehensweisen, konkrete Gestaltungen selbst vornehmen zu lassen: „Entscheidend ist die richtige Dosierung in Form verdaubarer Zumutungen, wo Neues mit Bekanntem und Vorhandenem verknüpft wird". Es solle am Prozess orientiert, hautnah und sensibel vorgegangen und Raum gegeben werden, wo es nötig ist: „Denn Betroffene sollen zu Beteiligten werden und dazu müssen die Teilprozesse für möglichst alle überschaubar und nachvollziehbar sein" (Doppler et al. 2002, S. 115).
Ähnliche Beobachtungen wie die zu scheiternden Veränderungen von Unternehmen finden sich auch in der Diskussion über Schulentwicklungsprozesse (Schley 1998). Reflektiert wurde zunächst über „Widerstand von Lehrern gegen Innovationen in der Schule" (Bohnsack 1995, Ingrisch 2000). Teilweise wird die Art der Lehrertätigkeit in Organisationen – die Schule entspricht dem Typus der „professional bureaucracy" mit relativ hoher Autonomie der operationellen Ebene gegenüber der Organisationsleitung (Mintzberg 1983) – dafür verantwortlich gemacht; teilweise wird aber Lehrern und Lehrerinnen unterstellt, in besonderer Weise wenig risikobereit zu sein (Haeren & Hoven 1995, S. 6). Bohnsack beschreibt Widerstand gegen Innovationen vor allem als Widerstand gegen eine größere Beteiligung der Schüler an der Unterrichtsgestaltung und gegen Formen, die auf eine größere Selbstständigkeit der Schüler setzen. Er könne in diesem Sinne auch als Abwehr von Ängsten, vor allem vor Kontrollverlust, interpretiert werden. Zugrunde lägen Gewohnheiten, habitualisierte und mit den Traditionen des Schulehaltens produzierte implizite pädagogische Überzeugungen. Gründe für das Auftreten von Widerstand gegen Innovationen werden also auch hier auf unterschiedlichen Ebenen ausgemacht. Der Widerstand wird als Ausdruck einer menschlichen Natur und als Resultat einer historisch etablierten besonderen Form und Struktur der Organisation pädagogischer Tätigkeit in der Schule gewertet.
Das Verständnis von Widerstand in Schulentwicklungsprozessen schließt hier an. Veränderungsprozesse in einzelnen Schulen können an unterschiedlichen Punkten ihren Anfang neh-

men, sich verschieden gestalten; sie sind aber immer darauf angewiesen, dass in den Schulen die Kommunikation über die pädagogische Arbeit des Einzelnen und die Form und Gestaltung, die die Organisation Schule dieser Arbeit gibt, unter den Professionellen intensiviert wird. In diesem Sinne sind Veränderungsprozesse rekursiv (Arnold et al. 2000b; Reh & Schelle 2004), d.h. in solchen Prozessen werden durch Veränderungen immer auch die Ausgangsbedingungen für das, was stattgefunden hat, mit verändert und daher können sie nicht als Prozesse verstanden werden, die entsprechend einfacher kausaler Abhängigkeiten in einem linearen Geschehen zu steuern sind. Vor diesem Hintergrund scheint es sinnvoll, Widerstand gegen Innovationsprozesse als ein einzelschulisches Phänomen zu erfassen, in dem, neben einem historisch gewachsenen Habitus der Lehrer und Lehrerinnen und der spezifischen Organisationsform der Schule, verschiedene Komponenten auf einzelschulspezifische Weise zusammenspielen. Widerstand kann hier als Kraft verstanden werden, die wiederum in Reaktion auf Aktionen entsteht und mit der gerechnet werden muss. An einem Fallbeispiel kann eine schulspezifische Formulierung von Kritik, die Entstehung und Formierung von Widerstand und der Umgang damit am Beginn eines bestimmten Veränderungsprozesses, so dass er weitergeführt werden konnte, verdeutlicht werden:

Die Leitung eines offenen Ganztagsgymnasiums hat ein bestimmtes Arrangement für eine pädagogische Konferenz getroffen. Es soll auf dieser Konferenz darum gehen zu klären, ob und wie – die Schulleitung und eine informelle Gruppe um diese herum möchten das – der Ganztagsbetrieb verändert werden kann, weil ohnehin mehr Unterricht, eben auch nachmittags, erteilt werden muss. Man hat Schulleiter anderer Schulen eingeladen, die aus eigenem Tun und bildungspolitischer Reisetätigkeit berichten, aber alle in die gleiche Richtung weisen: Es sei sinnvoll, etwas an der Strukturierung des Schulgebäudes, des Tages, des Schuljahres, am Unterricht zu verändern, damit Schüler und Lehrer die Ausweitung der Schulzeit ertragen, etwa freie Arbeitszeiten und -möglichkeiten schaffen, um Schüler selbständiger zu machen. Eine andere Form der Rückmeldekultur zwischen Schülern und Lehrern könne etabliert werden, vielleicht sei es auch nötig, anders zusammenzuarbeiten als bisher. Einige der Kollegen sind begeistert, geradezu euphorisiert und wollen so etwas ausprobieren. Andere, eine Art „Murmelfraktion", geben ihren „Widerstand", ihren Unmut, ihre Skepsis „dauermurmelnd", aber auch durch kritische Nachfragen zur Kenntnis. Er reicht von bürokratischen Bedenken – feuerpolizeiliche Verordnungen seien bei räumlichen Veränderungen zu bedenken – bis zum formulierten Unglauben an Selbstkontrollfähigkeiten der Schüler. Es wurde der Verdacht geäußert – und „hinter vorgehaltener Hand" in der Versammlung als solcher transportiert –, die Schulleitung habe alles schon geplant und entschieden. Es gab im Arrangement der Veranstaltung keinen Ort, Skepsis und Unmut zu äußern: In den eingerichteten Arbeitsgruppen mussten sich alle auf die vorgegebenen Aufgabenformate einstellen, ein anderes Jahr für die 7. Klässler zu planen, so zu tun, als könnte man, wie man wollte, wenn man denn wollte. Die Befürchtungen einiger Kollegen, es drohe der Schultag bis 16.00 Uhr und Zwang zur gemeinsamen Planung, ein Verlust an Autonomie über den eigenen Arbeitsprozess zu bestimmen, wurden in den von der Leitung zusammen gestellten Gruppen wenig diskutiert. Die Befürchtungen sind gewachsen in langjährigen Erfahrungen mit einer in bestimmter Weise organisierten Schule – es schien für die Lehrer unvorstellbar, dass ein Schüler ohne ein wenig Druck lernt, freiwillig irgendwelche Arbeiten für die Schule übernimmt, dass er es nicht ausnutzt, wenn der Lehrer oder die Lehrerin nicht jederzeit konsequent sind.

Die Lösung, die an dieser Schule zu diesem Zeitpunkt für die entstandene konfliktreiche Lage gewählt wurde, sah folgendermaßen aus: die Schulleitung wurde durch Abstimmung autorisiert, ein Jahrgangsteam einzurichten, das im kommenden Schuljahr mit einer einschneidend neuen Organisation der Klasse 7 beginnen und dafür vom Schulleiter alle Freiräume und – das ist jetzt zentral – Extra-Ressourcen, das heißt z.B. extra Stunden für die Teamplanungen bekommen sollte. Die Diskussion um die „alten Positionen" wurde nicht geführt. Auch wenn so einerseits die Chance vertan wurde, Ängste inhaltlich ernst zu nehmen, wurde auch ein „Umkippen" der Gesamtstimmung vermieden; andererseits musste sich keiner unter Druck gesetzt fühlen, eine Position einzunehmen und zu diesem Zeitpunkt etwas zu tun, was er nicht wollte und gleichzeitig konnte ein, von einem Teil des Kollegiums angestrebter, Entwicklungsprozess zumindest in Gang gesetzt werden – um möglicherweise später als solcher zu überzeugen.

Um Arten des Widerstands in Schulentwicklungsprozessen systematisieren zu können, lassen sich, die Ergebnisse der Prozessforschung zur Schulentwicklung zusammenfassend, nicht nur analytisch typische Phasen des Prozesses konstruieren, die spiralförmig wiederkehren, sondern auch verschiedene Felder skizzieren, die sich als spannungsreich herauskristallisiert haben, in denen sich Konflikte ergeben bzw. sich möglicherweise Kritik auf eine Weise formiert, die als Widerstand wahrgenommen wird und die unterschiedlich – je nachdem, wie wiederum darauf reagiert wird – im Schulentwicklungsprozess wirken kann. Solche Spannungsfelder sind 1. das Anfangen und dessen Weiterführung, 2. die Durchsetzung von Verbindlichkeiten gegen eine alle Bereiche umfassende Autonomie des Professionellen, 3. Die Durchsetzung von Kooperation gegen den Schutz durch Kollegialität und schließlich 4. die Durchsetzung von Führung gegen umfassend verstandene Partizipationsansprüche eines Kollegiums (Arnold et al. 2000a; Arnold et al. 2000b; ähnlich Altrichter 2000).

In der Beratungsliteratur wird entsprechend vorgeschlagen, Kritik an Schulentwicklungsprozessen ernst zu nehmen, „Widerstand" auf zu nehmen, positiv zu bewerten (Schley 1998) – als Hinweis auf Schwachstellen entweder geplanter Vorhaben oder aber auch der gestalteten Prozesse – und sich, machtpolitisch betrachtet, mit dem Widerstand zu „verbünden", indem ihm Raum gegeben und damit „Druck" aus einer Situation genommen wird (zusammenfassend Ingrisch 2000). Auch solche Vorschläge zur Reduzierung von Widerstand durch „Beteiligung" bauen allerdings auf „eine klare, vorwegdefinierte Asymmetrie zwischen denjenigen, die verändern und denjenigen, die verändert werden" (Wimmer 1999, S. 165).

Literatur

Altrichter, H. (2000): Konfliktzonen beim Aufbau schulischer Qualitätssicherung und Qualitätsentwicklung. In: Zeitschrift für Pädagogik. 41. Beiheft. Weinheim, Basel: Beltz, S. 93-110. – Arnold, E./Bastian, J./Combe, A./Schelle, C./Reh, S. (2000a): Schulentwicklung und Wandel der pädagogischen Arbeit, Hamburg: Bergmann + Helbig. – Arnold, E./Bastian, J./Reh, S. (2000b): Spannungsfelder der Schulprogrammarbeit. In: Die Deutsche Schule. 92 (4), S. 414-429. – Bohnsack, F. (1995): Widerstand von Lehrern gegen Innovationen in der Schule. In: Die Deutsche Schule. 87 (1), S. 21-37. – Doppler, K./Fuhrmann, H./Lebbe-Waschke, B./Voigt, B. (2002): Unternehmenswandel gegen Widerstände. Change Management mit den Menschen, Frankfurt/M., New York: Campus Verlag. – Haeren, A./Hoven, A. (1995): Widerstand gegen Veränderung. In: Buchen, H./Horster, L./Rolff,H.-G. (Hrsg.): Schulleitung und Schulentwicklung, Berlin: Raabe Dr. Josef Verlag. – Ingrisch, E. (2000): Mit dem Widerstand – nicht gegen ihn. Vom konstruktiven Umgang mit Widerstand bei Schulentwicklungsprozessen. In: Schul-management. 31 (5), S. 13-19. – Mintzberg, H. (1983): Structures in Fives. Designing Effective Organisations, Englewood Cliffs, N.J.: Prentice Hall. – Reh, S./Schelle, C. (2004): Fallorientierte Schulentwicklungsforschung – Was Schulen dabei über sich selbst erfahren können. In: Ackermann, H./Rahm, S. (Hrsg.): Kooperative Schulentwicklung. Wiesbaden: VS Verlag, S. 249-267. – Roth, S. (2000): Emotionen im Visier: Neue Wege des Change Managements. In: Zeitschrift für OrganisationsEntwicklung 19 (2), S. 14-21. – Schley, W. (1998): Change management: Schule als lernende Organisation. In: Altrichter, H./Schley, W./Schratz, M. (Hrsg.): Handbuch zur Schulentwicklung. Innsbruck, Wien: StudienVerlag, S. 13-53. – Schreyögg, Georg (1998): Organisation. Grundlagen moderner Organisationsgestaltung. Mit Fallstudien. 2. Aufl. Wiesbaden: Gabler. – Wimmer, R. (1999): Wider den Veränderungsoptimismus. Zu den Möglichkeiten und Grenzen einer radikalen Transformation von Organisationen. In: Soziale Systeme. 5 (1), S. 159-180.

59| Schulinterne Lehrerfortbildung
Hartmut Wenzel

Begriffsverständnis

Schulinterne Lehrerfortbildung (SchiLF) ist eine Fortbildungsform, die neben den landesweiten, regionalen und lokalen Fortbildungsangeboten einen unverzichtbaren Platz gefunden hat. Sie unterscheidet sich von anderen Formen dadurch, dass hier ein gesamtes oder größere Teile eines Kollegiums zum Zweck der Fortbildung zusammenkommen. SchiLF bietet die Chance, dass ein Kollegium selbst über die Inhalte und Arbeitsformen der Fortbildung entscheiden und dichter an Problemen, aber auch an Entwicklungsvorhaben der eigenen Schule anknüpfen kann und leistet damit einen wichtigen Beitrag auf dem Weg zur „eigenverantwortlichen" Schule.
SchiLF fasst unterschiedliche Formen zusammen wie etwa pädagogische Tage, Klausurtagungen, Vorträge externer Experten, kollegiumsbezogene Workshops, Zukunftswerkstätten etc. Solche schulinternen Maßnahmen sind nicht neu, es gab schon lange Bemühungen kollegialer Abstimmung und Beratung mit Fortbildungspotenz. Auch in der Auseinandersetzung mit schulischen Problemen wurden Dienstberatungen und spezielle pädagogische Konferenzen durchgeführt, um zu auftretenden Herausforderungen einen gemeinsamen Standpunkt sowie gemeinsame Verfahrensweisen zu erarbeiten und sich somit auch fortzubilden. Letztlich beinhalten alle gemeinsamen Tätigkeiten in der Schule die Möglichkeit kollegialer Lernprozesse mit einer Fortbildungsperspektive. Die Übergänge zur schulinternen Lehrerfortbildung sind dabei fließend.
So richtig es ist, auf die Fortbildungspotenz kollegialer Kooperation zu verweisen, so wichtig ist es, mit der Kennzeichnung einer Veranstaltung als *Fortbildung* einen Qualitätsanspruch anzumelden und eine Abgrenzung gegenüber zufälligen Gesprächen oder kollegialen Verwaltungstätigkeiten vorzunehmen. Von schulinterner Lehrerfortbildung soll daher dann gesprochen werden, wenn sich das gesamte oder größere Teile des Kollegiums einer Schule bewusst in auf Lernprozesse zielende Handlungssituationen begeben, unabhängig davon, ob dies innerhalb der eigenen Schule oder extern stattfindet und auch unabhängig davon, ob das Kollegium die Organisation in eigner Regie behält oder Außenstehende als Referenten, Moderatoren oder Experten hinzuzieht (Wenzel & Wesemann 1990).

Impulse zur Entwicklung schulinterner Lehrerfortbildung

SchiLF in Deutschland hat seit etwa Mitte der 1980er Jahre durch die Forschungen zur „Qualität von Schulen" aber auch im Zusammenhang der Forderungen nach verstärkter Autonomie der Einzelschule wesentliche Impulse und eine erhebliche Ausweitung erfahren. Forschungen zur Schulqualität lenkten international die Aufmerksamkeit auf klassenübergreifende Faktoren der Schulgüte und damit auch darauf, welche Bedeutung das Schulklima sowie gelingende Kooperation und Kommunikation innerhalb des Kollegiums auf die Leistungen und das Wohlbefinden der Schülerinnen und Schüler haben. So kann (Rutter et al. 1980) etwas zugespitzt festgehalten werden, dass die Qualität einer Schule vom Zustand des Kollegiums abhängt. Je besser sein Ethos und sein Selbstwertgefühl, je höher sein Wissens- und Könnensgrad, je größer der Vorrat an gemeinsamen Überzeugungen, um so wahrscheinlicher die Aussichten, dass auch schwierige Probleme produktiv bearbeitet und zu konstruktiven Lösungen geführt werden können. Die jeweilige Einzelschule wird seither verstärkt als ein interagierendes Sozial-System und im Ideal als eine „pädagogische Handlungseinheit" (Fend) verstanden.

Es lag auf der Hand, dass die von der Schulqualitätsforschung herausgearbeiteten übergreifenden Merkmale guter Schulen umgedeutet wurden zu Ansatzpunkten für schulische Qualitätsentwicklung. Erforderlich dafür waren aber neue Formen der Lehrerfortbildung, die nicht mehr nur auf den einzelnen Lehrer zielten, sondern auf das Kollegium und seine kommunikativen und kooperativen Kompetenzen und zugleich darauf, dass unterrichtliche Innovationen nicht durch Einzelkämpfer sondern möglichst im Konsens des gesamten Kollegiums eingeführt werden. Neue Formen der arbeitsplatzbezogenen (Osswald 1991), schulzentrierten (Goger 1991), kollegiumszentrierten oder schulinternen Lehrerfortbildung und spezielle kooperationsfördernde Trainingsprogramme wie etwa das Konstanzer Trainingsmodell (KTM, vgl. Miller 1990) erlebten auf diesem Hintergrund einen Zuwachs an Bedeutung. Zusätzlich erfuhren solche Ansätze Unterstützung durch neue Erkenntnisse der Organisationstheorie, des New Public Management und aus Ansätzen der Organisations- und der modernen Personalentwicklung. In allen diesen Ansätzen werden die Mitglieder einer Organisation einbezogen in die Verantwortung für die Qualitätssicherung und -entwicklung.

Bemühungen zur Qualitätsverbesserung schulinterner Lehrerfortbildung führten gegen Ende der 1980er Jahre zu einer Zusammenschau unterschiedlicher Formen schulinterner Lehrerfortbildung (Miller 1990) sowie zu einer stärkeren Durcharbeitung der theoretischen Grundlagen, der didaktischen Gestaltungsmöglichkeiten sowie der förderlichen Rahmenbedingungen dieser Fortbildungsform (Wenzel et al. 1990; Greber et al. 1991). Die dabei entwickelten Gelingensbedingungen schulinterner Lehrerfortbildung (Priebe & Greber 1991) sehen diese als Teil selbstverantworteter Schulentwicklung. Sie belegen, dass in der Diskussion um SchiLF eine bedeutsame Entwicklung vollzogen wurde und zwar in Ergänzung zu traditionellen, auf den einzelnen Lehrer und seine individuellen Kompetenzen zielenden Fortbildungsformen hin zu kollegiums- bzw. schulorientierten Formen mit Schulentwicklungsperspektive. In Ansätzen schulischer Organisationsentwicklung und der Schulprogrammarbeit fanden sie einen theoretischen Rahmen, der es ermöglichte, einzelne Fortbildungsmaßnahmen in einen entwicklungsorientierten, theoretisch fundierten Zusammenhang einzubeziehen (Wenzel 2004).

In dem Maße, in dem Schulen selbstständiger wurden, mehr Eigenverantwortung für die Entwicklung ihrer Qualität übertragen bekamen, zu Evaluationen und Rechenschaftslegung verpflichtet wurden und dabei den qualitativen Standards internationaler Vergleichsuntersuchungen standhalten sollten, stieg der Bedarf schulinterner Fortbildung.

Schulinterne Lehrerfortbildung als fortbildungsdidaktische Handlungssituation

SchiLF unterscheidet sich von anderen Formen dadurch, dass die Teilnehmer auch im Alltag zusammenarbeiten. Die Fortbildungsinhalte sind damit potentiell unmittelbar relevant für die spezifischen Probleme und Bedingungen der Schule. Teilnehmerorientierung kann eingelöst werden, wenn zudem akzeptierte Arbeitsformen genutzt und die Rahmenbedingungen wie zeitliche Ausdehnung, Zeit- und Verlaufsplanung, Tagungsstätten etc. unter Berücksichtigung der Interessen der Teilnehmer gestaltet werden.

Betrachtet man die unterschiedlichen Modelle der SchiLF, so lässt sich die folgende Differenzierung vornehmen: Es gibt einerseits Formen schulinterner Fortbildung, die von den Kollegien selbst organisiert und gestaltet werden (*selbstorganisierte SchiLF*) und andererseits solche, die ganz oder teilweise durch externe Referenten, Moderatoren und Experten gestaltet werden (*moderatorengestüzte SchiLF*). Mit diesen unterschiedlichen Formen sind jeweils andersartige Auffassungen von Lehrerfortbildung verbunden.

Im ersten Modell wird die Vorstellung von einer „selbstlernenden Gruppe" favorisiert. Die Lehrer eines Kollegiums werden mit ihren Kompetenzen zur eigenständigen Gestaltung von Fortbildungsprozessen aufgefordert. Von Vorteil ist es, wenn im Kollegium einschlägige Fortbildungserfahrungen und fortgeschrittene fortbildungsdidaktische Handlungskonzepte vorhanden sind. Mit dem Kollegium ist immer auch der schulische Alltag konfliktträchtig präsent, was – zumindest zeitweise – die Mitwirkung externer Moderatoren nahe legt. Mit eigenverantworteten Formen schulinterner Lehrerfortbildung machen sich die Schulen auf den Weg des gemeinsamen Nachdenkens über ihre internen Prozesse. Sie bemühen sich um neue Formen des kollegialen Umgangs und öffnen so die schulbetrieblichen Abläufe für eine wünschenswerte Umgestaltung. Damit gewinnen die Kollegien potenziell einen Verfügungsraum, vergrößern die Selbstständigkeit ihrer Schule und begründen Verkehrsformen einer pädagogischen Schulkultur. Dass dies in erheblichem Umfang gelingen kann, belegt Wesemann (1993) in einer der wenigen Studien zu dieser Fortbildungsform. Wenn SchiLF es leistet, selbsttätig festgestellte Probleme oder Defizite einer Schule bewusst zu bearbeiten, dann wird sie zu einer Maßnahme, die ihren Ausgang bei diagnostizierten Problemen der Schule nimmt und ein time-out für kollegiale Reflexion mit dem Ziel organisiert, den Ertrag der kollegialen Fortbildungsbemühungen wieder einmünden zu lassen in einen möglichst verbesserten Schulalltag. Damit geht sie eine enge Verbindung mit Prozessen innerer Schulreform ein. Sie hat den Vorteil, dass gemeinsam erarbeitete Veränderungen und im Konsens gefasste Beschlüsse eine größere Verbindlichkeit und Nachhaltigkeit besitzen.

Im zweiten Modell wird darauf vertraut, dass durch externe Fachleute eine qualifizierte Fortbildung unter Nutzung angemessener fortbildungsdidaktischer Handlungskonzepte gewährleistet wird, durch die Anstöße zu neuen Lernprozessen ins Kollegium eingebracht werden und die bei vorhandenen Konflikten im Kollegium helfen, diese zu überwinden. Das Einbeziehen entsprechend qualifizierter externer Moderatoren und Experten hat unzweifelhaft Vorteile, da es hier möglich ist, neben der inhaltlichen gegebenenfalls auch fortbildungspraktische Expertise einzuwerben. Allerdings entsteht hierbei ein Passungsproblem, da die Externen mit kollegiumsinternen Wünschen und Konflikten nicht vertraut sind. Für eine wirksame SchiLF ist es dann erforderlich, dass der externe Referent bereit und in der Lage ist, sich auf die Wünsche und Bedürfnisse des Kollegiums einzulassen, diese zu berücksichtigen und gegebenenfalls auftretende Probleme situativ zu bearbeiten. Die hier angesprochenen Passungsprobleme in der schulinternen Lehrerfortbildung dürfen nicht unterschätzt werden. Sie können gemindert werden, wenn es zentral oder regional einen einschlägigen Moderatorenpool gibt, aus dem auf Anfrage den Schulen möglichst kostenfrei Unterstützung durch einschlägig qualifizierte Moderatoren oder Experten geleistet werden kann.

Ausblick und Perspektiven

Formen schulinternen Lehrerfortbildung gewinnen weiter an Bedeutung, denn die Verantwortung der Einzelschule für ihre Qualitätsentwicklung wird zunehmen. Für eine solche Entwicklung sind die Verbesserung der unterrichtlichen Kompetenz der Lehrkräfte und ihre Fähigkeit zur Auseinandersetzung mit neuen Herausforderungen durch Fortbildung erforderlich. Innovationen sind zudem auf kollegialen Konsens angewiesen. Schulinterne Lehrerfortbildung ist für die entsprechende Kompetenz- und Konsensentwicklung unverzichtbar.

Literatur

Greber, U./Maybaum, J./Priebe, B./Wenzel, H. (Hrsg.) (1991): Auf dem Weg zur „guten Schule": Schulinterne Lehrerfortbildung. Bestandsaufnahme – Konzepte – Perspektiven. Weinheim: Beltz. – Goger, R. J. (1991): Die schulzentrierte Lehrerfortbildung in Österreich. Bundesland Burgenland. In: Greber et al. (Hrsg.): Auf dem Weg zur „guten Schule": Schulinterne Lehrerfortbildung. Bestandsaufnahme – Konzepte – Perspektiven. Weinheim: Beltz, S. 223-237. – Miller, R. (1990): SchiLF-Wanderung. Wegweiser für die praktische Arbeit in der schulinternen Lehrerfortbildung. Weinheim: Beltz. – Osswald, E. (1991): Das ‚Arbeitsplatzbezogene Pädagogische Trainingsprogramm' im Kanton Basel Stadt. In: Greber, U./Maybaum, J./Priebe, B./Wenzel, H. (Hrsg.): Auf dem Weg zur „guten Schule": Schulinterne Lehrerfortbildung. Bestandsaufnahme – Konzepte – Perspektiven. Weinheim: Beltz, S. 187-222. – Priebe, B./Greber, U. (1991): Konsequenzen und Perspektiven: Faktoren des Gelingens. In: Greber, U./Maybaum, J./Priebe, B./Wenzel, H. (Hrsg.): Auf dem Weg zur „guten Schule": Schulinterne Lehrerfortbildung. Bestandsaufnahme – Konzepte – Perspektiven. Weinheim: Beltz, S. 517-527. – Rutter, M./Maughan, B./Mortimore, P./Ouston, J. (1980): Fünfzehntausend Stunden. Schulen und ihre Wirkungen auf die Kinder. Weinheim: Beltz. – Wenzel, H./Wesemann, M. (1990): Schulinterne Lehrerfortbildung: Begriffliche Klärungen, Abgrenzungen und Probleme. In: Wenzel, H. (Hrsg.): Schulinterne Lehrerfortbildung. Ihr Beitrag zu schulischer Selbstentwicklung (Studien zur Schulpädagogik und Didaktik Band 4) Weinheim: Beltz, S. 24-40. – Wenzel, H./Wesemann, M./Bohnsack, F. (Hrsg.) (1990): Schulinterne Lehrerfortbildung. Ihr Beitrag zu schulischer Selbstentwicklung (Studien zur Schulpädagogik und Didaktik Band 4) Weinheim: Beltz. – Wenzel, H. (2004): Studien zur Organisations- und Schulkulturentwicklung. In: Helsper, W./Böhme, J. (Hrsg.): Handbuch der Schulforschung. Wiesbaden: VS Verlag, S. 423-447. – Wesemann, M. (1993): Die Pädagogische Klausurtagung – Innenansichten einer schulinternen Fortbildungsform. In: Niedersächsisches Landesinstitut für Lehrerfortbildung (Hrsg.): Die Pädagogische Klausurtagung in Niedersachsen (nli-Berichte 52) Hildesheim, S. 22-54.

60| Externe Beratung
Eva Arnold und Maike Reese

Begriffsklärungen: Externe Beratung im Kontext von Schulentwicklung

Externe Beratung gewinnt an Bedeutung, wenn Schulen Entwicklungsprozesse in Gang setzen. Im Verlaufe der Arbeit kann es früher oder später zu Situationen kommen, in denen den Beteiligten Wissen und Kompetenzen fehlen, um sicher entscheiden und handeln zu können: Schulleitungen fühlen sich unsicher, wie sie das Kollegium von der Notwendigkeit eines Entwicklungsvorhabens überzeugen können, Steuergruppen fragen sich, wie Teamentwicklung angeregt oder Weiterbildungsplanung betrieben werden könnte und das Kollegium sucht nach Möglichkeiten, als leistungsschwach diagnostizierte Schülerinnen und Schüler angemessen zu fördern.

Gängige Definitionen (z.B. Schwarzer & Posse 2004, S. 76) bezeichnen Entscheidungs- und Handlungsunsicherheit als einen Ausgangspunkt für die Inanspruchnahme von Beratung. Von der beratenden Person wird erwartet, dass sie zusätzliche Informationen verfügbar macht und die Ratsuchenden bei der Analyse, Neustrukturierung und Neubewertung vorhandener Informationen unterstützt, bis Entscheidungs- und Handlungsfähigkeit wieder hergestellt sind.

Merkmale der externen Beratung in Schulen

Ebenen der Beratung in Schulen

Schulen sind komplexe soziale Institutionen – daher ist nicht unbedingt eindeutig, wer als „Ratsuchende" in einen Beratungsprozess involviert sein sollten. Eine systemische Sichtweise legt es nahe, unterschiedliche Ebenen zu unterscheiden, auf denen Beratung in Schulen ansetzen kann:

a) auf der *Individualebene,* z.B. als Beratung von Lehrkräften oder Schulleitung in Gestalt von Einzelfallberatung oder Coaching;
b) auf der *Teamebene,* z.B. als Beratung von Leitungs-/Steuergruppen oder Lehrerteams in Form von kollegialer Fallbesprechung/Peer Supervision, didaktischem Training oder Konfliktklärung;
c) auf der *Organisationsebene* als Systemberatung, z.B. als Prozessberatung der Schulleitung und Steuergruppe, Organisationsentwicklung oder Qualitätsmanagement.

Die Ebene zu finden, auf der Beratung in einer gegebenen Situation die besten Effekte verspricht, kann das erste Anliegen sein, das in einem Beratungsprozess bearbeitet wird.

Anbieter externer Beratung für Schulen

Externe Beratung für Schulen wird von verschiedenen Einrichtungen bzw. Personengruppen angeboten:

a) *Einrichtungen für Lehrerfortbildung* bieten Unterstützung und Beratung in Schulentwicklungsprozessen, z.B. Angebote zur Teamentwicklung und Evaluation. Auch unterrichtsbezogene Fortbildungen können in Schulentwicklungsprozessen von Bedeutung sein.
b) *Schulpsychologische Dienste* bieten derzeit häufig auch Schulberatung bzw. Systemberatung (Friedel 1993, Jennessen & Kastirke 2002, S. 159f) an, die für Schulentwicklung genutzt werden kann.
c) Als *Schulentwicklungsmoderatoren* wurden in vielen Bundesländern Lehrkräfte ausgebildet. Sie übernehmen in anderen Schulen die Moderation von Konferenzen und ähnlichen Veranstaltungen.
d) *Freiberufliche Berater* unterstehen im Unterschied zu den bereits genannten Gruppen nicht dem Bildungs- oder Kultusministerium. Sie sind in der Regel nicht auf Beratung in Schulen spezialisiert, bieten aber z.B. Organisationsberatung, Supervision oder Coaching an.
e) Auch *Schulaufsichten* übernehmen derzeit neben ihren traditionellen, gesetzlich verankerten Kontroll- und Weisungsfunktionen (Führungsrolle) Aufgaben der Begleitung von Schulentwicklungsprozessen (Beratungsrolle). Es ist vielfach diskutiert worden, ob sich aus dieser Kombination von Aufgaben Rollen- und Zielkonflikte ergeben (zusammenfassend Lippmann 2007, S. 246 ff). Da Schulaufsichten in ihrer Rolle als Linienvorgesetzte agieren, müssen sie ggf. von ihrem Weisungsrecht Gebrauch machen, um übergeordnete Ziele des Ministeriums durchzusetzen. Experten bezweifeln, dass sich dieser strukturelle Interessenkonflikt auflösen lässt. Als „Rat gebende Führungsperson" können Schulaufsichten u. E. die Kriterien, die an Beratung anzulegen sind, funktionsbedingt nicht erfüllen. Sie scheiden als „Beratungssystem" aus, da sie sich nicht darauf beschränken können, Prozesse der Lösungsfindung zu unterstützen.

Funktionen externer Beratung im Kontext von Schulentwicklung

Welche Einrichtung bzw. Personengruppe gebeten wird, ein Beratungsangebot zu machen, hängt auch davon ab, welche Funktionen der Einsatz einer externen Beratung erfüllen soll.

Diese lassen sich grob den folgenden Kategorien zuordnen:
a) Externe Beratung kann gesucht werden, weil *Sachkompetenz* benötigt wird, die im Kollegium bisher nicht vorhanden ist. Zusätzliches Wissen oder Kompetenzen verfügbar zu machen, ist die Kernaufgabe der Lehrerfortbildung. Über spezifisches administratives Wissen, das in Schulentwicklungsprozessen benötigt wird, verfügen die Schulaufsichten, die aus diesem Grund zu wichtigen Ansprechpartnern von Schulen werden können. Externe Berater können z.B. Wissen über Projekt- und Qualitätsmanagement, zur Strategieplanung oder Prozessoptimierung vermitteln.
b) Externe Beraterinnen und Berater werden ferner als „Fachleute für zwischenmenschliche Beziehungen" (Selvini-Palazzoli et al. 1978, S. 45) bzw. „Experten für funktionale Kommunikation" (Burg 2008, S. 50) geschätzt. Sie sollen Beziehungen klären, Gespräche und Verhandlungen moderieren. Ansprechpartner, denen die Art von *Prozesskompetenz* zugeschrieben wird, sind z.B. schulpsychologische Dienste, Schulentwicklungsmoderatorinnen und -moderatoren oder Personen, die sich in Mediation fortgebildet haben.
c) Externe Beratung wird weiterhin gesucht, um „von unabhängiger Seite Anregungen" zu erhalten, „über den Tellerrand zu schauen" oder „neue Impulse" zu empfangen (Rolff et al. 1998, S. 76 f). Es geht damit um die *neue Perspektive* eines Außenstehenden, der dem System „Schule" nicht angehört. Ob es zu diesem Zweck ausreicht, eine Schulentwicklungsmoderatorin hinzuzuziehen, die als Lehrkraft in einer anderen Schule tätig ist, oder ob ein freiberuflicher Berater aus einem schulfernen Umfeld die Beratung übernehmen sollte, muss in der jeweiligen Situation entschieden werden.
d) Schließlich kann externe Beratung die (meist unausgesprochene) Funktion haben, unangenehme oder umstrittene Entscheidungen zu rechtfertigen. Um *Legitimationsfunktionen* zu erfüllen, werden externe Personen hinzugezogen, die Reputation als „unbestechliche Experten" besitzen, etwa in der Schulforschung.

In vielen Fällen wird externe Beratung nicht nur eine, sondern mehrere Funktionen erfüllen. Dabei ist den Beteiligten keineswegs immer von vornherein klar, was sie von der externen Beratung erwarten. Eine Klärung der Funktionen, die die Beratung erfüllen soll – sowohl innerhalb der Schule als auch zwischen Schule und Berater – ist für deshalb den Erfolg der Beratung von entscheidender Bedeutung.

Phasen und Ablauf externer Beratungen

Am Anfang eines jeden Beratungsprozesses stehen das Erstgespräch und die Auftragsklärung, die in den Beratungskontrakt münden. Dabei sind folgende Aspekte zu thematisieren:
- Kennen lernen und Vorstellen der beteiligten Personen
- Orientierung über die Funktion der Beratung
- Klärung von Gegenstand und Zielen
- Festlegung der „Erfolgskriterien" und „Meilensteine"
- Rahmenbedingungen (Umfang, Anzahl der Sitzungen, Honorar)
- Absprachen zu Vertraulichkeit

Erst am Ende dieses Erstgespräches entscheiden die beratende und die Rat suchende Person, ob sie gemeinsam arbeiten werden. Empfohlen wird der Abschluss eines schriftlichen *Kontrakts*, in welchem Aussagen zu den oben genannten Aspekten sowie zur Beratungsform und zu den beteiligten Personen oder Teams getroffen werden. Darin können u. a. die folgenden Merkmale

festgehalten werden, die als wichtige Voraussetzungen für gelingende Beratung gelten (Schwarzer & Posse 2004, S. 76):
- Die Inanspruchnahme von Beratung ist freiwillig.
- Der Beratungsprozess wird von den Beteiligten gemeinsam gestaltet. Der bzw. die Ratsuchende gibt die Verantwortung für den Verlauf und das Gelingen nicht ab, ebenso wenig zieht der Berater bzw. die Beraterin die Verantwortung an sich. Er bzw. sie übernimmt jedoch die Verantwortung für den Beratungsprozess.
- Beratung soll die Handlungsfähigkeit der Rat suchenden Person wieder herstellen und die Selbstverantwortung stärken und ist daher zeitlich begrenzt.

Der Beratungsprozess kann in Phasen gegliedert werden, in denen unterschiedliche Themen dominieren. Übersichtlich ist z.B. die Gliederung von König und Volmer (1998), die vier Phasen unterscheidet:
a) Kontaktphase/Orientierungsphase: Auch wenn der Auftrag klar und vereinbart ist, beginnt jedes Beratungsgespräch mit einer Orientierungsphase. Sie dient der Definition der Beratungsbeziehung und der Beraterrolle und der Herstellung eines positiven „Rapports" zwischen Berater und Ratsuchendem. Außerdem ist zu präzisieren, welches Thema ansteht und was bearbeitet werden soll.
b) Problemphase/Klärungsphase: Der eigentliche Beratungsprozess beginnt mit der ausführlichen Klärung der Anliegen und einer differenzierten Beschreibung und Fokussierung des Problems. Hierzu gehören auch die Klärung der Vergangenheit (Was hat zu dieser Situation geführt?) und bereits unternommener Lösungsversuche sowie die Bewertung der aktuellen Situation. Bei Bedarf werden in dieser Phase zusätzliche Informationen aus der Perspektive anderer Beteiligter gesammelt, z.B. über Beobachtungen und Befragungen.
c) Kontraktphase/Veränderungsphase: In dieser Phase werden Ziele und Lösungsmöglichkeiten erarbeitet und bewertet (Was möchten die Ratsuchenden erreichen? Was soll auf keinen Fall geschehen?). Die Ratsuchenden werden darin unterstützt, das für die Organisation passende Vorgehen zu wählen. Es schließt sich die Umsetzung der Maßnahmen an, bei der Berater bzw. die Beraterin prozessbegleitend als „Coach" zur Seite stehen kann. Die Verantwortung für die Umsetzung liegt in den Händen der Klienten.
d) Rückmeldephase/Abschlussphase: Die Beratung schließt mit einer Bilanz und Evaluation der erzielten Effekte ab, die sich an Vereinbarungen im Beratungskontrakt und an den festgelegten Zielen orientiert. Diese Bewertung ist für beide Seiten wichtig: Die Schule möchte wissen, wie weit die Ziele erreicht wurden und welche weiteren Schritte ggf. noch erforderlich sind. Der Berater muss belegen, zu welchen Ergebnissen die Beratung geführt hat und ob die Ziele aus der Sicht der Ratsuchenden erreicht wurden.

Gelegentlich werden Vereinbarungen zu längerfristigen Erfolgskontrollen durch „Follow-Up"-Veranstaltungen getroffen, bei denen eine erneute gemeinsame Situationsanalyse stattfindet. Dies ist insbesondere dann sinnvoll, wenn komplexe Beratungsanliegen bearbeitet wurden.

Offene Fragen und Forschungsperspektiven

Externe Beratung gewinnt in Schulentwicklungsprozessen an Bedeutung. Empfohlen wird die Inanspruchnahme externer Beratung in einflussreichen Publikationen (z.B. Rolff et al. 1998); auch in manchen schulübergreifenden Entwicklungsprojekten ist externe Beratung für die beteiligten Schulen bereits regelhaft vorgesehen.

Trotz der Bedeutung, die externe Beratung in Schulentwicklungsprozessen derzeit gewinnt, gibt es bislang kaum Studien, die sich mit diesem Handlungsfeld beschäftigen. Gesicherte Aussagen über die Häufigkeit, mit der externe Beratung in Schulentwicklungsprozessen praktiziert wird, sind daher ebenso wenig möglich wie Aussagen über Effekte, die sich mit externer Beratung in Schulen erzielen lassen. Entscheidungen über Beratung und Berater müssen daher bislang auf der Basis persönlicher Erfahrungen und Überzeugungen getroffen werden. Untersuchungen, die die derzeitige Praxis beschreiben, analysieren und bewerten, sind daher dringend erwünscht.

Literatur

Burg, C. G. (2008): Beratung in der Schule. Entwicklung eines heuristisch-kybernetischen Beratungsmodells. Hamburg: Verlag Dr. Kovač. – Friedel, J. A. (1993): Beratungslehrer und Schulpsychologe im Tätigkeitsfeld der Systemberatung: Aufgaben und Erwartungen. Münster, New York: Waxmann. – Jennessen, S./Kastirke, N. (2002): Schulqualität durch Schulberatung – externe Beratungskonzepte als Instrument der Qualitätssicherung. Hamburg: Verlag Dr. Kovač. – König, E./Volmer, G. (1998): Systemische Organisationsberatung: Grundlagen und Methoden. Weinheim: Beltz. – Lippmann, E. (2007): „Coaching" durch die Führungskraft – eine kritische Betrachtung. In: Schreyögg, A./Schmidt-Lelleh, C. J. (Hrsg.): Konzepte des Coaching. Wiesbaden: VS Verlag für Sozialwissenschaften. – Rolff, H.-G./Buhren, C./Lindau-Bank, D./Müller, S. (1998): Manual Schulentwicklung. Handlungskonzept zur pädagogischen Schulentwicklungsberatung. Weinheim: Beltz. – Schwarzer, C./Posse, N. (2004): Pädagogische Psychologie und Beratung. In: Nestmann, F./Engel F./Sickendiek, U. (Hrsg.): Das Handbuch der Beratung. Band 1: Disziplinen und Zugänge. Tübingen: DGVT, S. 73-87. – Selvini-Palazzoli, M./Cirillo, S./DÈttore, L./Garbellini, M./Ghezzi, D./Lerma, M./Lucchini, M./Martino, C./Mazzoni, G./Mazzuchelli, F./Nichele, M. (1978): Der entzauberte Magier: Zur paradoxen Situation des Schulpsychologen. Stuttgart: Klett-Cotta.

61| Netzwerke
Nils Berkemeyer, Uwe Lehmpfuhl und Hermann Pfeiffer

Zum Begriffsverständnis

Die Arbeit in Netzwerken lässt sich zum einen steuerungstheoretisch deuten und dann als Koordinationsmechanismus beschreiben. Werden Netzwerke so verstanden, wird davon ausgegangen, dass sich unterschiedliche Akteure zwecks Gestaltung eines gesellschaftlichen Teilbereichs kooperativ abstimmen, gemeinsam Ziele aushandeln und entsprechende Reformprogramme auf den Weg bringen. Nach diesem Begriffsverständnis treten Netzwerke zwischen die Koordinationsmechanismen „Hierarchie" und „Markt" (Willke 2001; Kuper 2004). Netzwerke können zum anderen als Reformprogramme oder als eine Strategie der Schulentwicklung verstanden werden (Berkemeyer et al. 2008a). Hierbei wird auf eine Vernetzung zwischen Schulen und/ oder auf eine Vernetzung zwischen Schulen und weiteren Bildungseinrichtungen gesetzt (sog. Bildungslandschaften s.u., vgl. auch Bildungskommission NRW 1995). Solche Netzwerke können unterschiedliche Anlässe oder Träger haben und auch hinsichtlich der Zielsetzung ist ein breites Spektrum aufzufinden, welches sich von der Ermöglichung eines themenbezogenen Erfahrungsaustauschs über die Professionalisierung der Lehrkräfte, die Erprobung von Konzepten, die Verbesserung der Unterrichtsarbeit bis hin zur generellen Förderung von Schulkooperationen erstreckt. Die Organisation der Vernetzung hängt von räumlicher Nähe, vom Kooperationsgegenstand und von den vorhandenen Kooperationsressourcen ab (vgl. Kap. 5/49 und 9/104 in diesem Band). Der Netzwerkgedanke ist derzeit konzeptionell wie programmatisch beliebt, da er sowohl neue Beschreibungsmöglichkeiten innerhalb des Mehrebenensystems Schule bietet, die jenseits der Dualität von *bottom-up* oder *top-down* Strategien liegen und eher auf relationale Beziehungsmuster von Akteuren gerichtet ist (Baecker 2007), als auch Synergien bei der Problembearbeitung der Einzelschule durch interorganisationale Kooperation verspricht.

Skizze der historischen Entwicklung

Der Netzwerkbegriff ist spätestens seit Anfang des neuen Jahrtausends zu einem Bestandteil des Vokabulars der Schulentwicklung geworden. International wird die Netzwerkidee bereits seit Ende der 1960er Jahre als Alternative zu anderen Reformdesigns diskutiert. Ihr werden positive Eigenschaften zugeschrieben, wie beispielsweise psychische Unterstützung im Sinne von Motivierung, Gleichberechtigung bei der Festsetzung von Zielen sowie insgesamt die Möglichkeit als Unterstützungssystem für Schulen zu fungieren (Lieberman & Grolnik 2005). Im Zuge der school based reform Bewegung in den USA hat der Netzwerkgedanke zusätzlich an Bedeutung gewonnen. Dies geht so weit, dass Chrispeels und Harris (2006) Netzwerkbildung als fünfte Phase der Schulentwicklung bezeichnen, wobei die Vernetzung das gesamte System Schule umfasst. In Deutschland wird der Netzwerkgedanke erst Ende der 90er Jahre bedeutsam, wobei er vornehmlich in Kontexten von einzelnen Projekten eine Rolle spielt (Czerwanski et al. 2002; Berkemeyer et al. 2009). Normativ tauchen Netzwerke unter den Begriffen der Schul- und Bildungslandschaft auf sowie im Zusammenhang mit sogenannten interschulischen Sets (Ostermeier 2004).

Erste Erfahrungen mit Netzwerkarbeit

Hinsichtlich der dargelegten Erfahrungen bedeutsam – wenn auch empirisch nicht vollständig abgesichert – sind die Berichte von Fullan u.a. über die Netzwerkarbeit in den USA und in Kanada sowie die Erfahrungen zur Begleitforschung zum Modellvorhaben „Selbstständige Schule" in NRW.

Erfahrungen aus Kanada und den USA
Fullan, Bertani und Quinn (2004) haben kanadische und US-amerikanische Erfahrungen darüber zusammengefasst, wie Regionen umfassende Veränderungen im Bildungsbereich über Netzwerke implementiert werden. Es werden zehn entscheidende Komponenten identifiziert, die aus Vorhaben zur Implementation und umfassender Veränderungen in Bezirken (districts) gewonnen wurden. Als übergreifende und alles entscheidende Voraussetzung wird das Vorhandensein und die Aktivität von „effective district leaders" genannt. Alle weiteren der genannten Komponenten sollten jedoch ebenfalls vorhanden sein: 1. Ein überzeugendes/zwingendes Konzept (A Compelling Conceptualization); 2. Ein gemeinsames Erziehungsziel (Collective Moral Purpose); 3. Geeignete/passende Strukturen (The Right Bus); 4. Förderung und Heranziehen fähiger Mitarbeiter (Capacity Building); 5. Aufbau von Verknüpfungs-/Verbindungs-/Kooperationsfähigkeiten (Lateral Capacity Building); 6. Fortwährendes Lernen (Ongoing Learning); 7. Produktive Nutzung von Konflikten (Productive Conflict); 8. Herausfordernde Arbeitskultur (A Demanding Culture); 9. Externe Kooperationspartner (External Partners); 10. Gezielte und gebündelte Investitionen (Focused Financial Investments).

Da das Wissen über Entwicklungen im Schul- und Bildungsbereich, die ganze Regionen umfassen, sich in einem wenig entwickelten Stadium befindet, bleiben nach Ansicht der Autoren weitere Gesichtspunkte zu bearbeiten. Wichtig erscheinen insbesondere die umfassende Einbeziehung aller Schulen (und Bildungseinrichtungen) und die Gewährleistung einer kohärenten staatlichen Politik in Verbindung aller Ebenen.

„Selbstständige Schule" NRW: Regionale Bildungslandschaften

Neben der Qualitätsentwicklung der Einzelschulen bildete der Aufbau von regionalen Bildungslandschaften einen zweiten Zielbereich des Modellvorhabens „Selbstständige Schule" NRW, das mit 278 Schulen in Nordrhein-Westfalen von 2002 bis 2008 durchgeführt wurde. Zur Begründung, warum Selbstständigkeit der Schulen und Regionalisierung im Modellvorhaben verknüpft werden, wird darauf verwiesen, dass sich Schul- und Unterrichtsentwicklung nur nachhaltig entfalten lassen, wenn sich im schulischen Umfeld wirksame Unterstützungs- und Beratungsstrukturen herausbilden, wenn die Schulen sich untereinander austauschen („Schullandschaft") und wenn darüber hinaus eine Vernetzung mit dem außerschulischen Umfeld stattfindet („Bildungslandschaft"), also u.a. mit Kindergärten, Jugendhilfeeinrichtungen, Betrieben und weiteren Lernorten.

Die Begleitforschung konnte zeigen, dass der Austausch zwischen den Schulen in der Region bereits recht weit gediehen ist, dass aber noch ein weiter Weg bis zur Entstehung von Bildungslandschaften zurückzulegen ist. Gestützt auf Befragungen und Fallstudien konnten auf guten empirischen Grundlagen die förderlichen und hinderlichen Faktoren für den Aufbau regionaler Bildungslandschaften identifiziert werden: Besonders wichtig für einen gelingenden Aufbau regionaler Unterstützungsstrukturen sind das Selbstverständnis als Region und die Erarbeitung eines regionalen Leitbildes bzw. von Zielen für Richtung und Schwerpunkte des Aufbaus regionaler Strukturen. Was die beteiligten Personen angeht, so sollten öffentlich wirksame Personen auf möglichst vielen Ebenen (Schulträger, Schulaufsicht, Politik, Wirtschaft) engagiert sein und die beteiligten Institutionen sollten von Personen geleitet werden, die von der Sache überzeugt sind. Was diese Institutionen und Hierarchieebenen betrifft, so hat sich eine möglichst umfassende Beteiligung aller Ebenen als hilfreich erwiesen; als besonders notwendig wird der möglichst konsequente Auf- und Ausbau einer Vermittlungsagentur quer zu den bestehenden Strukturen (z.B. „Bildungsbüro") mit den entsprechenden Kompetenzen hervorgehoben (Holtappels et al. 2008).

Theorie und Empirie zu Netzwerken im Schulsystem

Zur Typisierung von Netzwerken liegen aus der interdisziplinären Forschungsliteratur mittlerweile einige Vorschläge vor. So werden beispielsweise soziale und strategische Netzwerke sowie Innovationsnetzwerke voneinander unterschieden (vgl. Tab. 5).

Eine theoretische Annäherung an den Netzwerkbegriff kann aber nicht allein über die Bildung von Netzwerktypen erfolgen, zumal sich Netzwerktypen in realen Netzwerken vermischen. In der Absicht, Netzwerke grundlegend zu analysieren, haben Berkemeyer et al. (2008b) erstmalig ein Rahmenmodell zur Analyse von Netzwerken vorgelegt. Dabei plädieren sie für eine systematische Bezugnahme auf interdisziplinäre Theorien wie beispielsweise die Wissensspirale nach Nonaka sowie die Strukturationstheorie von Giddens, die als lern- bzw. als sozialtheoretisches Element in einem Gesamtmodell integriert werden.

Tabelle 5: Netzwerktypen (in Anlehung an Berkemeyer et al. 2008a, S. 66)

	Soziale Netzwerke	Strategische Netzwerke	Innovationsnetzwerke
Netzwerk-Verständnis	Beziehungsgeflecht als Potentialität	Allianzen zur speziellen Interessenverfolgung	Wissensgemeinschaften als Basis für Veränderungen
Theorie	z.B. Tauschtheorie	z.B. Transaktionskostenansatz	z.B. Lerntheorien
Exemplarischer Forschungsgegenstand	Schulklasse	Vor allem in Form von Interessengemeinschaften oder Verbänden	Schulische Netzwerke zur Unterrichtsentwicklung

„Im deutschsprachigen Raum ist die Netzwerkforschung noch nicht weit entwickelt", so Stegbauer in einer der umfassendsten interdisziplinären Darstellungen zur Netzwerktheorie und Netzwerkanalyse (Stegbauer 2008, S. 11). Neben dieser Aussage ist vor allem interessant, dass das Teilkapitel „Netzwerkforschung in verschiedenen Feldern" ohne einen erziehungswissenschaftlichen Beitrag auskommt. Aktuell sind jedoch Bemühungen zu erkennen, das Thema stärker im erziehungswissenschaftlichen Diskurs zu etablieren.
Bisherige Forschungsansätze bestehen eher aus explorativen Evaluationen oder der bloßen Beschreibung von Netzwerken. Experimentelle Forschungsdesigns sind rar und auch Untersuchungen, die eine wiederholte Messung beinhalten, sind im Bereich der bisherigen Netzwerkforschung selten zu finden. Am häufigsten werden in diesem Zusammenhang Interviews durchgeführt. Nur vereinzelt liegen Studien vor, die ein komplexes Forschungs- bzw. Evaluationsdesign aufweisen können.
Betrachtet man die wenigen vorliegenden Befunde, ergibt sich insgesamt ein positives Bild. So wird die Leistung schulischer Netzwerkarbeit sowohl für die Qualitätsentwicklung als auch für Professionalisierungserfolge in ersten Ansätzen aufgezeigt. Verschiedenen Studien sind auch positive Effekte der Netzwerkarbeit auf den Unterricht zu entnehmen. Der Nutzen von Netzwerkarbeit – so die Erkenntnisse eines Forschungsreviews (Berkemeyer et al. 2009) – ist äußerst vielfältig. So werden Vorteile der Netzwerkarbeit für Schüler, Lehrkräfte, Schulleitungen und die Organisation Schule identifiziert. Die Gelingensbedingungen erfolgreicher Netzwerkarbeit verweisen auf die besondere Bedeutung der Umstände vor Ort: Klare Zieldefinitionen zu Beginn sowie eine unterstützende Schulleitung und hohes Engagement der Netzwerkakteure sind Schlüsselfaktoren zum Gelingen der interschulischen Kooperation (Berkemeyer et al. 2009).

Offene Forschungsfragen und Entwicklungsperspektiven

Künftig wird es darum gehen, die unterschiedlichen Formen von Netzwerken im Bildungsbereich methodisch sauber zu beschreiben und zu analysieren, um deren Wirksamkeit besser bestimmen zu können. Hierfür ist der Transfer und die Einbindung interdisziplinären Wissens in die erziehungswissenschaftlichen Forschungsansätze notwendig. In theoretischer Hinsicht ließe sich eine Reihe von Ansätzen beschreiben, die zum Thema schulische Netzwerke weitere Einsichten liefern, hier aber nicht weiter dargestellt werden können (Tippelt et al. 2006; Solzbacher & Minderop 2007). Besonders tragfähig und weiterführend erscheinen die Überlegungen zu „(regional) governance" (Fürst 2004).

Netzwerke könnten künftig zudem als Unterstützungssysteme der Schulentwicklung an Bedeutung gewinnen. Inwieweit in Netzwerken Innovationen erzeugt werden, die auch den administrativ formulierten Standards Genüge tun und wie dies gewährleistet werden kann, ist momentan noch nicht zu beantworten. Sicher scheint jedoch, dass die bewusste wechselseitige Kooperation von Bildungseinrichtungen eine sinnvolle und notwendige Aufgabe für die Zukunft ist, die vermutlich in Netzwerken besser zu lösen ist als in hierarchischen oder gar marktförmigen Strukturen. Fraglich ist allerdings, ob seitens der Bildungspolitik das Vertrauen aufgebracht wird, Netzwerke agieren zu lassen. Dieser abschließende Punkt weist auf den Aspekt der Qualitätssicherung und damit auf die Frage der Kontrollierbarkeit von Netzwerkprozessen hin. Folgt man dabei Baecker (2007), kann die Kontrolle von Netzwerken nur erreicht werden, wenn man sich von denen, die man kontrollieren will, kontrollieren lässt.

Literatur

Baecker, D. (2007): Studien zur nächsten Gesellschaft. Frankfurt am Main: Suhrkamp. – Berkemeyer, N./Kuper, H./Manitius, V./Müthing, K. (Hrsg.) (2009): Schulische Vernetzung. Eine Übersicht zu aktuellen Netzwerkprojekten. Münster: Waxmann. – Berkemeyer, N./Manitius, V./Müthing, K. (2008a): Innovationsnetzwerke in der Schulentwicklung. In: Bos, W./Holtappels, H. G./Pfeiffer, H./Rolff, H.-G./Schulz-Zander, R. (Hrsg.): Jahrbuch der Schulentwicklung. Band 15. Weinheim, München: Juventa, S. 63-92. – Berkemeyer, N./Manitius, V./Müthing, K./Bos, W. (2008b): Innovation durch Netzwerkarbeit? Entwurf eines theoretischen Rahmenmodells zur Analyse von schulischen Innovationsnetzwerken. Zeitschrift für Soziologie der Erziehung und Sozialisation. 28 (4), S. 411-428. – Berkemeyer, N./Manitius, V./Müthing, K./Bos, W. (2009): Ergebnisse internationaler und nationaler Forschung zu Schulnetzwerken. Ein Review. In: Zeitschrift für Erziehungswissenschaft (angenommen). – Bildungskommission NRW (1995): Schule der Zukunft – Zukunft der Schule. Neuwied: Luchterhand. – Chrispeels, J. H./Harris, A. (2006): Conclusion: Future Directions for the Field. In: Harris, A./Chrispeels, J. H. (Eds.): Improving Schools and Educational Systems. London, New York: Routledge, pp. 293-307. – Czerwanski, A./Hameyer, U./Rolff, H.-G. (2002): Schulentwicklung im Netzwerk. Ergebnisse einer empirischen Nutzenanalyse von zwei Schulnetzwerken. In: Rolff, H.-G./Holtappels, H.G./Klemm, K./Pfeiffer, H./Schulz-Zander, R. (Hrsg.): Jahrbuch der Schulentwicklung, Band 12. Weinheim, München: Juventa, S. 99-130. – Fullan, M./Bertani, A./Quinn, J. (2004): New Lessons for Districtwide Reform. In: Educational Leadership. 61 (7), pp. 42-46. – Fürst, D. (2004): Chancen der Regionalisierung im Bildungsbereich. In: Projektleitung „Selbstständige Schule": Regionale Bildungslandschaften – Grundlagen einer staatlich-kommunalen Verantwortungsgemeinschaft. Troisdorf: Bildungsverlag EINS, S. 35-55. – Holtappels, H. G./Klemm, K./Rolff, H.-G. (Hrsg.) (2008): Schulentwicklung durch Gestaltungsautonomie. Ergebnisse der Begleitforschung zum Modellvorhaben Selbstständige Schule in Nordrhein-Westfalen. Münster: Waxmann. – Kuper, H. (2004): Netzwerke als Form pädagogischer Institutionen. In: Böttcher, W./Terhart, E. (Hrsg.): Organisationstheorie in pädagogischen Feldern. Wiesbaden: VS Verlag für Sozialwissenschaften, S. 237-252. – Lieberman, A./Grolnik, M. (2005): Educational Reform Networks. In: Fullan, M. (Hrsg.): Fundamental Change. Dordrecht: Springer, S. 40-59. – Ostermeier, C. (2004): Kooperative Qualitätsentwicklung in Schulnetzwerken. Münster: Waxmann. – Solzbacher, C./Minderop, D. (Hrsg.) (2007): Bildungsnetzwerke und Regionale Bildungslandschaften. Ziel und Konzepte, Aufgaben und Prozesse. München, Unterschließheim: Luchterhand. – Stegbauer, C. (Hrsg.) (2008): Netzwerkanalyse und Netzwerktheorie. Ein neues Paradigma in den Sozialwissenschaften. Wiesbaden: VS Verlag. – Tippelt, R./Kasten, Ch./Dobischat, R./Federighi, P./Feller, A. (2006): Regionale Netzwerke zur Förderung lebenslangen Lernens – Lernende Regionen. In: Fatke, R./Merkens, H. (Hrsg.): Bildung über die Lebenszeit. Wiesbaden: VS Verlag für Sozialwissenschaften, S. 279-290. – Willke, H. (2001): Systemtheorie III: Steuerungstheorie. 3. Aufl. Stuttgart: UTB.

62| Ganztagsschule entwickeln
Gudrun Meister

Begriffliche Definitionen

Angesichts der historisch gewachsenen Vielfalt an Modellen, pädagogisch-didaktischen und organisatorischen Grundstrukturen sowie Bezeichnungen ganztägig geführter Schulen in Deutschland mangelt es in der älteren und jüngeren Diskussion nicht an Versuchen, Formen und Merkmale von Ganztagsschule definitorisch zu fassen (vgl. zu den älteren Definitionen Oelerich 2007, Holtappels 2006, Radisch & Klieme 2004). Die aktuell prominenteste und den gegenwärtigen Diskurs zur Ganztagsschule wohl am meisten strukturierende Definition hat die Kultusministerkonferenz (KMK) im Jahr 2003 vorgelegt. Nach dieser muss eine Ganztagsschule folgende *organisatorischen und konzeptionellen Rahmenbedingungen* erfüllen: 1. die Bereitstellung eines ganztägigen Angebotes an mindestens drei Tagen in der Woche, das jeweils sieben Zeitstunden oder mehr umfasst; 2. die Bereitstellung eines Mittagessens und 3. die Herstellung eines konzeptionellen Zusammenhangs zwischen den Angeboten am Vormittag und denen am Nachmittag, wobei die Verantwortung und Aufsicht für die Organisation und Gestaltung bei der Schulleitung liegt (KMK 2008, S. 4). Zudem werden in der Definition der KMK hinsichtlich der Verbindlichkeitsgrades der Teilnahme der Schüler in oben definiertem Zeitumfang drei Organisationsformen unterschieden: die vollgebundene, die teilgebundene und die offene Form (KMK 2008, S. 5). Neben diesen vorrangig organisatorisch-konzeptionellen Definitionen durch die KMK können in Anlehnung an Holtappels (2006, S. 7) folgende *pädagogischen Gestaltungselemente* zur inhaltlich-konzeptionellen Kennzeichnung von Ganztagsschulen herangezogen werden: Intensivierung der Förderung, Weiterentwicklung der Lernkultur zugunsten variabler und individualisierter Lehr-Lern-Formen, Wahlangebote an erweiterten Lern- und Erfahrungsmöglichkeiten im Schulleben, Angebote zur selbständigen Freizeitgestaltung und Mediennutzung, Entwicklung eines schulischen Gemeinschaftslebens mit Gelegenheiten für soziales und interkulturelles Lernen sowie das Praktizieren von Partizipation und Demokratielernen im Schulleben.

Historische Entwicklungen und Begründungslinien

Ein Großteil oben angeführter Gestaltungselemente lässt sich bis in reformpädagogisch inspirierte ganztägige Schulmodelle zu Beginn des 20 Jahrhunderts zurückverfolgen. Insbesondere von den Landerziehungsheimen von Lietz mit ganzheitlichem Bildungskonzept und einer Strukturierung des Tagesablaufs sowie den Schulkonzepten von Wyneken, Petersen, Reichwein und Nohl gingen bedeutsame schulpädagogisch-didaktische Entwicklungsimpulse für die Entwicklung der Ganztagsschule aus. In der Phase der Bildungsreform Ende der 1960 bis Mitte der 1970er Jahre führten die Empfehlungen des deutschen Bildungsrates von 1968/69 zu einer Ausdifferenzierung von Motiven und Aufgaben, wobei die Verbesserung der Chancengleichheit den bildungspolitischen Diskurs dominierte. Entsprechende Schulversuche waren insbesondere durch eine enge Verknüpfung der Bestrebungen zu Gesamt- und Ganztagsschulen geprägt. In den 1980er Jahren gewannen aufgrund erziehungs- und sozialwissenschaftlicher Gegenwartsanalysen sozialpolitische und erzieherische Argumente an Bedeutung. Insgesamt gesehen blieb die Anzahl der Ganztagsschulen jedoch gering. Mit Veröffentlichung der PISA-Ergebnisse forciert dann die Ganztagsschule zu einem zentralen bildungspolitischen und schulpädagogischen Reformthema. Mit finanzieller Unterstützung von 4 Milliarden Euro durch das Investitionsprogramm „Zukunft Bildung und Betreuung 2003 bis 2009" (IZBB) kam es seither zu einem signifikanten Ausbau von Ganztagsschulen: die Anzahl schulischer Verwaltungseinheiten mit Ganztagsschulbetrieb stieg bundesweit kontinuierlich von 4951 im Schuljahr 2002/03 auf 9688 im Schuljahr 2006/07 (KMK 2008).

Ganztagsschule als Schule gestalten und entwickeln

Mit Blick auf empirische Studien zur Ausbauqualität von Ganztagsschulen erweisen sich die Existenz eines inhaltlichen Konzepts, die Fokussierung auf Unterrichtsentwicklung sowie die Etablierung institutionalisierter Kommunikations- und Kooperationsstrukturen als zentrale Indikatoren. Diese haben einerseits Bedeutung für die Schulgestaltung, andererseits haben sie sich auch für Schulentwicklungsprozesse als relevant erwiesen (Klieme et al. 2007, Kolbe et al. 2007). In ihrer spezifischen Ausformung verweisen sie zudem auf eine ganztagsschulspezifische Akzentuierung der drei klassischen Schulentwicklungsbereiche Organisations-, Unterrichts- und Personalentwicklung.

Inhaltlich unterlegtes Organisationskonzept als Basis

Die Studie zur Entwicklung von Ganztagsschulen zeigt, dass Schulen, die über ein Bildungs- und Organisationskonzept verfügen, in welchem außerunterrichtliche Angebotsformen und Unterricht eine konzeptionelle Verbindung erfahren, weiter fortgeschritten sind und eine höhere Zufriedenheit bei den Akteuren erreichen (Klieme et al. 2007, S. 375). Schulöffnung, räumliche Gestaltung, Mittagsversorgung, Personalorganisation und Zeitorganisation als Bereiche eines ganztägigen Organisationskonzepts sollten entsprechend in ein abgestimmtes Verhältnis zu inhaltlichen, pädagogischen bzw. methodisch-didaktischen Überlegungen und Gestaltungsansätzen gebracht werden. Dies setzt voraus, dass Schulen ihre Ziele und ihr Bildungsverständnis unter Berücksichtigung des sozialen Umfeldes, schulinterner Problemlagen bzw. Bedürfnisse sowie bereits vorhandener bzw. auszubauender Potenziale reflektieren, ausformulieren und in entsprechende pädagogische Ansätze überführen. Eine angemessene Partizipation aller schulischen Akteure erweist sich hierbei als bedeutsam. Die Umsetzungsmöglichkeiten erfahren dann eine Konkretisierung, gegebenenfalls auch Modifizierung mit der organisatorischen Planung der einzelnen Gestaltungsbereiche und deren Umsetzung. Zur Strukturierung derartiger Prozesse hat sich die Arbeit mit dem Schulprogramm bewährt.

Entwicklung der Lehr-Lern-Kultur: Fokus Unterrichtsentwicklung

Ganztagsschule zielt hinsichtlich der Entwicklung einer „neuen" Lehr-Lern-Kultur programmatisch auf eine Individualisierung und Rhythmisierung des Lernens, individuelle Förderung, die Berücksichtigung individueller Bedürfnisse einschließlich der Öffnung gegenüber der Lebenswelt der Kinder und Jugendlichen. Soweit hierzu empirische Daten vorliegen, sind diese nicht ermutigend. Obwohl es Hinweise darauf gibt, dass von den erweiterten Lernangeboten und einer neuen Zeitgestaltung durchaus Impulse auf eine veränderte Lehr-Lern-Kultur an Ganztagsschulen ausgehen können, überwiegen vor allem in offenen Formen Befunde, die 1. eine Fortschreibung herkömmlicher didaktisch-methodischer und organisatorischer Arrangements der Halbtagsschule in den Bereich der (nachmittäglichen) Angebote oder aber 2. eine Zementierung der Trennung didaktisch-methodischen Arrangements zwischen Vor- und Nachmittagsbereich konstatieren. Strukturell bleibt in beiden Perspektiven der Unterricht unangetastet.

Spiegelbildlich nutzen zu wenige Schulen die Möglichkeit der Rhythmisierung und verbleiben stattdessen im 45-Minuten-Takt. Dies veranlasst die Autoren der „Studie zur Entwicklung von Ganztagsschulen" (StEG) sowie der Studie zu „Lernkultur- und Unterrichtsentwicklung an Ganztagsschulen" zu den Empfehlungen, Ganztagsschule mehr (didaktisch-pädagogisch) vom Unterricht her zu denken und zu planen sowie den Einfluss der Vorverständnisse auf Umsetzungsideen zu reflektieren.

Kooperation und Kommunikation in der Angebotsentwicklung und -umsetzung
Der Ganztagsbetrieb erfordert in seiner Komplexität die Entwicklung neuer Steuerungsformen und Teamstrukturen, wie etwa Ganztagsgremien, Projekt- oder Jahrgangsteams. Im Zuge erweiterter Aufgaben und Schulöffnung geht es dabei nicht mehr allein um die Kooperation unter Lehrkräften, sondern auch um Kooperation mit Erzieherinnen und Sozialpädagogen sowie mit außerschulischen Partnern. Empirisch erweist sich die Institutionalisierung von Kooperations- und Kommunikationsstrukturen auf allen drei Ebenen bedeutsam, um 1. die Reflexivität der Organisation und Profession(en) zu steigern, 2. die Legitimität der Entscheidungen und deren Verbindlichkeit zu erhöhen, sowie 3. auf Dauer ein integriertes Angebot zu erhalten. Schließlich wird Kooperation auf der *innerschulischen Steuerungsebene* als wichtige Startbedingung angesehen.
Hinsichtlich der Strukturqualität von Kooperation ergeben sich als Gelingensbedingungen gemeinsam erarbeitete und institutionell verankerte Gestaltungskonzepte und Kooperationsvereinbarungen sowie partizipativ und inhaltlich strukturierte Kommunikationsräume. Auf der Ebene der Prozessqualität sind dies die Wahrnehmung eines gleichberechtigten Verhältnisses im Kollegium und zwischen den Professionen und Partnern, die Ausdifferenzierung und Reflexion neuer Aufgaben, die nur gemeinsam zu bewältigen sind sowie eine damit einhergehende Reflexion des Professions- und Rollenverständnisses der an der Gestaltung involvierten Akteure. Schulen mit integriertem Angebots- und Unterrichtskonzept mit entsprechend neu zu definierenden und auszudifferenzierenden Strukturen zeigen in diesem Sinne hinsichtlich der Qualität von Kooperationsbeziehungen ein höheres Transformationspotenzial.

Konsequenzen für die Praxis: Beispiel Förderung

Der Aspekt Förderung nimmt in den Motiven und Orientierungen von Ganztagsschulen einen prädestinierten Platz ein (Höhmann & Quellenberg 2007). Dennoch zeigt sich, dass der Fördergedanke nur in wenigen Schulen stringent in der schulischen Gesamtkonzeption zu finden ist und wenn dies der Fall ist, die Realität oft hinter der Vision zurückbleibt. Höhmann und Quellenberg (ebda., S. 43 f.) geben u.a. in Konsequenz oben aufgeführter Befunde folgende Anregungen für Schulen, die Förderung systematisch in einen Entwicklungsprozess umsetzen wollen: Ganztagsschulen
- klären zunächst die Begrifflichkeit und fragen, was Förderung für die Akteure heißt;
- arbeiten an der Förderhaltung der Schule und fragen, wie eine miteinander abgestimmte Haltung zum Fördern erreicht wird;
- präzisieren den Förderbedarf;
- sorgen für eine tragfähige Förderhaltung, indem sie eine Vision für ihre Schule entwickeln, den Fördergedanken an den Bildungsgedanken koppeln und eine Konzeption erarbeiten, in der Vor- und Nachmittag aufeinander abgestimmt sind;
- schaffen sich einen organisatorischen Rahmen für systematische Förderung, indem sie zentrale Unterrichtseinheiten in Jahrespläne eintragen und im Angebotsbereich dazu korrespondierende Aktivitäten entwickeln.

Perspektiven und offene Forschungsfragen

Der bisherige Stand der Forschung zur Ganztagsschule lässt erkennen, dass Ganztagsschulen in denen Unterricht und Ganztagsangebote konzeptionell verbunden sind ein höheres Transformationspotenzial hinsichtlich der Gestaltungs- und Prozessqualität aufweisen. Gebundene Formen bieten hier vermutlich mehr Chancen, auf die Entwicklung von Schulentwicklungsaktivitäten, der Lehr-Lern-Kultur sowie der Professionalisierung der schulischen Akteure einzuwirken. Dazu sind aber weitere Forschungsaktivitäten notwendig, die den Einfluss der jeweilgen Organisationsform auf die Ganztagsschulentwicklungsprozesse in einen längeren Zeitrahmen stellen und mit anderen strukturellen Rahmungen abgleichen, insofern es sich bei den bisher bestehenden vollgebundenen Ganztagsschulen überwiegend um ältere Ganztagsschulen und Gesamtschulen handelt. In diesem Kontext bleibt künftig auch genauer zu forschen, auf welche spezifischen Probleme die Schulen bzw. Kollegien in der Entwicklung und Umsetzung integrativer Konzepte stoßen. Schließlich ist immer noch unklar, welche pädagogischen Wirkungen Ganztagsschule im Allgemeinen sowie spezifische Gestaltungsansätze im Besonderen auf die Entwicklung von Schülern haben.

Literatur

Höhmann, K./Quellenberg, H. (2007): Förderung als Schulentwicklungsfokus in Ganztagsschulen. In: Pädagogik. 59 (2), S. 42-47. – Holtappels, H.-G. (2006): Stichwort: Ganztagsschule. In: Zeitschrift für Erziehungswissenschaft. 9 (1), S. 5-29. – Klieme, E./Holtappels, H.-G./Rauschenbach, T./Stecher, L. (2007): Ganztagsschule in Deutschland. Bilanz und Perspektiven. In: Holtappels, H.-G./Klieme, E./Rauschenbach, T./Stecher, L. (Hrsg.): Ganztagsschule in Deutschland. Ergebnisse der Ausgangserhebung der „Studie zur Entwicklung von Ganztagsschulen" (StEG). Weinheim, München: Juventa, S. 354-381. – Kolbe, F.-U./Reh, S./Fritzsche, B./Idel, T.-S./Rabenstein, K. (2007): Ganztagsschule als Schule entwickeln. Eine Studie zu Lernkultur und Unterrichtsnetwicklung an Ganztagsschulen. In: Pädagogik. 59 (5), S. 36-40. – KMK, Sekretariat der Ständigen Konferenz der Kultusminister der Länder in der Bundesrepublik Deutschland (2008): Bericht über die allgemein bildenden Schulen in Ganztagsform in den Ländern in der Bundesrepublik Deutschland – 2002 bis 2006. – Oelerich, G. (2007): Ganztagsschulen und Ganztagsangebote in Deutschland – Schwerpunkte, Entwicklungen und Diskurse. In: Bettmer, F./Maykus, S./Prüß, F./Richter, A. (Hrsg.): Ganztagsschule als Forschungsfeld. Theoretische Klärungen, Forschungsdesigns und Konsequenzen für die Praxisentwicklung. Wiesbaden: VS Verlag, S. 13-42. – Radisch, F./Klieme, E. (2004): Wirkungen ganztägiger Schulorganisation. In: Die Deutsche Schule. 96 (2), S. 153-169.

8 Unterricht entwickeln, Lernumgebungen und Lernprozesse gestalten

63| Einführung: Unterrichtsentwicklung – Die Perspektive der Unterrichtswissenschaften
Karl-Heinz Arnold und Carola Lindner-Müller

Allgemeine Didaktik: Anschlussmöglichkeiten für das Konzept der Unterrichtsentwicklung

Unterricht als geradezu klassischer Begriff der Allgemeinen Didaktik sowie der Lehr-Lernforschung stellt die zentrale Komponente des relativ neuen Konzepts der Unterrichtsentwicklung dar. Eine integrative Definition des Begriffs Unterricht ist von Arnold (2009, S. 15) vorgestellt worden: „Als Unterricht werden didaktisch geplante und deshalb sowohl thematisch abgrenzbare als auch zeitlich hinreichend umfassende Sequenzen des Lehrens und Lernens im Kontext pädagogischer Institutionen bezeichnet." Die Entwicklungsperspektive von Unterricht ist in dieser Definition durchaus angelegt. Auf der Ebene der Lehrperson besteht Unterricht aus Sequenzen (z.B. Phasen einer Unterrichtsstunde, Stunden einer Unterrichtseinheit, schuljahresbezogenen Arbeitsplänen), deren Verlaufsmerkmale empirisch analysiert werden können. Auf der institutionellen Ebene kann die Veränderung aggregierter Beschreibungsmerkmale von Unterricht untersucht werden, z.B. über Lehrpersonen gleicher Fächer in einer oder zwischen mehreren Schule(n).

Eine zentrale theoretische Grundlage für das Konzept der Unterrichtsentwicklung muss in der bzw. den „Wissenschaft(en) vom Unterricht" gesucht werden, wobei sich hier insbesondere die Didaktik als die „Wissenschaft vom Lehren und Lernen" anbietet. Klafki (1976, S. 77) definiert Didaktik als „Theorie des Unterrichts". Die Allgemeine Didaktik ist in den deutschsprachigen Ländern entstanden und gründet in der im Anschluss an die Aufklärung entwickelten bildungstheoretischen Tradition der schulpädagogischen Theoriebildung, die in den angelsächsischen Ländern kaum, in Skandinavien hingegen stärker rezipiert wird („The German Didaktik Tradition", siehe Westbury et al. 2000). Das Konzept der Unterrichtsentwicklung könnte somit auch als angewandte didaktische Forschung betrachtet werden. Ansätze für eine Integration von Allgemeiner Didaktik und Lehr-Lernforschung liegen vor (für einen Überblick siehe Arnold et al. 2009).

In den 1960er Jahren sind didaktische Konzepte ausformuliert worden, die als Modelle der Planung von Unterrichtsstunden bzw. -einheiten große Verbreitung gefunden haben. Zunächst standen die „Bildungstheoretische Didaktik" (Klafki) und die „Lerntheoretische Didaktik" (Heimann & Schulz) in einer kontroversen Position. In der Weiterentwicklung zur „Kritisch-konstruktiven Didaktik" hat Klafki die methodischen („Lehr-Lern-Prozessstruktur") und lernwirksamkeitsbezogenen („Erweisbarkeit und Überprüfbarkeit") Aspekte stärker berücksichtigt. In seiner Weiterentwicklung der Lerntheoretischen Didaktik bzw. des „Berliner Modells" zum „Hamburger Modell" hat Schulz die übergreifenden Zielentscheidungen und damit die gesellschaftliche Bedeutung kritisch reflektiert. Neben diesen „großen" Didaktiken sind diverse weitere didaktische Ansätze entstanden, von denen jedoch nicht alle hinreichend ausdifferenziert worden sind, um Unterrichtsplanung systematisch anzuleiten (siehe für einen Überblick Bönsch 2006). Dass didaktisches Lehrerhandeln nur in einem Kontext von pädagogischer (Teil-)Autonomie begründbar ist, wird insbesondere in der kritisch-konstruktiven Didaktik von Klafki

ausformuliert (Arnold & Koch-Priewe 2008). Das Konzept der Unterrichtsentwicklung müsste hier anschließen, wenn es nicht zur Fremdsteuerung des Unterrichtshandelns werden soll.
Heimann und Schulz haben vier Bereiche didaktischen Planungshandelns von Lehrpersonen aufgeführt, die sich in allen didaktischen Planungsmodellen identifizieren lassen: Ziel-, Inhalts-, Methoden- und Medienentscheidungen. Für diese Entscheidungsbereiche postuliert Schulz das Prinzip der „Interdependenz". Dass diese Wechselwirkungsbeziehungen nur eine eingeschränkte Gültigkeit haben, zeigen die profunden Analysen von Klafki zum Konzept des „Primat[s] pädagogischer und didaktischer Zielentscheidungen im Verhältnis zur Unterrichtsmethodik" (Klafki 1976, S. 81). Der „immanent methodische Charakter der Thematik" erfordert genuin allgemein- und fachdidaktische Analysen, die im Rahmen der Lehr-Lernforschung nicht möglich sind. Die primär auf Methodenentscheidungen ausgerichteten Konzepte der Lehr-Lernforschung und eine methodenorientierte Unterrichtsentwicklung unterschreiten somit das Niveau didaktischer Planungsmodelle.

Konzepte der Unterrichtsentwicklung: Aspekte der Didaktik und der empirischen Unterrichtsforschung

Aus *Sicht der empirischen Unterrichtsforschung* kann Unterrichtsentwicklung zweifach verstanden werden. In der *Akteursperspektive* kann damit die vorfindbare zeitliche Veränderung des Unterrichtshandelns entweder einer Lehrperson oder einer Gruppe von Lehrpersonen (z.B. Lehrpersonen einer Klasse oder einer Schule, Lehrpersonen eines Faches in einer Schule, Lehrpersonen aller Schulen einer Schulform) bezeichnet werden, wobei zu klären ist, ob sich überhaupt hinreichende empirische Evidenz für systematische Änderungen auffinden lässt. Die verfügbaren empirischen Konzepte zur „Unterrichtsverbesserung" beziehen sich auf eine Bedingungsanalyse des Lehrerhandelns (z.B. subjektive Theorien, Routinebildung, träges Wissen, Motivation; vgl. Helmke 2009, S. 306ff).
Theoriegeleitete Ansätze zur „Lehrerseite" der Unterrichtsentwicklung beziehen sich entweder auf allgemeine Konzepte der Lehrerprofessionalisierung (Bastian 2007) oder auf eine Optimierung der kooperativen Unterrichtsplanung sowie -analyse (Horster & Rolff 2001). Damit wird grundsätzlich die Frage nach der Wirksamkeit von schulinterner Lehrerfortbildung auf die individuelle Unterrichtspraxis aufgeworfen. Die Ergebnisse der sozialpsychologischen Erforschung von Gruppenleistung lassen jedenfalls nicht nur Vorteile, sondern auch Prozessverluste erwarten.
In der pragmatischen Ratgeberliteratur werden zumeist diverse Einzelmaßnahmen empfohlen, in denen das sog. Methodentraining als Basisstrategie gilt (Klippert 2000), dessen didaktische Begründung und empirische Wirksamkeit durchaus kritisch gesehen werden können (Sackmann 2007). Praxisberichte sind zahlreich verfügbar und beschreiben erfolgreiche Einzelinitiativen (z.B. Fichten 2007). Ein differenziertes Instrumentarium zur Dokumentation und Analyse der Veränderung individueller Unterrichtspraxis findet sich bei Altrichter und Posch (2007).
In der *Kontextperspektive* kann Unterrichtsentwicklung als systematische Beeinflussung der Planung und Durchführung von Unterricht verstanden werden, wobei zu klären ist, ob „lediglich" Merkmalskonstellationen von Unterricht verändert werden (z.B. Nutzungsfrequenz von kooperativen Lernformen) oder ob zugleich die Lernwirksamkeit von Unterricht günstig beeinflusst wird. Die eher traditionellen Steuerungsinstrumente sind Verordnungen und Lehrpläne, deren Effizienz begrenzt ist. Weitaus höhere Wirksamkeit entfalten Schulbücher und Unterrichtsmaterialien. International wird derzeit durch die Einführung von Bildungsstandards und deren Evaluation auf eine Reduzierung der inhalts- bzw. curriculumbezogenen und eine gleichzeitige

Erhöhung der ergebnisbezogenen Vorgaben gesetzt; über deren – positiv wie negativ – unterrichtsverändernde Wirksamkeit ist empirisch bislang wenig bekannt (Arnold 2008).

Literatur
Altrichter, H./Posch, P. (2007): Lehrerinnen und Lehrer erforschen ihren Unterricht. 4. überarb. u. erw. Aufl. Bad Heilbrunn: Klinkhardt. – Arnold, K.-H. (2008): Bildungspolitische, diagnostische und didaktische Bedingungen und Wirkungen von Schulleistungsevaluationen. In: Empirische Pädagogik 21 (4), S. 448-457. – Arnold, K.-H./Koch-Priewe, B. (2008): Allgemein und fachlich bildender Unterricht: Die integrative Perspektive der kritisch-konstruktiven Didaktik. In: Meyer, M. A./Prenzel, M./Hellekamps, S. (Hrsg.): Perspektiven der Didaktik (Sonderheft 9 der Zeitschrift für Erziehungswissenschaft). Wiesbaden: VS Verlag für Sozialwissenschaften, S. 87-99. – Arnold, K.-H. (2009): Unterricht als zentrales Konzept der didaktischen Theoriebildung und der Lehr-Lern-Forschung. In: Arnold, K.-H./Sandfuchs, U./Wiechmann, J. (Hrsg.): Handbuch Unterricht. 2., aktual. Aufl. Bad Heilbrunn: Klinkhardt, S. 17-25. – Arnold, K.-H./Blömeke, S./Messner, R./Schlömerkemper, J. (Hrsg.) (2009): Allgemeine Didaktik und Lehr-Lernforschung. Bad Heilbrunn: Klinkhardt. – Bastian, J. (2007): Einführung in die Unterrichtsentwicklung. Weinheim: Beltz. – Bönsch, M. (2006): Allgemeine Didaktik: Ein Handbuch zur Wissenschaft vom Unterricht. Stuttgart: Kohlhammer. – Fichten, W. (2007): Kooperative Unterrichtsentwicklung. Ergebnisse und Prozesserfahrungen eines Entwicklungsprojekts. In: Pädagogik. 59 (10), S. 38-43. – Helmke, A. (2003): Unterrichtsqualität: Erfassen, Bewerten, Verbessern. Seelze: Kallmeyersche Verlagsbuchhandlung. – Horster, L./Rolff, H.-G. (2001): Unterrichtsentwicklung. Grundlagen, Praxis, Steuerungsprozesse. Weinheim: Beltz. – Klafki, W. (1976): Zum Verhältnis von Didaktik und Methodik. In: Zeitschrift für Pädagogik. 22, S. 77-94. – Klippert, H. (2000): Pädagogische Schulentwicklung. Planungs- und Arbeitshilfen zur Förderung einer neuen Lernkultur. Weinheim: Beltz. – Sackmann, C. (2007): Mythos Methoden-Training. Göttingen: Vandenhoeck & Ruprecht. – Westbury, I./Hopmann, S./Riquarts, K. (Eds.) (2000): Teaching as a reflective practice. The German Didaktik Tradition. Mahwah, NJ: Erlbaum.

64| Unterrichtsentwicklung als Konzept
Carla Schelle

Unterrichtsentwicklung konzeptionell betrachtet

Einerseits ist die Beschäftigung mit Unterricht, mit Möglichkeiten seiner Veränderung, kein neues Thema, andererseits hat es auch mit Blick auf internationale Befunde lange gebraucht bis sich ein „umfassendes Verständnis von unterrichtlicher Entwicklung" durchsetzen konnte (Arnold et al. 2000, S. 36). Mittlerweile ist Unterrichtsentwicklung ein integraler Bestandteil von Schule bzw. Schulentwicklung. „Was eine Schule auszeichnet, spiegelt sich in der Qualität von Unterricht. Schulentwicklungsprozesse müssen die Unterrichtsprozesse einbeziehen und dort wirksam werden." (Hameyer 1998, S. 535f.). Angestoßen und konsolidiert wurde diese unterrichtszentrierte Sicht durch das Konzept der pädagogischen Schulentwicklung (Bastian 2007), ausgehend davon, dass sich Unterricht dort entwickelt, wo sich etwas verändert, wo neue Wege eingeschlagen werden. Das heißt nicht, dass eindeutig geklärt werden kann, was guter Unterricht ist und wie Schülerinnen und Schüler am besten lernen.
Ergebnisse aus der (Fach)Unterrichtsforschung zeigen, dass das Handeln und die Entscheidungen von Lehrpersonen situationsbedingt und nicht selten auch risikobehaftet sind. Erfahrungen sind nicht ohne weiteres von einer Unterrichtsstunde auf eine andere übertragbar, auch nicht

von einer Schule auf die nächste. Prinzipiell existiert ein Prognosedefizit (Meyer et al. 2007). Professionell betrachtet gibt es keine Technologie, keine Rezepte der Unterrichtsentwicklung, es sind vielmehr die Interaktionen, Entscheidungen usw. der Unterrichtenden im Prozess der Entwicklung einer einzelnen Schule bedeutsam. Analog zu einer sich verbreitenden Reflexiven Erziehungswissenschaft kann von einer Reflexiven Unterrichtsforschung gesprochen werden, die mit dem Ziel Unterrichtsqualität zu steigern etwa „Diskurs, Macht, Subjekt im Feld der Unterrichtsentwicklung" kritisch analysiert (Rabenstein 2007, S. 43). Es wird gar versucht, eine Theorie der Unterrichtsentwicklung zu skizzieren (Meyer et al. 2007).

Historische Aspekte

Visitationen von Unterricht gab es bereits im 18. Jahrhundert und schon damals wurden zum Wohle der Kinder Änderungen angemahnt (Diederich & Tenorth 1997). Besondere Impulse zur Entwicklung unterrichtlichen Lernens gingen von der Reformpädagogik aus, die bis heute nicht unumstritten auf das allgemeine Unterrichtswesen ausstrahlt, ihren Eigensinn jedoch nur an wenigen, zumeist privaten Schulen voll entfaltet.
Lange Zeit konnte bloß auf punktuelle Beobachtungen zu ausgesuchten Zeitpunkten zurückgegriffen werden. Mithilfe quantitativer und qualitativer sowie kombinierter Forschungsdesigns ist es möglich reformorientierte Prozesse und Entwicklungen des Unterrichtens längerfristig zu beobachten und zu analysieren (Watermann et al. 2005). In neueren Studien wird Unterrichten transformiert in eine Vorstellung von Lernkultur(en) für die bestimmte soziale Praktiken beobachtbar und beforschbar sind (Kolbe et al. 2009).

Auslöser und Perspektiven von Unterrichtsentwicklung

Den Bemühungen um Unterrichtsentwicklung gehen auslösende Momente voraus. Dies kann im Einzelfall einer Schule die Unterrichtsunzufriedenheit von mehreren Lehrpersonen/Teams sein. Anstöße können auch von außen erfolgen: von Eltern, von administrativen Entscheidungsträgern, Entwicklungsbehörden. Gesellschaftlicher Druck jedoch ist kein Garant für die Verbesserung von Unterricht. Erfahrungen zeigen mittlerweile, dass „echte" Entwicklung auf Gemeinschaft und auf Verbindlichkeit angewiesen ist. Es geht um eine „Gemeinschaftsaufgabe" (Bastian 2007). Erfolg versprechen demgemäß schulinterne und -übergreifende Lerngemeinschaften (Fußangel & Gräsel 2008). Im günstigen Fall sind Schulen in Netzwerke integriert (Berkemeyer et al. 2008) oder es entwickeln sich gar regionale Bildungslandschaften. Diesen empirisch beforschten Initiativen ist eigen, dass das Entwickeln von Unterricht als eine permanente Entwicklungsaufgabe betrachtet wird, die dann Früchte tragen kann, wenn sie kooperativ und reflektiert gestaltet ist.

Zonen der Entwicklung

Zonen der Unterrichtsentwicklungen sollen hier idealtypisch unterschieden werden, da sie im Unterricht als Interaktionssystem komplex verwoben sind (siehe die Beiträge in diesem Kapitel).
Inhaltlich und methodisch betrachtet gehören hierzu z.B. Curricular, schulinterne Curricular, Aufgabenstellung und Aufgabenkultur, offene, handlungs-, projektorientierte Unterrichtsmethoden, aber auch neue Formen des Frontalunterrichts, didaktische Interventionsformen, wie die in Lehrwerkstätten seit Jahren erprobte und entwickelte Lehrkunst (Berg 2003) sowie der differenzierte Umgang mit Heterogenität und Förderung.

Es gehören immer auch die Akteure dazu. So z.B. Lehrerinnen und Lehrer, die ihren Unterricht evaluieren, die als „professionelles Selbst" agieren (Bauer & Kanders 2000), Schülerinnen und Schüler, die an der Entwicklung partizipieren (Böttcher & Philipp 2000), die Rückmeldungen geben und bekommen, Schulleitungen, die die „Unterrichtsentwicklung auf eine schulweite strukturelle Basis stellen" (Bonsen 2008, S. 242) sowie Kollegien, die z.B. an neu eingerichteten Ganztagsschulen bei laufendem Betrieb „Umbauarbeiten" vornehmen (Kolbe et al. 2009).
Zonen der Entwicklung betreffen auch die Lernumgebung, die Architektur einer Schule, eines Klassenraums. Bestimmte Arbeitsformen sind an bestimmte räumliche Ausstattungen gebunden (Präsentationsflächen, Ruhezonen, offene Räume).

Empirie
Die zunehmende Zahl von Studien zur Unterrichtsentwicklung zeichnen sich durch unterschiedliche methodische Herangehensweisen und Settings aus. Dabei handelt es sich zumeist um mehr und weniger intervenierende Formen der Begleitforschung, die zunächst vor dem Problem stehen, komplexe Entwicklungen, Prozesse vor Ort zu dokumentieren und analysieren zu müssen. In diesem Zusammenhang hat sich etwa ein neuer Typus fallorientierter Praxis- bzw. Prozessforschung herausbilden können (Arnold et al. 2000).

Kontroversen
Was die schulischen Akteure betrifft, so wird nicht selten ein Spannungsverhältnis zwischen zentraler Steuerung und erlebter eingeschränkter Autonomie bei der eigenverantwortlichen Unterrichtsentwicklung deutlich. Gleichzeitig scheint es aussichtsreich, „Top-down mit Buttom-up-Strategien zu kombinieren" (Meyer et al. 2007, S.16). Auf der Forschungsebene gibt es Differenzen zwischen einer am Output orientierten quantitativen Lehr-Lernforschung und einer an der Strukturlogik von Einzelfällen interessierten exemplarisch bedeutsamen hermeneutisch-rekonstruktiven Unterrichtsforschung (vgl. Beitrag 3 in diesem Band).
Auf der Ebene der Lehrerbildung kann sich der forschende Zuschnitt reproduzieren zwischen der Notwendigkeit über Studien Bescheid zu wissen, Erkenntnisse für vermeintlich guten Unterricht daraus unmittelbar 'umzusetzen' und der Entwicklung eines eigenen forschenden Habitus, einer Reflexivität im Umgang mit eigenen und fremden Fällen aus der Praxis im Medium des Theoretischen.

Einbettung und Anwendungsbereiche

Unterrichtsentwicklung kann dem Bereich der Qualitätsentwicklung zugeordnet werden. Auch die Forschung dazu kann sich kaum von empirisch-normativen Zuschreibungen lösen. Schließlich soll sich der Unterricht zum Besseren entwickeln.
Handlungspragmatisch gehört die Ausgestaltung und Entwicklung des Unterrichts zum Profil einer Einzelschule, zum Schulkonzept, und kann – etwa durch Evaluation (Thiel & Ulber 2007) – als Strategie der Qualitätsentwicklung wirksam werden.
Das Thema Unterrichtsentwicklung ist zudem integraler Bestandteil von Studiengängen im Bereich der Lehreraus- und -weiterbildung. Modellversuchen kann in diesen Bezügen eine besondere Rolle zukommen.

Forschungsperspektiven

Perspektiven bieten angemahnte Veränderungen von Unterrichtsskripten bezogen auf die unterschiedlichen Fachkulturen, auf Leistungsanforderungen an Schülerinnen und Schüler sowie die vermehrte Einführung von Ganztagsschulen. Der Analyse von Prozessen kommt zunehmend Bedeutung zu, wenn man wissen will wie Wandel sich vollzieht, welche Gelingens- und Misslingensbedingungen es gibt, welche Be- und Entlastungen dies für die schulischen Akteure mit sich bringt. Notwendig und auf Dauer gefragt sind Begleitforschungsprojekte, in denen im besten Fall Lehrpersonen etwas über sich und ihren Unterricht erfahren, in denen sie Unterstützung um der Sache (Unterrichtsentwicklung) wegen erfahren.

Literatur

Arnold, E./Bastian, J./Combe, A./Schelle, C./Reh, S. (2000): Schulentwicklung und Wandel der pädagogischen Arbeit. Hamburg: Bergmann + Helbig. – Bastian, J. (2007): Einführung in die Unterrichtsentwicklung. Weinheim, Basel: Beltz. – Bauer, K.-O./Kanders, M. (2000): Unterrichtsentwicklung und professionelles Selbst der Lehrerinnen und Lehrer. In: Rolff, H. G./Bos, W./Klemm, K. u.a. (Hrsg.): Jahrbuch der Schulentwicklung. Bd.11. Weinheim, München: Juventa, S. 297-325. – Berg, H.-C. (2003): Bildung und Lehrkunst in der Unterrichtsentwicklung. In: Schulmanagement Handbuch 106. München: Oldenbourg Schulbuchverlag. – Berkemeyer, N./Bos, W./Manitius, V./Müthing, K. (Hrsg.) (2008): Unterrichtsentwicklung in Netzwerken. Münster, u.a.: Waxmann. – Bonsen, M. (2008): Schulleitungen und Unterrichtsentwicklung. In: Berkemeyer, N./Bos, W./Manitius, V./Müthing, K. (Hrsg.): Unterrichtsentwicklung in Netzwerken. Münster, u.a.: Waxmann, S. 235-244. – Böttcher, W./Philipp, E. (Hrsg.) (2000): Mit Schülern Unterricht und Schule entwickeln. Vermittlungsmethoden und Unterrichtsthemen für die Sekundarstufe I. Weinheim, Basel: Beltz. – Diederich, J./Tenorth, H.-E. (1997): Theorie der Schule: Ein Studienbuch zu Geschichte, Funktionen und Gestaltung. Berlin: Cornelsen. – Fußangel, K./Gräsel, C. (2008): Unterrichtsentwicklung in Lerngemeinschaften: das Beispiel ‚Chemie im Kontext'. In: Berkemeyer, N./Bos, W./Manitius, V./Müthing, K. (Hrsg): Unterrichtsentwicklung in Netzwerken. Münster, u.a.: Waxmann, S. 285-295. – Hameyer, U. (1998): Unterricht adaptiv gestalten. In: Altrichter, H./Schley, W./Schratz, M. (Hrsg.): Handbuch zur Schulentwicklung. Innsbruck, Wien: Studien-Verlag, S. 534-559. – Kolbe, F.-U./Reh, S./Fritzsche, B./Idel, T.-S./Rabenstein, K. (Hrsg.) (2009): Ganztagsschule als symbolische Konstruktion. Fallanalysen zu Legitimationsdiskursen in schultheoretischer Perspektive. 1. Aufl. Wiesbaden: VS Verlag für Sozialwissenschaften. – Meyer, H./Feindt, A./Fichten, W. (2007): Skizze einer Theorie der Unterrichtsentwicklung. Oldenburg: Oldenburger VorDrucke 549. – Rabenstein, K. (2007): Das Leitbild des selbständigen Schülers. Machtpraktiken und Subjektivierungsweisen in der pädagogischen Reformsemantik. In: Reh, S./Rabenstein, K. (Hrsg.): Kooperatives und selbständiges Arbeiten von Schülern. Zur Qualitätsentwicklung von Unterricht. 1. Aufl. Wiesbaden: VS Verlag für Sozialwissenschaften, S. 39-60. – Thiel, F./Ulber, D. (2007): Unterrichtsentwicklung durch Evaluation. In: Bauer, K.-O. (Hrsg.): Evaluation an Schulen. Theoretischer Rahmen und Beispiele guter Evaluationspraxis. Weinheim, München: Juventa Verlag, S. 163-186. – Waterman, R./Thun, S./Tillmann, K.-J./Stanat, P. (Hrsg.) (2005): Die Laborschule im Spiegel ihrer PISA-Ergebnisse: Pädagogisch-didaktische Konzepte und empirische Evaluation reformpädagogischer Praxis. Weinheim, München: Juventa.

65| Allgemeindidaktische, fachdidaktische und fächerübergreifende Perspektive
Heike Schaumburg

Unterrichtsentwicklung aus Sicht der Didaktik

Berner (1999) bezeichnet die Didaktik als eine auf die vorhandene und gewollte Unterrichtspraxis bezogene Form der wissenschaftlichen Reflexion. Didaktik habe „die Aufgabe des Durchdenkens und Verantwortens von [Unterrichts-]Praxis" (ebda., S. 36). Schöler (1977) unterscheidet dabei drei Wissenschaftsebenen der Didaktik. Auf der Meta-Ebene beschäftigt sie sich mit dem pädagogischen Grundverhältnis des Menschen zu seiner Kultur und Gesellschaft (Bildungsdidaktik und Curriculumtheorie). Die darunter liegende Ebene stellt die Unterrichtsdidaktik, d. h. die Analyse von Phänomenen und Strukturbeziehungen des Unterrichts dar. Auf der Ebene der konkreten Anwendung wird schließlich die didaktisch-methodische Umsetzung gestellter Bildungsanforderungen innerhalb der Institution „Schule" untersucht. Die Beschreibung und Untersuchung von Unterrichtsqualität und -methode findet sowohl auf der Ebene der Unterrichtsdidaktik als auch auf der Anwendungsebene statt, wird jedoch auch von der Ebene der Bildungsdidaktik beeinflusst, da hier wesentliche Entscheidungen über Bildungsinhalte getroffen werden. Schöler (1977) weist auf die enge Verzahnung von Didaktik und Methodik hin, die eine strikte Trennung dieser beiden Felder sinnlos erscheinen lässt. Dennoch lässt sich die Methodik von der allgemeinen Didaktik dadurch abgrenzen, dass sie sich auf Entscheidungen und Prozesse auf der konkreten Handlungsebene bezieht (Jank & Meyer 2002).

Die Frage nach den zentralen Faktoren des Unterrichts und ihrer Beziehung wird in der Unterrichtsdidaktik klassischerweise in der Form eines „didaktischen Dreiecks" mit den Eckpunkten *Schüler* (Lernende), *Lehrer* und *Inhalt* (Stoff) dargestellt (Stöcker 1970, vgl. Abb. 9).

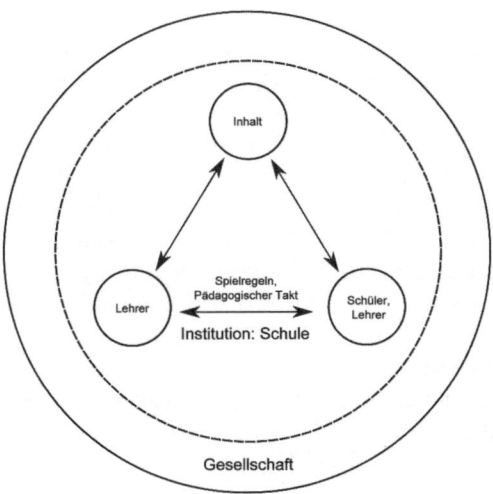

Abb. 9: Didaktisches Dreieck (nach Berner 1999)

Dabei werden die Wechselwirkungen zwischen den Faktoren (Klingberg 1995; Jank & Meyer 2002) und ihre Einbindung in den gesellschaftlichen Kontext betont (Berner 1999; Jank & Meyer 2002, aber auch schon bei Schöler 1977; vgl. Abb. 9). Ein solches gleichberechtigtes Wechselwirkungsverhältnis postuliert bereits das Strukturmodell der lehr-/lerntheoretischen Didaktik (Heimann et al. 1965). Danach konstituiert sich Unterricht in sechs so genannten „Strukturmomenten": seinen anthropogenen und soziokulturellen Voraussetzungen (gesellschaftliche und institutionelle Bedingungsfelder), und den unterrichtlichen Entscheidungsfeldern Intentionalität (Lehrer), Thematik (Inhalt), Methodik und Medienwahl. Anders als neuere Modelle ist das Strukturmodell von Heimann, Otto & Schulz jedoch in erster Linie auf die Lehrperson ausgerichtet. In aktuelleren didaktisch-methodischen Konzeptionen (z.B. Berner 1999; Jank & Meyer 2002) fällt den Schülern und Schülerinnen dagegen eine aktiv-konstituierende Rolle im Unterricht zu. Stellvertretend werden hier die Überlegungen zum didaktischen Dreieck von Jank und Meyer (2002) beschrieben, auf die die neueren Arbeiten der vorgenannten Autoren explizit oder implizit aufbauen.

Die Wechselwirkungen zwischen den drei Polen *Schüler*, *Lehrer* und *Inhalt* und dem Kontext von Schule/Gesellschaft im didaktischen Dreieck beschreiben Jank und Meyer (2002) folgendermaßen: Die *Inhalte* einer konkreten Unterrichtseinheit werden durch den *Lehrer* bestimmt. Er wählt das Thema einer Unterrichtseinheit aus den im Curriculum vorgegebenen (und damit gesellschaftlich determinierten) Inhalten aus und trifft methodische Entscheidungen, wie es in einer Stunde erarbeitet wird. Die *Schüler* transformieren diese Inhalte durch die von ihnen subjektiv konstruierten Bedeutungen und Sinnstiftungen. Inhalte werden also von Lehrerinnen und Lehrern und Schülerinnen und Schülern in der Unterrichtsarbeit auf der Grundlage gesellschaftlicher und institutioneller Vorgaben ausgehandelt. Die Interaktion von *Lehrer* und *Schüler* im Unterricht ist zielbezogen, d. h. sie dient der gemeinsamen Auseinandersetzung mit den Lerninhalten im Hinblick auf bestimmte Lernziele. Kennzeichnend für diese Beziehung ist dabei jedoch ein „natürlicher Interessenkonflikt" von Lehrpersonen und Schülerinnen und Schülern, d.h. die Lehrziele der Lehrerin/des Lehrers entsprechen nicht notwendig den Handlungszielen der Schülerinnen und Schüler. Institutionelle „Spielregeln" (z.B. die Macht der Lehrperson, Inhalt und Struktur des Unterrichts vorzugeben und die Möglichkeiten der Schülerinnen und Schüler, auf diese Vorgaben mit Zustimmung, Widerspruch oder Verweigerung zu reagieren) und der „pädagogische Takt" (d.h. das methodische Geschick der Lehrperson, die pädagogische Situation trotz dieses Grundwiderspruchs für sich und die Schülerinnen und Schüler befriedigend zu gestalten und deren Bereitschaft, sich solidarisch am Unterricht zu beteiligen) sorgen dabei dafür, dass dieser Interessenkonflikt produktiv ausgetragen werden kann.

Reflektiert man die Qualität von Unterricht vor dem Hintergrund des didaktischen Dreiecks, so wird offensichtlich, dass die eingesetzten Methoden immer in Bezug zu den drei Polen *Inhalt*, *Lehrer* und *Schüler* gesehen werden müssen. Die Wahl einer Unterrichtsmethode ergibt sich aus der Interaktion von Lehrperson, Inhalt, Schülerinnen und Schülern dergestalt, dass die Lehrerin/der Lehrer aus seinem/ihrem Verständnis des Gegenstands, aus seiner/ihrer Wahrnehmung der Schülergruppe und aus seiner/ihrer Selbstwahrnehmung heraus eine ihm/ihr angemessen erscheinende Methode wählt. Die methodische Umsetzung, d. h. die tatsächlichen Unterrichtshandlungen und ihre Wirksamkeit in Hinblick auf bestimmte Unterrichtsziele wird darüber hinaus durch die Schülerreaktion und durch die für beide geltenden Interaktionsregeln in der Institution Schule beeinflusst.

Allgemeine Didaktik und Fachdidaktik

Die Aufgabe der Fachdidaktiken ist es, für ein bestimmtes Fachgebiet, bzw. eine Fachwissenschaft Unterrichtsziele, -inhalte und -methoden herzuleiten und zu begründen (Jank & Meyer 2002). Dabei ist die Fachdidaktik nicht einfach die Anwendung allgemeindidaktischer Überlegungen auf ein bestimmtes Fachgebiet, sondern insofern unabhängig, als dass sie ausgehend von den Besonderheiten eines jeweiligen Fachs Überlegungen zur Vermittlung der Fachinhalte und des methodischen Vorgehens anstellt. Rekus (2005) weist darauf hin, dass Allgemeine und Fachdidaktik in gewisser Weise den selben Weg in genau entgegen gesetzter Richtung beschreiten: Die Allgemeine Didaktik geht in ihren Überlegungen zur Gestaltung von Unterricht vom Erkenntnis- und Urteilsvermögen des Lernenden aus. So werden die Bedingungs- und Entscheidungsfelder des Unterrichts in der lehr-lerntheoretischen Didaktik immer unter der Perspektive analysiert, den Unterricht möglichst passgenau auf die Bedürfnisse und Lernvoraussetzungen der Schülerinnen und Schüler zuzuschneiden (Heimann et al.1965). Auch die Interaktion der Faktoren im didaktischen Dreieck nach Jank und Meyer ist stets aus Sicht bzw. mit Blick auf den Schüler gedacht. Die Auswahl und Akzentuierung der Unterrichtsinhalte, wie auch das methodische Vorgehen, ergeben sich als logische und zu begründende Konsequenz dieser vorgeschalteten Überlegungen.

Im Unterschied hierzu bildet in der Fachdidaktik der Inhalt, d.h. die Spezifika des Faches, den Ausgangspunkt der didaktischen Überlegungen (Rekus 2005). Hier steht die Frage nach der Vermittlung fachlicher Erkenntnisse und fachspezifischer Methoden im Zentrum. Sie befasst sich mit der Auswahl und didaktisch sinnvollen Anordnung von inhaltlichen und methodischen Grundlagen der Fächer und entwirft entsprechende Fachcurricula. Erst im zweiten Schritt werden Modelle zur unterrichtsmethodischen Umsetzung konzipiert, in die auch Allgemeindidaktische Überlegungen einfließen. Die Fachdidaktik übernimmt damit eine Vermittlerposition zwischen Allgemeiner Didaktik und Fachwissenschaft.

Fächerübergreifender Unterricht

Fächerübergreifender Unterricht lässt sich nach Labudde (2006) in fachüberschreitenden, fächerverknüpfenden und fächerkoordinierenden Unterricht unterteilen. Im ersten Fall werden im Fachunterricht Erkenntnisse aus einem anderen Fach eingebracht. Im zweiten Fall werden Basiskonzepte, die mehreren Fächern zueigen sind, aus beiden Fachperspektiven systematisch aufeinander bezogen und im letzten Fall wird ein übergeordnetes Thema, wie z.B. im Projektunterricht, aus der Perspektive unterschiedlicher Fächer untersucht. Während der Vorteil der ersten beiden Formen vor allem in der fachübergreifenden, horizontalen Vernetzung von Wissensbeständen gesehen wird, besteht im letzen Fall der Anspruch, komplexe Probleme erst durch die Betrachtung aus mehreren Fachperspektiven angemessen bearbeiten zu können. Im fächerübergreifenden Lernen wird deshalb eine Möglichkeit gesehen, Schwächen, die sich aus der Segmentierung des Fachunterrichts ergeben, zu überwinden.

Sowohl aus allgemeindidaktischer wie aus fachdidaktischer Perspektive werden Argumente für den fachübergreifenden Unterricht vorgebracht. Aus allgemeindidaktischer Perspektive steht dabei die Ganzheitlichkeit des Lernens im Vordergrund (Moegling 1998), aus fachdidaktischer Perspektive die Auseinandersetzung mit über die Grenzen des Fachs hinausweisenden Fragestellungen.

In der Schulpraxis erfolgte in den letzten Jahren als Reaktion auf das mittelmäßige Abschneiden deutscher Schüler bei den PISA-Studien vor allem im Bereich der Naturwissenschaften eine Hinwendung zum fachübergreifenden Unterricht. Verschiedene Bundesländer haben inzwischen Fächerverbünde, bzw. integrierende Fächer eingeführt (z.B. „Naturwissenschaftliches Arbeiten" in Baden-Württemberg, „Natur und Technik" in Bayern). Die (Weiter-)Entwicklung einer Didaktik des fächerübergreifenden Unterrichts ergibt sich entsprechend als zukünftige Aufgabe (Labudde 2006), an der auch die enge Verknüpfung von Unterrichts- und Schulentwicklung deutlich wird. Denn gerade die Umsetzung fächerübergreifenden Unterrichts ist ohne flankierende Schulentwicklungsmaßnahmen, z.B. die Verstärkung des kooperativen Arbeitens in Lehrerteams oder die Rhythmisierung des Schultags zur Überwindung von Fächertrennung und 45-minütigen Taktung kaum denkbar.

Literatur
Berner, H. (1999): Didaktische Kompetenz. Bern: Verlag Paul Haupt. – Heimann, P./Otto, B./Schulz, W. (1965): Unterricht: Analyse und Planung. Hannover: Schroedel. – Jank, W./Meyer, H. (2002): Didaktische Modelle. 5. völlig überarb. Aufl. Berlin: Cornelsen Scriptor. – Klingberg, L. (1995): Lehren und Lernen. Inhalt und Methode. Zur Systematik und Problemgeschichte didaktischer Kategorien.1. Aufl. Oldenburg: Zentrum für pädagogische Berufspraxis, Carl von Ossietzky Universität. – Labudde, P. (2006): Fachunterricht und fächerübergreifender Unterricht. In: Arnold, K.-H./Sandfuchs, U./Wiechmann, J. (Hrsg.): Handbuch Unterricht. Bad Heilbrunn: Klinkhardt, S. 441-447. – Moegling, K. (1998): Fächerübergreifender Unterricht – Wege ganzheitlichen Lernens in der Schule. Bad Heilbrunn: Klinkhardt. – Rekus, J. (2005): Die Aufgabe der Didaktik heute. In: Stadfeld, P./Dieckmann, B. (Hrsg.): Allgemeine Didaktik im Wandel. Bad Heilbrunn: Klinkhardt. – Schöler, W. (1977): Strukturen und Modelle des Unterrichts. Paderborn: Schöningh. – Stöcker, K. (1970): Neuzeitliche Unterrichtsgestaltung. München: Ehrenwirth, 14. Aufl.

66| Empirische Perspektive: Unterrichtsqualität
Andreas Helmke

Begriffsklärungen: Unterrichtsqualität aus empirischer Perspektive

Mit der Qualität des Unterrichts aus empirischer Perspektive beschäftigen sich vor allem die Lehr-Lern-Forschung als Teilgebiet der Pädagogischen Psychologie sowie die empirische Unterrichtsforschung. Während sich die Lehr-Lern-Forschung stärker auf die *Mikroprozesse* der Lehr-, Lern- und Gedächtnisprozesse konzentriert und diese aus kognitions- und motivationspsychologischer Sicht untersucht, gilt das Augenmerk der Unterrichtsforschung der empirischen Erfassung des realen Unterrichtsgeschehens und seinen Bedingungen und Wirkungen.

Theoretische Grundlage: Das Angebots-Nutzungs-Modell

Zur Veranschaulichung der Entwicklungslinien wissenschaftlicher Forschung über Unterrichtsqualität sowie für die Skizzierung des aktuellen Denkens über Bedingungen, Korrelate und Konsequenzen des Unterrichts eignet sich das Angebots-Nutzungs-Modell.
Am Anfang der Unterrichtsforschung stand die *Lehrerforschung*, die sich mit der Suche nach Charakter- und Temperamentseigenschaften erfolgreicher, „guter" Lehrer beschäftigte. Dieses Forschungsparadigma erwies sich auf Dauer als unergiebig, weil der gesamte Bereich unter-

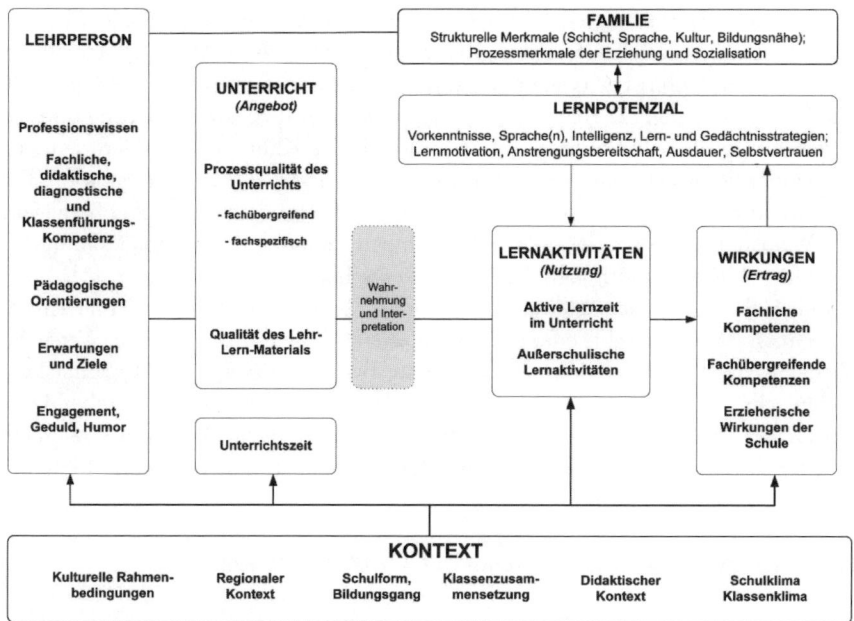

Abb. 10: Das Angebots-Nutzungs-Modell der Unterrichtswirksamkeit (Helmke 2009, S. 73)

richtlichen Handelns einschließlich der Lehrer-Schüler-Interaktion ausgeblendet wurde. Es folgte das *Prozess-Produkt-Paradigma*, also die systematische Suche nach verallgemeinerbaren Zusammenhängen zwischen fachübergreifenden Prozessmerkmalen des Unterrichts und dessen Produkten. Während Unterrichtsprozesse mit Beobachtungsverfahren erfasst wurden, wurde als Produktmaß oder Zielkriterium meistens der mit Tests erfasste Leistungszuwachs verwendet. Dieses Grundgerüst bestimmt bis heute den mainstream der Unterrichtsforschung, nur dass das Prozess-Produkt-Paradigma nach und nach verfeinert wurde, um so der Komplexität der Wirkungsweise des Unterrichts Rechnung zu tragen:

- Betonung der Eigenaktivität des Lerners als dem zentralen Motor
- Unterrichtswahrnehmung und -interpretation durch die Schüler als Filter
- Berücksichtigung des kulturellen, historischen, regionalen und vor allem des schulischen und Klassenkontextes
- Individuelles Lernpotenzial und familiäre Lernumwelt als zentrale Eingangsvariablen
- „Wiederentdeckung" der Lehrerpersönlichkeit als Bedingungsfaktor für unterrichtliches Handeln, mit Schwerpunkt auf Merkmalen der Expertise und des professionellen Wissens sowie pädagogisch relevanter Orientierungen und Einstellungen.

Merkmale der Qualität von Unterrichtsprozessen

Die Suche nach wesentlichen fachübergreifenden Wirkprinzipien des Unterrichts und nach Merkmalen der Unterrichtsqualität ist eine Schlüsselaufgabe der internationalen Unterrichtsforschung und stellt im angloamerikanischen Sprachraum den „mainstream" der Unterrichtsforschung dar. Eine bekannte Klassifikation ist Slavins (1997) Quait-Modell; das Akronym QuAIT bezieht sich auf die Konzepte **Quality, Appropriateness, Incentives** und **Time**. Verbreitet und einflussreich sind auch die Klassifikationen von Brophy (2000) und Borich (2007), dessen Lehrbücher zu den auflagenstärksten Werken der Lehrerausbildung im angloamerikanischen Sprachraum zählen. Ein aktueller forschungsbasierter Versuch, die wichtigsten fachübergreifenden Merkmale der Unterrichtsqualität zusammenzustellen, stammt von Helmke (2009): (1) effiziente Klassenführung, (2) Klarheit und Strukturiertheit, (3) Konsolidierung und Sicherung, (4) Aktivierung, (5) Motivierung, (6) Lernförderliches Klima, (7) Schülerorientierung, (8) Kompetenzorientierung, (9) Umgang mit Heterogenität und (10) Angebotsvariation. Einige dieser Merkmale sind empirisch ausgezeichnet erforscht, insbesondere das Klassenmanagement (Evertson & Weinstein 2006); andere – wie die Kompetenzorientierung – noch kaum, da erst seit kurzem auf der bildungspolitischen Agenda in Deutschland.

Allerdings sind solche Zusammenstellungen, Listen und Kataloge nicht unproblematisch. Allzu oft werden sie missverstanden, fehl- oder überinterpretiert. Gelegentlich wird jeder Versuch, die „Ganzheitlichkeit" des Unterrichts durch die separate Betrachtung einzelner Qualitätskategorien aufzuschlüsseln, abgelehnt. Ein Grund dafür ist das in Deutschland vorherrschende, stark von der *Allgemeinen Didaktik* geprägte Verständnis von Unterrichtsqualität und erfolgreichem Unterricht, das sich erheblich von der Denkweise der empirischen Unterrichtsforschung unterscheidet (Helmke & Schrader 2008).

Normative und empirische Sichtweise der Unterrichtsqualität

Die Allgemeine Didaktik hat eine Vielzahl von Regeln, Schemata und Anweisungen für den „guten" Unterricht und Konzepte idealtypischer Stundenverläufe hervorgebracht, die in der Lehrerausbildung noch heute dominieren. Den meisten Ansätzen ist gemeinsam, dass sie nicht empirisch, sondern *normativ* sind, d. h. es geht vornehmlich um die Identifikation und Begründung der Ziele und Inhalte schulischen Lernens. Von wenigen Ausnahmen abgesehen, hat die Allgemeine Didaktik kaum empirische Forschung angeregt, und wo sie es getan hat, geht es eher um Erfahrungsberichte, Modellversuche, Einzelfallstudien und deskriptive Berichte und nicht um Hypothesen prüfende Studien der Lernwirksamkeit des Unterrichts, die methodischen Standards empirischer Forschung genügen (wie kontrollierte Längsschnittstudien, Unterrichtsexperimente und Trainingsstudien) und deren Aussagen den Anspruch erheben, verallgemeinerbar und belastbar zu sein.

Ein wesentlicher Grund für die Kluft zwischen Lehr-Lern-Forschung und Allgemeiner Didaktik liegt in der an *Variablen* orientierten Denk- und Forschungsweise der Lehr-Lern-Forschung, die sich von der ganzheitlichen und auf Abläufe gerichteten Sichtweise der Allgemeinen Didaktik grundlegend unterscheidet. Für Lehrpersonen und für andere, die mit Prinzipien der empirischen Sozialforschung und Methoden der Statistik wenig vertraut sind, ist die „Zerlegung" des Unterrichts in unterschiedliche Aspekte oder Qualitätsbereiche ungewöhnlich, ja befremdlich. Dagegen ist diese Strategie „state of the art" in der internationalen Unterrichtsforschung und liegt auch den Verfahren der externen Evaluation zugrunde, die in den Orientierungsrahmen zur Schulqualität der Bundesländer verankert sind. Wenn es darum geht, den Unterricht anhand von Kriterien zu beurteilen, liegt in der *Didaktik* der Schwerpunkt meist darauf, welche *Methoden* eingesetzt werden, um Unterrichtsabläufe lernwirksam zu gestalten. In der *Empirischen Unterrichtsforschung* dagegen charakterisiert man Unterricht im Hinblick auf bestimmte *Qualitätsdimensionen* (z.B. Strukturiertheit, Verständlichkeit, Motivierung), die nachweislich (belegt durch empirische Untersuchungen) eine Rolle für den Lernerfolg spielen. Es handelt sich insofern um eine *„variablenorientierte"* Betrachtungsweise, als davon ausgegangen wird, dass der Unterricht hinsichtlich bestimmter Merkmale (Variablen) von Lehrkraft zu Lehrkraft, aber auch bei der gleichen Lehrkraft in verschiedenen Situationen (Fächer, Klassen, Zeitpunkte) *variieren* kann (z.B. hohe Ausprägung der Variable ‚Verständlichkeit' bei Lehrperson A, niedrige Ausprägung dieser Variablen bei Lehrperson B). Die *empirische Unterrichtsforschung* untersucht, ob unterschiedliche Ausprägungen solcher Variablen mit Unterschieden im gemessenen Lernerfolg (z.B. Leistungszuwachs, Verbesserung der Lernfreude) einhergehen – eine Perspektive, die evidenzbasiert ist und auch in der „Output-Orientierung" der Bildungsstandards ihren Niederschlag findet.

Forschungsperspektiven

Zwei Forschungsperspektiven erscheinen aussichtsreich und wissenschaftlich ergiebig:
- Die Verbesserung *diagnostischer Kompetenzen* von Lehrpersonen (Schrader 2008) wurde von der KMK seit PISA 2000 zu Recht als ein zentrales Handlungsfeld angesehen. Diagnostische Kompetenz ist eine notwendige Voraussetzung für adaptiven Unterricht, insbesondere für den Umgang mit Heterogenität, und zugleich für kompetenzorientierten Unterricht im Sinne der Bildungsstandards. Mit dieser Thematik beschäftigt sich das 2009 gestartete KMK-Projekt „Aus- und Fortbildung der Lehrkräfte im Hinblick auf Verbesserung der Diagnosefähigkeit als Voraussetzung für den Umgang mit Heterogenität und individuelle Förderung", an dem sich alle 16 Bundesländer beteiligen. In einem der drei Module des Projektes geht es um die Entwicklung und Erprobung geeigneter Werkzeuge für die Diagnostik des Unterrichts (Leitung: A. Helmke und F.-W. Schrader, Landau).
- Aussichtsreich erscheint auch die Ausschöpfung des Potenzials der *Videotechnologie* – nicht nur in der Unterrichtsforschung (wie in den Videostudien der Projekte TIMSS, DESI und VERA – Gute Unterrichtspraxis), sondern auch in der Lehreraus- und -fortbildung; hier liegen inzwischen viel versprechende Ansätze vor (Brophy 2004; Reusser 2005).

Literatur
Borich, G. D. (2007): Effective teaching methods. Research-based practice. 6.ed. Upper Saddle River, NJ: Pearson Education. – Brophy, J. E. (Hrsg.) (2004): Using video in teacher education. Amsterdam, u.a.: Elsevier. – Brophy, J. E. (2000): Teaching. Educational Practices Series, Vol. 1. Brussels: International Academy of Education & International Bureau of Education. – Evertson, C. M./Weinstein, C. S. (Hrsg.) (2006): Handbook of Classroom Management. Research, Practice, and Contemporary Issues. Mahwah, NJ: Lawrence Erlbaum. – Helmke, A. (2009): Unterrichtsqualität und Lehrerprofessionalität. Diagnose, Evaluation und Verbesserung des Unterrichts. 2. Aufl. Seelze-Velber: Klett-Kallmeier. – Helmke, A./Schrader, F.-W. (2008): Merkmale der Unterrichtsqualität: Potenzial, Reichweite und Grenzen. In: SEMINAR – Lehrerbildung und Schule, 3, S. 17-47. – Reusser, K. (2005): Situiertes Lernen mit Unterrichtsvideos – Unterrichtsvideografie als Medium des situierten beruflichen Lernens. In: Journal für Lehrerinnen- und Lehrerbildung, 5 (2), S. 8-18. – Slavin, R. E. (1997): Educational Psychology. 4. ed. Boston: Allyn and Bacon. – Schrader, F.-W. (2008): Diagnoseleistungen und diagnostische Kompetenzen von Lehrkräften. In: Schneider, W./Hasselhorn, M. (Hrsg.): Handbuch der Psychologie, Bd. 10, Göttingen: Hogrefe, S. 168-177.

67| Sozialisatorische Perspektive: Koedukation
Hannelore Faulstich-Wieland

Begriffsklärung und historische Entwicklung

In Definitionen des Begriffs „Koedukation" wird Wert auf die Feststellung gelegt, es gehe dabei um eine bewusste gemeinsame (ko-) Erziehung (edukation) von Mädchen und Jungen – dies geschieht in Abgrenzung zur „Koinstruktion", also der bloß gemeinsamen Unterrichtung.
Die ersten heftigen Auseinandersetzungen um gemeinsame Schulen für Mädchen und Jungen fanden Ende des 19., Anfang des 20. Jahrhunderts statt und wurden vor allem von den verschiedenen Flügeln der ersten Frauenbewegung getragen. Während der radikale Flügel eine gemeinsame und gleiche Bildung forderte – also eine Koedukation, setzte sich der bürgerliche Flügel für eine eigenständige Mädchenbildung ein. Da dieser keine Berechtigungen zugestanden wurden, gab es zurückhaltende Befürwortungen von Koinstruktion.
Reformpädagogische Positionen setzten sich dezidiert für eine koedukative Erziehung ein, versprachen sich davon aber gerade jene Geschlechterdifferenzierung, die den Gegnern der Koedukation ebenfalls am Herzen lag. So formulierte Gustav Wyneken: „…beide Geschlechter sollen sich in der Jugend als Bürger derselben geistigen Welt kennenlernen; das ist ein für die Lösung der Geschlechterfrage entscheidendes Grunderlebnis; und was die Natur getrennt hat, soll der Geist wieder vereinigen. Daß der Geist eine spezifisch männliche Angelegenheit ist, wird sich trotzdem von selbst herausstellen. Den Jünglingen wird von selbst die Führung zufallen" (zit. in Faulstich-Wieland & Horstkemper 1996, S. 513; vgl. auch Hansen-Schaberg 1999).
Im Faschismus galten für die schulische Bildung der Geschlechter klar unterschiedene Ziele, für deren Erreichen keineswegs Koedukation wünschenswert schien.
Nach dem Zweiten Weltkrieg gingen die beiden deutschen Staaten in dieser Frage getrennte Wege. Die DDR knüpfte an Gleichheitspositionen der proletarischen Frauenbewegung sowie an sozialistische Vorstellungen an und führte von Anfang an koedukative Schulen ein. Die alte Bundesrepublik dagegen restaurierte ihr Bildungssystem in Orientierung an der Weimarer Republik und behielt getrennte Schulen als Norm bei. Erst die Bildungsreformen der 1970er Jahre führten durch die Ausweitung der höheren Schulen zur Etablierung von Koedukation als selbstverständlicher Form. In beiden deutschen Staaten allerdings gab es so gut wie keine Reflexionen über die sozialisatorische Ausgestaltung der Koedukation. Diese erfolgte im Westen ab den 1980er Jahren mit dem Aufkommen der zweiten Frauenbewegung, die den Nutzen von Koedukation für Mädchen in Zweifel zog und wieder getrennte Bildungsformen forderte. Solche Forderungen stehen nach wie vor als genderbezogene Schulentwicklungen im Raum, wenngleich mittlerweile zunehmend auch gezielte Gestaltungen koedukativer Angebote entwickelt werden.
Die Pro- und Contra-Positionen zur Koedukation, die sich durch die Geschichte bis heute ziehen, unterschieden sich immer danach, wie man sich das Geschlechterverhältnis wünschte, welche Position man Frauen und Männern darin zubilligte. Bezogen auf die Bildungsinstitutionen ging es um die Frage, was lernt man mit oder ohne das andere Geschlecht? Die unterlegten Gendertheorien spielen eine zentrale Rolle bei der Forderung nach Koedukation bzw. bei ihrer Ablehnung.

Gendertheoretische Begründungen von gemeinsamer Erziehung

Bis weit in das 20. Jahrhundert galten biologische Differenzen zwischen den Geschlechtern als selbstverständliche Basis für unterschiedliche Lebensweisen und geschlechtsspezifische Arbeitsteilungen.
Sozialisationstheorien sollten eine Absage an Auffassungen von der „Natur der Frau" bringen. Häufig jedoch reproduzierten sie gleichermaßen festgelegte Vorstellungen von einer „Geschlechtsspezifik" wie biologistische Positionen. Erst in letzter Zeit zeichnet sich ein differenziertes Verständnis für das Verhältnis von Sozialisation und Geschlecht ab (Faulstich-Wieland 2008). Versteht man Sozialisation als Herausbildung eines Habitus, der als einigendes Prinzip der sozialen, kulturellen und regionalen Herkunft das Handeln strukturiert, so bildet die Geschlechtszugehörigkeit dabei eine wesentliche Kategorie. Ab der Geburt lernen Mädchen und Jungen, was die Zuordnung zu dem jeweiligen Geschlecht bedeutet – welche Verhaltensweisen ihnen zugestanden werden, welche als untypisch, aber akzeptabel und welche als „unmöglich" gelten. „Doing gender" bezeichnet die Praktiken, mit denen Verhaltenssicherheit und Geschlechtsidentität erworben und alltäglich aufrechterhalten werden. Der inhaltlichen Füllung dessen, was „geschlechtsadäquat" ist, liegt ein gesellschaftlich geteiltes, keineswegs eindeutiges und sich zudem historisch durch die Praxis der Menschen veränderbares Wissen zugrunde. Allerdings muss die Zugehörigkeit zu einem Geschlecht entsprechend der Relationalität der sozialen Welt nicht unbedingt inhaltlich gefüllt werden, sondern kann auch einfach als Differenzierungskriterium benutzt werden. Die Kultur der Zweigeschlechtlichkeit erzwingt auf diese Weise eine oppositionelle Bestimmung, die beliebig gefüllt werden kann.
Im Kontext der Schule sind Mädchen wie Jungen mit expliziten, vor allem aber mit impliziten Annahmen über die Geschlechtsadäquatheit ihres Verhaltens und damit auch ihres Lernens konfrontiert – sie selbst bringen solche Vorstellungen aus ihrer bisherigen Sozialisation mit, sie werden von ihren peers wie von Lehrkräften damit konfrontiert.
Vor allem zwei Aspekte spielen in der Koedukationsdebatte in dieser Hinsicht eine wichtige Rolle: Von Jungen wird eher ein dominantes, wenig angepasstes Verhalten erwartet, während Mädchen eher als ordentlich und fleißig gelten. Für die Unterrichtsgestaltung wurden deshalb häufig Sitzordnungen genutzt, die Mädchen zwischen Jungen platzierten, damit diese sich ruhiger verhalten sollten. Solche Formen sind von der Frauenbewegung heftig kritisiert worden. Bezogen auf die Schulfächer wird von Mädchen weniger Interesse an – oder auch weniger Befähigung zu – Naturwissenschaften und Technik erwartet. Schaut man jedoch genau hin, dann sieht man, wie insbesondere Lehrkräfte als wesentliche Akteure im schulischen Geschehen an der Herstellung dieser Geschlechterdifferenzen beteiligt sind (Budde et al. 2008). So werden beispielsweise Mädchen übersehen, die Begeisterung an Technik zeigen, oder es wird Jungen unterstellt, kompetent in Mathematik zu sein, obwohl sie selbst ihre Unkenntnis zu erkennen geben.

Schule und Unterricht entwickeln – Perspektiven zur Koedukation

Für eine Schulentwicklung, die sich explizit der Koedukationsfrage widmet, gibt es drei Ansatzpunkte: Zum einen geht es um die gemeinsame oder getrennte Erziehung der Geschlechter prinzipiell, unabhängig vom Schulfach oder dem inhaltlichen Gegenstand. Zum zweiten geht es um die Frage, ob für bestimmte Fächer oder Gegenstände eine Trennung erforderlich ist. Schließlich geht es darum, ob und wie das Thema Geschlecht im weitesten Sinne angesprochen werden soll.

Schulentwicklungen mit einem Schwerpunkt auf Geschlechtergerechtigkeit halten nach wie vor eine zumindest zeitweise Aufhebung der Koedukation für das Mittel der Wahl (Koch-Priewe 2002), die noch existierenden Mädchenschulen erhalten verstärkt Nachfrage. Es gibt auch eine Vielzahl von Forschungen, die der Frage nachgehen, ob Monoedukation oder Koedukation besser sei (Kreienbaum & Urbaniak 2006; Herwartz-Emden 2007). Bestätigen lässt sich dies nicht, die Ergebnisse sind uneinheitlich und widersprüchlich.

Eine wesentliche Begründung für geschlechtsgetrennte Angebote liegt in der Annahme, dass Kinder selbst Geschlechtertrennung praktizierten (Rohrmann 2008). Die getrennte Sitzordnung wird dafür häufig als Beleg angeführt. Mindestens zum Teil ist diese jedoch Konsequenz des Glaubens an ihre „Natürlichkeit" und bildet insofern eine „institutionelle Reflexivität" im Sinne Goffmans (1994), d.h. eine immer wieder reproduzierte Normalität. Eine zweite Annahme geht von geschlechtsspezifisch unterschiedlichen Zugängen zu den Inhalten aus, hält folglich eine je unterschiedliche Unterrichtsgestaltung für notwendig. Das zentrale Problem hierbei liegt in der Homogenisierung von Mädchen- wie Jungengruppen. Tatsächlich sind aber die Differenzen innerhalb der Geschlechtergruppen größer als die zwischen den Geschlechtern. Für die Unterrichtsentwicklung ist folglich entscheidender, mit welchen konkreten Kindern und Jugendlichen man es zu tun hat.

Geschlechtergerechtigkeit als Programm für eine Schulentwicklung bedarf einer Auseinandersetzung über die unterlegten Annahmen über Geschlecht. Gehen Lehrkräfte explizit oder implizit von Geschlechterdifferenzen aus und „dramatisieren" diese durch ihre Maßnahmen – d.h. binden die Maßnahmen explizit an Geschlecht wie dies bei der Monoedukation geschieht – so ist die Gefahr groß, Inklusions- und Exklusionsmechanismen entlang der tradierten Geschlechterdifferenzen zu verstärken statt diese abzubauen. Anstatt Geschlecht in den Vordergrund zu rücken, sollte der Blick stärker auf die individuellen Kinder gerichtet werden. Dies bezieht sich sowohl auf die Gestaltung von Interaktionen, die Konzeptionierung des Unterrichts wie die Formulierung pädagogischer Ziele unter dem Stichwort der Individualisierung. Selbst die explizite Thematisierung von Geschlecht birgt die Gefahr, Differenzen herauszustellen, die real gar nicht so wesentlich sind.

Geschlechtersozialisation im koedukativen Kontext führt am wenigsten zu Einengungen der beiden Geschlechter, wenn sie „reflexiv" erfolgt, d.h. wenn die Lehrkräfte – als Teil von Schulentwicklungsprozessen – einerseits über fundiertes Genderwissen verfügen, um auch den eigenen Anteil an der Herstellung von Geschlecht erkennen zu können, andererseits in einem Austauschprozess mit allen Beteiligten klären, welche Zielvisionen im Blick auf Geschlecht vertreten werden. Damit kommt Geschlecht der Status einer reflexiven Kategorie zu und nicht länger einer permanenten Technik der Unterrichtsgestaltung. Auseinandersetzungen darüber, wie man sich „richtige" Mädchen/Frauen bzw. Jungen/Männer vorstellt, erlauben Einengungen und Begrenzungen zu sehen und diese durch Methoden- und Materialvielfalt im Unterricht zu erweitern oder sie gar zu überwinden.

Literatur

Budde, J./Scholand, B./Faulstich-Wieland, H. (2008): Geschlechtergerechtigkeit in der Schule. Eine Studie zu Chancen, Blockaden und Perspektiven einer gender-sensiblen Schulkultur. Weinheim: Juventa. – Faulstich-Wieland, H. (2008): Sozialisation und Geschlecht. In: Hurrelmann, K./Grundmann, M./Walper, S. (Hrsg.): Handbuch Sozialisationsforschung. 7. vollst. überarb. Aufl. Weinheim: Beltz, S. 240-253. – Faulstich-Wieland, H./Horstkemper, M. (1996): 100 Jahre Koedukationsdebatte – und kein Ende. Hauptartikel und Replik. In: Ethik und Sozialwissenschaften. 7 (4), S. 509-520, 578-585. – Goffman, E. (1994): Interaktion und Geschlecht. Frankfurt/Main: Campus. – Hansen-Schaberg, I. (1999): Koedukation und Reformpädagogik. Untersuchung zur Unterrichts- und Erziehungsrealität in Berliner Versuchsschulen der Weimarer Republik. Berlin: Weidler. –

Herwartz-Emden, L. (Hrsg.) (2007): Neues aus alten Schulen. Empirische Studien in Mädchenschulen. Opladen: Budrich. – Koch-Priewe, B. (Hrsg.) (2002): Schulprogramme zur Mädchen- und Jungenförderung. Die geschlechterbewusste Schule. Weinheim: Beltz. – Kreienbaum, M. A./Urbaniak, T. (2006): Jungen und Mädchen in der Schule. Konzepte der Koedukation. Studienbuch. Berlin: Scriptor. – Rohrmann, T. (2008): Zwei Welten? – Geschlechtertrennung in der Kindheit. Forschung und Praxis im Dialog. Opladen: Barbara Budrich.

68| Umgang mit Heterogenität, Differenzierung, Individualisierung
Ingrid Kunze und Claudia Solzbacher

Einordnung des Themas und zentrale Begriffe

An der Gestaltung des Schulunterrichts wird sich vornehmlich erweisen, wie eine Gesellschaft mit der Heterogenität der nachwachsenden Generation umgeht, welche Ziele sie dabei verfolgt und wo die jeweils gewollten bzw. „erzwungenen" Begrenzungen liegen.

In der didaktischen Diskussion wird die Heterogenität der Schülerschaft traditionell (bereits bei Comenius und Herbart) mitgedacht und vornehmlich als Problem, als hinderliche Abweichung von einer Norm betrachtet. Deshalb wurde bisher zumeist versucht, die Lerngruppen homogener zu gestalten, sei es durch entsprechende Sortierung der Schülerinnen und Schüler (z.B. nach Leistung, Interessen, Geschlecht, Alter) oder durch das Bemühen, alle auf ein möglichst gleiches Lernniveau zu bringen (z.B. durch gleichschrittiges Lernen, durch die Orientierung an den „durchschnittlichen" Schülerinnen und Schülern oder durch zusätzliche Förderung). Eine aktuellere Betrachtungsweise sieht Heterogenität als Vielfalt der Individuen. Der Normalitätsbegriff besagt hier, dass jeder Mensch anders und einzigartig ist (Brügelmann 2002). Das bedeutet, Heterogenität im Unterricht zu begrüßen oder im Sinne von Potentialausschöpfung sogar noch aktiv zu vergrößern, indem – zumeist in einer reformpädagogischen Tradition gedacht – eine „Didaktik der Vielfalt" (Dunker 2007) gepflegt wird und Lernumgebungen geschaffen werden, in denen jedes Individuum seinen Begabungen und seinen Lernbedürfnissen gemäß lernen kann.

Als ein wichtiger Weg, um mit der Heterogenität der Schülerschaft konstruktiv umzugehen, gilt die Differenzierung. Unter *Differenzierung* werden alle Maßnahmen verstanden, die für einzelne Lernende bzw. Gruppen von Lernenden unterschiedliche Lernangebote bereitstellen. Von *äußerer* Differenzierung wird gesprochen, wenn die Lernenden für einen längeren Zeitraum unterschiedlichen Lerngruppen zugewiesen werden. *Innere* Differenzierung bzw. Binnendifferenzierung meint unterschiedliche Lernangebote innerhalb einer Lerngruppe, wobei sich die Unterschiede u.a. auf das Ziel, die Inhalte, die Materialien, die Arbeitsmethoden, die gegebenen Hilfen, den Grad der Selbständigkeit und Wahlfreiheit sowie die eingeräumte Zeit beziehen können. Während dabei üblicherweise mehrere Lernende mit vergleichbarer Ausgangslage oder ähnlichen Lernbedürfnissen dasselbe Lernangebot erhalten, verlangt die weitergehende Form des *individualisierten Lernens* (*Individualisierung*) ein Lernarrangement, das für jede Schülerin und jeden Schüler ein spezifisches Lernangebot bereithält bzw. es ihr oder ihm ermöglicht, einen eigenen Lernweg zu beschreiben.

Fest etabliert ist neuerdings der Begriff der *individuellen Förderung*. Darunter werden alle Maßnahmen verstanden, mit denen die einzelne Schülerin und der einzelne Schüler unter Berücksichtigung ihrer/seiner Lernvoraussetzungen, -bedürfnisse und -möglichkeiten innerhalb und außerhalb des Unterrichts pädagogisch unterstützt werden. Gegenwärtig haben Lehrkräfte, die sich der individuellen Förderung zuwenden, vor allem die Behebung von Defiziten in einzelnen Lernbereichen im Blick, wobei sie sich vorrangig an Normalitätserwartungen bezüglich fachlicher Leistungen orientieren (vgl. Solzbacher 2008).

Im Rahmen der Debatte um *Unterrichtsqualität* (vgl. Beitrag 66 in diesem Band) werden Individualisierung bzw. individuelles Fördern als Gütekriterien für guten Unterricht benannt (vgl. Helmke 2003; Meyer 2004) und haben deshalb Eingang in Richtlinien für die Evaluation von Schulen, z.B. durch Schulinspektionen, gefunden.

Dimensionen von Heterogenität im Unterricht

Unter der Vielzahl von Dimensionen, die in der Heterogenitätsdebatte Berücksichtigung finden, werden in Bezug auf Schülerinnen und Schüler vor allem folgende diskutiert:
- die Lernvoraussetzungen (die kognitiven, sozialen, emotionalen und psychischen),
- die Lernausgangslage (vorhandene Kompetenzen bzw. fachliche Vorleistungen),
- das Geschlecht,
- Behinderungen bzw. ein besonderer Förderbedarf (students with special needs),
- das kulturelle, ethnische und sprachliche Umfeld,
- der sozioökonomische Hintergrund bzw. die „Bildungsnähe" des Elternhauses sowie
- die Lernmotivation.

In Einzeluntersuchungen konnte nachgewiesen werden, dass diese Dimensionen das Lernen im Unterricht substantiell beeinflussen. In jüngster Zeit hat der Intersektionalitätsansatz darauf aufmerksam gemacht, dass sich diese Dimensionen in den Biographien überschneiden und dass das, was als heterogen wahrgenommen wird, von der Perspektive des Betrachters abhängig und diskursiv bestimmbar ist (McCall 2005; Leiprecht & Lutz 2005). Für die Unterrichtsentwicklung bedeutet dies, sich konsequent dem einzelnen Lernenden zuzuwenden und die genannten Heterogenitätsdimensionen nur als Konstrukte zur Orientierung zu verstehen, nicht aber als Kategorien, aus denen ein bestimmtes Lernverhalten resultiert bzw. sich eindeutige pädagogische Handlungsanweisungen ableiten lassen.

Konzepte im Umgang mit Heterogenität

Es werden verschiedene organisatorische und didaktische Konzepte für den Umgang mit Heterogenität diskutiert (Hinz 1993), hinter denen jeweils eine bestimmte Leitidee von gelingenden Lernprozessen steht.

Das Konzept der *Separierung*, das im deutschen Schulsystem nach wie vor dominiert, versucht Lerngruppen zu schaffen, die hinsichtlich einer oder mehrerer Dimensionen möglichst homogen sind (z.B. Jahrgangsklassen, Lerngruppen für Jungen oder Mädchen, leistungsdifferenzierte Kurse, Schulen für Hochbegabte etc.). Auf diese Weise soll ein Lernangebot zur Verfügung gestellt werden, das den Lernvoraussetzungen und -zielen der Gruppenmitglieder angepasst ist und so mit hoher Effektivität zu guten Lernergebnissen führt. Die Überlegenheit dieses Konzepts ist empirisch nicht ausreichend belegt, vielmehr wurde nachgewiesen, dass heterogene Lerngruppen z.B. für die kognitive Entwicklung der Schülerinnen und Schüler oder für die Entwicklung von Lesekompetenzen günstig sind (Lehmann 2006). Zugleich zeigen andere For-

schungsergebnisse, dass nicht allein die Homogenität oder Heterogenität der Lerngruppe, sondern auch weitere Merkmale – wie die eingesetzten Methoden, das Lernverhalten und äußere Einflüsse – Auswirkungen auf den Lernerfolg haben (Lehberger & Sandfuchs 2008).
Das Konzept der *Anpassung* versucht, durch ausgleichende Maßnahmen und spezielle Förderung die einzelnen Schülerinnen und Schüler an das Niveau der Mehrheit bzw. an die Norm heranzuführen (z.B. durch Mädchenkurse im naturwissenschaftlichen Unterricht, durch Sprachförderung für Kinder mit nichtdeutscher Muttersprache oder Förderkurse für Leistungsschwächere). Im Sinne einer positiven Diskriminierung werden hier zusätzliche Ressourcen eingesetzt, um den Anschluss an den als einheitlich gedachten Weg der Lerngruppe zu gewährleisten.
Nach den Annahmen des *Integrations- bzw. Inklusionsmodells* (vgl. Beitrag 78 in diesem Band) können sich die Individuen nur im gemeinsamen Lernen ihrer Verschiedenheit gemäß entwickeln. Leitvorstellung ist es, Heterogenität und Homogenität, dialektisch vermittelt, als zwei Seiten einer Medaille zu denken. In einer Schule für alle, in einem gemeinsamen Unterricht sind für jede/jeden die besten Bedingungen zu schaffen, um sich selbstbestimmt den eigenen Entwicklungspotentialen gemäß zu entwickeln. Grundannahme ist, dass die Schülerinnen und Schüler durch das gemeinsame Lernen die Möglichkeit erhalten, die eigenen Norm- und Wertvorstellungen zu überprüfen.

Didaktische Möglichkeiten zur inneren Differenzierung und Individualisierung

Gegenwärtig ist die Situation in der Schulpraxis wie in der Schulforschung dadurch gekennzeichnet, dass eine Vielzahl von Möglichkeiten der inneren Differenzierung und Individualisierung erprobt wird (zum Überblick vgl. z.B. Arnold et al. 2008; Kunze & Solzbacher 2008; Lehberger & Sandfuchs 2008; Paradies & Linser 2008). Noch fehlt eine allgemein anerkannte Systematik, die den Überblick erleichtert.
Orientierungspunkte können hierfür sein: die Ziele (z.B. Lernen auf selbstgesteckte Ziele hin), die Inhalte (z.B. Bildung interessensorientierter Teilgruppen, inhaltlich freie Arbeitsphasen), die Methoden (z.B. kooperatives Lernen – vgl. Beitrag 75 in diesem Band, individuelle Förderpläne, Wochenpläne) und die Medien (z.B. Arbeit mit Lernsoftware).
Darüber hinaus lassen sich einige grundlegende Maximen für einen heterogenitätssensiblen Unterricht formulieren, der auf individualisiertes Lernen orientiert ist:

- Lehrende *und* Lernende müssen gewillt und fähig sein, Vielfalt als Ressource zu schätzen und diese in die Unterrichtsgestaltung einzubeziehen.
- Die Lernenden sind als selbstbestimmte Subjekte und Gestalter ihrer Lernprozesse ernst zu nehmen. Das verlangt breite Möglichkeiten der Partizipation der Schülerinnen und Schüler im Unterricht.
- Es ist eine fortwährende Diagnose des Lernentwicklungsstandes vorzunehmen; dabei muss an die Stelle der Selektions- eine Förderdiagnostik treten (Ingenkamp 2005), die nicht nur Lernergebnisse, sondern auch den Lernprozess selbst berücksichtigt (vgl. Beitrag 79 in diesem Band).
- Lernschritte und Lernziele müssen individuell und gemeinsam mit dem Einzelnen geplant und umgesetzt werden; die schulische Entwicklungsbiographie ist regelmäßig und umfassend zu dokumentieren. Dies bedarf auch regelmäßiger Rückmeldungen an die Schülerinnen und Schüler (vgl. Beiträge 80 und 81 in diesem Band).
- Diese Berücksichtigung der Individuallage eines jeden Schülers bzw. einer jeden Schülerin muss sich in angemessenen methodischen, personellen, strukturellen und materiellen Hilfestellungen niederschlagen.

Entwicklungsbedarf in Schule und Forschung

Ein verbesserter Umgang mit Heterogenität als Aufgabe für *Schul- und Unterrichtsentwicklung* setzt voraus:
- die Entwicklung der erforderlichen professionellen Kompetenzen der Lehrkräfte im Zusammenhang mit der veränderten Lehrerrolle (z.b. diagnostische Kompetenzen, Kompetenzen zur Lernberatung und -begleitung, Ausbau des Methodenrepertoires),
- Veränderungen in der Unterrichtsorganisation und Lehrerkooperation (z.B. Teamteaching, abgestimmte Konzepte der Förderung, verstärkte Kooperation mit Eltern),
- den kompetenten Umgang mit neu zu etablierenden personellen, zeitlichen, räumlichen und materiellen Ressourcen (z.B. Zeiten für individuelle Beratung, Räume für selbstorganisiertes Lernen),
- veränderte Formen der Leistungserbringung, -messung und -bewertung (z.B. Portfolios, individualisierte Lernstandserhebungen).

In der *Schul- und Unterrichtsforschung* sollten zukünftig folgende Punkte größere Beachtung finden:
- die tatsächlichen Effekte eines individualisierten Unterrichts und dessen Wirkungsmechanismen,
- die Sichtweisen der Heranwachsenden auf die schulischen Angebote und deren individuelle Nutzung,
- die sinnvolle Verknüpfung einzelner Maßnahmen in einem schulischen Gesamtkonzept und in einem umfassenderen Bildungskonzept,
- die Erörterung der mit aktuellen pädagogischen Konzepten verbundenen Spannungsverhältnisse (z.B. von Individualisierung und Standardisierung).

Literatur
Arnold, K.H./Graumann, O./Rakhkochkine, A. (Hrsg.)(2008): Handbuch Förderung. Weinheim, Basel: Beltz. – Brügelmann, H. (2002): Heterogenität, Integration, Differenzierung. Empirische Befunde – pädagogische Perspektiven. In: Heinzel, F./Prengel, A. (Hrsg.): Heterogenität, Integration und Differenzierung in der Primarstufe. Jahrbuch Grundschulforschung (6). Opladen: Leske + Budrich, S. 31-43. – Dunker, L. (2007): Die Grundschule: Schultheoretische Zugänge und didaktische Horizonte. Weinheim, München: Juventa. – Helmke, A. (2003): Unterrichtsqualität erfassen, bewerten, verbessern. 1. Aufl. Seelze: Kallmeyer. – Hinz, A. (1993): Heterogenität in der Schule. Integration – Interkulturelle Erziehung, Koedukation. Hamburg: Curio. – Ingenkamp, K. (2005): Lehrbuch der Pädagogischen Diagnostik. 5. völlig überarb. Aufl. Weinheim, Basel: Beltz. – Kunze, I./Solzbacher, C. (Hrsg.)(2008): Individuelle Förderung in der Sekundarstufe I und II. Baltmannsweiler: Schneider Verlag Hohengehren. – Leiprecht, R./Lutz, H. (2005): Intersektionalität im Klassenzimmer: Ethnizität, Klasse, Geschlecht. In: Leiprecht, R./Kerber, A. (Hrsg.): Schule in der Einwanderungsgesellschaft: ein Handbuch. Schwalbach: Wochenschauverlag, S. 218-234. – Lehberger, R./Sandfuchs, U. (Hrsg.)(2008): Schüler fallen auf. Heterogene Lerngruppen in Schule und Unterricht. Bad Heilbrunn: Klinkhardt. – Lehberger, R./Sandfuchs, U. (2008): Heterogenität in Schule und Unterricht – einleitende Reflexion. In: Lehberger, R./Sandfuchs, U. (Hrsg.): Schüler fallen auf. Heterogene Lerngruppen in Schule und Unterricht. Bad Heilbrunn: Klinkhardt, S. 9-17. – Lehmann, R. H. (2006): Zur Bedeutung der kognitiven Heterogenität von Schulklassen für den Lernstand am Ende der Klassenstufe 4. In: Schründer-Lenzen, A. (Hrsg.): Risikofaktoren kindlicher Entwicklung. Migration, Leistungsangst und Schulübergang. Wiesbaden: VS Verlag für Sozialwissenschaften, S. 109-121. – McCall, L. (2005): The Complexity of Intersectionality. In: Signs: Journal of Women in Culture and Society 30 (3), S. 1771-1800. – Meyer, H. (2004): Was ist guter Unterricht? 2. durchges. Aufl. Berlin: Cornelsen Scriptor. – Paradies, L./Linser, H.-J. (2008): Differenzieren im Unterricht. 3. Aufl. Berlin: Cornelsen Scriptor. – Solzbacher, C. (2008): Positionen von Lehrerinnen und Lehrern zur individuellen Förderung in der Sekundarstufe I – Ergebnisse einer empirischen Untersuchung. In: Kunze, I./Solzbacher, C. (Hrsg.)(2008): Individuelle Förderung in der Sekundarstufe I und II. Baltmannsweiler: Schneider Verlag Hohengehren, S. 27-42.

69| Jahrgangsgemischtes Lernen
Diemut Kucharz

Jahrgangsgemischtes Lernen: Begriffsklärung

Im Gegensatz zum Lernen in nahezu jahrgangshomogenen Schulklassen geschieht jahrgangsgemischtes Lernen in einer Lerngruppe, der Kinder und Jugendliche verschiedenen Alters angehören. Dabei können diese Klassen zwei, drei oder vier Jahrgänge umfassen; die verschiedenen Jahrgänge können benachbart oder weiter auseinander liegen (z.B. Erst- und Drittklässler in einer Klasse). Für ein solches Lernarrangement werden verschiedene Begriffe verwendet, in der Regel als Synonyme: jahrgangsübergreifend, alters- bzw. jahrgangsgemischt, alters- bzw. jahrgangsheterogen, jahrgangskombiniert u. ä. Im englischsprachigen Raum sind Begriffe wie multigrade, multi-age oder nongraded classes geläufig. Das jahrgangsgemischte Lernen kann auf einige Stunden pro Woche oder einzelne Fächer begrenzt sein oder die gesamte Unterrichtszeit umfassen.

Jahrgangsgemischtes Lernen stellt sich gegen die Vorstellung, dass Entwicklung altershomogen verlaufe und dass man am besten unter Gleichen lernen könne. In einer jahrgangsheterogenen Lerngruppe regen sich die Kinder untereinander zum Lernen an: Jüngere Kinder lernen von älteren durch Nachahmung und Nacheifern, sie werden neugierig auf das, womit sich die Großen beschäftigen. Gleichzeitig können die älteren Schülerinnen und Schüler den jüngeren Sachverhalte erklären sowie bei Schwierigkeiten helfen und dadurch selbst den Inhalt tiefer durchdringen. Die Verantwortung für das Lernen wird von den Schülerinnen und Schülern mit übernommen (vgl. Beitrag 70 in diesem Band).

Historische Aspekte

Jahrgangsgemischtes Lernen wurde in den vergangenen ca. 100 Jahren in zwei Variationen praktiziert:
- aus organisatorischen Gründen, weil zu wenig Ressourcen oder Schülerinnen und Schüler zur Verfügung standen, um eine Schule voll auszubauen: die sog. Dorfschule des 19. Jahrhunderts. Hier wurden alle Kinder des Ortes in Form des Abteilungsunterrichts belehrt. Während der eine Teil der Klasse unterrichtet wird, beschäftigt sich der andere Teil still oder wartet.
- aus pädagogischer Überzeugung: Reformpädagogen des frühen 20. Jahrhunderts wie Maria Montessori, Peter Petersen und Berthold Otto hielten das gemeinsame Lernen von Älteren und Jüngeren als besonders förderlich für die soziale, emotionale und kognitive Entwicklung von Kindern und Jugendlichen (Montessori 1973; Petersen 1980; Otto 1963).

Seit Mitte der 1990er Jahre werden in Deutschland zunehmend altersgemischte Klassen eingerichtet. Dies geschieht zum einen in eher ländlichen Grund- und Hauptschulen wegen zurückgehender Schülerzahlen, zum anderen in den Schulanfangsklassen, um den veränderten Einschulungsbedingungen gerecht zu werden (Kucharz 2001). Die Intention des jahrgangsgemischten Lernens beruft sich dabei auf reformpädagogische Traditionen, auch wenn in der Praxis immer wieder der Abteilungsunterricht anzutreffen ist.

Erkenntnisse der Unterrichtsforschung und didaktische Perspektiven

Perspektiven und Ergebnisse aus der Unterrichtsforschung

Im deutschsprachigen Raum gibt es bisher nur wenige empirische Studien zu den Effekten jahrgangsgemischten Lernens. Internationale Studien zeigen, dass keine eindeutigen Vorteile der einen gegenüber der anderen Form übereinstimmend zu finden sind. Teilweise kommen Studien zu unterschiedlichen Ergebnissen, teilweise zeigen sich – wenn überhaupt – nur leichte Effekte, die den Kindern aus altersheterogenen Klassen leichte Nachteile im kognitiven, und leichte Vorteile im sozialen Bereich bescheinigen. In allen diesen Studien wurde nicht die Unterrichtsgestaltung erhoben (Roßbach 2003). Qualitative Untersuchungen gibt es in kleinerem Umfang in einzelnen Reformschulen sowie in den kleinen Grundschulen in Brandenburg. In zahlreichen Bundesländern liefen Begleituntersuchungen zur Neugestaltung der Schuleingangsphase, in der häufig jahrgangsgemischte Klassen Bestandteil sind (Überblick bei Faust 2006; Kucharz & Wagener 2009). In Baden-Württemberg wurde in den Jahren 2000-2004 eine repräsentative Vergleichsstudie durchgeführt, die auch die Unterrichtsgestaltung mit einbezog. Dabei zeigte sich für die gemischten Klassen insofern ein höherer Lernzuwachs als in den Jahrgangsklassen, als das Ausgangsniveau der Schülerinnen und Schüler der gemischten Klassen deutlich niedriger war als das der Vergleichsklassen. Die Lehrkräfte unterrichteten nach eigenen Angaben in jahrgangsgemischten Klassen deutlich differenzierter als in Jahrgangsklassen (Arbeitskreis Wiss. Begleitung 2006).

Eine weitere Studie widmete sich vor allem der Mikroebene des jahrgangsgemischten Lernens, indem die Interaktionen der Kinder unterschiedlichen Alters untersucht wurden. Dabei konnte u. a. eine hohe Qualität des gegenseitigen Hilfegebens festgestellt werden. Die Lehrkräfte berichteten für die Kinder eine größere Lernfreude und für sich eine höhere Berufszufriedenheit (Kucharz & Wagener 2009).

Die Erforschung des jahrgangsübergreifenden Unterrichts ist nach wie vor unbefriedigend, gibt es doch noch keine gesicherten Hinweise auf die Überlegenheit dieser Unterrichtsorganisation gegenüber dem Jahrgangsunterricht. Es fehlen Studien im deutschsprachigen Raum, die die Wirkungen jahrgangsbezogenen und jahrgangsgemischten Lernens unter systematischer Einbeziehung der Unterrichtsgestaltung erfassen. Dabei sind Fragen zu klären wie die, unter welchen Bedingungen welche Form der Jahrgangsmischung für welche Schülergruppen in welcher Weise wirksam sind (Roßbach 2003; Kucharz & Wagener 2009).

Didaktische Perspektiven

Bislang existieren nur wenige theoretisch fundierte Beiträge zur didaktischen Gestaltung von jahrgangsgemischtem Lernen. Im Wesentlichen greift die Didaktik für jahrgangsgemischtes Lernen auf den Theoriehintergrund des offenen Unterrichts zurück. Lernen, Wissens- und Verstehensaufbau geschieht in Ko-Konstruktion. Angesichts der Heterogenität der Lerngruppe sind offene, stark differenzierende und individualisierende Unterrichtskonzepte wie Freiarbeit, Wochenplanarbeit und Werkstattunterricht notwendig. Dennoch weist jahrgangsgemischtes Lernen einige Besonderheiten auf, die einer näheren Betrachtung würdig sind. Das voneinander Lernen und sich gegenseitige Unterstützen beim Lernen erhält in einem solchen Setting eine andere Qualität, weil die Heterogenität aufgrund der Altersunterschiede als natürlich und nicht als Problem empfunden wird. Anders als in jahrgangshomogenen Klassen können sich hier Kinder mit unterschiedlich langer Schulbesuchsdauer gegenseitig unterstützen. Das bedeutet, dass auch ein leistungsschwaches und langsam lernendes Kind zum Helfer wird und umgekehrt ein leistungsstarkes sich hilfesuchend an ein älteres Kind wendet. Jedes Kind hat die Möglichkeit, im Laufe seiner Lernzeit in einer solchen Klasse verschiedene Positionen einzunehmen.

Durch gemeinsames Tun auf unterschiedlichem Niveau und dem Kommunizieren darüber eröffnen sich neue Sichtweisen und Erkenntnisse. Durch Zusehen lernen die Novizen mit, die Experten können sich beim Unterstützen der Jüngeren ihres eigenen Tuns vergewissern. Didaktisch bedeutet das, dass eine Lernumgebung zu entwickeln ist, die neben individualisiertem Lernen vor allem kooperatives und gemeinsames Lernen ermöglicht und anregt.

Jahrgangsgemischtes Lernen als Beitrag zur Unterrichtsentwicklung

Entschließt sich eine Schule, jahrgangsgemischte Klassen z.B. im Schulanfang einzurichten, sind damit Schulentwicklungs- und vor allem Unterrichtsentwicklungsaufgaben verbunden. Unterricht in einer gemischten Klasse stellt erhöhte Anforderungen an die Lehrerinnen und Lehrer: Sie müssen mit der gestiegenen Heterogenität der Lerngruppe umgehen können und lernen, die Altersmischung für Lernprozesse nutzbar zu machen (vgl. Beitrag 68 in diesem Band). Erfahrungen zeigen, dass für die Entwicklung einer solchen Lernumgebung (s. o.) eine einjährige Vorbereitung notwendig ist (Ramseger et al. 2004; Kucharz & Wagener 2009; vgl. Beitrag 56 in diesem Band), die die typischen Phasen von Unterrichtsentwicklung zeigt (Holtappels 2009):

- Teambildung aller Lehrkräfte für gemischte Lerngruppen zum Aufbau einer intensiven Kooperation
- Verständigung über die Vorstellung vom jahrgangsgemischten Lernen
- Analyse der Ressourcen, Stärken und Schwächen
- Fortbildungen, Hospitationen und Gespräche in Schulen mit Erfahrung im jahrgangsgemischten Lernen
- Entscheidung über die Unterrichtsformen für individualisiertes und gemeinsames Lernen
- gemeinsame Planung und Reflexion von Unterrichtsvorhaben, evtl. mit Unterstützung durch einen Experten/eine Expertin
- weitere Evaluation und daraus folgende Planungen

Durch zur Verfügungstellen von zeitlichen und personellen Ressourcen kann die Schulleitung diese Entwicklung unterstützen. Gelingt es, die Teamstruktur nachhaltig zu implementieren, wirkt gemeinsame bzw. arbeitsteilige Unterrichtsplanung und -evaluation auf Dauer für die Lehrkräfte entlastend.

Literatur

Arbeitskreis Wissenschaftliche Begleitung (2006): Schulanfang auf neuen Wegen. Vorläufiger Abschlussbericht. Ministerium für Kultus, Jugend und Sport Baden Württemberg. – Faust, G. (2006): Die neue Schuleingangsstufe und die Einschulung in den Bundesländern – eine aktuelle Bestandsaufnahme. In: Hinz, R./Schumacher, B. (Hrsg.): Auf den Anfang kommt es an: Kompetenzen entwickeln – Kompetenzen stärken. Jahrbuch Grundschulforschung Bd. 10. Wiesbaden: VS Verlag für Sozialwissenschaften, S. 173-198. – Holtappels, H. G. (2009): Unterrichtsentwicklung und Schulentwicklung. In: Blömeke, S./Bohl, T./Haag, L./Lang-Wojtasik, G./Sacher, W. (Hrsg.): Handbuch Schule. Bad Heilbrunn: Klinkhardt, S. 588-591. – Kucharz, D./Wagener, M. (2007): Jahrgangsübergreifendes Lernen. Eine empirische Studie zu Lernen, Leistung und Interaktion von Kindern in der Schuleingangsphase. 3. Aufl. Baltmannsweiler: Schneider Verlag Hohengehren. – Kucharz, D. (2001): Flexibilisierung des Schuleintritts und Individualisierung des Schulanfangs. In: Döbert, H./Ernst, C. (Hrsg.): Basiswissen Pädagogik: Aktuelle Schulkonzepte. Bd. 5: Flexibilisierung von Bildungsgängen. Baltmannsweiler: Schneider Verlag Hohengehren, S. 67-89. – Montessori, M. (1973): Das kreative Kind. Freiburg: Herder. – Otto, B. (1963): Ausgewählte pädagogische Schriften. Besorgt von Kreitmaier, K. Paderborn: Schönigh. – Petersen, P. (1980): Der kleine Jena-Plan. 56.-60. Aufl. Weinheim: Beltz. – Ramseger, J./Dreier, A./Kucharz, D./Sörensen, B. (2004): Grundschulen entwickeln sich. Ergebnisse des Berliner Schulversuchs Verlässliche Halbtagsgrundschule. Münster, Berlin: Waxmann. – Roßbach, H.-G. (2003): Empirische Vergleichsuntersuchungen zu den Auswirkungen von jahrgangsheterogenen und jahrgangshomogenen Klassen. In: Laging, R. (Hrsg.) (2003): Altersgemischtes Lernen in der Schule. 2. korr. Aufl. Baltmannsweiler: Schneider Verlag Hohengehren, S. 80-91.

70| Eigenverantwortliches Lernen
Kerstin Rabenstein

Begriff

Der Begriff eigenverantwortliches Lernen ist Teil eines unübersichtlichen Feldes von Begriffen: Während in der schulpädagogisch-didaktischen Diskussion etwa von eigenverantwortlichem, selbstständigem, selbsttätigem und autonomen Lernen gesprochen wird, finden in der pädagogisch-psychologischen Diskussion Begriffe wie selbstorganisiertes, selbstgesteuertes oder selbstreguliertes Lernen Verwendung. Auch wenn unklar ist, ob diese Begriffe dasselbe oder unterschiedliches bezeichnen, ist ihnen gemeinsam, dass sie in der pädagogischen Diskussion positiv konnotiert sind. Befürwortet wird, wenn sich die Lernenden beim Lernen selbst Ziele setzen, einen Handlungsplan entwerfen, selbst auf geeignete Hilfsmittel und Unterstützung zurückgreifen und den eigenen Erfolg kontrollieren können. Differenzierend kann hinzugefügt werden, dass je nachdem in welchem Maße die Lernenden nicht nur an Entscheidungen über ihre Arbeitsorganisation, sondern auch über die Auswahl an Inhalten und die Bestimmung von Zielen beteiligt sind, auch von selbstbestimmten Lernen gesprochen wird. Eigenverantwortliches Lernen kann im Unterricht auf sehr unterschiedliche Weise realisiert werden, etwa im Rahmen so genannten offenen Unterrichts, wie Projekt-, Frei- und Wochenplanunterricht oder beispielsweise mit Hilfe von Lerntagebüchern, Portfolios, Kompetenzrastern oder auch e-learning.

Historische Entwicklung

Insbesondere in Deutschland wurde die schulpädagogische Diskussion zwischen „offenem" und „geschlossenem" Unterricht bis in die 1990er Jahre hinein sehr polarisierend geführt. Vertreter einer Öffnung von Unterricht gingen dabei von reformpädagogischen Idealvorstellungen eines aus Neugier und im Interesse eigener Entwicklung lernenden Kindes aus, wie sie Anfang des 20. Jahrhunderts im Kontext unterschiedlicher Ansätze der Schul- und Unterrichtsreform formuliert wurden (Boenicke 2000). Von Kritikern wurde demgegenüber an der Verbindlichkeit vorgegebener Unterrichtsinhalte und der Strukturierung der Lernprozesse durch den Lehrenden festgehalten, wofür nur im Frontalunterricht garantiert werden könnte. Während die Forderungen nach mehr eigenverantwortlichem Lernen in der Schule bis in die 1990er Jahre in Opposition zu vorherrschenden Vorstellungen von gutem Unterricht standen, haben sie mittlerweile einen Statuswechsel vollzogen. Vermutlich sind gesellschaftliche Veränderungen die Ursache dafür, dass Konzepte von lehrergesteuertem Unterricht als nicht mehr ausreichend erfolgreich angesehen werden und spätestens seit der öffentlichen Diskussion um das als katastrophal wahrgenommene Abschneiden deutscher Schülerinnen und Schüler in internationalen Leistungsvergleichsstudien nach wirksamen Lösungen von Motivations- und Lerntransferproblemen gesucht werden muss. Die Förderung eigenverantwortlichen Lernens gilt dabei aktuell als ein zentrales Ziel von Unterrichtsreformen. Parallel zu den Veränderungen im Bildungssektor lassen sich auch in anderen gesellschaftlichen Feldern, wie etwa im Gesundheitssystem und im Bereich der Arbeitsmarktpolitik, Umstrukturierungen beobachten, für die die Idee der Selbstverantwortung leitend ist.

Forschungsstand

Eigenverantwortliches Lernen ist Gegenstand in drei Bereichen erziehungswissenschaftlicher bzw. psychologischer Forschung: Der Einsatz von Lernstrategien und seine meta-kognitive Überwachung ist Thema der Pädagogischen Psychologie. Die Qualität von Unterrichtsarrangements, die auf selbstreguliertes Lernen der Schülerinnen und Schüler zielen, und ihre Effektivität mit Blick auf die Schulleistungen, ist Thema der empirisch-quantitativen Unterrichtsforschung. Die Struktur solcher Unterrichtsarrangements und die sich eröffnenden Gestaltungs- und Handlungsmöglichkeiten der Lehrenden und Lernenden sind Thema qualitativ-empirischer Forschung. Die Forschungslage zu eigenverantwortlichem Lernen war lange Zeit aufgrund mangelnder Verbreitung entsprechender Unterrichtsarrangements in der alltäglichen Schulpraxis prekär. Im Folgenden wird der Stand der Forschung in Kürze wiedergegeben.

In der pädagogisch-psychologischen Forschung konzentrierte man sich lange auf den Einsatz von Lernstrategien bei Erwachsenen. Mittlerweile liegen Ergebnisse zu Grundschulschülern (Perry 1998) und zu älteren Schülern und Schülerinnen (Patrick & Middelton 2002) vor. Von selbstgesteuertem Lernen wurde zunächst als ein Merkmal von Lernsituationen gesprochen, wenn Spielräume für die selbstständige Entscheidung in Bezug auf Lernziele, -methoden und Lernzeiten gegeben sind und auch von den Lernenden wahrgenommen werden (Weinert 1982). In den 1990er Jahren gewinnt die Frage nach motivationalen und verhaltensbezogenen Prozessen für selbstgesteuertes Lernen zunehmend an Bedeutung. Als zentral wird die Frage angesehen, wie Lernende sich selbst Ziele setzen und im Sinne ihrer eigenen Wünsche und Erwartungen die weiteren Aktivitäten planen und auf kognitiver und emotional-motivationaler Ebene selbst steuern und überwachen (Boekaerts 1999). Dass die Verwendung tiefenorientierter und meta-kognitiver Strategien zu besseren Lernergebnissen führt, lässt sich bisher entgegen den Erwartungen empirisch nicht eindeutig bestätigen. Als Grund hierfür wird vor allem auf motivational-emotionale Probleme verwiesen, deren angemessene Regulation eine höhere Bedeutung für den Lernerfolg haben könnte als bislang angenommen (ebda.).

In Meta-Analysen von empirisch-quantitativen Untersuchungen zur Effektivität offenen Unterrichts wird häufig darauf hingewiesen, dass überfachliche Ziele, wie Kreativität, Einstellungen zur Schule etc., nicht in gleichem Maße wie fachliche Ziele erreicht werden. In einer neueren Untersuchung zum Mathematikunterricht in der Schweiz, in der die Unterrichtsqualität von Frontalunterricht mit der Qualität erweiterter Lehr-Lernformen verglichen wird, heißt es demgegenüber, dass keine Unterschiede in den kognitiven Leistungen der Schüler und Schülerinnen zwischen dem Frontalunterricht und solchen Arrangements zu finden sind, die auf selbstreguliertes Lernen zielen. Zu vermuten ist, dass die kognitiven Leistungen beim selbstregulierten Lernen nicht allein von der Organisationsstruktur des Unterrichts abhängen, sondern insbesondere von dem Maße, in dem durch Aufgabenstellungen und in der Kommunikation über diese eine kognitive Aktivierung der Lernenden erreicht und selbstständige Problemlöseprozesse auf Seiten der Lernenden angeregt werden (Pauli et al. 2007).

Eigenverantwortliches Lernen wird derzeit in der qualitativ-rekonstruktiven Forschung, insbesondere im Kontext von Wochen- und Freiarbeit an der Grundschule, untersucht. Mit dem Fokus auf die Schüler-Schüler-Interaktionen bzw. die Arbeitsprozesse einzelner Schülerinnen und Schüler wird nach den Möglichkeiten gefragt, die sich für die Schülerinnen und Schüler eröffnen, ihr Lernen selbst zu bestimmen. Die Ergebnisse weisen daraufhin, dass zum einen die eröffneten Freiheitsgrade von Fall zu Fall sehr differieren und zum anderen die Schülerinnen und Schüler diese sehr unterschiedlich nutzen. Jenseits der normativen Orientierung an mehr Mitbestimmungsmöglichkeiten für die Schülerinnen und Schüler wird nach der „Ordnung des

Wochenplanunterrichts" (Labede & Reh 2009) gefragt: Das Funktionieren des Wochenplanunterrichts wird dabei insbesondere auf die Durchsetzung eines Arbeitsklimas zurückgeführt, das auf einer Arbeitshaltung auf Seiten der Schülerinnen und Schüler basiert, das heißt ihrer Ausrichtung weniger an entdeckendem oder selbstbestimmten Lernen, sondern vorrangig an dem Erledigen von Aufgaben. Auch an Sekundarschulen wird zur Förderung eigenverantwortlichen Lernens häufig nach einem dem Wochenplan ähnlichen Strukturmuster gearbeitet, so dass die Ergebnisse aus den Grundschulen auch für Forschung an weiterführenden Schulen methodische und inhaltliche Hinweise bieten können.

Insgesamt gilt, dass die vorliegenden empirischen Ergebnisse aus Untersuchungen zu Unterricht in unterschiedlichen Fächern, Schulformen und Altersgruppen stammen. In Zukunft müssen empirische Untersuchungen noch erheblich ausdifferenziert werden in Bezug auf die unterschiedlichen sozialen Gruppen innerhalb der Schule (Geschlecht, soziale Herkunft, Alter etc.) und unterschiedliche Schulformen.

Beispiele für Anwendungsbereiche

Die Förderung eigenverantwortlichen Lernens wird derzeit auf verschiedenen Ebenen und mit Hilfe verschiedener Mittel und Strategien vorangetrieben. Genannt werden können nur zwei unterschiedliche Beispiele. Erstens steht im Zentrum der aktuellen Diskussion um ganztägige Bildung in Deutschland die Idee, an Ganztagsschulen durch die Veränderung des Unterrichts und durch zusätzliche Angebote die Individualisierung des Lernens verstärkt zu fördern. Zweitens werden in Folge der Bedeutung, die Bildungsstandards und Kompetenzmessungen in jüngster Zeit beigemessen wird, Kompetenzraster für den individualisierten Unterricht entworfen, in denen Lernziele differenziert operationalisiert werden. Sie können den Lernenden als Werkzeuge zur eigenständigen Steuerung und Kontrolle von Lernprozessen dienen.

Offene Forschungsfragen und Entwicklungsperspektiven

Weitgehend unberührt ist die Diskussion um eigenverantwortliches Lernen noch von der Frage, ob bestimmte Schülergruppen mehr und andere möglicherweise weniger oder gar nicht von der Einführung eigenverantwortlichen Lernens in den Unterricht profitieren. Es könnte sich nämlich herausstellen, dass offene Lernformen einseitig Mittelschichtkinder bevorzugen (Sertl 2007). Eingang finden müsste in die Diskussion darüber hinaus die Bedeutung, die der konstitutiven Angewiesenheit des Lernenden auf einen Anderen, sei es einen Erwachsenen oder Gleichaltrigen, beim Lernen beigemessen wird. Andernfalls würde erneut der Romantisierung, aber auch der ökonomischen Nutzbarmachung des selbst lernenden Subjekts Tür und Tor geöffnet.

Literatur

Boakaerts, M. (1999): Self-regulated learning: Where we are today. In: International Journal of Educational Research. 31 (6), S. 445-457. – Boenicke, R. (2000): Selbstorganisation im Klassenzimmer? Zu den Begründungen offener Lernformen und ihrer Konzepte. In: Die Deutsche Schule. 92 (1), S. 13-22. – Labede, J./Reh, S. (2009): Soziale Ordnung im Wochenplanunterricht. In: de Boer, H./Deckert-Peaceman, H. (Hrsg.): Kinder in der Schule. Zwischen Gleichaltrigenkultur und schulischer Ordnung. Wiesbaden: VS Verlag für Sozialwissenschaften, S. 159-176. – Patrick, J./Middelton, M. J. (2002): Turning the kaleidoscope: What we see when self-regulated learning is viewed with a qualitative lens. In: Educational Psychologist. 37 (1), pp. 27-39. – Pauli, C./Reusser, K./Grob, U. (2007): Teaching for understanding and/or self-regulated learning? A video-based analysis of reform-oriented mathematics instruction in Switzerland. In: International Journal of Educational Research. 46 (5), pp. 294-305. – Perry, N. P. (1998): Young Children's Self-Regulated Learning and Contexts that Support It. In: Journal of

Educational Psychology. 90 (4), pp. 715-729. – Sertl, Michael (2007): Offene Lernformen bevorzugen einseitig Mittelschichtkinder! Eine Warnung im Geiste von Basil Bernstein. In: Heinrich, M./Prexl-Krausz, U. (Hrsg.): Eigene Lernwege – Quo vadis? Eine Spurensuche nach „neuen Lernformen" in Schulpraxis und LehrerInnenbildung, Wien: Lit-Verlag, S. 79-97. – Weinert, F. E. (1982): Selbstgesteuertes Lernen als Voraussetzung, Methode und Ziel des Unterrichts. In: Unterrichtswissenschaft. 10 (2), S. 99-110.

71| Offener Unterricht
Tina Hascher

Begriffsklärung

Für den Begriff „Offener Unterricht" gilt „nomen est omen" – seine Bezeichnung besitzt doppelte Bedeutung: Er steht für jegliche Form der Öffnung des Unterrichts – und ist damit kaum zu präzisieren. „Offener Unterricht" hat sich als ein Sammelbegriff für verschiedene Lehr-Lern-Arrangements, die auf Schülerzentrierung und Handlungsorientierung ausgerichtet sind, etabliert (Gruschka 2008). Darunter fallen beispielsweise sog. wahldifferenzierter Unterricht, Werkstattunterricht, Tagesplan- und Wochenplanunterricht, Stationenlernen, Freiarbeit, Projekte, aber auch bestimmte Formen der Gruppenarbeit. Offener Unterricht darf jedoch nicht als eine bestimmte Methode bzw. methodische Variation missverstanden werden. Vielmehr repräsentiert er eine pädagogische Haltung, die selbstgesteuertes Lernen gezielt ermöglichen soll. Offener Unterricht steht für individualisierende, entdeckend-problemlösende sowie selbstgesteuerte Lernwege und somit für das Insgesamt an Unterrichtssettings, die auf der Eigenaktivität von Schülerinnen und Schülern basieren (Paul 1998). Leider weisen nicht alle Varianten, die sich als offener Unterricht bezeichnen und in der Praxis umgesetzt werden, diese systematische und theoretisch fundierte Tiefenstruktur auf.

Zur Kategorisierung von Offenem Unterricht gibt es verschiedene Vorschläge. So differenziert Benner (1998) drei Dimensionen der Öffnung von Unterricht: thematisch, methodisch und institutionell. Wallrabenstein (2000) unterscheidet die inhaltliche (Themenfreiheit), methodische (Mitgestaltung des Unterrichts) und die organisatorische Dimension (Öffnung für veränderte Unterrichtsabläufe und Organisationsformen wie Freiarbeit, Projektarbeit und Wochenplanunterricht). Brügelmann (2000) spricht von der Öffnung gegenüber den Kindern, Öffnung zur Lebenswirklichkeit/Erfahrungswelt, Öffnung gegenüber den Eltern, Öffnung des Unterrichts für soziales Lernen, Öffnung gegenüber Kolleginnen und Kollegen und Öffnung der Lehrerin/des Lehrers selbst als Person. Hartinger (2005) schlägt eine Einteilung in verschiedene Freiräume im Unterricht vor: bezüglich des Lerninhalts, der Auswahl von Aufgaben, der Zeiteinteilung, des Raums, der Wahl von Sozialformen oder der Lernpartner.

Verschiedene Formen der Öffnung von Unterricht implizieren ein unterschiedliches Rollenverständnis von Lehren und Lernen. Der Anspruch an eine hohe Selbstständigkeit und Eigenaktivität der Lernenden erfordert spezifische Kompetenzen. Offenheit äußert sich auch in der Interaktion zwischen Lehrenden und Lernenden. Gemein ist den unterschiedlichen Konzepten Offenen Unterrichts ihre lerntheoretische Begründung mit Bezug auf die Grundideen des Konstruktivismus, demzufolge Lernen als aktiver Prozess angesehen werden muss, in dem Menschen ihr Wissen auf der Basis subjektiver Erfahrungsstrukturen individuell konstruieren. Wissen lässt sich nicht vermitteln, es können nur Lernumgebungen geschaffen werden, in denen Lernende ihr neues Wissen entwickeln.

Historische Aspekte

Historische Ursprünge des Konzepts Offener Unterricht finden sich in pädagogischen Innovativ- bzw. Alternativkonzepten. Seinen Durchbruch erlebte es in der Reformpädagogik, weitere wesentliche Impulse während der 1960er Jahre. Dennoch gelang es ihm nicht, sich auf allen Schulstufen durchzusetzen, und so hat sich Offener Unterricht am ehesten in der Grund- bzw. Primarschule etabliert. Es muss dabei auch bedacht werden, dass Offener Unterricht vor allem in den Kulturkreisen an Bedeutung gewonnen hat, die eine starke Tradition des lehrerzentrierten Unterrichts aufweisen und in denen in den letzten Jahren eine „neue Lernkultur" (Weinert 1997) gefordert wurde.

In der heutigen Zeit wird Offener Unterricht vielfach als eine Antwort auf den Wandel der Gesellschaft und der Bildungslandschaft vorgeschlagen. Einer veränderten Schülerschaft und den neuen Aufgaben für die Schule begegnet die Schule mit Lehrformen, anhand derer z.B. Selbstständigkeit und Kooperation erlernt werden sollen. Trotz des positiven Rufs, den neue Lernformen genießen, ist in der Praxis jedoch von Schwierigkeiten bei ihrer Umsetzung und Bewertung (Bohl 2006), von Überforderung und Überlastung der Lehrpersonen sowie von zunehmenden Verhaltens- und Leistungsproblemen der Schülerinnen und Schüler die Rede.

Forschungserkenntnisse zum Offenen Unterricht

Wird guter Unterricht unter dem Gesichtspunkt des Angebot-Nutzung-Modells von Fend (1981) betrachtet, so ist zu fragen, wie hoch stehend das Angebot im Offenen Unterricht ist und welche Qualität seine Nutzung erreicht. An geschlossenem Unterricht wird kritisiert, er basiere auf Zwang und sei belehrend, er fokussiere verbal-kognitives Lernen und sei in einem zu hohen Ausmaß rezeptiv. Er fordere und ermögliche kaum Eigenverantwortlichkeit, emotionales, bedeutungsvolles und eigenaktives Lernen. Der hohe Anteil an Fremdsteuerung und damit verbundener Kontrolle erziehe zu Unselbstständigkeit. Offener Unterricht dagegen fördere neben der Lernaktivität auch die Selbstbestimmung und -verantwortung, die Entwicklung der Kooperationsfähigkeit, die Partizipation und die Mündigkeit der Schülerinnen und Schüler (Jürgens 2002). Es sei im Offenen Unterricht nicht nur möglich, eine tiefere Verarbeitung der Lerninhalte zu stimulieren. Vielmehr gelänge eine konsequentere Orientierung an motivationalen und emotionalen Voraussetzungen der Lernenden. Weinerts (1998) Votum, ein guter Unterricht sei ein Unterricht, in dem mehr gelernt als gelehrt werde, könne im Offenen Unterricht besser entsprochen werden.

Diese Annahmen bestätigen sich in der empirischen Forschung allerdings nur teilweise. Aus den bisherigen Ergebnissen lässt sich jedoch ableiten, dass positive Effekte zwar durchaus möglich sind, aber nicht vorausgesetzt werden dürfen:

- Hinsichtlich der Entwicklung von Kooperation, Kreativität, Selbstständigkeit und positiver Einstellungen zur Schule scheint schülerzentrierter Unterricht dem lehrerorientierten Unterricht etwas überlegen zu sein (Müller-Naendrup 2008). Keine Unterschiede ergeben sich bezüglich Anpassung, Angst, Kontrollüberzeugungen und Selbstbild (Niggli 2000).
- Die Befunde zur Lernzeitnutzung erweisen sich als heterogen. Bei beiden Unterrichtsformen kommt es dabei sehr auf die Gestaltung der Lernsituation an (Lipowsky 2002).

- Die Leistungen von Schülerinnen und Schülern in lehrerzentriertem Unterricht sind in der Regel etwas besser als in schülerzentriertem Unterricht (Gage & Berliner 1986). Es ist indes nicht zulässig, dies zu generalisieren, weil etliche Studien nachweisen, dass die Leistungsentwicklung im Rahmen Offenen Unterrichts anderen Unterrichtsformen nicht nachsteht (z.B. Hanke 2005).

Die teilweise etwas höheren Lernerfolge in lehrerzentriertem Unterricht liegen vermutlich daran, dass auch in diesem aktive Verarbeitungsprozesse bei den Lernenden stattfinden, und Offener Unterricht keinen Wissensaufbau garantieren kann. Die Rolle von Lehrenden im Offenen Unterricht manifestiert sich nicht darin, Wissen zu vermitteln, sondern es obliegt ihnen, die Lernenden anzuregen, zu beraten und zu unterstützen (Hascher 2003). Dies setzt andere Kompetenzen voraus als traditioneller Frontalunterricht. Die fehlenden Vorgaben im Offenen Unterricht erhöhen die Handlungsspielräume, was zu einem Entscheidungsdruck für Lehrende und Lernende führen kann. Deshalb scheinen auch die Effekte Offenen Unterrichts von der Ausprägung der dazu erforderlichen Kompetenzen der Lernenden und Lehrenden abzuhängen. Zudem bedarf es schulischer Rahmenbedingungen auf struktureller und sozialklimatischer Ebene.

Forschungsperspektiven

Obschon etliche Studien zum Offenen Unterricht vorliegen, lassen sich diese kaum in einen Forschungsrahmen integrieren. Künftige Arbeiten sollten sich daher an ausgewählten Forschungslinien orientieren. Dabei erscheinen zwei Stränge besonders wichtig:
(1) Als pädagogisch-didaktisches Ideal wird heute die sog. „Methodenvielfalt" propagiert. Brophy (2000, S. 6) formulierte, "… no single teaching method … can be the method of choice for all occasions. An optimal programme will feature a mixture of instructional methods and learning activities." Es ist jedoch zu klären, anhand welcher Kriterien "mixture" zu gestalten ist, z.B.: Wie lässt sich eine Komplementarität von Methoden einerseits lerntheoretisch, andererseits empirisch begründen? Welchen Part nimmt dabei der Offene Unterricht ein?
(2) Eine erfolgreiche Implementierung Offenen Unterrichts bedarf weitreichender Veränderungen. Lehrpersonen müssen dafür entsprechend aus- bzw. weitergebildet werden. Dies kann aber erst dann professionell erfolgen, wenn die Voraussetzungen dafür geklärt sind, wie Offener Unterricht tatsächlich zu einer Optimierung des Lernens und insgesamt zu einer Verbesserung von Unterricht und Schule führt. Es gilt folglich zu klären, welche Kompetenzen und welche Unterstützung Lehrende und Lernende brauchen, damit das Potenzial Offenen Unterrichts für den ganzheitlichen Bildungsauftrag der Schule ausgeschöpft werden kann.

Literatur
Benner, D. (1998): Auf dem Weg zur Öffnung von Unterricht und Schule. Theoretische Grundlagen der Weiterentwicklung der Schulpädagogik. In: Die Grundschulzeitschrift 27, S. 46-55. – Bohl, T. (2006): Prüfen und Bewerten im Offenen Unterricht. Weinheim, Basel: Beltz. – Brophy, J. (2000): Teaching. Educational Practices Series, 1. – Brügelmann, H. (2000): Wie verbreitet ist offener Unterricht? In: Jaumann-Graumann, O./Köhnlein, W. (Hrsg.): Lehrprofessionalität – Lehrerprofessionalisierung. Bad Heilbrunn: Klinkhardt, S. 133-143. – Fend, H. (1981): Theorie der Schule. 2. durchges. Aufl., München u.a.: Urban & Schwarzenberg. – Gage, N. L./Berliner, D.C. (1986): Pädagogische Psychologie. Weinheim: Beltz. – Gruschka, A. (2008): Bildungstheoretische Reflexionen zum Offenen Unterricht. In: Patzner, G./Rittberger, M./Gerth, M. (Hrsg.): Offen und frei? Beiträge zur Diskussion Offener Lernformen. Schulheft 130. Innsbruck, Wien, Bozen: Studienverlag, S. 9-29. – Hanke, P. (2005): Öffnung des Unterrichts in der Grundschule. Lehr-Lernkulturen und orthographische Lernprozesse im Grundschulbereich. Münster, New York, München, Berlin: Waxmann. – Hartinger, A. (2005): Verschiedene Formen der Öffnung von Unterricht und ihre Auswirkung auf das Selbstbestimmungsempfinden von Grundschulkindern. In: Zeitschrift für Pädagogik 51(3), S. 397-414. – Hascher, T. (2003): Diagnose als Voraussetzung für

gelingende Lernprozesse. In: Journal für Lehrerinnen- und Lehrerbildung. 3 (2), S. 25-30. – Jürgens, E. (2002): Was leistet der Offene Unterricht? Zum Prinzip der Offenheit. In: Erziehung und Unterricht, Österreichische Pädagogische Zeitschrift. 3-4, S. 290-301. – Lipowsky, F. (2002): Zur Qualität offener Lernsituationen im Spiegel empirischer Forschungen – Auf die Mikroebene kommt es an. In Drews, U./Wallrabenstein, W. (Hrsg.): Freiarbeit in der Grundschule. Offener Unterricht in Theorie, Praxis und Forschung. Frankfurt: Arbeitskreis Grundschule, S. 126-159. – Müller-Naendrup, B. (2008): Was bringen offene Lernsituationen? In: Patzner, G./Rittberger, M./Gerth, M. (Hrsg.): Offen und frei? Beiträge zur Diskussion Offener Lernformen. Schulheft 130. Innsbruck, Wien, Bozen: Studienverlag, S. 52-70. – Niggli, A. (2000): Lernarrangements erfolgreich planen. Didaktische Anregungen zur Gestaltung offener Unterrichtsformen. Aarau: Sauerländer. – Paul, E. (1998): Bedeutung und Stellung des offenen Unterrichts auf der Sekundarstufe I: Formen und Kriterien. In: Freund, J./Gruber, H./Weidinger, W. (Hrsg.): Guter Unterricht – Was ist das? Aspekte von Unterrichtsqualität. Wien: Pädagogischer Verlag, S. 57-72. – Wallrabenstein, W. (2000): Offene Schule – Offener Unterricht. Ratgeber für Eltern und Lehrer. 8. Aufl. Reinbek bei Hamburg: Rowohlt. – Weinert, F. E.(1997): Lernkultur im Wandel. In: Beck, E./Guldimann, T./Zutavern, M. (Hrsg.): Lernkultur im Wandel. Tagungsband der Schweizerischen Gesellschaft für Lehrerinnen und Lehrerbildung und der Schweizerischen Gesellschaft für Bildungsforschung. St. Gallen, S. 11-30. – Weinert, E. (1998): Guter Unterricht ist ein Unterricht, in dem mehr gelernt als gelehrt wird. In: Freund, J./Gruber, H./Weidinger, W. (Hrsg.), Guter Unterricht – Was ist das? Aspekte von Unterrichtsqualität. Wien: Pädagogischer Verlag, S. 7-18.

72| Digitale Medien im Unterricht
Bardo Herzig

Medien und Erfahrungsformen

Alle Inhalte oder Sachverhalte unserer Umwelt, mit denen wir in Beziehung treten, weisen eine formbezogene Komponente auf. Analytisch lassen sich die folgenden Formen unterscheiden:
- *reale* Form, diese ist z.B. beim Handeln oder bei Beobachtungen in der Wirklichkeit, bei der personalen Begegnung mit Menschen oder beim realen Umgang mit Sachen gegeben
- *modellhafte* Form, diese liegt z.B. beim Umgang mit Modellen oder beim simulierten Handeln im Rollenspiel und entsprechenden Beobachtungen vor
- *abbildhafte* Form, diese ergibt sich z.B. bei der Information mit Hilfe realgetreuer oder schematischer bzw. typisierender Darstellungen
- *symbolische* Form, diese besteht z.B. in der Aufnahme von Informationen aus verbalen Darstellungen oder nicht-verbalen Zeichen

Manchmal werden die Erfahrungsformen selbst – weil sie einen vermittelnden Charakter haben – als Medien bezeichnet. Aus wissenschaftlicher Sicht erweist es sich jedoch als zweckmäßiger, den Medienbegriff auf technisch vermittelte Erfahrungsformen einzugrenzen.

In diesem eingegrenzten begrifflichen Rahmen werden *Medien* als Mittler verstanden, durch die in kommunikativen Zusammenhängen potenzielle Zeichen mit technischer Unterstützung übertragen, gespeichert, wiedergegeben, arrangiert oder verarbeitet und in abbildhafter oder symbolischer Form präsentiert werden. Im Vorgang der Kommunikation werden potenziellen Zeichen Bedeutungen von den an der Kommunikation beteiligten Personen zugewiesen (Tulodziecki & Herzig 2004, S. 12 ff).

Im Kontext von Unterricht gewinnen Medien in zweierlei Hinsicht Bedeutung. Zum einen bieten sie Möglichkeiten, das Erreichen pädagogisch wünschenswerter Zielvorstellungen zu unterstützen (*mediendidaktische* Perspektive), zum anderen können Medien selbst Gegenstand des Unterrichts werden (*medienerzieherische* Perspektive). Beide Perspektiven werden in der *Medienpädagogik* integriert. Im Folgenden wird die mediendidaktische Betrachtung in den Vordergrund gerückt (zur Medienerziehung vgl. z.B. Tulodziecki & Herzig 2004, S. 122 ff; Spanhel 2006).

Lernförderliche Potenziale digitaler Medien

Im unterrichtlichen Kontext werden zum einen vorgefertigte Medienangebote eingesetzt, zum anderen werden digitale Medien als Werkzeuge von Lernenden genutzt. Entsprechend lassen sich als Angebote Lehr- und Übungsprogramme, Lehrsysteme, Datenbestände, Lernspiele, Experimentier- und Simulationsumgebungen, Kommunikations- und Kooperationsumgebungen sowie Werkzeuge unterscheiden (vgl. Tulodziecki & Herzig 2004, S. 64 ff). Mit Angeboten dieser Art werden – insbesondere im Rahmen pädagogisch begründeter Argumentationen – vielfältige Erwartungen an die Verbesserung von Lernprozessen und von Lernergebnissen geknüpft. Sie beziehen sich z.B. auf

- die Veränderung der Lernkultur hin zu einem stärker selbstgesteuerten, motivierten Lernen, zum Teil in kooperativen Lerngemeinschaften
- die Veränderung der Unterrichtskultur von einem stark lehrerzentrierten Unterricht („harte" Treatments) hin zu offeneren Formen („weiche" Treatments)
- die Nutzung medialer Funktionen, die über das Präsentieren hinausgehen – z.B. Selektieren, Speichern, Produzieren und Kommunizieren.

Diese Erwartungen lassen sich zum Großteil auf Annahmen zu Wechselwirkungen zwischen bestimmten Medienmerkmalen und Eigenschaften des Nutzers sowie Kontextmerkmalen der Nutzungssituationen zurückführen. Dies führt zu folgenden Konkretisierungen von lernförderlichen Potenzialen (Herzig 2007):

- Dezentralisierung und Deregulierung von Lernorten, d.h. der ortsunabhängige Zugriff auf Informationen on demand und just in time
- Multicodalität und Multimodalität, d.h. die Codierung von Angeboten in unterschiedlichen Zeichensystemen zur Ansprache unterschiedlicher Sinne
- Adaptivität, d.h. die Anpassung von Medienangeboten an die Lernvoraussetzungen der Benutzer
- Interaktivität, d.h. die Bearbeitung und kreative Umgestaltung vorhandener Materialien als Manipulation symbolischer Objekte (z.B. Bildbearbeitung) sowie die Exploration von symbolischen Interaktionsräumen und die Manipulation von darin befindlichen Objekten (z.B. virtuelle Labore)
- Feedback, d.h. Rückmeldungen des Systems an den Lernenden, z.B. als Entscheidungshilfe für weitere Lernaktivitäten oder als Aufschluss über den Kenntnisstand
- Kommunikation und Kooperation, d.h. Austausch und Zusammenarbeit mit Anderen über spezielle Internetdienste (z.B. Email, Chat, Wikis, Weblogs, Portale)
- Entlastung von Routinetätigkeiten, d.h. z.B. Durchführung komplexer Rechnungen oder Speicherung von Daten
- sanktionsfreie Räume, d.h. Durchführung von Aktivitäten ohne Inkaufnahme von realen Gefährdungen oder Konsequenzen, z.B. in virtuellen Laboren und Experimentierumgebungen

Empirische Ergebnisse zum Lernen mit digitalen Medien

Insgesamt erweist es sich als schwierig, die Forschungslage zum Lernen mit digitalen Medien in ihren Ergebnissen zusammenzufassen, da die vorliegenden Studien sehr unterschiedlich sind – sowohl im Hinblick auf die methodische Anlage als auch in Bezug auf die Stichproben. Tendenziell lassen sich folgende Ergebnisse festhalten (vgl. Herzig & Grafe 2006):

- Im Hinblick auf die Verbesserung *fachlicher Leistungen* deuten einzelne Evaluationen auf positive Effekte, z.B. bei Aufsatzleistungen oder mathematischen Kompetenzen hin. In vielen anderen Studien lassen Selbsteinschätzungen erkennen, dass Lernerfolge grundsätzlich wahrgenommen werden, aber in noch unspezifischer Weise.
- Im Hinblick auf *fächerübergreifende Kompetenzen* lassen sich in der überwiegenden Mehrheit von Studien Hinweise auf Effekte im Bereich von Selbststeuerung und Lernstrategien, von Motivation und Lernfreude, von Computerkompetenz und von Kooperationsfähigkeit finden. In der Regel handelt es sich hierbei allerdings nicht um Kompetenzmessungen im psychometrischen Sinne, sondern um Einschätzungen von Lehrkräften oder um Selbstauskünfte von Lernenden.
- Am besten gelingt eine gewinnbringende – d.h. lernförderliche – Integration digitaler Medien in den Unterricht den Lehrpersonen, die mit ihrem Unterrichtsstil dem Zusammenhang von Medium, Lernvoraussetzungen, Inhalt und Sozialform Rechnung tragen. Die Integration digitaler Medien in den Unterricht erfordert also auch eine Veränderung der *Handlungsmuster von Lehrpersonen*, insbesondere dann, wenn diese bisher einen eher lehrerzentrierten Unterricht durchgeführt haben.
- Im Hinblick auf die Wirkung bestimmter Medienmerkmale haben experimentelle Studien zu inzwischen gut abgesicherten Erkenntnissen etwa zur Frage der *Gestaltung von Text-Bild-Kombinationen*, von Animationen oder der Verbindung von auditiven und visuellen Komponenten geführt (z.B. Mayer 2001).

Insgesamt verweisen die empirischen Studien auch darauf, dass neben bestimmten Medienmerkmalen die Wahl des Lehrkonzepts besonders wichtig ist. Aber auch für das jeweilige Lehrkonzept gilt, dass es in seiner Wirkung – wie die Medienmerkmale und inhaltlichen Aspekte des Medienangebots – in Wechselbeziehung zu den Merkmalen des Lernenden, insbesondere seinen Lernvoraussetzungen zu sehen ist.

Medien im Unterrichtsverlauf

Die Realisierung lernförderlicher Potenziale von digitalen Medien ist mit der Übernahme spezifischer *Funktionen* im Unterrichtsverlauf verbunden, z.B. beim Einsatz
- als Lernanregung und Lernhilfe
- als Informationsquelle
- als Werkzeug für die Erschließung von Informationen
- als Werkzeug für die Be- und Verarbeitung von Daten
- als Gegenstand von Analysen
- als Bereitstellung von Materialien für die eigenständige Bearbeitung
- als Instrument der Kommunikation und Kooperation
- als Instrument der Speicherung und der Präsentation von Arbeitsergebnissen.

Das Aufzeigen verschiedener Funktionen von Medien in Lehr-Lernprozessen soll jedoch nicht besagen, dass alle diese Funktionen im einzelnen Lernprozess auch von computerbasierten Angeboten übernommen werden müssten, bzw. sollten. Im konkreten Fall sollte die Medienverwendung von den jeweiligen Zielen, Inhalten und Lernvoraussetzungen abhängig gemacht werden.

In didaktischer Hinsicht sollten computerbasierte Angebote im Sinne problem-, entscheidungs-, gestaltungs- und beurteilungsorientierter Unterrichtsprozesse gestaltet und verwendet werden (Tulodziecki et al. 2009). Eine solche lern- und entwicklungsfördernde Gestaltung ist dadurch gekennzeichnet, dass computerbasierte Beiträge – unter Berücksichtigung der Lernvoraussetzungen – möglichst mehrere der folgenden Elemente enthalten (Tulodziecki & Herzig 2002, S. 87 ff):

- bedeutsame Aufgaben in Form von Problemstellungen, Entscheidungsfällen, Gestaltungs- und Beurteilungsaufgaben mit der Möglichkeit, diese in geeigneten Varianten zu präsentieren
- aufgabenrelevante Informationsquellen, unter Umständen verbunden mit einzelnen Lernhilfen und Werkzeugen für die Erschließung von Informationen
- Werkzeuge bzw. Instrumente zur Unterstützung bei Aufgabenlösungsprozessen
- Material, das – insbesondere bei Beurteilungsaufgaben – als Analysegegenstand geeignet ist
- Werkzeuge bzw. Instrumente, welche die Kommunikation und Kooperation unterstützen
- Werkzeuge bzw. Instrumente, welche die Speicherung und die Präsentation von Ergebnissen ermöglichen
- Aufgaben und Materialien, welche die Anwendung und Weiterführung von Lerninhalten anregen und unterstützen

Darüber hinaus sollte die (didaktische) Verwendung computerbasierter Angebote in einen medienerzieherischen Rahmen gestellt werden. Dies bedeutet u.a., dass bei der Verwendung digitaler Medienangebote deren Gestaltungsmerkmale, ihre möglichen Einflüsse und Lernwirkungen – einschließlich möglicherweise unerwünschter Nebenwirkungen – sowie die Bedingungen ihrer Produktion und Verbreitung bedacht und reflektiert, bzw. kritisch eingeordnet werden.

Literatur

Herzig, B. (2007): Medienverwendung im Unterricht. In: Schweer, M. K. (Hrsg.): Lehrer-Schüler-Interaktion. Inhaltsfelder, Forschungsperspektiven und methodische Zugänge. Wiesbaden: VS-Verlag für Sozialwissenschaften, S. 517-545. – Herzig, B./Grafe, S. (2006): Digitale Medien in der Bildung. Standortbestimmung und Handlungsempfehlungen für die Zukunft. Bonn: Deutsche Telekom AG. – Mayer, R. E. (2001): Multimedia Learning. New York: Cambridge University Press. – Spanhel, D. (2006): Medienerziehung. Erziehungs- und Bildungsaufgaben in der Mediengesellschaft. Handbuch Medienpädagogik Bd. 3. Stuttgart: Klett-Cotta. – Tulodziecki, G./Herzig, B. (2004): Mediendidaktik. Medienverwendung in Lehr- und Lernprozessen. Stuttgart: Klett-Cotta. – Tulodziecki, G./Herzig, B./Blömeke, S. (2009): Gestaltung von Unterricht. Eine Einführung in die Didaktik. Bad Heilbrunn: Klinkhardt/UTB. – Tulodziecki, G./Herzig, B. (2002): Computer & Internet in Schule und Unterricht. Medienpädagogische Grundlagen und Beispiele. Berlin: Cornelsen Scriptor.

73| Lehren und Lernen für die Zukunft: Systematische Unterrichtsentwicklung als Ausgangspunkt zur Schulentwicklung
Christoph Höfer und Marlise Hübner

Systematische Unterrichtsentwicklung: Ziele und Wege

Unterrichtsentwicklung ist eine kontinuierliche Aufgabe von Schule, die verknüpft ist mit unserer gesellschaftlichen Entwicklung. So bedingen die verkürzte Halbwertzeit des Wissens oder die veränderten Anforderungen der Arbeitswelt, dass die Fähigkeit und Motivation zum lebenslangen Lernen zur Kernkompetenz geworden ist, die auch in Schule vermittelt, gefördert und gefordert werden muss. Damit alle Schülerinnen und Schüler einer Schule bzw. einer Bildungsregion die gleichen Chancen zum Erwerb der dafür notwendigen überfachlichen Kompetenzen bekommen, muss unsere Gesellschaft sicherstellen, dass die Lernerfahrungen nicht davon abhängig sind, welche Lehrkraft die Kinder und Jugendlichen erlebt haben oder an welcher Schule sie waren.

Das Konzept „Lehren und Lernen für die Zukunft" ist ein Unterrichtsentwicklungskonzept, das durch eine systematische Vorgehensweise innerhalb der Schule solche zufälligen Lernerfahrungen minimiert. Durch die Verknüpfung von handelndem Lernen mit der Reflexion der Lernprozesse ist es bei den Schülerinnen und Schülern auf die Entwicklung von Lernkompetenz angelegt. Gleichzeitig wird durch die Bildung professioneller Lerngemeinschaften der Lehrkräfte auf verschiedenen schulischen Ebenen, wie Jahrgangsstufen-, Bildungsgangs- oder Fachteams, durch die schulinterne Lehrerfortbildung auch eine Organisations- und Personalentwicklung initiiert. Alle drei Aspekte von Schulentwicklung werden durch die Kopplung an die Bildung von qualifizierten schulischen Steuergruppen nachhaltig unterstützt und im Sinne einer lernenden Organisation weiter entwickelt.

Die Entwicklung des Konzepts „Lehren und Lernen für die Zukunft" fußt auf den Ideen einer nordrhein-westfälischen Bildungskommission, die zwischen 1997 und 2008 in NRW in den Modellprojekten „Schule & Co." und „Selbstständige Schule" im Hinblick auf die Praxistauglichkeit erprobt wurden (Höfer & Madelung 2006; Holtappels et al. 2008). Um die von der Bildungskommission geforderte Vermittlung von Lernkompetenz zu realisieren, wurde zunächst das einzige zu dieser Zeit vorhandene, auf die Sekundarstufe I bezogene, Konzept von H. Klippert aufgegriffen. Praktische Umsetzungserfahrungen an Modellschulen, Auseinandersetzung und Fortbildungen mit anderen Unterrichtsentwicklern, neurobiologische Erkenntnisse über das konstruktivistische Lernen sowie die Ergebnisse der internationalen Leistungsvergleichsstudien führten zu einer ständigen Weiterentwicklung des urspünglichen Ansatzes. So wurden z.B. schulform- und schulstufenspezifische Konzepte entwickelt, der schulinterne Umsetzungsprozess systematisiert, die Bedeutung der Reflexion für die Entwicklung von Lernstrategien weiter aufgefächert oder die (Selbst-)Beobachtung und Bewertung von Lernprozessen integriert.

Lernen auf allen Ebenen

Das Konzept ermöglicht reizvolle Angebote zum Lernen auf verschiedenen Ebenen (Höfer & Madelung 2008b):
- jedem einzelnen Schüler einer Schule gemeinsam mit und in verschiedenen Schülerteams
- jeder Lehrkraft einer Schule gemeinsam mit und in verschiedenen Teams
- der Einzelschule mit ihren Schüler- und Lehrerteams, der schulischen Steuergruppe und der Schulleitung
- Schulen in einer Bildungsregion sowohl innerhalb der eigenen Schulform als auch mit den Anschlussschulformen bzw. -institutionen
- Schulen mit anderen an der Bildungsbiografie von Kindern und Jugendlichen beteiligten Institutionen in der Bildungsregion.

Lernende Lehrerinnen und Lehrer

Lehrkräfte, die allein oder im Klassenteam ihre Lerngruppen immer selbstständiger lernen lassen wollen, verstehen sich selbst als Lernende. Gemeinsames Lernen benötigt Anlässe, Orte, Zeiten und Inhalte, die den beteiligten Lehrerteams einer Schule in schulinternen Fortbildungen durch ein qualifiziertes externes Moderatorenteam angeboten werden: individuelle Lern- und Arbeitstechniken (Methodentraining), kooperative Lern- und Arbeitstechniken (Kommunikations- und Teamentwicklungstraining), „Pflege" der Lernkompetenz im Fachunterricht und selbstgesteuertes Lernen in Projekten.

Damit alle Schülerinnen und Schüler einer Schule diese abgestimmten Lernanforderungen erreichen, nehmen – zumindest nach und nach – alle Lehrkräfte einer Schule an den Qualifizierungen zur systematischen Entwicklung von Lernkompetenz aktiv teil, die über einen Zeitraum von mindestens zwei Jahren verteilt sind und je nach Organisationsmodell zwischen 1,5 bis 5 Tage dauern. Dabei arbeiten die Lernenden viel in Teams, häufig in der Schülerrolle an alters- oder fachgerechten Inhalten, mit hohen Anteilen an Reflexion der eigenen Lernerfahrungen und Formen der Selbstevaluation. In den Fortbildungseinheiten wird intensiv an der Lehrerrolle, an individualisierender und schüleraktivierender Unterrichtsgestaltung gearbeitet. Auch werden die Grundlagen für die Vermittlung der Lern- und Arbeitstechniken an die Schülerinnen und Schüler erarbeitet (= Trainingsspiralen). Die jeweils fortgebildeten Lehrerteams entwerfen und leiten Trainingsspiralen für ihre Schülergruppen und üben und festigen die so angelegten Kompetenzen in den folgenden Monaten im Fachunterricht (= Lernspiralen). Dieser Prozess wiederholt sich nach jedem Fortbildungsbaustein, wird aber immer stärker auf die Selbstständigkeit der Schülerinnen und Schüler ausgelegt, je mehr individuelle und kooperative Lern- und Arbeitstechniken diese erworben haben. Die Zeitplanung für die allmähliche Beteiligung aller an der Schule Tätigen erfolgt durch die Steuergruppe. Zusätzlich werden Workshops angeboten, in denen die Lehrkräfte sich z.B. mit der Erstellung entsprechend komplexer Aufgaben im Fachunterricht beschäftigen, die so angelegt sind, dass verschiedene Problemlösungsstrategien und -wege im Sinne der Selbstständigkeit im Lernprozess bei den Schülerinnen und Schülern möglich sind.

Da es inzwischen ausgearbeitete Fortbildungscurricula für die Primarstufe, die Sekundarstufe I, die gymnasiale Oberstufe, das Berufskolleg und die Förderschule gibt, ist gewährleistet, dass Grundanliegen, Verständnis und Begriffe die gleichen gemeinsamen Ziele über die Schulformen hinweg verfolgen helfen. Im Idealfall wird ein Kind in einer Bildungsregion bei jedem Schulwechsel mit einem ähnlichen Verständnis weiter gefordert und gefördert. Das Konzept verfolgt damit einen bildungsbiografischen Ansatz.

Lernende Schülerinnen und Schüler
Nur wenn Lehrkräfte aktiv an ihrer Lehrerrolle arbeiten und bewusst den Anteil belehrenden Unterrichts reduzieren, entstehen für ihre Schülerinnen und Schüler die für selbstständiges Arbeiten notwendigen Freiräume zur Eigenverantwortung. In den Trainingsspiralen werden überfachliche Kompetenzen an einem der jeweiligen Jahrgangsstufe gemäßen exemplarischen fachlichen Inhalt aus- oder aufgebaut. Die Schülerinnen und Schüler arbeiten hier noch stark nach vorgegebenen Arrangements, die die Lehrkraft allein verantwortet. Auch mehrere aufeinander aufbauende Trainingsspiralen zu individuellen und kooperativen Lern- und Arbeitstechniken in verschiedenen Fachzusammenhängen und Schulstufen generieren noch nicht den selbstständigen Lerner. Die angelegten Kompetenzen müssen im Fachunterricht systematisch angewendet (gepflegt) werden, sodass Routinen und damit Sicherheiten entstehen. Ziel ist es, dass Schülerinnen und Schüler immer eigenständiger Entscheidungen über individuelle Vorgehensweisen treffen können. Zur Bearbeitung einer Aufgabe im Fachunterricht wählen sie aus der ständig wachsenden Zahl zur Routine gewordener Methoden aus, begründen ihre Wahl und reflektieren die Angemessenheit der Entscheidung und den Erfolg. Die Aufgaben sind dabei so komplex, dass sie unterschiedliche Zugänge ermöglichen, eine Selbststeuerung der Lernplanung erfordern und unterschiedliche methodische Zugriffsweisen herausfordern. Die Lehrkraft fordert bei den Schülerinnen und Schülern innerhalb eines sich erweiternden Korridors Gestaltungsmöglichkeiten und Verantwortung für das eigene Lernen ein und wird selbst je nach Phase und Entwicklungsstand von der vorgebenden in die begleitende Rolle wechseln. Besondere Lernunterstützung ziehen die Schülerinnen und Schüler aus systematisch eingeführten Formen der Selbstevaluation und Reflexion, wie z.B. Lerntagebüchern. Selbst- und Fremdreflexion des Lernprozesses und -produkts müssen zur alltäglichen Routine aller Lernenden werden, sowohl der Schülerinnen und Schüler als auch der Lehrerinnen und Lehrer. Für selbstständiger lernende Schülerinnen und Schüler müssen die Lehrkräfte und die Schule in ihrer internen Angebotsstruktur die entsprechenden Lernanlässe und -umgebung zur Verfügung stellen. Auch dabei gilt, dass das System als Ganzes das gemeinsame Ziel tragen und zur Umsetzung beitragen muss.

Lernende Schule
Eine Schule, die sich mit einer qualifizierten Mehrheit im Kollegium und der Schulkonferenz für eine die gesamte Schule umfassende systematische und teamorientierte Form der Unterrichtsentwicklung entscheidet, tut dies auf der Grundlage eines entsprechenden Leitbilds oder einer gemeinsamen Zielklärung. Um den Prozess der Unterrichtsentwicklung mit einem qualitätsorientierten Organisationsentwicklungsprozess zu verbinden, richtet sie eine Steuergruppe ein und lässt diese für ihre Aufgabenwahrnehmung qualifizieren. Für die Steuergruppenarbeit gelten die gleichen Anforderungen wie für die anderen Ebenen auch, damit sie für ihr System lernen kann: Anlässe, Zeit, Ort und Inhalte. Sie organisiert und begleitet die zur Unterrichts- und Organisationsentwicklung notwendigen Lerngelegenheiten. Die Schulleitung als gesetztes Mitglied der Steuergruppe nutzt ihre spezifischen Rollenanteile und übernimmt die Gesamtverantwortung für den Entwicklungsprozess.

Lernende Region
Das an einigen hundert Schulen aller Schulformen praktizierte Konzept zur überfachlichen Kompetenzentwicklung für alle Schülerinnen und Schüler einer Schule, das auch die fachlichen Kompetenzen entwickeln hilft, ist ein Konzept zur Entwicklung der Einzelschule, bietet sich aber auch für die Entwicklung von regionalen Schullandschaften an (Höfer & Madelung 2008a). Eine solche Entwicklung vieler oder aller Schulen in einer Region ist allerdings nur

möglich mit einem regional organisierten und mit den notwendigen Ressourcen ausgestattetem Beratungs- und Unterstützungssystem. Es kann sich an den Bedürfnissen der Schulen und der Schullandschaft vor Ort ausrichten und fördert über die regionale Organisation von Fortbildung die Vernetzung der Schulen, da über gemeinsames Lernen gemeinsame Arbeitsstrukturen geschaffen werden. Dies ist dann möglich, wenn die für die Bildung in einer Region verantwortlichen Akteure nicht in Zuständigkeiten sondern in Verantwortlichkeiten für die Schülerinnen und Schüler in der Region denken und handeln, wie in der Bildungsregion Herford bewiesen wurde. Es hat sich aber auch gezeigt, dass solche Erfolge in hohem Maße auch vom überparteilichen Konsens in der Kommunalpolitik getragen werden.

Entwicklungsperspektiven

Der mit der intensiven Rezeption der internationalen Leistungsvergleichsstudien und der Einführung von Kernlehrplänen einhergehende Perspektivenwechsel zur Kompetenzorientierung hat das in den Schulprojekten entwickelte Konzept über NRW hinaus attraktiv gemacht, und es wurde in unterschiedlichem Umfang in andere Bundesländer, in Städte und Kreise transferiert, die die Entwicklung der Unterrichtsqualität in einer regionalen Bildungslandschaft in den Mittelpunkt ihrer Regionalenwicklung gestellt haben.
In Nordrhein-Westfalen ist die Verbesserung der Unterrichtsqualität ausdrücklich Gegenstand von Kooperationsverträgen, die das Kultusministerium mit den Kommunen seit Abschluss des Projektes „Selbstständige Schule" mit dem Ziel der Weiterentwicklung der staatlichen-kommunalen Bildungsverantwortung abschließt.

Literatur
Holtappels, H. G./Klemm, K./Rolff, H-G. (2008): Das Modellvorhaben „Selbstständige Schule" – eine vorläufige Analyse der wissenschaftlichen Begleitforschung. In: Projektleitung „Selbstständige Schule" (Hrsg): Das Projekt „Selbstständige Schule". Stimmen von Projektbeteiligten und Beobachtern. Troisdorf: Bildungsverlag Eins, S. 20-51. – Höfer, C./Madelung, P. (2008a): Lehren und Lernen für die Zukunft: Systematische Unterrichtsentwicklung in regionalen Bildungslandschaften. In: Berkemeyer, N./Bos, W./Maritius, V./Müthing, H. (Hrsg.): Unterrichtsentwicklung in Netzwerken. Münster: Waxmann, S. 121-139. – Höfer, C./Madelung, P. (Hrsg.) (2008b): Lehren und Lernen für die Zukunft. Systematische Unterrichtsentwicklung: Materialien von A-Z. Troisdorf: Bildungsverlag Eins. – Höfer, C./Madelung, P. (2006): Lehren und Lernen für die Zukunft. Unterrichtsentwicklung in selbstständigen Schulen. Troisdorf: Bildungsverlag Eins.

74| Demokratisches Lernen
Katja Kansteiner-Schänzlin

Demokratisches Lernen in Schulpädagogik und Schulpraxis

Ansätze demokratischen Lernens finden vermehrte Aufmerksamkeit in der aktuellen erziehungswissenschaftlichen Diskussion, mahnen doch Auswüchse demokratiefeindlichen Bürgerverhaltens und die konstatierte Politikferne der Jugendlichen an, die Bildungsbemühungen in diese Richtung zu forcieren. Mit dem BLK-Projekt ‚Demokratie Lernen' (Edelstein & Fauser 2001) wurde eine prominente Initiative durchgeführt. Gleichzeitig sind in der alltäglichen Schul- und Unterrichtspraxis wenig Spuren demokratischen Lernens zu finden. Die Situation der Demokratie in der Schule ist derzeit als ambivalent zu erleben: einerseits wird sie in der Bedeutsamkeit beschworen und in vereinzelten herausgehobenen Verfahren glänzend ans Licht geholt, andererseits im Täglichen gerne randständig behandelt und schnell in Frage gestellt, wenn Schwierigkeiten auftreten oder der Ausgang ungewiss ist.

Theoretische, empirische und historische Zugänge zum demokratischen Lernen

Begründung demokratischen Lernens

Das demokratische Moment in der Schule steht für Jugendliche in Deutschland zunächst in einem Widerspruch, denn sie sind zum Schulbesuch per Gesetz gezwungen. Nichtsdestotrotz sprechen verschiedene Argumente dafür, im konkreten Schulalltag Prinzipien der Demokratie walten zu lassen.

Die Demokratie baut auf der Bereitschaft ihrer Bürger auf, ihr ihre begründete Zustimmung und Unterstützung zu geben und im Medium ihrer Selbstachtung und Würde unterschiedliche Positionen einzunehmen, aber sich dennoch auf Grundbestände und Kommunikationsmodi ihrer gemeinsamen freiheitlichen Existenz einigen zu können, die sie verbindet (Waschkuhn 2005, S. 91f). Das Bildungssystem hat die Aufgabe auch die nachwachsende Generation von der Demokratie als Staatsform zu überzeugen und die Bereitschaft zu erzeugen, demokratieangemessen zu urteilen und zu handeln. Dafür muss die Institution gleichermaßen solche demokratischen Strukturen schaffen, die die Menschen dazu bringen, sich im Sinne des Gemeinwohls zu verhalten (Münkler & Loll 2005, S. 46). Am konsequentesten findet sich im schultheoretischen Denken von Hentigs die analoge Umsetzung postuliert: „Nur wenn wir im kleinen überschaubaren Gemeinwesen dessen Grundgesetze erlebt und verstanden haben – das Gesetz der *res publica*, das des *logon didonai*, das der Demokratie, das der Pflicht zur Gemeinverständlichkeit in öffentlichen Angelegenheiten, also der Aufklärung, das des Vertrauens, der Verlässlichkeit, der Vernünftigkeit unter den Bürgern und nicht zuletzt das der Freundlichkeit und Solidarität unter den Menschen überhaupt – werden wir sie in der großen *polis* wahrnehmen und zuversichtlich befolgen" (von Hentig 1993, S. 185) (Herv. i. Orig.). Für das zentrale Demokratieprinzip der Partizipation an Entscheidungsprozessen auf Schul- und Unterrichtsebene spricht ferner, dass Schülerinnen und Schüler heute eine längere Lebensspanne in der Schule verbringen und diese ihnen ein konstruktiver Raum sein sollte, in dem Erfahrungen von Echtheit, Ernstcharakter, Sinn und Erfolg möglich sind. Demokratisches Lernen begründet sich also vornehmlich normativ. Verschiedene Ansätze wie bspw. das Konzept des Demokratie-Lernens (vgl. Himmelmann 2007), die Politische Bildung (z.B. Reinhardt 2005) und das Konzept der Schülerpartizipation zeigen Handlungsfelder auf, wo und wie Jugendliche Kompetenzen zum demokratischen Denken und Handeln aufbauen und auch die Bereitschaft, staatsbürgerliche Verantwortung zu übernehmen, entwickeln können.

Empirische Erkenntnisse zum demokratischen Lernen

Im Umfeld finden sich zunächst kritische Befunde zu Aspekten demokratischen Lernens, wie bspw. die schwache Akzeptanz und der unzureichende Einfluss der Schülermitverantwortung (Palentin & Hurrelmann 2003) oder der eingeschränkte Einfluss der Dimension Schülerpartizipation auf den fachlichen Lernerfolg (Gruehn 2000). Konkrete Befunde zum Gewinn demokratischen Lernens selbst liegen jedoch bislang kaum vor, nicht zuletzt steht eine konsequente und qualitätsvolle Verankerung in der Schul- und Unterrichtspraxis noch aus. Allerdings weist die Evaluation des BLK-Projekts auf Erkenntnisse hin, dass solche Initiativen zum Erlernen demokratischer Prinzipien beitragen, einen konstruktiveren Umgang mit Konflikten aufbauen und eine größere Partizipationsbereitschaft der Jugendlichen erreichen können. Auch bei Lehrkräften vermögen sie ein erweitertes Verständnis von Demokratie in der Schule zu entwickeln (Abs et al. 2007).

Historische Beispiele demokratischer Teilhabe von Schülerinnen und Schülern
Erfolgreich gelebte Demokratie zeigt sich in den Schulexperimenten der sog. Reformpädagogik. Die Bandbreite reichte von der selbständigen Wahl des Materials in der Freiarbeit bei Montessori oder der Entscheidung für unterschiedliche Gruppenaufgaben und Partner in Petersens Jena-Plan-Schule über die gemeinschaftliche Entscheidung im Projektunterricht Deweys oder Kilpatricks und dem Mitspracherecht zur Regelung gemeinschaftlicher Fragen im Klassenrat in der Schule Freinets. Sie erstreckte sich weiter über die selbständige Organisation zentraler Einrichtungen wie die Feuerwehr oder die Gestaltung der Räume in der Schulinsel Scharfenberg bis hin zur Mitentscheidung der Jugendlichen bei der Einstellung der Lehrkräfte an den Berliner Versuchsschulen oder der regelnden Schulversammlung in Neills Schule Summerhill oder Geheebs Odenwaldschule. Vor dem Hintergrund damaliger Demokratisierungstendenzen und der Pädagogik vom Kind aus, war die Partizipation der Jugendlichen weniger ein Zugeständnis der Erwachsenen, als vielmehr eine pädagogische Grundfeste, die sich vielseitig im didaktisch-methodischen Handeln sowie in der schulorganisatorischen Beteiligung konkretisierte.

Handlungsfelder und Kompetenzen demokratischen Lernens heute

Die Idee demokratischen Lernens versteht sich als eine pädagogische Aufgabe, die nicht spezifische Produkte getrennter und spezialisierter Formen des Lernens anstrebt, sondern differenzierte Ergebnisse kognitiver, partizipativer und diskursiver Prozesse im Rahmen einer kommunikativen und kooperativen Schulpraxis darstellt (Edelstein 2005, S. 222). Sie zeigt sich an der Qualität des gelebten Alltags (Beutel & Fauser 2005, S. 238) und beschränkt sich nicht auf eine Alterstufe oder Schulart.
Auf der *Ebene der Institution* finden wir die klassischen Mitbestimmungsmöglichkeiten in der SMV und die Beteiligung der gesamten Schülerschaft insbesondere in Evaluations- und Schulentwicklungsprozessen. Nicht zuletzt stellt die Beteiligung an der Gestaltung des Raums als ‚dritten Erzieher' ein institutionenbezogenes Demokratieübungsfeld dar. Auf der *Ebene des Unterrichts* finden wir den Aspekt der Mitbestimmung innerhalb des didaktischen Denkens bspw. bei Klafki oder auch in Ansätzen der konstruktivistischen Didaktik als tragendes Moment wieder. Unterrichtskonzeptionen, die Leistung kooperativ anlegen, erweisen sich (unter bestimmten Bedingungen) als erfolgreich und auch der Bildungsplan leistet einem angewandten demokratischen Denken und Handeln nicht zuletzt über methodische Verbindlichkeiten, wie dem Projekt, Vorschub. In den neuen Formen der Leistungsbeurteilung gewinnen die Selbst- und Mitbeurteilung an Bedeutung. Auf der *Ebene von Führung im Klassenzimmer* erweist sich eine Führungshaltung der Lehrkraft als angemessen, die die Gleichrangigkeit von Bedürfnissen akzeptiert und Spielraum für Aushandlungsprozesse ermöglicht. Eine Demokratie einübende Dimension kommt ferner in einer Kommunikation zum Tragen, die Äußerungen und Bedürfnisse des Gegenübers ernst nimmt und eine integrierte Lösung anstrebt – dies sowohl innerhalb eines Lehrer-Schüler-Verhältnisses als auch der Schüler untereinander. Der Klassenrat findet innerhalb eines sinnvollen Classroom-Managements seinen Platz.

Zu den zu entwickelnden Kompetenzen innerhalb des demokratischen Lernens zählen zum einen affektiv-moralische Einstellungen wie bspw. die Anerkennung der Gleichwertigkeit und Achtung der Würde und Freiheit des anderen. Zum anderen sollen allgemein kognitive Fähigkeiten wie bspw. die Fähigkeit, eine Stellungsnahme nach ihren Folgen, ihrer Zukunftsbedeutsamkeit und ihrer Problemlösefähigkeit beurteilen zu können, aufgebaut werden. Des weiteren sind praktisch-instrumentelle Fertigkeiten zu üben, wie Konsens zu suchen, Mehrheitsentscheidungen zu akzeptieren, Zivilcourage zu zeigen und Gruppenverantwortung hervorheben zu können (Himmelmann 2006).

Fazit

Demokratisches Lernen, Zielsetzung und Basis schulischer Bildung zugleich, stellt sich derzeit auch ohne solide empirische Basis als eine aktuelle und konkrete Entwicklungsperspektive für Unterricht und Schule dar. Der Ansatz erhebt vor dem Hintergrund normativer Begründungen den Anspruch, eine grundlegende Basis für das Entscheidungsgeschehen in der Schule zu sein. Weil er Kompetenzen anzubahnen vermag, diese jedoch nicht voraussetzen kann, beansprucht er von den Professionellen, entsprechende Strukturen aufzubauen und die Erprobungsprozesse sorgfältig zu begleiten. Damit geht die Erwartung einher, dass Lehrkräfte und Schulleitungen ihre Führungshaltung reflektieren, den Blick auf die möglichen Partizipationsräume schärfen, zu Aushandlungsprozessen ermutigen und Entscheidungsmacht teilen.

Literatur

Abs, H. J./Roczen, N./Klieme, E. (2007): Abschlussbericht zur Evaluation des BLK-Programms: Demokratie lernen und leben. Frankfurt/Main: Dipf. – Beutel, W./Fauser, P. (2005): Demokratie als Thema und Aufgabe der Schulentwicklung. In: Himmelmann, G./Lange, D. (Hrsg.): Demokratiekompetenz. Wiesbaden: VS Verlag, S. 227-244. – Edelstein, W. (2005): Überlegungen zur Demokratiepädagogik. In: Himmelmann, G./Lange, D. (Hrsg.): Demokratiekompetenz. Wiesbaden: VS Verlag, S. 208-226. – Edelstein, W./Fauser, P. (2001): Demokratie lernen und leben. Gutachten zum Programm. Bonn: Bund-Länder-Kommission für Bildungsplanung und Forschungsförderung (BLK), Heft 96. – Gruehn, S. (2000): Unterricht und schulisches Lernen. Münster: Waxmann. – Hentig, H. v. (1993): Die Schule neu denken. 2. erw. Aufl. München: Carl Hanser Verlag. – Himmelmann, G. (2007): Demokratie Lernen: als Lebens-Gesellschafts- und Herrschaftsform. Schwalbach/Ts.: Wochenschau Verlag. – Himmelmann, G. (2006): „Was ist Demokratiekompetenz?" Ein Vergleich von Kompetenzmodellen unter Berücksichtigung internationaler Ansätze. In: Himmelmann, G.: Leitbild Demokratieerziehung. Schwalbach/Ts Wochenschau Verlag, S. 120-187. – Münkler, H./Loll, A. (2005): Sozio-moralische Ressourcen als Voraussetzung für Demokratie und Freiheit sowie Aufgabe politischer Bildung. In: Himmelmann, G./Lange, D. (Hrsg.): Demokratiekompetenz. Wiesbaden: VS Verlag, S. 39-49. – Palentien, C./Hurrelmann, K. (2003) (Hrsg.): Schülerdemokratie. Mitbestimmung in der Schule. München, Neuwied: Wolters Kluwer. – Reinhardt, S. (2005): Fehlverstehen und Fehler verstehen: Aus Fehlern lernen ist aktives Lernen. In: Himmelmann, G./Lange, D. (Hrsg.): Demokratiekompetenz. Wiesbaden: VS Verlag, S. 129-140. – Waschkuhn, A. (2005): Theorie der modernen Demokratie und die Notwendigkeit eines komplexen Demokratie-Lernens. In: Himmelmann, G./Lange, D. (Hrsg.): Demokratiekompetenz. Wiesbaden: VS Verlag, S. 88-99.

75| Kooperatives Lernen
Anne A. Huber

Definition Kooperativen Lernens

Unter *Kooperativem Lernen* versteht man eine Interaktionsform, bei der die beteiligten Personen gemeinsam und in wechselseitigem Austausch Kenntnisse und Fertigkeiten erwerben. Entscheidend dabei ist die Zielsetzung, dass alle Gruppenmitglieder möglichst große Lernfortschritte machen, d.h. es geht nicht in erster Linie um das gemeinsame Produkt. Im Mittelpunkt steht bei kooperativen Lernaktivitäten also die individuelle Lernleistung der Gruppenmitglieder. Beauftragt man eine Gruppe lediglich mit der Erstellung eines gemeinsamen Produkts, z.B. ein Arbeitsblatt auszufüllen oder einen Bericht zu einer Fragestellung abzugeben, so kann es für die Gruppe sogar von Vorteil sein, wenn sich nur die besten Mitglieder an der Arbeit beteiligen, weil so die Aufgabe möglichst schnell und effektiv zu erledigen ist. Häufig ist eine Zusammenarbeit gar nicht erforderlich, sondern die Aufgabe kann auch alleine bewältigt werden. Dadurch entsteht eine Reihe von Problemen, wie sie z.B. bei Renkl et al. (1996) beschrieben werden.
Während in der Literatur zum Lernen in „face-to-face" Situationen häufiger der Begriff des Kooperativen Lernens verwendet wird, ist im Bereich computerunterstützten Lernens der Begriff *Kollaboratives Lernen* gebräuchlicher. Die Bezeichnungen sind jedoch austauschbar.
Kooperative Lernformen sind dadurch gekennzeichnet dass,
- mindestens zwei Personen mit dem Ziel zusammenarbeiten, dabei etwas zu lernen
- die Gruppengröße Interaktionen zwischen allen Gruppenmitgliedern erlaubt
- keine direkte Supervision durch eine Lehrperson stattfindet
- die Lernenden gleichberechtigte Interaktionspartner sind.

Unter Kooperativem Lernen werden nur solche Methoden zusammengefasst, die den *individuellen Lernfortschritt aller Gruppenmitglieder* fördern. Um dies zu erreichen, muss das Lernen der Gruppenmitglieder, je nach den Lernzielen und den Voraussetzungen der Lernenden, durch eine oder mehrere der folgenden Maßnahmen unterstützt werden. Dabei werden *lernpsychologische, sozialpsychologische und didaktische Konzeptionen* integriert:
- *Feedback bzw. Anerkennung der Lernleistung der Gruppe:* Die Gruppe bekommt den Lernfortschritt ihrer Gruppenmitglieder zurückgemeldet. Dadurch sind alle Gruppenmitglieder motiviert, sich gegenseitig beim Lernen zu unterstützen und zum Lernen anzuspornen.
- *Aufgabenspezialisierung:* Die Gruppenmitglieder verfügen nur über einen Teil der Ressourcen (Informationen, Materialien) und sind so aufeinander angewiesen, wenn sie den gesamten Lernstoff beherrschen wollen.
- *Unterstützung der aufgabenspezifischen Interaktionen*: Den Lernenden werden Lern- und Lehrstrategien beigebracht oder nahe gelegt, die für das Lernen in Gruppen als effektiv betrachtet werden, wie z.B. wechselseitiges Fragenstellen, die Strukturlegetechnik oder die Reflexion der Lernprozesse.
- *Unterstützung der Gruppenprozesse:* Den Lernenden wird vermittelt, wie sie in der Gruppe effektiv miteinander umgehen können, u.a. durch das Aufstellen von Gruppenregeln, die Verteilung von Gruppenrollen oder die Evaluation der Gruppenprozesse.

Theoretische Perspektiven zum Kooperativen Lernen

Vom Kooperativen Lernen werden positive Auswirkungen auf *sozialer und individueller Ebene* erwartet. Einerseits sollen sich die sozialen Beziehungen und das soziale Klima einer Lerngemeinschaft verbessern, andererseits sollen sich Lernfortschritte bei den Einzelnen auf fachlicher, sozialer, personaler und methodischer Ebene zeigen.

Während für das Erreichen *sozialer Lernziele* Kooperative Lernmethoden generell als tauglich betrachtet werden, wird immer wieder bezweifelt, ob sich Kooperatives Lernen auch für den *Erwerb von Fachkenntnissen und Fertigkeiten* eignet. Ein Großteil der Forschung im Bereich des Kooperativen Lernens hat sich letzterer Fragestellung gewidmet. Insbesondere wird dabei versucht herauszufinden, unter welchen Bedingungen Kooperative Lernformen anderen Lernformen überlegen sind. Dabei lassen sich diese Bedingungen bzw. Maßnahmen in zwei grundlegende theoretische Zugangsweisen unterteilen: zum einen Maßnahmen, die versuchen, eine *positive Interdependenz zwischen den Lernenden* herzustellen und zum anderen solche, die sich bemühen, die *Interaktionen der Lernenden direkt zu beeinflussen*.

Im nächsten Abschnitt werden diese beiden theoretischen Richtungen näher ausdifferenziert und Ergebnisse einer Metastudie von Slavin (1995) dazu berichtet.

Erklärungen für die Effektivität Kooperativen Lernens

Abhängig von den *Voraussetzungen,* die die Lernenden mitbringen, kann durch die im vorangegangenen Abschnitt erwähnten Maßnahmen Einfluss auf soziale, motivationale und kognitive *Prozesse* in der Gruppe und bei den Einzelnen genommen werden, die dann zu einem *Lernergebnis* führen (siehe Abb. 11). Im Folgenden werden die vier *Maßnahmen* näher beschrieben sowie auf die ihnen zugrunde liegenden theoretischen Annahmen, konkreten methodischen Umsetzungen in der Praxis und Forschungsergebnisse eingegangen.

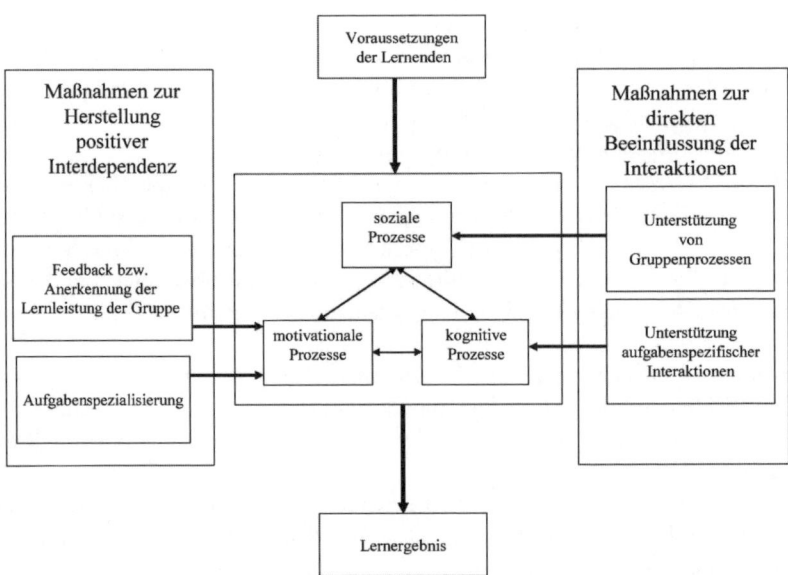

Abb. 11: Maßnahmen, die Auswirkungen auf die Prozesse und Effekte Kooperativen Lernens haben.

Feedback bzw. Anerkennung der Lernleistung der Gruppe

Slavin (1995) geht davon aus, dass alle Gruppenmitglieder motiviert sind, einen Lernzuwachs zu erreichen und sich gegenseitig beim Lernen zu unterstützen, wenn sie dafür *Anerkennung* erhalten. Dieses *Feedback* sollte sich also insbesondere auf die *motivationalen Prozesse* beim gemeinsamen Lernen positiv auswirken.

Die prototypische Methode dafür ist die *Gruppenrallye* (Wahl 2004), die sich besonders für das *Üben* eignet, z.B. im Rechtschreiben, beim Bruchrechnen oder Vokabellernen. Voraussetzung ist allerdings, dass die Lernenden ausreichende Kompetenzen dafür mitbringen, sich wechselseitig beim Üben zu unterstützen. Bei der Gruppenrallye wird zunächst in *Einzelarbeit* der individuelle Leistungsstand aller Lernenden festgestellt. Daraufhin werden *leistungsheterogene Gruppen* gebildet. Die Gruppen erhalten nun Materialien anhand derer sie den Lernstoff in den Gruppen üben können. Die Lernenden dürfen selbst aussuchen, welche der Materialien sie nutzen wollen. Nach der Übungsphase wird wiederum der individuelle Leistungsstand erhoben und für die Einzelnen und die Gruppen der *Lernzuwachs* ermittelt. Im *Klassenverband* wird nun herausgestellt, welche Gruppen besonders gut abgeschnitten haben und reflektiert, welche Strategien für das erfolgreiche Abschneiden verantwortlich waren. Eine *Überblicksstudie* zur Effektivität Kooperativen Lernens von Slavin (1995) konnte zeigen, dass die Gruppenrallye und andere Kooperative Lernformen, die Gruppen für den Leistungszuwachs ihrer Mitglieder belohnen, in 78% der Fälle bezogen auf kognitive Lernziele effektiver waren als lehrerzentrierter Unterricht. In 22% der Fälle ergaben sich keine Unterschiede.

Aufgabenspezialisierung

Bei Lernformen mit *Aufgabenspezialisierung* eignen sich die Lernenden zunächst jeweils nur einen *Teil des Lernstoffs* an. Danach vermitteln sie sich wechselseitig ihr Expertenwissen. Um den gesamten Lernstoff beherrschen zu können, sind die Lernenden also aufeinander angewiesen. Aus *rollentheoretischer Sicht* (Renkl 1997) kann man davon ausgehen, dass die Lernenden durch die Übernahme der Expertenrolle motiviert sind, sich intensiver mit dem Lernstoff auseinanderzusetzen, um ihn später gut weitergeben zu können. Daher sollte diese Form des Lernens sehr effektiv sein. Die prototypische Methode Kooperativen Lernens, bei der Aufgabenspezialisierung eingesetzt wird, ist die *Gruppenpuzzle-Methode* (Aronson & Patnoe 1997). Sie ist besonders dann geeignet, wenn *Wissen und Fertigkeiten* erworben werden sollen. Beim Gruppenpuzzle eignen sich die Lernenden in *Expertengruppen* einen Teil des Lernstoffs an. Danach werden *Puzzlegruppen* gebildet, bestehend aus jeweils einem Experten für jedes Teilgebiet. In diesen Gruppen vermitteln sich die Lernenden ihr Wissen wechselseitig. In seiner *Überblicksstudie* zur Effektivität Kooperativen Lernens konnte Slavin (1995) zeigen, dass das Gruppenpuzzle nur in 27% der Fälle effektiver bezogen auf kognitive Lernziele war als ein lehrerzentrierter Unterricht und in genauso vielen Fällen weniger effektiv. In 46% der Fälle fanden sich keine Unterschiede. Analysiert man anhand dieser Studien die Bedingungen für erfolgreiches Kooperatives Lernen, so zeigt sich: Die Lernenden müssen bei der Aneignung, der Weitergabe und der Vertiefung des Wissens angeleitet werden. Die *aufgabenspezifischen Interaktionen* bedürfen also notwendigerweise der Unterstützung. Aufgabenspezialisierung alleine ist nicht ausreichend. Methoden des *Wechselseitigen Lehrens und Lernens (WELL-Methoden)* basieren dann auch genau auf diesen *Grundprinzipien:* Aufgabenspezialisierung im Verbund mit Unterstützung aufgabenspezifischer Interaktionen (Huber et al. 2001).

Unterstützung aufgabenspezifischer Interaktionen
Unter *aufgabenspezifischen Interaktionen* versteht man alle Interaktionen der Lernenden, die sich darauf beziehen, die gestellte Aufgabe zu bewältigen. Ihre Unterstützung ist aus der *Perspektive der kognitiven Elaboration* (Slavin 1995) deshalb notwendig, da es für die Lerneffektivität wichtig ist, wie gut der Lernstoff mit den bereits vorhandenen Wissensbestandteilen verknüpft wird, d.h. wie gut er elaboriert wird. Dies geschieht

- *durch Kompetenztrainings:* Wichtige Fertigkeiten für das Lernen können bereits vor dem Einsatz der Kooperativen Lernmethode geübt werden, z.B. das Erklären anhand von Schlüsselbegriffen oder das argumentative Begründen einer Meinung.
- *durch Lernskripte*: Der *Ansatz Kooperativer Lernskripte* (O'Donnell & Dansereau 1992) unterstützt die Lernenden durch *detaillierte Vorgaben*, wie sie beim Lernen vorgehen sollen. So wurde für das Lernen von Texten das sogenannte MURDER-Skript entwickelt. Die Lernenden sollen sich positiv einstimmen (*M*ood) und danach die Hauptideen in einem Textabschnitt erfassen (*U*nderstand). Eine Person gibt dann den Textabschnitt wieder (*R*ecall), während die andere versucht, Auslassungen und Fehler zu identifizieren (*D*etect). Schließlich überlegen sich die Lernenden gemeinsam, wie sie sich den Abschnitt am besten merken können (*E*laborate) und gehen zum nächsten Abschnitt weiter. Ganz am Schluss wird alles nochmals wiederholt (*R*eview).
- *durch Lernvorgaben:* Lernvorgaben sind *weniger detailliert* als Lernskripte. So kann das Lernen aus Texten mittels Kärtchen mit Schlüsselbegriffen und Fragen zu einem Text unterstützt werden. Die Lernenden verwenden diese Kärtchen, um sich den Stoff anzueignen, ihn weiterzuvermitteln und ihr Verständnis zu vertiefen. Sie erklären den Lernstoff anhand der Schlüsselbegriffe und überprüfen ihr Verständnis mit Hilfe der Fragen. Die Begriffskärtchen werden zum Abschluss außerdem eingesetzt, um sicherzustellen, dass alles verstanden wurde und um das Wissen auf breiterer Basis zu vernetzen.
- *durch Reflexion der Lernprozesse:* Wichtig ist, dass das Vorgehen beim Lernen immer wieder reflektiert wird: Was hat gut funktioniert? Was hat nicht so gut funktioniert und muss deshalb verändert oder eingeübt werden?

Die Unterstützung aufgabenspezifischer Interaktionen ist immer dann sinnvoll, wenn man davon ausgeht, dass Lernende wichtige Kompetenzen für die aufgabenspezifische Zusammenarbeit nicht mitbringen oder dass sie diese nicht von sich aus einsetzen werden.

Unterstützung von Gruppenprozessen
Neben aufgabenspezifischen Interaktionen können auch die *sozialen* Interaktionen in der Gruppe unterstützt werden. Dies sollte besonders nützlich für *soziale Lernziele* sein, z.B. für den Erwerb sozialer Kompetenzen oder die Verbesserung der Beziehungen der Lernenden. Gerade wenn Gruppen länger zusammenarbeiten hat es sich als sinnvoll erwiesen, *Gruppenbildungsmaßnahmen* voranzustellen, d.h. Aktivitäten zu initiieren, damit sich die Gruppenmitglieder besser kennen lernen. Ebenso nützlich sind vorangestellte *Kompetenztrainings*, die auf den Erwerb sozialer Kompetenzen ausgerichtet sind, z.B. auf das aktive Zuhören. Daneben ist es außerdem sinnvoll, *Regeln für die Zusammenarbeit* in der Gruppe aufzustellen und evtl. *Rollen* zu vergeben, wer worauf in der Gruppe achten soll. Zweckmäßig ist es auch zu *reflektieren*, wie die Zusammenarbeit in der Gruppe funktioniert und gegebenenfalls Veränderungen einzuleiten. Die Unterstützung von Gruppenprozessen ist eine wichtige Voraussetzung für die Effektivität der Zusammenarbeit, dürfte aber für das Erreichen *kognitiver Lernziele* alleine nicht ausreichend sein. Der Idee, Gruppenprozesse zu fördern, liegt die Annahme zugrunde, dass Gruppen besser zusammenarbeiten, wenn sich die Gruppenmitglieder mögen und respektieren.

Methoden des Kooperativen Lernens

Im Folgenden sollen drei Kooperative Lernformen, die zu den *Methoden des Wechselseitigen Lehrens und Lernens (Well-Methoden)* (Huber 2004) gehören, skizziert werden. Diese Methoden verbinden *zwei Maßnahmen zur Förderung der Effektivität* des Lernens in Gruppen miteinander: die Aufgabenspezialisierung und die Unterstützung aufgabenspezifischer Interaktionen.

Die Partnerpuzzlemethode

Die *Partnerpuzzlemethode* lässt sich immer dann einsetzen, wenn man einen Lernstoff in *zwei Teile* aufgliedern kann. Dabei ist es gleichgültig, ob der Lernstoff schriftlich, mündlich oder auch in Form von Bildern oder als Film vorliegt. Die Methode eignet sich für den *Erwerb von Wissen und Fertigkeiten* und das *Lösen von Problemen*. Voraussetzung ist, dass der Lernstoff und die Lernvorgaben so gewählt werden, dass die Lernenden zu Expertinnen oder Experten für ihren Bereich des Lernstoffs werden können.

In der *Aneignungsphase* werden die Lernenden paarweise zu Experten für den einen oder anderen Teil eines Wissensgebiets. In der *Vermittlungsphase* werden Puzzlepaare bestehend aus jeweils einem Experten für jedes Wissensgebiet gebildet. In diesen Puzzlepaaren vermitteln sich die Lernenden wechselseitig ihr Wissen. In der *Verarbeitungsphase* sorgen die Puzzlepartner dafür, dass das von ihnen vermittelte Wissen weiter vertieft wird. Für das *Lernen auf der Grundlage von Texten* haben sich folgende *Lernvorgaben* bewährt: Die Lernenden sollen sich anhand von Schlüsselbegriffen auf Kärtchen den Lernstoff aneignen und weitergeben. Sie bekommen Fragen zum Text und sollen auch entsprechende Fragen selbst finden, um bei sich und dem Lernpartner zu prüfen, inwieweit der Lernstoff schon verstanden wird. Die Kärtchen mit den Schlüsselbegriffen werden später noch einmal zur Überprüfung des gesamten Lernstoffs eingesetzt. Sind die Schülerinnen und Schüler älter und erfahrener, so können sie selbständig Schlüsselbegriffe und Fragen zum Lernstoff finden.

In einer *Untersuchung zur Partnerpuzzlemethode* im Vergleich zu einem lehrerzentrierten Unterricht von Huber (2007) erwies sich die Partnerpuzzlemethode überlegen in Hinsicht auf den Lernerfolg sowie die intrinsische Motivation, den Einsatz tiefergehender Lernstrategien, das Selbstbestimmtheits- und das Kompetenzerleben.

Das Lerntempoduett

Wahl entwickelte das *Lerntempoduett* aus der Überlegung heraus, dass Personen aufgrund unterschiedlicher Vorkenntnisse, Dekodierfähigkeit und Lernstrategien nicht gleich schnell lernen. Die Methode ermöglicht es, Lerntempounterschiede zu berücksichtigen. Die Methode eignet sich für den *Wissenserwerb*, das *Training von Fertigkeiten* und das *Problemlösen*.

Für das *Lernen auf der Grundlage von Texten* hat sich folgendes Vorgehen bewährt. In der *Aneignungsphase* bearbeitet jeweils die Hälfte der Lernenden einen von zwei Texten. Die Aufgabe besteht darin, für den eigenen Text eine Visualisierung in Wort und Bild, z.B. in Form einer Mind-Map oder als Advance Organizer (Wahl 2005) zu erstellen. Wer mit der Visualisierung fertig ist, signalisiert dies nonverbal durch Aufstehen und Warten an der Türe, bis eine Person, die den anderen Teil des Lernstoffs bearbeitet hat, ebenfalls so weit ist. Um es den Lernpartnern zu erleichtern, sich zu finden, kann man die beiden Texte auf unterschiedlich farbigem Papier drucken. In der *Vermittlungsphase* tauschen nun die Partner mit Hilfe der vorbereiteten Visualisierungen ihre Informationen aus. Anschließend haben sie in der *Verarbeitungsphase* die Gelegenheit, sich noch einmal in Einzelarbeit mit dem von ihnen in der ersten Lernphase nicht bearbeiteten Material tiefergehend auseinanderzusetzen. Abschließend suchen sie sich erneut eine

Partnerin oder einen Partner. In dieser Zusammenarbeit wird der vermittelte Lernstoff noch einmal tiefergehend verarbeitet, z.B. durch die Beantwortung vorgegebener Fragen, die Diskussion von Problemen oder die Bearbeitung von Transferaufgaben. Für schneller Lernende stehen genügend Aufgaben zur Verfügung, um den Zeitvorsprung konstruktiv nutzen zu können.

Die Methode wurde bereits in Grund-, Haupt-, Realschulen und Gymnasien in unterschiedlichen Fächern sowie in der Erwachsenenbildung erfolgreich erprobt.

Das Partnerinterview

Das *Partnerinterview* kann dann eingesetzt werden, wenn ein allen *bekannter Lerninhalt vertieft* werden soll. In der *ersten Lernphase* bekommen die Lernenden Zeit, für einen Teil der Aufgaben, Fragen, Übungen, Versuche, Bewegungen, Techniken usw., zu Experten zu werden. Dies geschieht im Allgemeinen in Einzelarbeit, kann alternativ aber auch paarweise oder in Gruppen erfolgen, besonders dann, wenn eine geringe Motivation oder eine Überforderung der Lernenden zu erwarten ist. Die Lernenden bekommen dafür als Hilfestellung Musterlösungen oder aber sie müssen die Lösungen selbst finden. Die Lehrperson steht in jedem Fall beratend und unterstützend zur Seite. In der *zweiten Lernphase* werden Paare gebildet, die sich nun wechselseitig ihre Aufgaben stellen und überprüfen, inwieweit die von ihnen selbst bearbeiteten Aufgabenstellungen beherrscht werden. Die Lernenden in der Expertenrolle überwachen dabei den Bearbeitungsprozess und geben Hinweise oder Hilfestellungen für die Lösung, um der Partnerin oder dem Partner ebenfalls zum Expertenstatus zu verhelfen.

Die Methode wurde in Schule und Erwachsenenbildung erfolgreich eingesetzt.

Implementierung Kooperativen Lernens im Unterricht

Bei der Frage nach der *Effektivität einer Methode* darf nicht übersehen werden, dass es dabei immer ganz stark darauf ankommt, wie diese Methode umgesetzt wird. Somit haben die Lehrenden hier eine wichtige Schlüsselrolle. Für den Erfolg kooperativer Lernformen spielt die *Erfahrung der Lehrenden* eine nicht zu unterschätzende Rolle. G. Huber (2004) konnte im Rahmen einer Evaluation des Einsatzes kooperativer Lernformen innerhalb des *Projekts Selbstorganisiertes Lernen (SOL)* von Herold und Landherr (2001) zeigen, dass Schülerinnen und Schüler in Klassen mit Lehrerinnen und Lehrern, die bereits Erfahrungen mit der Umsetzung dieses Konzepts hatten, gegenüber solchen ohne diese Erfahrungen, bessere Gruppenerfahrungen machten sowie mehr Schülerzentriertheit, eine bessere Kontrolle der Arbeit und weniger Unterrichtsdruck erlebten.

Lehrende, die von lehrerzentrierten Unterrichtsformen auf kooperative Lernmethoden umsteigen möchten, müssen sich darauf einstellen, dass sich dadurch ihre *Rolle* verändert. Sie stehen nicht mehr als Wissensvermittler im Mittelpunkt des Unterrichtsgeschehens, was häufig mit einem Gefühl des Kontrollverlusts verbunden ist. Sie müssen neue Kompetenzen entwickeln, z.B. wie man die Lernprozesse von Lernenden diagnostizieren und unterstützen kann. Ohne Kooperation mit anderen Lehrenden und die Unterstützung durch die Schulleitung ist dies nur schwer zu bewerkstelligen.

McLaughlin (1976) hat sich mit immer noch aktuellen Voraussetzungen beschäftigt, die gegeben sein müssen, damit *tiefgreifende Veränderungen*, wie die Implementierung Kooperativen Lernens, erreicht werden können. Ihre Erkenntnisse beruhen auf einer Studie, die sie mit anderen für die Rand Corporation durchgeführt hat. In dieser Studie wurden 293 schulische Innovationsprojekte untersucht. Es zeigte sich, dass in erfolgreichen Innovationsprojekten die beteiligten Lehrerinnen und Lehrer ebenso wie die Vorgesetzten und die Institution von der *Pro-*

jektidee überzeugt waren. Neben *regelmäßigen Treffen,* auf denen Ideen ausgetauscht, auftretende Probleme gelöst und Unterrichtsmaterialien gemeinsam entwickelt wurden, waren *regelmäßige Fortbildungen* aller Beteiligten notwendig.

Dies bedeutet also, dass sich für eine erfolgreiche Implementierung Kooperativen Lernens in einer Schule mehrere Lehrpersonen zusammenschließen sollten. Sie müssen dabei zunächst mit einem *erhöhten Arbeitsaufwand* rechnen. *Vielfältige Kooperationen* sind notwendig sowie die *Unterstützung durch die Schulleitung,* um geeignete Rahmenbedingungen zu schaffen.

Wahl (2005) hat ein erfolgreiches *Fortbildungskonzept* entwickelt, das Hilfe und Begleitung in einem solchen Umlernprozess anbietet. Dabei sind zwei Elemente ganz besonders wichtig: (1) die Lehrenden müssen die kooperativen Lernmethoden selbst erfahren, Wahl spricht vom *Doppeldeckerprinzip* und (2) die Lehrenden müssen sich durch *Tandempartner* und *kooperative Problemlösegruppen* bei der Umsetzung des Gelernten in die Praxis wechselseitig unterstützen. Von Rotering-Steinberg (2004) existiert ein *Selbsttrainingsprogramm,* mit dessen Hilfe Lehrerkollegien lernen können, kooperative Lernmethoden in ihrem Unterricht einzusetzen.

Offene Forschungsfragen und Entwicklungsperspektiven

Im Bereich der Forschung zum Kooperativen Lernen gibt es nach wie vor großen Bedarf, *Bedingungen für die Effektivität Kooperativer Lernformen* in unterschiedlichen Fächern, Schularten und Altersstufen zu untersuchen. Dabei sollten auch verstärkt Prozesse untersucht werden, die für eine erfolgreiche Anwendung Kooperativer Lernformen verantwortlich sind.

Daneben ist auch von großem Interesse zu verfolgen, wie man *Implementierungsprozesse in Schulen unterstützen* kann, so dass Kooperative Lernformen dort nachhaltig und erfolgreich eingesetzt werden können. Dabei sind Ansätze interessant, die die *Kooperation unter den Lehrenden* selbst fördern, wie etwa das *Team-Kleingruppen-Modell* (Ratzki 1996).

Literatur

Aronson, E./Patnoe, S. (1997): The jigsaw classroom: Building cooperation in the classroom (2nd ed.). New York: Longman. – Herold, M./Landherr, B. (2001): SOL Selbstorganisiertes Lernen. Ein systemischer Ansatz für Unterricht. Baltmannsweiler: Schneider Verlag Hohengehren. – Huber, A. A. (Hrsg.) (2004): Kooperatives Lernen – Kein Problem. Effektive Methoden der Partner- und Gruppenarbeit. Leipzig: Ernst Klett Schulbuchverlag. – Huber, A.A. (2007): Wechselseitiges Lehren und Lernen (WELL) als spezielle Form Kooperativen Lernens. Berlin: Logos Verlag. – Huber, A. A./Konrad, K./Wahl, D. (2001): Lernen durch wechselseitiges Lehren. In: Pädagogisches Handeln. 5 (2), S. 33-46. – Huber, G. L. (2004): Die Praxis macht den Unterschied: Ergebnisse einer vergleichenden Evaluation. Vortrag auf der SOL Tagung Berlin. – McLaughlin, M. W. (1976): Implementation as mutual adaptation: Change in classroom organisation. In: Teachers College Record. 77 (3), pp. 339-351. – O'Donnell, A. M./Dansereau, D. F. (1992): Scripted cooperation in student dyads: A method for analyzing and enhancing academic learning and performance. In: Hertz-Lazarowitz, R./Miller, N. (Eds): Interaction in cooperative groups: The theoretical anatomy of group learning. New York: Cambridge University Press, pp. 120-141. – Ratzki, A. (1996) (Hrsg.): Team-Kleingruppen-Modell Köln-Holweide: Theorie und Praxis. Frankfurt: Lang. – Renkl, A. (1997): Lernen durch Lehren. Zentrale Wirkmechanismen beim kooperativen Lernen. Wiesbaden: Deutscher Universitäts-Verlag. – Renkl, A./Gruber, H./Mandl, H. (1996): Kooperatives problemorientiertes Lernen in der Hochschule. In: Lompscher, J./Mandl, H.(Hrsg.): Lehr- und Lernprobleme im Studium. Bedingungen und Veränderungsmöglichkeiten. 1. Aufl. Bern: Huber, S. 131-147. – Rotering-Steinberg, S. (2004): Wie lerne ich kooperative Lernmethoden? Implementation und Evaluation kooperativer Lernmethoden. In: Huber, A. A (Hrsg.): Kooperatives Lernen. Kein Problem. Effektive Methoden der Partner- und Gruppenarbeit. Leipzig: Ernst Klett Schulbuchverlag, S. 141-163. – Slavin, R. E. (1995): Cooperative learning: Theory, Research, and Practice. Boston a.o.: Allyn and Bacon, 2. ed. – Wahl, D. (2004): Die Gruppenrally. In: Huber, A. A. (Hrsg.): Kooperatives Lernen – kein Problem. Effektive Methoden der Partner- und Gruppenarbeit. Leipzig: Ernst Klett Schulbuchverlag, S. 86-94. – Wahl, D. (2005): Lernumgebungen erfolgreich gestalten. Vom trägen Wissen zum kompetenten Handeln. Bad Heilbrunn: Klinkhardt.

76| Classroom Management/Frontalunterricht weiterentwickeln
Herbert Gudjons

Thema und Definitionen

Es geht um die Frage, wie der Frontalunterricht sinnvoll weiterentwickelt werden kann, wenn er in offene und selbstgesteuerte Unterrichtsformen integriert wird und welche Rolle ein modernes Classroom Management dabei spielt. Folgende Definitionen haben sich etabliert:
Classroom Management: Das Classroom Management steuert „die aktive Lernzeit, d. h. diejenige Zeit, in der sich die Schüler mit den zu lernenden Inhalten engagiert und konstruktiv auseinandersetzen" (Helmke 2007, S. 44). Die Begriffe Classroom Management und Frontalunterricht hängen eng zusammen, denn das Classroom Management vollzieht sich nicht zuletzt in den Frontalphasen des Unterrichts. Der ältere Begriff „Klassenführung" ist heute durchaus noch gebräuchlich und wird synonym mit Classroom Management verwendet (Helmke 2007). Das Konzept wurde von J. Kounin (1976) bereits in den 70er Jahren des letzten Jahrhunderts in die anglo-amerikanische Diskussion eingebracht.
Gegenüber diesem eher engen, auf den tatsächlichen Unterrichtsverlauf bezogenen Begriff, wurde das Verständnis von Classroom Management in der neuesten amerikanischen Literatur stark ausgeweitet (Jones & Jones 2004; Evertson & Weinstein 2006). Es umfasst sämtliche unterrichtsrelevanten Faktoren bis zur Elternarbeit und individuellen Lernplänen für Schülerinnen und Schüler. Auch erste schulpraktische Adaptionen in Deutschland (Eichhorn 2008) weiten den Begriff stark aus, indem nahezu sämtliche Perspektiven der Schul- und Unterrichtsgestaltung unter der Chiffre Classroom Management abgehandelt werden. Herausgearbeitet wurde in der empirischen Forschung vor allem die Möglichkeit, durch ein professionelles Classroom Management Störungen zu unterbinden und für einen effektiven (lernwirksamen) Unterricht zu sorgen, wobei ein straffes Classroom Management aus Schülersicht zu den Merkmalen einer guten Lehrkraft zählt (Ditton 2002, S. 280).
Ein solches Classroom Management trägt nur dann zur Entwicklung einer modernen Lernkultur bei, wenn es nicht mit einem autoritären Führungsstil verwechselt wird. In der empirischen Forschung wird vor allem die hohe Bedeutung eines durch Unterstützung, Freundlichkeit und wechselseitigem Respekt charakterisierten Lernklimas und der Aktivierung der Schüler hingewiesen (Helmke 2007, S. 45). Darüber hinaus ist die frühzeitige Einführung von Regeln, von Routinen und Ritualen wichtig. Für den Unterrichtsverlauf im Rahmen eines guten Classroom Managements sind vor allem ein gutes Zeitmanagement, Reibungslosigkeit (smoothness) und „Schwung" (momentum), der Fokus auf die *gesamte* Klasse (auch bei Einzel- oder Gruppenarbeit) sowie eine „Allgegenwärtigkeit" (withitness) der Lehrkraft ausschlaggebend.
Frontalunterricht: Der Begriff Frontalunterricht bezeichnet keine Unterrichtsmethode, sondern eine *Sozialform* des Unterrichtes z.B. neben Gruppen- oder Einzelarbeit (Aschersleben 1999, S. 7; Meyer 2002, S. 113). Frontalunterricht hat eine lange Geschichte (Aschersleben 1999; Gudjons 2007). Als Konzept von Comenius im 17. Jahrhundert propagiert (um möglichst viele Schüler gleichzeitig umfassend zu unterrichten: omnes-omnia-omnino), wurde er vor allem von Herbart und seinen Schülern im 19. Jahrhundert methodisch entfaltet. Die Reformpädagogik

zu Beginn des 20. Jahrhunderts kritisierte ihn scharf. Die heutige Kritik am traditionellen Frontalunterricht basiert darauf und ist weitgehend bekannt (Gudjons 2007; Wiechmann 2008).

Frontalunterricht weiterentwickeln

In der Diskussion um den Frontalunterricht sind zwei Varianten zu unterscheiden: a) *„traditioneller Frontalunterricht"*, nach empirischen Untersuchungen (Bohl 2000) auf weiten Strecken immer noch die überwiegende Sozialform des Unterrichtes; b) *ein Konzept des „integrierten Frontalunterrichtes"*, das sich auf die Integration weniger frontalunterrichtlicher Phasen in überwiegend eigentätige, selbstverantwortete und selbstgesteuerte Schülerarbeitsformen richtet (vgl. Beitrag 70 in diesem Band). Im Rahmen dieser Integration rücken einige grundlegende didaktische Funktionen des Frontalunterrichtes in den Blick, die ihn sinnvoll und unverzichtbar machen (Gudjons 2007).

Dabei heißt Integration nicht: Abwechslung, Methodenmix oder Methodenwechsel. Es geht um ein *qualitativ* bestimmbares Verhältnis der verschiedenen Formen und Phasen des Unterrichtes zueinander. Sie sind so verzahnt, dass eine Form auf die andere angewiesen ist, isoliert also ein Torso wäre, und andererseits jeweils eigene Lernprozesse mit eigener Qualität in den verschiedenen Lernformen und Unterrichtsphasen unterscheidbar sind. Erst das Gesamt"konzert" einer Unterrichtseinheit bringt diese Integration hervor. Produktive Schülerarbeit entsteht erst aus dem Frontalunterricht – und umgekehrt: Frontale Phasen sind angewiesen auf das, was die selbstständige Schülerarbeit erbracht hat, ein Wechselbezug also, bei dem sich Instruktion und Selbstkonstruktion im Lernprozess fruchtbar ergänzen. Die neuere empirische Lernforschung hat überzeugend belegt, dass zum Erreichen grundlegender Unterrichtsziele verschiedene Methoden und Sozialformen mit unterschiedlichen Akzenten eingesetzt und miteinander verbunden werden müssen (Reinmann-Rothmeier & Mandl 1998).

Grundlegende Funktionen des Frontalunterrichtes

Das Klassenplenum nutzen: Wenn die gesamte Klasse gemeinsam arbeitet, kann ihr volles Potenzial z.B. zur Lösung eines Problems ausgeschöpft werden. Auch sind frontale Phasen relativ gut vorausplanbar (anders als Kleingruppenarbeit), unmittelbare Rückkopplungen sind jederzeit möglich.

Informieren und darbieten: Dass Informationen in einer frontalen Phase für alle dargeboten werden müssen, wenn es um die Einführung in ein neues Sachthema geht, wenn es um Grundlagen für weitere Arbeiten geht oder um für alle verbindliche Zusammenfassungen, Vorstellung von Ergebnissen etc., dürfte unstrittig sein. Hier haben (professionell gestaltete!) Lehrervorträge und Schülerpräsentationen ihren legitimen Ort. Allerdings ist eine baldige Vertiefung durch andere Unterrichtsformen nötig, denn nur Dargebotenes wird relativ schnell wieder vergessen.

Beim Stoff-Erarbeiten das Lernen vernetzen: Soll Wissen nicht aus individuell erworbenen, isolierten Bruchstücken bestehen, müssen gemeinsam die notwendigen übergreifenden Zusammenhänge und unterschiedlichen Perspektiven eines Themas erarbeitet werden. Es geht um den Aufbau semantischer Netzwerke nach der „Cognitiv-flexibility-Theorie" (Reinmann-Rothmeier & Mandl 1998, S. 469).

Lernmethoden vermitteln: Wer von Schülern und Schülerinnen selbstständiges Arbeiten erwartet, muss ihnen dazu das nötige Handwerkszeug, d. h. Lern- und Arbeitsmethoden (auch fachspezifisch) vermitteln. Im Frontalunterricht werden sie vorgestellt, erklärt und erarbeitet, in anderen Unterrichtsformen vertieft, eingeübt und angewendet.

Entdecken und Problemlösen: Frontale Phasen zielen auf die Vermittlung der notwendigen Qualifikationen und Kompetenzen in der selbstständigen Problemlösung. Verfahren, Techniken und Strategien müssen erst einmal gemeinsam erarbeitet werden, bevor sie in Einzel-, Partner- oder Gruppenarbeit angewendet werden können. Instruktion und Selbstständigkeit sind nicht trennbar beim Entdecken und Problemlösen.

Ergebnisse sichern, üben und wiederholen: Unterrichtsergebnisse müssen in ihrem Stellenwert für *alle* Lernenden verdeutlicht werden. Ein Thema muss gemeinsam zusammengefasst werden, Unverzichtbares muss geklärt, gesichert und wiederholt werden, manches ist auch zu üben – und zwar mit sinnvollen Techniken und Strategien.

Lernprozesse planen, koordinieren und auswerten: Eine gemeinsame Unterrichtsplanung ist z.B. als Wechselbezug von Kleingruppen- und Plenumsarbeit sinnvoll, ebenso wie sie bei Zwischenphasen zur Abstimmung, Koordination und Rückkopplung zur Ausgangsplanung unverzichtbar ist. Ebenso selbstverständlich ist die Auswertung in Form von Gruppenpräsentationen und Reflexion der gemeinsamen Arbeit.

Klassengemeinschaft fördern: Untersuchungen zum Zusammenhang einer guten Lernatmosphäre mit kognitiven Lernleistungen der Schüler und Schülerinnen legen die Pflege der Kohäsion einer Klasse nahe, ihres Wir-Gefühles und ihrer Kooperations- und Kommunikationsfähigkeit, – eine zentrale Funktion des Frontalunterrichtes (aber auch des Schullebens z.B. durch Feiern, Feste, Klassenreisen etc.).

Feedback als Weg zum schülerorientierten Frontalunterricht: Rückmeldungen von Schülern und Schülerinnen – methodisch gut organisiert und mit vereinbarten Konsequenzen – sind ein hervorragendes Mittel, um den Lernenden mehr Einfluss auf die Gestaltung des Unterrichtes einzuräumen und gerade den Frontalunterricht zu befreien von seinem Nimbus direktiver Lehrersteuerung bei passiven Schülern (vgl. Beitrag 81 in diesem Band).

Offene Forschungsfragen

Die Forschung zum Frontalunterricht war bisher überwiegend auf das herkömmliche Konzept (s.o.) und daher auf den kritischen Nachweis seiner Untauglichkeit für eigenständige Lernprozesse der Lernenden ausgerichtet. Möglichkeiten der Integration in Offenen Unterricht finden sich zwar in vielen unterrichtspraktischen Dokumenten, wurden aber systematisch auf empirischer Grundlage noch wenig erforscht. Offene Forschungsfragen sind vor allem die Wirksamkeit integrativen Frontalunterrichtes für Lernprozesse auf kognitiver, motivationaler, emotionaler oder sozialer Ebene, die veränderte Rolle und Funktion der Lehrkraft, Probleme der Passung von individualisierten und gemeinsamen Lernphasen sowie fachdidaktische Perspektiven. Die Unterrichtsforschung zum Classroom Management wendet sich aktuell auch einer Gestaltung offener Formen, kooperativen Lernens usw. zu (Marzano et al. 2005). Insofern beginnt sich die Gestalt des Classroom Managements zu verändern: Von der lehrerorientierten Unterrichtsorganisation hin zu schülerorientierten, selbstorganisiertes Lernen ermöglichenden Arrangements. Theoretisch – vor allem begrifflich-systematisch – besteht jedoch akuter Klärungsbedarf, damit der Begriff (angesichts der oben beschriebenen Ausweitung) nicht zu einem unkonturierten Konglomerat didaktischer Postulate verkommt.

Literatur
Aschersleben, K. (1999): Frontalunterricht – klassisch und modern. Neuwied: Luchterhand. – Bohl, T. (2000): Unterrichtsmethoden in der Realschule. Bad Heilbrunn: Klinkhardt. – Ditton, H. (2002): Lehrkräfte und Unterricht aus Schülersicht. In: Zeitschrift für Pädagogik. 48 (2), S. 262-286. – Eichhorn, C. (2008): Classroom Management. Stuttgart: Klett-Cotta. – Evertson, C. M./Weinstein, C. S. (2006) (eds.): Handbook of Classroom Management. Mahwah NY: Lawrence Erlbaum Associates. – Gudjons, H. (2007): Frontalunterricht – neu ent-

deckt. Integration in offene Unterrichtsformen. 2. aktualisierte Aufl. Bad Heilbrunn: Klinkhardt. – Helmke, A. (2007): Aktive Lernzeit optimieren. Was wissen wir über effiziente Klassenführung? In: Pädagogik. 59 (5), S. 44-49. – Jones, V./Jones, L. (2004): Comprehensive Classroom Management: Creating Communities of Support and Solving Problems. Boston MA: Allyn & Bacon. – Kounin, J. (1976): Techniken der Klassenführung. Stuttgart: Urban & Schwarzenberg (Reprint 2006). – Marzano, R. J./Gaddy, B. B./Foseid, M.C./Foseid, M. P./Marzano, J. S. (2005): A Handbook for Classroom Management that Works. Alexandria, Va.: Association for Supervision and Curriculum Development. – Meyer, H. (2002): Unterrichtsmethoden. In: Kiper, H./Meyer, H./Topsch, W. (Hrsg.): Einführung in die Schulpädagogik. Berlin: Cornelsen, S. 109-121. – Reinmann-Rothmeier, G./Mandl, H. (1998): Wissensvermittlung: Ansätze zur Förderung des Wissenserwerbs. In: Klix, F./Spada, H.(Hrsg.): Enzyklopädie der Psychologie, C/II/6. Göttingen: Hogrefe, S. 457-500. – Wiechmann, J. (Hg.) (2008): Zwölf Unterrichtsmethoden. 4. überarb. Aufl. Weinheim: Beltz.

77| Lernumgebung und Aufgabenkultur im Unterricht
Thorsten Bohl und Marc Kleinknecht

Definitionen

Der Begriff *Lernumgebung* ergänzt den des *Unterrichts*, indem er die Bedeutung von individuellen und eigenverantwortlichen Lernprozessen hervorhebt, die in ‚klassisch' organisierten Unterweisungsformen kaum berücksichtigt werden. Dabei sollen Lernende weniger durch die Lehrkraft direkt als vielmehr durch reale sowie neuerdings vor allem mediale Arrangements geleitet und angeregt werden. Vom Grad der Steuerung der Lehrkraft und des zugrunde liegenden Lehr-Lernkonzepts (kognitivistisch bzw. konstruktivistisch) ist abhängig, ob von einer offenen und situierten oder von einer gegenstandsorientierten und geschlossenen Lernumgebung gesprochen werden kann (Reinmann & Mandl, 2006). Im weiten Sinne thematisiert Lernumgebung damit Charakteristik und Qualität von Arrangements in didaktischer, methodischer und medialer Hinsicht. Dabei wird unter Lernumgebung in der Regel *nicht* eine vom Lehrer *mündlich* verbalisierte Anweisung, Erläuterung oder Aufgabe verstanden, sondern das über Material im weiten Sinne dargebotene Arrangement. Im engeren Sinne ist vor allem die Qualität der Lernmaterialien und Lernaufgaben angesprochen.

Insbesondere aus der letztgenannten Definition von Lernumgebung im engeren Sinne ergeben sich Verbindungen zur primär fachdidaktisch geführten Diskussion um eine Verbesserung der Aufgabenkultur. Befunde der TIMS-Studie und der PISA-Studien verdeutlichten auffallende Defizite deutscher Schülerinnen und Schüler beim Lösen komplexerer und problemhaltiger Aufgaben. Von einer daraufhin weiterentwickelten ‚neuen' Aufgabenkultur werden anspruchsvollere Aufgabenformate und entsprechend innovatives didaktisch-methodisches Lehrerhandeln zu kognitiv gehaltvolleren und handlungsaktiven Lernprozessen erwartet. Analog zum Begriff der Lernumgebung ist auch hier die didaktische Intention leitend, dass sich die Lernenden selbständig und intensiv mit Lernaufgaben auseinandersetzen, während sich die Lehrkräfte auf die Lernbegleitung beschränken. Der Begriff ‚Aufgabenkultur' ist demnach einerseits als Art und Weise der Aufgabengestaltung und andererseits als Art und Weise des aufgabenbezogenen Lehrer- und Schülerhandels zu definieren (Bohl & Kleinknecht 2009).

Theorietraditionen

In reformpädagogischer Tradition stehen Konzepte wie Freiarbeit, Stationen- oder Wochenplanarbeit für einen intensiven Einsatz von Lernmaterialien und Aufgaben. Im Rahmen der Montessoripädagogik spielen die (vorbereitende) Umgebung mit inhaltlicher und organisatorischer Strukturierung, sowie die Ästhetik des Klassenraums und der Materialien eine wesentliche Rolle. In weiteren reformpädagogischen Ansätzen ist die Lernumgebung ebenfalls hoch ausdifferenziert, z.B. über Pensenkontrolle bei Helen Parkhurst oder individualisierte Aufgaben und Selbstkontrollmöglichkeiten bei Carleton Washburne (Bohl 2005). Die Lehrkraft steuert dabei auf indirekte Weise, indem sie die Lernumgebung vorbereitet, die individuellen Lernprozesse beobachtet und die Lernenden gezielt unterstützt.

Seit den 1990er Jahren legitimieren vor allem gemäßigt konstruktivistische Vorstellungen zum Lehr-Lernprozess in der Didaktik und in der pädagogischen Psychologie reformpädagogische Ansätze (u.a. Reusser 2001). Insbesondere Ansätze des Situierten Lernens akzentuieren dabei den aktiven Konstruktionsprozess und die Anwendungsbezogenheit von Wissen. Das Lernen gestaltet sich demnach stärker als Konstruktionsprozess denn als Informationsverarbeitung.

Der Begriff Lernumgebung wird seit den 1990er Jahren im Kontext medienpädagogischer und mediendidaktischer Arrangements verwendet. Damit ist mit Blick auf schulischen Unterricht insbesondere die Nutzung von Computern, etwa in Form von Multimediaprogrammen, Lernsoftware oder Internetplattformen gemeint. Lernprozesse können damit höchst individualisiert arrangiert werden.

Empirische Befunde und Weiterentwicklungsansätze

Empirische Befunde der Unterrichtsforschung

Eine Vielzahl von Studien belegt die Dominanz des lehrerzentrierten, fragend-entwickelnden Unterrichtsgesprächs, vor allem im mathematisch-naturwissenschaftlichen Unterricht (vgl. u.a. Baumert et al. 1997). Empirische Belege gibt es weiterhin dafür, dass gerade die inhaltliche und organisatorische Strukturierung in lehrerzentrierten Phasen oftmals besser gelingt (u.a. Kirschner et al. 2006). Ein allzu offenes und wenig strukturiertes Vorgehen scheint darüber hinaus vor allem schwächere Lernende zu überfordern (vgl. u.a. Swanson 1999). Dies spricht einerseits für die angemessene Ausbalancierung zwischen Instruktion und Konstruktion, andererseits für eine stärkere Ausrichtung der Lernumgebung an inhaltlichen Qualitätskriterien. Die wenigen empirischen Befunde zu material- und aufgabenintensiven Konzepten im deutschsprachigen Raum lassen vermuten, dass zwar eine organisatorische Strukturierung mit der Öffnung von Unterricht einhergeht (Hartinger & Hawelka 2005), Fragen der inhaltlichen Kohärenz und des Anspruchsniveaus oftmals aber unreflektiert bleiben (vgl. u.a. Lipowsky 1999). Insbesondere an Hauptschulen scheint der Wochenplan- oder Stationenunterricht von wenig komplexen Aufgaben und stark reproduktiven Tätigkeiten der Schülerinnen und Schüler geprägt zu sein (Kleinknecht 2010).

Weiterentwicklung von Lernumgebungen und Aufgaben

Sowohl aus Perspektive der Didaktik, als auch der Unterrichtsforschung, ist für die Qualität von Unterricht entscheidend, dass Aufgaben genügend komplex und problemhaltig formuliert sind (Tulodziecki et al. 2009). Für den materialintensiven Unterricht scheint es günstig, dass Aufgaben das ganze Spektrum von Reproduktion über Transfer bis hin zur Problemlösung abdecken. Außerdem sollte über die Aufgabenstellung gezielt zum Nachdenken und Ausprobieren ermutigt werden. Als Grundlage für die kognitiv-aktivierende Weiterentwicklung kann die inhaltliche Strukturierung bzw. Zielorientierung von Aufgaben und Materialien angesehen werden. Wichtig erscheint vor allem, dass das eingesetzte Material inhaltlich gut gegliedert ist und konkrete Hinweise zu behandelten Sachverhalten bzw. zum Alltagswissen der Lernenden enthält. Außerdem sollte die Adaptivität schülerorientierter Lernumgebungen dadurch erhöht werden, dass inhaltlich und lernstrategisch ausformulierte Lernhilfen gestuft eingesetzt werden (vgl. u.a. Stäudel et al. 2007).

Perspektiven der Forschung und Entwicklung

Angesichts der empirischen Befunde zu material- und aufgabenintensiven Konzeptionen ist die weitere Analyse mikrologischer Lehr-Lernprozesse innerhalb schülerorientierter Verläufe ein wichtiges Forschungs- und Entwicklungsfeld (vgl. Tab. 6).

Tabelle 6: Mikro- und Makroebenen einer Lernumgebung im engeren und weiteren Sinne

	Mikroebene des Unterrichts	*Makroebene des Unterrichts*
Lernumgebung i.e.S.	Aufgabe/ Arbeitsmaterialien	Systematik von Lern- und Kompetenzzielen didaktischen Phasen (z.B. Einführung – Erarbeitung – Übung) Lernprozessen (Basismodelle und Lernschritte)
Lernumgebung i.w.S.	Formulierung von Regeln, Gestaltung von Arbeitsplätzen, Ablagesystemen, PC-Anwendung, Software usw.	

Gerade für Unterrichtsstunden, in denen kaum Klassenunterrichtsphasen auftauchen, ist weitgehend ungeklärt, wie sich Artikulationsmuster auf einer *Makro*ebene im Zusammenspiel mit Qualitätsmerkmalen auf der *Mikroebene* ergänzen können (Oser & Baeriswyl 2001). Die individuelle Begleitung von Lernenden im Rahmen von offenen Lernumgebungen verlangt erstens eine hohe fachliche bzw. (fach-)didaktische Expertise und zweitens ein fundiertes Wissen über den Verlauf optimaler Lernprozesse unter kognitivistischer und konstruktivistischer Perspektive. Um diese Lehr- und Lernprozesse qualitativ und didaktisch zu beleuchten, könnten videobasierte Ansätze in der Forschung und Fortbildung weiterentwickelt werden (vgl. u.a. Krammer et al. 2008).

Mit Blick auf Entwicklungsprozesse an Einzelschulen tritt besonders in den Vordergrund, ob und in welcher Weise es gelingt, Schülerinnen und Schülern im Laufe ihrer Schulzeit eine kollegial abgestimmte, kumulativ aufgebaute und anspruchsvolle Lernumgebung und Aufgabenkultur anzubieten.

Literatur

Baumert, J./Lehmann, R./Lehrke, M./Schmitz, B./Clausen, M./Hosenfeld, I./Köller, O./Neubrand, J. (1997): TIMSS – Mathematisch-naturwissenschaftlicher Unterricht im internationalen Vergleich. Deskriptive Befunde. Opladen: Leske + Budrich. – Bohl, T./Kleinknecht, M. (2009): Aufgabenkultur. In: Blömeke, S./Bohl, T./Haag, L./Lang-Wojtasek, G./Sacher, W. (Hrsg.): Handbuch Schule. Bad Heilbrunn: Klinkhardt/UTB, S. 331-334. – Bohl, T. (2005): Leistungsbeurteilung in der Reformpädagogik. Weinheim: Beltz. – Hartinger, A./Hawelka, B. (2005): Öffnung und Strukturierung von Unterricht. Widerspruch oder Ergänzung? In: Die Deutsche Schule. 97 (3), S. 329-341. – Kirschner, P.A./Sweller, J./Clark, R.E. (2006): Why minimal guidance during instruction does not work: an analysis of the failure of constructivist, discovery, problem-based, experimental, and inquiry-based teaching. In: Educational Psychologist. 41,(2), S. 75-86. – Kleinknecht, M. (2009): Aufgabenkultur im Unterricht.

Eine empirisch-didaktische Video- und Interviewstudie an Hauptschulen. Baltmannsweiler: Schneider-Verlag. – Krammer, K./Schnetzler, C.L./Ratzka, N./Pauli, C./Reusser, K./Lipowsky, F./Klieme, E. (2008): Videobasierte Unterrichtsanalyse in der Weiterbildung von Lehrpersonen: Konzeption und Ergebnisse eines netzgestützten Weiterbildungsprojekts mit Mathematiklehrpersonen aus Deutschland und der Schweiz. Beiträge zur Lehrerbildung, 26, S. 178-197. – Lipowsky, F. (1999): Methodik der Vielfalt – Didaktik der Einfalt? Für eine qualitative Weiterentwicklung offener Lernsituationen. In: Grundschule. 31 (7-8), S. 49-53. – Oser, F. K./Baeriswyl, F.J. (2001): Choreographies of teaching, Bridging instruction to learning. In: Richardson, V. (Hrsg.): AERA's Handbook of Research on Teaching, 4th Edition, Washington: American Educational Research Association (AERA), pp. 1031-1065. – Reinmann, G./Mandl, H. (2006): Unterrichten und Lernumgebungen gestalten. In: Krapp, A./ Weidenmann, B. (Hrsg.): Pädagogische Psychologie. Ein Lehrbuch. Weinheim: Beltz, S. 613-658. – Reusser, K. (2001): Unterricht zwischen Wissensvermittlung und Lernen lernen. Alte Sackgassen und neue Wege in der Bearbeitung eines pädagogischen Jahrhundertproblems. In: Finkbeiner, C./Schnaitmann, G.W. (Hrsg.): Lehren und Lernen im Kontext empirischer Forschung und Fachdidaktik. Daunauwörth: Auer, S. 106-140. – Stäudel, L./Franke-Braun, G./Schmidt-Weigand, F. (2007): Komplexität erhalten – auch in heterogenen Lerngruppen: Aufgaben mit gestuften Lernhilfen. In: Chemkon, 14 (3), S. 115-119. – Swanson, H. Lee (1999): Interventions for students with learning disabilities. A meta-analysis of treatment outcomes. New York: The Guildford Press. – Tulodziecki, G./ Herzig, B./Blömeke, S. (2004): Gestaltung von Unterricht. Eine Einführung in die Didaktik. Bad Heilbrunn: Klinkhardt.

78| Inklusion
Andreas Hinz

Begriffliche Entwicklungen

Der Begriff der Inklusion schließt an den der Integration und an den Gemeinsamen Unterricht an (vgl. Beitrag 6 in diesem Band) und erweitert den Kontext einer „Schule für alle" (Stähling 2006). Der Integrationsbegriff wird vor allem auf je zwei Gruppen bezogen – Menschen mit und ohne Behinderungen und mit und ohne Migrationshintergrund. Damit verbunden ist die Tendenz, dass Sonderpädagogik und Interkulturelle Erziehung hier für zuständig gehalten werden. Anders akzentuiert die Theorie integrativer Prozesse ihren Fokus. Sie sieht Integration als Prozess von Annäherung und Abgrenzung im dialektischen Spannungsfeld von Gleichheit und Differenz verortet (Reiser 1991; Hinz 1993). Dieser theoretische Zugang, weiter entwickelt als Pädagogik der Vielfalt, bildet quasi die deutsche Version des internationalen Begriffs der „inclusion". Er zielt auf ein Selbstverständnis allgemeiner Einrichtungen, alle Menschen willkommen zu heißen. Inklusive Pädagogik vertritt so eine Schule, die für alle offen ist, sie als gleichwertige Mitglieder der (Schul-)Gemeinschaft in ihren Bürgerrechten anerkennt und Differenzen als Basis für wechselseitige Lernprozesse nutzt. Sie begibt sich auf einen Weg, der jegliche Barrieren im Unterricht, in der internen Struktur und im Selbstverständnis der Schule abzubauen versucht (Booth & Ainscow 2002; Boban & Hinz 2003).

Historische Entwicklungen

Inklusive Pädagogik wird in den USA und Kanada von sozialen Bewegungen und Forschungsgruppen seit Mitte der 1970er Jahre als Gegenentwurf zu einer selektiven, an den (nicht vorhandenen) individuellen Fähigkeiten orientierten Integration formuliert, die entsprechend einem

Kaskaden-Modell unterschiedliche Integrationsformen und -grade für Kinder und Jugendliche mit verschiedenen Beeinträchtigungsformen und -graden bereithält (Skrtić 1995). Angesichts einer wenig entwickelten eigenständigen Sonderpädagogik wird Inklusion in Großbritannien als Frage des Umgangs mit der Unterschiedlichkeit von Menschen diskutiert, ohne dass bestimmte Gruppen hervorgehoben würden – was auch einen Widerspruch zur Idee der Gleichstellung aller Menschen in ihrer Individualität bilden würde (Plate 2008). Im deutschen Sprachraum wird der Begriff seit 2000 verwendet (Hinz 2004).

Inklusive Schul- und Unterrichtsentwicklung

Eine Schlüsselfunktion innerhalb inklusiver Pädagogik nimmt die Schulentwicklung mit dem „Index for Inclusion" (Booth & Ainscow 2002) und seinen weltweit etwa 40 Übersetzungen und Adaptionen ein. Der deutschsprachige Index für Inklusion (Boban & Hinz 2003) schlägt ein Phasenmodell zur Schulentwicklung mit dem Anspruch auf Partizipation aller mit der Schule befassten Gruppen vor. Er bietet eine immer detailliertere Systematik mit drei Dimensionen, sechs Bereichen, 44 Indikatoren und 560 Fragen an, die die gemeinsame Reflexion über den aktuellen Stand und mögliche nächste Schritte in Richtung inklusiven Schullebens und Unterrichtsgeschehens anregen sollen. In der Dimension inklusiver Kulturen wird unter den Aspekten der Bildung einer Gemeinschaft und der Verankerung inklusiver Werte die Frage des pädagogischen Selbstverständnisses thematisiert. Inklusive Strukturen nehmen mit den Bereichen der Entwicklung der Schule für alle und der Unterstützung von Vielfalt die interne Organisation der Schule in den Blick. Inklusive Praktiken umfassen mit den Bereichen der Mobilisierung von Ressourcen im weitesten Sinne und der Organisation von Lernprozessen die alltägliche Praxis von Unterricht. So wird im Indikator „Der Unterricht wird auf die Vielfalt der Schülerinnen und Schüler hin geplant" (Boban & Hinz 2003, S. 81) u. a. gefragt:

- „Geht der Unterricht von einer gemeinsamen Erfahrung aus, die in unterschiedlicher Weise entfaltet werden kann?
- Entspricht der Unterricht dem Spektrum von Interessen bei Jungen und Mädchen?
- Berücksichtigt die Unterrichtsplanung, dass bestimmte Schülerinnen und Schüler wegen ihrer religiösen Vorstellungen, z.B. in Kunst und Musik Schwierigkeiten haben, sich an bestimmten Inhalten zu beteiligen?
- Wird der Unterricht ggf. so angepasst, dass Schülerinnen und Schüler mit körperlichen oder Sinnesbeeinträchtigungen auch im Sportunterricht, Arbeitslehre, Hauswirtschaft sowie in Physik (bei Optik und Akustik) Wissen und Fertigkeiten erwerben können?"

Bei ihrer Entwicklungsarbeit kann die Schule an vorhandene Konzepte und Methoden anknüpfen (Boban & Hinz 2008): Widmet sie sich inklusiven Kulturen, kann sie z.B. die gewaltfreie Kommunikation nutzen. Nimmt sie sich inklusive Strukturen vor, kann sie sich u. a. von Konzepten demokratischer Schulen und von Erfahrungen des weltweit inklusivsten Schulsystems in New Brunswick (Kanada) mit Unterstützungslehrerinnen und -lehrern und Unterstützungsteams anregen lassen. Geht es um die Entwicklung inklusiver Praktiken, stehen Konzepte des Kooperativen Lernens und der persönlichen Zukunftsplanung zur Adaption zur Verfügung.

Kontrovers wird die eindeutige inhaltliche Zielrichtung dieses Ansatzes diskutiert. Die Schwäche potenzieller Normativität wird von anderen gerade als seine Stärke gesehen. Was inklusive Schul- und Unterrichtsentwicklung, zumal in einem selektiv strukturierten Schulwesen, für die einzelne Schule bedeutet, kann nur sie selbst eruieren.

Praktische Umsetzungen

Etwa 3000 Exemplare des Index für Inklusion sind im deutschen Sprachraum verbreitet; die folgenden Projekte verdeutlichen das Spektrum seiner Nutzung:
- Im Raum Köln/Bonn unterstützt die Montag-Stiftung knapp 30 Schulen, meist mit langjähriger Erfahrung mit dem Gemeinsamen Unterricht, durch eine externe Moderation. Diese Schulen orientieren sich stark an der inhaltlichen Systematik des Index, so dass z.B. Indikatoren gemeinsam mit den (Grund-) Schülerinnen und -schülern und auf Konferenzen für die Reflexion einzelner Themen genutzt werden, etwa für Formen kooperativen Lernens.
- In Sachsen-Anhalt orientieren sich sieben Schulen im Rahmen der Ganztagsschulentwicklung am Phasenmodell, wobei sie vor allem die inklusive Prozessqualität unter starker Schülerbeteiligung für ihre Entwicklungsbedarfe nutzen (Boban & Hinz 2007).
- Im Wiener Neudorf arbeitet eine Kommune mit allen Erziehungs- und Bildungseinrichtungen (Kindertagesstätten, Volksschule, Horte) und der Gemeindevertretung als Vernetzungs- und Entwicklungsprojekt, koordiniert durch ein Index-Team für Inklusion (Braunsteiner et al. 2008).
- Die Pädagogische Hochschule Zentralschweiz bietet auf der Basis des Index für Inklusion einen Masterstudiengang für individuelle Förderung an, der über Teams von Lehrkräften allgemeinen Schulen deren Stärkung des inklusiven Umgangs mit Heterogenität im Unterricht ermöglichen will (Achermann 2007).

Dies zeigt, dass inklusive Schulentwicklung über den Schwerpunkt der Unterrichtsentwicklung hinaus Schulen ein breites Angebot zur Weiterentwicklung macht, aus dem die einzelne Schule ihre Schwerpunkte überlegen und nächste Schritte entwickeln kann.

Offene Forschungsfragen und Entwicklungsperspektiven

Es stellen sich viele offene Forschungsfragen und unsichere Entwicklungsperspektiven: Eine weitere Verbreitung des Index für Inklusion ist bei vielfältigen positiven Rückmeldungen kaum abzusehen. Hier spielt die notwendige Freiwilligkeit der Schule eine wichtige Rolle. Mitunter wird der Index für Inklusion auch als Qualitätssicherungsmaterial missverstanden, mit dessen Hilfe extern die inklusive Qualität einer Schule diagnostiziert werden kann, anstatt die kommunikativen Prozesse in den Vordergrund zu stellen. Zudem steht dieser Ansatz in scharfem Widerspruch zu allen Tendenzen der Standardisierung von Schulleistungen. Bei der aktuellen Überarbeitung der englischen Ausgabe ist daher ein Schwerpunkt, wie Schulen mit dem Druck zu homogenisierenden Tendenzen im Bildungssystem inklusionsverträglich umgehen können. Auch wird diskutiert, wie weit dieser inklusive Ansatz überhaupt in einem selektiven Schulsystem sinnvoll Anwendung finden kann: Einerseits wird die Gefahr beschrieben, dass mit seiner Hilfe – entgegen dem Ziel der Inklusion und der Schule für alle – Schulen innerhalb des selektiven Schulsystems verbessert und damit Selektion perfektioniert werden könnte, andererseits wird argumentiert, dass mit diesem Ansatz jede Schule von ihrem Startpunkt aus inklusiver werden kann.

Literatur

Achermann, B. (2007): „Schulen für alle" in der Zentralschweiz, Luzern: Demokratische Schulentwicklung und Weiterbildung von LehrerInnen für Integrative Förderung. In: Demmer-Dieckmann, I./Textor, A. (Hrsg.): Inklusionsforschung und Bildungspolitik. Bad Heilbrunn: Klinkhardt, S. 163-172. – Boban, I./Hinz, A. (2003): Index für Inklusion. Lernen und Teilhabe in Schulen der Vielfalt entwickeln. Halle (Saale): Martin-Luther-Universität. – Boban, I./Hinz, A. (2007): Inklusive Schulentwicklung ohne Gemeinsamen Unterricht!? Zur Entwicklung der

Ganztagsschule mit Hilfe des Index für Inklusion im Rahmen des IZBB in Sachsen-Anhalt. In: Demmer-Dieckmann, I./Textor, A. (Hrsg.): Bildungspolitik und Integrationsforschung im Dialog. Bad Heilbrunn: Klinkhardt, S. 137-144. – Boban, I./Hinz, A. (2008): Schlüsselelemente inklusiver Pädagogik. Orientierungen zur Beantwortung der Fragen des Index für Inklusion. In: Knauder, H./Feiner, F./Schaupp, H. (Hrsg.): Jede/r ist willkommen! Die inklusive Schule – theoretische Perspektiven und praktische Beispiele. Graz: Leykam, S. 53-65. – Booth, T./Ainscow, M. (2002): Index for Inclusion. Developing Learning and Participation in Schools. 2. ed. London: Centre for Studies on Inclusive Education. – Braunsteiner, M.-L./Gebhardt, I./Germany, S. (2008): Der Index für Inklusion – ein Instrument zur Schulentwicklung und Netzwerkbildung. In: Eder, F./Hörl, G. (Hrsg.): Gerechtigkeit und Effizienz im Bildungswesen. Unterricht, Schulentwicklung und LehrerInnenbildung als professionelle Handlungsfelder. Wien, Berlin: Lit, S. 219-234. – Hinz, A. (1993): Heterogenität in der Schule. Integration – Interkulturelle Erziehung – Koedukation. Hamburg: Curio. – Hinz, A. (2004): Vom sonderpädagogischen Verständnis der Integration zum integrationspädagogischen Verständnis der Inklusion!? In: Schnell, I./Sander, A. (Hrsg.): Inklusive Pädagogik. Bad Heilbrunn: Klinkhardt, S. 41-74. – Plate, E. (2008): Betrachtungen „inklusiver" Schulentwicklungen in England aus einer internationalen Perspektive. In: Sonderpädagogische Förderung heute. 53 (4), S. 399-426. – Reiser, H. (1991): Wege und Irrwege zur Integration. In: Sander, A./Raidt, P. (Hrsg.): Integration und Sonderpädagogik. Saarbrücker Beiträge zur Integrationspädagogik. Bd. 6. St. Ingbert: Röhrig, S. 13-33. – Skrtić, Th. M. (1995): The Special Education Knowledge Tradition: Crisis and Opportunity. In: Meyen, E. L./Skrtić, Th. M. (eds.): Special Education & Student Disability. An Introduction. Traditional, emerging, and alternative perspectives. 4th. ed. Denver, CO: Love Publishing, S. 609-672. – Stähling, R. (2006): „Du gehörst zu uns". Inklusive Grundschule. Ein Praxisbuch für den Umbau der Schule. Baltmannsweiler: Schneider Hohengehren.

79| Lernvoraussetzungen diagnostizieren und Fördermaßnahmen realisieren
Michaela Gläser-Zikuda

Lernen und Schulleistung

Im Kontext schulischen Lernens spielen schulische Leistungsanforderungen sowie -beurteilungen eine wichtige Rolle, da sie die weiteren Entwicklungsverläufe von Kindern und Jugendlichen nicht unwesentlich mitbestimmen. Sie eröffnen vielfältige, aber bedingt durch die im deutschen Bildungssystem stark selektiven Mechanismen, auch sehr unterschiedliche Bildungschancen (Weinert 2001). Lernen im schulischen Kontext wird durch vier wesentliche Faktoren beeinflusst: durch die individuellen Voraussetzungen, den sozialen Kontext sowie durch den Unterricht und die Lehrperson.

Individuelle Lernvoraussetzungen

Personale Voraussetzungen auf Seiten des Individuums, wie kognitive Fähigkeiten, emotionale Grundhaltungen (wie z.B. Prüfungsangst), Einstellungen sowie das Selbstkonzept eigener Fähigkeiten spielen für das Lernen eine entscheidende Rolle. Lernen wird als aktiver, konstruktiver und individueller Prozess in einem Handlungskontext verstanden, der sich durch kognitive, emotionale und motivationale Teilprozesse auszeichnet (Straka & Macke 2005). Ab etwa dem 10. Lebensjahr ist mit einer hohen Stabilität der individuellen Unterschiede in den intellektuellen Fähigkeiten und Lernleistungen zu rechnen. Schüler mit besseren Lernvoraussetzungen profitieren von gleichen Lernangeboten mehr als Schüler mit ungünstigeren Voraussetzungen

(Weinert 2001). Die individuell variablen Lern- und Leistungsfortschritte können mehr oder minder stark von der Qualität des Unterrichts sowie von spezifischen Fördermaßnahmen beeinflusst werden.

Soziale und affektive Bedingungen des Lernens
Interaktionen zwischen Klassenkameraden sind neben der positiven Beziehung zu Lehrpersonen eine wichtige Quelle des Wohlbefindens in der Schule. Wohlbefinden und positive Emotionen stellen eine wichtige Ausgangsbedingung für erfolgreiche Lernprozesse dar. Ist das grundlegende Bedürfnis nach sozialer Einbindung (Deci & Ryan 1993) erfüllt, so sind Schüler eher geneigt, neue Situationen und Herausforderungen anzugehen. Erlebt sich der Lernende als kompetent, wird er sich künftig auch unbekannten und teilweise über seine momentanen Fähigkeiten hinausreichenden Aufgaben zuwenden. In Bezug auf eine langfristig andauernde Lernmotivation sind das Erleben von persönlicher Kompetenz und Autonomie entscheidende Faktoren.

Diagnostische Kompetenzen der Lehrperson
Unter Diagnosekompetenz wird die Fähigkeit verstanden, das (Vor-)Wissen von Schülern angemessen einschätzen und erfassen zu können (Ingenkamp & Lissmann 2005). Eine „richtige" Diagnose setzt allerdings voraus, dass Lehrer idealtypische Kompetenzentwicklungsverläufe kennen, damit sie Abweichungen einschätzen können. Diagnosen helfen Lehr-Lernprozesse zu optimieren, Störungen vorzubeugen und Förderungen anzusetzen. Im Kontext von Schule und Unterricht fallen vielfältige diagnostische Aufgaben an. So sind z.B. fachspezifische Leistungen, aber auch Lern- und Arbeitsverhalten sowie soziale Kompetenzen von Schülern zu bewerten. Das Ausmaß, mit dem Lernziele erreicht oder nicht erreicht wurden und der Lernzuwachs sind einzuschätzen, und darauf aufbauend sind gezielte Lernhilfen zu geben. Lehrkräfte vergeben Beurteilungen und Zensuren über Lern- und Arbeitsverhalten sowie über fachspezifische Leistungen.

Lern- und Leistungsbeurteilung

Funktionen der Lern- und Leistungsbeurteilung
Der Lern- und Leistungsbeurteilung werden vielfältige Funktionen zugeschrieben (Ziegenspeck 1999). Sie dient einerseits als Rückmeldung an die Schüler und zu deren Förderung, andererseits für die Beurteilung und Gestaltung des Unterrichts. Leistungsbeurteilungen werden zur Information von Eltern, Lehrern weiterführender Schulen, Ausbildern und potentiellen Arbeitsgebern über den erreichten Leistungsstand der Schülerinnen und Schüler genutzt. Der Leistungsbeurteilung kommt zudem die Funktion der Prognose künftiger Lern-und Arbeitsleistungen von Schülerinnen und Schülern zu. Eine weitere Funktion der Leistungsbeurteilung zielt auf die Selektion von Schülerinnen und Schülern ab. Die Leistungsbeurteilung eröffnet bzw. verwehrt den Zugang zu höheren Abschlüssen und angesehenen beruflichen und gesellschaftlichen Positionen. Gleichzeitig dient die Leistungsbeurteilung der Kontrolle und Legitimierung bildungspolitischer, administrativer und unterrichtlicher Entscheidungen sowie dem Nachweis von Arbeitsqualität im Bildungswesen. Mit der Sozialisierungsfunktion von Leistungsbeurteilung erfolgt vor allem die Einübung der nachwachsenden Generation in die Prinzipien der Leistungsgesellschaft. Mit dem Schuleintritt lernen Kinder neue Leistungsnormen kennen, die sich von denjenigen in der Familie oder des Kindergartens unterscheiden. Nicht Liebe, Sympathie oder Gehorsam bestimmen die Noten, sondern einzig und allein die erzielten Handlungsresultate.

Sehr viele und teilweise vollkommen entgegengesetzte Anforderungen werden an die Prüfungs- und Beurteilungspraxis in der Schule gestellt. Die schulische Leistungsbeurteilung birgt daher einige Probleme, auf die im Folgenden näher eingegangen wird.

Formelle und informelle Testverfahren
Tests sind Verfahren der pädagogischen Diagnostik, mit deren Hilfe Ergebnisse geplanter und an Curricula orientierter Lernvorgänge möglichst objektiv, zuverlässig und gültig gemessen, und durch Lehrende (z.T. auch durch Lernende) oder Beratende ausgewertet, interpretiert und für pädagogisches Handeln nutzbar gemacht werden können (Ingenkamp & Lissmann 2005). Generell werden formelle (normorientierte oder kriteriumsorientierte) und informelle Testverfahren unterschieden.

Formelle Testverfahren
Formelle Testverfahren beziehen sich auf Messinstrumente, die auf die sogenannten Testgütekriterien (Objektivität, Reliabilität und Validität) kontrolliert und standardisiert, d.h. geeicht wurden. Diese Tests sind normorientiert, d.h. die Testleistungen einzelner Schüler werden mit den Durchschnittsleistungen (Norm) einer Bezugsgruppe (Altersgruppe, Schulklasse, Schulform) verglichen. Normorientierte Testverfahren zielen auf die Messung interindividueller (Leistungs-) Unterschiede und eignen sich für Schulerfolgsprognosen. Während sich normorientierte Tests an allgemeinen durch Lehrpläne vorgegeben Lernzielen orientieren, eignen sich kriteriumsorientierte Tests zur Messung intraindividueller Leistungsveränderungen im Hinblick auf ein bestimmtes Lernziel. Individuelle Lernfortschritte in einer konkreten Lernumgebung können somit erfasst werden.
Ein Beispiel für einen formellen Test ist das Bielefelder Screening zur Früherkennung von Lese-Rechtschreibschwierigkeiten (BISC; Jansen et al. 1999) für Vorschulkinder. Mit Hilfe des Tests soll eine spezifische Vorhersage des künftigen Erfolgs oder Misserfolgs im Schriftspracherwerb ermöglicht werden. Die Leistungsbereiche, die als kritisch für den Schriftspracherwerb angesehen werden und im BISC repräsentiert wurden, sind phonologische Bewusstheit, schneller Abruf aus dem Langzeitgedächtnis, phonetisches Rekodieren im Kurzzeitgedächtnis sowie die visuelle Aufmerksamkeitssteuerung. Beispielsweise wird die phonologische Bewusstheit mit Aufgaben zu Reimen (Wortpaare werden vorgesprochen und das Kind hat eine Entscheidung zur Klangähnlichkeit zu fällen: z.B. „Kind – Wind" oder „Kind – Stuhl") und Silben-Segmentieren (Substantive werden vorgesprochen, die das Kind unter Zuhilfenahme des Silbenklatschens in Sprechsilben untergliedern soll: z.B. „Fe - der - ball") erfasst. Die Resultate für das einzelne Kind werden anschließend mit Hilfe von Normtabellen, die auf Verteilungen in Repräsentativstichproben beruhen und die jeweiligen Risikobereiche hinsichtlich eines erfolgreichen Schriftspracherwerbs widerspiegeln, eingestuft.

Informelle Testverfahren
Informelle Tests, die üblicherweise durch Lehrende konstruiert werden, erfassen die Ergebnisse der unterrichtlichen Lernprozesse und machen diese für das weitere pädagogische Vorgehen nutzbar. In erster Linie dienen schriftliche Prüfungen als Grundlage für die Leistungsbeurteilung. Diese selbst erstellten Tests haben gegenüber formellen Tests, wie z.B. Intelligenztests, einige Schwächen. Eine Prüfung in Form eines Testvorlaufs, inwieweit der Test den Gütekriterien genügt und brauchbare Aufgaben von hinreichender Trennschärfe sowie angemessener Schwierigkeit beinhaltet, erfolgt in der Regel nicht. Die Lehrkräfte sind unmittelbar an der Entwicklung der zu messenden Schülerleistungen beteiligt und messen so immer auch zu unge-

klärten Anteilen ihre eigene Leistung mit. Die Testdurchführung ist nicht standardisiert, so dass unterschiedliche Bedingungen, wie z.B. räumliche oder zeitliche Faktoren, die Ergebnisse verfälschen können. Bei der Konstruktion informeller Test sind Lernziele sowie Aufgabenformen von besonderer Relevanz (Klauer 2002).

Gütekriterien
In Anlehnung an die psychologische Testtheorie wird die Güte eines Tests an drei wichtigen Qualitätskriterien gemessen: der Objektivität, Reliabilität (Zuverlässigkeit) und Validität (Gültigkeit). Die Übertragung auf die schulische Leistungsmessung ist nur eingeschränkt möglich und sinnvoll, denn psychologische Tests dienen ausschließlich dem Ziel, Merkmalsdifferenzen zwischen Individuen aufzuzeigen, während pädagogische Verfahren auf die Feststellung schulischer Lern- und Lehrerfolge zielen (Sacher 2004).
Ein Test ist objektiv, wenn das Testergebnis unabhängig vom Beurteilenden ist, wenn also z.B. zwei Lehrpersonen bei einem Schüler unabhängig voneinander zu demselben Ergebnis kommen. Die Reliabilität eines Tests gibt an, wie genau bzw. zuverlässig gemessen wird. Je mehr voneinander unabhängige Einzelaufgaben zu einem Lernziel oder Lernbereich gestellt werden, desto zuverlässiger ist das Testergebnis. Die Validität (Gültigkeit) eines Tests besagt, dass der Test auch tatsächlich misst, was er zu messen vorgibt. In einem gültigen Überprüfungsverfahren sollte auch nur geprüft werden, was im Unterricht tatsächlich gelehrt, erarbeitet und geübt wurde.

Urteilsfehler
Zur Reduzierung der Gütekriterien tragen sogenannte Urteilsfehler bei. Jede Personenwahrnehmung wird von unkontrollierten und teilweise unbewussten Erwartungen und Einstellungen des Beobachtenden beeinflusst. Bei einer auf Objektivität und Vergleichbarkeit zielenden Leistungsbeurteilung sind solche Einflüsse als Fehlerquellen einzustufen (Ingenkamp & Lissmann 2005). Oft wird das Beurteilungsspektrum ungleichmäßig ausgeschöpft, d.h. es werden überwiegend schlechte oder gute, mittlere oder extreme Urteile gegeben (Strenge- oder Milde-Fehler, Tendenz zur Mitte oder zu Extremurteilen). Teilweise verfälschen auch Interferenzen im Urteil, z.B. Voreingenommenheit, die Beurteilung von Schulleistungen. So zeigen sich z.B. Reihungsfehler aus dem Zusammenhang mit vorangegangenen Urteilen oder logische Fehler durch voreilige Schlussfolgerungen aus einem Leistungsmerkmal, das bereits bekannt ist, auf ein anderes, erst zu beurteilendes Leistungsmerkmal. Wenn ein besonders prägnantes Merkmal oder auch der Gesamteindruck die Wahrnehmung anderer Merkmale bestimmt, spricht man vom sogenannten „Halo-Effekt" bzw. Hof-Effekt.

Verschiedene Bezugsnormen
Leistungsbeurteilung orientiert sich an der sozialen, individuellen und sachlichen bzw. kriterialen Bezugsnorm (Rheinberg 2002). Jede Bezugsnorm hat „blinde Flecken", weil sie jeweils bestimmte Sachverhalte des Lern- und Leistungsgeschehens nicht bzw. nur unzureichend abbildet. Die soziale Bezugsnorm berücksichtigt z.B. nicht den Grad, in dem eine Lerngruppe/Klasse insgesamt noch von einem angestrebten Lernziel entfernt ist. Das Ausmaß der individuellen Variabilität und Beeinflussbarkeit von Fähigkeiten ist nur schwer erkennbar. Die individuelle Bezugsnorm ignoriert interindividuelle Unterschiede. Lernende können zu Fehleinschätzungen ihrer eigenen Fähigkeiten kommen, wenn sie ohne Orientierung an sachlichen Kriterien oder Leistungen anderer immer nur erfahren, dass sie überall dazulernen, wenn sie sich nur anstrengen. Für die Lernmotivation ist die individuelle Bezugsnorm allerdings eher günstig, weil sie den Zusammenhang zwischen eigenen Lernhandlungen und Erfolg direkt aufzeigt. Die sachliche

bzw. kriteriale Bezugsnorm schließlich setzt voraus, dass für jede Lernthematik klar umrissene Kompetenzen vorliegen, mit Hilfe derer sich angeben lässt, in welchem Ausmaß sie Lernende erreicht hat. Aufgrund mangelnder Zusatzinformationen sind aber Kompetenzzuwächse kaum erkennbar. Aufgrund der genannten Nachteile jeder Bezugsnorm ist es in Lehr-Lernkontexten eher nicht sinnvoll, sich ausschließlich auf eine einzige Bezugsnorm festzulegen.

Problematik der Leistungsbeurteilung
Die Leistungsbeurteilung, insbesondere in Form von Ziffernbenotung, erfüllt die eingangs beschriebenen Funktionen nur unzureichend bzw. nur scheinbar; insbesondere der erzieherische Wert ist anzuzweifeln. Fehlende bzw. mangelnde Beachtung von Gütekriterien und Urteilsfehler führen zu einer verzerrten, verfälschten und damit benachteiligenden Beurteilung von Lernenden.
Zudem wird vergessen, dass Noten Messwerte auf Ordinalskalenniveau darstellen, d.h. sie informieren nur über Rangplätze; die Abstände zwischen den Notenstufen sind nicht definiert. Die in der Praxis übliche Berechnung von Notenmittelwerten ist also nicht zulässig, es wäre als Maß der zentralen Tendenz eigentlich der Median zu berechnen (Fischer 1991). Der Median ist aber für die Benotung nur eingeschränkt geeignet, denn er berücksichtigt die Größe der über und unter ihm liegenden Werte nicht. Daher wird weiterhin der Mittelwert zur Berechnung der Gesamtleistung aus Einzelnoten herangezogen. Allerdings können Mittelwerte von Noten nur eine grobe Information über die mittlere Leistung eines Schülers geben.
Neben der Ziffernbewertung werden verbale Beurteilungen und Berichtszeugnisse eingesetzt, die hauptsächlich zwei Ziele verfolgen: zum einen die Motivierung und Förderung des Kindes, zum anderen die Information der Eltern über den Leistungsstand ihres Kindes. Als Vorteil der verbalen Beurteilung wird die Orientierung an einer individuellen, und nicht an der sozialen Bezugsnorm gesehen (Sacher 2004). Aber Verbalbeurteilungen werden nur teilweise von Schülern und Eltern verstanden und sie bieten keine Gewähr, dass es nicht auch hier zu ähnlichen benachteiligenden Effekten kommt wie bei Zensuren.

Überlegungen zu einer veränderten Pädagogischen Diagnostik

Bedeutung einer ganzheitlichen Diagnose
Wie kann Lernen angemessen analysiert bzw. diagnostiziert werden? Lernen kann letztlich nur erschlossen und nicht direkt beobachtet werden. Lehrpersonen müssen einen Einblick in den aktiven, internen und individuellen Auseinandersetzungsprozess des einzelnen Schülers erhalten. Nach Straka & Macke (2005) ist daher eine ganzheitliche Sicht auf den Lernprozess wichtig, d.h. sowohl das Handeln und Verhalten eines Lernenden, die externalen Bedingungen als auch die internalen Bedingungen auf Schülerseite sind zu berücksichtigen. Dies bedeutet, dass Lehrer wissen müssen, welche internalen Bedingungen zur Durchführung von Lernhandlungen vorhanden sein müssen, welche Aspekte z.B. der Lernumgebung für entsprechendes Lernverhalten günstig sind und wie ein beobachtbares Endverhalten zu einem beobachtbaren Anfangsverhalten eines Lernenden zugeordnet werden kann.

Individuelle Lernförderung
Lernförderung ist individuell auszurichten und kann in unterschiedlichen Bereichen ansetzen. Im Einzelfall werden verschiedene Schwerpunkte kombiniert. Häufige Schwerpunkte sind die Verbesserung der Aufmerksamkeit und der Lernmotivation. Wichtig ist zunächst eine Stabilisierung des Ausgangsniveaus zur Weiterentwicklung der Kenntnisse, Fähigkeiten und Fertigkeiten

des Kindes. Den Schülerinnen und Schülern sollen Anforderungen gestellt werden, die es ihnen erlauben sich weiterzuentwickeln. Förderempfehlungen werden formuliert, um konkrete Angebote und Maßnahmen der Förderung zu definieren. Die Förderempfehlung gibt beispielsweise Antworten darauf, wie der momentane Lern-, Leistungs- und Entwicklungsstand des Schülers aussieht, wo sie/er besonderen, vordringlichen Förderbedarf hat, wie die Lehrperson diesem Förderbedarf entsprechen kann und was die Eltern sowie der Schüler selbst beitragen können.

Fehler als Chance begreifen
Lernprozesse verlaufen nicht fehlerlos. Ob aus Fehlern gelernt werden kann oder ob sie übersehen oder gar negativ beurteilt werden, hängt mit der Lernvorstellung von Schülern und insbesondere derjenigen von Lehrern zusammen (Oser & Hascher 1998). Ein konstruktiver Umgang mit Fehlern kann eigentlich nur realisiert werden, wenn der Lernprozess überhaupt wahrgenommen und thematisiert wird. Im Unterricht sollte daher zwischen Lern- und Leistungssituationen getrennt werden. Um Wissen und Fertigkeiten zu erwerben, ist ein Lernraum erforderlich, der selbständiges Erkunden erlaubt, wobei auch Fehler gemacht werden dürfen. Der Umgang mit Fehlern setzt allerdings zunächst das Erkennen eines Fehlers sowie dessen Einordnung voraus. Anstatt Lernprozesse abzuschließen, muss die Leistungsbewertung in die Lernprozesse, die sich auch durch Fehler auszeichnen, so integriert werden, dass sie ein konstitutives Moment der Lehr- und Lernkultur wird. Die Leistungsbewertung sollte in erster Linie Informationen für den Schüler liefern, nicht über ihn. Auch geeignete Formen der Rückmeldung sind zu bedenken (vgl. Beitrag 80 in diesem Band).

Didaktische Implikationen für eine Förderung von Lernprozessen
Die Förderung von Lernprozessen umfasst die Frage nach geeigneten Unterrichtsverfahren, nach Kompetenzen auf Seiten der Lehrenden sowie spezifische Förderansätze. Forschungsergebnissen zufolge kann davon ausgegangen werden, dass direkte Instruktion sich bewährt, wenn es darum geht, alle Schüler so gut wie möglich zu fördern und hohe Durchschnittsleistungen mit geringen interindividuellen Varianzen zu erreichen (Helmke & Weinert 1997; vgl. Beitrag 66 in diesem Band). Merkmale direkter Instruktion sind z.B. das Zerlegen des Unterrichtsstoffs in kleine, überschaubare Einheiten, Fragen unterschiedlicher Schwierigkeit, ausreichende Übungsmöglichkeiten, Kontrolle von Lernfortschritten und eine zweckhafte Kombination von Klassen-, Gruppen- und Individualarbeit. Schülerorientierte Ansätze, wie z.B. „Reciprocal teaching", in denen Schüler in kleinen Gruppen mit variabler Rollenverteilung abwechselnd die Funktionen des Lehrers und der Schüler wahrnehmen, zeigen positive Effekte auf soziale und motivationale Aspekte des Lernens sowie die Selbstständigkeit der Schüler. Je nach Voraussetzungen der Schüler und in Abhängigkeit von den angestrebten Lehr- und Lernzielen sollten unterschiedliche Unterrichtsverfahren adaptiv im Unterricht verwendet werden. Ziel ist es, dass möglichst günstige Bedingungen für individuelles Lernen entstehen und förderliche Maßnahmen umgesetzt werden können. Der Transfer des Gelernten in neuen Anwendungssituationen im Unterricht hilft den Aufbau trägen Wissens zu vermeiden und die Konstruktion anschlussfähigen sowie aktiv und variabel einsetzbaren Wissens zu fördern. Die Vorschläge für eine Förderung von Lernprozessen reichen dabei von kognitiv-konstruktivistisch orientierten Lehr-Lernarrangements (Straka & Macke 2005) und schülerorientierten Unterrichtsformen (Helmke & Weinert 1997), über Trainingsansätze für selbstreguliertes Lernen (Landmann & Schmitz 2007), die Vermittlung spezifischer Lernstrategien (Mandl & Friedrich 2006) bis hin zur Motivationsförderung (Rheinberg 2006).
Der Unterricht sollte auf den gesamten Lernprozess abzielen und das Lernen explizit thematisieren. Im Konzept des dialogischen Lernens (Gallin & Ruf 1998) wird der Lernprozess zum

Gegenstand des Unterrichts, indem Schüler untereinander sowie mit der Lehrperson in einen kontinuierlichen, den Lehr-Lernprozess betreffenden Diskurs treten. Lernaktivitäten bestehen aus verschiedenen Phasen, wie Erkundung, Planung, Umsetzung, Reflexion, Kontrolle und Regulation. Schüler und Lehrer sind gleichermaßen aus ihrer Perspektive in diesen Prozess involviert, der in wesentlichen Teilen den grundlegenden diagnostischen Schritten Diagnose, Intervention, Evaluation und Modifikation entspricht. Fortlaufend sollten Lernfortschritte diagnostiziert, darauf aufbauend Lehraktivitäten als Fördermaßnahmen umgesetzt, deren Auswirkungen überprüft und Lehraktivitäten modifiziert werden. Der gesamte Lernprozess mitsamt den Lösungswegen und eventuellen Fehlern muss in den Blick genommen werden.

Alternative Formen der Lern- und Leistungsbeurteilung
Schließlich stellt sich die Frage nach Alternativen zu bisherigen Verfahren der Lern- und Leistungsbeurteilung. Lernjournale, Lerntagebücher oder Portfolios eignen sich, um den Prozessaspekt des Lernens zu erfassen, die Selbstbeobachtung und -reflexion des Lernenden anzustoßen und eine individuell und sachlich orientierte Leistungsbewertung zu realisieren (Gläser-Zikuda & Hascher 2007; vgl. Beiträge 80 und 81 in diesem Band). Portfolios beispielsweise werden als direkte und nicht symbolisch, über Ziffernnoten, vermittelte Leistungsvorlage verstanden (Vierlinger 1999). Einerseits werden gelungene Arbeiten und erbrachte Leistungen direkt dokumentiert, und andererseits auf der Grundlage von inhaltsspezifischen Kriterien Entwicklungen und Fortschritte des einzelnen Schülers nachvollziehbar. Das Portfolio schafft dadurch bessere Bedingungen für gezielte Fördermaßnahmen (Brunner et al. 2006). Die Rückmeldung von Zwischenresultaten erfolgt unter Berücksichtigung der individuellen Bezugsnorm. Unzulänglichkeiten der traditionellen Beurteilung wie z.B. die mangelnde Rückmeldung über Stärken und Schwächen des Lernens oder die Eindimensionalität der Leistung können so vermieden werden. Bei der Portfolioarbeit erwerben die Lernenden nicht nur deklaratives, sondern auch prozedurales und metakognitives Wissen, das für die Fähigkeit lebenslangen Lernens von großer Bedeutung ist. Die empirisch belegten Wirkungen der eher normativen und lerntheoretischen Annahmen zu den Potentialen der Portfolioarbeit stehen allerdings noch aus (Gläser-Zikuda & Hascher 2007).

Literatur
Brunner, I./Häcker, T./Winter, F. (Hrsg.) (2006): Das Handbuch Portfolioarbeit. Konzepte, Anregungen, Erfahrungen aus Schule und Lehrerbildung. 1. Aufl. Seelze: Kallmeyer. – Deci, E. L./Ryan, R. M. (1993): Die Selbstbestimmungstheorie der Motivation und ihre Bedeutung für die Pädagogik. In: Zeitschrift für Pädagogik. 39 (2), S. 223-238. – Fischer, W. L. (1991): Mathematische Kritik der Ziffernnoten und ihre Interpretation. In: Hohenzollern, J. & Liedtke, M. (Hrsg.): Schülerbeurteilungen und Schulzeugnisse. Bad Heilbrunn: Klinkhardt, S. 225-249. – Gallin, P./Ruf, U. (1998): Sprache und Mathematik in der Schule: auf eigenen Wegen zur Fachkompetenz. Seelze: Kallmeyer. – Gläser-Zikuda, M./Hascher, T. (Hrsg.) (2007): Lernprozesse dokumentieren, reflektieren und beurteilen: Lerntagebuch und Portfolio in Bildungsforschung und Bildungspraxis. Bad Heilbrunn: Klinkhardt. – Helmke, A./Weinert, F. E. (1997): Bedingungsfaktoren schulischer Leistungen. In: Weinert, F.E. (Hrsg.): Psychologie des Unterrichts und der Schule. Enzyklopädie der Psychologie. Bd. 3. Göttingen: Hogrefe, S. 71-176. – Ingenkamp, K./Lissmann, U. (2005): Lehrbuch der Pädagogischen Diagnostik. 5. Aufl. Weinheim: Beltz. – Jansen, H./Mannhaupt, G./Marx, H./Skowronek, H. (1999): Bielefelder Screening zur Früherkennung von Lese-Rechtschreibschwierigkeiten (BISC). Göttingen: Hogrefe. – Klauer, K. J. (2002): Wie misst man Schulleistungen? In: Weinert, F. E. (Hrsg): Leistungsmessungen in Schulen. 2. Aufl. Weinheim: Beltz, S. 103-116. – Landmann, M./Schmitz, B. (Hrsg.) (2007): Selbstregulation erfolgreich fördern. Praxisnahe Trainingsprogramme für effektives Lernen. Stuttgart: Kohlhammer. – Mandl, H./Friedrich, H. F. (2006): Handbuch Lernstrategien. Göttingen: Hogrefe. – Oser, F./Hascher, T. (1998): Lernen Menschen aus Fehlern? Merkmale einer Fehlerkultur. In: Forum Fortbildung. 2, S. 20-21. – Rheinberg, F. (2002): Bezugsnormen und schulische Leistungsbeurteilung. In: Weinert, F. E. (Hrsg.): Leistungsmessungen in Schulen. 2. Aufl. Weinheim: Beltz, S. 59-72. – Rheinberg, F. (2006): Motivationstraining und Motivierung. In: Rost, D. H. (Hrsg.): Handwörterbuch Pädagogische Psycholo-

gie. 3. Aufl. Weinheim: Beltz, S. 510-515. – Sacher, W. (2004): Leistungen entwickeln, überprüfen und beurteilen. 4. überarb. erw. Aufl. Bad Heilbrunn: Klinkhardt. – Straka, G./Macke, G. (2005): Lern-Lehr-Theoretische Didaktik (3. Aufl.). Münster: Waxmann. – Vierlinger, R. (1999): Leistung spricht für sich selbst. Direkte Leistungsvorlage Portfolios statt Ziffernzensuren und Notenfetischismus. Heinsberg: Dieck. – Weinert, F. E. (2001): Schulleistungen – Leistungen der Schule oder der Schüler? In: Weinert, F. E. (Hrsg.): Leistungsmessungen in Schulen. 2. Aufl. Weinheim: Beltz, S. 73-86. – Ziegenspeck, J. (1999): Handbuch Zensur und Zeugnis in der Schule. Bad Heilbrunn: Klinkhardt.

80 | Neue Formen der Leistungsbewertung
Thorsten Bohl und Tanja Bach-Blattner

Gegenstandsbereich

Seit Ende der 90er Jahre finden sich in Fortschreibungen der deutschen Bildungspläne Zielsetzungen, die sich am erweiterten Lernbegriff orientieren; dieser lässt sich als normatives Konstrukt in vier Subkompetenzen konkretisieren:
- fachlich-inhaltlich: Fachwissen besitzen, urteilen, definieren etc.;
- sozial-kommunikativ: kooperieren, einfühlsam zuhören, argumentieren etc.;
- methodisch-strategisch: visualisieren, planen, exzerpieren, nachschlagen etc.;
- personal: Selbstvertrauen entwickeln, ein realistisches Selbstbild entwickeln etc.

Der erweiterte Lernbegriff erfordert ein verändertes Bewertungsverständnis: Leistungsbewertung bezieht sich auf alle vier Subkompetenzen. Die Praxis einer derart veränderten Leistungsbewertung erwies sich lange als „retardiertes Moment" (Schratz 1995, S. 281) – wohl aufgrund der Komplexität und des reziproken Verhältnisses von neuen Lernformen und deren Bewertungspraxis. Neue Lernformen sollten gerade das traditionelle schulische Lernen aus seiner engen inhalts- und selektionsbezogenen Praxis herausführen. Vielfältige Varianten neuer Bewertungsformen wurden praxisnah entwickelt oder – eher seltener – erforscht (z.B. Grunder & Bohl 2004), z.B. Bewertungen von Präsentationen, Teamleistungen, Projektergebnissen, Prozessen, Portfolios oder unterschiedliche Formen der Selbstbewertung. In allen Bundesländern (Bohl 2003) wirkten sich diese Veränderungen aus; fast durchweg wurden neue rechtliche Möglichkeiten eröffnet (z.B. Ersatz einer Klassenarbeit durch eine neue Bewertungsform) oder Zeugnisformulare verändert (z.B. Raster zur Kompetenzeinschätzung, Thüringen).
Diese bis heute andauernde Entwicklung der Bewertung neuer Lernformen wird seit einigen Jahren durch eine weitere Linie verstärkt: die Bewertung neuer Aufgabenformate, z.B. offener Aufgaben im Mathematikunterricht. Die über internationale Schulleistungsvergleichsstudien wie PISA angestoßene Veränderung der Aufgabenkultur provoziert die Frage nach einem aufgabenbezogenen erweiterten Bewertungsverständnis.
Daher lässt sich der Begriff „neue Formen der Leistungsbewertung" nicht mehr ausschließlich beanspruchen, wenn etwa methodische, soziale oder persönliche Aspekte des erweiterten Lernbegriffs angesprochen sind; er muss umfassender verstanden werden und rein fachliche Leistungen in neuen Bewertungsformaten berücksichtigen, z.B. Wie können in einem individualisierten Unterricht fachliche Leistungen oder wie Lösungen zu offenen Aufgaben bewertet werden?

Historische Entwicklung

‚Neue' Formen der Leistungsbewertung knüpfen an Reformvorhaben in der Geschichte des Unterrichts und der Schule an. Vorläufer heutiger verbaler Bewertungen und Lernberichte sind z.B. Johann Heinrich Pestalozzis Briefe an die Eltern seiner Zöglinge (Renggli-Geiger 1950), in denen bereits differenzierte diagnostische Ansprüche erkennbar sind (z.B. Verwendung unterschiedlicher Bezugsnormen: Bohl 2006, S. 192ff).
Ein besonderer Bezug kann zur sog. reformpädagogischen Bewegung zwischen 1890 und 1933 hergestellt werden. Bei aller Kritik an dieser pädagogisch ereignisreichen Phase selbst, etwa hinsichtlich verwendeter Begrifflichkeiten (z.B. Oelkers 1996), oder mit Blick auf die Rezeption dieser Reformmodelle (z.B. Grunder 1994), zeigt sich hier eine Fülle innovativer unterrichtlicher und schulischer Reformvorhaben. Die damalige Kritik an der schulischen Zensurengebung mündete in unterschiedlichen Alternativen (Bohl 2005), z.B.:
- Maria Montessori: Schwerpunkt auf systematischer Beobachtung der Lernenden; Materialien eröffnen den Lernenden Selbstkontrollmöglichkeiten.
- Célestin Freinet: Ergänzung indirekter Bewertungsformen (z.B. Wandzeitung oder Klassenrat) durch verbalisierte Noten in Arbeitsplänen; Fertigkeitsbescheinigung belegt praktisch-theoretische, berufs- oder lebensweltorientierte Fähigkeiten (z.B. Beruf des Schreiners).
- Carleton Washburne: Skalierte Beobachtungsbögen und Bewertungsraster für fachliche und überfachliche Leistungen (z.B. zu Gruppengeist, Selbstvertrauen, Eigeninitiative).
- Helen Parkhurst: Zerlegen des Curriculums in individuell bearbeitbare Pensen und deren Kontrolle. Lehrende und Lernende erkennen damit den Stand der einzelnen Schülerarbeiten.

Parallel zur Entwicklung des Leistungsgedankens in der Geschichte der Schule wurde häufig eine darauf bezogene Kritik, verbunden mit Alternativen, formuliert; z.B. wurden immer wieder Berichtszeugnisse, verbale Bewertungen oder Lernentwicklungsberichte statt der Zensurengebung vorgeschlagen. In der deutschen Nachkriegszeit setzte sich dieser Gedanke fort. Diagnosebögen wurden in den 1970er Jahren im Rahmen von Gesamtschulen als differenzierte Alternativen zur Zensurengebung angesehen, z.B. als ‚Diagnosebogen zum Stand des Lernprozesses' (Ziegenspeck 1999, S. 330ff).

Zentrale Aspekte der Thematik

Systematisierung
Neue Formen der Leistungsbewertung können wie folgt unterschieden werden:
- *Datenerhebung*: Beobachtung einer Situation (z.B. Präsentation, Gruppenarbeit) oder ‚Beobachtung' eines Schriftstückes (z.B. Aufgabenlösung, Prozessbericht);
- *Personen*: Fremdbewertung (Lehrer oder Mitschüler) oder Selbstbewertung;
- *Kompetenzen*: fachlich-inhaltlich, sozial-kommunikativ, methodisch-strategisch, persönlich;
- *Dokumentation* der Bewertung: in Form einer Note, eines Rasters oder einer verbalen Bewertung oder als Mischform;
- *Zeitraum*: kurzzeitig (z.B. 5minütige Präsentation) oder langfristig (z.B. mit Blick auf Erstellung eines Lernentwicklungsberichtes).

Häufig entstehen Mischformen: eine Präsentationsbewertung kann mittels Punktsystem in eine Note überführt und zusätzlich mit verbalen Erläuterungen ausdifferenziert werden.

Gütekriterien
Die innere Struktur neuer Bewertungsformen ist komplex. Die Erfassung sozialer oder persönlicher Kompetenzen ist bereits unter wissenschaftlicher Perspektive anspruchsvoll (Erpenbeck & von Rosenstiel 2007). Im Unterrichtsalltag können Lehrkräfte testtheoretische Gütekriterien wie Objektivität, Validität und Reliabilität gleichwohl anstreben, z.B. kann mangelnde Objektivität über gemeinsam entwickelte und angewandte Bewertungskriterien verbessert werden.
In Anlehnung an förderdiagnostische Konzepte aus der Sonderpädagogik (z.B. Eberwein & Knauer 2009) geht die Zielrichtung neuer Bewertungsformen über den Anspruch testtheoretischer Gütekriterien hinaus; sie umfasst die Verknüpfung des Bewertungsverfahrens mit dem Lernverhalten und der Lernbiografie von Schülerinnen und Schülern. Im Sinne einer pädagogischen Handlungseinheit ist die Bewertung in ein didaktisches und förderorientiertes Gesamtkonzept eingebettet (Bohl 2006, S. 76ff).

Neue Bewertungsformen und Zensurengebung
Trotz der historisch erkennbaren Zielsetzung, mit neuen Bewertungsformen die Zensurengebung zu verringern oder gar abzuschaffen, zeigt sich bildungspolitisch und schulpraktisch vielmehr, dass Leistungen des erweiterten Lernbegriffs häufig über Noten bewertet werden. So ist in manchen Bundesländern die benotete Projektprüfung Teil der Abschlussprüfung (z.B. an Hauptschulen Baden-Württembergs). Neue Bewertungsformen erhalten damit, ungeachtet reformpädagogischer Ambitionen, eine Selektionsfunktion. Die kontinuierliche Thematisierung neuer Bewertungsformen kann jedoch nicht darüber hinwegtäuschen, dass diese in der Regel ergänzend zur Fachnote und in relativ kleinen Bereichen realisiert werden. In keinem Bundesland wurde die Zensurengebung bisher z.B. zugunsten verbaler Bewertungen verringert (Bohl 2003).

Besondere Anwendungsbereiche der Bewertungskonzeption

Neue Formen der Leistungsbewertung können auf vielfältige Weise realisiert werden. Grundsätzlich sind drei Bewertungsbereiche angesprochen (Grunder & Bohl 2004):
(1) Produktbewertung: z.B. künstlerisches Produkt, schriftliche Dokumentation eines Vortrags, Lernplakat, Hausarbeit;
(2) Präsentationsbewertung: z.B. Gruppenpräsentation, Rollenspiel;
(3) Prozessbewertung: z.B. Beobachtung von Lernverhalten und Gruppenprozessen, schriftlicher Prozessbericht, Lerntagebuch.
Sie verfügen je über eigene Charakteristika und erfordern entsprechende didaktische und diagnostische Konzeptionen (Bohl 2006, S. 89ff).

Entwicklungsperspektiven und offene Forschungsfragen

Veränderte Bewertungs-, Prüfungs- und Zeugnisregelungen in Deutschland ermöglichen inzwischen vielfältige neue Bewertungsformen; diese stellen das professionelle Handeln von Lehrkräften vor besondere Herausforderungen. Verlangt werden zum einen diagnostische Kompetenzen bei der systematischen Beobachtung von Lernprozessen; zum anderen werden Verbesserungen der testtheoretischen Gütekriterien wie Validität, Reliabilität und Objektivität angestrebt. Grundlegende Spannungsfelder eröffnen sich bei individualisierten Bewertungen von Schülerleistungen, wenn diese z.B. mit standardisierten und zentralisierten Vergleichstests und Steuerungsmaßnahmen zusammenzuführen sind. Häufig entstehen schulrechtliche Unklarheiten,

welche etwa die einheitliche Bewertung von Gruppenleistungen oder die Ernsthaftigkeit einer Schülerselbst- und mitbewertung betreffen.
Mit Blick auf den Forschungsstand fehlen im deutschsprachigen Raum bisher Studien zur Wirksamkeit einzelner Konzepte (z.B. von Portfolio), sowohl im Hinblick auf die Auswirkungen bezüglich der Leistungsmotivation von Lernenden als auch auf die nachhaltige Verbesserung fachlicher und überfachlicher Kompetenzen.

Literatur

Bohl, T. (2003): Aktuelle Regelungen zur Leistungsbewertung und zu Zeugnissen an deutschen Sekundarschulen. Eine vergleichende Studie aller Bundesländer – Darstellung und Diskussion wesentlicher Ergebnisse. In: Zeitschrift für Pädagogik 49 (4), S. 550-566. – Bohl, T. (2005): Leistungsbewertung in der Reformpädagogik. Analyse und Gehalt der Bewertungskonzeptionen. 1. Aufl. Weinheim und Basel: Beltz. – Bohl, T. (2006): Prüfen und Bewerten im Offenen Unterricht. 3. Aufl. Weinheim und Basel: Beltz. – Eberwein, H./Knauer, S. (Hrsg.) (2009): Handbuch Lernprozesse verstehen. Wege einer neuen (sonder-)pädagogischen Diagnostik. 3. Aufl. Weinheim und Basel: Beltz. – Erpenbeck, J./Rosenstiel, L. v. (Hrsg.) (2007): Handbuch Kompetenzmessung. Erkennen, verstehen und bewerten von Kompetenzen in der betrieblichen, pädagogischen und psychologischen Praxis. 2. überarb. u. erw. Aufl. Stuttgart: Schöffer-Poeschel. – Grunder, H.-U. (1994): Reform der Erziehung. In: Zeitschrift für Pädagogik. 40 (6), S. 926-939. – Grunder, H.-U./Bohl, T. (Hrsg.) (2004): Neue Formen der Leistungsbewertung in den Sekundarstufen I und II. 2. Aufl. Baltmannsweiler: Schneider. – Oelkers, J. (1996): Reformpädagogik. Eine kritische Dogmengeschichte. 3. vollst. bearb. u. erw. Aufl. Weinheim und München: Juventa-Verlag. – Renggli-Geiger, G. (1950): Die Berichte Pestalozzis an die Eltern seiner Zöglinge 1808-1825. Frauenfeld: Huber. – Schratz, M. (1995): Unterrichtsforschung als Beitrag zur Schulentwicklung. In: Rolff, H.-G. (Hrsg.): Zukunftsfelder von Schulforschung. Weinheim und München: Dt. Studien-Verlag, S. 267-298. – Ziegenspeck, J.W. (1999): Handbuch Zensur und Zeugnis in der Schule. Bad Heilbrunn: Klinkhardt.

81| Feedbackarbeit und Unterrichtsentwicklung
Johannes Bastian

Begrifflicher Rahmen

Dieser Beitrag fragt nach der Bedeutung von Feedbackarbeit für Unterrichts- und Schulentwicklung (vgl. Beitrag 16 in diesem Band). Zu Feedback im Unterricht bzw. dem synonym verwendeten Begriff der Schülerrückmeldung liegen zwei deutschsprachige Monographien vor:
- Burkhard et al. (2003) mit einer systematischen Aufarbeitung, in der Feedback als *Kern einer Schulentwicklung mit Schülern* definiert wird;
- Bastian et al. (2005) mit einer empirischer Studie, in der Fallstudien sowie ein *Phasenmodell von Feedbackarbeit zur Entwicklung von Unterricht und Schule* vorgestellt werden.

Konzeptionell wird Feedbackarbeit hier der schulinternen Evaluation zugeordnet (Bastian 2007b; Burkhard & Eikenbusch 2000). Dass Feedbackarbeit eine der zentralen Strategien zur Entwicklung von Unterricht und Schule ist, lässt sich durch Metaanalysen bestätigen, die nach Faktoren für die Qualität von Schule im Sinne des Lernerfolgs von Schülerinnen und Schülern fragen. Rolff (2007) verweist dabei auf drei Faktoren: zielführendes Handeln, Teamentwicklung sowie (mit Bezug auf Fullan et al. 2006) auf eine lernbezogene Feedbackkultur. Feedbackarbeit bedeutet in der Definition von Bastian u.a., „dass sich zwei oder mehrere Personen in direkten, offenen mit angemessenen Methoden strukturierten Gesprächen einander Beobachtungen, Einschätzungen und Bewertungen über eine bestimmte Situation oder Fragestellung mitteilen, um daraus für den gemeinsamen Umgang mit diesem Thema zu lernen" (2005, S. 89). Beiden Konzepten gemeinsam sind die dialogische Struktur einer methodenbasierten und strukturierten Interaktion sowie die Perspektive einer partizipativen Entwicklung von Unterricht und Schule. Ebenfalls übereinstimmend ist, dass Feedback als Entwicklungsinstrument verstanden wird und von Verfahren der Lehrerbeurteilung abgegrenzt wird, mit denen Lehrende unaufgefordert und mit extern vorgegebenen Instrumenten beurteilt werden. Hinter diesem dialogischen Verständnis von Feedbackarbeit steht ein Verständnis von „Unterrichtsentwicklung als systematische und gemeinsame Anstrengung der am Unterricht Beteiligten, die zur Verbesserung des Lehrens und Lernens und seiner schulischen Bedingungen beitragen" (Bastian 2007a, S. 299)

Theoretischer und empirischer Rahmen

Eine theoretische und empirische Rahmung von Feedbackarbeit soll hier mit Bezug auf allgemeindidaktische, unterrichtstheoretische, professionstheoretische und lerntheoretische Forschungsarbeiten skizziert werden. *Allgemeindidaktisch sowie bildungstheoretisch* lässt sich Feedbackarbeit einem zentralen Prinzip didaktischer Theorien zuordnen: dem bildungstheoretisch begründeten Prinzip der „Partizipation" – so die zentrale Kategorie im Konzept von Wolfgang Schulz (1980) oder die Kategorien „Selbst- und Mitbestimmung" als Kern allgemeiner Bildung bei Wolfgang Klafki (1996). Feedbackarbeit ist damit begründet im bildungstheoretischen Leitbild didaktischer Theorien. *Unterrichtstheoretisch* lässt sich die Bedeutung von Partizipation durch Metaanalysen von Forschungsarbeiten zur Qualität des Unterrichts begründen (Helmke 2006; Meyer 2004). Hier wird Schülerbeteiligung allerdings eingebettet in Merkmale wie klare Lehrersprache und gute Strukturierung (Meyer 2004, S. 8). Damit kann Feedbackarbeit als eine Gelingensbedingung für Partizipation und damit für die Qualität von Unterricht gelten. *Professionstheoretisch* ist Feedback als Reaktion auf die für den Lehrerberuf typische Rückmeldearmut zu verstehen. Genau in die Lücke des Nicht-Voneinander-Wissens bei der Gestaltung von Lernprozessen stößt Feedback. Feedbackarbeit kann also professionstheoretisch als Bedingung für die Gestaltung eines inhaltlichen und personenbezogenen Arbeitsbündnisses von Lehrern und Schülern gesehen werden. *Lerntheoretisch* lässt sich Feedbackarbeit Theorien des Selbstregulierten Lernens zuordnen (Boekaerts 1999). Wenn neuere Lerntheorien die eigenständige Regulation des Lernens durch den Lerner im Spannungsverhältnis von Selbst- und Fremdsteuerung (Merziger 2007) ausdifferenzieren, dann kann Feedbackarbeit mit der Notwendigkeit begründet werden, die Lernprozesse der Reflexion sowohl des Lernenden als auch des Lehrenden zugänglich zu machen.

Feedbackarbeit in der Erprobung

Studien zu Feedbackarbeit sind rar und oft wenig aussagekräftig (Burkard et al. 2003, S. 42). Einige als relevant erscheinende Ergebnisse sollen hier vorgestellt werden.

Voraussetzungen von Feedbackarbeit
Bei den Lehrenden: Untersuchungen im Kontext von Evaluation und Feedbackarbeit weisen darauf hin, dass die zentrale Gelingensbedingung eine dialogbereite und lernende Haltung der/des Lehrenden ist. Die Schüler und Schülerinnen erfahren durch die/den Lehrende/n, dass sie Einfluss nehmen können und dass ihre Mitgestaltung gefordert ist, wenn Lernprozesse erfolgreich sein sollen (Bastian et al. 2005, S. 89f).

Bei den Lernenden: Burkard et al. (2003, S. 40f) setzen sich mit dem Vorbehalt auseinander, Schüler seien nicht in der Lage, sich kompetent zu Lehr- und Lernprozessen zu äußern. Ihr Fazit ist, dass Schülerinnen und Schüler sehr wohl in der Lage sind, wertvolle Rückmeldungen zum Unterricht zu geben (vgl. Dubs 2003).

Feedback – ein Konzept zur Entwicklung von Unterricht und Schule
Die Modellierung der Erfahrungen nach einem Jahr systematischer Erprobung von Feedbackarbeit wird in der Studie von Bastian et al. in einem achtstufigen Phasenmodell dargestellt. Darin wird die Prozessstruktur von Feedback vom Beginn der Rückmeldung bis zur Selbststeuerung von Lernprozessen abgebildet (Bastian et al. 2005, S. 155-187).
Zusammengefasst lässt sich das Phasenmodell von Feedbackarbeit wie folgt darstellen:
- Zu Beginn legen die Lehrerinnen und Lehrer (in der Regel noch ohne die Schüler) Ziele, Inhalte und Verfahren von Schülerrückmeldung fest. Bedeutsam in dieser Phase ist, dass Verfahren auf die eigene Situation zugeschnitten werden.
- In einem zweiten Schritt werden die Feedbackverfahren in den Unterricht eingeführt und erprobt. Dabei sollten die folgenden Fragen bearbeitet werden: Was wollen wir bearbeiten? Was wollen wir erreichen? Wie gehen wir vor? Was geschieht mit den Ergebnissen? Wie können wir Vertrauen erzeugen?
- In einem dritten Schritt werden die Feedbackaussagen mit geregelten Verfahren erhoben. Bedeutsam dabei ist, dass für eine genaue Erfassung der Feedbackäußerungen gesorgt ist, dass jeder zu Wort kommen kann und dass eine Bearbeitung der Rückmeldungen sicher gestellt ist.
- In einem vierten Schritt werden die Rückmeldungen in methodisch zunächst schwach strukturierten Gesprächen ausgewertet. Die Fallstudien zeigen, dass feedbackbasierte Unterrichtsentwicklung entscheidend abhängig ist von der Güte ihres Herzstücks – der Qualität der Feedbackgespräche.
- In einem fünften Schritt wird versucht, über eine intensivere Analyse von Rückmeldedaten zu aussagekräftigeren Ergebnissen zu kommen. Die Herausforderung dieser Phase ist, von einer maximalen Vielfalt an Perspektiven zu einer maximalen Gemeinsamkeit an Veränderungswünschen zu gelangen.
- In einem sechsten Schritt erfahren die Beteiligten, dass nicht alles, was zur Sprache kommt, auch veränderbar ist; dies kann zu einer Krise führen. Herausfordernd in dieser Phase ist vor allem, dass dann, wenn die Fähigkeit zur gemeinsamen Reflexion zunimmt, neue Schwierigkeiten auftreten – vermutlich, weil die Erwartungen steigen.
- In einem siebten Schritt zeigt sich, ob die Krise überwunden werden kann, indem die Beteiligten Ziele, Gegenstände und Verfahren des Feedbacks neu klären. Die Doppelerfahrung aus erfolgreichen Veränderungen und Grenzen der Feedbackarbeit ist eine gute Basis zur Klärung dessen, was die Beteiligten mit Feedbackarbeit erreichen wollen und unter den Bedingungen von Schule erreichen können.
- In einem achten Schritt wird als Perspektive erkennbar, wie Feedback schrittweise zu einem Instrument der Selbststeuerung von Lernprozessen werden kann. Wer systematische Feedbackarbeit über eine längere Zeit so betreibt, dass aus der Reflexion des Lernprozesses Konsequenzen gezogen werden, der kann sich nach unserer Beobachtung nicht der Logik entziehen, dass gemeinsam formulierte Konsequenzen und Vereinbarungen immer schon Elemente einer kooperativen Planung des zukünftigen Lernprozesses enthalten. Feedbackarbeit bereitet somit die Selbststeuerung des Lernprozesses zum einen dadurch vor, dass Kooperationsstrukturen bei Schülern und Lehrern geschaffen werden, um über die Gestaltung von Unterricht ins Ge-

sprach zu kommen und zum anderen dadurch, dass die Beteiligten eine gemeinsame Sprache auch für Krisen und Widersprüche des Lernens entwickeln.

Offene Fragen

Die Bedeutung von Feedbackarbeit als Kern von Unterrichtsentwicklung ist theoretisch und empirisch trotz der schmalen Datenbasis begründbar. Nicht geklärt sind die Schwierigkeiten von Lehrern und Lehrerinnen mit der Akzeptanz dieser und anderer Varianten von schulinterner Evaluation (Bastian 2007b). Zu untersuchen wären deshalb vor allem die Gelingensbedingungen von Prozessen, in denen Feedbackarbeit als bedeutendes Element von Unterrichtsentwicklung von einer Mehrheit akzeptiert und erprobt wird.

Literatur
Bastian, J./Combe, A./Langer, R. (2005): Feedback-Methoden. Erprobte Konzepte, evaluierte Erfahrungen. 2. erw. Aufl. Weinheim, Basel: Beltz. – Bastian, J. (2007a): Einführung in die Unterrichtsentwicklung. Weinheim, Basel: Beltz. – Bastian, J. (2007b): Unterricht evaluieren und entwickeln. In: Pädagogik. 59 (2), S. 6-9. – Boekaerts, M. (1999): Self-regulated learning: where we are today. In: International Journal of Educational Research. 31 (6), S. 445-457. – Burkard, C./Eikenbusch, G. (2000): Praxishandbuch Evaluation in der Schule. Berlin: Cornelsen. – Burkard, C./Eikenbusch, G./Ekolm, M. (2003): Starke Schüler – gute Schulen. Wege zu einer neuen Arbeitskultur im Unterricht. Berlin: Cornelsen. – Dubs, R. (2003): Qualitätsmanagement für Schulen. St. Gallen: IWP-HSG, Inst. für Wirtschaftspädagogik. – Fullan, M./Hill, P./Crevola, C. (2006): Breakthrough. Thousand Oaks: Corwin Press. – Helmke, A. (2006): Was wissen wir über guten Unterricht? In: Pädagogik. 58 (2), S. 42-45. – Klafki, W. (1996): Neue Studien zur Bildungstheorie und Didaktik. Zeitgemäße Allgemeinbildung und kritisch-konstruktive Didaktik. 5. Aufl. Weinheim, Basel: Beltz. – Merziger, P. (2007): Entwicklung selbstregulierten Lernens im Fachunterricht. Opladen: Barbara Budrich. – Meyer, H. (2004): Was ist guter Unterricht? Berlin: Cornelsen. – Rolff, H.G. (2007): Studien zu einer Theorie der Schulentwicklung. Weinheim, Basel: Beltz. – Schulz, W. (1980): Unterrichtsplanung. München, Wien, Baltimore: Urban & Schwarzenberg.

82| Rückmeldeverfahren von Lernstandserhebungen
Harm Kuper

Monitoring und Evaluation

Lernstandserhebungen sind ein zentraler Bestandteil datenbasierter Verfahren der Steuerung im Bildungssystem. Die Rückmeldung der Ergebnisse stellt das Verbindungsglied zwischen einer wissenschaftlich validierten Erhebung von Schülerleistungen und einer Verwendung der so gewonnenen Information in alltagspraktischen Situationen des Handelns und Entscheidens dar. Durch Rückmeldung wird empirisches wissenschaftliches Wissen zu einer kognitiven Ressource für die Praxis.
In den Bildungssystemen der deutschen Bundesländer sind Leistungstests und Rückmeldung an die Erstellung von Bildungsstandards gebunden. In der einschlägigen Expertise von Klieme et al. (BMBF 2007, S. 47) heißt es dazu: „Konkretisiert in Testverfahren, werden Standards im Rahmen des Bildungsmonitorings und der Evaluation von Schulen angewandt. Sie dienen der Feststellung und Bewertung von Lernergebnissen und haben somit eine *Rückmeldefunktion*, mit der sie zur outputorientierten Steuerung beitragen. Feed-back und Output-Orientierung sind

aber kein Selbstzweck. Ihr Ziel ist es, die Wirkungen (und Nebenwirkungen) des pädagogischen Handelns in den Blick zu nehmen und so professionelles, rationales Handeln zu ermöglichen."
Dem Zitat ist die Unterscheidung zwischen Bildungsmonitorings und Schulevaluation zu entnehmen. Sie bezieht sich auf eine organisatorische Differenzierung von Handlungsebenen im Bildungssystem, auf die Schulleistungsuntersuchungen bezogen sein können, und denen verschiedene Adressaten der Ergebnisrückmeldung zugeordnet werden können. Bildungsmonitorings werden regelmäßige, stichprobenbasierte Untersuchungen genannt, deren Untersuchungseinheit zumeist die durch Gebietskörperschaften (Staaten, Länder) definierten Bildungssysteme sind. Da die Stichprobenziehung in Bildungsmonitorings die Repräsentativität der Ergebnisse für die Bildungssysteme, nicht aber für untergeordnete Organisationseinheiten wie Schulen oder gar Klassen sichert, sind die primären Adressaten für Ergebnisrückmeldungen hier Bildungspolitiker. Bei Schulevaluationen dagegen werden schul- bzw. klassenrepräsentative Erhebungen durchgeführt, die für unmittelbar an Schul- und Unterrichtsentwicklung beteiligte Entscheidungsträger – in erster Linie Lehrkräfte und Schulleitungen – relevante Informationen bieten sollen. Lernstandserhebungen beziehen sich ebenfalls auf die Handlungseinheiten *Schule* und *Klasse*. Der Gehalt ihrer Ergebnisse für diese Ebenen wird durch regelmäßige Vollerhebungen aller Schüler bestimmter Jahrgangsstufen in den Bundesländern gesichert.
Der Grundgedanke von Lernstandserhebungen besteht darin, den Schulen Ergebnisse über die Schülerleistungen in den von ihnen verantworteten Einheiten zurückzumelden und diese (kriterial) mit Kompetenzstandards und (sozial) mit den landesweiten Schülerleistungen vergleichbar zu machen. Lernstandserhebungen erschließen somit für die Akteure in den Schulen eine Information, die aufgrund des lokal begrenzten Erfahrungskontextes und des Mangels standardisierter Vergleichstests an Einzelschulen nicht generiert werden kann.

Rückmeldeformate und Komplexität

Um diese Informationen – wie in der Expertise zu den Bildungsstandards angeregt – für professionelles Handeln zu nutzen, sind zwei komplexitätsbedingte Probleme zu bearbeiten. Erstens das Problem der Auswahl relevanter Informationen für die Rückmeldung, das Peek & Dobbelstein (2006, S. 55) wie folgt umreißen: „Von entscheidender Bedeutung ist, dass Rückmeldeformate nicht in ihrer Komplexität überfordern, sondern ohne große Einarbeitung die für Schulen interessanten Informationen erschließen lassen."
Zweitens das Problem des Ziehens praktisch bedeutsamer Schlussfolgerungen aus den Ergebnissen unter der Bedingung der Unsicherheit des professionellen Handelns. Da die Ergebnisse der Lernstandserhebungen keine kausalen Interpretationen zu den Ursachen der jeweils erzielten Ergebnisse erlauben, gilt: „Charakteristisch für jeden dieser Befunde ist, dass keiner direkte Entscheidungshilfen liefert, sondern eher die Komplexität von Entscheidungssituationen vergrößert" (Baumert 2001, S. 32).
In Rückmeldeformaten muss die wissenschaftliche Dignität der in ihnen enthaltenen Informationen ebenso Berücksichtigung finden wie der Informationsbedarf und die Verarbeitungskapazitäten der Rezipienten in den Schulen. Damit sind zunächst vergleichsweise triviale – aber gleichwohl bedeutsame – Aspekte wie die Pünktlichkeit, die Verständlichkeit oder die Menge der rückgemeldeten Information verbunden. Darüber hinaus sind für die Gestaltung der Rückmeldungen Aspekte von Interesse, die den theoretischen und methodischen Rahmen der Lernstandserhebungen sowie dessen Design betreffen. Sie bieten vielfach Möglichkeiten der Variation, an die unterschiedliche praktische Erwägungen anschließen können. Vier herausragende Aspekte seien hier in Kürze skizziert.

Aspekte der Rückmeldung
Von zentraler Bedeutung für die Rückmeldung ist die *inhaltliche Validität* der verwendeten Tests. Um dem Kriterium der inhaltlichen Validität zu genügen, müssen die im Test eingesetzten Items eine repräsentative Itemstichprobe aus dem hypothetischen Universum der Items darstellen, die die mit dem Test zu messende Eigenschaft abbilden (Diekmann 1995, S. 224). Für die Konstruktion von Schulleistungstests sind curricular valide Tests und Kompetenztests denkbar. Curricular valide Tests sind mit dem Risiko einer verminderten Vergleichbarkeit der Ergebnisse behaftet, wenn die Curricula zwischen den untersuchten Einheiten variieren; im Falle hoher Validität lassen die Ergebnisse aber Schlussfolgerungen auf das realisierte Curriculum zu. Kompetenzerwerb ist ein den jeweiligen Curricula übergeordnetes allgemeines Unterrichtsziel. Kompetenztests können daher Vergleichbarkeit sichern; zudem bieten entwickelte Verfahren der Kompetenzmodellierung Unterscheidungen von Kompetenzniveaus, die eine kriteriale Beurteilung der empirisch erhobenen Leistungen begünstigen. Um praktische Schlussfolgerungen ziehen zu können, ist ein Transfer von den Kompetenztests auf die Curricula erforderlich.

Die Testauswertungen und Ergebnisrückmeldungen können auf verschiedenen *Aggregatniveaus* erfolgen. Üblich sind Ergebnisrückmeldungen durch deskriptive statistische Parameter zur zentralen Tendenz und Verteilung der Schülerleistungen auf der Ebene von Gebietskörperschaften, Schulen und Klassen. Insbesondere im Falle der organisatorisch kleineren Einheiten *Schule* und *Klasse* werden damit die Verantwortlichkeiten der „vor Ort" agierenden Professionellen adressiert. Über die aggregierten Ergebnisse hinaus werden bei einigen Lernstandserhebungen auch die individuellen Schülerleistungen rückgemeldet; insbesondere wenn die Ergebnisse der Lernstandserhebungen für die formale Beurteilung (Benotung) der Schüler verwendet werden. Die für Gruppen konzipierten Tests haben allerdings bei der Anwendung in individueller Leistungsdiagnostik einen größeren Messfehler. In Ergebnisrückmeldungen werden weiterhin die Lösungshäufigkeiten einzelner Aufgaben, die Ergebnisse in domänenspezifischen Kompetenzdimensionen und/oder Gesamtergebnisse eines Tests aggregiert.

Die *Belastbarkeit statistischer Ergebnisse* findet Grenzen in deren probabilistischem Charakter. Auf Item- oder Personenstichproben basierte Leistungsindikatoren stellen Schätzwerte für die tatsächlichen Verhältnisse dar. Die mit der Schätzung verbundene Unsicherheit wird durch Angaben zur statistischen Signifikanz oder Konfidenzintervalle (Diekmann 1995, S. 349ff) kommuniziert. Oft kollidieren die Hinweise auf zufallsbedingte Schwankungen der Ergebnisse mit Erwartungen der Praktiker, über die wissenschaftlichen Tests zweifelsfreie Information zu erhalten. Gerade vor diesem Hintergrund sind zufallskritische Absicherungen allerdings erforderlich, damit keine praktischen Konsequenzen aus Ergebnissen mit hoher Fehlerwahrscheinlichkeit gezogen werden. Wünschenswert – aber recht voraussetzungsreich – sind in Rückmeldungen Hinweise auf die praktische Bedeutsamkeit etwaiger Leistungsunterschiede, die sich nicht aus der statistischen Signifikanz ableiten lassen.

In Ergebnisrückmeldungen, die Vergleiche von Leistungsindikatoren anstellen, ergibt sich die Frage nach der Vergleichbarkeit der unterrichts- oder schulunabhängigen Leistungsvoraussetzungen. Sie werden unter dem Stichwort des fairen Vergleichs behandelt (Arnold 1999). In fairen Vergleichen werden Auswirkungen schulisch nicht kontrollierbarer Faktoren wie bspw. des sozialen und kulturellen Kapitals der Schüler auf die Schülerleistungen berücksichtigt. Die Leistungswerte werden anhand dieser Faktoren angepasst (adjustiert), so dass Vergleiche nur zwischen Einheiten gezogen werden, die hinsichtlich der erfassten Faktoren vergleichbar sind. Dieses in der Datenerhebung recht aufwändige Verfahren verhilft zu spezifischeren Interpretationen der Ergebnisse, weil die kontrollierten Faktoren für die Erklärung etwaiger Leistungsdifferenzen ausgeschlossen werden können. Der Fokus wird damit auf schulinterne Ursachen für Leistungsunterschiede gelegt.

Perspektive, Forschung

Die Ergebnisse bisheriger Forschungen zur Rezeption von Lernstandserhebungen (Kuper & Hartung 2007; Maier 2008) zeigen, dass es individuell und schulbezogen auch bei objektiv gleichen Rückmeldeformaten erhebliche Varianz in der Ergebnisverarbeitung gibt. Schulorganisation und Professionalität stellen herausragende Kontingenzfaktoren für die Verarbeitung dar. Eine Verbindung zwischen den Ergebnissen der Lernstandserhebungen und möglichen Ursachen für die Ergebnisse gelingt nur im Rahmen einer professionellen Deutungskompetenz, in die individuell erfahrungsgebundenes Prozesswissen eingeht. Unsicherheiten in der Interpretation und Verwendung von Lernstandserhebungen entstehen insbesondere, weil diese zumeist keine oder nur sehr grobe Angaben zu Prozessvariablen des Unterrichtens enthalten und Rückschlüsse auf die Gestaltung des pädagogischen Handelns damit nicht empirisch begründet werden können. Eine Möglichkeit der Bearbeitung dieser Unsicherheit liegt in der Verbindung schulexterner Lernstandserhebungen mit schulinternen, auf Prozesse fokussierten Evaluationen.

Literatur

Arnold, K.-H. (1999): Fairneß bei Schulsystemvergleichen. Münster u.a.: Waxmann. – Baumert, J. (2001) Vergleichende Leistungsmessung im Bildungsbereich. Zeitschrift für Pädagogik. 43. Beiheft, S. 13-36. – Bundesministerium für Bildung und Forschung BMBF (Hrsg.) (2007): Zur Entwicklung nationaler Bildungsstandards. Bonn, Berlin: BMBF. – Diekmann, A. (1995): Empirische Sozialforschung. Grundlagen, Methoden, Anwendungen. Reinbek: Rowohlt. – Kuper, H./Hartung, V. (2007): Überzeugungen zur Verwendung des Wissens aus Lernstandserhebungen. Eine professionstheoretische Analyse. In: Zeitschrift für Erziehungswissenschaft. 10 (2), S. 214-229. – Maier, U. (2008): Rezeption und Nutzung von Vergleichsarbeiten aus der Perspektive von Lehrkräften. In: Zeitschrift für Pädagogik. 54 (1), S. 95-117. – Peek, R./Dobbelstein, P. (2006): Benchmarks als Input für die Schulentwicklung – das Beispiel der Lernstandserhebungen in Nordrhein-Westfalen. In: Kuper, H./Schneewind, J. (Hrsg.): Rückmeldung und Rezeption von Forschungsergebnissen. Münster u.a.: Waxmann, S. 41-58.

9 Entwicklungsprozesse an ausgewählten Schulen

83| Einführung: Die Bedeutung der Einzelschule
Werner Helsper

Begriffsklärungen zur Einzelschule

Die Einzelschule bildet die kleinste institutionelle Einheit des Schulwesens. Sie stellt eine abgegrenzte Form dar, die ein eigenes Lehrpersonal, eine Schulleitung, eine spezifisch rekrutierte Schülerschaft, entsprechende Entscheidungsgremien, eigene Schulgebäude und Einrichtungen, eigene Lehrgegenstände etc. umfasst. Sie weist spezifische Gründungszeitpunkte, eine eigene Geschichte, Tradition und damit einhergehende inhaltlich-fachliche, methodisch-didaktische und pädagogische Orientierungen und Deutungsbestände auf Sie ist eingebettet in ein regionales Umfeld, spezifische staatliche oder private Trägerstrukturen und Teil regionaler schulischer Netzwerke, wobei sie zu ihrer „Umwelt" mehr oder weniger ausgeprägte Beziehungen unterhalten kann. Sie ist eine eigenständige Entscheidungs- und Handlungseinheit.
Die Einzelschule ist – im stark und früh segregierten deutschen Schulsystem besonders deutlich – Teil einer Schulform. So ist die Einzelschule entweder Grundschule, Förderschule, Real-, Haupt- oder Gesamtschule, teilintegrierte Schulform (z.B. Sekundar- oder Gemeinschaftsschule), Gymnasium oder berufliche Schule mit ihren Differenzierungen. Als Teil einer Schulform ist sie in die landesspezifischen curricularen, administrativen, organisatorischen und rechtlichen Regelungen eingebunden und erhält dadurch zentrale Festlegungen und Bestimmungen. Zugleich gehört sie einer Schulstufe, also der Elementar- oder Grundschulbildung, der Sekundarstufe oder weiterführenden Schulen der Sekundarstufe II jenseits der allgemeinen Pflichtschulzeit an, was die Alterszusammensetzung der Schülerschaft bestimmt. Darüber steht sie in Relationen zu anderen Schulformen und -stufen, was sich etwa in rechtlichen und organisatorischen Bestimmungen für Übergänge zwischen Schulstufen und -formen dokumentiert. Die Einzelschule ist damit eine eigene institutionelle Form im Rahmen einer spezifischen Schulform und Schulstufe mit einer je besonderen Verortung im rechtlichen und organisatorischen Gesamtzusammenhang eines nationalen Schulsystems.

Historische Linien: Zur Entwicklung der Bedeutung der Einzelschule

Über lange historische Zeiträume – bis zur Systembildung des Schulischen im Laufe des 19. Jahrhunderts – lässt sich nur von Einzelschulen sprechen. Die frühen Dom- und Stiftsschulen und die städtischen Bürgerschulen waren im strengen Sinne Einzelschulen, weil sie nicht in übergreifende staatliche Regelungen eingebunden waren. Erst mit der bis ins 20. Jahrhundert hinein dauernden Systembildung des Schulischen, der Abgrenzung von Schulformen, der klaren Ordnung von Abschlüssen und daran geknüpften Berechtigungen traten die Einzelschulen stärker in den Hintergrund. Einzelschulen blieben vor allem als traditionsreiche, „berühmte" höhere Schulen bzw. als Neugründungen von reformpädagogischen oder auch von alternativen Schulen in den 1970er Jahren im Bewusstsein.
Für die Diskussion um die Einzelschule ist die hohe Bedeutung der Schulformen bedeutsam: Am Ende des ersten großen Schulforschungsschubs, der sein Zentrum in den Schulformvergleichsstudien der 1970er Jahre hatte, stand die Einsicht, dass zwar die Schulformen relevante Unterschiede erzeugen, dass aber die Unterschiede zwischen Schulen derselben Schulform mit-

unter deutlicher sind (vgl. Fend 1986). Damit kam es zu einer Umorientierung: Die Dominanz der Schulformperspektive wurde relativiert und demgegenüber die Bedeutung der Einzelschule für die Entwicklung der Schulqualität betont. Dies verband sich mit Konzepten der Schulentwicklung, die die Entwicklung der Einzelschule ins Zentrum rückten, was zunehmend auch durch Fallstudien zu Einzelschulen begleitet wurde (vgl. Altrichter et al. 1994; Buhren & Rolff 1996). Dies wurde im Verlauf der 1990er Jahre durch Tendenzen zu einer Stärkung der Autonomie der Einzelschule, deren Entscheidungszuständigkeit und der Gestaltung eigener Schulprogramme weiter gestützt.

Diese im Laufe der 1990er Jahre entstehende starke Hervorhebung der Bedeutung der Einzelschule für Schulentwicklung und Schulqualität wurde zu Beginn des 21. Jahrhunderts durch die internationalen Leistungsvergleichsstudien wieder relativiert. Der Blick richtete sich nun auf nationale Unterschiede zwischen Schulsystemen, Unterschiede zwischen den Bundesländern sowie auch auf Unterschiede zwischen den Schulformen hinsichtlich der Kompetenzentwicklung in verschiedenen inhaltlichen Domänen. Damit ist die Relevanz der Entwicklung von Einzelschulen zwar nicht in Frage gestellt. So wird im Zuge der Umstellung von der Input- zur Outputsteuerung gerade die Zuständigkeit der einzelnen Schule für ihre Qualitätsentwicklung weiter betont. Aber die Bedeutung nationaler Unterrichtskulturen sowie schulformspezifischer Lernmilieus tritt gegenüber der Einzelschule wieder stärker in den Vordergrund (Baumert et al. 2006). Und der Bedeutungshorizont der Einzelschulentwicklung scheint sich gegenüber den 1990er Jahren zu verschieben. Stand damals die Entwicklung der Einzelschule für reformorientierte Autonomie und Selbstgestaltung, für Professionalisierung und Aufbruch, so erscheint die Aufforderung zur Gestaltung der Einzelschule im Horizont von Leistungsmonitoring, Standards und Qualitätsvergleichen in Verbindung mit der Selbstverantwortlichkeit der Einzelschule als neuer Zwang zur Eigenständigkeit und Freiheit.

Die Einzelschule im Fokus der Schulforschung

Die Bedeutung der Einzelschule und Varianten einzelschulspezifischer Forschung

Welche Ergebnisse lassen sich aus der Schulforschung für die Relevanz der Einzelschule gewinnen? Es wurde belegt, dass es gravierende Unterschiede nicht nur zwischen den Schulformen, sondern auch zwischen Schulen derselben Schulform gibt (vgl. Fend 1986). So schwankt die Anzahl von Schülern, die sich in der Schule wohl fühlen, an thüringischen Gymnasien und Regelschulen zwischen ca. 15 und ca. 70 Prozent, wobei es sowohl zwischen Gymnasien und zwischen Regelschulen starke Unterschiede gibt (vgl. Zedler & Weishaupt 1997 S. 108ff). In einem Vergleich zwischen Schulen aller Schulformen in Sachsen-Anhalt und Nordrhein-Westfalen zeigten sich deutliche Unterschiede in der Anerkennung zwischen Lehrern und Schülern auf der Ebene der Einzelschulen, ebenso für die schulische und unterrichtliche Partizipation der Schüler (vgl. Helsper et al. 2006).

In den PISA-Studien zeigt sich einerseits, dass verschiedene Schulformen spezifische Lern- und Entwicklungsmilieus darstellen, die in unterschiedlicher Weise Kompetenzentwicklung fördern (vgl. Baumert et al. 2006). Allerdings stellen Schulformen keine homogenen Lernmilieus dar: So werden etwa für die Hauptschule drei Schulcluster unterschieden und auch für das Gymnasium werden drei unterschiedliche Muster differenziert (vgl. Baumert et al. 2003, S. 277ff). Im Vergleich der Einzelschulen einer Schulform zeigen sich zudem gravierende Unterschiede im mittleren Kompetenzniveau für Lesen, Mathematik und Naturwissenschaften: So liegen die besten Realschulen für die mathematischen Leistungen fast auf dem mittleren Gymnasialniveau und die beste Hauptschule lässt nicht nur die meisten Realschulen hinter sich, sondern liegt auf dem Niveau des schlechtesten Gymnasiums (vgl. ebda., S. 303). Gymnasien weisen starke Unterschiede in der Lese- und der mathematischen Kompetenz auf, die zwischen den besten und schlechtesten Gymnasien etwa der Lernleistung von drei Jahren entsprechen (ebda.). Diese Leistungsunterschiede gehen zum Teil auch mit deutlichen Unterschieden in der Zusammensetzung der Schülerschaft einher (vgl. Maaz et al. 2009). Diese Studien belegen damit eindrucksvoll die Unterschiede zwischen Einzelschulen. Allerdings zeigen sie auch, dass die Einzelschule immer in den Gesamtzusammenhang eines Schulsystems, bildungspolitischer Strukturentscheidungen, der Schulformen, in regionale Schulnetze und organisatorische Rahmenbedingungen eingebunden ist. In diesen Rahmungen aber stellt sie eine eigenständige Handlungseinheit dar.

Daneben haben sich – z.B. in der Laborschule Bielefeld – Lehrerforschungskonzepte und begleitende wissenschaftliche Forschungen entwickelt (vgl. Huber & Tillmann 2005). Hier untersuchen Schulen zum Teil in Verbindung mit wissenschaftlicher Außenexpertise ihren Unterricht, Lernkonzepte, Leistungsbewertungsformen, Bildungsgänge und Lernergebnisse ihrer Schüler. Die ermittelten Ergebnisse gehen in die Reflexion des eigenen schulischen Ist-Standes ein und geben Hinweise auf Stärken oder Problempunkte der eigenen Schule sowie Anstöße für die interne Weiterentwicklung. Hier ergibt sich ein gleitendes Spektrum hin zu Formen der Selbstevaluation, der internen Praxisforschung bis zur kollegialen Reflexion (vgl. Altrichter & Feindt 2008). Eine Stärke dieser schulprofilnahen Forschung ist die enge Verbindung mit den einzelschulspezifischen Ausgangslagen und Konzepten. Andererseits besteht die Gefahr, dass eine distanzierte Außenperspektive und ein „fremder" Blick, der auch schulische Blindstellen der Reflexion zugänglich macht, erschwert wird.

Die Stärke schulnaher, auf die Einzelschule bezogener Forschung und eines zugleich distanzierten Außenblickes wird in der wissenschaftlichen Begleitung an einzelnen Schulen oder im Rahmen von Modellversuchen kombiniert: Einerseits wird die Forschung in enger Kooperation mit den schulischen Akteuren durchgeführt. Andererseits wird die Durchführung der Forschung an eine Außeninstanz delegiert, die über wissenschaftliche Expertise verfügt und kein interner schulischer Akteur ist. Zunehmend zeigen sich hier Kombinationen: So wird etwa im Kontext der Laborschule Bielefeld sowohl die selbstevaluative Forschung aus einer Innenperspektive betrieben, aber dies auch mit externer wissenschaftlicher Expertise verbunden. Zudem wird die Laborschule auch in den Kontext der vergleichenden Forschung der PISA-Studien eingerückt. Damit werden nationale Standortbestimmungen für diese Schule eröffnet und Erkenntnisse über fächerspezifische Stärken und Schwächen erzeugt, die für die Schule wiederum Reflexionsanstöße bieten (vgl. Watermann et al. 2005).

Erkenntnisse für Entwicklungsverläufe von Einzelschulen: Bedingungen und Anlässe
Inzwischen liegen zahlreiche Einblicke zur Entwicklung und zum Profil von Einzelschulen vor (vgl. auch die folgenden Beiträge). Für Gymnasien etwa gibt es Arbeiten, die sie in der Spannung von eher offenen Schulen für (fast) alle und exklusiven Traditions- oder Hochbegabtenschulen verorten (vgl. Helsper et al. 2001; Ullrich & Strunck 2008). Ebenfalls finden sich Darstellungen zu Schulen in konfessioneller Trägerschaft (vgl. Standfest et al. 2005) bzw. zu Reform- und Alternativschulen (vgl. Idel & Ullrich 2008). Hier gilt zu bilanzieren, was sich an Bedingungen und Konstellationen für die Entwicklung der Einzelschule verallgemeinernd bestimmen lässt (vgl. dazu Fend 2008; Senkbeil 2005). Dafür sind drei zentrale Bedingungsebenen zu unterscheiden:

1. *Strukturierungen auf der Makroebene:* Hierzu zählen einerseits die bildungspolitischen Strukturentscheidungen etwa über die Schulformen und die Gliederung des Schulsystems, die Fächer und die Stundentafel oder den Spielraum für die Gestaltung der Einzelschule. Hierzu

zählen aber auch die als direkte Anforderungen und Belastungen in Erscheinung tretenden Größen, wie z.B. Arbeitszeit und Stundendeputat der Lehrkräfte, Klassengröße, materielle Ausstattung etc., und schließlich Entscheidungen über Ressourcen und Anreize, d.h. beispielsweise Weiterbildungsangebote, die Lehrerausbildung, externe Unterstützung, Besoldung und Aufstiegsmöglichkeiten.
2. *Regionale und milieuspezifische Einbettung:* Hierzu zählen insbesondere das Einzugsgebiet der Schule, die Milieubezüge und familiären Konstellationen der Schülerschaft, die sozioökonomische Lage der Region und der Kommune und deren soziokulturelle Ressourcen, Wanderungs- und Migrationsbewegungen sowie demographische Veränderungen, lokalpolitische Konstellationen sowie die Einbettung der Schule in ein regionales Schulnetzwerk und die etwaige Konkurrenz zwischen Schulen um Schülerströme.
3. *Akteurskonstellation in der Schule:* Hierzu zählt das Selbstverständnis und das Handeln der Schulleitung, die Beziehungen und Anerkennungsverhältnisse in der Lehrerschaft zwischen Kooperation, Konflikt und Abgrenzung, die pädagogischen Orientierungen, die Partizipationsmöglichkeiten und -formen in der jeweiligen Schule, die Haltungen der Eltern gegenüber der Schule sowie auch die Haltungen der Schüler gegenüber Schule und Lehrern.

Wodurch können Entwicklungen auf der Ebene der Einzelschule ausgelöst werden? Nur wenn eingefahrene pädagogische Routinen irritiert und fraglich werden, kann Raum für Neues entstehen, ohne dass damit aber eine Gewähr verbunden wäre, dass tragfähige „Krisenlösungen" entstehen. Diese „Kriseninduktion" kann von verschiedenen Konstellationen ausgehen, die zwischen den Polen schulexterner und schulinterner Auslöser zu verorten sind und auch aus deren Kombination resultieren kann. Im Folgenden werden exemplarisch derartige Kriseninduktionen skizziert:

- *Historische Umbrüche:* Gesellschaftliche Großereignisse (etwa das Ende des Faschismus oder der DDR) eröffnen für Schulen grundsätzliche Neuorientierungen oder auch das Wiederanknüpfen an Traditionslinien (vgl. etwa Landesschule Pforta).
- *Kulturelle Wandlungen:* Im Zuge kultureller Modernisierungen etwa in den 1960er Jahren entwickeln sich avantgardistische, reformorientierte Akteursgruppen mit pädagogischen Utopien, die in die Neugründung (Alternativ- und Reformschulen) bzw. die Reformierung von Schulen münden. Dies geschieht im Zusammenspiel bildungspolitischer, professioneller und milieuspezifischer Akteure (vgl. etwa die Glocksee-Schule Hannover oder die Laborschule Bielefeld).
- *Demographische Entwicklungen:* Vom Rückgang der Schülerzahlen und damit einhergehenden Bedrohungen von Schulstandorten können – im Zusammenspiel verschärfter Konkurrenz um Schülerströme – Impulse für pädagogische Initiativen hervorgehen.
- *Mobilität und veränderte Schülerschaft:* Aus internationalen und nationalen Wanderungen – besonders deutlich an Migrationsbewegungen abzulesen – können sich gravierende Veränderungen der Schülerschaft ergeben, die pädagogische Neuorientierungen verlangen (vgl. etwa Ricarda-Huch-Gymnasium Gelsenkirchen, Albert-Schweitzer-Hauptschule Bochum, CJD Christophorus-Hauptschule Versmold, Grundschule Kleine Kielstraße Dortmund).
- *Bildungspolitische Strukturentscheidungen:* Auch von bildungspolitischen Entscheidungen zur Schulstruktur – etwa zu neuen Schulformen, der Ganztagsinitiative, der Schulprogrammarbeit – können Aufforderungen ausgehen, Schulroutinen zu befragen und neue Perspektiven zu entwickeln (vgl. etwa Sekundarschule G. E. Lessing Salzwedel, Landesschule Pforta).
- *Neue Schulleitung:* Ein Schulleitungswechsel kann zu wesentlichen Neuorientierungen führen, wenn es sich um „charismatische" Schulleiter handelt, die das Kollegium „mitzureißen" vermögen, bzw. wenn die neue Schulleitung Innovationsimpulse im Kollegium fördert und flankiert (vgl. Helene-Lange-Schule Wiesbaden, Albert-Schweitzer-Hauptschule Bochum).

- *Die Einmündung neuer und das Ausscheiden älterer Lehrergenerationen:* Vom Ausscheiden und der Neueinmündung von Lehrergenerationen können entscheidende Impulse für neue Entwicklungen in Schulen ausgehen, weil junge Pädagogen mit neuen, offeneren Haltungen und Suchbewegungen das Schulgeschehen beeinflussen können.
- *Elterninitiativen:* Auch von gezielten Elterninitiativen können wichtige Transformationsimpulse von Schulen ausgehen, vor allem, wenn sie in Koalitionen mit Schulleitungen und starken Lehrergruppen münden (vgl. die Glocksee-Schule Hannover).
- *Professionelle Krisesninduktion als institutionelle Routine:* Einen Sonderfall stellt die Institutionalisierung professioneller Krisesninduktion dar. Diese liegt dann vor, wenn Schulen sich in Form externer Beratung, wissenschaftlicher Begleitung bzw. der auf Dauer gestellten institutionellen Reflexion (z.B. als wiederkehrende Selbstevaluation) eine gezielte Krisesninduktion verordnen, um sich reflexiv Veränderungsanforderungen stellen zu können (z.B. die Laborschule Bielefeld, Wilhelm-Hauff-Realschule Pfullingen).

Eine Topographie der Einzelschulentwicklung

In diesem Abschnitt soll der Versuch unternommen werden, die Einzelschulen, die sich im Folgenden in ihren pädagogischen Profilen und Entwicklungsprozessen vorstellen – bei all ihrer Differenz und Besonderheit – in einer Art „Landkarte" einzuordnen. Für diese Topographie werden zwei Achsen konstruiert: Eine erste entlang der – aus der sozialen Rekrutierung der Schülerschaft resultierenden – Strukturproblematik der Selektivität der Einzelschule und eine zweite entlang der Entfaltung aktiver Potenziale der Auseinandersetzung mit diesen Herausforderungen und der Entwicklung der Schule:

1. Zur ersten Achse: Jede Einzelschule ist im Rahmen der Schulform, ihrer Einbettung in lokale Milieus sowie im Zusammenspiel mit einem regionalen Schulnetzwerk mit der je spezifischen Selektion ihrer Schülerschaft konfrontiert, durch die – im Zusammenspiel von Schulform, Einzugsgebiet, regionaler Schulkonkurrenz und lokalen Kompositionseffekten (vgl. Baumert et al. 2006) – eine spezifische Schülerschaft mit kognitiven, sozialen und emotionalen Ausgangslagen und familiären Hintergründen rekrutiert wird. Damit ist jede Einzelschule in die Selektivität des Schulsystems zwischen den Polen negativer und exklusiver Auslese eingestellt, mit Wertigkeiten der schulischen Leistungen und der zu vergebenden Schulabschlüsse konfrontiert und durch ihre Schülerschaft mit spezifischen Herausforderungen und Bewährungskrisen konfrontiert (vgl. Rolff 1993, S. 79ff).
2. Die zweite Achse kann durch den Stand der Schulentwicklung markiert werden. Schulen unterscheiden sich darin, wie weit sie diese Herausforderungen und Strukturprobleme angehen und pädagogische Konzepte zu entwickeln versuchen. So differenziert Senkbeil auf der Grundlage der PISA-Daten zwischen aktiven und passiven sowie belasteten und unbelasteten Schulen, wodurch sich vier Typen ergeben: unbelastete/aktive, unbelastete/passive, belastete/aktive und belastete/passive (vgl. Senkbeil 2005, S. 301ff). Dabei zeichnen sich zwischen belasteten und unbelasteten Schulen deutlichere Differenzen in der Zusammensetzung der Schülerschaft als Differenzierungskriterium ab (ebda., S. 307f), was dafür spricht, Schulen hinsichtlich ihrer Selektivität und der ökonomischen, sozialen, milieuspezifischen und familiären Hintergründe der Schülerschaft zu differenzieren (vgl. die erste Achse). Belastete Schulen sind mit einem Anteil von etwa zwei Drittel der Schulen besonders stark bei Hauptschulen und Integrierten Gesamtschulen vertreten und unbelastete und zugleich passive Schulen besonders deutlich in den Schulformen Gymnasium und Realschule. Die Unterscheidung von Schulen hinsichtlich ihres Standes der Schulentwicklung wird auch in unterschiedlichen

Typen der Problemlöse- und Kooperationskompetenz von Schulen vorgenommen: So werden etwa „fragmentierte" Schulen – mit nur einem Mindestmaß formaler Kooperation und weitestgehend fehlender Auseinandersetzung mit Herausforderungen – von „differenzierten", „koordinierten", „interaktiven" und – im Sinne umfassend entfalteter Kooperation auf allen Ebenen und umfassender Auseinandersetzung mit Herausforderungen – von „integrativen" Schulen unterschieden (Fend 2008, S. 187ff). Allerdings ist kritisch festzuhalten, dass diese zweite Achse nicht als abstrakte Messlatte zur Bewertung der Schulentwicklung von Einzelschulen verstanden werden sollte. Denn der jeweilige Stand der Schulentwicklung hängt von vielfältigen internen und externen Bedingungen und Ressourcen ab (vgl. oben) und ist immer im Zusammenhang mit den Strukturproblemen der jeweiligen Schule zu begreifen. So sind Ansätze der Arbeit an einem Schulkonzept unter Bedingungen einer stark ausgelesenen Schülerschaft, regionaler Belastungen und der Entwertung von Schulstandorten und -abschlüssen mitunter höher zu gewichten, als eine entfaltete Schulentwicklungsgeschichte unter Bedingungen positiv ausgelesener Schülerschaften, starker schulischer Ressourcen und Außenunterstützung. Und selbst bei Schulen des „Rütli-Typus" – also Schulen, die angesichts stärkster Strukturprobleme in eine grundlegende Handlungskrise gestürzt sind und der Außenunterstützung bedürfen – ist der veröffentlichte Hilferuf noch als aktiver Schritt zur Veränderung zu begreifen. Davon sind Schulen zu unterscheiden, die sich – trotz stärkster Herausforderungen, Handlungskrisen und Strukturprobleme – in Form von Normalisierung, Enttthematisierung und Ausgrenzung von Problemlagen – in der „Verwaltung" des Status quo einrichten. Dies ist in spezifischen Konstellationen begründet, z.B. dem Zusammenspiel zwischen einer paternalistischen Schulleitung und einer resignierten, Verantwortung abwehrenden Lehrerschaft.

Das folgende Schema (Abb. 12) stellt den Versuch dar, die zehn im Folgenden dargestellten Einzelschulen in einem Raum, der durch die beiden skizzierten Achsen gebildet wird, zu verorten. Für alle diese Schulen gilt, dass sie gezielte und systematische Schulentwicklungsprozesse unternommen haben. Sie sind alle auf der rechten Seite des Raumes zu verorten, wenn auch die Auslöser, die Intensität, die Dauer und Geschichte dieser Schulentwicklungsprozesse recht unterschiedlich sind. Die linke Seite des Schemas, also der Raum der stagnierenden oder sich wenig entwickelnden Schulen, ist in den folgenden Schuldarstellungen nicht vertreten. Allerdings sind die folgenden zehn Einzelschulen mit höchst unterschiedlichen Strukturproblemen und pädagogischen Herausforderungen im Zusammenhang ihrer sehr unterschiedlich rekrutierten Schülerschaft und einzelschulspezifischen Selektion konfrontiert. Dies kommt in der großen Spanne in der Vertikalen des Schemas – also der Selektivität und „Wertigkeit" der Abschlüsse – mit den Polen einer „exklusiven" Internatsschule und von Schulen mit stark negativ ausgelesener Schülerschaft mit schulischen Versagenserfahrungen und vielfältigen Problemlagen zum Ausdruck. Die knappen – und nur Teilaspekte der Einzelschulen erfassenden – Kennzeichnungen der Schulen im Schema beziehen sich darauf, mit welchen Haltungen und Bemühungen die Schulen auf die Herausforderungen ihres spezifischen Bildungsortes und ihrer Schülerschaft antworten.

Einführung: Die Bedeutung der Einzelschule

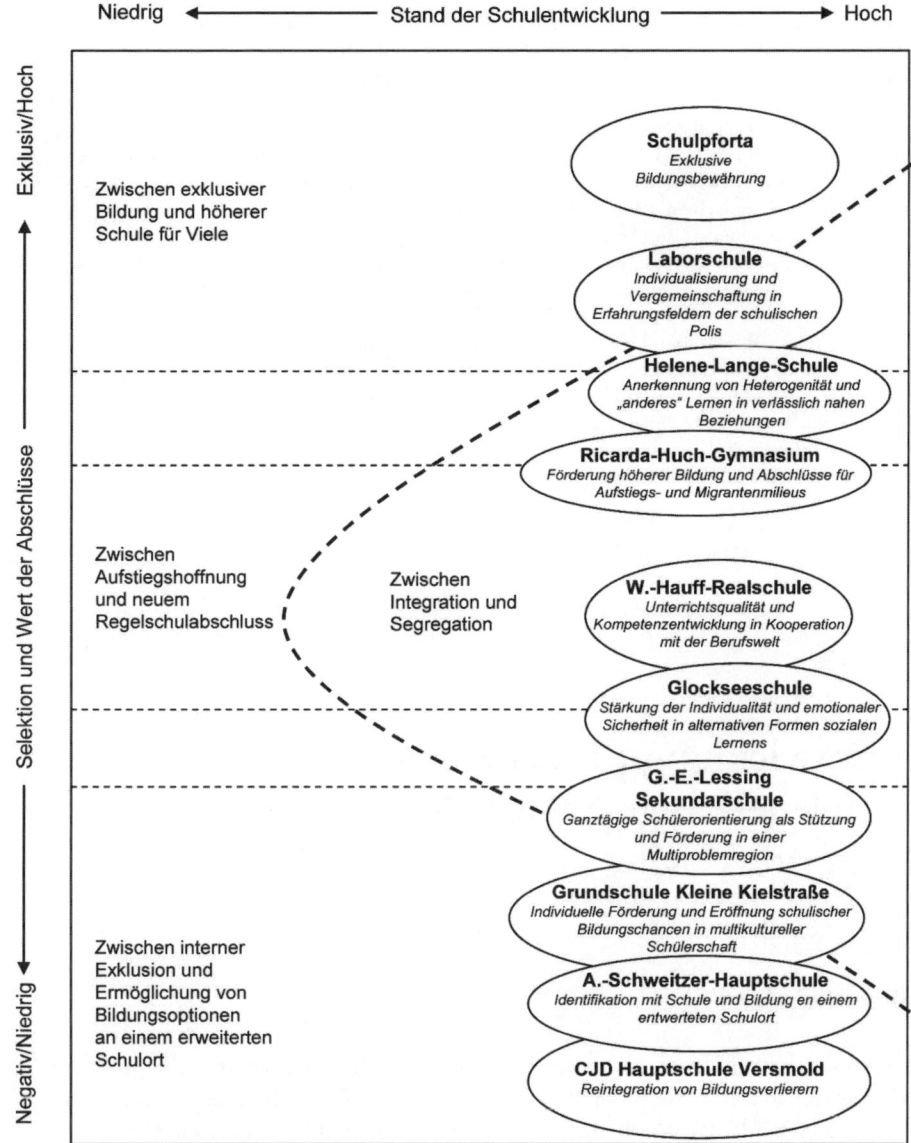

Abb. 12: Einordnung der Entwicklungsprozesse der zehn Einzelschulen

Literatur

Altrichter, H./Feindt, A. (2008): Handlungs- und Praxisforschung. In: Helsper, W./Böhme, J. (Hrsg.): Handbuch der Schulforschung. 2., durchges. und erw. Aufl. Wiesbaden: VS Verlag, S. 449-469. – Altrichter, H./Radnitzky, E./Specht, W. (1994): Innenansichten guter Schulen. Portraits von Schulen in Entwicklung. Wien: BMUK. – Baumert, J./Stanat, P./Watermann, R. (2006): Herkunftsbedingte Disparitäten im Bildungswesen. Differenzielle Bildungsprozesse und Probleme der Verteilungsgerechtigkeit. Wiesbaden: VS Verlag. – Baumert, J./Trautwein, U./ Artelt, C. (2003): Schulumwelten – Institutionelle Bedingungen des Lehrens und Lernens. In: Deutsches PISA-Konsortium (Hrsg.): PISA 2000. Ein differenzierter Blick auf die Länder der Bundesrepublik Deutschland. Opladen: Leske + Budrich, S. 261-333. – Buhren, C. G./Rolff, H.-G. (Hrsg.) (1996): Fallstudien zur Schulentwicklung. Zum Verhältnis von innerer Schulentwicklung und externer Beratung. Weinheim, München: Juventa. – Fend, H. (1986): „Gute Schulen – schlechte Schulen". Die einzelne Schule als pädagogische Handlungseinheit. In: Die Deutsche Schule. 78 (3), S. 275-293. – Fend, H. (2008): Schule gestalten. Systemsteuerung, Schulentwicklung und Unterrichtsqualität. Wiesbaden: VS Verlag. – Helsper, W./Böhme, J./Kramer, R. T./Lingkost, A. (2001): Schulkultur und Schulmythos. Studien zur Schulkultur I. Opladen: Leske + Budrich. – Helsper, W./Krüger, H.-H./Fritzsche, S./Sandring, S./Wiezorek, C./Böhm-Kapser, O./Pfaff, N. (2006): Unpolitische Jugend. Eine Studie zu Schule, Anerkennung und Politik. Wiesbaden: VS Verlag. – Huber, L./Tillmann, K. J. (Hrsg.) (2005): Versuchsschulen und das Regelschulsystem – Bielefelder Erfahrungen. Bielefeld: Ambos. – Idel, T. S./Ullrich, H. (2008): Reform- und Alternativschulen. In: Helsper, W./Böhme, J. (Hrsg.): Handbuch der Schulforschung. 2., durchges. und erw. Aufl. Wiesbaden: VS Verlag für Sozialwissenschaften, S. 363-387. – Maaz, K./Nagy, G./Jonkmann, K./Baumert, J. (2009): Eliteschulen in Deutschland. Eine Analyse zur Existenz von Exzellenz und Elite in der gymnasialen Bildungslandschaft aus einer institutionellen Perspektive. In: Zeitschrift für Pädagogik. 55 (2), S. 211-228. – Rolff, H.-G. (1993): Wandel durch Selbstorganisation. Theoretische Grundlagen und praktische Hinweise für eine bessere Schule. Weinheim, München: Juventa. – Senkbeil, M. (2005): Schulmerkmale und Schultypen im Vergleich der Länder. In: PISA-Konsortium Deutschland (Hrsg.): PISA 2003. Der zweite Vergleich der Länder in Deutschland – Was wissen und können Jugendliche? Münster: Waxmann, S. 299-323. – Standfest, C./Köller, O./Scheunpflug, A. (Hrsg.) (2005): Leben – Lernen – Glauben. Zur Qualität evangelischer Schulen. Eine empirische Untersuchung über die Leistungsfähigkeit von Schulen in evangelischer Trägerschaft. Münster: Waxmann. – Ullrich, H./Strunck, S. (2008): Begabtenförderung an Gymnasien. Entwicklungen, Befunde, Perspektiven. Wiesbaden: VS Verlag. – Watermann, R./Thurn, S./Tillmann, K. J./Stanat, P. (2005): Die Laborschule im Spiegel ihrer PISA-Ergebnisse. Pädagogisch-didaktische Konzepte und empirische Evaluation reformpädagogischer Praxis. Weinheim, München: Juventa. – Zedler, P./Weishaupt, H. (Hrsg.) (1997): Kontinuität und Wandel. Thüringer Schulen im Urteil von Schülern, Lehrern und Eltern. Weinheim: Deutscher Studienverlag.

84| Entwicklungsprozesse an der Helene-Lange-Schule Wiesbaden
Ingrid Ahlring

Profil der Schule

Die Helene-Lange-Schule ist eine integrierte Gesamtschule und umfasst die Jahrgangsstufen 5-10 der Sekundarstufe I. Sie ist vierzügig und hat derzeit 624 Schülerinnen und Schüler. Die Schule liegt am Rande der Wiesbadener Innenstadt in einem Gebiet, das eher von großen Verwaltungsbauten als von Wohnbebauung geprägt ist. Sie hat kein eigenes Einzugsgebiet und ist Angebotsschule für die gesamte Stadt Wiesbaden.

Jahrgangseinheiten und eigene Reviere

Jedes Jahr werden 104 unterschiedlich begabte Schülerinnen und Schüler aufgenommen, die in vier Klassen unterrichtet werden. Jeder Jahrgang bildet räumlich eine Einheit für sich. Zu dieser Einheit gehören vier Klassenräume, ein Computerraum, ein Materialraum, ein Lehrerzimmer sowie eine gemeinsame Jahrgangsfläche für klassenübergreifende Veranstaltungen, Ausstellungen, Präsentationen und Arbeitsmöglichkeiten für kleine Schülergruppen (= „Schülertreff"). Jede Klasse hat ihren Klassenraum, den nur sie bewohnt, gestaltet und benutzt. Für die Gestaltung der Räume und ihre Instandhaltung übernehmen die Schülerinnen und Schüler die Verantwortung. Seit über 15 Jahren werden Klassenräume und Schülertreffs von den Schülern selbst gereinigt. Von dem eingesparten Geld, das die Stadt zur Verfügung stellt, werden Künstler (vor allem Schauspieler und Regisseure) finanziert, die mit den Lehrkräften gemeinsam Projekte leiten (vgl. Riegel 2004, S. 112ff).

Verlässliche und beständige Beziehungen
Die 104 Schülerinnen und Schüler eines Jahrgangs werden von etwa 6-8 Lehrerinnen und Lehrern betreut, die mit der Mehrzahl ihrer Stunden in diesem Jahrgang arbeiten. Dadurch nehmen die Lehrerinnen und Lehrer ihre Schüler genauer wahr und können sie beim Lernen ganz individuell unterstützen. Ein solches Lehrerteam begleitet den Jahrgang in der Regel von Klasse 5 bis 10 und ermöglicht so verlässliche und belastbare menschliche Beziehungen. Freundlichkeit und gegenseitiger Respekt prägen die Lehrer-Schüler-Beziehungen. Das Selbstverständnis der Lehrkräfte ist von der Verantwortung für die persönliche Entwicklung ihrer Schülerinnen und Schüler geprägt. Über Jahre gewachsene genaue Kenntnis ermöglicht zudem eine individuelle Förderung, Laufbahn- und Berufsberatung.

Das „Andere Lernen"
Zum pädagogischen Konzept der Helene-Lange-Schule gehört, dass nachdrücklich „andere Formen des Lernens" praktiziert werden. Die Selbstständigkeit der Schülerinnen und Schüler wird von Anfang an gefördert und unterstützt. Das Herstellen von Gegenständen und Modellen, das Erforschen der Wirklichkeit außerhalb der Schule, das Experimentieren im naturwissenschaftlichen Bereich gehören ebenso dazu wie etwas zu organisieren, anderen zu helfen und die eigene Arbeit Mitschülern und Eltern zu präsentieren. Einen sehr großen Raum nimmt die kulturelle Praxis und vor allem das Theaterspiel ein (vgl. Riegel 2004, S. 93ff; Reinbacher-Kaulen 2005; Ahlring 2009). Fächerübergreifendes Lernen ist durch die Klassenprojekte, die einmal pro Halbjahr stattfinden, verbindlicher Bestandteil des Schulkonzepts.
Diese „anderen Formen des Lernens" werden organisatorisch abgesichert durch die Einrichtung eines festen vierstündigen Bereichs im Wochenstundenplan, dem „Offenen Lernen", sowie seit kurzem durch eine Bank „Selbstständiges Lernen" an drei Wochentagen.
Zu Beginn eines jeden Schuljahres erstellen die Lehrerinnen und Lehrer des Jahrgangsteams einen Jahresarbeitsplan, in dem die vorgesehenen Projekte und ihre Verzahnung mit den Fächern festgelegt werden. Gegen Ende des Schuljahres nehmen sie sich Zeit für eine ganztägige Teambilanz, in der das vergangene Jahr evaluiert und das künftige in den Blick genommen wird.
In der Helene-Lange-Schule wird ganz bewusst Heterogenität als Herausforderung angenommen und wird das gemeinsame Lernen in den Vordergrund gestellt. Innere Differenzierung sowie eine E/G Differenzierung im Klassenraum sichern die individuelle Förderung und Forderung und verhindern Unruhe, Lerngruppenwechsel und Auseinanderdividieren.
Nicht nur Wissen und Inhalte, auch das „Wie" des Lernens spielt eine große Rolle. Von Beginn an werden Schülerinnen und Schüler mit Arbeitstechniken und Lernmethoden vertraut gemacht, die ihnen helfen, nicht nur in der Schule, sondern lebenslang zu lernen. Unser Schulplaner hilft, die Arbeit zu strukturieren und zu organisieren (vgl. www.helene-lange-schule.de).

Die Kultur des Zusammenlebens und die Öffnung nach außen
Zum pädagogischen Konzept der Helene-Lange-Schule gehört es, Schule ausdrücklich als „Lebensraum" zu definieren und eine Kultur des Zusammenlebens zu pflegen. Hierzu tragen maßgeblich eine Reihe von Ritualen bei, die die Schul- und Lebenszeit gliedern, die Zusam-

menarbeit erleichtern und Schülern wie Lehrern Sicherheit und Halt geben. Dazu gehören das Ruhezeichen, der Montagmorgenkreis und der Klassenrat am Ende der Woche ebenso wie die vielfältigen Präsentationen, die feierliche Aufnahme wie die Verabschiedung der Schüler, das Schultheater und gemeinsame Projekte, Praktika in den verschiedenen Jahrgängen, Aufenthalte im Ausland und gemeinsames Reisen und Erkunden (vgl. Kunze 2004). Wichtig ist bei alledem der Ernstcharakter: Die Begegnung mit Kindern, alten und behinderten Menschen, der Arbeitswelt und anderen Kulturen. Eine zentrale Aufgabe stellt dabei die gemeinsame Sorge um ein Entwicklungshilfeprojekt in Nepal dar, an dem seit mehr als 15 Jahren die ganze Schule aktiv beteiligt ist (vgl. www.nepalprojekt.de).

Geschichte der Schule

Die Geschichte der Helene-Lange-Schule liest sich wie eine Geschichte pädagogischer Innovationen. Diesem „Auftrag" ist die Schule bis heute treu geblieben.

1847-1945
Die Schule wurde im Jahr vor der 1848er Revolution von der Wiesbadener Bürgerschaft als „Erste Städtische Höhere Töchterschule" gegründet. Sie zeichnete sich aus durch reform- und experimentierfreudigen Unterricht, in dem alle Freiheiten ausgenutzt wurden. 1915 machten die ersten Mädchen ihr Abitur. Der Name Helene Langes, den die Schule später erhielt, weist auf das ständige Bestreben zur Gleichstellung der Mädchen in der Bildung hin.

1945-1974
In den letzten Kriegsmonaten wurde die Schule durch einen Bombenangriff völlig zerstört. Es dauerte ein Jahr, bis der Mädchenunterricht in anderen, provisorischen Gebäuden wieder aufgenommen werden konnte. Erst 1955 erhielt die Schule ein eigenes neues Schulgebäude an der Peripherie der Innenstadt: einen fantasieloser Zweckbau, in dem die Schule noch heute zu Hause ist. Der Reformgeist blieb jedoch ungebrochen: Im Zuge der Bildungsreformdiskussionen der 1960er Jahre schaffte die Schule die Kopfnoten ab, führte die Koedukation ein, erprobte die Rahmenrichtlinien und als erste Wiesbadener Oberstufe das Kurssystem. Im Jahre 1974 wurde der Oberstufe ein eigenes Gebäude in zwei Kilometer Entfernung zugewiesen. Schulleitung und ein großer Teil des Kollegiums wechselten an diese neue Schule, was zu einer Zerreißprobe für das Kollegium führte.

1976-2003
Die „zurückgebliebenen" jungen Lehrkräfte ergriffen die Chance und erprobten neue Lehrmethoden, wie z.B. Projekte und Projektwochen, öffneten sich bewusst für Kinder ausländischer Arbeitnehmer und definierten sich noch stärker als bisher als „schülerorientierte Schule". Als im Jahr 1985 die verbindliche Förderstufe eingeführt werden sollte, führte dies zu einer radikalen Umorientierung der Schule. Unter der Leitung der neuen Schulleiterin Enja Riegel dachte die Schule ganz neue Wege und wandelte sich im Jahr 1986 in eine integrierte Gesamtschule um: Zwei Drittel des Kollegiums stimmten ebenso wie 95% der Elternschaft dieser Umwandlung zu.
Der Neuanfang ging mit einer radikalen reformpädagogischen Neuerfindung der Schule einher, die das Konzept bis heute prägt. Als eine der damals noch sehr wenigen Schulen setzte die Schule projektorientiertes Lernen, Freie Arbeit (= selbstständiges Lernen) und Wochenplanarbeit der fortschrittlichen Grundschulszene in der Sekundarstufe I fort (vgl. Becker et al. 1997).

Die langjährigen Bemühungen um ein reformpädagogisches Konzept und „anderes Lernen" wurden im Jahr 1996 mit der Verleihung des Status „Versuchsschule des Landes Hessen" honoriert. Dieser Status garantiert der Schule eine günstigere Lehrerzuweisung und stabile Lerngruppengrößen von inzwischen 26 Schülerinnen und Schülern pro Klasse. Er stellt der Schule im Versuchsschulerlass aber auch Aufgaben und zieht sie jedes Jahr in einem „Revisionsgespräch", an dem Ministerium, Schulamt und Schulträger beteiligt sind, zur Rechenschaft über geleistete Arbeit.

Gegen Ende der Amtszeit der langjährigen Schulleiterin Enja Riegel wurde die Arbeit der Schule durch ein sehr erfolgreiches Abschneiden bei einer Nachuntersuchung mit TIMSS-Instrumenten (vgl. Köller & Trautwein 2003, S. 51ff) und der ersten PISA-Untersuchung bestätigt.

2003 – heute

In den Jahren 2002-2003 hatten die hessischen Versuchsschulen sechs Jahre gearbeitet und das Ministerium erwartete eine Evaluation der bisherigen Arbeit. Diese wurde von der Universität Kassel durchgeführt und resultierte in der Definition der Versuchsschulen als „Entwicklungsabteilung" der Bildungspolitik, die andere Bildungsprozesse befruchten und Entwicklungswege aufzeigen sollten. Der Landesregierung wurde die Beibehaltung dieses Status für die Schulen empfohlen, und den Schulen wurden Hinweise für die weitere Entwicklung gegeben (Ahlring & Messner 2003). Dazu gehörten z.B. die Fokussierung auf das „Kerngeschäft" Unterricht sowie das verstärkte Bemühen um eine Weiterverbreitung der pädagogischen „Erfindungen".

Im Jahr 2004 wurde als Folge ein neuer Versuchsschulerlass mit dem Ministerium verhandelt. Zu den Aufgaben gehört seitdem die ständige Weiterentwicklung des selbstständigen Lernens, die Erprobung von Arbeit mit Mindeststandards, die Förderung aller Begabungen einschließlich hoch begabter Kinder, sowie die Entwicklung einer Schulkultur, die zur Erziehung politisch mündiger Bürger beiträgt.

Die Schule hat diese Aufgaben unter der neuen Leitung in ein Schulprogramm umgesetzt (vgl. www.helene-lange-schule.de/Die Schule im Überblick/Leitbild und Schulprogramm).

Seit 2008 verfügt die Schule über ein Mittagsangebot in einer neuen Mensa und eine große Palette von nachmittäglichen Arbeitsgemeinschaften, die bereits jetzt einen Verbleib der Kinder bis 15.30 Uhr ermöglichen.

Förderliche und hinderliche Prozessfaktoren

Die Organisationsstruktur – Verantwortung und Partizipation

Zentrales Schul- und Personalentwicklungselement der Schule ist die Organisation in Jahrgangsteams. Diese Struktur schafft eine völlig andere Verantwortlichkeit der Lehrkräfte sowohl für die Jugendlichen als auch für die Schule, sie ermöglicht den „systemischen Blick" und verhindert das klassische Einzelkämpfertum. Die kleinen Lehrerteams von 6-8 Personen treffen sich in einer verbindlichen Teamsitzung einmal wöchentlich und beraten über Pädagogisches und Organisatorisches für ihren Jahrgang ebenso wie über Fragen der Schulentwicklung als Ganzes. Im Team haben die Kollegen unterschiedliche Aufgaben: Es gibt einen Teamsprecher, der das Team nach außen vertritt und Ansprechpartner der Schulleitung ist, einen Organisator, einen Finanzverwalter sowie eine Person, die das Team in der Steuergruppe (= Planungsgruppe) repräsentiert.

Durch diese Struktur wird dem Kollegium Verantwortung übertragen, es wird ihm etwas zugetraut und abverlangt, gleichzeitig wird es aber auch in die entscheidenden Schulentwicklungsprozesse mit einbezogen.

Schulische Entscheidungsprozesse werden durch diese Struktur weitgehend konfliktfrei und einvernehmlich durchgeführt. Wichtige schulische Innovationen werden in der Planungsgruppe besprochen, von dort in die Teams gegeben und intensiv in der Kleingruppe diskutiert. Wünsche und Veränderungen gehen wieder zurück in die Planungsgruppe und gelangen erst nach einem intensiven dezentralen Diskussionsprozess in die Gesamtkonferenz zur Abstimmung. Dort hat sich seit Jahren ein Prozedere bewährt, das verhindert, dass Kolleginnen und Kollegen sich „überrumpelt" fühlen: Eine Vorlage wird in der Konferenz vorgestellt und diskutiert, aber erst in der Folgekonferenz abgestimmt – d.h. auch nach Austausch der Ideen mit dem Gesamtkollegium gibt es nochmals eine dezentrale Austauschmöglichkeit.

Weiterhin gilt für alle Veränderungen des Konzepts sozusagen eine „Probezeit" von zwei Jahren: Das bedeutet, dass erst nach zwei Jahren darüber entschieden wird, ob eine Innovation nun fester Bestandteil des Schulkonzepts sein soll. Dies gewährleistet sozusagen ein „Sicherungsnetz" für die Lehrkräfte und führt zu weniger Skepsis gegenüber Innovationen. Die endgültige Entscheidung fällt zudem dann leichter, wenn eine erfolgreiche zweijährige Erprobungspraxis empirisch belegen kann, was diese Idee gut und wertvoll macht.

Systemische Fortbildung

Wie viele andere Schulen auch kennt die Helene-Lange-Schule die Pädagogischen Konferenzen, die als zentrale Fortbildungen an den Bedürfnissen des Gesamtkollegiums orientiert sind und die von der Planungsgruppe organisiert werden.

Ein qualitativer Sprung entstand jedoch dadurch, dass nach und nach verbindliche Fortbildungselemente an die Jahrgangsteams angeknüpft wurden. Auf diese Art und Weise erhalten die Kollegen bestimmte Elemente der Fortbildung genau dort, wo sie pädagogisch direkt umgesetzt werden können und müssen, und sie erhalten sie mit genau den Kollegen zusammen, die für diese Umsetzung verantwortlich sind: den Teamkollegen. Natürlich hat dies auch eine gewisse „Kontrollfunktion", denn keine Lehrkraft kann sich diesem Prozess entziehen. So wird verhindert, was andernorts häufig als Problem genannt wird, nämlich dass nur immer einige „fortschrittliche" Kollegen sich an diesen Prozessen beteiligen, während andere pädagogisch und methodisch auf der Stelle treten.

Diese systemische Fortbildung beginnt mit der verbindlichen Vorbereitungswoche für den neuen Jahrgang 5 in der letzten Woche der Sommerferien. Alle Lehrerinnen und Lehrer des neuen Teams verbringen diese letzte Woche der Ferien ganztägig in der Schule, um sich gemeinsam mit der Stufenleiterin auf die neuen Schülerinnen und Schüler einzustellen, sich über die innerschulischen Entwicklungen im Jahrgang 5 der vergangenen sechs Jahre zu informieren und neue Methoden und Materialien zur Kenntnis zu nehmen, um sich über Regeln und Rituale abzusprechen und die ersten Wochen vorzubereiten. Auf diese Weise wird verhindert, dass jeder Lehrer immer genau das wieder tut, was er bei seiner letzten Klasse bereits getan hat. Der Diskussionsprozess in der Vorbereitungswoche verbindet den eigenen Erfahrungsschatz mit den zwischenzeitlichen neuen pädagogischen Erkenntnissen und Erfordernissen ebenso wie mit neueren schulischen „Erfindungen".

Der nächste Schritt ist ein 1 ½ tägiges Gesprächstraining, in dem alle Lehrkräfte des neuen Jahrgangs auf Elterngespräche vorbereitet werden. In den nächsten Jahren folgen Methodentraining (Jahrgang 5), Teamtraining (Jahrgang 6) und Kommunikationstraining (Jahrgänge 7 und 9).

Diese Trainings haben zum einen den Effekt, dass alle Kolleginnen und Kollegen einbezogen sind, dass sie im Rhythmus von sechs Jahren die Trainings erneut durchlaufen und die Kenntnisse auffrischen und dass neue Kolleginnen und Kollegen sehr effektiv in die Unterrichts- und Konzeptstruktur eingearbeitet werden können.

Darüber hinaus gibt es zusätzlich zu den jahrgangsübergreifenden Pädagogischen Konferenzen Fortbildungen der Fachbereiche, die auch zunehmend als verbindliche Fortbildungen des gesamten Fachbereichs organisiert sind. Auch hier gilt: Alle kommen auf denselben Stand, Weiterentwicklung ist nicht mehr nur individuell und willkürlich. Im Jahr 2008 hat der Elternbeirat die „Mensagespräche" ins Leben gerufen, die der Schulgemeinde mithilfe hochkarätiger Referenten Zugang zu aktuellen und brennenden Themen ermöglicht („Mobbing in der Schule", „Jungen in der Krise", „Gefangen durchs Internet" etc.).

Gezielte Personalentwicklung
Eine gute Schule zeichnet sich maßgeblich dadurch aus, dass die Eltern sich darauf verlassen können, dass das veröffentlichte Leitbild und Konzept auch gelebt wird – und zwar unabhängig davon, ob ihre Kinder zufällig bei Lehrer X oder Lehrerin Z in der Klasse landen. Um das zu gewährleisten und auch dauerhaft zu garantieren, bedarf es einer systematischen Personalentwicklung. Ein Standbein dieser Personalentwicklung besteht in der oben beschriebenen Fortbildung, die sich an den Belangen und Notwendigkeiten der Schule als System orientiert und alle Lehrkräfte involviert. Das zweite Standbein jedoch ist die Lehrerversorgung, die nicht den Zufälligkeiten der Zuweisung von oben überlassen und auch nicht allein dem Fächerbedarf untergeordnet sein darf.

Wie kommt man zu Personal, das zur Schule „passt"? Unsere Schule betreibt seit Jahren eine langfristige Personalentwicklung auf mehreren Ebenen:
- Insgesamt vier unserer Lehrkräfte geben praxisbezogene Seminare an den Universitäten Frankfurt und Mainz. Ihre Studenten lernen durch sie unsere Arbeit kennen und viele bemühen sich um ein Schulpraktikum bei uns.
- Studentenpraktikanten werden eng in Teams eingebunden und bestimmten Projekten zugeordnet. Jede Praktikantin und jeder Praktikant wird sinnvoll eingesetzt – sei es im Teamteaching, zur Begleitung von Projektphasen, zur Vorbereitung auf Abschlussprüfungen, zur individuellen Förderung u.v.m. Auf diese Weise empfinden die Lehrkräfte die Praktikanten als Hilfe und nicht als Belastung, es entwickelt sich eine enge Zusammenarbeit, die uns erlaubt, ein Gespür dafür zu entwickeln, ob sich diese Praktikantin und dieser Praktikant als Kollege bei uns eignen würde.
- Die Praktikanten, mit denen wir gute Erfahrungen machen, ermuntern wir, als Vertretungskraft in unseren „Vertretungspool" im Rahmen des Programms „Verlässliche Schule" einzusteigen. Unterrichtsanregungen erhalten sie von den fehlenden Kollegen, so dass sie immer Sinnvolles tun und die Schüler nicht nur beschäftigt werden. Auf diese Weise werden sie zunehmend vertraut mit unserem System und unseren Ritualen. Viele dieser Praktikanten bemühen sich anschließend um ein Referendariat bei uns.
- Unsere Referendare werden einem Team zugeordnet, herzlich willkommen geheißen und sind von Anfang an Kollegen im Team. Ausbildungsbedingt wechseln sie das Team und die Schülerjahrgänge, in denen sie unterrichten, aber stets gibt es eine enge Bindung an eine Gruppe von Kollegen. Zusätzlich zu ihrer Ausbildung wachsen sie während der Referendarzeit in das System unserer Schule hinein und werden mit dem Unterrichten in heterogenen Gruppen vertraut. Es gibt kaum einen Lehramtsanwärter, der am Ende seiner Ausbildung nicht bleiben möchte.
- Zu ehemaligen Referendaren halten wir engen Kontakt. So ist es möglich, Personen, die wir nicht anstellen konnten, auch später noch zurückzugewinnen.

Neu ins Kollegium einsteigende Personen fangen in der Regel mit dem Jahrgang 5 an – je nach Fächerkombination entweder als Klassenlehrer einer Klasse (dann haben sie einen erfahrenen Ko-Klassenlehrer der Schule zur Seite) oder sie steigen als Ko-Klassenlehrer in die Klasse eines erfahrenen Kollegen ein. Durch die o.a. Vorbereitungswoche werden sie intensiv mit schulischen Regeln und Ritualen vertraut gemacht, die kleine Gruppe ihres Jahrgangsteams begleitet ihren Einstieg, hilft und unterstützt. Da durch den Generationenwechsel die Zahl neuer Lehrkräfte zunimmt, arbeitet die Schule derzeit an Unterstützungsangeboten für neue Kollegen, um ihre Einstiegszeit zu begleiten.

Schulentwicklung und Innovationen
a) Schulentwicklung und Personalentwicklung
Mit gutem Personal allein, das das Konzept unterstützt und in den Fächern guten Unterricht macht, ist es nicht getan. In der Schule sind viele Aktionsfelder zu besetzen, soll das Konzept sich als tragfähig und dauerhaft erweisen. Das bedeutet ganz entscheidend auch beim derzeit anstehenden Generationenwechsel, bei der Einstellung von Personal immer auch mit zu bedenken, welche Bereiche außerhalb des Fachunterrichts mit abgedeckt werden könnten.

Die Modularisierung der Lehrerausbildung konnte ebenfalls insofern für die Schule nutzbar gemacht werden, als gemeinsam mit den Referendaren überlegt wird, welche schulischen Entwicklungsaufgaben sie für ihr Schulentwicklungsmodul angehen können. Auf diese Weise können zum einen junge Leute in für die Schule wichtige Bereiche „eingefädelt" werden, zum anderen profitiert die Schule von der Ausbildung und den guten Ideen der Referendare.

b) Schulentwicklung und Innovationsprozesse
Innovation ist mit Kreativität und Motivation, aber auch mit Arbeit verbunden. Möchte ein Kollege oder eine Kollegin eine neue Idee verwirklichen, wird diese zunächst im Team besprochen. Trägt das Team die Idee mit, wird sie in der Planungsgruppe und/oder, je nach Größe und Umfang der Innovation, der Gesamtkonferenz vorgestellt, die dann der Durchführung zustimmt. Übernimmt das Folgeteam die Innovation und macht ebenfalls gute Erfahrungen, so kann diese Idee dann Bestandteil des Schulkonzeptes werden. Viele gute Ideen und viele Konzeptbestandteile sind aus den „kreativen Feldern" (Burow 1999) der Jahrgangsteams entstanden.

Natürlich gibt es auch Dinge, die in Fachbereichen beschlossen oder von der Schulleitung angeregt werden, die aber viel Zeit zur Umsetzung brauchen. Zu diesen gehören u.a. die Projektdokumentationen, die in den Anfangsjahren eines stabilen Kollegiums von Team zu Team weitergegeben wurden, aber im Zuge des rapiden Personalwechsels einer schriftlichen Dokumentation bedürfen. Um dies zu gewährleisten und zu ermöglichen, stellt die Schulleitung Zeitfenster zur Verfügung.

Unsere Schule empfängt alle 2-3 Wochen eine große Besuchergruppe zu einer Schulführung und zur Hospitation. Mindestens einmal im Monat sind wir als Referenten angefragt für Vorträge, Workshops, Konferenzen, Podiumsdiskussionen. Inzwischen ist der Kreis der Kolleginnen und Kollegen, die diese Aufgaben wahrnehmen, erheblich vergrößert worden, so dass ca. ein Viertel des Kollegiums mit diesen Aufgaben betraut wird. Dies ermöglicht den beteiligten Lehrkräften die Reflexion über das eigene Tun und bringt zugleich ständig Feed-Back und Spiegelung von außen.

Hinderliche Faktoren

Es bestehen Bedenken, dass durch zuviel „Standardisierung" von oben zu wenig an „Freiheit" unten übrig bleibt und originäre schulische Erfindungen und pädagogische Kreativität erheblich eingeschränkt werden. Hier wünschen wir uns mehr Spielräume, solange die Ergebnisse „stimmen". Die Idee der eigenverantwortlichen Schule, bei der sich Freiheit und Rechenschaft, Kreativität vor Ort und Standards von außen die Waage halten (Liket 1995), ist in Hessen noch nicht umgesetzt.

Perspektiven der Entwicklung

Die Schule hat im November 2008 den Antrag auf Umwandlung in eine gebundene Ganztagsschule gestellt. Ein solches Konzept lässt erheblich mehr Raum für Lerndialoge und ganz individuelle Förderung – wir stellen uns vor, dass diese auch dezentral dort angesiedelt werden kann und muss, wo die Kollegen vor Ort die Bedürfnisse ausmachen: in den Jahrgangsteams.
Weiterhin fühlt sich die Schule sowohl durch ihre Präsenz in Netzwerken, aber auch regional der Schulentwicklung über das eigene System Schule hinaus verpflichtet. Im Schuljahr 2008/9 wurde die Helene-Lange-Schule vom Schulträger in Übereinstimmung mit Ministerium und Schulamt damit betraut, eine neue integrierte Gesamtschule in Wiesbaden nach ihrem Vorbild zu errichten. Nach einem Jahr Entwicklungsvorlauf wurde das Konzept auf die neue Schule übertragen und die Kolleginnen und Kollegen des ersten Teams wurden mit dem Konzept vertraut gemacht. Unsere Schule steuerte diese Planungsprozesse und sorgte für Lehrkräfte, die ein reformorientiertes Konzept umsetzen können und wollen. Die Stadt Wiesbaden baute im Gegenzug ein vorhandenes „klassisches" Schulgebäude so um, dass es den Erfordernissen einer Teamstruktur entspricht. Wir sind stolz darauf, dass wir das bewährte pädagogische Konzept weitergeben können und Jahr für Jahr weitere hundert der insgesamt 300 jährlich bei uns abgelehnten Schülerinnen und Schüler dort eine neue Heimat finden werden (Ahlring 2009).
Weiterhin sind wir dabei, an Instrumenten selbstständigen Lernens zu arbeiten, die Mindeststandards für alle definieren, Unterrichtstransparenz gewährleisten und sich durch Kompetenzorientierung an die externen Bildungsstandards anknüpfen lassen. Es bleibt immer viel zu tun.

Literatur

Ahlring, I./ Messner, R. (2003): Hessische Versuchsschulen – eine Bilanz. Kassel. – Ahlring, I. (2009): Ich kann auch ganz anders – Theaterspielen als Schulprofil. In: Lernende Schule 46/47, S. 44-47. – Ahlring, I. (2009): Wie einmal (fast) alles richtig gemacht wurde. In: SchulVerwaltung HRP 12, S. 326-329. (Eine Veröffentlichung ist für 2010 geplant). – Becker, G./ Kunze, A./ Riegel, E./ Weber, H. (1997): Die Helene-Lange-Schule Wiesbaden. Das Andere Lernen – Entwurf und Wirklichkeit. Hamburg: Bergmann und Helbig. – Burow, O. (1999): Die Individualisierungsfalle – Kreativität gibt es nur im Plural. Stuttgart: Klett-Cotta. – Köller, O./Trautwein, U. (2003): Schulqualität und Schülerleistung. Weinheim, Basel: Juventa. – Kunze, A. (2004): Alles hängt mit allem zusammen – Vom Nutzen der Differenz. In: Friedrich Jahresheft Heterogenität. Seelze: Friedrich, S. 110-113. – Liket, T. (1995): Freiheit und Verantwortung. Gütersloh: Bertelsmann. – Reinbacher-Kaulen, B. (2005): Theater statt Unterricht. In: Praxis Schule 5-10. 16 (1) , S. 35-42. – Riegel, E. (2004): Schule kann gelingen! Frankfurt/Main: Fischer. – www.helene-lange-schule.de – www.nepalprojekt.de

85| Entwicklungsprozesse an der Laborschule Bielefeld
Susanne Thurn

Profil der Schule

Die Laborschule an der Universität Bielefeld wurde von Hartmut von Hentig gegründet und nach einem längeren Planungsprozess am 9. September 1974 eröffnet. Sie ist Versuchsschule des Landes Nordrhein-Westfalen und zugleich wissenschaftliche Einrichtung der Fakultät für Pädagogik der Universität Bielefeld. Sie hat den zeitlich nicht begrenzten Auftrag, neue Wege des Lehrens, Lernens und Lebens in der Schule zu entwickeln, zu erproben, zu überprüfen und so aufzubereiten, dass ihre Erkenntnisse anderen Schulen und der Wissenschaft zugänglich gemacht werden. Schulentwicklung, interne Evaluation, externe Evaluation sowie ständige Rechtfertigung der Gesellschaft gegenüber gehörten von Anfang an zu ihren Aufgaben.

Die Laborschule beginnt einen einheitlich gedachten und konzipierten Bildungsgang über elf Jahre hinweg mit einem Vorschuljahr und umfasst die Primarstufe und die Sekundarstufe I. Jedes Jahr werden 60 bis 65 Kinder nach einem Aufnahmeschlüssel ausgewählt, der gewährleisten soll, dass die soziale und ethnische Herkunft der Schülerinnen und Schüler die Bevölkerung einer Großstadt repräsentiert. Bei etwa 10 % ihrer Schülerinnen und Schüler stellt sich sonderpädagogischer Förderbedarf heraus. Die Verschiedenheit der Kinder und Jugendlichen ist gewollt und wird geschätzt, daher gibt es an keiner Stelle der Schule äußere Leistungsdifferenzierung. Der Weg eines Kindes durch die Schule umfasst vier Stufen, die deutlich voneinander unterschieden sind: Mit jeder Stufe beginnt etwas grundsätzlich Neues. Die ersten beiden Stufen, die die Jahrgänge 0 bis 5 umfassen, sind jahrgangsübergreifend organisiert, die folgenden beiden dienen der individuellen Profilierung in jahrgangsgleichem Kernunterricht und jahrgangsübergreifenden Wahl- und Leistungskursen. Aus dem ungefächerten Unterricht der ersten Jahre bilden sich Erfahrungsbereiche als Zusammenfassung von Fächern heraus. Das Leben in der Gemeinschaft wird von allen altersangemessen mitverantwortet. Individualisiertes, weitgehend selbst bestimmtes Lernen als „Sich-Bilden" kann nicht genormt zurückgemeldet werden, daher verzichtet die Laborschule auf Ziffernzeugnisse bis zum Ende des 9. Schuljahres und ersetzt diese durch Beratungsgespräche, Lernvereinbarungen, Leistungspräsentationen und Lernentwicklungsberichte. Am Ende der Schulzeit vergibt sie alle Abschlüsse, die auch in Regelschulen erreicht werden können (Thurn & Tillmann 2005).

Schulentwicklung als Versuchsauftrag der Versuchsschulen

„Erkennen durch Handeln", so der Titel eines Buches von Hartmut von Hentig (1982), beschreibt eine pädagogische Wissenschaftstheorie und zugleich einen Auftrag für die von ihm gegründeten Schulprojekte an der Universität Bielefeld: Die Erkenntnis von einer besseren Pädagogik soll vor allem aus der Praxis selbst kommen. Durch praktisches Tun, genaues Hinsehen, Beobachten, gemeinsames Nachdenken, kontrolliertes Verändern soll Erkenntnis für die Praxis entstehen, soll Kritik Folgen haben, soll die Kluft zwischen Theorie und Praxis, zwischen der geteilten Verantwortung von Forschung und Lehre geschlossen werden. Die Entwicklung der eigenen Schule war dabei als Experimentierfeld für Schulentwicklung überhaupt gedacht. Forschungs- und Entwicklungsvorhaben entstehen an und aus der Praxis. Lehrende der Schule schreiben Anträge, oft in Zusammenarbeit mit den wissenschaftlichen Mitarbeiterinnen oder Mitarbeitern der Wissenschaftlichen Einrichtung Laborschule, manchmal mit externen Beratern. Sowohl die Vorhaben als auch später die Ergebnisse werden nach drei Kriterien gewichtet: Sie sollen 1. die Praxis der eigenen Schule verbessern, 2. die Schulentwicklung von Schule überhaupt anstoßen sowie 3. die erziehungswissenschaftliche Theorie erweitern. Zunächst votieren Kollegium, Elternrat und Schulkonferenz über die Anträge, später berät der Wissenschaftliche Beirat, schließlich erstellt der Wissenschaftliche Leiter nach Rücksprache mit der Gemeinsamen Leitung einen Forschungs- und Entwicklungsplan, der zwei Jahre gilt und dem Ministerium zur Genehmigung vorgelegt wird. Das ursprünglich von Hentig entwickelte „Lehrerforschermodell" wurde in der Praxis der folgenden Jahre modifiziert, in einem Peer-Review-Verfahren evaluiert und als zukunftsfähig anerkannt (Der Band von Hollenbach und Tillmann aus dem Jahr 2009 enthält Beiträge zum urspünglichen Konzept und zur „Lehrer-Forschung" in Bielefeld heute; Terhart und Tillmann beschreiben in ihrem Band von 2007 die Organisation der Forschungs- und Entwicklungsarbeit der Laborschule und die Ergebnisse der Evaluation).

Entwicklungsprozesse der Schule gehen jedoch nicht ausschließlich aus Forschungsprojekten hervor. Als Instrument von Schulentwicklung hat sich die Schule zusätzlich darauf verständigt, sich in jedem Jahr ein Problem oder Entwicklungsvorhaben vorzunehmen, das die gesamte Schule in allen vier Stufen betrifft und systematisch in allen Konferenzen und Gremien der Schule bearbeitet wird. Diese „Jahresthemen" werden am Ende eines Schuljahres verabredet, mit Eltern- und Schülerrat abgestimmt und im darauf folgenden Jahr behandelt, wobei die vorbereitenden Arbeiten während der Ferien geleistet werden können. Die Entwicklungsprozesse der Laborschule sind also auf mehreren Ebenen und natürlich verschiedener Reichweite zu finden. Sie regen sich oft gegenseitig an, bereichern und unterstützen sich, wenn beispielsweise aus Jahresthemen Forschungsprojekte entstehen oder Forschungsergebnisse in der Schule durch Jahresthemen verankert werden.

Ich unterscheide für diesen Beitrag Entwicklungsprozesse durch Jahresthemen – Entwicklungsprozesse innerhalb von Erfahrungsbereichen – Entwicklungsprozesse umfassender Reichweite und schließlich Entwicklungsprozesse, die strukturverändernd wirkten.

Entwicklungsprozesse durch Jahresthemen

Jahresthemen können beispielsweise entstehen, weil das gesamte Kollegium sich in einem bestimmten Bereich gemeinsam fortbilden möchte. Dafür hört es Expertinnen und Experten aus der Schule, lädt weitere von außen ein, diskutiert und adaptiert Literaturvorlagen, erarbeitet eigene Umsetzungspläne, beginnt mit der praktischen Erprobung. Beispiele dafür gab es in der Vergangenheit zu inklusivem Umgang mit Schülerinnen und Schülern, die sonderpädagogische Förderung benötigen, zu dialogischem Lernen, pädagogischer Diagnostik, kooperativem Arbeiten, geschlechtsspezifischer Didaktik, zu migrationsbedingten Problemen von Schülerinnen und Schülern. Je ein Jahr lang wurden altersangemessene Portfoliokonzepte und Leistungspräsentationsformen für alle Stufen entwickelt, wurden neue Kernlehrpläne daraufhin untersucht, inwieweit deren Inhalte oder Kompetenzen im schuleigenen Curriculum ausreichend gut vertreten sind, wurde die eigene Beratungs- und Rückmeldepraxis zu Leistung kritisch auf ihre mögliche Erweiterung oder Verbesserung hin analysiert, wurden bindende Schulvereinbarungen, Regeln des Umgangs miteinander und Umgang mit Regelverstößen entwickelt.

Eine andere Art von Jahresthemen erwuchs aus dem Bedürfnis, voneinander mehr zu wissen, um Schülerinnen und Schüler, die aus einer Stufe in die nächste wachsen, besser einschätzen oder sie auf spätere Anforderungen besser vorbereiten zu können, um schließlich die vier Stufen der Schule pädagogisch und curricular mehr miteinander zu verzahnen. Alle Mitarbeiterinnen und Mitarbeiter der Schule haben dafür ihren Unterricht oder ihre Betreuungsangebote für die „critical friends" der eigenen Schule geöffnet. Ein weiterer wichtiger Impuls für Jahresthemen entstand und entsteht immer wieder aus der Einsicht, dass das Viele, das in der Schule entwickelt und erprobt wird, auch wirklich implementiert, in das Gesamtcurriculum der Schule und ihre pädagogische Arbeit übernommen werden muss.

Entwicklungsprozesse innerhalb von Erfahrungsbereichen
Nicht bei allen Entwicklungsprozessen ist die gesamte Schule eingebunden. Oft sind bestimmte Erfahrungsbereiche betroffen, geht es um die Weiterentwicklung des fachlichen Lernens. Hier erfüllt die Schule sehr direkt ihren Versuchsauftrag, neue Formen des Lehrens und des Lernens nicht nur zu entwickeln und zu evaluieren, sondern auch anderen Schulen zugänglich zu machen. Ein Beispiel dafür ist die Entwicklung integrierter naturwissenschaftlicher Bausteine, die zunächst in der eigenen Schule erprobt und für die die eigenen fachfremden Kolleginnen sowie Kollegen weitergebildet werden mussten und müssen, denn in der Regel haben sie nur ein naturwissenschaftliches „Fach" studiert. Entwicklungsarbeit für frühes Fremdsprachenlernen sowohl in Englisch (zunächst ab Jahrgang 3, jetzt auch ab Jahrgang 0) als auch Latein und Französisch (ab Jahrgang 5) wird durchgängig seit den siebziger Jahren geleistet. Die Weiterentwicklung des Sportunterrichts in der Bundesrepublik ist in den vergangenen mehr als dreißig Jahren nicht unmaßgeblich durch Forschungs- und Entwicklungsarbeiten der Laborschule mitgeprägt worden und nicht nur in die Richtlinien für Sport des Landes NRW eingegangen. Weitere Beispiele gibt es im Bereich Musik, Textildesign, Theater, Mathematik, Lesen- durch Schreibenlernen in der Eingangsstufe, freies Geschichtenschreiben in der Stufe II, „Literalität und Leistung" bei den älteren Schülerinnen und Schülern, Projekt- und Werkstattunterricht in der Primarstufe, Einblicke in die Wirtschaftsstruktur und Arbeitswelt unseres Landes durch ein umfassendes Praktikumskonzept, Konzeptionen zur Lebensplanung (zu all diesen Bereichen liegen Veröffentlichungen vor, die hier leider nicht aufgelistet werden können).

Entwicklungsprozesse umfassender Reichweite
Wichtige Schulentwicklungsprozesse der Laborschule mit weitreichender Ausstrahlung auf die Schulentwicklungsarbeit vieler Schulen sind in den letzten zwanzig Jahren im Bereich Jungen- und Mädchenerziehung entstanden. Ausgangspunkt war zunächst als Antwort auf feministische Forschungen der kritische, interessengeleitete und deutlich geschärfte Blick auf die curricularen Inhalte. Einige Kolleginnen der Schule begannen, diese „gegen den Strich" zu bearbeiteten. Das gesamte Kollegium widmete sich in den 80er Jahren der Frage, ob der bewusste Umgang der Schule mit Heterogenität eigentlich auch im Umgang von beziehungsweise mit Jungen und Mädchen nachweisbar war. Eigene Curriculumeinheiten wurden zunächst entwickelt und erprobt, später im Rahmen von Forschungsarbeiten innerhalb der Laborschule und überregional in einem Projekt des Ministeriums für Gleichstellung erweitert und ergänzt. Männliche Kollegen erhoben in einer empirischen Arbeit die geschlechtsspezifische Wahrnehmung des schuleigenen Sportcurriculums – sicher, dass der koedukative Sportunterricht der Schule gleichermaßen von Jungen wie Mädchen anerkannt würde. Die negativen Ergebnisse zu dieser Arbeit waren überraschend für die Forscher und haben zu einer weitreichenden Revision des Sportcurriculums und zu weiteren Forschungsarbeiten geführt. Mit der Zeit entstand ein Spiralcurriculum zur geschlechterbewussten Lebensplanung, das die gesamte Schule betrifft und das inzwischen – nach weiteren Entwicklungsprozessen innerhalb der Schule jenseits von Forschungsarbeiten –

implementiert ist und von vielen Schulen Deutschlands mindestens in Teilen adaptiert wurde. Es enthält unter anderem kontinuierliche Jungen- und Mädchenkonferenzen auf allen Stufen, den Erwerb eines Haushaltspasses in der Stufe II, das Projekt zu „Liebe, Freundschaft, Sexualität" zu Beginn der Stufe III, das Thema „Traumberufe" zusammen mit dem Kindertagesstättenpraktikum in der 7. Jahrgangsstufe, die beide erste Elemente von Lebensplanungskonzepten in dieser (frühen) Altersstufe enthalten; Aufgabenstellungen für die drei Praktika der Stufe IV zur Erkundung der Wirtschaftsstruktur und Arbeitswelt, in denen jeweils die Reflexion von „Lohnarbeit – Familienarbeit – Gemeinschaftsarbeit" durch Interviews mit Arbeitnehmerinnen und Arbeitnehmern erwartet wird; Jungenstärkungs- und Mädchenstärkungskurse im Wahlbereich der Schule; Überlegungen zu einer „jungenadäquateren" Didaktik (die umfangreichste Literaturliste zu den verschiedenen Schulentwicklungsprozessen im Bereich Jungen- und Mädchenerziehung in der Laborschule findet sich in Thurn 2009).

Am deutlichsten kann die Wechselbeziehung von „Schulentwicklungsprozessen – Forschungsprojekten – Folgen" für weitere Schulentwicklungsprozesse am Beispiel unserer Auseinandersetzung mit den eigenen Lernentwicklungsberichten verdeutlicht werden. Nach Erfahrungen von mehr als 25 Jahren wollte das Kollegium in einem intensiven Reflexions- und Arbeitsprozess in allen Fach-, Stufen- und pädagogischen Konferenzen die eigene Praxis systematisch aufklären. Eltern- und Schülerrat wurden beteiligt, ihre unterschiedlichen Wahrnehmungen und kritischen Einwände aufgenommen. Daraus entstanden zunächst ein Konsenspapier, das die subjektive Qualität und die kommunikative Stärke der Berichte betonte und als Standard für die Abfassung der Berichte gilt – später eine Rezeptionsstudie, die die Wirksamkeit der Berichte bei „Sendern und Empfängern" untersuchte (Döpp et al. 2002) und der Schulöffentlichkeit zur Diskussion vorlegte –, schließlich eine neue Bewertungs- und Beratungskultur, nach der die schriftlichen Lernentwicklungsberichte nun durch protokollierte Pflichtberatungsgespräche ergänzt werden, die mit gemeinsamen Lernvereinbarungen und Verpflichtungen enden. Parallel dazu ging das Kollegium folgenden Fragen nach: Wie kann Leistung sichtbar gemacht werden? Wie kann eine neue Leistungskultur in der Schule durch Präsentation von Leistung unter anderem in Portfolios, durch Lerntagebücher und Lernvereinbarungen, Leistungsbegleitung und Leistungsbewertung entstehen? In diesem Zusammenhang veranstalteten Oberstufen-Kolleg und Laborschule 2000 eine umfassend dokumentierte Tagung, durch die das Kollegium einerseits neue Impulse für die eigene Arbeit erhielt, andererseits die eigene Arbeit einer kritischen Fachöffentlichkeit vorstellen konnte (Becker et al. 2002). Neue Formen der Leistungsbegleitung und Leistungsdokumentation werden bis heute in weiteren Forschungsprojekten systematisch entwickelt und erprobt.

Die Beschäftigung mit diesem Schwerpunkt der Schule wird immer wichtiger, weil ein zurzeit bildungspolitisch bevorzugtes Leistungsverständnis vor allem Leistung normiert, vergleichend quantitativ misst und daraus Selektionskriterien entwickelt. Dieses Leistungsverständnis widerspricht einer pädagogischen Praxis, die jedem jungen Menschen zu seiner je bestmöglichen Leistung in seiner Zeit verhelfen will, also nicht auf der Basis quantitativer Erhebungen selektieren darf, sondern individuell fordern und fördern muss.

Entwicklungsprozesse, die strukturverändernd wirkten
Seit Gründung der Laborschule – zu einem Zeitpunkt also, als dies außerhalb der Reformpädagogik nicht diskutiert wurde – war ihre Eingangsstufe jahrgangsübergreifend organisiert, gab es jahrgangsgemischtes Lernen in den Stufen III und IV im Wahl- und Leistungskursbereich. Nur in der Stufe II lernten und lebten Kinder ausschließlich in Jahrgangsgruppen miteinander. Eine Gruppe von Lehrerinnen und Lehrern der Schule wollte jahrgangsgemischtes Lernen auch auf

die Stufe II ausdehnen und entsprechende Entwicklungsarbeit leisten. Auch einer Versuchsschule fällt es nicht leicht, grundlegende Veränderungen der eigenen Praxis zu beschließen: zu gut begründet, erprobt und beruhigend gesichert ist die eigene Praxis (Demmer-Diekmann 2005). Die Widerstände aus dem Kollegium betrafen vor allem die Erfahrungsbereiche Englisch und Mathematik: Hier konnte und wollte man sich nicht vorstellen, dass jahrgangsübergreifendes Unterrichten möglich sein könne. Ein mühsam ausgehandelter Kompromiss erwartete schließlich, dass die Leistungen in Englisch und Mathematik der jahrgangsgemischt unterrichteten Schülerinnen und Schüler vergleichend mit jenen getestet werden, die jahrgangsgleich blieben. Die Testergebnisse sprachen deutlich für eine Jahrgangsmischung (Thurn 2006). Dies war aber sicherlich nicht entscheidend dafür, dass sich das Kollegium am Ende der sechsjährigen Laufzeit mit Zweidrittelmehrheit für die vollständige Einführung der Jahrgangsmischung aussprach und selbst das verbliebene Drittel nicht dagegen votierte, sondern nur die Versuchsphase verlängern wollte. Der nächste herausfordernde Schritt für diese Gruppe war und ist weiterhin, die gesamte Stufe, also eine große Gruppe von Lehrerinnen und Lehrern, die die Aufbruchphase nicht mitgemacht haben, in ihrem Entwicklungs- und Umstrukturierungsprozess zu begleiten.

Förderliche und hinderliche Prozessfaktoren – Probleme und Vorhaben

Förderliche Faktoren

Förderlich für die gelungene Überzeugung des Kollegiums bei der Umstrukturierung der Stufe II waren mehrere Faktoren, die allgemeinen Aussagewert haben. Das gesamte Kollegium wurde von Anfang an in den Entwicklungsprozess einbezogen: durch Aufklärung über Vorhaben und ständige schriftliche und mündliche Informationen; durch Öffnen der eigenen Praxis für Hospitationen und öffentliche Präsentationen von Projektergebnissen; durch geduldige Bereitschaft, immer wieder neue kritische Nachfragen aus Teilkonferenzen zu beantworten, die Konzeption entsprechend zu verändern oder zu erweitern, zusätzliche Vorlagen zu Fachinhalten zu erarbeiten und in den Fachkonferenzen zur Diskussion zu stellen; durch vorsichtigen Umgang mit den eigenen Erfolgen beispielsweise bei Besucherinteressen, Nachfragen für Tagungs- oder Publikationsbeiträgen und vor allem bei den vergleichenden Tests; auch durch Langmut im Umgang mit unqualifizierten Aussagen abnehmender Lehrkräfte, die neuen „Sechser" brächten nicht die gewohnten Leistungen. Die Eltern mussten zudem ständig neu überzeugt werden, dass sie mit ihrer Zustimmung, ihr Kind diesem „Experiment" anzuvertrauen, nicht falsch lagen. Förderlich war sicherlich, dass die Projektgruppe argumentativ gut aufgestellt war, sich ständig miteinander und aneinander vergewissern konnte, Enttäuschungen und Rückschläge gemeinsam trug, trotzdem überzeugt blieb, auf dem richtigen Weg zu sein und darin in der Praxis bestätigt wurde. Nicht zuletzt ist es der Projektgruppe gelungen, unterstützende Partner in der Schulleitung zu finden, die das Vorhaben wohlwollend begleiteten, nach außen hin abschirmten oder verteidigten. Von besonderer Wichtigkeit ist sicherlich, die vorhandenen Ängste bei jenen, die gegen Veränderung sind, ernst zu nehmen. Bei Lehrkräften ist das gesicherte Selbst- und Berufsbild durch umfassende Strukturveränderungen massiv gefährdet, zumal dann, wenn sie schon lange in einer bestimmten Art und Weise, in einem festen zeitlichen Arbeitsrhythmus und individueller Arbeitsplatzgestaltung gelehrt haben. Bei den Eltern hat die eigene Schulerfahrung, auch wenn sie als wenig gut erinnert wird, das Bild von Unterricht geprägt, von dem der Abschied schwer fällt, wenn die Sorge um die Zukunft der eigenen Kinder überwiegt.

Hinderliche Faktoren
Hinderlich für notwendige Entwicklung ist unserer Erfahrung nach, wenn die Schule zwar einen Entwicklungsbedarf deutlich erkannt hat und durchaus der Überzeugung ist, daran arbeiten zu müssen, nicht jedoch den zu verändernden Bereich mit Begeisterung zur eigenen Sache machen kann. Erkannt hatte das Kollegium der Laborschule beispielsweise, dass es keine klare Meinung zum Umgang mit den Neuen Medien entwickelt hatte, diese auch in der eigenen Praxis nur marginal eingesetzt wurden, ein Erfahrungs- und Reflexionsprozess fehlte. Der Forschungs- und Entwicklungsplan wies dies nach übereinstimmenden Voten aus Schule, Gemeinsamer Leitung und Wissenschaftlichem Beirat als einen neuen Schwerpunkt aus, die Wissenschaftliche Einrichtung besetzte eine Stelle mit diesem Schwerpunkt, ein Schulentwicklungsprozess nach allen Regeln der Organisationsentwicklungskunst wurde eingeleitet, das Kollegium war willig beteiligt. Dennoch fehlte anders als bei dem vorherigen Beispiel eine mitreißende Projektgruppe, die mit Überzeugungskraft und begeistertem Einsatz ihr Vorhaben vorstellen und möglichen Einwänden argumentativ schlüssig und pädagogisch-praktisch begegnen konnte. Einige Lehrerinnen und Lehrer erprobten dies und das in ihrem Unterricht, ohne dass daraus mehr als ein losgelöstes Vorhaben wurde, das in keine Theorie münden konnte. Die eigenen Entwicklungsvorhaben blieben vorrangig, der Forschungsschwerpunkt löste sich schließlich ohne Widerspruch auf. Beide Beispiele sind uns bewusst bei unseren weiteren Schulentwicklungsvorhaben: wir achten genauer darauf, ob die als „richtig und wichtig" angesehenen Vorhaben auch ausreichend gut gedeckt sind, denn gute Schulentwicklung kann nur mit den Beteiligten gemeinsam gelingen, kann nicht verordnet werden – auch dann nicht, wenn das „Richtige" zwar anerkannt, aber nicht wirklich auch angenommen wird.

Perspektiven der Entwicklung

„Wie kommt Neues in die Schule", so heißt ein Buch zur Schulentwicklung von Christine Biermann (2007). Auch die vielen Entwicklungs- und Forschungsergebnisse der Laborschule müssen wirksam an das Kollegium gebracht werden. Dies geschieht einmal durch die Jahresthemen, auf einer weniger zeitlich ausgedehnten Weise durch Studientage, für die jeweils Teile des Kollegiums freigestellt und von den anderen vertreten werden, durch Kolloquien mit weiteren Experten von außen, durch Präsentationen in unterschiedlichen Teil- und Gesamtkonferenzen sowie im Eltern- und bisweilen auch Schülerrat, durch kurze Artikel und Literaturhinweise zu den eigenen Publikationen in der wöchentlich erscheinenden hauseigenen „Hauspostille", durch protokollierte Rezensionen aller Publikationen aus der Laborschule (etwa 70 in jedem Jahr) in der Gemeinsamen Leitung, durch die jährlichen Vorlagen für den Wissenschaftlichen Beirat und dessen ausführlichen Berichte. Dennoch – das soll nicht verschwiegen werden – leidet die Schule unter einem kaum noch rezipierbaren oder umsetzbaren Überschuss an Forschungs- und Entwicklungsergebnissen. Mindestens so groß ist die Herausforderung, sie für die Entwicklung von Schulen außerhalb nutzbar zu machen. Dies ist der ständig neu herausfordernde Versuchsauftrag der Laborschule, dem sie sich stellen muss. Etwa 2000 Besucherinnen und Besucher, verstärkt aus Österreich, Südtirol und der Schweiz, besuchen die Schule Jahr für Jahr. Über Lehraufträge und Praktikumsbetreuung wird die Praxis der Laborschule in die Lehrerbildung eingebracht. Kollegien fordern Moderatorinnen und Moderatoren aus der Laborschule für schulinterne Fortbildung an. Universitäten, Pädagogische Institute und Fortbildungseinrichtungen, Studienseminare, Lehrergewerkschaften, Bildungsausschüsse von Parteien, Medien, zunehmend Stiftungen und Aktionsbündnisse für eine veränderte Bildung laden zu unterschiedlichen Entwicklungsthemen Referentinnen und Referenten aus der Laborschule ein.

Dies hat sich deutlich in den Jahren nach dem PISA-Schock der Republik verstärkt. Darüber hinaus aber muss die Laborschule sich selbst ständig weiterentwickeln, muss aufgrund ihrer günstigen Bedingungen als Schule und Wissenschaftliche Einrichtung schneller und genauer auf gesellschaftliche Veränderungen und deren Niederschlag in veränderter und zu verändernder Kindheit seismographisch reagieren. Nur dann kann sie bleiben, was Johannes Rau mit Hochachtung von ihr zu ihrem zehnjährigen Bestehen sagte: „Stachel im Fleisch der Reform!".

Literatur
Becker, K./Groeben, A. v. d./Lenzen, K.-D./Winter, F. (Hrsg) (2002): Leistung sehen, fördern, werten. Tagungsdokumentation. Bad Heilbrunn: Klinkhardt. – Biermann, C. (2007): Wie kommt Neues in die Schule? Individuelle und organisationale Bedingungen nachhaltiger Schulentwicklung am Beispiel Geschlecht. Weinheim, München: Juventa. – Demmer-Diekmann, I. (2005): Wie reformiert sich eine Reformschule? Eine Studie zur Schulentwicklung an der Laborschule Bielefeld. Bad Heilbrunn: Klinkhardt. – Döpp, W./Groeben, A. v. d./Thurn, S. (2002): Lernberichte statt Zensuren. Erfahrungen von Schülern, Lehrern und Eltern. Bad Heilbrunn: Klinkhardt. – Hentig, H. v. (1982): Erkennen durch Handeln. Versuche über das Verhältnis von Pädagogik und Erziehungswissenschaft. Stuttgart: Klett. – Hollenbach, N./Tillmann, K.-J. (Hrsg.) (2009): Die Schule forschend verändern. Praxisforschung aus nationaler und internationaler Perspektive. Bad Heilbrunn: Klinkhardt. – Terhart, E./Tillmann, K.-J. (2007): Schulentwicklung und Lehrerforschung. Das Lehrer-Forscher-Modell der Laborschule auf dem Prüfstand. Bad Heilbrunn: Klinkhardt. – Thurn, S./Tillmann, K.-J. (Hrsg.) (2005): Laborschule – Modell für die Schule der Zukunft. Bad Heilbrunn: Klinkhardt. – Thurn, S. (Hrsg.) (2006): Englisch jahrgangsübergreifend unterrichten. Evaluation eines Schulversuchs in den Jahrgängen 3/4/5 der Laborschule Bielefeld. Bielefeld: Impuls, Schriftenreihe der Laborschule, Band 42. – Thurn, S. (2009): „Macht und Geld regiert die Welt – und Männer sind anfällig dafür!" Sechzehnjährige Mädchen und Jungen über Macht und Geschlecht. In: Löw, M. (Hrsg.): Geschlecht und Macht. Analysen zum Spannungsfeld von Arbeit, Bildung und Familie. Wiesbaden: VS Verlag.

86| „Schola est semper reformanda" – Entwicklungsprozesse an der Landesschule Pforta
Bernd Westermeyer

Profil der Landesschule Pforta

Die 1543 gegründete Landesschule Pforta ist ein Internatsgymnasium in Trägerschaft des Landes Sachsen-Anhalt, das die Förderung von maximal 320 besonders begabten und leistungsbereiten Schülerinnen und Schülern aus ganz Deutschland von der 9. Klasse bis zum Abitur in Klasse 12 ermöglicht – je nach Neigung in einem der Schwerpunktzweige Musik, Naturwissenschaften oder Sprachen. Zusätzlich zur regulären Stundentafel, die nicht auf Kosten der Spezialisierung reduziert wird, stehen dabei je nach gewähltem Schwerpunkt zweigspezifische Unterrichtsangebote zur Auswahl. Begabtenförderung wird an der Landesschule Pforta also nicht verstanden als Verengung hin zu einseitigem Spezialistentum, sondern als Vertiefung gymnasialer Bildung auf einem Teilgebiet. Die Auswahl der Schülerinnen und Schüler erfolgt ausschließlich auf Grundlage des Bestehens einer Eignungsprüfung, welche im Unterschied zu gängigen IQ-Testverfahren darauf abzielt, das besondere Talent und Leistungsvermögen sowie die Sozialkompetenz der

Aspirantinnen und Aspiranten zum Zeitpunkt ihrer Bewerbung transparent zu machen.
An der Landesschule Pforta wird der Entwicklung der individuellen Persönlichkeit im Sinne einer ganzheitlichen Bildung ebenso hohe Bedeutung beigemessen wie einer exzellenten gymnasialen Ausbildung. Folgerichtig basiert das pädagogische Konzept der Landesschule auf der Einheit von Unterricht und Erziehung. In der Praxis bedeutet dies, dass alle (!) Schülerinnen und Schüler über sechs Gebäude verteilt im Internat leben. In diesem integralen „Vierten Zweig" übernehmen sie für die Gemeinschaft je nach individueller Eignung Verantwortung und von Jahr zu Jahr komplexere Aufgaben. Auf diese Weise gestalten und prägen die Schülerinnen und Schüler den Lebensraum ihrer „Großfamilie" in unterschiedlichsten Rollen aktiv mit. Beginnend mit dem so genannten *Silentium* (derzeit 16.45-18.15 Uhr) erfahren sie dabei durch ihnen vertraute Lehrerinnen und Lehrer täglich bis 23.00 Uhr behutsame Anleitung und Supervision. Somit ist das Lernen an der Landesschule ein umfassender intensiver Prozess, der weit über den schulischen Unterricht hinausgeht.
Selbstverständlich spielt in einem Internatsgymnasium der Freizeitbereich als Ausgleich zur Kopfarbeit eine nicht zu unterschätzende Rolle. An Sport zu denken, liegt nahe, und tatsächlich fungieren Individual- und Mannschaftssportarten oftmals als Überdruckventil für einen hohen schulischen Anspruch, der von Teilen der Schülerschaft vor allem während der periodisch wiederkehrenden Klausurphasen als überaus anstrengend empfunden wird. Befördert durch die ländliche Abgeschiedenheit der Schule schaffen sich die Schülerinnen und Schüler über sportliche Aktivitäten hinaus eine Vielzahl von Freizeitangeboten, indem sie selbstständig aus der Kreativität der großen Gemeinschaft schöpfen. In diesem Rahmen pflegt die Schülerschaft sehr engagiert nicht allein die vielfältigen musikalischen Traditionen der Schule, sondern bewahrt mit Leidenschaft besonders auch den jahrhundertealten Brauch völlig selbstständig inszenierter aufwändiger Theateraufführungen (vgl. Ortmann & Werfel 2007).
Der Besuch der Landesschule Pforta ist nicht kostenpflichtig, da es sich um ein staatliches Internatsgymnasium handelt. Das Land Sachsen-Anhalt erhebt dankenswerter Weise lediglich ein sehr moderates Internatsgeld. So beträgt der jährliche Eigenanteil der Eltern an den Kosten für Unterkunft und Verpflegung beginnend mit dem Schuljahr 2009/2010 € 2.500,- für Kinder aus Sachsen-Anhalt und € 3.500,- für Nichtlandeskinder. Für den Fall, dass sich Familien dennoch finanziell überfordert fühlen, können auf Antrag individuell bemessene Teilstipendien in Anspruch genommen werden.
Eine auffällig hohe Zahl von Schülerinnen und Schülern entscheidet sich nach eigenem Bekunden bewusst für eine Bewerbung an der Landesschule Pforta, um nicht länger von Mitschülern für ihre Freude am Lernen unter Druck gesetzt zu werden. Sie möchten an einem Ort leben und lernen, der akademische und Charakterbildung gleichermaßen zulässt, an einem Ort, wo Leistung, persönliche Exzellenz und innovatives Querdenken geschätzt und von allen anerkannt werden. Vor diesem Hintergrund sind Anstrengungs- und Leistungsbereitschaft der Pfortenser Schülerschaft nicht nur im regulären Unterricht selbstverständlich: Besonders leistungsstarke Schülerinnen und Schüler müssen z.B. nicht durchgängig am Unterricht ausgewählter Fächer teilnehmen. Sie können ihre Eigenverantwortung und Selbständigkeit nach Abschluss einer Lernvereinbarung statt dessen in Phasen ergebnisorientierten Selbststudiums unter Beweis stellen. Andere übernehmen als Tutorinnen und Tutoren Verantwortung für jüngere Mitschülerinnen und Mitschüler, die in Schule oder Internat an ihre Grenzen stoßen. Die an der Landesschule erworbene Bildung sprengt durch Individualisierung und aktive Beteiligung von Schülern am Lern- und Lehrprozess somit den Rahmen gängiger Organisationsformen von Unterricht und qualifiziert über das Abitur hinaus in besonderer Weise für die Arbeit mit anderen Menschen in verantwortlicher Position.

An dieser Stelle sei ausdrücklich betont, dass sich die Landesschule Pforta in Bezug auf ihre Schülerschaft nicht als eine Elite-Schule versteht. Ob die in der Tat sehr leistungsstarken und leistungswilligen Schülerinnen und Schüler der Schule eines Tages einer der vielfältigen Verantwortungseliten angehören werden, welche unsere Gesellschaft dringender denn je benötigt, wird in jedem Einzelfall erst die Zukunft zeigen. Aber wo neben der Ausbildung der individuellen Persönlichkeit aus Neugierde Interesse, aus Interesse Wissen, aus Wissen Können und aus Können soziale Verantwortung erwächst, dort kommt man dem hohen Anspruch, Menschen für besondere Aufgaben zu qualifizieren, ein Stück näher.

Geschichte der Landesschule Pforta

Im Jahr 1137 ließen sich Zisterziensermönche (unweit Naumburgs) an der Nordseite der Saalehänge, nieder und gründeten das Kloster „Sanctae Mariae ad Portam", das bald zu einem der reichsten Klöster im mitteldeutschen Raum aufstieg. 1543 wurde aus dem Kloster Pforte die Landesschule Pforte, denn der Herzog und spätere Kurfürst Moritz von Sachsen richtete in den ehemaligen Klostergebäuden eine von drei besonderen staatlichen Lehranstalten – Landesschulen – ein. Hundert begabte Knaben sollten hier eine hervorragende Ausbildung erhalten, um dem Land im Anschluss als Lehrer, Wissenschaftler, Beamte oder protestantische Geistliche zu dienen. Bis 1815 war die Schule sächsisch, dann kam sie als Folge der Beschlüsse des Wiener Kongresses unter preußische Herrschaft und erlebte im 19. Jahrhundert eine besondere Blütezeit, die sie zu einem Mythos werden ließ.

Von 1935 bis 1945 war Schulpforte als Nationalpolitische Erziehungsanstalt (NPEA/Napola) nicht nur gleichgeschaltet, sondern konzeptionell vor allem darauf angelegt, nationalsozialistischen Führungsnachwuchs zu erziehen und auszubilden.

Während die für die Bewirtschaftung der Schule verantwortliche Stiftung Schulpforte bis 1946 durch Enteignung ihren gesamten Grundbesitz verlor, erfolgte schrittweise die Eingliederung der Schule in das sozialistische Schulsystem. Die Entnazifizierung des Lehrerkollegiums bot dabei zunächst Gelegenheit, personelle Weichenstellungen vorzunehmen. Nach Gründung der DDR wurde die Schule im Zuge der Trennung von Staat und Kirche, der Neufassung der überkommenen humanistischen Lehrpläne und der Aufnahme von Mädchen zur Erweiterten (Heim-) Oberschule für die Jahrgangsstufen 9 bis 12 umgebaut. In diesen Jahren gingen die Resttraditionen aus der großen Zeit des 19. Jahrhunderts nahezu vollständig verloren.

Anfang der 1980er Jahre baute die Schule einen neusprachlichen Spezialzweig (Russisch, Englisch, Französisch) sowie einen Spezialzweig Musik auf. Auf diese Weise schlug die Erweiterte Oberschule (EOS) Pforte einen eigenen Weg ein und knüpfte an die Traditionen der Begabtenförderung an. Entsprechend wurden für die Spezialklassen auch die Anfang der 1950er Jahre abgeschafften Aufnahmeprüfungen wieder eingeführt. Da sich diese Konzeption grundsätzlich bewährte, wurde sie über den Fall der Mauer hinaus in veränderter Form beibehalten.

Nach der glücklichen Vereinigung der beiden deutschen Staaten wurde aus der EOS Pforte 1990 wieder die Landesschule Pforta, nunmehr in Trägerschaft des Landes Sachsen-Anhalt. Der erste Rektor war nicht gewillt, mit der Mehrzahl des alten Kollegiums zusammenzuarbeiten. So wurden die meisten Lehrerinnen und Lehrer versetzt oder entlassen, junge Kolleginnen und Kollegen aus Ost- und Westdeutschland neu angestellt. Heute umfasst das Kollegium ohne Instrumentallehrkräfte 52 Personen, während rund 300 Schülerinnen und Schüler aus ganz Deutschland – davon zwei Drittel Mädchen – in der Landesschule Pforta leben und lernen.

Generationen von Schülern, darunter weit über 200 in der *Allgemeinen Deutschen Bibliographie* zu findende namhafte Absolventen, wie zum Beispiel der Philosoph und Erzieher Johann

Gottlieb Fichte, der Dichter Friedrich Gottlieb Klopstock, der Ägyptologe und Sprachforscher Karl Richard Lepsius, der Maler Ernst Wilhelm Nay, der Philosoph Friedrich Nietzsche, der Historiker Leopold v. Ranke, der ehemalige Ministerpräsident von Mecklenburg-Vorpommern Dr. Bernd Seite oder auch der Altphilologe Ulrich v. Wilamowitz-Moellendorff zeugen bis in die Gegenwart nicht nur vom Erfolg dieses Projektes, sondern auch von der Weitsicht des Landesherrn, in die Ausbildung der Jugend zu investieren. Die Fortschreibung der fast 500-jährigen Erfolgsgeschichte der Landesschule Pforta wird in erster Linie davon abhängen, ob es gelingt, die pädagogische und strukturelle Balance zwischen wertvoller Tradition einerseits und wegweisender Innovation andererseits immer wieder neu herzustellen und überzeugend zu kommunizieren.

Förderliche und hinderliche Prozessfaktoren

Eine renommierte Bildungseinrichtung wie die Landesschule Pforta ist in besonderer Weise der Gefahr ausgesetzt, bewährte Strukturen für die Zukunft zu tradieren und sich museal erstarrend von einer Denk- in eine Gedenkstätte zu verwandeln (vgl. Flöter & Pesenecker 2003). Das nach der Wiedervereinigung vom Land Sachsen-Anhalt ermöglichte und von einem mehrheitlich neuen Kollegium in ein reales Profil, das heißt in reale Strukturen übersetzte humanistische Konzept der Landesschule Pforta mit Begabtenförderung in drei Schwerpunktzweigen, Internatspflicht für alle Schülerinnen und Schüler sowie der Internatsbetreuung durch Lehrerinnen und Lehrer hat sich im Kern ohne Zweifel bewährt. Vor dem Hintergrund sich verändernder Rahmenbedingungen – man denke nur an den demographischen Wandel, der sich bedingt durch die Abwanderung junger Familien in Mitteldeutschland besonders gravierend bemerkbar macht –, aber auch durch eine veränderte Anspruchshaltung unter Schülern und Eltern stellen sich im Detail allerdings beständig neue Fragen, die es kreativ zu beantworten gilt, um als Schule mit bundesweitem Einzugsgebiet auch in Zukunft gut aufgestellt zu sein. Mit Blick auf die allgemeine Unterrichtsorganisation stellt sich etwa zunehmend drängender die Frage, wie man lange Schultage (07.30-18.15 Uhr) so umorganisiert, dass Schülerinnen und Schüler (neu) Gelerntes reflektieren, vertiefen und selbstständig weiterdenken können und wie zur Entspannung Phasen der aktiven Muße (Lektüre, Sport etc.) integriert werden können. Die alte Mahnung aus der *Didactica Magna* des Comenius, Schule sei fortlaufend zu reformieren, deckt sich in diesem Zusammenhang mit einem Erlass des sachsen-anhaltinischen Kultusministeriums, der 2003 festschrieb, dass sich jede Schule des Landes im Rahmen kontinuierlicher Schulprogrammarbeit um qualitative Verbesserungen, insbesondere im Hinblick auf den Unterricht, zu bemühen habe (vgl. Schulverwaltungsblatt. LSA 8/2003). Diese Arbeit wurde an der Landesschule Pforta im Herbst 2007 begonnen und wird systemisch bedingt stets nur in Etappen, niemals aber abschließend bewertet werden können. Entsprechend soll im Rahmen der folgenden chronologischen Darstellung der ersten zwölf Monate der Schulprogrammarbeit an der Landesschule Pforta auf Prozessfaktoren aufmerksam gemacht werden, die sich als förderlich oder auch hinderlich erwiesen haben und über den Kontext der Landesschule Pforta hinaus von allgemeinem Interesse sein könnten:
Schlagworte wie „Schulkonzept", „Schulprofil", „Schulstruktur" oder „Schulprogramm", die in der einschlägigen Fachliteratur ohnehin oft uneinheitlich Verwendung finden, werden von Behörden, Eltern, Schülern und besonders auch innerhalb von Lehrerkollegien gleichermaßen unterschiedlich verstanden. So galt es in Vorbereitung der Schulprogrammarbeit zunächst, diese und andere zentrale Begriffe eindeutig zu definieren.

Entsprechend erarbeitete der Rektor in Auseinandersetzung mit bereits existierenden Dokumenten zu den Organisationsstrukturen der Schule aus den 1990er Jahren sowie unterschiedlichsten Anregungen aus der gesamten Schulgemeinde über einen längeren Zeitraum ein Grundsatzpapier, in dem erstmals ein historisch orientiertes Leitbild (vgl. Website der Landesschule Pforta), die pädagogischen Grundlagen eines Bildungskonzepts der Zukunft und das existierende strukturelle Profil der Landesschule Pforta prägnant umrissen wurden. Das verschriftlichte Ergebnis, das im Hinblick auf das reale Schulprofil wünschenswerte Veränderungen und mögliche Maßnahmen bereits mit thematisierte, stieß bei Schülern, Eltern und Kollegium auf positive Resonanz und sollte später zum Ausgangspunkt der Arbeit in Arbeitskreisen werden.

Parallel zu dieser Vorarbeit band die Schulleitung zur Gewährleistung größtmöglicher Legitimität von Anfang an das Kollegium, die Schüler- und die Elternschaft in die Schulprogrammarbeit ein und initiierte eine paritätisch aus Freiwilligen besetzte Steuergruppe. Grob orientiert am so genannten *Index for Inclusion* (vgl. Vaughan 2002; Boban & Hinz 2003), der zu eben diesem Zweck entwickelt wurde und seitdem weltweit u. a. von der UNESCO genutzt wird, evaluierten Schüler, Eltern und Lehrer sodann zunächst individuell ihre Schule, wobei zur positiven Selbstvergewisserung zunächst Stärken, dann ausgehend von Defiziten aber auch möglichst konkrete Veränderungswünsche zu benennen waren. Unmittelbar vor dieser im wahrsten Sinne des Wortes grundlegenden ersten Arbeitsphase galt es allerdings, unter allen potentiell zu Beteiligenden für ein aktives Mittun zu werben und auf die präzedenzlose Chance hinzuweisen, die Zukunft der Landesschule nach fast 500 Jahren mit eigenen Ideen aktiv mitzugestalten. Innerhalb des ohnehin seit längerem diverse Veränderungen anmahnenden Kollegiums bedurfte es keines besonderen Anstoßes, die Schulprogrammarbeit ernst zu nehmen. Eine zentrale Rolle bei der Motivation aller anderen Beteiligten spielten aus Sicht der Schulleitung die Schülerschaft im Allgemeinen und die Schülervertretung (SV) im Besonderen: so informierte die SV in enger Abstimmung mit dem Rektor zunächst die Schülerschaft und warb um aktive Beteiligung, die Schüler wiederum machten im Anschluss ihren Eltern am oftmals weit entfernten Heimatort die Wichtigkeit der Schulevaluation deutlich und sorgten für eine erfreulich gute Beteiligung.

Die schriftlich vorliegenden und mittlerweile archivierten Ergebnisse wurden von intern ausgewählten Vertretern aller Gruppen zunächst im kleinen Kreis ausgewertet und anschließend gemeinsam in der Steuergruppe gesichtet. Die Ergebnisse überraschten niemanden, beruhten aber erstmals nicht auf subjektiven Einschätzungen, sondern auf einer gewissenhaft durchgeführten Evaluation der gesamten Schulgemeinde. Es wurde deutlich, dass sich zunächst in drei großen Bereichen besondere Herausforderungen stellten, für die beginnend mit dem Schuljahr 2008/2009 in gemischten Arbeitskreisen Lösungsvorschläge für die Gesamtkonferenz erarbeitet wurden:

1. Allgemeine Unterrichtsorganisation sowie Unterrichtspraxis und Bewertung
2. Internat und Freizeitgestaltung
3. Öffentlichkeitsarbeit (Nachwuchswerbung, Ehemaligenarbeit, *fund-raising* etc.)

Selbstverständlich wird es in den Arbeitskreisen fortgesetzt darum gehen, Prioritäten zu formulieren und zwischen kurz-, mittel- und langfristig umzusetzenden Veränderungen zu unterscheiden. Dass man dabei nicht allen Erwartungshaltungen wird gerecht werden können, steht außer Frage. Eine Kernaufgabe aller an der Schulprogrammarbeit Beteiligten wird jedoch darin bestehen, der Schulöffentlichkeit Entscheidungen und Zwischenergebnisse prägnant transparent zu machen. Nur auf diese Weise wird sich einerseits der Eindruck vermeiden lassen, einige wenige bestimmten hinter verschlossenen Türen den Kurs der Schule, und lassen sich andererseits die

Weichen dafür stellen, dass Diskussionen auch über die drei aus Freiwilligen bestehenden, sich in der Regel einmal monatlich treffenden Arbeitskreise hinaus geführt werden können. Abhilfe wird geschaffen, indem die *Ziele* der Arbeitskreise, ihre jeweiligen *konzeptionellen Überlegungen* sowie die erwogenen *Maßnahmen* zur Umsetzung in der Schule ausgehängt und parallel in der Langform als Protokolle einsehbar gesammelt werden, während die Eltern über ihre Vertreterinnen und Vertreter in der jeweiligen Klassenelternschaft auf dem Laufenden gehalten werden.

Um zu gewährleisten, dass unnötige Reibungsverluste vermieden werden und die Arbeit am Schulprogramm effizient erfolgt, hat sich die Landesschule im Übrigen der ehrenamtlichen Unterstützung eines so genannten „Kritischen Freundes" versichert. Er ist der Landesschule Pforta ohne jegliche professionelle Bindung sehr gewogen und begleitet den Prozess als Experte mit jahrzehntelanger schulischer Erfahrung als hessischer Gymnasialschulleiter und Schulinspektor durch beratende Gespräche denkbar konstruktiv und anregend.

Perspektiven der Entwicklung

Für jede Art von Konzeption und Planung ist der Umgang mit unbekannten Variablen problematisch: Im Falle der Landesschule Pforta herrscht beispielsweise eine gewisse Planungsunsicherheit bezüglich der zukünftigen Personalpolitik des Landes Sachsen-Anhalt nach Ablauf des derzeit gültigen Lehrer-Tarifvertrages, bezüglich der zukünftigen Finanzierung notwendig erscheinender baulicher Maßnahmen oder auch bezüglich der weiteren Entwicklung des Eigenanteils der Eltern an den Unkosten für Unterkunft und Verpflegung bei prognostisch stark steigenden Betriebskosten.

Der mittel- und langfristige Erfolg der Schulprogrammarbeit an der Landesschule Pforta wird in diesem Zusammenhang daran gemessen werden können, ob das Schulprofil, welches auf einem dauerhaft fixierten Leitbild basiert, schlüssig und an den sich stetig verändernden Realitäten orientiert weiterentwickelt wird. Die fortgesetzte Optimierung der Qualität des Unterrichts, des Internatslebens und der Freizeitmöglichkeiten wird dabei dauerhaft wohl ebenso wichtig sein wie die Vermittlung der sehr guten Arbeit der Schule innerhalb einer zunehmend unübersichtlicher werdenden Bildungslandschaft oder auch gezieltes *fund-raising*.

Der derzeit laufende, von der Schulleitung nach Kräften begleitete Prozess der Erarbeitung belastbarer Optimierungsvorschläge durch die drei eingerichteten Arbeitskreise wird zweifellos etwa sechs Monate in Anspruch nehmen. Danach muss durch die Steuergruppe unter Leitung des Rektors sichergestellt werden, dass die ersten Ergebnisse der gesamten Schulgemeinde zugänglich gemacht, zeitnah „in der Fläche" diskutiert und – soweit erkennbar konsensfähig – im Rahmen einer Gesamtkonferenz zur Abstimmung gebracht werden.

Im Falle der Landesschule Pforta ist die Beteiligung des Landes als Schulträger am oben skizzierten, hochkomplexen Entscheidungsfindungsprozess einerseits zentral, andererseits kaum zu organisieren. So ist es Vertreterinnen und Vertretern der Kultusministeriums entfernungs- und zeitlich bedingt nicht möglich, an den monatlichen Sonntagssitzungen der diversen Arbeitskreise teilzunehmen, um die laufenden Diskussionen zur Schulprogrammarbeit vor Ort konstruktiv zu begleiten. Die Arbeitskreise und die Schulleitung wiederum verfügen im laufenden Tagesgeschäft, abgesehen von knappen Ergebnisprotokollen, nicht über die zeitlichen Ressourcen, dem Ministerium regelmäßig ausführliche schriftliche Rückmeldungen über den Stand der Diskussion zu unterschiedlichsten Problemfeldern zu geben. Damit droht die Gefahr, dass mühsam erarbeitete Vorschläge, die von Schülern, Eltern und Lehrern mit einer hohen Erwartungshaltung in die Gesamtkonferenz eingebracht werden, letztlich möglicherweise nicht das Plazet des Schulträgers finden.

Offene Fragen und Herausforderungen

Schulprogrammarbeit ist gewolltermaßen und notwendigerweise ein nicht enden wollender Prozess, ein Prozess ohne Pause und finales Ziel. Zudem ergibt sich die notwendige Kohärenz erst schrittweise. Somit stellt Schulprogrammarbeit gerade für das Kollegium einer jeden Schule längerfristig eine besondere Herausforderung dar. Der Schulleitung kommt in diesem Zusammenhang immer wieder neu die Aufgabe zu, intrinsisch motiviertes Engagement zu ermöglichen. Es geht zum einen um die Einbindung alt gedienter Lehrerinnen und Lehrer, die einen sehr fordernden Beruf ausüben, hoffentlich aber absehen, dass sie von den Ergebnissen der aufwändigen Schulprogramm-Zusatzarbeit im Alltag profitieren werden. Es geht zum anderen um die Einbindung neuer, noch unerfahrener Lehrerinnen und Lehrer, die in der Regel zwar offen für Neues, gleichzeitig aber sehr damit beschäftigt sind, ihr Berufs- und Privatleben verträglich zu organisieren. Es geht darüber hinaus um die Einbindung der Schüler- und Elternschaft, die sich einer Internatsschule mit zunehmend höheren Erwartungen nähern, ein überschaubares Verständnis für Mängel und mitunter wenig Geduld für die oft zeitraubenden Suche nach guten Lösungen mitbringen.

Weitergehend könnte man formulieren, dass Schulprogrammarbeit abstrakt zumeist zwar als notwendige Selbstverständlichkeit anerkannt wird, die zeitintensive Umsetzung der Arbeit im Schulalltag aber stets das Risiko birgt, die beteiligten Gruppen derart zu belasten und / oder im Ergebnis zu enttäuschen, dass sie sich der notwendigen Mitarbeit mittel- und langfristig verweigern. Vor diesem Hintergrund kommt im Falle der Landesschule Pforta dem Verhalten des Schulträgers eine zentrale Bedeutung zu. Niemand wird ernsthaft erwarten, dass alle Vorschläge der Schulprogrammarbeitskreise die Zustimmung des Landes finden. Für das Kultusministerium wird es jedoch weiterhin von größter Bedeutung sein, allen Beteiligten dauerhaft die Gewissheit zu vermitteln, dass man ihr Engagement wertschätzt, mit Vorschlägen respektvoll umgeht und mögliche Ablehnungen nachvollziehbar begründet. Gleichzeitig kommt dem Rektor als kommunikativer Gelenkstelle zwischen Ministerium und Schule eine schwierige Rolle zu. Er muss sich selbst und andere zeitnah über den aktuellen Stand der Diskussion informieren, allen Beteiligten zum Teil sehr spezifische Sachverhalte erläutern, um Verständnis für Vorschläge und Entscheidungen werben und darf bei alledem nicht außer Acht lassen, dass Entscheidungsfindungsprozessen auf allen Seiten mitunter vertrauliche Informationen zugrunde liegen.

Abschließend stellt sich die grundsätzliche Frage, inwieweit ein Schulleiter parallel zur zeitintensiven regulären Schulprogrammarbeit eigene Ideen und Initiativen vorantreiben darf und sollte. Auf der einen Seite könnte ein solches Engagement von Schülern, Eltern und Kollegium als Missachtung ihrer gemeinsamen Schulprogrammarbeit verstanden werden. Auf der anderen Seite steht außer Frage, dass ein Schulleiter permanent gehalten ist, die ihm anvertraute Schule durchaus visionär weiterzuentwickeln und auf dem Weg erkannten Defiziten im Großen wie im Kleinen umgehend abzuhelfen.

Fazit: Für die Leitung einer Schule stellt Schulprogrammarbeit einen Spagat dar zwischen der sensiblen Begleitung prozesshaft organisierter ergebnisoffener Gruppen-Arbeit und der eigenverantwortlichen Kursbestimmung im Alltag, die sich sinnfällig im nach wie vor gebräuchlichen Terminus „Direktor/-in" widerspiegelt.

Literatur

Dorfmüller, P./Kissling, E. (Hrsg.) (2004): Schulpforte. Zisterzienserabtei Sankt Marien zur Pforte. Landesschule Pforta. München, Berlin: Deutscher Kunstverlag. – „Entwicklung von Schulprogrammen an allgemein bildenden Schulen des Landes Sachsen-Anhalt" (RdErl. des MK vom 14.05.2003) In: Schulverwaltungsblatt. LSA 8/2003, S. 135. – Flöter, J./Pesenecker, M. (Hrsg.) (2003): Erziehung zur Elite. Die Fürsten- und Landesschulen zu Grimma, Meißen und Schulpforte um 1900. Leipzig: Leipziger Universitätsverlag. – Ortmann, D./Werfel, F. (Hrsg.) (2007): Theatrum ante portas. Die Jahre 2002-2007. Warendorf: Fahlbusch. – Vaughan, M. (Eds.) (2002): Index for Inclusion. Übersetzt, für deutschsprachige Verhältnisse bearbeitet, und herausgegeben von Boban, I./Hinz, A. (2003): Index für Inklusion. Lernen und Teilhabe in der Schule der Vielfalt entwickeln. Halle: Martin-Luther-Universität. – www.landesschule-pforta.de

87| Entwicklungsprozesse am Ricarda-Huch-Gymnasium Gelsenkirchen
Rita Zimmermann-Sutcliffe

Profil der Schule

Das Ricarda-Huch-Gymnasium Gelsenkirchen ist eine Schule, die sich aus eigenem Antrieb in der Erprobung zum Ganztagsbetrieb befindet und in der jetzigen 7. Jahrgangsstufe ohne die personelle und finanzielle Unterstützung durch das MSW aus eigenen Ressourcen gebundene Ganztagsangebote macht. Für das Schuljahr 2009/2010 ist die Schule von der Stadt Gelsenkirchen ausgewählt, in das Landesprogramm zum Ausbau von Gebundenen Ganztagsschulen aufgenommen zu werden.

Das Ricarda-Huch-Gymnasium liegt am Rande der Gelsenkirchener Altstadt und gehört auf Grund des Wohnumfeldes und der Bevölkerung zu den 139 Gymnasien in NRW, die dem Standorttyp I zuzuordnen sind (Ministerium für Schule und Weiterbildung des Landes NRW 2007, S. 17), der wiefolgt definiert ist:

- Über 15 % der Schülerinnen und Schüler haben – unabhängig von ihrer Staatsangehörigkeit – einen Migrationshintergrund.
- Über 5 % der Schülerinnen und Schüler kommen aus Familien, die den gesetzlich geregelten Eigenanteil im Rahmen der Lernmittelfreiheit nicht aufbringen können und auf Hilfe des Sozialamtes angewiesen sind.
- Unter 40 % der Schülerinnen und Schüler kommen aus Akademikerfamilien.
- Für die Mehrzahl der Schülerinnen und Schüler der Schule gilt, dass die elterliche Wohnung in einem großstädtischen Wohngebiet liegt (Ballungsraum), d. h. in einem Gebiet mit dichter, zum Teil auch hoher Bebauung und einem hohen Anteil von Blockbebauung, wobei zu den Häusern keine Gärten oder Vorgärten gehören und Höfe bzw. Hinterhöfe der Häuser in der Regel zweckbestimmt, oftmals wirtschaftlich genutzt werden (z.B. von Geschäften oder Kleinbetrieben; insgesamt ein relativ hoher Anteil wirtschaftlich genutzter Fläche).
- Für die Mehrzahl der Schülerinnen und Schüler der Schule gilt, dass sie aus einem Wohnumfeld mit einem eher geringen Wohnwert stammt.

Es ist ein typisches Ruhrgebietsgymnasium, das in seiner Geschichte die vielen Wandlungen der Region widerspiegelt. In einer bewussten Reaktion auf diese z. T. als beängstigend erlebten Veränderungen in der Region hat die Schulgemeinde seit Jahren Spielräume zur Gestaltung aktiv wahrgenommen, ist auf die Bedürfnisse des Umfeldes durch die Besonderheit der pädagogischen Arbeit eingegangen und hat damit Prozesse initiiert, in denen sich diese Schule als

entwicklungsoffener und vielfältiger Lebensraum versteht. Das „Besondere" des Ricarda-Huch-Gymnasiums ist die Vielfalt der Menschen, die dort gemeinsam lernen und lehren. Deshalb ist das Ricarda-Huch-Gymnasium eine UNESCO- wie auch „agenda21"-Schule
Durch seine Lage hat das Ricarda-Huch-Gymnasium eine Schülerschaft, die aus eher bildungsfernen Bevölkerungsschichten kommt. Zwangsläufig also fördert die Schule seit fast 30 Jahren besonders die Bildungsbeteiligung von Kindern mit türkischem Zuwanderungshintergrund, die im Einzugsgebiet der Altstadt Gelsenkirchens zurzeit ca. ein Viertel der Schülerinnen und Schüler ausmachen und im Laufe des nächsten Jahrzehnts dann den Großteil der Schulkinder in Gelsenkirchen stellen werden.

Differenzierung und Profilklassen
Um den unterschiedlichen Begabungen Rechnung zu tragen, bietet die Schule den neuaufgenommenen Kindern nach ausführlicher Beratung in der Erprobungsstufe seit fünf Jahren einen bilingual-englischen (BiLi-Klasse) und seit vier Jahren einen naturwissenschaftlichen Zweig (NW-Klasse) sowie seit inzwischen neun Jahren die Teilnahme an einer Instrumentalgruppe (I-Klasse für Blasinstrumente) an. Die Schülerinnen und Schüler können sogar, wenn sie und ihre Eltern es wünschen, zwei dieser Profile miteinander kombinieren sowie darüber hinaus noch Ganztagsangebote wie Arbeitsstunden wahrnehmen, da die Unterrichtsorganisation (klassenübergreifender Musikunterricht im Vormittags- und im Nachmittagsbereich) dies möglich macht.
Das Angebot „Türkisch als Zweitsprache" richtet sich explizit an Kinder mit türkischer Zuwanderungsgeschichte, die so die Möglichkeit haben, ihre Familiensprache als Zweitsprache wählen und sogar bis ins Abitur weiterführen zu können.

Beratung und Betreuung
Für jeweils eine Doppeljahrgangsstufe 5/6, 7/8 und 9/10 in der Sekundarstufe I übernimmt ein Beratungsteam aus jeweils zwei Lehrkräfte, die individuell beraten, die Verantwortung für die Schülerinnen und Schüler und organisiert den Schulalltag der jeweiligen Jahrgangsstufe. In der gymnasialen Oberstufe gibt es für jede Jahrgangsstufe ebenfalls ein Beratungsteam aus zwei Lehrkräfte. Vor allem in der Erprobungsstufe gilt die Regel, dass möglichst wenige Lehrerinnen und Lehrer mit möglichst vielen Fachstunden eingesetzt sind, um den Kindern durch die Begrenzung der Bezugspersonen den Übergang in das Gymnasium zu erleichtern. Die Mittagspause sowie von den Fachlehrerinnen und Fachlehrern betreute Nachmittagsangebote verstärken persönliche Beziehungen und Verantwortlichkeit auf Lehrer- und Schülerseite.
Seit zwei Jahren befindet sich ein Schüler-Paten-Projekt in der Erprobung, das auch durch die SV initiiert worden und von ihr mitorganisiert ist. Eine 9er Klasse, die sich dafür bewirbt, übernimmt in Gruppen von jeweils fünf bis sechs Personen die Patenschaft für eine 5er-Klasse und begleitet diese sozial und unterstützend sowie als Ansprechpartner auch für die Klassenleitungen. Ebenfalls mit Hilfe der Schülerschaft hat eine Arbeitsgruppe aus dem Kollegium, die an der Umwandlung der Schule in ein Ganztagsgymnasium organisatorisch-praktisch arbeitet, ein Betreuungssystem für die Arbeitsstunden der Lernenden im offenen Ganztagsbereich eingerichtet. Die beteiligten Oberstufen-Schüler erhalten in einem Workshop eine Ausbildung als Betreuer und werden durch Lehrer sowohl in der Aufsicht als auch durch Beratung bei Schwierigkeiten unterstützt.
Eine Evaluation dieser Art von Schülerbeteiligung steht noch aus, doch ist bereits festzustellen, dass das Beziehungsgeflecht innerhalb der Schülerschaft enger und verantwortlicher geworden ist. Das „Schüler helfen Schülern"– Projekt der Schule ist in seiner Organisationsform bereits anderen Schulen im Rahmen der Arbeit der Kompetenzteams (dezentrale Lehrerfortbildung, NRW) präsentiert worden.

Selbstständiges Lernen und Neue Medien

Zum pädagogischen Konzept des Ricarda-Huch-Gymnasiums gehört, dass nachdrücklich „andere Formen des Lernens" praktiziert werden. Die Selbstständigkeit der Schüler wird von Anfang an gefördert und unterstützt, obwohl und gerade weil die Umstellung auf das G8 die Schule mit allen Beteiligten vor große Herausforderungen stellt. Alle Lehrerinnen und Lehrer der fünften und sechsten Jahrgangsstufe haben sich verpflichtet, als Bestandteil des Schulprogramms in diesen Klassen neue Formen des Lehrens und Lernens, insbesondere selbstständige Arbeitsformen, einzusetzen und diese in den folgenden Jahrgangsstufen weiter zu führen. Hier steht vor allem der Ausbau einer verantwortlichen Medienkompetenz durch die selbstständige Nutzung Neuer Medien im Mittelpunkt des Lernens (Computer- und Technikräume, ein Selbstlernzentrum und ein Sprach-/Medienraum sind eingerichtet, Neue Medien in Naturwissenschaften, Kunst und Musik sind in zweijährigen Wahlpflichtkursen auch inhaltlich und praktisch im Angebot).

Umgang mit Vielfalt – Offenheit und Öffnung

Mehrsprachigkeit und kulturelle Vielfalt sind nicht nur alltägliche Erfahrung an unserer Schule, weil mindestens ca. 30% der insgesamt 925 Schülerinnen und Schüler aus einer Familie mit Zuwanderungserfahrung und Zuwanderungsgeschichte stamme. Auch eine zentrale, die Schullaufbahn begleitende Perspektive im Fachunterricht (grenzüberschreitendes interkulturelles Lernen) ist Teil des Schulalltags. Umgehen mit Fremdheiten und die kategoriale Analyse von Kulturen in der Auseinandersetzung mit individueller und kollektiver Geschichte prägen das Bewusstsein, dass es keine vorgestanzten Individualitäten und Biografien gibt, sondern vielfältige und selbst entworfene Lebensläufe.

In diesem Sinne versteht sich diese Schule als (Ver-)Mittlerin zwischen Kulturen: So ist der interreligiöse Dialog in vielen gemeinsamen Unterrichtsvorhaben erprobt und Partnerschaften mit Schulen im Ausland, die regelmäßige Beteiligung an UNESCO-Projekttagen, die Zusammenarbeit mit der RAA und der Stiftung MERCATOR sowie die Weitergabe von Lehr-Erfahrungen in der Lehrer-Fortbildung und bei der Entwicklung von Unterrichtsmaterial und Lehrplänen zeugen von diesem Selbstverständnis.

Darüber hinaus ist die im Schulprogramm verankerte Einbeziehung außerschulischer Lernorte (z.B. Berufs-Praktikum, Austauschprogramm, Recherche-Tagen, regelmäßige Teilnahme an zentralen Veranstaltungen in NRW, z.B. „Girls' Day" oder „Tage der Offenen Tür" an den umliegenden Universitäten und Fachhochschulen, Besuch des Bibelmuseums im Rahmen des interreligiösen Dialogs) auch in den ganz „normalen" Fachunterricht integriert. Ein den dringenden Bedürfnissen der Kinder immer wieder angepasstes Konzept für Klassen-, Kurs- und Austauschfahrten ist darüber hinaus ein nach außen gerichtetes Zeichen für die Offenheit und Öffnung der Schulgemeinde gegenüber der realen Lebens- und zukünftigen Berufswelt der Schülerinnen und Schüler. Verpflichtend sind in diesem Kontext fächerübergreifende Projekte in jedem Schuljahr und in jeder Lerngruppe, die nach Interesse der Beteiligten immer wieder in interdisziplinären Teams neu verhandelt werden.

Geschichte der Schule

Die Geschichte des Ricarda-Huch-Gymnasiums Gelsenkirchen spiegelt einerseits die Entwicklung der Region wider, andererseits auch die Versuche einer engagierten Schulgemeinde, den Anforderungen der unterschiedlichsten Epochen im Rahmen eines recht starren Schulsystems so gerecht zu werden, dass von dieser Schule in den letzten Jahren immer wieder Impulse für die Adaption von Forderungen nach Integration von Zuwanderern und nach einer verstärkten Bildungsbeteiligung von sogenannten „bildungsfernen" Schichten ausgehen konnten.

1906-1945
Gegründet 1906 als Städtisches höheres Mädchengymnasium in der seit 1903 als Großstadt geltenden preußischen Gemeinde Gelsenkirchen, die sich durch die Industrialisierung des Ruhrgebiets rasant innerhalb von hundert Jahren aus einem kleinen Dorf entwickelt hatte, machte das Gymnasium in den Jahren bis 1945 eine wechselhafte Geschichte durch: Nach mehrmaligen Gebäude- und Namenswechseln wurde die Schule erst 1930 im Auftrag eines Nonnenordens als Aloisianium an der heutigen Stelle durch den Architekten Josef Franke im damals modernen Stil des Backsteinexpressionismus (Denkmalschutz) erbaut. Von den Nazis übernommen und in Kirdorf-Oberschule umbenannt, hatte die Schule bis 1945 eine schwierige Zeit zu überstehen, wozu auch die großflächige Zerstörung durch Bombenangriffe 1944 gehörte. Dennoch wurde der Schulbetrieb auch in Luftschutzbunkern weitergeführt.

1945-heute
Nach dem Krieg wurde die Schule in Ricarda-Huch-Gymnasium umbenannt. Der Unterricht fand ab 1946 in provisorischen Gebäuden statt, bis 1955 mit Einweihung der neuen Aula wieder ein ordentlicher Schulbetrieb für Mädchen aufgenommen werden konnte. Seitdem ist das Schulgebäude immer wieder den aktuellen Erfordernissen angepasst und umgebaut worden: 1977-1980 gab es umfangreiche Renovierungen, 1995-1997 folgte der Anbau eines naturwissenschaftlichen Flügels und 2001-2001 wurde der Südflügel (ehemalige Nonnenunterkünfte) für multifunktionale Nutzung (Musikräume, Beratungsräume etc.) umgestaltet. Weitere massive Umbauten stehen an, da die Schule als erstes Gymnasium Gelsenkirchens zur Ganztagsschule mit allen notwendigen Räumlichkeiten umgestaltet werden wird (ab 2009).

1978-2008
Im Schuljahr 1978/79 nahm das Ricarda-Huch-Gymnasium regulär 27 türkische Schülerinnen und Schüler unter großem Medieninteresse auf. Rückgehende Anmeldungen und der daraus resultierende dringende Handlungsbedarf, die Auflösung des Gymnasiums zu verhindern, sowie die unermüdliche Initiative von Eltern- und Lehrerschaft, „Ausländerkindern", wie sie damals noch hießen, eine Bildungschance zu geben, hatten dies möglich gemacht.
Diese Entscheidung hat einen pädagogischen und curricularen Innovationsdruck bedingt, der auch heute noch die Arbeit und den Alltag am „Ricarda" prägt und es weit über die regionalen Grenzen bekannt gemacht hat. Dennoch ist die Schule bisher ein strukturell „normales" NRW-Gymnasium geblieben.
Für die Arbeit an der Schule bedeutet das, dass das Kollegium den Spagat zwischen einer traditionellen gymnasialen Struktur – Stundenpläne, Stundenraster, fachliche und formale Anforderungen der Schulform – sowie innovativer Gestaltung der Lern- und Lehralltags – neue Lernformen, Angebote der Betreuung und Förderung, Kooperationen mit außerschulischen Partnern etc. – aus eigener Kraft bewältigen muss. Dazu gehört die Erprobung des gebundenen Ganztags in einer Jahrgangsstufe (zurzeit 7. Jahrgang), die sukzessive Einführung der Mittagspause, Betreuungsangebote im Rahmen des Programms 13+, der AWO und durch AGs sowie jetzt die Umwandlung der Schule in eine Schule mit Ganztagsbetrieb, die zusammen mit dem Umbau des Schulgebäudes in den nächsten Jahren viel Kraft, Organisations- und Improvisationstalent bei allen am Schulalltag Beteiligten erfordern wird.

Förderliche und hinderliche Prozesse

Förderliche organisatorische Entscheidungen
Strukturell-organisatorische Entscheidungen, die in einem langen Prozess der Erprobung, Evaluation und Revision vom Kollegium und der Schulkonferenz – wenn auch nicht immer konfliktfrei – abgestimmt worden sind, sind die Grundlage der erfolgreichen gemeinsamen Arbeit. Die Entscheidung der Stadt für das „Ricarda" als Ganztagsschule ist sicherlich dem frühzeitigen und einstimmigen Votum der Schulkonferenz für einen Ganztagsbetrieb geschuldet sowie das Resultat des Innovationswillens, für den das „Ricarda" seit langem steht.

Schülerinnen und Schüler
Klassenbildung: Kinder aus einer Grundschulklasse bleiben in der Regel in einer Klasse zusammen, wenn sie den gleichen Schwerpunkt gewählt haben. Auch die Herkunft der Kinder aus verschiedenen Stadtbezirken berücksichtigt das Erprobungsstufen-Team bei der Bildung der Klassen, um Kontakte am Nachmittag zu erleichtern. Aus pädagogischen Gründen und im Interesse der Integration soll der Anteil der Schülerinnen und Schüler mit nicht deutscher Muttersprache 20 bis 25 Prozent nicht übersteigen; das entspricht auch dem Anteil, den sie in der gesamten Schülerschaft der Grundschulen in Gelsenkirchen ausmachen.
Profilbildung: Um den unterschiedlichen Begabungen und Interessen der Kinder gerecht zu werden, bietet die Schule den neu aufgenommenen Schülerinnen und Schülern eine bilinguale Klasse, eine naturwissenschaftliche Klasse und eine Bläser-/Instrumentalklasse an. Dies hat Konsequenzen sowohl für die Ausstattung als auch für das unterrichtliche Angebot: Für die bilinguale Klasse vor allem ist ein Multimedia-Sprachenraum in Zusammenarbeit mit Siemens, dem Kooperationspartner der Schule, entstanden; eine Science Fair ist ein verbindliches im Schulprogramm verankertes Projekt in der 8. Jahrgangsstufe und das Blasorchester ist ein festes Angebot für die Instrumentalkinder ab der 7. Jahrgangsstufe. Flankiert werden die Profile durch spezifische Angebote im WPII-Bereich, wie etwa „computergestütze Musik", „Musizieren und Arrangieren", „Naturwissenschaft im Alltag", „Technik", „Informatik/Mathematik", sowie eine Schülerfirma, die sich um die Wartung und den Betrieb aller Medien- und IT-Räume kümmert.
Integration: In der Erprobungsstufe haben alle Kinder mit einem Zuwanderungshintergrund Förderstunden in Deutsch, die aber auch für andere Kinder offen sind. Schülerinnen und Schüler mit Türkisch als Familiensprache haben das Angebot „Türkisch als Zweitsprache", das als Grund- und Leistungskurs bis zum Abitur als Fremdsprache gewählt werden kann. Am „Ricarda" ist 2000 der erste Türkisch-Leistungskurs in Deutschland eingerichtet worden. Darüber hinaus nimmt das „Ricarda" auch während des laufenden Schuljahres immer wieder Kinder aus den internationalen Förderklassen auf und integriert sie nach sehr individuellen Förderplänen. In der gymnasialen Oberstufe unterstützen sogenannte „Methodenstunden", ein Zusatzangebot in Mathematik und Deutsch vornehmlich für 11.-Klässler aus der Realschule, die Integration der sogenannten Seiteneinsteiger.
Partizipation: Im Rahmen des Projekts „Schüler helfen Schülern" sind Schülerinnen und Schüler der höheren Jahrgangsstufen (ab Klasse 9) eingebunden in das Förderkonzept der Schule, und zwar als Paten, Tutoren der Arbeitsstunden und Juroren der Science Fair wie auch als Repräsentanten der Schule beim „Tag der offenen Tür".

Lehrerinnen und Lehrer
Klassenleitung und Teams: Neue Kolleginnen und Kollegen erhalten schnell die Möglichkeit, nach einer Eingewöhnungsphase die Klassenleitung in einer 5. Klasse zu übernehmen oder in Oberstufen-Teams zu arbeiten, und zwar in der Regel im Tandem mit erfahrenen Kolleginnen und Kollegen. Zudem teilen sich zwei KollegInnen die Klassenleitung, einerseits um so genannte „Hauptfach"-LehrKräfte zu entlasten, andererseits um sogenannte „Nebenfach"-Lehrkräfte, die selten die Chance haben, am Gymnasium eine Klassenleitung zu bekommen, intensiver einzubinden in Schüler- und Elternarbeit. Seit Beginn des letzten Schuljahres gibt es pro Jahrgangsstufe (sukzessive beginnend mit der 5. Klasse) in den Hauptfächern Teams, die sich wöchentlich zu gemeinsamen Besprechungen zusammen finden, um fachliches Vorgehen zu vereinheitlichen und Probleme und Ideen zu diskutieren.
Unterrichtsverteilung: Seit langem hat sich die Praxis bewährt, die Fachschaften bei der Unterrichtsverteilung gleichberechtigt zu beteiligen, so dass – bis auf unvermeidbare Notwendigkeiten – ihr Unterrichtseinsatz von den Lehrerinnen und Lehrern mitbestimmt wird, eine wichtige Voraussetzung für zumindest eine ansatzweise Zufriedenheit mit der Unterrichtsverteilung in den Zeiten der „Überalterung" und „Ausdünnung" der Kollegien im Ruhrgebiet.
Personalentwicklung: Erkrankungen, immer neue Anforderungen an das Kollegium durch den Umbau der Schul- und Unterrichtsstruktur in NRW sowie eine durch Statistiken begründete restriktiv gesteuerte Einstellungspraxis bremsen die eigenverantwortliche und selbstständige Weiterentwicklung unserer Schule. Dennoch gelingt es der Schulleitung seit Jahren, durch kluges Ausnutzen der Einstellungsmöglichkeiten (Geld statt Stellen-Programm) und vorausschauendes Handeln im Sinne der Schule alle Spielräume auszunutzen. Dazu gehört auch, dass Stundenpläne schnell geändert und den Bedürfnissen der Beteiligten angepasst werden.
Mitwirkung: Schulleitung, Lehrerrat und die Steuergruppe „Schulentwicklung" (RPP – Ricarda, Planung, Perspektiven) treffen sich regelmäßig wöchentlich, um die Arbeit am Schulprogramm weiter zu treiben. Der Leitungsstil sowie der Umgang im Kollegium sind offen, egalitär und sachbezogen. Initiativen von Kolleginnen und Kollegen werden gestützt und Freiräume geschützt. So sind viele Projekte, die das „Ricarda" heute auszeichnen, aus diesen Initiativen entstanden: die Schüler-Bibliothek als Lernraum, der Sprachenraum, die Kooperation mit Siemens im Rahmen von KIS (Kooperation Industrie/Schule), Science Fair und – ganz besonders prägend – die Aufnahme bei den UNESCO-Projekt-(UPS) und „agenda21"-Schulen.
Fortbildung: Über die Teilnahme von zurzeit drei Lehrkräfte im Kompetenzteam der Stadt Gelsenkirchen hinaus führt die Schule seit mehr als 15 Jahren regelmäßig bis zu zweimal pro Schuljahr Pädagogische Tagungen durch, die der systematischen schulinternen Fortbildung in allgemeinen (z.B. Anti-Mobbing-Strategien, Gewaltprävention) sowie didaktischen und organisatorischen Fragestellungen dienen. Zudem sind in Mathematik, Latein und Türkisch von Lehrern der Schule wesentliche Impulse der landesweiten Lehrplanentwicklung und Lehrerfortbildung ausgegangen. Diese Arbeit wird weiter fortgeführt.

Eltern
Partizipation: Zunehmend sind Eltern eingebunden in der Betreuung in den aktiven Mittagspausen und im AG-Bereich. Diese neuere Entwicklung soll intensiviert werden. Seit Jahren schon arbeiten die sogenannten „Bibliotheks-Mütter" als Betreuerinnen in der Schülerbücherei, um dort eine ganztägige Zugänglichkeit zu garantieren. Sie sind mit ihren Beobachtungen der Kinder im außerunterrichtlichen Bereich wichtige Mittlerinnen, insofern sie als Vertrauenspersonen Problemlagen oft früher erkennen und schnell den Kontakt zu Lehrern und zur Schulleitung bzw. Beratungslehrern herstellen können.

Kontakt: Auf der individuellen Ebene ist es ein Prinzip der Schule, so frühzeitig wie möglich in Erziehungsfragen persönlich und informell Kontakt aufzunehmen und zu pflegen. Regelmäßige Stammtische und ein offenes Lehrerzimmer sind Ausdruck dieser Offenheit. Dennoch muss in den kommenden Jahren die Elternarbeit systematisiert und organisatorisch erweitert werden. Gerade der Kontakt zu Eltern und Erziehungsberechtigten mit Zuwanderungsgeschichte ist systematisch auszubauen, scheitert jedoch oft sowohl an Sprachproblemen als auch an einem verschiedenen Verständnis von Schule und schulischer Autorität.

Kooperationen

Kooperationsschulen: Seit über 20 Jahren kooperiert die Schule mit der Nachbarschule, dem Grillo-Gymnasium. Das sehr reichhaltige Kursangebot in der Sekundarstufe II sowie das Sprachenangebot im Wahlpflichtbereich II sind so garantiert. Die Möglichkeiten, durchgängig Leistungskurse in allen Naturwissenschaften, in den Sprachen sowie in Kunst und in Musik zu wählen, sucht in der Stadt ihresgleichen. Inzwischen gibt es mit zwei weiteren Nachbargymnasien sowie einer Gesamtschule begrenzt Kooperationen.
Zu den außerstädtischen Kooperationsschulen gehören die UNESCO-Projektschulen und die Austausch-Partnerschulen in Madagaskar, Polen, Italien, Großbritannien und Frankreich.
Mit einer privaten Musikschule der Region, die die Schüler der Instrumentalklassen in den Räumen der Schule im Nachmittagsbereich unterrichtet, gibt es seit fünf Jahren eine funktionierende Kooperation.
RAA, Stiftung MERCATOR: Fördermaßnahmen für Migrantenkinder finden in den Räumen der Schule statt und richten sich auch an „Ricarda-Schüler". In unterschiedlichen Aufgabenfeldern gibt es seit langem eine intensive Zusammenarbeit zwischen der RAA, sei es in Einzelprojekten mit Schülern, sei es systemisch mit Lehrern oder auf Stadtebene in Konferenzen.
SIEMENS: Seit 8 Jahren gibt es die Partnerschaft zwischen SIEMENS und dem „Ricarda". Diese besteht sowohl in einem Technologietransfer, Angeboten von Schülerpraktika als auch in einem regen Austausch über die unterschiedlichen „Unternehmenskulturen". Während SIEMENS hilft, die mediale Ausstattung der Schule zu verbessern, bietet gerade dieses Engagement die Chance für SIEMENS-Auszubildende, an konkreten und realen Projekten ihre Fähigkeiten zu testen und Erfahrungen im zukünftigen Arbeitsbereich zu sammeln.
Darüber hinaus finden regelmäßig und im Schulprogramm verankert Veranstaltungen mit dem Kommissariat Vorbeugung (z.B. Gewaltprävention) statt – vor allem im 8. Jahrgang als Vorbereitung der Schülerinnen und Schüler auf die Strafmündigkeit mit 14 Jahren –, und für die 9./10. Klassen gibt es Erste Hilfe-Kurse.

Hinderliches

Dass das Gegenteil von „gut" oft „gut gemeint" ist, erfährt jeder, der Schule verändern will: Wo anfangen, wo aufhören? Überall gibt es „Baustellen", am „Ricarda" im Zuge der „Umgestaltung" zur Ganztagsschule sogar auch noch im wörtlichen Sinne. Dies organisatorisch in den Griff zu bekommen, die Reibungsverluste bei allen Beteiligten aufzufangen und in eine positive Gesamtentwicklung zu bündeln, ist die Aufgabe der Zukunft. Die Gefahr der Verzettlung in zu vielen neuen – und seien sie noch so interessant – Projekten hat immer an unserer Schule bestanden. All diese kreativen Ansätze müssen erlahmen, wenn sie auf den Erneuerungsdruck treffen, der vom Schulministerium ausgeht. Erschwerend ist auch, dass sich das Kollegium nicht im gewünschten Maße erneuern und verjüngen kann, weil Berufsanfänger den Schulort als schwierig und wenig attraktiv ansehen, keine neuen/zusätzlichen Stellen ausgeschrieben werden und weil in den Mangelfächern allgemein Bewerber fehlen. Die wirtschaftlich und sozial schwierige Situation vieler Familien, die ihre Kinder an unsere Schule schicken, tut dazu ihr Übriges. Bildungsstandards zu halten und zu verbessern in viel zu großen Lerngruppen, die zudem noch als zunehmend schwierig auf Grund ihrer Herkunft gelten können, ist die große Herausforderung, die die Schule ohne personell und finanziell bessere Ausstattung auf lange Sicht nicht wird leisten können. Dieses Bewusstsein ist im Kollegium weit verbreitet und sachlich begründet. Die fehlende Selbstständigkeit in der Profil- und Schulentwicklung (z.B. NW-Unterricht statt der naturwissenschaftlichen Einzeldisziplinen – das Ricarda war bis 2005 in dieser Hinsicht erfolgreich Projektschule –, die Rhythmisierung des Schultages in 60-Minuten-Einheiten) ist ein weiterer hinderlicher Faktor. Innovative und kreative Ideen aus der Schulgemeinde sind, außer durch ihre Fülle, nicht das Problem.

Perspektiven der Entwicklung

In den neuen Räumen nach dem Umbau auch eine neue Lehr- und Lernkultur im Ganztagsbetrieb verwirklichen zu können, das ist unsere gemeinsame Vision. Viele Träume von einer besseren Schule werden am Alltag zerschellen. Die Gewissheit, etwas verändern zu können, ist – bei aller angebrachten Skepsis – fester Bestandteil dessen, was die Kultur des „Ricarda" ausmacht. Die nähere Zukunft unserer Schule heißt nicht nur faktisch, sondern auch im übertragenen Sinne „Umbau". Inwiefern wir selbst unsere Entwicklungsprozesse in die Hand nehmen können, wird u.a. auch die weitere Schulentwicklungsplanung der Landesregierung NRW vorgeben und nicht zuletzt der finanzielle Status des Schulträgers sowie die Bevölkerungsentwicklung in Gelsenkirchen.
Im Mittelpunkt unserer weiteren Arbeit steht also der „Umbau" der Schule in ein Ganztagsgymnasium. Dazu gilt es, Kräfte zu bündeln, sich Hilfe und Unterstützung zu holen in Netzwerken von Schulen, die dies ebenfalls tun oder schon getan haben – und den Mut nicht zu verlieren. Die letzten Entwicklungen seien hier noch genannt: Das Gütesiegel „Förderschule" ist beantragt, und als Projektschule nimmt unsere Schule am Projekt „Komm mit – Fördern statt Sitzenbleiben" ebenfalls teil.
Nachtrag: Seit 2009 hat die Schule das Gütesiegel „Individuelle Förderung".

Literatur

Ministerium für Schule und Weiterbildung des Landes NRW (2007): Ergebnisse der Lernstandserhebungen Klasse 8 für das Land Nordrhein-Westfalen. 21. August 2007. [verfügbar unter: http://www.schulministerium.nrw.de/BP/Schulsystem/Qualitaetssicherung/Lernstandserhebungen/Ergebnisse_Lernstand/LSE-Ergebnisse_2007.pdf, Datum der Recherche: 10.01.2010].

88| Entwicklungsprozesse an der Sekundarschule G. E. Lessing Salzwedel
Holger Lahne

Profil der „G. E.-Lessing-Schule" Salzwedel

Schulspezifische Rahmenbedingungen

Die G. E. Lessing Schule liegt in einem typischen DDR-Neubaugebiet der Stadt Salzwedel, einer Kreisstadt im strukturarmen Norden des Landes Sachsen-Anhalt. Das Einzugsgebiet der Schule, welches durchaus als „sozialer Brennpunkt" bezeichnet werden kann, ist geprägt durch einen hohen Anteil an sozial schwach gestellten Familien, viele Alleinerziehende sowie eine Konzentration überwiegend russlanddeutscher Migranten. Diese Charakteristik des Umfeldes spiegelt sich in der Zusammensetzung unserer Klassen wider.

Die Schule arbeitet als eine Ganztagsschule in der teilweise gebundenen Form. Die Betreuung erfolgt von 7.15 Uhr bis 15.20 Uhr. An drei Tagen in der Woche ist die Teilnahme an den Angeboten der Schule für die Klassenstufen 5 bis 7 verpflichtend, um gerade in dieser Übergangs- und Orientierungsphase auch jene Schüler zu fördern, die ansonsten aufgrund unterschiedlicher Ursachenzusammenhänge schwierig zu erreichen sind. Für die Klassenstufen 8 bis 10 gibt es offene Angebote.

Derzeit besuchen unsere Schule 362 Schülerinnen und Schüler, die durch 29 Kolleginnen, 6 Kollegen sowie 2 Pädagogische Mitarbeiterinnen unterrichtet und betreut werden. Dabei ist für uns besonders erfreulich, dass die Zahl der Anmeldungen an unserer Schule trotz des landesweit zu konstatierenden Schülerrückgangs steigt und in den Klassenstufen 5 und 6 eine gesicherte Dreizügigkeit zu verzeichnen ist. Diese Entwicklung spricht für eine wachsende Akzeptanz unseres Ganztagskonzepts.

Schwerpunkte unserer Bildungs- und Erziehungsarbeit

Im Zentrum unserer Bildungs- und Erziehungsarbeit stehen die Grundgedanken eines gesunden Schulklimas, eines demokratischen Schullebens sowie einer bedürfnisorientierten Schule. Entsprechend arbeiten wir auf der Grundlage folgender Schwerpunktsetzungen:

(a) Schülerbezogenheit unserer Arbeit

Die Beteiligung der Schüler sehen wir als Voraussetzung an für eine den Schülerbedürfnissen gerechte Schulentwicklung, ein gesundes Schulklima sowie eine demokratische Schulkultur. Seit dem Schuljahr 2006/07 sind dazu neben herkömmlich praktizierten Beteiligungsformen wie etwa regelmäßigen Bedürfniserhebungen und Evaluationen bezüglich der Angebotsgestaltung, einer intensiven Gremienarbeit, der Übertragung von Verantwortlichkeiten innerhalb der Planung und Ausgestaltung von Festen und Feiern im Besonderen die folgenden Aktivitäten entwickelt worden:
- eine regelmäßige Schulung der Schülervertretung;
- die Arbeit einer Mediatorengruppe;
- die Gründung und Entwicklung unserer Schülerfirma mit folgenden Aufgabenfeldern: Nachhilfeunterricht für Mitschüler, Internet – Homepage, Hilfe in der Ganztagsbetreuung, Führung des Biolädchens, Hilfe bei der Aufsicht.

(b) Handlungsorientierter, bewegter und fächerverbindender Unterricht
An unserer Schule sollen die Schüler vielfältige Gelegenheiten für den Erwerb von Wissen und Kompetenzen erhalten, die für ihre persönliche Bildung, ihre sachbezogene Ausbildung sowie in Hinblick auf den Erhalt und die Weiterentwicklung nachhaltiger Lebensverhältnisse von Bedeutung sind. Eine konsequente Planung von Handlungsorientierung, eine Vernetzung von Fächern und Themen sehen wir dabei als bedeutsam an.

Dazu haben wir unseren Unterricht in 90-Minuten-Blöcke strukturiert, innerhalb derer fächerverbindender Unterricht möglich ist und in denen unterschiedliche, insbesondere kooperative Lehrmethoden zum Einsatz kommen. Begleitet wird dieser Prozess durch eine kontinuierliche Methodenschulung. Es wurden zudem ein Methodenhefter erarbeitet und Schwerpunkte für die einzelnen Klassenstufen festgelegt. Im Unterricht erarbeitete Themen und praktizierte Methoden finden ihre Fortsetzung bzw. Vertiefung in projektförmig gestalteten thematischen Blöcken im Nachmittagsbereich bzw. innerhalb von Arbeits- und Übungsstunden, die mit dem Ziel individueller Förderung in den Vormittagsbereich integriert sind und durch die Fachlehrer betreut werden.

(c) Gestaltung von Übergängen
Angesiedelt zwischen der Grundschule und der Berufsausbildung sehen wir uns als Sekundarschule dazu herausgefordert, die biographisch bedeutsamen Übergänge von der Grundschule in unsere Schule sowie von hier in die Berufsausbildung bewusst und verantwortungsvoll zu gestalten. Vor diesem Hintergrund haben wir zum einen die Zusammenarbeit mit der Grundschule intensiviert. Gegenseitige Hospitationen und Erfahrungsaustausche zwischen den Lehrkräften beider Schulformen, die Abstimmung insbesondere im methodischen Bereich, aber auch das frühzeitige Kennenlernen unserer Schule im Zuge gezielt geplanter „Schnuppertage" und Einladungen etwa zum „Tag der offenen Tür", helfen Brüche und Ängste abzufedern. In diesem Kontext liegt uns daran, gezielt Lehrer mit Grundschulerfahrungen in die Jahrgangsteams 5 und 6 sowie in die Steuergruppe zu integrieren.

Zum anderen konzentrieren wir uns in den oberen Klassenstufen auf eine gezielte Berufsorientierung. Zu diesem Zwecke werden Betriebspraktika und eine Projektwoche zur Berufsfindung durchgeführt sowie durch schulische Partner Unterrichtsstunden zur Berufsfindung gestaltet. Die Eltern werden in diesen Prozess integriert, in dem jährlich für die Eltern der 9. Klassenstufe ein Elterabend zu Anforderungen im Beruf und bei der Bewerbung durchgeführt wird.

(d) Schaffung einer gesundheitsfördernden Lern- und Arbeitsatmosphäre
Seit mehreren Jahren gehen wir den Weg zur „Gesundheitsfördenden Schule". Neben spezifischen Projekten – wie „Rauchfreie Schule" oder „Biolädchen" –, innerhalb derer sich die Schüler intensiv mit gesundheitsrelevanten Fragestellungen auseinandersetzen und sich aktiv in eine entsprechende Gestaltung der Schule einbringen können, betrachten wir die Entwicklung eines angenehmen Schulklimas als Grundvoraussetzung in der allgemeinen Gesundheitsförderung. Insofern sind Toleranz, Anerkennung und Gegenseitigkeit bedeutsame Orientierungspunkte unserer Tätigkeit. Die Schüler sollen Verantwortung für sich selbst und ihre Umwelt übernehmen können, d.h. selbstständig arbeiten und entscheiden können sowie über Kompetenzen zur Teamarbeit und im Umgang mit Konfliktsituationen verfügen.

Daneben wird die Gesundheitsförderung an unserer Schule durch die Einrichtung einer „bewegten Pause" sowie der bewussten Organisation von Bewegungs-, Konzentrations- und Entspannungsübungen im Unterrichtsablauf unterstützt. Damit wurde im Schuljahr 2004/05 in den Klassenstufen 5 und 6 gezielt begonnen und dies soll auch in den kommenden Schuljahren ein Bestandteil unserer Arbeit bleiben.

(e) Projektbezogene Arbeit
Projekte bilden einen weiteren festen Bestandteil innerhalb unseres Schulalltages – als Erweiterung der Lernkultur und der Erfahrungsqualität der Schüler. Neben „außerordentlichen" Projektfahrten bietet eine Vielzahl von kontinuierlich im Schuljahr bereitgehaltenen Einzelprojekten unterschiedliche Lern-, Erfahrungs- und Betätigungsmöglichkeiten für unsere Schülerinnen und Schüler. Einige dieser Projekte werden mit großem Erfolg in Kooperation mit außerschulischen Partnern gestaltet. So ist an unserer Schule ein Tanzprojekt mit einer ortsansässigen Musikschule und einer Berliner Multi-Kulti-Band entstanden. Der Tanzlehrer vermittelt die Schritte, die Band hat die Musik komponiert, unsere Schüler haben den Text geschrieben und singen und tanzen gegen Fremdenfeindlichkeit. Solche Aktivitäten wie auch weitere Projekte – etwa das Schülercafé, Medienprojekte etc. – beleben das Schulleben, fördern das Selbstwertgefühl unserer Schüler, erweitern den Erfahrungshorizont und tragen zur Integration unserer Spätaussiedler bei.

Das Leitbild der Schule
Im Rahmen der Fortschreibung unseres nunmehr auf die Ganztagskonzeption basierenden Schulprogramms führten wir im Schuljahr 2005/06 eine Zukunftswerkstatt durch, an der alle Anspruchsgruppen der Schule beteiligt waren: das Kollegium, Vertreter der Schülerschaft und der Eltern, Vertreter aus dem Landkreis (Schulträger, Schulamt) sowie potenzielle und bereits etablierte außerschulische Kooperationspartner. Im Ergebnis dieser Veranstaltung wurde durch die Steuergruppe unter dem Fokus einer „bedürfnisorientierten Schule" folgendes Leitbild erstellt und durch die Gesamtkonferenz verabschiedet:
- Wir möchten eine Schule sein (werden), in der sich unsere Schüler *wohl fühlen* und zum *selbstständigen Lernen* angehalten werden.
- Wir möchten eine Schule sein, die für unsere Schüler als *Lebensraum* verstanden wird und in die sie sich mit ihren Fähigkeiten und Fertigkeiten einbringen können.
- Durch zusätzliche Angebote für unsere Schüler möchten wir ihnen *größtmögliche Unterstützung* beim Erreichen ihrer Ziele geben.
- Wir möchten alle Schüler erreichen und ihre *individuellen Fähigkeiten* nutzen und fördern. Dabei möchten wir dazu beitragen, dass sie mit sich und der Umwelt gewissenhaft umgehen.
- Durch das Schaffen von *Gemeinsamkeiten zwischen Schülern und Lehrern* sollen persönliche Beziehungen entwickelt werden, um das Klima an der Schule zu verbessern.

Dieses Leitbild fasst die in der Werkstatt geäußerten gemeinsam geteilten Werte und Visionen zusammen und bietet einen Orientierungs- und Bezugsrahmen für die Gestaltung unserer täglichen Arbeit, der im vorherigen Abschnitt skizzierten Schwerpunkte und Vorhaben sowie deren weiteren Entwicklung.

Geschichte der Schule

Ganztägige Organisationsform, pädagogische Grundideen und Schwerpunkte unserer Arbeit sind Ergebnis eines langjährigen Entwicklungs- und Lernprozesses. Bereits Mitte der 1990er Jahre entstand in der Sekundarschule „G. E. Lessing" das Bedürfnis, hinsichtlich der sich wandelnden Bedingungen (Veränderung des soziokulturellen Umfeldes der Schule; Wegfall von Freizeiteinrichtung; „Verwahrlosung" des näheren Wohnumfeldes; zunehmende Orientierungs- und Perspektivlosigkeit der Jugendlichen; Abwertung des Sekundarschulabschlusses) und des damit im Zusammenhang stehenden steigenden Problemdrucks auf die Schule nach

Lösungsmöglichkeiten zu suchen. Erste Ansatzpunkte zur Verbesserung der Situation an und in der Schule sowie im näheren Schulumfeld konnten seit 1995 im Rahmen der Profilierung der Schule als „Gesundheitsfördernde Schule" entwickelt werden. Diese beinhalteten etwa die Gestaltung des (bewegten) Schulhofes und dessen Öffnung in das Wohngebiet sowie die Arbeit an schulklimatischen Aspekten. Die ersten Gedanken in Richtung Ganztagsschule wurden aus dieser Orientierung heraus geboren und 1998 im Kollegium erstmals diskutiert.

Angesichts der sich abzeichnenden und schließlich im Schuljahr 2000/01 vollzogenen Fusionen wurden diese ganztagsschulbezogenen Gedanken dann jedoch zurückgestellt. In der Folge extrem sinkender Schülerzahlen wurde die Sekundarschule „G. E. Lessing" mit der damaligen „Maxim-Gorki-Schule" sowie der „Heinrich-Heine-Schule" zusammengelegt. Aus ehemals drei kleinen Sekundarschulen wurde somit eine Sekundarschule mit 872 Schülerinnen und Schülern, die an einen neuen Standort zog.

Nach der Fusionierung im Schuljahr 2000/01 und einer gelungenen Neuorientierung wurde der Gedanke Ganztagsschule schnell wieder aufgegriffen. Nachdem der Schulträger im Jahr 2002 einen ersten Antrag der Schule auf die Einrichtung einer teilweise gebundenen Ganztagsschule nicht unterstütze, verhalf das IZBB-Programm uns dann doch, und diesmal mit Unterstützung des Trägers, im Juni 2004 durch das Kultusministerium als Ganztagsschule offiziell bestätigt zu werden. Im Schuljahr 2004/05 begannen wir die Arbeit als Ganztagsschule in teilweise gebundener Form.

Förderliche und hinderliche Prozessfaktoren

Förderliche Prozessfaktoren

Die förderlichen Bedingungen innerhalb unseres Entwicklungsprozesses zusammenzufassen und zu systematisieren, erweist sich als kein leichtes Unterfangen, insofern zwischen diesen vielerorts Verweisungszusammenhänge bestehen. Die nachfolgende Anordnung stellt deshalb keine qualitative Gewichtung der förderlichen Einflussfaktoren dar. Beginnen werde ich mit verschiedenen Formen *externer Unterstützung*, insofern wir von diesen wichtige Impulse, Beratung und Begleitung bei der Suche nach Lösungsmöglichkeiten unserer schuleigenen Problemlagen erfuhren. Sie hatten gleichsam bedeutenden Einfluss auf die nachfolgend aufgeführten innerschulischen Prozessfaktoren.

(a) Die Zusammenarbeit mit der Landesvereinigung für Gesundheit in Sachsen-Anhalt (LVG)
Wie bereits in Kapitel 2 beschrieben, war und ist die Landesvereinigung für Gesundheit Sachsen-Anhalt ein wichtiger Partner auf dem Weg unserer schulischen Entwicklung. Die Zusammenarbeit hatte auch während der Fusion der drei o.g. Schulen eine wichtige Bedeutung. Noch im Sommer 2000 wurde in unserem neuen Kollegium eine Zukunftswerkstatt durchgeführt. In dieser Veranstaltung gelang es vor allem, Berührungsängste abzubauen, Gemeinsamkeiten zu finden, Ziele neu abzustecken und das Gerüst für das künftige Konzept der „neuen" Schule zu entwickeln. Eine schulinterne Lehrerfortbildung zum Thema „Lehrer- und Schülergesundheit" rundete diesen Abschnitt der Zusammenarbeit ab und half uns ganz wesentlich, eine Fusionierung von drei völlig unterschiedlich positionierten Sekundarschulen ohne größere Probleme zu bewältigen.

Eine neue Qualität in der Zusammenarbeit mit der LVG setzte ein, als wir 1999 in einem Autorenteam gemeinsam mit Kollegen von acht weiteren Schulen mit der Erarbeitung eines Gesundheitsaudits für Schulen begannen. Der Schwerpunkt des Projektes lag in der Qualitätsentwicklung von Schule unter der Beachtung gesundheitlicher Aspekte. Es wurden folgende fünf Qualitätsfelder mit entsprechenden Indikatoren entwickelt, die alle Facetten des schulischen Lebens beachten: die Schulbedingungen und -verhältnisse, die Gesundheitskompetenzen, die Schulkultur und das Schulklima, der Unterricht und das Schulleben sowie das Qualitätsmanagement der Schule. Allein die Erarbeitung dieser Qualitätsfelder hatte Einfluss auf eine systematische Arbeit unserer Schule.

(b) Die Arbeit im BLK-Projekt „Demokratie lernen und leben"
Im Schuljahr 2004/05 hat sich eine Lehrergruppe für das BLK-Projekt „Demokratie lernen und leben" angemeldet. Aus dieser Arbeit heraus wurden insbesondere zwei Bereiche stark beeinflusst: die Einbeziehung der Schüler in die Arbeit unserer Schule und die Verbesserung der Unterrichtsqualität durch verschiedene Unterrichtsmethoden. Mit Hilfe unterstützender Schulungen der Mediatorengruppe und unserer gewählten Schülervertreter erarbeiteten sich unsere Schüler das notwendige Rüstzeug und den entsprechenden Mut, um das Leben an der Schule mitzugestalten. Unser Kollegium konnte sich im Rahmen zweier schulinterner Lehrerfortbildungen sowie ergänzende Fortbildungen durch das BLK-Team notwendige Kompetenzen zur Umsetzung kooperativer Lernmethoden im Unterricht aneignen. Dies erwies sich insofern als weiterbringend, als dass es uns immer mehr gelingt, einen schülerzentrierten und -orientierten Unterricht im nunmehr neu strukturierten 90-Minuten-Block umzusetzen.

(c) Die Zusammenarbeit mit dem Zentrum für Schul- und Bildungsforschung (ZSB) in Halle
Im Jahr 2005 trat das Zentrum für Schul- und Bildungsforschung an uns heran, um uns gemeinsam mit neun weiteren Schulen für die Mitarbeit an einem Projekt zur wissenschaftlichen Begleitung des IZBB im Land Sachsen-Anhalt zu gewinnen.
In der gemeinsamen Arbeit mit diesem Projekt wurden viele Facetten des Lebens an unserer Schule reflektiert, immer unter dem Aspekt der Weiterentwicklung der Arbeit an einer Ganztagsschule. Im Zentrum der Aufmerksamkeit standen dabei die innerschulischen Organisationsstrukturen und die Organisationskultur an unserer Schule im Allgemeinen. Aspekte im Einzelnen waren unter anderem die Steuergruppenarbeit, die Arbeit der Schulleitung, die innerschulische Kommunikation sowie die Einbeziehung von Schülern und Eltern in die schulische Arbeit.
Im Ergebnis dieses Projektes haben wir unsere Organisationsstruktur überarbeitet und es entstand ein Kommunikations- und Kooperationsnetzwerk mit entsprechenden Verantwortlichkeiten an der Schule (etwa Jahrgangsteams; Fachbereiche; Steuergruppe).

(d) Die Zusammenarbeit mit der Deutschen Kinder- und Jugendstiftung (DKJS)
In Sachsen-Anhalt sind inzwischen Ganztagsschulnetzwerke entstanden, die federführend durch die DKJS geleitet werden. Innerhalb des Ganztagsschulnetzwerkes Nord, in welchem die G. E. Lessing-Schule integriert ist, bieten inzwischen Schulen Fortbildungen für Schulen insbesondere auch im unterrichtsmethodischen Bereich an. Dies ist insofern hervorzuheben, als gerade in diesem Bereich die Entwicklung vieler Schulen – eingeschlossen unserer – noch ausbaufähig ist. Es werden aber auch Einzelprojekte an Schulen angeboten und begleitet. Im Ergebnis ist an unserer Schule das weiter oben beschriebene Tanzprojekt entstanden.

(e) Der Kontakt mit anderen Schulen
Auch der nach der Wende wieder belebte Kontakt mit unserer niedersächsischen Partnerschule sowie mit weiteren Schulen in oben genannten regionalen und überregionalen Projekten und Fortbildungsveranstaltungen, brachte unsere Schule voran. Unser Kollegium hat sich größten-

teils diesem Austausch gegenüber geöffnet und sich aktiv mit eingebracht. Das Durchdenken von Tagesabläufen, Organisationsstrukturen und die Umsetzung von pädagogischen Vorhaben mit anderen Schulen hatte folgerichtig Einfluss auf die Arbeit und die Strukturierung unserer Schule. Wir haben in diesem Zusammenhang natürlich auch erfahren, dass nicht nur wir Sorgen, Nöte und viele Wünsche hatten und auch heute noch haben. Dieses „Abschauen", aber auch Helfen ist für uns zur Normalität geworden. Schule darf vielleicht nicht alles, aber auf keinen Fall darf sich eine Schule nur noch mit sich selbst beschäftigen. Aus dieser Erfahrungswelt heraus haben wir unsere Schule entwickelt.

(f) Zusammenarbeit mit den Eltern
Als wichtiger Partner unserer schulischen Arbeit müssen natürlich die Eltern genannt werden, da die Zusammenarbeit mit den Eltern zu einer Aufwertung der Qualität unserer schulischen Arbeit führt. Der regelmäßige Kontakt mit den Eltern über Elternsprechtage, Gremienarbeit und die Einbeziehung in verschiedene Projekte der Schule ist dabei genauso wichtig wie das Einschlagen von neuen Wegen bei der Durchführung von Elternversammlungen. So organisieren einige Kollegen ihre Elternabende in Kleingruppen mit den Erziehungsberechtigten und deren Kindern. Infolge dieser Neugestaltung erhielten diese Elternversammlungen eine höhere Intensität und Effektivität. Der Kontakt zu den Eltern in der Breite und damit auch deren schulbezogenes Engagement erfuhr eine deutliche Steigerung.

(g) Bereitschaft des Kollegiums, sich neuen Wegen zu öffnen
Auch wenn nicht alle Kollegen immer hell begeistert sind über neue Aktivitäten und manchmal eine kritische Haltung zeigen, so muss man diesen doch eine hohe Bereitschaft bei der Übernahme zusätzlicher Aktivitäten und zur persönlichen Fortbildung bestätigen. Unsere bisherige Entwicklung wäre ohne diese Grundeinstellung in unserem Kollegium nicht möglich gewesen.

(h) Systematische Entwicklungsarbeit/ Organisation von Entwicklungsstrukturen und -zeiten
Das Engagement eines großen Teils unserer Kollegen und Pädagogischen Mitarbeiter, aber auch der Schüler und Eltern, wurde u.a. auch durch oben bereits erwähnte Zukunftswerkstätten oder aber auch durch bewusst eingerichtete Kommunikationsforen gefördert. Wir haben gelernt, unsere eigene Arbeit immer wieder zu analysieren, zu reflektieren und zu strukturieren. Hierbei ist zu erwähnen, dass wir darauf achten, dass für die regelmäßigen Besprechungen, Reflexionen und Planungen im Kleinen wie im Großen der Dienstagnachmittag zur Verfügung steht, an dem keine verbindlichen Angebote stattfinden und der überwiegend durch Kooperationspartner abgedeckt wird.

(i) Zusammenarbeit bzw. Kooperation mit anderen Institutionen – Netzwerkbildung
Schließlich hat unsere Schule ein Netzwerk von Helfern und Mitgestaltern der Schule entwickelt. Ohne dieses Netzwerk und vor allem ohne diese im Netzwerk integrierten Institutionen wäre vieles an unserer Schule nicht mehr denkbar. Diese Institutionen unterstützen Projektwochen und Arbeitsgemeinschaften oder führen diese durch, nehmen an Beratungen unterschiedlicher Schülergruppen teil, führen thematische Elternversammlungen durch, sind in Präventionsmaßnahmen, der Berufsvorbereitung und vielem mehr integriert bzw. übernehmen hier Verantwortung. Hervorzuheben ist, dass wir auch die Arbeiterwohlfahrt gewinnen konnten, die nunmehr in einem eigens von unserer Schule bereitgestellten Büro in der Schule Sprechstunden für Migranten und sozial benachteiligte Schüler anbietet und uns mit Angeboten bei der Ganztagsbetreuung unterstützt. Darüber konnten auch Hemmschwellen so mancher Eltern gegenüber dem schulischen Kontakt abgebaut werden.

Hinderliche Prozessfaktoren
Wenn es um die Reflexion hinderlicher Prozessfaktoren geht, dann möchte ich darauf verweisen, dass dies immer auch unter dem Eindruck aktueller Situationen geschieht. Zuerst widme ich mich einigen Problemen bezogen auf das Thema Schule im Allgemeinen und dann der Ganztagsschule im Besonderen.

(a) Fehlende Anreizsysteme
Ein Grundproblem der Arbeit an einer Schule ist das *Nichtvorhandensein eines Leistungsprinzips*. Es gibt an jeder Schule Lehrer, die eine Schule voranbringen, die Schüler motivieren und sogar Lehrer begeistern können. Und es gibt Lehrer, die sind für nichts zu begeistern und machen „Dienst nach Vorschrift", wie es von Dienstherren gewünscht wird (siehe das Gegenrechnen von Plus- und Minusstunden). Man kennt diese Situation und schaut ohnmächtig zu, da keine Mittel zur Verfügung stehen, um die einzelnen Leistungen entsprechend zu würdigen. Um das „Mehr" an schulentwicklungsbezogener Arbeit der engagierten Lehrer zu honorieren, reichen in etwa die paar Anrechnungsstunden für eine „aktive" Schule bei weitem nicht aus.

(b) Mangelnde Anerkennung von Sekundarschulen durch den Schulträger – Lernumfeldgestaltung
Die Anerkennung von Sekundarschulen durch die Schulträger ist in den einzelnen Kommunen sicherlich sehr unterschiedlich. In unserem Kreis wurden in allen Gymnasien in Millionenhöhe Mittel investiert, was grundsätzlich auch notwendig und richtig ist. Die Berufsschule wurde neu gebaut und eine Geistigbehinderten-Schule ebenfalls. Eine Sekundarschule wurde aus besonderen Gründen ebenfalls renoviert. Nun ist kein Geld mehr da. Bei unserer Schulfusionierung zogen wir mit fast 900 Schülern in ein Gebäude ein, welches bei einer öffentlichen Veranstaltung als Abrissobjekt hinterfragt wurde. Von einem angenehmen Lernumfeld konnte keine Rede sein. Dies hatte Auswirkungen auf das schulischen Wohlbefinden und die gefühlte Anerkennung von Lehrern und Schülern unserer Schule. Viel Kraft und Initiative flossen in die notdürftige Gestaltung eines ansprechenden Lernumfeldes ein.

(c) Zu wenig Anerkennung der Arbeit von Ganztagsschulen durch übergeordnete Behörden
Bei der Beantragung der IZBB-Mittel ging es dem Schulträger in erster Linie um die Instandsetzung eines maroden Schulgebäudes und nicht um die Schaffung auch materialer Voraussetzungen bezüglich der Umsetzung unserer inhaltlich-konzeptionellen Ideen zur Gestaltung einer Ganztagsschule. Zu wenig Anerkennung? Die Voraussetzungen zur Umsetzung eines anspruchsvollen Ganztagskonzeptes wie das der gebundenen Form werden auch von Seiten des Landes nicht hinreichend bedacht. Bis auf die Zuweisung von Stunden für Ganztagsschulen, die für eine gebundene Form etwas zu gering ist, gibt es keine weiteren Vergünstigungen gegenüber Halbtagsschulen. Es wird aber ein erheblicher Teil an Mehrarbeit an diesen Schulen geleistet. Diese fehlende materielle Anerkennung bremst zu einem gewissen Grad die schulische Entwicklung bzw. erfordert ein deutlich höheres Engagement aller an der Organisation, der Gestaltung und Entwicklung der Schule Beteiligten. Grenzen der Belastung werden immer wieder thematisiert und müssen schulintern neu ausbalanciert werden. Auch dies kostet Zeit, Kraft und erfordert ein gewaltiges Maß an Organisationstalent und Phantasie.

(d) Lehrkräfteeinsatz
Mit großer Unsicherheit blicken wir Jahr für Jahr dem Einsatz des Kollegiums entgegen. Aufgrund der demographischen Veränderungen, aber auch eines Mangels an Lehrkräften in unserer Region, stehen zum einen aktiv in der Schulentwicklungsarbeit involvierte Lehrer (etwa

in der Steuergruppe oder aber gerade in Bezug auf unsere Profilierungsbemühungen wichtige ehemalige Grundschullehrerinnen) ständig in Gefahr, abgeordnet zu werden. Zum anderen ist eine verlässliche Planung und qualitativ gute Vorbereitung des kommenden Schuljahres bereits am Ende des alten Schuljahres kaum möglich. In diesem Schuljahr mussten wir etwa mit einer Unterversorgung von über 70 Lehrerstunden beginnen. So etwas entmutigt, demotiviert selbst die größten Optimisten und steht einer qualitativen und insbesondere kontinuierlichen Entwicklung unserer Schule absolut entgegen.

Perspektiven der Entwicklung

Die Perspektiven für unsere Schule und für Ganztagsschulen insgesamt sehe ich sehr positiv. Die Eltern nehmen die ganztägigen Konzeptionen an und bringen sich zunehmend mit ein. Trotz der oben genannten Probleme unserer Schule schauen wir optimistisch in die Zukunft, denn wir haben viele Pläne, ein gutes Netzwerk und viele engagierte Schülerinnen und Schüler, Eltern und Lehrerinnen und Lehrer.

Offene Fragen/ Probleme

Eigentlich hatten wir vor, die gebundene Form bis in die 8. Klassenstufe hochzuziehen. Dies gestaltet sich jedoch aufgrund der bisherigen Stundenzuweisung und der damit im Zusammenhang stehenden Unterversorgung als schwierig. Auf der Grundlage eines Faktors von 0,085 wurden uns 42 Lehrerstunden pro Woche zusätzlich zugewiesen. Diese Stunden reichen gerade für die gebundene Form in den Klassenstufen 5-7 an drei Tagen. Noch nicht berücksichtigt sind dabei die Stunden für die offenen Angebote am vierten Tag (ca. 60 Schüler) und für die Klassenstufen 8-10. Diese Stunden werden durch außerschulische Partner und die Pädagogischen Mitarbeiter abgesichert, was sich nicht immer als optimal erweist.
Es bleibt abzuwarten, inwiefern sich die vorrangigen Bemühungen in den unteren Klassen nachhaltig auf die Bildungs- und Lernprozesse der Schüler in den oberen Klassen auswirken. Jenseits dieser Bildungserfolge im engeren schulischen Sinne gilt es jedoch auch, die Angebote der externen Kooperationspartner in ihren gewiss breiteren Wirkungen künftig näher zu betrachten.
Es stellt sich aber auch die Frage, inwiefern auf der Grundlage erster Erfahrungen Mittel und Wege gefunden werden, eine den spezifischen Bedarfen der Schulen gerechte Mittelverteilung vorzunehmen sowie die Autonomie der Schulen im Umgang mit diesen Mitteln im Sinne einer Qualitätsentwicklung zu befördern. Dies schließt die umfassende Anerkennung der Schulen in ihrer Schul- und Organisationsform ebenso wie in ihrem entwicklungsbezogenen Engagement mit ein.

89| Entwicklungsprozesse an der Wilhelm-Hauff-Realschule Pfullingen
Barbara Seichter, Jürgen Albrecht und Hans Batsching

Profil der Schule

Die Wilhelm-Hauff-Realschule Pfullingen feierte im Schuljahr 2008/2009 ihr vierzigjähriges Bestehen. Entgegen langjähriger amtlicher Prognosen ist sie eine seit Jahren wachsende Schule: Derzeit werden in 36 Klassen 1045 Schülerinnen und Schüler unterrichtet. Ca. 58% der Schülerschaft kommen aus dem eher ländlich, handwerklich und klein-industriell geprägten Umland. Die derzeitige Entwicklung beweist aber auch eine erhöhte Attraktivität für Kinder und Jugendliche aus der benachbarten Großstadt Reutlingen und deren Einzugsgebiet. Die am Schulort und seiner Umgebung bestehende und sich entwickelnde Jugendkultur ist zunehmend geprägt von großstädtischen Milieus und Angeboten, und die räumliche Nähe zu Reutlingen und Stuttgart und ein ausgebautes Nahverkehrsnetz ermöglichen jungen Menschen in der Freizeit ein hohes Maß an Mobilität. Ungefähr 18% der Schülerinnen und Schüler haben einen Migrationshintergrund.

Die Schule stellte im November 2008 den Antrag auf die Genehmigung als Ganztagsschule. Seit Mai 2009 gibt es eine geregelte qualifizierte Schulsozialarbeit. Der Bau einer Mensa und eines Erweiterungsgebäudes ist in Planung.

Die Schule erhielt für ihre kontinuierliche pädagogische Pilot- und Entwicklungsarbeit in verschiedenen Bereichen 2002 das Prädikat „Bildungswerkstatt Baden-Württemberg" verliehen, 2008 wurden ihre besonderen Aktivitäten um die Berufs- und Studienorientierung ihrer Schülerinnen und Schüler mit dem „Berufswahl-SIEGEL" ausgezeichnet. Seit Jahrzehnten finden Erfahrungen, Vorhaben und Entwicklungen an der Wilhelm-Hauff-Realschule Eingang in die jeweils aktuellen Bildungspläne Baden-Württembergs.

Die Wilhelm-Hauff-Realschule versteht sich als *ein Ort vielfältigen Lernens, an dem sich Menschen mit Respekt, Achtung und Toleranz begegnen und an dem demokratisches Miteinander gelebt und eingeübt wird. Verantwortung sich selbst, der Gemeinschaft und der Umwelt gegenüber sind für uns wichtige Voraussetzungen für das Bestehen und Handeln in einer zusammenwachsenden Welt.* Basierend auf dieser Präambel zu ihrem „Leitbild" ist die Schule seit vielen Jahren besonders in folgenden Bereichen um eine Qualitätsentwicklung und -sicherung bemüht:
- Begleitung und Stärkung der Schülerpersönlichkeit
- Vorbereitung der Schülerinnen und Schüler auf die Lebens- und Arbeitswelt
- Vermittlung und Förderung von sozialen, methodischen, kommunikativen und fachlichen Kompetenzen
- neue Formen des Lehrens und Lernens
- Offenheit und Transparenz in der Zusammenarbeit
- Demokratisches Miteinander
- Prozessmanagement

Geschichte der Schulentwicklung

Bereits in ihren ersten Jahren wurden an der Wilhelm-Hauff-Realschule Entwicklungen angestoßen, die sich als wichtige und fruchtbare Keimzellen für den aktuellen Stand der Schule erwiesen.
- Die räumlich-mediale Konzeption der neuen Schule sah in den 1970er Jahren einen mit fahrbaren Kameras bestückten Raum vor, in dem Unterricht aufgezeichnet und anschließend gemeinsam reflektiert werden konnte. Der Austausch über Qualitätskriterien von Unterricht und dessen Weiterentwicklung, vor allem auch im Rahmen einer engen Kooperation mit der damaligen Pädagogischen Hochschule Reutlingen, gehört so zu einer langjährigen Tradition der Schule.
- Die modern eingerichtete Schülermediothek im Zentrum des Gebäudes ermöglichte Schülerinnen und Schülern selbstständiges Arbeiten mit unterschiedlichsten Medien. Formen der Informationsbeschaffung, der Dokumentation und Präsentation wurden ebenso eingeübt wie die themenbezogene Partner- oder Teamarbeit.
- Mit der zentralen Mediothek und zwei angrenzenden, mit ihr verbundenen Arbeitsräumen war gleichzeitig das räumliche Angebot für die „Offene Schule" geschaffen. An einem Nachmittag in der Woche konnten Schülerinnen und Schüler freiwillig an unterschiedlichen, von Lehrkräften betreuten Angeboten teilnehmen: Selbstständige Nutzung vielfältiger Medien, Hausaufgabenbetreuung, Vorbereitung auf Klassenarbeiten, Arbeit an Referaten, Spielen und Basteln, kursartige „Akademien" in Geschichte und anderen interessanten Wissensgebieten u.v.m. Viele nutzten die „Offene Schule" auch einfach als Treffpunkt mit Freunden und Schulkameraden.
- In den ersten Jahren im neuen Schulgebäude (Anfang der 1970er Jahre) gab es an einem Tag in der Woche eine Präsenzzeit für Lehrerinnen und Lehrer, die dem gegenseitigen Austausch innerhalb des Kollegiums, auch mit der Schulleitung, diente. Auch wenn diese Tradition für viele Jahre unterbrochen wurde, bildete sie doch auch die Grundlage für einen regen informellen Austausch über pädagogisch-didaktische Fragen.
- Mitte der 1970er Jahre entwickelte eine Lehrergruppe, ausgehend von unterschiedlichen Ansätzen schülerzentrierten Unterrichts, eine Konzeption für Offenen Unterricht, die in den Folgejahren für alle Klassenstufen ausgebaut und praktiziert wurde. Ein ständiger Erfahrungs- und Informationsaustausch, das Entwickeln von Beobachtungs-, Qualitäts- und Leistungskriterien beförderten kontinuierlich den gesamtkollegialen Austausch und lotete Freiräume und (damals) unkonventionelle Möglichkeiten pädagogischen Handelns aus.
- Lange, bevor es das verpflichtende Projekt *BORS (Berufsorientierung an Realschulen)* gab, organisierte die Schule Betriebspraktika, in deren Rahmen Schülerinnen und Schüler erste Erfahrungen in der Berufs- und Arbeitswelt sammeln und in den Unterricht einbringen konnten. Einerseits war dies ein früher Beitrag zur Berufsorientierung der Jugendlichen, andererseits wurden hier erste Kontakte und Kommunikationsstränge zu Betrieben und Institutionen geknüpft und ausgebaut.

So entwickelte „sich" die Schule über Jahre hinweg in unterschiedlichen Bereichen, qualifiziert und getragen von einem hohen Engagement des Kollegiums, aber doch eher fragmentiert. Eine Bilanzphase Anfang der 1990er Jahre ergab einen Überblick, gleichzeitig aber auch den Impuls, Entwicklungen bewusster und gesamtkollegial anzugehen. Angebote der Schulverwaltung zur Beteiligung an Projekten zur „Inneren Schulreform" führten zu einer Reihe von Entwicklungen, die das heutige Profil der Schule entscheidend beförderten:

Im Rahmen einer schulinternen Fortbildung zum Thema „Schul- und Organisationsentwicklung" wurde u.a. über Rolle und Funktion von Steuergruppen referiert. Der anschließende Diskussionsprozess im Kollegium führte dazu, dass 1996 eine solche Gruppe *(AK Schulentwicklung)* gewählt und eingesetzt wurde. Sie spielt bis heute eine nicht mehr weg zu denkende Rolle innerhalb der Schulentwicklung.

Im selben Jahr beschloss die Schule eine ihr angebotene Teilnahme am Forschungsprojekt „Hermeneutische Schulentwicklung" des Instituts für Erziehungswissenschaft der Universität Tübingen. Dies ermöglichte eine zweijährige wissenschaftliche Begleitung eines eingeleiteten Schulentwicklungsprozesses, dessen heute noch gültige Kriterien gemeinsam festgelegt wurden:

- gemeinsam beschlossen
- bewusst entschieden
- langfristig angelegt
- gemeinsam zu gehender Weg (Prozess)
- konsensorientiert und transparent
- ergebnisoffen

Grundpfeiler der aktuellen Schulentwicklung

Seit dieser Zeit wurde der Schulentwicklungsprozess zielorientiert, kontextbezogen auf die gesamte Schule und in professioneller Ausgestaltung fortgeführt.

Der *Arbeitskreis Schulentwicklung* übernahm im Auftrag des Kollegiums und in ständiger, unmittelbarer Rückkoppelung mit der Gesamtlehrerkonferenz systematisch die Koordinationsaufgaben für alle sich weiterhin eröffnenden Felder des Schulentwicklungsprozesses.

So entstand in diesem Zusammenhang das *Leitbild* der Schule, das das grundlegende Profil der Arbeit mit den Schülerinnen und Schülern beschreibt und damit zum unerlässlichen Wegweiser für die Arbeit des Kollegiums und die ganze Schulgemeinde wurde.

Zur Verwirklichung dieser Zielsetzungen war die nächste Entwicklungsaufgabe nur konsequent und folgerichtig: In einem umfassenden *Schulprogramm* wurden alle wesentlichen Aufgabenfelder systematisch und in übersichtlicher, klarer und ansprechender Struktur zusammengefasst und für das Kollegium zur unmittelbaren Handlungsleitlinie, für alle Eltern und Schüler zur offen gelegten Aussage über das pädagogische Profil der Schule. In den drei Bereichen „Lehren und lernen" – „Gemeinsam leben und arbeiten" sowie „Unsere Schule entwickeln" macht die Schule alle Bereiche und Schwerpunkte der pädagogischen Arbeit transparent und beschreibt die Qualität des gesamten schulischen Wirkens. Dabei wird auch nach außen hin verdeutlicht, dass alle Entwicklungsschwerpunkte einer stetigen Überprüfung und auch einer eventuellen Weiterentwicklung bzw. Aktualisierung bedürfen.

Für das Gelingen der pädagogischen Ziele war und ist der Schule insbesondere eine gelingende Erziehungspartnerschaft von Bedeutung. So war die Entwicklung und Einführung einer *Schulvereinbarung* zwischen Schülern, Eltern und Kollegium der richtige nächste Schritt. In einer von allen unterzeichneten Willenserklärung wird besonders symbolträchtig das gemeinsame Ziel einer gelingenden Persönlichkeitsentwicklung der Schülerinnen und Schüler und die Bereitschaft zur aktiven Mitwirkung unterstrichen.

Arbeitsstrukturen

Klare Zielangaben und Vereinbarungen bedürfen logischerweise auch entsprechender konkreter Umsetzung in den schulischen Unterrichtsalltag, wenn sie nicht Makulatur bleiben sollen. So war im ganzen Schulentwicklungsprozess auch immer wichtig, aus dem Kollegium heraus für das ganze Kollegium praktikable Umsetzungsideen für die einzelnen Elemente des Schulprogramms zu entwickeln und zur Benutzung für alle bereitzustellen.

Gemäß der breiten Bereitschaft im Kollegium zur aktiven Beteiligung am Schulentwicklungs-Prozess weit über den Unterricht hinaus übernehmen unterschiedliche Arbeitskreise die Aufgaben der konkreten Umsetzung der gemeinsamen Ziele.

Dabei ist der *Arbeitskreis Schulentwicklung* (AKSE) das zentrale Gremium, das die gesamte Arbeit im Rahmen der Schulentwicklung koordiniert und strukturiert. Er hält Kontakt zu den bestehenden anderen Arbeitskreisen und setzt eigene Impulse zur Weiterentwicklung der Schule. Seine Mitglieder sind Kolleginnen und Kollegen, die in einem bestimmten Zeitraum ihre persönlichen Ressourcen und ihr Engagement für den Bereich Schulentwicklung und ihre Mitverantwortung für das pädagogische Profil der Schule einbringen wollen. Die Arbeit des AKSE wird professionell von seinen Mitgliedern wechselnd moderiert und ist insbesondere auf volle Transparenz dem Kollegium gegenüber angelegt. So ist es selbstverständlich, dass das gesamte Kollegium ein umfassendes Protokoll jeder Sitzung erhält. Viele Impulse und Vorlagen werden in die Gesamtlehrerkonferenz eingebracht. Dabei sind Nachhaltigkeit und Konsensorientierung entscheidende Kriterien für die gesamte Arbeit. Das Schulleitungsteam ist gleichberechtigtes Mitglied.

Der *Arbeitskreis KOMET* kümmerte sich zunächst um die Erarbeitung eines modellhaften Methoden- und Kommunikationscurriculum („Pfullinger Curriculum"), das altersgerecht von Klasse 5 bis 10 spezielle Trainingseinheiten für den Erwerb von methodischen und kommunikativen Kompetenzen der Schülerinnen und Schüler für die jeweiligen Klassen ausweist. Nach einer Probephase ist dieser Lehrplan mittlerweile verbindlich für die Arbeit in allen Klassen der Schule. Weiterhin wurden didaktische und methodische Handreichungen und Materialien zur Umsetzung im Unterricht entwickelt. Seine ständige Aufgabe sieht der Arbeitskreis auch in der Weiterentwicklung des Curriculums. So wurden Bausteine für soziales Lernen und Konflikttraining hinzugefügt und andere Teile zeitgemäß aktualisiert.

Je nach aktueller Notwendigkeit bilden sich ständig weitere Arbeitskreise, teilweise zeitgebunden bis zur Verwirklichung eines Projekts, z.B. der Aktualisierung der Schulordnung, oder auch dauerhaft zur stetigen Begleitung und Förderung einer wichtigen schulischen Aufgabe.

Für alle Arbeitskreise hat sich bewährt, dass zielgerichtet und prozessorientiert gearbeitet wird, dass die Mitglieder der jeweiligen Teams sich freiwillig aus dem Kollegium heraus melden und ihre Arbeit selbstständig moderieren und gestalten. Je nach Aufgabenbereich und Thema bilden sich Teams in immer anderen Zusammensetzungen. Alle Ergebnisse der Arbeitskreise finden generell ihren Weg über die Gesamtlehrerkonferenz zurück ins Kollegium, werden nach Beratung und eventuellen Überarbeitungen – und manchmal auch kompletten Neuansätzen – in Probephasen ausprobiert, um dann in möglichst optimaler Form und nach gründlicher Reflexion in der Arbeit aller verbindlich umgesetzt zu werden. Dass dabei auch immer wieder Evaluationsphasen eingeplant sind, ergibt sich selbstverständlich.

Arbeitsweisen

Kommunikation und Beteiligung

Bei so vielen Personen, deren Kontakte an Klarheit, Offenheit und Transparenz orientiert sind, spielen Kommunikationsstrukturen eine wichtige Rolle. Auch wenn es, angesichts der hohen Kommunikationsfrequenz, immer wieder auch zu Missverständnissen und Fehlern kommt, gilt prinzipiell der Grundsatz, Betroffene zu Beteiligten zu machen. Impulse, neue Informationen und Entwicklungen, Zwischenstände von Arbeitsprozessen, erste Teilergebnisse von Teamarbeiten u.a. werden in persönlichen Gesprächen, durch schriftliche Benachrichtigungen, Vorlagen bei Konferenzen, veröffentlichte Protokolle und durch Aushänge mit Feedbackmöglichkeiten weitergegeben. Eine reibungslose Kommunikation innerhalb des Schulleitungsteams, kurze Kommunikationswege vom Kollegium zur Schulleitung und umgekehrt sowie eine sofortige Einbeziehung aller Beteiligten, vor allem im Konfliktfall, sind wichtige Garanten einer gemeinsam getragenen Arbeit. Dazu gehört es auch, dass Störungen in diesem Bereich offen benannt, thematisiert und geklärt werden. Ein wichtiger Beitrag dazu von Elternseite ist der von einem Elternarbeitskreis entwickelte und herausgegebene Leitfaden „Wie sag ich's meinem Lehrer", der Eltern klare Kommunikationswege zu Schulleitung sowie Lehrern und Lehrerinnen vorschlägt. Prozesse der Schulentwicklung können nur dann erfolgreich sein, wenn der Wissensstand aller Beteiligten über die geplanten Schritte und erreichten Ziele auf derselben Ebene liegt. Neben den Gesamtlehrerkonferenzen, in denen auch die SMV ihren festen Platz hat, sind vor allem auch die jährlichen Pädagogischen Tage eine wichtige Plattform für Information, Austausch und notwendige Entscheidungsprozesse. Neben thematischen Elternabenden in unterschiedlichen Klassenstufen bilden die Informationsabende für die neuen Schuleltern schon zu Ende des „alten" Schuljahres, also vor den Sommerferien, ein wichtiges Forum für die Information und Einbindung der neuen Elterngeneration in das Schulprogramm: Elternvorstand, Schulleitung und ein Kollegenteam planen diese Veranstaltung und führen sie gemeinsam durch. Im Plenum, später dann in kleinen Gruppen, werden die neuen Schülereltern mit Leitbild und Konzept unserer Schule bekannt gemacht, bekommen Einblick in die Arbeits- und Organisationsstruktur und erfahren Möglichkeiten der Mitarbeit und Beteiligung.

In dem Bestreben, auch für die Schülerschaft eine direkte Plattform gegenseitiger Information und Reflexion zu schaffen, entwickelte im Schuljahr 2007/2008 eine Arbeitsgruppe der SMV ein Modell für Schüler-Stufenversammlungen, das erstmals im folgenden Jahr erprobt wurde und nun fester Bestandteil des Schullebens ist.

Ein wichtiges Informations-Medium auch für den Bereich der Schulentwicklung ist die Schulzeitung „MOSAIK", die von einem festen Redaktionsteam aus Kolleginnen und Kollegen der Schule herausgegeben wird. Seit 25 Jahren greift sie neue Impulse auf und gibt ausführlich Rechenschaft über laufende Prozesse und getroffene Entscheidungen. Beiträge aus der Lehrer-, Schüler- und Elternschaft sowie der Schulleitung werden hier veröffentlicht. Alle Eltern, weitere Mitglieder der Schulgemeinde, die Repräsentanten des Schulträgers und außerschulische Partner erhalten kostenlos die zweimal im Jahr erscheinende Ausgabe.

Außenkontakte
Die Wilhelm-Hauff-Realschule pflegte schon immer Kontakte von und nach außen und stand einem gegenseitigen Austausch mit jeweiligen Partnern positiv gegenüber. Gemeinsame Vorhaben und enge Kooperation mit der damaligen Pädagogischen Hochschule Reutlingen, Forschungs- und Kooperationsprojekte mit der Universität Tübingen oder enge Kontakte zum Staatlichen Seminar für Didaktik und Lehrerausbildung Reutlingen sind Beispiele dafür. Seit der Einrichtung von Pädagogischen Tagen wurden immer wieder Expertinnen und Experten eingeladen, die punktuell oder prozesshaft Vorhaben begleiteten und Hilfe durch Außensicht boten. In der Zeit der Bildungsplanrevision (Bildungsplan 1994) und der aktuellen Schulentwicklung wurde und wird die Schule immer wieder für externe Fortbildung ihrerseits angefragt. Auch die Kontakte in die Gemeinde hinein spielen eine wichtige Rolle, nicht zuletzt für die Akzeptanz innerhalb der Bürgerschaft und beim Schulträger und die öffentliche Identifikation mit der Schule. Teilnahme bei kulturellen Veranstaltungen und kommunalen „JES"-Projekten

("Jugend engagiert sich"), der Aufbau von Bläserklassen zusammen mit der örtlichen Musikschule und die Kooperation mit dem örtlichen NABU sind Beispiele dafür.

Im Rahmen des Projektes „BORS", das in den letzten Jahren zu einem wichtigen Profilbereich ausgebaut wurde, wurden enge Kontakte zur IHK und der mittelständischen Wirtschaft geknüpft. Die Schule unterhält zwei durch einen Kooperationsvertrag belegte enge Partnerschaften mit Reutlinger Firmen und einige weitere kontinuierlich genutzte Kontakte zu regionalen Firmen. Informationsveranstaltungen, Praktikumsplätze für Schülerinnen und Schüler, Betriebsführungen, Bewerbertraining u.v.m. gehören zu einer vielfältigen Angebotspalette, von der beide Seiten profitieren. 2008 erhielt die Schule für ihre besondere Entwicklungsarbeit auf diesem Gebiet das „Berufswahl-SIEGEL" verliehen.

Offene Schule – Ganztagesschule

Einerseits wichtiger Grundpfeiler der schulischen Arbeit seit vielen Jahren, andererseits aber auch Kern für die Weiterentwicklung, ist die Offene Schule. Eingerichtet und angelegt schon in den Gründerjahren, wurde diese Institution vor allem in den letzten Jahren kontinuierlich ausgebaut. Der zentrale Raum für dieses Angebot war und ist die Schülermediothek, ausgestattet mit unterschiedlichsten Medien (Bücher, Schüler- und Fachzeitschriften, PC mit Internetanschluss, Bastel- und Präsentationsmaterial) und Arbeitsplätzen für Schülerinnen und Schüler. Selbstständiges Lernen, Hausaufgabenhilfe, Möglichkeiten zur Informationsbeschaffung, Leseangebote, Basteln oder einfach die Gelegenheit für einen lockeren Treff – dies alles gehört zur Idee der Offenen Schule. Räumlich erweitert durch die angrenzenden Räume und ein modern eingerichtetes Sprachmedienzentrum wurde die Offene Schule auch zeitlich ausgedehnt auf vier Unterrichtsnachmittage. Sie stellt seit vielen Jahren in der Schülerschaft einen wichtigen Identifikationsfaktor mit der Schule dar.

Ausgehend von den Einflüssen der gesellschaftlichen Entwicklung auf die schulische Erziehung und aufbauend auf Grundstruktur und Zielsetzung der Offenen Schule war ein notwendiger Schritt der Schulentwicklung die Hinwendung zur Konzeption einer Ganztagesschule. Nach einer differenzierten Befragung der Elternschaft und einem ersten kollegialen Meinungsbild beschäftigte sich eine große, sehr heterogen zusammengesetzte Arbeitsgruppe der Lehrerschaft mit einem groben Entwurf für eine mögliche Konzeption. Nach einer intensiven Informations- und Diskussionsphase beschlossen Kollegium und Schulkonferenz mit großer Mehrheit die Einleitung eines Prozesses zur Ganztagesschule. Durch die positiven Entscheidungen des Gemeinderats und des Regierungspräsidiums ist der Weg frei für die weitere Entwicklungsarbeit, vor allem an den Bausteinen „Weiterentwicklung der Offenen Schule", „Arbeit in Lerngruppen", „Rhythmisierung des Schultags", „Essen an der Schule" und „Bauplanung".

Hemmende Prozessfaktoren

Die knappe räumliche und personelle Ausstattung einer Schule dieser Größe und mit diesem Profil ist eine große Herausforderung für alle, die gute Arbeit leisten möchten. Durch den baden-württembergischen „ungerechten" Organisationserlass (Berechnung der Lehrerstunden nicht nach Anzahl der Schüler, sondern nach Anzahl der Klassen) sind die Klassen bis an die Grenze des Klassenteilers überfüllt. Darüber hinaus sind dringend notwendige Ressourcen für die konzeptionelle Schulentwicklungsarbeit nicht vorhanden.

Spätestens seit den PISA-Ergebnissen werden von Bildungspolitik und Schulverwaltung ständig neue Anforderungen an die Schule gestellt. Viele dieser in hoher Frequenz verordneten Projekte sind sinnvoll, werden aber oft nach kurzer Zeit wieder verändert, so dass weder Nachhaltigkeit noch Verlässlichkeit gewährleistet sind. Inhaltliche Fülle, geringe Entwicklungszeit und ein mit der Umsetzung fast überfordertes Kollegium sorgen nicht selten für eine geringe Akzeptanz von offiziellen Projekten, auch wenn diese eigentlich als grundsätzlich sinnvoll erachtet werden. Für die WHR gilt, dass die vor Ort entwickelten Projekte und Konzeptionen nachhaltiger gelingen.

Förderliche Prozessfaktoren

Die *Rahmenbedingungen der Schule* sind wohl strukturiert, Aufgabenverteilung, Abläufe und Informationen sind transparent, Verwaltung, Sekretariat und Hausmeister arbeiten vorbildlich und effektiv.
Die wichtigste Grundlage der Arbeit in der WHR ist das *innovative Kollegium*.
Es zeichnet sich dadurch aus, dass es sich in einem ständig reflektierten pädagogischen Prozess befindet. Interesse an Weiterentwicklung, wertschätzendes Miteinander und Bereitschaft zum Engagement bewirken eine besonders förderliche Atmosphäre. Auch die offen-kritische Haltung von Kollegen belässt die Schule als Ganzes immer wieder im Blickfeld. So wird seit Jahren innerhalb des Kollegiums immer wieder im Spannungsfeld zwischen „pädagogischer Freiheit" und Verbindlichkeit gerungen. Dabei gelingt es oft, auch produktiv mit Widerstand umzugehen. Neuerungen werden immer wieder von einem Teil des Kollegiums ausprobiert und nach dem Erfahrungsaustausch für alle verbindlich festgeschrieben.
Dem *Schulleitungsteam* ist es ein Anliegen, innovative, pädagogisch durchdachte Ansätze zu unterstützen. Dabei ist der Schulleitung bewusst, dass die Kollegen hoch professionell auf der Basis des Leitbildes und Schulprogramms arbeiten. Dieses Vertrauensverhältnis bedeutet insbesondere, dass verantwortliches Delegieren möglich ist, dass Betroffene zu Beteiligten werden.
Die wichtigste Aufgabe der Schulleitung ist, neben der Sorge um die Verbesserung der Rahmenbedingungen, der gesamte Bereich der Personalentwicklung. Dabei geht es seit Jahren um die Personalauswahl, aber auch um die Begleitung und Unterstützung der Kollegen. Personalgespräche mit Zielüberlegungen, Motivationsförderung, Einbeziehung des Kollegiums in alle Prozesse der Entwicklungsplanung, Umgang mit Konflikten und Mut, Unangenehmes zu artikulieren, gehören selbstverständlich dazu.
Grundlage der *Kommunikations- und Arbeitsstrukturen* ist die Bereitschaft für gemeinsames pädagogisches Handeln. Grundeinstellung dazu ist, dass der Schüler, seine Erziehung und Bildung im Zentrum des Denkens und Handelns stehen. Als Basis dafür für ist eine offene und faire Kommunikation untereinander wichtig, die *Konsensbildung* zum Ziel hat. Auf unterschiedlichen Ebenen und in verschiedenen Zusammensetzungen wird besonderer Wert auf *Teambildung* gelegt. Die dadurch gegebene Vernetzung innerhalb des Kollegiums wirkt sich wiederum positiv auf die Atmosphäre aus. Die systematische Vernetzung mit anderen Institutionen und Beratungsstellen dient der weiteren Professionalisierung.
Durch jahrelange prozesshafte Arbeit gibt es im Kollegium eine große Kompetenz für und eine hohe Erwartung an *Prozessmanagement*.
Das *Engagement* aller ermöglicht Nachhaltigkeit bei den pädagogischen Prozessen. Durch Feedback und mit den Methoden der Evaluation werden Qualität und Wirkung von Entwicklungsprozessen und Projekten auf den Prüfstand gestellt, bestätigt oder verändert. Gemeinsam entwickelte Zielsetzungen und Werte werden aktiv umgesetzt.
Oberstes Wirkungsziel initiierter Entwicklungsprozesse ist die Nachhaltigkeit, die jeweiligen Entscheidungswege und -prozesse sind stark Konsensorientiert, auf Partizipation ausgerichtet und die installierten Neuerungen sind verbindlich.

90| Entwicklungsprozesse an der Albert-Schweitzer-Hauptschule Bochum
Bernhard Giese, Ilka Kohlmann und Michael Kubscha

Geschichte der Schule

Die Albert-Schweitzer-Schule Bochum ist eine typische Hauptschule in einem großstädtischen Umfeld mit all den damit verbundenen Problemen. Seit Beginn des Schuljahres 2008/2009 ist die Schule eine gebundene Ganztagsschule, aufbauend in den Jahrgängen 5-7. Zur Zeit findet der Ganztagsbetrieb in einem unbefriedigenden Provisorium statt. Umbauarbeiten sind geplant und die Schule wartet derzeit auf den Baubeginn.
Der Ortsteil Langendreer ist ein Wohnzentrum der Gesamtstadt mit ca. 36.000 Einwohnern. In den letzten Jahrzehnten hat Langendreer den Charakter einer Industriegemeinde verloren. Die einst beherrschenden Fördertürme, Schornsteine, Kokerei- und sonstigen Übertageanlagen des Bergbaus sind verschwunden. Die neu entstandenen Gewerbegebiete und auch die Opel Werkshallen vermitteln nicht mehr jene Atmosphäre von Schwerindustrie, die der früheren Zechenlandschaft eigen war.
In den 60er, 70er und 80er Jahren entstanden in Langendreer flächendeckende Neubausiedlungen mit Einkaufsmärkten für den täglichen Bedarf, aber auch Wohnblock-Komplexe, in denen heute ein breites Spektrum sozialer Probleme anzutreffen ist.
Die zweitgrößte Bochumer Hauptschule ist ein Schmelztiegel von acht in den 80er und 90er Jahren aufgrund rückläufiger Anmeldezahlen geschlossener Schulen. Von 1984 bis 2004 war ein Teil der Schule in einem großen Schulzentrum zusammen mit einer Real- und einer Förderschule untergebracht. Hinzu kam eine Dependance, in der ebenfalls die Jahrgänge 5-10 unterrichtet wurden. Faktisch bestand die Schule aus zwei Gebäuden, zwei Kollegien und zwei Schülerschaften. Eine Identifikation mit der Schule war so äußerst schwierig. Erst 2004, nach dem Auszug aus dem Schulzentrum, wurden die Kollegien und die Schülerschaft an der Stiftstraße zusammengeführt. Zwar findet der Unterricht weiterhin in zwei Gebäuden statt, diese liegen aber gemeinsam auf einem großen Grundstück.
Die Schule besuchen zur Zeit ca. 430 Schülerinnen und Schüler. Knapp 50 % der Kinder stammen aus Familien mit einem Migrationshintergrund. Viele Eltern leben von Hartz IV und ein nicht geringer Teil der Schülerschaft stammt aus desolaten Elternhäusern.
Die Schüler werden von 38 Lehrkräften unterrichtet, außerdem gehören zwei Sozialarbeiter zum pädagogischen Personal.

Profil der Schule

„Das wesentliche Ziel der Albert-Schweitzer-Schule besteht darin, allen SchülerInnen – gerade und besonders denjenigen, deren Familien ihnen nur wenig Lebenshilfe geben können – *Perspektiven für eine positive Lebensplanung* zu vermitteln, um den *Teufelskreis* der in erschreckendem Maße vorhandenen „Schulmüdigkeit", „Gleichgültigkeit" und „Hoffnungslosigkeit" zu *durchbrechen*, ihnen ein Stück Heimat zu bieten und das Gefühl zu nehmen „Restschüler" zu sein." (Schulprogramm)

Diesem Leitmotiv der Schule folgend hat sich das Kollegium der Schule in den letzten Jahren folgende Arbeitsschwerpunkte gesetzt: Die Persönlichkeitsentwicklung und die Selbstwertsteigerung bei den Schülern zu fördern, eine gezielte Berufswahlvorbereitung durchzuführen, eine intensive Sprachförderung zu gewährleisten, die Integration von Schülern mit Lernbehinderungen durchzuführen sowie die inhaltliche und methodische Unterrichtsgestaltung durch Jahrgangsstufenteams zu organisieren.

Persönlichkeitsentwicklung und Steigerung des Selbstwertgefühls
Viele Schüler der Albert-Schweitzer Schule kommen aus problematischen Elternhäusern und weisen bestimmte Formen von Milieuschädigungen auf. Dazu gehören vor allem ein schlechtes Selbstwertgefühl und ein niedriges Selbstvertrauen. Ein Hauptziel der Schule und ein Grundkonsens im Kollegium ist es, diese Benachteiligung der Schüler durch die schulische Arbeit so weit wie möglich auszugleichen. Aus diesem Grund wurden in den letzten Jahren pädagogische Maßnahmen institutionalisiert, die der Persönlichkeitsentwicklung der Schüler förderlich sind. In Klasse 5 wird mit allen Klassen durch die Sozialarbeitskräfte in Zusammenarbeit mit Jugendfreizeithäusern in der Schulumgebung eine Projektwoche zum Sozialen Lernen durchgeführt. Danach wird das Fach Soziales Lernen einstündig in den Stundenplan integriert und von den Sozialarbeitskräften und den Klassenlehrern durchgeführt.
Ab Klasse 9 können sich Schüler zu Streitschlichtern ausbilden lassen. Die Aufgabe der Streitschlichter ist es, ohne Mithilfe von Lehrern Streitereien und Unstimmigkeiten bei jüngeren Schülern der Schule zu schlichten und zu klären.
Um Unterrichtsstörungen gezielt beggenen zu können, hat die Schule einen Trainingsraum eingerichtet. Schüler, die auch nach mehrfacher Ermahnung den Unterricht stören, werden in diesen Raum geschickt und müssen hier mit Unterstützung von speziell fortgebildeten Lehrern und Sozialarbeitern ihr Verhalten und ihre Einstellung reflektieren. Die Schüler sollen sich selbst Ziele zu Verhaltensänderungen setzen und überlegen, wie sie diese im Unterricht umsetzen können. Durch diese Maßnahme lernen die Schüler, selbst die Verantwortung für ihr Verhalten zu übernehmen.
Neben diesen Maßnahmen, die sich explizit auf das Sozialverhaltern und Selbstwertgefühl der Schüler beziehen, führt die Albert-Schweitzer Schule Sport- und Kunstprojekte durch, die demselben Ziel dienen. So finden in Klasse 7 und 9 jeweils mehrtägige Skifreizeiten statt. Den Klassenleitungen wird von der Schulleitung Raum für Projekte im Bereich Kunst, Theater und Film eingeräumt, die zum Teil mit externen Partnern, wie Künstlern, Theatergruppen und Filmemachern durchgeführt werden.

Berufswahlvorbereitung
Ein weiterer Schwerpunkt der pädagogischen Arbeit an der Albert-Schweitzer Schule ist die Vorbereitung auf die Berufswahl und die Berufstätigkeit.
Das Berufswahlprogramm ist ab Klasse 7 fester Bestandteil des schulinternen Curriculums. Die Klassen beginnen mit Projekten zur Lebensplanung, die in Zusammenarbeit mit außerschulischen Partnern durchgeführt werden, sie besuchen in Klasse 8 die Ausstellung zur Berufssicherheit in Dortmund (DASA), nehmen an einem in drei Phasen gegliederten Berufsorientierungsprogramm teil, das in den Schulungsräumen des Berufsförderungswerkes (bfw) durchgeführt wird, und besuchen Informationsveranstaltungen und Schulungen der Volkshochschule Bochum.
In Klasse 9 und 10 findet jeweils ein dreiwöchiges Betriebspraktikum statt. Darüber hinaus wurde an der Albert-Schweitzer Schule ein schulinternes Berufsorientierungsbüro, kurz BOB genannt, eingerichtet. Ausgestattet mit Computern incl. Internetzugang und umfangreichem

Informationsmaterial zu den verschiedensten Berufen, ist das BOB sowohl Berufsinformationsraum als auch Beratungsraum, in dem u.a. wöchentlich Beratungen durch die Berufsberatung der ARGE Bochum durchgeführt werden.

Die Albert-Schweitzer-Schule hat zwei Klassen eingerichtet, die Schüler in besonderer Weise auf das Berufsleben vorbereiten. Dies ist einmal eine Klasse im Rahmen des Projekts *Beruf und Schule (BuS)*. Hier werden schulmüde Schüler und Schüler mit großen Lernschwierigkeiten durch unterrichtsbegleitende Berufspraktika auf die Berufstätigkeit vorbereitet. Des Weiteren gibt es eine Abschlussklasse 10 vom Typ A, in der die Schüler an einem regelmäßigen eintägigen Betriebspraktikum über das ganze Schuljahr teilnehmen.

Die Albert-Schweitzer-Schule wurde im Jahr 2006 durch die Arbeitgeberverbände Ruhr/Westfalen mit dem *„Berufswahl-Siegel – Schule mit vorbildlicher Berufsorientierung"* für ihre besonders gute Berufswahlvorbereitung ausgezeichnet.

Sprachförderung

Ein schwerwiegendes Problem eines Großteils der Schülerschaft ist die mangelnde Sprachkompetenz, was sich vor allem in schwacher Rechtschreibung und Ausdrucksfähigkeit bemerkbar macht. Deshalb legt die Schule, auch im Hinblick auf den hohen Anteil an Migrantenkindern, viel Wert auf Sprachförderung. Zusätzliche Deutschförderstunden, in denen die Schüler mit Hilfe von Tests- und Evaluationsverfahren individuell je nach Lern- und Leistungsstand gefördert werden, werden vor allem in den Jahrgängen 5 und 6 durchgeführt. Hinzu kommt eine Förderung in Kleingruppen mithilfe einer Internetplattform (E-Fit). Gleichzeitig kooperiert die Albert-Schweitzer-Schule mit der Jugendhilfeambulanz, einer Einrichtung der Caritas, die zusätzliche Förderung für Kinder mit Lese-Rechtschreibschwäche anbietet.

Für Kinder und Jugendliche, die aus dem Ausland zuziehen und kein Deutsch sprechen, hat die Albert-Schweitzer-Schule seit Jahren spezielle Klassen eingerichtet, in denen die Schüler in Intensivkursen Deutsch lernen, um so schnell wie möglich am Unterricht einer Regelklasse teilnehmen zu können. Hier findet seit Jahren eine Zusammenarbeit mit dem Integrationsbüro der Stadt Bochum statt, einer Stelle des Jugendamtes, die sich gezielt um ausländische Kinder und Jugendliche kümmert.

Gemeinsamer Unterricht: Integration von Schülern mit sonderpädagogischem Förderbedarf in eine Regelklasse

Seit einigen Jahren führt die Albert-Schweitzer Schule in einigen Klassen gemeinsamen Unterricht durch. Dabei werden Schüler einer Förderschule mit dem Förderschwerpunkt Lernen in Zusammenarbeit mit Lehrkräften der Förderschule in die Regelklassen der Hauptschule integriert und zusätzlich gefördert. Der Unterricht für diese Schüler ist fächerabhängig entweder zielgleich oder zieldifferent.

Einrichtung von Jahrgangsstufenteams

Es hat sich für die Zusammenarbeit im Kollegium und für das Erreichen von pädagogischen Zielen als sinnvoll herausgestellt, in den einzelnen Jahrgängen Jahrgangsstufenteams zu bilden. Das bedeutet konkret, dass möglichst wenig Lehrkräfte den Unterricht für alle Fächer in einem Jahrgang abdecken, sich als Team regelmäßig zu Absprachen treffen und dadurch eine sehr persönliche und intensive Betreuung der Schüler ermöglichen. Weiterhin kann durch die enge Zusammenarbeit Unterricht im Teamteaching durchgeführt werden, wodurch eine individuelle Förderung der Lernenden eher möglich ist.

Förderliche und hinderliche Prozessfaktoren

Förderliche Prozessfaktoren
Einer der wesentlichen Faktoren, der die Arbeit des Kollegiums vorantreibt, ist ein pädagogischer Konsens aller Lehrkräfte. Hauptziel der Schule ist es, gerade die benachteiligten Kinder, die zu einem großen Teil das Schulklientel bilden, zu fördern und ihnen dadurch Perspektiven zu einer positiven Lebensplanung zu eröffnen, die durch viele Elternhäuser nicht vermittelt werden. Dass dieses Ziel in der täglichen Arbeit der Lehrkräfte handlungsbestimmend ist, wurde der Schule durch wissenschaftliche Untersuchungen des Schulforschungsinstituts der Universität Halle sowie durch die Qualitätsanalyse des Schuldezernats der Bezirksregierung Arnsberg, bei der die Schule überdurchschnittlich gut abschnitt, bestätigt (vgl. Helsper & Wiezorek 2006).
„Die Schule zeichnet insgesamt ein Schulklima aus, das von gegenseitigem Respekt und Bemühen um die Schülerinnen und Schüler getragen wird. Dies gilt in der Regel für das Verhältnis Lehrkräfte-Schülerinnen/Schüler wie auch das Verhältnis der Lehrkräfte untereinander. Im Ergebnis wurden die Qualitätsaspekte „Lebensraum Schule" und „Soziales Klima" als vorbildlich bewertet." (Qualitätsbericht der Albert-Schweitzer-Schule vom 08.06.2007, S. 30)
Dieser Konsens ist treibende Kraft für die Arbeitsschwerpunkte Unterstützung der Persönlichkeitsentwicklung der Kinder und Jugendlichen und für die Berufswahlvorbereitung. Er bedingt eine individuelle und persönliche Betreuung der Schüler und schafft ein positives Umgangsklima und eine hohe Anerkennung der Persönlichkeiten im Klassenverband (vgl. Wiezorek 2006).
Ebenso hat es sich als effektiv erwiesen, dass einzelne Mitglieder des Kollegiums Verantwortung für bestimmte Bereiche erhalten und hier federführend pädagogische Arbeitsschwerpunkte organisieren. So ist im Bereich Berufswahlvorbereitung und Sprachförderung jeweils eine Kollegin mit der Leitung und Organisation der Arbeit betraut und auch ein Kleinteam mit der Arbeit im Trainingsraum, so dass Kompetenzen klar geregelt sind. Wichtig ist, dass Informationen zur Arbeit in den Bereichen immer wieder ins Kollegium und in die Jahrgangsstufenteams getragen werden, so dass ein ständiger Kommunikationsaustausch vorhanden ist. Gleichzeitig haben außerschulische Partner (ARGE, Jugendamt, Berufsförderungswerk, Integrationsbüro der Stadt Bochum, VHS, Kinderhilfeambulanz u.a.) feste Ansprechpartner, mit denen die verantwortlichen Lehrer ständig in Kontakt bleiben.
Die Kooperation mit außerschulischen Partnern hat sich ebenso als förderlich für die Schulentwicklung erwiesen. Es hat sich immer wieder gezeigt, dass es die Schülerschaft motiviert und der Entwicklung der Selbstständigkeit der Kinder und Jugendlichen förderlich ist, wenn Fachkräfte von außerhalb in die Schule kommen und mit den Schülern in Form von Projekten lernen, so z.B. in den Bereichen Kunst, Theater, Film oder soziales Lernen. Die Integration solcher Projekte in den Unterricht wird von der Schulleitung grundsätzlich ermöglicht. Vor allem im Bereich der Berufswahlvorbereitung erhalten die Informationsveranstaltungen für die Schülerschaft ein ganz anderes Gewicht, wenn sie nicht von Lehrkräften, sondern von Fachleuten durchgeführt werden.
Gleichzeitig ermöglicht der enge Kontakt zu außerschulischen Institutionen oftmals schnelle und sinnvolle Hilfe bei dringlicher pädagogischer Intervention, die sich auch auf das Kindeswohl und das häusliche Umfeld beziehen kann.
Die Arbeit in Jahrgangsstufenteams hat sich als ein der Schulentwicklung förderlicher Faktor erwiesen, weil die enge Zusammenarbeit weniger Lehrkräfte in einem Jahrgang dazu führt, das die Schüler ihre Lehrkräfte als Ansprechpartner verstehen, zu denen sie eine vertrauensvolle Beziehung aufbauen können. Die Klassenlehrer müssen oftmals die mangelnde häusliche Struktur im Leben der Kinder und Jugendlichen kompensieren und dazu deutliche pädagogische Richt-

linien in ihren Klassen vorgeben. Dies lässt sich nur konsequent umsetzen, wenn alle Lehrer, die in der Klasse unterrichten, das gleiche pädagogische Konzept verfolgen. Gleichzeitig führt das Arbeiten im Team zu einer guten Atmosphäre im Kollegium und dazu, dass die Unterrichtsinhalte innerhalb eines Jahrgangs einheitlich und parallel vermittelt werden.

Die Arbeit der Persönlichkeitsentwicklung der Schüler wird durch die Sozialarbeitskräfte der Albert-Schweitzer-Schule unterstützt. Die Zusammenarbeit von Lehrerschaft und Sozialarbeitskräften führt zu einer erhöhten Betreuung der Schülerschaft, da die Sozialarbeitskräfte dort weiterarbeiten können und Hilfestellung leisten, wo es den Klassenlehren oft nicht mehr möglich ist, ihre Schüler weiterhin zu unterstützen.

Hinderliche Prozessfaktoren

Ein großes Problem, das die Arbeit im Kollegium der Albert-Schweitzer-Schule in den letzten Jahren immer wieder erschwert hat, sind das schlechte Image der Hauptschule in der Öffentlichkeit und die ständigen öffentlichen Diskussionen über die Abschaffung dieser Schulform. Mit der Vorstellung einer möglicherweise absehbaren Schließung der eigenen Schule lässt sich schwerlich eine hohe Motivation für die Verbesserung und Neugestaltung von Schulorganisation und Schulleben aufrechterhalten. Die Schülerschaft und ihre Eltern fühlen sich durch den schlechten Ruf und die Unklarheiten über den Erhalt der Schulform verunsichert und herabgesetzt, so dass eine Identifikation mit der eigenen Schule nur schwer möglich ist und eine resignative Haltung um sich greift.

Ebenso waren es die sich oft ändernden Vorgaben über die schulischen Rahmenbedingungen von Seiten der Schulpolitik und Schulverwaltung, die die eigenen Projekte ins Stocken brachten, weil schnell neue Vorschriften und Richtlinien umgesetzt werden mussten und die Energien und Arbeitskraft des Kollegiums forderten. Die zunehmende Berichts- und Nachweispflicht für das Schulamt, die Bezirksregierung oder andere Einrichtungen führt zu einer Bürokratisierung, die einer selbstständigen Schulentwicklung kontraproduktiv entgegensteht, weil zu viel Zeit in Verwaltungstätigkeiten investiert werden muss, die vor allem die Schulleitung bindet.

Auch das jahrelange Hickhack um die Umwandlung in eine gebundene Ganztagsschule hat die positiven Entwicklungen der Schule nahezu scheitern lassen. Im Rahmen der Qualitätsoffensive Hauptschule / Ausbau des Ganztagsangebotes an Hauptschulen sollte die Albert-Schweitzer-Schule bereits 2006 umgewandelt werden. Dieser Plan wurde dann aber verworfen, andere Schulen wurden vorgezogen. Auch ein zweiter Anlauf im Jahr 2007 wurde von der Politik und der Schulverwaltung ausgebremst.

Die Stellenplanung stellt ein ähnliches Problem dar, weil schulamtsinterne Abordnungen und Versetzungen innerhalb der Kommune immer wieder wie das Damoklesschwert über dem Kollegium schweben und die persönliche Motivation und das Engagement Einzelner nicht erhöhen, weil viele mit einem möglichen Arbeitsplatzwechsel rechnen müssen.

Die Kompensation der mangelnden häuslichen Struktur und der katastrophalen häuslichen Milieus der Schülerschaft stellt ein Problem dar, weil zunehmend Schüler die Schule besuchen, die starke Persönlichkeitsstörungen, Milieuschädigungen und psychiatrisch-pathologische Verhaltensweisen zeigen. Trotz der individuellen Betreuung und des Arbeitsschwerpunktes des Sozialen Lernens gibt es einen wachsenden Anteil an Schülern innerhalb der Schülerschaft, der mit pädagogischen Maßnahmen nicht mehr zu erreichen ist. Diese Schüler können durch die Lehrerschaft auch in Zusammenarbeit mit den Sozialarbeitskräften nicht mehr aufgefangen werden und bringen so den Schulalltag und den normalen Unterricht an die Grenzen der Durchführbarkeit. Hier wird die Schule von Seiten der Schulbehörden im Stich gelassen, weil Sonderschulen für diese Schüler oft nicht in Frage kommen, andere Hilfen aber nicht gegeben werden.

Als hinderlich für die Arbeit der Schulentwicklung erweisen sich fehlende personelle und sachliche Ressourcen. Dies fängt an mit den nicht ausreichenden Räumen und fehlenden Räumlichkeiten für den Ganztagsbetrieb (keine Mensa, keine Aufenthaltsräume, keine Facharbeitsräume), betrifft fehlende Fortbildungen für den integrativen Unterricht von Förderschülern und endet bei der Ungewissheit über mögliche Versetzungen oder Abordnungen von Lehr- und Sozialarbeitskräften.

Perspektiven der Entwicklung

Wirkliche Perspektiven können für die Albert-Schweitzer-Schule zur Zeit schwerlich entwickelt werden. Dies lässt sich folgendermaßen begründen:
- Die Albert-Schweitzer-Schule muss ihren Ganztagsbetrieb zur Zeit in einem Gebäude durchführen, das als Halbtagsschule angelegt ist. Sie besitzt keine Mensa und keine Aufenthalts- und Facharbeitsräume, so dass ein ständiger provisorischer Betrieb mit viel Aufwand aufrechterhalten werden muss.
- Die im Schulprofil festgelegten Arbeitsschwerpunkte sollen vertieft, verbessert und aktualisiert werden. Hier sind die Kräfte des Kollegiums größtenteils gebunden, so dass für neue Projekte zur Zeit keine Ressourcen vorhanden sind.
- Das Hauptproblem, nämlich die Frage, wie mit dem Teil der Schülerschaft, der sich gegenüber jeglicher pädagogischen Intervention als resistent erweist, umzugehen ist, bleibt ungelöst. Das Kollegium der Albert-Schweitzer-Schule ist hier, trotz selbst organisierter Fortbildungen durch Fachleute, ratlos. Klar ist, dass für diese Problemfälle einer sehr aggressiven und so genannten antisozialen Schülerschaft mit der jetzigen Ausstattung, was Personal, Ressourcen und Hilfestellung angeht, keine Lösung angeboten werden kann.

Offene Fragen und Probleme

Die erste offene Frage betrifft den oben zuletzt genannten Punkt: Woher bekommen wir Unterstützung, Fortbildungen und Hilfe im Umgang mit den Schülern, die eine so starke Sozialpathologie aufweisen, dass sie in den normalen Schulalltag nicht mehr integrierbar sind, gleichzeitig aber nicht in die üblichen Kategorien der Förderschullandschaft passen?
Weiterhin stellt sich die Frage, wie die Lehrkräfte es zukünftig schaffen, verschiedenste Integrationsarbeiten miteinander zu vereinigen. So müssen Schüler mit Migrationshintergrund, Lernbehinderung, Milieuschädigungen, starker Lese-Rechtschreibschwäche, Dyskalkulie oder mit sozial auffälligem Verhalten gleichermaßen in die Klassen integriert und ihren Defiziten entsprechend individuell gefördert werden. Die Förderbereiche, Fördermaßnahmen und Förderaufgaben werden immer differenzierter, komplexer und aufwendiger und bringen die Lehrkräfte an die Grenzen ihrer pädagogischen Kompetenz und persönlichen Belastbarkeit.
Durch den Ganztagsbetrieb wird es immer schwieriger, das Konzept der Jahrgangsstufenteams und den Austausch und die Kommunikation im Kollegium aufrechtzuerhalten, weil die Organisation des Ganztags sich als so aufwendig herausstellt, dass die alten Arbeitsformen nicht mehr möglich sind. Die Organisation von Kommunikation und des Austausches innerhalb des Kollegiums über Arbeitsschwerpunkte und pädagogische Maßnahmen muss neu gestaltet werden.

Literatur

Helsper, W./Wiezorek, C. (2006): Zwischen Leistungsforderung und Fürsorge. Perspektiven der Hauptschule im Dilemma von Fachunterricht und Unterstützung. In: Die Deutsche Schule. 98 (4), S. 436-455. – Wiezorek, C. (2006): Die Schulklasse als heimatlicher Raum und als Ort der Einübung in demokratischer Haltung. In: Helsper, W./Krüger, H.-H./Fritzsche, S./Sandring, S./Wiezorek, C./Böhm-Kasper, O./Pfaff, N. (Hrsg.): Unpolitische Jugend. Eine Studie zum Verhältnis von Schule, Anerkennung und Politik. Wiesbaden: VS Verlag, S. 259-292. – Bericht zur Qualitätsanalyse an der Albert-Schweizer-Hauptschule in Bochum (08.06.2007). Bezirksregierung Arnsberg, Dezernat 4 Q. Thomas Müller (federführender Qualitätsprüfer) und Dr. Manfred Poppe. S. 1-47. [verfügbar unter: http://www.schweitzerbo.bobi.net/qualitaetsbericht.pdf, Datum der Recherche: 10.01.2010].

91| Entwicklungsprozesse an der CJD Christophorusschule-Hauptschule Versmold
Uta Hallwirth und Annette Scheunpflug

Schulprofil

Die Kleinstadt Versmold in Nordrhein-Westfalen gehört zu den über 150 Standorten, an denen das Christliche Jugenddorfwerk Deutschlands e. V. (CJD) als Bildungs- und Sozialwerk vielfältige Bildungsangebote unterhält. In ihnen werden unter dem Leitsatz *„Keiner darf verloren gehen!"* Jugendliche und junge Erwachsene ausgebildet, unterstützt und gefördert. Ausgehend von einem christlichen Verständnis von Mensch und Welt sind die vier Kernkompetenzen *Religionspädagogik, musische Bildung, Sport- und Gesundheitspädagogik* sowie *politische Bildung* integraler, spezifischer Bestandteil der gesamten Bildungsarbeit des CJD (CJD 2006, S.2) und damit auch Orientierungspunkte für das pädagogische Handeln der CJD-Schulen.

Zum CJD Versmold gehören eine Hauptschule, eine Realschule, ein Gymnasium und ein Internat sowie stationäre, teilstationäre und ambulante Erziehungshilfen. Die vier Häuser des Internats bieten 135 Plätze. Sie sind zum größten Teil für die Hauptschule vorgesehen, die als Heimschule von ca. 110 Internatsschülerinnen und -schülern besucht wird. Die Schulen sind organisatorisch selbstständig, aber in vielfältigen Kooperationen miteinander verbunden, was sich auch in den übergreifenden Leitungskonferenzen ausdrückt. Als Einrichtungen des CJD gehören sie zu den staatlich anerkannten Ersatzschulen in privater Trägerschaft.

Die Hauptschule umfasst die Klassenstufen sieben bis zehn, wobei die Jahrgänge einzügig geführt werden. Nach der neunten Klasse kann der Hauptschulabschluss erworben werden, nach Klasse zehn der erweiterte Hauptschulabschluss oder auch der Mittlere Bildungsabschluss, der zum Eintritt in die Fachoberschule berechtigt. Bei einem entsprechenden Notenbild können die Schülerinnen und Schüler mit dem Mittleren Bildungsabschluss auch einen Qualifikationsvermerk erhalten, der den Besuch der Jahrgangsstufe 11 eines Gymnasiums oder einer Gesamtschule erlaubt. Besonderes Profilmerkmal ist die Zusammenlegung der Klassenstufen sieben und acht zur so genannten Motivationsklasse. Die Schule bietet eine Schullaufbahnberatung an sowie individuelle Lebens- und Berufswegeplanung und pädagogische Hilfen.

Die CJD Christophorusschulen wollen die Potenziale der Jugendlichen entfalten, Orientierung ermöglichen und Wertschätzung erfahrbar machen. Es soll deutlich werden, dass „Wert und

Würde des Menschen... nicht von seiner Erziehung oder Bildung [abhängen, Verf.], sondern [diese, Verf.] begründen und motivieren..." (Pirner 2008, S. 90). Entsprechend geht es für die *CJD Christophorusschule-Hauptschule Versmold* darum, „jungen Menschen zu helfen, ihr schulisches Ziel zu erreichen und sich in der Gemeinschaft der Schule und des Jugenddorfes zu einer selbstständigen Persönlichkeit zu entfalten. Unsere Schülerinnen und Schüler sollen lernen, persönliche Verantwortung zu übernehmen, sich für andere zu engagieren und befähigt werden, aktiv die Zukunft gestalten zu können." (Leitbild und Leitziele CJD Versmold). Ein umfassender pädagogischer Ansatz fördert die persönliche Entwicklung der Schülerinnen und Schüler und trägt Sorge, sie während ihrer schulischen Ausbildung zu begleiten und zu unterstützen. Gerade junge Menschen, deren Sozialisation Brüche und Belastungen aufweist, sollen erfahren, was es heißt, als Persönlichkeit angenommen zu sein. Auf dieser Grundlage können sie ihre Begabungen entwickeln und neue Strategien zur Lebensbewältigung finden (vgl. Leitbild und Leitziele CJD Versmold).

Schülerschaft

Aufgenommen werden Schülerinnen und Schüler, die aufgrund ihrer Voraussetzungen für die Hauptschule geeignet sind. Insbesondere zeichnet die Schule aber aus, dass hier Jugendliche mit einem besonderen Förderbedarf die Chance zu einem schulischen Abschluss erhalten. Dazu gehören insbesondere auch jene, die als Aussiedler oder Migranten auf eine gezielte Sprachförderung angewiesen sind. Es geht aber auch um Jugendliche mit einem differenzierten Förderbedarf, die z.B. als Schulverweigerer einer intensiven Unterstützung bedürfen.
Akzeptiert werden prinzipiell alle Jugendlichen – unabhängig von ihrer Herkunft oder Religion. Nach Stand von April 2004 (vgl. Standfest et al. 2005, S. 120) besaßen von 110 Schülerinnen und Schülern der *CJD Christophorusschule-Hauptschule* 20,9 % nicht die deutsche Staatsangehörigkeit, über die Hälfte hatte einen Migrationshintergrund. Rund die Hälfte war evangelisch, 13 % gehörten einer nichtchristlichen Religionsgemeinschaft an und ca. 22 % waren ohne Zugehörigkeit zu einer Religionsgemeinschaft. Die übrigen Schülerinnen und Schüler waren Katholiken und verteilten sich auf andere christliche Religionen. Auch im Blick auf den sozioökonomischen Status gibt es keine homogene Ausgangslage. Insgesamt gesehen zeichnet sich die Schülerschaft für eine Schule in christlich-evangelischer Trägerschaft durch einen relativ hohen Grad an Heterogenität aus.
Die Aufnahme in die Schule erfolgt nicht nur zum Schuljahresbeginn, sondern ggf. auch während des Schuljahres. Da sich ein Großteil der Schülerinnen und Schüler aus dem Internat rekrutiert, entscheidet dieses in der Regel über die Aufnahme; ein Teil wird auch durch das Jugendamt zugewiesen. Der Zeitpunkt der Anmeldung ist maßgeblich für die Aufnahme. In manchen Fällen gehen allerdings die bisherigen Schulleistungen oder die besonderen Bedürfnisse eines Jugendlichen, z.B. ein spezieller Förderbedarf, in die Entscheidung ein. Geschwisterkinder werden bevorzugt aufgenommen.

Geschichte der Schule

Gegründet wurde das CJD 1947 von Arnold Dannemann, einem evangelischen Pastor, unter dem Eindruck der Nachkriegszeit (vgl. Hühnerbein & Müller 2007). Obdachlosen Jugendlichen sollte nach dem Krieg eine Heimat geboten werden. Die Aufgabenstellungen weiteten sich rasch aus, 1951 gab es die erste Jugenddorf-Christophorusschule in Elze. In den 1970er Jahren ging es verstärkt darum, jungen Menschen mit fehlendem Abschluss oder mit Sonderschulabschluss zu helfen, eine Ausbildungsstelle zu erhalten. Mit der in diesen Jahren wachsenden Zahl von Spätaussiedlern wurden vom CJD zunehmend auch Förderschulen eingerichtet, die sich speziell dieser Klientel annahmen.

Im Zuge dieser Entwicklung entstand in Versmold 1972 die CJD Hauptschule. Zunächst als Förderschule für Aussiedler gegründet, wurde sie 1975 zur Hauptschule. Bereits seit 1962 gab es am Ort ein CJD-Gymnasium mit Internat, 1966 kam eine CJD-Realschule hinzu. Daneben wurden für die externen Schülerinnen und Schüler außerschulische Fördermöglichkeiten eingerichtet sowie eine Reihe (teil-)stationärer Angebote. Seit 1979 gibt es zudem einen Christophorus-Jugendkammerchor, der prinzipiell allen Schülerinnen und Schülern der drei verschiedenen Schulformen offensteht.

Pädagogische Schwerpunkte

Die Arbeit mit Risikogruppen hat an der *CJD Christophorusschule-Hauptschule Versmold* ein besonderes Gewicht. Insbesondere Schülerinnen und Schüler, die an anderen Schulen gescheitert sind, z.B. vom Gymnasium zur Realschule wechseln mussten und bis zur Hauptschule „durchgereicht" wurden, finden hier eine neue Chance. Das pädagogische Konzept setzt an zwei entscheidenden Ursachen für bestehende Schulschwierigkeiten an. Es will zum einen sprachliche Benachteiligung ausgleichen. Daher sieht es Sprachförderung für all jene vor, die Gefahr laufen, aufgrund unzureichender sprachlicher Kompetenz die Schule ohne Schulabschluss zu verlassen. So wird auch die ursprüngliche Gründungsidee weiterentwickelt, vor allem Kinder von Aussiedlern zu unterstützen.

Zum anderen setzt die Schule einen gezielten Schwerpunkt, um Schulverweigerung und Schulmüdigkeit bei jenen Jugendlichen entgegenzuwirken, die eine gebrochene Schulkarriere aufweisen. Wer „abgeschult" wurde, verbindet mit dem Schulbesuch zumeist eine Abwertung seiner Person, hat frustrierende Erlebnisse gesammelt und nicht selten innerlich mit jeder Form von Lernen und Leistung abgeschlossen. Das Konzept der Motivationsförderung will diese negativen Erfahrungen und Einstellungen mit intensiven und gezielten Maßnahmen abbauen. Motivation soll sich neu entwickeln und auch Bereitschaft zur Leistung wieder geweckt werden. Nur in jenen besonderen Fällen, in denen bestehende Verhaltensauffälligkeiten auch nicht mehr im Rahmen des intensiven Programms der Schule aufzufangen sind, müssen Schüler an andere Einrichtungen verwiesen werden.

Sprachförderung
Umgang mit Heterogenität erfordert eine spezifische Pädagogik, die Vielfalt als positive Ausgangslage begreift und welche die unterschiedliche Herkunft der Jugendlichen als Chance zu nutzen sucht. Entsprechend geht es darum, die kulturelle und sprachliche Identität der Schülerinnen und Schüler als Kompetenzbereiche in ihre schulische Entwicklung zu integrieren. Dem entspricht die Sprachenfolge an der Hauptschule. Denn neben Englisch ab der 7. Klasse kann in den Regelklassen in Klasse 10 Russisch als anerkannte Fremdsprache gewählt werden. Es besteht aber auch die Möglichkeit, über eine staatliche Sprachfeststellungsprüfung in Jahrgangsstufe 9 eine andere Heimatsprache anerkennen zu lassen.

Die eigentliche Sprachförderung ist jahrgangsübergreifend angelegt und wird konzentriert in einer Auffangklasse für Sprachanfänger. Zielgruppe dieses Förderprogramms sind Schülerinnen und Schüler nichtdeutscher Muttersprache, deren Sprachfähigkeit im Deutschen noch schwach ausgeprägt ist. Auf der Grundlage des individuellen Kenntnis- und Leistungsstandes soll in möglichst kurzer Zeit die Einbindung in eine der Regelklassen erfolgen, was einschließt, deutsche Sprachkompetenz auch für die Fachsprachen der verschiedenen Unterrichtsbereiche zu erwerben. Zusätzlich zum Regelunterricht Deutsch gibt es in den Regelklassen für alle Schüler nichtdeutscher Muttersprache zwei Wochenstunden Förderunterricht Deutsch. Spezielle und systematische Angebote zur Leseförderung werden bis in die neunte Klasse angeboten. Sprachliche Nachteile sollen so ausgeglichen und ein Schulabschluss ermöglicht werden, der den tatsächlichen Fähigkeiten der Schülerinnen und Schüler entspricht.

Motivationsförderung
Viele Jugendliche, die an die *CJD Christophorusschule-Hauptschule Versmold* kommen, haben den Bezug zum schulischen Lernen verloren. Um sie zu unterstützen, gibt es die Motivationsklasse, die die Jahrgänge 7 und 8 umfasst. Sie soll wieder eine neue Lernbereitschaft wecken und so auch eine spätere Integration in die Regelklassen ermöglichen. Um die dafür notwendigen Kompetenzen zu entwickeln, werden die Schülerinnen und Schüler in einer jahrgangsübergreifenden Gruppe von etwa 12 Schülern zusammengefasst, wobei der Klassenlehreranteil bewusst hoch angesetzt wird. In der Gruppe geht es vor allem um die Förderung persönlicher und sozialer Kompetenzen. Dazu werden zum Wochenbeginn individuelle Wochenziele entwickelt und festgelegt, deren Erreichen am Ende der Woche überprüft wird. Teil der Motivationsförderung sind auch didaktische Ansätze, die dem Lernen wieder einen Sinn geben und den Lebensbezug herstellen sollen. Handlungs- und produktorientierte Formen gehören ebenso dazu wie fächerübergreifende Unterrichtsangebote. Wichtig sind zudem die außerschulischen Lernstandorte, die Lernen vom schulischen Kontext lösen und praxisnah machen. Hausaufgaben werden bis ins 2. Halbjahr der Jahrgangsstufe 8 weitgehend in den täglichen Unterricht als Übungseinheiten integriert, danach werden die Schülerinnen und Schüler sukzessiv an häusliche Aufgaben gewöhnt.
Um die sozialen Kompetenzen zu fördern, gibt es an zwei Wochenstunden ein soziales Training im Klassenverband, das in Klasse 9 zweistündig fortgeführt wird.
In der Motivationsförderung arbeiten alle pädagogischen Kräfte aus Schule und Internat mit den Schülerinnen und Schülern, den Erziehungsberechtigten wie ggf. auch den Mitarbeitenden des Jugendamtes zusammen.

Beratung und Betreuung
Die Arbeit in den Motivationsklassen wird durch das Internat mit vielfältigen Betreuungsangeboten im Nachmittagsbereich unterstützt. Zur außerschulischen Förderung gehören Hausaufgabenbetreuung und Nachhilfeunterricht durch geschultes Fachpersonal sowie Förderkurse, z.B. für lese- und rechtschreibschwache Schülerinnen und Schüler. Damit wird erreicht, dass nur wenige Jugendliche aufgrund nicht mehr ausreichender Leistungen die Schule verlassen müssen.
Auch die andere Perspektive der individuellen Förderung findet Berücksichtigung. Schülerinnen und Schüler, deren Entwicklung im Leistungsbereich deutlich positiv verläuft, erhalten ebenfalls gezielte Unterstützung. Es gibt individuelle Förderpläne in den Kernfächern der Motivationsklasse und der Klasse neun.
Chancen geben heißt auch, auf die Berufswahl vorzubereiten und hier Perspektiven zu ermöglichen. Dem dienen Berufsberatungen durch die Schule, insbesondere aber durch außerschulische staatliche und kommunale Einrichtungen. Berufsinformationsmessen werden besucht sowie Betriebserkundungen und ein dreiwöchiges Betriebspraktikum durchgeführt. Bewerbungstrainings in Zusammenarbeit mit der Agentur für Arbeit und Hilfen beim Verfassen von Bewerbungsschreiben runden diese Unterstützungsmaßnahmen ab.

Persönlichkeitsförderung
Die Förderung der Persönlichkeitsentwicklung gehört zum besonderen Anliegen der Schule, was im Leitbild ausdrücklich festgehalten wird. Neben den bereits dargestellten Programmen hat hier die politische Bildung ihren besonderen Auftrag. Die Auseinandersetzung mit aktuellen politischen Themen im Unterricht gehört ebenso dazu wie die Mitarbeit in der Schülervertretung.
Auch das umfassende sportliche Angebot ist Teil der Persönlichkeitsförderung. Neben dem traditionellen Schulsport gibt es daher in der Freizeit eine Vielzahl sportlicher und erlebnispädagogischer Angebote, die die Jugendlichen fordern und in ihrer Leistungsbereitschaft fördern. Möglich wird auch dies nicht zuletzt durch die Kooperation mit dem Internat. Eingebunden ist die Ernährungs- und Gesundheitserziehung, die Programme zur Gewalt- und Suchtprävention in den Klassen sieben bis neun beinhaltet und Maßnahmen der AIDS-Prävention in den Klassen neun und zehn.
Gemäß dem umfassenden Verständnis von Erziehung und Bildung schließt Persönlichkeitsförderung den musisch-künstlerischen Bereich ein. Dazu gehören Angebote wie Chor, Rockband-AG, Theater und Videowerkstatt.

Förderliche und hinderliche Prozessfaktoren

Um dieses Konzept in der täglichen Arbeit umzusetzen, bedarf es eines hohen pädagogischen Engagements der Lehrerinnen und Lehrer und aller Mitarbeitenden. Basis dafür ist die gemeinsame Überzeugung, dass gerade im Blick auf benachteiligte Schülerinnen und Schüler Lern- und Entwicklungsperspektiven nur in einer entsprechend förderlichen, positiven Schulkultur Erfolg haben können. Dabei spielt das Profil der Schule als christlich-evangelische Einrichtung eine entscheidende Rolle. Zugleich ist die Schule mit diesem Konzept angewiesen auf eine gute personelle Ausstattung und kann sich als Heimschule kaum auf Unterstützungsleistungen durch die Eltern verlassen.

Lernen in Beziehungen
Die Arbeit mit Jugendlichen, die in Regelschulen als nicht mehr beschulbar eingeschätzt werden und entsprechende Erfahrungen hinter sich haben, kann nach Überzeugung der Beteiligten nur erfolgreich bewältigt werden, wenn Lehren und Lernen im Schul- und Unterrichtsalltag vor allem als Beziehungsarbeit verstanden werden. Demotivierte und leistungsschwache – oder permanent als leistungsschwach eingeschätzte – Schülerinnen und Schüler verlieren an Selbstvertrauen und Selbstakzeptanz. Misstrauen und ggf. Verachtung gegenüber Schule und Lehrkräften als „Vertretern" einer oft abgelehnten Institution sind nicht selten die Folge. In der Begegnung mit anderen sollen die Jugendlichen erkennen können, dass sie wichtig sind und wertgeschätzt werden, unabhängig davon, was sie leisten. Es geht darum, wieder Vertrauen aufzubauen, den Schülerinnen und Schülern aber zugleich zu ermöglichen und zu vermitteln, anderen Wertschätzung und Akzeptanz entgegenzubringen. Gegenseitige Rücksichtnahme, Höflichkeit und Toleranz sind wichtige Maßstäbe, die diese Beziehungsarbeit unterstützen.
Kooperation im Kollegium ist dafür unabdingbar, ihre Basis ist die gemeinsam geteilte Überzeugung, die Richtschnur allen pädagogischen Handelns ist. Ihrer Umsetzung dienen eine Vielzahl informeller Treffen und regelmäßige Fortbildungen. Eine intensive Diskussionskultur gehört ebenso zum Selbstverständnis der Schule wie das außergewöhnlich große persönliche Engagement der Lehrerinnen und Lehrer. Nur so können Auftrag und Programm der Schule lebendige Wirklichkeit werden.

Schulkultur und christliches Profil

Das christliche Profil der Schule untermauert und prägt diesen Ansatz. Religiöse Bildung und Erziehung und ein verpflichtender Religionsunterricht haben einen hohen Stellenwert. Korrespondierend mit dem Anliegen der Persönlichkeitsförderung geht es darum, die Jugendlichen in einem umfassenden Sinn beziehungsfähig zu machen und Raum zu geben für grundsätzliche Fragen – wie nach Sinn und Wert der eigenen Existenz. Die Schülerinnen und Schüler können zudem an den regelmäßigen Gottesdiensten, Andachten, religiösen Gesprächskreisen und der jährlichen „Woche der Besinnung" des Internats teilnehmen. Mit solchen Formen und Ritualen wird über die Inhalte hinaus durch Rhythmisierung im Tages-, Wochen- und Jahresverlauf auch strukturell Orientierung ermöglicht.

Schulsozialarbeit

Seit dem Schuljahr 2007/2008 steht der Schule eine Schulsozialarbeiterin zur Verfügung, die die Schülerinnen und Schüler ganztägig begleitet. Im Verlauf des Schulvormittags betreut sie jene, die aus verschiedenen Gründen nicht mehr am Unterricht teilnehmen können oder dürfen. Sie hat einen eigenen Raum, in dem unter ihrer Anleitung die Jugendlichen zur Ruhe und zu neuer Konzentration kommen können. Auf diese Weise wird besonders die Erziehungsarbeit der Lehrerinnen und Lehrer entlastet.

Die Schulsozialarbeiterin unterstützt die Erziehungs- und Bildungsarbeit auch am Nachmittag. Sie organisiert die individuelle Förderung, berät Schülerinnen und Schüler, ggf. auch deren Eltern, in persönlichen Gesprächen und bietet Projekte an, die der Gewaltprävention dienen.

Bedarf an personellen Ressourcen – Elternmitarbeit

Neben der Schulsozialarbeiterin arbeiten an der Schule sieben Lehrkräfte. Trotz dieser zunächst guten Ausstattung bleibt angesichts der Aufgabe ein anhaltender Bedarf an pädagogischem Personal zur Entlastung der Lehrkräfte. Denn Lehrerinnen und Lehrer brauchen Zeit und Vertrauen, damit sie „ohne Druck immer wieder neue Beziehungen zu ihren Schülern knüpfen können" (Statement Schulleitung auf dem Workshop *Chancen geben* auf dem *2. Bundeskongress Evangelische Schule* 2006). Für die Schulleitung heißt dies nach eigenem Verständnis, auch die Lehrerinnen und Lehrer in ihren Stärken zu sehen und zu unterstützen. Denn trotz aller Bemühungen werden den Erfolgen immer einmal Situationen gegenüberstehen, in denen Gewalt gegen Sachen und Personen zum Thema wird. Prävention und Schulung der wechselseitigen Achtsamkeit gehören daher zu den bleibenden Aufgaben, erfordern aber auch eine entsprechende finanzielle und personelle Ausstattung.

Da ein großer Teil der Schülerschaft an der Hauptschule Internatsschüler sind, können die Eltern das Schulleben kaum aktiv mitgestalten. In einer Befragung (Standfest et al. 2005, S. 102) gab ein Drittel der befragten Eltern an, im Schuljahr 2003/2004 zwei- bis dreimal in der Schule ihres Kindes gewesen zu sein. Anders als bei vielen anderen christlich-evangelischen Schulen kann eine Unterstützung aus den Elternhäusern nicht ohne weiteres in die schulisch-erzieherische Arbeit einbezogen bzw. davon ausgegangen werden.

Entwicklungsperspektiven

An der Schule wurden in den letzten Jahren zahlreiche Maßnahmen zur Qualitätsentwicklung und -sicherung durchgeführt und ein Schulprogramm entwickelt. Diese Maßnahmen sollen weitergeführt und ausgebaut werden.

Zu pflegen und zu intensivieren sind auch die zahlreichen Kooperationsformen, die die Schule mit ihrer Umgebung vernetzen. Das betrifft die Zusammenarbeit mit den übrigen Mitarbeitenden des Jugenddorfwerks, aber auch die Kooperation mit Erziehungsberatungsstellen und Einrichtungen der Berufsberatung, mit Betrieben oder mit sozialen und kirchlichen Einrichtungen.

Seit Februar 2009 nimmt die *CJD Christophorusschule-Hauptschule Versmold* an einem Modellprojekt des Bundesministeriums für Arbeit und Soziales teil. Dabei sollen Schülerinnen und Schüler unterstützt werden, denen voraussichtlich der Übergang ins Berufsleben schwerfallen wird. Das Projekt sieht vor, dass zehn Schüler von einem Berufseinstiegsbegleiter betreut werden. Dieser führt individuelle Gespräche mit jedem Schüler, besucht bei Bedarf auch die Eltern, unterstützt Bewerbungsschreiben oder führt mit den Schülern Kompetenzchecks durch. „Die Begleitung beginnt in der Regel mit dem Besuch der Vorabgangsklasse und endet ein halbes Jahr nach Beginn einer beruflichen Ausbildung, spätestens 24 Monate nach Beendigung der Schule" (Pressemitteilung Brandner 2009). Wenn der Jugendliche eine Ausbildungsstelle erhalten hat oder seine schulische Laufbahn am Berufskolleg fortsetzt, wird er auch dort vom Begleiter noch in der Anfangszeit beraten und erhält motivierende Unterstützung.

Ergebnisse und Herausforderungen

Dass der pädagogische Ansatz der Schule Früchte trägt, zeigen die Ergebnisse, die im Bereich der Lesekompetenz der Schülerinnen und Schüler erzielt werden, und der geringe Anteil an so genannten Risikoschülern, den die Schule im Vergleich zu anderen Schulen mit ähnlichem Migrationsanteil aufweist (vgl. Standfest et al. 2005, S. 116-133). Trotz der schwierigen Biografien vieler Schülerinnen und Schüler unterscheiden sich auch die Werte im Blick auf die Motivation kaum von anderen Hauptschulen – obwohl die Schule insbesondere die „abgeschulten" Jugendlichen aufnimmt und von daher die Ausgangslage der Werte niedriger anzusetzen ist als an anderen Schulen. Zudem werden gute Werte in der Selbstwirksamkeit erreicht (vgl. ebda., S. 123 ff).

Diese Erfolge zu halten und den Lehrkräften dabei die notwendige Unterstützung zukommen zu lassen, wird auch künftig eine Herausforderung bleiben. Das Anliegen der *CJD Christophorusschule-Hauptschule Versmold* lässt sich in seinem Erfolg nicht durch Leistungsmessungen adäquat erfassen, sondern vor allem durch die Ermittlung der Entwicklungschancen, die sie ihren Schülerinnen und Schülern bietet, und die Zukunftsperspektiven, die sie ihnen aufzeigen kann. Die Schulentwicklung wird sich weiter daran ausrichten, wie gerade jenen Schülerinnen und Schülern Chancen gegeben werden können, die in unserem Schulsystem ansonsten nur allzu leicht durch alle Raster fallen und ins Abseits gelangen. Die Schulleiterin der *CJD Christophorusschule-Hauptschule* fasst dies zusammen, wenn sie betont: „Wir versuchen unseren Schülerinnen und Schülern zu vermitteln, dass jeder Respekt verdient hat, egal welcher Herkunft er ist. Jeder Mensch hat eine unverlierbare Würde, er muss sie sich nicht durch Leistungen verdienen. Diese Wahrheit muss nicht nur gepredigt werden, sondern gelebt und oft ausgehalten werden" (Intern. Informationen 2005, S. 17).

Literatur

Brandner, K.: Professionelle Unterstützung beim Übergang von der Schule in den Beruf. Pressemitteilung vom 06.01.2009. [verfügbar unter: http://www.klausbrandner.de/meldungen/1476/61665/Professionelle-Unterstuetzung-beim-Uebergang-von-der-Schule-in-den-Beruf.html, 03.09.2009]. – Christliches Jugenddorfwerk Deutschlands e. V. (CJD) (2006): Die Leitlinien der Kernkompetenzen. Die Förderung der ganzheitlichen Persönlichkeitsentwicklung im CJD. Ebersbach. [verfügbar unter: http://www.cjd.de/public/1781/veroeffentlichungen/

leitlinien_kernkompetenzen.php, 03.09.2009]. – CJD Jugenddorf Christophorusschule Versmold, 3. Aufl. 2005. – Hühnerbein, H./Möller, J. (2007): Keiner darf verloren gehen! Das Leben des CJD-Gründers Arnold Dannenmann. Holzgerlingen: Hänssler. – Intern. Informationen für Mitarbeiterinnen und Mitarbeiter des Christlichen Jugenddorfwerkes Deutschlands, 2/2005. – Leitbild und Leitziele CJD Versmold. [verfügbar unter: http://www.cjd-versmold.de/public/wir_ueber_uns/leitbild_ausrichtung/index.php, 03.09.2009]. – Pirner, M. (2008): Christliche Pädagogik. Grundsatzüberlegungen, empirische Befunde und konzeptionelle Leitideen. Stuttgart: Kohlhammer. – Standfest, C./Köller, O./Scheunpflug, A. (2005): Leben-Lernen-Glauben. Zur Qualität evangelischer Schulen. Eine empirische Untersuchung über die Leistungsfähigkeit von Schulen in evangelischer Trägerschaft. Schulen in evangelischer Trägerschaft. Bd. 5. Münster: Waxmann.

92| Entwicklungsprozesse an der Grundschule Kleine Kielstraße Dortmund
Jan von der Gathen

„Was ist eine gute Schule für die Kinder, die hier aufwachsen?"

So hieß das Thema unserer ersten Lehrerkonferenz bei Schulgründung vor 16 Jahren. Ziel war die Formulierung eines Grundkonsenses über pädagogische Wertvorstellungen, die – als konkrete Bausteine formuliert – Grundlage des ersten Schulprogramms wurden. Damit begann der Prozess systematischer Schulentwicklung. Hier die Antwort, formuliert als das „Leitbild" der „Kleinen Kielstraße":

„Orientiert an ihren Grundbedürfnissen nach Geborgenheit, nach neuen Erfahrungen, nach Verantwortung, nach Lob und Anerkennung, wollen wir unseren Kindern Antworten auf ihre Fragen geben und sie auf die Welt von morgen vorbereiten. Das geschieht in Partnerschaft mit den Eltern und in Zusammenarbeit mit unterstützenden außerschulischen Institutionen im Umfeld der Schule.
In der Geborgenheit verlässlicher Beziehungen sollen die Kinder Selbst-, Sozial- und Sachkompetenzen entwickeln, um in einer sich ständig verändernden Gesellschaft das eigene Leben gestalten und an der Weiterentwicklung des Gemeinwesens mitwirken zu können.
Zentrales Ziel unserer Unterrichtsarbeit ist es, die Bereitschaft zu lebensbegleitendem Lernen aufzubauen. Dazu sind wir den Kindern Vorbild: durch professionelle Kooperation und durch die Bereitschaft zu kontinuierlicher pädagogischer Innovation."

Wir arbeiten in einer Schule im Dortmunder Norden, einem „Stadtteil mit besonderem Erneuerungsbedarf" (Strohmeier et al. 2002). Sämtliche ökonomischen, physischen und sozialen Belastungs- oder besser Herausforderungsfaktoren, die benachteiligte Stadtteile kennzeichnen, finden wir konzentriert im Schulbezirk wieder: u. a. hohe Arbeitslosen-/ Sozialhilfeempfängerzahlen; hoher Anteil an Menschen mit Migrationshintergrund; hoher Anteil an allein erziehenden, oft sehr jungen Müttern; höhere gesundheitliche Beeinträchtigungen; schlechte Wohnqualität; dichte Bebauung. Der kinderreichste Stadtbezirk ist aus städtebaulicher und sozialräumlicher Perspektive offenbar der kinderfeindlichste.

Eine Schule, die Antworten auf die Situation im Stadtteil gibt

Diese Aufwachsbedingungen haben – natürlich – gravierenden Einfluss auf die Entwicklung von Kindern. An einem solchen Standort wird Schule zum wichtigen Lebensort für Kinder; der Auftrag, allen Kindern zu ermöglichen, tragfähige Grundlagen für ihr weiteres Leben zu erwerben, bekommt besonderes Gewicht.

Die Grundschule ist die erste Institution, die einen – für alle hier lebenden Kinder – verbindlichen staatlichen Bildungs- und Erziehungsauftrag wahrnimmt. Bildung und Erziehung werden als gleichwertige Aufgaben formuliert; ihre Verknüpfung wird in der Definition des „erziehenden Unterrichts" verdeutlicht. Das Kerngeschäft von Schule, nämlich „Wissen zu vermitteln", muss durch Erziehung begleitet und gestützt werden. Erziehung hat den Auftrag, Kindern Orientierung zu geben, ihnen Werte zu vermitteln.

Zentrales Ergebnis der Diskussion um eine gute Schule an diesem konkreten Standort war ein Grundkonsens über pädagogische Wertvorstellungen, die, als konkrete Bausteine formuliert, Grundlage des Schulprogramms wurden: „Schule im Stadtteil" hieß die Gründungsidee. Von Beginn an sah sich die Schulleiterin nach Kooperationspartnern außerhalb der Schule um, die bei der Einrichtung zusätzlicher Unterstützungsangebote helfen konnten. Mittlerweile sind es nicht mehr nur Lehrerinnen, die an dieser Schule arbeiten; die Anzahl der pädagogischen Mitarbeiter ist gewachsen: 27 Lehrkräfte (davon zwei für den muttersprachlichen Unterricht), eine Lehrerin der Sonderschule im Gemeinsamen Unterricht (GU), fünf Lehramtsanwärter, sieben Mitarbeiter im Ganztagsangebot und in der Betreuung von „Acht bis Eins", eine Sozialpädagogin im Elterncafé, eine ABM-Kraft für die Schulsozialarbeit und vier Honorarkräfte. Die Schulleiterin ist somit für einen Mitarbeiterstab von insgesamt 45 Personen verantwortlich. Da die Schule eigenverantwortlich ist (wie sämtliche Schulen in NRW), liegen u. a. die Dienstaufsicht, das Budget, die Personalauswahl und die Verantwortung für die konzeptionelle Ausrichtung der Schule beim Kollegium und letztendlich bei der Schulleiterin.

Das Grundprinzip: „Die Offene Tür"

Im Kollegium herrscht Konsens darüber, dass Schule und damit Unterricht „öffentlich" sind. Das heißt: Alle Türen der Klassenzimmer, des Lehrerzimmers, des Rektorats, des Sekretariats, des Hausmeisters, … stehen offen. Daran wird die Philosophie der Schulgemeinschaft deutlich: An der Grundschule Kleine Kielstraße lernen Klein und Groß zusammen. Dabei lernen wir jeden Tag vor allem voneinander. Das kann nur in interessierter Begegnung und offener Kooperation geschehen. Im Leitbild steht folgerichtig: „Zentrales Ziel der Unterrichtsarbeit ist es, die Bereitschaft zu lebensbegleitendem Lernen aufzubauen. Dazu will die Schule den Kindern Vorbild sein. Dies geschieht durch professionelle Kooperation und durch die Bereitschaft zu kontinuierlicher pädagogischer Innovation."

Dieses Leitbild prägt die Ansätze innovativer Lernkultur an der Schule, dem ein umfassendes Lernverständnis zugrunde liegt. Neben wichtigen instruktiven Phasen ist die Förderung der Lernkompetenz durch Schülerselbstständigkeit im Tun und Denken Schwerpunkt des Unterrichts. Die Aufgabe des Lehrpersonals als Lernbegleitung liegt hier in der Gestaltung einer Lernumgebung, die Neugier und Interesse an neuen Inhalten weckt und der Frage nach dem „Wofür des Lernens" neuen Anstoß gibt.

Im Selbstbild der Lehrkräfte steht das Kind im Mittelpunkt. Es ist auf dessen Lernprozess ausgerichtet. Die Lehrerinnen und Lehrer unterstützen die Schülerinnen und Schüler dabei, den eigenen Lernprozess zu strukturieren, das heißt

- unterschiedliche Materialien zu sichten,
- Ideen zu entwickeln,
- Fragen zu formulieren,
- Vorwissen festzuhalten,
- eigene Gedanken und Fragen in Beziehung zu denen anderer zu setzen,
- gemeinsame Vorhaben zu entwickeln.

Weiterhin unterstützt die Lehrkraft die Lernenden darin,
- zielgerichtet zu arbeiten,
- Arbeitspläne zu erstellen,
- Ziele zu formulieren,
- Aufgaben zu verteilen,
- bei auftretenden Problemen eigene kreative Lösungsstrategien zu entwickeln,
- Materialien bereitzustellen bzw. zu organisieren,
- regelmäßig Arbeits- und Gruppenprozesse zu reflektieren,
- Rückmeldung über den eigenen Arbeitsstand zu bekommen und Ideen zur Weiterarbeit zu erhalten,
- den eigenen Lernweg zu überprüfen und u.U. zu verändern, Arbeits- und Gruppenprozesse zu begleiten und zu reflektieren,
- Kooperationsbereitschaft zu entwickeln und Durchsetzungsvermögen zu trainieren,
- das Gelernte zu dokumentieren, d.h. den eigenen oder gemeinsamen Lernweg festzuhalten.

Und schließlich unterstützt die Lehrkraft die Lernenden dabei, die Arbeitsergebnisse zu präsentieren und unterschiedliche Dokumentations- und Präsentationsformen zu entwickeln (z.B. Ausstellung, Plakat, Theaterstück, Quiz, Vortrag etc.).

Strukturen schaffen, die tragend sind

Als Kollegium, das sich der Aufgabe stellt, Kindern, die unter erschwerten Bedingungen aufwachsen, tragfähige Grundlagen für ihr weiteres Leben zu vermitteln, hat sich die Schule vom traditionellen „Einzelkämpfertum" der Lehrkräfte zugunsten einer teambetonten, kooperativen Zusammenarbeit verabschiedet. Drei Kooperations-„Instanzen" unterstützen die einzelne Lehrkraft und binden ihre Arbeit in das schulische Gesamtgeschehen ein:
- Die Jahrgangsstufe,
- das Kollegium und
- die Schulleitung.

Das Jahrgangsteam – eine Professionelle Lerngemeinschaft
Die in der Schule als wichtigste Kooperationseinheit angesehene Jahrgangsstufe trifft sich einmal wöchentlich. Dieses Jahrgangstreffen ist fest im Stundenplan verankert und für alle verbindlich. Hier werden Erfahrungen ausgetauscht, die eigene Praxis wird regelmäßig für einen zeitlich gut überschaubaren Abschnitt reflektiert.
Durch
- Hospitationen in Parallelklassen,
- gemeinsame – zielorientierte – Konzeption von Unterrichtsreihen,
- gemeinsame (arbeitsteilige) Erstellung von Wochenplänen und Unterrichtsmaterialien,
- gemeinsame Absprachen von Leistungsüberprüfungen,

- gemeinsames Festlegen von Anforderungs- und Auswertungskriterien,
- gemeinsame Überlegungen zur Weiterarbeit (z.B. durch klassenübergreifende Förderangebote)

wird die Diskussion um Unterrichtsziele, Methoden und Leistungsstandards kontinuierlich gefördert, werden Qualitätsindikatoren definiert, wird Qualität weiterentwickelt. Folgende Fragen stehen dabei im Mittelpunkt:

- Was sollen die Schülerinnen und Schüler in der Unterrichtsreihe erfahren?
- Was sollen die Kinder am Ende der Unterrichtsreihe neu und umfassender wissen?
- Welche Fähigkeiten und Fertigkeiten sollen sie in der Unterrichtsreihe erwerben, festigen und ausweiten?
- Welche Verhaltensweisen sollen die Schülerinnen und Schüler durch die Unterrichtsreihe annehmen?

Unterrichtsplanungen, Arbeitsabsprachen und Beispiele für Wochenpläne werden nachvollziehbar in einem Jahrgangsordner festgehalten. Für diesen Ordner ist eine Lehrkraft des Jahrgangs verantwortlich; die vier „Jahrgangsordner-Schreiberinnen" erleichtern die unmittelbare Kommunikation zwischen Schulleitung und Kollegium und bereiten als Erweiterung der Schulleitung wichtige Entscheidungen mit vor. Das Amt des Verantwortlichen für den Ordner rotiert jährlich.

Arbeitsmaterialien werden außerdem in Themenkisten aufbewahrt, mit einer Übersicht versehen und in der Lernwerkstatt gesammelt. So wird die Arbeit des Jahrgangs auch dem gesamten Kollegium zugänglich gemacht.

Die Jahrgangsstufe arbeitet auf der Grundlage der im Kollegium verabschiedeten didaktischen Konzepte, die in den Jahrgängen erprobt, evaluiert und weiterentwickelt werden. Diese Weiterentwicklungen fließen in konzeptionelle Überarbeitungen ein, so dass – unterstützt durch entsprechende Fortbildungsplanung – ein Kreislauf systematischer Qualitätsverbesserung in Gang gesetzt wird.

Die professionelle Kooperation im Kollegium wird vor allem gefördert durch ein hohes Maß an Transparenz: durch Jahrgangsordner und Themenkisten und durch die zwei benachbarte Jahrgänge umfassenden Jahrgangskonferenzen zur Vorbereitung des neuen Schuljahres. Dabei berät zum Beispiel der jetzige erste Jahrgang den kommenden (jetziger vierter Jahrgang) und erklärt, welche Ziele er für die ersten acht Schulwochen gesetzt hat und wie der Anfangsunterricht konzeptionell gestaltet wurde. Durch die Einführung der Schuleingangsphase wird dieser Austausch umso wertvoller.

Die Jahrgangsteams wurden außerdem durch ein externes Coaching begleitet. Diese Team(weiter)entwicklung diente der Einführung der Kollegialen Beratung, der Optimierung von Sitzungsabläufen, der Strukturierung von Rollen und Aufgaben und der Aushandlung von Zielvereinbarungen. So können „ausgetretene" Wege der Zusammenarbeit immer wieder aufgedeckt und neue Impulse für die Kooperation gewonnen werden.

Das Kollegium

Das Kollegium bildet die zweite Kooperationseinheit. Zur regelmäßigen Absprache von unterrichtsorganisatorischen (Rahmen-)Bedingungen dient vor allem die wöchentliche Dienstbesprechung, an der alle Lehrkräfte und anderen Mitarbeiterinnen und Mitarbeiter (Sozialpädagogen, Hausmeister, Praktikanten) selbstverpflichtend teilnehmen. Zu dieser Zeit (montags, 1. Stunde) findet kein Unterricht statt. Hier werden auch grundlegende Entscheidungen wie die didaktische Ausrichtung in einzelnen Fächern und die daraus resultierende Materialauswahl (z.B. Bücher und andere Lernmaterialien) getroffen.

Die Schulleitung

Die für die Bildungs- und Erziehungsarbeit verantwortliche Schulleitung will und muss auch Einfluss auf den konkreten Unterricht nehmen. Doch wie kann das Schulleitungshandeln auf Unterricht wirken – direkt oder indirekt? Aktuelle Forschungsergebnisse können hier Aufschluss geben: Durch Forschungsergebnisse „kann nachvollziehbar gezeigt werden, dass Schulleitungshandeln nicht nur direkten Einfluss auf Schul- und Unterrichtsmerkmale haben kann, sondern auch, und vielleicht in erster Linie, indirekt über das Kollegium wirksam wird. Dies wird am Beispiel der Kooperation im Kollegium deutlich. (...) [Es kann gezeigt werden], dass die Dimension der zielgerichteten Führung nicht nur direkt auf die Kooperation wirkt (...), sondern in hohem Maße vermittelt zu wirken scheint. Insbesondere der indirekte Einfluss auf die kollegiumsweite unterrichtsbezogene Einschätzung der Bemühungen um Differenzierung und Förderung erscheint bedeutsam (...). Ein etwas geringerer und ebenfalls indirekter Effekt ist bezogen auf die Einschätzung der pädagogischen Innovation auf Schulebene festzustellen (...). Demnach ist ein positiver Einfluss auf die Kooperation zwischen Lehrerinnen und Lehrern ein geeignetes Mittel, um andere Faktoren wie die Innovationsbemühungen auf Schulebene, aber auch mögliche Unterrichtsmerkmale zu beeinflussen" (Bonsen et al. 2002, S. 315f). Die Förderung der Kooperation bei der unterrichtsbezogenen Zielfindung im Kollegium ist augenscheinlich ein gewichtiger Indikator für erfolgreiches Schulleitungshandeln.

Die Leiterin arbeitet demnach fortlaufend an der Aktivierung von vorhandenen Strukturen oder an der Weiterentwicklung struktureller Untereinheiten in der Schule. Eine Idee ist, die Schulleitung – die dritte Kooperationseinheit – zukünftig zu erweitern. Beteiligt werden könnten neben der Schulleitung jeweils eine Vertreterin der Jahrgänge oder die Mitglieder der – vom Kollegium gewählten – Steuergruppe. Die Abkehr von der traditionell eher hierarchischen Struktur zugunsten einer breiten Vernetzung von Verantwortlichkeiten könnte das Miteinander und Füreinander in der Schule noch mehr fördern und würde noch mehr Freiräume für eigene Ideen und Initiativen freisetzen.

Außerdem flankiert die Schulleitung den kollegialen Entwicklungsprozess durch das Schaffen organisatorischer Rahmenbedingungen, z.B. das Achten auf ein gemeinsames Unterrichtsende von Jahrgangskolleginnen, das die gemeinsame Jahrgangsteam-Sitzung im Anschluss an den Unterricht erleichtert; das Parallel-Legen möglichst vieler Stunden, um klassenübergreifendes Arbeiten zu erleichtern, das Übergeben von Verantwortlichkeiten an das Jahrgangsteam und das feste Verankern von Kooperationsstrukturen im Plan.

Das Potenzial einer „Professionellen Lerngemeinschaft" wird demnach nicht nur von den Mitgliedern bestimmt, sondern hängt maßgeblich von der gezielten Einbettung in einen systemischen Arbeitszusammenhang ab, der letztlich in der Einzelschule geschaffen werden muss.

Der gemeinsame Blick auf das einzelne Kind

Heterogenität ist gesellschaftliche Realität. Die Vielfalt an Sprachen, an Kulturen, an Begabungen, die sich an einer Schule wie der unsrigen finden lässt, wird leider oft ausschließlich durch die „Problembrille" und weniger unter dem Aspekt der Chance auf Bereicherung betrachtet. In 17 unserer insgesamt 19 Klassen lernen 25 Kinder mit sonderpädagogischem Förderbedarf zusammen mit Kindern ohne Behinderung. Auch diese profitieren vom „Gemeinsamen Unterricht" (GU): sie lernen, Rücksicht zu nehmen, zu helfen, Anderssein als Normalität zu sehen. In einer Schule, in der 83 % der Kinder einen Migrationshintergrund haben, gehört das Miteinanderleben von Menschen unterschiedlicher kultureller und religiöser Herkunft sowie unterschiedlicher Muttersprache zum Alltag. Muttersprachlicher Unterricht, methodisch und inhaltlich mit dem Regelunterricht abgestimmt, interkulturelle Projekte (türkisch, griechisch, arabisch), die die Verbindung von Ich-Identität mit der Begegnung unterschiedlicher Kulturen fördern, islamische Unterweisung in deutscher Sprache, eigene religiöse Orientierung in Respekt vor anderen lehrend, fundierte Förderung der deutschen Sprache als Medium und Gegenstand des schulischen Lernprozesses – all das sind Bausteine, die zu einer gelingenden Integration beitragen.

Kindern mit unterschiedlichen Lernvoraussetzungen wird der jahrgangsübergreifende Unterricht in der Schuleingangsphase besonders gerecht. Ziel ist es, die individuellen Fördermöglichkeiten eines Kindes optimal auszuschöpfen und flexibel auf Entwicklungen zu reagieren.

Im Vordergrund steht ein Unterricht, der den Kindern – ob im ersten oder zweiten Schulbesuchsjahr – Möglichkeiten eröffnet, gemeinsam an einem Thema zu lernen. Die Förderung von Lernkompetenz im Rahmen individualisierten Unterrichts wird über differenzierte, auf das einzelne Kind zugeschnittene Wochenpläne gesteuert. Ausgangspunkt ist ein individueller Förderplan, der das Lernen der Kinder begleitet und der Diagnostik, Handlungsplanung, Umsetzung und Evaluation laufend miteinander verknüpft.

Vorteile der jahrgangsübergreifenden Organisation liegen in den erweiterten Chancen für soziales und kognitives Lernen: Regeln, Rituale, Arbeitsvereinbarungen werden von den erfahrenen Kindern nebenbei vermittelt; die wechselnden sozialen Rollen stärken das Selbstwertgefühl, schnell lernende Kinder werden herausgefordert, müssen nicht allein „überspringen", können sich in Ruhe erproben und gehen mit einer Gruppe in die 3. Klasse. Hingegen bleiben langsam lernende Kinder in ihrer Klasse, bei ihrer Lehrerin, können verstärkt in ihren Förderbereichen arbeiten, ersparen sich „überflüssige" Angebote. Durch Vermittlung ihrer Lernerfahrungen an andere wird das eigene Wissen reflektiert, der Blick der Lehrerin für das einzelne Kind wird geschärft und Angebote werden maßgenau zugeschnitten.

Nicht mehr das Alter eines Kindes entscheidet über das Lernangebot, das ihm gemacht wird, sondern seine Fähigkeit in einem bestimmten Bereich. In kompetenzorientierten Kleingruppen werden Inhalte erarbeitet; gesicherte Arbeitsformen ermöglichen den Kindern das selbstständige Arbeiten. Akzeptanz von Vielfalt stellt eine Herausforderung an die Professionalität der Lehrerin dar. Sie erfordert Konzepte, wie – mit Vielfalt evtl. einhergehende – Benachteiligungen ausgeglichen bzw. verhindert werden können. Sie erfordert auf jeden Fall die Information, die Einbeziehung und ggf. die Qualifizierung von Eltern.

Leistung zählt – über vier Jahre

In unserer Schule hat Leistung einen hohen Stellenwert. Sie wird als Ergebnis von kognitivem, sozialem und emotionalem Lernen verstanden. Leistung wird entsprechend der individuellen Voraussetzungen eines Kindes gefordert und gefördert.

Auf der Ebene des einzelnen Kindes wird sie über die Grundschulzeit hinweg im individuellen „Begleitportfolio" dokumentiert. Dieses wird angelegt am Tag der Anmeldung eines Kindes, also bereits acht Monate vor Schuleintritt. Es enthält in der Zusammenschau:
- die kompetenzorientierte Auswertung des Entwicklungsstands jeden Kindes in den Bereichen soziale und emotionale Kompetenz, sprachliche Entwicklung, alltagsorientiertes Wissen, Gesamtkörperkoordination, pränumerischer Entwicklungsstand, Konzept des eigenen Körpers, Graphomotorik, visuelle und auditive Wahrnehmung;
- den an die Eltern gerichteten Förderbrief mit Tipps zur spielerischen Förderung ihres Kindes in bestimmten Bedarfsbereichen;
- die Rückmeldung an die vorschulische Einrichtung mit Unterstützungsempfehlungen;

- die Ergebnisse der „Diagnostischen Werkstatt", mit der der Entwicklungsstand zu Beginn der Schulzeit erhoben wird;
- die langfristig angelegten Beobachtungsbögen (Indikatoren für Entwicklungsschritte; fachbezogen: Entwicklungsschritte auf dem Weg zu festgelegten Anforderungen/Bildungsstandards);
- die sich daraus ergebenden Förderpläne;
- punktuelle, standardisierte Überprüfungen (z.B. „Neun-Wörter-Diktat", „Hamburger Leseprobe");
- Förderempfehlungen;
- Ergebnisse der zentralen Lernstandserhebungen VERA (Vergleichsarbeiten in der Grundschule);
- die Übergangsempfehlung.

Diese Prozessdokumentation umfasst einen Zeitraum von (mindestens) vier Jahren. Sie bildet den Ausgangspunkt, eingesetzte Unterstützungsmaßnahmen, „Zwischenmessungen" und den (vorläufigen) Endstand ab. Sie macht Leistung von Kindern – und Leistung von Lehrkräften – ebenso sichtbar wie die Gesamterhebung des Förderbedarfs bei der Anmeldung und die Übergangsempfehlungen für diese Kinder nach vier Jahren.

Auf Schulebene sammeln wir systematisch Daten, die uns Auskunft über die Schullaufbahn unserer Kinder gibt. Wir nutzen standardisierte Verfahren wie die in allen Klassen erhobene Hamburger Leseprobe, um Vergleichswerte zu gewinnen. Verglichen mit der Ausgangssituation der Kinder haben wir sehr gute Ergebnisse: Im vierten Jahrgang sind 62% unserer Kinder sichere Leser, 20% gehören zum Mittelfeld und 1% zu den schwachen Lesern.

Dem Testformat der landesweiten vergleichenden Erhebung (VERA) bringen wir noch einige Skepsis entgegen. Dennoch nutzen wir die Ergebnisse für Reflexions- und ggf. Entwicklungsprozesse. Intern erheben wir jedes Jahr Daten zur Förderung von Kindern mit Migrationshintergrund. 2002 haben wir den „Ausbaustand" unserer professionellen Kooperation erhoben, 2004 den Bereich der Lesemotivation durch eine Eltern-Kind-Befragung. Zur Zeit sammeln wir Daten für die sich über vier Jahre erstreckende Evaluation des jahrgangsübergreifenden Lernens.

Wir ermutigen die Kinder nicht nur zu Leistungen im kognitiven Bereich. Die kompensatorische Wirkung anderer Fächer gerade für Kinder mit geringeren Erfolgen in den klassischen schulischen Leistungsbereichen, die Erfahrung herausgehobene Leistungen zu erbringen, ist von großer Bedeutung für ihr Selbstwertgefühl. So waren sowohl Mädchen- als auch Jungenfußballmannschaften in den letzten 4 Jahren (seitdem wir eine Turnhalle haben) äußerst erfolgreich: Sie gewannen insgesamt achtmal den ersten Platz im Nordstadt-Cup und eine Stadtmeisterschaft. Die 2004 gegründete Basketballmannschaft erreichte im selben Jahr den zweiten Platz. Die Musik- und Theater-AG zeigt die Ergebnisse ihrer Jahresarbeit in Vorstellungen im öffentlichen Theater (z.B. „Lysistrata" im Stadttheater Dortmund) und erfährt großes Lob und aufrichtige Anerkennung.

Außerdem sehen wir Schulwettbewerbe als Chance, durch die Aufbereitung der Bewerbungsunterlagen kritisch Rück- und Zusammenschau zu halten. Eine intensive Vorbereitung und Durchführung von sich anschließenden Jurybesuchen vor Ort schärft im Kollegium eine kriteriumsorientierte und systemisch ausgerichtete Unterrichtsarbeit. Unsere Schule hat im bisher zweimal landesweit ausgeschriebenen Wettbewerb „Qualität schulischer Arbeit" den ersten Preis im Bereich Grundschule (2000) und den schulformunabhängigen Sonderpreis (2003) gewonnen. Nicht zuletzt ist die Grundschule Kleine Kielstraße Hauptpreisträger des „Deutschen Schulpreises 2006" der Robert-Bosch-Stiftung und der Heidehof-Stiftung.

Verantwortung übernehmen – in die Gesellschaft hinein wachsen

Die Schule unterstützt und fördert die Verantwortungsübernahme der Kinder für sich, für die Klasse, für die Schule und für ihr Umfeld. Das gemeinsam erarbeitete Erziehungskonzept der Schule beschreibt Wertschätzung und Respekt als unverzichtbare Bedingungen menschlichen Miteinanders. Sie gelten zuallererst für den Umgang der Lehrkräfte mit Eltern und Kindern. Sie werden nachdrücklich von allen, die am Schulleben beteiligt sind, eingefordert.
Die Förderung von Selbst- und Sozialkompetenz, der Aufbau von Einstellungen und Haltungen sowie die Entwicklung von Handlungsfähigkeit sind organisch eingebettet in das unterrichtliche Geschehen.
Die aktive Auseinandersetzung mit dem Umfeld, in dem die Kinder wohnen, geschieht sowohl in stadtteilbezogenen Projekten („Dachgärten auf dem Hannibal", „Stadtteilführer") als auch im fest verankerten Projekt „Fit und stark" aller vierten Schuljahre, in dem in Kooperation mit den Jugendkontaktbeamten der Polizei die „Angstecken" des Umfelds aufgesucht werden und Lösungen besprochen werden. Das Rollenverhalten von Jungen und Mädchen wird hinterfragt, das Nein-Sagen zu Gruppenzwängen erprobt, Strategien zur Angst- und Stressbewältigung werden vermittelt und Beratungsstellen besucht. In schulübergreifenden Projekten wie „Spurensuche" wird den eigenen Wurzeln nachgegangen, werden Lebens-, bei uns eben oft Migrationsgeschichten erforscht und dargestellt, werden Einblicke in andere Kulturen ermöglicht. Das Kennenlernen anderer Lebensformen fördert das Verständnis, ermöglicht den Perspektivwechsel und es wird klar: nicht mehr meine Art des Denkens und Fühlens ist selbstverständlicher „Maßstab" für Werte und Einstellungen.
Konflikte sind unvermeidbarer Teil menschlichen Miteinanders. Ihre Auswirkungen auf den Einzelnen hängen davon ab, wie sie ausgetragen werden. Systematisch wurden gewaltfreie Interventionsmöglichkeiten im Konsens entwickelt und in allen Klassen obligatorisch implementiert:
- die Stopp-Regel,
- der Klassenrat (bei Konflikten von Kindern einer Klasse),
- die Streitschlichtung (bei Konflikten von Kindern verschiedener Klassen),
- der Täter-Opfer-Ausgleich,
- der Trainingstisch (bei Unterrichtsstörungen).

Bis auf den Klassenrat werden alle Interventionen nur bei Bedarf eingesetzt. Der Klassenrat findet wöchentlich als regelmäßige Instanz statt. Jedes Kind, das mit einem Kind der eigenen Klasse ein Problem hat, trägt sich ins Klassenratsbuch ein und meldet damit Klärungsbedarf an. In der Klassenratssitzung, an der die gesamte Klasse teilnimmt, trägt das Kind seinen „Fall" vor; die beschuldigte Gegenpartei wird zu den Vorwürfen gehört. Die Mitschüler nehmen Stellung, kommentieren das Geschehene, weisen auf Verletzung von Klassenregeln hin und suchen gemeinsam mit den „Kontrahenten" nach Lösungsmöglichkeiten und Wiedergutmachung. Diese werden in einem Protokoll festgehalten, und ihre Umsetzung wird überprüft. 4 x 30 ritualisierte Gespräche, in denen ein Konflikt verbal geschildert wird, 4 x 30 gemeinsame Überlegungen zur Lösung dieses Konflikts, 4 x 30 Wiedergutmachungen – am Ende der Grundschulzeit verfügen (fast) alle Kinder über ein sicheres Repertoire an angemessenen Verhaltensweisen.

Die einzige Chance: „Bildung"

Gute Schule zeichnen sich dadurch aus, dass sie immer noch besser werden wollen. Schulentwicklung ist eine fortlaufende Herausforderung. Ziel ist und bleibt, gelingende Bildungsprozesse bei jedem Kind zu initiieren. Die Ausschöpfung der individuellen Lernmöglichkeiten eines Kindes vollzieht sich dabei im „Dreiklang" der Förderung von fachlichen, personalen und sozialen Kompetenzen.

Ihre Ausprägung ist eine Voraussetzung für die wirkliche Teilhabe an unserer Gesellschaft, ist die einzige Möglichkeit einer positiven Zukunftsperspektive für unsere Kinder. Denn die Schülerinnen und Schüler der „Kleinen Kielstraße" haben nur eine Chance: Bildung!

Literatur

Bonsen, M./Gathen, J. v. d./Pfeiffer, H. (2002): Wie wirkt Schulleitung? In: Rolff, H-G. (Hrsg.): Jahrbuch der Schulentwicklung. Band 12. Weinheim, München: Juventa, S.287-322. – Strohmeier, K. P./Köhler, G./Laaser, U. (2002): Urban Violence and Health. Determinants and Management. Reihe: International Public Health. A WHO Kobe Centre Publication. Lage: Hans Jacobs.

93| Entwicklungsprozesse an der Glocksee-Schule Hannover
Dieter Hermann

Profil und Hintergrund der Glocksee-Schule

Die Glocksee-Schule ist heute gemäß § 182 NSchG „eine öffentliche Schule der Schuljahrgänge 1 bis 10 mit besonderem pädagogischen Auftrag". „Sie kann entsprechend ihrem Auftrag fortentwickelt werden" (Erl. vom 26.5.1994, Rechtsform der Glocksee-Schule Hannover). Hinter dieser offiziellen Beschreibung, die noch durch die amtliche Schulform-Bezeichnung „GHS" (Grund- und Hauptschule) ergänzt werden könnte, verbirgt sich eine einzügige und in jahrgangsübergreifende Stufen gegliederte Ganztagsschule mit den Jahrgängen 1 bis 10. Sie ist eine staatliche Alternativschule, die sich seit ihrer Gründung als „antiautoritärer Schulversuch" im Jahre 1972 nicht in die gängigen Organisationsstrukturen des dreigliedrigen Schulwesens einordnen lässt. Am ehesten noch könnte man ihre Gestalt mit dem bildungspolitischen Konzept einer einzügigen Gesamtschule mit den Jahrgängen 1 bis 10 beschreiben. Die Glocksee-Schule ist eine Angebotsschule für den Bereich der Landeshauptstadt Hannover, die von etwa 220 Kindern und Jugendlichen aus dem gesamten Stadtgebiet besucht wird. Das Schulleben und den Unterricht gestalten etwa 20 Lehrerinnen, Lehrer und pädagogische Mitarbeiter in Voll- oder Teilzeitstellen.

Als Alternativschule tritt die Glocksee-Schule seit mehr als 35 Jahren an, Schule anders zu denken und reformpädagogisch zu gestalten. In Auseinandersetzung mit der sich ändernden gesellschaftlichen Realität war sie von Anfang an eine sich verändernde Schule, eine Schule im Prozess. Bei allen inneren und äußeren Veränderungen gilt jedoch von ihrer Gründung bis heute:

Die Glocksee-Schule will ein Ort sein, an dem die Menschen gestärkt werden, wo Demokratie gelebt wird und wo möglichst sinnvoll gelernt werden kann.

Die zehnjährige Glocksee-Schulzeit ist in Stufen mit jahrgangsübergreifenden Lerngruppen der Jahrgänge 1 bis 3 und 4 bis 6 sowie mit Jahrgangsgruppen im 7. bis 10. Jahrgang organisiert. Der Unterricht in der Stufe 7 bis 10 findet größtenteils in jahrgangsübergreifenden Angeboten statt.

Bis zum Ende des 9. Schuljahrganges erhalten die Kinder und Jugendlichen, anstelle von Zensuren und Zeugnissen, ausführliche mündliche und schriftliche Rückmeldungen zu ihren Leistungen. Es gibt kein „Sitzenbleiben". Im zehnten Jahrgang können die Jugendlichen die üblichen Sekundarstufe-I-Abschlüsse ablegen. Hierfür erhalten sie entsprechende Ziffernzeugnisse.

In den pädagogischen Leitgedanken der Glocksee-Schule haben soziales Lernen und die Entwicklung der emotionalen Stabilität jedes Kindes und Jugendlichen einen ebenso hohen Stellenwert wie die Vermittlung von praktischen und theoretischen Kenntnissen. Die Glockseepädagogik geht davon aus, dass Kindheit und Jugend eigenständige Lebensphasen sind – nicht lediglich Phasen zur Optimierung der Zukunft. Der Schulalltag in der Glocksee-Schule soll darum so gestaltet sein, dass sich Kinder, Jugendliche und Mitarbeiter gut aufgehoben und wohl fühlen. Die Schule ist Lern- und Lebensraum. Im Unterricht werden Kinder und Jugendliche als Subjekte ihrer jeweiligen Lernprozesse gesehen und in ihrer Selbstständigkeit und in ihrer individuellen Entwicklung unterstützt. Durch die Arbeit in jahrgangsübergreifenden Lerngruppen wird deren Heterogenität, die Tatsache, dass jedes Kind einzigartig ist, strukturell hervorgehoben. Mit einer Vielzahl individualisierter Lernformen gestalten die Lehrerinnen und Lehrer den Unterricht, wobei exemplarisches Lernen und Projekte – das Lernen „mit Kopf, Herz und Hand" – einen großen Raum einnehmen.

Die Glocksee-Schule wurde 1972, gewissermaßen am Ende der Bildungsreformperiode in den 1960er Jahren, gegründet. Die Diskussionen um Schule und Bildung dieser Zeit waren, im Nachhall auf Georg Pichts Verdikt der „Bildungskatastrophe" (1964) und Ralf Dahrendorfs „Bildung ist Bürgerrecht" (1969), geprägt durch Bildungsvorstellungen, die sich auf die Emanzipation des Einzelnen und auf die Änderung der als autoritär empfundenen gesellschaftlichen Strukturen richteten. Chancengleichheit, soziales Lernen, Lernen des Lernens sowie die Demokratisierung der Schule waren Themen, die in verschiedenen Studien untersucht und gefordert wurden (vgl. Deutscher Bildungsrat 1970). Gleichzeitig gingen sie als Zielsetzungen in die intensiven öffentlichen Diskussionen dieser Zeit über eine Reform des Bildungssystems ein. Wenngleich in ihrem ursprünglichen Ansatz, so bei Picht, der Sorge geschuldet, Deutschland könnte den wirtschaftlichen Anschluss verpassen, enthielten die Auseinandersetzungen mit diesen pädagogischen Grundfragen auch Elemente, die über rein ökonomisch verwertbare Bildungserträge hinauswiesen. Hierzu trugen sowohl Forschungsergebnisse der Deutschen Bildungskommission bei, die in verschiedenen Vorschlägen zur Reform des deutschen Bildungssystems mündeten, als auch die Diskussionen, die im Zuge der Studentenbewegung stattfanden. Aus letzterer entstanden 1968 die Kinderläden mit ihren Vorstellungen einer antiautoritären frühkindlichen Erziehung. Ausgehend von ihren praktischen Erfahrungen mit der Kinderladenerziehung und den auf Veränderung drängenden bildungspolitischen Diskussionen waren viele Eltern daran interessiert, ihre Kinder nach der Zeit im Kinderladen nicht in eine staatliche Schule zu geben, in der vielfach noch offen autoritäre Strukturen vorherrschten.

In Hannover bildete sich auf Anregung des Soziologieprofessors Oskar Negt eine Initiativgruppe, der engagierte Eltern sowie Lehrerinnen und Lehrer angehörten. Alle waren motiviert, konkret etwas gegen die Grundschulmisere zu tun und die eigenen Kinder nicht mehr tatenlos autoritärer Bildungspraxis auszusetzen. Durch die Entwicklung einer Alternative zur bestehenden Grundschule sollte ein Beitrag zur Veränderung der Bildungslandschaft geleistet werden.

Anders als die zu gleicher Zeit in Niedersachsen wie auch in einigen anderen Bundesländern entstandenen integrierten Gesamtschulen, zu deren Grundideen eine enge inhaltliche Verbindung bestand, war die Glocksee-Schule von Beginn an als einzügige Schule konzipiert. Dahinter stand die Vorstellung, dass zu große Schulen zu einer Unüberschaubarkeit für alle Beteiligen führen können, was auch an den Gesamtschulen zu beobachten ist. In der geplanten Schule sollten die Kinder alle Lehrerinnen und Lehrer kennen und umgekehrt. Lernende und Lehrende sollten persönliche Beziehungen zueinander entwickeln und sich als Individuen im Lernprozess begegnen können. Die bisherigen Erfahrungen haben bestätigt: wenn das System nicht zu groß ist, können alle Beteiligten an der Entwicklung der Schule teilhaben und es gibt ein gemeinsames Bewusstsein vom Prozesscharakter der Schule.

Strukturelle und lebendige Entwicklungen

Wie gründet man eine staatliche Alternativschule?
(a) Ausgangsbedingungen und Umfeld
Die Glocksee-Schule ist nach wie vor die einzige staatliche Alternativschule in Deutschland, deren Gründung durch eine Elterninitiative ausgelöst wurde und die aus der antiautoritären Bewegung der späten 1960er Jahre entstanden ist. Dass dieses Schulprojekt überhaupt entstehen konnte, hing davon ab, dass eine Reihe unterschiedlicher und zum Teil widersprüchlicher Interessen und Faktoren letztendlich zu einer günstigen Konstellation gebündelt werden konnten. Anfang der siebziger Jahre gab es unter Eltern und Lehrern – nicht nur in Hannover – ein hohes Maß an Unzufriedenheit mit dem bestehenden Schulsystem und den stagnierenden Reformen. Am Beispiel der mit teilweise 35 bis 40 Schülern überfüllten Schulklassen entzündete sich eine intensive Diskussion, die von der Gewerkschaft Erziehung und Wissenschaft in einer „Aktion kleine Klasse" gebündelt wurde. In diesem Zusammenhang wurden grundsätzliche Fragen der Erziehung und des Unterrichts unter Teilnahme einer großen Öffentlichkeit thematisiert. Viele Lehrer und Wissenschaftler schlossen sich dieser Bewegung an, unter ihnen auch Oskar Negt. In diesem Rahmen gründete Negt einen Initiativkreis, der aus den laufenden bildungspolitischen und pädagogischen Diskussionen die Grundlagen für ein konkretes Alternativschulprojekt entwickelte. „Die Schule neu denken", das, was Hartmut von Hentig mit seinem Buchtitel 1993 forderte, war bereits 1971 Motto und Selbstauftrag dieser Initiativgruppe gewesen.
Anders, als in den 1990er Jahren, wo schon reichlich Erfahrungen aus den Gesamtschulen, der Laborschule Bielefeld, der Glocksee-Schule und anderen in der Zwischenzeit gegründeten Alternativschulprojekten vorlagen, gab es in den 1970er Jahren nur wenige Anknüpfungspunkte für das zu initiierende Schulprojekt. Im Wesentlichen stützten sich die konzeptionellen Überlegungen deshalb auf Theorien und Erfahrungen der Kinderladenbewegung (vgl. Seifert 1996). Hinzu gezogen wurden auch Ansätze von Reformpädagogen aus der Weimarer Zeit von Otto Rühle zum Beispiel oder Siegfried Bernfeld und Wera Schmidt. Für die Entwicklung geeigneter didaktischer Konzepte waren Martin Wagenscheins Gedanken zum „Exemplarischen Lehren" grundlegend. Natürlich wurden auch die praktischen Beispiele von Alexander S. Neills „Summerhill" (1969) oder George Dennisons „First Street School" (1971) reflektiert.
Ihre Ideen für eine alternative Grundschulpädagogik stellte die Initiativgruppe öffentlich vor. Die Resonanz hierauf – vor allem bei Eltern – war überwältigend. Zu den Informationsveranstaltungen, bei denen unter anderem der Film „Erziehung zum Ungehorsam" von Gerhard Bott diskutiert wurde, kamen mehrere hundert Interessierte. „Erziehung zum Ungehorsam" dokumentierte das „Rödelheimer Projekt", eine Grundschulklasse, die bereits 1971 von Renate Stubenrauch mit Methoden des antiautoritären Unterrichts geführt wurde.

Die große Zustimmung so vieler Eltern bestärkte die Initiativgruppe in ihrer Einschätzung, dass das geplante Schulprojekt realisierbar sei. Die Vielzahl von Interessenten, die sich in eine Liste eingetragen hatten, überzeugte sowohl den gerade neu gewählten Oberbürgermeister von Hannover, Herbert Schmalstieg, als auch den, Schulreformideen gegenüber sehr aufgeschlossenen Kultusminister Peter von Oertzen (SPD). Mit den positiven Entscheidungen des Kultusministers und des Oberbürgermeisters und mit der Unterstützung von einzelnen Mitarbeitern in den Schulbehörden konnte das Genehmigungsverfahren für den Schulversuch in wenigen Monaten erfolgreich abgeschlossen werden.

(b) Vom „Grundschulversuch" zur „Schule mit besonderem pädagogischen Profil"
Die Gründung einer staatlichen Alternativschule auf Elterninitiative war und ist im niedersächsischen Schulsystem nicht vorgesehen; Schulversuche müssen an eine bestehende Schule angegliedert sein. In der ersten Phase war die Glocksee-Schule deshalb als Grundschulversuch ein Bestandteil der Grund- und Hauptschule Suthwiesenstraße, durch deren offiziellen Antrag der Schulversuch erst eingerichtet werden konnte.
Die formale Abhängigkeit von einer „Mutterschule" führte zu keinen gravierenden Einschränkungen für die Entwicklung des Schulversuchs. Von Beginn an gab es also eine faktische Anerkennung der Eigenständigkeit des neuen Konstruktes, ohne dass dieses de jure als eigenständige Schule gelten konnte. Dies war erst ab 1975 der Fall.
In der Glockseestraße (daher der spätere Name „Glocksee-Schule") begann der Schulversuch im September 1972 mit je einem 1., 2. und 3. Schuljahrgang. Bereits im Laufe des ersten Schulversuchjahres und parallel zu den bildungspolitischen Diskussionen um die Einführung der Orientierungsstufe in Niedersachsen, einer eigenständigen Schulform für die Jahrgänge 5 und 6, wurde den Beteiligten des Schulversuches deutlich, dass die Aufteilung der gerade in der Glocksee eingeschulten Kinder auf verschiedene Stadtteilorientierungsstufen nicht sinnvoll wäre. Aus pädagogischen Gründen konnte die Lösung nur lauten: gemeinsame Schulzeit bis zum Ende der 6. Klasse, das heißt Angliederung einer 5. und 6. Klasse auch an die Glockseegrundschule. Der Antrag hierzu wurde 1974 genehmigt.
Nun hatte die Glocksee-Schule eine Gestalt, die zwar von den übrigen Schulformen in der niedersächsischen Schullandschaft abwich, die aber vom Kollegium mit einer den gesamten Zeitrahmen ausschöpfenden Pädagogik ausgefüllt wurde.
Um so bedrohlicher wurde das Bestreben des CDU-geführten Kultusministeriums Anfang der 1980er Jahre erlebt, die Klassen 5 und 6 abzutrennen, damit die Glocksee-Schule als reine Grundschule wieder in den schulorganisatorischen Rahmen von Niedersachsens Schulen passte. Erst nach heftigen Protesten einer breiten Öffentlichkeit und mit großer Unterstützung namhafter Bildungspolitiker und Pädagogen wurde vom damaligen Kultusminister Werner Remmers (CDU) mit der Erweiterung der Glocksee-Schule um die Jahrgänge 7 bis 10 eine Lösung gefunden, durch die eine organisatorische Integration in das Niedersächsische Schulsystem möglich wurde. Von 1983 bis 1987 wurde die Glocksee-Schule jedes Jahr um eine Jahrgangsstufe erweitert, ihr Bestand damit gesichert.

(c) Die „Schulträger"
Von seiner Gründung als Grundschulversuch bis zu seiner Konsolidierung als eigenständige Schulform wurde der Entwicklungsprozess der Glocksee-Schule von unterschiedlichen Gruppen getragen und vorangebracht. Da das Projekt von Beginn an als ein offenes, demokratisches System ohne hierarchische Strukturen angelegt war, verliefen die Entwicklungen, wie sich leicht vorstellen lässt, nicht in einem gradlinig fortschreitenden Prozess, sondern waren unter anderem auch abhängig von der teils mühsamen Weiterentwicklung der Kommunikationsstrukturen

und der Konfliktbewältigungsmöglichkeiten der beteiligten Gruppen. Die hierbei aufgetretenen Konflikte und Entwicklungsschritte haben Ulrike Köhler und Doris Krammling-Jöhrens (2000) ausführlich beschrieben. An dieser Stelle sollen deshalb nur die für die Entwicklung der Schule relevanten Gruppen genannt und in ihren Funktionen dargestellt werden.

Die Initiativgruppe
Dieser, etwa 20 bis 30 Mitglieder umfassende „harte Kern" an Eltern, Wissenschaftlern sowie Lehrerinnen und Lehrern bereitete die Anträge an das Kultusministerium und die Landeshauptstadt Hannover vor, entwickelte das Konzept des Schulversuchs und erledigte alle anfallenden organisatorischen Arbeiten, die zur Gründung notwendig waren. Aus dem Kreis ihrer Mitglieder bildeten sich die Gruppe der wissenschaftlichen Begleitung, die Lehrergruppe und die erste Elternvertretung.

Wissenschaftliche Begleitung
Die Ausgestaltung des Schulversuchs wurde von der Gründung bis ins Jahr 1979 von der wissenschaftlichen Begleitung unter Leitung von Oskar Negt und mit Thomas Ziehe als hauptamtlichem wissenschaftlichen Begleiter geprägt. Eine ihrer wichtigsten Aufgaben bestand darin, die konzeptionellen Grundlagen, die sich im Wesentlichen auf vorhandene Ideen der Reformbewegungen und der klassischen bürgerlichen Pädagogik stützten – Selbstregulierung, Entschulung der Schule, Erfahrung als Grundlage des Unterrichts, Lernen mit „Kopf, Herz und Hand", Projektarbeit –, im Arbeitszusammenhang des Schulversuchs zu entwickeln.
In regelmäßigen Konferenzen mit dem Kollegium wurden diese konzeptionellen Elemente, verbunden mit wissenschaftlich abgefederten Erklärungsmodellen und Erläuterungen, zur Reflexion und Gestaltung der Praxis eingebracht. Anhand von Fallbeispielen aus der Praxis und von Ergebnissen teilnehmender Beobachtungen wurden Theorie und Alltagspraxis in einem wechselseitigen Prozess weiterentwickelt.
Daneben bestand eine wichtige Funktion der wissenschaftlichen Begleitung darin, den Schulversuch, der unter enormem öffentlichen Legitimationsdruck stand, in den Auseinandersetzungen mit der Schulaufsicht und dem politischen Umfeld zu unterstützen.
Ohne die intensive Mitwirkung der wissenschaftlichen Begleitung, so lässt sich rückblickend sagen, wäre eine stabile Entwicklung und schließlich die Konsolidierung des Projektes „Glocksee" vermutlich nicht möglich gewesen. Allerdings gab es im Verhältnis von Theorieentwicklung und Alltagsarbeit auch Ungleichzeitigkeiten, durch die die Arbeit der wissenschaftlichen Begleitung von etlichen Lehrerinnen und Lehrern nicht nur positiv gesehen wurde. Sie erlebten ihre praktische Alltagsarbeit im Vergleich zu den vorgestellten theoretischen Erklärungen der Wissenschaftler oft als defizitär und fühlten sich nicht ausreichend unterstützt. Dieses Theorie-Praxis-Problem wurde nicht negiert und blieb ein offenes.
Im Jahre 1982 gründete Albert Ilien (Professor für Erziehungswissenschaften an der Universität Hannover), als Vater zweier Kinder an der Glocksee Schule, eine zweite, ehrenamtlich arbeitende wissenschaftliche Begleitung (bis 1988). Ilien hatte sich das Ziel gesetzt, den Interpretationsrahmen der Lehrerinnen und Lehrer für ihre Praxis zu erweitern. Durch die Rezeption neuerer psychoanalytischer Forschungen zur Narzissmustheorie, auf die bereits Thomas Ziehe aufmerksam gemacht hatte, sollte ein differenzierteres Verständnis der geänderten psychischen Strukturen bei Kindern und Jugendlichen ermöglicht werden. Da die Arbeit dieser wissenschaftlichen Begleitung nicht direkt mit der Schulpraxis verknüpft war, sondern hauptsächlich in Seminarform an der Universität stattfand, nahmen nur einige Lehrerinnen und Lehrer regelmäßig daran teil.

Lehrerkollegium und Schulleitung
Im Zentrum jeglicher Schulentwicklung – zumindest an staatlichen Schulen – steht das Lehrerkollegium. Es ist nicht nur das beständigste Gremium jeder Schule, dessen Mitglieder oft ein Berufsleben lang beieinander sind, sondern kann wie keine andere schulische Gruppe die inhaltliche Gestaltung und Qualität der Schule bestimmen. Von der Kooperationsbereitschaft der Kollegiumsmitglieder, von ihrer Kommunikation sowie von ihren Lern- und Gestaltungsmöglichkeiten hängt ab, wie sich eine Schule entwickeln kann. Das ursprüngliche Kollegium der Glocksee-Schule, bis 1980 etwa bestand dies aus fünf Lehrerinnen und drei Lehrern, war eingebettet in den Gründungsprozess und in den Diskussionsrahmen mit der wissenschaftlichen Begleitung. Alle Erwachsenen zeichneten sich durch ein hohes Maß an Lern- und Veränderungsbereitschaft aus. Als „Bezugspersonen" für die Kinder versuchten sie ihre Lehrerrolle neu zu definieren. Gemeinsam galt es neue Lehr- und Lernformen zu entwickeln. Mit der Erweiterung um die Jahrgänge 7 bis 10 verdoppelte sich das Kollegium annähernd. Neue Kollegen, die mit dem Gründungsprozess keine Berührung gehabt hatten, mussten integriert werden. Ihnen waren die vorhandenen Kommunikationsstrukturen und die konzeptionellen Übereinkünfte fremd. Darüber hinaus wurden sie für einen neuen alternativschulischen Aufgabenbereich eingestellt, für den es zwar Leitideen, aber noch kein praxistaugliches Konzept gab. – Dieser Integrations- und Schulentwicklungsprozess sollte das Kollegium in den nächsten fünfzehn Jahren intensiv beschäftigen. Heute entwickelt das Kollegium, aufbauend auf einem Bestand an reformpädagogischen Grundüberzeugungen, die Organisationsformen und Lerninhalte in den einzelnen Schulstufen in Eigenregie und mit Beteiligung der Elternvertretung sowie des Schülerrates weiter. Die Arbeitsschwerpunkte werden aus der regelmäßigen Praxisreflexion entwickelt, die bei Teambesprechungen, in Stufenkonferenzen und im „LehrerInnen-Rat" stattfindet. In regelmäßigen Rückblicken zu den Schulhalbjahren – „Was ist uns gut gelungen, was können wir besser machen?" – wird die Reihenfolge der zu behandelnden Themen festgelegt. Diesen stetigen Schulentwicklungsprozess mit Anregungen zu begleiten und koordinierend zu unterstützen, ist eine der Aufgaben der kollegialen Schulleitung. Dieses fünfköpfige Gremium der Glocksee-Schule setzt sich aus drei von der Landesschulbehörde auf Zeit bestellten und aus zwei vom Kollegium ebenfalls auf Zeit gewählten Mitgliedern zusammen.

Eltern
Die Rolle der Eltern für die Entwicklung der Schule hat sich seit der Gründungsphase verändert. Natürlich ist die Welt der Eltern eine andere als die der Lehrenden. Die Glocksee-Schule hat jedoch immer eine mehr oder minder hohe Durchlässigkeit zum schulischen Bereich ermöglicht. Die Erfahrungen der Gründergeneration mit „ihrem" Schulprojekt, ihre hohe Identifikation mit den pädagogischen Ideen der Glocksee-Schule wurden teilweise an die nachfolgenden Elterngenerationen weitergegeben.
Bis heute finden sich Eltern, die sich unter Berufung auf die Geschichte der Glocksee-Schule als „Elternschule" auf besondere Weise in den Arbeitsprozessen der Schule engagieren. Neben den verschiedenen Konferenzen und pädagogischen Arbeitsgruppen arbeiten sie teilweise auch in Unterrichtsprojekten mit. Für die Glocksee-Schule entscheiden sich natürlich auch Eltern, die sich zum Beispiel aus Zeitmangel nicht in diesem Maß engagieren können. Da bleibt es eben beim regelmäßigen Kochen für die Kinder ihrer Schulstufe und bei der Teilnahme an den vierzehntägigen Elternabenden.
Insgesamt nimmt die Elternschaft ihre Mitwirkungsmöglichkeiten in den verschiedenen Gremien der Schule wahr und gestaltet dadurch die Schulkultur im Sinne demokratischer Kommunikations- und Entscheidungsprozesse mit.

Aktuelle Situation

Die „Glocksee" begreift sich als eine Schule in Bewegung, als lernende Institution. Ihre Entwicklung wird von den am Prozess Beteiligten nicht als abgeschlossen betrachtet und wird von ihnen an die sich verändernden gesellschaftlichen Bedingungen angepasst. Konzeption und Praxis der Glocksee-Schule werden anhand der im Schulalltag gewonnenen Erfahrungen sowie in Abstimmung mit neuen wissenschaftlichen Erkenntnissen reflektiert und verändert. So werden zum Beispiel gegenwärtig Anregungen aus der „Studie zur Entwicklung von Bewegung, Spiel und Sport in der Ganztagsschule" (Projektleitung: Prof. Dr. Ralf Laging), an der sich die Glocksee-Schule beteiligt hat, für die Unterrichtsgestaltung ausgewertet. Die Studie aktualisiert die ursprünglichen konzeptionellen Vorstellungen der Glockseepädagogik vom Zusammenhang zwischen Raum und Zeit mit den Lern- und Entwicklungsmöglichkeiten der Kinder. Die Gestaltbarkeit der Schulräume und des Außengeländes, das Vorhandensein ausreichender Bewegungsräume war von Beginn an ein wesentliches Kriterium für die Wahl der Schulgebäude. Nach zwei Umzügen der gesamten Schule, ausgelöst durch die jeweiligen Erweiterungen, sowie nach einer baulichen Erweiterung des jetzigen Standortes im Jahr 2004, sind alle Schulmitglieder nun daran beteiligt, ein Bewegungskonzept für die Schule zu entwickeln und mit Leben zu füllen. „Bewegung und Lernen" oder auch „Lernen durch Bewegung" sind, als Impulse aus der Studie, derzeit Themen, an denen gearbeitet wird.

Auch die Unterrichtspraxis selbst ist Gegenstand von Untersuchungen und Entwicklungsprozessen. Ein Beispiel: In einem Projekt „Sinn und Erfahrung in naturwissenschaftlichen Lernprozessen" erarbeiten Lehrerinnen und Lehrer zusammen mit Wissenschaftlern der Universitäten Hamburg und Hannover Unterrichtsverfahren, mit denen Motivation und Lernergebnisse der Schüler nachhaltig verbessert werden können. Die Ergebnisse solcher Kooperationsprojekte können, das ist der Vorteil einer kleinen Modellschule wie der Glocksee-Schule, schnell und kreativ in praktisches Handeln umgesetzt werden.

Nach und nach werden auf diese oder ähnliche Weise die Bereiche in der Schule bearbeitet, die von den Beteiligten als „Baustellen" im Schulentwicklungsprozess identifiziert werden.

Fazit

Im staatlichen deutschen Schulsystem ist es immer noch ungewöhnlich, dass eine Schule nicht nach vorgegebenen Ordnungsstrukturen durchorganisiert ist, sondern ihre Praxis und Entwicklung überwiegend in lebendigen Aushandlungsprozessen selbst gestaltet. Für die Existenz und Entwicklung der Glocksee-Schule war entscheidend, dass es in ihrer konfliktreichen Geschichte immer wieder einzelne, Neuem aufgeschlossene Menschen in der Schulverwaltung gab – vom städtischen Sachbearbeiter über Schulräte bis zu Kultusministern –, mit deren Hilfe das Projekt einer Alternativschule im öffentlichen Schulsystem vorangebracht werden konnte. Das Beispiel der GlockseeSchule zeigt auch, dass eine solche, alternative Schulorganisation als „Staatsschule" nicht nur möglich, sondern erfolgreich ist. Neben der Innovationskraft, die aus den – oft durchaus anstrengenden – Kommunikations- und Entscheidungsprozessen mit der gesamten Schulgemeinde hervorgeht, sprechen auch die Ergebnisse für sich: Eine überdurchschnittlich hohe Zahl von Jugendlichen erreicht einen erweiterten Schulabschluss und alle Jugendlichen, die die Glocksee-Schule durchlaufen haben, verfügen über stabile soziale Kompetenzen und Lernmotivationen, die ihnen in ihren weiteren Ausbildungswegen hilfreich sind (vgl. Köhler & Krammling-Jöhrens 2000).

Literatur

AG Zukunft (1998): Pädagogisches Profil für die Glocksee-Schule. Hannover: Texte der Glocksee-Schule. – Bassen, H. u.a. (2001): Die Glocksee-Schule. Hannover: Texte der Glocksee-Schule. – Borchert, M./Derichs-Kunstmann, K. (Hrsg) (1979): Schulen, die ganz anders sind. Frankfurt/Main: Fischer. – Dahrendorf, R. (1969): Bildung ist Bürgerrecht. Plädoyer für eine aktive Bildungspolitik. Hamburg: Nannen-Verlag. – Dennison, G. (1971): Lernen und Freiheit. Aus der Praxis der First Street School. Frankfurt/Main: März. – Deutscher Bildungsrat (1970): Empfehlungen der Bildungskommission. Strukturplan für das Bildungswesen. Stuttgart: Klett. – Hentig, H. v. (1993): Die Schule neu denken. 2., erw. Aufl. München, Wien: Hanser. – Hermann, D. (Hrsg.) (1995): Immer wieder seltsam – Martin Wagenschein in der Glocksee-Schule. Texte der Glocksee-Schule zum exemplarischen Lernen und Lehren. Hannover: Texte der Glocksee-Schule. – Hermann, D. (2000): „Immer wieder seltsam" – Plädoyer für exemplarisches Lernen. In: Maas, M. (Hrsg.): Jugend und Schule. Ideen, Beiträge und Reflexionen zur Reform der Sekundarstufe I. Baltmannsweiler: Schneider Verlag Hohengehren. – Hermann, D. (2008): Sich selbst und mit-bestimmen – Gedanken zu „Demokratie und Schule". In: Backhaus, A./Knorre, S. (Hrsg.): Demokratische Grundschule. Mitbestimmung von Kindern über ihr Leben und Lernen. Siegen: Universität Siegen. – Köhler, U./Krammling-Jöhrens, D. (2000): Die Glocksee-Schule. Geschichte – Praxis – Erfahrungen. Bad Heilbrunn: Klinkhardt. – Laging, R./Stobbe C. (2009): Schulportraits als Beratungszugang zur Entwicklung von bewegungsorientierten Ganztagsschulen. In: Hietzge, M./Neuber, N. (Hrsg.): Schulinterne Evaluation. Impulse zur Selbstvergewisserung aus sportpädagogischer Perspektive. Baltmannsweiler: Schneider Verlag Hohengehren, S. 215-231. – Negt, O. (1974): Soziologische Phantasie und exemplarisches Lernen. Zur Theorie und Praxis der Arbeiterbildung. 4. Aufl. Frankfurt, Köln: Europäische Verlagsanstalt. – Negt, O. (1997): Kindheit und Schule in einer Welt der Umbrüche. Göttingen: Steidl. – Neill, A. S. (1969): Theorie und Praxis der antiautoritären Erziehung. Das Beispiel Summerhill. Reinbek: Rowohlt. – Picht, G. (1964): Die deutsche Bildungskatastrophe. Analyse und Dokumentation. Freiburg i. Br.: Walter. – Schmidt, W. (1924): Psychoanalytische Erziehung in Sowjetrußland. Bericht über das Kinderheim Laboratorium in Moskau. Leipzig, Wien, Zürich: Internationaler Psychoanalytischer Verlag. – Seifert, M. (1996): Kann die Kinderladenbewegung einen allgemeingültigen Beitrag zur Frage von Möglichkeiten kindlicher Autonomie leisten? In: Beutler, K./Horster D. (Hrsg.): Pädagogik und Ethik. Stuttgart: Reclam, S. 174-194. – Wagenschein, M. (1968): Verstehen lehren: genetisch – sokratisch – exemplarisch. Weinheim, Basel: Beltz. – Ziehe, T. (1975): Pubertät und Narzissmus. Frankfurt, Köln: Europäische Verlagsanstalt.

10 Methodenrepertoire der Schulentwicklungsarbeit

94| Einführung: Methoden der Schulentwicklung
Uwe Hameyer

Die meisten Praxiswelten kennen erfolgreiche Methoden: das Fremdsprachenlernen und die Fotoretusche, die Herzoperation und das Kochen sowie das zeitökonomische Lesen einer dicken Wochenzeitung. Wer sich einer Methode bedient, will auf eine ganz bestimmte Weise etwas herausfinden, entwickeln oder bewirken.

Gehen wir der Bedeutung nach. Das Kompositum »Methode« hat griechische Wurzeln: *metá* steht für Bildung und *hodós* für Weg. Eine Methode definiert das *sinnvolle, zweckdienliche, ethisch begründete Vorgehen beim Forschen, Erkennen, Entwickeln oder Handeln* sowohl in der Lebenswelt als auch am Arbeitsplatz. In diesem Beitrag steht die Bildungswelt, speziell die Schule, im Mittelpunkt. Man kann, daraufhin ausgelegt, eine Methode als zielgerichtetes Verfahren oder Vorgehensweise mit einem »eingebauten« System besonderer Regeln bezeichnen – so etwa, wenn sich ein Ärztekollegium bei einem untersuchten Patienten für eine minimalinvasive Operationsmethode entscheidet oder wenn ein Gymnasium Lerngesprächsmethoden einführen möchte, um diagnostische Ziele zu verwirklichen.

Viele Begrifflichkeiten aus dem Umfeld von Methoden werden leider gern in die Sammelschublade mit dem Schild »Methoden« gepackt, was in diesem Beitrag nicht vertreten wird: Methodologie, Instrument, Technik, Strategie, Handlungsmodelle und dergleichen – solche Rubriken purzeln wie in einer Lotterietrommel durcheinander.

Methodologien. Jede gute Forschung beruht auf einem begründeten, zweckdienlichen Modell des Einsatzes zieladäquater Methoden (Methodologie) für das wissenschaftliche Design erkenntnisbildender und -prüfender Schritte. Eine biographische Methodologie arbeitet unter anderem mit narrativen, kasuistischen und explorativen Methoden, der Historiker mit Quellenkritik; empirische Forscher stützen sich auf statistisch-erfahrungswissenschaftliche Methoden und kalibrieren diese nach Kriterien wie Validität, Reliabilität und Repräsentation. Im vorliegenden Beitrag werde ich mich mit Methodologien wissenschaftlicher Erkenntnis nicht näher befassen.

Techniken und *Instrumente.* Sie sind – allgemein gesprochen – erfahrungsgestützte, alltagsgebräuchliche, teils auch wissenschaftlich bewährte Formen zweckgerichteter Umsetzung von Methoden. Sie werden auf Mikroebenen sozialen, politischen, technischen oder schöpferischen Handelns eingesetzt. Techniken und Instrumente unterstützen die Analyse und Konstruktion von Wirklichkeit. Es dreht sich dabei, logisch betrachtet, immer um Zweck-Mittel-Bestimmungen. Beklagt sich jemand über Schmerzen im Bauch, kann die Ärztin verschiedene Diagnosemethoden unter Verwendung einer klientenzentrierten Fragetechnik einsetzen und – insofern die Erstdiagnose aus ihrer Sicht dafür spricht – ein Ultraschallinstrument verwenden. Ähnlich ist es beim Wunsch, sich gedankenfrei zu entspannen, so etwa wenn sich jemand zur Erfüllung dieses Wunsches für die Methode der Meditation durch Techniken der Sutra-Rezitation im Lotussitz entscheidet.

Strategien. Wer in seiner Wirklichkeit klug und taktisch vorgeht, hat meist eine Strategie oder einen Plan im Sinn. Strategien sind handlungssteuernde, wirkungs- und durchsetzungsmotivierte Pläne oder Vorgehensweisen. Sie können sich der einen oder anderen Methode bedienen, müssen das aber nicht. Eine Strategie ist durch absichtsvolles Handeln definiert, das in der Regel eine längere Zeitspanne umfasst. Strategien können bekannt oder versteckt sein. Sie stellen Handlungspläne für das Tun vieler Menschen bereit und richten das Handeln auf strategische

Ziele aus. Strategien haben eine Umsetzungs- und Wirkungsabsicht. Sie können Methoden des Diskurses, der Kommunikation und des Entscheidens nutzen, wenn es sich als klug und opportun erweist. Es gibt jedoch zugleich politisch-pragmatische Strategien, die mit Überzeugung, Argumentation, Rhetorik und Durchsetzungsinteressen arbeiten.

Nicht immer lassen sich Techniken, Instrumente, Strategien und Methoden trennscharf voneinander unterscheiden. Wir müssen schon aus diesem Grund das Zweck-Mittel-Verhältnis im Auge behalten, um zu verstehen, was im Einzelfall als Instrument, Technik oder Strategie vorliegt. Schulentwicklung kann beispielsweise das Ziel ansteuern, aus der Schule eine lernende Organisation zu entwickeln, sich auf neues Wissen rechtzeitig einzustellen und es zu nutzen. Wissensmanagement zum Beispiel ist diesbezüglich eine geeignete Form oder Methode, die ihrerseits Instrumente wie ein Schulportfolio, die Technik des Debriefing oder Instrumente eines intranetgestützten Informationsmanagements einbindet (Kühn-Ziegler & Hameyer 2009).

Ziel

Sinn und Einsatz von Methoden müssen begründet sein. Das eröffnet einen theoretischen Blickpunkt für die Methodenübersicht, nämlich den der Konstruktion von Sinn der SE durch aufgabenorientierte Kommunikation der Beteiligten. SE im System der Praxis bringt Menschen zusammen. Sie diskutieren veränderte Arbeitsschwerpunkte, neue Ziele und das pädagogische Leitbild für vielleicht ein Jahrzehnt. Immer geht es dabei um systemische Prozesse der *Verständigung* und des *Verstehens*, damit grundlegend um Kommunikation. Jede Schule muss selbst entscheiden, welchen Weg der Kommunikation im SE-Prozess sie geht, welche Methoden sie einsetzt, wann und bei wem sie Beratung sucht. Daher sind SE-Methoden nicht an sich gut oder schlecht. Es kommt darauf an, welche Ziele sie bedienen, wie gut die Umsetzungspraxis in den SE-Prozess eingebunden ist und wie professionell die methodische Arbeit ist.

Im Mittelpunkt des Beitrags steht, diesem Grundverständnis folgend, die *Systematisierung von Methoden* im Sinne einer Navigation durch das komplexe Feld der Methoden in der SE-Praxis. Die Methodensystematik, welche als Methodenmatrix vorgestellt wird (Abb. 13), ist jedoch nicht nur für Praxisinteressen gedacht, sondern beruht auf einem theoretischen Fundament, das dargestellt wird.

Systematik

Die SE in deutschsprachigen Ländern verfügt seit gut drei Jahrzehnten über ein Bündel an Methoden, ohne dass diese bislang nach ihren Funktionen verglichen worden sind. Zahlreiche Methoden werden den wirtschafts- und sozialwissenschaftlichen Disziplinen entlehnt (weitere Hinweise s. z.B. Hameyer 1984; Philipp 1992; Altrichter et al. 1998 sowie Königswieser & Exner 1999). SE entfaltet sich seit ihrer Gründerzeit als ein teilweise methodisiertes System aufgabenadäquater Interaktion im weiteren Entwicklungsprozess einer Schule oder Schulregion. Das gilt besonders für die zurück liegenden zwei Jahrzehnte.

Beispiele für Methodenschwerpunkte lassen sich einzelnen Werken, Methodenpools, Wissensnetzwerken und Journalpublikationen entnehmen: Methoden zur Entwicklung von Leitbildern, Methoden der Personalentwicklung (z.B. Buhren & Rolff 2002), Großgruppenmethoden, darunter auch Open Space (z.B. Seifert 2005; Schley & Schratz 2009), Zielanalysemethoden (Hameyer 2009a), Schulklimamessungen, Entscheidungsmethoden (z.B. das Klärungsinstrument für kritische Ereignisse, Dammann 2009), Feedbackmethoden (z.B. Bastian et al. 2005), Entwicklungsmethoden (z.B. Eikenbusch 1998; Rolff et al. 1999; Schratz & Steiner-Löffler 1999; Berkemeyer & Holtappels 2007), Brainstormingmethoden, Peer Review und Critical Friends, Qualitätsanalyse und Qualitätszirkel sowie Selbstevaluation (z.B. Schnoor et al. 2006; Granzer et al. 2008), Methoden zur Entwicklung lernender Organisationen (Senge 1999; Hameyer 2007) und Analyse kritischer Ereignisse (Hameyer & Rolff 2009) sowie viele andere Methodenansätze (vgl. die sehr informative Methodenübersicht aus Österreich von Michael Schratz 2004, verfügbar auf www.qis.at; s. auch www.archiv-der-zukunft.de von Reinhard Kahl und unzählige Hand- und Ringbücher für Schulen, die in den letzten Jahren wie Pilze aus dem Boden geschossen sind und den Schulen Praxiswissen in zahlreichen Kurzbeiträgen und Instrumentenbögen im A-4-Format anbieten).

Betrachten wir die Situation genauer, so ist festzustellen, dass *Entscheidungsmethoden* nicht vorrangig sind; eher sind es die *Kommunikations-, Entwicklungs- und Rückkopplungsmethoden*. Kommunikation wird dabei verstanden als Medium der Verständigung und des Verstehens im SE-Prozess (vgl. Hameyer 2006). Die Verständigung umfasst das Beraten über einen Gegenstand, ein Ziel oder eine Methode. Beim Verstehen geht es um die Rekonstruktion des Gegenstands, einer Idee oder eines Produkts. Schulentwicklung ist somit ein Stück weit *Innovationsentwicklung* und Verständigung über diese. Methoden werden eingesetzt, um die Innovationsprozesse und Organisationsentwicklungsschritte zu ermöglichen, zu unterstützen und abzusichern.

Die Methodenmatrix (Abb. 13a und 13b) beruht auf drei systematischen Bezugspunkten, die ich für die funktionale Zuordnung von SE-Methoden heranziehe: *Konstruktion, Kommunikation* und *Reflexion*. Diese Bezugspunkte sind wie Handlungsmodalitäten im SE-Prozess zu sehen. Sie bezeichnen grundlegende Formen der SE-Tätigkeit und werden in der Praxis unterschiedlich verzahnt (*Phasen* oder *Orte* der SE-Tätigkeit sind in der Matrix waagerecht abgebildet).

1. Konstruktion
Das Wort Konstruktion bezeichnet nicht nur ein Ergebnis, sondern auch den Weg dorthin: Ideen finden, Ziele setzen, etwas planen und entwickeln, Teile herstellen, etwas bauen und designen, ordnen und einrichten, montieren und formen, herausarbeiten und vergleichen, anpassen und verändern. Das vorhandene System der Praxis wird im Konstruktionsprozess dabei neu gedacht und verändert (s. Kontingenztheorem nach Luhmann 2000; Veränderung ist Transformation, übrigens durchaus als getrennte 4. Ebene in unserem Modell denkbar). Beispiele: Produkte, Wirkungen, Resultate, Modelle, Programme, Pläne, Materialien, Curriculum und dergleichen. Damit können wir die Konstruktion als sinnbildenden Erfindungs- und Gestaltungsprozess verstehen. Es wird dabei zum Beispiel gefragt: Was wird getan, um das Neue im System der Praxis zu entwickeln und zu verankern (Miles et al. 1987)? Das ist eine Aufgabe wechselseitiger Adaptation vorhandener und neuer Elemente im System (Velzen et al. 1985). Es geht um ein auf einige Neuregelungen ausgerichtetes, veränderungswirksames Wechselspiel zwischen Neuem und Altem.

2. Kommunikation
Kommunikation besitzt ein facettenreiches Assoziationsfeld: beraten, sich verständigen, etwas verstehen, sich von einer Idee anderer ein Bild machen, sich austauschen und vergewissern, anderen etwas rückmelden, Argumente vergleichen, über den Sinn von etwas Neuem oder Bewährten nachdenken usw. Kommunikation ermöglicht und regelt dabei die Art und Weise, wie Menschen im System gemeinsamer Praxis, speziell in ihrer Organisation, miteinander umgehen und die Konstruktionspraxis mit ihren Verfahrensweisen näher bestimmen. Nach Luhmann konstituiert sich der Organisationssinn geradezu erst in der Kommunikation (Luhmann 2006). Kommunikation ermöglicht und regelt die Art und Weise, wie Menschen im System gemeinsamer Praxis, speziell in ihrer Organisation, sich verständigen und miteinander umgehen.

	A Planen *planning*	B Umsetzen *implementing*	C Verankern *institutionalizing*	D Verbreiten *sharing	transfer*
SE Leitideen	**Zukunftsbilder** Szenarien, Bedarfanalyse, Projektierungsmethoden, Kreativitätsmethoden, Zielanalyse **Brainstorming** gewichtet - ungewichtet, Optionskartenspiel, World Café **Reflexion** Formulierung der Schulphilosophie, Schreibwerkstatt, Textentwicklung, Mikro-Art, Umfrage, Metaplantechnik	**Auswählen** Clustern, Bewerten, Fokussieren, Verdichten **Gewichten** Rating, Prioritäten, Rangskala **Projektieren** Elemente des Projektmanagement, Meilensteine, Exemplarisierung, Pilotierung **Revidieren** Rückblende	**Einbinden** Partizipationsregeln, Rückkopplung, Konsensmethoden, Dokument **Verankern** Organisationsanalyse, Etablierungsfelder, Rückbindung (Boundary Management), SWOT Analyse (strengths, weaknesses, opportunities, threats)	**Austauschen** Partizipationsmethoden, Rückkopplung, Konsens, Dokumente, *next practices* **Vernetzen** Netzpräsentation, Methoden der Vernetzung, Personaltausch, *peer review*, Konsultationen, *critical friends*, *next practices*
SE Ziele	**Situation klären** Klimabarometer, Zielanalyse Zielfokus, SWOT-Analyse (strengths, weaknesses, opportunities, threats) **Konzept planen** Befragung, Interview, Prioritätsquadrat, Indikatorenmodell	**Bewerten** Test, Pilotierung, Prozessevaluation, peer review, Kontrast Feedback, *viability check* **Konkretisieren** Unterrichtsentwicklung, UE-Bausteine, Q-Bausteine (Qualifizierung)	**Integrieren** Unterrichtsentwicklung, Abgleich mit Bildungsstandards, Qualitätszuwachs (gains), Indikatorenbewertung, Routinisierung (Einbau in Praxis) **Bewerten** Rückspiegeln, Kontrast-Feedback	**Evaluieren** Wirkungsanalyse, Bewertungsskala, Indikatoreneinschätzung für Transferziele
SE Projekte	**Projekt planen** Projektinserat, Teamdesign, Newsletter, Forum, Konferenzgespräche **Zeit einteilen** Meilensteine, Indikatoren, Personalgespräch, Entscheidungsoptionen, Entscheidungsregeln	**Projektfahrplan erstellen** Meilensteine, Bilanzierungsmethoden, Mehrwert, Vorteile, gains, Feedback **Information austauschen I** Qualitätsanalyse, Concept Mapping **Probleme analysieren** PBS-Methoden, Problem-Based Solving M. **Beraten** OE-Interventionen, Königswieser & Exner 1999, Coaching Supervision, Mediation, Konfliktanalyse	**Information austauschen II** Etablierungsmethoden, Integration des Neuen, Kontrakte	**Austauschen** Rückkopplung, Dokumente, *next practices*, Projektbörse, Wissenstausch zwischen Kooperationsschulen **Vernetzen** Netzpräsentation, Methoden der Vernetzung, Personaltausch, *peer review*, Konsultationen, *critical friends*, *panels*

Konstruktion

Abb. 13a: Methodenmatrix – Konstruktion

Einführung: Methoden der Schulentwicklung

Wissen personal gruppal organisational	**Wissen nutzen I** Entwicklungswerkstatt, SE-Forum, Wissensspeicher, Debriefing, Schulportfolio, ständiger TOP für SE auf Konferenzen, Recherche & Materialien, Intranet & Netzwerk	**Wissen nutzen II** Mikro Art (Willke) Schulportfolio, Newsletter, Coaching, Supervision, Kompetenzwürfel (Hameyer) Kompetenzplan, Kompetenzkomplementarität in Projektteams	**Wissen erweitern** Netzwerkmethoden, Flyer, Newsletter, Intranet, Foren, Rezensionen, Wissenspool	**Wissen verbreiten** in Netzwerk, Regionalprojekt, Kommunikationsforen, Gläserne Schule
Können personal gruppal organisational	**Weiterbilden** Kompetenzwürfel, Optionsplan, Portfolio, Aufgabenqualifizierung, Zukunftswerkstatt **Personal entwickeln** Systemische Analyse, Bedarfsanalyse, Schulportfolio, Tandem- und Teamkonstruktion	**Entwickeln** Curriculum-Werkstatt, UE-Modelle **Beraten** Coaching, Supervision, Intervision **Teams bilden** Rotation, Kompetenzkomplementarität, Training	**Qualität bestimmen** Q2, EFQM, EVIT, Fallstudien instrumentengestützte Erhebungen, Adaptationsmethoden	**Kompetenzen nutzen** Lehrertausch, Präsentationstechnik, Wissenspräsentation im Netz, Beratung und Coaching, Sozialraumarbeit
Umfeld	**Organisationsanalyse I** Prioritätensetzung, Bedarfsanalyse, Ressourcenplanung, Schulprogramm, Leitfaden Systemvertrauen **Umfeldanalyse I** Organisationsanalysen, Instrumente vorhanden	**Organisationsanalyse II** Analyse kritischer Ereignisse - (Hameyer & Rolff 2009). Stärkenanalyse, Schwächenanalyse **Umfeldanalyse II** Machtpromotor - Fachpromotor (Hauschildt 2000)		

	Kommunikation		Reflexion	
Person	Sinnbestimmung, spezifische Zielreflexion, Selbstmanagement, Systemisches Denken	Berufsbild: Selbstbild, Fremdbild, Identitätsstärke, Arbeitsplatzanalyse, ownership bezüglich Innovation, Kohärenzstärke Engagement: Zeitmanagement, Partizipationsstrategien, Ressourcenzuweisung		persönlicher Nutzen praktischer Nutzen professioneller Nutzen
System	Zielanalyse, Zukunftsbilder, Schreibkonferenzen, Instrumente lernender Organisation I	Story Telling, Diskurs zum Brainstorming, Instrumente lernender Organisation II, Wissensmanagement		
Prozess	Analysieren: Planungsstand, Fehlannahmen und Planungsfehler, Missverständnisse, Diskontinuitätsprobleme, Indikatorenklarheit, Widersprüche, Anschlussfähigkeit der Planungsziele	Bilanzieren: Bilanzierungsmethoden, *gain*, Fehlannahmen, kritisches Feedback, Qualitätseinschätzungen, Scheingewissheiten, Paradoxien, Bremsen und Pannen	Klären	Etablierung, Grad und Nachhaltigkeit der Integration des Neuen, Wissensstand im System, Fortgang der Arbeit, Transfer im System, Kontinuität durch Personen und Entscheidungen
Ergebnis	Analysieren: Stärken und Schwächen, Vorteile, Wirkungen und Nebenwirkungen, *viability check*, *pilot testing*,	Bilanzieren: Monitoring, *story telling*, Evaluationsdaten, Impact Analysis, Kontrast Feedback, *peer review*, *Critical Incident Technique*	Klären	Produkte & Lösungen, Qualität des Erreichten, Innovationsverankerung, Bilanzierungsrunde, Foto-Dokumentation, Logbuch, Evaluation, *accountability*

Abb. 13b: Methodenmatrix – Kommunikation und Reflexion

3. Reflexion

Reflexion steht für das Nachdenken aus unbefangener Warte, aus einem Abstand heraus. Jedes System braucht Selbstreflexion, um zu erkennen, was es gut macht, was nicht und worin es sich täuscht. Über Reflexionen verflüssigt sich eine fragwürdige Gewohnheit. Koordinierungsmöglichkeiten werden dann besser bedacht, Problemlösungen verglichen. Scheingewissheiten werden erkannt. Karl Frey spricht in seinem Buch zur Projektmethode (2007) von Auszeiten und von Metareflexion als notwendiger Methode reflexiver Vergewisserung. Reflexion ermöglicht die Nachdenklichkeit des Systems – den Blick auf sich selbst (Person, Gruppe, Abteilung, andere Subsysteme, Schule als Gesamtorganisation). Das hat zu tun mit: vergleichen, etwas abwägen und verändern, evaluieren und kontrollieren. Damit verbunden sind Kontroll- und Vergewisserungsschritte. Die Vergewisserung kann sich auf das Innen- und Außenverhältnis einer Organisation beziehen, so etwa im Blick auf die Frage, inwieweit Ziele erreicht oder verfehlt werden. In der Matrix (Abb. 13) werden ausgewählte, nicht jedoch unbedingt repräsentative Methoden genannt. Suchen Sie mehr Information über solche Methoden, möchte ich nicht nur auf die im Literaturverzeichnis genannte Fachliteratur verweisen, sondern auch auf Recherchen im Internet, auf Datenbanken zur Schulentwicklung, auf das *Journal für Schulentwicklung* mit dem darin ständig eingerichteten Methodenatelier sowie auf die *Lernende Schule*, die vierteljährlich methodenstarke Themenschwerpunkte zur Schulentwicklung veröffentlicht. Der Band von Königswieser und Exner zur systemischen Intervention (1999) ist ein erweiterter Methodenfundus zur Organisationsberatung.

Die Methodenmatrix beschränkt sich auf Methoden, die *keinen* strategischen Charakter besitzen, sondern als Mittel zum Zweck der Erkenntnisgewinnung, Problemlösungssuche oder Kommunikation eingesetzt werden. Dabei kann es sich zum Beispiel um folgende Methoden handeln: Entwicklungsmethoden, Reflexionsmethoden, Vergewisserungsmethoden, Kontrollmethoden und Feedbackmethoden. Die Methodenmatrix differenziert SE-Methoden (a) nach ihrem systemfunktionalen Sinn (Tätigkeiten, senkrecht) und (b) nach ihrem Ort beziehungsweise nach Phasen im Schulentwicklungsprozess (waagerecht). Nachfolgend (vgl. Abb. 14) habe ich ein Segment herausgenommen und aus exemplarischen Gründen einige Stichwörter aus der Matrix erläutert. Es geht um die Konstruktionsebene des Könnens.

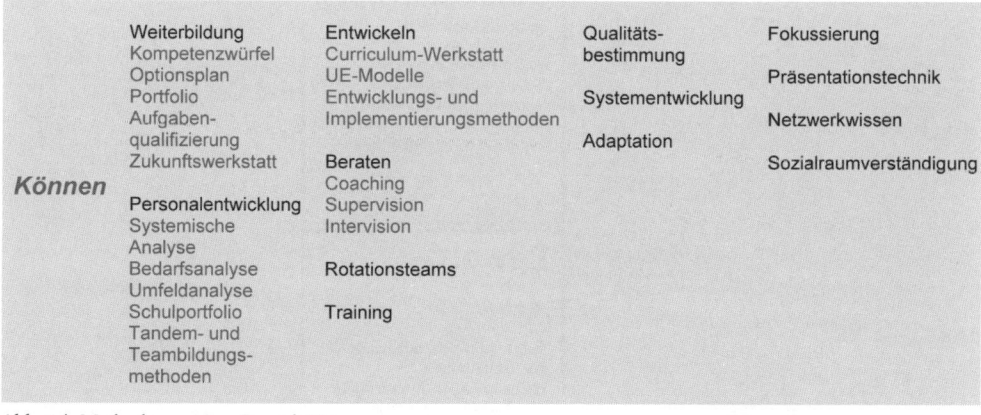

Abb. 14: Methodenmatrix – Bereich Können

Diese aus der Methodenmatrix herausgelöste, natürlich unvollständige Methodenzeile zum *Können* ist Teil der *Konstruktionsebene*. Sie umfasst wie alle anderen Reihen auch Elemente des Planens (1), Umsetzens (2), Verankerns (3) und (4) Verbreitens. Konstrukteure entwickeln Ideen, Designs, Modelle und projektierte Wirklichkeiten. Ihre architektonische Arbeit bildet den Grundriss für Neues und durchdenkt seine Funktionen und Leistungen. Dazu gehören analytische und methodische Schritte, um das Konstruktionsziel zu erreichen und die Praxis vorzubereiten. Wer konstruiert, muss in Verbund mit den Beteiligten etwas von der Sache verstehen. Aus diesem Grund steht die Planungszelle (1) im Zeichen der Weiterbildung/Kompetenzentwicklung und Personalentwicklung. Das Praxisfeld muss analysiert werden (Umfeldanalyse, systemische Analyse); es ist klarzustellen, welche Optionen bei welchen Mitarbeitern vorhanden sind (Bedarfsanalyse und Sicherung von Beteiligung). Teams sind zu bilden. Wie stabil und wie beweglich sollen die Teams sein? Welche Methoden gewährleisten Flexibilität?

Wissen
Wissen über Innovation
Wissen über Prozesssteuerung
Wissen ü. Projektmanagement
Wissen über Vorteile des Neuen
Wissen über andere Lösungen

Wollen
Motivation & Interesse
persönliche Ziele & Nutzen
Lernwünsche & Identität
Selbstkonzept & Selbstwert
Zuversicht & Zutrauen
Gestaltungsinteresse
Erfahrungen & Erlebnisse

Planen
Was planen?
Wen einbeziehen?
Wie vorgehen?
Was nacheinander angehen?
Welche Schritte zuerst?
Was danach?
Wie das Team bilden?
Wie Teilziele finden?
Welche Meilensteine setzen?

Können
Wer kann was besonders gut?
Wie voneinander lernen?
Wie sich ergänzen und unterstützen?
Welche Kompetenzen braucht das Team zusätzlich?
Dinge abschliessen können?
Kreative Methoden beherrschen?
Kritik annehmen und umsetzen?0

Umsetzen
Wann was umsetzen?
Wie vom Neuen lernen?
Welche Pilotierungen gut?
Was wie auswerten u. verändern?
Welche Methoden einsetzen?
Wann Reflexionsphasen setzen?
Womit das Neue vergleichen?

Legende
Wissen, Wollen
und Können
im SE-Prozess

Bewerten
Vorteile?
Nachteile?
Gesamtertrag?
Selbst- & Fremdeinschätzung?
Problemlösungen?
Was teilweise übernehmen?
Warum? Was nicht? Warum?

AS ... Copyright Hameyer 2008

Abb. 15: Kompetenzwürfel (Hameyer)

Mit Hilfe des *Kompetenzwürfels* (vgl. Abb. 15) kann sich ein Team vergewissern, was gekonnt, gewollt und gewusst sein muss, damit der Konstruktionsprozess erfolgreich ist. Unter dem Namen *Optionsplan* entwickelte Karl Frey ein Beteiligungsmodell zur kollegialen Weiterbildung: Alle Mitarbeiter formulieren jährlich zwei Optionen ihrer weiteren Kompetenzentwicklung (z.B. fächerübergreifendes Lernen und zielangemessene Aufgabenentwicklung für naturwissenschaftliche Lernfelder). In einem Gespräch mit der Schulleitung werden diese beiden Optionen vorgestellt und abgestimmt. Sofern andere Kollegen gleiche Optionen gewählt haben, können daraus Teams erwachsen. Gleichzeitig wird dabei sichtbar, wer in der Schule in welchem Gebiet als Experte ansprechbar ist (vgl. Kühn-Ziegler & Hameyer 2009). Ein *Schulportfolio* bringt in Übersicht, wer welche Kompetenzen in den Wissensbestand des Kollegiums einbringt. Es wird jährlich erneuert und ist Reflexionsanlass in der Schule. In der Verankerungsphase geht es um die Lehren aus Qualitäts- und Implementierungsanalysen, um die Einbindung in die Alltagspraxis und die Anpassung dieser auf das Neue.

Zwischengedanken

Methoden sind nicht an sich schlecht oder gut. Wer Methoden einsetzt, muss wissen, warum er was tut, was sie leisten und was nicht und welche Reichweite ihnen zukommt. Sie beziehen sich entweder auf Teilsysteme der Schule oder die Schule insgesamt. Daher steht jede Methodenentscheidung unter dem Begründungsmandat ihres definierten Nutzens, ihrer wahrscheinlichen Wirkungen und Nebenwirkungen sowie ihrer Qualität als Mittel zu einem begründeten SE-Zweck. Der Zweck heiligt nicht die Mittel, sondern muss selbst begründet sein. Dieses Kriterium ist nicht so eindeutig wie es scheint. Begründungen können pragmatischen, theoretischen, diskursiven, strategischen oder auch politischen Charakter besitzen. Kompliziert wird es dann, wenn solche Begründungslogiken durcheinander geraten oder bewusst kontaminiert werden. Auch wenn wir auf die Folgen der Anwendung solcher rationalen Logiken nicht näher eingehen können, bleibt doch festzuhalten: der Methodeneinsatz ist von zwei Gütezeichen abhängig, (a) einmal von der *rational-logischen Stimmigkeit und Begründung des Zwecks* und (b) zweitens von der *Funktion des Methodeneinsatzes im Blick auf den Zweck*. Diese Doppelbindung des Methodeneinsatzes an eine Begründungslogik (im weiteren Sinne an Theorie) ist gerade dann zu beachten, wenn im System der Praxis wohlfeile Methoden vom Markt mit der zugesicherten Hoffnung übernommen werden, sie würden unabhängig von der Kontextgeschichte gut sein und raschen Erfolg versprechen.

Bildung als Fokus von Schulentwicklung

Bei allem Interesse an Methoden geht es in der SE um die Gewährleistung einer für alle erweiterten Qualität von Bildung und Lernen, damit zugleich um das Ziel, dass *alle* Kinder und Jugendlichen ihre Talente, Einstellungen und Persönlichkeiten bestmöglich entfalten können und die Schule alles tut, um dieses Ziel zu erreichen (Hameyer 2009b). Gerade in einer von Bauman (2008) vortrefflich analysierten flüchtigen Moderne müssen Lernende ihr Wissen und Können dabei nicht nur nach eigenen Zielen eigenverantwortlich verbessern können; sie müssen auch lernen, wie sie mit Ungewissheit und Unbeständigkeit, mit der „Umwertung von Werten" (Nietzsche) umgehen. Das gilt natürlich auch für die an SE Beteiligten. Lernen ist das verbindende Grundmuster: Bildung und Lernen auf der einen Seite *und* die Bedingungen ihres Zustandekommens auf der anderen Seite (Schule als lernende Organisation wird zu einem bildungs- und lernanalogen Zielbild).

Sich bilden im Sinne von Hartmut von Hentig (1996 und spätere Werke) ist dabei eine Bestimmungsseite des Menschenbildes für schulische Leitideen *und* für schulische Entwicklungsarbeit sowie auch für das Lernen im Sinne eines vom Dogmatismus befreiten Geistes. Eine andere Seite verweist auf das fundamentale Ziel, *lernkompetent* zu werden und sich im Selbstmanagement auszukennen – wiederum ist das eine Notwendigkeit, die für Lernende (Bildung) und Lehrende in der SE in gleicher Weise gilt. Methoden der SE sind daher nie nur zweckrational jenseits des Bildungsverständnisses begründet, sondern müssen sich im Blick auf dieses und damit zugleich auf die Entfaltung von Bildungsressourcen als berechtigt und dienlich erweisen. Der Einsatz von SE-Methoden muss daher dem *sinnvollen, begründeten, reflektierten Vorgehen* in der Lern- und Lebenswelt der Kinder sowie der Schule als Lernraum für beide, Lehrende und Lernende, entsprechen.

Literatur
Altrichter, H./Schley, W./Schratz, M. (Hrsg.) (1998): Handbuch zur Schulentwicklung. Innsbruck: Studienverlag. – Bastian J./Combe A./Langer R. (2005): Feedback-Methoden. Weinheim, Basel: Beltz. – Bauman, Z. (2008): Flüchtige Zeiten. Leben in der Ungewissheit. Hamburg: Hamburger Edition. – Berkemeyer, N./Holtappels, H. G. (Hrsg.) (2007): Schulische Steuergruppen und Change Management. Theoretische Ansätze und empirische Befunde zur schulinternen Schulentwicklung. München: Juventa. – Buhren, C. G./Rolff, H.-G. (2002): Personalentwicklung in Schulen. Konzepte, Praxisbausteine, Methoden. Weinheim: Beltz. – Dammann, M. (2009): Motorschaden auf halber Strecke. Warum Schulentwicklung scheitern kann und welche Handlungsoptionen Schulleitungen haben. Journal für Schulentwicklung. 13 (3), S. 45-50. – Eikenbusch, G. (1998): Praxishandbuch Schulentwicklung. Berlin: Cornelsen. – Ekholm, M. & Hameyer, U. (2000). Wie können wir unsere Schulentwicklung tragfähig machen? Grundschule. (32) 6, S. 29-33. – Frey, K. (2007): Die Projektmethode. Weinheim, Basel: Beltz. – Granzer, D./Wendt, P./Berger, R. (Hrsg.) (2008): Selbstevaluation in Schulen. Theorie, Praxis und Instrumente. Weinheim, Basel: Beltz. – Hameyer, U. (1984): Interventive Erziehungsforschung. In: Haft, H./ Kordes, H. (Hrsg.): Methoden der Erziehungsforschung. Enzyklopädie Erziehungswissenschaft. Stuttgart: Klett-Cotta, S. 145-181. – Hameyer, U. (2006): School Improvement in Germany – Current State and Outlook. In: Chi-kin Lee, J./Williams, M. (Eds.): School Improvement: International Perspectives. New York: Nova Science Publisher, pp. 361-377 – Hameyer, U. (2007): Schools as Learning Organizations. Practices that work. In: The Learning Teacher Journal. 1 (1), pp. 45-58. – Hameyer, U. (2009b): Lernkompetent werden. Kiel: Universitätsverlag. – Hameyer, U. (2009a): Wissensmanagement in der Schule. In: Huber, S. G. (Hrsg.): Handbuch für Steuergruppen. Grundlagen der Arbeit in zentralen Handlungsfeldern des Schulmanagements. Köln: Wolters Kluwer, S. 341-353. – Hameyer, U./Rolff, H. G. (Hrsg.) (2009): Kritische Ereignisse in der Schulentwicklung – Editorial. In: Journal für Schulentwicklung. Themenschwerpunkt: Kritische Ereignisse in der Schulentwicklung. 13 (3), S. 4-5. – Hentig, H. von (1996): Bildung. München: Hansa. – Königswieser, R./Exner, A. (1999): Systemische Intervention. Architekturen und Designs für Berater und Veränderungsmanager. 3. Aufl. Stuttgart: Klett-Cotta. – Kühn-Ziegler, R./Hameyer, U. (2009): Überblick gewinnen und behalten – Wissensmanagement in der Schule. In: Bonsen, M./Homeier, W./Reese, M. (Hrsg.): Unterrichtsqualität sichern - Sekundarstufe (A 3.2). Stuttgart: Raabe. – Luhmann, N. (2000): Soziale Systeme: Grundriss einer allgemeinen Theorie. 8. Aufl. Frankfurt/Main: Suhrkamp. – Luhmann, N. (2006): Organisation und Entscheidung. 2. Aufl. Opladen: Westdeutscher Verlag. – Luhmann, N. (2002). Einführung in die Systemtheorie. Heidelberg: Auer. – Miles, M. B./Ekholm, M./Vandenberghe, R. (Eds.) (1987): Lasting School Improvement. Exploring the Process of Institutionalization. OECD Publication. Leuven: Acco. – Philipp, E. (1992): Gute Schulen verwirklichen. Ein Arbeitsbuch mit Methoden, Übungen und Beispielen der Organisationsentwicklung. Weinheim: Beltz. – Rolff, H.-G./Buhren, C. G./Lindau-Bank, D./Müller, S. (1999): Manual Schulentwicklung. Handlungskonzept zur pädagogischen Schulentwicklung. 2. Aufl. Weinheim, Basel: Beltz. – Schley, W. & Schratz, M. (2009): Die schöpferische Energie großer Gruppen. Journal für Schulentwicklung (13) 1, S. 16-23. – Schnoor, H./Lange, C./Mietens, A. (2006): Qualitätszirkel. Theorie und Praxis der Problemlösung in Schulen. München: Schöningh. – Schratz, M./Steiner-Löffler, U. (1999): Die Lernende Schule. Arbeitsbuch pädagogische Schulentwicklung. 2. Aufl. Weinheim, Basel: Beltz. – Seifert, J. W.(2005): Großgruppen-Moderation. In: Zeitschrift für Systemdenken und Entscheidungsfindung im Management. 4 (2), S. 51-72. – Senge, P. M. (1999): Die fünfte Disziplin. Kunst und Praxis der lernenden Organisation. 7. Aufl. Stuttgart: Klett-Cotta. – Velzen, W. van/Miles, M. B./Ekholm, M./Hameyer, U./Robin, D. (1985): Making School Improvement Work. A Conceptual Guide to Practice. OECD Publication. Leuven: Acco.

95| Methoden und Techniken der Organisationsanalyse
Rolf Dubs

Problemstellung

Mit dem Paradigmenwechsel vom zentral geleiteten Schulsystem zur teilautonomen (selbstständigen, eigenverantwortlichen) Schule werden die Fragen der Organisationsentwicklung immer wichtiger, weil die Selbständigkeit und die Eigenverantwortlichkeit eindeutige Schulstrukturen mit handlungsfähigen und verantwortlichen Schulleitungsmitgliedern und Lehrkräften erfordern. Andernfalls ist die Funktionstüchtigkeit der Schule gefährdet. Viele Lehrkräfte tun sich aber mit der Vorstellung, jede Schule brauche eine Struktur (Organisation), schwer, weil sie eine Hierarchisierung der Schule befürchten, oder sie an einer basisdemokratischen Schulgestaltung mit einer Schulleitungsperson als „Primus inter Pares" festhalten wollen. Beide Argumente sind nicht stichhaltig. Einerseits hat jede Struktur eine Hierarchie, die für die Zusammenarbeit und das Zusammenleben eine Grundvoraussetzung ist und sich erst dann negativ auswirkt, wenn einzelne Stellen in der Struktur Machtansprüche geltend machen und Formen der Zusammenarbeit nicht fördern. Und andererseits bedürfen angesichts der grösseren Freiräume und der komplexer werdenden Aufgaben alle Schulen einer Leitung mit Kompetenzen. Basisdemokratische Schulen ohne klare Struktur sind nachgewiesenermassen keine qualitativ gute Schulen (vgl. ausführlich Dubs 2005), wobei der Verzicht darauf nicht bedeutet, dass es keine Mitwirkungsrechte für Lehrkräfte mehr gibt. Im Gegenteil: eine der wichtigsten Aufgaben der Organisation einer Schule ist es, Aufgaben zu verteilen und die Kompetenzen und Verantwortung der Schulleitung und der Lehrerschaft genau zu definieren (distributed leadership).

Für Schulen entscheidend ist, dass sie im Rahmen der Schulentwicklungsarbeiten, die in geleiteten teilautonomen Schulen im Interesse der Schulqualität unabdingbar sind, im Bereich der Organisationsentwicklung (Rolff 1998) auch die Schulorganisation immer wieder verbessern. Leider bekunden damit noch immer viele Schulen grosse Mühe, welche stets auf gleiche Ursachen zurückzuführen ist: Ungenügende Kenntnisse der Organisationslehre, unklare Vorstellungen über die Regeln der Delegation, Unsicherheiten im Projektmanagement (Methoden der Schulentwicklung), unklare Vorstellungen über die Zusammenhänge von Zielen der Schule, Kultur der Schule, formeller und informeller Organisation sowie Führungsprinzipien einer geleiteten teilautonomen Schule. Hinzu gesellt sich oft eine geringe Veränderungsbereitschaft: Machtgruppen in der Lehrerschaft behindern das Change Management, das Bewusstsein für organisatorische Schwachstellen ist nicht vorhanden, oder man erkennt nicht, dass sich die Organisation der Schule den sich fortwährenden Veränderungen und dem Wachstum (oder der Schrumpfung) anzupassen hat. Tatsächlich könnten aber die Wirksamkeit der Schule und die Zufriedenheit ihrer Angehörigen wesentlich verbessert werden, wenn der Entwicklung der Organisation mehr Beachtung geschenkt würde.

Theoretische Grundlagen

Die Entwicklung der Organisation einer Schule ist ein von allen Lehrkräften aufgrund von entwicklungsorientierten Werten getragener Prozess für die Gestaltung und Weiterentwicklung der Strukturen einer Schule, mit dem Ziel ihre Wirksamkeit zu erhöhen, und ihren Angehörigen Sicherheit und Zufriedenheit zu bieten. Dabei ist zwischen formalen Organisationsstrukturen (sie werden bewusst und planmässig gesetzt) und informalen Organisationsstrukturen (sie entwickeln sich innerhalb der formalen Strukturen frei und fördern oder behindern die sozialen Beziehungen) zu unterscheiden. Damit sich Strukturen in Schulen bewähren, ist im Sinne einer Rahmenordnung zuerst eine formale Organisation aufzubauen. Dies gelingt umso besser, je stärker sich die Lehrpersonen am Entwicklungsprozess aktiv beteiligen können; je besser es gelingt, Regeln der Organisationslehre und Bedürfnisse der Schulangehörigen in Übereinstimmung zu bringen; je stärker man sich vorwärtsschauend auf die Ziele der Schule (Vision, Leitbild, Schulprogramm) ausrichtet und nicht rückwärtsblickend gewachsene Strukturen, organisatorische Schwierigkeiten und bestehende Machtstrukturen in den Mittelpunkt der Betrachtungsweisen stellt, man sich also auf die künftigen Chancen ausrichtet; je mehr die Entwicklungsarbeiten als organisationales Lernen aller verstanden werden und je stärker sich alle Beteiligten um eine ganzheitliche und nicht nur auf die Verbesserung einer traditionellen formalen Organisationsstruktur ausrichten (vgl. Häfele 2008).

Voraussetzungen für den Erfolg der Entwicklung einer Schulorganisation

Die Entwicklungsarbeiten erfolgen mit Vorteil im Rahmen eines Projektmanagements (Methode der Schulentwicklung): Eine Gruppe von Lehrkräften entwickelt Anträge über die Gestaltung der Schulorganisation zuhanden der Schulleitung und der Lehrerkonferenz. Erfahrungsgemäss gelingt das Projektmanagement nur, wenn (1) die Projektgruppe mit dem Projektmanagement vertraut ist (dazu ausgebildet wurde), (2) sie einen klaren Auftrag hat und (3) systematisch mit wissenschaftlich basierten Methoden, Arbeitsablaufplänen und -techniken gearbeitet wird. Pragmatismus allein genügt nicht.

Die formalen und informalen Organisationsstrukturen von Schulen sollten immer dann systematisch überprüft werden, wenn die Schülerzahlen wachsen oder schrumpfen, das Schulsystem und Lehrpläne verändert werden, laufend administrative Leerläufe und Doppelspurigkeiten erkennbar sind, Leitungsstellen sachlich und personell verändert sowie Unzufriedenheiten bei den Schulangehörigen festgestellt werden. Die arbeitstechnische Grundlage für allfällige organisatorische Veränderungen kann ein Analyse-, Diagnose- und Veränderungskreislauf bieten.

Verfahren, Methoden und Techniken der Organisationsentwicklung

Analyse-, Diagnose- und Veränderungskreislauf

Abbildung 16 zeigt den Kreislauf, der Projektgruppen als möglicher Arbeitsablaufplan dienen kann (vgl. Prosch 2000).

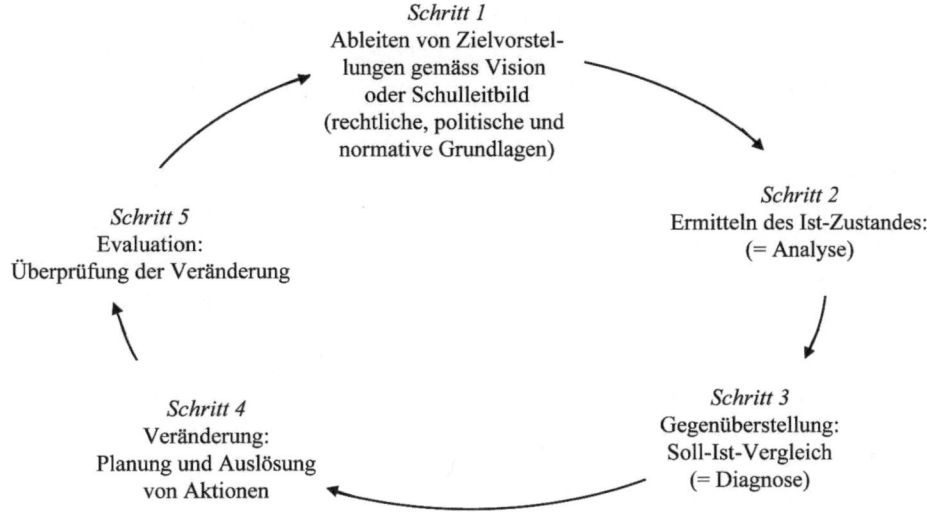

Abb. 16: Arbeitsablaufplan für die Organisationsentwicklung

Für Schulen besonders bedeutsam ist, dass alle organisatorischen Entscheidungen nicht nur auf einer Makroebene rational getroffen werden (rationale Entscheidungstheorie oder Bürokratietheorie), sondern die Geschichte und die Kultur der Schule in der jeweils konkreten Situation (situativer Ansatz) berücksichtigt, und die sozialen Beziehungen (Human-Relation-Theorie) sowie die Weiterentwicklung der Schule (Evaluationstheorie) auf der Mikroebene der Organisation beachtet werden, um im Wechselspiel zwischen der Makro- und Mikroebene der Organisation gute Voraussetzungen für ein die Lehrkräfte befriedigendes individuelles Handeln und Verhalten in der Schule zu schaffen (in freier Anlehnung an Büschgens & Abraham 1997). Dieses Wechselspiel in einem Mikro-Makro-Modell der Organisation ist in Abbildung 17 dargestellt und lässt sich folgendermassen erklären:

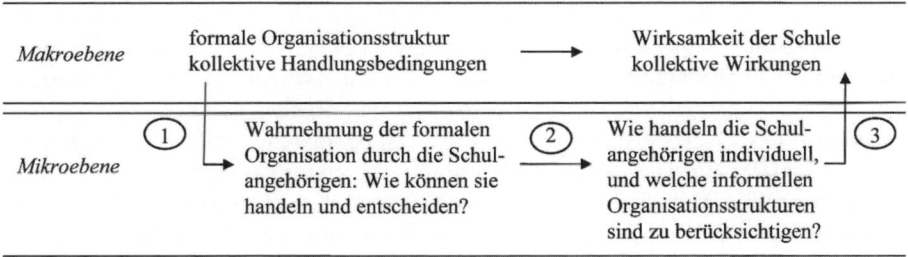

Abb. 17: Mikro-Makro-Modell der Organisation

Aufgrund der staatlichen Erfordernisse, der Kultur der Schule sowie rationalen Entscheidungen aufgrund der Erkenntnisse der Organisationslehre lassen sich die formellen Organisationsstrukturen aufbauen. Dann ist in einem *ersten Schritt* zu überlegen, wie die formalen Organisationsstrukturen von den Schulangehörigen wahrgenommen werden, wie sie handeln und entscheiden können. Die Reaktionen, insbesondere der Lehrpersonen darauf, werden sehr stark durch ihre persönlichen Wertvorstellungen, Rollenerwartungen und persönlichen Bedürfnisse geprägt sein. Wenn zwischen der rationalen formalen Organisation und der Wahrnehmung sowie den Handlungs- und Entscheidungsmöglichkeiten zu grosse Differenzen bestehen, wird die formale Organisation scheitern. Besonders für Schulen ist der *zweite Schritt* bedeutsam. Viele Lehrkräfte haben bestimmte Vorstellungen über die formale Organisationsstruktur (insbesondere ihre Entscheidungskompetenzen), bedenken aber die Konsequenzen nicht. Je mehr Handlungs- und Entscheidungskompetenzen sie wünschen, desto mehr Zeit müssen sie ihrer Schule zur Verfügung stellen, desto substanzieller muss ihre Streitkultur sein, und desto stärker müssen sie sich mit ihrer Schule identifizieren, drei Voraussetzungen, die nicht in jeder Schulkultur hoch entwickelt sind. Daher ist bei der Gestaltung der formellen Organisationsstruktur die Bereitschaft der Lehrkräfte zur Übernahme von Aufgaben differenziert abzuschätzen. Dem *dritten Schritt* liegt die „Logik der Aggregation" (Esser 1993) zugrunde, d.h. es muss gelingen, die Folgen der formalen Organisation und die Erkenntnisse aus der Mikroebene so zu optimieren, dass die besten kollektiven Wirkungen entstehen.

Diesem Mikro-Makro-Modell kommt vor allem bei der Organisation von Schulen grosse Bedeutung zu. Zum einen macht es deutlich, dass alle Ansätze, mit welchen die Schulorganisation auf einer rationalen Basis der Organisationstheorie aufgebaut wird, ebenso ungeeignet sind, wie alle Versuche, welche nur von den individuellen Ansprüchen der Lehrkräfte ausgehen. Zum anderen verweist es auf eine notwendige Vielgestaltigkeit des Einsatzes von Techniken der Organisationsanalyse und -diagnose.

Techniken für die Analyse und Diagnose in der Organisationsentwicklung
Grundsätzlich können für die Analyse und Diagnose in der Entwicklung einer Organisationsstruktur die folgenden Instrumente eingesetzt werden (siehe auch Ricken 2005; van Geldern 2000).
(a) *Dokumentenanalyse:* Mithilfe von Dokumenten (vorhandenes Organigramm, Funktionendiagramm, Stellenbeschreibungen) lässt sich ein erster Überblick über die bestehenden formalen Organisationsstrukturen gewinnen. Die Analyse dieser Dokumente ist mit der Vision der Schule, dem Leitbild oder dem Schulprogramm zu verbinden, um zu erkennen, ob die bestehende Organisation mit den Zielvorstellungen der Schule übereinstimmt. Die Dokumentenanalyse ist die grundlegende Voraussetzung zur Ermittlung von Ungereimtheiten in der Organisation und zum Erkennen von möglichen Widerständen bei der Entwicklung der Organisation, die meistens auf dem Bewahren von Positionen oder Machtansprüchen beruhen.
(b) *Fragebogen:* Der Fragebogen eignet sich zur Erfassung von eher einfacheren Sachverhalten für die kein Erklärungsbedarf besteht, und wenn die Meinungen vieler Schulangehörigen ermittelt werden soll. Unzuverlässige Erkenntnisse aus Fragebogen ergeben sich im Schulalltag immer wieder, wenn die Fragebogen spontan und ohne Kenntnisse der Regeln der empirischen Sozialforschung (siehe beispielsweise Mayer 2008) erstellt werden, und wenn den Befragten nicht genau mitgeteilt wird, welchem Zweck die Fragebogenaktion dient. Nachteilig ist auch, wenn die Auswertung nicht rasch allen Schulangehörigen zur Kenntnis gebracht wird. Bei der Gestaltung des Fragebogens besonders bedeutsam ist es, viele Informationen über die „Logik der Aggregation" und die informalen Organisationsstrukturen zu gewinnen, denn aus diesen Sachverhalten lassen sich viele Erkenntnisse für die Diagnose ableiten.

(c) *Interview:* Das Interview ist eine Analysemethode, bei der Erkenntnisse zum Zustand der formalen und informalen Organisationsstruktur im persönlichen Gespräch gewonnen werden. Mit gewandten Interviewern lassen sich vertiefte Einsichten und vor allem persönliche Eindrücke über den Zustand der Organisation ermitteln, welche in der Diagnose vor allem Schlüsse auf die Wahrnehmung der Organisation durch die Schulangehörigen, ihre Handlungsspielräume und Kompetenzen im Schulalltag zulassen. Interviews können in standardisierter Form (Interview mit fest vorgegebenen Fragen und Antwortkategorien), in halbstandardisierter Form (ein Fragebogen, der aber eine flexible Durchführung des Interviews zulässt) sowie in nicht standardisierter Form (der Interviewer verfügt nur über einen Interviewleitfaden) durchgeführt werden.

(d) *Selbstaufschreibung:* Bei dieser Analysemethode werden die Schulleitung und die Lehrerschaft aufgefordert, über einen bestimmten Zeitraum aufzuschreiben, welche ausserunterrichtliche Tätigkeiten sie mit welchen Kompetenzen erfüllen, und wie gross ihr Zeitaufwand dafür ist. Auf diese Weise lassen sich die formale und informale Organisationsstruktur ableiten, und es wird ersichtlich, welche konkreten Aufgaben von den Betroffenen erfüllt werden, welche Belastungen anfallen und welches die Effizienz der Tätigkeiten ist. Sichtbar werden kann auch, wo die informalen Zentren der Organisation sind, wo sich einflussreiche Allianzen herausgebildet haben, und wo Machtansprüche geltend gemacht werden. Aus den Erkenntnissen lassen sich bei der Diagnose Folgerungen für eine organisationstheoretisch bessere formale Organisationsstruktur ableiten und ungünstige informale Organisationsstrukturen verbessern.

Problematisch an der Selbstaufschreibung ist die Gefahr einer interessenorientierten Verfälschung der Daten, zielgerichteten Manipulationen oder unzuverlässiger Aufschrieben. Bedeutsam ist es auch zu erkennen, wo die Selbstaufschreibung durch Ängste (Verlust an Einfluss, Neugestaltung der Aufgabe) beeinflusst ist, denn solche Sachverhalte können es erleichtern, bessere formale Organisationsstrukturen mit geeigneten Lehrpersonen zu schaffen.

(e) *Beobachtung:* Sie eignet sich besonders für eine Analyse des Verhaltens von Schulleitungspersonen und Lehrkräften bei der Erfüllung ihrer Aufgaben (Mikroebene). Beobachtungen, die strukturiert oder unstrukturiert durchgeführt werden können, müssen immer offen erfolgen, d.h. die Beobachteten sollen über den Sinn, Zweck und Zeitpunkt der Beobachtung informiert sein.

Der Nutzen der Beobachtung in Schulen ist eher beschränkt. Sie kann geeignet sein, Erkenntnisse aus Interviews, Fragebogen oder Selbstaufschreibungen zu vertiefen oder vertiefte Einsichten in die informelle Organisationsstruktur zu erhalten.

(f) *Arbeitstagungen:* In Schulen mit grösseren organisatorischen Problemen oder einer Lehrerschaft mit viel Skepsis gegenüber formalen Organisationsstrukturen kann es ratsam sein, nicht eine Projektgruppe mit der Entwicklung der Organisation zu beauftragen, sondern die Arbeiten in der Gemeinschaft aller Lehrkräfte mit einem in Schulfragen kompetenten Moderator durchzuführen. An solchen Tagungen kann mit den folgenden Techniken gearbeitet werden: Darstellung und Diskussion von Alltagsgeschichten, welche organisatorische Mängel nachzeichnen und aus denen eine Diagnose für Reorganisationsmassnahmen erstellt wird; Beziehungslandkarte, mit welcher dargestellt wird, welche organisatorischen Beziehungen (Abläufe) in der Schule stattfinden oder eine Zukunftsreise, d.h. Wunschvorstellungen, wie die Schule in Zukunft organisatorisch gestaltet sein müsste, um anschliessend einen Soll-Ist-Vergleich vorzunehmen (vgl. Häfele 2007). Solche Arbeitstagungen führen nach aller Erfahrung zu besseren Ergebnissen, wenn sie mit einer kurzen Einführung in die Organisationslehre eingeleitet werden.

Anregungen zur Durchführung des Analyse- und Diagnoseprozesses

Zielvorstellungen

Abschliessend soll der Arbeitsablaufplan für die Organisationsentwicklung gemäss Abbildung 16 von Schritt 1 bis 3 konkretisiert werden. Die Abschnitte 4 und 5, welche in den Bereich des Change Managements fallen, werden nicht angesprochen (vgl. Fink & Stoll 1998). Betont sei nur, dass eine sorgfältige Grundlegung und Dokumentation der Analyse und der Diagnose eine grundlegende Voraussetzung für ein erfolgreiches Change Management in der Schulorganisation sind.

Schritt 1: Ableiten von Zielvorstellungen

Bei vielen Organisationsentwicklungen wird dem normativen Aspekt der Schule häufig zu wenig Rechnung getragen. Arbeitsmethodisch sollte immer mit einer Analyse der normativen Vorstellungen, dem geschichtlichen und kulturellen Hintergrund sowie einer Erfassung der rechtlichen und politischen Gegebenheiten begonnen werden. Die Technik dafür ist eine *Dokumentenanalyse*, die sicherstellen soll, dass die Organisationsarbeiten aufgrund klarer normativer Vorstellungen und realistischen Voraussetzungen eingeleitet werden. Typische Fragen, die mit der Dokumentenanalyse zu beantworten sind, lauten:

- Welche rechtlichen Rahmenbedingungen sind zu beachten? In Deutschland setzt das Beamtenrecht für viele organisatorische Massnahmen deutliche Grenzen.
- Soll (in grösseren Schulen) eher eine zentralistische oder eine dezentrale formale Organisationsstruktur gewählt werden? Die Antwort auf diese Frage entscheidet über die Gestaltung der Stellen in der Schulorganisation und über den Umfang der Delegation.
- Welche Folgen hat das pädagogische Konzept für die formale Organisationsstruktur? Eine Schule mit einem breiten Angebot von Optionen bedarf beispielsweise einer anderen formalen Organisationsstruktur als eine Schule ohne Wahlmöglichkeiten.
- In welchen Fragen wünschen die Lehrpersonen eine ausdrückliche Mitbestimmung, und welche Aufgaben werden delegiert? Dazu können die Konzepte der Leadership Hilfestellungen geben (Dubs 2006).
- Wie gross ist die Bereitschaft der Lehrpersonen über die Delegation Aufgaben, Kompetenzen und Verantwortungen zu übernehmen, und wie können diese Leistungen abgegolten werden? Im positiven Sinn können mehr Stellen geschaffen werden, sofern dies finanzpolitisch möglich ist.
- Welche Rolle spielen die Eltern, Lehrmeister sowie Schülerinnen und Schüler in der Gestaltung des Schullebens?

Fehlen in einer Schule Dokumente zur Beantwortung solcher Fragen, so sind die Grundsätze vorgängig durch den Lehrerkonvent zu bestimmen. Es kann nicht genug betont werden, dass formale und informale Organisationen stark durch normative und kulturelle Elemente bestimmt sind. Deshalb gibt es keine allgemeingültig „richtige" und „falsche" Organisationen. Viele Reorganisationen scheitern hauptsächlich, weil vielen Lehrkräften Kenntnisse zur Organisationstheorie fehlen und die Zielvorstellungen nicht geklärt sind.

Schritt 2: Analyse (Ermitteln des Ist-Zustandes)

Die für diesen Schritt wichtigste Problemstellung für eine Projektgruppe ist die Wahl der Techniken zur Erhebung des Ist-Zustandes der Organisation der Schule. Denkbar sind die in Tabelle 7 dargestellten Varianten (Auswahl).

Tabelle 7: Wahl von Techniken für die Analyse

Problemstellung in der Schule	Ziel der Organisationsentwicklung	Verfahren und Technik
Rasch wachsende Schule mit einer gut dokumentierten Organisation	Anpassung der Organisation an die neuen Verhältnisse	Projektgruppe mit Dokumentenanalyse
Schule erhält Finanzmittel zum Aufbau eines Mittelbaus für die Führung	Ergänzen der Schulorganisation mit einer mittleren Führungsebene	Projektgruppe mit Fragebogen oder Interview
Schule hat Meinungsverschiedenheiten über die Führung und administrative Unzulänglichkeiten	Neugestaltung der gesamten Schulorganisation	Arbeitstagungen mit Moderation
Die formelle Organisations-struktur wird informell dauernd unterlaufen	Berücksichtigung der informellen in der formellen Organisationsstruktur	Projektgruppe mit Interview und Beobachtung

Schritt 3: Diagnose (Gegenüberstellung Soll-Ist)
Der Ist-Zustand ist dem neuen erwünschten Soll-Zustand gegenüberzustellen, welchem die Zielvorstellungen (Schritt 1) zugrunde zu legen sind. Die Gestaltung des Soll-Zustandes als Ergebnis der Analyse sollte sich für einen zunächst an einem organisationstheoretisch rationalen Modell orientieren und nach den Regeln der Organisationslehre aufgebaut werden (vgl. Dubs 2005; Seitz & Capaul 2005). Dann müssen die diagnostischen Erkenntnisse aus der Analyse in das theoretisch, rationale Modell eingebaut und die Erwartungen auf der Mikroebene mitberücksichtigt werden, um zur individuellen schuleigenen formalen Organisationsstruktur zu gelangen. Dieser kreative Entwicklungsprozess erfordert von der Projektgruppe oder dem Moderator der Arbeitstagungen eine grosse Sensibilität, um den Ansprüchen der „Logik der Aggregation" gerecht zu werden und die Lehrerschaft davon zu überzeugen, dass die gewählte formale Organisation ihr eigenes Modell ist.

Empfehlungen

Aufgrund der praktischen Erfahrungen aus der Schulberatung ergeben sich als Zusammenfassung die folgenden Anforderungen an erfolgreiche Organisationsprozesse:
a) Lehrkräfte, welche an Aufgaben der Organisationsentwicklung mitarbeiten, benötigen Kenntnisse der theoretischen Organisationslehre.
b) Den Rahmenbedingungen, der Kultur und Geschichte der Schule sowie den politischen Gegebenheiten ist zu Beginn der Arbeit viel Aufmerksamkeit zu schenken, damit eine zielgerichtete, schulindividuelle formale Organisationsstruktur möglich wird.
c) Das Mikro-Makro-Modell mit der „Logik der Aggregation" muss während der ganzen Arbeit wegleitend sein.
d) Formale organisatorische Regelungen sind nur insoweit anzustreben, als sie im Interesse der Wirksamkeit der Schule, der Effizienz der Führung und der langfristigen Zufriedenheit aller Schulangehörigen notwendig sind. Vernünftige, bestehende informale Organisationsstrukturen sollen nicht unterdrückt werden.

Literatur

Büschgens, G./Abraham, M. (1997): Einführung in die Organisationssoziologie. Stuttgart: Teubner. – Dubs, R. (2005): Die Führung einer Schule. Stuttgart: Steiner. – Dubs, R. (2006): Führung. In: Buchen, H./Rolff, H.-G. (Hrsg.): Professionswissen Schulleitung. Weinheim: Beltz, S. 102-176. – Esser, H. (1993): Soziologie – Eine Einführung. Frankfurt: Campus. – Fink, D./Stoll, L. (1998): Educational Change: Easier Said Than Done. In: Hargreaves, A. et al. (Eds.): International Handbook of Educational Change. Dordrecht: Kluwer, pp. 297-321. – Häfele, W. (Hrsg.) (2007): OE-Prozesse initiieren und gestalten. Bern: Haupt. – Mayer, H. O. (2008): Interview und schriftliche Befragung. Entwicklung, Durchführung und Auswertung. 4. Aufl. München: Oldenbourg. – Prosch, B. (2000): Praktische Organisationsanalyse. Leonberg: Rosenberger. – Ricken, B. (2005): Entwicklung eines Instrumentes zur Analyse und Steuerung informaler Organisationsstrukturen. München: Hampp. – Rolff, H.-G. (1998): Entwicklung von Einzelschulen. In: Rolff, H.-G./Bauer, K.-O./Klemm, K./Pfeiffer, H. (Hrsg.): Jahrbuch der Schulentwicklung, Band 10. Weinheim: Juventa, S. 295-326. – Seitz, H./Capaul, R. (2005): Schulführung und Schulentwicklung. Bern: Haupt. – Van Geldern, M. (2000): Basis-Know-How Organisation. Frankfurt: Campus.

96| Methoden und Techniken der Teamentwicklung
Elmar Philipp

Theoretischer Bezugsrahmen und begriffliche Klärung

Wie in dem Grundsatzartikel zur Teamentwicklung ausführlicher dargelegt (vgl. Beitrag 49 in diesem Band), ist das vielfach rezipierte Phasenmodell von Tuckman (1965, zit. nach Simon 2003, S. 37ff) vollkommen ungeeignet, „Gesetzmäßigkeiten" von Arbeitsgruppen zu beschreiben, da es vorwiegend auf Datenmaterial von Therapie- und Trainingsgruppen beruht. Es wird daher auch hier der Darstellung nicht unterlegt; vielmehr wird im Folgenden Bezug genommen auf den Ansatz der Gruppenreflexivität:
Die Theorie der Gruppenreflexivität (West 1994; vgl. auch Kauffeld 2001, S. 130f), die auch ausführlicher in dem Beitrag „Teamentwicklung" beschrieben wurde, geht von zwei zentralen Dimensionen des Funktionierens von Teams aus: Die aufgabenbezogene und die soziale Reflexivität („Task", „Social Reflexivity"). Die aufgabenbezogene Reflexivität bezieht sich auf die Aufgabe, die Gruppenziele und die Herangehensweisen, mit denen das Team die Aufgaben bewältigt. Bei der sozialen Reflexivität geht es um die Beziehungsorientierung in der Gruppe, die sich etwa in einem unterstützenden Rahmen und dem entsprechenden Teamklima ausdrückt. Die Darstellung der „Methoden und Techniken der Teamentwicklung" orientiert sich an diesem Modell insoweit, als bei jeder Methode hervorgehoben wird, ob sie tendenziell der Unterstützung der aufgabenbezogenen oder sozialen Reflexivität der Gruppe dient – obgleich dies nicht immer klar getrennt werden kann.
Eine letzte Vorbemerkung zur Terminologie: Im Unterschied zur „landläufigen" Meinung und einer Minderheit von Gruppenforschern, die davon ausgehen, dass nicht jede Gruppe ein Team, aber sehr wohl jedes Team eine Gruppe ist, benutze ich die beiden Begriffe synonym – und befinde mich dabei in der guten Gesellschaft prominenter Teamforscherinnen wie etwa Simone Kauffeld (2001, S. 14; vgl. auch Stumpf & Thomas 2003), die die Fachdiskussion gut referiert.

Methoden des Einstiegs in die Teamentwicklung

Wird eine Gruppe neu gebildet bzw. zusammengestellt, ist es wichtig zu klären, wie eine effiziente Zusammenarbeit erreicht werden kann. Dabei können die folgenden Methoden hilfreich sein:

Checkliste: Teamarbeit starten

Ein guter Einstieg in ein neu gebildetes Team, das stärker auf die aufgabenbezogene Reflexivität der Gruppenarbeit abhebt, ist die folgende, 12 Punkte umfassende Checkliste (Abb. 18), die ausgehend von einer Vorlage aus Mayrshofer und Kröger (2001, S. 160) von mir modifiziert und erweitert wurde.

> Zu klärende Fragen:
> - Wer hat welche Ziele und Erwartungen?
> - Wie sehr stehen die Einzelnen hinter dem gemeinsamen Ziel? Wie gut passen Teamziele und persönliche Ziele zusammen?
> - Wie wollen wir in diesem Team zusammenarbeiten?
> - Wie sehen einzelne Teammitglieder die Fähigkeiten der anderen?
> - Wer hat welche Rolle und welche Funktion in diesem Team?
> - Wie klären wir Konflikte, und wie kommen wir zu Entscheidungen?
> - Wie verbindlich sind die Verabredungen in diesem Team?
> - Wie gestalten wir den Informationsfluss in diesem Team?
> - Wie vertreten wir die Projektinteressen nach außen?
> - Wie organisieren wir unseren eigenen Lernprozess als Team?
> - Wie gestalten wir eine regelmäßige Selbstreflexion über unsere Zusammenarbeit („Team-Feedback")?

Abb. 18: Checkliste Teamarbeit starten

Diese 12 Punkte sollte zunächst jedes Teammitglied für sich beantworten, um dann in den Austauschprozess in der Gruppe einzusteigen.

Spielregeln und Arbeitsnormen in der Gruppe vereinbaren

Um die soziale Reflexivität („Beziehungsorientierung") der Gruppe zu verbessern, sollte das Team Spielregeln bzw. Arbeitsnomen vereinbaren, die ein professionelles, zeiteffizientes Arbeiten ermöglichen. Dies muss nicht zwangsläufig zum unmittelbaren Beginn der Etablierung des Teams geschehen, sollte aber auch nicht aus den Augen verloren werden. Wichtig ist es, dieses „Regelwerk" gerade am Anfang nicht zu kompliziert und umfangreich werden zu lassen, da sonst die Gefahr bestünde, dass die Spielregeln wegen ihrer Komplexität ins Leere laufen. Ich stelle zwei Möglichkeiten vor, wie eine Gruppe Spielregeln und Arbeitsnormen vereinbaren kann.
Die erste Übung stammt von K.-O. Bauer (2004, S. 13) und heißt „Spielregeln für erfolgreiche Kommunikation" (Tab. 8). Dabei werden den Gruppenmitgliedern die folgenden zwölf Aussagen zur Bewertung vorgelegt: Abgefragt wird der Grad der Regelerfüllung im Team (von 1 = gar nicht erfüllt, bis 4 = voll erfüllt) als auch die persönliche Wichtigkeit der jeweiligen Spielregeln (von 1 = ganz unwichtig bis 4 = sehr wichtig). Vor dem Hintergrund der Ergebnisse, die auf

einem Poster mitvisualisiert werden, entscheidet das Team, welche Regeln künftig stärker und welche weniger beachtet werden sollten. Diese Übung setzt naheliegend voraus, dass die Gruppe bereits über gemeinsame Aktivitäten und Erfahrungen verfügt.

Tabelle 8: „Spielregeln für erfolgreiche Kommunikation"

Regel	1	2	3	4	Wie wichtig? (1 – 4)
1. Der Einzelne spricht per „ich", nicht per „wir" oder „man"					
2. Fragen werden dadurch eingeleitet, dass der Einzelne sagt, was sie für ihn bedeuten.					
3. Jeder spricht oder schweigt, wann er möchte.					
4. Die Mitglieder der Gruppe sprechen von ihren persönlichen Empfindungen und Meinungen; sie halten sich mit Interpretationen zurück.					
5. Verallgemeinerungen werden sparsam verwendet.					
6. Die Regeln für ein gutes Feedback werden befolgt.					
7. Seitengespräche haben meist gute Gründe, also werden sie toleriert.					
8. Während der Kommunikation in der Gesamtgruppe redet nur einer.					
9. Diskussionen werden lösungs- und zukunftsorientiert geführt.					
10. Beschlüsse werden kontrolliert.					
11. Was gut gelaufen ist, wird offen als Erfolg bewertet.					
12. Das Team beschäftigt sich mit Aufgaben, die es lösen kann; es verzichtet auf folgenlose Klagen.					

Die zweite Variante der Normvereinbarung geht ursprünglich auf eine Visionsübung im Rahmen der Theorie der fünften Disziplin zurück („Rückwärts in eine Vision", Senge 1996, S. 394f). Sie ist von mir mehrfach überarbeitet worden und kann jetzt unter dem Titel „Traumteam-Erfahrung" von einer Gruppe bei der Erarbeitung von Spielregeln und Arbeitsnormen genutzt werden. Sie hat den großen Vorteil, dass – neben der Entwicklung von Spielregeln – sich die Gruppenmitglieder auch persönlich besser kennen lernen, indem sie aus ihrer Vergangenheit berichten.

„Traumteam-Erfahrung"

1. Was war Ihre Traumteam-Erfahrung?
Jedes Teammitglied schildert seine Traumteam-Erfahrung, d.h. eine sehr positive Erfahrung in einer Gruppe. Dabei kann es sich um alle denkbaren Gruppenerlebnisse handeln: Lerngruppe im Studium, Literaturkreis, Sportgemeinschaft, Musikgruppe, politische Gruppierung, Bürgerinitiative, Schulleitungsteam, Jahrgangsteam, Aufbauteam für eine neue Schule...

2. Was war das Besondere an diesem Team?
In den Schilderungen der Teammitglieder sollte dann hervorgehoben werden, was das Besondere an dem jeweiligen Team war. Beispiele: „Wir hatten eine gemeinsame Vision;" „Es war wie eine schöne Sommerromanze;" „Wir haben alle an einem Strang gezogen;" „Wir verstanden uns blind;" „Es gab eine klare Herausforderung." Mit anderen Worten sollte jede/r Merkmale und Kriterien benennen, die seiner/ihrer Meinung nach das Traumteam auszeichnete.

3. Was sind übereinstimmende Merkmale des Traumteams?
Die Arbeitsgruppe sollte abschließend – vor dem Hintergrund der individuellen Traumteam-Schilderungen – eine Liste erstellen, die die wichtigsten Merkmale/Kriterien aus der Traumteam-Erfahrung festhält.

4. Welche Merkmale sollte unser Team auszeichnen?
Inspiriert durch die Merkmale der „Dreamteams" erarbeitet die Gruppe nunmehr spezifische, eigene Regeln für die Zusammenarbeit. Dabei können Merkmale der Traumteams übernommen, aber auch neue Spielregeln entwickelt werden.

Methoden im Gruppenprozess

Während der Gruppenarbeit ist es wichtig, dass ein Team im Sinne präventiver Wartung das Gruppengeschehen kritisch reflektiert. Dies kann mithilfe von gruppenbezogenen und personenorientierten Methoden des Feedbacks passieren.

Team-Feedback als Teamdiagnose
Feedbackprozesse in einem Team dienen in erster Linie dazu, im Sinne einer Teamdiagnose Reflexionsprozesse in Gang zu setzen, die sich selten spontan ergeben. Mögliche Anlässe dieser Selbstreflexion der Gruppe können sein: Neue Teammitglieder, neue Aufgaben für die Gruppe oder Konflikte im Team. Um für solche Situationen gewappnet zu sein, sollte es zu den Arbeitsnormen der Gruppe gehören, in regelmäßigen, zeitlichen Abständen (etwa 2 x pro Jahr) auf der Metaebene der Gruppenreflexivität ein systematisches Feedback zu organisieren. Dieses Team-Feedback dient u.a. den folgenden Zielen und Funktionen (überarbeitet und erweitert nach Kauffeld & Grote 2005, S. 73):
- Initiierung des Dialogs im Team
- Institutionalisiertes Feedback
- Stärken-Schwächen-Analyse
- Bestandsaufnahme und Bedarfsermittlung für Teamentwicklung in der Gruppe
- Initiierung und Begleitung von Teamentwicklungsprozessen
- Mitglieder lernen, Vorgänge in der Gruppe zu verbalisieren (s. Stärken und Schwächen)
- Überprüfung der Wirksamkeit von Teamentwicklungsmaßnahmen.

Koordinatensystem: „Was sind wir für ein Team"
Eine relativ einfache Methode ein Team-Feedback durchzuführen und daraus Handlungskonsequenzen zu zielen, ist die von mir entwickelte Übung „Was sind wir für ein Team", die auf der aus der Gruppenreflexivitätstheorie bekannten Unterscheidung zwischen der Aufgaben- und Beziehungsorientierung beruht. In der abgebildeten Portfolio-Matrix (s. Abb. 19) werden beide Dimensionen miteinander verbunden.

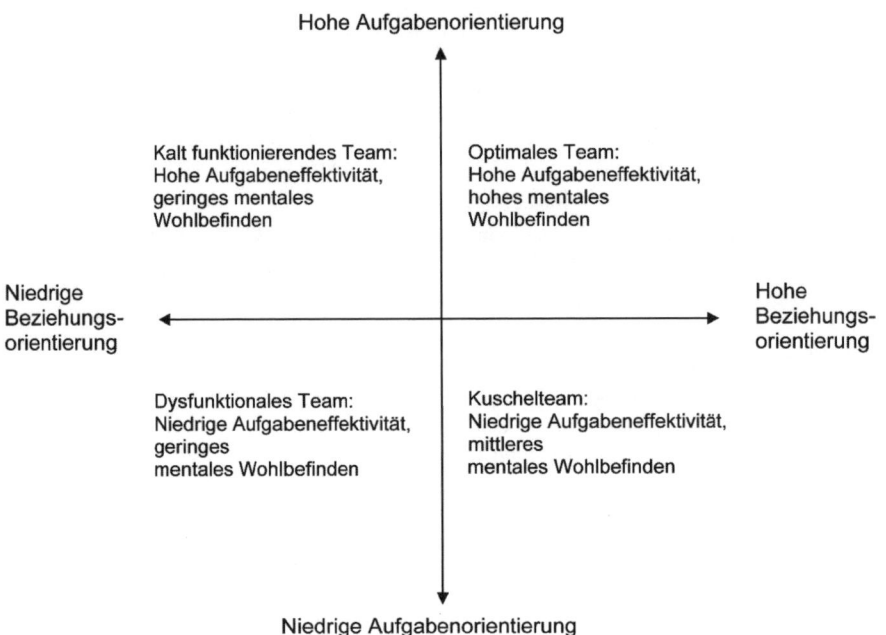

Abb. 19: Team-Feedback: Koordinaten-System

Arbeitsauftrag
Markieren Sie individuell in dem jeweiligen Quadranten, wie Sie Ihr Team sehen. Übertragen Sie die individuellen Einschätzungen (z.B. mit Klebepunkten) auf ein entsprechendes Flipchart-Papier. Diskutieren Sie dann die Einschätzungsunterschiede in der Gruppe und entsprechende Verbesserungsmöglichkeiten.
Die Verortung der Gruppe in den Quadranten stellt ein relativ allgemeines Team-Feedback dar: Das Team kann erkennen, in welchem Quadranten gegenwärtig die einzelnen Gruppenmitglieder den Schwerpunkt setzen. Vor diesem Hintergrund können dann Maßnahmen der Teamentwicklung beschlossen werden, die dazu führen, dass die Teamarbeit optimiert wird (Quadrant rechts oben). Die hiermit vorliegende, recht „globale" Teamdiagnose lässt sich sehr gut koppeln mit dem differenzierteren Team-Feedback mit Hilfe des Teamdiagnose-Bogens.

Teamdiagnose-Bogen
Ein hervorragendes Instrument, das Team-Feedback als Gruppenbefragung durchzuführen, ist die Teamdiagnose (Abb. 20), die auf dem „Kasseler Fragebogen zur Arbeit im Team" beruht (F-A-T; vgl. Kauffeld 2001, S. 127ff). Der Bogen hat den Vorzug, sowohl ausgesprochen praxistauglich zu sein als auch wissenschaftlichen Ansprüchen zu genügen. Ich habe den F-A-T, der ursprünglich 22 Items enthält, auf 11 Aussagen gekürzt und um zwei offene Fragen ergänzt.

1) Uns sind die Ziele des Teams unklar.	☐ ☐ ☐ ☐ ☐ ☐	Die Ziele unseres Teams sind uns klar.
2) Ich identifiziere mich nicht mit den Zielen des Teams.	☐ ☐ ☐ ☐ ☐ ☐	Ich identifiziere mich mit den Zielen des Teams.
3) Unsere Ziele sind unrealistisch und unerreichbar.	☐ ☐ ☐ ☐ ☐ ☐	Unsere Ziele sind realistisch und erreichbar.
4) Die Teammitglieder wissen nicht genau, was sie zu tun haben.	☐ ☐ ☐ ☐ ☐	Die Teammitglieder kennen ihre Aufgaben.
5) Informationen werden oft zu spät ausgetauscht.	☐ ☐ ☐ ☐ ☐	Informationen werden rechtzeitig ausgetauscht.
6) Einige denken zu viel an sich selbst.	☐ ☐ ☐ ☐ ☐	Das Team steht im Mittelpunkt und nicht der Einzelne.
7) Es gibt Konkurrenz zwischen den Teammitgliedern.	☐ ☐ ☐ ☐ ☐	Konkurrenz zwischen den Teammitgliedern ist kein Thema.
8) Wir reden nicht offen und frei miteinander.	☐ ☐ ☐ ☐ ☐	Wir reden offen und frei miteinander.
9) Wir behalten wichtige Informationen für uns.	☐ ☐ ☐ ☐ ☐	Wir bringen alle wichtigen Informationen in unser Team ein.
10) Wir denken selten über Verbesserungen nach.	☐ ☐ ☐ ☐ ☐	Wir denken ständig über Verbesserungen nach.
11) Die Teammitglieder vermeiden es, Verantwortung zu übernehmen.	☐ ☐ ☐ ☐ ☐	Die Mitglieder übernehmen Verantwortung.

12) Was sind die „Schätze" dieses Teams, die wir unbedingt bewahren sollten?
....
....

13) Was gefällt mir an diesem Team überhaupt nicht?
....
....

Abb. 20: Team-Feedback: Teamdiagnose-Bogen

Vier Dimensionen und Ansatzpunkte der Teamentwicklung
Die elf Aussagen des Teamdiagnose-Bogens bilden die folgenden vier, für den Erfolg der Teamarbeit zentralen Dimensionen ab, die wiederum der Theorie der Gruppenreflexivität (s. oben) zugeordnet werden können:
Aufgabenbezogene Reflexivität:
- Zielorientierung (Item 1 bis 3)
- Aufgabenbewältigung (Item 4 und 5)

Soziale Reflexivität:
- Zusammenhalt (Item 6 bis 9)
- Verantwortungsübernahme (Item 10 und 11)

Im Rahmen des Team-Feedbacks sind diese vier Dimensionen gleichzeitig Ansatzpunkte für Maßnahmen der Teamentwicklung – je nach Ausprägung der Befragungsergebnisse. Dies bedeutet, dass die Gruppen jeweils Aktionspläne zur Verbesserung der Zielerreichung, der Aufgabenbearbeitung, der Gruppenkohäsion und der Übernahme von Verantwortung formulieren können.

Soll ein Fragebogen zum Team-Feedback sowohl in der Gruppenpraxis – systemisch gesprochen – „anschlussfähig" sein als auch sozialwissenschaftlichen Kriterien entsprechen, dann sollte er die folgenden sechs Anforderungskriterien erfüllen (vgl. auch Kauffeld 2001, S. 113ff):

- *Orientierung an klassischen Gütekriterien*: Die einschlägigen, „klassischen" Gütekriterien wie etwa Objektivität und Validität sollten auch für Feedback-Bögen gelten.
- *Praxisrelevanz*: Dieses Kriterium bedeutet, dass die Aussagen des Fragebogens für die Teampraxis der Befragten „zutreffen". Im oben stehenden „Teamdiagnose-Bogen" ist dies durch die vier Dimensionen gegeben. Die Praxisrelevanz kann dadurch erhöht werden, dass die betroffenen Teammitglieder an der Entwicklung des Instruments beteiligt werden.
- *Akzeptanz*: Naheliegend ist es für den Erfolg eines Team-Feedbacks wichtig, dass das jeweilige Instrument von möglichst allen Teammitgliedern akzeptiert wird. Die Akzeptanz dürfte umso höher sein, je deutlicher die Anlässe und Ziele eines selbst organisierten Team-Checks erläutert wurden und je klarer die Praxisrelevanz der Fragen ausfällt.
- *Veränderbarkeit*: Wichtig scheint auch zu sein, nur solche Fragestellungen in den Bogen aufzunehmen, mit deren Beantwortung – nach Auswertung, Feedback und Ergebnisdiskussion – später auch Veränderungen möglich sind. Wiederum scheinen die vier Dimensionen des obigen „Teamdiagnose-Bogens" (Zielorientierung, Aufgabenbewältigung, Zusammenhalt, Verantwortungsübernahme) dafür zu stehen, dass dieses Kriterium erfüllt wird, da sie allesamt in Eigenregie des jeweiligen Teams veränderbar sind.
- *Anwendbarkeit unter Alltagsbedingungen (Selbstdiagnose)*: Selbst organisierte Teamdiagnose setzt in gewissem Maße diagnostische Fähigkeiten bei den Teammitgliedern voraus, was bei Zusammenarbeit mit einer externen Trainerin oder einem externen Trainer – neben der Fragebogenentwicklung – ein Ziel der Beratung sein sollte. Diese Qualifizierung der Teammitglieder zum selbst organisierten Team-Feedback als Ergebnis eines professionellen Team-Coachings wäre mithin die beste Garantie zur Erfüllung dieses Kriteriums.
- *Leichte ökonomische Einsetzbarkeit*: Die Praxisrelevanz und Akzeptanz eines Fragebogens dürften dann besonders gut ausfallen, wenn das Instrument auch zeitökonomisch einsetzbar und auswertbar ist. Der Fragebogen sollte also nicht zu umfangreich sowie relativ einfach im Team auswertbar sein – wie beim „Teamdiagnose-Bogen" gegeben.

Persönliches Feedback im Team

Unter dem Gesichtspunkt der sozialen Reflexivität der Gruppe („Beziehungsorientierung") ist es bedeutsam, dass ein Team – neben dem Team-Feedback auf das gesamte Gruppengeschehen bezogen (s. oben) – auch Gelegenheiten schafft, den einzelnen Mitgliedern gezielt eine Rückmeldung zu geben. Personenbezogene Rückmeldung ist für den Empfänger ein fundamentaler Lernanlass, der umso wirksamer ist, je mehr Feedbackgeber genutzt werden (360^0-Feedback). Das persönliche Feedback ist kein Selbstzweck, sondern vielmehr der Versuch, mithilfe individueller Lernzuwächse auch die Effektivität des Teams zu verbessern. Dass mit dem multi-

perspektivischen Feedback die persönliche Weiterentwicklung stimuliert werden kann, verdeutlichen die möglichen Wirkungen, die etwa Scherm und Sarges (2002, S. 15f) folgendermaßen beschreiben. Persönliches Feedback soll demnach:
- die Kompetenzentwicklung fördern;
- die Selbstreflexion stimulieren;
- den Perspektivenwechsel trainieren;
- Entscheidungsprozesse verbessern helfen;
- das Vertrauen in die eigenen Kompetenzen erhöhen;
- den Wandel in der Schule vorantreiben.

Zwei methodische Vorgehensweisen zum persönlichen Feedback möchte ich vorstellen:

Rollen in erfolgreichen Teams
Ein mittlerweile sehr bewährtes Vorgehen, ein persönliches Feedback zu geben und zu bekommen, liegt mit dem Modell der neun Teamrollen (Belbin-Modell, vgl. Kauffeld 2001, S. 82ff) vor, das W. Schley (1998) für das Schulfeld adaptiert hat. Belbin und sein Forschungsteam haben durch teilnehmende Beobachtung erfolgreiche und weniger erfolgreiche Teams untersucht. Das Hauptergebnis: In den erfolgreichen Arbeitsgruppen waren insgesamt neun Rollen besetzt, die von eher strategischen und visionären Elementen bis hin zu eher „dienenden", auf Ergebnisorientierung und Umsetzung angelegten Rollen reichen. Dieses empirisch gewonnene Modell ist eine gute Basis, um den Teammitgliedern erstens die Möglichkeit einer Selbsteinschätzung und zweitens die Fremdeinschätzung als Feedback zu geben (Tab. 9).

Tabelle 9: „Team-Feedback: Rollen in erfolgreichen Teams"

Typ	Kürzel	Typische Eigenschaften	Positive Qualitäten	Fremdeinschätzung: Wer in diesem Team kann diese Rolle übernehmen?	Selbsteinschätzung: Welche Rollen liegen mir gut?
der Stratege/ die Strategin (Strategist)	St	weitblickend, mutig, tatkräftig, ideenreich, konzeptionell	denkt über den Tellerrand hinaus, erkennt Kraftfelder in Systemen, Interesse an Erneuerung		
der Ideengeber/ die Ideengeberin (plant)	Id	individuell, ernsthaft, unorthodox, vom Herkömmlichen abweichend	innovative Begabung, Vorstellungskraft, Intellekt, Wissen, visionär		
der Aktivierer/ die Aktiviererin (Ressource-Investigator)	Ak	extrovertiert, enthusiastisch, neugierig, wissbegierig, kommunikativ	besitzt die Eigenschaft, Kontakt zu Personen aufzunehmen und alles Neue zu erforschen; kann Herausforderungen annehmen		
der Gestalter/ die Gestalterin (Shaper)	Ge	geht aus sich heraus, dynamisch, zielorientiert, setzt sich durch	hat den Willen und die Bereitschaft, die Trägheit, Ineffektivität, Selbstgefälligkeit oder Selbsttäuschung zu bekämpfen		

der Moderator/ die Moderatorin (Chairman/Co-Ordinator)	Mo	ruhig, selbstsicher, beherrscht, defensiv steuernd	besitzt die Eigenschaft, potentielle Mitarbeiter mit ihren Werten und Verdiensten ohne Vorurteile aufzunehmen, einzubinden und mit ihnen umzugehen, starke Wahrnehmung für objektive Gegebenheiten		
der Teamworker/ die Teamworkerin (Teamworker)	Tw	sozial orientiert, freundlich	besitzt die Fähigkeit, auf Menschen und Situationen einzugehen und den Teamgeist zu fördern		
der Qualitätssicherer/ die Qualitätssicherin (Completer)	Qu	sorgfältig, gewissenhaft, fleißig, eifrig	besitzt die Eigenschaft, Dinge durchzuziehen, Perfektionismus, Liebe zum Detail		
der Systematiker/ die Systematikerin (Monitor Evaluator)	Sy	nüchtern, besonnen, vorsichtig, logisch	Beurteilung, Diskretion, Nüchternheit, Praxis, stabile Klarheit		
der Zuverlässige/ die Zuverlässige (Company Worker/Implementer)	Zu	Vorsichtig, loyal, pflichtbewusst	praktischer gesunder Menschenverstand, hart arbeitend, selbstdiszipliniert, verantwortlich		

- Selbsteinschätzung: Bitte schätzen Sie ein, welche Rollen Ihnen am meisten liegen.
- Fremdeinschätzung: Welche Rollen können die einzelnen Mitglieder Ihres Teams am besten wahrnehmen (Vorschlag: Die jeweilige Paraphe einsetzen)?

Das wichtigste Ergebnis des Feedbacks im Team liegt darin zu erkennen, ob die neun Rollen auch im Arbeitsteam vorhanden sind. Fehlen bestimmte Rollenbesetzungen, so ist in der Arbeitsgruppe zu fragen, wer diese Rollen am besten übernehmen kann. Ist die Gruppe relativ klein (unter neun Personen), können die Teammitglieder neben ihrer „Hauptrolle" eine weitere „Backup"-Rolle übernehmen.

Rollen in einer Schiffsmannschaft
Die zweite Übung zu einem persönlichen Feedback über Stärken und Schwächen der Teammitglieder sieht zunächst einen spielerischen Umweg vor, um die Selbst- und Fremdwahrnehmung der Einzelnen zu stimulieren: Es wird davon ausgegangen, dass die Gruppe die Besatzung eines Schiffes ist – eine Idee von J. Sagebiel und E. Vanhoefer (2006, S. 35f), die ich im Folgenden aufgenommen und stark modifiziert habe:
1. Stellen Sie sich vor, Ihr Team sei eine Schiffsmannschaft. Bekanntermaßen gibt es auf einem Schiff eine Fülle unterschiedlicher Rollen: Kapitän, Steuermann, Offiziere, Servicepersonal, Köche, Schiffsarzt, Musiker, Passagiere, Matrosen etc.
2. Jeder Einzelne in der Gruppe möge überlegen: Angenommen, unser Team wäre eine Schiffsmannschaft – welche Rolle(n) hätte er/sie? Diese Rolle(n) schreibt das einzelne Teammitglied für sich auf eine Moderationskarte.
3. Gemeinsam in der Gruppe werden die Karten aufgedeckt und gelesen.

4. Gemeinsam wird diskutiert bzw. fantasiert, was das für eine Art Schiff ist, wie funktionstüchtig es sein dürfte etc. (z.B. mit drei Kapitänen und vier Offizieren ...).
5. Jede/r hat nun die Möglichkeit zu erklären, was er/sie unter der jeweiligen Rollenbeschreibung versteht und wie sich dies in anderen Situationen zeigt.
6. Hier schließt sich ein ausführlicher Feedback-Prozess an, ein Austausch über Selbst- und Fremdwahrnehmung mit den folgenden Zielen:
    - Erkenntnisse über Muster des eigenen Verhaltens zu gewinnen;
    - evtl. Variationen dazu herauszuarbeiten;

Sitzungs-Feedback als Gruppenprozessanalyse

Für die Auswertung von Gruppenprozessen gibt es zahlreiche Methoden und Instrumente wie beispielsweise Stimmungsbarometer oder Blitzlicht-Abfragen. Ich stelle drei bewährte Varianten vor, die es einem Team ermöglichen, mithilfe des Feedbacks an einer Verbesserung der Besprechungsqualität zu arbeiten.

Einpunktfrage
Für die Einpunktfrage lautet die Fragestellung: „Wie zufrieden bin ich mit ...?"
Jeder Teilnehmer erhält zur Bewertung einen Klebepunkt, den er an das vorbereitete Flip-Chart heften kann. Weiter gehende Kommentare können auf einem „Frageplakat" mitvisualisiert werden. Unterschiedliche Phasen oder Tage der Gruppenarbeit können durch unterschiedliche Farben der Klebepunkte differenziert werden, ohne dass beim Weiterarbeiten an diesem Punkt ein neues Poster erstellt werden müsste (Abb. 21):

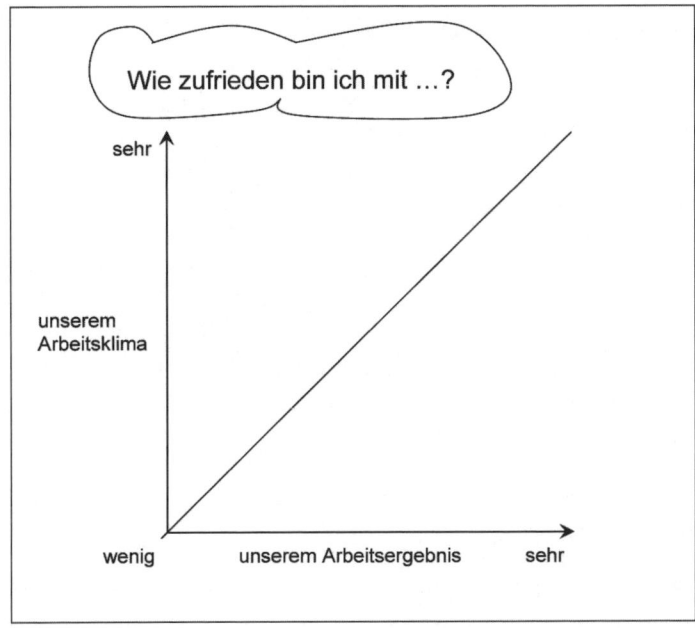

Abb. 21: Einpunktfrage

Persönliche Einschätzung des Gruppengeschehens
Beantworten Sie die folgenden Fragen bzw. Aussagen so kurz wie möglich, und behalten Sie das Resultat zunächst für sich. Tauschen Sie sich dann im Team aus.

a) Welche Tatsachen behinderten die Effizienz der Gruppe?
___
___
___
___

b) Welche Tatsachen förderten die Effizienz des Teams?
___
___
___
___

c) Ich habe die Gruppe vielleicht behindert, indem ich ...
___
___
___
___

d) Ich habe der Gruppe vielleicht geholfen, indem ich ...
___
___
___
___

Raum für weitere Bemerkungen, Anmerkungen und Kritik:
___
___
___
___

Abb. 22: Persönliche Einschätzung des Gruppengeschehens

Besprechungs-Blitzlicht
Einen sehr schnellen Einstieg in das Sitzungs-Feedback einer Arbeitsgruppe ermöglichen die folgenden, vier Auswertungsfragen, die als Blitzlicht (reihum oder freiwillig) beantwortet werden:
- Was hat mir an der heutigen Teamsitzung gefallen?
- Was hat mir gefehlt?
- Was nehme ich aus der Besprechung mit?
- Was sollte bei der nächsten Sitzung verbessert werden?

Literatur
Bauer, K.-O. (2004): Von der Gruppe zum Team. Einstieg in Methoden der Teamentwicklung. In: Schulverwaltung Spezial. 5(4), S. 11-13. – Kauffeld, S. (2001): Teamdiagnose. Göttingen, Bern, Toronto, Seattle: Hogrefe. – Kauffeld, S./Grote, S. (2005): Teamfeedback mit dem Fragebogen zur Arbeit im Team (F-A-T). In: Organisationsentwicklung. 24 (4), S. 72-77. – Mayrshofer, D./Kröger, H. A. (2001): Prozesskompetenz in der Projektarbeit. Ein Handbuch. Hamburg: Windmühle. – Philipp, E. (2006): Teamentwicklung in der Schule. Konzepte und Methoden. 4. Aufl. Weinheim, Basel: Beltz. – Sagebiel, J./Vanhoefer, E. (2006): Es könnte auch anders sein. Systemische Variationen der Teamberatung. Heidelberg: Carl-Auer. – Schley, W. (1998): Teamkooperation und Teamentwicklung in der Schule. In: Altrichter, H./Schley, W./Schratz, M. (Hrsg.): Handbuch zur Schulentwicklung. Innsbruck: Studien Verlag, S. 111-159. – Scherm, M./Sarges, W. (2002): 360°-Feedback. Göttingen, Bern, Toronto, Seattle: Hogrefe. – Senge, P. (1996): Das Fieldbook zur fünften Disziplin. Stuttgart: Klett-Cotta. – Simon, P. (2003): Wie sich Gruppen entwickeln. Modellvorstellungen zur Gruppenentwicklung. In: Stumpf, S./Thomas, A. (Hrsg.): Teamarbeit und Teamentwicklung. Göttingen, Bern, Toronto, Seattle: Hogrefe, S. 35-57. – Stumpf, S./Thomas, A. (Hrsg.) (2003): Teamarbeit und Teamentwicklung. Göttingen, Bern, Toronto, Seattle: Hogrefe. – West, M. A. (1994): Effective Teamwork. Exeter: B&C Wheatous Ltd.

97| Methoden und Techniken der schulinternen Datenerhebung
Eva Arnold

Schulentwicklung benötigt Daten

Schulentwicklung benötigt Daten – etwa um eine *Bestandsaufnahme* durchzuführen, bevor ein Schulentwicklungsprozess beginnt, um in der *Startphase* eines Projekts zu kontrollieren, ob das Konzept erfolgversprechend umgesetzt werden kann oder um nach längerer Laufzeit einer Aktivität zu prüfen, ob die erwarteten *Wirkungen* eingetreten sind.

Je nach Zielsetzung und Phase des Entwicklungsprozesses sind unterschiedliche Informationen von Interesse: Daten zur *Schule* (z.B. Größe, Struktur, Einzugsgebiet), zu den *Schülerinnen und Schülern* (z.B. zu Lernvoraussetzungen, Einstellungen, Lern- und Arbeitsstrategien, Lernergebnissen), zu den *Lehrkräften* (z.B. Einstellungen, Erfahrungen, Fortbildungsbedarf) oder zu zentralen *Prozessen* der schulischen Arbeit (z.B. Unterrichtszeit, Unterrichtsqualität, Klassenführung, Schulklima).

Manche Daten, die in Entwicklungsprozessen benötigt werden, sind in Schulen bereits vorhanden, z.B. in *Schülerakten* oder *Stundenplänen*. Andere werden Schulen von Dritten geliefert, wie etwa Schulstatistiken oder schulbezogene Ergebnisse von *Lernstandserhebungen*.

Reichen die vorhandenen Daten nicht aus, müssen *schulintern* weitere Informationen erhoben werden.

Über Methoden und Techniken, die zu diesem Zweck geeignet sind, informiert der vorliegende Artikel. Ausführlichere Darstellungen finden sich z.B. bei Burkard und Eikenbusch (2000) oder Jäger (2005).

Kriterien für die Auswahl von Datenerhebungsverfahren

Die empirische Sozialforschung hat vielfältige Methoden der Datenerhebung entwickelt, die grundsätzlich auch für die schulinterne Sammlung von Informationen geeignet sind. Welche Vorgehensweisen in einer gegebenen Situation empfehlenswert sind, hängt von mehreren Faktoren ab, die bei der Planung einer Informationssammlung beachtet werden sollten.

Welche Informationen werden benötigt, um den Entwicklungsprozess zu fördern?
Das zentrale Kriterium für die Auswahl eines Datenerhebungsverfahrens liegt in der Fragestellung, die mittels der gesammelten Informationen beantwortet werden soll. In vielen Fällen fällt die Entscheidung für ein Verfahren mit der Konkretisierung der zu bearbeitenden Frage: Geht es um Strukturdaten der Schule oder des Einzugsgebiets, wird man auf Dokumente wie Schulstatistiken oder Daten des statistischen Landesamtes zurückgreifen. Richtet sich die Fragestellung auf Einstellungen, Meinungen oder Bewertungen der Schülerinnen, Schüler und Lehrkräfte, ist eine Befragung angebracht. Stehen Handlungsweisen von Lehrenden und Lernenden im Mittelpunkt, können Beobachtungen Aufschluss liefern. Sollen Aussagen zum Lernerfolg und Kompetenzgewinn von Schülerinnen und Schülern gewonnen werden, bietet es sich an, Klassen- und Vergleichsarbeiten oder Leistungstests durchzuführen.

Welche Ressourcen stehen für die Datenerhebung zur Verfügung?
Die Auswahl von Verfahren für die schulinterne Datenerhebung muss sich aber auch an den Ressourcen orientieren, die in der Schule für diesen Zweck zur Verfügung stehen. Als „Ressourcen" sind drei Aspekte zu berücksichtigen: a) für die Erhebung nutzbare Arbeitszeit, b) Erfahrungen und Kompetenzen auf Seiten der Personen, die die Datensammlung durchführen sollen und c) Ausstattung mit Materialien und technischen Einrichtungen, die für bestimmte Erhebungsverfahren benötigt werden. Grundsätzlich gilt: Es sollten keine Datenerhebungen durchgeführt werden, wenn nicht sichergestellt ist, dass ausreichende Ressourcen für die Datensammlung, die Auswertung und Analyse der Daten sowie für die Präsentation der Ergebnisse zur Verfügung stehen. Diese drei Elemente müssen vorab konkret geplant und mit realistischen Schätzungen des Aufwandes versehen werden, um zu verhindern, dass „Datenfriedhöfe" angelegt werden.

Welche Funktionen sollen die Daten erfüllen?
Welche Methode der Datenerhebung geeignet ist, hängt auch von den Funktionen ab, die die Daten erfüllen sollen. Stockbauer (2000, S. 122) unterscheidet drei Arten der Nutzung: Eine „instrumentelle Nutzung" liegt vor, wenn Daten als Basis von Entscheidungen verwendet werden (sollen) – z.B. über die Weiterführung eines Modellprojekts. Als „konzeptuelle Nutzung" wird eine Praxis bezeichnet, die Daten gebraucht, um die (Weiter-)Entwicklung eines Konzepts voran zu treiben. Dies ist z.B. der Fall, wenn schulische Fördermaßnahmen auf der Basis von Rückmeldungen durch Schüler und Lehrkräfte konzipiert werden. Die dritte Nutzungsvariante, die „symbolische Nutzung", verwendet Daten für die Imagepflege, etwa um Eltern oder die Öffentlichkeit davon zu überzeugen, dass eine Schule ein attraktives Angebotsprofil entwickelt hat.

Auf die Auswahl der Datenerhebungsverfahren hat die geplante Nutzung insofern Auswirkungen, als die Art und Qualität der Informationen die Nutzer überzeugen müssen. So wird es schwierig sein, eine weitreichende und ggf. kontroverse Entscheidung auf Daten zu gründen, die weite Interpretationsspielräume lassen, z.B. auf die Ergebnisse offener Interviews. In einem solchen Fall wird es überzeugender sein, vor der Datenerhebung klare Entscheidungskriterien zu vereinbaren und die Datenerhebung entsprechend zu strukturieren. Ist eine konzeptuelle Nutzung geplant, kann es hingegen sinnvoll sein, wenig strukturierte Gespräche mit verschiedenen Gruppen von Beteiligten zu führen, um deren Sichtweise kennen zu lernen und auf diese Weise neue Ideen zur Gestaltung des Projekts zu gewinnen. „Imagepflege" stellt wiederum andere Ansprüche – sie gelingt besonders überzeugend, wenn Daten vorhanden sind, die die Vorzüge des Projekts oder der Einrichtung lebendig werden lassen.

Beschreibung ausgewählter Erhebungsverfahren

Die meisten Datenerhebungsmethoden gehen auf zwei Grundformen der Informationsbeschaffung in sozialen Situationen zurück: die Befragung und die Beobachtung. In den Sozialwissenschaften wurden zahlreiche Varianten dieser Erhebungsverfahren entwickelt. Für die schulinterne Datenerhebung eignen sich in erster Linie das Leitfrageninterview, der Fragebogen und die (strukturierte) Beobachtung.

Befragungen

Wenn für Schulentwicklungsprozesse Informationen benötigt werden, liegt es nahe, die beteiligten Personen zu befragen. Je nachdem, welche Themen im Mittelpunkt stehen, werden die Schulleitung, Mitglieder der Steuergruppe, Lehrkräfte, Schülerinnen/Schüler und/oder Eltern um Auskunft gebeten. Dies kann mündlich durch ein Leitfrageninterview oder schriftlich durch einen Fragebogen geschehen.

a) Leitfrageninterview
Interviews können unterschiedlich stark vorstrukturiert werden. Die Palette reicht von Gesprächen, in denen nur zu Beginn ein Erzählimpuls gegeben wird, bis zu standardisierten Interviews mit genau vorgegebenen Fragen und Antwortalternativen, wie sie z.B. in der Marktforschung oder bei Meinungsumfragen üblich sind. Generell gilt: Je weniger über das in Frage stehende Thema bekannt ist, desto offener muss die Gesprächsführung gestaltet werden.
Für die meisten Zwecke in Schulentwicklungsprozessen eignen sich Gespräche, die durch den Interviewer bzw. die Interviewerin strukturiert werden, dem Befragten jedoch die Möglichkeit geben, seine Antworten frei zu formulieren. Diese Form der Gesprächsführung wird als *Leitfrageninterview* bezeichnet, weil vorab lediglich die Themen festgelegt werden, zu denen Aussagen gesammelt werden sollen.

Für Leitfrageninterviews hat sich die folgende Struktur bewährt (vgl. Jäger 2005, S. 70):
- Zu Beginn eines Interviews wird das Ziel des Gesprächs erläutert und beschrieben, wie mit den Daten weiter verfahren wird (Wer erhält Einblick in das Gesprächsprotokoll? Wie werden die Ergebnisse der Interviews aufbereitet und präsentiert?). Die Befragten erhalten Informationen zur voraussichtlichen Dauer und zur Struktur des Gesprächs und werden gebeten, ihr Einverständnis zur Teilnahme am Gespräch zu erklären. Falls das Gespräch auf Tonträger aufgenommen werden soll, muss der/die Befragte ebenfalls zustimmen.
- Als Leitfragen haben sich „W-Fragen" bewährt, z.B. *„Wie gestalten Sie den Förderunterricht im Fach Deutsch in der 5. Klasse?"* oder *„Was sind aus Ihrer Sicht die wichtigsten Punkte, die bei der Umsetzung des Projekts X beachtet werden sollten?"* Solche Fragen laden dazu ein, eigene Erfahrungen und Ansichten differenziert darzulegen.

- Der Gesprächsablauf lässt sich harmonisch gestalten, wenn das Gespräch mit allgemeinen Themen/Fragen beginnt und allmählich zu speziellen Aspekten übergeht. Abrupte Themenwechsel sollten vermieden werden.
- Zum Abschluss empfiehlt es sich, die nächsten Schritte der Auswertung noch einmal kurz zu beschreiben. Zudem hat es sich bewährt, den Befragten anzubieten, das Gesprächsprotokoll nach Fertigstellung zu lesen und zu kommentieren.

Der Gesprächsverlauf eines Leitfragengesprächs ist nicht exakt festgelegt, sondern wird vom Interviewer bzw. der Interviewerin flexibel gestaltet. Dies ist eine anspruchsvolle Aufgabe, denn die Gesprächsführung sollte dazu beitragen, dass die Befragten offen Auskunft zu den Themen geben, die für den Schulentwicklungsprozess wichtig sind, zugleich die Antworten aber nicht beeinflussen. Werden Interviews schulintern geführt, ist darauf zu achten, dass die Interviewerin bzw. der Interviewer gegenüber den angesprochenen Themen glaubwürdig eine neutrale Haltung einnehmen kann. Erklärte Gegner oder Verfechter eines Projekts eignen sich weniger gut dazu, ihre Kolleginnen und Kollegen nach ihrer Meinung zu befragen. Im Zweifelsfall kann es sinnvoll sein, Außenstehende mit der Führung der Gespräche zu beauftragen.

„Faustregeln" für Interviews geben Burkard und Eikenbusch (2000, S. 129f):
- Zuhören statt selber reden, keine Reaktion außer Verständnis zeigen, Fragehaltung nicht aufgeben und Pausen ertragen.
- Nicht nach strengem Leitfaden oder Schema fragen, aber den Gesprächsverlauf im Auge behalten.
- Einfache Fragen formulieren, Suggestivfragen vermeiden und nicht direkt nach Gefühlen fragen.
- Zeit haben und Nachfragen stellen.

Über jedes Gespräch sollte möglichst bald nach dem Interview ein ausführliches Protokoll erstellt werden. Eine Tonaufzeichnung ist wertvoll, um zentrale Aussagen ggf. im genauen Wortlaut dokumentieren zu können. Dies kann die Aussagekraft des Materials entscheidend steigern. Vollständige Transkripte der Interviews sind in der Regel nicht erforderlich.

Die Auswertung der Gesprächsprotokolle von Interviewdaten ist darauf ausgerichtet, die Fülle des Materials zu strukturieren, Hilfreiche Fragestellungen können sein (vgl. Burkard & Eikenbusch 2000, S. 122f): *In Bezug auf welche Aspekte sind eindeutige Positionen festzustellen? In welchen Punkten besteht Einigkeit unter den Befragten? Welche Meinungsverschiedenheiten sind erkennbar? Zu welchen Themen fehlen klare Vorstellungen? Sind Widersprüche oder Zusammenhänge erkennbar?*

In welchen Schritten Interviewdaten ausgewertet und interpretiert werden können, beschreiben Altrichter et al. (2006, S. 196ff) anschaulich. Sie unterscheiden drei Schritte:
1. Daten lesen und reduzieren (Markieren von Textstellen, die für die Beantwortung der Fragestellung wichtig sind),
2. Daten strukturieren und explizieren (Formulierung von Kategorien, denen die Textstellen zugeordnet werden) und
3. Zusammenhänge aufbauen (Ordnen der Kategorien, Formulierung von Zusammenhängen zwischen den Kategorien auf der Basis des Datenmaterials).

Die Ergebnisse werden in einem Bericht zusammengefasst, der die gefundenen Kategorien und ihre vermuteten Zusammenhänge beschreibt.

b) Fragebogen
Da die Konstruktion eines Fragebogens viel Aufwand erfordert, sollte vor der Erstellung eines eigenen Befragungsinstruments immer geprüft werden, ob es zu den interessierenden Themen bereits erprobte Instrumente gibt. „Fundgruben" sind einschlägige empirische Studien, Publikationen zu Schulentwicklungsthemen (z.B. Altrichter et al. 2006) sowie das Internet.

Findet sich kein geeigneter Fragebogen, muss ein eigenes Instrument entwickelt werden. Für den Aufbau gelten folgende Grundregeln (vgl. Jäger 2005, S.65f):

- An den Beginn eines Fragebogens gehört eine freundliche Ansprache des/der Befragten und eine Erläuterung der Ziele der Befragung. Die Verwendung der Daten sollte erläutert werden – etwa dass alle Angaben vertraulich behandelt und in anonymisierter Form ausgewertet werden. Sinnvoll ist ein Hinweis, wann und wo über die Ergebnisse der Befragung berichtet wird.
- Ebenfalls zu Beginn des Fragebogens werden Bearbeitungshinweise gegeben. Werden Personen befragt, die mit der Bearbeitung von Fragebögen wenig vertraut sind oder werden komplizierte Antwortformate verwendet, empfiehlt sich ein Beispiel.
- Die zu beantwortenden Fragen bzw. die zu bewertenden Aussagen sollten zu sinnvollen Blöcken zusammengefasst werden. Für die Reihenfolge gelten dieselben Grundsätze wie im Fall eines Interviews: Allgemeine Themen werden vor speziellen und/oder heiklen Themen angesprochen. Jeder Fragebogen sollte Raum für offen formulierte Kommentare und Zusätze bieten.
- Um die Anonymität in schulinternen Befragungen zu wahren, sollte auf die Erhebung von Personenmerkmalen möglichst verzichtet werden. Nur wenn die unterschiedlichen Perspektiven von Männern und Frauen, älteren und jüngeren Kollegen oder bestimmte fachbezogene Besonderheiten explizit untersucht werden sollen, sind solche Angaben sinnvoll.
- Die Bereitschaft, an einer schriftlichen Befragung teilzunehmen, sinkt mit der Länge des Fragebogens bzw. der Bearbeitungsdauer. Obwohl die Beschränkung gelegentlich schwer fällt, sollte ein Fragebogen nicht mehr als vier bis sechs Seiten umfassen. Allerdings wird es auch wenig überzeugend wirken, wenn ein komplexes Thema mit sehr wenigen Fragen erfasst wird.

Hinsichtlich der Inhalte einer schriftliche Befragung kann zwischen der Erfassung von Fakten *(„Welche Leistungskurse haben Sie im letzten Schuljahr gewählt?")*, Motiven *(„Warum engagieren Sie sich für das Streitschlichterprojekt?")*, Meinungen *(„Was halten Sie von der Idee, unsere Schule in eine Ganztagsschule umzuwandeln?")* und/oder Handlungsweisen *(„Wie häufig setzen Sie kooperative Lernformen im Unterricht ein?")* unterschieden werden. Meinungen und Bewertungen können erfragt werden, indem Aussagen formuliert werden (z.B. *„Formen des selbstgesteuerten Lernens überfordern leistungsschwächere Schülerinnen und Schüler"*), denen die Befragten in unterschiedlichem Grad zustimmen können (z.B. zwischen *„trifft überhaupt nicht zu"* und *„trifft genau zu"*).

Im Vergleich zum Interview erfordert ein Fragebogen besondere Sorgfalt bei der Wahl von Formulierungen. Grundlegende Regeln sind (vgl. Burkard & Eikenbusch 2000, S. 117f):

- Fragen so kurz und einfach wie möglich formulieren. Sie sollten nicht suggestiv wirken und keine doppelten Verneinungen enthalten.
- In jeder Frage nur einen Aspekt ansprechen (also nicht: *„Ist der Text interessant und verständlich?"*).
- Fragen stellen, die alle Befragten aufgrund ihres Wissensstandes beantworten können (*„Was denken Sie über XY?"* statt *„Was denken Ihre Kollegen über XY?"*).

- Fragen konkret, nicht hypothetisch formulieren und eindeutige zeitliche Bezugsrahmen verwenden (z.B. *„An welchen Fortbildungsveranstaltungen werden Sie im nächsten Monat teilnehmen?"* statt *„Könnten Sie sich vorstellen, an Fortbildungsveranstaltungen teilzunehmen?"*).
- Die Fragen sollen sich auf eine definierte Zielgruppe und einen klar umgrenzten Zeitraum beziehen (z.B. *„Wie beurteilen Sie den Leistungszuwachs der Teilnehmer des Englischkurses im letzten halben Jahr?"*).

Als Antwortvorgaben haben sich vier- bis siebenstufige Antwortskalen bewährt. Folgende Lösungen sind gebräuchlich:

- Bewertung/Qualität (Notenskala): *Sehr gut – gut – befriedigend – ausreichend – mangelhaft – ungenügend*
- Häufigkeit: *Nie – selten – gelegentlich – oft – immer*
- Wahrscheinlichkeit: *Keinesfalls – wahrscheinlich nicht – vielleicht – ziemlich wahrscheinlich – ganz sicher*
- Grad der Zustimmung: *trifft zu – trifft eher zu – trifft eher nicht zu – trifft nicht zu*

Sofern nicht sicher ist, dass alle Fragen beantwortet werden können, sollten die genannten Skalen durch die Antwortmöglichkeit *„kann ich nicht einschätzen"* oder *„trifft nicht zu"* ergänzt werden.

Alle selbst entwickelten Fragebögen sollten vor dem Einsatz mit Personen erprobt werden, die zur Zielgruppe gehören, aber nicht in die Befragung einbezogen werden sollen. Ein Fragebogen für eine Lehrkräftebefragung kann z.B. mit Kolleginnen und Kollegen einer anderen Schule erprobt werden, ein Schülerfragebogen mit einer Klasse, die nicht an der Befragung teilnimmt. Diese „Testpersonen" werden befragt, wie sie mit dem Fragebogen zurechtgekommen sind: Sind die Fragen verständlich? Sind die Antwortalternativen treffend? Ist der Fragebogen zu lang oder zu kurz? Bei der Überarbeitung werden kritische Anmerkungen berücksichtigt und Fragen/Aussagen gestrichen oder umformuliert, die sich nicht bewährt haben, weil sie a) von vielen Befragten nicht beantwortet wurden oder b) von allen Befragten in derselben Weise beantwortet werden.

Die einfachste Form der Analyse quantitativer Daten besteht darin, für jede Frage die Häufigkeitsverteilung der Antworten über Strichlisten zu bestimmen und diese graphisch darzustellen. Darüber hinaus können statistische Kennwerte bestimmt und Unterschiede zwischen Gruppen geprüft werden (detailliert bei Jäger 2005, S. 72ff). Frei formulierte Antworten werden wie Interviewdaten analysiert.

Beobachtung

Seltener als Befragungen werden im Rahmen von Schulentwicklungsprozessen Beobachtungen als Mittel der Datenerhebung eingesetzt, obwohl diese Form der Datenerhebung den Vorteil hat, dass der Beobachter unmittelbar Einblick in das Geschehen erhält, anstatt es sich von einer der beteiligten Personen im Nachhinein schildern zu lassen.

Auch Beobachtungen können – wie Befragungen – unterschiedlich stark strukturiert werden. Die Bandbreite der sozialwissenschaftlichen Beobachtungsmethoden reicht von „freien" Beobachtungen in definierten Situationen bis zur Analyse von Detailbeobachtungen, z.B. der Zahl und Art der im Unterricht von einer Lehrkraft gestellten Fragen. Für die schulinterne Datenerhebung eignen sich Methoden, die das Beobachtete strukturiert und auf einem mittleren Niveau der Differenziertheit erfassen. Schulinterne Beobachtungen sollten offen durchgeführt werden, d. h. die Beobachteten sollten wissen, dass und anhand welcher Kriterien sie beobachtet werden.

Für die Dokumentation ist es sinnvoll, *Beobachtungsraster* zu verwenden, in die während der Beobachtung kurze Eintragungen gemacht werden. Ein Beispiel ist das zehnteilige Kategoriensystem für die Unterrichtsbeobachtung von Meyer (2004, S. 143). Die Eintragungen, die vor Ort vorgenommen werden, werden anschließend zu Protokollen verarbeitet.

Eine häufig gewählte Alternative zu Beobachtungsrastern ist die *„Einschätzungsskala"*, die am Ende einer Beobachtungseinheit (z.B. einer Unterrichtsstunde) bearbeitet wird. Einschätzungsskalen enthalten Aussagen zum Handeln der Beteiligten in der beobachteten Situation. Diese werden vom Beobachter auf einer vorgegebenen Antwortskala eingeschätzt. So enthält z.B. ein „Beobachtungsbogen zu Arbeitstechniken und Methodenkompetenz im mündlichen Abitur" (Burkard & Eikenbusch 2000, S. 133f) eine Reihe von Aussagen zum Handeln von Schülerinnen und Schülern (z.B. *„Der Schüler/die Schülerin leistet einen fachlich begründeten Transfer"*). Diese Aussagen werden vom Beobachter auf einer dreiteiligen Antwortskala mit den Stufen „+", „0" und „–" beantwortet. Skalen für die Einschätzung von Unterrichtsqualität finden sich in Helmke (2007, S. 177f). Dieses Instrument berücksichtigt 22 Dimensionen (z.B. *„Unterrichtsorganisation: Unterricht ist so organisiert, dass Übergänge zwischen verschiedenen Unterrichtsphasen kurz und reibungslos erfolgen und keine unnötigen Pausen entstehen"*), die auf fünfstufigen Antwortskalen eingeschätzt werden (*trifft vollkommen zu – trifft ziemlich zu – trifft mittelmäßig zu – trifft weniger zu – trifft gar nicht zu*).

Sofern kein geeignetes Instrument gefunden wird, werden Einschätzungsskalen nach denselben Regeln konstruiert wie Fragebögen. Sie sollten in der Praxis erprobt werden, bevor sie im „Ernstfall" eingesetzt werden. Sollen mehrere Personen mit denselben Skalen arbeiten, empfiehlt es sich, die vorgegebenen Kategorien gemeinsam anhand von Beispielen zu erarbeiten.

Die Auswertung von Beobachtungsdaten richtet sich nach der eingesetzten Beobachtungsmethode. Während frei formulierte Protokolle inhaltsanalytisch ausgewertet werden, wie es für Interviewdaten beschrieben wurde, liefern Einschätzungsskalen quantitative Daten, die statistisch analysiert werden können.

Qualitätsanforderungen für Verfahren der internen Datenerhebung

Die in der Sozialwissenschaft gebräuchlichen Gütekriterien – Objektivität, Reliabilität und Validität – lassen sich auf die schulinterne Datenerhebung nicht in vollem Umfang anwenden. Um diesen strengen Regeln zu genügen, fehlen zumeist die erforderlichen Ressourcen. Zudem geht es nicht um wissenschaftlichen Erkenntnisgewinn und generalisierbare Ergebnisse, sondern um eine Datengrundlage für Reflexionen und Entscheidungen.

Allerdings ist wenig gewonnen, wenn schulinterne Informationssammlungen unter Verdacht geraten, einseitig, unzuverlässig oder wenig aussagekräftig zu sein. Da diese Thematik in verschiedenen Handlungsfeldern auftritt, in denen Selbstevaluation betrieben wird, hat die Deutsche Gesellschaft für Evaluation im Jahr 2004 Empfehlungen für die Anwendung von Qualitätsstandards auf diesem Bereich erarbeitet. Die auf die Datenerhebung und Datenanalyse bezogenen Standards der Genauigkeit (**G**) des Vorgehens lauten (S. 13f):

„**G 4 Angabe von Informationsquellen**
Die in einer Selbstevaluation genutzten Informationsquellen sollen genau beschrieben werden, damit die Angemessenheit der Informationen in Bezug auf die Fragestellung eingeschätzt und nachvollzogen werden kann. Die Auswahl sowie der Einsatz der Verfahren sollen transparent und nachvollziehbar erfolgen.

G 5 Valide und reliable Informationen
Es sollen solche Verfahren zur Gewinnung von Informationen ausgewählt oder entwickelt werden, die für eine Entscheidungsfindung und Praxisoptimierung nötig sind. Ggf. sollte eine Weiterbildung oder eine externe Methodenberatung in Anspruch genommen werden. Die Maßstäbe für den Methodeneinsatz sollen sich an den Gütekriterien qualitativer und quantitativer Sozialforschung orientieren.
G 6 Systematische Fehlerprüfung
Die in einer Selbstevaluation gesammelten, aufbereiteten und präsentierten Daten und Informationen sollen im gegenseitigen Austausch systematisch auf Fehler überprüft werden.
G 7 Analyse qualitativer und quantitativer Informationen
Qualitative und quantitative Daten und Informationen einer Selbstevaluation sollen systematisch und ohne Ausschluss von Beteiligten analysiert werden, damit die Fragestellungen durch die Evaluation effektiv beantwortet werden können."

Diese Standards sollten auch auf Verfahren der Datenerhebung in Schulentwicklungsprozessen angewendet werden.

Literatur
Altrichter, H./Messner, E./Posch, P. (2006): Schulen evaluieren sich selbst. Ein Leifaden. 2. Aufl. Seelze: Klett Kallmeyer. – Burkard, C./Eikenbusch, G. (2000): Praxishandbuch Evaluation in der Schule. Berlin: Cornelsen Scriptor. – Deutsche Gesellschaft für Evaluation (2004): Empfehlungen zur Anwendung der Standards für Evaluation im Handlungsfeld Selbstevaluation. Alfter: DeGEval. (Zu beziehen über die Homepage der Gesellschaft: www.degeval.de). – Helmke, A. (2007): Unterrichtsqualität erfassen, bewerten, verbessern. 7. Aufl. Seelze: Klett Kallmeyer. – Jäger, M. (2005): Unterrichtsevaluation. Grundprinzipien, Funktionen, Ablauf. Schulmanagement Handbuch 114. München: Oldenbourg. – Meyer, H. (2004): Was ist guter Unterricht? Berlin: Cornelsen Scriptor. – Stockbauer, U. (2000): Was macht Evaluationen nützlich? Überblick über den Forschungsstand – Ergebnisse von Fallstudien. In: Müller-Kohlenberg, H./Münstermann, K. (Hrsg.): Qualität von Humandienstleistungen. Evaluation und Qualitätsmanagement in Sozialer Arbeit und Gesundheitswesen. Opladen: Leske + Budrich, S. 121-130.

98| Methoden und Techniken der Beratung
Stefanie Schnebel

Ansätze der Beratung in der Schulentwicklung

Die komplexen Prozesse der Schulentwicklung verlangen von den Beteiligten ein hohes Maß an Veränderung und Einsatz. Damit die notwendigen Lernprozesse erfolgreich und nachhaltig verlaufen, ist Begleitung und Unterstützung hilfreich oder gar erforderlich. Beratung spielt deshalb auf unterschiedlichen Ebenen im Schulentwicklungsprozess eine wichtige Rolle. Sie kann als externe oder interne Beratung stattfinden. Die Orientierung kann inhaltlich-methodisch und / oder prozessorientiert-reflexiv sein.
Schulentwicklungsberatung umfasst neben Beratung im engeren Sinn auch Organisationsdiagnose, Moderation von Konferenzen und Sitzungen, Maßnahmen zur Teamentwicklung und

Konfliktlöseprozesse. Da diese Aspekte in weiteren Beiträgen dieses Kapitels behandelt werden, beschränken sich die Ausführungen hier auf Beratung als Hilfe zur Bewältigung schwieriger Aufgaben. Organisationale und individuelle Lernprozesse stehen im Fokus. Ziele einer prozessbezogenen Organisationsberatung sind insbesondere „1. Entwicklung von effektiven Problemlösungen und wirkungsvollen Konfliktklärungen; 2. Stärkung des Potentials zur Problembewältigung (,Hilfe zur Selbsthilfe')" (Schley 2002, S. 162). Diese Zielsetzung kann äquivalent für die Beratung von Individuen und Gruppen lauten: Lernprozesse in Gang setzen, die die Beratenen befähigen, anstehende Probleme zu lösen und Kompetenzen zu entwickeln, zukünftige Entwicklungsaufgaben eigenständig durchzuführen.

Schulentwicklungsberatung bezieht sich auf eine Reihe beratungstheoretischer Konzepte. Großen Einfluss haben insbesondere systemische Beratungsansätze. Sie helfen zum einen, die Strukturen und Prozesse einer Organisation oder ihrer Teilsysteme zu verstehen, zum anderen stellt die systemische Beratung eine Reihe an Methoden bereit. Daneben greift die Schulentwicklungsberatung auf weitere Beratungsmodelle zurück, insbesondere auf den Personzentrierten Ansatz (Rogers 1972) und weitere Konzepte der Humanistischen Psychologie wie TZI, Gestaltpädagogik oder Transaktionsanalyse. Kommunikationspsychologische Modelle (etwa Schulz von Thun) und Modelle zur Konfliktlösung (Glasl 2004; Mediationsverfahren) spielen ebenfalls eine Rolle.

Meist wird Beratung in der Schulentwicklung als Prozessbegleitung gestaltet. Diese dient dazu, den Schulentwicklungsprozess in seinen verschiedenen Phasen zu strukturieren und voranzubringen. Der Fokus liegt darauf, die jeweils anstehenden Entwicklungsaufgaben zu benennen, in eine sinnvolle Abfolge zu bringen und zu initiieren. Hierzu müssen Schulentwicklungsberater immer wieder Diagnosen und Analysen vornehmen (siehe hierzu auch den Beitrag zur Organisationsdiagnose). Mögliche Schwierigkeiten und Widerstände werden einbezogen. Eine Prozessbegleitung verläuft in der Regel in mehreren Schritten:

1. Vorinformation, Kontaktaufnahme
2. Kontaktaufnahme mit dem Kollegium
3. Kooperationsvereinbarung
4. Arbeit im Entwicklungsprozess,
5. Zwischenberichte je nach Vereinbarung,
6. Abschluss.

Die Arbeit im Entwicklungsprozess kann folgende Aufgaben enthalten (vgl. Rolff et al. 2000, S. 46):

- Anfangs-Moderation von Sitzungen, Training und Coaching der Steuergruppe oder der Schulleitung;
- Fachberatung zur Durchführung organisationsweiter Bestandsaufnahmen und zum Management von Projekten,
- Arbeit an Konflikten und an Teamentwicklung;
- Fortbildung im Bereich der Unterrichtsentwicklung.

Neben Prozessbegleitung können Beratungskonzepte wie Coaching, Supervision und Kollegiale Beratung in der Schulentwicklung wichtige Aufgaben übernehmen (vgl. Schreyögg 2000). Sie setzen gezielt bei einzelnen bzw. Gruppen von Beteiligten an und unterstützen diese in ihren persönlichen Lernprozessen. Schwierigkeiten, Konflikte, Ängste und Widerstände können bearbeitet werden. Schließlich lernen Lehrkräfte, die in solchen Gruppen mitarbeiten, neue Formen der Kommunikation und Kooperation kennen, was eine wichtig Quelle für Teamentwicklungsprozesse sein kann. Damit begleiten diese Maßnahmen die eigentliche Prozessberatung.

Grundlagen zur Beratung

Um im Folgenden auf verschiedene Methoden und Techniken der Beratung eingehen zu können, sollen zunächst einige Grundsätze und Merkmale von Beratung kurz skizziert werden.
Beratung umfasst nach Schwarzer und Posse (2005, S. 142) die Elemente Information, Unterstützung und Steuerung. Jede Beratung enthält diese Elemente, sie können nach Funktion, Auftrag und Phase im Prozess unterschiedlich gewichtet sein. So kann in einer Schulentwicklungsberatung etwa zu Beginn die Information, wie das vorgesehene Qualitätsentwicklungsprogramm zu verstehen ist, überwiegen, während im weiteren Verlauf die Steuerung des Prozesses und die Unterstützung von Projektgruppen im Vordergrund stehen.
Beratung vollzieht sich immer in der Interaktion zwischen Personen, zwischen Berater und Beratenen. Dabei beruht die Beratungsbeziehung auf folgenden Grundsätzen (vgl. Schnebel 2007, S. 16):

- Die Beratung ist freiwillig.
- Vertrauensverhältnis und Vertraulichkeit werden hergestellt.
- Die Beratungsbeziehung ist symmetrisch.
- Die Verantwortungsstruktur wird beachtet.
- Entscheidungen werden von den Beratenen getroffen.

Ein Berater muss über einige grundsätzliche Haltungen verfügen, welche eine auf Vertrauen und Symmetrie gegründete Beratungsbeziehung ermöglichen: Empathie, Akzeptanz und Echtheit (Rogers 1972) sind für gelingende Beratungen unerlässlich. Offenheit, Bescheidenheit im Hinblick auf das Machbare, Klarheit in der eigenen Funktion und Wertschätzung gegenüber dem Feld und den Beteiligten bilden Grundlagen dafür, dass sich die Beratenen als gleichwertig im Prozess wiederfinden. Diese Grundhaltungen sind ebenso wichtig wie beratungsmethodische Kompetenzen.

Methoden und Techniken der Beratung

Gesprächsführung

Eine zentrale Methode in Beratungsprozessen der Schulentwicklung bildet das Gespräch. Hierzu muss die Beraterin über Methoden und Techniken der Gesprächsführung verfügen. Es ist notwendig unter Berücksichtigung der oben genannten Grundsätze eine kooperative, symmetrische Beratungsbeziehung aufzubauen. Redlich hat hierzu ein Modell kooperativer Gesprächsführung entwickelt (vgl. Abb. 23). Es enthält zentrale Elemente der Beratung in pädagogischen Kontexten.

Abb. 23: Elemente kooperativer Gesprächsführung (Redlich 1994)

Die Ebene „Verstehen" umfasst Verhaltensweisen, die darauf zielen, die Situation und Sichtweise der Beratenen für alle verstehbar zu machen. Die verstehenden Merkmale lehnen sich

im Wesentlichen an die personzentrierte Gesprächsführung an, wie sie von Rogers und Tausch entwickelt wurde:
- Aufmerksam zuhören: Diese Aktivität setzt sich zusammen aus folgenden Komponenten: anteilnehmendes Interesse zeigen, bedingungslose positive Zuwendung geben, aktives Zuhören und Zeit geben (Mutzeck 2002, S. 84). Der Berater vermeidet es zunächst, Kommentare und andere Beispiele einzubringen. Bewertungen müssen ausbleiben. Aufmunternde Mimik und Gestik sowie gelegentliche verbale Impulse fördern das Gespräch. Eine nicht-konfrontative Sitzordnung und genügend Zeit sind ebenfalls wichtig.
- Fragen: Durch Fragen soll erreicht werden, dass alle notwendigen Informationen eingebracht werden und die Situation umfassend beleuchtet wird. Dadurch kann die Problemsicht erweitert und geklärt werden, was die Vielfalt der Lösungsmöglichkeiten erhöht. Mögliche Techniken des Beraters sind konkrete Fragen (wer, wann, wie, wo, wodurch, mit wem, wie häufig…), Auflösen von Etikettierungen (z.B. „Evaluation ist für die Katz") in Beschreibungen, Konkretisieren von Verallgemeinerungen in ich-bezogene Aussagen (z.B. „das bringt nichts" in „ich kann mir den Nutzen noch nicht vorstellen"). Durch Spiegeln, Paraphrasieren, Resümieren und Strukturieren kann der Beratene dazu veranlasst werden, zu prüfen, inwiefern seine sprachliche Beschreibung mit dem, was er ausdrücken will, übereinstimmt.
- Ansprechen von Gedanken: Um die begleitenden inneren Prozesse zu fassen, wird der Beratene direkt oder indirekt aufgefordert, seine Gedanken, Vorstellungen, Phantasien in einer Situation zu verbalisieren (z.B. „Was haben Sie gedacht, als Sie das fertige Leitbild zum ersten Mal gelesen haben?"). Wird das Verstehen der Ausgangssituation abgekürzt und zu schnell die Lösungssuche eingeleitet, werden oft wertlose Vorschläge produziert (vgl. Grewe 2005, S. 21). Eine zentrale Technik stellt hierbei das Paraphrasieren dar. Durch die Wiedergaben in anderen Worten wird der Beratene mit der Wirkung seiner Äußerungen konfrontiert. Er kann diese präzisieren oder berichtigen. Außerdem signalisiert ihm der Berater damit sein Interesse.
- Verbalisieren von Gefühlen: Gefühle in den Beratungsprozess aufzunehmen, zeigt dem Beratenen, dass er diese haben und spüren darf. Außerdem kann sich der Ratsuchende entlasten, wenn er seine Gefühle äußern kann und ist dann freier für die Lösungsphase. Das Wiedergeben von Gefühlen gibt wichtige Hinweise darauf, welche Aspekte einer Situation verändert werden müssen. Der Berater hat die Aufgabe, explizite oder angedeutete Gefühle der Ratsuchenden zu verbalisieren. Tiefgehende Deutungsversuche sollte der Berater allerdings vermeiden. Mit dieser Kommunikationsform kann der Berater den Suchprozess der Beratenen deutlich unterstützen und gleichzeitig das gegenseitige Verstehen fördern (vgl. Grewe 2005, S. 22).

Die Ebene „Leiten" zielt auf Beratungshandlungen, die das Gespräch voranbringen und zu einem Entschluss führen sollen. Hier wird deutlich die steuernde Funktion von Beratung hervorgehoben.
- Strukturieren bedeutet eine transparente inhaltliche und formale Struktur herzustellen. Zu Beginn kann die Struktur des Gesprächsablaufs den Gesprächspartnern transparent gemacht und im Verlauf immer wieder verdeutlicht werden. Diffuses Hin- und Herspringen zwischen Phasen soll vermieden werden (vgl. Grewe 2005, S. 22).
- Lösungsvorschläge sammeln: Der Berater soll die Beratenen anhalten, Lösungsideen zu entwickeln. Da der Berater als Experte über einen Fundus an Lösungsmöglichkeiten verfügt, sollte er seine eigenen Vorschläge nicht geheim halten, sondern diese in die Beratung einbringen. Damit die Beratenen nicht überredet werden oder sich vorschnell dem „Expertenvorschlag" anschließen, müssen die eingebrachten Ideen eingehend erörtert werden.

- Stellung nehmen: Ein Berater wird immer wieder aufgefordert, Stellung zu nehmen. Dann sollte er seine Gedanken, Gefühle und Vorstellungen auch äußern und damit zum Lösungsprozess beitragen. Allerdings besteht die Gefahr, dass der Berater damit einseitig die Verantwortung für den Umgang mit dem Problem übernimmt. Deshalb sollte die Stellungnahme immer ganz eindeutig als individuelle Sichtweise deklariert werden, die andere (Experten) auch anderes sehen könnten.
- Beziehung klären: Da Berater in Schulentwicklungsprozessen in unterschiedlichen Rollen agieren, ist es notwendig, im Verlauf des Gesprächs zu klären, in welcher Rolle die Gesprächspartner den Berater sehen und welche Erwartungen sie haben. Soll der Berater ein Machtwort sprechen, ist seine Expertenmeinung gefragt oder geht es um eine Beratung. Auch muss geklärt werden, in wessen Verantwortungsbereich das Problem und seine Lösung liegen. Eine frühzeitige Klärung von Beziehungen und Erwartungen vermeidet Missverständnisse und Enttäuschungen. In Schulentwicklungsprozessen spielen immer wieder ungeklärte Zuständigkeiten, unklare Verantwortungsverteilungen und Rollen in die Beratungsprozesse hinein. Es ist dann notwendig, nicht nur die aktuelle Rolle des Beraters sondern auch die der übrigen Beteiligten zu klären, bevor weiter an der Situation gearbeitet werden kann.

Fehler in der Gesprächsführung können vor allem dann auftreten, wenn die Beratenen von der Problembeschreibung weg sehr schnell dazu übergehen Ursachenerklärungen zu finden (z.B. „Das ging nicht, weil in unserem Kollegium sowieso…") oder Lösungen vorzuschlagen. Wird die Problembeschreibung vorschnell abgebrochen, bleiben die Beratenen in ihren Sichtweisen und Interpretationen stecken und der Berater kann das Problem nicht umfassend verstehen. Diesen Fehlern kann dadurch begegnet werden, dass der Berater explizit dazu auffordert, zur Problembeschreibung zurück zu kehren. Weitere Beratungsfehler auf Seiten des Beraters, teilweise auch der Beratenen können darin bestehen, Situationen und Verhalten zu bewerten und zu moralisieren.

Beratungsschemata zur Prozessgestaltung
Jede Beratung folgt einem formalen Ablauf: vom Kontakt zum Kontrakt, über die Durchführung bis hin zum Abschluss. Darin eingebettet folgt die eigentliche Beratung meist einem Problemlöse- oder Entscheidungsfindungsmodell. Dieses Modell umfasst insbesondere die Phase der Problembearbeitung mit der Analyse der gemeinsam definierten Problemsituation und der Entwicklung von Handlungsmöglichkeiten zur Bewältigung sowie die Phase der Entscheidung.

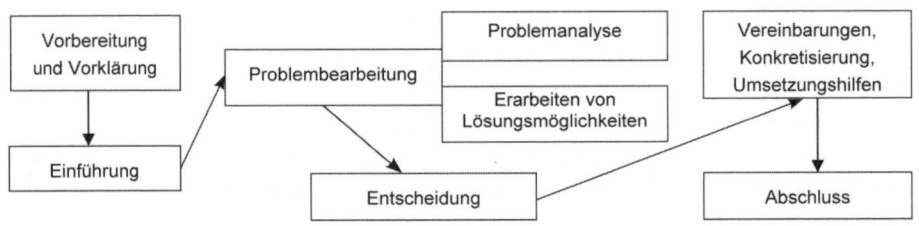

Abb. 24: Grundstruktur von Beratungsprozessen (vgl. Schnebel 2007, S. 138)

Diese Grundstruktur (vgl. Abb. 24) wird in verschiedenen Vorschlägen zum Ablauf von Beratungen immer wieder variiert. Exemplarisch soll hier das Modell kooperativer Beratung von Mutzeck vorgestellt werden. Es eignet sich sowohl als Struktur für Einzel- und Gruppenberatung als auch für kollegiale Beratungssettings.
In Tabelle 10 werden die einzelnen Beratungsschritte genauer beschreiben.

Tabelle 10: Verlaufsschema kooperativer Beratung (vgl. Mutzeck 2002)

1.	*Einführung*: Die Rat suchende Person wird mit dem Beratungssetting vertraut gemacht.
2.	*Beschreibung des Problems und Rekonstruktion der Innensicht und Erkundung von Ressourcen:* Der Ratsuchende skizziert das Problem so präzise wie möglich.
3.	*Perspektivenwechsel*: Die Rat suchende Person versetzt sich nun in die Rolle des Hauptkontrahenten.
4.	*Analyse des Problems und Fokussierung des Schlüsselproblems*: Zusammen mit den anwesenden Personen (bei Gruppenberatung Gesprächsleiter und Co-Berater) sucht der Ratsuchende nach Erklärungen. Gemeinsam werden Hypothesen über das Zustandekommen der Schwierigkeit gebildet. Methodisch hilfreich ist eine Struktur-Lege-Technik.
5.	*Ableiten und Entwickeln einer Zielsetzung*: Der Ratsuchende beschreibt mit Hilfe der Beraters/Gesprächsleiters einen Soll-Zustand, den er erreichen will (Zukunftsbild). Dieses Ziel soll konkret und eindeutig beschrieben und schriftlich festgehalten werden.
6.	*Erarbeiten von Handlungswegen (Lösungsfindung)*: Jeder einzelne Teilnehmer überlegt, wie das Ziel erreicht werden kann. Hilfreich erscheint es, wenn die Ideen auf Kärtchen festgehalten werden. Der Ratsuchende trägt zuerst seine Ideen vor. Alle Lösungsvorschläge bleiben zunächst ohne Bewertung.
7.	*Handlungsbewertung und autonome Entscheidung für eine der Handlungsmöglichkeiten*: Die Rat suchende Person sucht eigenverantwortlich geeignete Vorschläge heraus.
8.	*Planung und Vorbereitung der Handlungsschritte, Umsetzungshilfen und Störungsentgegnungen*: Der Ratsuchende zerlegt mit Hilfe des Beraters/Gesprächsleiters den Lösungsweg in praktikable Einzelschritte, die schriftlich festgehalten werden. Mögliche Hilfen werden geplant, um die Wahrscheinlichkeit der Zielerreichung zu erhöhen.
9.	*Begleitung und Nachbereitung der Beratung*: Die Rat suchende Person setzt den Lösungsweg in die Tat um und berichtet fortlaufend in der Gruppe. Parallel kann der Rat suchende Person ein Unterstützungspartner zur Seite gestellt werden.

Ein solches Beratungsschema dient dazu, verschiedene Phasen in der Beratung zu umreißen und voneinander abzugrenzen. Da jede Phase im Prozess eine bestimmte Funktion einnimmt, ist es notwendig, alle Phasen zu durchlaufen und Sprünge oder Abkürzungen möglichst zu vermeiden.
Dieses Schema kann nicht nur für Problemlösungen, sondern auch zur Bewältigung von Schulentwicklungsaufgaben verwendet werden.

Methoden der systemischen Beratung
In der Schulentwicklungsberatung spielt der Systemische Ansatz eine wichtige Rolle. Zwei Methoden sollen vorgestellt werden:

(a) Systemische Fragen

Systemische Fragen haben zum Ziel, neue Informationen für die Beratenen zu schaffen (Palmowski 1995, S. 119). Die systemische Beratung versucht, Ressourcen zu aktivieren, dem Ratsuchenden bei der Konstruktion neuer Perspektiven zu helfen und auf Lösungen statt Probleme zu fokussieren.

Folgende Fragetechniken werden häufig eingesetzt (vgl. Palmowski 1995, S. 119 ff; Ehinger & Hennig 1997, S. 55 ff):

Fragen die vorrangig dem besseren Verständnis einer Situation und der Erweiterung der Perspektive dienen:
- Fragen zur Verflüssigung von Eigenschaften: Mit solchen Fragen sollen vermeintlich festgefahrene Situationen oder Eigenschaften von Personen bzw. Personengruppen wieder als veränderbar wahrgenommen werden.
- Fragen nach der zeitlichen Dimension: Wann gelingt es, wann nicht?
- Fragen nach der räumlichen Perspektive: Wie wirken die räumlichen Gegebenheiten auf die Teamkultur?
- Fragen zur Beziehungsdimension: Wer ist tatsächlich betroffen? Wer ist tatsächlich beteiligt?
- Zirkuläres Fragen: Diese Fragetechnik dient weniger dazu, Sachverhalte zu klären, als die Beziehungen und Bedeutungen der Beteiligten zu einem Thema, etwa verdeckte Erwartungen und Befürchtungen: Was glauben Sie, was der Schulleiter von Ihnen als Mitglied der Steuergruppe erwartet?
- Skalierende Fragen: Diese Fragen dienen der Einschätzung einer Situation und ermöglichen gleichzeitig, nachzufragen, was getan werden müsste, um die Situation zu verschlechtern oder sie zu verbessern. Die Skalierung konkretisiert Vorstellungen und zeigt Unterschiede auf. Beispiele: Auf einer Skala von 1 bis 10 wie würden Sie die Veränderungsbereitschaft Ihres Kollegiums einschätzen? Was müssten Ihre Kollegen tun, damit sie einen Punkt abrutschen würden?
- Fragen nach den positiven Komponenten eines Problems: Die Beratenen werden darauf aufmerksam, dass jedes Problem auch existiert, weil es für manche Beteiligte positive Funktionen erfüllt. Widerstände in Schulentwicklungsprozessen sind ein Beispiel dafür, dass Veränderungen häufig auch bedeuten, bisher Positives aufzugeben: Wenn diese Veränderung in Ihrem Unterricht greift, was wird dann schlechter?
- Fragen nach der Ausnahme: Ein Problem wird nicht als allumfassender Zustand missdeutet, sondern aus der Ausnahme erste Ansatzpunkte in Richtung Veränderung gewonnen. Wodurch sind Situationen gekennzeichnet, in denen die Schulleiterin weniger direktiv auftritt?

Fragen, welche in Richtung Lösung bzw. dazu nötiger Ressourcen zielen:
- Wunderfragen und Zukunftsfragen: Diese Fragen dienen dazu, eine Vision der Lösung zu entwickeln. Der Blick wird von der aktuellen belasteten Situation auf den gelösten Zustand gelenkt, wodurch im Problem gebundene Kräfte freigesetzt werden können: Angenommen es würde ein Wunder geschehen, woran würden Sie erkennen, dass das Problem gelöst ist? Nehmen wir an, wir könnten zwei Jahre in die Zukunft reisen und der Schulentwicklungsprozess wäre bis dahin optimal vorangekommen, was wäre dann anderes?
- Ressourcenorientierte Fragen: Eigene Stärken und Fähigkeiten sollen bewusst zu werden. Beispiel: Angenommen, Sie würden auf einer Tagung Ihren erfolgreichen Schulentwicklungsprozess vorstellen und jemand würde Sie fragen, welche persönlichen Fähigkeiten Sie dazu eingesetzt haben, was würden Sie antworten?

(b) Diagramme und Strukturen
Visualisierungen dienen in systemischen Beratungskontexten dazu, formelle und informelle Strukturen zu verdeutlichen. Über eine rein informative Funktion hinaus können solche Darstellungen dazu benutzt werden, Beziehungsgeflechte zu bearbeiten und neue Kommunikations- und Kooperationsverbindungen zu knüpfen.
– Als Beispiel wird eine System-Struktur-Zeichnung (Abb. 25) vorgestellt.

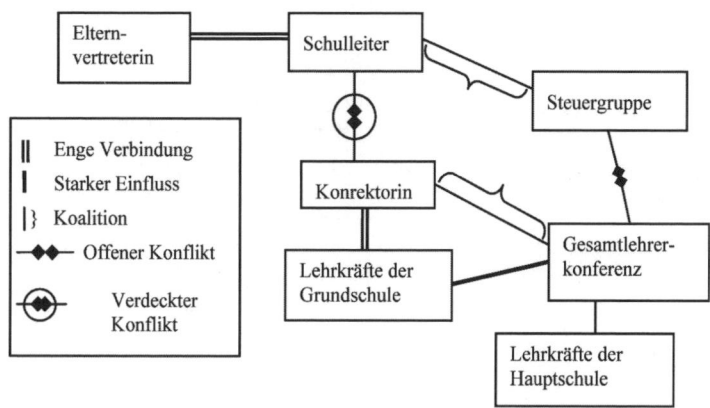

Abb. 25: System-Struktur-Zeichnung

Erläuterung: Bestimmte Personengruppen an einer Grund- und Hauptschule versucht, Ganztagesbetreuung durchzusetzen, andere sind dagegen.
Die Struktur-System-Zeichnung kann die verschiedenen Akteure und ihre Verbindungen sichtbar machen. Sie dient damit der Klärung schwieriger Situationen. Wird eine solche Zeichnung flexibel mit Karten angelegt, können verschiedene Konstellationen durchgespielt und unterschiedliche Sichtweisen der Beteiligten verdeutlicht werden (vgl. Ehinger & Hennig 1997, S. 79).
- Struktur-Lege-Technik: Eine verwandte Technik stellt die Struktur-Lege-Technik dar. Begriffe zu einem Themenfeld werden auf einzelne Karten geschrieben und in eine Ordnung gebracht. Werden die Karten auf große Papierbögen geklebt besteht die Möglichkeit, Beziehungen einzuzeichnen und weitere Kommentare einzufügen. Diese Methode eignet sich in allen Phasen, wenn es darum geht, Diskussionsbeiträge, Abläufe o. Ä. zu strukturieren bzw. verschiedene Möglichkeiten von Strukturen oder Abläufen zu entwickeln.
- Organigramme: Die Arbeit mit Organigrammen ermöglicht es im Sinne einer systemischen Betrachtungsweise, verschiedene Ebenen, Funktionen und Personen(-gruppen) einer Organisation mit ihren Beziehungen anschaulich darzustellen. Organigramme visualisieren insbesondere Hierarchie- bzw. Entscheidungsebenen, deren Aufgaben, Kommunikations- oder Kooperationsverbindungen.

Erlebnisaktivierende Methoden
Erlebnisaktivierende Methoden dienen dazu, die emotionale und erlebnishafte Seite von Veränderungsprozessen im aktuellen Geschehen deutlich zu machen. Damit wird auch in Schulentwicklungsprozessen der Tatsache Rechnung getragen, dass einzelne Menschen wie auch Organisationen nicht ausschließlich sachlogisch funktionieren, sondern dass biologische, psy-

chologische und situationslogische Aspekte eine tragende Rolle spielen (vgl. Schley 1998). Werte und Sinngebungen der Beteiligten wie der Systemidentität müssen berücksichtig werden.

(a) Wertequadrat
Um die Wertorientierungen der Beteiligten sichtbar zu machen, können Wertequadrate eingesetzt werden (vgl Schulz von Thun 2003, vgl. Abb. 26). Oben sind Schwesternwerte eingetragen, die in einem positiven Spannungsverhältnis stehen, in den unteren Feldern deren jeweilige „Entartung".

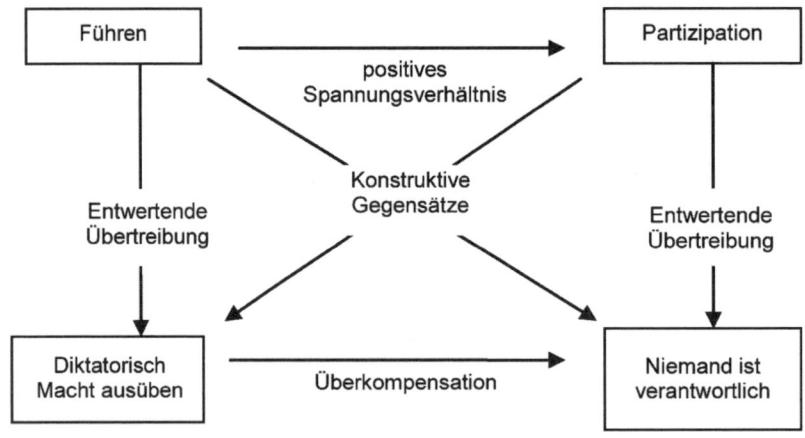

Abb. 26: Beispiel eines Wertequadrats nach Schulz von Thun (2003)

(b) Haus des Anliegens
Nach Schley können Schulentwicklungsprojekte nur dann erfolgreich sein, wenn die Erwartungen der Beteiligten geklärt werden (vgl. Schley 1998). Um Anliegen zu klären, schlagen Thomann und Schulz v. Thun (1989) in ihren Klärungshilfen das „Haus des Anliegens" (Abb. 27) vor. Durch die Visualisierung enthält es erlebnisaktivierende Elemente. Die Aufteilung der Felder zeigt zusätzlich systemische Komponenten. Diese Klärungshilfe wird bevorzugt eingesetzt, wenn Anliegen Einzelner bearbeitet werden – etwa im Coaching oder in der Supervision. Es ist aber auch möglich, das Anliegen eine Gruppe, etwa der Steuergruppe oder einer Projektgruppe in einem solchen Schema darzustellen.

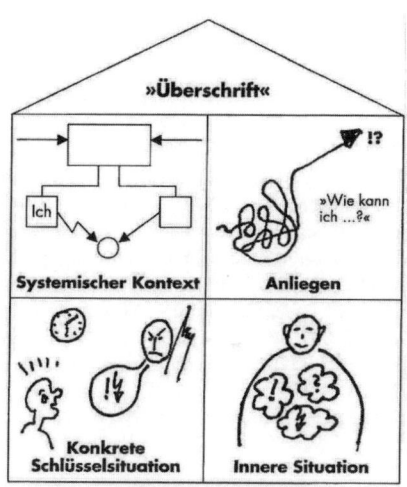

Abb. 27: Thomann-Schema zur Klärung von Anliegen mit Beispiel (in Schulz von Thun 2003)

(c) Weitere erlebnisaktivierende Methoden:
- *Arbeit mit Skulpturen oder Standbildern*: Situationen oder Beziehungen – z.B. das Verhältnis der Elternvertretung zum Kollegium – werden durch ein Standbild dargestellt. Dabei wird besonders darauf geachtet, wer wohin schaut, wie die Protagonisten gruppiert werden, wie die Stellung im Raum und die Abständen sind (vgl. Ehinger & Hennig 1997, S. 94).
- *Imaginationen*: In einer Stille- und Entspannungsphase werden die Einzelnen eingeladen sich eine bestimmte Situation – z.B. einen Schultag – hineinzuversetzen. Sie werden mit wenigen verbalen Impulsen durch die Situation geleitet („Sie betreten das Schulhaus", „wie jeden Tag gehen Sie..."). Die Beteiligten sollen ihre inneren Bilder und Empfindungen spüren und diese anschließend beschreibend oder über Metaphern äußern. Diese Methode eignet sich gut in der Einstiegsphase.
- *Metaphern und / oder Bilder*: Mit Metaphern, mitgebrachten oder selbst entworfenen Bildern soll metaphorisch ausgedrückt werden, wie sich Einzelne oder Gruppen die Schule aktuell bzw. zukünftig vorstellen.

Hinweise und Perspektiven

- Es gibt nicht „die" Beratungsmethoden für Schulentwicklungsberatung. Vielmehr müssen Beraterinnen und Berater in Schulentwicklungsprozessen ein weites Methodenrepertoire mitbringen und dieses entsprechend des Themas, der jeweiligen Phase im Entwicklungsprozess, ihrer aktuellen Rolle und der zu beratenden Personen oder Gruppen variabel einsetzen. Gesprächsführungsmethoden, Ablaufschemata, systemische und erlebnisaktivierende Methoden gehören mit zum zentralen Repertoire. Alle Methoden haben letztendlich das Ziel, Klarheit in Prozesse, Vorstellungen, Emotionen oder Strukturen zu bringen und Betroffene zu Beteiligten zu machen. Hierzu ist meist ein Vorgehen, das mehrere Perspektiven einholt und verschiedene Zugänge wählt, erfolgversprechend. Keine Methode kann eine wertschätzende, positiv zugewandte und in der eigenen Rolle klare Grundhaltung der Beraterin oder des Beraters ersetzen und jede Methode reicht nur soweit, wie alle Beteiligten grundsätzlich offen und bereit sind, sich auf die angestoßenen Prozesse einzulassen.

Literatur

Ehinger, W./Hennig, C. (1997): Praxis der Lehrersupervision. Leitfaden für Lehrergruppen mit und ohne Supervisor. Weinheim, Basel: Beltz. – Glasl, F. (2004): Selbsthilfe in Konflikten. Konzepte – Übungen – Praktische Methoden. Stuttgart. – Grewe, N. (2005): Gesprächsführung und Leitlinien der Beratung. In: Grewe, N. (Hrsg.): Praxishandbuch Beratung in der Schule. München, Neuwied: Luchterhand, S. 13-34. – Mutzeck, W. (2002): Kooperative Beratung. 3. Aufl. Weinheim, Basel: Beltz. – Palmowski, W. (1995): Der Anstoß des Steines. Systemische Beratung im schulischen Kontext. Dortmund: Borgmann. – Rolff, H.-G./Buhren, C./Lindau-Bank, D./Müller, S. (2000): Manual Schulentwicklung. 5. Aufl. Weinheim, Basel: Beltz. – Rogers, C. R. (1972): Die nicht-direktive Beratung. München: Kindler. – Schley, W. (1998): Change Management: Schule als lernende Organisation. In: Altrichter, H./Schley, W./Schratz, M. (Hrsg.): Handbuch zur Schulentwicklung. Innsbruck: Studienverlag, S. 13-53. – Schley, W. (2002): Organisationspsychologische Beratung an Schulen – Das Konzept der Systemberatung und Organisationsentwicklung. In: Pallasch, W./Mutzeck, W./Reimers, H. (Hrsg.): Beratung – Training – Supervision. 3. Aufl. Weinheim, München: Juventa, S. 161-172. – Schnebel, S. (2007): Professionell beraten. Beratungskompetenz in der Schule. Weinheim, Basel: Beltz. – Schreyögg, A. (Hrsg.) (2000): Supervision und Coaching in der Schulentwicklung. Bonn: Deutscher Psychologen Verlag. – Schulz von Thun, F. (2003): Praxisberatung in Gruppen. 3. Aufl. Weinheim, Basel: Beltz. – Schwarzer, C./Posse, N. (2005): Beratung im Handlungsfeld Schule. In: Pädagogische Rundschau. 59 (2), S. 139-151. – Thomann, C./Schulz von Thun, F. (1989): Klärungshilfen. Reinbek: Rowohlt.

99| Methoden und Techniken der Moderation von Arbeitsgruppen
Christian Warneke und Alexander Redlich

Moderation: Zielgerichtete und teilnehmerorientierte Strukturierung der Gruppenarbeit

Schulentwicklung ist auf funktionierende Kommunikation in Konferenzen und Projektteams angewiesen, in denen Entscheidungen vorbereitet, getroffen oder umgesetzt, Vorlagen erarbeitet oder Probleme gelöst werden.

Ausgangslage ist ein Auftrag der Schulleitung an eine Gruppe, einen Vorschlag zu einem Entwicklungsbedarf der Schule (Einführung eines Praktikums, Gestaltung des Schulhofs, Leitbild) zu machen. Meist ist dieser Auftrag bereits unter Beteiligung von Mitgliedern dieser Gruppe entstanden. Was im Folgenden am Beispiel einer Arbeitsgruppe dargestellt wird, gilt meist auch für Großgruppen.

Ergebnis und Qualität der Gruppenarbeit hängt erheblich von ihrer Leitung ab. Meist hat sie keine Vorgesetztenfunktion, sondern ist primus inter pares. Daher wird sie hier als Moderation bezeichnet. Gruppenarbeit in der Schulentwicklung wird selten extern moderiert, sondern von einem Mitglied der Gruppe. Wie gelingt der Moderationserfolg? Diese Frage steht hier im Mittelpunkt. Erfolg heißt nicht nur (a) in der Sache leistungsfähig, sondern (b) zugleich zwischenmenschlich akzeptabel.

Einen Überblick über diverse Varianten der Moderation liefert Seifert (2003). Hier ist Moderation nach Klebert et al. (2002) verbreitet und passt insbesondere in die Kultur hierarchisch strukturierter Organisationen. Eine egalitäre Variante bietet die Technology of Participation aus dem angelsächsischen Sprachraum. Sie eignet sich für offene Systeme wie Gemeinden, Non-

Governmental-Organizations usw. und hat sich in Entwicklungsländern bewährt (Kaner et al. 2007; ICA). Es gibt überdies Lernsoftware für den Erwerb von Basiskompetenzen (Freimuth 2004). Forschung zur Gruppenarbeit weist daraufhin, dass nur strukturierte Moderation wirkungsvoll ist (Nijstad & Stroebe 2004).

Moderation bedient sich Methoden, die der teilnehmerorientierten und zugleich sachbezogenzielgerichteten Strukturierung der Kommunikation dienen. Dabei entstehen Ideen und Lösungen in einem vielschichtigen Gruppenprozess. Zentrale Merkmale der Moderation sind (a) die kommunikative Gleichberechtigung der Beteiligten sowie (b) die Transparenz des Gesprächsprozesses. Der Moderator tritt dabei nicht als inhaltlich kompetenter Gruppenleiter, sondern als ein in Arbeits- und Kommunikationsverfahren versierter Steuermann des Prozesses auf. Inhalte, Ziele und Entscheidungen liegen in der Verantwortung der Teilnehmer. Moderation ist nicht nur sachbezogene Problemlösetechnik, sondern umfasst auch Werthaltungen und Beziehungsgestaltung (Rolff et al. 2000).

Besonders geeignet ist Moderation, wenn es um *komplexe Themen* geht, d. h. um die Lösung schlecht definierter Probleme, Entwicklung neuer Konzeptionen oder Entscheidungen mit Neben- und Spätfolgen.

Es wird allein, als Tandem oder Team in Einzelsitzungen, Mehrtagesworkshops oder Organisationsentwicklungen über Jahre hinweg moderiert. Als Zielgruppe sind 2-Personen-Teams ebenso möglich wie Großgruppen mit Hunderten von Gruppenmitgliedern.

Der kommunikative Prozess einer Moderation spielt sich zwischen drei Eckpunkten ab (Abb. 28). Er basiert auf (1) prozessstrukturierenden Aktivitäten des *Moderators* (2) den *Mitgliedern* als Informationsquelle/-verarbeitung inkl. ihrer Gruppendynamik und (3) der *Visualisierung und Dokumentation* der Kommunikation mit ständig sichtbaren Medien.

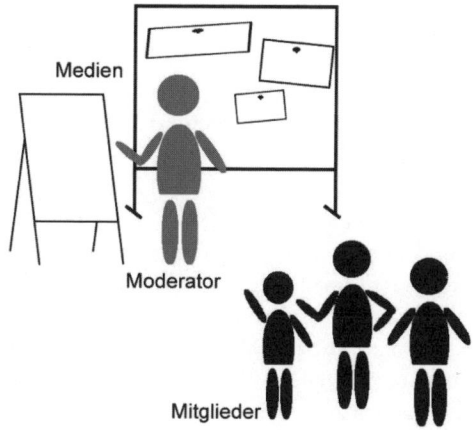

Abb. 28: Eckpunkte der Moderation

Vorgehen und Methoden

Moderiert wird kein Problem, sondern ein Thema. Im Sinne der Themenzentrierten Interaktion (Cohn 1980) werden so neben den Sachaspekten auch soziale, emotionale und motivationale Aspekte im Gruppengeschehen berücksichtigt. Ergebnisse sind tragfähig, wenn neben den Sachaspekten auch die individuellen Bedürfnisse und Gefühle sowie die Rollen- und Beziehungsaspekte der Beteiligten zur Geltung kommen (vgl. Mayrshofer & Kröger 1999).

Eine Moderation durchläuft verschiedene Prozessschritte. Jeder Schritt beruht auf dem Grundbaustein der Verständigung (Redlich 2009). Er enthält zwei Phasen. Die *(er)öffnende Phase* hat eine divergente Funktion und produziert Quantität: In dieser Phase wirkt der Moderator darauf hin, das die Beteiligten ihre Fragen und Antworten, Anliegen und Kenntnisse, Sichtweisen und Ideen einbringen. Er gibt Raum, sich auszubreiten und neue Aspekte einzubringen - Grundlage für kreative Lösungen. Diese Anreicherung droht auszuufern. Die Gruppe muss zu Entscheidungen kommen, um handlungsfähig zu bleiben. Dazu dient die *(be)schließende Phase*. Sie erzeugt Qualität durch Auswahl und Entscheidung. Der Moderator fragt, welche der Aspekte zum Handeln führen, das zur Bewältigung des Themas bzw. zur Lösung des Problems beiträgt, und bringt die Gruppe zu einem Beschluss.

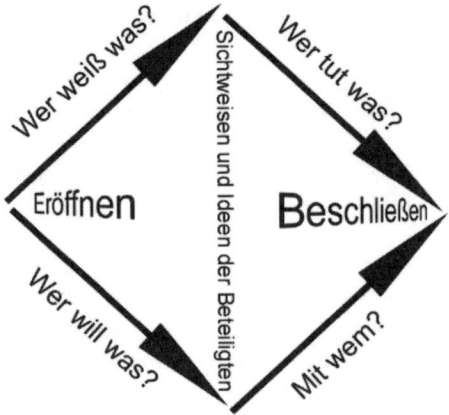

Abb. 29: Grundbaustein der Verständigung

Bei jedem Schritt teilt der Moderator die Zeit so ein, dass beide Phasen optimal im Sinne des Arbeitsprozesses gestaltet werden (vgl. Abb. 29). Zwei typische Schieflagen in Verständigungsprozessen sollten bei der Moderation vermieden werden: In der Variante „Befehlsausgabe" (Abb. 30) wird zu stark geführt. Austausch hat wenig Raum. Es geht um rasche Durchsetzung von Ideen, die Informationsstand und Interessen der Führungskraft entsprechen und kaum in Frage gestellt werden. In krisenhaften Situationen mag dieses Vorgehen erfolgreich sein. Im Sinne einer tragfähigen Lösung lauern allerdings zwei Gefahren: Zum einen wird die Expertise der Gruppe nicht genutzt (mangelnde Informationsbasis). Aktionen, die auf unzureichenden Informationen beruhen, laufen Gefahr zu kurz zu greifen. Zum anderen werden die Gruppenmitglieder zu wenig beteiligt (mangelnde Motivierung). Wer wenig zum Ergebnis beitragen kann, wird es oft nur widerwillig oder halbherzig mittragen (vgl. Teetz & Redlich 1994).

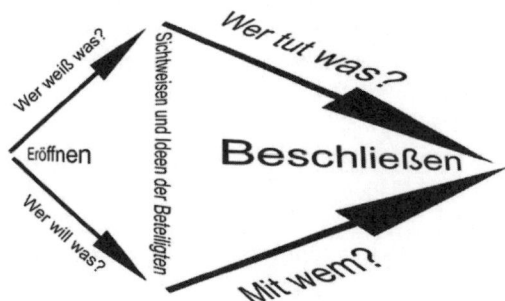

Abb. 30: „Befehlsausgabe"

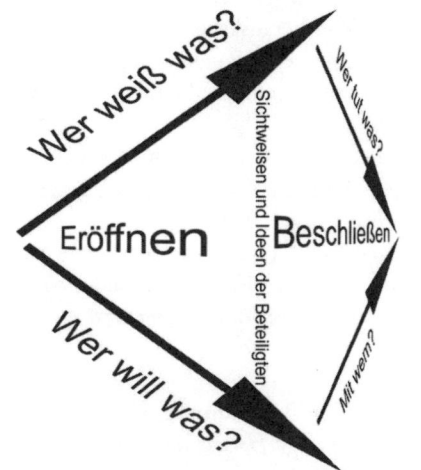

Abb. 31: „Kaffeeklatsch"

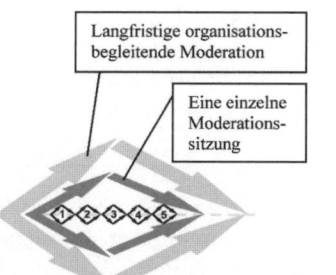

Abb. 32: Der Grundbaustein der Verständigung als fraktales System – gesamte Moderation, einzelne Sitzung, Prozessschritte

In der gegensätzlichen Variante wird zu viel geredet und zu wenig entschieden (Abb. 31). Das Gespräch ufert aus, Entscheidungen werden aufgeschoben. Schließlich wird unter Zeitdruck und ohne Verbindlichkeit darauf verwiesen, was zu tun sei. Motivation zur Umsetzung sowie Koordination der Maßnahmen sind offen. Der Moderator kann beide Asymmetrien vermeiden, wenn er jeder Phase ihren Raum gibt. In der langfristigen Moderation ebenso wie in einzelnen Schritten wird Ausgewogenheit angestrebt (vgl. Abb. 32).

Moderationsdesign

Moderierte Gruppenarbeit lässt sich in fünf Prozessschritte gliedern. Wir schlagen als Standard-Ablauf folgende Schritte vor:
1. Auftrag/ Arbeitsbündnis gestalten: Zielsetzung bestimmen
2. Kontakt stiften: Authentische Anliegen der Gruppenmitglieder erkunden
3. Teilthemen klären: Arbeitspakete herausarbeiten
4. Aktionen (er)finden: Maßnahmen entwickeln
5. Umsetzung sichern: Risiken analysieren, Maßnahmen und Verantwortung festlegen

Folgendes Beispiel illustriert diese Schritte und dazu passende Methoden.

Die Situation
Die Schulkonferenz der Schule Am Weg hat beschlossen, ein neues Konzept für den Übergang von Hauptschülern in Lehrstellen zu erarbeiten. Ziel soll eine Erhöhung der Übergangsquote in Lehrstellen um 50% in drei Jahren sein. Ein Projektteam aus Freiwilligen soll einen Vorschlag erarbeiten.

Auftrag/ Arbeitsbündnis gestalten: Bestimmung der Zielsetzung
Zu Beginn erinnert der leitende Kollege Herzog ans Ziel des Treffens: „Ich begrüße Sie herzlich. Wir sind im Auftrag der Schulkonferenz hier, um in den nächsten Wochen einen Vorschlag für den Übergang unserer Hauptschulabgänger in Lehrstellen zu erarbeiten, der dann in der Gesamtkonferenz entschieden werden soll. Anlass dafür ist die Aufforderung durch unsere Behörde, dass jede Schule in sechs Monaten ein entsprechendes Konzept vorlegen soll. Ich habe die Mitarbeit in dieser Gruppe so verstanden, dass jeder von uns hier ist, um die Modalitäten mitzugestalten. Sehe ich das so richtig?"

Es ist eine Binsenweisheit, dass jede Gruppe eine gemeinsame Zielsetzung braucht (vgl. Johnson & Johnson 2003). Ob sich die Mitglieder an impliziten Gruppennormen oder einem expliziten Auftrag orientieren, dürfte die Qualität der Arbeit entscheidend mitbestimmen. Um ein solides Arbeitsbündnis zu erreichen, werden Aufgabe, Hintergrund und Ziele geklärt.

Kontakt stiften: Erkundung der individuellen Anliegen
Dann schreibt Herzog eine Frage an die Tafel: „Wenn alles – ganz persönlich – nur nach mir ginge: Was soll hier in fünf Jahren für die Hauptschulabgänger anders gelaufen sein?" und bittet die Gruppe, ihm spontan Antworten zuzurufen, die er ebenfalls an die Tafel schreibt. Die Kollegen haben viele Ideen und tauschen sich auch aus. Bei neuen Aspekten wird nachgefragt und humorvolle Bemerkungen lockern die Stimmung auf. Bald ist die Tafel gefüllt.

So wird das Thema zügig eröffnet. Die Gruppenmitglieder laufen sich gewissermaßen warm. Zugleich werden individuelle Anliegen angesprochen. Die offene und individualisierte Zuruffrage produziert Antworten in großer Bandbreite, die überdies persönlich bedeutsam sind. Die Art der Frage fördert zu Beginn einer Moderation den Kontakt der Gruppenmitglieder. Dies kann der Moderator noch intensivieren, wenn er sie bittet, sich zunächst zu zweit oder zu dritt auszutauschen. Jede Antwort wird aufgeschrieben. Kritische Aussagen werden in konstruktive Antworten umformuliert.

> **Teilthemen klären: Herausarbeiten von Arbeitspaketen**
> *Die Ideen bleiben für alle sichtbar. Im nächsten Schritt soll folgende Frage beantwortet werden: Was gehört für mich in ein Konzept zum Übergang Hauptschüler - Lehrstellen? Herzog verteilt Papier und bittet die Kollegen, Antworten jeweils auf ein neues Blatt zu schreiben. Im Anschluss sammelt er die Antworten ein und heftet sie an die Pinnwand des Klassenraums. Er lässt die Antworten thematisch nach Zusammengehörigkeit ordnen und diese Gruppierungen benennen. Die Gruppe einigt sich nach intensiver Diskussion auf folgende Überschriften:*
> - *Kontakt zu auszubildenden Firmen*
> - *Erstellung von Bewerbungsunterlagen*
> - *Interne und externe Angebote zur beruflichen Orientierung*
> - *Kurzpraktikum in mehreren Betrieben*
> *Die Überschriften werden als Liste auf einer Wandzeitung festgehalten.*

Jetzt wird das Thema ausdifferenziert und in seiner gesamten Bandbreite erfasst. Diese Methode wird *Kartenfrage* genannt. Es handelt sich dabei um ein *schriftliches Brainstorming* mit anschließender *Gruppierung* zu Teilthemen. Mit einer Kartenfrage können Themen, Probleme, Erwartungen oder Lösungsansätze gesammelt werden. Der Moderator schreibt die Frage gut sichtbar an. Dabei ist die Formulierung entscheidend. Sie sollte persönlich (für mich), konkret (praktikables Konzept) und lösungsbezogen (Übergang Hauptschüler - Lehrstellen) statt allgemein, abstrakt und ursachenorientiert sein (Wie kommt es zur Lage der Hauptschüler?). Falls eine zeitliche Begrenzung notwendig ist, kann man die Anzahl der Blätter pro Gruppenmitglied begrenzen.

Die Antworten werden an eine Pinnwand gehängt, bei Unklarheiten erläutert und gemeinsam in Gruppen geordnet, die mit Oberbegriffen benannt werden. Diese *Clusterbildung* ist ein wichtiger Prozess der Verständigung über handlungsleitende Begriffe. Je konkreter die Ideen und je genauer die Clusterbenennungen diese Ideen wiedergeben, desto eher werden sie für die Gruppenmitglieder und in der Folge auch für andere Lehrkräfte, Schüler, Eltern, Schulaufsicht usw. praktisch wirksam, indem sie eine begriffliche Basis für alle bieten.

Dieser Prozessschritt endet mit der Festlegung der Teilthemen in einer Themenliste. Teilthemen sind zugleich Arbeitspakete, die systematisch abgearbeitet werden, um den Auftrag zu erfüllen.

> **Aktionen (er)finden: Entwicklung von Maßnahmen**
> *Nun fordert Herzog dazu auf, sich allein oder zu zweit Teilthemen zur aktionsorientierten Bearbeitung auszuwählen. Die jeweils verantwortlichen Lehrkräfte erhalten die gesammelten Blätter des letzten Arbeitsschritts. Herzog leitet sie an, ihre Teilthemen handlungsorientiert zu formulieren. Zur Orientierung bietet er folgende Vorgabe: Wie können wir ... (die Maßnahme, z.B. ...Kurzpraktika in mehreren Ausbildungsbetrieben organisieren...), so dass erstens ... (eine Zielsetzung, z.B. mehr Betriebe zukünftige Auszubildende unserer Schule kennen lernen) und zweitens... (eine andere Zielsetzung, z.B. unsere Hauptschüler mehr Ausbildungsbetriebe erleben) sowie drittens... (weitere Bedingungen, z.B. der Organisationsaufwand gleich bleibt)? Mit diesem Auftrag endet die erste Sitzung.*

Dieser Prozessschritt umfasst die Verteilung der Teilthemen und ihre Umwandlung in praktische Aufgabenstellungen. Oft werden beliebte Teilthemen zuerst gewählt. Ungeliebte Teilthemen werden entweder weggelassen (wenn sie unwesentliche Bestandteile sind) oder ihre Verteilung wird ausgehandelt. Der Moderator leitet die Gruppe an, die Teilthemen (Oberbegriff mit den gesammelten Ideen auf Karten) in zielgerichtete und konkrete *Aufgabenstellungen* umzuformulieren. Dieser Prozess führt zu Arbeitsaufgaben, an denen Einzelpersonen, Tandems oder Kleingruppen arbeiten. Die konkrete Bearbeitung der Aufgaben kann innerhalb oder außerhalb der Moderation stattfinden.

> **Umsetzung sichern: Festlegung von Maßnahmen und Verantwortlichkeiten**
> *Die nächste Sitzung beginnt mit der Vorstellung der Arbeitsergebnisse. Die Gruppenmitglieder haben ihre Teilthemen bearbeitet. Durch die Handlungsorientierung wurden sie angeregt, aktionsorientiert zu planen. Entsprechend konkret sind ihre Vorlagen. Nach der Klärung von Verständnisfragen (Wie werden die Praktika übers Jahr verteilt?) und spontanen Verbesserungsvorschlägen (… nur zwei Praktika im vorletzten Halbjahr), werden die einzelnen Aktionen in einem Gesamtplan zusammengefasst und Zuständigkeiten verteilt (vgl. Abb. 33). Nun leitet Herzog eine Risikoanalyse ein: Was kann schiefgehen, wenn dieser Plan umgesetzt wird? Woran können wir erkennen, dass ein Fehlschlag droht, wie können wir dem vorbeugen? So entsteht ein Aktionsplan, in dem auch Verantwortlichkeiten festgehalten sind. Er umfasst neben den Aktivitäten, die die Gruppenmitglieder selbst durchführen, auch konkrete Empfehlungen, die an Schulleitung, Behörde und andere Lehrkräfte gerichtet sind. Abschließend einigt man sich darauf, dass Herzog den Aktionsplan in der Gesamtkonferenz vorstellt und die jeweils Zuständigen Detailfragen beantworten. Mit einer Würdigung der Arbeit und einem Ausblick auf die nächsten Schritte schließt er die Moderation ab.*

Tätigkeitskatalog

Wer	tut was	mit wem	bis wann	wie geprüft?

Abb. 33: Tätigkeitskatalog

Aus der Arbeit der Kleingruppen entsteht ein *Aktionsplan*, in dem die zukünftigen Aktivitäten detailliert beschrieben und die Umsetzungsverantwortlichen klar benannt sind. Diese Aktivitäten werden von den anderen Gruppenmitgliedern kritisch analysiert, ggf. optimiert und von der Arbeitsgruppe vorläufig verabschiedet. Zeitrahmen und Erfolgskriterium werden festgelegt. Außerdem muss klar sein, welches Gruppenmitglied für die Umsetzung zuständig ist. Ein Aktionsplan unterscheidet *Tätigkeiten* und *Empfehlungen*. Im *Tätigkeitskatalog* (Abb. 33) sind Aktivitäten festgelegt, die Gruppenmitglieder selbst ausführen. *Empfehlungen* beziehen sich auf Aktivitäten, die andere Personen(-gruppen) kompetenter bearbeiten können.

Umgang mit Störungen
Was tut der Moderator, wenn Konflikte aufkommen? Zuerst muss er sich selbst über diese Störung klar werden. Diese Reflexion kann in Sekunden ablaufen. Der Moderator kann auch eine (Denk-)Pause einlegen. Bei einer leichten Störung interveniert er kurz und implizit, indem er nachfragt, was genau gemeint ist. *Konkretisierungsfragen* dienen der Klärung von Missverständnissen oder bringen vorhandene Gegensätze auf den Punkt. Zwischen Missverständnis

und Gegensatz gibt es Auseinandersetzungen um unterschiedliche, aber nicht gegensätzliche Standpunkte. Die Kontrahenten verbeißen sich in Einzelheiten. Hier kann dieser Satz Wunder wirken: „Ich glaube, Sie haben beide recht. Lassen Sie uns an geeigneter Stelle noch einmal darauf zurückkommen." Dazu wird der strittige Punkt sichtbar notiert oder durch einen Blitz in roter Farbe markiert.

Erkennt der Moderator einen wirklichen Gegensatz, dessen Bearbeitung anliegt, macht er die Störung explizit und vereinbart einen Moderationsauftrag zur Bearbeitung. Dazu werden Zielsetzung, Zeitrahmen und ggf. ein anderer Moderator bestimmt. Dann geht es um die Sichtweisen der Beteiligten: Welche Aspekte sind warum strittig? Dies entspricht der Klärung von Teilthemen. Schließlich drängt er auf einen Aktionsplan: Wie kommen wir zu einer Lösung? Was legen wir fest? Zeigt sich, dass es nicht um einen sachbezogenen Gegensatz geht, sondern um einen Konflikt, in dem sich die Beteiligten in ihrer beruflichen oder persönliche Identität bedrohen, ist eine professionelle Konfliktmoderation nötig, die eine Klärung persönlicher Verletzungen ermöglicht (Redlich 2009).

Vorbereitung
Der Moderator bereitet sich vor, indem er seine Aktivitäten plant. Zudem sollte er eigene Rollen, Motive, Gefühle und Werthaltungen und die der Gruppenmitglieder in den Blick nehmen. Mit Hilfe der Metapher des Inneren Teams (Schulz von Thun 2003) kann er die eigenen Anteile erkunden: Wenn ich an die Moderation, die Thematik und die Gruppenmitglieder denke, welche Stimmen melden sich in mir (z.B.: „Das ist endlich eine Gelegenheit, richtige Pädagogik zu verbreiten.")? Diese Stimmen repräsentieren Innere Teammitglieder, die er sich aufzeichnen kann (s. u.).
Zum anderen sollte er sich Gedanken zu den Gruppenmitgliedern machen, und zwar über …
- … ihre *Situation*: z.B. überarbeitet oder aus den Ferien? Vorzeigeschule oder Auslaufmodell? Überaltertes Kollegium? Innovative oder konservative Schulleitung?
- … die *Interessen*: Stundenentlastung durch die Teilnahme? Bühne für die eigene Unterrichtsmethodik?
- … die *Einstellung* der Gruppenmitglieder: Gesamtschule oder gegliedertes Schulsystem? Einstellungen zu Pünktlichkeit und Verbindlichkeit?

Arbeitsformate
Moderation läuft in verschiedenen Größen- bzw. Arbeitsformaten (Plenum, Einzelarbeit, Tandem, Kleingruppe) ab.
Bei der *Einzelarbeit* konzentriert sich jedes Gruppenmitglied auf die Aufgabenstellung Dieses Format ist sinnvoll, wenn individuelle Anliegen und subjektive Sichtweisen zunächst reflektiert werden, um dann mit mehr Tiefgang zum Ausdruck zu kommen.
Bei *Tandems* bearbeiten je zwei Gruppenmitglieder eine Aufgabe. Dieses Format ermöglicht einen gegenseitigen Austausch, um in ein Thema einzusteigen („Bitte tauschen Sie sich zu zweit aus, welche Risiken Sie bei der Umsetzung sehen"). Tandems sind intim genug, um Selbstreflexionen wie in der Einzelarbeit zu ermöglichen, und zugleich durch den Austausch mit einer anderen Person neue Perspektiven und Ideen anzuregen.
Die Bearbeitung von Themen im Abschnitt Aktionsplanung erfolgt meist in *Kleingruppen* (3-5 Personen). Es wird an verschiedenen Teilthemen gearbeitet. Hier liegt der Kern der inhaltlichen Detailarbeit. Kleingruppen verbinden die Kompetenz mehrerer Personen und ermöglichen durch ihre Größe ein zügiges Arbeiten. Im Anschluss sollte ein Plenum folgen, in dem die Ergebnisse optimiert und verbreitet werden.

Die Arbeit im *Plenum* dient der Koordination aller Einzelkräfte, z.B. bei der Entwicklung einer gemeinsamen Begrifflichkeit oder der Entscheidung über den Aktionsplan. Plenumsarbeit ist anstrengend und sollte bei großen Gruppen soweit wie möglich begrenzt werden.

Medien
In der Moderation findet die Kommunikation der Beteiligten über *visuelle Medien* statt. Dazu werden sämtliche Ideen, Anregungen, Standpunkte oder Argumentationen sichtbar notiert. So können sich auch zurückhaltende Personen einbringen und der Gesprächsverlauf bleibt nachvollziehbar. Die Diskussion erhält eine erste Struktur. Durch die Möglichkeit, das beschriftete Material im weiteren Verlauf neu zu arrangieren, werden Themenfindung und Aktionsplanung sukzessive weiterentwickelt.
Bei der Auswahl des geeigneten Mediums ist es hilfreich, die verschiedenen Funktionen der Medien zu beachten (vgl. Abb. 34).

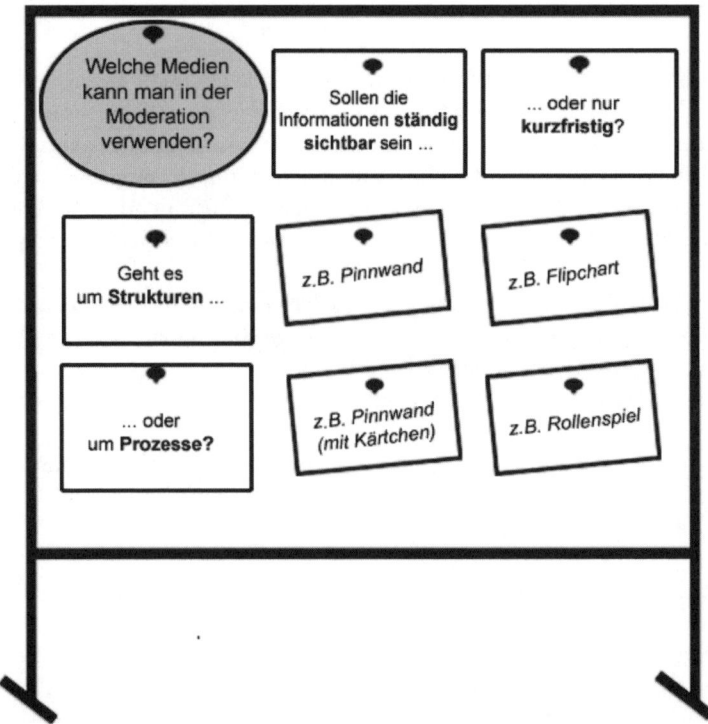

Abb. 34: Medien

Instruktionen und Fragen
Der Moderator greift auf das gesamte Repertoire an Gesprächsformen zu, das unsere Sprache bietet (Kilburg et al. 2006). Allerdings sollte er an zentralen Punkten genau überlegen, welche Gesprächsform er wählt, um spezifische Funktionen zu nutzen und zügig voranzukommen. Dabei sind gut formulierte Fragen und Instruktionen ebenso wichtige Moderationsinstrumente wie Medien zur Visualisierung.

Insbesondere beim Übergang von einem Arbeitsschritt zum nächsten ist sorgfältig zu moderieren. Dabei kann man den Prozess mit folgendem Viersatz transparent strukturieren. Das Akronym Z-A-N-K dient als Erinnerungshilfe:
1. Zielsetzung: „Unser übergreifendes Ziel ist …"
2. Ausgangslage: „Jetzt haben wir … erreicht."
3. Nächster Schritt: „Ich schlage nun vor …."
4. Konsens: „Sind alle damit einverstanden?" (Reaktion abwarten)

Aufgabeninstruktionen werden präzise formuliert, um zielgerichtetes Arbeiten zu unterstützen. Die oben im Beispiel unter Aktionsplanung skizzierte Frageform hat sich z.B. für die Sammlung von Lösungen bewährt.

Öffnende Fragen („Wie kommen wir weiter?") regen die Gruppenmitglieder zu neuen Ideen an. Auf Perspektivwechsel, Lösungen und Konkretisierungen zielen *systemische Fragen* ab (v. Schlippe & Schweitzer 2007): „Angenommen, die Betriebe würden tun, was Sie sich wünschen: Wie sähe das genau aus?" Dabei gibt es verschiedene Varianten. *Ressourcenorientierte Fragen* lenken auf positive Aspekte: „Stellen Sie sich vor, wir hätten genügend finanzielle Möglichkeiten, welche Maßnahmen kämen in Frage?" *Übertreibungen* (auch negative) erweitern das Spektrum des Denkbaren: „Was müsste der Aktionsplan enthalten, um ihn scheitern zu lassen?" Mit *zirkulären Fragen* versetzen sich Gruppenmitglieder in andere: „Stellen Sie sich vor, die Schüler reden darüber, was wir hier machen: Was würden sie sagen?" Sie können zu einer *übergeordneten Perspektive* führen: „Was wären unsere Stärken aus Sicht anderer Schulen?"
Während diese öffnenden Fragen eine kreative Funktion haben, dienen *schließende Fragen* der Synthese bzw. Zielführung: „Wie können wir die Maßnahmen, die wir erarbeitet haben, systematisch aufeinander beziehen?"

Bilder und Metaphern
Narrative Methoden bilden ein Gegengewicht zu der analytischen Schlagseite unserer Kommunikation. Es wird dabei mit Erzählungen, Bildern und Metaphern gearbeitet. Die Gruppenmitglieder können ihre Vorstellungen als Bild zeichnen und mit einer Metapher benennen. So werden Schulen gern als uneinnehmbare Festung der ewig währenden Bildung oder gallisches Dorf bezeichnet. Bilder, Metaphern und Geschichten dienen dazu, vielfältige Aspekte eines Themas in *einer* Vorstellung zusammenzufassen, indem sie allgemein geteilte Kenntnisse (über Festungen, Asterix) nutzen. Diese gemeinsame Vorstellung kann das Thema veranschaulichen und Details zu einem Ganzen bündeln. Passende Orte für den Einsatz diese Methode sind die Klärung von Teilthemen, die mit bildhaften Titeln versehen werden können, und die Erstellung eines Aktionsplans (z.B. Reiseroute durch fremde Länder).

Zum Inneren Team des Moderators

Der Moderator klärt die eigenen inneren Anteile anhand des Inneren Teams (s. o.). Fragt man Moderatoren nach Inneren Teammitgliedern, die bei ihnen in der Moderation mitspielen, lassen sich oft folgende Mitglieder finden (vgl. Abb. 34): Im Vordergrund steht der *Strukturgeber*, mit klarer Vorstellung des Vorgehens. Sein Gegenpart ist der *Flexibilisierer*, der eingreift, wenn die Struktur nicht zum Gruppenprozess passt und korrigiert werden muss. Dann gibt es den *Verständnisvollen* - einfühlend mit allen Gruppenmitgliedern und in der Gefahr sich mit den Parteien zu verbinden, ja zu verbünden. Daran hindert ihn der *Distanzierte*, dem Abstand zu Geschehen und Beteiligten wichtig ist. Mit neutraler Distanz bringt er Dinge auf den Punkt.

Der energiegeladene *Antreiber* übergeht die Bedenken einzelner Gruppenmitglieder, um zügig zu Lösungen und Aktionen zu kommen. Er wird gebremst durch den *Lösungsaufschieber*, der den Prozess entschleunigt, Bedächtigkeit ins Spiel bringt. Schließlich findet man den *Versachlicher*, der in heißen Debatten den kühlen Kopf bewahrt und zur Vernunft anregt. Er steht in einem Spannungsverhältnis mit dem *Emotionalisierer*, der reine Sachlichkeit als emotionales Erkalten erlebt und Menschen spontan und authentisch spüren möchte.

So lässt sich das Innere Team eines Moderators skizzieren (Abb. 35). Manche Mitglieder sind während der ganzen Moderation aktiv, andere haben nur manchmal ihren Auftritt. Sie stehen dem Moderator allerdings stets zur Verfügung, so dass er sie bei Bedarf nutzen kann. Überdies gibt es in jedem Moderator ein einzigartiges Ensemble weiterer Mitglieder, die die Individualität der Person kennzeichnen.

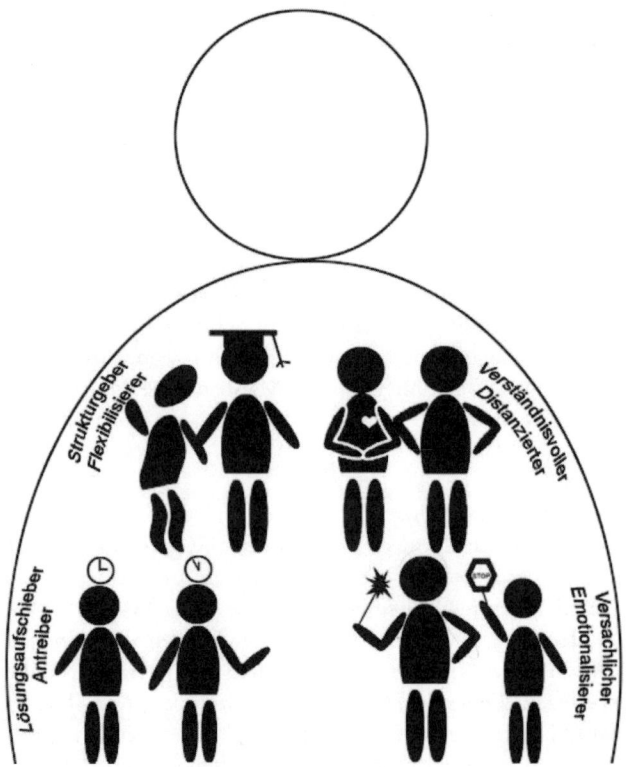

Abb. 35: Inneres Team des Moderators

Literatur
Cohn, R. C. (1980): Von der Psychoanalyse zur Themenzentrierten Interaktion. Stuttgart. – Freimuth, J. (2004): Basismoderation. Hamburg. [verfügbar unter: http://www.nitor.de/de/home/index.php, Datum der Recherche: 10.01.2010]. – Johnson, D. W./ Johnson R. T. (2003): Training for Cooperative Group Work. In: West, M. A./ Tjosvold, D./ Smith, K. G. (Eds.): International Handbook of Organizational Teamwork and Cooperative Working. Chichester, pp. 167-183. – Kaner, S./ Lind, L./ Toldi, C./ Fisk, S./ Berger, D. (2007): Facilitators Guide to Participatory Decision Making. NJ: Wiley. – Klebert, K./ Schrader, E./ Straub, W. G. (2002): Moderationsmethode. Hamburg: Windmühle. – Kilburg, S., Redlich, A., Sanderink, A. R./ Otto, M. (2006): Schlüsselkompetenz Gesprächsführung. [verfügbar unter: http://.educommsy.uni-hamburg.de/commsy.php?cid=650018&mod=home&fct=index, 30.10.2008]. – Mayrshofer, D./ Kröger, H. A: (1999): Prozesskompetenz in der Projektarbeit. Hamburg: Windmühle. – Nijstad, B. A./ Stroebe, W. (2004). Warum Brainstorming in Gruppen Kreativität ver-

mindert: Eine kognitive Theorie der Leistungsverluste beim Brainstorming. In: Psychologische Rundschau. 55 (1), S. 2-10. – Redlich, A. (2009): Konfliktmoderation in Gruppen. Hamburg: Windmühle. – Rolff, H.-G./ Buhren, C. G./ Lindau-Blank, D./ Müller, S. (2000): Manual Schulentwicklung – Handlungskonzept zur pädagogischen Schulentwicklungsberatung. Weinheim: Beltz. – Schlippe, A. v./ Schweitzer, J. (2007): Lehrbuch der systemischen Therapie und Beratung. Göttingen: Vandenhoeck & Ruprecht. – Schulz von Thun, F. (2003): Miteinander Reden 3. Reinbek: Rowohlt. – Seifert, J. W. (2003): Moderation. In: Auhagen, E. A./ Bierhoff, H.-W. (Hrsg.): Angewandte Sozialpsychologie. Weinheim: Beltz, S. 75-87. – The Institute of Cultural Affairs International (ICA) (2008) [verfügbar unter: http://ica-international.org/courses/training-availability.htm, Datum der Recherche: 30.10.2008]. – Teetz, U./ Redlich, A. (1994): Worauf kommt es bei Veränderungsprozessen an? Ergebnisse einer Befragung niedersächsischer Schulleitungen. In: Schulmanagement. 25 (3), S. 9-15.

100| Methoden zur Entwicklung eines Schulprogramms
Heinz Günter Holtappels

Ein Schulprogramm ist ein schulinternes Planungs- und Handlungskonzept für Entwicklungen in kleinen Schritten, eine Art „Drehbuch" für Schulentwicklung, das – trotz der Bedeutung von Ideen und Visionen – zu allererst an der realen Situation der Einzelschule orientiert sein muss. Schulprogrammarbeit in Schulen ist langfristig angelegt und als dauerhafte Aufgabe zu verstehen. Schulprogramme entstehen auch schrittweise, indem verschiedene Elemente des Programms nach und nach aufeinander aufbauen und sich ergänzen.

Inhaltliche Elemente eines Schulprogramms

Am Anfang einer systematischen Programmarbeit müssen keineswegs alle relevanten pädagogischen Ansätze und identifizierten Entwicklungsbedarfe gleichzeitig aufgegriffen werden. Ein Schulprogramm nimmt Rücksicht auf die Erkenntnis, dass Veränderungen in Schulen schrittweise vonstatten gehen, an konkreten Problemen ansetzen und zu realen Problemlösungen beitragen müssen, um wirksam zu werden. Es ist demnach kein Papier, das schon alle guten Ansätze als verwirklicht oder alle Probleme als gelöst darstellen soll.
Welche Aussagen und Bereiche sollte ein Schulprogramm enthalten, um den damit verbundenen Zielen, Erwartungen und Aufgabenstellungen gerecht werden zu können? In einigen Bundesländern gibt es bereits schulrechtliche Regelungen, die den Rahmen bzw. den Inhalt von Schulprogrammen genauer festlegen. Im Wesentlichen kann erwartet werden, dass aussagekräftige Schulprogramme folgende Bereiche umfassen (vgl. Abb. 36):

(1) Die *Bestandsaufnahme* gehört zu den konstitutiven Bestandteilen des Schulprogramms, weil damit die faktisch die pädagogische Schulkonzeption bewusst gemacht und niedergelegt wird. Dies geschieht über die Beschreibung der praktizierten pädagogischen Gestaltungsansätze (Lern- und Erziehungsarrangements), der curricularen Profilbildung und der Schulorganisation und des Schulmanagements: Zugleich verdeutlicht die Schule mit der Darlegung ihres Entwicklungsstands auch ihre Ausgangssituation und die bisherigen Leistungen und Potenziale.

Das *curriculare Profil* stellt mehr dar als eine Zusammenfassung der Lehrpläne. Es soll eher eine Konkretisierung der Lehr- und Lerninhalte, Lernangebote und Differenzierungsformen bieten und im Sinne eines Schulcurriculums inhaltliche Schwerpunktsetzungen erlauben, z.B. fächerübergreifende Lernfelder und Projekte, ergänzende Lernangebote wie Wahlkurse und Arbeitsgemeinschaften, musisch-künstlerische oder naturwissenschaftliche Unterrichtsschwerpunkte.

Ein zentraler Teil des Schulprogramms umfasst die *Beschreibung der pädagogischen Gestaltungselemente in Unterricht und Schulleben*. Damit soll deutlich werden, wie die Ziele und Grundsätze in den verschiedenen Lehr- und Erziehungsarrangements umgesetzt werden:
- in den Lehr-Lern-Formen und Sozialformen im Unterricht,
- in Lernmaterialien und Lerngelegenheiten,
- in didaktisch-methodischen Prinzipien,
- in Differenzierungs- und Förderkonzepten,
- in Gestaltungsansätzen des außerunterrichtlichen Schullebens (z.B. Schulprojekte, Feiern, Feste und Foren, jahrgangsübergreifende Aktivitäten, Öffnung der Schule,
- in Formen sozialen Lernens und interkultureller Ansätze sowie in schulklimatischen Aspekten (z.B. Umgangsformen, soziale Normen und Regeln, Klassenführung).

Ausführungen zur *Organisation der Schule und zum Schulmanagement* zeigen in einem Schulprogramm, wie die Schule ihre Ziele und Konzepte organisatorisch umsetzt. Dazu gehören Angaben darüber,
- wie Lehr- und Erziehungsprozesse zeitlich organisiert sind (Wochenstrukturplan, Rhythmisierung, epochale Strukturen, Aktivitäten im Jahreslauf),
- wie Schulräume angeordnet und gestaltet sind (z.B. gemischte Anordnung oder nach Jahrgängen, Klassenraum- und Schulraum- und Schulgeländegestaltung, Sozialräume),
- wie und welche materielle Ressourcen beschafft werden und wie das Schulbudget verwendet wird,
- welche Regelungen und Absprachen für die Personalorganisation (Klassen- und Fachlehrereinsatz, ggf. sozialpädagogische Fachkräfte), die Kooperation des Personals (Teambildungen wie Doppelbesetzungen, Klassenleitungs-Tandems, Jahrgangsteams, Konferenzformen) und ggf. auch die Rekrutierung neuen Personals bestehen,
- wie sich die Zusammenarbeit mit außerschulischen Kooperationspartnern (z.B. Jugendhilfe, Sozialarbeit, Kultureinrichtungen), Sponsoren und anderen Schulen gestaltet,

Zugleich sollte ein Programm auch Auskunft darüber geben, inwieweit *schulinternes Management* die Weiterentwicklung der Schule steuert, also über Arbeits- und Entscheidungsstrukturen, Managementaufgaben der Schulleitung, Auftrag und Aufgabenfelder einer Steuergruppe, Beteiligung von Eltern sowie Schülerinnen und Schülern, Inanspruchnahme externer Unterstützungssysteme.

(2) Die Umfeldanalyse beschreibt die Ausgangsbedingungen der Schulsituation unter denen die Schule arbeitet. Damit werden sowohl die Bedarfe, Anforderungen und Probleme als auch die nutzbaren Ressourcen im Schulumfeld verdeutlicht. Dies beinhaltet die soziokulturellen und sozialräumlichen Umfeldbedingungen, die die soziale Struktur der Schülerschaft, ihren Lern- und Förderbedarf, familiäre Erziehungsbedingungen etc. ebenso in den Blick nimmt wie Kooperations- und Unterstützungsmöglichkeiten und Ressourcen im Schulumfeld (z.B. Lernstandorte, Kultur- oder Umwelteinrichtungen, soziokulturelle Organisationen und Institutionen als Kooperationspartner).

(3) *Leitbild und Ziele* ergeben sich zwar aus schulrechtlichen Regelungen, konkretisieren aber allgemeine Lern- und Erziehungsziele und beziehen sich auf Profilschwerpunkte, insbesondere

mit Blick auf die jeweiligen Bedingungen des Schulumfelds und die Bedarfe der Schülerschaft. Damit werden das *pädagogische Leitbild* als Konsens über das Schulethos und *pädagogische Grundorientierungen* verdeutlicht.

Die bisherigen Teile 1 bis 3 machen im Kern das Schulkonzept einer Schule aus, während sich die Bereiche 4 und 5 auf die schulentwicklungsorientierte Seite des Schulprogramms beziehen. Nach innen gerichtet geht es zugleich im Kern um eine – möglichst ehrliche und realitätsnahe – Analyse des Entwicklungsstands der Schule; Stärken und Schwächen, Erfolge und Probleme, Be- und Entlastungen können so identifiziert werden. Dies dient nicht nur der Selbstvergewisserung der vorhandenen pädagogischen Ansätze und Leistungen und schulinternen Kompetenzen und Ressourcen (Personalsituation, Räume, Material etc.), sondern soll auch deutlich machen, woran die Schule anknüpfen und worauf sie aufbauen kann.

(4) Im Zentrum eines Schulprogramms steht die Entwicklungsplanung. Ein Schulprogramm wird seiner Bezeichnung ohnehin erst gerecht, wenn es eine Entwicklungsplanung mit Entwicklungszielen und einem Arbeitsprogramm vorlegt. Damit werden *Festlegungen für Entwicklungsschwerpunkte* der Schule formuliert und ein *Arbeitsprogramm mit konkreten Konzepten und Maßnahmen* entworfen, das möglichst auch die weiteren Schritte des Entwicklungsprozesses enthält. So kann es sein, dass eine Schule einen Stufenplan für die Konzipierung und Realisierung neuer Vorhaben vorsieht, eine andere dagegen Maßnahmen in einem Zug durchführen will (z.B. Maßnahmen der Gewaltprävention aufgrund von Befragungsaktion und Fortbildung, Weiterentwicklung von Wochenplan und Freiarbeit nach Evaluation aufgrund einer Beobachtungsphase).

(5) Schließlich muss ein Schulprogramm unbedingt einen Evaluationsplan und eine Fortbildungsplanung enthalten. Nicht für alle Vorhaben und Maßnahmen bestehen schon Kompetenzen und Erfahrungen, daher sind Planungen für die Organisation inhaltlicher und methodischer Fortbildungsbemühungen vorzunehmen. Wie Zielerreichung und Qualitätsverbesserungen überprüft werden, wird im Evaluationsplan verdeutlicht. Er beschreibt die Evaluationsbereiche bzw. die Fragestellungen, das Verfahren mit Evaluationsformen, Zeitabläufen und Beteiligten und formuliert die Qualitätskriterien, Standards und Indikatoren sowie die Methoden der Evaluation. Ein Schulprogramm kann gegebenenfalls auch Ergebnisse einer vollzogenen Evaluation darstellen.

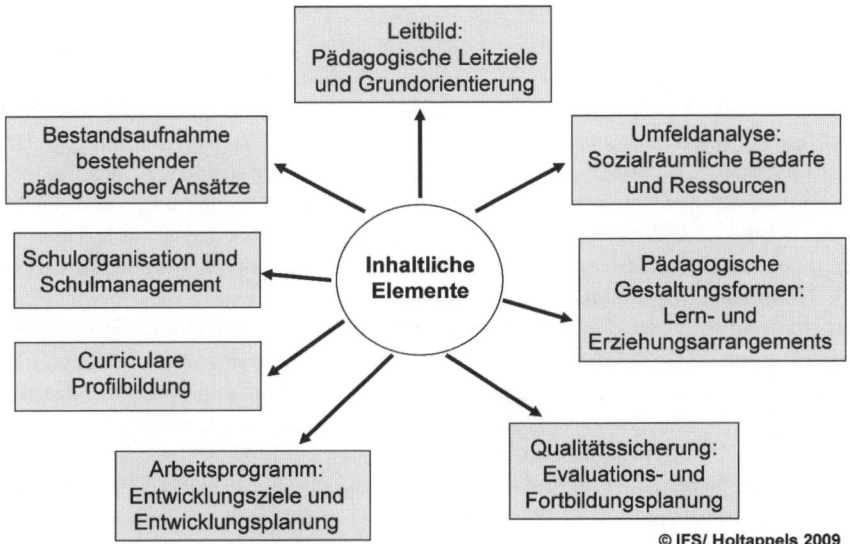

Abb. 36: Inhaltliche Bestandteile eines Schulprogramms

Die Minimalform eines Schulprogramms beinhaltet zumindest Ziele der Weiterentwicklung und eine Entwicklungsplanung. Die Entwicklungsziele ergeben sich aus dem Leitbild bzw. den pädagogischen Grundorientierungen der Schule, zumindest sollten die Entwicklungsziele mit dem Leitbild eng korrespondieren. Die Entwicklungsplanung mit bestimmten Schwerpunkten und Maßnahmen ergibt sich zum einen aus der Bestandsaufnahme, zum anderen ebenfalls aus dem Leitbild oder zentralen Zielen des Schulkonzepts. Die Entwicklungsplanung reagiert auf den festgestellten Entwicklungsbedarf, ist also praktisch die logische Konsequenz aus der Differenz zwischen den Zielen des Leitbilds und dem bereits erreichten Entwicklungsstand. Darauf aufbauend wird einerseits eine Evaluationsplanung benötigt, die nach der Umsetzung des Schulprogramms überprüfen soll, inwieweit die Entwicklungsziele erreicht werden konnten. Andererseits wird in den meisten Fällen auch eine Fortbildungsplanung erforderlich, jedenfalls dann, wenn für die Umsetzung der Entwicklungsplanung im Kollegium neue, andere oder erweiterte Kompetenzen erforderlich werden.

Prozess der Schulprogrammarbeit

Schulprogrammarbeit basiert auf den Prinzipien der Organisationsentwicklung. Beim Prozess zeigt sich das zum einen an den typischen Phasen von Zielklärung, Analyse, Maßnahmen und Evaluation. Zum anderen ist auch der „heimliche Lehrplan" ähnlich: Es geht darum, die Lehrerkollegien über die Arbeit an Zielklärungen, Plänen und Konzepten in regen Dialog und systematische Entwicklungsaktivität zu bringen. Für das schulinterne Management von Schulentwicklungsarbeit mit dem Schulprogramm werden sowohl Überlegungen zur Arbeitsorganisation als auch zum Prozessablauf erforderlich. Aus bisherigen Praxiserfahrungen und aus vorhandenen Forschungsbefunden lassen sich dafür relevante Empfehlungen geben:

Arbeitsorganisation

Für die praktische Entwicklung von Schulprogrammen in Schulen setzen auch Philipp und Rolff (1998) in hohem Maße auf die Einsetzung von Entwicklungs- und Steuergruppen und die gemeinsame Formulierung des Programmtextes im Kollegium. Die Konzeption und die Funktion der Steuergruppe wird insbesondere von Dalin et al. (1995, S. 250ff) näher geklärt: Im Rahmen erforderlichen Innovationsmanagements in Prozessen der Organisationsentwicklung, der Programmentwicklung oder schulischen Innovationsprojekten weisen sie auf die hohe Bedeutung von zu bildenden Steuergruppen im Lehrerkollegium hin, die in verschiedenen Prozessstadien wichtige Funktionen und Aufgaben erlangen (z.B. bei Bestandsaufnahmen, Zielklärungen, Diagnose und Bilanz, Entwicklungsplanung, Evaluation). Einer aus dem Kollegium gewählten Gruppe von Lehrkräften (meist auch unter Einbeziehung der Schulleitung) wird das Management eines Schulentwicklungsprozesses oder -vorhabens für befristete Zeit übertragen. In einer Steuergruppe sollen verschiedene Kompetenzen und „Strömungen" des Kollegiums versammelt sein. Die Hauptaufgaben der Steuergruppe bestehen in der Initiierung von Entwicklungen, der Koordination und Information, der strukturierenden Vorarbeit und Moderation des Prozesses. Die Steuerung und Koordination durch eine Steuergruppe garantiert allein aber noch keine erfolgreiche Programmarbeit. Hinzu kommen muss die Bildung von themen- oder aufgabenbezogenen Arbeits- oder Qualitätszirkeln im Kollegium, in die möglichst alle Lehrerinnen und Lehrer einbezogen sind, um sie somit über weite Strecken des Prozesses an der Schulprogrammarbeit aktiv partizipieren zu lassen und ihr Commitment zu sichern. Auch die Einbeziehung von Eltern- und Schülervertretungen in solche Programmgruppen ist zu empfehlen. Die Programmgruppen erarbeiten in der Bestandsaufnahme, der Zielklärung, der Entwicklungsplanung und der Evaluation einzelne Bausteine des Schulprogramms.

Methoden zur Entwicklung eines Schulprogramms | 531

Prozessverlauf
Das prozesshafte Vorgehen gleicht dem der Organisationsentwicklung in einzelnen Aufgaben und in der Schrittfolge. Abbildung 37 zeigt einen typischen Verlauf für die Erarbeitung eines Schulprogramms:

Abb. 37: Prozess der Schulprogrammentwicklung

Es empfiehlt sich, mit der *Bestandsaufnahme* zu beginnen, damit die weitere Arbeit auf den bestehenden Ansätzen aufbaut bzw. daran anknüpfen kann. Eine Bestandsaufnahme ermutigt zudem am ehesten zur Weiterarbeit, weil sie verdeutlicht, dass die Schule bereits vielfältige und entwickelte Arbeitsformen und pädagogische Konzepte aufweist.
Die *Zielklärung*, eventuell verbunden mit der Entwicklung eines *Leitbilds*, sollte als zweiter Schritt folgen, um die pädagogische Grundorientierung konsenshaft abzustimmen. Die formulierten Qualitätsleitsätze des Leitbildes bedürfen nicht nur eines Minimalkonsenses, sondern sollten möglichst auch förmlich in den Schulgremien beschlossen werden. Ein Leitbild sollte eigentlich unverzichtbar sein, hilft als Grundorientierung aber nur, wenn die Ziele bis in die Maßnahmen umgesetzt und durchgehalten werden.
An Zielformulierungen schließt sich eine kritische Einschätzung der in der Bestandsaufnahme ermittelten und bereits praktizierten pädagogischen Ansätze an. Dies beinhaltet praktisch eine *Diagnose des Entwicklungsstands*, aus der sich Entwicklungsbedarfe ergeben – faktisch als Differenz zwischen Zielen und Entwicklungsstand. Entwicklungsbedarfe werden dann am konkretesten festzuhalten sein, wenn auch *Entwicklungsziele* für ein mögliches Arbeitsprogramm formuliert werden. Die *Entwicklungsbedarfe* sollten ebenfalls im Konsens im Kollegium förmlich festgestellt und beschlossen werden.
Daran schließt sich die Entwicklung und Abstimmung eines konkreten *Entwicklungsplans mit Arbeitsprogramm* für einen bestimmten Zeitraum, als Kern des Schulprogramms, an. Ein Arbeitsprogramm bedarf der Festlegung von Schwerpunktbereichen und dazu passender Maß-

nahmen für die Umsetzung. Da sich eine Schule nicht sämtliche Veränderungserfordernisse gleichzeitig vornehmen kann, also nicht alle Entwicklungsbedarfe in einem Arbeitsprogramm für die nächste Zeit behandeln wird, müssen Prioritäten festgelegt werden. Beispielsweise könnte alle Vorschläge für Schwerpunkte von Entwicklung in einer Vier-Felder-Matrix nach dringlich/nicht dringlich sowie nach unbedingt veränderungsnotwendig/weniger veränderungsnotwendig eingestuft werden.

Bemerkenswert ist, dass die in Behördenleitfäden und Ratgebern als bewährt und sinnvoll dargestellten Prozessverläufe und Schritte der Programmerarbeitung von Schulen in der realen Programmarbeit den Schulen offenbar hilfreich und sind durchaus beachtet werden (vgl. Holtappels & Müller 2002; Holtappels 2004b), zumindest Bestandsaufnahme, Zielklärung und Maßnahmeplanung gehören fast durchgängig zu den praktizierten Schritten, indes fällt eine kritische Bilanzierung und Diagnose vielen Schulen eher schwer.

Forschungsstand und Praxiserfahrungen
Die qualitative Studie von Arnold et al. (2000) verdeutlicht drei Spannungsfelder im Schulprogrammprozess der Schulen (1) Es werden zielbezogene Widersprüche innerhalb der Schulprogrammfunktionen sichtbar, weil ein internes Planungs- und Entwicklungspapier mit der Funktion der öffentlichen Darstellung und der Rechenschaft gegenüber der Schulaufsicht in Widerspruch steht. Anspruchsvolle Ziele und Problembearbeitungen werden so eventuell gemieden. (2) Spannungen zeigen sich zwischen schuleigenen selbstbestimmten Entwicklungstraditionen und Erneuerungsprozessen einerseits und der Pflicht zur Programmerstellung andererseits. (3) Die vom Schulprogramm verlangte Konsensfindung, erforderliche kollektive Orientierungen und schulweite Vereinbarungen und Verbindlichkeiten treten in Konflikt mit dem individuellen Autonomieanspruch. Konsequenzen daraus sind Überzeugungsarbeit und passende Rahmenvorgaben sowie das Erfordernis, eventuell drei verschiedene Produkte zu erstellen: je eines zur schulinternen Planung, zur Darstellung nach außen und zur Rechenschaftslegung.

Die Erkundungsstudie von Haenisch (1998, S. 28ff) über die Schulprogrammarbeit in Nordrhein-Westfalen aus Lehrersicht zeigt für den Einstieg drei Formen: a) Über Ist-Analyse und Feststellung von Erneuerungserfordernissen wird ein innovatives Bewusstsein geschaffen, b) Entwicklung von Leitsätzen als Grundlage der Schulprogrammarbeit, c) Durchführung eines Pilot-Projekts. Fast durchgängig werden in den Schulen gezielt geeignete Strukturen für die Programmarbeit geschaffen, womit zielorientierte Arbeit, Kontinuität und Verbindlichkeit gesichert wird (ebda., S. 41), Mit intensiver Konferenzarbeit und durch Anknüpfung an vorhandene Gremien wird die Schulprogrammarbeit in die Normalität des Schulalltags eingebettet. Zudem bilden die meisten Schulen eine Steuergruppe zur Koordination der Programmarbeit sowie themenbezogene Arbeitsgruppen zur Erarbeitung und Konkretisierung von Programmbausteinen. Zu den ermittelten Gelingensbedingungen (ebda., S. 53ff) gehört, dass

- verlässliche Arbeitsstrukturen geschaffen,
- ein Kernteam die Arbeit vorantreibt,
- intensives Engagement, Kontinuität und Bedeutung der Programmarbeit gesichert wird,
- eine angemessene Dosierung von Umfang und Tempo ohne Überforderung des Kollegiums sowie die Aneignung des methodischen Know-hows erfolgt,
- sich Forderung und Wertschätzung die Balance halten,
- von anderen Schulen oder in Netzwerken gelernt wird und
- Evaluation die Weiterentwicklung sichert.

In der Evaluation der Schulprogrammarbeit in Nordrhein-Westfalen werden in umfassender Weise weitere Gelingensbedingungen (vgl. Haenisch & Burkard 2002) zu Tage gefördert: bedürfnisorientierte Arbeit und bedeutende Themen, motivierende Bestandsaufnahme, Induktionsveranstaltungen und indirekte Einstiege, aktive Rollen für Beteiligte, Schwerpunkte setzen, transparente Entscheidungen, Steuerung, Koordination und Dokumentation, Anregungen von außen und gutes Arbeitsklima. Zugleich werden wertvolle Umsetzungsstrategien eruiert: Aufträge an Fach- und Jahrgangskonferenzen, Teamarbeit und Lerngelegenheiten für Lehrkräfte, Weiterverfolgen von Leitideen, Umsetzungsplanungen und Zwischenbilanzen gehören zu den wichtigsten.

Zahlreiche Befunde aus empirischen Studien über Schulentwicklungsprozesse (vgl. Haenisch 1998; Holtappels 2004a) verdeutlichen, dass die aufgezeigten *Struktur- und Prozessmerkmale* für das schulinterne Management und den Prozessablauf selbst zu den tragenden Gelingensbedingungen gehören (vgl. Philipp & Rolff 1998; Holtappels 2004b):

Kontrakte und Rollenklärung: Vereinbarungen über Ablauf und Umfang, Ziele und Erwartungen und Rollen der Beteiligten sind zu Beginn der Begleitung dringend erforderlich, um für Kollegium und externe Beratung Transparenz und Verbindlichkeit herzustellen. Ebenso bewährt haben sich offenbar eine konkrete und mittelfristige Zeit- und Ablaufplanung und der Einsatz von methodischen Prozess-Instrumenten und -Hilfen zur Systematisierung von Diskussions- und Entscheidungsverläufen, eventuell mit externer Beratung und Prozessmoderation.

Schulweite Partizipation: Konzeptarbeit und Evaluation benötigen schulweite Partizipation der Schulmitglieder: Die Schulleitung, das gesamte Lehrerkollegium, anderes Personal sowie Eltern und Schülerinnen und Schüler sollten einbezogen werden.

Maßnahmen und Konzepte ausarbeiten und darlegen: Grundsätzliche Probleme bestehen in Kollegien mit der Verschriftlichung von Konzeptbausteinen und Evaluationsergebnissen. Von Bedeutung sind daher prozessbegleitende Schreibphasen für Zwischenergebnisse auf den Konferenzen sowie eine detaillierte Protokollerstellung über Ergebnisse. Eine zu den kollegiumsinternen Diskussionen zeitnahe schriftliche Ausarbeitung von Konzepten in kleinen Arbeitsgruppen hat sich bewährt.

Sorgfältige Bestandsaufnahme und Diagnose: Situations- und Problemanalysen werden in Schulen oft zu oberflächlich vollzogen, insbesondere hinsichtlich einer sorgfältigen Diagnose des Entwicklungsstands. Eine gemeinsame Diagnose muss Entwicklungsbedarfe für Schule und Kollegium konkret für gezielte Weiterentwicklung feststellen.

Konzeptionelle Arbeit stärken: Insgesamt haben Lehrerkollegien Schwierigkeiten, die konzeptionelle Arbeit in der Weise zu betreiben, dass a) Ziele auf schulinterne und -externe Bedingungen (z.B. Lernvoraussetzungen der Schülerinnen und Schüler), b) Gestaltungsansätze in Unterricht und Schulleben auf pädagogische Ziele, c) Organisationslösungen auf Gestaltungsansätze bezogen werden. Auch die Integration verschiedener pädagogischer Ansätze und Elemente bereitet Probleme.

Der Hauptertrag aus Programmentwicklung und Evaluation zeigt sich für die beteiligten Lehrerkollegien zumeist in zwei Feldern: Über die intensive Diskussion und Selbstvergewisserung über pädagogische Ziele, den Entwicklungsstand und Entwicklungsbedarfe wird zum einen eine gemeinsam geteilte „Konstruktion der Schulwirklichkeit" als gemeinsames Bild von der eigenen Schule ermöglicht, zum anderen über die Arbeit an Qualitätsstandards und -indikatoren sowie über die systematische Entwicklung von Gestaltungsansätzen wird der pädagogische Blick geschärft, weil unterschiedliche Perspektiven, differenzierte Sichtweisen und pädagogische Kriterien zugunsten konzeptioneller Fundierung gewonnen werden.

Evaluation des Schulprogramms

Schulprogrammarbeit kann ohne Evaluation nicht wirksam werden. Um Qualitätsverbesserungen zu erreichen, muss überprüft werden, inwieweit die eigenen Ziele erreicht wurden und welche pädagogische Gestaltung auf Dauer gestellt oder modifiziert werden muss. Eine Evaluation des Schulprogramms steht am Ende des Prozesses der Schulprogrammarbeit, zugleich bildet sie den Beginn einer neuen Runde von Programmarbeit und Weiterentwicklung.

Evaluation ist ein systematisches und geplantes Vorgehen, um die Zielerreichung, den Wert oder die Qualität von Vorhaben, Prozessen oder Maßnahmen durch Analyse und Diagnose zu überprüfen, und zwar auf der Grundlage von Qualitätskriterien und Standards sowie festgelegten Indikatoren, die in systematischer Datensammlung möglichst objektiv und gültig gemessen werden. Evaluation liefert Planungs- und Entscheidungshilfen zur Verbesserung oder Optimierung des untersuchten Bereichs. Schulinterne Evaluation wird als bewusst eingeleiteter, geplanter und systematischer Lern- und Arbeitsprozess zur Qualitätsverbesserung der Schule verstanden (vgl. Burkard & Eikenbusch 1998; Holtappels 2003, S. 199ff).

Selbstevaluationen in Schulen haben neben systematischen Analysen über Gestaltungsformen und Wirkungen pädagogischer Arbeit eine bedeutende „heimliche" Funktion: Durchführung und Resultate von Evaluationen initiieren in aller Regel intensive pädagogische Diskussionen über Formen und Qualität der eigenen Arbeit, insbesondere wenn es um Qualitätsstandards und -kriterien sowie Zielerreichungen und Wirkungen geht. Im Sinne zielbezogener Selbstvergewisserung wird der Blick geschärft für eine effektive pädagogische Arbeit und Schulgestaltung. Evaluation kann auf diese Weise nach langen Phasen technisch-methodischer Verfahren für die Beteiligten Erkenntnisprozesse bewirken und eine Rückgewinnung von Pädagogik schaffen.

Literatur

Arnold, E./Bastian, J./Reh, S. (2000): Spannungsfelder der Schulprogrammarbeit. Erfahrungen bei der Einführung eines neuen Instruments der Schulentwicklung. In: Die Deutsche Schule. 92 (4), S. 414-429. – Burkard, Ch./Eikenbusch, G.(1998): Das Schulprogramm intern evaluieren. In: Risse, E. (Hrsg.): Schulprogramm - Entwicklung und Evaluation. Neuwied: Luchterhand, S. 267-283. – Dalin, P./Rolff, H.-G./Buchen, H. (1995): Institutioneller Schulentwicklungs-Prozeß. 2., völlig neu bearb. Aufl. Bönen: Verlag für Schule und Weiterbildung. – Haenisch, H. (1998): Wie Schulen ihr Schulprogramm entwickeln. Eine Erkundungsstudie an ausgewählten Schulen aller Schulformen. Bönen: Verlag für Schule und Weiterbildung. – Haenisch, H./Burkard, C. (2002): Schulprogrammarbeit erfolgreich gestalten. Ergebnisse einer qualitativen Studie zu den Gelingensbedingungen der Entwicklung und Umsetzung des Schulprogramms. In: Ministerium für Schule, Wissenschaft und Forschung/Landesinstitut für Schule und Weiterbildung (Hrsg.): Schulprogrammarbeit in Nordrhein-Westfalen. Bönen, S. 123-197. – Holtappels, H. G. (2003): Schulqualität durch Schulentwicklung und Evaluation. Konzepte, Forschungsbefunde, Instrumente. München: Luchterhand. – Holtappels, H. G. (2004a): Schulprogramm - ein Instrument zur systematischen Entwicklung der Schule. In: H.G. Holtappels (Hrsg.): Schulprogramme – Instrumente der Schulentwicklung. Weinheim, München: Juventa, S. 11-28. – Holtappels, H. G. (2004b): Prozessformen für gelingende Schulprogrammarbeit in der Praxis. In: Holtappels, H. G. (Hrsg.): Schulprogramme – Instrumente der Schulentwicklung. Weinheim, München: Juventa, S. 245-261. Holtappels, H. G./Müller, S. (2002): Inhaltsanalyse der Schulprogrammtexte Hamburger Schulen. In: Rolff, H.-G./ Holtappels, H. G./Klemm, K./Pfeiffer, H. (Hrsg.): Jahrbuch der Schulentwicklung Band 12. Daten, Beispiele und Perspektiven. Weinheim, München: Juventa, S. 209-231. – Philipp, E./Rolff, H.-G. (1998): Schulprogramme und Leitbilder entwickeln. Weinheim, Basel: Beltz.

101| Methoden und Techniken der Evaluation
Karl-Oswald Bauer

Handlungstheoretisches Modell der Evaluation

Evaluationen im Rahmen von Schulentwicklung lassen sich anhand eines handlungstheoretischen Modells begründen und systematisch planen. Diesem Modell zufolge gehen Evaluationen von wahrgenommenen Soll-Ist-Diskrepanzen aus, zu deren Beseitigung oder Reduzierung mindestens zwei Handlungsmöglichkeiten zur Verfügung stehen, zwischen denen gewählt werden kann (Wottawa & Thierau 2003, S. 19). Die Evaluation ermöglicht eine rationale Entscheidung und trägt zur Optimierung des Handelns bei. Dieses Modell ist kein allgemeines Modell zur Beschreibung und Analyse von Schulentwicklungsprozessen. Dazu wären beispielsweise auch mikropolitische oder psychologische Hypothesen und Konstrukte erforderlich. Aber das hier skizzierte handlungstheoretische Modell dient dazu, Methoden und Techniken der Evaluation in den Kontext einer vernünftigen und wirksamen Strategie zur gezielten Verbesserung von Schulentwicklungsmaßnahmen einzuordnen.

Evaluation ist der Prozess und das Ergebnis einer Bewertung von Handlungsprogrammen, Maßnahmen, Arbeitstätigkeiten von Institutionen, Organisationen, Gruppen oder Individuen auf der Grundlage systematisch erhobener und regelgeleitet ausgewerteter empirischer Daten. Mitunter wird auch von Evaluation gesprochen, wenn am Ende einer Unterrichtsstunde oder Lerneinheit ein Feedback eingeholt wird, etwa mit einem Fragebogen.

Ich schlage jedoch vor, den Begriff der pädagogischen Evaluation einzugrenzen und nur dann von pädagogischer Evaluation im engeren Sinn zu sprechen, wenn es sich um eine empirisch-wissenschaftlich gestützte Form der Erfolgskontrolle (Wirksamkeitsüberprüfung) und Bewertung handelt und wenn Annahmen über Zusammenhänge zwischen pädagogischen Prozessen (Bildung als Prozess) und Lernergebnissen (Bildung als „Produkt") oder andere pädagogisch relevante Zusammenhänge überprüft werden. Derartige Evaluationen beruhen auf vorab festgelegten Kriterien, die aus Bildungszielen abgeleitet werden. Für die Kriterien wiederum werden Indikatoren ausgewählt (Bauer 2007b).

Evaluationen orientieren sich an folgenden Standards (DeGEval 2002): Evaluationen sollen nützlich sein. Das sind sie vor allem dann, wenn sie sich an einem Modell ausrichten, das empirische festgestellte Sachverhalte mit Maßnahmen und Handlungen so verknüpft, dass Hinweise zur Optimierung gewonnen werden. Sie sollen durchführbar sein. Das sind sie dann, wenn der Aufwand berechenbar ist und wenn ausreichend Ressourcen zur Verfügung stehen. Sie sollen ethisch einwandfrei sein. Das sind sie dann, wenn sie niemandem schaden und nicht zu Eingriffen in die Persönlichkeitsrechte einzelner führen. Außerdem müssen sie selbstverständlich mit den Bestimmungen des Datenschutzes vereinbar sein. Und schließlich sollen sie genau sein. Das sind sie etwa dann, wenn die Datenerhebungsverfahren zuverlässig und gültig sind und wenn die Datenauswertungsverfahren korrekt angewendet werden.

Im Rahmen von Schulentwicklung sind zwei Oberziele zu beachten: pädagogische Wirksamkeit (Effektivität, feststellbar durch Messung fachlicher Leistungen und Kompetenzen, überfachlicher Kompetenzen, erzieherischer Wirkungen sowie Schulerfolg) und Menschlichkeit (feststellbar durch Indikatoren wie Arbeits- und Schulzufriedenheit, Wohlbefinden von Schülern und Lehrkräften, positives Sinnerleben und hohe Selbstwirksamkeit). Letztlich haben Evaluationen sich auch an diesen Oberzielen zu orientieren.

Drei Typen von Evaluationen sind zu unterscheiden: Evaluation als Evaluationsforschung (Typ F), Evaluation als Teil der professionellen Praxis jeder Lehrkraft und jedes Schulleiters (Typ P) und Evaluation als Maßnahme zur Qualitätssicherung auf Schulebene (Typ A). Evaluation vom Typ A kann extern unterstützt werden oder auch intern erfolgen, Evaluation vom Typ P ist meist intern und häufig auch Selbstevaluation. Evaluation vom Typ F braucht uns hier nicht zu beschäftigen, weil sie die Schulentwicklung nur indirekt betrifft. Evaluation vom Typ A wird in einigen Ländern verpflichtend durchgeführt und dabei technisch und methodisch durch Landesinstitute oder Hochschuleinrichtungen unterstützt. In diesem Fall wird den Schulen ein großer Teil der methodischen und technischen Arbeiten abgenommen. Es bleibt allerdings das Problem der Planung von Maßnahmen zur Verbesserung der Praxis, für das es keine Standardlösungen gibt. Evaluationen vom Typ P können extern unterstützt werden, aber sie können auch mit eigenen Mitteln und von eigenen schulinternen Evaluatoren durchgeführt werden. Sind die Evaluatoren mit den Personen identisch, deren Arbeit überprüft und bewertet wird, spricht man von Selbstevaluation.

Begründung des Ansatzes und der Methoden

Die Feststellung von Soll-Ist-Diskrepanzen erfordert die Anwendung objektiver, zuverlässiger und auch empirisch gültiger Verfahren. Sie ist also an empirisch-wissenschaftliche Standards gekoppelt. Das gilt klarerweise auch und erst recht für Selbstevaluationen. Diese Standards beziehen sich sowohl auf die Methoden zur Datenerhebung als auch, was oft übersehen wird, auf die Methoden zur Datenauswertung. Es ist daher wichtig, bereits bei der Planung von Evaluationen zu entscheiden, wie die erhobenen Daten aufbereitet und ausgewertet werden sollen. Umstritten ist, in welchem Grad sich Evaluationen am wissenschaftlichen Standard der Genauigkeit zu orientieren haben. Befürworter einer eher liberalen und offenen Position argumentieren, dass bereits die Auseinandersetzung über Ziele, Inhalte und Methoden einer Evaluation in einem Lehrerkollegium und in der Schulleitung wichtige Prozesse im Sinne der Organisationsentwicklung an Schulen in Gang setze (Burkard & Eikenbusch 2004). Hier wird also auf positive Nebenwirkungen spekuliert. Kritiker wenden jedoch ein, dass ungenaue Evaluationen erhebliche negative Auswirkungen und auch Nebenwirkungen haben können. Zur Ausbildung eines professionellen Habitus gehöre eben auch der kompetente Umgang mit diagnostischen Verfahren und die Einhaltung wissenschaftlicher Standards bei der Messung von Handlungsergebnissen (Bauer 2007a; Bauer & Heise 2007).

Bedingungen des erfolgreichen Einsatzes

Die Bedingungen des erfolgreichen Einsatzes von Evaluationen im Rahmen von Schulentwicklung lassen sich in zwei Kategorien einteilen: Bedingungen, welche die beteiligten Personen mitbringen, und Rahmenbedingungen auf den verschiedenen Ebenen der Einzelschule, des Netzwerks, in dem die Schule agiert, und des Schulsystems.
Zu den wichtigen Rahmenbedingungen gehört insbesondere eine geeignete technologische Infrastruktur, die für die Datenerhebung und -auswertung benötigt wird. Eine solche Infrastruktur kann auch im Rahmen eines Netzwerks von außen zur Verfügung gestellt werden, beispielsweise durch die Kooperation mit Universitätseinrichtungen (Paschon 2007). Große, technologisch gut ausgestattete Systeme wie etwa berufsbildende Schulen oder auch manche Gymnasien verfügen über die entsprechenden Ressourcen einschließlich der benötigten statistischen Auswertungsprogramme. Andere Systeme sind gut beraten, sich entsprechende Unterstützung von außen zu holen.

Zu den eher personen- und gruppengebundenen Bedingungen innerhalb der einzelnen Schulen gehören vor allem Kompetenzen, die für die Optimierung durch Evaluation relevanten Handlungszusammenhänge adäquat zu modellieren, Evaluationsdesigns zu erstellen und Zielklärungen herbeizuführen. Auch die Festlegung von Bezugsnormen und die Einigung auf bestimmte Standards erfordern entsprechende Fähigkeiten und auch motivationale Orientierungen zumindest in Teilen der Kollegien und bei der Schulleitung. Diese personalen und sozialen Faktoren sind für den Erfolg von Evaluationen zentral.

Beschreibung einzelner Methoden und Techniken

In der Evaluationsforschung ist inzwischen anerkannt, dass neben den klassischen quantitativen Erhebungs- und Auswertungsmethoden auch qualitative Verfahren in bestimmten Fällen entweder ergänzend oder auch für sich allein eingesetzt werden können und sollen (Flick 2006a). Qualitative Methoden kommen vor allem dann ins Spiel, wenn es darum geht, die Perspektiven der Beteiligten zu erfassen, Sinn und Bedeutung von Handlungsprogrammen zu rekonstruieren und Prozesse genauer zu untersuchen.

Quantitative Methoden und Techniken

Im Folgenden sollen Methoden der Datenerhebung an zwei Beispielen dargestellt werden: am Beispiel der pädagogischen Selbstwirksamkeit und der Unterrichtsqualität. Als Auswertungsmethode wird hier der Mittelwertvergleich behandelt.

Zur Messung zentraler Merkmale der Unterrichtsqualität kann auf bewährte Instrumente in Form von Skalen zurückgegriffen werden, die aus öffentlich finanzierten Projekten der Bildungsforschung stammen und kostenlos verwendet werden dürfen. Derartige Skalen sind so dokumentiert, dass alle erforderlichen Informationen für den korrekten Einsatz und die Einhaltung des Genauigkeitsstandards zur Verfügung stehen. Hierzu gehören Angaben über die Reliabilität, die einzelnen Aussagen nebst Antwortvorgaben und nach Möglichkeit auch die bisher errechneten Mittelwerte und Standardabweichungen sowie den Umfang der Stichprobe, an der die Skala geeicht wurde. Ein erstes Beispiel ist die folgende Skala „Anregung – Interessantheit" (Ditton 2002, abrufbar über die Website www.quassu.net):

Skala „Anregung – Interessantheit"
Anzahl der Items: 9
Antwortvorgaben/Kategorien:
stimme voll zu, stimme eher zu, stimme eher nicht zu, stimme überhaupt nicht zu
Cronbachs α = 0.85

01. Unsere Lehrerin/unser Lehrer benutzt Bilder, Abbildungen, um den Lehrstoff zu veranschaulichen.
02. Unsere Lehrerin/unser Lehrer stellt Verbindungen zwischen dem Unterrichtsstoff und dem täglichem Leben her.
03. Unsere Lehrerin/unser Lehrer gestaltet den Unterricht zeitweise richtig spannend.
04. Unsere Lehrerin/unser Lehrer stellt uns interessante Aufgaben.
05. Unsere Lehrerin/unser Lehrer verwendet Beispiele, um uns den Stoff klarzumachen.
06. Unsere Lehrerin/unser Lehrer gestaltet den Unterricht abwechslungsreich.
07. Unsere Lehrerin/unser Lehrer gestaltet den Unterricht immer nach demselben Schema.
08. Unsere Lehrerin/unser Lehrer erklärt uns, warum das wichtig ist, was wir an Stoff behandeln.
09. Unsere Lehrerin/unser Lehrer zeigt auf, was wir später mit dem, was wir im Unterricht lernen, anfangen können.
(Quelle: Ditton 2002, abrufbar über www.quassu.net)

Die folgende Skala bezieht sich auf eine Subdimension der Unterrichtsqualität, auf die Verständlichkeit der Lehreräußerungen im Unterricht. Sie stammt aus dem PISA-Projekt.

Skala Verständlichkeit
Anzahl der Items: 3
Kategorien: 1 = trifft nicht zu, 2 = trifft eher nicht zu, 3 = trifft eher zu, 4 = trifft zu
Cronbachs α = 0.85, M = 7.98, s = 2.59, N = 2223

„Wie erklärt euer Mathematiklehrer/eure Mathematiklehrerin?
Unser Mathematiklehrer, unsere Mathematiklehrerin…
…unterrichtet so verständlich, dass man auch schwierige Sachen begreift.
…drückt sich immer verständlich aus.
…kann gut erklären."
(Quelle: PISA-Konsortium Deutschland 2006, S. 168)

Die nachstehende Skala misst, in welchem Grad es der Lehrkraft nach Schülerauffassung gelingt, Verständnisschwierigkeiten wahrzunehmen.

Skala Diagnostik von Verständnisschwierigkeiten
Anzahl der Items: 5
Kategorien: 1 = trifft nicht zu, 2 = trifft eher nicht zu, 3 = trifft eher zu, 4 = trifft zu
Cronbachs α = 0.85, M = 13.66, s = 3.79, N = 2190

„Wie gut kennt euch euer Mathematiklehrer/eure Mathematiklehrerin?
Unser Mathematiklehrer, unsere Mathematiklehrerin…
…weiß genau, was jeder von uns leistet.
…merkt sofort, wenn man etwas nicht richtig verstanden hat.
…weiß sofort, bei welchen Aufgaben wir Schwierigkeiten haben.
…weiß sofort, was jemand nicht verstanden hat."
…merkt sofort, wenn ein Schüler/eine Schülerin im Unterricht nicht mitkommt."
(Quelle: PISA-Konsortium Deutschland 2006, S. 192)

Die folgende Skala wurde am ZEBiD (Zentrum für Empirische Bildungsforschung und Fachdidaktik) in Vechta entwickelt, um das Konstrukt des Pädagogischen Optimismus zu operationalisieren und zu überprüfen. Das Konstrukt besteht aus insgesamt vier Subskalen: Erlebte pädagogische Wirksamkeit, Wahrgenommenes Schülerinteresse, Vertrauen/Zutrauen und Wohlbefinden in der Arbeitsumgebung. Mit dem Skala „Erlebte pädagogische Wirksamkeit" wird erfasst, in welchem Grad Lehrkräfte davon überzeugt sind, durch ihr Handeln tatsächlich etwas für die Lernenden bewirken zu können. Dazu gehört auch die Rückmeldung seitens der Lernenden, denn vor allem sie stützt die Annahme, dass die eigene Arbeit positive Effekte hat.

Skala Erlebte pädagogische Wirksamkeit
Anzahl der Items: 13
Kategorien: 1 = trifft gar nicht zu, 2 = trifft eher nicht zu, 3 = trifft eher zu, 4 = trifft voll zu
Cronbachs α = 0.87, M = 42,75, s = 4,88, N(Pretest) = 236

1. Ich denke, dass bei mir ein gutes Basiswissen für den weiteren Lebensweg der Schüler vermittelt wird.
2. Schüler werden durch meinen Unterricht angeregt, zu denken und eigene Ideen zu entwickeln.
3. Ich habe ein gutes Gefühl, wenn ich in den Unterricht gehe.
4. Ich bin den Schülern gegenüber positiv eingestellt und offen für deren Ideen.

5. Ich sehe meine Arbeit als sinnvoll an.
6. Mir macht die Arbeit mit Lernenden Freude.
7. Ich bin davon überzeugt, dass die Schüler infolge meines Unterrichts gut in den Beruf kommen werden.
8. Ich bin mir sicher, dass ich das Wissen so vermittle, dass es einprägsam ist und bleibt.
9. Ich trage auch zur Erziehung der Schüler Wesentliches bei.
10. Die Schüler zeigen mir deutlich, wenn sie sich freuen.
11. Ich bin ich auch für Kritik von Schülern zugänglich und lerne daraus.
12. Ich bekomme von meinen Schülern häufig ohne Aufforderung eine positive Rückmeldung über meinen Unterricht.
13. Schüler berichten mir, dass sie langfristig von meinem Unterricht profitieren.
(Quelle: ZEBiD, Bauer & Kemna 2009)

Der Vorteil solcher gut dokumentierter Skalen besteht darin, dass der Anwender eine (interindividuelle) Bezugsnorm für die Einordnung der ermittelten Messwerte hat. Außerdem handelt es sich um reliable Instrumente, was auf die meisten ad hoc entwickelten Skalen nicht zutrifft.
Da die Skalen meist schon in unterschiedlichen hypothesengeleiteten Studien eingesetzt wurden, lassen sich auch Aussagen über ihre Gültigkeit machen.
Die Auswertung der Daten erfolgt zunächst deskriptiv, dann im zweiten Schritt analytisch. Zur deskriptiven Auswertung können mit den meisten Officeprogrammen Grafiken erstellt werden, die nicht nur Mittelwerte, sondern auch Verteilungen einander gegenüberstellen (vgl. Abb. 38). Die analytische Auswertung prüft Unterschiede auf statistische Bedeutsamkeit. Hierfür stehen entsprechende Statistikprogramme zur Verfügung, von denen vor allem das kostenpflichtige SPSS gern genutzt wird. Es gibt aber auch durchaus brauchbare freie Software für die analytische Statistik.

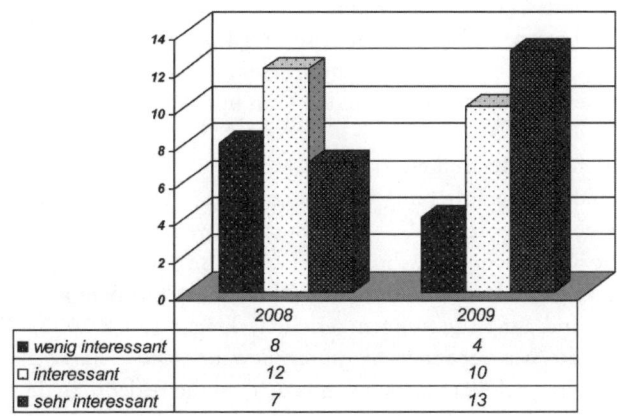

Abb. 38: Anregungspotential des Unterrichts vor und nach Maßnahmen zur Erhöhung des Interesses der Schüler

Signifikante Ergebnisse müssen nicht unbedingt praktisch bedeutsam sein. Deshalb ist es meist sinnvoll, Effektstärken als Maß für die praktische Relevanz eines Unterschieds zu berechnen. Die Effektstärke ist wie folgt definiert:

$$d = \frac{M_1 - M_2}{\sqrt{(s_1^2 + s_2^2)/2}}$$

, wobei M für Mittelwert und s für Standardabweichung steht.

Nach allgemein akzeptierter Konvention indiziert 0,2 einen kleinen Effekt, 0,5 einen mittleren und 0,8 einen starken Effekt. Nehmen wir an, vor einem Rechtschreibtraining machten die Schüler einer Jahrgangsstufe in einem Test mit 41 Aufgaben und dem Mittelwert 21 sowie der Standardabweichung 8 im Mittel 24 Fehler, nach dem Training nur noch 22 Fehler, dann stellt sich die Frage, ob diese Verbesserung um zwei Aufgaben praktisch bedeutsam ist. Bei einer Standardabweichung von 8 Punkten (Fehlern) zu beiden Zeitpunkten errechnet sich ein d von 2/8 = 0.25. Das ist nur ein geringer Effekt. Doppelt so groß wäre der Effekt beispielsweise, wenn die Standardabweichung nur 4 Punkte betrüge. Auch bei einer Differenz von vier Fehlern zwischen den beiden Messwerten wäre die Effektstärke d mit 0.5 mittelstark. Im Rahmen der Zielklärung kann vereinbart werden, welche Effektstärke mindestens erreicht werden muss, damit eine Maßnahme als erfolgreich bewertet wird.

Hier ist nicht der Raum zur ausführlichen Auseinandersetzung mit Kompetenztests, die eingesetzt werden können, um fachliche Lernzuwächse zu messen und Vergleiche zu anderen Gruppen durchzuführen. Beispiele dafür finden sich in der Literatur zu den Large Scale Assessments oder auch auf speziell für Schulen bereit gestellten Websites wie etwa der Thüringer www.kompetenztest.de. Es soll der Hinweis genügen, dass inzwischen für die meisten Fächer und für alle Jahrgangsstufen von der Grundschule bis zur Jahrgangsstufe 12 der Gymnasien Kompetenztests zur Verfügung stehen, die den üblichen Testgütekriterien genügen. Einige Schulbehörden haben auch entsprechende Rückmeldeverfahren entwickelt, um den Schulen die Arbeit der Datenauswertung und des fairen Vergleichs mit den Ergebnissen aus anderen Lerngruppen und Schulen weitgehend abzunehmen. Es bleibt allerdings weiterhin Aufgabe der einzelnen Schulen und ihrer Lehrkräfte, diese Ergebnisse von Kompetenzmessungen aktiv zur gezielten Verbesserung des Unterrichts und des Schullebens zu nutzen. Das ist keine leichte Aufgabe, weil die Faktoren, die letztlich ein bestimmtes Ergebnis bei fachlichen oder auch überfachlichen Kompetenzen der Schüler bewirken, im konkreten Fall nur teilweise aufgeklärt werden können. Auch hier werden vor allem diejenigen Schulen und Lehrkräfte profitieren, die aktiv selbst entwickelte Programme umsetzen und erproben und deren Wirksamkeit dann mit externer Unterstützung überprüfen.

Qualitative Methoden und Techniken
Zwei qualitative Verfahren zur Erhebung von Daten im Rahmen von Evaluationen an Schulen sollen hier kurz dargestellt werden, die wahrscheinlich weniger bekannt, nichtsdestoweniger aber hochinteressant sind: das episodische Interview und die Vignettentechnik.

Das episodische Interview verknüpft narrative (erzählende) mit deklarativen oder semantischen, also mit erklärenden und auf Bedeutungen gerichtete Fragen (Flick 2006). Dazu ein Beispiel: „Was ist für Sie Gewalt? Was verstehen Sie unter Gewalt?" Diese Frage, die man Lehrkräften und – vergleichend – auch Schülern stellen kann, zielt auf die Bedeutung des Gewaltbegriffs für die jeweilige Person oder einzelne Gruppen. Derartige Fragen können im Rahmen von Evaluationen helfen, zu klären, ob ein Handlungsprogramm sich überhaupt auf Gegenstände bezieht, die von den Beteiligten als relevant erlebt werden. Diese semantischen Fragen lassen sich verknüpfen mit episodischen Fragen wie etwa: „Können Sie/kannst Du einmal ein Beispiel dafür geben, wie in Ihrer/Deiner Gegenwart hier in der Schule Gewalt angewendet wurde?" Die episodischen Fragen dienen dazu, eine Erzählung hervorzurufen, in der dargestellt wird, was das jeweilige Konzept in konkreten Situationen bedeutet und welche Relevanz es überhaupt hat. Dies ermöglicht es, im Rahmen von prozessbegleitenden Evaluationen Einblick in konkrete Umsetzungsprobleme und -widerstände zu bekommen und sehr nah an Handlungssituationen heranzuzoomen, was mit standardisierten Verfahren schwieriger ist.

Die Vignettentechnik (Atria et al. 2006) dient im Rahmen der Programmevaluation vor allem der Erfassung von Kognitionen, also Wahrnehmungs- und Denkprozessen der beteiligten Personen. Vignetten sind kurze Geschichten oder Szenarien, die kognitive Prozesse hervorrufen, deren Beeinflussung pädagogisch angestrebt wird. Auch hierzu ein Beispiel aus einem Evaluationsprojekt mit 9- bis 10jährigen Grundschülern:
„Vignette 2 – Schülerverhalten nach sozialem Ausschluss
In einer Pause sagt ein Kind zu einem anderen Kind in deiner Klasse:' Du bist doch blöd! Dich wollen wir beim Spielen nicht mehr dabeihaben.' Das andere Kind macht ein trauriges Gesicht und geht weg, ohne etwas zu sagen. Du hast das gehört und gesehen. Was würdest du tun?" (Atria et al. 2006, S. 243).
Bei qualitativen Verfahren bedarf die Datenanalyse eines jeweils fallspezifischen Regelsystems, das allerdings meist flexibler gehandhabt wird als bei standardisierten quantitativen Verfahren. In diesem Fall wurden induktiv Kategorien gebildet wie etwa „Versuch der Vermittlung", „Sich um das Opfer kümmern", „Zurechtweisung des Täters" oder „Nichts tun". (vgl. Atria et al. 2006, S. 244). Lernzuwächse im Bereich der Gewaltprävention lassen sich so durch Vergleiche der Antworten von Kindern zu zwei Zeitpunkten, vor und nach einem entsprechenden Training, auf einer handlungsnahen Ebene feststellen.
Auch qualitative Verfahren der Evaluation müssen den eingangs genannten Standards für Evaluationen entsprechen. Am schwierigsten ist es, das Kriterium der Genauigkeit zu erfüllen, weil die Konzepte Validität, Reliabilität und Objektivität auf den Bereich der qualitativen Forschung nur eingeschränkt anwendbar sind. Gleichwohl sind die meisten Experten für die Methodologie der Evaluation sich inzwischen einig, dass auch qualitative Ansätze wissenschaftlich seriös, nützlich und sinnvoll sind.

Perspektiven

Der aktive Einsatz von Methoden und Techniken der Evaluation im Rahmen von Schulentwicklung auf der Grundlage wohl überlegter Designs basiert auf einem Professionsverständnis, das derzeit an Schulen weder allgemein verbreitet noch unumstritten ist. Von Lehrkräften und teilweise auch von Lernenden und Eltern wird ja erwartet, dass sie die Wirksamkeit pädagogischen Handelns mit wissenschaftlichen Verfahren und Messinstrumenten überprüfen, datengestützt Bewertungen vornehmen und zwischen Handlungsoptionen empirisch-rational auswählen. Dies soll in enger Zusammenarbeit mit Unterstützungssystemen ablaufen, die von den Schulbehörden und der Bildungswissenschaft bereitgestellt werden. Und es soll zumindest teilweise öffentlich geschehen. Es stellt sich also die Frage, ob der gegenwärtige Evaluationsboom nur ein Strohfeuer darstellt oder ob die institutionalisierte Bildung durch die systematische und dauerhafte Einbeziehung von Evaluationsmaßnahmen grundlegend beeinflusst und umstrukturiert wird. Wie die Antwort auf diese Frage in den nächsten Jahren ausfällt, hängt vor allem davon ab, ob es gelingt, Evaluationsergebnisse und Handlungsprogramme auf der Ebene der einzelnen Schulen miteinander so zu verknüpfen, dass es zu messbaren Verbesserungen kommt, und zwar nicht nur im Hinblick auf Schülerkompetenzen, sondern auch im Hinblick auf die Arbeitszufriedenheit, die Gesundheit und die Leistungsbereitschaft von Lehrkräften und Schulleitungen.

Literatur

Altrichter, H./Posch, P. (1990): Lehrer erforschen ihren Unterricht. Eine Einführung in die Methoden der Aktionsforschung. Bad Heilbrunn: Klinkhardt. – Atria, M./Strohmeier, D./Spiel, C. (2006): Der Einsatz von Vignetten in der Programmevaluation – Beispiele aus dem Anwendungsfeld „Gewalt in der Schule". In: Flick, U. (Hrsg.): Qualitative Evaluationsforschung. Konzepte – Methoden –Umsetzungen. Reinbek: Rowohlt, S. 233-249. – Bauer, K.-O. (Hrsg.) (2007a): Evaluation an Schulen. Theoretischer Rahmen und Beispiele guter Evaluationspraxis. Weinheim, München: Juventa. – Bauer, K.-O. (2007 b): Theorie und Methodologie der Evaluation an Schulen. In: Bauer, K.-O. (Hrsg.): Evaluation an Schulen. Theoretischer Rahmen und Beispiele guter Evaluationspraxis. Weinheim, München: Juventa, S. 13-51. – Bauer, K.-O./Heise, M. (2007): Entwicklung des professionellen Selbst durch Evaluation? In: Bauer, K.-O. (Hrsg.): Evaluation an Schulen. Theoretischer Rahmen und Beispiele guter Evaluationspraxis. Weinheim, München: Juventa, S. 81-117. – Bauer, K.-O./Kemna, P. (in Vorbereitung): Entwicklung eines Instruments zur Messung des pädagogischen Optimismus von Lehrkräften. In: Bauer, K.-O./Logemann, N. (Hrsg.): Empirische Bildungsforschung und Fachdidaktik. Vechta. – Burkard, C./Eikenbusch, G. (2004): Praxishandbuch Evaluation in der Schule. Berlin: Cornelsen. – DeGEval (2002): Standards für Evaluation. Köln: Geschäftsstelle der Gesellschaft für Evaluation. – Ditton, H. (2002): Lehrkräfte und Unterricht aus Schülersicht. In: Zeitschrift für Pädagogik. 48 (2), S. 262-286. – Flick, U. (2006): Interviews in der qualitativen Evaluationsforschung. In: Flick, U. (Hrsg.): Qualitative Evaluationsforschung. Konzepte – Methoden – Umsetzungen. Reinbek: Rowohlt, S. 214-232. – Paschon, A. (2007): Schulentwicklung mit dem Modulansatz zur Selbstevaluation (MSS). In: Bauer, K.-O. (Hrsg.): Evaluation an Schulen. Theoretischer Rahmen und Beispiele guter Evaluationspraxis. Weinheim, München: Juventa, S. 119-162. – PISA-Konsortium Deutschland (Hrsg.) (2006): PISA 2003. Dokumentation der Erhebungsinstrumente. Münster: Waxmann. – Wottawa, H./Thierau, H. (2003): Lehrbuch Evaluation. 3. korr. Aufl. Bern: Hans Huber.

102| Methoden und Techniken der Konfliktbearbeitung im Kollegium
Helmolt Rademacher

Warum konstruktive Konfliktbearbeitung in der Schule?

Konflikte gibt es in der Schule wie in allen sozialen Zusammenhängen. Denn Differenzen oder Meinungsunterschiede – nicht zu verwechseln mit handfesten Konflikten – dienen der Entstehung neuer kreativer Ideen und damit der Weiterentwicklung von Unterricht und Schule. Die entscheidende Frage bei Konflikten ist allerdings wie sie ausgetragen werden: konstruktiv oder destruktiv?

Destruktiv ausgetragene Konflikte in einem Kollegium haben erhebliche negative Folgewirkungen. Sie beeinträchtigen die Arbeits- und Funktionsfähigkeit von Schulen und können sich erheblich auf die Gesundheit auswirken. Deshalb ist es so wichtig, der konstruktiven Bearbeitung von Konflikten eine hohe Aufmerksamkeit zu schenken.

Konstruktive Konfliktbearbeitung – häufig bezeichnet mit dem Schlagwort „Mediation" – ist zwar seit rund 15 Jahren an deutschen Schulen ein wichtiges Thema, aber im Zentrum stehen dabei eher Schülerinnen und Schüler und kaum das Kollegium. Das hat vor allem damit zu tun, dass Störungen von Schülerinnen und Schülern im Unterricht als bedeutender Faktor angesehen werden, der die Qualität des Lernens und die Gesundheit der Lehrenden beeinträchtigt. Häufig wird dabei übersehen oder ausgeblendet, dass auch destruktiv ausgetragene Konflikte im Kollegium solche Wirkungen haben und einer angemessenen Bearbeitung und Lösung bedürfen. Schulentwicklung erfolgt in der Regel nicht reibungslos, sondern ist auch mit Konflikten verbunden, weil es immer unterschiedliche Sichtweisen gibt, wie eine Schule weiter entwickelt werden sollte. Auch hier kommt es darauf an, dass dieser Prozess in einer konstruktiven Form gestaltet wird. Schulleitung und Kollegium können hierzu einen wichtigen Part beitragen, insbesondere dann, wenn sie entsprechend geschult sind.

Würde sich umfassend die Erkenntnis durchsetzen, dass die Entwicklung einer konstruktiven Konfliktkultur für jede Schule ein bedeutsamer und unverzichtbarer Bestandteil des Schullebens sein müsste, dann würde man hier auch mehr Zeit und Geld investieren, um später die Früchte in Form von effektiverem Unterricht, besserer Gesundheit und Zeit- und Geldersparnis zu ernten. Costantino und Merchant (1996) betonen, dass die Vernachlässigung der Beachtung konstruktiver Konfliktbearbeitung nicht nur auf Systeme wie die Schule zutrifft, sondern ein generelles Phänomen ist. Um Konfliktbearbeitungssysteme zu entwickeln ist es nach ihrer Ansicht wichtig, Prinzipien der Organisationsentwicklung zu nutzen. Dabei seien die zentralen Werte der „Offenheit, Tolerierung von Unterschiedlichkeit, Lernen, Engagement, Wertschätzung von und konstruktiver Umgang mit Unterschieden, Erzeugung von schlüssigen Daten und das Einholen von Feedback" wichtig für erfolgreiche Arbeit mit Konflikten (Costantino & Merchant 1996, S. 19-20), wobei die Partizipation, die Offenheit und Feedback besonders bedeutsam seien.

Mediation und Grundhaltung

In einem gut funktionierenden Kollegium verfügen die Beteiligten über die Fähigkeit, bei auftretenden Schwierigkeiten angemessene Lösungen zu finden. Dies ist verbunden mit einer respektvollen Haltung und Fairness sowie Offenheit und Transparenz. Eine solche Haltung kann trainiert werden u.a. mit Methoden, wie sie weiter unten beschrieben sind.

Es gibt aber immer wieder Situationen, in denen die Beteiligten diese Haltung nicht mehr haben und Hilfe durch einen überparteilichen Dritten benötigen. Diese Drittpartei kann sowohl aus der eigenen Institution kommen als auch extern sein. Wenn sie im Sinne der Mediation agiert, nimmt sie eine Haltung ein, die keine Lösungen vorgibt und sich überparteilich gegenüber den Konfliktkontrahenten verhält. Die Überparteilichkeit ist unverzichtbar, um Vertrauen zwischen den Konfliktparteien wieder herzustellen. Seitens des Mediators heißt das auf Wertungen zu verzichten. Die Lösungsabstinenz des Mediators ermöglicht den Kontrahenten eigene Vorschläge zu entwickeln und sie umzusetzen. Beide müssen den Vorschlägen zustimmen damit sie nachhaltig wirken.

Leider wird im Kollegium die Möglichkeit sich bei Konflikten Hilfe durch einen überparteilichen Dritten zu holen, nicht so häufig in Anspruch genommen. Die Vorstellung, sich Hilfe von außen zu holen, ist bewusst oder unbewusst mit dem Begriff von Schwäche verbunden etwa nach dem Motto: „Die Sache sollten wir alleine in den Griff bekommen, sonst ist das doch ein Image-Verlust". Es gibt Schulleitungen, die Angst davor haben, öffentlich über Konflikte und Gewalt an ihrer Schule zu sprechen, aus Furcht, dass dies der Schule einen schlechten Ruf einbringen könnte. Mittlerweile ändert sich aber auch hier die Einstellung allmählich: Mehr und mehr setzt sich die Erkenntnis durch, dass die Schulen, die ihre Probleme „bei den Hörnern" packen, letztendlich erfolgreicher sind und damit Akzeptanz schaffen, als Schulen, die ihre Probleme unter den Teppich kehren.

Voraussetzungen für den erfolgreichen Einsatz von Methoden zur konstruktiven Konfliktbearbeitung

Konfliktanalyse

Die Beurteilung der Frage, ob ein Kollegium mit internen Ressourcen ihre Konflikte lösen kann oder ob die Hinzuziehung eines externen Mediators notwendig ist, hängt vom Eskalationsgrad des Konflikts ab. Glasl (1998, S. 92ff) hat neun Stufen der Konflikteskalation beobachtet, die sich in drei Ebenen des Gewinnens/Verlierens unterteilen lassen:

1. Win-Win: Die Konflikte bewegen sich auf einem Niveau, auf dem die Beteiligten noch nicht als Verlierer dastehen und der Schaden sich noch in Grenzen hält. Hier können die Beteiligten ihre Konflikte meist noch selbst lösen, wobei bei der 3. Stufe („Taten statt Worte!") eine dritte Person hilfreich sein kann. Diese Funktion kann die Schulleitung oder der Personalrat ausfüllen.
2. Win-Lose: Hier ist der Konflikt schon weit eskaliert, d.h. eine Partei ist in eine Position geraten, wo sie verliert und entsprechend versucht der anderen Partei ebenfalls einen Verlust beizufügen. Es kann sich dabei um Konflikte zwischen Schülern und einer Lehrkraft, Eltern und einer Lehrkraft, unter Lehrkräften oder zwischen Lehrkräften und Schulleitung handeln. Beide Parteien achten aber jeweils darauf, dass ihr Schaden möglichst gering ist. Auf dieser Ebene ist eine dritte, überparteiliche Person oder Instanz wie Mediation nicht nur sinnvoll, sondern meist unverzichtbar.
3. Lose-Lose: Die Konflikte auf den drei Stufen dieser Ebene sind meist so hoch angesiedelt, dass beide Parteien sich ohne Rücksicht auf Verluste Schäden zufügen, wo immer sie eine Möglichkeit dazu sehen. Der Prozess ist dann so aus dem Ruder gelaufen, dass häufig Rechtsanwälte und Gerichte eingeschaltet werden, die eine Lösung herbeiführen, oder staatliche Stellen der Schulverwaltung greifen mit Macht ein. Auf dieser Ebene ist eine Mediation nur in ganz seltenen Ausnahmefällen noch möglich.

Konfliktbearbeitung durch Mediation

Mediation in einem Kollegium bzw. in der Schule ist also ein im Wesentlichen für die zweite Ebene (Win-Lose) geeignetes und wirksames Verfahren der Konfliktbearbeitung. In einfacheren Fällen können dabei interne Mediatoren, d.h. Lehrkräfte der Schule mit entsprechender Fortbildung, tätig werden. Wenn sie bei den Beteiligten Akzeptanz finden, können sie bei Lehrer-Schüler-Konflikten ihre Aufgabe meist gut erfüllen, auch bei Konflikten mit Eltern oder zwischen zwei einzelnen Lehrkräften. Wichtig ist dabei, dass der Vertrauensschutz gewährleistet ist.

Bei Konflikten mit der Schulleitung bzw. zwischen verschiedenen Fraktionen eines Kollegiums ist allerdings meist die Hinzuziehung einer externen Mediationsperson oder eines -teams notwendig. Sie haben keinerlei Verpflichtungen gegenüber der Schule und den Beteiligten, außer dass sie ihre überparteiliche Rolle einnehmen und den Prozess entsprechend moderieren. Ihre Unbefangenheit ist hier bedeutend. Externe Mediatoren arbeiten entweder hauptberuflich in dieser Funktion gegen Honorar (Liste unter: www.bmev.de), oder sie sind in der Schulverwaltung (z.B. teilweise die Schulpsychologen in Niedersachsen) angesiedelt und bieten ihre Dienste kostenfrei oder gegen eine Aufwandsentschädigung an (z.B. in Hessen: Frankfurter Konfliktvermittler, Mediatoren in Marburg und Kassel, vgl. auch www.gud.bildung.hessen.de). Bei diesen Verfahren ist für den Erfolg entscheidend, dass die Freiwilligkeit aller Beteiligten gewährleistet ist.

Bei der Bearbeitung der Konflikte unterscheiden Ballreich und Glasl (2007, S. 82) drei verschiedene Phasenmodelle der Mediation: 1. Problem-bezogen, 2. Visions-geleitet und 3. Prozess-folgend. Das problem-bezogene Verfahren orientiert sich dabei an der Aufarbeitung des Konflikts (zunächst bezogen auf die Vergangenheit), das visions-geleitete Verfahren ist sehr stark an der Zukunft und den vorhandenen Ressourcen orientiert und das prozess-folgende Verfahren orientiert sich sehr stark was die Parteien unmittelbar beschäftigt (Gegenwart).

Welches Verfahren das geeignete ist hängt wiederum sehr stark vom Eskalationsgrad ab und ob es sich um einen heißen oder kalten Konflikt handelt. Ein heißer Konflikt zeichnet sich durch hohe Virulenz und Emotionalität aus, ein kalter Konflikt ist sehr verdeckt und die Parteien reagieren äußerlich gelassen, aber agieren im Hintergrund. Ein kalter Konflikt auf der letzten Stufe von win-win kann nicht visions-geleitet behandelt werden, wohingegen ein heißer Konflikt bis zur mittleren Stufe von win-lose schon recht früh lösungsorientiert bearbeitet werden kann (ebda., S. 86).

Methoden und Techniken der konstruktiven Konfliktbearbeitung

Überblick

Bei den Methoden ist zu unterscheiden in solche, die im Alltag einer Schule zum Einsatz kommen und jene, die in der Regel nur unter Anleitung einer dritten neutralen Person angewendet werden.

Im Sinne der Entwicklung eines guten Schulklimas ist es hilfreich, wenn möglichst alle Beteiligten in einer Schule eine Grundhaltung leben, die der konstruktiven Bearbeitung von Konflikten dient. Diese Grundhaltung ist in der Regel nicht automatisch vorhanden, sondern muss gezielt entwickelt werden. Hierzu sind Techniken wie „nichtverletzende Ärgermitteilung" oder „aktives Zuhören" hilfreich. Günstig ist es, wenn solche Techniken sowohl möglichst allen Schülerinnen und Schülern wie auch Lehrkräften vertraut sind, indem sie sie in Trainings gezielt üben und dann im Alltag anwenden.

Die zuvor genannten Techniken sind natürlich auch den Mediatoren vertraut. Darüber hinaus verfügen sie über „mediative Fragetechniken" oder beispielsweise das Rollenverhandeln nach Harrison (Philipp & Rademacher 2002, S. 116).

Beispiele für Methoden und Techniken

a) Nichtverletzende Ärgermitteilung

Ziel: Ärger oder einen Streitpunkt so mitteilen, dass das eigene Anliegen deutlich formuliert ist, ohne die andere Seite zu verletzen; dadurch wird erreicht, dass man weiter in Kontakt bleibt und der Konflikt gut gelöst werden kann. Dieses Verhalten sollte Alltag werden und kann so zur Verbesserung des Schulklimas beitragen.
Zeit: 20-30 Minuten
Material: Situationskarten (s. auch Faller et al. 1996, S. 86)
Arbeitsform: Plenum, Gespräch zu zweit

Beschreibung
Alltagssituationen, die Ärger ausgelöst haben und an die man sich erinnert, werden in einem gespielten Dialog zu zweit zum Ausgangspunkt genommen. Oder die Teilnehmerinnen erhalten auf Karten notierte Situationen (z.B. einer Lehrkraft wird ungerechtfertigterweise der Vorwurf

gemacht, sie würde sich in der Schule nicht genügend engagieren oder eine Lehrkraft wird von einem Schüler beleidigt und soll entsprechend reagieren), die bei dem Betroffenen massiven Ärger ausgelöst haben. Die erlebte oder notierte Situation wird im Plenum vorgetragen und diejenige, die vorliest, sucht sich eine andere Person im Raum, der sie ihren Ärger in nicht verletzender Form vorträgt. Wichtig dabei sind Regeln wie Ich-Botschaften und sich auf den unmittelbaren Anlass zu beziehen und nicht noch andere Konflikte anzusprechen. Die angesprochene Person kann reagieren, muss aber nicht. Die Art der Ärgermitteilung wird anschließend mit allen besprochen. Nun kann eine weitere Teilnehmerin Ärger konstruktiv in der Gruppe vortragen oder dies erfolgt in Paaren wechselweise und die Wirkungen werden anschließend besprochen. Ggf. werden im Plenum wichtige Erfahrungen ausgetauscht.

b) Aktives Zuhören/ Paraphrasieren
Ziel: Ein besseres Verständnis meines Gesprächspartners erzielen, indem ich sein Anliegen und seine Gefühle spiegele
Zeit: 1-1 ½ Stunden
Material: ggf. ein Blatt Papier und ein Stift
Arbeitsform: Gespräch zu dritt mit Rollenwechsel

Beschreibung
Aktives Zuhören bedeutet, dass ich bei Gesprächen, in denen mein Gesprächspartner mit einem Konflikt oder einem emotional hoch besetzen Anliegen zu mir kommt, ganz genau zuhöre und zwar so lange, wie es mir möglich ist, das Vorgetragene zusammenzufassen. Ggf. mache ich mir auf einem Papier kurze Notizen. Nur wenn ich etwas akustisch oder inhaltlich nicht verstehe, stelle ich eine Verständnisfrage. Nach einem für mich vertretbaren Zeitraum (d.h. so lange ich noch in der Lage bin, das Gehörte aufzunehmen – etwa 3 bis 8 Minuten) unterbreche ich meinen Gesprächspartner und fasse das Gehörte mit meinen Worten möglichst neutral, d.h. ohne Wertung zusammen; etwa so: „Wenn ich Sie richtig verstanden habe, ...dann haben Sie das folgende Anliegen... oder ... ist Ihnen folgendes wichtig...". Auch spiegele ich die Gefühle meines Gegenübers: „Ich höre bei Ihnen heraus, dass Sie sehr ... enttäuscht... wütend ... irritiert sind. Ist das so?"

Meine Zusammenfassungen und die Spiegelung der Gefühle sind Angebote an mein Gegenüber, die er oder sie jederzeit korrigieren kann, es geht also nicht darum auf Anhieb hundertprozentig das Gefühl zu erfassen, sondern möglichst in einen wirklichen Verständigungsprozess zu kommen.
Beim Üben von aktivem Zuhören im Training hat sich folgendes Vorgehen bewährt: Es werden 3er-Gruppen gebildet, die eine ¾-Stunde gemeinsam üben, wobei jeder Beteiligten 15 Minuten zur Verfügung steht. A erzählt ca. 8 Minuten lang von einem Konflikt oder einem anderen emotional wichtigen Anliegen (dass sie natürlich bereit ist zu erzählen). B hört aktiv zu und spiegelt danach ca. 5 Minuten lang das Gehörte und die Gefühle. C gibt am Ende der ersten Runde ca. 2 Minuten lang eine Rückmeldung an B, ob die wesentlichen Aspekte des aktiven Zuhörens („Wurden alle wesentlichen Aussagen und die Gefühle gespiegelt? Hat der aktive Zuhörende auf Wertungen verzichtet, hat sich die andere Seite verstanden gefühlt?") erfüllt wurden.
Danach werden die Rollen gewechselt, so dass jede einmal in jeder Rolle (Erzählerin, aktiv Zuhörende, Beobachterin) war. In einem anschließenden Plenum werden wesentliche Erfahrungen ausgetauscht (z.B. die Schwierigkeit nicht zu werten).

c) Mediative Fragetechniken

Ziel: Durch gezielt eingesetzte Fragetechniken die Bedeutung des Konflikts erkennen, den Konflikt des Gesprächspartner besser verstehen, die Erweiterung seiner Sichtweisen herbeiführen und ihn damit selbst auf Lösungsideen bringen; lernen im Alltag situationsbezogen einzelne Fragetechniken einzusetzen.
Zeit: 1 – 2 Stunden
Material: ggf. ein Blatt Papier und ein Stift
Arbeitsform: Gespräch zu zweit oder dritt, Plenum

Beschreibung
Beim Üben der Technik werden in einem simulierten Beratungsgespräch nacheinander die folgenden Fragetechniken bzw. -arten genutzt, wobei nicht alle Fragen zum Zuge kommen müssen.

Die Fragetechniken im Überblick:
a)   Fragen nach der Bedeutung (Skalierungs- und Rangfragen)
b)   Fragen zum Verständnis des Konflikts (Fragen nach Daten, Kontextfragen, metaphorische Fragen)
c)   Fragen zur Erweiterung der Sichtweisen (Fragen zu Verhaltensmustern, zirkuläre oder triadische Fragen, Perspektivwechselfragen, Fragen aus der Perspektive des anderen)
d)   Fragen nach der Lösung (Zukunfts-, Wunder- und „Als-ob-Fragen")

a) Der Berater möchte zunächst in Erfahrung bringen, welche Bedeutung der Konflikt oder das Problem für den Ratsuchenden hat. Die Fragen könnten folgendermaßen lauten:
„Wenn Sie Ihren Konflikt/Ihr Problem in eine Skala von 1 bis 10 einordnen müssten und 10 der höchsten Bedeutung entspräche, wo stünde er/es dann?"
„Wenn Sie Ihren Konflikt/Ihr Problem in eine Rangfolge zu anderen Dingen, die Sie derzeit beschäftigen, setzen müssten, an welcher Stelle würde er/es stehen?"

b) Im nächsten Schritt werden alle wichtigen Daten sprich beteiligte Personen, Zeitraum und weitere Fakten erfragt und dann der Kontext sowohl beruflich wie persönlich „abgeklopft". Bei diesem Punkt kann es um Fragen gehen wie:
„Wie ist ihre berufliche Situation insgesamt? Stehen Sie unter einem besonders hohen Erwartungsdruck?"
„Wie ist Ihr Verhältnis zu Ihren Kolleginnen insgesamt?"
„Hat der Konflikt eine Bedeutung im Hinblick auf Ihre finanzielle Situation?"
„Haben Sie Ihre Familie bisher in das Problem mit eingebunden? Welche Folgen kann der Konflikt in Ihrem persönlichen Bereich haben?"

Die metaphorische Frage zielt auf einen anderen Zugang zum Konflikt bzw. zu dem Problem als dem sprachlich-intellektuellen:
„Wenn Sie Ihren Konflikt in einem verfremdeten Bild, in einer Metapher oder in einer Theaterszene darstellen sollten, wie würde das aussehen?"

c) In einem dritten Schritt werden Fragen eingesetzt, um den Horizont der zu Beratenden zu erweitern und aus der Verengung, die Konflikte mit sich bringen können, herauszukommen.

In (chronischen) Konfliktsituationen folgen Gespräche in der Regel immer demselben Muster. Eine Möglichkeit ist, das Verhaltensmuster des zu Beratenden zu „beleuchten", d.h. nach Verhaltensweisen zu forschen, die ihn oder sie immer wieder in eine Konfliktsituation bringen bzw. sich in einer Situation ausprägen. Hierbei kommt es darauf an, möglichst präzise und beharrlich nachzufragen:

„Woran erkennen Sie, dass Ihre Kolleginnen nie richtig zuhören?"
„Woran merken Sie, dass Ihre Meinung ständig nicht akzeptiert wird?"
„In der Konfliktsituation: Was genau hat Ihre Kollegin gesagt und wie haben Sie reagiert? Geben Sie es bitte wörtlich wieder!"
„Was machen Sie genau wenn...?"

Die zirkulären bzw. triadischen Fragen zielen darauf ab, eine zweite bzw. dritte Person mit ins Spiel zu nehmen, d.h. deren Sicht der Dinge (natürlich immer aus der Einschätzung der Ratsuchenden) einzubringen.

Fragen in diesem Zusammenhang wären:
„Was glauben Sie, dass die Kollegen X und Y und der Schulleiter Z über den Konflikt zwischen Ihnen und A denken?"
„Was würde Ihnen C in dieser Situation raten?"
„Wer weiß noch von dem Konflikt? – Aha, Frau D also – und wie denkt diese darüber?"
„Was würde die Schulleiterin sagen, wenn sie das Folgende ... täten?"

Zuletzt können in dieser Phase noch Fragen aus der Perspektive der anderen Konfliktpartei oder anderer beteiligter Personen an einem Problem gestellt werden:
„Wenn Sie sich in Ihren Kontrahenten hineinversetzen, ...
...wie würde er die derzeitige Situation beurteilen?
...welche Gründe würde er für sein Verhalten nennen?
...wie würde er auf den von Ihnen gemachten Vorschlag reagieren?"

IV. Die letzte Fragephase orientiert sich an Lösungen und ist damit in die Zukunft gerichtet. Die Zukunftsfragen sollen neue Möglichkeiten und Visionen eröffnen, die einen Ausweg aus dem bisherigen Kreislauf bieten.
„Wie stellen Sie sich Ihre zukünftige Zusammenarbeit mit Ihren Kolleginnen vor? Wie wird sie sich entwickeln?"
„Was wird Ihr Handeln zukünftig bestimmen?"
„Wie soll Ihre Situation in einem oder zwei Jahren aussehen?"

Die „Als-ob-" oder „Wunderfragen" sind noch visionärer:
„Stellen Sie sich vor, als ob ...
... die Finanzen überhaupt kein Problem wären ...
... der schwierige Schüler plötzlich Einsicht zeigt und sein Verhalten verändern würde ...
... sie ein kooperationsfreudiges Team wären...
Wie würden Sie dann die Situation beschreiben?"
„Stellen Sie sich vor, Sie könnten Wunder bewirken, was würde geschehen und welche Auswirkungen hätte das?"
Nachdem die verschiedenen Techniken vorgestellt oder durch die Trainerin und einen Teilnehmer vor Publikum demonstriert wurden, üben jeweils zwei Teilnehmer diese Gesprächstechnik,

indem sie sich wechselseitig beraten. Auch hier kann eine dritte Person hinzugezogen werden, die nach jeder Runde ein Feedback an den Berater gibt. In diesem Fall gibt es drei Beratungsrunden, so dass jeder einmal in jeder Rolle war. In einem anschließenden Plenum werden die wichtigsten Erfahrungen ausgetauscht.

Die hier aufgelisteten Fragetechniken orientierten sich an der Struktur des „klassischen" Mediationssettings:
- Darstellung der Sichtweisen
- Erhellung
- Lösungsoptionen
- Umsetzungsplan der Lösungen

(vgl. auch Philipp & Rademacher, S. 78 ff)

Resümee

Im Rahmen dieses Beitrags konnte nur eine kleine Auswahl an Methoden und Techniken vorgestellt werden. Mittlerweile gibt es umfangreiche Literatur (vgl. auszugsweise unten z.B. Glasl & Weeks 2008) zu Methoden, die insbesondere in Trainings erprobt und gelernt werden können. Letztendlich helfen diese Methoden aber nur dann, wenn sie Teil einer Schulkultur geworden sind und damit alle Beteiligten (Schulleitung, Lehrkräfte, Eltern, Schüler und andere Mitarbeiterinnen und Mitarbeiter) in einer Schule erreichen. Dies setzt voraus, dass konstruktive Konfliktbearbeitung immer Teil des Schulentwicklungsprozesses ist und im Idealfall in einem Konfliktmanagementsystem (Ansätze finden sich in Schröder et al. 2008) mündet. Es gibt gute Ansätze (beispielsweise Rechten- und Pflichtenhefte in der Grundschule; vgl. Schwietzer 2007, S. 73 ff) wie ein solches System unterstützt bzw. Modelle wie das umfassend vorbereitet werden kann (vgl. die hessischen Projekte „Mediation und Schulprogramm" (Rademacher 2007, S. 113 ff) und „Mediation und Partizipation" (www.gud.bildung.hessen.de).

Literatur
Ballreich, R./Glasl, F. (2007): Mediation in Bewegung. Ein Lehr- und Übungsbuch mit Filmbeispielen auf DVD. Stuttgart: Concadora-Verlag. – Costantino, C. A./Merchant, C. S. (1996): Designing Conflict Management Systems. A Guide to Creating Productive and Healthy Organizations. San Francisco: Jossey-Bass. – Faller, K./Kerntke, W./Wackmann, M. (1996): Konflikte selber lösen. Mediation für Schule und Jugendarbeit. Mühlheim/Ruhr: Verlag an der Ruhr. – Glasl, F. (1998): Selbsthilfe in Konflikten. Konzepte – Übungen – Praktische Methoden. Stuttgart/Bern: Haupt-Verlag. – Glasl, F./Weeks, D. (2008): Die Kernkompetenzen für Mediation und Konfliktmanagement. Ein Praxisbuch mit Fallbeispielen auf DVD. Stuttgart: Concadora-Verlag. – Philipp, E./Rademacher, H. (2002): Konfliktmanagement im Kollegium. Arbeitsbuch mit Modellen und Methoden. Weinheim: Beltz. – Rademacher, H. (2008): Konfliktbearbeitung im Kollegium – Miteinander in der Schule „streiten" lernen. In: Pädagogik. 60 (10), S. 28-31. – Rademacher, H. (Hrsg.) (2007): Leitfaden: Konstruktive Konfliktbearbeitung und Mediation. Für eine veränderte Schulkultur. Schwalbach: Wochenschau-Verlag. – Rauch, H. (2009): Gewaltprävention und Demokratielernen [Verfügbar unter: http://www.gud.bildung.hessen.de]. – Schröder, A./Rademacher, H./Merkle, A. (2008): Handbuch Konflikt- und Gewaltpädagogik. Verfahren für Schule und Jugendhilfe. Schwalbach: Wochenschau-Verlag. – Schwietzer, W. (2007): Chancen für konstruktive Konfliktbearbeitung in einer Ganztagsschule – Der Entwicklungsprozess in der Schulgemeinde der Albert-Schweitzer-Schule in Langen. In: Rademacher, H. (Hrsg.): Leitfaden: Konstruktive Konfliktbearbeitung und Mediation. Für eine veränderte Schulkultur. Schwalbach: Wochenschau-Verlag, S. 61 ff.

103| Methoden und Techniken in Gruppensitzungen
Christoph Huber

Gruppensitzungen als Herausforderung

Gruppensitzungen stellen im Wesentlichen den produktiven Kern von Schulentwicklung dar. Während plenare Settings wie Gesamtlehrerkonferenzen, Eröffnungs- und Schlussveranstaltungen an pädagogischen Tagen u.ä. der Information, Herstellung von Transparenz, Fokussierung von inhaltlichen Ausschnitten oder der überblickshaften Orientierung über erzielte Ergebnisse dienen, findet die inhaltlich differenzierte Auseinandersetzung in kleineren Einheiten statt.
Die Ausrichtung ist insofern eine doppelte: durch die Möglichkeit der Ausdifferenzierung können sich die einzelnen Gruppen gegenseitig bei der Bearbeitung entlasten, was aus zeitökonomischer Sicht hilfreich und förderlich ist; darüber hinaus kann auf diese Weise eine dem jeweiligen Bearbeitungsgegenstand angemessene Auseinandersetzung stattfinden, da die notwendige Expertise in der Gruppe erarbeitet werden kann.
Betrachten wir schulische Praxis, so hat sich in vielen Schulentwicklungsprozessen gezeigt, dass sich Effizienz und Produktivität nicht selbstverständlich ergeben. Es hat häufig eher den Anschein, als sei die Arbeit in kleineren Gruppen vertane Zeit, da die Ergebnisse kaum dazu genutzt werden können, nachhaltig die Schulentwicklungsprozesse zu fördern. Dieser erfahrungsbezogene Mangel der Arbeitsform Gruppensitzung ergibt sich jedoch nicht durch die Arbeitsform selbst, sondern – auch das zeigt die Praxis – dadurch, dass einige grundsätzliche Aspekte für konstruktive Arbeit in Gruppensitzungen nicht berücksichtigt werden.

Voraussetzungen für produktives Arbeiten

Produktives Zusammenarbeiten ist weder Zufall noch zwangsläufig allein von den beteiligten Personen abhängig. Kooperationsfähigkeit wird heute als selbstverständlich vorausgesetzt und gehört zur Professionalität von Lehrkräften (vgl. Beitrag 45 in diesem Band). Gleichzeitig bedarf es einer professionellen Prozessstrukturierung, damit Zusammenarbeit zu guten Ergebnissen führt und diese in einem angemessenen Rahmen erarbeitet werden.
In den vergangenen Jahren hat sich das Konzept der Themenzentrierten Interaktion nach Ruth Cohn (TZI) hierfür sehr bewährt. Der Erfolg dieses Ansatzes lässt sich aus seiner ganzheitlichen Anlage her erklären (vgl. Reiser 2006, S.53ff). Als integrierende Grundhaltung wird hier ein Menschen- und Prozessverständnis beschrieben, das vor allem einen emanzipatorischen Anspruch formuliert. Auf diese Weise werden Entwicklung und Lernen ins Zentrum gestellt. Ein Wechselspiel aus Erfahrungen und persönlichen Prägungen (Vergangenheit), der aktuellen Situation und ihren Herausforderungen (Gegenwart) sowie einer Vorstellung eines zu erreichenden, veränderten Zustandes (Zukunft), der durch gemeinsames Handeln hergestellt werden kann, integrieren Personen, Aufgaben, Bedingungen im Sinne gemeinsamer Verantwortung. Darüber hinaus ermöglicht die TZI eine methodische Ausdifferenzierung, indem durch die Bezugnahme auf einzelne zentrale Aspekte (s.u.), ein generatives Konzept entsteht, das es gestattet, Techniken situations- und gegenstandsbezogen zu entwickeln bzw. aufzugreifen und damit eine möglichst ideale Passung zu erreichen.

Grundverständnis

Erfolgreiches und gelingendes Zusammenarbeiten ist vom Zusammenspiel unterschiedlicher Wirkfaktoren abhängig. Als Orientierung für die Gestaltung von Gruppensitzungen soll uns hier, wie gesagt, das Modell der Themenzentrierten Interaktion (TZI) dienen (Hahn et al. 2001).
Gruppen, deren Ziel es ist, Aufgaben zu bearbeiten, werden durch das dynamische Verhältnis von vier zentralen Wirkfaktoren bestimmt (vgl. Abb. 39).

Abb. 39: Das Strukturmodell der Themenzentrierten Interaktion (TZI)

Damit produktives Arbeiten möglich wird, ist es notwendig, dass sich die *Einzelnen* mit ihren Kompetenzen möglichst optimal einbringen können. Dies gelingt umso besser, wenn die Beziehungen zueinander in der Gruppe frei von hemmenden Strömungen gestaltet werden. Im Eisbergmodell (Langmaack 2004, S.51ff) wird dies anschaulich dargestellt. Zu den größten Hemmnissen zählen Rivalität und Konkurrenz sowie mangelndes Vertrauen, so dass nur ein Teil der zur Verfügung stehenden Kompetenzen der Gruppe fruchtbar genutzt werden können.
Den Fokus der Gruppe bildet die gemeinsam zu bewältigende *Aufgabe*. Diese muss so beschrieben sein, dass sie durch die Personen tatsächlich bearbeitbar ist, d.h. sie muss vor allem nachvollziehbar gestaltet sein (s.u.). Schließlich müssen die Bedingungen Raum, Zeit aber auch notwendige Hilfsmittel und Basiskompetenzen zur Verfügung stehen.
Die wechselseitige Bedingtheit dieser Wirkfaktoren macht einerseits eine produktivitätsfördernde Passung notwendig. Gleichzeitig wird deutlich, dass eine prozessorientierte Steuerung, in deren Mittelpunkt gelingendes Bearbeiten der Aufgaben steht, als Herausforderung aufgegriffen werden muss. Allzu häufig wird mit prozessorientierter Leitung/Moderation ein Mangel an Effizienz suggeriert. Begreifen wir Steuerung als Prozessbeeinflussung hin zur Aufgabe, ist sie jedoch die Voraussetzung dafür, alle Kompetenzen zur Bewältigung der Aufgaben zu aktivieren.

Leitung/Moderation

Jeder Beitrag eines Mitglieds einer Gruppe innerhalb eines Erarbeitungsprozesses stellt im weitesten Sinne eine Beeinflussung dieses Prozesses dar. Im engeren Sinn ist die Summe solcher Beeinflussungen der Prozess selbst. Häufig finden wir in Schulen ein Prozessverständnis, das formale Leitung als nicht notwendig erachtet bzw. davon ausgeht, dass sie der Erarbeitung eher im Wege steht. Das mag wohl u.a. daran liegen, dass Lehrkräfte Experten für die Leitung von Arbeitsphasen sind und sie insofern davon ausgehen, dass Selbstleitung die geeignete Struktur darstellt.

Es hat sich jedoch gezeigt, dass Effizienz und Produktivität in erheblichem Maße davon abhängen, ob es gelingt, Erarbeitungsprozesse zu bündeln und zu fokussieren. Aufgrund der Eigendynamik, die Gruppen bereits ab einer kleinen Anzahl von Mitgliedern entwickeln – hier sind Gruppengrößen ab fünf bis sechs Mitglieder gemeint –, ist es hilfreich, die strukturierende Funktion formal zu bestimmen.

Gerade in Schule trifft dies jedoch häufig auf Widerstände. Eine formale, zeitlich begrenzte und aufgabenbezogene Leitung als Moderation der Gruppensitzung hilft jedoch, gerade die ansonsten sehr zeitaufwändigen Selbststrukturierungsphasen erheblich zu verkürzen. Fragen wie „Wie strukturieren wir unseren Arbeitsprozess?" oder „Welche Interessen setzen sich wie durch?" können durch die formale Vergabe von Moderation fruchtbar gemacht werden. Wir gehen davon aus, dass eine gute Arbeitsatmosphäre gerade in den Anfangsphasen maßgeblich von gekonnter Leitung/Moderation abhängig ist.

| klare Strukturen | ➔ | Sicherheit und Vertrauen | ➔ | Aktivität / Prozess |

Anfangssituationen sowie Arbeitsphasen, die kurz bemessen sind, brauchen klare, nachvollziehbare Strukturen, damit die Beteiligten Orientierung erhalten. Sicherheit und Vertrauen wiederum sind die Voraussetzung, dass Aktivität entsteht. Gelingt es nicht, Orientierung, Sicherheit und Vertrauen zu entwickeln, wird der Arbeitsprozess kaum als Bereicherung für die einzelnen Mitarbeitenden in der Gruppe erlebt werden und das Ergebnis wird kaum die Qualität erreichen, die grundsätzlich durch ein Zusammenführen der vorhandenen Kompetenzen möglich wäre.

Die zentrale Aufgabe der Leitung/Moderation ist eine Steuerung des Arbeitsprozesses, die der Aufgabe wie dem Arbeitsprozess selbst angemessen ist. Dies heißt auch, dass die Leitung/Moderation zur Wahrung dieser Funktionen nur bedingt inhaltlich mitarbeiten kann.

Es hat sich insofern bewährt, diese Funktionen alternierend in Gruppensitzungen zu besetzen, so dass eine gemeinschaftliche Verantwortung für die Produktivität der Gruppe erfolgt. Gleichzeitig können auf diese Weise Rollenfixierungen verhindert und verantwortliche Beteiligung gefördert werden.

Arbeitsauftrag

Ziel von Gruppensitzungen ist es, durch die Ergebnisse den inhaltlichen Fortschritt des Schulentwicklungsprozesses zu unterstützen. Des Weiteren werden durch positive Erfahrungen mit der Bearbeitung Kooperationsfähigkeit gefördert und Zuversicht in das Gelingen von Entwicklung und Veränderung geschaffen. Beide Aspekte entwickeln sich jedoch nicht zwangsläufig von selbst. Es kann immer wieder festgestellt werden, mit welcher Selbstverständlichkeit davon ausgegangen wird, dass die Gruppen selbst genau wissen würden, was sie zu erarbeiten haben. Diese Schwierigkeit bei der Prozesssteuerung zieht sich häufig durch die gesamte Gestaltung von Schulentwicklungsprozessen durch.

Damit Gruppen produktiv arbeiten können, ist ein möglichst deutlich formulierter Auftrag hilfreich (vgl. Gellert & Nowak 2004, S. 36ff). Es hat sich bewährt, vor allem das „Was" genau zu beschreiben, während das „Wie" der Leitung der jeweiligen Gruppensitzung überlassen wird. Zu einem gut beschriebenen Arbeitsauftrag gehören ebenfalls Hinweise darauf, in welcher Weise die Ergebnisse dokumentiert werden sollen (s.u.).

Für die Arbeit an diesem Thema haben Sie 45 Minuten Zeit.
Thema: *Unsere Schule im Spiegel der Aufgaben und Anspruchsfelder – Eine erste Analyse als Ist-Zustandsbeschreibung.*
Bitte legen Sie folgende Rollen und Aufgaben fest bevor Sie mit der Arbeit beginnen: • Leitung/Moderation: in Gruppen ab ca. 6 Personen ist es für ein effizientes Arbeiten hilfreich, wenn eine Person die Leitung/Moderation übernimmt • Dokumentation: bitte schreiben Sie die Ergebnisse Ihrer Analyse in den Körperumriss; notieren Sie dort ebenfalls, wer in der Gruppe mitgearbeitet hat • ZeithüterIn: damit die knappe Zeit gut genutzt werden kann ist es hilfreich, wenn eine Person die Zeit im Blick behält • Präsentation auf dem „Marktplatz": bitte entscheiden Sie, wer beim offenen Markt als AnsprechpartnerIn für etwaige Fragen zur Verfügung steht; bitte wechseln Sie sich nach ca. 10 Min. ab, so dass sich alle aus Ihrer Gruppe einen Überblick über die Ergebnisse der anderen verschaffen können. Sollten Sie aus welchen Gründen auch immer mehr Zeit benötigen, teilen Sie dies bitte möglichst frühzeitig mit.
Die Fragen am Ende der einzelnen Bereiche sollen Ihnen als Diskussionsanregung dienen. Sollten Sie andere oder weitere Fragestellungen haben, arbeiten Sie an den Themen, die Sie in der Kleingruppe für bedeutsamer halten. Bitte halten Sie dann diese Ergebnisse ebenfalls fest (s.o.). Bereiche: Unterrichtsentwicklung • Innovative Lernsituationen (u.a. Selbstgesteuerte Lernprozesse) • Schlüsselqualifikationen/Kompetenzen (u.a. Aktivierung der Lerner, Handlungsorientierung) • Lernkultur und Sozialerfahrung (u.a. Reflexion sozialer Erfahrungen) • Wie entwickeln wir unseren Unterricht weiter? Was ist uns dabei wichtig? Schul- und Organisationsentwicklung • Strategieentwicklung (Visionen, zukünftige Herausforderungen) • Strukturgestaltung (Veränderung und Anpassung der Organisationsstrukturen) • Teamentwicklung (partizipative Kooperation bei der Verfolgung gemeinsamer Ziele) • Schulkultur (erwünschte Werte, Einstellungen, Normen) • Welche Aspekte und Facetten von Schul- und Organisationsentwicklung gibt es bei uns? Was kennzeichnet unsere Schulkultur? Bitte unterscheiden Sie ggf. zwischen Ihrer Schulart und der Schule als Ganzem.

Abb. 40: Beispiel für einen Arbeitsauftrag an einem Pädagogischen Tag

Der Arbeitsauftrag ermöglicht es den Gruppenmitgliedern, den Ausschnitt im Zusammenhang der Gesamtaufgabe zu verstehen, der nun Gegenstand der Bearbeitung sein soll. Gleichzeitig sollte der Auftrag weit genug formuliert sein, damit die Gruppe eigene Ideen, Bezugspunkte bzw. weitere Aspekte einbringen kann.
Kreativität entsteht dort, wo durch neue Verknüpfungen erweiterte Sichtweisen entwickelt werden können. Ein bloßes Abarbeiten von Aufträgen mag vordergründig schnell und Erfolg versprechend erscheinen. Längerfristig führt es jedoch lediglich zur Reproduktion von bereits Bekanntem und Erprobtem, sprich zur Stabilisierung dessen, was bereits vorhanden ist. Ent-

wicklung benötigt jedoch Neues, so dass Lernen geschieht und damit Veränderung stattfindet. Im Arbeitsauftrag sollte dies in der Art und Weise, wie er formuliert wird, intendiert sein.

Gestaltung von Entscheidungsprozessen
Aus der Organisationspsychologie ist bekannt, dass sich Aufgaben in zwei zentral unterschiedliche Bereiche differenzieren lassen (Kirchler 2005, S. 487ff). Während *Probleme* sich dadurch charakterisieren lassen, dass es eindeutige, bewertbare Lösungen im Sinne von richtig bzw. falsch gibt, stellen *Entscheidungen* durch ein Bündel alternativer Lösungsvarianten ungleich komplexere Prozesse dar.

Die Güte von Entscheidungen lässt sich demnach vornehmlich durch den Entscheidungsprozess und weniger durch das Ergebnis der Entscheidung beschreiben. Unter dieser Perspektive betrachtet, sind Mehrheitsvoten kritisch zu betrachten.

In Gruppensitzungen kann dies produktiv genutzt werden, indem größtenteils auf Mehrheitsentscheidungen verzichtet wird und über konsensual orientierte Verfahren Entscheidungen getroffen werden. Im Hinblick auf eine spätere Präsentation in größeren Zusammenhängen sind deshalb nicht nur die Ergebnisse von Bedeutung, sondern auch die dabei getroffenen Entscheidungen. Beteiligung ist somit nicht auf ein aktives Einbezogenwerden beschränkt, sondern muss erweitert im Sinn von Wissen über Hintergründe gedacht werden.

Dokumentation der Ergebnisse
Damit Gruppensitzungen nachhaltige Wirkungen erzielen können, ist es zwingend notwendig, Ergebnisse festzuhalten. Wissensmanagement ist in komplexen und langfristig angelegten Prozessen, wie es Schulentwicklung ist, einer der wesentlichen Garanten für Erfolg. Zu wissen, was erarbeitet wurde und weshalb die Ergebnisse so sind, wie sie geworden sind, ermöglichen es in sich ständig verändernden Organisationen, wie es Schulen sind, das Rad nicht fortlaufend neu zu erfinden.

Als einfacher Rahmen zur Dokumentation können folgende Aspekte dienen (Tab. 11):

Tabelle 11: Wichtige Aspekte zur Dokumentation

	Erläuterungen
Was	Es werden die wichtigen Ergebnisse so festgehalten, dass es anderen, nichtbeteiligten Personen möglich ist, sie zu verstehen
Weshalb	Die Ergebnisse werden im Zusammenhang der Fragestellung sowie der getroffenen Entscheidungen (s.o.) dargestellt
Wer war beteiligt	Die am Bearbeitungsprozess beteiligten Personen werden auch im Zusammenhang ihrer Funktionen benannt
Wann	Zeitpunkt bzw. Zeitraum der Bearbeitung werden festgehalten, ggf. rückgebunden an einen Zeitplan für die Gesamtprozessgestaltung

Reflexion und Feedback
Auch wenn es nicht das vordergründige Ziel von Gruppensitzungen ist, sie als Lernprozesse zu gestalten, so bieten sie dennoch gute Gelegenheiten sie als Erfahrungsfeld für Schule als lernende Organisation zu nutzen. Damit werden nicht nur inhaltliche Ergebnisse erzielt, sondern es wird Wissen über die Art, wie zusammengearbeitet werden kann, systematisch zugänglich und nutzbar gemacht.

In der Reflexion des Arbeitsprozesses in der Gruppensitzung ist es hilfreich drei Ebenen zu unterscheiden:
- Inhaltliche Ebene
- Prozessgestaltungsebene: Methoden/Techniken, Bedingungen, Strukturierung
- Personale Ebene: Feedback

Während die inhaltliche Ebene maßgeblich die formalen Ergebnisse sowie deren Aufarbeitung in der Dokumentation fokussiert, bezieht sich die Prozessgestaltungsebene auf die Art und Weise, wie es zu den formalen Ergebnissen gekommen ist. Diese beiden Ebenen sind, neben einem inhaltlichen Fortkommen, für Steuergruppen (vgl. Beitrag 36 in diesem Band) als Steuerungswissen relevant.

Die personale Ebene bietet die Chance, aufgrund persönlicher Rückmeldungen etwas über die Wirkungen zu erfahren, die die Beteiligten aufeinander haben. Dadurch werden individuelle Lernprozesse angeregt sowie die Kooperationsfähigkeit gestärkt und Vertrauen bzw. Offenheit als konstruktive Basis von Begegnung gefördert.

Als Beispiel sollen diese Leitfragen dienen:
- Wie ist es mir in der Gruppe, mit dem Thema, mit den Strukturen und Arbeitsbedingungen ergangen?
- Wie zufrieden bin ich mit unserem Ergebnis und der Art und Weise, wie wir es erarbeitet haben?
- Wie zufrieden bin ich mit meinem Beitrag?

Phasen in Gruppensitzungen

Unabhängig von den jeweiligen Techniken bzw. Methoden kann ein Phasenmodell zur Gestaltung von Gruppensitzungen herangezogen werden. Die dargestellten fünf Phasen können innerhalb von Gruppensitzungen sehr unterschiedlich gewichtet werden. Des Weiteren bieten sich mannigfaltige Varianten zur Ausgestaltung an, die von den Inhalten, den Rahmenbedingungen und den beteiligten Personen abhängig sind.

Grundsätzlich gilt, dass Arbeitsfähigkeit nicht die stillschweigende Voraussetzung, sondern bereits ein Ergebnis der Prozesssteuerung ist. Die meisten Gruppensitzungen finden eingebettet in schulischen Alltag statt. Gerade in diesen Situationen ist es zwingend erforderlich, die Gruppenmitglieder durch eine gezielte Hinführung in den inhaltlichen Kontext einzubinden.

Gleiches gilt für Vertrauen. Durch Herstellen von Transparenz – auch unangenehmer Sachverhalte – können die Beteiligten aktiv mitgestalten. Glaubwürdigkeit ist einer der wesentlichen Aspekte für produktives Arbeiten in Gruppen, und diese wird durch konsequentes Bereitstellen aller relevanten Informationen unterstützt.

Damit inhaltlich bedeutsame Ergebnisse erzielt werden können, müssen die Gruppenmitglieder angeregt werden, ihre Kompetenzen, Sichtweisen, Ideen etc. einzubringen. Interaktion entsteht dann, wenn alle den Eindruck haben, dass ihre Beteiligung erwünscht und gewollt ist.

Zusammenfassungen, Rückmeldungen zum Erarbeitungsprozess und das Festhalten von Zwischenergebnissen sind wertvolle Unterstützungen in der Entwicklungs- und Einigungsphase. Hier kann gemeinsam entschieden werden, wo bereits Gemeinsamkeiten vorhanden sind und wo es weiteren Entwicklungsbedarf gibt.

Den Abschluss bilden dann ein Rückblick, so dass Lernen über den Arbeitsprozess selbst möglich wird, sowie ein Ausblick, der eine Integration in den Gesamtprozess fokussiert.

Eine solche Prozesssteuerung erfordert einen verantwortlichen Umgang mit der zur Verfügung stehenden Zeit. Es lohnt hierbei die Verantwortung nicht alleine bei der Leitung zu verorten, sondern Zeit als Teil der Gruppenrealität und damit auch der Gruppenverantwortung aufzufassen.

1 Einführung	Orientierung und Anknüpfung an die bisherige Entwicklung; Würdigung des Bisherigen (inhaltlich und personell)
2 Information	Problematisierung: Um was es geht und weshalb es wichtig ist.
3 Interaktionsphase	Die Positionen, die es dazu gibt. Wofür stehen die einzelnen Gruppenmitglieder? Was unterscheidet sie? Was sind die inhaltlichen, prozessualen, persönlichen Hintergründe dafür?
4 Entwicklungs-/Einigungsphase	Gemeinsamkeiten, die es gibt. Was könnten verbindende Alternativen sein? Von was müssten einzelne abrücken? Welche Position müssten aufgegeben werden, damit eine Einigung möglich wird?
5 Abschluss	Erreichtes: Begegnungen, Inhalte, Prozesse, Ergebnisse. Was wurde gemeinsam erreicht? Was bedeutet das für die Zukunft? Wie kann das Erreichte gewürdigt werden? Dokumentation und Veröffentlichung des Erarbeiteten.

Techniken zur Gestaltung

Die bisherigen Ausführungen haben verdeutlicht, dass die einzelnen Techniken und Methoden, die für eine Gestaltung von Gruppensitzungen gewählt werden, nur dann die gewünschten Effekte erzielen, wenn sie in den Gesamtkontext der Prozesssteuerung eingebettet sind. Welche Technik/Methode im Einzelnen angemessen ist, hängt von einem ganzen Bündel von Faktoren ab. Zur Orientierung sei nochmals auf das Strukturmodell der TZI verwiesen (Abb. 41).
Im Folgenden werden einige, aus unserer Sicht bedeutsame, Techniken vorgestellt. In der Literatur finden sich gute Sammlungen, die eine Vielzahl erprobter Techniken und Methoden beschreiben (z.B. Knoll 2007; Lahninger 2007; Lipp & Will 2004).

Kartenabfrage
Die Kartenabfrage, häufig auch Metaplan-Methode genannt, ist ein einfaches Verfahren, eine vorhandene Vielfalt von Aspekten zu einer Fragestellung oder einem Sachverhalt zu sammeln und für eine lösungsorientierte Weiterarbeit aufzuarbeiten. Dabei liegt der Schwerpunkt einerseits darauf, die Vielfalt und Komplexität aufzuzeigen bzw. zu erhalten, andererseits diese so zu komprimieren, dass eine Weiterarbeit arbeitsteilig möglich wird. Die bedeutsamen inhaltlichen Auseinandersetzungen finden dann in Kleingruppen statt und entlasten so die Gesamtgruppe. Im Zusammentragen der erzielten Ergebnisse im Aktionsplan findet dann wieder eine Integration aller Perspektiven statt, so dass der Bezug zum Ganzen erhalten bleibt. Sollen die Ergebnisse später präsentiert werden, ist eine Dokumentation der wesentlichen Arbeitsschritte unerlässlich.

Arbeitsschritte:
- Einstimmen auf den zu bearbeitenden Sachverhalt
- Ziele der Arbeit und die Arbeitsschritte erläutern
- Regeln erläutern (je Sachverhalt eine Karte, möglichst knapp beschreiben, um was es geht)
- Arbeit in kleineren Gruppen (abhängig von Sachverhalt, Größe der Gesamtgruppe, der zur Verfügung stehenden Zeit)
- Karten einsammeln und vorlesen oder vorlesen lassen
- Karten nach inhaltlichen Kriterien bündeln (clustern); ggf. Karten doppeln
- Oberbegriffe mit der Gruppe zusammen entwickeln und den Clustern zuordnen
- Ggf. priorisieren
- Weiterarbeit an den Karten in Kleingruppen mit dem Auftrag, Lösungen zu entwickeln
- Aktionsplan vereinbaren (was, bis wann, von wem)

Mind-Map
Mit Hilfe einer Mind-Maps können selbst sehr komplexe Sachverhalte und Fragestellungen nachvollziehbar dargestellt und in ihren inneren Dynamiken abgebildet werden. Hinzu kommt, dass sich Mind-Maps problemlos weiterentwickeln lassen, so dass auch später hinzukommende Gruppenmitglieder gut einbezogen werden können.
Den Ausgangspunkt einer Mind-Maps bildet ein vorher vereinbarter oder vorgegebener zentraler Begriff, der Gegenstand der Betrachtung sein soll. Ausgehend von diesem zentralen Begriff werden dann inhaltliche Ausdifferenzierungen vorgenommen, die immer feiner und detaillierter werden. Es können Querverbindungen aufgezeigt und es kann durch Nähe und Entfernung oder die Dicke der Verbindungslinien gewichtet werden.
Das Erarbeiten einer Mind-Maps lässt sich gut mit einem anfänglichen Brainstorming verbinden. In dieser Phase können unzensiert assoziativ Wörter zum Oberbegriff gesammelt werden, die dann in einen systematischen Zusammenhang gebracht werden.
Die Gefahr bei einer Mind-map besteht darin, dass wichtige Aspekte im Laufe des Arbeitsprozesses übersehen werden. Es sollte deshalb immer eine zweite Phase angeschlossen werden, in der die Mind-Map inhaltlich und auf Plausibilität hin überprüft wird. Ist es gelungen, eine wertschätzende Arbeitsatmosphäre zu schaffen und ist die Organisation durch eine wohlwollende Fehlerkultur geprägt, können diese Aufgabe nicht beteiligte Kollegen übernehmen.
Das abschließende Arbeitsergebnis kann die Grundlage für einen längerfristig angelegten Prozess bilden. Es schafft Orientierung, sorgt dafür, dass keine bedeutsamen Aspekte vergessen werden und kann zur Verdeutlichung des bisher Erreichten gut für Meilensteinsituationen verwendet werden.

Entscheidungsbalance
Wie bereits oben erwähnt, ist die Güte von Entscheidungen maßgeblich davon abhängig, wie gut es gelingt, die Menschen mit einzubeziehen und dabei ein ausgewogenes Maß an inhaltlicher Differenzierung zuzulassen. Gerade bei Veränderungsprozessen, wie sie in der Schulentwicklung unentwegt anstehen, spielt dies eine herausragende Rolle.
In Entscheidungsprozessen kommt es häufig zu Polarisierungen, die sich im Gruppenprozess an einzelnen Teilnehmenden fest machen. Eine Differenzierung zwischen Inhalten (Positionen) und Personen findet in der sich entwickelnden Dynamik meist nicht mehr statt. Das Modell der Entscheidungsbalance versucht dies aufzugreifen und bzgl. der inhaltlichen Aspekte wieder kommunizierbar zu machen.

Entscheidungen für Veränderungen haben grundsätzlich vier Perspektiven, wobei sich jeweils zwei auf die aktuelle Situation bzw. die zukünftige Situation beziehen und dabei die positiven bzw. negativen Aspekte fokussieren.

In Entscheidungsprozessen kommt es nun immer wieder dazu, dass zwei der vier Perspektiven ausgeblendet werden. So kann es passieren, dass nur noch über die jeweiligen Vorteile diskutiert wird oder sich eine pessimistische Grundhaltung verdeutlicht, die jeweils nur noch die Nachteile in den Blick nimmt. Entscheidend ist, dass die Ausgewogenheit – die Entscheidungsbalance – verloren geht (Abb. 41).

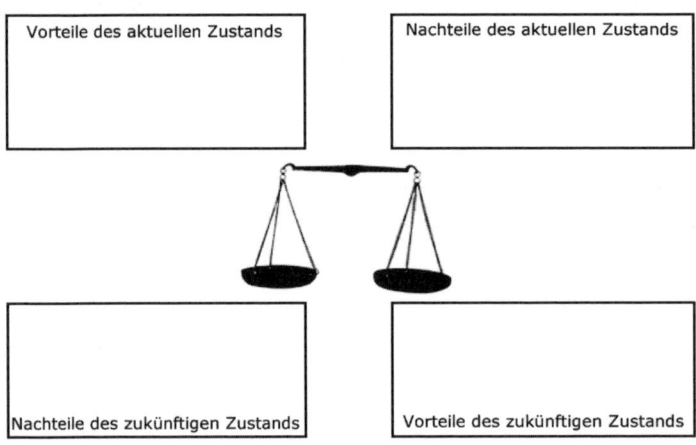

Abb. 41: Entscheidungsbalance

Durch die Gegenüberstellung der vier Felder kann diese wieder hergestellt werden. Geprägt wird dieses Instrument durch die Grundhaltung: Auch der andere könnte mit seinen Argumenten recht haben. Es soll also zu einer integrierenden Situation kommen, die es ermöglicht, Vor- und Nachteile zu betrachten. Neben der Unterstützung des Entscheidungsprozesses selbst bekommt man darüber hinaus Hinweise für ein Aufgreifen und Beachten kritischer Aspekte im weiteren Verlauf des Schulentwicklungsprozesses.

Zusammenfassende Überlegungen

Wie gezeigt wurde, sind Gruppensitzungen unerlässliche Arbeitsformen in Schulentwicklungsprozessen. Damit dieses Format konstruktiv genutzt werden kann, ist neben Know-how über Konzepte der Schulentwicklung, Change Management und relevantem Steuerungswissen entsprechende Kompetenz zur Gestaltung notwendig. Wie schulpraktische Erfahrungen gezeigt haben, ist es hilfreich, diese Kompetenz durch entsprechende Qualifizierungsangebote zu entwickeln und zu sichern. Ein wesentliches Augenmerk sollte darauf liegen, positive Erfahrungen in Gruppensitzungen zu machen und solche positiven Erfahrungen nicht als beliebiges, zufälliges Ereignis zu bewerten. Während Effektivität durch die strategische Ausrichtung des Schulentwicklungsprozesses erreicht wird, ergibt sich die Effizienz durch die Produktivität von Gruppensitzungen. Als Nebeneffekt werden dabei die Arbeitszufriedenheit erhöht und über die aktive Beteiligung möglichst vieler ein demokratisches Grundverständnis erlebbar gemacht.

Literatur

Gellert, M./Nowak, C. (2004): Teamarbeit - Teamentwicklung - Teamberatung. 2., überarb. Aufl. Meezen: Verlag Christa Limmer. – Hahn, K./Schraut, M./Schütz, K.-V./Wagner, C. (Hrsg.) (2001): Kompetente LeiterInnen. Beiträge zum Leitungsverständnis nach TZI. Mainz: Grünewald Verlag. – Kirchler, E. (Hrsg.) (2005): Arbeits- und Organisationspsychologie. 2.Aufl. Stuttgart: UTB. – Knoll, J. (2007): Kurs- und Seminarmethoden. Ein Trainingsbuch zur Gestaltung von Kursen und Seminaren, Arbeits- und Gesprächskreisen. 11., vollständig überarb. und erw. Aufl. Weinheim, Basel: Beltz. – Langmaack, B. (2004): Einführung in die Themenzentrierte Interaktion. 3.Aufl. Weinheim, Basel: Beltz. – Lahninger, P. (2007): Leiten, präsentieren, moderieren. Arbeits- und Methodenbuch für Teamentwicklung und qualifizierte Aus- und Weiterbildung. 5. Aufl. Münster: Ökotopia Verlag. – Lipp, U./Will, H. (2004): Das große Workshop-Buch. Konzeption, Inszenierung und Moderation von Klausuren, Besprechungen und Seminaren. 7., aktual. und neu ausgestattete Aufl. Weinheim, Basel: Beltz. – Reiser, H. (2006): Psychoanalytisch-systemische Pädagogik. Erziehung auf der Grundlage der Themenzentrierten Interaktion. Stuttgart: Kohlhammer. – Stahl, E. (2002): Dynamik in Gruppen. Weinheim, Basel: Beltz.

Sachwortregister

Angebots-Nutzungs-Modell	322f.
Antinomien	289ff.
Arbeitsbelastung	246
Arbeitsgruppen, Moderation von	516ff.
Arbeitsplatz	244
Arbeitszeit	244ff.
Aufgabenkultur	363
Aufgabenspezialisierung	355
Autonomie	133
Belastung	251f.
Beratung	506ff.
Beratungsprozess	301
Berufsbiographie	232
Berufskultur	232
Bezugsnormen	372f.
Bildungsforschung	234f.
Bildungsmonitoring	133, 144
Bildungsstandards	59f.
Bottom-down	303
Bottom-up	303
Burnout	251
Change Management	81, 159ff.
Classroom Management	360
Datenrückmeldung	177
Datenerhebung, schulinterne	499ff.
Deputatsmodell	245
Designs, experimentelle	151
Diagnostik, pädagogische	373
Diagnostizieren	369
Didaktik	313, 319
Didaktik, Allgemeine	313, 324
Didaktisch	334
Didaktisches Dreieck	319
Differentielle Entwicklungsmilieus	64
Differenzierung	329
Digitale Medien	342
Educational Governance	23ff.
Einzelschule	263ff., 389ff.
Einzelschulentwicklung	73ff., 263ff.
Einzelschulforschung	138
Entwicklung	74
Entwicklungsinstrument	266
Evaluation	78, 170, 176, 179, 382, 535ff.
Evaluation, fremdgesteuert	133
Evaluationsprojekt	155
Experiment	150
Experimentelle Studien	150
Externe Beratung	298ff.
Fächerübergreifender Unterricht	319
Fallstudien	138, 141, 142
Feedback	354
Feedbackarbeit	379
Fördermaßnahmen	369
Förderung, individuelle	330
Forschungsdesigns	147
Fremdbeurteilung	243
Fremdevaluation	134, 135, 170ff.
Frontalunterricht	360
Führung	193ff., 199f., 203ff.
Führung, unterrichtsbezogene	202
Führungsstil/Führungsverhalten/Führungsmodelle	205ff., 216
Führungstheorien	204, 208
Ganztagsschule	307ff.
Gender Mainstreaming	41
Gender/Gender-Perspektive	37ff., 210f.
Gendertheorien	326
Geschlecht	327
Geschlechterdifferenzierung	326
Geschlechtergerechtigkeit	328
Geschlechtersozialisation	328
Governance	23ff.

Gruppe	353	Lern- und Leistungsbeurteilung	370
Gruppenforschung	287		
Gruppenprozesse	356	Lernen	346, 369
Gruppenpuzzle-Methode	355	Lernen, demokratisches	349
Gruppenrallye	355	Lernen, eigenverantwortliches	336
Gruppenreflexivität	285f.		
Gruppensitzungen	550ff.	Lernen, jahrgangsgemischtes	333
Gütekriterien	372, 378	Lernen, kooperatives	353
Hermeneutik	90f.	Lernende Organisation	99ff.
Heterogenität	329	Lernformen, kooperative	353
Implementation	74	Lernformen, neue	376
Individualisierung	329	Lerngruppen	87f.
Inklusion	331, 366	Lernmethoden, kooperative	354
Inklusive Schul- und Unterrichtsentwicklung	367	Lernskripte	356
		Lernstandserhebungen	172f., 178, 382
Institution	113ff.		
Integration	45ff., 331	Lernstrategien	337
Interkulturelle Pädagogik	43	Lerntempoduett	357
Interventionsstudie	155	Lernumgebung	363
Jahrgangshomogen	333	Lernvoraussetzungen	369
Kapazität von Organisationslernen/ Kapazität organisationalen Lernens	76f., 103f.	Methoden, qualitative und quantitative	154
		Methoden der Schulentwicklung	471ff.
Koedukation	326		
Kompetenzmessung	66f., 68	Methodenmatrix	474f.
Kompetenzmodelle	67f.	Migration	42
Kompetenztraining	356	Mikropolitik	96ff
Konflikt	281	Mixed-Model-Designs	154
Konfliktbewältigung/Konfliktbearbeitung	281, 542ff.	Moderation	516ff.
		Monitoring	68, 133, 144, 382
Kooperation	260ff., 309		
Längsschnittstudien	28	Monoedukation	328
Large Scale Assessments	172	Netzwerke	302ff.
Leadership, distributed	194f.	Netzwerktypen	304f.
Lehren	346	Offener Unterricht	334, 336, 339
Lehrerbeurteilung	241f.	Organisationsanalyse	481ff.
Lehrerkompetenzen	238f.	Organisationsentwicklung (OE)	30ff., 75f., 255, 482ff.
Lehr-Lernforschung	313, 322		
Lehr-Lernkonzept	363	Organisationslernen/lernende Organisation	78, 99ff.
Lehr-Lern-Kultur	308		
Leistungsbewertung, neue Formen der	376	Organisationstheorie	96f., 281f.
		Outputsteuerung	58
Leistungsmessung	144	Pädagogische Handlungseinheit	264f.
Leitbild	228		

Sachwortregister

Partizipation	273ff., 277
Partizipation von Eltern	278ff.
Partizipation von Schülern	274ff.
Partnerinterview	358
Partnerpuzzlemethode	357
Peer Review	173
Personalbesoldung	229f.
Personalbeurteilung	229
Personalentwicklung	33ff., 229, 256
Personalgewinnung	229
Personalmanagement	225ff.
Professionalisierung	232ff.
Professionalität	232f.
Professionelle Lerngemeinschaften	104f.
Professionswissen	243
Prozessmanagement	161, 163
Qualitätsmanagement	198
Quasi-Experiment	150
Quasi-Experimentelle Studien	150
Reform	134
Reformschulen	142
Rückmeldeformate	383
Rückmeldeverfahren	382
Rückmeldung	144
Schulaufsicht	196ff.
Schulbiographien	141ff.
Schulentwicklung	22f., 29f., 73ff., 199f., 238, 254f.
Schulentwicklung, evolutionstheoretisch	119ff.
Schulentwicklung, hermeneutische	90ff.
Schulentwicklung, kooperative	83ff.
Schulentwicklung, kulturtheoretisch	106ff.
Schulentwicklung, pädagogische	93ff.
Schulentwicklung, psychoanalytisch	122ff.
Schulentwicklung, subjektwissenschaftlich	86ff.
Schulentwicklung, systematische	75
Schulentwicklung, systemisch-konstruktivistische	79ff.
Schulentwicklungsforschung	21, 26ff., 133, 154
Schulentwicklungstheorien	73ff.
Schulentwicklungsprozesse	147
Schülerfeedback	273ff.
Schülerleistungen	63f.
Schulforschung, hermeneutisch-rekonstruktive	138
Schulinspektion	60f., 173, 179ff.
Schulinterne Lehrerfortbildung (Schilf)	295ff.
Schulinterne Lehrerfortbildung, moderatoren-gestützte	296f.
Schulinterne Lehrerfortbildung, selbstorganisiert	296f.
Schulkultur	106ff., 113ff., 133, 135
Schulleistung	369
Schulleitung	189ff., 213ff.
Schulprogramm	266ff., 527ff.
Schulprogramm Funktion	268ff.
Schulprogrammarbeit/Schulprogrammentwicklung	271, 279, 527ff.
Schulprogrammwirkung	270
Schulqualität	295
Schulqualitätsentwicklung	271
Schulsystem	49
Schultheorie mikropolitisch?	282
Schulübergreifende Lerngemeinschaften	260f.
Schulwahlverhalten	52
Selbst- und Fremdevaluation	135
Selbstbeurteilung	243
Selbstevaluation	166ff., 171
Selbstständige Schule	303f.
Selbstständigkeit, erweiterte	19ff., 189f.
Sozialisation	327
Sozialisatorisch	326

Standards für die Lehrerbildung	242	Unterrichtsentwicklung, fachdidaktische Perspektive	319ff.
Steuergruppe	162ff., 183ff.	Unterrichtsentwicklung, allgemeindidaktische Perspektive	319ff.
Steuerung	57, 77f., 133, 134f., 136		
Steuerungsinstrument	177	Unterrichtsforschung	315, 322, 334
Steuerungskonzepte, landesspezifische	56f.	Unterrichtsforschung, internationale	323
Steuerungswissen	68	Unterrichtsprozesse	323f.
Stress	251	Unterrichtsqualität	322ff.
Systemmonitoring	77f.	Unterrichtswissenschaften	313
Teamentwicklung	284ff., 488ff.	Urteilsfehler	372
Teamlernen	104	Wechselseitiges Lehren und Lernen (WELL-Methode)	355, 357
Testverfahren, formelle und informelle	371		
		Widerstand	292ff.
Theorieentwicklung	152	Wirksamkeit	151
Unterricht	313	Wirksamkeitsüberprüfung	151
Unterrichtsentwicklung	31f., 34f., 178, 256, 313, 315, 319, 332, 335, 346, 379	Wissensmanagement	160f.
		Wissensverwendung	133
		Zeitmanagement	254f.
		Zelluläre Struktur	258
Unterrichtsentwicklung, fächerübergreifende Perspektive	319ff.	Zensurengebung	378

Autorenverzeichnis

Dr. Ingrid **Ahlring**
Schulleiterin der Helene-Lange Schule
Langenbeckstraße 6 - 18
D-65189 Wiesbaden
info@helene-lange-schule.de

Jürgen **Albrecht**
Wilhelm-Hauff-Realschule
Schloßstraße 11
D-72793 Pfullingen
Verwaltung@whr-pfullingen.de

Prof. Dr. Herbert **Altrichter**
Johannes Kepler Universität Linz
Institut für Pädagogik und Psychologie
Altenbergerstrasse 69
A-4040 Linz, Österreich
herbert.altrichter@jku.at

Prof. Dr. Eva **Arnold**
Universität Hamburg
Fachbereich Erziehungswissenschaft 2
Arbeitsbereich Psychologie in Erziehung und Unterricht
Von-Melle-Park 8
D-20146 Hamburg
Arnold.Eva@erzwiss.uni-hamburg.de

Prof. Dr. Karl-Heinz **Arnold**
Universität Hildesheim
Institut für Erziehungswissenschaft
Marienburger Platz 22
D-31141 Hildesheim
arnold@uni-hildesheim.de

Prof. Dr. Rolf **Arnold**
Technische Universität Kaiserslautern
Fachgebiet Pädagogik
Postfach 3049
D-67653 Kaiserslautern
arnold@sowi.uni-kl.de

Dr. Tanja **Bach-Blattner**
Eberhard Karls Universität Tübingen
Institut für Erziehungswissenschaft
Münzgasse 22-30
D-72070 Tübingen
tanja.bach-blattner@uni-tuebingen.de

Prof. Dr. Johannes **Bastian**
Universität Hamburg
Fachbereich Erziehungswissenschaft
Institut für Schulpädagogik und Pädagogische Psychologie
Von Melle Park 8
D-20146 Hamburg
Bastian@uni-hamburg.de

Hans **Batsching**
Wilhelm-Hauff-Realschule
Schloßstraße 11
D-72793 Pfullingen
Verwaltung@whr-pfullingen.de

Prof. Dr. Karl-Oswald **Bauer**
Hochschule Vechta
Postfach 1553
D-49364 Vechta
karl-oswald.bauer@uni-vechta.de

Dr. Nils **Berkemeyer**
Technische Universität Dortmund
Institut für Schulentwicklungsforschung
Vogelpothsweg 78
D-44227 Dortmund
berkemeyer@ifs.tu-dortmund.de

Prof. Dr. Inge **Blatt** (emer.)
Hochschule für Angewandte Wissenschaften Hamburg (HAW)
Saarlandstr. 30
D-22303 Hamburg
Inge.Blatt@uni-hamburg.de

Prof. Dr. Wolfgang **Böttcher**
Westfälische Wilhelms-Universität Münster
Institut für Erziehungswissenschaft
Bispinghof 5/6
D-48143 Münster
wolfgang.boettcher@uni-muenster.de

Prof. Dr. Thorsten **Bohl**
Eberhard Karls Universität Tübingen
Institut für Erziehungswissenschaft
Abteilung Schulpädagogik
Münzgasse 22-30
D-72070 Tübingen
thorsten.bohl@uni-tuebingen.de

Prof. Dr. Martin **Bonsen**
Westfälische Wilhelms-Universität Münster
Institut für Erziehungswissenschaften
Abteilung I
Bispinghof 5/6
D-48143 Münster
martin.bonsen@uni-muenster.de

Prof. Dr. Wilfried **Bos**
Technische Universität Dortmund
Institut für Schulentwicklungsforschung
Vogelpothsweg 78
D-44227 Dortmund
officebos@ifs.tu-dortmund.de

Prof. Dr. Thomas **Brüsemeister**
Justus-Liebig-Universität
Institut für Soziologie
Karl-Glöckner-Str. 21E
D-35394 Gießen
homas.Bruesemeister@sowi.uni-giessen.de

Prof. Dr. Claus **Buhren**
Deutsche Sporthochschule Köln
Institut für Schulsport und Schulentwicklung
Am Sportpark Müngersdorf 6
D-50927 Köln
buhren@dshs-koeln.de

Dipl.-Psych. Cosima **Dorsemagen**
FHNW – Hochschule für Angewandte Psychologie
Institut Mensch in komplexen Systemen (MikS)
Fachhochschule Nordwestschweiz, Riggenbachstr. 16
CH-4600 Olten
cosima.dorsemagen@fhnw.ch

Prof. Dr. Rolf **Dubs** (emer.)
Universität St. Gallen
Institut für Wirtschaftspädagogik
Dufourstrasse 40a
CH-9000 St.Gallen
rolf.dubs @unisg.ch

Prof. Dr. Hannelore **Faulstich-Wieland**
Universität Hamburg
Fakultät 4, Sektion I
Von Melle Park 8
D-20146 Hamburg
H.Faulstich-Wieland@uni-hamburg.de

Dipl.-Päd. Tobias **Feldhoff**
Institut für Bildungsmanagement und Bildungsökonomie (IBB)
Pädagogische Hochschule Zentral Schweiz – Zug
Zugbergstraße 3
CH-6300 Zug
tobias.feldhoff@phz.ch

Dr. Kathrin **Fussangel**
Bergische Universität Wuppertal
Zentrum für Bildungsforschung und Lehrerbildung
Gaußstr. 20
D-42097 Wuppertal
fussangel@uni-wuppertal.de

Bernhard **Giese**
Schulleiter der Albert-Schweitzer-Schule
Städtische Gemeinschaftshauptschule
Stiftstraße 25/29
D-44892 Bochum
147540@schule.nrw.de

Prof. Dr. Michaela **Gläser-Zikuda**
Institut für Erziehungswissenschaft, Lehrstuhl für Schulpädagogik / Didaktik
Friedrich-Schiller-Universität Jena
Am Planetarium 4
D-07743 Jena
michaela.glaeser-zikuda@uni-jena.de

Prof. Dr. Cornelia **Gräsel**
Bergische Universität Wuppertal
Fachbereich G - Bildungs- und Sozialwissenschaften
Lehrstuhl für Lehr-, Lern- und Unterrichtsforschung
Gaußstr. 20
D-42097 Wuppertal
graesel@uni-wuppertal.de

Dipl.-Päd. Carola **Gröhlich**
Technische Universität Dortmund
Institut für Schulentwicklungsforschung
Martin-Schmeißer-Weg 13/111a
D-44227 Dortmund
groehlich@ifs.tu-dortmund.de

Prof. Dr. Herbert **Gudjons**
Ton Hogenbargen 9
D-24629 Kisdorf
gudjons@erzwiss.uni-hamburg.de

OKR'in Dr. Uta **Hallwirth**
Kirchenamt der EKD
Herrenhäuser Str. 12
D-30419 Hannover
uta.hallwirth@ekd.de

Prof. Dr. Uwe **Hameyer**
Christian-Albrechts-Universität zu Kiel
Philosophische Fakultät
Institut für Pädagogik
Olshausenstr. 75
D-24118 Kiel
hameyer@paedagogik.uni-kiel.de

Prof. Dr. Tina **Hascher**
Paris Lodron Universität Salzburg
Fachbereich Erziehungswissenschaft
Akademiestraße 26
A-5020 Salzburg
tina.hascher@sbg.ac.at

Prof. Dr. Martin **Heinrich**
Gottfried Wilhelm Leibniz
Universität Hannover
Institut für Erziehungswissenschaft
Schloßwender Straße 1
D-30159 Hannover
martin.heinrich@iew.phil.uni-hannover.de

Prof. Dr. Andreas **Helmke**
Universität Koblenz-Landau, Campus Landau
Fachbereich Psychologie
Abteilung Entwicklungspsychologie und
Bildungsforschung
Fortstraße 7
D-76829 Landau
helmke@uni-landau.de

Prof. Dr. Werner **Helsper**
Martin-Luther-Universität Halle-Wittenberg
Philosophische Fakultät III - Erziehungswissenschaften
Institut für Schulpädagogik und Grundschuldidaktik
Franckeplatz 1, Haus 5
D-06110 Halle
werner.helsper@paedagogik.uni-halle.de

Prof. Dr. Uwe **Hericks**
Philipps-Universität Marburg
Institut für Schulpädagogik
Wilhelm-Röpke-Straße 6 B
D-35032 Marburg
hericks@staff.uni-marburg.de

Dieter **Hermann**
Schulleiter der Glockseeschule Hannover
Am Lindenhofe 14
D-30519 Hannover
schulleitung@glocksee.de

Prof. Dr. Bardo **Herzig**
Universität Paderborn
Institut für Erziehungswissenschaft
Warburger Straße 100
D-33098 Paderborn
bardo.herzig@upb.de

Prof. Dr. Andreas **Hinz**
Universität Halle
Pädagogisches Institut
Franckeplatz 1
D-06110 Halle (Saale)
andreas.hinz@paedagogik.uni-halle.de

Christoph **Höfer**
Bezirksregierung Detmold
Leopoldstr. 15
D-32756 Detmold
christoph.hoefer@brdt.nrw.de

Prof. Dr. Katrin **Höhmann**
Pädagogische Hochschule Ludwigsburg
Reuteallee 46
D-71634 Ludwigsburg
hoehmann@ph-ludwigsburg.de

Prof. Dr. Heinz Günter **Holtappels**
Technische Universität Dortmund
Institut für Schulentwicklungsforschung
Vogelpothsweg 78
D-44227 Dortmund
holtappels@ifs.uni-dortmund.de

Prof. Dr. Sabine **Hornberg**
Universität Bayreuth
Allgemeine Pädagogik
Kulturwissenschaftliche Fakultät
Universitätsstr. 30
D-95447 Bayreuth
sabine.hornberg@uni-bayreuth.de

Prof. Dr. Marianne **Horstkemper**
Universität Potsdam
Institut für Erziehungswissenschaft
Karl-Liebknecht-Str. 24-15
D-14476 Golm
horstkemper@t-online.de

PD Dr. Anne A. **Huber**
Staatliches Schulamt Pforzheim
Kronprinzenstr. 9
D-75177 Pforzheim
annehuber@gmx.de

Christoph **Huber**
Eberhard Karls Universität Tübingen
Institut für Erziehungswissenschaft
Münzgasse 26
D-72070 Tübingen
chr.huber@uni-tuebingen.de

Prof. Dr. Stephan Gerhard **Huber**
Universität Erfurt
Zentrum für Lehr-/Lern- und Bildungsforschung
Saalestraße 4
D-99089 Erfurt
stephan.huber@phz.ch

Marlise **Hübner**
Regionales Bildungsbüro Köln
Willy-Brandt-Platz 3
D-50679 Köln
marlise.huebner@stadt-koeln.de

Dr. Till-Sebastian **Idel**
Johannes Gutenberg Universität Mainz
Institut für Erziehungswissenschaft
Col.-Kleinmann-Weg 2
D-55128 Mainz
idel@uni-mainz.de

Prof. Dr. Katja **Kansteiner-Schänzlin**
Pädagogische Hochschule Weingarten
Erziehungswissenschaft/Schulpädagogik
Kirchplatz 2
D-88250 Weingarten
kks@ph-weingarten.de

Prof. Dr. Josef **Keuffer**
Universität Bielefeld
Fakultät für Erziehungswissenschaft - AG 4
Universitätsstraße 25
D-33615 Bielefeld
Josef.Keuffer@uni-bielefeld.de

Prof. Dr. Ulf **Kieschke**
Universität Potsdam
Institut für Psychologie
Abteilung Psychologische Diagnostik
Postfach 60 15 53
D-14415 Potsdam
kieschke@rz.uni-potsdam.de

Dr. Marc **Kleinknecht**
Eberhard Karls Universität Tübingen
Institut für Erziehungswissenschaft
Münzgasse 22-30
D-72070 Tübingen
marc.kleinknecht@uni-tuebingen.de

Ilka **Kohlmann**
Albert-Schweitzer-Schule
Städtischer Gemeinschaftskomplex
Stiftstr. 25/29
D-44892 Bochum
147540@schule.nrw.de

Prof. Dr. Fritz-Ulrich **Kolbe**
Johannes Gutenberg-Universität Mainz
Institut für Erziehungswissenschaft
Col.-Kleinmann-Weg 2
55128 Mainz
kolbe@uni-mainz.de

Prof. Dr. Andreas **Krause**
Fachhochschule Nordwestschweiz
Hochschule für Angewandte Psychologie
Institut Mensch in komplexen Systemen
Riggenbachstrasse 16
CH-4600 Olten
andreas.krause@fhnw.ch

Michael **Kubscha**
Albert-Schweitzer-Schule
Städtischer Gemeinschaftskomplex
Stiftstr. 25/29
D-44892 Bochum
147540@schule.nrw.de

Prof. Dr. Diemut **Kucharz**
Pädagogische Hochschule Weingarten
Erziehungswissenschaft
Kirchplatz 2
D-88250 Weingarten
kucharz@ph-weingarten.de

Prof. Dr. Ingrid **Kunze**
Universität Osnabrück
Fachbereich Erziehungs- und Kulturwissenschaften
Institut für Erziehungswissenschaft
Heger-Tor-Wall 9
D-49069 Osnabrück
ikunze@uni-osnabrueck.de

Prof. Dr. Harm **Kuper**
Freie Universität Berlin
Fachbereich Erziehungswissenschaft und Psychologie
Arbeitsbereich Weiterbildung und Bildungsmanagement
Arnimallee 12
D-14195 Berlin
harm.kuper@fu-berlin.de

Patrick **Lacroix**
Klarastraße 55
D-79106 Freiburg
patrick_lacroix@web.de

Holger **Lahne**
Schulleiter der G. - E. Lessing Sekundarschule
Lindenallee 31
D-29410 Salzwedel
lessingseksaw@t-online.de

Dr. Uwe **Lehmpfuhl**
Bundesinstitut für Berufsbildung (BIBB)
Arbeitsbereich 1.1 (KIBB)
Robert-Schumann-Platz 3
D-53175 Bonn
lehmpfuhl@bibb.de

Dr. Carola **Lindner-Müller**
Universität Hildesheim
Institut für Erziehungswissenschaft
Marienburger Platz 22
D-31141 Hildesheim
clindner@uni-hildesheim.de

Dipl.-Päd. Gudrun **Meister**
Martin-Luther-Universität Halle-Wittenberg
Fachbereich Erziehungswissenschaften
Institut für Pädagogik
Schulpädagogik/Allgemeine Didaktik
Franckeplatz 1, Haus 4
D-06099 Halle
g.meister@paedagogik.uni-halle.de

Dr. Sabine **Müller**
Technische Universität Dortmund
Institut für Schulentwicklungsforschung (IFS)
Vogelpothsweg 78
D-44227 Dortmund
Sabine.mueller@ifs.tu-dortmund.de

Prof. Dr. Angelika **Paseka**
Universität Hamburg
Von-Melle-Park 8
D-20146 Hamburg
angelika.paseka@uni-hamburg.de

Dr. Hermann **Pfeiffer**
Technische Universität Dortmund
Institut für Schulentwicklungsforschung
D-44221 Dortmund
hermann.pfeiffer@tu-dortmund.de

Dr. Elmar **Philipp**
Dortmunder Akademie für Pädagogische Führungskräfte (DAPF)
Hohe Str. 141
D-44139 Dortmund
Kienle-Philipp@t-online.de

Prof. Dr. Ulf **Preuss-Lausitz**
Technische Universität Berlin
Institut für Erziehungswissenschaft
Franklinstr. 28/29
D-10587 Berlin
preuss-lausitz@tu-berlin.de

Dr. Kerstin **Rabenstein**
Technische Universität Berlin
Fakultät I - Geisteswissenschaften
Institut für Erziehungswissenschaft
Franklinstr. 28/29
D-10587 Berlin
kerstin.rabenstein@tu-berlin.de

Helmolt **Rademacher**
Hessisches Amt für Lehrerbildung (AFL)
Erwin-Stein-Haus
Stuttgarter Straße 18-24,
D-60329 Frankfurt/Main
h.rademacher@afl.hessen.de

Prof. Dr. Sibylle **Rahm**
Universität Bamberg
Lehrstuhl für Schulpädagogik
Fakultät Humanwissenschaften
Postfach 1549
D-96045 Bamberg
sibylle.rahm@uni-bamberg.de

Prof. Dr. Alexander **Redlich**
Universität Hamburg
Fakultät für Erziehungswissenschaft, Psychologie und Bewegungswissenschaft
Fachbereich Psychologie
Von-Melle-Park 5
D-20146 Hamburg
Redlich@uni-hamburg.de

Dr. Maike **Reese**
Universität Hamburg
Fakultät für Erziehungswissenschaft, Psychologie und Bewegungswissenschaft
Alsterterrasse 1
D-20354 Hamburg
maike.reese@uni-hamburg.de

Prof. Dr. Sabine **Reh**
Technische Universität Berlin
Institut für Erziehungswissenschaft
Sekr. FR 4-3
Franklinstraße 28/29
D-10587 Berlin
sabine.reh@tu-berlin.de

Dipl.-Päd. Thomas **Rihm**
Pädagogische Hochschule Heidelberg
Institut für Erziehungswissenschaft
Keplerstraße 87
D-69120 Heidelberg
rihm@ph-heidelberg.de

Dr. Ernst **Rösner**
Institut für Schulentwicklungsforschung
Technische Universität Dortmund
Vogelpothsweg 78
D-44227 Dortmund
roesner@ifs.tu-dortmund.de

Prof. Dr. Hans-Günther **Rolff**
Technische Universität Dortmund
Institut für Schulentwicklungsforschung
Vogelpothsweg 78
D-44227 Dortmund
rolff@ifs.uni-dortmund.de

Dr. Matthias **Rürup**
Helmut-Schmidt-Universität - Universität der Bundeswehr Hamburg
Hochschulgebäude 4
Holstenhofweg 85
D-22043 Hamburg
mruerup@hsu-hh.de

Prof. Dr. Uwe **Schaarschmidt** (emer.)
Institut COPING - Psychologische Diagnostik und Personalentwicklung
Untere Hauptstraße 30 A
A- 2485 Wampersdorf
Uwe.Schaarschmidt@coping.at

Dr. Heike **Schaumburg**
Humboldt-Universität zu Berlin
Institut für Erziehungswissenschaft
Unter den Linden 6
D-10099 Berlin
heike.schaumburg@staff.hu-berlin.de

Prof. Dr. Carla **Schelle**
Johannes Gutenberg Universität Mainz
Institut für Erziehungswissenschaft
Col.-Kleinmann-Weg 2
D-55128 Mainz
schelle@uni-mainz.de

Prof. Dr. Annette **Scheunpflug**
Friedrich-Alexander-Universität Erlangen-Nürnberg
Department Pädagogik
Regensburger Str. 160
D-90478 Nürnberg
Annette.Scheunpflug@ewf.uni-erlangen.de

Dr. Stefanie **Schnebel**
Pädagogische Hochschule Weingarten
Erziehungswissenschaft/Schulpädagogik
Kirchplatz 2
D-88250 Weingarten
schnebel@ph-weingarten.de

Dr. Herbert **Schnell**
Leitender Ministerial a.D.
Grüneburgweg 117
D-60323 Frankfurt
h.schnell@web.de

Prof. Dr. Jörg **Schlömerkemper**
Goethe-Universität
Fachbereich Erziehungswissenschaften
Institut für Pädagogik der Sekundarstufe/Fach 114
Senckenberganlage 15
D-60054 Frankfurt am Main
jschloe@t-online.de

Prof. Dr. Wolfgang **Schönig**
Katholische Universität Eichstätt Ingolstadt
Fachgebiet Pädagogik
Ostenstraße 26
D-85072 Eichstätt
wolfgang.schoenig@ku-eichstaett.de

Dr. Friedrich-Wilhelm **Schrader**
Universität Koblenz-Landau, Campus Landau
Fachbereich Psychologie
Fortstraße 7
D-76829 Landau
schrader@uni-landau.de

Barbara **Seichter**
Wilhelm-Hauff-Realschule
Schloßstr. 11
D-72793 Pfullingen
verwaltung@whr-pfullingen.de

Prof. Dr. Claudia **Solzbacher**
Universität Osnabrück
Fachbereich Erziehungs- und Kulturwissenschaften
Institut für Erziehungswissenschaft
Heger-Tor-Wall 9
D-49069 Osnabrück
Claudia.Solzbacher@Uni-Osnabrueck.de

HD Dr. Bernhard **Stelmaszyk**
Johannes Gutenberg Universität Mainz
Institut für Erziehungswissenschaft
AG Schulforschung / Schulpädagogik
Col.-Kleinmann Weg 2
D-55128 Mainz
stelmasz@uni-mainz.de

Prof. Dr. Ewald **Terhart**
Westfälische Wilhelms-Universität Münster
Institut für Erziehungswissenschaft - Abteilung I
Bispinghof 5/6
D-48143 Münster
ewald.terhart@uni-muenster.de

Prof. Dr. Susanne **Thurn**
Schulleiterin der Laborschule des Landes NRW an der Universität Bielefeld
Universitätsstr. 21
D-33615 Bielefeld
info@laborschule.de

Prof. Dr. Matthias **Trautmann**
Universität Siegen
Fachbereich 2 Erziehungswissenschaft und Psychologie
Adolf-Reichwein-Str. 2
D-57068 Siegen
matthias.trautmann@uni-siegen.de

Dipl.-Päd. Nils **van Holt**
Technische Universität Dortmund
Institut für Schulentwicklungsforschung
Vogelpothsweg 78
D-44227 Dortmund
vanHolt@ifs.tu-dortmund.de

Dr. Stefanie **van Ophuysen**
TU Dortmund
Institut für Schulentwicklungsforschung
Vogelpothsweg 78
D-44221 Dortmund
vanophuysen@ifs.tu-dortmund.de

Jan **von der Gathen**
Grundschule Kleine Kielstraße
Kleine Kielstraße 20
D-44145 Dortmund
192296@schule.nrw.de

Prof. Dr. Andreas **Voss**
Hochschule für Angewandte Wissenschaften Hamburg
Department Soziale Arbeit
Saarlandstr. 30
D-22303 Hamburg
andreas.voss@haw-hamburg.de

Dipl.-Psychologe Christian **Warneke**
Tönsfeldtstraße 22
D-22763 Hamburg
kontakt@warneke.info.de

Prof. Dr. Hartmut **Wenzel**
Martin-Luther-Universität Halle-Wittenberg
Fachbereich Erziehungswissenschaften
Institut für Pädagogik
Schulpädagogik/Allgemeine Didaktik
Franckeplatz 1, Haus 4
D-06099 Halle
hartmut.wenzel@paedagogik.uni-halle.de

Bernd **Westermeyer**
Rektor der Landesschule Pforta
Schulstraße 12
D-06628 Schulpforte
info@landesschule-pforta.de

Prof. Dr. Jochen **Wissinger**
Justus-Liebig-Universität Gießen
Fachbereich 03 – Sozial- und Kulturwissenschaften
Institut für Schulpädagogik und Didaktik der Sozialwissenschaften
Karl-Glöckner-Str. 21 B
D-35394 Gießen
Jochen.Wissinger@erziehung.uni-giessen.de

Rita **Zimmermann-Sutcliffe**
Ricarda-Huch-Gymnasium
Schultestraße 50
D-45888 Gelsenkirchen
rhg@rhg-ge.de